FINANCIAL CRISIS INQUIRY COMMISSION

UNITED STATES OF AMERICA

金融危机调查报告

THE FINANCIAL CRISIS INQUIRY REPORT

美国金融与经济危机起因调查委员会
最终报告

对外经济贸易大学中国WTO研究院

王欣红　刘洪峰　肖艳／译　张汉林／审校

社会科学文献出版社
SOCIAL SCIENCES ACADEMIC PRESS (CHINA)

本书是国家社科基金重大项目
"未来十年世界经济格局演变趋势及我国战略调整研究"和
对外经济贸易大学国家重点学科培育项目成果

主要贡献者简介

张汉林

经济学博士，现任对外经济贸易大学教授、博士生导师，全国人文社科重点研究基地——中国 WTO 研究院院长。1995 年以来，相继担任中国国际贸易仲裁委员会仲裁员，中国国际交流学会、中国国际贸易学会、中国世界经济学会等常务理事；担任多部委经贸政策顾问，国务院发展研究中心港澳研究所高级研究员、中共中央与国务院台办兼职研究员，中央党校、国家行政学院、国家法官学院兼职教授。1999 年破格晋升为教授，国务院享受政府特殊津贴专家。1999 年入选"国家百千万人才工程"国家级人才。2000 年被教育部评为全国高等院校"跨世纪优秀人才"。2001 年 11 月 10 日作为特邀嘉宾主持中央电视台"入世"直播节目并见证这一历史性时刻。先后完成或主持了 40 多项国家级、省部级重点及国际合作研究项目。独立撰写、主编并出版了 30 多部有影响力的专著、译著。研究涉及世界经济、经济全球化与我国农业、制造业、服务业的对外开放，两岸四地经贸关系，我国与主要国家的经济贸易关系等。获国家级、省部级奖励及荣誉称号 30 余次。

王欣红

对外经济贸易大学英语学院副教授，中国 WTO 研究院博士研究生

刘洪峰

对外经济贸易大学中国 WTO 研究院博士研究生

肖 艳

中南林业科技大学经济学院副教授，对外经济贸易大学中国 WTO 研究院博士研究生

序　言

对于美国次贷危机，事实上早在2007年2月就有金融机构发出警告，称由于大批美国低收入房贷客户无力偿还贷款，公司面临亏损风险，但当时市场上很少有人注意到问题的严重性。紧接着，在此后的一年中，全球著名投资银行雷曼兄弟破产，美林被收购，美国第五大投行贝尔斯登被收购等，全球主要银行市场的流动性出现巨大危机，银行业也出现了大范围大规模的亏损。这一危机不但使银行业受到重创，保险、基金等其他金融机构作为次级贷款的参与人，也受到了重大的影响，如美国国际集团（AIG）资产与负债严重不平衡，最终由美国政府接管。此后由次贷危机引发的"多米诺骨牌"效应导致了2008年的全球金融危机，全球经济与贸易发展受到严重破坏。此次金融危机起于美国，美国很多金融机构在这次危机中亏损、破产、被并购。但进一步看，美国经济的基本面依然平稳，并未失去经济增长的动力。美国在科技实力、创新能力以及教育水平等诸多指标方面依然是世界的执牛耳者。更为重要的是，美国具有极强的自我调节能力，如同此前爆发的若干次经济危机一样，美国及时进行了战略调整，对自身体系内的问题与缺陷及时修正，很好地缓解了危机。

受美国次贷危机影响，2009年世界经济全面下滑，特别是发达国家经济在2009年上半年经历了20世纪30年代以来最为严重的衰退。全球经济衰退导致国际市场需求骤减、贸易保护措施增加，世界贸易明显下降。据世界贸易组织统计，2009年全球货物贸易额下降23%，跌至12.15万亿美元；世界贸易量下降12.2%，为70多年以来的最大降幅。其中美国出口额下降13.9%，欧盟下降

14.8%，日本下降24.9%，均大于世界平均降幅。国际金融危机对外国直接投资造成冲击，投资规模大幅下挫。联合国贸易和发展会议报告显示，2009年全球FDI从2008年的1.7万亿美元降至1.04万亿美元，下降39%。其中流入发达国家的FDI大幅下挫41%，流入发展中国家和新兴经济体的FDI分别下降35%和39%。作为国际金融危机"震中"的美国吸收FDI为1370亿美元，比2008年下降57%。受金融市场萎缩、资金短缺的影响，作为FDI增长"发动机"的跨国并购大幅减少。2009年上半年，全球10亿美元以上的跨国并购案只有40宗，不到2008年同期数据的1/3。随着中国开放型经济体系的建立以及融入经济全球化程度的日益加深，危机的影响也通过贸易与投资等渠道传导至中国，导致中国经历了新世纪以来经济贸易发展最为困难的一年。同其他国家一样，2009年中国经历了经济增长率大幅下降、对外贸易额骤减、失业率上升、股市暴跌等。

面对此次全球金融危机，世界各国都认识到，应努力避免20世纪30年代"大萧条"中各国"以邻为壑"的做法，抵制贸易与投资保护主义，通过各种途径与方式表达了加强国际合作应对金融危机的重要性。同时，各国政府纷纷出台大规模救援计划，帮助本国金融机构渡过危机，防止经济进一步衰退。全球联合救市、伦敦峰会、G20峰会以及各国的经济刺激计划，无疑对世界走出此次金融危机提供了巨大的动力。例如，处于金融危机核心的美国，第一轮的经济刺激计划为8500亿美元，接着又通过了第二轮7870亿美元的经济刺激方案，两轮经济刺激计划共投入1.4870万亿美元。德国、日本、法国、英国、意大利和西班牙等发达经济体也纷纷出台重大救市措施。例如，德国在2008年通过总额为5000亿欧元的金融救市方案以及"以促进增长保障就业"的振兴经济方案，并且于2009年1月公布了第二套财政刺激方案；而日本的四轮经济刺激计划累计约77万亿日元。新兴经济体也出台了相应的经济刺激方案，如俄罗斯经济刺激共投入约3244亿美元，韩国推出的减税、金融稳定计划、实体经济刺激方案累计约1730亿美元，印度3项经济刺激方案累计约42亿美元，中国推出了4万亿人民币（5860亿美元）的救市方案。具体而言，各国金融危机的应对措施可分为以下几类。

首先是货币政策。面对全球货币市场流动性的迅速降低以及信贷的大规模萎缩，各国央行放弃了之前治理通胀的手段，转而采取积极的货币政策，形成全球一致的降息、向金融系统注资、对金融机构进行担保、制止卖空等政策行为。2008年10月8日,为缓解金融动荡对经济的冲击,全球6家主要央行有史以来首次联手降息。美国联邦储备委员会、欧洲央行、英国央行、瑞士央行、加拿大央行和瑞典央行联合宣布将基准利率下调50个基点。2007年8月以来,美联储联邦基金利率从6.25%降至0,率先实现零利率。金融危机爆发以来,美国在2008年先向美国银行、AIG等大型金融机构注资,随后在同年10月底提出2500亿美元的注资计划。截至2009年1月份,美国累计向215家商业银行注资1875亿美元。俄罗斯向银行注资总额为9500亿卢布,英国英格兰银行提供2000亿英镑的短期信贷额以增加各银行的资金流动性,荷兰拨款200亿欧元支持金融市场,瑞典、日本、韩国、澳大利亚等国央行也向市场注入大量资金。此外,各主要经济体对金融机构进行担保,以保持整个银行体系的信用水平和流动性。同时,金融市场比较发达的国家还对卖空行为进行制止,以避免金融市场的稳定受到进一步威胁。

其次是财政政策。各国除了运用货币政策对金融市场进行稳定外,还出台了积极的财政政策刺激经济发展。这些积极的财政政策主要包括减税、扩大政府支出等方面。美国、英国、日本、俄罗斯和新西兰等国希望通过减税来刺激消费,而其他国家则希望通过减税来促进特定产业的发展,例如巴西和德国就希望通过减税促进汽车的销售。政府支出方面,资金则主要流向基础设施建设和对企业、个人的补贴与转移支付,美国、中国、法国、澳大利亚、意大利、日本、墨西哥和马来西亚等国还宣布通过增加社会转移支付来帮助低收入家庭,这些措施包括直接或间接的现金支付以及社会福利项目等。美国的财政政策还包括大量发行国债、收购不良资产、接管企业等。

此外,各国还出台了大量的产业振兴政策。金融危机发生后,很多国家都推出了产业振兴政策,来扶持相关产业的发展。在美国的产业振兴计划中,基础设施、道路交通建设资金占512亿美元,医疗信息化资金为190亿美元,宽带网络扩建投入72亿美元。德国除了对汽车产业进行救助振兴外,还增加对创新型公司的投资。法国则加大对数字经济的扶持,宣布"2012数字法国"计划,内容涉及宽带普及、数字电视和移动电话等多方面,希望通过发展数字技术拉动国民经济增长。俄罗斯批准了改善本国金融系统等方面的行动计划。印度则向汽车制造业、房地产业、城乡基础设施建设投入大量资金。同时，法国、日本、韩国和墨西哥等国的很多措施涉及促进中小企业发展，如法国政府与银行签订支持中小企业融资的协议，动用220亿欧元专门解决中小企业融资难的问题，而日本则为陷入困境的中小企业提供信贷担保。

主要经济体通过降息、向金融系统注资、对金融机构进行担保、制止卖空行为等措施，有效地解决了银行的挤兑与居民储蓄保障等问题，也在一定程度上缓解了市场上的流动性问题，再加上各国政府减税、扩大公共开支和转移支付等政策，对稳定市场需求也起到一定的作用。但同时，各国救市与经济刺激的部分政策中，如补贴过多、贸易救济措施滥用以及对进口的限制等措施，也给全球贸易设置了较高的壁垒。这些贸易保护主义的行为，在短期内会对世界贸易的复苏起到一定的限制作用。不过，由于各国都采取了相应的救市措施以及产业刺激与救助政策，以及全球化条件下跨国公司在全球范围内进行交易与投资的需要，使得绝大多数经济体在较短的时间内就实现了经济复苏。

同样，中国政府及时出台了一系列符合国际惯例的政策措施：完善出口退税政策，改善贸易融资环境，扩大出口信用保险覆盖面，提高贸易便利化水平，千方百计稳定外需；着力扩大国内需求，积极开展多种形式的贸易促进活动，鼓励增加进口；同时实施连续下调存款准备金率、降低存贷款利率水平、大幅促进人民币信贷投放等宽松的货币政策，推出了总额达4万亿人民币的两年投资计划，实施结构性减税，出台了中小企业、房地产业交易相关税收优惠政策，实施产业调整振兴规划等措施。随着世界经济和国际市场逐步回稳，稳外需、扩进口的各项政策措施取得明显成效，进出口大幅下滑的态势得到扭转。根据世界贸易组织（WTO）最新公布的数据，2009年中国出口占全球出口比重由2008年的8.9%提高到9.6%，超过德国成为世界第一出口大国。但同时，货币的超发也为未来中国经济埋下了潜在的风险，应引起我们注意。

其实，早在这场危机爆发之前的2000年，美国经济学家、前美国联邦储备委员会委员爱德华·葛兰里奇就已经向美联储指出了快速增长的居民次级住房抵押贷款可能造成的风险，认为美国的金融监管存在着严重的空白和失控问题，希望美国有关监管当局能够"加强这方面的监督和管理"。但直到2007年9月逝世前，他的观点仍未受到美国政府和金融监管部门的重视。危机爆发后，各国政府、学术界与业界都对危机爆发的成因做出了各种分析与解读,对危机成因的研究几乎覆盖各个角度。概括而言,当前对美国次贷危机爆发成因的分析主要有以下几方面观点。一是"创新过度论"。该观点认为美国次贷危机的爆发是由于创新过度,由于美国金融机构通过金融工程技术不断创造出各种各样的金融衍生品和证券化产品,把大量不具备足够偿付能力的贷款发放给投资者,结果放大风险、助长投机,最终酿成危机。二是"监管失败论"。该观点认为由于美国实行分业监管体制,投资银行不受美国监管机构和巴塞尔协议的监管和约束,而评级机构和金融衍生品则绕过或干脆不受监管,从而纵容了金融冒险行为,同时又缺乏金融机构的反周期监管措施,导致泡沫越来越大直至危机爆发。三是"美元泛滥论"。该观点认为由于此前美国采取的宽松货币政策,导致美元流动性过剩,使融资成本大大降低,从而助推房价快速上升,一些不具备偿债能力的人也获得了金融工具的支持,从而产生金融泡沫,导致金融危机。四是"经济失衡论"。该观点认为美国存在巨额经常项目赤字以及过度消费,而这些都建立在房地产和信贷泡沫的基础之上,同时美国储蓄率连年下降,当美国居民债务难以支撑房市和信贷泡沫的时候,将导致各类次级贷款无法按时偿还,进而将风险传递给大量债券和衍生品,导致危机发生。此外,还有观点认为美国次贷危机的爆发是由于金融自由化过度或由于资本家过度贪婪等,甚至还有人将其归咎于人民币汇率被低估。种种对金融危机原因的分析与研究可谓汗牛充栋、浩如烟海,但绝大多数结论与观点都是没有经过深入调查研究得出的,缺乏一定的可信性、可靠性与权威性。

《金融危机调查报告》(以下简称《报告》)是美国金融危机调查委员会经过1年多的调查,翻阅了上百万份文件资料,走访了大量证人,举办了近20次听证会等大量工作所做出的调查报告。金融危机调查委员会是经美国国会批准、由总统签发生效的《反欺诈执法和复苏法案》成立的。这个独立组织由十名在住房、经济、金融、市场监管、银行和消费者保护等领域具有丰富经验的委员组成。6位委员由国会民主党指派,另外4位由共和党指派。因此相对于当前浩如烟海的金融危机方面的文章,在对危机成因的调查和分析等方面,本报告虽然也有部分观点和结论相同或类似,但无疑其调查的结果和结论更全面,更专业、更客观和更权威。

正如《报告》自身所言,其目的是"调查现阶段美国金融和经济危机的成因"并"希望人们能够吸取这些教训从而避免未来的灾难"。《报告》做出以下几点判断。一是认为美国次贷危机本是可以避免的。报告引用莎士比亚的话描述导致此次危机的原因:"错不在命运,而在我们自己。"由于"金融管理者与金融体系监管部门无视前期的征兆与警告,也没能质疑、理解和掌控体系内不断演进的风险,而该体系对美国公众的福利而言是必不可少的"。二是美国金融规制与监管的失败对金融市场的稳定性将构成严峻挑战。《报告》认为,此次金融危机的一个关键原因是众多具有系统重要性的金融机构在公司治理和风险管理方面的严重失败。三是过度借款、高风险投资以及缺乏透明度是导致金融体系发生危机的重要推手,而这些问题又都与公司治理和监管失策有关。四是美国政府在危机发生时准备不足、应对政策前后不一致,增加了金融市场的不确定性和恐慌。五是问责制和道德出现系统性崩溃。金融市场的诚信和公众对市场的信任对于国家的经济健康至关重要。健全的金融系统和持续繁荣的经济依赖公平交易、责任感和透明度这三大理念的支撑。六是抵押贷款标准的坍塌和抵押贷款证券的管道化传递点燃了危机的导火索并使其蔓延。正是通过它们,不良抵押贷款证券从美国向周边蔓延,波及全世界的投资者。

总体而言,《报告》认为正是由于公司治理崩溃、监管严重缺失、金融体系出现致命缺陷,以及一系列不恰当的政策选择导致了此次金融危机的爆发及向全球的蔓延。《报告》并未提出相关的政策措施,但调查的结论本身已经暗含了相关的建议,目前来看美国金融管理部门和监管机构在危机后的金融改革正是对其所提出问题的纠正。《报告》之后的两份反对意见同样对美国次贷危机爆发的前因后果进行了多层面、多维度的分析与调查,为我们提供了美国政界对金融危机起因的全方位解读,不仅对美国政府、金融监管部门以及金融机构具有较强的指导与借鉴意义,对中国同样具有很强的参考价值。虽然中国金融机构在此次国际金融危机中所受损失较小,但并不意味着中国的金融体系和金融机构都已经比较完善和成熟。相反,套用莎士比亚的话,"损失小不在于自身很强,而在于自身较弱"。

话题回到中国,改革开放 30 年以来,中国的经济实力实现了长期的高速增长,被世人称为"中国奇迹"。今天的中国,已经凭借在 GDP、对外贸易、外汇储备等关键经济数据上的优秀表现，在全球经济体系中具备了不容忽视的影响力。特别是2008年金融危机以来，西方发达国家大多受到严重的冲击，而中国却凭借继续高效运转的经济得到了前所未有的关注和重视。2010年，中国GDP近6万亿美元，超过日本位居世界第二，占全球GDP总量的9.5%；贸易总额2.97万亿美元，为世界第二；而2011年3月份的外汇储备已超3万亿美元，占世界外汇储备总量的近四分之一。随着中国经济的快速发展，中国综合国力空前提高。

但同时需要指出的是，随着中国参与经济全球化程度的不断深入，区域发展差距也越来越大，行业利润率和生产率水平参差不齐，城乡居民收入差距日益拉大，中国的基尼系数不断升高，国内经济发展的各种不平衡逐步体现了出来。随着2001年末加入WTO，中国的劳动密集型比较优势得以充分发挥，可以说近十年中国的经贸发展有很重要的一部分是依靠"入世红利"。一方面，"入世"的经济利益在不同产业、不同区域分配上存在较大差异。鉴于中国经济发展的行业差异和区域不平衡，在"入世"谈判过程中进行了综合平衡，使得不同产业、不同区域的获益有所差异，但后续的国家经济发展政策对此并没有加以平衡。另一方面，中国贫富差距进一步扩大。由改革开放初期世界上居民收入最平均的国家之一，变成世界上居民收入差距较大的国家之一，城乡、区域、行业、群体之间的收入差距持续扩大。根据相关研究估算，我国目前占总人口20%的最贫困人口占收入或消费的份额只有4.7%，而占总人口20%的最富裕人口占收入或消费的份额高达50%。

此外，服务业的对外开放和发展依然很不够，仍存在依靠垄断来保护国内产业的现象。更确切地说，"入世"十多年来，中国对外开放事业取得长足进展，但相比而言我国对内开放的步伐凸显不足。这主要表现为以下几点。一是目前仅仅实现了制造业的对外和对内开放，服务业和农业的对外对内开放都不足，这两个庞大的产业占GDP的比重接近55%，其未来可能恰是改革开放的重点或中心。二是对民营企业来说放开步伐缓慢，部分市场进入门槛对民营企业来说依然偏高。总体来看，我国垄断产业竞争性业务领域的市场对内对外的开放程度仍然严重滞后。三是垄断行业开放力度不足，中小企业生存困难。中国自20世纪90年代开始对垄断产业进行市场化改革，在某些行业和领域取得了明显成效。但是，与竞争性行业改革取得的巨大成就相比，垄断产业的改革还明显落后于经济社会发展的需要。

目前中国成为全球第一大出口国和第二大进口国，表明其业已成为一个全球贸易大国，并且逐步走向贸易强国之路，"入世红利"也在逐步消失。那么未来支撑中国经济发展的动力在何处，解决中国社会面临的日益严峻的收入分配难题的路径在何方？这是未来向我们抛出的又一个难题。我想，中国要成为一个经济大国和经济强国，仅仅是一个贸易大国、贸易强国是远远不够的，还需要成为一个金融大国和金融强国，让金融成为支撑贸易发展以及实体经济发展与结构转型升级的重要依托。毋庸置疑的是，近年来中国金融业改革与发展取得了长足进步，无论是金融市场规模、金融机构改革还是金融基础设施建设、金融机构能力建设等方面都取得了重大突破与巨大进步。

第一是金融市场规模迅速增长，形成了以银行、证券和保险为主的多元化金融机构。1978年中国只有中国人民银行、中国农业银行、中国工商银行、中国银行四家国家级银行和农村信用社体系。截至2011年，中国银行体系已发展到包括政策性银行、国有控股商业银行、股份制商业银行、外资银行、农村商业银行、金融租赁公司等十多个类别。数千家银行类金融机构，本外币资产总额为113万亿元，资本充足率为12.7%，不良贷款率为1%，拨备覆盖率达到278%。同时，非银行金融机构也取得快速发展，共有109家证券公司总资产为1.57万亿元，实现净利润393亿元。而保险公司资产总额为5.9万亿元，保险投资年化收益率为3.6%。总体而言，经过三十年的发展，中国已初步形成了种类繁多、结构较为合理的金融体系，形成了一个功能互补、能为投（融）资者提供优质服务的金融网络。

第二是金融机构改革不断深化。近三十年中，中国金融业改革经历了混业——分业——混业的发展阶段。改革开放之初，实行的混业经营的模式导致金融秩序混乱，金融风险增加，并且构成了中国20世纪80~90年代两次严重通货膨胀的微观金融基础。1993年，为了整顿金融秩序，中国金融业开始采取分业经营的模式，此后先后成立保监会和银监会，金融业分业经营、分业监管的格局进一步固化。2000年以来，随着中国加入WTO，经济与金融融入全球化的程度不断提高，银行、证券、保险三大行业的金融机构正式开始进入相互参与和渗透阶段。

第三是金融创新不断加快。金融业务由改革开放初的存、贷等基本业务模式,发展成为当前复杂的业务结构体系,并且当前金融产品创新与金融服务还在不断推出新品种,更为有效地满足了社会投融资的需要。同时,利率、汇率形成机制日趋市场化。利率期限、种类不断丰富,金融机构自主定价权不断扩大,目前已基本形成能反应市场变化和资金供求关系的利率机制。此外,人民币汇率形成机制改革也不断推进。从最初的国家定价,到双重汇率以及不完善的外汇调剂市场,到逐步形成了以市场供求为基础、参考一篮子货币进行调节、有管理的浮动汇率制度,更富弹性的人民币汇率机制正在形成。

第四是建立了较为完善的金融法制与监管体系。以1995年我国颁布的金融"五法一决定"为标志,中国金融改革进入法制化轨道。截至2005年,我国已颁布了《中国人民银行法》《银行业监督管理法》《商业银行法》《证券法》《信托法》《证券投资基金法》《票据法》《担保法》等。此外,与这些法律相配套的行政法规和各金融监管机构的规章也相应颁布,形成了一套较为完善的金融法律体系。与此同时,金融监管体系发生重大改革,从改革开放之初的中国人民银行作为唯一的金融监管机构,到目前的"一行三会"体制,中国金融业分业经营、分业监管的体系初步形成,辅之以相应的行业协会,中国的金融监管体系也初步形成。

第五是宏观审慎管理能力不断加强。我国的金融宏观调控经历了从最初的直接调控、行政干预为主到间接调控、市场引导为主的转变,中国人民银行也在不断探索加强宏观审慎管理和系统性金融风险防范的方法和手段,与国际间的合作不断深化。

虽然三十年来中国金融业取得快速发展,并且中国金融机构在2008年全球金融危机中遭受的损失较小,但这并非说明了目前中国金融机构比欧美国家金融机构的抗风险能力更强,也并非说明了中国的金融市场体系发展较欧美国家更为完善,只能说明中国金融机构的发展依然处于起步阶段,金融产品、金融创新、金融监管等各方面都未能达到与国际接轨的水平。

首先,中国金融机构的国际竞争力不足。虽然近年来中国国有商业银行、保险公司等金融机构经过股份制改造,竞争力大大增强,并且从字面上看,中国四大银行的效益指标和规模与世界顶尖银行机构相差无几,但需要指出的是,这是基于我国金融市场相对封闭，垄断性较强以及利率管制所导致的存贷利差很大等多种因素的综合结果，并非完全是中国银行业自身竞争力的大幅提高所致。此外，中国绝大多数金融机构的公司治理都存在较大的缺陷，缺乏有竞争力的经营模式。

其次，中国金融业发展不平衡，结构不合理。一是金融市场、金融机构的数量与规模存在结构失衡。相比银行业，中国的证券业和保险业整体规模偏小。2011年，证券业和保险业金融机构的资产总额不及银行类金融机构的十五分之一，而且证券业市场集中度不足，市场份额非常分散。二是金融服务体系存在结构失衡。银行业股份制改造以来，大型国有商业银行纷纷从农村撤出，使得农村金融服务大大削弱。同时，由于大多数银行青睐大中型企业，使得中小企业融资难的问题愈加突出，中小企业和农村成为中国金融服务体系改革后的"弃儿"。

再次，金融市场开放度不够。一方面，外资金融机构在华布局严重失衡，绝大多数外资金融机构分布在东部沿海经济发达城市，中西部地区却很少。另一方面，由于利率、汇率的管制相较发达国家还是比较严格，因此金融市场结构单一、投资品种单调。此外，中国金融市场行为主体不成熟，存在许多认识上的偏差与不足，素质有待提高。

从金融创新环境的角度来看，欧美国家金融体系发达，有着金融创新所需要的公平竞争的市场环境，而中国无论在金融市场的深度还是广度方面，都远未达到金融创新所需要的良好市场氛围。而且中国金融市场的市场创新水平较低，金融产品创新较少。

回首过去的十年，世界经济格局发生了前所未有的大变革。世界经济主要依靠发达经济体推动的格局已经改变，新兴经济体显现群体性崛起。然而贸易和金融全球化使各国利益的交融达到了前所未有的深度和广度，世界已经成为了一个一荣俱荣、一损俱损、休戚与共的有机整体。国际金融危机带来了深远的影响，发达经济体目前陷入长期经济低迷，新兴经济体面临外需不足下的内需驱动转型任务，在今后一个时期我国的机遇和挑战并存。未来十年是关系我国能否全面建成小康社会的决定性十年，是关系我国能否全面提升国际影响力的战略性十年，是关系中华民族能否真正全面实现伟大复兴的关键性十年，而金融发展与改革将成为未来十年中国经济与社会平稳快速发展的关键所在。如何使中国金融业的发展充分实现资源的有效配置，是处理好中国经济发展不平衡、促进产业转型升级、解决收入差距拉大的重要途径。这需要中国加快步伐深化农业和服务业部门的对内改革和对外开放，包括加深金融、电信、物流等服务业的对外开放，稳步开放教育、医疗、体育等领域，加快推动中国服务业"走出去"，积极争取在运输、分销、金融、教育、文化、广播影视和旅游等领域的对外投资方面取得明显突破。同时，在未来十年甚至更长的一段时间，在保证经济发展的前提下，财政与金融政策的天平应大力向社会公平倾斜。要着力提高低收入者的收入水平，扩大中等收入者的比重，努力解决贫富差距过大的问题，实现社会共同富裕，从而保证市场化改革平稳前进。

"他山之石，可以攻玉"，为了保障中国金融业在未来的时间内能够健康快速发展，切实防范系统性金融风险，我们有必要参考借鉴欧美等发达国家和地区的经验与教训。很高兴对外经济贸易大学中国WTO研究院能够组织翻译这部《金融危机调查报告》，以飨读者。希望本书能对政府部门、学界和金融机构等在政策制定、学术研究和具体业务等方面有所帮助。

目 录

- 001 金融危机调查委员会委员简介
- 001 前　言
- 001 金融危机调查委员会的结论

第一部分　祸端

003　第一章　近在眼前

第二部分　搭台

035　第二章　影子银行
- 037　商业票据和回购："脱缰的市场"
- 043　储贷危机："监管机构遭遇巨大压力"

049　第三章　证券化与衍生品
- 049　房利美与房地美："游说兵团"
- 055　结构性融资："风险并未降低"
- 058　衍生品市场的发展："此前十年中金融业最重大的事件"

067　第四章　再提放松管制
- 067　银行业活动扩张："《格拉斯-斯蒂格尔法案》的破灭"
- 073　长期资本管理公司："历史为证"
- 076　互联网崩溃："陷入危机的泥沼"
- 080　金融业的薪酬："跟风"
- 084　金融行业的增长："金融业做过头了"

087　第五章　次级抵押贷款
- 088　抵押贷款证券化："谁搞得懂这么复杂的产品呢？"
- 093　更多的借款机会："这种生意还是能让我们赚点钱的"
- 095　次级抵押贷款风暴："市场形势不利"
- 096　监管机构："哦，是这样"

第三部分　盛衰

- 105　**第六章　信用扩张**
- 106　房地产:"强大的维稳力量"
- 111　次级抵押贷款:"购买者将支付高溢价"
- 117　花旗集团:"引来监管审查"
- 118　联邦法律:"准备遏制不公平违规贷款"
- 123　各州:"一贯立场"
- 124　社区贷款机构承诺:"我们未改初衷"
- 127　银行资本标准:"套利"
- 129　调查委员会结论

- 130　**第七章　抵押贷款机器**
- 131　国外投资者:"不可抗拒的获利机会"
- 133　抵押贷款:"良好的贷款"
- 143　联邦监管当局:"不受州级法律约束大有益处"
- 145　抵押贷款证券参与者:"华尔街渴求我们的产品"
- 151　穆迪:"得到了空白支票"
- 157　房利美和房地美:"市场竞争力下降"
- 161　调查委员会结论

163　第八章　担保债务凭证机器

165　担保债务凭证："我们创造了投资者"

172　贝尔斯登对冲基金："崩溃前一直运转良好"

175　花旗集团流动性期权："潜在的利益冲突"

179　美国国际集团："华尔街的金鹅"

182　高盛投资公司："增加次级贷崩溃的效应"

187　穆迪："点石成金"

193　证券交易委员会："一团糟"

198　调查委员会结论

200　第九章　悉数登场

201　泡沫："信贷引发的热潮"

205　抵押证券欺诈行为："滋生犯罪的温床"

212　信息披露和尽职调查："企业的质量控制问题"

219　监管机构："市场总是会自我纠正"

224　杠杆贷款和商业地产："舞曲未终，接着跳"

227　雷曼兄弟：从"行动"到"存储"

230　房利美和房地美："两个艰难的抉择"

244　调查委员会结论

245 第十章 疯狂

- 246 担保债务凭证经理:"我们不是租来的经理"
- 248 信用违约掉期:"愚蠢的问题"
- 256 花旗集团:"无法相信我们已经无计可施"
- 261 美国国际集团:"我们拿到的钱还不足以让我们去冒险"
- 264 美林:"不惜一切代价"
- 269 监管机构:"过度集中的风险正在加剧吗?"
- 271 穆迪:"一切都与收入有关"
- 279 调查委员会结论

281 第十一章 泡沫破裂

- 282 违约:"房地产市场的转折"
- 291 信用降级:"史无前例"
- 293 担保债务凭证:"翻越次贷忧虑之墙"
- 295 法律修改:"基于信息"
- 298 损失:"谁来承担住房信用风险?"
- 302 调查委员会结论

第四部分　瓦解

307　第十二章　2007 年初：次贷恐慌四处蔓延

309　高盛："让我们更加主动地分散风险"

314　贝尔斯登对冲基金："状况不佳"

320　信用评级机构："猝不及防"

321　美国国际集团："意料之外"

324　调查委员会结论

325　第十三章　2007 年夏天：资金链断裂

325　德国工业银行："现金投资者"

328　国民金融公司："新的 9·11"

331　法国巴黎银行："警报响起"

333　结构性投资工具："荒漠绿洲"

335　货币基金和其他投资者："饮鸩止渴"

338　调查委员会结论

339　第十四章　2007 年底至 2008 年初：数十亿的次级贷款损失

340　美林银行："对夏季的反省"

344　花旗集团："微不足道"

352　美国国际集团与高盛的争论："前所未有的损失"

364　美联储："贴现窗口失灵"

367　单一险种保险公司："没有预料到的损失"

370　调查委员会结论

371	**第十五章**	**2008年3月：贝尔斯登倒闭**
372		"我们需要宽容"
374		"可以适当怀疑我们"
375		"死亡旋涡"
379		"保护投资者的责任"
384		"政府不会批准更高的价格"
386		"走向黑洞"
387		调查委员会结论

388	**第十六章**	**2008年8月：系统性风险隐患**
389		美联储："当人们感到恐惧"
392		摩根大通"拒绝'解除'交易——将不可饶恕"
393		美联储和证券交易委员会："脆弱的流动性"
396		金融衍生品："系统性风险的早期评估"
399		银行业："极为脆弱的市场"
403		美联银行："收购金西金融集团是个错误"
408		调查委员会结论

410	**第十七章**	**2008年9月：收购房地美和房利美**
411		收购的最佳时机
413		市场上唯一的玩家

414 "这是一场时间的游戏——保持冷静"
417 "这个想法在我看来是适得其反"
419 这样做会增加市场的信心
422 "既不安全又不合理的做法"
424 "毫无预警,直接陷入泥潭"
427 "一塌糊涂的金融机构"
428 "辜负了我的薪水"
429 调查委员会结论

第十八章　2008年9月:雷曼破产

431 "获得更多稳妥的资金来源"
434 "这绝不是好消息"
436 "惊扰市场"
440 "充分发挥想象"
443 "华尔街的首席执行官们"
445 "告诉他们缓一缓"
446 "这并不意味着美好的结局"
449 "雷曼倒闭是最好的选择"
450 "一场大灾难"
454 调查委员会结论

456　第十九章　2008 年 9 月：援助美国国际集团

458　"现金流动面临危险"

460　"溢出效应"

464　"蚊子如何监管大象"

466　调查委员会结论

468　第二十章　危机与恐慌

471　货币市场基金："交易员甚至不再接听电话"

476　摩根士丹利："我们会是下一个"

481　场外衍生品交易："戛然而止"

484　华盛顿互惠银行："归你们了"

485　美联银行："在其他银行倒下后站在了多米诺骨牌的最前面"

493　不良资产救助计划"综合方案"

500　美国国际集团："必须给病人的伤口止血"

505　花旗集团："我们不会让另一个雷曼出现"

510　美国银行："拉郎配的婚姻"

516　调查委员会结论

- 518 **第二十一章 经济衰退**
- 519 普通家庭："寝食难安"
- 524 企业"松鼠储藏坚果"
- 528 商业房地产："毫无进展"
- 530 政府："各州在努力填补缺口"
- 534 金融部门："几乎是三年前的三倍水平"

- 536 **第二十二章 房屋止赎危机**
- 536 抵押品止赎的上升："市场复苏极其渺茫"
- 539 房屋止赎的发端："持续的不理会"
- 542 进程中的漏洞："投机和最糟糕的情况"
- 545 相邻效应："我不会搬家"
- 548 调查委员会结论

- 549 **反对意见一**
- 576 **反对意见二**
- 670 **附录一 两种情景下的假设损失**
- 674 **附录二 词汇表**
- 678 **附录三 相关机构和公司名**
- 686 **附录四 相关人名表**
- 694 **后　记**

金融危机调查委员会委员简介

菲尔·安吉利迪斯（Phil Angelides）
主　席

民主党。第31任加利福尼亚州财长（1999~2007），2006年竞选加州州长失败。1986年创建自己的地产开发公司河西公司（River West）。2009年被众议院议长佩罗西和参议院多数党领袖里德共同选为金融危机调查委员会主席。

比尔·托马斯（Bill Thomas）
副主席

共和党。众议院议员（1979~2007，加州选区）。2007年离开众议院后任美国企业研究所客座研究员，主要研究税收、贸易和医疗政策。被众议院共和党领袖勃纳和参议院少数派领袖麦考尔共同选为金融危机调查委员会副主席。

布鲁克斯雷·博恩（Brooksley Born）
委　员

民主党。律师。原商品期货交易委员会（CFTC）主席（1996~1999）。在任期间曾游说国会和总统授权期交委监管场外衍生品市场，遭到其他监管者反对。因较早对金融风险形成条件提出预警而获得"2009年肯尼迪勇气奖"，同年被众议院议长佩罗西选为金融危机调查委员会委员。

拜伦·乔吉欧（Byron Georgiou）

委　员

民主党。金融律师、投资家。2009 年被参议院多数党领袖里德选为危机调查委员会委员。

鲍博·格雷厄姆（Bob Graham）

委　员

民主党。参议员（1987~2005）。2004 年竞选民主党总统提名失败。2009 年被参议院多数党领袖里德选为危机调查委员会委员。

基思·赫尼西（Keith Hennessey）

委　员

共和党。2002 年起进入白宫工作，前美国国家经济委员会主任、乔治·布什的首席经济顾问。目前是斯坦福大学胡佛研究所研究员。2009 年被参议院少数派领袖麦考尔选为金融危机调查委员会委员。

道格拉斯·霍尔兹·埃金（Douglas Holtz-Eakin）

委　员

共和党。经济学家。前美国国会预算办公室主任（2003~2005）、麦凯恩首席经济顾问，2009 年被参议院少数派领袖麦考尔选为金融危机调查委员会委员。

希瑟·莫伦（Heather Murren）

委　员

注册金融分析师（CFA）。著名金融分析师。曾任美林证券全球证券研究与经济学常务董事，负责全球消费者产品权益研究。2009 年被参议院多数党领袖里德选为金融危机调查委员会委员。

约翰·W. 汤普森（John W. Thompson）
委员

IBM 公司前副总裁，前赛门铁克公司首席执行官（大型技术公司中第一位非裔总裁）。现任 Virtual Instruments 首席执行官。2009 年被众议院议长佩罗西选为金融危机调查委员会委员。

彼得·J. 沃利森（Peter J. Wallison）
委员

共和党。律师。美国企业研究所金融政策研究会研究员，金融市场解除管制研究项目主任。曾任里根政府白宫法律顾问、美国财政部法律顾问等。2009 年被众议院共和党领袖勃纳任命为金融危机调查委员会委员。

投票赞成通过本报告的委员

菲尔·安吉利迪斯　布鲁克斯雷·博恩
拜伦·乔吉欧　鲍博·格雷厄姆
希瑟·莫伦　约翰·W. 汤普森

对本报告提出反对意见的委员

基思·赫尼西　道格拉斯·霍尔兹·埃金
比尔·托马斯　彼得·J. 沃利森

前　言

　　金融危机调查委员会成立的目的是"调查现阶段美国金融和经济危机的成因"。在本报告中，调查委员会将此次调查的结果和有关危机成因的结论呈报总统、国会和所有美国人民。

　　虽然金融危机最严重的阶段已经过去两年多，但整个美国经济、社区以及家庭依旧在经历着危机的余震。数以百万计的美国人失去了工作和住房，美国经济也在苦苦挣扎中寻求复苏。本报告旨在从历史视角解读将美国的金融体系和经济引入绝境的原因，帮助政策制定者和公众更好地理解此次灾难发生的根源。

　　本委员会是依据2009年5月经国会批准、由总统签发生效的《反欺诈执法和复苏法案》（公法111-21）成立的。这个独立组织由十名在住房、经济、金融、市场监管、银行和消费者保护等领域具有丰富经验的委员组成。6位委员由国会民主党指派，另外4位由共和党指派。

　　本委员会依法设定22个问询话题，调查在危机中倒闭或者没有政府援助也难逃厄运的主要金融机构失败的缘由。本报告实现了以上法定目标。此外，委员会受命向联邦总检察长和相关的州检察官问询任何委员会发现有可能违反美国法律的人员的情况。本委员会已经将发现的潜在违法行为提交至相关主管部门。本委员会获得授权发出传票以强制获得证言和文件证据。但是，在绝大多数情况下，受询问的公司和个人都自愿配合了调查。

　　在调查和研究过程中，委员会翻阅了数以百万计的文件资料，走访了700余位证人，并在纽约、华盛顿以及全美受危机影响最大的社区举行了19天听证会。本委员会还参阅了大量由国会下设各委员会、政府机构、学术机构、媒体记者和法院调查机构有关危机的资料。

在本报告中，我们试图用清晰、易懂的语言解释繁复的金融体系的运转方式、各种情况的相互联系以及金融危机的发生及发展。进行这些工作必须对抵押放贷、证券化、金融衍生品、公司治理与风险管理等深奥的领域进行大量的调研。为了使这些抽象的问题具体化，我们对起着关键作用的金融公司的某些特定方面开展了个案研究与调查。这些机构包括美国国际集团、贝尔斯登、花旗集团、国民金融公司、房利美、高盛集团、雷曼兄弟、美林证券、穆迪和美联银行。我们对于其他公司的作用和表现则做了一般性的概述。

我们还研究了几届国会和政府颁布的相关政策，着重审视了政策制定机构和监管机构：联邦存款保险公司、美联储、纽约联邦储备银行、住房与城市发展部、美国货币监理署、住房监督局及其前身联邦住房企业监督局、储蓄监督局、证券与交易委员会和财政部等。

当然，本委员会的工作并非面面俱到。国会并未要求本委员会提供政策建议，而是深入调查此次危机的根源。基于上述要求，本委员会仿效国家运输安全局调查航空和其他运输事故的做法，找出事故的原因为避免事故的再次发生提供帮助。我们也未被要求评估为主要金融机构提供财务援助的联邦法律《不良资产救助计划》，这项工作是《不良资产救助计划》国会监督小组和特别调查监察办公室的职责。

本报告不是委员会的唯一成果，调查委员会的网站（www.fcic.gov）提供了大量无法在本报告中容纳的信息资料，包括文件和电子邮件、委员会公共听证会的视频资料、证词和辅助调研资料，可供将来使用。本报告的脚、尾注都可以在网站上查询到。此外，由于各种原因无法披露的材料可以通过美国国家档案馆最终得到披露。

我们的工作体现了委员会全体成员的奉献精神和学识，我们都以从事此项公共服务为荣。委员会的委员们通过信件和电邮与数以万计的关注此次调查的美国人民分享了很多观点、看法，并受益匪浅。同时，我们还要感谢数以百计的，向我们提供专业知识、各种信息，在大规模访谈中提供个人经历、证词并与委员会进行探讨的组织和个人。

我们感谢委员会的全体工作人员，特别是表现出高度专业精神和工作热情的执行主任温迪·埃登堡（Wendy Edellberg）。全体工作人员为我们的国家完成这项任务花费了大量时间。没有他们的卓越贡献，本报告不可能呈现在世人面前。

随着报告的完成和网站的建成，委员会的工作即将结束。我们呈上调查结果，希望即使对于此次危机的全面记录仍然在继续，读者也能够利用本报告得出他们自己对危机的结论。

金融危机调查委员会的结论

金融危机调查委员会（以下简称"调查委员会"或"委员会"——译者注）应召调查这次冲击美国国家金融与经济的危机，并向美国人民解释其原因。目睹美国自大萧条以来最严重的金融危机冲击之下所遭受的经济损害，委员会深切感受到责任之重。

委员会的任务是厘清事件的真相、演进和原因，并且得出委员会的结论。委员会欢迎美国人民加入调查的行列，根据我们调查中所搜集的证据做出自己的评判。如果我们不吸取教训，就无法从教训的阴影下完全恢复。在华尔街和华盛顿，与目前形势有利害关系的人士可能试图把这次危机事件从人们的记忆中抹去，或者宣称此次危机根本就不可预见或避免。本报告竭尽全力揭露真相、鉴明责任、揭开谜思，从而理解我们其实可以避免这场危机。本报告是对历史的记录，而不是篡改历史，更不容许历史被篡改。

为帮助美国公民更好地理解这场危机及其起因，我们在报告的第三、四、五部分的各章结尾处均给出了具体结论。

这场危机对美国来说绝非蚍蜉撼树，2007年和2008年那些影响深远的事件也并不只是自由市场经济体系中在金融与商业周期的前行道路上偶尔的颠簸或者陡然下滑。这是一场根本性的断裂——甚至可以称之为一场金融剧变——给整个美国社会和民众造成了严重损害。

就在这份报告将要付诸印刷之时，还有2600多万美国人没有工作或者找不到全职工作，甚至已经放弃了寻找工作。有将近400万家庭因丧失赎回权而失去房屋，另有450万家庭则即将失去赎回权或者抵押付款已严重滞期。大约有

110亿美元的家庭财富、退休账户资金与一生的积蓄消失无踪。各个企业，无论大小，均已感受到经济严重衰退带来的刺痛。很多人都因失去所有而愤怒，这是理所当然的。许多循规蹈矩的人突然发现自己失去工作，茫然不知未来如何。这场危机已经对个人与社会造成了实实在在的巨大损害。余威与记忆将可能伴随整整一代人。我们的国家经济也不会轻易恢复元气。

与大部分美国人民一样，我们以独立的视角开始整个调查过程，并初步了解为什么这个世界上最强大的金融体系会走到崩溃的边缘。早在我们应召组建这个独立调查委员会前，就已经有很多关于这场危机的著述或争论。但在整个调查过程中我们所了解到的事实深刻地影响到委员会全体人员的认识。我们无数次被自己所看到、听到与读到的内容深深吸引，感到惊讶甚或震惊。我们经历了一场揭示真相的历程。

过去两年中，人们关注的更多是政府提供大量财政援助以稳定金融体系和救助那些被认为极具系统重要性以至于不能倒掉的大型金融机构的决定上。这些决定——以及做出决定的强烈情绪——将在未来很长时间内经受争论。但我们的任务却是提出并回到这个中心问题：2008年我们的国家被迫在两难中做出艰难的抉择——要么承受整个金融体系甚至整个经济崩溃的风险，要么用纳税人数万亿美元为金融体系和一系列公司注资，而几百万美国人仍然找不到工作，失去积蓄，无家可归。为什么会出现这种不堪的状况？

在本报告中，我们详述了这场危机。但在开头做一个简要的概括是有必要的。为金融危机的爆发提供可能的那些薄弱环节是多年积聚而成的，而房地产泡沫——加之低利率，易得的信贷，缺乏监管以及不良房贷推波助澜——的破裂却是引燃一系列后续事件的火花，最终导致了2008年秋的全面危机。随着与抵押贷款相关的证券经过数次打包并出售给全世界的投资者，这些危险抵押贷款的数万亿美元资产被深深嵌入整个金融体系之中。当泡沫破裂时，在抵押贷款和与其相关的证券上损失的几千亿美元资产撼动了整个市场，同时也撼动了对这些抵押贷款有巨额风险敞口并向其大量举债的那些金融机构。这不只发生在美国，同时也在全世界上演。这些损失被合成证券等衍生品放大了。

危机到2008年9月达到了顶峰，雷曼轰然倒下，而保险业巨头美国国际集团也岌岌可危。大型金融机构的资产负债表缺乏透明度令恐慌火上浇油，再加上被认为是"大而不倒"的那些金融机构之间盘根错节,导致信贷市场失灵、交易停滞、股市暴跌,经济陷入严重衰退。

我们现在所调查的金融体系已经与父辈时的金融体系大相径庭。过去三十年中的改变是巨大的。金融市场已变得越来越全球化。技术改变了效率、速度以及金融工具和金融交易的复杂性。现在的融资相比以前有了更宽松的准入和更低的成本。而金融部门本身也成为整个经济中更为主导性的力量。

1978~2007年,金融部门所持有的债务从3万亿美元飙升到36万亿美元,占GDP的比例提高了两倍还多。很多华尔街公司的性质也发生了改变——从相对沉稳的私人合伙制公司变成了上市公司,承担着更大、更多样化的风险。2005年,美国前十大商业银行持有55%的工业资本,比1990年的水平提高了一倍多。在危机前夕的2006年,金融部门的利润占全美所有企业利润的27%,而在1980年该比例仅为15%。意识到这种转变对于委员会的分析是至关重要的。

下面开始论述我们以本报告的事实为基础得出的主要发现与结论,希望人们能够吸取这些教训,从而避免未来的灾难。

我们认为,这场金融危机本来是可以避免的。 危机是人为因素与不作为造成的,而不是命运捉弄或计算机模型故障导致的。金融管理者与金融体系的公共监督者无视前期征兆与警告,也没能质疑、理解和掌控体系内不断演进的风险,而该体系对美国公众的福利来讲是必不可少的。他们所犯的是大过,而不是小错。商业周期无可避免,但如此严重的危机却本不必发生。如莎翁所言,"错不在命运,而在我们自己"。

尽管华尔街和华盛顿有很多人明确表示这场危机无法预见或避免,但事实上,之前就已有征兆与迹象。遗憾的是它们或被忽略,或被漠视:风险型次级贷款与证券化激增,房产价格明显上涨,掠夺性信贷操作被广泛报道,家庭抵押贷款急剧增加,还有金融公司交易活动、衍生品缺乏监管,短期回购借贷市场呈指数级增长以及其他一系列危险信号。伴随着这些警告的却是纵容放任,几乎没有任何及时有效的措施来消除这些威胁。

最主要的例子是美联储没能根除不良贷款的泛滥,而这本来可以通过设定审慎抵押贷款发放标准来实现,美联储是唯一有权采取措施的机构却坐视不管。我们的调查记录还包括许多其他失误的事实:金融机构制造、购买、出售它们毫不在乎且从未仔细审查过或者明知道有缺陷的抵押贷款证券；企业依赖于每天都要进行延期的由次级抵押贷款证券所担保的数百亿美元贷款；大型企业与投资者盲目依赖信贷评级机构作为风险的评判员。如果一条高速公路上既没有速度限制，也没有车道标线，这条路上的安全状况还用预测吗？

我们认为，金融规制及监管的失败对国家金融市场的稳定性而言被证明是破坏性的。 监管者并没有尽忠职守，主要是因为人们普遍相信市场自我纠正的本性和金融机构有效自我管理的能力。三十多年的放松管制和依赖金融机构自我管理的观念，为前美联储主席格林·斯潘及其他一些人所倡导，为历届政府与国会所支持，并常常为强大的金融产业所推动，最终解除了本可以帮助避免这次灾难的关键性防护措施。这种监管方法导致数万亿美元风险资产的关键领域（比如影子银行系统和场外交易衍生品市场）出现监管缺口。此外，政府允许金融公司按其偏好挑选监管者，结果最软弱无力的监管者受到追捧。

我们不能接受监管者缺乏保护金融体系能力的观点。他们在很多领域都拥有充足的权利，但选择不使用这些权利。仅举三例：证券交易委员会本来可以要求大型投资银行保有更多资金并中止危险性的业务操作，却坐视不管；纽约联邦储蓄银行与其他监管者本来可以制止金融危机前花旗集团的放纵行为，却坐视不管；政策制定者与监管者本来可以阻止抵押贷款资产证券化的失控，却坐视不管。无数的事例中，监管者始终认为他们所监管的机构是安全稳固的，即便在巨大的麻烦面前仍是如此，仅仅在它们轰然倒塌的前夜才调低相应的评级。另外，在监管者们缺乏权利的领域本来也可以寻求增加权利。事实却是在限制寻求权利的政治与意识形态的环境中，监管者们常常缺乏政治意愿与毅力去严格地审查受监管的机构和整个金融体系。

随着金融市场的演进，监管体系发生了较大的变化。但正如本报告所指出的，在弱化对机构、市场和产品的监管约束过程中，金融产业本身也起了关键性的作用。一个拥有如此巨额财富和巨大力量的产业对政策制定者和监管者施加压力，这并不令委员会感到惊讶。1999~2008年，金融部门对联邦政府的游说支出（已报道的）达到270亿美元；金融部门的个人与政治行动委员会在竞选中的捐款超过10亿美元。我们所困惑的是这个国家保护金融稳定性所必需的监管力量与独立性被剥夺到了何种程度。

我们认为，此次金融危机的一个关键原因是众多具有系统重要性的金融机构在公司治理和风险管理方面的严重失败。 有一种观点认为，主要金融机构保护自身的本能会使其远离重大风险。 这些机构声称稳健的监管政策不仅没有必要，还会阻碍创新。 很多金融机构行事鲁莽，负担了太多风险而资本金太少，对短期融资严重依赖。 这些机构在很多方面已经发生了根本的改变，尤其是大型投资银行和银行持股公司，它们越来越多地经营高利润、高风险业务，它们收购和支持次级放贷机构，制造、打包、再打包并发行售卖出数以万亿的抵押贷款类证券及合成金融产品，在这一过程中，它们的风险敞口不断扩大。 它们就像希腊神话中的伊卡洛斯毫无畏惧地飞得更高、离太阳更近。

很多机构靠不当的收购和整合策略疯狂地扩张，为有效管理带来更大挑战。花旗集团的首席执行官告诉委员会，区区400亿美元的高评级抵押证券"根本不会引起他的注意"。 花旗集团投资银行的联合总裁说他仅仅在这些证券上"花费不到1%"的时间。 在这个意义上，"大而难倒"意味着"大而难管"。

金融机构和信贷评级公司把数学模型作为可靠的风险预警器，忽视了主动判断。 很多时候，风险管理变成为风险找托词。

在资金成本较低、同行竞争激烈而监管宽松的情况下设计的薪酬制度往往奖励那些快速交易、获取短期收益的业务，而对其造成的长期后果缺乏应有的思考。 这种薪酬制度通常鼓励大手笔赌注，行情上行时收益巨大而下行时损失有限。 在华尔街，从公司董事会到交易员上上下下都是如此。

我们的调查揭示了公司治理中惊人的腐化和不负责任的事例。 你会看到美国国际集团高管无视公司790亿美元抵押相关贷款类衍生证券的期限和风险；房利美过度追求市场份额、利润和年终奖，在房地产市场到顶时把自己推向风险贷款和证券的巨大敞口；美林持有的550亿美元"超优级"和"超安全"的相关抵押贷款类证券，导致公司损失数十亿美元，令高管层无比震惊。

我们认为，过度借款、高风险投资以及缺乏透明度将金融体系推向危机。 显然，这些问题都与公司治理和监管失策有关，但这些问题本身就足以引起我们的警惕。

在危机发生之前那些年，太多金融机构和美国民众最大限度地借款，即便他们投资的价值下滑空间有限，也会导致自身极其容易受到金融紧缩的伤害。 例如贝尔斯登、雷曼兄弟、美林、摩根士丹利和高盛这五大投行一直以超低资本运营。他们的杠杆率高达40比1，这就意味着他们的资产中每40美元仅仅对应了1美元的资本金去覆盖损失。资产价格下跌不到3%就足以扼杀一家公司。更糟糕的是他们的借款大多是隔夜市场拆借的短期贷款，这就意味着每天都需要不停地借进新的贷款。如2007年末贝尔斯登有118亿美元的股东权益，3836亿美元的债务，在隔夜市场借入700亿美元。这就类似于一家有5万美元股本的小企业借了160万美元，并且每天都借入296750美元。而当所有人都持有这种借款理念的时候，就不可能有人会问"难道他们不动脑子吗？"

机构往往通过衍生品头寸、资产负债表表外项和"粉饰"财报向公众掩盖高杠杆率。

杠杆率之王是房利美和房地美。它们也是政府支持的大型企业。到2007年末，如果把自有和担保的贷款包括在内，"两房"的总杠杆率高达75比1。

然而，在这场借贷狂欢中不仅仅只有金融机构的参与。2001～2007年，全国抵押贷款类债务几乎翻了一番，人均抵押类债务从91500美元增加到149500美元，增幅超过63%，但同时人均工资实际上停滞不变。当住房市场掉头向下，高度负债的金融公司和家庭必然遭受沉重的打击。

背负沉重债务的金融机构的处境会因为它们持有高风险资产而进一步恶化。随着房产抵押和房地产市场不断衍生出风险越来越高的贷款和证券，很多金融机构的持有量也越来越多。到2007年末，雷曼累计持有1110亿美元商业不动产和住宅证券，几乎是其两年前持有量的两倍，比其自身资本的四倍还多。不仅大型金融机构敢冒风险，居民家庭也是如此。在2005年、2006年，近10%的抵押贷款者获得的是选择性可调息抵押贷款（option ARM），这意味着他们可以选择极低的月供，但贷款余额不断上升。

金融体系对透明度没有也不想有硬性要求，这进一步放大了此类债务的危害。大量的短期借贷，加上市场上不为人所见的其他偿债义务，增加了市场快速崩溃的可能。20世纪早期，我们构筑了一系列预防机制——作为最后贷款人的美联储、联邦储蓄保险、大量监管规定——为抵御19世纪困扰美国银行体系的市场恐慌树起防护堤坝。然而，在过去的三十多年中，我们默许体量已经可以与传统银行系统一争高下的影子银行系统携带着大量不透明的短期债务不断发展。 市场的重要部分，诸如数万亿美元的回购协议借贷市场、资产负债表表外实体、场外衍生品交易等都隐蔽不见，不受我们曾建立起来防御金融崩溃的机制的保护。 我们造就了一个拥有19世纪保护机制的21世纪金融系统。

当住房和抵押市场下滑，缺乏透明度、债务负担超常、短期贷款和风险性资产注定让我们自食恶果。 结果就是恐慌。 我们是罪有应得。

我们认为，政府在应对危机上准备不足、应对政策前后不一致增加了金融市场的不确定性和恐慌。 我们的职责不仅是对政府在危机发生前的政策和行为做出评估，也要对政府应对危机发展的行为做出评估，从而判断政府是助长还是减缓了危机的蔓延。

美国财政部、美联储是关键的政策制定者，也是监控市场的最适当的部门，但正如我们报告中所论述的，它们在2007年和2008年面对危机时反应迟钝，其他机构同样慢一拍。 在走向危机的那几年，监管机构对于自己负责的金融体系缺乏全面清晰的了解，阻碍了应对危机的速度，这与重要市场缺乏透明度有很大关系。 监管机构认为风险已经分散，但实际上却在集中。 从2007年春天起，政策制定者们一次又一次被危机的蔓延搞得措手不及。 他们对金融市场中的风险及其相互关联缺乏完整的认识，因此也没有形成全面的战略性防范计划。 金融体系的发展速度已经远远超过了保护机制的反应速度。

尽管之前对房地产泡沫有一些认识和讨论，但是有记录表明高官们并没有意识到这个泡沫的破裂会危害整个金融体系。 2007年的整个夏天，美联储主席本·伯南克和美国财政部长亨利·鲍尔森向公众保证次级抵押贷款市场的动荡会得到控制。 2007年6月贝尔斯登旗下重仓投资抵押类证券的对冲基金爆仓，美联储开会讨论了这个崩溃事件的影响。 尽管很多其他基金与对冲基金一样处于同样的风险之中，美联储仍然认为贝尔斯登对冲基金的情况"相对罕见"。 2008年3月，贝尔斯登破产前夕，美国证券交易委员会主席克里斯托弗·考克斯声称对大型投行的"缓冲资本感到放心"。 直到2008年8月，对"两房"国有化的几周前，财政部才对房地美和房利美两家机构糟糕的财务状况有了全面认识。 雷曼曾制造了超过90万份衍生品合约，而直到雷曼破产一个月前，美联储纽约分行却还没有调查完与合约相关的风险敞口。

此外，危机期间，政府救助了贝尔斯登，将"两房"国有化，放弃救助雷曼，却向美国国际集团伸出援手，这种对待金融机构不一致的处理方式加剧了市场不确定性和恐慌情绪。

虽然做出上述评论，我们仍然要对财长鲍尔森、美联储主席伯南克、前纽约联邦储备银行主席和现任财长蒂莫西·盖特纳以及其他在最具挑战性、最混乱的环境下为稳定美国金融体系和经济而做出种种努力的人士报以深深的敬意和感谢。

我们认为，问责制和道德出现系统性崩溃。 金融市场的诚信和公众对市场的信任对于国家的经济健康至关重要。健全的金融系统和持续繁荣的经济依赖公平交易、责任感和透明度这三大理念的支撑。在我们的经济中，我们认为企业和个人的确追求利润，但他们在生产产品和提供服务的同时，也会注重质量、保证诚信。

不幸的是，在投机的繁荣和萧条中，我们均目睹了责任和道德的丧失加剧了金融危机的发生。虽然违规并非处处发生，但在普通员工到公司高管中普遍存在。这些违规行为不仅导致了严重的金融危机，还损害了投资者、企业和金融体系本应获得的公众信任。

我们通过调查发现：自2006年夏到2007年底短短的几个月内，借款人在借款后短期内即出现拖欠抵押贷款的比例近乎翻了一倍。这一数据表明，借款人在取得抵押贷款时，本身就不具有还款能力或者说根本没有还款意图。本报告中会提到，贷款经纪人向借款人推荐高成本贷款，以便从放贷人那里获得高额的"利差回扣"，所以他们从不会向借款人披露任何信息。本报告提到伴随贷款标准下降和监管环境的宽松，抵押贷款欺诈率不断上升。1996~2005年，存款银行及其子公司关于与欺诈活动相关的可疑贷款活动的报告数量增加了20倍，2005~2009年这一比例再次翻番。一份研究指出2005~2007年抵押贷款欺诈所造成的损失总值达1120亿美元。

放贷机构清楚地知道，他们发放的贷款借款人无法偿还，也清楚由此可能给住房抵押贷款证券的投资者造成巨大损失。早在2004年9月，国民金融公司的高管就认识到：他们发行的许多贷款可能导致"灾难性后果"。不到一年的时间，该公司即指出他们发行的某些高风险贷款不仅会导致止赎，而且会对公司造成"财务和声誉的大灾难"。但是他们却没有停止发放此类贷款。

本报告也指出，主要金融机构把他们购买的一部分贷款未经谨慎选取就打包并出售给投资者。这些机构清楚地知道这些产品大部分既不符合自己的承销标准，也不符合发起人的标准。然而，他们还是把这些产品销售给了投资者。委员会审查了许多提供给投资者的招股说明书，发现这一关键信息并没有披露出来。

第一，将这场危机归因于贪婪傲慢等道德瑕疵未免太过简单。但正是由于忽视了人性的弱点，才导致这场危机。

第二，我们坚信危机是由造成系统性失灵、使国家付出高昂代价的人为错误判断和不当行为造成的。阅读这份报告的时候会发现，某些公司和个人采取了不负责任的行动。然而，这场如此严重的危机不可能是几个糟糕的演员就可以完成的表演，情况要复杂得多。与此同时，这场危机的广度并不意味着"人人皆有过错"，许多机构和个人并没有参与孕育这场灾害的各种过度行动。

但是，我们确实认为，负责保护金融体系安全的公共部门领导、受到重托的监管机构的负责人以及各个公司的高管们应当承担责任，他们的失责导致了危机的爆发。这些机构的相关负责人谋求并接受了拥有重大职责的岗位，领导和高层的声音起着举足轻重的作用。但是，在危机中，我们失望了，他们中没有人说："不。"

作为一个国家，我们必须为我们任由发生的事情承担责任。我们集体地、当然并非全体一致地默许或欣然接受了将我们置于目前危机困境的体系和一系列政策及行动。

本报告描述了危机的经过和迫使我们的国家陷入危机的体系。金融市场的复杂机器中有运转齿轮，它们对危机的发展和深化起到了关键作用。本报告的结论认为金融体系的某些特殊成分显著地影响并导致了金融体系的崩溃。

我们认为，抵押贷款标准的坍塌和抵押贷款证券管道化传递点燃了危机的导火索并使其蔓延。 当住房价格下跌，抵押贷款借款人违约，华尔街的灯光开始暗淡。本报告记录了抵押贷款标准的坍塌，记录了证券管道化，正是通过它们，不良抵押贷款证券从美国向周边蔓延，波及了全世界的投资者。

许多抵押贷款机构设置很低的贷款门槛，贷款人完全相信迫不及待的借款人提供的资质证明，甚至经常故意无视借款人的还贷能力。2005年上半年近四分之一的抵押贷款是只还息贷款（interest-only loans）。同年，国民金融公司

（Countrywide）和华盛顿共同基金发起的"选择性可调息贷款"（option ARM）中有68%是低凭甚至无凭贷款。

这些动向并不是秘密。由于掠夺性和欺诈性等不负责任的放贷越来越普遍，美联储、其他监管机构和权力部门都听到了来自不同部门的危险信号。然而，美联储忽视了自己"确保国家银行业和金融系统稳定安全，保护消费者信用权利"的职责，没有及时采取保护措施。而美国货币监理署和储蓄监督局当时陷入地盘争夺战，抢占国家监管机构的控制权。

银行账本上已经有大量抵押贷款，而更多的资金从全球投资者源源不断地流向新创造出来的抵押贷款相关证券中。在金融机构、投资者和监管者看来，这些产品的风险得到了控制：投资者认为自己持有高评级证券肯定能带来收益；银行则认为自己将风险最高的贷款移出了账面；监管者则看到公司赢利增加而借款成本减少。但是抵押贷款证券管道化的每一步都取决于下一环节的需求。从倒卖房产的投机商到寻找贷款的抵押贷款经纪人，从发行抵押贷款的放贷方到创造抵押贷款担保证券（MBS）和担保债务凭证（CDO）、双重（CDO squared）和合成担保债务凭证的金融公司，管道内的所有参与者无一例外地都没有足够的能力承担这些有害抵押贷款。他们都相信自己可以一下子就把风险转嫁给管道里的下一个人。其实他们都错了，一旦借款人停止还贷，损失就会通过衍生品进一步放大，迅速波及管道中的所有参与者。这种情况在危机中果然出现，损失集中到了具有系统重要性的几家金融机构。

最后，事实证明，创造出数十亿抵押贷款的系统是很难理顺的。系统的复杂性为修改贷款设置了重重障碍，导致家庭失去住所，制造了更大的不确定性，威胁到了房地产市场和金融机构的健康发展。

我们认为，衍生品场外交易对于此次危机也有举足轻重的影响。 2000年立法禁止了联邦政府和各州政府对场外衍生品交易行为的监管是这场金融危机进程中关键的转折点。

从金融公司到企业、到农场主、到投资者，衍生工具已被用于对冲或投机价格、利率及指数的变动，甚至被用于诸如债务违约可能性等任何事件的变化。然而，没有任何监督，场外衍生工具迅速失去控制并脱离人们的视野，规模迅速扩张到673万亿美元。本报告解释了失控的杠杆作用、缺乏透明度、资本要求和抵押品要求缺失，投机，公司间的相互关联以及衍生品市场的风险集中等问题。

场外衍生工具以三种方式助长了危机的发生。首先，信用违约掉期（CDS）助长了住房抵押贷款证券的管道化。信用违约掉期产品出售给投资者，以防止违约发生或是防止风险贷款支持的抵押贷款相关证券的价值出现损失。金融公司出售这些保护——以美国国际集团为例，该公司出售了790亿美元的保险给这类新奇的住房抵押贷款证券的投资者——帮助继续推动扩大了市场，催生出更大的房地产泡沫。

其次，债务担保债券对创造合成型债务担保债券（synthetic CDO）是必不可少的。这些合成CDO取决于抵押贷款相关证券的业绩。由于相同证券被反复抵押，放大了房地产泡沫破灭造成的损失，并将损失传遍金融体系。从2004年7月1日到2007年5月30日，仅高盛就打包出售了730亿美元的合成CDO，包含3400笔抵押贷款，其中610笔至少打包销售了两次。其他公司还会将这些证券再多次重复打包成合成型担保债务凭证。

最后，当房地产泡沫破裂和危机接踵而来时，衍生工具首当其冲陷入了风暴中心。由于监管当局对美国国际集团没有资本要求，所以公司对其销售产品的违约没有任何保护措施，更无法履行其义务。最终由于担心公司的倒闭会引发全球金融体系的大规模损失，政府只好承诺为其注入1800亿美元。此外，在这个不受监管的市场上，还有大量看不见、不为人所知的核心金融机构之间的数以百万计的衍生品合约，进一步增加了危机的不确定性，使危机不断升级，迫使政府出手援助这些机构。

我们认为，信用评级机构的失败是此次金融灾难齿轮中的关键一环。 三大评级机构是金融崩溃过程中的关键推手，如果没有他们的评级，处于此次危机中心的与不动产抵押相关的债券就不会在市场出售。但是，投资者总是盲目地信任他们。在某些情况下，投资者有义务使用评级结果，监管资本标准也与评级密切相关。如果没有信用评级机构，这场危机根本就不会发生。信用评级机构使得整个市场大涨，而他们在2007年和2008年对债券的降级又对市场及公司造成了严重破坏。

在本报告中，委员会将穆迪作为案例进行了研究。2000~2007年，穆迪把将近45000只抵押贷款相关证券评为AAA级。与此形成鲜明对比的是，2010年初，仅有六家美国私人公司获得此类高评级。仅在2006年，每天被穆迪评为AAA级的抵押贷款相关证券高达30只。这样的评级带来的结果是灾难性的：83%的AAA级抵押贷款证券一年内就被降级。

本报告还描述了穆迪问题背后的强大作用力，包括有缺陷的计算模型、支付评级费用的金融公司施加的压力、残酷的市场份额竞争、缺少获利手段以及政府监管的缺位。如果没有评级机构的推波助澜，抵押贷款相关证券市场不会发展到崩盘。

对于此次金融危机的原因，有很多相左的观点。正因为如此，委员会尽力讨论关键性问题。在此讨论以下三点：第一，资本获得的便利性及过度流动；第二，房利美和房地美公司（即政府支持企业）的作用；第三，政府的住房政策。

第一，资本过度流动的问题。在本报告中，我们首先回顾了危机发生前几年的货币政策和资本流动情况。当时美国处于低利率时期，资本通常很容易获得，国际投资者也乐意投资不动产领域，这些都是信贷泡沫出现的前提，它们造成风险上升，本应被市场参与者、政策制定者以及监管者所觉察。但需要说明的是，委员会认为，流动性过度并不会必然引起金融危机。上述总结的因素——包括没有有效地遏制抵押贷款和金融市场的滥发行为——才是引发此次危机的主要原因。事实上，如果引导得当，使国内外资本流向生产部门，资本易得本来应该成为经济增长的有利条件。

第二，委员会以房利美作为案例，审视了政府支持企业在危机中所起的作用。这类企业从商业模式上看就是有问题的，他们是上市公司，但同时获得政府的隐性补贴并肩负公共责任。他们拥有5万亿美元抵押贷款的风险敞口，在市场上的地位更是举足轻重。2005～2006年房地产市场达到顶峰时，"两房"决定扩大对风险性抵押贷款的购买和担保数量。几十年来，政府支持企业一直利用其政治影响力来规避有效监管，1999～2008年，他们花费了约16.4亿美元对政府进行游说。他们与委员会调查的其他金融公司一样面临公司治理和风险管理方面的重重问题。2010年第三季度，财政部向这些企业注入了1510亿美元资金以维持其运转。

我们认为，"两房"对危机的发生起到了作用，但不是造成危机的主要原因。重要的是，政府支持企业的抵押债券在整个危机期间保持了价值不变，也并没有造成处于金融危机旋涡中心的金融公司的严重受损。

政府支持企业参与了次贷及其他风险抵押贷款债券的扩张，但只是参与而非领导了此次华尔街金融贷款市场的"傻瓜淘金热"游戏。他们购买了最高信用等级的非政府支持性企业抵押债券，他们的参与的确助推了房产市场的膨胀，但是，其所购买的债券所占市场比例并不大。2001年，"两房"购买了10.5%的非政府支持企业的次级抵押债券，2004年购买份额增加到40%，2008年购买份额下降到28%。他们放松了承销标准，购买并且承保了高风险债券和相关证券，以便迎合股票市场分析师及投资人对经济增长的预期、重新获取市场份额、确保管理层及员工获得高额报酬——这一切为其市场表现和一贯支持政府鼓励个人拥有住房的政策提供了支持。

委员会还调查了房地美和房利美购买及担保贷款的表现。尽管次贷给"两房"造成了损失，但事实上政府支持企业的贷款坏账率比其他金融公司要低。例如，委员会把具有相似信用分数（均小于660分）的借款人数据进行比较发现，截至2008年底，政府支持企业债券的违约率为6.2%，比非政府支持企业债券28.3%的违约情况好得多。

我们也详细研究了住房和城市发展部（HUD）的住房目标对于政府支持企业对风险性抵押贷款投资的影响。根据事实数据和对此领域相关人员的多次访谈，我们认为，这些住房目标对房利美和房地美参与抵押贷款的影响微乎其微。

第三，我们讨论政府房屋政策是否是此次危机的主要原因。几十年以来，政府都通过一系列的刺激政策、援助项目及指令来鼓励个人购房。这些政策被政府管理部门及国会大力提倡并落实到位。事实上，比尔·克林顿和乔治·W.布什两位总统都制定了雄心勃勃的计划来提高美国个人住房拥有率。

为了进行此次调查，我们对住房和城市发展部承担的房屋目标以及"再投资法案（CRA）"进行了详细的研究。"再投资法案"于1977年生效，其目的是抵制银行贷款的歧视政策：在实践中银行往往无视个体信用情况，拒绝向某些社区的个人和公司贷款。"再投资法案"要求商业银行及存贷款机构在保证银行安全与稳健的情况下，向他们吸储的社区提供放贷、投资及相关服务。

委员会的结论是，"再投资法案"并不是次贷危机发生的重要原因。许多次级贷款者并不是该法案的约束对象。研究显示仅有6%的高成本贷款（次级贷的代称）与该法案有关，受"再投资法案"监管的放贷人的贷款违约率仅是不受该法约束的独立放贷人类似贷款违约率的一半。

我们对政府住房政策做出结论，住房政策在以下方面出现错误：国家制定了雄心勃勃的个人住房拥有率目标，希望能够为原来无法进入金融市场的家庭提供信贷。但是政府无法确保机会均等的原则与现实情况相符。美联储及其他管理机构没能遏制住不良贷款。个人住房拥有率在2004年春达到顶峰，此后开始下降。从那之后，有关机会均等原则的讨论就开始脱离现实，金融危机就此酝酿而生。

18个月前委员会开始调查工作的时候，许多人认为在我们推出报告的时候，2008年发生的种种事件及其后果将会随着时间的流逝得到稳妥处理。然而，自从政府对金融市场进行史无前例的干预后，两年多过去了，我们的国家却仍然在这场灾难造成的后果中挣扎。从很多方面来看，美国的金融体系与危机前夕相比并没有发生多少变化。事实上，随着危机的到来，美国金融部门目前仍然掌控在少数大型具有系统重要性的机构手中。

委员会没有受命提出任何政策建议，本报告的唯一目的是对所发生的情况进行评估，以便能够开启新的征程。在我们的调查中，发现了公司治理崩溃、监管严重缺失、金融体系出现致命缺陷。我们还发现，一系列的政策选择和行为把我们引向了一场措手不及的大灾难。我们必须严肃处理这些严重的问题，下决心重振金融市场的信心，避免下一次危机，重新打造资本体系，为创建共享繁荣的时代打下坚实的基础。

最大的悲剧莫过于接受老调重弹：无人可以预测危机到来，所以我们无能为力。如果我们接受这样的论调，危机必然会再次降临。

本报告并不是国家对此次危机最终的检讨。我们还有大量情况需要掌握、调查和澄清。

这是我们的共同责任。如果想要得到不同的结果，那我们就必须做出抉择。

第一部分

祸 端

近在眼前

第一章
近在眼前

为了调查这场自20世纪大萧条以来最严重的金融衰退，金融危机调查委员会审查了数百万页文件，询问了数百位财务主管、商业领袖、决策者、监管者、社会活动家及各行各业人士，挖掘危机产生的过程及原因。

在公众听证会和访谈中，很多金融业高管及政府高官作证说他们对此次危机感到措手不及，出人意料、不可思议的事件接连发生，贯穿整个危机。即便在真正担心地产泡沫破灭的人士当中，也没有几个能够预见危机会发展到如此惊人的规模。

前花旗集团董事长兼首席执行官查尔斯·普林斯（Charles Prince）称房价崩溃"完全出乎意料。"[1]伯克希尔·哈撒韦公司（Berkshire Hathaway）直到2009年一直都是穆迪公司的最大股东，其董事长兼首席执行官沃伦·巴菲特（Warren Buffett）对金融危机调查委员会称，"几乎没人能感知房地产泡沫"，他将泡沫称为3亿美国人的"大众错觉。"[2]高盛集团（Goldman Sachs Group, Inc.）董事长兼首席执行官利奥伊德·布兰克费恩（Lloyd Blankfein）干脆把这次金融危机比喻成一场飓风。[3]

监管者也随声附和。2006年以来一直担任美国联邦储备委员会（美联储）主席的本·伯南克（Ben Bernanke）对调查委员会称，此次危机是一场完全在监

---

[1] Charles Prince, testimony before the FCIC, Hearing on Subprime Lending and Securitization and Government-Sponsored Enterprises（GSEs）, day 2, session 1: Citigroup Senior Management, April 8, 2010, transcript, p. 10.

[2] Warren Buffett, testimony before the FCIC, Hearing on the Credibility of Credit Ratings, the Investment Decisions Made Based on Those Ratings, and the Financial Crisis, session 2: Credit Ratings and the Financial Crisis, June 2, 2010, transcript, p. 208; Warren Buffett, interview by FCIC, May 26, 2010.

[3] Lloyd Blankfein, testimony before the First Public Hearing of the FCIC, day 1, panel 1: Financial Institution Representatives, January 13, 2010, transcript, p. 36.

管者意料之外的"完美风暴";但是当问到美联储是否因为不够强硬而导致房地产繁荣时期对抵押贷款市场监管不力时,伯南克回答道:"没错,确实是这样。我认为这是美联储在这一特殊时期所犯下的最严重的错误。"[1]金融危机前,在任20年的美联储主席艾伦·格林斯潘(Alan Greenspan)对调查委员会称,预测如此急剧的金融衰退已经超出了监管当局的能力范围。"历史告诉我们,监管者无法确定危机发生的时间,也无法预测危机从哪里开始,更不知道危机带来的损失和溢出效应有多大。"[2]

事实上,早在危机发生之前,种种征兆就已经显现。在房地产市场崩溃前的十年间,有很多迹象表明房价被高估,借贷行为失控,太多的房主背负着难以偿还的贷款和债务,金融体系的风险失去监控。从金融机构到监管部门,从消费者服务机构到国家执法机关乃至全美及其邻国的公司,警报声处处响起。许多颇有见识的高管发现了问题苗头,试图力挽狂澜避免翻车。当无数美国人在一派金融狂欢中陶醉不已时,还是有很多人大声疾呼,提醒华盛顿和国家立法机关的政府官员们,近在咫尺的不仅是经济之灾,更是人祸。

由美国总统乔治·W. 布什(George W. Bush)任命的美国证券交易调查委员会(Securities and Exchange Commission)前主席理查德·布里登(Richard Breeden)说,"世人皆知,美国存在着抵押泡沫。我的意思是,泡沫并非不易察觉……我们不可能眼睁睁地看着现实情况却说,监管者尽职尽责了。泡沫既不是隐而不露的问题,也没有发生在火星、天王星或者其他什么遥远的星球上。泡沫就出现在我们的眼皮底下……贷出数万亿美元的抵押贷款而不被民众注意,是绝对不可能的。"[3]

美国最大的货币管理公司之一的太平洋投资管理公司(Pacific Investment Management Company,PIMCO)总经理保罗·麦卡利(Paul McCulley)告诉调查委员会,他和同事们早在2005年就因为"一些不容小觑的泡沫迹象"而开始担忧,因此他们派出信用分析师前往20个城市进行"老式的调查研究",与房

---

[1] Ben S. Bernanke, closed-door session with FCIC, November 17, 2009;Ben S. Bernanke, testimony before the FCIC, Hearing on Too Big to Fail:Expectations and Impact of Extraordinary Government Intervention and the Role of Systemic Risk in the Financial Crisis, day 2, session 1:The Federal Reserve, September 2, 2010, transcript, p. 27.

[2] Alan Greenspan, written testimony for the FCIC, Subprime Lending and Securitization and Government - Spons-ored Enterprises(GSEs), day 1, session 1:The Federal Reserve, April 7, 2010, p. 9.

[3] Richard C. Breeden, interview by FCIC, October 14, 2010.

地产经纪人、抵押贷款经纪人、地方投资者探讨房地产和借贷市场。 保罗·麦卡利声称他们亲眼见证了他所谓的"承销标准的彻底堕落",回到位于加利福尼亚州纽波特比奇市（Newport Beach）的公司总部后,分析师们交流了调查研究结果。 麦卡利告诉调查委员会说,"调查小组回来后报告了调查结果,我们据此调整了风险管理计划"。 公司随后大大减少了风险抵押证券市场的参与活动。①

资深银行家们,尤其是对以往的储蓄和贷款危机记忆犹新的业内老手,发现沿用多年的审慎借贷规则已经被人们抛到了脑后。 位于加州贝克尔斯菲尔德市（Bakersfield）的使命银行（Mission Bank）主席阿诺·卡泰尼（Arnold Cattani）告诉调查委员会,他对当地住房建设市场在"贪婪"的华尔街投行推波助澜下越发"疯狂"的行为越来越感到不安,所以2005年之前,他退出了某些投资计划。②

内华达州第一服务银行（Service 1st Bank）副主席兼首席执行官威廉·马丁（William Martin）告诉调查委员会说,渴望"又高又快的回报"蒙蔽了人们的双眼,他们根本认不清自己真实的财务状况了。 他说,"你们可能还记得,电影《黑衣人》中的一个场景,汤米·李·琼斯（Tommy Lee Jones）在空中手拿电筒,电光一闪,就把地球人遭遇外星人的记忆抹得干干净净"。③

本次泡沫不同于17世纪荷兰的"郁金香风潮"、18世纪"南海股票"和20世纪90年代末的网络泡沫等多次危机,这次的经济泡沫涉及的不只是一件商品,它牵涉了小到社区大到社会乃至整个经济生活的基石:家庭。 家庭是社会、个人、政府和经济结构赖以存在的基础。 孩子们一般就近上学;地方政府对公路、消防队和公共安全的投入取决于他们征收到多少地产税;房价和消费者的开支息息相关。 房地产业衰退引发的连锁反应会波及一切。

由于美联储21世纪初削减利率、贷款利率下降,住房再融资暴增,从2000年的4600亿美元跳升到2003年的28000亿美元,④尽管工资没有增长,美国人照样可以依赖积累了几十年的资产进行更多的消费。 房屋销售量因此开始上

---

① Paul A. McCulley, testimony before the FCIC, Hearing on the Shadow Banking System, day 2, session 3: Institutions Participating in the Shadow Banking System, May 6, 2010, transcript, p. 249.
② Arnold Cattani, testimony before the FCIC, Hearing on the Impact of the Financial Crisis—Greater Bakersfield, session 2: Local Banking, September 7, 2010, transcript pp. 25, 61.
③ William Martin, testimony before the FCIC, Hearing on the Impact of the Financial Crisis—State of Nevada, session 2: The Impact of the Financial Crisis on Businesses of Nevada, September 8, 2010, transcript, p. 76.
④ Inside Mortgage Finance, *The 2009 Mortgage Market Statistical Annual*, Vol. 1, The Primary Market, p. 4, "Mortgage Product by Origination."

升，仅从全美房屋平均价格来看，八年里就增长了 67%，到 2006 年初达到 227100 美元的新高。① 很多地方房价猛涨：萨克拉门托（Sacramento）的房价仅仅五年就增长了 2.5 倍，② 贝克尔斯菲尔德（Bakersfield）、迈阿密和基维斯特（Key West）的房价也经历了同样的增幅。全美约 110 个大都市的房价翻了一番，包括菲尼克斯、大西洋城、巴尔的摩、劳德代尔堡（Ft. Lauderdale）、洛杉矶、波基普西（Poughkeepsie）、圣迭戈和西棕榈滩（West Palm Beach）。③ 新房开工率增长了 53%，从 1995 年的 140 万栋上升到 2005 年的 200 多万栋。受政府政策鼓励，美国房屋自有率在 2004 年春达到了 69.2%，但此后三年，即使抵押贷款源源不断地运转，这一比例也再没有增加。通过住房再融资，美国人在 2000 到 2007 年间获得的房屋权益达 200 万亿美元，仅 2006 年就有 3340 亿美元，是 1996 年的 7 倍还多。④ 房地产市场的投机客们和潜在房主们在郊区新小区外排起长队，期望能在小区动土前就能买到房。截至 2005 年上半年，近百分之十的房屋销售给了投资客、炒房客或者二套房买主。⑤ 房子是越大越好，甚至房屋结构面积也增加了：从 1997 到 2007 年的十年间，新房平均面积达到 2277 平方英尺，增长了 15%。

资金犹如洪水破堤般涌入市场。低利率以及外资涌入更为房地产市场的火暴添油加火。建筑工人、景观设计师、房地产代理商、贷款经纪人和房屋估价师从房地产市场上赚了大钱，而华尔街投资银行家和交易员们在财富金字塔更高层赚得盆满钵满，最争强好胜的金融服务公司则创下股价的历史最高纪录。⑥ 普通美国房主纷纷把房屋抵押以便供孩子上大学、付医疗账单、安装带名牌大理石操作台的厨房、外出度假或者创业。即使个人债务攀升之势弥漫全国，人们还

---

① 数据由全国房地产经纪人协会向 FCIC 提供：全国房价数据来源于现存房屋的销售额，参照 1998 年第二季度房价（135800 美元），2006 年第二季度房价高峰（227100 美元）。
② Core-based statistical area house prices for Sacramento-Arden-Arcade-Roseville CA Metropolitan Statistical Area, CoreLogic data.
③ Data provided by CoreLogic, Home Price Index for Urban Areas. FCIC 成员计算了每个市场从 2001 年 1 月起到峰值时房价的增长率。有 401 个城市房价至少增长了 50%，217 个城市至少增长了 75%，112 个城市至少增长了 100%，63 个城市至少增长了 125%，16 个城市增长率超过 150%。
④ 更新数据由詹姆斯·肯尼迪（James Kennedy）和格林斯潘提供，该数据最早出现在"Sources and Uses of Equity Extracted from Homes," Finance and Economics Discussion Series, Federal Reserve Board, 2007 - 20（March 2007）。
⑤ "Mortgage Originations Rise in First Half of 2005; Demand for Interest Only, Option ARM and Alt - A Products Increases," Mortgage Bankers Association press release, October 25, 2005.
⑥ 2007 年，纽约投资银行家的周工资是 16849 美元；私有企业雇员的平均工资是 841 美元。

是用贷款支付信用卡账单。调查表明，有5%的房主借出现金买车，40%的房主用来支付五花八门的开支，包括纳税、购买衣物、礼物及生活开销。① 租客们则利用新贷款买房，搬到郊区去，在自家后院架起秋千，让孩子就近入学。

国民金融公司（Countrywide Financial）就是被高风险抵押贷款业务拖垮的。在公司任职多年的首席执行官安杰罗·莫兹罗（Angelo Mozilo）说，这些年"淘金热"思维充斥美国，他也深受影响："房价上升速度之快是我从业55年来从没见过的，连普通人都陷入疯狂之中，买房、转手卖掉、赚钱，一直这样做下去。他们买进一套房子，挣5万美元……然后在鸡尾酒会上炫耀……房子忽然之间不再是美国梦的一部分，而是变成了装下一家人的一件普通商品。这是文化上的一种变化……突然的、意想不到的变化"。②

表面上看房地产市场一片繁荣。毕竟，该市场多年来一直是利用各种行之有效的抵押贷款工具和将抵押贷款转为证券投资的融资技巧来运行的，华尔街的现金借此机制源源不断地流入美国房地产市场。

但实际上这种运行机制的内部已经出现了问题。就像科幻电影里演的家里天天使用的物件突然不好用了一样，为人熟知的市场机制现在改头换面、变了样。历经时间考验的30年期固定利率抵押贷款和20%首付制度不再流行。抵押支持证券既安全又有回报，引发全球需求的迅速增长。全世界的投资者都叫嚷着要买美国地产证券，似乎那才是世界上最安全的投资之一。

华尔街竭尽所能满足全世界的需求。债券推销员把新型放贷机构的新型贷款打包成新型投资产品出售，赚取了数百万的红利。人们都认为这些投资产品是安全的，但实际上它们复杂而暗藏风险。联邦政府官员们对这些金融创新交口称赞，夸它们降低了消费者的借贷成本、消除了重要金融机构的风险。但是，美国金融体系却变得非常脆弱，而且从金融大鳄到普罗大众都不了解这个体系之内相互关联的方式。事实上，一些大型机构已经承担了事后被证明是摧毁性的风险。数万亿美元的赌注下在一个信念上——房价一直会涨，借款人不会违约（即使他们已经债台高筑）。风险重重的贷款被打包扮成最好的投资产品——高收入、无风险（事实上在很多情况下却是高风险零收益）奉给投资者。

东方汇理银行（Calyon Securities（USA）Inc.）总经理和金融分析师迈克尔·

---

① Federal Reserve Survey of Consumer Finances, tabulated by FCIC.
② Angelo Mozilo, interview by FCIC, September 24, 2010.

麦约（Michael Mayo）认为，所有的金融创新都很像"廉价的桑格里格汽酒"，他说，"就是把各种廉价原材料重新调配包装再高价卖出""一开始喝起来味道还不错，但是喝过以后便难受起来了，你根本不知道喝的那玩意儿里到底放了什么。"①

证券化机器开始"狂饮"这些稀奇古怪的抵押贷款产品：次优贷（Alt-A），次级贷（sub-prime），只付息贷（I-O，interest only），低核凭、无核凭贷款（low-doc，no-doc），"三无贷款"（ninja no income no job no assects，无收入无工作无资产），2-28s 和 3-27s 贷款，骗子贷款（liar loans），猪背复合贷款（piggyback second mortgages），还款选择贷款（payment-option），选择性可调利率抵押贷款（pick-a-pay adjustable rate mortgages）。可调息抵押贷款（ARM）的新变种被称为"'引爆式'武器"（ARMs 是可调利率抵押贷款的缩写，在英文中又为"武器"的意思——译者注），其特征是还贷期初期月供利率较低，但是如果借款人无法再融资，月供会突然增加两到三倍。负摊销抵押贷款(Negative Amortization loan)会蚕食掉借款人的资产。很快，市场就充斥着无数这些五花八门的抵押贷款，这些东西把没有仔细研读精美宣传手册的借款人弄得糊里糊涂，让想琢磨清楚产品真相的借款人困惑不解，而向跃跃欲试的借款人敞开了融资的大门。

很多人做出了不当选择。有些人想住上超出自身支付能力的房子。截止到 2005 年中期，美国将近四分之一的借款人从银行贷到的是可以延迟支付本金的只付息贷款。② 还有些借款人选择非传统性抵押贷款，只是因为这是他们在房价高企的加州求得一间住房的唯一办法。③ 一些投机者瞄准机会进军投资性房地产业，靠转手套利——佛罗里达州和乔治亚州是他们利用贷款购房的目标。④ 还有些人是受到找上门来的推销员的误导，在自家厨房里就随随便便地签了贷款文件。一些借款人天真地相信了那些靠兜售高风险贷款获利的抵押贷款经纪人。⑤

---

① Michael Mayo, testimony before the First Public Hearing of the FCIC, day 1, panel 2: Financial Market Participants, January 13, 2010, transcript, p. 114.

② "Mortgage Originations Rise in First Half of 2005," MBA press release, October 27, 2005.

③ Yuliya Demyanyk and Yadav K. Gopalan, "Subprime ARMs: Popular Loans, Poor Performance," Federal Reserve Bank of St. Louis, Bridges (Spring 2007).

④ Ann Fulmer, vice president of Business Relations, Interthinx (session 1: Overview of Mortgage Fraud), and Ellen Wilcox, special agent, Florida Department of Law Enforcement (session 2: Uncovering Mortgage Fraud in Miami), testimony before the FCIC, Hearing on the Impact of the Financial Crisis—Miami, September 21, 2010.

⑤ Julia Gordon and Michael Calhoun, Center for Responsible Lending, interview by FCIC, September 16, 2010.

有了这些贷款，就连那些在传统贷款条件下无力买房的人也能抬高房价了。

这些形形色色的贷款中有一些以前就出现过，主要是发放给收入高、财务稳健的人士作为管理现金的工具；还有一些是贷给有信用缺陷的人士，让他们再融资的时候能够有更好的信用记录。这些工具在2004年和2005年开始在更大的市场范围内泛滥。这种变化"几乎在一夜之间发生"，当时次级借贷公司Option One的经理、后来成为借贷止赎救济集团Hope Now的常务董事的费斯·施瓦茨（Faith Schwartz）对美联储消费者咨询委员会（Consumer Advisory Council）说，"我认为美国几乎每个贷款人都以这样或那样的方式参与到贷款狂潮中来了"。①

一开始，并没有很多人真正意识到这些新型贷款的潜在危害。这些产品新颖而且与众不同，后果也还不为人知。但是不久人们就发现，他们曾经以为的新财富根本就是建立在借钱基础上的海市蜃楼。全美抵押贷款债务从2001年的53万亿美元激增到2007年的105万亿美元。美国家庭的抵押贷款在2001到2007年六年间的增幅相当于美国200多年历史的总增幅。每个家庭的抵押债务从2001年的91500美元增至2007年的149500美元。②只是拿笔在纸上签个字，数百万的美国人就卖掉了积攒数十年的房产。

不知不觉中，借贷和金融业务发生了变异。以前，贷款人不会发放不良贷款，因为这么做会拖累其他的贷款投资组合。但是随着证券化的不断发展，放贷人到底是谁已经搞不清楚。抵押贷款在经过打包、分割、再打包、承保后成为复杂莫测的债务证券，卖给形形色色如饥似渴的投资者。现在即使是最烂的贷款也能找到买主。

贷款销售越多，产业链条上每个人的获利就越大。克里斯托弗·克鲁斯（Christopher Cruise）的事业风生水起，他是马里兰州一个公司的培训师，负责为大举进军抵押贷款业务的公司培训信贷员。他在全国各地的礼堂和教室奔波往返，一年时间里培训了大约一万名贷款发起员。他的顾客包括很多大型借贷公司，其中有美国国民金融公司、美利凯斯特抵押公司（Ameriquest）和迪泰科公司（Ditech）。他告诉调查委员会，那些人大多数是刚刚走出校门的年轻人，没有抵押贷款经验，只干过"煎汉堡"那种不起眼的工作。要是培训得当，他

---

① Faith Schwartz, at Consumer Advisory Council meeting, Thursday, March 30, 2006.
② Federal Reserve Board, "Mean Value of Mortgages or Home-Equity Loans for Families with Holdings," in SCF Chartbook, June 15, 2009, tables updated to February 18, 2010.

们中的出类拔萃者挣到上百万美元是轻而易举的事。①

"我是市场营销部培训师,帮助人们学会如何把这些(贷款)产品卖出去,有时要卖给那些老实巴交毫无防范之心的借款人",他说。 他教给这些新人的销售秘籍是:"没人会因为你担心贷款质量问题而奖励你,你根本不用管贷款产品是否适合客户,也不用管它们是好是坏。 事实上,从某种程度上,你倒是应该忽视这些宏观性问题。"他补充道,"我知道大家对风险避而不谈。 我也知道我们在胡说八道。 但是这就是个'抢椅子'游戏。 交易量或许会下降,但是我们不会有什么损失"。②

很多这种贷款在华尔街打包成证券,然后卖给世界各地的投资者。 有人造了个新词:IBGYBG 交易,即"我离开你离开"(I'll be gone, you'll be gone)③指的是前期会给经纪人带来巨额佣金、未来令借款人遭受重大损失风险的交易。 在很长一段时间内,IBGYBG 十分流行。

借款人签订贷款协议,拿到房子钥匙后不久,他们的房贷就不断被打包批量卖给证券公司——包括如美林证券(Merrill Lynch)、贝尔斯登(Bear Stearns)、雷曼兄弟(Lehman Brothers)等投资银行和一些商业银行以及花旗银行(Citibank)、富国银行(Wells Fargo)和华盛顿互惠银行(Washington Mutual)等储蓄机构。 这些银行把贷款打包成住房抵押支持证券,信用评级机构将其冠以 AAA 级,然后卖给投资者。 大多数情况下,这些证券会被再次打包成一种风险更大的证券——担保债务凭证,之后再卖给投资者。 这些证券也大都会得到人人羡慕的 AAA 评级,投资者们也因此相信这些证券已经验明正身,是质优安全的产品。 一些投资者会购买 20 世纪 90 年代的信用违约掉期来预防违约。 那时候,只要有一位信用违约掉期的买主,就会有一个卖家;而由于这些投资者都下了相反的赌注,证券市场内部各种关系就变得更加纠缠不清。

融资工具变得越来越复杂。 用担保债务凭证(CDO)创造出担保债务凭证,于是就有了双重担保债务凭证或称 CDO^2。 当各家公司没有真正的贷款产品可以出售的时候,他们开始创造成本更低的合成型担保债务凭证——由其他抵押贷款产品的债务组成抵押贷款证券。 每进行一次新的组合都能给经纪人带来更多

---

① Christopher Cruise, interview by FCIC, August 24, 2010.
② Christopher Cruise, interview by FCIC, August 24, 2010.
③ Robert Kuttner, interview by FCIC, August 5, 2010.

的手续费收入和利润，而且每形成一个新的打包层就会吸引更多的投资者在抵押贷款市场跟进——即使在市场状况已经开始下滑的时候。所以，等到打包过程全部结束时，佛罗里达州南部的某笔房屋抵押贷款可能已成为成百上千个投资者所拥有的十几个甚或更多证券的一部分了。财政部长盖特纳（Timothy Geithner）在经济危机期间担任纽约联邦储蓄银行主席，把这种最终产品称为解不开理还乱的"一团意大利面条"。①

拉尔夫·乔菲（Ralph Cioffi）花了好几年时间为贝尔斯登银行创造 CDO，又在"回购部"干了三四年，专门负责隔夜拆借，为公司庞大的证券投资组合融资。2003 年 9 月，乔菲用了区区一百万美元在贝尔斯登内部创立了一只对冲基金，按照通常的做法，他利用借入资金——引入投资者每 1 美元就可以借到最高达 9 美元的资金——购买 CDO。乔菲的第一只对冲基金大获成功：2004 年，投资者收益率是 17%，2005 年为 10%，扣除掉每年的管理费和给乔菲及其基金团队 20% 的利润分成。到 2005 年底收益增至大约 90 亿美元。2006 年秋，他创立了另一只对冲基金，比之前那个更激进，杠杆率达到 12 比 1。到 2006 年底，这两只对冲基金的投资额已达到 180 亿美元，其中一半是用来购买住房类 CDO 发行的证券。作为 CDO 经理，乔菲还为其他投资者管理着 180 亿美元抵押贷款类的 CDO。

乔菲的投资者想要购买高收益抵押贷款证券，这就需要有高收益抵押贷款。铺天盖地的电视广告对潜在投资者狂轰滥炸，怂恿他们买房或用住房进行再融资。直邮广告涌入大众的电子邮箱，②各种广告在电脑屏幕上不停闪现，消费者的电话也几乎被打爆。信贷员不断提供各种最新信贷产品：1% 的贷款利率！（但只限于第一年）；零首付！（如果房价下跌资产就没有任何价值）；无须收入证明！（连信贷业自己都称之为"骗子贷款"）。借款人应声而起，很多人都相信，随着房价一路上扬，投资住房是绝对不会亏本的买卖。

在华盛顿，四个相互关联的事件令人们忽略了迫近的危险。第一，提高住房自有率获得了广泛的政治支持——从比尔·克林顿（Bill Clinton）总统到乔治·W. 布什总统及之后的各届国会——即便 2004 年春住房押有率已经达到了顶峰也是如此。第二，房地产市场的火暴给华尔街带来了大量现金，为房地产

---

① Timothy Geithner, testimony before the FCIC, Hearing on the Shadow Banking System, day 2, session 2: Perspective on the Shadow Banking System, May 6, 2010, transcript, p. 146.

② James Ryan, chief marketing officer at CitiFinancial and John Schachtel, executive vice president of Citi Financial, interview by FCIC, February 3, 2010.

业创造了大量就业机会，而那时美国经济的其他部门相当疲软。 第三，很多高官和监管当局不愿挑战利润高且影响大的金融业。 第四，政策决策者认为，即使房地产市场垮掉，庞大的金融体系和经济也能顶得住。

抵押贷款市场在20世纪90年代末开始发生转变。 房主无力偿还抵押贷款，纷纷涌入消费者保护团体和基层地方政府官员的办公室寻求帮助，所以这些机构最先发现市场的转向。 他们开始向美联储和其他银行监管机构反映这一动向。[1] 加州非营利性住房组织绿色通行线学会（Greenlining Institute）的总顾问和政策主任鲍勃·纳兹达（Bob Gnaizda）告诉调查委员会，从1999年开始，他每年至少见一次格林斯潘，每次都会向他强调掠夺式借贷行为不断增长，并探讨其所带来的社会和经济问题。[2]

俄亥俄州克利夫兰市是诸多不良贷款行为席卷市场的地方之一。 1989~1999年，克利夫兰的房价上升了66%，均价从75200美元升至125100美元，同期，全美房价上升了49%；同时，该市失业率从1990年的5.8%降至1999年的4.2%，也和全国失业率变化相似。 詹姆斯·洛卡斯（James Rokakis）一直是克利夫兰市所处的凯霍加县财政局长，他对调查委员会称，该地区的房地产市场已经被超级疯狂的炒房行为压榨干了。 房地产代理、估价员和贷款发起人在每次交易中赚取手续费，把证券化贷款提供给华尔街。 市政官员开始收到一些报告，称炒房行为是由新型非传统贷款所推动；这些贷款令买房人能以很低的甚至零首付购房；投资者无论是否具备偿贷能力，都能用房子进行再融资等。 在凯霍加县，止赎从1995年的3500起增至2000年的7000起。[3] 洛卡斯和其他政府官员眼睁睁地看着那些在简陋的房子里居住多年的家庭失去了自己的家园。 等他们搬走后，很多房子最终被遗弃、捣毁、拆个精光——清洁工们会把房子里的铜铝板当废品卖掉。

"资产证券化是20世纪最出色的金融创新之一"，洛卡斯对调查委员会

---

[1] These points were made to the FCIC by consumer advocates: e. g., Kevin Stein, associate director, California Reinvestment Coalition, at the Hearing on the Impact of the Financial Crisis—Sacramento, session 2: Mortgage Origination, Mortgage Fraud and Predatory Lending in the Sacramento Region, September 23, 2010; Gail Burks, president and CEO, Nevada Fair Housing Center, at the Hearing on the Impact of the Financial Crisis—State of Nevada, session 3: The Impact of the Financial Crisis on Nevada Real Estate, September 8, 2010. See also Federal Reserve Consumer Advisory Council transcripts, March 25, 2004; June 24, 2004; October 28, 2004; March 17, 2005; October 27, 2005; June 22, 2006; October 26, 2006.

[2] Bob Gnaizda, interview by FCIC, March 25, 2010.

[3] James Rokakis, interview by FCIC, November 8, 2010.

说,"它释放出大量资本。如果尽职尽责地操作,它本来应该是最棒的创新,因为没有什么比美国抵押贷款更稳定、更安全的市场了……多年来它一直运转良好,但是后来人们发现可以在这个市场上捣鬼骗钱"。①

克利夫兰市和俄亥俄州其他城市的官员开始向联邦政府寻求帮助。他们请求唯一有权管理所有抵押贷款放贷人高风险借贷行为的机构——美联储——利用《住宅所有权与权益保护法案》(Home Ownership and Equity Protection Act, HOEPA)在1994年赋予的权力,颁布抵押贷款新规则。2001年3月,美联储委员爱德华·格雷林奇(Edward Gramlich)出席了在克利夫兰召开的一场这一主题的会议,他支持扩大信贷,但前提是必须有风险防备措施。他谈到《住宅所有权与权益保护法案》赋予美联储的权力,声称某些贷款行为"明显非法",并说可以"通过执法行动加以打击"。②

回顾往事,洛卡斯对调查委员会说,"我当时天真地以为他们回去会告诉格林斯潘先生,然后很快就会有新的规则出台……我本以为他们会采取些行动。真是奇怪"。③

2000年,美国许多城市都同克利夫兰市一样,一直寻求联邦政府的帮助。全美社区再投资联盟(National Community Reinvestment Coalition)主席约翰·泰勒(John Taylor)在得到来自内华达州、密歇根州、马里兰州、特拉华州、芝加哥、佛蒙特州、北卡罗来纳、新泽西州和俄亥俄州的社区领导者支持后,找到负责监管储蓄和贷款机构的美国储蓄机构监管局(Office of Thrift Supervision, OTS),请求打击将借款人和贷款人推向风险的"剥削性"贷款行为④。

位于加州北部的非营利住房组织加利福尼亚再投资联盟的官员对调查委员会提到,他们也曾请求监管当局采取行动。该非营利组织审查了125位借款人的贷款,发现很多符合低风险条件的申请人得到的都是高成本贷款,而且在理解贷款条款的时候,很多人都被误导了。⑤

当时也有一些相关的政府报告。2000年7月,住房与城市发展部(The

---

① James Rokakis, interview by FCIC, November 8, 2010.
② Fed Governor Edward M. Gramlich, "Tackling Predatory Lending: Regulation and Education," remarks at Cleveland State University, Cleveland, Ohio, March 23, 2001.
③ Rokakis, interview.
④ John Taylor, chairman and chief executive officer, National Community Reinvestment Coalition, letter to Office of Thrift Supervision, July 3, 2000, provided to the FCIC.
⑤ Stein, testimony before the FCIC, transcript, pp. 73–74, 71.

Department of Housing and Urban Development，HUD）和财政部曾经联合发表了一篇关于掠夺性贷款的报告，提出了多项建议来降低借款人风险。① 2001年12月，美联储利用《住宅所有权与权益保护法案》修订了一些规章制度，其中包括旨在限制高利率贷款以及防止不符合借款人最佳利益的短期大量再融资行为等新规。② 但是后来的情况是，这些新规仅涉及1%的次级贷款。联邦存款保险公司（Federal Deposit Insurance Corporation，FDIC）主席谢拉·贝尔（Sheila C. Bair）时任布什政府副财长，她向调查委员会指出，当时的修订措施仅仅涉及了"掠夺性贷款的很小一部分"。③ 2002年，格雷林奇再次指出"恶意、不道德、有时甚至是非法贷款行为的报道越来越多"。④

贝尔告诉调查委员会说，这些措施实施的时候，"不良贷款和还款违约"开始外溢，迫使传统银行随波逐流。⑤她说她和格雷林奇曾考虑设定规则抑制这些贷款的增长，但是格雷林奇告诉她说，他认为尽管美联储在这个领域的权力很大，却不会支持这个做法。于是他们试图制定放贷人自愿准则，但这个努力也半途而废了。⑥

由于缺乏政府限制，非传统抵押贷款数量剧增，贷款标准下降。发行非传统贷款的公司赚得的利润多得令人生妒。新放贷人入场了。投资者迫切需要抵押贷款型证券，借款人想获得抵押贷款，于是次级贷款和非传统抵押贷款数量急剧增加。2000年，排名前25的非次级借贷机构共发起了1050亿美元的贷款，2002年增加到1880亿美元，2003年达到3100亿美元。⑦

加州居高不下的住房成本为借贷提供了温床。2001年，全州有将近520亿美元贷款，占全国非传统贷款的25%；2003年这一比例增至35%，达到950亿美元，两年增长了83%。⑧ 这些年"次级贷款和选择性可调息抵押贷款充斥着

---

① U. S. Department of the Treasury and U. S Department of Housing and Urban Development，"Joint Report on Recommendations to Curb Predatory Home Mortgage Lending"（June 1，2000）.
② Federal Reserve Board press release，December 12，2001.
③ Sheila C. Bair, written testimony for the FCIF, First Public Hearing of the FCIC, day 2, panel 1：Current Investigations into the Financial Crisis—Federal Officials, January 14, 2010, p. 11.
④ Fed Governor Edward M. Gramlich，"Predatory Lending,"remarks at the Conference，January 18，2002.
⑤ Sheila C. Bair, testimony before the FCIC, First Public Hearing of the FCIC, day 2, panel 1：Current Investigations into the Financial Crisis—Federal Officials, January 14, 2010, transcript, p. 97.
⑥ Sheila C. Bair，interview by FCIC，March 29，2010.
⑦ 2009 Mortgage Market Statistical Annual, 1：220, "Top B&C Lenders in 2000"；1：223, "Top B&C Lenders in 2003."
⑧ *2009 Mortgage Market Statistical Annual*，1：237，"2001年州发起的次级贷款"；1：235，"2003年州发起的次级贷款"。

加利福尼亚州的社区"。加利福尼亚再投资联盟副主任凯文·斯坦（Kevin Stein）向调查委员会作证时说"据我们估计，获得次级贷款的借款人平均每月要支付600美元"。①

拉斯维加斯住房咨询公司内华达公平住房公司（Nevada Fair Housing, Inc.）总裁兼CEO盖尔·博克斯（Gail Burks）对调查委员会说，他们与其他公司一起直接向格林斯潘先生表达了担忧，向他仔细讲述了借贷市场的"超态变化"。她告诉格林斯潘先生，除了以贷还贷、向老年人提供反向抵押贷款误导信息等掠夺式贷款行为以外，她还发现（贷款机构）处理贷款文件时草草了事的情况越来越多，比如支付记账不当或是误算账目。②

伊利诺伊州司法部长丽萨·麦迪甘（Lisa Madigan）也注意到了这一令人不安的趋势。她联合来自明尼苏达州、加利福尼亚州、华盛顿州、亚利桑那州、佛罗里达州、纽约州和马萨诸塞州的司法部长一起对加州第一联合抵押贷款公司（First Alliance Mortgage Company）提出指控。消费者投诉说他们上当受骗，拿到的贷款费用奇高。麦迪甘说第一联合公司放款后再把贷款打包成证券卖给雷曼兄弟公司。这个案子于2002年结案，借款人得到了5000万美元赔偿，第一联合公司倒闭。但是还有其他公司迈进了同样的深渊。③

美国各州法官2003年又共同调查了另一个快速增长的贷款机构，加州的美利凯斯特抵押贷款公司。2003年，该公司成为美国最大的次贷机构，共发起了390亿美元的次级贷——大多数都是借款人用房屋作抵押的再融资，高昂的手续费后来逐渐吞噬了他们的房产。④麦迪甘向调查委员会证实，"通过对美利凯斯特的多方面调查，我们发现该公司实施了各种各样后来为其他掠夺性贷款机构广泛效仿的欺诈放贷行为：提高房屋估价、上调贷款利率或在办完抵押贷款时把固定利率贷款转为浮动利率，并且对借款人承诺，即使没有资产可以进行再融资，也可以在几个月或一年之内把高成本贷款重新融资成低成本的贷款"。⑤

---

① Stein, testimony before the FCIC, September 23, 2010, transcript, p. 72.
② Gail Burks, interview by FCIC, August 30, 2010.
③ Lisa Madigan, written testimony for the FCIC, First Public Hearing of the FCIC, day 1, panel 2: Current Investigations into the Financial Crisis—State and Local Officials, January 14, 2010, pp. 4 – 5; "Home Mortgage Lender settled 'Predatory Lending' Charges," Federal Trade Commission press release, March 21, 2002.
④ *2009 Mortgage Market Statistical Annual*, 1:220, "Top 25 B&C Lenders in 2003".
⑤ Madigan, written testimony for the FCIC, January 14, 2010, pp. 4 – 5.

美利凯斯特公司欺诈行为调查部的前负责人埃德·帕克（Ed Parker）对调查委员会说，从2003年1月他展开调查工作起，不到一个月就已经发现了公司的欺诈行为，但是公司管理层对他提供的调查报告置之不理。他曾听到公司有的部门抱怨说他对贷款"管得太多了"。2005年11月，他从"经理"降到"主管"，2006年5月被辞退。①

2003年末，明尼苏达州司法部副部长佩伦提斯·考克斯（Prentiss Cox）要求美利凯斯特公司提供公司贷款信息。他收到了10箱文件，随手抽了一份开始研究，随后又抽取了好多份。他发现好多文件中借款人的职业都被写成"古董代理商"——在他看来，这简直是就业信息造假。他在与调查委员会的一次面谈中回忆说，有一份贷款申请借款人是一位80多岁靠拄拐杖走路的残疾人士，从业一栏中居然给他填的是"轻型建筑业"。②

"即便你不是大侦探福尔摩斯，也能推断出这些信息是假的，"考克斯对调查委员会说道。当他试图去弄清楚美利凯斯特公司为什么能发放如此明显的欺诈性贷款时，一个朋友暗示他要"追根溯源"。考克斯突然意识到，贷款机构只是简单地生产出产品输送到华尔街再卖给投资者。"我明白，情况起了变化，"考克斯回忆道，"放贷模式发生了改变。"③

最终，49个州连同哥伦比亚特区代表"24万多借款人"一起向美利凯斯特公司提起诉讼，结果以获得3.25亿美元的赔偿金告终。但在2002到2005年进行调查的这几年间，美利凯斯特公司又另发起了2179万亿美元的贷款，④再次流向华尔街，然后变身为证券化产品。

尽管联邦政府在美利凯斯特公司的调查中没有发挥任何作用，但是有些联邦官员说他们还是追踪关注了这个案子。在住房与城市发展部，"我们开始听到各种流言蜚语"说其他公司"十分疯狂，他们开始在网上接受贷款申请，甚至不核查借款人收入或者是否有能力就业。"阿方索·杰克逊（Alphonso Jackson）在与调查委员会的一次面谈中回忆道。他在2004到2008年间担任住房与城市发展部部长。"每个人都在挣大钱……但是监管很不到位。"尽管当时身为国家

---

① Ed Parker, interview by FCIC, May 26, 2010.
② Prentiss Cox, interview by FCIC, October 15, 2010.
③ Prentiss Cox, interview by FCIC, October 15, 2010.
④ *2009 Mortgage Market Statistical Annual*, 1:45, 47, 49, 51.

住房部最高官员，他还是把问题的原因推给了国会。①

考克斯是明尼苏达州的前检察官，麦迪甘是伊利诺伊州的司法部长，他们对调查委员会说，各州在制定针对不公平贷款的有效监管条例时遇到的唯一最大障碍来自联邦政府，特别是负责监管全美的注册银行——包括美国银行、花旗银行、美联银行（Wachovia bank）的美国货币监理署（Office of the Comptroller of the Currency，OCC）以及负责监管国家特许储蓄机构的美国储蓄监督局。美国货币监理署和美国储蓄监督局颁布了一些规定，预先制止了各州实施各种措施针对国家银行和储蓄机构。② 考克斯回忆，早在2001年，美国货币监理署的首席顾问朱莉·威廉姆斯（Julie Williams）就已经在华盛顿举行的一次会议中，向各州司法部长做了一个她称之为"讲座"的报告，警告说如果各州一定要控制联邦监管的各家机构的消费者业务行为，美国货币监理署将会"打压"他们。③

美国货币监理署两个前任审计长约翰·霍克（John Hawke）和约翰·杜甘（John Dugan）告诉调查委员会说，他们曾经捍卫宪法所赋予该机构的职责，阻止各州试图侵犯联邦政府创立的实体。他们说，各州注册贷款机构的贷款问题更多，各州本应该关注自己州的问题，而不是操心根本不属于他们管辖权范围内的联邦注册机构。④ 但是，麦迪甘对调查委员会说，在美国25个最大的联邦注册经营的次级贷款发行机构中，有21个是联邦银行提供资金支持的，而这些银行也就是联邦注册公司滥发贷款的最终市场。她指出，美国货币监理署"格外热心于阻止国家权力机关对国家贷款机构的干预，而在保护消费者免受危机冲击上却不太上心"。⑤

尽管如此，许多州和一些城市还是开始推动实施自己的借贷规则。2003年，北加州夏洛特的美联银行告知州监管当局，它不会遵守州法，因为它是联邦银行，归美国货币监理署监管。密歇根州抗议美联银行的声明，而美联银行则起诉密歇根州。美国货币监理署、美国银行家协会以及抵押贷款银行家协会都加入了这场争论，站在美联银行的一方；而其他的49个州、波多黎各

---

① Alphonso Jackson, interview by FCIC, October 6, 2010.
② Cox, interview; Madigan, written testimony for the FCIC, January 14, 2010, p. 11.
③ Cox, interview. Madigan, testimony before the FCIC, January 14, 2010, transcript, pp. 121–122.
④ John D. Hawke Jr. and John C. Dugan, written statements for the FCIC, Hearing on Subprime Lending and Securitization and Government-Sponsored Enterprises (GSEs), day 2, session 2: Office of the Comptroller of the Currency, April 8, 2010, pp. 4–5, 4–8, respectively.
⑤ Madigan, written testimony for the FCIC, January 14, 2010, pp. 9, 10.

特区和哥伦比亚特区与密歇根州结盟。这场法律之战持续了四年。美国最高法院在2007年4月17日以5比3的投票做出了有利于美联银行的裁决，使美国货币监理署成为抵押放贷唯一的监管者。考克斯批评联邦政府说："他们不仅是麻痹大意，在阻止执法行为的各方中，他们最强硬……那些家伙本该站在我们这边的。"①

2004年，非优质贷款急剧增加到7300亿美元，2005年达到了1万亿美元，其影响开始波及越来越多的地方。② 抵押贷款经纪人把其中多数贷款源源不断地送入连接借款人和为抵押贷款融资的贷款人的"输送管道"，贷款经纪人负责准备贷款文件，从而向贷款人收取手续费。在市场繁荣时期，有超过20万个新人从事抵押贷款经纪工作，有些经纪人在与借款人订立合同的时候不守诚信。③根据2008年发布的一项调查报道，在2000到2007年期间，佛罗里达州至少有10500个有犯罪记录的人进入了贷款经纪这一领域，其中有4065个人有欺诈、抢劫银行和敲诈勒索等前科。④ 佛罗里达州财政监管局委员汤姆斯·卡德维尔（J. Thomas Cardwell）告诉调查委员会"宽松的贷款标准"和"问责制缺失……为欺诈盛行创造了条件"。⑤ 美国抵押贷款经纪人协会（National Association of Mortgage Brokers）已故总裁马克·塞维特（Marc S. Savitt）曾告诉调查委员会说，尽管大多数抵押贷款经纪人都会为借款人谋求最大利益，帮助他们规避高风险贷款，但是，还是有5万多个新手为了实现贷款量最大化而不择手段。他补充说，一些贷款发起公司，比如美利凯斯特公司，"绝对"道德败坏。⑥

2001到2006年期间，加州贝克尔斯菲尔德市房屋数量翻番，房屋价值涨幅更快，不动产估价师加里·克拉布特里（Gary Crabtree）出生于此，起初为这个洛杉矶以北110英里远的小城"终于被发现"感到十分骄傲。这座城市是圣华金河谷中的农业与石油产业中心，其发展速度日益引起全国的关注。广阔的农

---

① Cox, interview.
② 2009 Mortgage Market Statistical Annual, 1:4, "Mortgage Originations by Product." Nonprime ＝ Alt－A and subprime combined.
③ Marc S. Savitt, interview by FCIC, November 17, 2010.
④ Rob Barry, Matthew Haggman, and Jack Dolan, "Ex-convicts active in mortgage fraud," Miami Herald, January 29, 2009.
⑤ J. Thomas Cardwell, written testimony for the FCIC, Hearing on the Impact of the Financial Crisis—Miami, session 3:The Regulation, Oversight, and Prosecution of Mortgage Fraud in Miami, September 21, 2010, p. 8.
⑥ Savitt, interview.

田不再耕种作物，而是被分割成成千上万块宅基地。贝克尔斯菲尔德市的房价在2002年上涨了11%，2003年涨幅17%，2004年32%，2005年上涨幅度超过了29%。

克拉布特里从业48年，他从2003年、2004年开始认为情况越来越不对劲。房价不断上涨，人们似乎没有足够的收入来支付房贷。短短几年之内，当他路过原先见过的房子时，发现已是人去屋空，"出售"的标示牌插在房前的草坪上。当他再次经过时，院落无人照料、草地枯黄。再后来这些房子被没收、废弃，导致周边新郊区的房价下跌。

克里夫兰现象同样发生在了远离"生锈地带"的贝克尔斯菲尔德市。克拉布特里看到，止赎像传染病一样席卷整个社区。房屋破损，街区支离瓦解。

克拉布特里开始研究这个市场。2006年，他最终认定贝克尔斯菲尔德市有214宗欺诈交易，例如，知情人从每笔产权转让中抽成。这些交易涉及美国许多最大的贷款机构。比如，有套房屋标价为56.5万美元，而100%抵押后标价是60.5万美元，但是房地产经纪人告诉克拉布特里实际售价是53.5万美元。克拉布特里意识到，售价与贷款额之间的差价令知情人赚走了7万美元。贷款条件包括买方必须入住，但是实际上这套房子从来都没人入住。房屋最终以极其凄惨的3.22万美元被拍卖。[1]

克拉布特里打电话告诉贷款机构他的调查结果；令他震惊的是，他们似乎毫不关心。最终他找到了美国第八大次贷机构弗雷蒙投资贷款公司（Fremont Investment & Loan）的一位贷款质量审查官，他对克拉布特里说，"你别多管闲事。"[2]

克拉布特里把这件事告诉了州执法机构官员和联邦调查局。"我极力疾呼"，他说道。对于这个破坏贝克尔斯菲尔德市经济的问题，执法机构行动迟缓、检察机构不作为，对此他倍感愤怒。[3]

联邦调查局总部所在地华盛顿特区有一位名叫克里斯·斯维克（Chris Swecker）的主任助理，也试图把抵押贷款欺诈引入人们的视线。"它很可能泛

---

[1] Gary Crabtree, written testimony for the FCIC, Hearing on the Impact of the Financial Crisis—Greater Bakersfield, session 4：Local Housing Market, September 7, 2010, p. 6.

[2] Gary Crabtree, written testimony for the FCIC, Hearing on the Impact of the Financial Crisis—Greater Bakersfield, session 4：Local Housing Market, September 7, 2010, p. 6.

[3] Gary Crabtree, interview by FCIC, August 18, 2010. Crabtree, written testimony for the FCIC, September 7, 2010, pp. 6－7.

滥成灾",他在2004年华盛顿的一场新闻发布会上说道。"我们认为有能力阻止一个与储贷危机同样危险的问题。"①

斯维克在2005年12月召开了另一场新闻发布会,表达了同样的意思,不过这次他还说,抵押贷款欺诈是一个"数量正在上升"的"普遍存在的问题"。住房与城市发展部、美国邮政总局(The U. S. Postal Service)和国家税务局(The Internal Revenue Service)的官员们也呼应了他的看法。这些官员告诉记者,房地产和银行业高管在根除欺骗性抵押贷款上努力不够,贷款机构必须加倍努力"维护组织内部的治安"。②

同时,越来越多的欺诈性抵押贷款案例被媒体揭露出来。可疑交易活动报告,又称"萨斯"(Suspicious activity reports,SARs),是指银行提交给财政部下设机构金融犯罪执法网络(Financial Crimes Enforcement Network,FinCEN)的报告。2006年11月,该网刊登的一份分析报告称,欺诈性抵押贷款报道从1996到2005年增加了20倍。金融犯罪执法网络称,这一数字很可能被大大低估了,因为在所有贷款中有三分之二是由抵押贷款经纪人发起的,而他们并不受任何联邦标准或监管的限制。③ 另外,许多贷款机构并没有提交上级要求他们提交的报告。④

"任何人都不可能预测危机,这种说法是错误的",白领犯罪领域专家、前国家金融机构改革、恢复及实施调查委员会(The National Commission on Financial Institution Reform,Recovery and Enforcement)人事主任威廉·布莱克(William K. Black)说。⑤

2005年2月至2007年在职的前司法部长阿尔贝托·冈萨雷斯(Alberto Gonzales)对调查委员会说,他记不起来任何有关欺诈性抵押贷款的新闻发布会或新闻报道。冈萨雷斯及2007到2008年继任他职位的迈克尔·穆凯西

---

① "FBI Warns of Mortgage Fraud 'Epidemic' from Terry Frieden," CNN news report, September 17, 2004.
② Kirstin Downey, "FBI Vows to Crack Down on Mortgage Fraud;Hot Real Estate Market Drives Reports of 'Suspicious' Activity, Agency Says," *Washington Post*, February 15, 2005.
③ Financial Crimes Enforcement Network, Regulatory Policy and Programs Division, "Mortgage Loan Fraud: An Industry Assessment Based upon Suspicious Activity Report Analysis," November 2006. See also FinancialCrimes Enforcement Network, "Annual Report:Fiscal Year 2008."
④ FinCEN response to FCIC interrogatories, October 14 –15, 2010.
⑤ William K. Black, written testimony for the FCIC, Hearing on the Impact of the Financial Crisis—Miami, session 1:Overview of Mortgage Fraud, September 21, 2010, p. 8.

（Michael Mukasey）说，抵押贷款欺诈从来没有被当做重要事项通报给他们。"国家安全……是首要考虑的问题"，穆凯西说。①

然而，对于社区活动家和当地政府官员来说，放贷行为是国家经济应该考虑的事情。卢希·梅克（Ruhi Maker）是纽约州罗切斯特市帝国司法中心负责止赎的律师，在2004年10月就和美联储的伯南克、苏珊·比斯（Susan Bies）和罗杰·弗洛森（Roger Ferguson）说，她怀疑一些投资银行——贝尔斯登和雷曼兄弟——正在制造危及他们自身生存的不良贷款。她在消费者咨询委员会一次听证会上对美联储官员说，"我们看到虚假评估和谎报收入时有发生"。她敦促美联储施压给美国证券和交易委员会调查这些公司的尽职履行情况；否则，要考虑强迫这些公司购回发起的或证券化的不良贷款等严肃问题。②

梅克说，她担心各种金融事件——收入的增长或减少、房地产泡沫和价值夸大的欺诈性贷款③——会聚在一起会造成"巨大的经济影响"。

在与调查委员会的一次面谈中，梅克说，美联储官员似乎对消费者保护团体所说的事情无动于衷。他们会很有礼貌地倾听，但是基本上缄口不言。她回忆到，"他们有自己的经济模型，但是那些模型却预测不到这些事情的发生"，她说"我们反复谈这些事情，'这都是题外话了'"。④

不久，非传统抵押贷款就把美国很多地方的其他贷款产品挤出了市场。越来越多的抵押贷款借款人借到的是只付息贷款，而且这种趋势在美国东西海岸更甚。⑤由于非传统贷款条件简单，借款人能够购买更贵的房子，这一切都在房价大战中逐步推高房价。然而，这些贷款风险太大，不久房屋止赎率越来越高。

随着美国大多数地方房价上涨，很多观察者开始猜测美国是否正经历着一场房地产泡沫。2005年7月18日，《经济学人》的封面文章标题是"房价：衰落之后"，文章认为"秋后算账的日子不远了"，文中插图是空中掉下一块砖头。"情况不妙"，文章说，"目前房地产泡沫如何结束将决定今后几年整个世界经济的发展进程"。⑥

---

① Alberto Gonzales, interview by FCIC, November 1, 2010; Michael Mukasey, interview by FCIC, October 20, 2010.
② Federal Reserve Consumer Advisory Council Meeting, October 28, 2004, transcript, p.44.
③ Federal Reserve Consumer Advisory Council Meeting, October 28, 2004, transcript, p.45.
④ Ruhi Maker, interview by FCIC, October 25, 2010.
⑤ Kirstin Downey, "Many Buyers Opt for Risky Mortgages," *Washington Post*, May 28, 2005.
⑥ "After the Fall: Soaring house prices have given a huge boost to the world economy. What happens when they drop?" *The Economist*, June 16, 2005.

同月，美联储主席格林斯潘向美国国会经济联席委员会承认说"房地产市场明显存在的泡沫可能会波及抵押贷款市场"。① 几年来，他警告说，投资者相信房利美和房地美有美国政府背后的支持，这种想法促使这些机构发展到十分庞大的规模，他们受到的监管却十分有限，这给金融体系造成了系统性风险。 然而，他还是向立法当局保证，美国的经济"建立在相当稳定的基础上"，即使房地产市场情况恶化，金融体系也能迅速恢复。

"只付息贷款的急剧增加以及其他高风险的可调息抵押贷款的出现，尤其令人担忧"，他在七月作证时说。

可以肯定的是，这些融资工具都有其合理的用途。 但是，如果滥用到许多家庭都在买他们根本负担不起的房屋的时候，这些工具就会给市场增加压力……

虽然我们不可能排除房价下跌的情况，但一些地方的房地产市场就算房价下跌，也不大可能对宏观经济产生重大的影响。 同以前区域性房价调整时期的情况相比，全美银行业和大规模抵押贷款证券化使得金融中介受到损害的情况不太可能发生。②

确实，格林斯潘并不是唯一一个相信即使房地产市场衰退，金融体系也会毫发不损的人。 一直到2007年3月，即在房价开始下降一年后，伯南克向国会证明"次级贷款市场的问题很可能会被扼制住"，也就是说，他认为地产泡沫不会对整体经济产生溢出效应。③

另一些人却没这么乐观。 例如，犹他州摩亚博（Moab）的消费者律师谢拉·卡奈文（Sheila Canavan）在2005年10月告知美联储消费者咨询委员会说，加州最近发起的新贷款中有61%是只付息贷款，超过全美平均水平的2倍。 "这太疯狂了，"她对美联储官员说，"这意味着我们要面对一些前所未有的问题，我们必须密切关注是否会出现威胁金融稳健的危机"。④

另一方面，有些学者提出警告的同时也给出了针对性分析。 例如，2005年

---

① Fed Chairman Alan Greenspan, "The Economic Outlook," prepared testimony before the Joint Economic Committee, 109th Cong., 1st sess., June 9, 2005.
② Fed Chairman Alan Greenspan, "The Economic Outlook," prepared testimony before the Joint Economic Committee, 109th Cong., 1st sess., June 9, 2005.
③ Fed Chairman Ben S. Bernanke, "The Economic Outlook," prepared testimony before the Joint Economic Committee, U. S. Congress, 110th Cong., 1st sess., March 28, 2007.
④ Sheila Canavan, comments during of the Federal Reserve Consumer Advisory Council Meeting, October 27, 2005, transcript, p. 52.

8月耶鲁大学教授罗伯特·席勒（Robert Shiller）与卡尔·凯斯（Karl Case）一起开发了凯斯-席勒住房价格指数（Case-Shiller Index），并绘制了住房价格图来阐释房价急剧增加的幅度以及房地产市场的历史扭曲度。席勒警告说，房地产泡沫很可能破灭。①

同月，一群经济学家聚集在美国怀俄明州大提顿国家公园（Grand Teton National Park）会议中心的杰克逊湖厅（Jackson Lake Lodge）召开秘密会议。拉古拉姆·拉詹（Raghuram Rajan）回忆说这是一个"关键人物悉数到场"的央行行长会议。他当时刚从芝加哥商学院卸任去美联储担任首席经济学家。格林斯潘和伯南克主席当时也参与了会议。欧洲央行行长克洛德·特里谢（Jean-Claude Trichet）和英格兰银行总裁默文·金（Mervyn King）是其中的两位重量级人物。②

拉詹写了一篇文章，题目非常具有挑衅性："金融发展让世界更危险？"他认为金融高管因短期创收获得的酬薪太高，对最终损失——即"我来我走，你来你走（IBGYBG）综合征"完全放任不管。拉詹补充说，在金融体系不稳定的时候，像信用违约掉期这样的投资策略会产生灾难性的后果，监管当局可能无力料理残局。③

他向调查委员会回忆说自己曾遭人嘲弄。美国前财长劳伦斯·萨默斯（Lawrence Summers）在担任哈佛校长时称拉詹为"勒德分子"（Luddite，指认为技术对社会产生的损害要多于益处的人——译者注），暗示说他反对技术改革。④"我感觉自己像一个早期的基督教徒，在饥饿的狮子面前晃悠，"拉詹后来这样写道。⑤

宾夕法尼亚大学沃顿商学院房地产和金融学教授苏珊·沃彻（Susan M. Wachter）2003年撰写了一篇研究论文，提出美国很有可能发生类似于20世纪90年代亚洲金融危机一样的房地产危机。她对调查委员会说，两年后在杰克逊湖厅举行的又一次会议上，她提出自己的观点，遭到冷遇。"我的看法遭到了抨击，"她说，来自抵押贷款银行家协会的一位经济学家说她的观点"荒谬之极"。⑥

2005年，新闻报道开始强调房地产市场衰弱的迹象。住房销量开始下降，

---

① David Leonhardt, "Be Warned: Mr. Bubble's Worried Again," *New York Times*, August 21, 2005.
② Raghuram Rajan, interview by FCIC, November 22, 2010.
③ Raghuram Rajan, interview by FCIC, November 22, 2010.
④ Raghuram Rajan, interview by FCIC, November 22, 2010.
⑤ Raghuram G. Rajan, *Fault Lines: How Hidden Fractures Still Threaten The World Economy* (Princeton: Princeton University Press, 2010), p. 3.
⑥ Susan M. Wachter, interview by FCIC, October 6, 2010.

惠誉评级报告说抵押贷款违约率上升。当年，欧力士信贷公司（Orix Credit）对冲基金经理马克·克利士（Mark Klipsch）在证券交易组织美国证券化论坛上对参会者说，投资者们对市场"过度乐观"。"我看到了很多不理性的现象"，他补充道。他说他感到非常气馁，因为人们还是像以前每次房价崩溃前那样说，"这回不一样"。①

有些房地产估价师几年来也一直对此表示担心。2000到2007年，各估价师协会之间流传着一份请愿书，最终他们联合起来把它递交给了华盛顿官员；请愿书有11000名估价师签名，附有他们个人的姓名和地址。请愿书指控贷款人向估价师施压故意抬高地产价格，他们还把"讲诚信的估价师列入黑名单"，只把业务给可以按照贷方设定的目标估价的估价师做。"你不能说这些作为是出于无知，"佛罗里达州的夏洛特港公司（Port Charlotte）估价师丹尼斯·布莱克（Dennis J. Black）在向调查委员会作证时说。②

加州探索湾（Discovery Bay）的估价师凯伦·曼恩（Karen Mann）也是业内老手，她对调查委员会说，贷款机构设立了附属机构开展估价业务，既可以从"毫不知情的"消费者那里榨取额外手续费，还能轻而易举地抬高房屋估值。她发现，加州北部房价急剧上升，房屋估价过高，这使她确信，房地产市场正走向灾难性的衰退。2005年，担心"风暴"即将到来，她辞退了一些员工以减少开支；两年后，她关掉了自己的公司，开始出去打工。③

尽管所有迹象都表明房地产市场发展开始减速，华尔街却一直不停向前——组织贷款，打包成证券，赚取利润，赚取奖金。到2006年第三季度，房价下跌，抵押贷款违约率持续上升，抵押支持证券开始出现问题。但是从2006年第三季度开始，银行创造并出售了大约1.3万亿美元的抵押支持证券和超过3500亿美元的抵押担保债务凭证。④

---

① Mark Klipsch, quoted in "Blizzard Can't Stop ASF 2005 Conference," Asset Securitization Report, January 31, 2005.
② Dennis J. Black, written testimony for the FCIC, Hearing on the Impact of the Financial Crisis—Miami, session 2: Uncovering Mortgage Fraud in Miami, September 21, 2010, p. 1; for the appraiser's petition, see http:// appraisers petition. com/.
③ Karen Mann, written testimony for the FCIC, Hearing on the Impact of the Financial Crisis — Sacramento session 2: Mortgage Origination, Mortgage Fraud and Predatory Lending in the Sacramento Region, September 23, 2010.
④ 2009 Mortgage Market Statistical Annual, Vol. 2, The Secondary Market, p. 13, "Non-Agency MBS Issuance by Type," and FCIC staff estimates based on analysis of Moody's SFDRS data.

然而，并不是华尔街的每个人都为此欢欣鼓舞。随着公司运营和风险管理出现问题，一些高管们提醒人们要小心。摩根大通（JP Morgan）的首席执行官吉米·戴蒙（Jamie Dimon）向调查委员会证实，他认为危机的发生"100%是公司管理层的问题……和其他任何人无关"。①

很多金融公司的管理层对公司逐渐积聚的风险置之不理。例如，雷曼兄弟的固定收益主管迈克尔·格尔班德（Michael Gelband）和他的同事玛德琳·安东尼奇（Madelyn Antoncic）警告公司在面对其他投资银行的激烈竞争时不要太过冒险。2004～2007年任雷曼首席风险管理师的安东尼奇受到了排挤。她对调查委员会说"高管们用力太猛，结果把轮子都推掉了"。后来她被分配到政策部门，同政府监管机构打交道。②格尔班德则离开了公司。雷曼兄弟的高管们指责格尔班德离开公司是因为"做事原则上与公司有分歧"。③

2006年初，花旗集团消费者房贷部资深银行家理查德·鲍恩（Richard Bowen）升任首席业务担保师，负责监管花旗金融公司（Cityfinancial）每年承销和购买的逾900亿美元的抵押贷款质量。这些贷款卖给房利美、房地美和其他公司。2006年6月，鲍恩发现花旗金融公司所购买的贷款60%有缺陷，没有达到集团贷款指南规定的标准，有可能对公司构成威胁——当借款人出现贷款违约，投资者会迫使花旗购回贷款。鲍恩对调查委员会说，他试图通过"电邮、工作周报、委员会报告和各种讨论"警告管理层；但是虽然他们表示了关切，却"从来没有付诸行动"。他说，"恰恰相反，有很多人极力推动扩大贷款数量，增加市场份额"。鲍恩回忆说，花旗集团开始购买国家收入贷款，直到2005年才收紧一直宽松的贷款标准。"所以我们加入了另一拨冲向悬崖的老鼠行列"，他在调查委员会的一次面谈中说道。④

最终，他向所能接触到的最高层领导——董事会执行委员会主席、克林顿政府财政部长罗伯特·鲁宾（Robert Rubin）以及其他三位高管——发出了警告。他给鲁宾和其他三人写了一个备忘录，主题栏写道"急！请立即审阅"。他在备忘录里表达了自己的担忧，强调说如果投资者要求集团购回不合格的贷款，花

---

① Jamie Dimon, testimony before the FCIC, First Public Hearing of the FCIC, day 1, panel 1: Financial Institution Representatives, January 13, 2010, transcript, p. 78.
② Madelyn Antoncic, interview by FCIC, July 14, 2010.
③ Anton R. Valukas, Report of Examiner, In re Lehman Brothers Holdings Inc., et al., Chapter 11 Case No. 08 - 13555 (JMP), (Bankr. S. D. N. Y.), March 11, 2010, 1:114, with n. 418.
④ Richard Bowen, interview by FCIC, February 27, 2010.

旗将面临数十亿美元的损失。①

在2010年4月调查委员会召开的一次公共听证会上，鲁宾说花旗银行立即有效地处理了鲍恩提到的问题。"我确实记得备忘录的事，但不记得是谁把它提交合适的人去处理了。我知道他们确实立即采取了行动"。② 花旗集团称他们就鲍恩提到的问题进行了调查并且修订了承销审查制度。③

鲍恩对调查委员会说，在他发邮件提醒管理层后，他管理的人数由220人降到2人，奖金也少了，业绩评估也下降了。④

一些行业资深人士直接向政府官员们表达了他们的担心。达拉斯市对冲基金经理及贝尔斯登银行前高管凯尔·贝斯（J. Kyle Bass）向调查委员会证实说他曾告诉美联储，住房证券化市场基础不牢。"他们当时的回答与华尔街所有分析师的说法如出一辙——房价会一直随着收入和就业增长而上涨。他们给我看收入增长和就业增长表，并说'我们看不出你所说的问题，因为收入和就业都仍在增加'。我说，你们明显没有意识到狗头冲哪，尾巴冲哪，是谁在牵着它走"。⑤

即使从非传统贷款增长中获利的人们也对市场状况感到不安。赫伯·桑德勒（Herb Sandler）是抵押贷款机构金西金融公司（Golden West Financial）的联合创始人，该公司有大量选择性可调息抵押贷款。他给美联储、美国联邦存款保险公司、美国储蓄监督局和美国货币监理署写信，警告说监管当局太依赖评级机构，而且"事实上，当某项资产通过证券化摇身变为3A级资产且某个数十亿美元的产业迫不及待地推行这种点金术时，一切就变成一场游戏了"。⑥

曾在20世纪80年代帮助华尔街设计抵押贷款证券化机器的抵押贷款行家里

---

① Richard Bowen, email to Robert Rubin, David Bushnell, Gary Crittenden, and Bonnie Howard, November 3, 2007.
② Robert Rubin, testimony before the FCIC, Hearing on Subprime Lending and Securitization and Government-Sponsored Entities (GSEs), day 2, session 1: Citigroup Senior Management, April 8, 2010, transcript, p. 30.
③ Brad S. Karp, counsel for Citigroup, letter to FCIC, November 1, 2010, in response to FCIC request of September 21, 2010, for information regarding Richard Bowen's November 3, 2007, email, p. 2.
④ Bowen, interview.
⑤ J. Kyle Bass, testimony before the FCIC, First Public Hearing of the FCIC, day 1, panel 2: Financial Market Participants, January 13, 2010, transcript, pp. 143–44.
⑥ Herbert M. Sandler, "Comment on Joint ANPR for Proposed Revision to the Existing Risk-based Capital Rule," letter to Federal Reserve Board, Office of the Comptroller of the Currency, Federal Deposit Insurance Corporation, and Office of Thrift Supervision, January 18, 2006.

手刘易斯·拉涅利（Lewis Ranieri）也说，他不喜欢房地产市场所呈现的"疯狂的行为"。拉涅利对调查委员会说，"我不是唯一有这种看法的人。我并不是说唯我独醒。有很多人，包括分析师和其他许多人都在说'看看，这是什么啊！'人们无法不去关注这种事态"。① 2008年11月，在金融危机的重压下，拉涅利自己在休斯敦的富兰克林银行公司破产了。

业内其他经验丰富的行家也认识到游戏规则已经改变，国民金融公司的莫兹罗用"毒药"指称公司发起的一款贷款产品。②他在一封内部电邮中写道，"在我的工作生涯中，还从没见过比这更恶毒的（产品）"。③银行其他人争辩说，"我们的所有竞争对手也做同样的事，市场到处都是这些产品"。④莫兹罗依然感到不安。"曾有一度储蓄和贷款机构竞相跟风，对手做什么，他们就做什么。"他告诉其他高管，"这些机构最后都破产了。"⑤

2005年末，监管当局决定调查抵押贷款市场的变化情况。美联储银行监督管理局信用风险主任助理撒贝斯·斯迪克（Sabeth Siddique）负责调查贷款模式的变化程度。2005年他直接向大型银行询问各种贷款规模。斯迪克对调查委员会说，他收到的信息"非常惊人"。⑥实际上，非传统贷款占国民金融公司贷款发起总量的59%，富国银行的这一比例为58%，国民城市银行51%，华盛顿互惠银行31%，花旗金融公司26.5%，美国银行18.3%。而且这些银行还计划着贷款发行量在2005年能增加17%，达到6085亿美元。斯迪克的调查注意到："由于证券承销标准放松，贷款的质量也在渐渐恶化"。另外，调查还发现2003年各银行发行非传统贷款中有三分之二是自述收入贷款和缺档贷款等各种所谓的骗子贷款，这些贷款非常有可能变为不良贷款。⑦

人们对斯迪克的调查报告反应不一。美联储委员苏珊·施密特·比斯对调查委员会回忆说，美联储各位委员和各储备区董事从一开始就出现了意见分歧。

---

① Lewis, interview by FDIC, July 30, 2010.
② Angelo Mozilo, email to Eric Sieracki, April 13, 2006, re:1Q2006 Earnings.
③ Angelo Mozilo, email to David Sambol, April 17, 2006, subject:sub-prime seconds.
④ David Sambol, email to Angelo Mozilo, April 17, 2006, re:Sub-prime seconds（cc Kurland, McMurray, and Bartlett）.
⑤ Angelo Mozilo, email to David Sambol, April 17, 2006, subject: re:Sub-prime seconds（cc Kurland, McMurray, and Bartlett）.
⑥ Sabeth Siddique, interview by FCIC, September 9, 2010.
⑦ "Survey of Nontraditional Mortgages"（actual title redacted）, confidential Federal Reserve document obtained by FCIC, produced November 1, 2005, pp. 2, 3.

"有些董事会成员和行长……只看到不同的调查结果。所以他们选择忽略这个问题,统统置之不理"。①

美国货币监理署也在思考市场的变化。前任局长约翰·杜甘对调查委员会说,关注问题的推动力来自下面,来自对市场越来越担忧的各银行检察员们。②

货币监理署开始考虑发布"指南",即不具约束力的官方警告,提示各个银行非传统抵押贷款会危害到金融体系的安全稳固,应该请银行检查员进行审查。斯迪克说货币监理署牵头多部门开始了这项工作。③

比斯说编订"指南"的想法也引起了美联储内部争论,因为一些批评家担心"指南"会扼杀给华尔街和银行业带来丰厚利润的金融创新,还会导致房价高企,民众买不起。而且所有的机构——美联储、美国货币监理署、美国储蓄监督局、联邦存款保险公司和国家信用联盟管理局(National Credit Union Administration,NCUA)应该联手协作,否则会出现某些贷款机构不能发起某些种类贷款,而其他贷款机构却不受限制的情况。美国银行家协会和抵押贷款银行家协会则完全反对这种"过度管制"。

"银行家们撤了,"比斯对调查委员会说道。"国会成员撤了,美联储内部一些人员也撤了"。④

与此同时,代表着美国各家抵押贷款保险公司的抵押贷款保险公司贸易联盟选择站到了对立面。"我们非常担心不良承销或不当抵押贷款和住房权益贷款会产生传染效应。"该联盟在2006年向监管当局写信说,"最新迹象表明,市场上出现了置贷款机构和消费者于风险之中的种种非理性冒险行为"。⑤

一个月后,该联盟副主席威廉·辛普森(William A. Simpson)在一次国会听证会上有针对性地提到了以往几次房地产衰退。"如果出现风险损失,我们是首当其冲的受害者,所以对风险一直持保守态度",辛普森对参议院下属的住房、运输及社区发展委员会和经济政策委员会说道。"从历史角度看,我们也经历过20世纪80年代的储贷危机和90年代初加州和东北部的石

---

① Susan Bies, interview by FDIC, October 11, 2010.
② John Dugan, testimony before the FCIC, Hearing on Subprime Lending and Securitization and Govern-ment-Sponsored Enterprises (GSEs), day 2, session 2: Office of the Comptroller of the Currency, April 8, 2010, transcript.
③ Sabeth Siddique, interviews by FCIC, September 9, 2010, and October 25, 2010.
④ Bies, interview.
⑤ Mortgage Insurance Companies of America, quoted in Kirstin Downey, "Insurers Want Action on Risky Mortgages; Firms Want More Loan Restrictions," *Washington Post*, August 19, 2006.

油危机"。①

美联储内部争论也越来越激烈、愈发情绪化，斯迪克对调查委员会回忆说，"争论开始针对个人了"。意识形态之争持续了一年多，在此期间非传统抵押贷款数量在一直增加。②

消费者保护团体也加入论战。在2006年3月召开的美联储消费者咨询委员会一次会议上，美联储委员伯南克、马克·奥尔森（Mark Olson）和凯文·沃尔什（Kevin Warsh）明确地公开指出，非传统抵押贷款会对经济造成危害。北卡罗来纳州公平住房中心常务董事斯特拉·亚当（Stella Adams）担心非传统抵押贷款行为"可能会形成一个巨大的旋涡，自滨海地区蔓延到东部，造成恐慌，最终波及全美经济"。③

2006年6月美联储消费者咨询委员会又召开了一次会议，伯南克、贝尔丝、奥尔森和沃尔什都出席了。一些消费者保护团体向美联储委员们详述了波及全美的种种令人担忧的事件。密西西比州杰克逊三角洲地区企业公司（Enterprise Corp. of the Delta）负责政策与评估的董事爱德华·西维克（Edward Sivak）说，抵押贷款经纪人曾告诉他，房地产估价师和贷款发起人为获得最大利润，故意高估房地产价值。费城社区法律服务中心律师艾伦·怀特（Alan White）报告说，抵押贷款违约急剧增长，并指出他的借款客户中，有一半获得问题贷款的借款人本来可以申请到更优惠的贷款，但是他们最终拿到的却是成本和利率都非常高的贷款。亚特兰大住宅区发展公司（Atlanta Neighborhood Development）总裁兼首席执行官哈蒂·多希（Hattie B. Dorsey）说，她担心房屋被倒来倒去会使住宅小区"越来越差"。曼彻斯特国家消费者法律中心（National Consumer Law Center）的卡罗琳·卡特（Carolyn Carter）敦促美联储利用其监管权来"禁止抵押贷款市场的滥用行为"。④

天平在倾斜。据斯迪克所说，2006年1月，格林斯潘离任美联储主席之前曾表达过接受"指南"的意愿。弗洛森同美联储董事会和地区储备银行行长们

---

① William A. Sampson, Mortgage Insurance Companies of America, "MICA Testimony on NonTraditional Mortgages, " before the Senate Subcommittee on Housing and Transportation and the Subcommittee on Economic Policy, 109th Cong. , 2nd sess. , September 20, 2006.
② Siddique, interviews, October 25, 2010, and September 9, 2010.
③ Consumer Advisory Council Meeting, March 30, 2006, transcript.
④ Consumer Advisory Council Meeting, June 22, 2006, transcript.

完成了这项工作。贝尔丝和伯南克都支持"指南"。①

在美国货币监理署开始讨论"指南",其间房地产市场达到顶峰,一年多以后,"指南"以机构间警示书的形式于 2006 年 9 月发布,影响对象包括银行、储蓄机构和信贷联盟。许多州纷纷效仿,向成千上万的州注册贷款机构和抵押贷款经纪机构推出了各州版本的"指南"。

随后在 2008 年 7 月,风险型非传统抵押贷款市场崩溃、华尔街抵押贷款证券化机器瘫痪很久之后,美联储最终采取了《住宅所有权与权益保护法案》的新规定,遏制备受消费者组织反对的滥发贷款行为,新规定包括要求借款人具备偿款能力。

然而到此时,损害已然造成了。2001 到 2006 年间发行的抵押贷款证券总值高达 134 亿美元,②其中包括海量的问题证券和债券以及比人们想象的要危险得多的住房支持衍生品。

伯南克认为,房地产市场崩溃所带来的外溢效应能够被遏制住,很多政策制定者、监管者和金融高管们也不明白这些高风险金融工具对主要金融公司和市场有多大危害。随着房地产市场急转而下,他们开始乱了阵脚,这时才明白,金融体系迅速恶化,一个环节出了故障会伤及体系的其他部分。

到了 2007 年底,大多数次贷机构或破产或被收购,包括新世纪金融公司,美利凯斯特抵押公司和美国住房抵押贷款公司(American Home Mortgage)。2008 年 1 月,美国银行宣布将收购"出了毛病的"国民金融公司。很快人们发现,风险并非如之前所想的那样分散在整个金融体系,而是集中在最大的几家金融公司。贝尔斯登银行由于背负着高风险抵押贷款资产且严重依赖不稳定的短期贷款,2008 年春被摩根大通在政府帮助下收购。在夏季过去之前,房利美和房地美也被监管起来。9 月份,雷曼兄弟破产,剩下的投资银行——美林证券公司、高盛投资公司和摩根士丹利(Morgan Stanley),由于缺乏市场信心支持也举步维艰。持有大量信用违约掉期投资组合并且卷入次贷市场的美国国际集团得到政府救助。最终,很多商业银行和储蓄机构一方面面临抵押贷款资产下降,另一方面也卷入了短期信贷市场,自身难保。夏天过去,印地麦克银行

---

① Siddique, interview, October 25, 2010; Bies, interview.
② 不存在一个清算所来计算结构性金融资产额。FCIC 的估计是基于穆迪公司和一个未分级的 RMBS 机构估价过的结构性金融资产的数量和非穆迪公司估价过的结构性金融资产的估计,这些数据被房利美、房地美、彭博资讯、美国 American CoreLogic Loan Performance、惠誉评级公司、穆迪公司、标普、路透社 Thomson Reuters 和金融市场协会作为数据来源引用。

（IndyMac）倒闭；9月，华盛顿互惠银行（华互）银行成为美国历史上倒下的最大银行；10月，美联银行被富国银行收购。花旗集团和美国银行挣扎着没有倒下。在危机结束之前，纳税人已经通过20多个非常项目，拿出数万亿美元来稳定金融体系安全并支撑美国最大的金融机构维持下去。

2008年降临美国的金融危机其实酝酿已久。前美联储主席格林斯潘在向调查委员会作证时曾为自己的行为辩护，声称他的大多数决策是正确的。"在70%的情况下我都是正确的，但是也有30%是错误的，"他对调查委员会说。① 然而，在危机酝酿阶段，那些错误决策的后果却是无比严重的。

危机带来毁灭性的经济效应，人为的破坏仍在继续。2010年11月官方报告的失业率一直徘徊在10%左右，非充分就业率超过了17%，包括放弃寻找工作和愿意从事全职但只能找到兼职的人员。失业人员中，失业达六个月以上的占40%多。在大都市中，内华达州的拉斯维加斯和加州的圣贝纳迪诺的失业率最高——超过14%。

贷款如很多人预言的那样危害极深。据估计，美国最终会有1300万家庭因丧失赎回权而失去住房。2010年，佛罗里达州和内华达州的止赎率最高：佛罗里达州近14%的贷款都丧失了赎回权，内华达州也紧随其后。② 美国抵押贷款借款人中有近四分之一的人背负的抵押贷款额远高于房屋价值。在内华达州，有70%的借款人有这种情况③。从2006年起，家庭财产损失已经高达1万亿美元。

穆迪经济网（Moody's Economy.com）首席经济学家马克·赞迪（Mark Zandi）在调查委员会听证会上说，"金融危机给美国经济造成重创，最直接的影响就是'大衰退'：自20世纪30年代经济大萧条以来时间最长、范围最广、后果最严重的衰退……经济震荡的余波影响同样巨大……需要花数年才能使就业回到危机前的水平"。④

经济学家迪恩·贝克（Dean Baker）说，"回顾危机发生前的几年，谁都清

---

① Alan Greenspan, testimony before the FCIC, Hearing on Subprime Lending and Securitization and Government-Sponsored Enterprises (GSEs), day 1, session 1: The Federal Reserve, April 7, 2010, transcript, p. 29.
② Mortgage Bankers Association, "National Delinquency Survey."
③ CoreLogic, Inc., August 26, 2010, news release, second quarter, 2010. Second-quarter figures were an improvement from 11.2 million residential properties (24%) in negative equity in the first quarter of 2010.
④ Mark Zandi, written testimony for the FCIC, First Public Hearing of the FCIC, day 1, panel 3: Financial Crisis Impacts on the Economy, January 13, 2010, pp. 14, 15.

楚贷款情况，那时大家都知道零首付贷款到底有多少。难道现在我们突然相信，与10年、15年或者20年前相比，能获得零首付贷款并有偿贷能力的借款人真的更多了？我是说，到底是什么带来了这种变化？对贷款的很多情况，根本就没有审核要求，其实信息从数据库中就能查到。"①

贝克尔斯菲尔德市开发商沃伦·皮特森（Warren Peterson）能够准确指出形势急转直下的确切时间。皮特森在高档社区修建住宅。每周一早晨，他驱车到售楼处，都会发现一群群地产代理手拿销售合同争先恐后抢着要买他在建的房屋。他的售楼处一直是人来人往。突然之间，在2005年11月的一个周六，他发现再没有一个人迈进售楼处了。

他给地产业的一个朋友打了个电话，对方说自己也注意到了这个现象，皮特森问对方怎么看待这个情况。

"一切都完了"，他的朋友说。②

---

① Dean Baker, interview by FCIC, August 18, 2010.
② Warren Peterson, testimony before the FCIC, Hearing on the Impact of the Financial Crisis—Greater Bakersfield, session 3:Residential and Community Real Estate, September 7, 2010, transcript, pp. 106 −7, 119 −20, 107 −8;Warren Peterson, interview by FCIC, August 24, 2010.

第二部分

搭 台

影子银行

证券化与衍生品

再提放松管制

次级抵押贷款

第二章

影子银行

2007年和2008年的金融危机不是一起单一事件,而是一系列源自金融系统、最终波及全美经济的危机。出现在金融市场某一领域的问题,会通过银行家、政府官员和其他人所忽视或无视的各种内部联系机制及市场缺陷传导出去,导致市场其他方面的失败。许多专家并未发觉房地产泡沫逐渐形成,在此期间发放的次级贷款和其他高风险贷款的后果也不为人所知,等到它们开始以出人意料的速度发生违约时,这些抵押贷款支持的高深莫测的证券投资市场突然之间崩溃了。危机开始蔓延,投资者惊慌失措,整个金融体系内在的危险开始显现。金融市场徘徊在崩溃的边缘,赫赫有名的金融机构要么破产,要么靠纳税人苟延残喘。

美联储主席本·伯南克现在承认,他当初没有发现金融业的系统风险。"次贷的预期损失本身并没有大到引发这次严重的危机",伯南克对调查委员会说,"金融体系的各种缺陷漏洞以及政府危机应急机制不健全,才是导致本次危机的主要原因,才能解释为什么危机会给宏观经济造成极具毁灭性的冲击"。[①]

在本部分,我们会探究近几十年来金融体系中各种风险的源头。这段复杂的历史影响深远、引人注目,其本身就足以构成一份独立的报告。而我们研究的重点是四个重大事件的事态发展,它们促成的种种事件撼动了金融市场及经济的稳定。每个发展线索也都可以著书进行详尽的讨论;而我们所关注的是有助于理解此次金融危机的那些关键事件。

---

① Ben Bernanke, written testimony before the FCIC, Hearing on Too Big to Fail: Expectations and Impact of Extraordinary Government Intervention and the Role of Systemic Risk in the Financial Crisis, day 1, session 1, September 2, 2010, p. 2.

第一，我们描述了增长惊人的影子银行系统——主要指各投资银行，但也包括其他金融机构。影子银行在资本市场肆意操作，根本不受1929年股市崩溃、经济大萧条之后设立的监管工具的控制。这一新的系统不仅威胁到了曾居主导地位的传统商业银行，还侵蚀着监管机构和国会，缓慢但持续地蚕食着长期存在的金融管控，并促使银行打破传统运行模式，置身金融业的疯狂发展之中。结果出现了两个规模庞大的平行金融体系。它们之间的竞争不仅使华尔街获益，似乎也惠及所有美国人——降低了他们的抵押贷款成本，提高了养老保险（即401k账户）收益。影子银行和商业银行是相互依赖的竞争对手，他们的新业务都曾经利润丰厚，可是最后证明其风险也都是巨大的。

第二，我们关注了金融监管的演变。在美联储和其他监管当局看来，新的双轨体系给市场参与者提供了更好的从业执照，双轨体系也似乎比传统银行体系更加安全、更富活力。监管当局越来越指望金融机构能够自我监管——即所谓的"放松管制"。美联储前主席格林斯潘这样说道："能够稳定市场的私有监管力量应该逐步取代冗杂低效的政府机构"。① 在美联储看来，如果影子银行体系出现了问题，那些被认为经营状况良好、资本充裕、监管到位的大型商业银行——尽管对它们也放松了限制——完全可以提供重要支持。如果问题严重到超出市场自行调节能力之外，美联储会承担起维持金融体系稳定的责任。在此次危机爆发前的几十年里，美联储一次又一次地履行了救市的责任。因此，不难理解，大多数美国人都相信，美联储永远都能够让市场转危为安。

第三，我们密切追踪了抵押贷款行业的荣衰巨变。在不景气时，地方贷款机构对30年期贷款从发放到存续期间都要承担全部责任；而繁荣期到来时，业内的普遍看法是尽早卖掉贷款，以便把它们打包卖给全世界的投资者。新抵押贷款产品和新借款人数量激增。市场因而不可避免地发生了变化，参与者——包括抵押贷款经纪人、贷款机构和华尔街的公司更关心的是抵押贷款的售出数量，而非质量。我们还追溯了国会成立的上市公司房利美和房地美的发展历史，"两房"是抵押贷款市场发展和为投资者创造最大回报的主导力量。

第四，我们在报告中介绍了几个高深莫测的概念：证券化、结构性融资和衍生品。2007年和2008年金融市场遭到重创后，这些字眼成了全美家喻户晓的热

---

① Alan Greenspan, "The Evolution of Banking in a Market Economy," remarks at the Annual Conference of the Association of Private Enterprise Education, Arlington, Virginia, April 12, 1997.

词。结构性融资，简单讲，就是一个机制，次级贷款和其他抵押贷款通过这个机制被转换成复杂的投资产品，评级机构一般把这些产品定为 AAA 级，其背后的动机矛盾重重。这样操作的结果，就使得整个金融市场建立在精密设计的计算机模型——与实际情况大相径庭——和不断上涨的房价基础之上。房地产泡沫破灭时，这个复杂的泡沫也随之破灭。靠抵押贷款支持的证券几乎没人弄得懂，要是在 20 年前，根本不会有任何人接受这种产品，恰是它们成了金融市场倒下的第一张多米诺骨牌。

对这四个事件事态发展的基本了解可以使读者更快地理解，到底是什么因素在 2000 年——希望和隐患并存的十年之初——支持了金融体制的发展。

商业票据和回购："脱缰的市场"

20 世纪大部分时间里，银行和储蓄机构所做的无非是吸收存款，再把资金贷给购房者或企业。经济大萧条以前，这些机构面临挤兑时十分脆弱，仅凭一则关于银行出事的报道或流言蜚语就能引发储户挤兑风潮。如果挤兑蔓延，银行就可能没有足够现金来满足储户的提现需求。美国内战前挤兑现象经常发生，之后在 1873 年、1884 年、1890 年、1893 年、1896 年和 1907 年也发生了挤兑现象。[1] 为了稳定金融市场，美国国会于 1913 年成立了美联储作为银行最后的贷款人。

但是美联储的创立在 20 世纪 20 年代和 30 年代并没有逆转银行挤兑风潮以及金融市场萎缩的形势。因此，美国国会在 1933 年通过了《格拉斯－斯蒂格尔法案》（Glass-Steagall Act），同时成立了联邦存款保险公司，为银行储蓄存款提供最高约为 2500 美元的储蓄保险——当时大部分存款都是这个数额；到 1980 年这一数额攀升到 10 万美元，以后一直没变，直到 2008 年经济危机期间才增至 25 万美元。如果银行出了问题，储户们不用再抢着排到银行取现队伍的最前面了，如果银行缺少现金，到了无处可拆借的地步，还能从美联储借钱。美联储作为最后贷款人，必须保证银行不会仅仅因为缺乏流动性

---

[1] Charles Calomiris and Gary Gorton, "The Origins of Banking Panics: Models, Facts, and Bank Regulation," in Calomiris, *U. S. Bank Deregulation in Historical Perspective* (Cambridge: Cambridge University Press, 2000), pp. 98 – 100. 在内战结束前，银行出立票据而不是持有存款，美国货币监理署。1814 年、1819 年、1837 年、1839 年、1857 年和 1861 年挤兑风潮（Ibid.，第 98~99 页）。

而破产。

设立了这些保障措施后，国会限制银行过度冒险放贷，这是旨在防止银行倒闭而置纳税人资金于风险之下的另一个举措。此外，国会还要求美联储为银行和储蓄机构——又称储蓄和贷款协会（Savings and Loans，S & Ls）——的定期储蓄设定最高利率上限。这条规定，即所谓的"Q条款"，目的也是通过遏制争夺定期储蓄来确保金融机构的安全。①

只要利率一直保持相对稳定，金融系统就会稳定，二战后的头20年，事实确实一直如此。然而到了20世纪60年代末，通胀开始加剧，从而推高了利率。例如，银行间隔夜贷款利率在1980年之前的几十年里很少超过6%，而在1980年却达到了20%。然而，正是由于"Q条款"限制，银行和储蓄机构的定期存款利率不能超过6%，很明显，这个限制很容易被突破。这些机构靠最低基础利率很难在竞争中取胜。

同谁竞争呢？20世纪70年代，美林证券公司、富达基金公司（Fidelity），先锋基金公司（Vanguard）和其他银行劝说消费者和商人放弃银行储蓄，转而追求更高回报。在美国证监会1975年废除股票交易固定佣金之后，这些公司急于寻找新业务，于是他们创造了货币市场互助基金，将储户的钱投资于安全的短期债券，比如国债和高评级公司债，所付利率比银行和储蓄机构的法定利率要高。这些基金就像银行账户一样，但是运作机制并不相同：基金认购者购买的是每日可以按固定价值赎回的股份。1977年，美林证券公司引入了一个更像银行账户的东西："现金管理账户"，它允许顾客使用支票。其他货币市场互助基金很快也跟风而动。②

这些基金同银行和储蓄机构存款最大的不同就是：它们不受联邦储蓄保险公司保险的保护。然而，消费者喜欢更高的利率，而且基金发起机构的声望也让人放心。基金发起机构明确承诺每股净资产价值是1美元。按照华尔街的说法，这些基金不会"跌破一美元"。即使没有储蓄保险公司的保险，储户也认为这些基金和银行或储蓄机构的存款一样安全。市场开始繁荣起来，同时影子银行业承担了一个重要角色——在传统银行体系之外逐渐成长壮大起来的一个受监管较少的资本市场。货币市场互助基金的资产从1977年的30亿美元骤升到

---

① R. Alton Gilbert, "Requiem for Regulation Q: What It Did and Why It Passed Away," *Federal Reserve Bank of St. Louis Review 68*, No. 2 (February 1986): 23.

② FCIC, "Preliminary Staff Report: Shadow Banking and the Financial Crisis," May 4, 2010, pp. 18 – 25.

1995 年的 7400 多亿美元，截至 2000 年，这一金额达到 1.8 万亿美元。①

为了保持对银行和储蓄机构的优势，货币市场基金需要安全高质的投资资产，很快他们对两个蒸蒸日上的市场产生了兴趣：商业票据市场和回购市场。通过这些工具，美林证券公司、摩根士丹利和华尔街其他投资银行可以为大公司提供经纪服务并提供短期（有偿）融资服务。商业票据是未担保的公司债——意味着它没有抵押担保，只有公司的支付承诺。这些贷款比较便宜，因为它们是短期的，通常不超过 9 个月，有时短到两周，最短只有一天；贷款到期时，借款人常常将其"续转"，不断用旧债买新债滚动下去。由于只有财务稳健的公司才有能力发行商业票据，因而被认为是非常安全的投资；投资者相信像通用电气和 IBM 那样的公司会一直赢利。从 20 世纪初，企业就开始用商业票据融资，到 60 年代这种融资手段已经非常流行了。

虽然商业票据市场经历了一场危机，说明资本市场也容易发生挤兑行为，但是，那场危机实际上巩固了票据市场。1970 年，美国第六大非金融公司宾州中央运输公司（Penn Central Transportation Company）因持有 2 亿美元未偿付商业票据而申请破产。运输公司的违约令投资者对整个商业票据市场产生了担忧；票据持有者即债权人，拒绝将贷款转滚到其他借款公司，结果导致市场关闭。为了应对危机，美联储向商业银行提供了大约 6 亿美元的紧急贷款，并降低了利率。② 美联储的救助使商业银行得以放贷给公司，从而偿付商业票据。宾州中央运输公司危机过后，商业票据发行者即借款人，为了防止另一次冲击，同主要银行共同设立了备用信用额度，保证再次出现危机时能偿付贷款。这些举措使投资者更加确信商业票据是安全的。

20 世纪 60 年代商业票据市场规模翻了 7 番。在此基础上，20 世纪 70 年代又增长了近 4 倍。商业票据最大的买家之一是货币市场基金。看起来这似乎是一个三赢的协议：货币基金有固定收益，财务稳健的公司融资成本更低，而华尔街公司可以通过促成交易获取佣金。截至 2000 年，商业票据金额从 1980 年的不到 1250 亿美元增至 1.6 万亿美元。③

---

① Arthur E. Wilmarth Jr., "The Transformation of the U. S. Financial Services Industry, 1975 – 2000: Competition, Consolidation, and Increased Risks," *University of Illinois Law Review*（2002）:239 – 40.

② Frederic S. Mishkin, "Asymmetric Information and Financial Crises: A Historical Perspective," in *Financial Markets and Financial Crises*, ed. by R. Glenn Hubbard（Chicago: University of Chicago Press, 1991）, p. 99; Wilmarth, "The Transformation of the U. S. Financial Services Industry, 1975 –2000," p. 236.

③ Federal Reserve Board Flow of Funds Release, table L. 208. Accessed December 29, 2010.

第二个增长迅速的影子银行市场是回购市场，又称回购协议市场。同商业票据一样，回购协议有很长的历史，但从20世纪70年代才开始繁荣起来。华尔街的证券交易商常把收益较低的国债卖给银行和其他比较保守的投资者，然后用收到的现金投资利率更高的证券。交易商同意回购这些国债——常在一天以内——价格比售价稍高一些。这种回购交易，实际上是一种贷款，令华尔街公司能够便宜且方便地融资。由于这些交易本质上是抵押贷款，证券交易商借到的金额等于抵押品全额价值减去一笔"折扣"。同商业票据一样，回购也常常被"续转"。因此，这两种形式的借款都可以被看做"热钱"——因为贷款人可以迅速地将投资买入卖出追求高额回报，它们也可能是风险较高的融资来源。

回购市场也有缺陷，但是同商业票据市场一样，它也从危机中走了出来，只不过回购市场的危机更严重。1982年，两大借款机构——特拉斯代尔（Drysdale）和隆巴德沃证券公司（Lombard-Wall）没能履行回购义务，给放贷者造成巨大损失。在危机余波中，美联储作为最后贷款人支持了影子银行市场。美联储放松了证券公司购买债券的条件，使证券借贷增长了10倍。这一段插曲过后，大部分回购参与者转向了三方协定，大型票据清算银行作为借款人和贷款人的中间人，通过将抵押品和基金交由第三方保管来进行保护。① 如果是在2007年和2008年，这种机制会产生非常严重的后果。然而在20世纪80年代，这些新程序稳定了回购市场。

这种新型的平行银行体系——商业票据市场和回购市场提供低成本融资；货币市场基金为个人和机构投资者提供更好的回报——有个重大问题：它的广受欢迎是以银行和储蓄机构的利益为代价换来的。一些监管者对这种事态发展越来越警惕。根据1994~1996年任美联储副主席的艾伦·布林德（Alan Blinder）所说，"作为监管当局，我们非常担忧，在众多非银行机构——主要是从银行获得存款、进行贷款活动的华尔街公司——的竞争压力下，银行竞争力不断下降，最终肯定会影响到银行业的安全和稳定。所以这的确让人担心；可以看到金融资产中的银行资产占比呈现下降趋势"。②

---

① Kenneth Garbade, "The Evolution of Repo Contracting Conventions in the 1980s," *Federal Reserve Bank of New York Economic Policy Review* 12, No. 1（May 2006）: 32–33, 38–39（available at http://papers.ssrn.com/sol3/papers.cfm?abstract_id=918498）. 为了实施货币政策，纽约联邦储备银行使用了回购市场：通过从证券公司借入然后卖出国债确定利率，很多证券公司都是商业银行的业务单位。

② Alan Blinder, interview by FCIC, September 17, 2010.

图 2-1 显示 20 世纪 90 年代期间，影子银行系统在传统银行部门取得优势，而且实际上在 2000 年后不久就超过了银行部门。

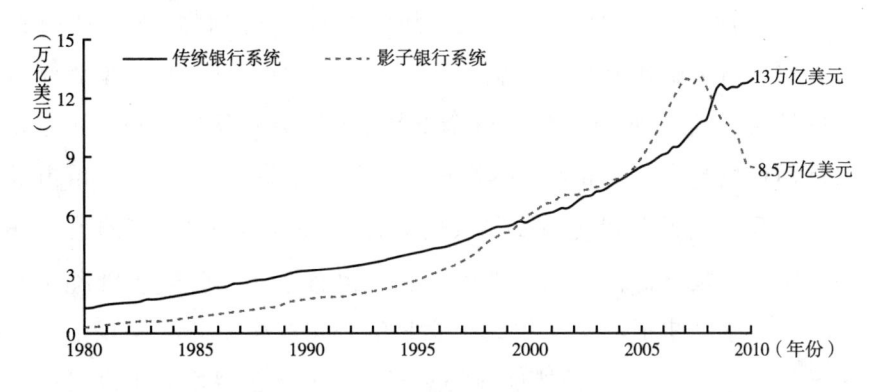

图 2-1 传统银行和影子银行系统
21 世纪以来影子银行系统的资金急剧增长，在金融危机前超过了传统银行系统。

说明：影子银行资金包括商业票据和其他短期借款（银行承兑汇票）、回购债券、净证券贷款、资产支持证券发行机构债务和货币市场共同基金资产。

资料来源：Federal Reserve Flow of Funds Report。

银行认为它们的问题源自格拉斯-斯蒂格尔法案，该法严格限制商业银行参与证券市场，部分原因是为了结束在 20 世纪 20 年代银行向储户销售高投机性证券的行为。1956 年，国会对控股公司拥有的银行实施了一个新的监管要求，以防止控股公司给旗下的储蓄银行带来风险。

银行监管机构监控银行的杠杆率——自有资产与借贷资金之比——因为过度举债经营会威胁银行安全。几乎每个金融机构都利用杠杆作用增大收益。例如，投资者利用自有资金 100 美元购买了一只证券，如果其价值增加 10%，他就赚了 10 美元。然而，如果他借入 900 美元，共投资 1000 美元，同样 10% 的增值率带来的利润是 100 美元，使他的自有资金增加到原来的两倍。如果投资失败，杠杆作用也会使损失扩大同样倍数。收益率降低 10%，使未使用杠杆作用的投资者损失 10 美元，还剩 90 美元，但是令使用杠杆的投资者损失掉 100 美元。如果投资者购买的资产是其自有资本的 10 倍，那么他的杠杆率是10∶1，即投资总额和投资者投入交易的自有资金之比。

1981 年，美国的银行监管当局设立了第一个正式的最低资本标准，要求大部分银行的资本——即资产超过债务和其他负债的金额——必须占总资产的 5% 以上。总的来说，资本反映的是股东在银行投资的价值，股东的资本在出现风险时首先遭受损失。

但是，华尔街投资银行则可以更多地利用杠杆而不受安全性监控，他们的经纪子公司受净资本条例约束，而不受上述资本要求的限制。影子银行业的主要参与者——货币市场基金和支持他们的各个投资银行——不受像银行和储蓄机构那样的监管。影子银行市场的资金不是来自联邦承保的储户，而主要来自投资者（货币市场基金）或商业票据和回购市场（投资银行）。货币市场基金和证券公司都受美国证券和交易委员会的管控。成立于1934年的美国证交委本来是监管证券市场从而保护投资者的，它承担着保证券商向投资者充分披露信息的责任并要求从事证券买卖和经纪交易的公司严格遵守程序规定，比如为客户资金单设账户。过去，虽然证交委对经纪商设定了资本要求以保护金融机构的客户，但是它并未特别关注证券公司的安全稳健状况。

同时，由于储蓄保险并未涵盖诸如货币市场基金等所有金融工具，因此政府无须承担责任。很少有人担心会出现挤兑现象。从理论上讲，投资者拿钱投资时是知道有风险的。如果某项投资失败，那就是失败了。如果某家公司倒闭，那就是倒闭了，没有什么好说的。因此，货币市场基金没有资本要求或杠杆标准。"那时候没有监管"，美联储前主席保罗·沃尔克对调查委员会说，"这有点像搭便车"。[1] 基金只需要遵守投资证券种类、证券存续时间和证券投资组合多样化方面的限制规定。这些规定是为了保证投资者的股票不会贬值而且随时可以变现——这的确是个重要的保障，但不同于联邦存款保险公司的保障。唯一预防损失的措施就是像美林公司那样富有声誉的公司的"隐性"担保。

银行和储蓄机构的传统世界渐渐比不过华尔街公司的平行世界了。影子银行在集资和投资活动上几乎不受限制。商业银行处于下风，马上就要失去主导地位了。他们被打上"非中介"的标签，很多金融监管体系的批评家认为，自大萧条以来，政策制定者给储蓄机构套上了无法赢利的束缚性规定，不仅设定利率上限、施加资本要求，还阻止他们同投资银行（和货币市场基金）竞争。批评者还指出，全美经济中对各行业的监管限制削弱了竞争、遏制了创新，金融业就是其中的典型例证。

几年后，美联储主席格林斯潘对解除管制是这样说的："我们这些支持竞争

---

[1] Paul Volcker, interview by FCIC, October 11, 2010.

性市场资本主义的人认为，不受约束的市场可以创造一定程度的财富，继而促进更文明的社会。我一直觉得这种见解非常有说服力。"①

储贷危机："监管机构遭遇巨大压力"

传统金融机构对现行管理制度一直不满。市场不公平，"令金融机构获取高利率优良资产的压力很大"，证交委前主席理查德·布里登（Richard Breeden）对调查委员会说，"这同样让监管当局遭遇巨大的监管压力"。②

于是银行和储蓄存款机构向国会求助。1980年，《存款机构自由化和货币控制法案》（The Depository Institutions Deregulation and Monetary Control）取消了对储蓄机构存款利率的限制。虽然这一法律解除了对银储机构的主要管制限制，却不能恢复它们的竞争优势。储户希望得到更高的回报率，现在银行和储蓄机构可以做到这一点了，但是它们从抵押贷款和其他长期贷款中获得的贷款利率绝大多数还都是固定的，不够偿付借款成本。虽然它们的储蓄基数增加了，却面临着利率挤出的压力。1979年，银储机构最安全投资（一年期国债）的利率比支付给储户的利率高出5.5个百分点；到1994年只高出2.6个百分点，与有利率上限时相比，它们损失了将近3个百分点的优势。③ 1980年的立法并没能减轻银行和储蓄机构面临的竞争压力。

在此之后，1982年又通过了《加恩·圣杰曼法案》（Garn – St. Germain Act），大大增加了储蓄机构的贷款和投资种类，也扩大了银储机构在抵押贷款市场的经营范围。过去它们的主要业务一直都是30年期固定利率抵押贷款。但是20世纪70年代中期和80年代早期，由于通货膨胀，这些机构的固定抵押贷款利率下降，很难支付不断上升的短期存款成本。为了缓解这种情况，国会在《加恩·圣杰曼法案》中规定，银行和储蓄机构可以发行只付息抵押贷款、气球贷款、可调息抵押贷款，甚至在立法禁止此类贷款的州也照样发行。对于消费者来说，只付息贷款、气球贷款能让他们买得起房子，但是只能短期拥有房产。可调息抵押贷款借款人在利率下降时可以享受到更低的利率，但是利率上

---

① Fed Chairman Alan Greenspan, "International Financial Risk Management," remarks before the Council on Foreign Relations, November 19, 2002.
② Richard C. Breeden, interview by FCIC, October 14, 2010.
③ Wilmarth, "The Transformation of the U.S. Financial Services Industry, 1975 –2000," p. 241 and n. 102.

升也会令他们的还贷利率上升。对于银储机构来说，可调息抵押贷款利率与支付给储户的利率同向变动。浮动抵押贷款利率令银储机构避免了通胀所造成的利率挤出现象，但是把利率上升的风险转嫁给了借款人。

此后自 1987 年起，美联储接受了银行的一系列要求，允许他们从事《格拉斯－斯蒂格尔法案》及其修订法所禁止的活动。新规定允许银行控股公司的非银行子公司参与"银行无资格参与"的活动，包括出售或持有几种国民银行不得投资或承销的证券。起初，美联储严格限制这些"银行无资格参与"的证券活动不得超过任何子公司资产或收益的 5%。然而后来，美联储逐渐放松了这些限制。到 1997 年，"银行无资格参与"的证券可占银行证券子公司资产或收益的 25%，美联储还削弱甚至拆除了隔离传统银行业子公司与银行控股公司的新证券子公司之间的防火墙。①

与此同时，联邦注册银行的监管机构货币监理署也把国民银行业务活动扩大到"功能上等同于或者从逻辑上推断是公认银行权力的活动范围"②。这些新业务活动包括承销、对某些资产做空或套利等衍生产品交易等。1983 到 1994 年间，货币监理署将银行可以交易的衍生品进一步拓展到债券（1983）、利率与汇率（1988）、股票指数（1988）、稀有金属如金银（1991）以及权益股（1994）等相关的金融产品交易。

美联储主席格林斯潘和许多其他监管者、立法者都支持并鼓励放松对金融市场的监管。他们认为，金融机构保护股东的动力很强，因此会通过提升风险管理水平来规范自身行为。同样的，金融市场也会凭借分析员、信用评级机构以及投资者开展有力且有效的规范活动。格林斯潘认为，当下最迫切的问题是搞清楚政府监管是加强还是减弱了私人监管。1997 年在国会作证时，他是这么论述的：我们需要金融"现代化"来"取消过去那些毫无用处、影响经济效率、并且……制约消费者对金融服务进行选择的种种限制"。消除这些障碍"可以使银行机构在自然市场中更高效地竞争，使金融体系运行更有效率，为公众提供的

---

① "Thereafter, banks were only required to lend on collateral and set terms based upon what the market was offering. They also could not lend more than 10% of their capital to one subsidiary or more than 20% to all subsidiaries. Order Approving Applications to Engage in Limited Underwriting and Dealing in Certain Securities," *Federal Reserve Bulletin* 73, No. 6（Jul. 1987）: 473 – 508; "Revenue Limit on Bank-Ineligible Activities of Subsidiaries of Bank Holding Companies Engaged in Underwriting and Dealing in Securities," *Federal Register* 61, No. 251（Dec. 30, 1996）: 68750 – 56.

② Julie L. Williams and Mark P. Jacobsen, "The Business of Banking: Looking to the Future," *Business Lawyer* 50（May 1995）: 798.

服务更优质"。①

在 20 世纪 80 年代到 90 年代早期之间，银储机构以更高的利率将业务拓展到了风险更大的贷款领域。他们向石油和天然气开采商放贷，为企业杠杆收购提供融资，还为住宅与商业房地产开发商提供资金。最大的商业银行为亚洲和拉丁美洲等新兴市场的企业和政府放贷。这些市场有更高的潜在收益，但比银行的传统放贷对象风险更高，其后果几乎立刻显现——尤其是在房地产市场出现了泡沫，一些地区住宅房和商业用房过度开发。例如，得克萨斯州房价 1980 到 1985 年每年上涨 7%。② 加利福尼亚州的房价从 1985 到 1990 年每年上涨 13%。③ 房产泡沫首先于 1985 年和 1986 年在得州破灭，灾难迅速从美国东南部向东海岸中部的一些州和新英格兰蔓延，随后反过来席卷了全国，杀回加州与亚利桑那州。在危机结束之前，由某些地区市场房价骤降引发全美房价从 1991 年 7 月到 1992 年 2 月间下降了 2.5%④——这是经济大萧条以来房价的首次大幅下跌⑤。20 世纪 80 年代，由于证券投资组合中抵押贷款的利率远远低于当时一般利率，储蓄机构的住宅和商业房贷违约数量大幅上升，加上能源杠杆收购和海外贷款的损失，整个行业遭到了重创。⑥

20 世纪 80 年代和 90 年代早期，近 3000 家商业银行与储蓄机构在储蓄信贷危机中倒闭。相比起来，1934 到 1980 年间破产的银行只有 234 家。到 1994 年，1/6 联邦政府承保的储蓄机构要么关门大吉要么请求财政援助，20% 的银行资产遭受影响。⑦ 1000 多个银行与储蓄信贷高管被判犯有重罪。⑧ 待到政府清

---

① Fed Chairman Alan Greenspan, prepared testimony before the House Committee on Banking and Financial Services, *H. R. 10, the Financial Services Competitiveness Act of 1997*, 105th Cong., 1st sess., May 22, 1997.
② 金融危机调查委员会的计算结果。
③ 金融危机调查委员会的计算结果。
④ 金融危机调查委员会的计算中使用了 First American/CoreLogic, National HPI, Single-Family Combined (SFC) 数据。
⑤ 这一系列数据相对较新。2009 年前可得到数据表明全国房价同比没有下降。First American/CoreLogic, National HPI Single-Family Combined (SFC)。
⑥ 对于 20 世纪 80 年代的银行与储蓄危机的一般概述，参见金融危机调查委员会 *History of the Eighties: Lessons for the Future*, vol. 1, *An Examination of the Banking Crises of the 1980s and Early 1990s* (Washington, DC: Federal Deposit Insurance Corporation, 1997)。
⑦ 具体来说，1980~1994 年，共有 1617 家联邦保险银行持有 3036 亿美元、1295 家共持有 6210 亿美元资产的储蓄信贷协会倒闭，有的接受金融危机调查或者联邦储蓄与贷款保险公司（FSLIC）援助。参见 Federal Deposit Insurance Corp., *Managing the Crisis: The FDIC and RTC Experience, 1980 - 1994* (Aug. 1998), pp. 4, 5。
⑧ William K. Black, Associate Professor of Economics and Law, University of Missouri-Kansas City, written testimony for the FCIC, Hearing on the Impact of the Financial Crisis, session 1: Overview of Mortgage Fraud, September 21, 2010, p. 4. And see Kitty Calavita, Henry N. Pontell, and Robert H. Tillman, *Big Money Crime: Fraud and Politics in the Savings and Loan Crisis* (Berkeley: University of California Press, 1997), p. 28.

理工作完全结束时，这场危机的最终损失高达1600亿美元。①

尽管针对储贷危机国会在1989年和1991年通过新的法案加强了对储蓄机构的监督，但是放松监管的举措仍然在继续。这场松绑运动的焦点之一是继续取消对储蓄机构在资本市场上的经营限制。1991年，财政部发布了一份内容翔实的研究报告，呼吁取消旧的银行监管框架，其中包括取消所有对银行的地理限制以及废除《格拉斯－斯蒂格尔法案》。该报告敦促国会废除这些限制措施，因为如果美国大型国民银行能够更深入地参与资本市场，就会赢利更多，并且能更有力地与英国、欧洲以及日本的大型银行开展竞争。该报告认为监管松绑的提议将激发银行的创新行为并产生出一个"更加强大而多元化的金融体系，为消费者创造更多利益，为纳税人提供更多保护"。②

大型银行敦促国会采纳财政部的建议。而持反对意见的是感受到威胁的保险机构、房地产经纪、小型银行，因为大型银行及其巨额存款松绑后可能会毫无限制地进入市场与他们竞争。1931年，众议院否决了财政部的提议，但后来在20世纪90年代国会却通过了类似的提议。

在应对80年代和90年代早期的银行与储蓄危机中，国会十分关注一连串高调的银行紧急纾困行动。1984年，联邦监管机构出手援救了美国第7大银行伊利诺伊大陆银行（Continental Illinois）；1988年又援助了排名第14的第一共和银行（First Public）；1989年，轮到了排名第36的MCorp银行；1991年，排名第33的新英格兰银行（Bank of New England）也受到援助。这些银行严重依赖未投保的短期融资，大举进军高风险贷款领域，一旦人们对其偿付能力失去信心，就会突然发生挤兑，使银行不堪一击。虽然由联邦存款保险公司担保的存款免遭损失，但监管机构认为有责任保护那些存款超过了法定保护上限的未投保储户，因为已经有传言说这些大型银行可能缺乏足够资产不能履约，为防止他们遭挤兑，监管机构准备出手相助，其中包括芝加哥第一银行（First Chicago）、美国银行（Bank of America）以及汉华银行（Manufacturers Hanover）。③

---

① FDIC, History of the Eighties: Lessons for the Future, 1:39.
② U. S. Treasury Department, "Modernizing the Financial System: Recommendations for Safer, More Competitive Banks" (February 1991), p. 55.
③ Testimony of John LaWare, Governor, Federal Reserve Board, at Hearings before Subcommittee on Economic Stabilization of the Committee on Banking, Finance, and Urban Affairs on the "Economic Implications of the Too Big to Fail Policy," May 9, 1991, p. 11. http://fraser.stlouisfed.org/publications/tbtf/issue/3954/download/61094/housetbtf1991.pdf. FDIC, History of the Eighties: Lessons for the Future, 1:251.

在救助伊利诺伊大陆银行的听证会上，货币监理署署长 C. 托德·康诺夫（C. Todd Conover）说，美联储监管机构不会放任 11 个最大的"金钱中心银行"倒闭。① 一个新的监管原则就此出现，并很快就得到了个吸引眼球的称谓。康涅狄格州的众议员斯图尔特·麦金尼（Stewart McKinney）回应道，"现在我们有种新型银行，叫做'大到不能倒'（Too Big To Fall，TBTF），真是种不得了的银行"。②

1990 年，在这场大型商业银行大拯救期间，曾经是美国第五大投资银行的德崇证券（Drexel Burnhan Lanbert）倒闭了。由于它官司缠身，垃圾债券投资又损失惨重，导致贷款人在商业票据和回购市场上对它避之不及，这家银行不得不面临证券产业迄今为止最大规模的破产命运。包括其他投资银行在内的债权人手忙脚乱地应付德崇的破产，承受严重损失，政府却没有插手，德崇的破产也没有引发危机。到此为止，在金融企业中，似乎只有商业银行注定是大而不能倒的。

1991 年，国会试图限制"大到不能倒"原则，通过了《联邦储蓄保险公司改进法》（Federal Deposit Insurance Corporation Improvement Act，FDICIA），力图限制用纳税人的钱拯救行将灭亡的储蓄机构。《改进法》规定，美联储监管机构必须在银行或储蓄机构出现问题苗头的时候就尽早介入。此外，如果一个机构确实要破产了，联邦储蓄保险公司必须以对其储蓄保险基金损失最小的方式将其解散。但是，该法有两个严重的漏洞。一是如果财政部和美联储判定这个机构的破产对市场产生了"系统性风险"，联邦储蓄保险公司将免受最小损失的制约。另一个漏洞是由一些华尔街投资银行特别是高盛提出的顾虑：商业银行在市场瓦解的时候不愿意出手帮助证券公司，德崇证券破产就是个典型的例子。华尔街的企业成功地游说使得《改进法》修正案得以通过，延长了投行证券的抵押贷款期限，授权美联储成为投资银行的最后贷款人。③

---

① George G. Kaufman, "Too Big to Fail in U. S. Banking: Quo Vadis?" in *Too Big to Fail: Policies and Practices in Government Bailouts*, ed. by Benton E. Gup（Westport, CT: Praeger, 2004），p. 163.
② FCIC, "Preliminary Staff Report: Too-Big-to-Fail Financial Institutions," August 31, 2010, pp. 6 – 9.（Rep. McKinney is quoted from the transcript of the hearing before the House Committee on Banking, Housing, and Urban Affairs）
③ FCIC, "Preliminary Staff Report: Too-Big-to-Fail Financial Institutions," August 31, 2010, pp. 10, 19.

最终，1991年法案给金融机构传递了一个含混的信息：你们并不是大到不能倒的——直到或者除非你真的是太大而不能倒。因此是否救助商业银行和影子银行业最大的、最重要的机构，仍然是一个开放性的问题，直到16年后的下一个危机到来，答案才揭晓。

第三章
证券化与衍生品

房利美与房地美:"游说兵团"

储蓄业的这次危机为房利美与房地美开了一个头,这两个巨大的政府支持企业由国会创办,目的是支持抵押贷款市场。

房利美(Fannie Mae,the Federal National Nortgage Association,官方称为联邦国民抵押贷款协会)是由复兴金融公司于1938年大萧条中经特许设立的,购买由联邦住宅管理局(Federal Housing Administration,FHA)担保的抵押贷款。这一新的政府机构得到授权购买符合联邦住宅管理局审核标准的抵押贷款,因此实质上确保了银行和储蓄机构能向购房者提供抵押信贷。房利美既在其投资组合中持有抵押贷款,也偶尔把抵押贷款转售给储蓄银行、保险公司或是其他投资者。二战结束后,房利美被授权购买由退伍军人管理局担保的住房贷款。

该系统运作良好,但有一个不足之处:房利美不得不通过借钱来购买抵押贷款。到1968年,房利美的抵押贷款已经增长到72亿美元,这一债务对联邦政府来说是很重的负担。[①] 为了将房利美的债务从政府的资产负债表上剥离,约翰逊政府与国会将它重组为一家上市公司,并另创建出一个新的政府机构,吉利美(Ginnie Mae,the Government National Mortgage Association,官方称为政府国民抵押贷款协会)来接管房利美的政府补贴抵押贷款计划和贷款组合业务。吉利美同样开始为由联邦住宅管理局与退伍军人管理局承保的抵押贷款提供资金保

---

① Federal National Mortgage Association, *Federal National Mortgage Association, Background and History* (1975).

障。新的房利美仍然购买联邦担保的抵押贷款，但现在它是一个混合体了，成了一个"政府支持企业（Government-supported enterprise，GSE）"。

两年以后的1970年，众储蓄机构说服国会立法建立第二个特许政府支持企业房地美（Freddie Mac，the Federal Home Loan Mortgage Corporation，官方称为联邦住房贷款抵押公司），帮助储蓄协会出售其抵押贷款。该立法还授权房利美和房地美购买未经联邦住宅管理局或退伍军人管理局担保的"传统"固定利率抵押贷款。传统的抵押贷款对联邦住宅管理局抵押贷款构成很大竞争，因为借款人可以用更低的费用更快地获得贷款。然而，传统的抵押贷款必须遵从政府支持企业的贷款规模限制和承销指南规定，例如债务收入比和贷款房价比等。政府支持企业仅仅购买这些"合规"抵押贷款。

1968年以前，房利美都持有它所购买的抵押贷款，从购买成本与抵押贷款的利息之差即息差中获利。1968法案与1970年法案给予吉利美、房利美以及房地美另一个选择：证券化。吉利美在1970年最先将抵押贷款证券化。贷款人将一批抵押贷款集结成资产池，以此为基础发行证券，这些证券在吉利美提供还本付息的条件下卖给投资者，吉利美因此向发行机构收取手续费。1971年，房地美也进入这一领域，购买抵押贷款并打包作为抵押支持证券出售。房地美向贷款人收取担保还本付息的手续费。1981年，利率飙升给房利美的抵押贷款组合造成巨大损失，使其遭受相同命运。20世纪80年代到90年代期间，传统抵押贷款市场大举扩张，政府支持企业变得越来越重要，而联邦住宅管理局与退伍军人管理局的市场份额则下降了。

房利美和房地美有双重任务，亦公亦私：支持抵押贷款市场，实现股东利益最大化。他们不发起抵押贷款；而是从银行、储蓄机构以及抵押贷款公司购买抵押贷款——要么自己持有，要么将其证券化并为之担保。国会赋予这两个企业特权，例如免交州税及地方税，分别从财政部获得22.5亿美元的信用额度。美联储为政府支持企业的债务与证券提供电子结算支付等服务，就像对待国债一样。如此一来，房利美和房地美的借贷利率几乎与财政部支付的同样低。联邦法律允许银行、储蓄机构和投资基金享受较低的资本要求并可以无限制地投资政府支持企业证券。相比之下，法律法规严格限制银行发放给单个借款方的贷款金额，并限制他们对其他企业债务进行投资。此外，与银行和储蓄机构不同的是，两房的防损资本金要求非常低，仅需0.45%用于其抵押支持证券的偿付，2.5%用于投资组合中的抵押贷款。与此相比，银行和储蓄机构的资本要求则至少是抵押贷款资产的 4%。这样的特权导致投资者和债权人认为，政府间接地为政府支持企业的抵押担保证券和债务提供担保，政府支持企业的抵押担保证券几乎与国库券一样安全。因此，投资者接受了政府支持企业担保抵押支持证券和债务回报较低的现实。

抵押贷款是依靠短期借款融资的长期资产。例如，储蓄机构一般用客户储蓄为其抵押贷款融资。房利美通过中短期借款来购买抵押贷款投资组合。1979年，美联储为抑制通货膨胀提高了短期利率，房利美发现自己和储蓄机构一样，筹资成本上升了，但从抵押贷款获得的收益却没有增加。20 世纪 80 年代，住房和城市发展部估计房利美负资本净值达到了 100 亿美元。[1] 而房地美毫发无损，因为那时它与房利美不同，其主要业务是为抵押支持证券做担保，其投资组合中并没有抵押贷款。在为抵押支持证券担保的过程中，房地美避开了利率风险，而房利美的投资组合则受到利率风险影响。

1982 年，国会减免了税收，住房与城市发展部放宽了房利美的资本要求，帮助它避免破产。这种种措施与国会议员们的观点相吻合，立法者们反复声明，充满活力的住房抵押贷款市场最符合国家利益。但是这些举措同样强化了人们认为政府绝不会舍弃房利美与房地美的印象。房利美和房地美不久后就开始购买、持有数千亿美元的抵押贷款，或者将其证券化。投资者之中有美国的银行、储蓄机构、投资基金以及养老基金，还有中央银行和来自世界各地的投资基金。房利美与房地美已经变得太大而不能倒闭了。

尽管政府继续青睐房利美与房地美，他们还是在储贷危机后加强了对储蓄机构的监管。此前，储蓄机构大量持有抵押贷款，主导了抵押贷款业务。在 1989 年《金融机构改革、复苏、执行法案》中，国会针对储蓄机构实施了与银行一样更为严厉的资本要求和监管规定。相比之下，在 1992 年的《联邦房地产企业财务安全与稳健法案》（Federal Housing Enterprises Financial Safety and Soundness Act）中，国会为政府支持企业设立了一个监督机构——联邦住房企业监督局（Office of Federal Housing Enterprise Oversight，OFHEO），但与其他银行和储蓄机构的监督机构相比，它在执行、资本要求、融资与破产管理方面没有法律权力。打压储蓄机构而没有对政府支持企业动手不是偶然的。政府支持企业已经

---

[1] Department of Housing and Urban Development, *1986 Report to Congress on the Federal National Mortgage Association* (1987), p. 100.

在1992年法案的过程中显示出了强大的政治影响力。① 联邦住房企业监管监督局的前主任小阿曼多·福尔肯（Armando Falcon Jr.）对调查委员会说，"住房企业监管监督局的组织结构软弱，似乎注定了要失败。"②

这一切最终导致联邦政府慷慨解囊。根据2005年一次研究估计，联邦政府的补贴价值约为1220亿美元或者更多，而且超过一半以上的利益都给了股东而不是购房者。③

在这种情况下，规避监管的行为一如既往：市场转向成本最低、监管最松的庇护天堂。在国会对储蓄机构实施更为严厉的资本要求后，储蓄机构无论是将贷款证券化还是卖给房利美和房地美都比持有贷款更有利可图。抢购风潮开始了。房利美和房地美的抵押债务凭证与未偿付抵押担保证券从1990年的7560亿美元增长到1995年的1.4万亿美元，到2000年达到了2.4万亿美元。④

1968年改组了房利美的立法同样授权住房与城市发展部向房利美下达经济适用房指标："要求企业购买一定量与国家中低收入家庭住房指标相关的抵押贷款，但同时也要给企业带来合理的经济回报。"⑤1978年，住房与城市发展部尝试执行这项法律，然而，在受到政府支持企业与抵押贷款行业以及房地产行业一连串的批评之后，住房与城市发展部制定了一个较宽松的规定来鼓励经济适用房的发展。⑥ 通过1992年《联邦房地产企业财政安全与稳健法案》，国会扩大了住房与城市发展部向房利美与房地美下达经济适用房指标的权利。与此同时，国会也改变了原来的基调，认为在实现经济适用房指标时，"合理的经济回

---

① Kenneth H. Bacon, "Privileged Position: Fannie Mae Expected to Escape Attempt at Tighter Regulation," *Wall Street Journal*, June 19, 1992, and Stephen Labaton, "Power of the Mortgage Twins: Fannie and Freddie Guard Autonomy," *New York Times*, November 12, 1991.

② Armando Falcon Jr., written testimony for the FCIC, Hearing on Subprime Lending and Securitization and Government-Sponsored Enterprises (GSEs), day 3, session 2: Office of Federal Housing Enterprise Oversight, April 9, 2010, p. 2.

③ Wayne Passmore, "The GSE Implicit Subsidy and the Value of Government Ambiguity," Federal Reserve Board Staff Working Paper 2005 – 05. See also Congressional Budget Office, "Updated Estimates of the Subsidies to the Housing GSEs," April 8, 2004.

④ Federal Housing Finance Agency, *Report to Congress*, 2009 (2010), pp. 141, 158.

⑤ Fannie Mae Charter Act of 1968, §309 (h), codified at 12 U.S.C. §1723a (h).1992《联邦房地产企业金融安全与稳健法案》废除了这一条款并代之以更详细的规定。目前，政府支持企业通常将低收入与中等收入的借款人定义为在某特定区域处于或低于中等收入者。

⑥ Department of Housing and Urban Development, "Regulations Implementing the Authority of the Secretary of the Department of Housing and Urban Development over the conduct of the Secondary market Operations of the Federal National Mortgage Association (FNMA)," *Federal Register* 43, No. 158 (August 15, 1978): 36199 – 226.

报……可能低于经营其他业务的回报。"该法要求住房与城市发展部考虑"必须维持企业稳健的财政状况",还要求住房与城市发展部为房利美和房地美设定指标,为中低收入住房、特殊经济适用房以及中心城区、乡村地区和其他服务不足地区的住房购买抵押贷款。国会还命令住房与城市发展部设定政府支持企业购买的抵押贷款中上述每一类别所占百分比,以此作为必须完成的阶段指标。

1995年,比尔·克林顿总统宣布了一项提议,到2000年,要把私人住房拥有率从65.1%提升到67.5%,并且提高政府支持企业的经济适用房指标。1993到1995年,将近280万的家庭进入有房族的行列,几乎是此前两年这一数目的两倍。"但是我们必须得做得更好,"克林顿说道,"这是为美国中产阶级设计的新住房梦。我们必须提高收入,我们必须提高人民的安全感,我们必须让人们相信,即使他们直面全球化经济的种种变化,仍然能在生活中拥有持久的稳定。"[1]布什政府延续了提高住房拥有率的举措。布什提出"零首付倡议",即在特定情况下,首次购房者办理由联邦住房管理局担保抵押贷款时,可以免除3%的首付。[2]

现任纽约市市长安德鲁·科莫(Andrew Cuomo)曾在1997到2001年期间担任住房和城市发展部部长。他在讲述政府支持企业的经济适用房贷款时告诉调查委员会,"但是,'经济适用'的含义广泛,它指的是中低收入贷款,对象包括教师、消防队员以及市府职员,他们靠工资支付抵押贷款。发放给他们的这些贷款完全不是次级的、掠夺性的贷款。"[3]

房利美和房地美现在对房地产市场至关重要,但是它们的双重任务——实现股东收益最大化的同时刺激抵押贷款的发展——则问题重重。房利美前执行总裁丹尼尔·穆德(Daniel Mudd)告诉调查委员会说,"政府支持企业的结构要求'两房'在财政目标与任务目标之间把握好平衡……政府支持企业左右为难的根本原因在于其商业模式。"[4]房地美前任执行总裁理查德·赛伦(Richard Syron)也说:"我认为这个商业模式不好。"[5]

---

[1] President William J. Clinton, "Remarks on the National Homeownership Strategy," June 5, 1995.
[2] President George W. Bush, "President's Remarks to the National Association of Home Builders," Greater Columbus Convention Center, Columbus, Ohio, October 2, 2004.
[3] Andrew Cuomo, interview by FCIC, December 17, 2010.
[4] Daniel Mudd, testimony before the FCIC, Hearing on Subprime Lending and Securitization and Government-Sponsored Enterprises (GSEs), day 3, session 1: Fannie Mae, April 9, 2010, transcript, pp. 18–19.
[5] Richard Syron, interview by FCIC, August 31, 2010.

房利美和房地美拥有相当的政治影响力，一是因为它们依靠联邦补贴和隐性的政府担保，二是它们要和监管部门打交道，实现经济适用房指标以及国会和住房与城市发展部制定的资本要求。1999到2008年，"两房"上报说他们的游说活动开支超过1.64亿美元，其职员和政治行动委员会为联邦竞选赞助了1500万美元。① "房利美与房地美两架政治机器拒绝任何策略高度措施不当的有效监管，"福尔肯1999～2005年负责监管"两房"企业，在作证时说："联邦住房企业监督局一直遭受恶意的政治攻击与威胁。"② 2006～2009年建管办及其改制后的联邦住房金融局局长詹姆斯·洛克哈特（James Lockhart）作证时说。他一上任就力促改革，然而"'两房'政治势力多年来不受约束、不断壮大，以至于拒绝了本来可以挽救它们的监管立法。"③住房与城市发展部前部长梅尔·马丁内斯（Mel Martinez）对调查委员会说："两党的说客们不断地在我办公室进进出出……他们雇佣的人数实在是多得惊人。"④

1995年，新规在游说军团的努力下出台，允许政府支持企业不仅可以全额贷款，还可以将它们买入作为投资的其他企业发行的抵押贷款相关证券都计入其经济适用房目标。尽管如此，国会预算办公室主任朱恩·奥尼尔（June O'Neill）1998年宣布，"目标不难实现，尚不清楚这些目标对企业的影响有多大。事实上……储蓄机构连同联邦住房监督局向目标借款人和目标地区提供的抵押贷款份额比'两房'要大。"⑤

有些事情十分明了：由于房利美与房地美的借款成本低，资本要求宽松，在20世纪90年代获得了巨大的利润。2000年，房利美的资产回报率是26%；房地美则为39%；那一年，"两房"持有或担保了超过2万亿美元的抵押贷款，而仅仅有357亿美元的股东资本作支持。⑥

---

① Senate Lobbying Disclosure Act Database, www.senate.gov/legislative/Public_Disclosure/LDA_reports.htm; figures on employees and PACs compiled by the Center for Responsive Politics from Federal Elections Commission data.
② Falcon, written testimony for the FCIC, April 9, 2010, p. 5.
③ James Lockhart, written testimony for the FCIC, Hearing on Subprime Lending and Securitization and Government-Sponsored Enterprises (GSEs), day 3, session 2: Office of Federal Housing Enterprise Oversight, pp. 4 -8, 17 (quotation).
④ Senator Mel Martinez, interview by FCIC, September 28, 2010.
⑤ June E. O'Neill, remarks before the Conference on Appraising Fannie Mae and Freddie Mac, Washington, D.C., May 14, 1998, p. 8.
⑥ Federal Housing Finance Agency, *Report to Congress*, *2008* (2009), tables 3, 4, 12, and 13.

结构性融资："风险并未降低"

在贷款限额内，房利美与房地美享受着固定利率抵押贷款证券化的垄断地位。20世纪80年代，市场开始将许多其他种类的贷款证券化，包括可调息抵押贷款以及其他政府支持企业没有资格购买或不愿购买的抵押贷款。证券化机制运行都一样：一家投资银行，比如雷曼兄弟或摩根士丹利（或者是一家银行的证券子公司），把某家银行或贷款方的贷款打包转化成证券，然后卖给投资者，投资者将获得贷款本金和利息的投资回报。投资者可以持有或交易这些证券，它们比政府支持企业的一般抵押贷款证券更复杂；涉及的资产不仅仅是抵押贷款，还包括设备租赁、信用卡债务、汽车贷款以及建房贷款。随着时间的推移，银行和证券公司通过证券化开始从事监管框架之外的活动。例如，按照监管规定，银行传统上会利用储蓄金来发放贷款并持有到期，而现在，银行利用资本市场的资金——通常是货币市场共同基金——发放贷款，把它们打包成证券出售给投资者。

证券化给商业银行带来的收益十分可观。贷款从银行账目上转出，可以降低银行预防损失的资本要求，从而提高赢利。证券化也使得银行无须过度依靠存款来集资，因为卖出证券能获得现金用以发放贷款。银行还可以将部分证券作为借款抵押继续保留在账上，证券化手续费成为银行重要的收入来源之一。

劳伦斯·林赛（Lawrence Lindsey）是美联储前委员、乔治·W. 布什总统领导下的国家经济委员会主任，他告诉调查委员会，以前房地产低迷曾令监管机构十分担心银行持有贷款总量过大。"如果某地区出现房地产低迷，会把当地银行拉下水，反过来又进一步加剧了地产的衰退。"林赛说。"于是，我们自问，'到底该如何解决这个问题？'答案是，'建立一个全国证券化市场，这样就不会出现地区问题了'……我们的动机十分明确。"[1]

私人证券化或者结构性融资证券对投资者来说具有两个主要优点：集中与分层。如果许多贷款被集中成一只证券，几笔贷款违约影响可能会微乎其微。结构性融资证券同样能被分割然后分批——即分层销售，投资者因此可以选择适合

---

[1] Lawrence Lindsey, interview by FCIC, September 20, 2010.

自己的层级进行投资。风险规避型的投资者可以购买发生违约时先清偿的证券，当然这层证券的收益较少。追求回报型的投资者购买高风险高收益的证券。银行家将分层比喻为瀑布：高层级证券持有者处于瀑布顶端，可以在次层级持有者之前得到偿付。而且如果偿付低于预期，处在瀑布底层的投资者就会最先因水源枯竭被渴死。

证券化是为造福贷款人、投资银行以及投资者而设计的。贷款人凭发起与销售贷款收取手续费。投资银行凭借发行抵押担保证券收取手续费。相比单笔出售贷款，将证券打包可以卖出更高的价格，因为证券是根据投资者的需求量身打造的，多元化的产品更容易交易。比起购买没有任何风险、超级安全的国债，购买安全层级证券能让投资者获得更高的回报——至少在理论上是这样。但是，这些投资的金融设计原理使得它们远比单笔贷款更难理解也更难定价。为了确定回报率，投资者必须计算出某些贷款的违约概率，然后估算由于违约可能造成的收入损失。投资者还得弄清违约损失对不同层级证券的偿付影响分别有多大。

这种复杂性把三大领先信用评级机构——穆迪、标准普尔和惠誉——变成了发行者与投资者之间的关键参与方。在证券化流行起来之前，信用评级机构主要是为投资者们评估地方政府债券、公司债券以及商业票据的价值。他们常用的评级手段是概率分析，但是证券化评级需要新的分析方法。

证券化产业的参与者意识到，要把结构化产品卖给投资者，必须获得良好的信用评级。为此，投资银行向评级机构支付可观的手续费换取想要的评级。"评级机构是证券化的重要工具，要知道，债券投资人从来没有抵押贷款方面的经验……他们需要寻找一个独立的第三方提供意见。"吉姆·卡拉汉（Jim Callahan）告诉调查委员会。他是证券化业服务公司彭特·阿尔法（Pent Alpha）的执行总裁，几年前他曾参与证券化最早期的工作。①

万事俱备——银行要摆脱资产转移风险，投资者要寻找投资渠道，证券公司坐等收取佣金，评级机构打算扩张，再加上信息技术威力无穷——于是证券化市场横空出世。到1999年，证券化市场走过16载，约有9000亿美元的证券化资产未偿付，远远超出了房利美、房地美以及吉利美的总量（见图3-1）。这些未偿付资产包括1140亿美元的汽车贷款，超过2500亿美元的信用卡债务；还有

---

① Jim Callahan, interview by FCIC, October 18, 2010.

将近1500亿美元的证券是"两房"没有资格进行证券化的抵押贷款。许多是次级抵押贷款。①

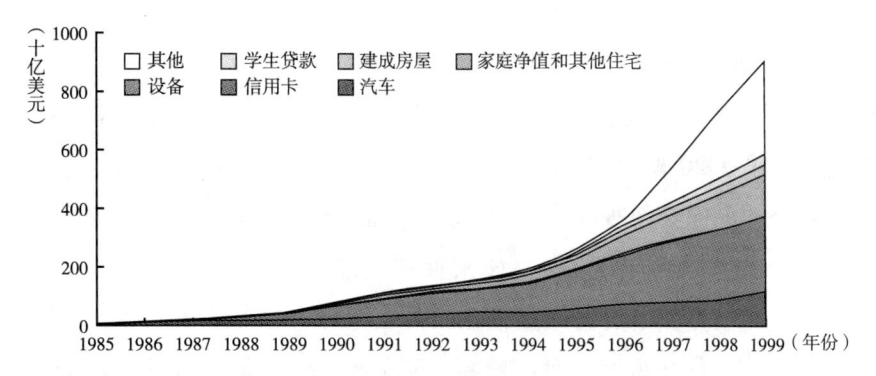

图 3 - 1 未偿付资产担保证券

在 20 世纪 90 年代，许多贷款被打包成为资产支持证券。

说明：住宅贷款不包括由政府支持企业证券化的贷款。

资料来源：Securities Industry and Financial Markets Association。

证券化不只是商业银行的福音，对华尔街投资银行来说同样是一个利润丰厚的新业务，商业银行通过与投行合作，创造新证券。所罗门兄弟公司和摩根士丹利等华尔街公司成为这些复杂市场的主要玩家，并且日益倚重"量化分析师"的定量分析。早在20世纪70年代，华尔街高管就开始使用量化分析师——擅长使用先进数学理论和电脑的专家——来完善预测市场或证券变动的模型。证券化提高了这类专家的重要性。《量化分析师》（The Quants）一书作者斯科特·帕特森（Scott Patterson）告诉调查委员会，模型的应用为金融业带来了巨变。"华尔街简直就是在数学与计算之海上航行。"帕特森说道。②

量化分析师依靠数学创造出了更多更复杂的产品，让他们的经理们不仅嘴上说，甚至心里也真的相信自己能够管理这些风险产品。JP摩根开发了第一个"风险价值"模型，很快业内就出现了许多各种各样的翻版模型。运用这些模型，能有至少95%③的把握来预测市场价格变化下公司的损失是多少。但是模型是建立在有限的历史数据做出的假设基础之上的。这种模型远远无法预测抵押贷款支持证券。量化分析师在学校时学习解决的问题完全不同于真实市场上

---

① 证券业与金融市场协会（SIFMA），美国未偿付资产担保证券。
② Scott Patterson, interview by FCIC, August 12, 2010.
③ Gillian Tett, *Fool's Gold：How the Bold Dream of a Small Tribe at J. P. Morgan Was Corrupted by Wall Street Greed and Unleashed a Catastrophe* (New York：Free Press, 2009), pp. 32 - 33, 49, 70, 115.

的人类行为模拟。"人类掌握了万有引力定律,所以向月球发射了火箭,预测抵押支持债券却不是这么回事。"曾在高盛工作了17年的哥伦比亚大学金融学教授伊曼纽尔·德曼(Emanuel Derman)告诉调查委员会,"我们对重力的感知并不能影响火箭运行的方式。"①

1979年到1987年期间担任美联储主席的保罗·沃尔克(Paul Volcker)告诉调查委员会,早在20世纪80年代晚期,监管机构就开始担心,一旦银行不再持有而是出售贷款,便会忽视贷款的质量。然而随着这些金融工具变得越来越复杂,监管机构也越来越依靠银行自律来管理风险。"这一切都归因于量化分析师的恃才傲物,但更傲慢的态度是任由市场自己顾自己。"沃尔克说。② 美联储的货币事务部前主任文森特·莱因哈特(Vincent Reinhart)告诉委员会,他和其他的监管机构没有意识到这些金融工具有多么复杂,没有意识到这种复杂性给评估风险带来了多大的困难。③

证券化"使风险多样化",美联储前委员林赛说。"但它没有降低风险⋯⋯作为个人,你可以使投资风险多样化。 但是,整个系统是不可能降低风险的。 而这就是令人困惑之处。"④

衍生品市场的发展:"此前十年中金融业最重大的事件"

金融危机期间,杠杆率与复杂性越来越密切地与整个危机中的一个要素联系起来:衍生品。 衍生品是一种金融合同,其价格是由一些基础资产、利率、指数以及交易的价值决定或者"衍生出来的"。 它们不像证券那样用于资本构成或投资,而是一种为了对冲商业风险或投机于价格、利率变化的工具。 衍生品有多种形式;最常见的是场外掉期交易所买卖的期货及期权。⑤它们可能是基于大宗商品(包括农产品、金属和能源产品)、利率、汇率、股

---

① Emmanuel Derman, interview by FCIC, May 12, 2010.
② Volcker, interview.
③ Vincent Reinhart, interview by FCIC, September 10, 2010.
④ Lindsey, interview.
⑤ 期货合同是一种双边合约,如果合约中涉及的价格、指数或利率上涨,合约一方买空将受到补偿,而另一方卖空则在这些指标走低时得到补偿。 期权合约授予在将来以一种特定的价格购买或出卖一种商品或金融工具的权利而不是义务;期权持有方在价格向该方移动时得到收益。 在掉期合约中,两方基于不同的基准互换付款。

票及股指以及信用风险衍生出来的，甚至可以由飓风或是官方数据发布等事件衍生出来。

许多金融和商业企业都使用这些衍生品。一家企业可以通过签订一个平抑价格变动影响的衍生品合同来对冲价格风险。因价格变动造成的损失可以通过衍生品合同产生的收益来弥补。规避风险的机构投资者有时会使用利率掉期，通过与对冲基金等高风险企业实体之间用固定利率支付代替浮动支付的方式，降低通胀及利率上升给其投资组合带来的风险。对冲基金可能出于投机目的利用这些掉期，从价格或利率的升降中谋取利润。

衍生品市场的组织形式分为交易所和场外交易市场，但是近来电子商务的应用使两者之间的差别变小。美国历史最悠久的交易所是交易期货和期权芝加哥交易所。这样的交易所受联邦法律规范并在"价格发现"——即揭示市场对决定期货和期权大宗商品的价格或利率的看法——中发挥了重要的作用。场外衍生品以大型金融机构交易——通常是银行控股公司和投资银行——作为衍生品交易方，向客户买入或卖出衍生品合约。与期货与期权交易所不同的是，场外市场缺乏集中监管，而且透明度不足，因此"价格发现"受到限制。无论从什么角度来衡量——交易额、美元量或是风险敞口——衍生品都是美国金融体系中特别重要的部分。

规范衍生品市场的主要立法是1936年的《大宗商品交易法》（Commodity Exchange Act），起初仅仅适用于国内农产品的衍生品。1974年，国会修订了该法，要求几乎所有商品的期货与期权合约，包括金融工具，都必须在受监管的交易所进行交易，并成立了一个新联邦独立机构——商品期货交易委员会（the Commodity Futures Trading Commission，CFTC）来规范和监督这个市场。①

在这个监管市场之外，场外交易市场开始在20世纪80年代产生并迅速发展起来。大型金融机构等场外衍生品交易商担心，《大宗商品交易法》要求交易必须在特定的交易所内进行的规定也会适用于他们交易的产品。1993年，商品期货交易委员会尝试令某些非标准化的场外衍生品免受该法的这个规定和其他一些条款的规范，但禁止欺诈与暗箱操作的规定仍然适用于场外交易。②

---

① 证券期权接受SEC监管。
② Commodity Futures Trading Commission, Exemption for Certain Swap Agreements, Final Rule, *Federal Registrar* 58（January 22, 1993）:5587.

随着商品期货交易委员会的松绑,场外交易市场不断增长,一场损失与丑闻的浪潮席卷了整个市场。 1994年有许多案例,包括消费品业翘楚宝洁公司,其上报的税前损失达1.57亿美元,这是非金融企业中最大的衍生品损失,根源于信孚银行(Bankers Trust)将场外交易利率与外国汇率的衍生品卖给了它。 宝洁公司以欺诈罪起诉信孚银行,最后此案以信孚银行免除了宝洁的绝大多数欠款而了结。 同年,商品期货交易委员会和证券交易委员会对信孚银行处以1000万美元的罚款,惩罚它在利率掉期上误导吉普森贺卡公司(Gibson Greeting Cards),使后者遭受2300万美元的市值计价损失,罚款超出吉普森公司上年度同期利润。 1994年末,加州奥兰治县声明在场外交易衍生品的投机中损失了15亿美元。 该县申请破产——这是美国历史上最大的市政机构破产案,其衍生品交易商美林证券支付了4亿美元来达成庭外和解。① 作为回应,美国审计总署(the U. S. General Accounting Office)就金融衍生工具发表了一份报告,列举了15个主要经销商在场外交易衍生品活动中可能存在的风险,并做出结论:"如果这些大型经销商中任何一个突然倒闭或撤资,都可能会在市场中造成流动性短缺,也可能会对其他经销商带来风险,甚至影响国民银行和整个金融体系。"②尽管当时国会对场外衍生品市场举行了听证会,在场外交易衍生品经销商的大力游说与美联储主席格林斯潘的反对下,场外交易市场的监管法案还是没有得以通过。

1996年,日本的住友商事株式会社(Sumitomo Corporation)在伦敦交易所的一次铜衍生品交易中损失了26亿美元。 商品期货交易委员会指控该公司利用场外衍生工具合约、变相投机和融资操控铜价。 住友以1.5亿美元的罚款和偿还款了结此案。 商品期货交易委员会还指控美林在知情的情况下故意教唆并协助住友操纵铜价,并向其处以1500万美元的罚款。③

1998年监管之争加剧。 5月,商品期货交易委员会主席布鲁克斯雷·博恩说,考虑到1993年以来市场的迅速发展以及一连串重大损失,监管当局将重新审视监管场外衍生品交易市场的方式。 商品期货交易委员会希望广泛征求各方

---

① Brooksley Born, chairperson, Commodity Futures Trading Commission, "Concerning the Over-the-Counter Derivatives Market, " prepared testimony before the House Committee on Banking and Financial Services, 105th Cong. , 2nd sess. , July 24, 1998.
② GAO, "Financial Derivatives: Actions Needed to Protect the Financial System, " GGD - 94 - 133 (Reportto Congressional Requesters), May 18, 1994.
③ Commodity Futures Trading Commission, "Division of Enforcement", www. cftc. gov/anr/anrenf 98. htm.

意见，后来如愿以偿。

有些意见来自其他监管结构，他们公开批评商品期货交易委员会，这种情况比较罕见。在商品期货交易委员会发布概念公告的当天，财长罗伯特·鲁宾、格林斯潘和证交委主席亚瑟·莱维特（Arthur Levitt）发表联合声明，谴责商品期货交易委员会的举动："我们十分担心这项举动及其可能产生的后果……十分担心，商品期货交易委员会的行为可能会导致某些类场外衍生品交易监管法规的不确定性。"[1]他们建议暂停商品期货交易委员会对场外交易衍生品的监管权。

有好几个月，鲁宾、格林斯潘、莱维特和副财长劳伦斯·萨默斯在国会作证和其他公开声明中都反对商品期货交易委员会的种种做法。正如格林斯潘所说："除了银行业与证券法有关衍生品交易商的安全和稳健规范之外，没有必要对从业人员私下进行的衍生品交易进行监管。"[2]

9月，纽约联邦储备银行组织了一场拯救长期资本管理公司的行动，资本调整总值达36亿美元，由14个主要场外交易衍生品交易商参与。这家庞大的对冲基金公司在其主要衍生品交易同行和联邦监管机构不知情的情况下，积累了名义价值超过1万亿美元的场外交易衍生品以及以48亿美元资金支持的数十亿美元的证券。[3]格林斯潘向国会作证时说，据纽约联邦储备银行判断，长期资本管理公司的破产很可能产生系统影响；它违约"不仅将极大扭曲市场价格，而且在违约过程中还可能会产生巨大损失，牵涉到众多债权人与竞争对手以及与该公司没有直接关系的其他市场参与方"。[4]

---

[1] "Joint Statement by Treasury Secretary Robert E. Rubin, Federal Reserve Board Chairman Alan Greenspan, and Securities and Exchange Commission Chairman Arthur Levitt," Treasury Departmentpress release, May 7, 1998.

[2] Fed Chairman Alan Greenspan, "The Regulation of OTC Derivatives," prepared testimony beforethe House Committee on Banking and Financial Services, 105th Cong., 2nd sess., July 24, 1998.

[3] GAO, "Long-Term Capital Management: Regulators Need to Focus Greater Attention on SystemicRisk," GAO/GGD-00-3（Report to Congressional Requesters）, October 1999, pp. 7, 18, 39-40. 场外衍生工具合同的名义金额是用于报告合同未偿付额的衡量标准，按照基本工具即大宗商品、指数或汇率的价值进行计算，因此在测量合同双方潜在风险的作用方面可能有限。例如，以1亿美元贷款的利率变化为基础的利率掉期，很可能只涉及1亿美元名义数额中很少的一部分。另外，以价值1亿美元石油的石油掉期价格变动甚至超过其名义数额，取决于石油价格的波动情况。对信用违约掉期来说（将在本章后面详细讨论），名义金额通常是衡量掉期发行人或出售人潜在金融风险的一个重要标准。

[4] Fed Chairman Alan Greenspan, "Private-sector Refinancing of the Large Hedge Fund, Long-Term Capital Management," prepared testimony before the House Committee on Banking and Financial Services, 105th Cong., 2nd sess., October 1, 1998.

尽管如此，仅仅在几周后的 1998 年 10 月，国会就通过决议暂停了商品期货交易委员会的监管权。

格林斯潘继续支持衍生品并主张放松对场外交易市场与场内交易市场的管制。"到目前为止，金融业中过去十年间最重大的事件就是金融衍生工具大发展大繁荣，"格林斯潘在 1999 年 3 月的期货产业协会会议上说。"没有商品期货交易委员会的管制，场外交易市场运行十分有效，这一事实强有力地证明应该为场内交易金融衍生品提供宽松的体制。"①

2000 年，博恩辞职以后，由财政部、美联储、证交委和商品期货交易委员会负责人组成总统金融市场工作组负责监督金融体系，由时任财长的拉里·萨默斯（Larry Summers）牵头，采纳了格林斯潘的意见。工作组发表了一份报告，敦促国会大幅度地为场外衍生品交易放松管制并同时减少商品期货交易委员会对场内交易衍生品的监管。②

作为回应，2000 年 12 月，国会通过了由克林顿总统签署的《商品期货现代化法案》（the Commodity Futures Modernization，CFMA），实质上同时放松了对场外衍生品交易市场的管制并消除了商品期货交易委员会和证交委的监督。该法优先于州法律，允许博彩和投机商号行为（一种非法经纪商业务），而州法规定场外衍生品交易是非法行为。证交委保留了证券类场外交易的衍生品，例如股票期权的反欺诈权力。此外，商品期货交易委员会对场内交易衍生品的监管权力被削弱，但没有被完全取消。

《商品期货现代化法案》有效地庇护场外衍生品交易不受几乎所有规范与监管的影响。随后，其他法律也使这一市场得以迅速扩张。例如，《破产法 2005 年修正案》规定，衍生品交易对手可以在破产发生时优先于其他债务人立即终止合约并得到抵押品。

场外衍生品交易市场由此繁荣发展。2000 年末《商品期货现代化法案》通过时，全世界的未偿场外交易衍生品的名义金额达到了 95.2 万亿美元，市场总值为 3.2 万亿美元。③ 到 2008 年 6 月，市场繁荣到达了顶峰，7 年半的时间里未

---

① Fed Chairman Alan Greenspan, "Financial Derivatives," remarks before the Futures Industry Association, Boca Raton, Florida, March 19, 1999.
② "Over-the-Counter Derivatives Markets and the Commodity Exchange Act," report of the President's Working Group on Financial Markets, November 1999.
③ 市场总价值是优质掉期合同可以在市场上出售或代替的现价。因此，这一数额反映当前合同欠款，但并不反映这些长期工具未来的风险敞口。

偿场外衍生品交易增长 7 倍多,达到了 672.6 万亿美元;市场总值达到了 20.3 万亿美元。①

格林斯潘向调查委员作证说,信用违约掉期——国会 20 世纪 90 年代对规范衍生品展开讨论时,它仅仅占这个市场很小的部分——在金融危机期间"确实产生了问题"。② 鲁宾作证说,《商品期货现代化法案》通过的时候,他"对规范衍生品并不反对",他个人很赞同博恩的观点,但是"强烈反对监管金融服务产业的声音"实在是太强大,压不下去。③ 萨默斯告诉调查委员会,尽管多年以前不一定能预见各种风险,但是"到 2008 年为止,针对衍生品的监管确实不够,而且后来证明到目前为止最为严重、与信用违约掉期相关的衍生品,在 2000 至 2008 年间增加了 100 倍"。④

衍生品市场迅速发展的一个原因,是许多金融机构能够通过对冲衍生品享受较低的资本要求。 正如所述,金融公司可能利用衍生品对冲风险,并且使用衍生品可以降低计算机模拟得出的企业风险值。 除了有利于风险管理,这样的套期还可以减少银行的资本金要求,这归功于《巴塞尔国际资本协定》(Basel International Capital Accord, Basel I, 又称"巴塞尔协议 I ")1996 年监管规定修改案。

1988 年在瑞士巴塞尔召开的会议中,全世界各央行与银行监管机构通过了银行资本标准的原则,美国银行业监管机构对其加以调整后实施。 最重要的调整之一就是银行应该为风险高的资产持有更多资本。 重要的是,巴塞尔规则对抵押贷款和抵押支持债券的资本要求,比所有其他公司与消费者贷款相关资产的资本要求要低。⑤ 因此,银行持有"两房"证券的资本要求比持有所有其他资产的要求更低,由美国政府支持的资产除外。⑥

---

① Bank for International Settlements, data on semiannual OTC derivatives statistics.
② Alan Greenspan, testimony before the FCIC, Hearing on Subprime Lending and Securitization and Government-Sponsored Entities (GSEs), day 1, session 1:The Federal Reserve, April 1, 2010, transcript, pp. 88 −89.
③ Robert Rubin, testimony before the FCIC, FCIC Hearing on Subprime Lending and Securitization and Government-Sponsored Entities (GSEs), day 2, session 1:Citi group Senior Management, April 8, 2010, transcript, pp. 108 −10, 123 −24.
④ Lawrence Summers, interview by FCIC, May 28, 2010.
⑤ Daniel K. Tarullo, *Banking on Basel:The Future of International Financial Regulation* (Washington, DC:Peterson Institute for International Economics, 2008), p. 58.
⑥ "Final Rule—Amendment to Regulations H and Y," *Federal Reserve Bulletin* 75, No. 3 (March 1989), pp. 164 −166.

这些国际资本标准适应了杠杆率提高的变化。1996年，大型银行为其交易寻求更加有利的资本待遇，银行业监管巴塞尔委员会通过了《巴塞尔Ⅰ》市场风险修正案。如果银行利用衍生品对冲其信用或市场风险，可以在交易以及其他活动中减少资本要求。[1]

场外衍生品交易提高了包括大型银行与投资银行在内的衍生品交易商的杠杆率。签订股权掉期合同，就像某人持有股票为获利一样，可能会产生前期成本，但是需要提供的抵押品数量比直接购买股票的前期成本要小，甚至通常根本不需要提供抵押品。像购买股票一样，交易商利用衍生品同样会获得收入或遭受损失，购买者仅仅需要付出一笔小小的初始费用。[2] 伯克希尔·哈撒韦公司董事长兼首席执行官沃伦·巴菲特向调查委员会作证说，衍生品市场具有与众不同的特征，"在我看来，衍生品极大地加强了杠杆率在金融体系中的作用。"他还称衍生品"非常危险"，市场参与者、监管者、审计师以及投资者很难弄懂它们，事实上，他说，"我觉得自己也应付不了"复杂的衍生品说明书。[3]

金融危机中一个关键的场外交易衍生品就是信用违约掉期，它为卖方以较小的风险获得较大的收益，而买方则将潜在的债务违约风险转嫁给卖方。债务证券可以是任何债券或贷款凭证。信用违约掉期买方在掉期期间向卖方定期付款。作为回报，卖方提供防止违约或特定"信用违约事件"（例如部分违约）的保护措施。一旦有违约等信用事件发生，信用违约掉期卖方将按债务的票面价值向买方付款。

信用违约掉期通常被拿来和保险作比较：卖方被看做为潜在资产的违约承保。但是，尽管与保险近似，信用违约掉期却不受州保险监管当局的规范，因为它们是被当做监管范围之外的场外衍生品来交易的。这使得信用违约掉期与保险在至少两个重要方面存在不同。第一，只有拥有被承保利益的人可以获得保单。一辆汽车的主人只可以为自己拥有的汽车——而不是为邻居的汽车——投保。但信用违约掉期购买者可以利用它来投机自己并不拥有的债务违约。这些通常被叫做"凭空信用违约掉期"，它们可以放大与贷款或制度违约相联系的

---

[1] Tarullo, *Banking on Basel*, pp. 61–64.
[2] 关于衍生品的更多信息，请参阅 FCIC, "Preliminary Staff Report：Overview on Derivatives," June 29, 2010。
[3] Warren Buffett, testimony before the FCIC, Hearing on the Credibility of Credit Ratings, the Investment Decisions Made Based on Those Ratings, and the Financial Crisis, session 2：Credit Ratings and the Financial Crisis, June 2, 2010, transcript, pp. 312, 326, 325.

潜在损失和相应收益。

在《商品期货现代化法案》通过之前，州保险监管机构不确定是否有权监管信贷违约掉期。2000年6月，在回应Skadden, Arps, Slate, Meagher & Flom律师事务所的一封信时，纽约州保险部决定"凭空"信贷违约掉期并不算作保险，因此不受其监管。①

第二，当保险公司卖出保单时，保险监管当局要求它预留储备金以防损失出现。在房地产繁荣时期，卖出信用违约掉期的公司都没有任何储备金或初始抵押品，也没有对冲风险。危机前夕，美国最大的保险公司美国国际集团（AIG）在场外衍生品交易市场累积的信用风险高达1.5万亿美元，而无人要求其提供任何初始抵押品或为预防损失采取任何措施。② AIG并不是个案。全世界的未平仓信用违约掉期的标的资产价值从2004年末的6.4万亿美元增长到2007年末的58.2万亿美元。③ 其中相当大的一部分是明显投机或凭空信用违约掉期。④

场外交易衍生品和其他衍生品的风险集中在为数不多的几家大银行、投资银行和其他机构——例如AIG的一个子公司⑤AIG金融产品公司——他们支配了场外衍生品的交易。在美国银行控股公司中，场外衍生品交易名义金额的97%和数百万份合同都由五大机构交易（2008年，摩根大通、花旗集团、美国银行、美联银行以及汇丰银行）掌控。金融危机中这些公司都陷入了麻烦。⑥ 美国的五大投资银行位居世界最大的场外衍生品交易商之列。

尽管调查委员会所调查的金融机构说它们并没有追踪记录其衍生品业务的收益，有些企业还是拿出了估值。例如，高盛估计，2006年到2009年间集团收入的25%到35%是由衍生品产生的，包括公司70%到75%的大宗商品交易以及

---

① Eric R. Dinallo, former superintendant, New York State Insurance Department, written testimony for the FCIC, Hearing on the Role of Derivatives in the Financial Crisis, session 2, Derivatives: Supervisors and Regulators, July 1, 2010, p. 7; Rochelle Katz, State of New York Insurance Department, letter to Bertil Lundqvist, Skadden, Arps, Slate, Meagher & Flom, LLP, June 16, 2000.
② Data provided by AIG to the FCIC, 信用违约掉期 notional balances at year-end。
③ Bank for International Settlements, semiannual OTC derivatives statistics.
④ Dinallo testified that the market in 信用违约掉期 in September 2008 was estimated to be MYM62 trillion at a time when there was about MYM16 trillion of private-sector debt（written testimony for the FDIC, July 1, 2010, p. 9）。
⑤ "AIGFP also participates as a dealer in a wide variety of financial derivatives transactions"（AIG, 2007 Form 10-K, p. 83）. AIG's notional derivatives outstanding were MYM2.1 trillion at the end of 2007, including MYM1.2 trillion of interest rate swaps, MYM0.6 trillion of credit derivatives, MYM0.2 trillion of currency swaps, and MYM0.2 trillion of other derivatives（p. 163）.
⑥ FCIC工作人员使用货币监理署的数据得出的计算结果，称作报告。

50%以上的利率和货币交易。从2007年5月到2008年11月,衍生品交易额达1330亿美元,占高盛抵押贷款部门1550亿美元交易额的86%。[1]

当美国最大的金融机构在2008年站在倒闭的边缘摇摇欲坠时,所有人都盯着衍生品市场。这些机构持有多少?交易对手是谁?收费如何?市场参与者与监管机构会发现,要力挽狂澜制止金融体系全面坍塌,就必须竭尽全力去了解一个充满看不见的风险与盘根错节关系的未知战场。

---

[1] 高盛提供给FCIC的数据。

第四章

再提放松管制

银行业活动扩张:"《格拉斯－斯蒂格尔法案》的破灭"

20世纪90年代中期,影子银行系统正是一派欣欣向荣,一些大型商业银行看起来越来越像大型投资银行,而且都在茁壮成长,变得更为复杂,在证券化领域更为活跃。一些学者和产业分析员认为,数据处理、电信和信息服务的进步创造了金融领域的规模经济,从而解释了金融机构的不断扩张。人们认为越大越安全,越多样化、越具创新性、越高效,越能更好地满足不断扩张的经济。也有人认为,最大的银行并不一定最高效,他们不断增长只不过是因为其市场地位重要且投资者认为他们大到不能倒而已。随着大型银行不断扩张,他们通过向监管机构、州立法机关以及国会施压,力图消除几乎一切阻碍其增长和竞争的障碍,他们大获成功。1994年,国会通过了《里格尔－尼尔州际银行及分支机构效率法》(the Riegle-Neal Interstate Banking and Branching Efficiency Act)。这部法律使银行控股公司可以在每个州收购银行,并取消了不能在一个州以上开设分支机构的限制。这部法律优先于任何限制州外银行与州内银行竞争的州级法律。[①]

消除障碍巩固了银行业。1990~2005年,发生了74起"超大兼并"案,所涉及的银行每家都有超过100亿美元的资产。与此同时,10大银行拥有的资产占银行业总资产的比重由25%跃升到55%。1998~2007年,美国银行、花旗集

[①] 103 Public Law 103-328, September 29, 1994. Before the 1994 legislation, some states had voluntarily opened themselves up to out-of-state banks. FDIC, *History of the Eighties: Lessons for the Future*, Vol. 1, *An Examination of the Banking Crises of the 1980s and Early 1990s* (Washington, DC: FDIC, 1997), p. 130.

团、摩根大通、美联银行与富国银行五大美国银行的总资产从2.2万亿上升到6.8万亿，增长三倍多。① 投资银行也在扩张。 美邦（Smith Barney）1993年收购希尔森（Shearson），1997年又收购了所罗门兄弟公司（Salomon Brothers）；潘恩·韦伯（Paine Webber）在1995年收购了基德皮博迪（Kidder Peabody）。两年以后，摩根士丹利与添惠公司（Dean Witter）合并，信孚银行收购了亚历克斯布朗父子公司（Alex. Brown & Sons）。 五个最大的投资银行——高盛、摩根士丹利、美林、雷曼兄弟以及贝尔斯登——的资产翻了三番，从1998年的1万亿美元涨到2007年的4万亿美元。②

1996年，《经济增长和监管文件削减法案》（the Economic Growth and Regulatory Paperwork Reduction Act）要求监管机构每十年重新审查监管规则并就"过时的、不必要的或不适当的、会造成负担的规则"征求意见。③ 一些监管机构积极响应。 2003年，联邦存款保险公司的年报中有这样一张照片：副主席约翰·赖克（John Reich）、储蓄监督局局长詹姆斯·吉拉罕（James Gilleran）以及三个银行界代表拿着剪刀和电锯剪开捆绑着一大堆监管规范文件上的"红绑带"。

就连不太积极的监管机构也感到了减负的热度。 证券和交易委员会前主席莱维特告诉调查委员会，拟议监管条例的消息一旦传出，金融业的说客就会马上冲到负责相关工作的国会委员会成员那里去抱怨他们的金融活动受到的种种监管限制。 莱维特说，这些议员随后会不断写信"骚扰"美国证交委要求回答错综复杂的问题，或是要求证交委派官员到国会去反映问题。 这些要求消耗了证交委大量的时间，阻止它制定监管规则。 莱维特将此描述成"一场令证交委看起来愚蠢无能又贪财腐败的猎杀活动"。④

但是，其他机构则说，监管干扰——至少来自行政机构的干扰——微乎其微。 货币监理署前署长约翰·霍克告诉调查委员会，他发现财政部对监理署的独立性"极其敏感"。 他的前任约翰·杜甘说"法律构筑的防火墙"阻止了来自行政机关的干扰。⑤

---

① 这些是2007年最大的银行。 参见FCIC "Preliminary Staff Report: Too-Big-to-Fail Financial Institutions," August 31, 2010, p. 14.
② Data from SNL Financial (www.snl.com/).
③ Public Law 104-208, sec. 2222, codified as 12 U.S.C. §3311; law in effect as of January 3, 2007.
④ Arthur Levitt, interview by FCIC, October 1, 2010.
⑤ John D. Hawke and John Dugan, testimony before the FCIC, Hearing on Subprime Lending and Securitization and Government-Sponsored Enterprises (GSEs), day 2, session 2: Office of the Comptroller of the Currency, April 8, 2010, transcript, pp. 169, 175.

放松管制不只局限于削减监管法规，松绑支持者不愿意接受新的监管法规或者冒着创新的风险挑战整个行业。美联储官员认为，金融机构有强烈的动机保护股东，他们会谨慎地管理风险、规范自身。在2003年的一次讲话中，美联储副主席罗杰·弗格森称"大型银行和其他金融机构采用先进技术，大幅提升风险测量和管理方法"。① 同样，美联储和其他官员相信，市场将通过分析师和投资者的活动来实现自我规范。"我们要认识到，没有任何一个市场真的不存在管制，"美联储主席格林斯潘在1997年说，"市场参与者的自身利益会引发私人市场监管行为。因此，真正的问题不在于一个市场是否应该被监管，而在于政府干预是加强还是削弱了私人规范行为。"②

美联储1991到2006年间的银行业监管主管理查德·斯皮伦科腾（Richard Spillenkothen）在提交给调查委员会的备忘录中阐述了银行监管问题："监管者明白，积极有力的监管，尤其是为防止因监管不力而导致金融表现不佳的早期干预，可能会被看做①严厉粗暴、难以承受的过度干涉；②对信贷供应的不良约束；③与美联储的公开姿态不一致。"③

为了建立制约与平衡，防范任何监管机构日益独断或僵化，高层决策者促成了监管的多元化。④ 1994年，格林斯潘阐述了反对加强银行监管的原因："目前的结构为银行提供了一种方法……摆脱银行监管者。这种尝试很有效，限制了任何一个监管机构的武断或是僵化作风。担心出现损失的压力抑制了过度监管，这种压力充当了反作用力，遏制了监管部门过度监管的倾向。"⑤不仅如

---

① Fed Vice Chairman Roger W. Ferguson Jr., "The Future of Financial Services—Revisited," remarks at the Future of Financial Services Conference, University of Massachusetts, Boston, October 8, 2003.

② Fed Chairman Alan Greenspan, "Government Regulation and Derivative Contracts," speech at the Financial Markets Conference of the Federal Reserve Bank of Atlanta, Coral Gables, Florida, February 21, 1997.

③ Richard Spillenkothen, "Notes on the performance of prudential supervision in the years preceding the financial crisis by a former director of banking supervision and regulation at the Federal ReserveBoard (1991 to 2006)," May 31, 2010, p. 28.

④ U. S. Department of the Treasury, *Modernizing the Financial System* (February 1991), pp. XIX – 5, XIX – 6, 67 – 69: "the existence of fewer agencies would concentrate regulatory power in the remainingones, raising the danger of arbitrary or inflexible behavior…Agency pluralism, on the other hand, maybe useful, since it can bring to bear on general bank supervision the different perspectives and experiences of each regulator, and it subjects each one, where consultation and coordination are required, to the checks and balances of the others' opinion."

⑤ Fed Chairman Alan Greenspan, statement before the Senate Committee on Banking, Housing and Urban Affairs, 103rd Cong., 2nd sess., March 2, 1994, reprinted in the *Federal Reserve Bulletin*, May 1, 1994, p. 382.

此，包括美国储蓄监督局与货币监理署在内的一些监管机构，很大程度上凭借监管对象对他们的评估来获得资金。因此，选择这些监管部门的机构越多，它们获得的预算也就越多。

尝到了成功的甜头，加之受到主流思想鼓舞，大型银行及其监管者继续反对限制银行的活动和发展。区分商业银行与投资银行的界限已渐渐瓦解，看来已经到了清除对银行、证券公司与保险公司最后限制的时候了。

1996年春，在连年反对废除《格拉斯－斯蒂格尔法案》之后，由高盛和美林等华尔街公司组成的同业公会——证券行业协会（Securities Industry Association）改变了方向。由于对银行的限制已经在前十年中慢慢取消，诸银行在证券业与保险业已经占据了一席之地。尽管针对美联储和货币监理署提起了诸多诉讼，证券公司与保险公司并没有停下通过机构裁决来逐渐消除管制的步伐。① 美国银行家协会（American Bankers Association）（一家游说组织）执行总裁爱德华·英林（Edward Yingling）说："我们已经在分隔商业、投资银行业与保险业之间的墙上凿下了不计其数的洞，所以能够大举进军保险业务——在某些情况下，比他们进入我们银行业领域的姿态更强硬。先从证券业开始，接着是保险业，最终保险代理们过来对我们说，咱们签个协议，一起干吧。"②

1998年，花旗银行通过与保险巨头旅行者集团合并，成立花旗集团，实现了混业经营。美联储依据《银行控股公司法案》（the Bank Holding Company Act）的一个技术豁免条款批准了它们的兼并，条件是除非法律规定有变，③否则花旗集团必须在五年内剥离大量旅行者公司的资产。国会不得不做出抉择：是否准备解散国内最大的金融公司？永久废除《格拉斯－斯蒂格尔法案》的时机成熟了吗？

国会开始调整立法时，银行不离其左右。1999年，金融部门游说联邦部门花费了1.87亿美元，金融部门中的个人与政治行动委员会（PACs）在2000年联邦大选中捐赠了2.02亿美元。1999~2008年，金融行业在联邦部门的游说经费达到了27亿美元；来自个人与政治行动委员会的竞选赞助超过了10亿

---

① Securities Industry Association v. Board of Governors of the Federal Reserve System, 627 F. Supp. 695 (D. D. C. 1986); Kathleen Day, "Reinventing the Bank; With Depression-Era Law about to Be Rewritten, the Future Remains Unclear," *Washington Post*, October 31, 1999.
② Edward Yingling, quoted in "The Making of a Law," *ABA Banking Journal*, December 1999.
③ 指《银行控股企业法》第4章第（a）条第（2）款中的2年豁免条款。美联储本可以授予3个1年豁免展期。

美元。①

1999年11月，国会通过了克林顿总统签署的《格雷姆－里奇－比利雷法案》（Gramm-Leach-Bliley Act，GLBA），取消了大多数残存的《格拉斯－斯蒂格尔法案》的限制措施。新法案包含了许多财政部之前提倡的措施。② 据《纽约时报》报道，花旗集团的首席执行官桑迪·威尔（Sandy Weill）在办公室里挂了一大块至少4英尺宽的木头，上头刻着他的肖像，还有"格拉斯－斯蒂格尔法案的破灭"几个字。③

现在，只要银行控股公司达到一些财务安全稳定的条件，就能从事承保，出售银行、证券和保险产品及服务业务。他们下属的证券公司不再受美联储限制，只受限于唯一的监管当局——证交委制定的业务限制范围。这一规定的支持者认为，银行的控股公司赢利更多（由规模经济实现的）、更安全（通过分散风险实现的）、更有利于消费者（归功于金融业一站式服务），相比已经开展贷款、证券和保险产品业务的外国大型银行也更具有竞争力。反对者则警告说，允许银行经营证券公司的业务会造成过度投机并引发像1929年那样的危机。花旗集团的前任联合总裁约翰·里德（John Reed）事后向调查委员会反思说，"由《格拉斯－斯蒂格尔法案》带来的分业经营本来是个积极因素，"可以降低金融体系"灾难性失败"的可能。④

为了赢得证券产业界的支持，新法案保留了两个例外条款，允许证券公司拥有储蓄机构和工业贷款公司（即经营活动严格受限的存款机构）。证券公司能够通过这些条款在不受美联储监管的情况下获得联邦存款保险公司承保的存款。一些证券公司因此立刻扩张旗下的工业贷款公司与存款公司。美林公司的工业贷款公司从1998年资产不到10亿美元增长到1999年的40亿美元，2007年达到了780亿美元。雷曼的储蓄公司资产从1998年的8800万美元增长到1999年的30亿美元，2005年资产增长到240亿美元。⑤

---

① 调查委员会工作人员按照 Center for Responsive Politics 的数据进行计算。这里的"金融部门"包括保险公司、商业银行、证券与投资企业、金融与信贷公司、会计师、储蓄与贷款机构，还有信用社与抵押贷款银行家与经纪人。
② U. S. Department of the Treasury, *Modernizing the Financial System* (February 1991); Fed Chairman Alan Greenspan, "H. R. 10, the Financial Services Competitiveness Act of 1997," testimony beforethe House Committee on Banking and Financial Services, 105th Cong., 1st sess., May 22, 1997.
③ Katrina Brooker, "Citi's Creator, Alone with His Regrets," *New York Times*, January 2, 2010.
④ John Reed, interview by FCIC, March 24, 2010.
⑤ FDIC Institution Directory; SNL Financial.

对于美联储的监管机构来说，新法案建立了一个坊间称为"美联储式"的混合监管结构。美联储把金融控股公司当做整体来监管，只关注控股公司旗下各类子公司的风险。为了避免重复工作，美联储被要求"尽最大可能地"依据代理公司对控股公司——包括银行、证券公司、保险公司——旗下的子公司所做的审查和报告进行监管。"美联储式监管"监管的意图是取消过度或重复管制。①但是，美联储主席伯南克告诉调查委员会，"美联储式监管难以让任何单个监管机构看清楚巨大、庞杂的银行业机构的全部活动与风险。"②的确，包括美联储在内，许多监管机构没有能够觉察到金融控股公司的非银行子公司逐渐累积的过高风险与不当操作，花旗和美联银行就是例证。③

银行与证券公司混业经营同样削弱了银行业与证券市场之间相互支持的关系，美联储主席格林斯潘把混业经营看做金融稳定的来源之一，把它比作"备用轮胎"：如果大型商业银行陷入了困境，其大客户还可以从投资银行和资本市场中的其他机构借贷；如果这些市场冻结了，银行可以用自身的储蓄放贷。1990年以后，证券化抵押贷款为房屋购买者和其他借款人提供了另外一种信贷来源，从而缓和了储蓄机构和银行贷款急剧下降的情况。格林斯潘说，20世纪90年代末亚洲金融危机后，这一体系快速的恢复能力就证明了他的观点。④

新机制促进了银行业、证券业以及保险业的业内和行业间的交叉增长与巩固。像花旗集团、摩根大通以及美国银行等以银行业为中心的银行控股公司可以与"五大"投资银行——高盛、摩根士丹利、美林、雷曼兄弟以及贝尔斯登——在证券、股票以及债券承销、银团贷款和场外衍生品交易等领域直接竞争。最大的银行控股公司成了投资银行业的主要参与者。最大的商业银行与其控股公司的策略逐渐开始向投资银行的策略靠拢。他们都有各自的优势：商业

---

① Fed Governor Laurence H. Meyer, "The Implications of Financial Modernization Legislation for Bank Supervision," remarks at the Symposium on Financial Modernization Legislation, sponsored by Women in Housing and Finance, Washington, D. C., December 15, 1999.

② Ben S. Bernanke, written testimony before the FCIC, Hearing on Too Big to Fail: Expectations and Impact of Extraordinary Government Intervention and the Role of Systemic Risk in the Financial Crisis, day 1, session 1: The Federal Reserve, September 2, 2010, p. 14.

③ Patricia A. McCoy et al., "Systemic Risk through Securitization: The Result of Deregulation and Regulatory Failure," *Connecticut Law Review* 41 (2009): 1345–47, 1353–55.

④ Fed Chairman Alan Greenspan, "Lessons from the Global Crises," remarks before the World Bank Group and the International Monetary Fund, Program of Seminars, Washington, DC, September 27, 1999.

银行更易得到担保存款，而投资银行受到的制约更少。 两者的繁荣都从20世纪90年代末持续到2007年金融危机爆发。 不过，金融危机爆发时，格林斯潘保证市场安全的"备用轮胎"消失不见了——这个系统的所有轮子都被困在同一个轴上旋转。

长期资本管理公司："历史为证"

1998年8月，俄罗斯部分国债发生违约，引起市场恐慌。 俄罗斯宣布重组债务并延长一些贷款的还款期限。 在违约余波中，投资者纷纷抛售风险较高的债券，其中还包括非俄罗斯证券，然后转向安全的美国国债与联邦存款保险公司承保的证券。 作为回应，美联储在7周内3次降低短期利率。[1] 随着商业票据市场的动荡，轮到商业银行来收拾局面，向无法兑现短期票据的公司放贷。 1998年9月和10月，商业银行贷出200亿美元，约是平时的2.5倍[2]——从而遏制住了一场混乱局面，一次经济衰退得以避免。

然而对于大型美国对冲基金长期资本管理公司（Long-term Capital Management，下文简称LTCM——译者注）来说，情况就不那么乐观了。 LTCM 1250亿美元的高风险债务证券遭受了毁灭性损失，这其中包括投资者抛售的垃圾债券和新兴市场债券。[3] 为了购买这些证券，LTCM以每1美元投资者资本净值借到24美元，[4]贷款方包括美林、JP摩根、摩根士丹利、雷曼兄弟、高盛以及大通曼哈顿。 在此前4年间，LTCM的杠杆战略获利不菲，分别是：19.9%、42.8%、40.8%以及17.1%，而标准普尔500的平均收益仅为21%。[5]

但是杠杆率是把双刃剑，在俄罗斯部分国债违约仅仅一个月之后，LTCM就损失了40多亿美元——占其近50亿美元资本的80%以上，债务约为1200亿美

---

[1] David A. Marshall, "The Crisis of 1998 and the Role of the Central Bank," Federal Reserve Bank of Chicago, *Economic Perspectives* (1Q 2001): 2.

[2] 所有商业银行的商业与工业贷款，按月度、季度调整，来自the Federal Reserve Board of Governors H. 8 release; 根据调查委员会工作人员在1997年与1998年连续2个月未偿还贷款的平均变化计算值。

[3] Franklin R. Edwards, "Hedge Funds and the Collapse of Long-Term Capital Management," *Journal of Economic Perspectives* 13 (1999): 198.

[4] "Hedge Funds, Leverage, and the Lessons of Long-Term Capital Management," Report of the President's Working Group on Financial Markets, April 1999, p. 14.

[5] Edwards, "Hedge Funds and the Collapse of Long-Term Capital Management," pp. 200, 197; and Bloomberg.

元，面临破产。①

如果只是 50 多亿美元，LTCM 的破产还是可以避免的，但是这家公司"过度杠杆化"——LTCM 签订了总额超过 1 万亿美元的衍生品合约——大多数是利率和资产衍生品。② 因为持有的资本储备过少，它很可能发生违约，其衍生品交易对手包括最大的商业银行与投资银行。 因为 LTCM 是在透明度不高的场外交易市场进行的交易，所以市场并不清楚它的头寸规模，也不知道其实它几乎没有抵押品保证。 正如美联储那时指出的，如果所有的基金交易对手都同时将证券变现，整个市场的资产价格很可能会猛降，造成极其"夸张"的损失。 这是个典型的挤兑：可能会有损失，但不知道会是谁。 美联储担心，由于金融市场已经很脆弱了，这些损失可能会从 LTCM 公司溢出殃及投资者，债务和衍生品市场也可能会"停运几天或更久"。③

为了避免这种灾难，美联储召集与 LTCM 关系密切的主要银行与证券公司召开了一个紧急会议。④ 9 月 23 日，经过多轮敦促劝说，14 个机构同意组成财团，向 LTCM 注入 36 亿美元换取 90% 的股权。⑤ 除了贝尔斯登拒绝参与之外，每个公司各贡献了 1 亿到 3 亿美元。⑥ 随后，LTCM 的证券与衍生品得以有序清算。

时任纽约联邦储备银行总裁的威廉·麦克唐纳（William McDonough）坚持说"联邦储备局官员没有向任何人施压，也没有做出任何承诺"⑦。 救市未动用政府基金。 尽管如此，美联储的协调行动引发了一个问题：在防止所谓的系统性危机中，美联储到底能走多远？

美联储这种积极的救助行动在之前二十年有过先例。 1970 年，美联储救助了商业票据市场；1980，美联储又挽救了白银期货交易商；1982 年的救助对象是回购市场；1987 年是道琼斯指数 3 天内跌了 26% 之后的股票市场。 所有这些救

---

① Edwards, "Hedge Funds and the Collapse of Long-Term Capital Management," pp. 197 – 205; Roger Lowenstein, *When Genius Failed: The Rise and Fall of Long-Term Capital Management* (New York: Random House, 2000), pp. 36 – 54, 77 – 84, 94 – 105, 123 – 30.
② "Hedge Funds, Leverage, and the Lessons of Long-Term Capital Management," pp. 11 – 12.
③ William J. McDonough, president of the Federal Reserve Bank of New York, statement before the House Committee on Banking and Financial Services, 105th Cong., 2nd sess., October 1, 1998.
④ GAO, "Long-Term Capital Management: Regulators Need to Focus Greater Attention on Systemic Risk," GAO/GGD -00 -3 (Report to Congressional Requesters), October 1999, p. 39.
⑤ "Hedge Funds, Leverage, and the Lessons of Long-Term Capital Management," pp. 13 – 14.
⑥ Lowenstein, *When Genius Failed*, pp. 205 – 18.
⑦ McDonough, statement before the House Committee on Banking and Financial Services, October 1st, 1998.

助都为未来的干预提供了模板。每次美联储都削减短期利率、鼓励影子银行系统与传统银行部门的金融公司去救市。有时候美联储会亲自出马组织金融财团援救企业。①

在此期间，联邦监管机构还援助了几个他们认为"大到不能倒"的大型银行，保护了银行债权人，其中包括未投保存款人。监管机构给出的救助理由是大型银行对金融市场和经济十分重要，而且，大型银行倒闭可能引发未投保存款人的恐慌情绪，从而可能导致更多银行破产，而这是监管者所不能允许的。

但是，如果认为对冲基金崩溃可能导致资本市场不稳定，从而认定为它大到不能倒，那就是另一回事了。对于LTCM的援救是否在暗示无论哪类公司，只要其垮台会威胁到资本市场，美联储就准备伸出援手呢？哈维·米勒（Harvey Miller）在2008年雷曼倒台时任该行的破产咨询顾问，他告诉危机调查委员会说，"他们（对冲基金）指望美联储援救雷曼，因为美联储参与了LTCM的救助。过去的经历告诉他们美联储一直都是这样做的。"②

对救助LTCM期间担任美林执行总裁的斯坦利·奥尼尔（Stanley O'Neal）来说，那次经历在记忆中"难以磨灭"。他对调查委员会说，"我从中得到的教训是，如果市场震荡、恐慌情绪和缺乏流动性持续得再久一点，华尔街会有相当多的公司受到无可挽回的损害，美林会成为其中的一员"。③

格林斯潘认为，1998年的事件证实了他的"备用轮胎"说。1999年他在讲话中指出，1998年危机的成功解决，显示出"金融部门的多元化为金融问题上了保险，防止其演变成整个经济领域的危机"。④总统金融市场工作组得出的结论则没有这么确定。工作组在1999年报告中指出，LCTM和它的交易对手"对'全世界资产流动性、信贷以及市场波动会以类似的方式变动'估计不足"。⑤许多金融公司很可能会在十年后犯同样的错误。对工作组来说，LCTM的错误

---

① Andrew F. Brimmer, "Distinguished Lecture on Economics in Government: Central Banking and Systemic Risks in Capital Markets," *Journal of Economic Perspectives*, No. 2（Spring 1989）. 前美联储委员所做讲座，分析了美联储在1970年、1980年与1987年的市场干预行为，并得出结论：美联储有意承担了"整个经济中流动性的最终提供者的战略角色"；Keith Garbade, "The Evolution of Repo Contracting Conventions in the 1980s," Federal Reserve Bank of New York, *Economic Policy Review* （May 2006）:33。

② Harvey Miller, interview by FCIC, August 5, 2010.

③ Stanley O'Neal, interview by FCIC, September 16, 2010.

④ Fed Chairman Alan Greenspan, "Do efficient financial markets mitigate financial crises?" remarks before the 1999 Financial Markets Conference of the Federal Reserve Bank of Atlanta, October 19, 1999 （www.federalreserve.gov/boarddocs/speeches/1999/19991019.htm）.

⑤ "Hedge Funds, Leverage, and the Lessons of Long-Term Capital Management," p. 16.

估计提出了一个重要问题:"由于新技术促使交易总量极度扩张,在某些情况下,例如存在交易杠杆,一些现有风险模型会低估重大损失的可能性。这表明,在确定高风险头寸的资本准备金水平时,一定要三思而行。"①

风险管理的必要性在接下来的十年中不断增加。工作组担心,市场与其监管者还没有做好准备应对尾部风险——即会对金融机构和经济造成灾难性影响的未预期风险。工作组还提醒说,如果对 LTCM 这类事件反应过度,也会降低金融部门与实体经济的活力:"仅仅旨在将违约率降低到几乎为零的政策,如果干扰了交易活动,阻挠了支持实体经济活动融资的风险调节,那么这种政策的效果很可能会适得其反。"②

作为工作组报告的后续行动,证交委在五年后发布了一个规则,提高了需要在证交委登记的对冲基金顾问的人数。后来由于证交委被一位投资顾问与一家对冲基金起诉,这一规则于 2006 年被美国哥伦比亚特区上诉法院取消。③

1998 年以后市场相对平静,人们认为不再需要《格拉斯-斯蒂格尔法案》,场外衍生品交易管制解除了,股票市场和经济也继续繁荣了一段时间。就像所有其他的危机一样(除了大萧条),这场危机很快淡出了人们的记忆。不久之后,1999 年 2 月,《时代》杂志将罗伯特·鲁宾、拉里·萨默斯以及格林斯潘当做"拯救世界委员会"放上了杂志封面。美联储主席格林斯潘成为一个令人崇拜的英雄——自 1987 年股市冲击以来成功地处理每一次危机的"大师"。④

互联网崩溃:"陷入危机的泥沼"

20 世纪 90 年代末对投资银行业来说是个不错的时机。美国市场年度公开发行的股票和公司证券私募规模从 1994 年的 6000 亿美元增至 2001 年的 2.2 万亿美元,几乎翻了两番。由于银行和证券公司支持新生互联网与电信公司上市,年度证券首次公开募股(IPOs)从 1994 年的 280 亿美元增至 2000 年的 760 亿美元。⑤ 股票市场的繁荣可与 20 世纪 20 年代的牛市相媲美。公开交易股票

---

① "Hedge Funds, Leverage, and the Lessons of Long-Term Capital Management," p.16.
② "Hedge Funds, Leverage, and the Lessons of Long-Term Capital Management," p.16.
③ Philip Goldstein, et al. v. SEC, Opinion, Case No. 04-1434 (D. C. Cir. June 23, 2006).
④ *Time*, February 15, 1999; Bob Woodward, *Maestro: Greenspan's Fed and the American Boom* (New York: Simon & Schuster, 2000).
⑤ SIFMA (Securities Industry and Financial Markets Association), *Fact Book 2008*, pp.9-10.

的价值从1994年12月的5.8万亿美元涨到2000年3月的17.8万亿美元。① 上市热在纳斯达克交易所的互联网和电信交易中尤为明显。在此期间,纳斯达克指数从752飙升到5048。

2000年春,技术泡沫破灭了。"新经济"互联网和电信公司辜负了投资者的厚望。投资者依赖的是出自技术公司的主承销商银行和证券公司的看涨研究报告,而事实证明,这些报告有时具有欺骗性。2000年3月到2001年3月间,纳斯达克指数跌了将近2/3。"9·11"恐怖袭击后,全国陷入衰退,纳斯达克指数下跌加快。更令投资者震惊的是,安然和世通公司出现了会计欺诈与其他丑闻。主要商业银行和投资银行与监管机构就此次泡沫中分配IPO股权中的不当行为达成协议,不当行为包括"钓鱼行为(spinning)"(为换取互惠业务而发放"热门"IPO)和"梯式配股"(Laddering,将股票分配给承诺在股票正式挂牌后以更高的价格买进更多股票的投资者)②。监管机构同样发现,利益冲突也体现在投资银行分析师的公开研究报告中。证交委、纽约总检察长、国家证券交易商协会(the National Association of Securities Dealers,FINRA)与州监管机关一道,对10家公司执行了强制措施,罚款8.75亿美元、限制了一些不当做法并着手进行改革。③

安然与世通公司的突然破产令人十分震惊:它们分别拥有630亿美元与1040亿美元的资产,这是2008年的雷曼兄弟公司违约案之前最大的两宗公司破产案。

在法律程序和调查结束之后,由于在安然破产前帮其隐瞒债务,花旗集团、摩根大通、美林以及其他华尔街银行付出了几十亿美元,尽管它们否认自己的违法行为。安然及其银行家创造了多个实体从事产生虚拟赢利的复杂交易,将债务伪造成销售量和衍生品交易,并且低报了公司的杠杆率。银行高管还强迫分析师为安然撰写光鲜的评估报告。该丑闻令花旗集团、摩根大通、加拿大国家商业银行、美林及其他金融机构在与美国证券交易委员会协议交涉中破费了4亿

---

① Board of Governors of the Federal Reserve System, *Federal Reserve Statistical Release Z.1*: *Flow of Funds Accounts of the United States*, 4th Qtr. 1996, p.88 (Table L.213, line 18); 4th Qtr. 2001, p.90 (Table L.213, line 20).

② SEC Chairman William H. Donaldson, "Testimony Concerning Global Research Analyst Settlement," before the Senate Committee on Banking, Housing and Urban Affairs, 108th Cong., 1st sess., May 7, 2003.

③ SEC, "SEC Fact Sheet on Global Analyst Research Settlements," April 30, 2003; Financial Industry Regulatory Authority news release, "NASD Fines Piper Jaffray MYM2.4 Million for IPO Spinning," July 12, 2004.

多美元；花旗集团、摩根大通、加拿大国家商业银行、雷曼兄弟以及美国银行为集体诉讼案支付了69亿美元。① 针对这个案例，2002年的萨班斯－奥克斯利法案（Sarbanes-Oxley Act）出台，规定公司的首席执行官与首席财务官必须对财务报告真实性进行认证；要求设立独立审计委员会；对谎报财务结果的主管判处更久监禁和更高罚款；保护检举者。

一些金融公司因为购买了借款企业的信用违约掉期合约，所以即使贷款企业在股市崩盘中破产，这些金融公司也成功实现套利。主要银行已经通过各种对冲交易成功地将损失转移给了投资者，这似乎使得监管者感到些许安慰。2002年11月，美联储主席格林斯潘说信用衍生品已将安然与其他大企业违约造成的损失"迅速传播了出去。"尽管承认这一市场"还太新，没有经历过考验"，但他还是说"到目前为止，市场似乎运作得还好。"②2003年，美联储副主席罗杰·弗格森指出，"这一阶段，银行业最值得注意的事实就是它迅速恢复并且保留住了实力"。③

这种快速恢复能力使得许多公司高管主管和监管者都以为金融体系已经获得了前所未有的稳定和强有力的风险管理。华尔街的银行在安然破产中扮演的关键角色似乎并没有困扰美联储的高官们。在提交给调查委员会的一份备忘录中，理查德·斯皮伦科腾提到美联储收到的一份报告，其中提到有关银行合谋的细节，而美联储的某些委员对此"表现冷淡"，并且对报告中分析师的调查结果也"明显不在意"。"有些监管人员收到的信息既清楚又直白。"斯皮伦科腾写道。他回忆说，21世纪初，美联储高级经济学家曾把安然称为在监管空白下成功地由衍生品市场进行规范的典范。④

为了遏制互联网和电信业崩溃、恐怖袭击和金融市场丑闻带来的损失，美联储大幅降低了利率。2001年1月，联邦基金利率，即银行间隔夜拆借利率是6.5%。到2003年中旬，美联储已将其降至1%的低点，达到半个世纪以来的最低值，并持续了一年。此外，为了应对"9·11"事件后的市场混乱，美联储购

---

① Arthur E. Wilmarth Jr.，"Conflicts of Interest and Corporate Governance Failures at Universal Banks During the Stock Market Boom of the 1990s: The Cases of Enron and WorldCom，" George Washington University Public Law and Legal Theory Working Paper 234（2007）.
② Fed Chairman Alan Greenspan，"International Financial Risk Management，" remarks before the Council on Foreign Relations，Washington，DC，November 19，2002.
③ Ferguson，"The Future of Financial Services—Revisited."
④ Spillenkothen，"Notes on the performance of prudential supervision in the years preceding the financialcrisis，" p. 28.

买了1500多亿美元的政府证券，借给银行450亿美元，从而将大量的资金投入了金融市场。美联储还暂停对银行控股公司的限制，银行得以向其证券子公司大量放贷。通过这些措施，美联储在2002年秋使金融市场避免了一场长期流动性危机，此前在1987年的股市崩溃与1998年的俄罗斯国债危机中，美联储也采取了相同的措施。

市场没有理由不认为中央银行会再次行动，再次拯救时局。2001年1月，美联储降低短期利率的两周之前，《经济学人》预言："'格林斯潘对策'再一次成为华尔街话语方式……人们认为，危急之时，美联储是靠得住的，它会出手实施救援，降低利率，增加流动性，从而为股价兜底。"①"格林斯潘对策"是分析师笔下让投资者相信无论发生什么，美联储都会维持资本市场的正常运行的简写。美联储的政策十分清晰：为抑制资产泡沫的增长，只会采取微小的步骤调整，例如警告投资者某些资产价格可能会下降；一旦泡沫破灭，则会利用所有工具稳定市场。格林斯潘认为，有意戳破泡沫会严重损害经济。2004年房价飙升时格林斯潘说："为了要控制假想的泡沫而采取激烈措施，后果难以预料。""因此当危机爆发时，我们选择……政策的重点是'能减轻泡沫破灭的影响，顺利的话，能抑制新一轮泡沫扩张。'"②

这种不对称政策——即先放任不受约束的增长，然后再努力缓解破产冲击——提出了一个"道德风险"的问题：监管政策是否在鼓励投资者和金融机构去赌博，因为他们获利的可能性被无限放大，而美联储的威力和影响会降低他们损失的可能性（至少能防止灾难性损失）？在2005年的一次讲话中，格林斯潘自己发出了警告，他指出，更高的资产价格"部分是因为投资者接受较低的风险补偿造成的"。并且还说"最近充足起来的流动性也会立刻消失"③。然而美联储采取的唯一行动是自2004年夏起不断上调联邦储备金利率，尽管在上述发言中格林斯潘已有言在先，这么做没什么效果。

然而市场没有被吓倒。"我们说服了自己相信风险不高，"美联储前委

---

① "First the Put; Then the Cut?" *Economist*, December 16, 2000, p. 81.
② Fed Chairman Alan Greenspan, "Risk and Uncertainty in Monetary Policy," remarks at the Meetings of the American Economic Association, San Diego, California, January 3, 2004. See also Fed Governor Ben S. Bernanke, "Asset-Price 'Bubbles' and Monetary Policy," remarks before the N. Y. Chapter of the National Association of Business Economics, New York, October 15, 2002.
③ Fed Chairman Alan Greenspan, "Reflections on Central Banking," remarks at a symposium sponsored by the Federal Reserve Board of Kansas City, Wyoming, August 26, 2005.

员、乔治·布什政府的国家经济委员主任劳伦斯·林赛告诉委员会道："对任何一个理性投资者而言，该如何应对一个风险不那么高的世界呢？ 他们应该更敢于冒险。"①

金融业的薪酬："跟风"

如图4-1，大萧条后的几乎半个世纪，金融业内外的薪酬总体相当。 自1980年起，内外报酬开始分化。 到2007年，金融部门的薪资要比其他行业的高出80%——这一差距比大萧条前的差距还大。

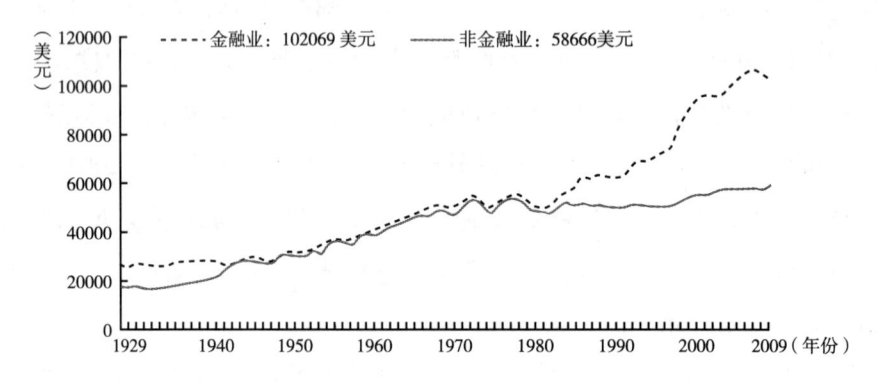

图4-1 金融与非金融部门薪酬
金融部门薪酬超过其他部门，这是大萧条之前从未出现过的情况。

说明：平均薪酬包括：周工资、月工资、佣金、小费、奖金和其他政府保险及养老金。 非金融部门指除金融和保险业外的所有国内雇员。
资料来源：Bureau of Economic Analysis，Bureau of Labor Statistics，CPI – Urban；金融危机调查委员会计算。

直到1970年之前，私营自我监管组织——纽约股市交易所——一直是要求其成员以合伙关系运作。② 前雷曼兄弟合伙人彼得·所罗门（Peter J. Solomon）向调查委员会证实说，这种做法极大地影响了雷曼的公司文化。 合伙关系取消前，他和合伙人在总部共处一室，不为应酬，而是互相"倾听、互动及监督"。 他们共进退。 "由于大家都被贴上了合伙人的标签，所以都

---

① Lawrence Lindsey, interview by FCIC, September 20，2010.
② 纽约证交所于1970年决定允许其成员公开开交易。 参见 Andrew von Norden-flycht, "The Demise of the Professional Partnership? The Emergence and Diffusion of Publicly-Traded Professional Service Firms"（draft paper, Faculty of Business, Simon Fraser University, September 2006）, pp. 20 –21。

很在意风险,"所罗门说。① 前摩根士丹利高管布赖恩·力奇（Brian Leach）向调查委员会的工作人员讲述了摩根在发行股票成为上市企业之前的薪酬制度："当我开始在摩根工作时,它还没有上市,在这里直到退休才能拿到大笔报酬。我的意思是说,你每年能拿到不错的年薪。"但是大笔报酬要等到"退休"才能到手。②

当投资银行在20世纪80年代与90年代上市时,银行家的决策与其报酬脱钩。现在他们用股东的资金进行交易。曾经被拴在公司的优秀交易员和经理们现在成了自由代理人,为了赚更多的钱甚至操纵公司相互作对。为了防止人才流失,各家公司开始向他们提供极高的激励措施,通常与公司股价挂钩,工资越开越高。商业银行迎头赶上,也采取了同样的措施。一些商业银行提出"收回条款",要求在极有限的情况下退回薪酬。但事实证明,这一条款对交易员与经理的约束是相当有限的。

有研究表明,扣除通胀因素后,金融高管实际薪酬水平在二战后的30年间每年仅仅增加0.8%,低于公司效益增长幅度。③ 但这一速度从20世纪70年代开始急速上升,1995～1999年增幅达到平均每年10%。④ 金融行业平均年薪340万美元,高居所有行业之首,让大家倍感不平。尽管各行业部门的基础工资差别相对不大,但银行业与金融雇员的红利更丰厚,得到的股份奖励更多。薪酬最高的是交易员和经纪人,平均年薪为700万美元以上。⑤

在上市前后,投资银行通常将他们收益的一半作为薪酬支付出去。例如,高盛在2005到2008年期间每年支付了收益的44%到49%,而摩根士丹利支付了46%到59%。美林在2005到2006年间支付的比例也差不多,但在2007年只支付了14.1%——因为在这一年它遭受了巨大的损失。⑥

随着公司规模、收入与利润率不断增长,高管与其他重要职员的工资开始飞涨。有报道说约翰·古特福德（John Gutfreund）是20世纪80年代后期华尔街

---

① Peter Solomon, written testimony for the FCIC, First Public Hearing of FCIC, day 1, panel 2: Financial Market Participants, January 13, 2010, p. 2.
② Brian R. Leach, interview by FCIC, March 4, 2010, p. 22.
③ Jian Cai, Kent Cherny, and Todd Milbourn, "Compensation and Risk Incentives in Banking and Finance," Federal Reserve Bank of Cleveland Economic Commentary (September 14, 2010).
④ Carola Frydman and Raven E. Saks, "Historical Trends in Executive Compensation, 1936-2005" (2007), p. 3.
⑤ Cai, Cherny and Milbourn, "Compensation and Risk Incentives in Banking and Finance."
⑥ Goldman Sachs, 2006 and 2009 10－K; Morgan Stanley, 2008-10－K; Merrill Lynch, 2005 and 2008 10－K.

工资最高的主管。1986年，身为所罗门兄弟公司（Salomon Brothers）的执行总裁，他获得了320万美元的报酬。① 斯坦利·奥尼尔（Stanley O'Neal）2006年全部收入为9.1亿多美元，那是他作为美林CEO的最后一年。② 2007年，高盛的执行总裁利奥伊德·布兰克费恩年薪6850万美元；③雷曼兄弟的执行总裁理查德·富尔德（Richard Fuld）与摩根大通的总裁杰米·戴蒙（Jamie Dimon）分别拿到了3400万美元与2800万美元。④ 那一年华尔街仅仅支付给员工的年终奖就大约有330亿美元。⑤ 据估计，美国主要银行和证券公司付出的薪酬总额达1370亿美元。⑥

股票期权成为一种广受欢迎的报酬形式，通过持有期权，雇员可以在将来以某预定价格购买公司的股票，当股价比预定价格高时便可从中获利。事实上，这种期权在股价低于预定价格时是没有价值的。1993年立法规定，公司发放超过一百万美元报酬时，如果不是以业绩为基础的就要交税，所以股票期权作为报酬流行起来。股票期权基本上没有上限，而下限最多是股票没有涨到预定价格从而什么也得不到。股权收益与薪酬挂钩的做法与此类似：高管们挣的要比损失的多。这些薪酬结构无意间造成了推高风险与杠杆率的后果，可能导致公司股价大幅波动。

这些期权促使金融公司冒更大的风险、不断提高杠杆率，而金融体系的发展为此提供了途径。影子银行机构在杠杆率上所受的监管约束很少；法规变化放松了对商业银行的监管；场外交易衍生品使得高杠杆率泛滥。而应当先于这些发展起来的风险管理功能却没能有效遏制风险增加。

薪酬结构的危险显而易见，但高管们认为对此无能为力。花旗集团前执行总裁桑迪·威尔告诉调查委员会："我认为，如果人们注意到了华尔街发生的情况，就会想，'嗯，大家都这么做，那我为什么就不这么做呢，要是我不跟

---

① "Gutfreund's Pay Is Cut," *New York Times*, December 23, 1987.
② Merrill Lynch, "2007 Proxy Statement," p. 38.
③ Goldman Sachs, "Proxy Statement for 2008 Annual Meeting of Shareholders," March 7, 2008, p. 16: Blankfein received MYM600000 base salary and a 2007 year-end bonus of MYM67.9 million.
④ Lehman Brothers, "Proxy Statement for Year-end 2007," p. 28; JP Morgan Chase, "2007 Proxy Statement," p. 16.
⑤ New York State Office of the State Comptroller, "New York City Securities Industry Bonus Pool," February 23, 2010. The bonus pool is for securities industry (NAICS 523) employees who work in New York City.
⑥ "Banks Set for Record Pay, Top Firms on Pace to Award MYM145 Billion for 2009, Up 18%, WSJ Study Finds," WSJ.com, January 14, 2010.

风，雇员们就会离开公司另谋高就。我猜在很多公司，风险管理都变得不再重要了。"①

监管部门作为控制过高风险的部门之一，却招不到金融专家，因为这些人大可选择在私有部门工作。英国金融服务管理局（the U. K. Financial Services）主席阿代尔·特纳爵士（Lord Adair Turner）告诉调查委员会，"招到专家很不容易。你知道，这是高手与高手的交锋，而偷猎者总会比猎场看守赚得多。"②伯南克在调查委员会一次听证会上说了同样的话："政府永远也付不起华尔街所付的高工资。"③

将报酬和赢利挂钩，在某些情况下，会诱惑人们去操纵数字。房利美前监管小阿曼多·福尔肯告诉调查委员会说，"房利美在十年前确立了一个野心勃勃的目标——5 年内盈利达到每股 6.46 美元。大部分高管的薪酬都与该目标挂钩。"1998～2003 年，由于实现了美元这个目标，执行总裁富兰克林·雷恩斯（Franklin Raines）获益 5200 万美元，而其总薪酬为 9000 万美元。但是，福尔肯说这个目标"要是不违反规则、不隐藏风险，是不可能完成的"。房利美和房地美的高管一边努力说服投资者相信抵押贷款资产是没有风险的投资项目，一边却隐瞒公司抵押贷款资产组合与资产负债表的波动与风险。1998 年底，房利美预计有 4 亿美元的抵押贷款无法按时还清，这意味着没有红利。于是房利美在账上仅仅记下了 2 亿美元，因此雷恩斯和其他的管理人员得以实现盈利目标，并拿到 100% 的红利。④

从贷款发起人到将贷款打包成证券的华尔街人，薪酬沿着抵押贷款证券化的产业链逐步增加。相关的贷款经纪人是证券化过程的第一个环节，联邦存款保险公司董事长谢拉·贝尔（Sheila Bair）告诉调查委员会，他们"制定标准报酬的基础……是发起贷款的数量，而不是贷款的表现和质量"。她总结说："这次危机表明，大多数金融机构的报酬机制与风险管理没能很好地联系起

---

① Sandy Weill, interview by FCIC, October 4, 2010.
② Lord Adair Turner, interview by FCIC, November 30, 2010.
③ Ben S. Bernanke, testimony before the FCIC, Hearing on Too Big to Fail: Expectations and Impact of Extraordinary Government Intervention and the Role of Systemic Risk in the Financial Crisis, day 2, session 1: The Federal Reserve, September 2, 2010, transcript, p. 111.
④ Testimony of Armando Falcon Jr., former director Office of Federal Housing Enterprise Oversight, written testimony for the FCIC, Hearing on Subprime Lending and Securitization and Government-Sponsored Enterprises (GSEs), day 3, session 2: Office of Federal Housing Enterprise Oversight, April 9, 2010, pp. 8–10.

来。公式化的报酬模式把追求短期高额利润转化为优厚的奖金，而丝毫不考虑较长期风险。"①证交委主席玛丽·夏皮罗（Mary Schapiro）告诉调查委员会，"许多主要金融机构的薪酬方案都不合理，雇员因短线操作成功而获得大量报酬，即使他们的所作所为给投资人与纳税人造成重大长期损失甚至使其破产也是如此。"②

金融行业的增长："金融业做过头了"

从20世纪80年代初开始的大约二十年的时间里，金融部门比其他经济部门的增长都更快——从占GDP约5%增长到21世纪初的约8%。1980年，金融部门的利润约占企业利润的15%。2003年，这一比例达到了33%的新高，但在2006年跌回到27%，那时正值金融危机的前夕。大型金融公司规模进一步扩张。摩根大通的资产从1999年的6670亿美元升至2008年的2.2万亿美元，复合年增长率16%。美国银行与花旗集团每年增长率分别为14%与12%，花旗集团在2008年资产累计达1.9万亿美元（与2007年的2.2万亿相比有所下降），而美国银行则为1.8万亿美元。投资银行规模在2002~2007年同样显著增长，通常比商业银行发展得还要快得多。高盛的资产以21%的年增长率从1999年的2500亿美元增长到了2007年的1.1万亿美元。雷曼兄弟的资产从1920亿美元增长到6910亿美元，年增长率17%。③

房利美与房地美的增长也很快。房利美的资产与担保抵押贷款以11%的年增长率从2000年的1.4万亿美元涨到了2008年的3.2万亿美元。而房地美则以10%的年增长率从1万亿美元涨到了2.2万亿美元。④

许多金融公司在增长的过程中大幅度地提高了杠杆率。这意味着股东可能获得更高的回报，而公司的薪酬也会更高。提高杠杆率同样意味着用以吸收损失的资本更少了。

---

① Sheila C. Bair, written testimony for the FCIC, First Public Hearing of the FCIC, day 2, panel 1: Current Investigations into the Financial Crisis—Federal Officials, January 14, 2010, p. 22.
② Mary L. Schapiro, written testimony for the FCIC, First Public Hearing of the FCIC, day 2, panel 1: Current Investigations into the Financial Crisis—Federal Officials, January 14, 2010, p. 18.
③ Bloomberg LLC, Financial Analysis Function, Public Filings for JPM, Citigroup, Bank of America, Goldman Sachs and Lehman Brothers.
④ Fannie Mae, SEC filings 10-K and 10-Q; see the 2009 10-K, p. 70, Total Assets and Fannie Mae MBS held by Third Parties; Federal Housing Finance Agency, Report to Congress, 2008 (2009), pp. 111, 128.

房地美与房利美的杠杆率最高。法律规定政府支持企业的最低资本要求为企业资产的 2.5% 再加上他们担保的抵押贷款证券的 0.45%。于是他们用 1 美元资本可以借到 200 多美元来担保抵押支持证券。如果"两房"想要拥有这些证券，那么用 1 美元资本可以借到 40 美元。"两房"在 2008 年末总共以区区 7070 亿美元的资本拥有或是担保了 5.3 万亿美元的抵押贷款资产，杠杆率为 75∶1。

2000～2007 年，大型银行与储蓄机构每 1 美元一般拥有 16～22 美元资产，杠杆率为 16∶1～22∶1。有些银行的杠杆率基本保持稳定。摩根大通报告的杠杆率为 20∶1～22∶1，富国银行通常为 16∶1～17∶1。其他银行的杠杆率则有所提高。美国银行杠杆率从 2000 年的 18∶1 增长到 2007 年的 27∶1，花旗集团则从 18∶1 涨到 22∶1，后来花旗集团将表外资产计入表内，因此在 2007 年末其杠杆率飙升到 32∶1。花旗银行持有的表外资产比其他银行更多，以便降低其资本金要求。2007 年，即便花旗将 800 亿美元资产重新计入资产负债表，表外资产仍然庞大。如果把那些资产包括进来，花旗 2007 年的杠杆率将为 48∶1，比报告的比率高 53%。相比之下，富国银行和美国银行如果把各自的表外资产计入表内，会分别使 2007 年的杠杆率上升 17% 与 28%。[1]

因为投资银行的资本要求与商业银行和零售银行不一样，他们享有更大的自由度，可以通过内部风险模型来确定资本要求，所以报告的杠杆率更高。高盛的杠杆率从 2000 年的 17∶1 增长到 2007 年的 32∶1。摩根士丹利和雷曼兄弟的杠杆率则分别增长了 67% 与 22%，到 2007 年底都涨到了 40∶1。[2] 有几家投资银行通过在报告期之前卖出资产并随后立即回购从而人为地降低了杠杆率。

投资银行的发展改变了其商业模式。传统上，投资银行为企业、金融机构、投资基金、政府以及个人提供咨询并承保流动资产与债务。后来越来越多的投资银行收入和利润来自交易与投资活动，其中包括证券化和衍生工具。高盛来自交易与本金投资的收益占总收益的比重从 1997 年的 39% 增长到 2007 年的 68%。美林的交易与投资收益占比从 1997 年的 42% 增长到 2006 的 55%。雷曼兄弟类似的收益 1997 年占公司税前收益的 32%，2006 年高达 80%。因为其他业务遭受了税前损失，贝尔斯登在 2002 年后的几年里交易和投资收益比例甚至

---

[1] FCIC 工作人员的计算结果。
[2] SNL Financial Database and SEC public filings.

是税前收益的 100% 以上。①

1978～2007 年，金融机构持有的贷款总额从 3 万亿美元增长到 36 万亿美元，从占 GDP 的 130% 增加到 270%，翻了一番还多。前财政部长约翰·斯诺（John Snow）告诉调查委员会，尽管金融部门必须在高效配置资本上发挥"至关重要"的作用，但还是要看看过去二三十年间该部门的发展规模是不是过大。他说，金融公司的发展仅仅靠借贷，而不再靠创造投资机会。② 1978 年，在信贷市场上，非金融企业每借出 100 美元，金融公司便借走 13 美元。到 2007 年，非金融企业每借出 100 美元，金融公司则借走 51 美元，"相比过去，我们欠下了更多债务，这意味着金融部门更加庞大，"斯诺说，"我想，相比实体经济，金融业发展过头了，二者之间出现失衡"。③

---

① 按代理协议数据计算得出。
② John Snow, interview by FCIC, October 7, 2010.
③ John Snow, interview by FCIC, October 7, 2010.

第五章

次级抵押贷款

早在20世纪80年代初,家庭金融公司(Household Finance Corp.)等次级贷款机构和长滩储贷(Long Beach Savings and Loan)等储蓄机构就曾向信用记录缺失或不良的借款人发放住宅权益贷款,通常是二次抵押贷款。这些借款人可能陷入失业、离异或生病急需用钱等困境,银行可能不愿意向他们发放贷款;但是,如果他们支付更高的利息补偿额外风险,那么次级贷款机构就会向他们放贷。内华达州房地产交易中心(Nevada Fair Housing Center, Inc.)负责人盖尔·博金斯(Gail Burks)曾向调查委员会作证说:"毫无疑问,市场对合法的非优(次级)贷款产品存在需求。"[1]

次级抵押贷款以房屋作为主要抵押品,利率并不比汽车贷款利率高,甚至远低于信用卡借款利率。随着1986年《税务改革法案》(Tax Reform Act, TRA)的通过,抵押贷款的优势得到巩固,因为该法禁止降低消费贷款利息,但允许降低抵押贷款利率。

从20世纪80年代到90年代初期,评估借款人信用和风险的"电脑信用评分"统计技术还未诞生,次级抵押贷款等机构在审核贷款时只能使用其他因素来评估风险。萨克拉门托的一位抵押银行家汤姆·帕特南(Tom Putnam)告诉调查委员会,过去他们按"四要素"来判断是否发放贷款:信用(借款人债务数量、质量和期限)、能力(收入金额及稳定性)、资金(是否有充足流动资金支付首付、产权转让费、准备金)、抵押品(房屋价值和状况)。[2] 放贷决定取决

---

[1] Gail Burks, written testimony for the FCIC, Hearing on the Impact of the Financial Crisis—State of Nevada, session 3: The Impact of the Financial Crisis on Nevada Real Estate, September 8, 2010, p. 3.

[2] Tom C. Putnam, president, Putnam Housing Finance Consulting, written testimony for the FCIC, Hearing on the Impact of the Financial Crisis—Sacramento, session 2: Mortgage Origination, Mortgage Fraud and Predatory Lending in the Sacramento Region, September 23, 2010, pp. 3–4.

于某个要素的优势是否足以补偿另一要素的劣势,比如抵押品的质量可能弥补信用不足。 凭借这些,他们依次向每一位借款人发放贷款。

有些次级抵押贷款公司,如花旗财务公司是银行控股公司的子公司,但包括家庭国际公司(Household International)、效益金融公司(Beneficial Finance Corporation)、钱库(The Money Store)和冠军抵押公司(Champion Mortgage)在内的大多数次级抵押贷款公司都是独立的消费信贷公司。 他们不能吸收存款,通常只能通过商业银行或投资银行提供的短期信贷或"仓库信贷"(warehouse lines)融资。 大多数情况下,消费信贷公司不会持有抵押品,往往将它们出售给向他们提供"仓库信贷"的银行。 银行则把抵押贷款证券化后出售给投资者或自己持有。 有时候消费信贷会与"仓库信贷"的放贷银行合作把抵押贷款打包卖掉。 而发起次级贷款的储蓄与贷款机构一般靠自己的抵押业务融资,将抵押贷款计入资产负债表。

抵押贷款证券化:"谁搞得懂这么复杂的产品呢?"

美国信用市场未偿债务在20世纪80年代期间增加了3倍,到1990年高达13.8万亿美元,其中11%是抵押贷款证券和政府支持企业证券。 后来,抵押贷款证券赶超国债,占整个债务市场的18%,成为其最大的组成部分,在金融危机期间仍然维持着这个领先地位[1]。

20世纪90年代,抵押贷款公司、银行和华尔街证券公司都开始做抵押贷款证券化业务(见图5—1)。 这些贷款大部分都是次级贷款。 所罗门兄弟公司和美林证券以及其他的华尔街公司开始打包并出售"非机构"抵押贷款——即不符合房利美和房地美标准的贷款。 出售这些抵押贷款需要投资者调整预期。 彭特阿尔法公司(PentAlpha)的首席执行官吉姆·卡拉汉(Jim Callahan)曾任所罗门兄弟公司的交易员,他告诉金融危机调查委员会,经由房地美和房利美证券化后,问题不再是"能拿回你的钱吗?"而是"什么时候拿回钱?"[2]由于这些证券是新的"非机构"证券,投资者担心拿不到投资回报,而这为标准普尔和穆迪

---

[1] Board of Governors of the Federal Reserve System, Federal Reserve Statistical *Release Z 1*: *Flow of Funds Accounts of the United States*, release date, December 9, 2010, Table L.1: Credit Market Debt Outstanding, and Table L.126: Issuers of Asset-Backed Securities (ABS).

[2] Jim Callahan, interview by FCIC, October 18, 2010.

投资服务公司创造了机会。市场先行者刘易斯·拉捏利（Lewis Ranieri）对调查委员会说，他在介绍"非政府机构"证券的概念时，决策者们问道"这么复杂的产品，有人弄得明白吗？会有人买吗？"刘易斯·拉捏利答道："有个办法，让评级机构给'非机构'证券评级。"①评级机构由此参与了证券化的生产流程。

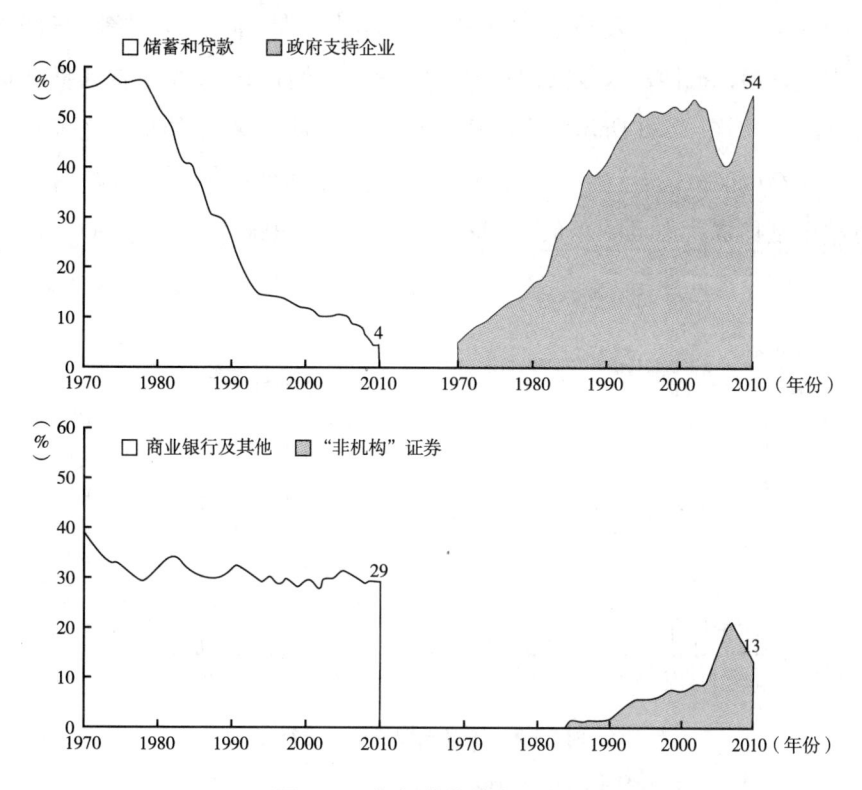

图 5-1 抵押贷款的资金来源
抵押贷款的资金来源在过去几十年里发生了很大变化。

资料来源：Federal Reserve Flow Funds Report。

"非机构"证券化没几年，联邦政府出乎意料地刺激了它的发展。储贷危机迫使山姆大叔（美国政府）从破产的储蓄机构和银行那里接管了价值4.02万亿美元的抵押贷款和房地产。为了处理掉它们，也为了甩掉破产的储蓄银行，国会在1989年组建了重组信托公司（the Resolution Trust corporation，RTC）。重组信托公司卖给房地美和房利美的61亿美元抵押贷款的大部分都不符合政府支持企业证券的标准，有一些在今天可称为次级抵押贷款，另一些贷款收入证明

---

① Lewis Ranieri, former vice chairman of Salomon Brothers, interview by FCIC, July 30, 2010.

文件有误或者手续不全,与后来流行起来的低凭核或"低凭"贷款差不多。①

重组信托公司的官员们不久就断定,他们既没时间也没办法把重组中的资产一笔笔卖掉。于是他们把目光投向了私有部门,与房地产商和专业金融公司签订合同,把一部分资产证券化。重组信托公司完成使命的时候,同时完成了2500亿美元住房抵押贷款的证券化。②重组信托公司事实上推动了不符合政府支持企业担保的抵押贷款证券化的发展。③ 20世纪90年代初期,随着投资者对抵押贷款证券化越来越熟悉,抵押贷款专家们和华尔街银行开始行动。次级贷和抵押贷款证券齐头并进。如图5-2所示,次级贷款机构资金从1996年的700亿美元增加到2000年的1000亿。证券化业务的比重在90年代末达到顶点,为56%。次级抵押贷款占整个抵押贷款市场的份额徘徊在10%左右。2006年发行了6000亿美元的次级货,大部分被证券化了。当年,次级放货占所有抵押货款的23.5%。

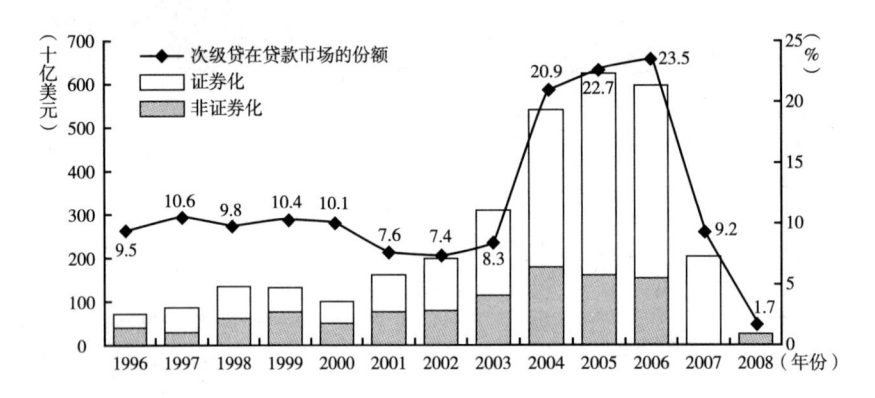

图5-2 次级抵押贷款的发行

资料来源:Inside Mortgage Finance。

重组信托公司和华尔街的证券化与房利美和房地美的操作情况类似。第一步是把一批抵押贷款本金和利息注入一个资产池。但在"私营"证券中(即不是由房地美和房利美操作的证券化产品),资产池中的本息以某种方式被分为不同层级,以保护某些投资者免受损失。不同层级中的投资者按不同的顺序拿到数额不同的本金和利息。

---

① Federal Deposit Insurance Corporation, "Managing the Crisis: The FDIC and RTC Experience" (August 1998), pp. 29, 6-7, 407-8, 38.
② Federal Deposit Insurance Corporation, "Managing the Crisis: The FDIC and RTC Experience" (August 1998), p. 417.
③ Federal Deposit Insurance Corporation, "Managing the Crisis: The FDIC and RTC Experience" (August 1998), pp. 9, 32, 36, 48.

80 年代末和 90 年代初，大部分"私营"证券交易都采用了简单的分层方式。每笔交易中通常有两个层级。风险较低的层级优先得到本金和利息，而且这部分通常都由保险公司提供担保，然后是风险更高的层级得到本金和利息，这一层级没有保险公司为其担保，通常为发起抵押贷款的公司所持有。

在短短的 10 年里，证券化变得越来越复杂：有更多的分层，每个层级有不同的收入和不同的风险以满足不同投资者的需求。整个"私营"抵押贷款证券化市场——包括制造、发售和购买者——后来日益依赖于分层过程，金融监管部门和缺乏理性的市场参与者想当然地认为，分层的做法把风险转移给那些最有能力承担也愿意承担风险的投资者了。

为了说清证券化的过程，我们举一个典型的交易为例，即新世纪金融公司（New Century Financial）涉及 94.7 亿抵押贷款证券的交易（CMLTI 2006 – NC2）。[①] 2006 年，一家加拿大的贷款机构新世纪金融公司发起并出售了 4499 笔次级抵押贷款给花旗集团，花旗集团又把它们卖给了旗下的一个独立法人实体，由这个独立实体拥有并发行各级抵押贷款证券。这个实体通过出售抵押贷款支持证券获得现金来购买这些贷款。该实体有独立的法律结构，因此资产不计入花旗集团的资产负债表内，这么做也是为了规避税收和监管。

这 4499 笔抵押贷款拥有获得借款人每月支付款的权利。花旗集团的独立实体把贷款分割成 19 个层级的抵押支持证券，每个层级给予不同投资者不同的优先权，以获得借款人支付款，各层级的利率和偿还时间也不同。信用评级机构对大部分层级进行评定以便投资者进行选择。随着证券化的日益复杂，投资者也日益依赖于这些评级。根据风险高低，评级机构对这些层级标以不同的字母。本报告中的评级参考的是标普的分级体系，如"AAA"（最高级别，最安全的投资）、"AA"（投资安全度低于 AAA）、"A"、"BBB"和"BB"，还可用"+"和"–"进一步区分各个等级。"BBB –"以下的被认为是"垃圾级"。穆迪的分级体系与之类似，"Aaa"是最高级别，然后是"Aa""A""Baa"和"Ba"等。例如，标普的 BBB 等同于穆迪的 Baa。在花旗集团这个独立实体的

---

① 本节中所提到的 CMLTI 2006 – N C2 交易数据，是由 FCIC 工作人员根据 The figures throughout this discussion of CMLTI 2006 – NC2 are FCIC staff calculations, based onanalysis of loan-level data from Blackbox Inc. and Standard & Poor's; Moody's PDS database; Moody's CDO EMS database; and Citigroup, Fannie Mae Term Sheet 分析而得来。CMLTI 2006 – NC2, September 7, 2006, pp. 1, 3. 又见 Brad S. Karp, counsel for Citigroup, letter to FCIC, November 4, 2010, p. 1, pp. 2 –3. 在此提到的所有层级的评级都是由标普给出的。

证券交易中，四个优先级层是最安全的，被评级机构评为3A级。

在优先级的下面是11个"中间"级（"Mezzanine" Tranches）——之所以这样命名是因为它们位于最危险的层级和最安全的层级之间。由于偿付更慢，它们的风险比优先级高，且如果利率提高，固定利息支付的贬值风险更大，因此，它们的利息更高。在花旗集团独立实体的证券交易中，3个"中间"级被评为AA，3个被评为A，3个被评为BBB（最低的投资级别），还有2个层级是BB级或垃圾级。

最后获得偿付的是最低级的层级，叫做"权益级""残值级"或"第一损失级"证券，当偿付完其他所有投资者后剩下的现金流才可用于偿付这一级层的投资者。资产池中任何一个抵押贷款发生违约，这个层级都会最先遭受损失。当然高风险也意味着高收益（见图5-3）。在花旗集团的证券交易中，根本未对

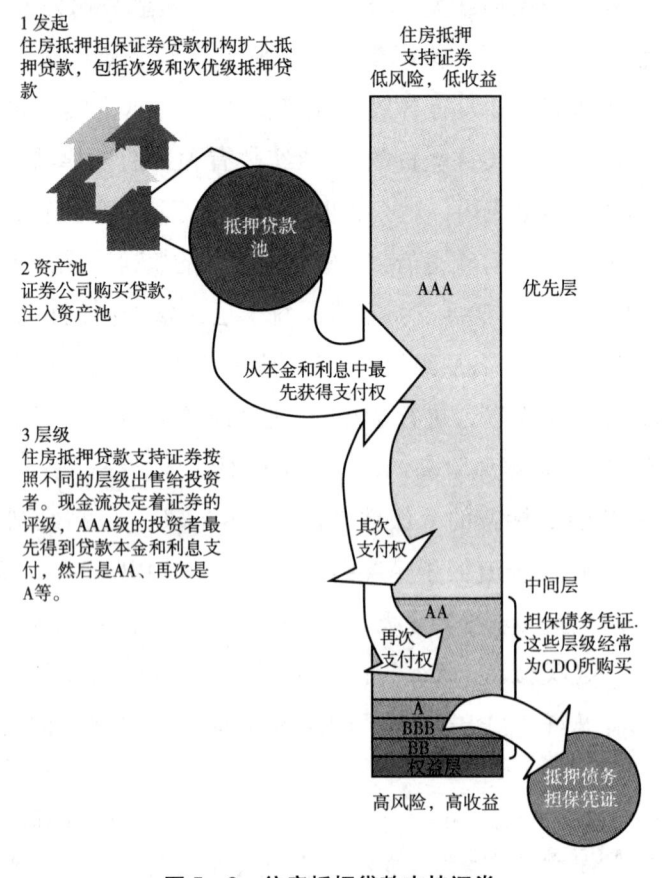

图5-3　住房抵押贷款支持证券

注：金融机构把次级抵押贷款、次优级抵押贷款（介于优质抵押贷款和次级抵押贷款之间）和其他的抵押贷款打包成证券。只要房地产市场持续繁荣，这些证券就会表现很好。可是，一旦经济出现问题，发生抵押贷款违约，评级较低的分层就会失去价值。

这个分层评级，这是很常见的做法。花旗集团和一只对冲基金各持50%的"权益级"证券。①

投资较低层级的投资者要承担损失风险，所以获得的利率更高，投资3A级证券的投资者心安理得地相信，自己能不断获得抵押贷款利息。这种安全感很重要，正基于此证券发行公司才能获得高评级。花旗集团的交易很典型，总额为73.3亿，有78%的证券被评为3A级。

更多的借款机会："这种生意还是能让我们赚点钱的"

随着"私营"证券化开始成熟，新的计算机和建模技术正在慢慢重塑抵押贷款市场。20世纪90年代中期，用于抵押贷款表现的贷款水平信息标准化数据越来越健全。放贷人借助信用评分来承销抵押贷款，例如由费埃哲公司（Fair Isaac）开发的FICO信用评分。1994年，房地美推出Loan Prospector系统，这是贷款机构在承销抵押贷款时所使用的一种自动审批系统。两个月后，房利美发布了自己的自动审批系统Desktop Underwriter。过去那种费力、缓慢、手工发放个人贷款的日子结束了，抵押贷款的成本越来越低，渠道也越来越宽。

新的审批过程基于定量评估：根据借款人、房屋状况和抵押贷款特点，估测借款人按时还贷的概率是多少，借款人卖掉房子或是以更低的利息再融资而提前还清贷款的概率是多少等。

20世纪90年代，技术同样影响了《社区再投资法案》（the community reinvestment Act，CRA）的实施。当时有人担心，银行和储蓄机构在不考虑某些社区中个人及企业信誉的状况下就拒绝对其发放贷款（贷款歧视）。于是，为了确保银行和储蓄机构更好地服务社区，1997年国会便颁布了《社区再投资法案》。②

《社区再投资法案》要求银行和储蓄机构在不影响自身安全和稳健的前提下，向吸收存款的地区投资、放贷或提供其他服务。这导致的直接后果是，当银行或储蓄机构向监管机构申请批准并购、设立分支机构或是开展新业务时，监管机构都会考核申请方实施该法案的绩效。③

---

① 从技术上讲，本次交易中，"权益级"证券下还有两个未评级的层级，也由花旗集团和对冲基金持有。
② Fed Chairman Ben S. Bernanke, "The Community Reinvestment Act: Its Evolution and New Challenges," speech at the Community Affairs Research Conference, Washington, D. C., March 30, 2007.
③ Fed Chairman Ben S. Bernanke, "The Community Reinvestment Act: Its Evolution and New Challenges," speech at the Community Affairs Research Conference, Washington, D. C., March 30, 2007.

《社区再投资法案》鼓励银行向有违约记录的借款人提供贷款。虽然他们的收入常低于平均水平，1997年的一份研究却表明，根据《社区再投资法案》考核结果发放的贷款与银行的其他投资组合的表现一致，这意味着《社区再投资法案》的放贷风险并不比其他贷款风险高。[1] 美联储主席艾伦·格林斯潘在1998年谈到《社区再投资法案》放贷时曾说："鲜有（或根本没有）证据表明这种放贷危害了银行的安全和稳健，银行家们的报告也经常显示这种商业机会非常好。"[2]

1993年，为了回应企业抱怨监管审查过程过于烦琐和主观，比尔·克林顿总统要求监管部门改善对银行的考核方法。1995年，美联储、美国储蓄监督局、货币监理署和美国联邦存款保险公司发布新规，将监管重点从银行是否遵守《社区再投资法案》转向其实际结果。监管者和社区倡导人士现在可借助客观的实实在在的数字来衡量银行是否合规了。

货币监理署署长约翰·杜甘告诉调查委员会工作人员，《社区再投资法案》影响深远，因为它鼓励银行向原本得不到贷款的人提供贷款。他说："大量投资一般流向市中心等地，修建华而不实的房屋……银行家们说，向他们发放贷款虽然赚钱不多，但是如果考虑到我们因此而获得的好名声，这事还是值得一做的。"[3]

劳伦斯·林赛曾是美联储消费者和社区事务部负责人，同时监督《社区再投资法案》的执行情况。他告诉调查委员会，改善后的《社区再投资法案》鼓励银行运用投资技术手段，比如根据市场行情设计信用评分模型等，从而把向低收入借款人放贷变成获利业务。不受《社区再投资法案》约束的影子银行也可以使用该信用评分模型获得更多重要的历史数据，为承销贷款的决策做参考。他还说道："这样就形成了一个循环，影子银行可以不断地利用最新数据证明这种贷款的违约率极低"。[4] 事实上，在90年代经济繁荣期，违约率的确不高，监管者、银行家和影子银行的贷款机构都注意到了这一点。

---

[1] 见 Glenn Canner and Wayne Passmore, "The Community Reinvestment Act and the Profitability of Mortgage-Oriented Banks," Working Paper, Federal Reserve Board, March 3, 1997. 根据《社区再投资法案》，低中等收入借款人的收入是平均收入水平的80%。

[2] Fed Chairman Alan Greenspan, "Economic Development in Low - and Moderate-Income Communities," speech at Community Forum on Community Reinvestment and Access to Credit: California's Challenge, in Los Angeles, January 12, 1998.

[3] John Dugan, interview by FCIC, March 12, 2010.

[4] Lawrence B. Lindsey, interview by FCIC, September 20, 2010.

次级抵押贷款风暴:"市场形势不利"

90年代末是非银行抵押贷款机构的转折时期。俄罗斯债务危机和长期资本管理公司倒闭,引发了市场动荡。期间,市场经历了一次"逃向安全投资"大潮——即投资者对包括次级抵押贷款证券在内的高风险资产的需求急剧下降。次级抵押贷款证券化率从1998年的55.1%下降到1999年的37.4%。同时,次级贷款机构发现他们在信贷市场上的借款利率飙升,陷入拮据困境;融资成本陡增的同时收入枯竭。[1] 还有一些机构发现,他们持有的次级抵押贷款证券大大地贬值了。

依赖流动性和短期融资的抵押贷款机构立刻遭遇到了问题。例如,总部位于俄勒冈州的次级贷款机构南太平洋基金公司(Southern Pacific Funding,SFC)一直从事贷款证券化业务。南太平洋基金公司1998年8月份的报告显示,第二季度业绩相对乐观。但到了9月份,公司却告知投资者证券市场"近期出现不利市场条件",并表示"在今后一段时间内,证券化或难持续"。[2] 一星期后,公司申请破产保护。1998~1999年,其他几家依赖资本市场短期融资的非银行次级抵押贷款机构也申请了破产保护。俄罗斯债务危机之后的两年里,次级抵押贷款机构前十强中就有八家宣布破产、停止营业或被收购。[3]

收购这些机构的公司也经常遭受巨大损失。总部位于北卡罗来纳州的第一联合银行是当地一家大银行,收购钱库公司后即损失了17亿美元。最终第一联合银行关闭,或卖掉了钱库公司的大部分业务。

康赛可(Conseco Inc.)曾是美国一家颇具实力的保险公司,收购了另一家次级贷款机构绿树金融公司(Green Tree Financial)。由于证券市场动荡和抵押贷款违约意外出现,康赛可被迫最终于2002年12月破产。这是继世通公司和安然公司之后美国历史上的第三大破产案。

---

[1] Souphala Chomsisengphet and Anthony Pennington-Cross, "The Evolution of the Subprime Mortgage Market," *Federal Reserve Bank of St. Louis Review* 88, No. 1 (January/February 2006):40.

[2] Southern Pacific Funding Corp, Form 8-K, September 14, 1998.

[3] 10强名单与1996年的相同,美联储工作人员计算的数据来源:Inside Mortgage Finance, *The 2009 Mortgage Market Statistical Annual*, Vol. 1, *The Primary Market* (Bethesda, Md.: Inside Mortgage Finance Publications, 2009), p. 214, "Top 25 B&C Lenders in 1996"; Thomas E. Foley, "Alternative Financial Ratios for the Effects of Securitization: Tools for Analysis," Moody's Investor Services, September 19, 1997, p. 5; and Moody's Investor Service, "Subprime Home Equity Industry Outlook—The Party's Over," Moody's Global Credit Research, October 1998.

财务报告作假也摧毁了次级抵押贷款机构。吉斯通（Keystone）是西弗吉尼亚州一家发放并证券化次级抵押贷款的小银行，1999年倒闭。在证券化过程中，这家银行采取了90年代次级贷款机构的一种通常做法，即自己持有最高风险的"第一损失"层级债券，数量远远超过其资本，但它大大高估了这些垃圾级债券的价值。货币监理署发现该银行高管高估了剩余级证券和其他资产价值——即"管理上的弄虚作假"后，于1999年9月勒令关闭该银行。① 超级银行（Superior Bank）是最活跃的次级抵押贷款机构之一，它的最大败笔和吉斯通第一国家银行一样，夸大了资产负债表中"第一损失"级证券的价值，最终也以破产告终。

20世纪90年代幸存或被收购的许多贷款机构后来都以其他形式再度出现。长滩是美利凯斯特抵押公司和长滩抵押贷款公司（后被华盛顿互助银行收购）的前身。二者是21世纪头十年中比较活跃的两家贷款机构。联合第一资本（Associate First）被花旗集团收购，家庭国际公司收购了效益金融公司，最后自己也被汇丰银行于2003年收购。

由于次级贷款市场的动荡，2000年发起的次级贷款总计1000亿美元，低于两年前的1350亿美元。② 然而，随后几年里，次级抵押贷款和证券化又重振雄风。

监管机构："哦，是这样"

20世纪90年代，许多联邦监管机构逐渐注意到次级贷款机构的违规行为，但是当时却没有保护借款人的全美监管手段。州监管机构以及美联储或联邦存款保险公司负责监管州注册银行的抵押贷款行为；货币监理署监管联邦注册银行，美国储蓄监督局或州监管机构负责监管储蓄机构。一些州监管机构也为队伍日益壮大的抵押贷款经纪人发放执照，却不监管它们。③

尽管监管机构权力分散，但毋庸置疑的是，按照1968年颁布的《诚信贷款法案》（Truth in Lending Act）的规定，的确有个机构拥有国会授权，有权制定统一的贷款机构相关法律，这个机构就是美联储。1969年，美联储为了实施该

---

① "FDIC Announces Receivership of First National Bank of Keystone, Keystone, West Virginia," Federal Deposit Insurance Corporation and Office of the Comptroller of the Currency joint press release, September 1, 1999.
② FCIC 工作人员计算所使用的数据来源于 Inside MBS & ABS。
③ 见 Marc Savitt, interview by FCIC, November 17, 2010。

法案，通过了 Z 条款，该条款适用于所有贷款机构，但它的执行却由不同的金融监管机构分管。

监管次级抵押贷款机构之类的非银行子公司是一个棘手问题。美联储监管银行控股公司及非银行子公司是经法律授权的。联邦贸易委员会也得到了国会授权，执行《诚信贷款法案》中关于非银行贷款机构的消费者保护。尽管联邦贸易委员会对抵押机构采取过一些监管措施，但是住房与城市发展部前部长亨利·希斯内罗斯（Henry Cisneros）担心联邦贸易委员会没有充足的资金和人手支持监管工作。希斯内罗斯告诉委员会"我们本可以让联邦贸易委员会监管抵押贷款合同，但它资源有限，没有足够的人员检查抵押贷款存在的问题"。①

格伦·洛尼（Glenn Loney）曾在 1998～2010 年任美联储消费者和社区事务委员会副主任。他告诉调查委员会，自 1975 年他进入美联储以来，美联储官员们一直争论是否应该与联邦贸易委员会一起监管非银行贷款机构。他们担心，美联储如果染指法律赋予联邦贸易委员会的监管权，可能会涉及国会特权的问题。洛尼说，"有好几个美联储委员过来对我们说'你们的意思是我们不管吗？'我们试着向他们解释，然后他们说'噢，是这样'"。②美联储没有对非银行贷款机构或 1994 年后它开始监管的机构真正实施过监管权，这种状况一直持续到房产泡沫破裂。

1994 年的《住宅所有权与权益保护法案》赋予了美联储更多权利。这项法案由国会通过并经克林顿总统签字，规范对低收入借款人影响尤为严重的违规和掠夺性抵押贷款行为。《住宅所有权与权益保护法案》特别提到某些群体正在遭到抵押贷款机构、住房开发商和金融公司的"迫害……他们兜售大量掠夺性住房贷款给缺乏现金的购房者"。③例如，一份参议院报告特别提到了一位 72 岁房主的案例，房主在一次听证会上作证说，她为房屋 15 万美元的二次抵押预付了 23000 美元的手续费，而且月供也超过了她的收入。④

《住宅所有权与权益保护法案》禁止某些高成本再融资抵押贷款的滥用行

---

① Henry Cisneros, interview by FCIC, October 13, 2010.
② Glenn Loney, interview by FCIC, April 1, 2010.
③ Senate Committee on Banking, Housing, and Urban Affairs, *The Community Development, CreditEnhancement, and Regulatory Improvement Act of 1993*, 103rd Cong., 1st sess., October 28, 1993, S. Rep. 103-169, p. 18.
④ Senate Committee on Banking, Housing, and Urban Affairs, *The Community Development, Credit Enhancement, and Regulatory Improvement Act of 1993*, 103rd Cong., 1st sess., October 28, 1993, S. Rep. 103-169, p. 19

为，例如：提前还贷罚款、负摊销贷款和气球式还款。该法案还禁止贷款人不考虑借款人偿还能力而仅依据抵押品价值发放高成本的再融资贷款，偿还能力包括借款人当前收入、未来收入、当前债务以及就业情况。① 然而，由于《住宅所有权与权益保护法案》设定的利率和费用水平太高，大部分抵押贷款都达不到标准，所以最初只有少数的抵押贷款会受该法约束。② 尽管如此，《住宅所有权与权益保护法案》还是指明要美联储采取更广泛的行动以"禁止'委员会'认为在抵押贷款中不公平的、欺骗性的、企图规避本法的行为"。③

1997年6月，即《住宅所有权与权益保护法案》生效后的第二年，美联储首次根据该法案要求分别在洛杉矶、亚特兰大和华盛顿特区举行了一系列公共听证会，消费者权益拥护人士报告了住房抵押贷款机构的不当行为。据此住房与城市发展部和美联储联合完成了一份听证会汇总报告，于1998年发布。这份报告说，抵押贷款机构承认存在一些不当行为，并把其中一些归咎于抵押贷款经纪人，同时指出不断发展的次级抵押贷款证券化也许能抑制这些不当行的泛滥。报告指出："将住房抵押贷款打包证券化的债权人，必须做出一系列的陈述声明与保证，包括债权人将严格遵守关于借款人偿还能力的审核规则的陈述等"。④ 但事实证明接下来的几年，这些陈述和保证并不到位。

尽管如此，美联储仍没有通过施压获得特权。1998年1月，它规范了存在已久的一项政策："对银行控股公司旗下非银行子公司的消费者保护活动开展不定期的合规检查"。⑤ 总审计局在1999年10月的一份报告中批评这个决定制造了"监管失察"。⑥ 1998年7月份的报告也就改革抵押贷款提出建议书。⑦ 在

---

① 15 U.S.C. §1639 (h) 2006.
② 只有当贷款的利率和费用高于《住宅所有权与权益保护法案》所规定的最高值时，贷款才会受该法约束，例如，年利率比国债证券收益率高10个百分点的贷款，或借款人支付的总费用超过400美元或是贷款额的8%的贷款。参见 See Senate Committee on Banking, Housing, and Urban Affairs, S. Rep. 103-169, p. 54。
③ 参见 See Senate Committee on Banking, Housing, and Urban Affairs, S. Rep. 103-169, p. 54。
④ Board of Governors of the Federal Reserve System and Department of Housing and Urban Development, "Joint Report Concerning Reform to the Truth in Lending Act and the Real Estate Settlement Procedures Act" (July 1998), p. 56.
⑤ Griffith L. Garwood, director, Division of Consumer and Community Affairs, Board of Governors of the Federal Reserve System, "To the Officers and Managers in Charge of Consumer Affairs Examination and Consumer Complaint Programs," Consumer Affairs Letter CA 98-1, January 20, 1998.
⑥ GAO, "Large Bank Mergers: Fair Lending Review Could Be Enhanced with Better Coordination," GAO/GGD-00-16 (Report to the Honorable Maxine Waters and the Honorable Bernard Sanders, House of Representatives), November 1999, p. 20.
⑦ Fed and HUD, "Joint Report," pp. I-XXVII.

起草该报告建议书时，美联储的工作人员致信美联储消费者与社区事务委员会，"鉴于委员会一贯不愿大规模限制市场行为，本报告草案虽然讨论了各种监管措施，但没有提出任何具体措施解决这些问题。"[1]

最后，尽管美联储和住房与城市发展部没有就整顿掠夺性抵押贷款建议书完全达成协议，但两个机构都支持出台法律禁止气球式还款和预付全额保险费；支持加强现行法律的执法；支持加强运用非法律手段，如社区宣传、消费者教育和咨询服务。但是国会并没有就这些建议采取行动。

《格雷姆-里奇-比利雷法案》中的"美联储式"（Fed-Lite）条款肯定了美联储对抵押贷款采取不干涉的做法。即便如此，90年代次级贷款行业的动荡还是引起了监管机构对这种放贷引发的部分风险的关注。由此，美联储、联邦存款保险公司、美国货币监理署和美国储蓄监督局在1999年3月联合发布了次级抵押贷款指南，该指南只适用于那些受监管的银行和储蓄机构，但没有约束力，仅仅制定了监管机构的银行检查标准。指南解释说："最近股市和资产支持证券市场出现的动荡导致一些专门从事次级贷款的非银行机构退出市场，从而为金融机构进入和扩大次级抵押贷款业务创造了更多的机会。"[2]

然后，美联储、联邦存款保险公司、货币监理署和储蓄监督局找出了次级抵押贷款方案的特点，并且明确必须增加对资本、风险管理、金融机构董事会和高管的监督。他们还对各种会计问题表示担忧，尤其担忧证券公司持有的残值层的定价。指南提出警告："发起和购买次级抵押贷款的机构必须特别小心，不可违反公平贷款和消费者保护的法律法规。高额管理费和高利率加上薪酬激励可能导致掠夺性定价……完备的合规管理方案应当能够确定、监测和控制次级贷违反消费者保护的风险"。[3]

---

[1] Griffith L. Garwood, director, Division of Consumer and Community Affairs, Board of Governors of the Federal Reserve System, memorandum to the Committee on Consumer and Community Affairs, "Memorandum concerning the Board's Report to the Congress on the Truth in Lending and Real Estate Settlement Procedures Acts," April 8, 1998, p. 42.

[2] Board of Governors of the Federal Reserve System, Federal Deposit Insurance Corporation, Office of the Comptroller of the Currency, and Office of Thrift Supervision, "Interagency Guidance on Subprime Lending" (March 1, 1999), p. 1.

[3] Board of Governors of the Federal Reserve System, Federal Deposit Insurance Corporation, Office of the Comptroller of the Currency, and Office of Thrift Supervision, "Interagency Guidance on Subprime Lending" (March 1, 1999), pp. 1–7; quotation, p. 5.

2000年春，为了应对越来越多针对放贷行为的投诉，同时也在国会议员的敦促下，住房与城市发展部部长安德鲁·科莫和财政部部长劳伦斯·萨默斯联合组建了全国掠夺性放款工作组（National Predatory Lending Task Force，NPLTF），工作组成员有消费者权益协会会员，代表抵押贷款人、经纪人和估价师的工业贸易协会，还有地方和联邦官员以及学术界人士。正如美联储3年前所做的那样，这个新机构在亚特兰大、洛杉矶、纽约、巴尔的摩和芝加哥分别举办了听证会。工作组发现了违规放贷行为的"模式"，并报告了"在次级贷市场上过于频繁的违规行为的有力证据"。问题放贷包括：以贷还贷（短期内频繁地将借款人的贷款进行再融资），令借款人丧失房屋所有权的高额费用和提前还贷罚款以及运用欺骗和高压销售策略明目张胆的欺骗和违规行为。报告中引用的证据包括：伪造签字、篡改收入和估价、非法收费、诱骗法等方面的证词。调查结果证实，次级贷款机构的掠夺对象常常是老年人、少数族群和低收入及受教育程度较低的借款人，常常瞄准那些"难以接触主流金融机构"的借款人，主流机构指的是受监管机构广泛监管的银行、储蓄机构和信用合作社。[1]

消费者保护团体向政府官员传递了同样的信息。在接受调查委员会的面谈和证词中，国家消费者法律中心、内华达州房地产交易中心和加州再投资联盟的代表们都说，他们曾多次向国会和四个银行监管机构表达对不公平及掠夺性放贷行为的担忧。[2] 国家消费者法律中心的戴安·汤普森（Diane Thompson）告诉调查委员会说："这一问题似乎在1996年或1998年就存在……低收入消费者的市场上充斥着不合适的产品"。[3]

住房与城市发展部和财政部工作组的报告提议进行一系列改革，旨在保护借

---

[1] U. S. Department of the Treasury and U. S. Department of Housing and Urban Development, "Curbing Predatory Home Lending"（June 1, 2000）, pp. 13 -14, 1 -2, 81（quotations, 2, 1 -2）.

[2] Gail Burks, president and chief executive officer, Nevada Fair Housing Center, Inc., testimony before the FCIC, Hearing on the Impact of the Financial Crisis—State of Nevada, session 3: The Impact of the Financial Crisis on Nevada Real Estate, September 8, 2010, transcript, p. 242 -43. See also Kevin Stein, associate director, California Reinvestment Coalition, written testimony for the FCIC, Hearing on the Impact of the Financial Crisis—Sacramento, session 2: Mortgage Origination, Mortgage Fraud and Predatory Lending in the Sacramento Region, September 23, 2010, pp. 8 -9. See also his testimony at the same hearing, transcript, pp. 73 -74. See Diane E. Thompson, of counsel, National Consumer Law Center, Inc., and Margot F. Saunders, of counsel, National Consumer Law Center, Inc., interview by FCIC, September 10, 2010.

[3] Diane E. Thompson and Margot F. Saunders, both of counsel, National Consumer Law Center, interview by FCIC, September 10, 2010.

款人免受抵押贷款市场上恶劣放贷行为的影响。改革措施包括完善信息披露、提高金融素质、加强执法及颁布新法律法规。然而，报告还提到限制贷款行为存在负面影响，可能使得许多信用级别较低的借款人失去购买住房的机会。这的确令人进退两难。商品期货交易委员会现任主席加里·詹斯勒（Gary Gensler）曾作为财政部高级官员参与撰写报告，他告诉调查委员会，报告提议"只在国会山停留了很短一段时间……他们似乎对这些提议没什么热情"。①

但问题依然存在，还有人要继续面对难题。联邦存款保险公司主席谢拉·贝尔曾是2001~2002年财政部助理部长，她说："21世纪头几年，'糟糕的抵押贷款、支付冲击贷款'继续在传统银行部门以外迅速增加。"她在向调查委员会作证时指出，这些不良贷款掠夺了传统银行的市场份额，"给银行和储蓄机构造成消极的竞争压力，令他们不得不纷纷开始效仿违规放贷"。

"次级贷款最早是由非银行机构发起的，也是其主要业务，但它显然给银行带来了竞争压力……我认为当初如果有更有力的消费者保护法规，这个问题在2000年和2001年间就会在萌芽中被消灭，只需要放贷机构必须证明消费者的收入能偿还贷款，必须确保利率上升时消费者有足够的收入还款，仅仅是这样的简单规则……就可以阻止这一切问题。"②

谢拉·贝尔到财政部工作后，多次拜访过国会参议院。参议院的银行、住房和城市事务委员会主席保罗·萨班斯（Paul Sarbanes）告诉她巴尔的摩出现了贷款问题，止赎情况增多。他让贝尔看看《住房与城市发展部和财政部联合报告》中的掠夺性贷款，于是她对这个问题产生了兴趣。她向调查委员会表示，自己曾尝试通过立法来解决这个问题，但遭到抵押贷款行业和国会的阻挠。于是她决定试着让抵押贷款行业接受一套"最佳实践"，其中包括自愿禁止发放剥夺借款人房产权的贷款，向借款人提供机会避免交纳提前还贷罚款而以提高利率取而代之。美联储理事会委员爱德华·格拉姆利克（Edward Gramlich）也同样关注掠夺性抵押贷款，于是贝尔求助于他，想通过他的帮助让企业遵守这些规则。贝尔说，格拉姆利克没有具体透露，但清楚地向她表示，美联储不会插手此事。③ 同样，美联储消费者和社区事务部主管桑德拉·布劳恩斯坦（Sandra

---

① Gary Gensler, interview by FCIC, May 14, 2010.
② Sheila Bair, testimony before the FCIC, First Public Hearing of the FCIC, day 2, panel 1: Current Investigations into the Financial Crisis—Federal Officials, January 14, 2010, transcript, p. 97.
③ Sheila Bair, interview by FCIC, March 29, 2010.

Braunstein）也说，格拉姆利克曾告诉美联储工作人员，艾伦·格林斯潘对加强监管没兴趣。①

贝尔回忆说，她和格拉姆利克向一些贷款机构介绍"最佳实践"方案时，有些发行机构表现出参与意愿，但从事抵押贷款证券化的华尔街公司却坚决拒绝，说他们担心不遵守"最佳实践"可能会承担责任。她的努力无果而终。②

当然，即使这些提议流产，市场却不会因此停滞不前。次级抵押贷款迅速增加，成为主流产品。次级贷款的发起在不断增加，产品在不断变化。到1999年，四分之三的抵押贷款是第一次抵押，其中82%被用于再融资而不是自置居所；59%的再融资是提取现金。③ 这助长了消费支出，同时降低了房主的资产净值。

---

① Sandra F. Braunstein, interview by FCIC, April 1, 2010, pp. 31-34.
② Bair, interview.
③ Treasury and HUD, "Curbing Predatory Home Lending," p. 31.

第三部分

盛　衰

信用扩张

抵押贷款机器

担保债务凭证机器

悉数登场

疯狂

泡沫破裂

第六章

信用扩张

到2000年底，经济已连续增长39个季度。美联储主席艾伦·格林斯潘认为，金融体系已经得到了空前的恢复。大型金融公司——至少当时在许多观察家看来——赚钱赢利，业务多元发展；连公司高管和监管机构也认为，金融公司得到了复杂的新技术的妥善保护，不会受到风险灾难的冲击。

房地产市场也很繁荣。1995~2000年，房价每年增长5.2%，在接下来的五年中，年增长率达到11.5%。[①] 造成这种现象的部分原因是住房抵押贷款利率较低，还有部分原因是和过去相比，不容易贷到款的家庭现在更有可能获得信贷。其他类型的借贷也是如此，例如信用卡和汽车贷款，不仅利率更低，信贷也更容易。

信贷渠道拓宽对于那些谨慎理财的人来说意味着一种更稳定、更安全的生活，也意味着当家庭收入临时下降时可以获得贷款以应付意外开支或购买大型家电和汽车，还意味着另外一些家庭可以进行超出他们收入范围的借贷和消费。最重要的是，这意味着人们不但能拥有自己的住房，还能享受它带来的好处；而对于另外一些人，则是一个投机房地产市场的机会。

随着住房价格上涨，房主资产也水涨船高，他们的安全感随之上升，所以逐渐失去了储蓄意愿。还有很多人更进一步，将固定资产抵押从而借贷。其结果就是家庭债务大幅增加：2001年到2007年间，全美抵押贷款债务几乎翻了一番。家庭债务占个人可支配收入的百分比从1993年的80%上升到了2006年中的近130%。这个增幅中的四分之三以上是抵押贷款债务，有的是用于购置新房产的贷款，有的是用旧房产贷的款。

[①] 这些数字是年复合增长率，FCIC工作人员计算基础是：Core Logic National Home Price Index, Single-Family Combined（SCF）；CoreLogic Loan Performance HPI August 2010。

1998年和1999年许多大型抵押贷款机构或倒闭或被收购后，次级贷款再次发展，抵押贷款也更容易获得。 随后，一些大型银行也向抵押贷款市场进军。2000年，资产达8000亿美元的花旗集团以310亿美元收购了当时第二大次级贷款机构联合第一资本。 尽管如此，次级抵押贷款市场仍然只是个小小的利基市场，2000年仅占新抵押贷款的9.5%。①

次级抵押贷款的风险和问题借贷行为仍然令人担忧，而美联储并未有效行使《住宅所有权与权益保护法案》给予它的特权。 尽管美联储在2004年对花旗集团的违规借贷行为处以7000万美元的罚款，之后便仅仅对高成本抵押贷款规则稍作了修改。② 只有在几家提供次级贷款证券化业务的大银行出现亏损的时候，美联储和其他监管机构才修改了资本要求。

房地产："强大的维稳力量"

2001年初，虽然失业率只有4%，达到30年来的最低水平，美国经济却开始放缓。 为了刺激借贷消费，美联储联邦公开市场委员会（FOMC）开始大刀阔斧地下调短期利率。 2001年1月3日，在一次紧急电话会议上，美联储将联邦基准利率（即商业银行间隔夜拆借利率）下调了0.5%，而以前通常只下调0.25%。 月末，美联储又下调了半个基点，并在当年又进行了多次下调（总共11次），使联邦基准利率达到40年来的最低水平：1.75%。

2001年的衰退相对温和，从3月开始到11月结束，仅持续了8个月，GDP（最常用的经济状况衡量指标）仅下降了0.3%。 一些政策制定者的结论是：由于货币政策行之有效，经济衰退或将结束，这也是一些经济学家在科技股崩溃前就曾预测过的。 时任美联储委员的本·伯南克在2004年初的一次讲话中说："衰退已经不那么频繁也不那么严重了，""'大缓和'的主要原因到底是因为结构调整，还是货币政策的改善或仅仅是好运气？ 就此重要问题还没有达成共识。"③

---

① Inside Mortgage Finance, The 2009 Mortgage Market Statistical Annual, Vol. 1, The Primary Market (Bethesda, Md.:Inside Mortgage Finance, 2009), p. 4, "Mortgage Originations by Product."
② Federal Reserve Board press release, May 27, 2004.
③ Fed Governor Ben S. Bernanke, "The Great Moderation," remarks at the meetings of the Eastern Economic Association, Washington, D. C., February 20, 2004. See also Olivier Blanchard and John Simon, "The Long and Large Decline in U. S. Output Volatility," Brookings Papers on Economic Activity, No. 1 (2001):135 –64.

衰退结束后，抵押贷款利率达到40年的最低，房地产业又迅速繁荣起来。2002年非农业岗位锐减34万，但建筑行业的岗位却小幅增加。建筑业迅速崛起，地产泡沫很快在各州出现。2002年加利福尼亚州建筑业新增的就业岗位高达到21200个。在佛罗里达州，新增就业中的14%来自建筑行业。2003年，建筑商建造了180万栋独栋住宅，这样的规模自70年代末以来还是第一次。2002~2005年，住宅建筑行业对经济的贡献是1990年以来该行业平均贡献的3倍还多。

但是除房地产外，其他经济部门仍然呈疲软态势，就业增长非常缓慢。经济学家们开始谈论"失业型复苏"，即经济总量增长，就业却未相应增加。而那些有工作的人，工资也不再增加。2002~2005年，私有非农业部门的月工资（不受监管）在扣除通货膨胀影响后实际上降低了1%。面对这些挑战，美联储改变了看问题的角度，开始担心消费者价格可能会降低。70多年前，正是由于消费者价格降低导致大萧条时期的经济雪上加霜。虽然担忧，美联储仍认为通货紧缩可以避免。伯南克2002年的一篇发言曾被广泛引用。在发言中他说通货紧缩的概率"极小"，原因有二：首先，经济具有自然恢复的能力，"尽管过去一年里经济受到不利因素的冲击，但是银行体系仍然是健康的、监管是有力的，而且总体而言，公司和家庭财务状况不错"；其次，美联储是不会让通货紧缩发生的。"我相信，美联储将采取一切必要手段，以防止严重的通货紧缩在美国发生……美国政府有印钞机，想印多少美元就可以印多少，基本上没什么成本。"[1]

美联储的货币政策继续维持短期利率保持低位。2003年，美国最有实力的公司可以在商业票据市场上以1.1%的平均利率借到90天的贷款，而三年前的利率却是6.3%。3个月的国债利率从2000年的6%跌到2003年中的1%。[2]

低利率降低了持有住宅的成本：30年期固定利率抵押贷款的利率通常随着联邦基金利率的变化而变化，2000~2003年也是如此（见图6-1）。到2003年，信用良好的购房者可以获得利率为5.2%的固定利率抵押贷款，比3年前低

---

[1] Fed Governor Ben S. Bernanke, "Deflation: Making Sure 'It' Doesn't Happen Here," remarks before the National Economists Club, Washington, D. C., November 21, 2002.
[2] FCIC工作人员计算数据来源：Board of Governors of the Federal Reserve System, H. 15 Selected InterestRate release, 3 - month AA Nonfinancial Commercial Paper Rate, WCPN3M (weekly, ending Friday); U. S. Department of Treasury, Daily Treasury Yield Curve Rates, 1990 to Present.

了3%，购房成本与以前相比低了很多。首付20%购买一套18万美元的房子，月供与2000年相比要少286美元；或者像大多数人想的那样，换一个角度来说，假设月供不变，每月1077美元，购房者可以利用购买18万美元房子的贷款买到24.5万美元的房子了。①

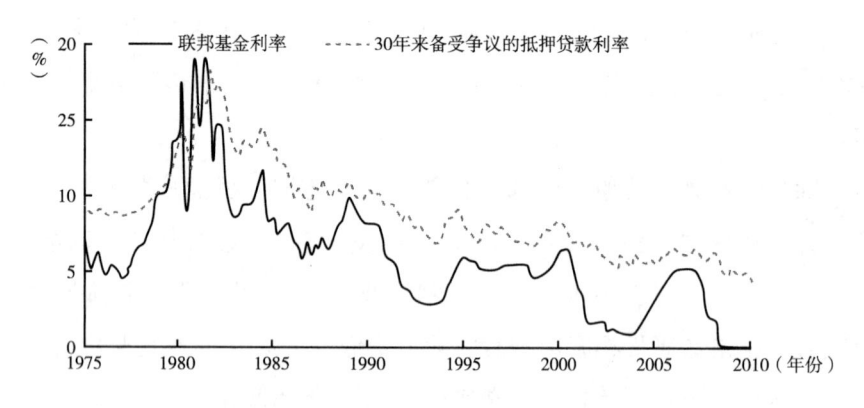

图6-1 银行借款和抵押贷款利率

注：近年来银行和家庭利率普遍较低
资料来源：Federal Reserve Bank of St. Louis, Federal Reserve Economic Datebase。

如果利率不上升，可调息抵押贷款能让购房者首付更低或购买更大的房子。2001年，仅有4%的优质借款人选择了ARM。2003年，这一比例提高到10%。到2004年，继续上升到21%。②再加上被越来越多的次级贷款人一直大量使用的ARM，现在这一比例更是从60%升到76%。③

由于越来越多的人进入房地产市场，房价开始上升。在房地产最热的地方，房价飞速攀升（见图6-2）。佛罗里达州的房产均价在1995到2000年间每年以4.1%的速度增长，而在2000到2003年间，年增长率高达11.1%。加利福尼亚州与之相比更高：分别为6.1%和13.6%。在加利福尼亚州，1995年以20万美元购买的房子，9年后升值到454428美元。然而，房价的涨幅有很大差

---

① 这个例子假定房主有能力支付定价更高住房的20%的首付。更贵的房子的首付多出13000美元左右。
② Federal Housing Agency, "Data on the Risk Characteristics and Performance of Single-Family Mortgages Originated from 2001 through 2008 and Financed in the Secondary Market"（September13, 2010）, Table 2a：Share of Single-Family Mortgages Originated from 2001 through 2008/ and Acquired by the Enterprises or Finances /with Private-Label MBS by Loan-to-Value Ratio and Borrower FICO Score at Origination，Adjustable-Rate Mortgages, p.22. Prime borrowers are defined as those whose mortgages are financed by the government-sponsored enterprises.
③ Yuliya Demyanyk and Otto Van Hemert, "Understanding the Subprime Mortgage Crisis"（December 5, 2008）, table 1：Loan Characteristics at Origination for Different Vintages，p.7.

异。在华盛顿州，房价持续升值，但涨幅较慢：1995～2000年，年增长率为5.9%；2000～2003年，5.5%。在俄亥俄州，这两个时间段的涨幅分别为4.3%和3.6%。① 从全美范围来看，2000～2003年的年增长率为9.8%，达到历史最高，但远低于增长速度最快的单个市场。

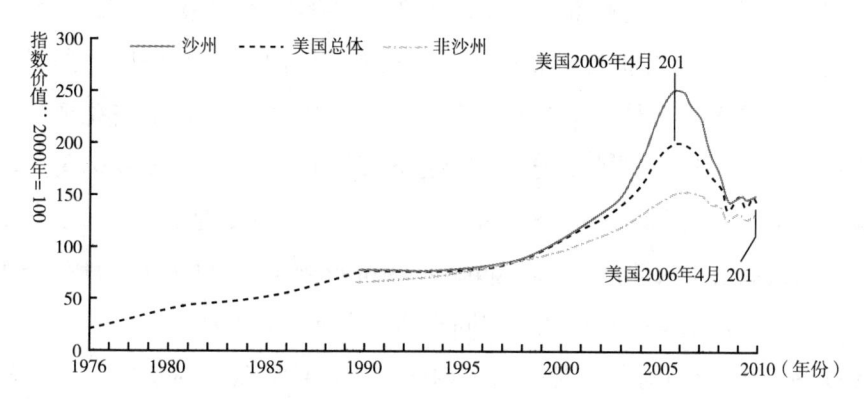

图6-2 美国住宅价格

指数价值：2000年 = 100。

说明：沙州指亚利桑那州、佛罗里达州、加利福尼亚州和内华达州。
资料来源：CoreLogic and U. S. Census Bureau；2007 American Community Survey，FCIC calculations。

住房拥有率稳步上升，在2004年达到69.2%的顶点。② 由于很多家庭都从升值的房产中获益，家庭财富达到其收入的6倍，而几年前是5倍。按资产净值计算排在前10%的家庭，有96%拥有住房。2001～2004年，这些家庭主居住宅的价值从372800美元上升到45万美元（经通胀调整后），增加了77000多美元。资产净值前10%的家庭，在计入其他房产、资产和债务后，净资产中值在2004年是140万美元。资产净值排在后25%的家庭，其住房拥有率从2001年的14%微涨到2004年的15%，其主居住宅的平均价值从2700美元上升到65000美元，增加了12000美元之多。这部分家庭2004年的净资产中值为1700美元。③

---

① FCIC 工作人员的计算数据来源：CoreLogic/First American, Home Price Index for Single-Family Combined State HPI data, last updated August 2010, and CoreLogic State Home Price Index, provided to the FCIC by CoreLogic。工作人员计算的所有年增长率都是从当年1月到次年1月的复合年增长率。
② U. S. Census Bureau, "Housing Vacancies and Homeownership, CPS/HVS," Table 14：Home ownership Rates for the US 1965 to Present.
③ Brian K. Bucks, Arthur B. Kennickell, and Kevin B. Moore, "Recent Changes in US Family Finances：Evidence from the 2001 and 2004 Survey of Consumer Finances," Federal Reserve Bulletin (2006)：Tables 8A and 8B, pp. A20 – A23, A8.

从历史数据看，住房价值每增加1000美元就会使得消费支出每年增加大约50美元。① 但让经济学家们争论不休的是，由于众多收入水平不一的房主看到财富大幅上涨，而且获得住宅权益贷款极容易、利率又低，财富的增加对支出的影响是否比以前更大。

高房价和低利率给优质抵押贷款市场带来一股再融资浪潮。 仅在2003年，贷款机构为1500多万笔抵押贷款进行了再融资，比例大于4∶1，达到了前所未有的水平。② 许多房主趁利率低而兑现。 2001~2003年，再融资兑现为房主赚到了大约4270亿美元；这些人通过房屋净值抵押贷款又得到4300亿美元。③ 有些是典型的次顺位抵押贷款（Second Liens），其他的则是市场上的一种新发明——住宅权益信用贷款（Home equity lines of credit，HELOC），就像一个信用卡，让借款人按需求借款和还款，如同实际信用卡一般方便。

美联储2004年的消费者财务状况调查表明，45%获得净值抵押贷款的房主把兑现的钱用于支付医疗费、税费、购买电子产品、度假或还债等其他开支上，另外31%用于改善住房，其余的人则用在购买更多房产、汽车、投资、衣服或珠宝上。

一份2007年的国会预算办公室文件报告了以下情况："由于房价在20世纪90年代后期和21世纪早期飙升，消费者消费支出的增加超过了收入增长，这可从个人储蓄率急剧下降看出来。"④1998~2005年，增加的消费支出占该年GDP增长的比例在67%到168%之间——当消费支出的增长抵消经济中的下降因素，增加的消费支出占GDP的增长比例就会高于100%。 同时，个人储蓄率从5.2%下降至1.4%。 某些支出增长得格外快，如家具和其他家庭耐用消费品、休闲物品和车辆、食物和医疗保健。 总体消费开支增长的速度快于经济增长，而且在某些年份开支的增速比实际可支配收入的增长还快。

尽管如此，经济看起来还是比较稳定。 到2003年，美国经济经受住了2001年的短暂衰退和互联网泡沫，后者造成了几十年来最大的财富损失。 由于新金

---

① Congressional Budget Office, "Housing Wealth and Consumer Spending," Background Paper, January 2007, p. 15.
② 那一年抵押贷款可能多次用于再融资。
③ 金融危机调查委员会工作人员计算的最新数据由艾伦·格林斯潘（Alan Greenspan）和詹姆斯·肯尼迪（James Kennedy）提供，他们的数据最初来源于"Sources and Uses of Equity Extracted from Homes," Finance and EconomicsDiscussion Series, Federal Reserve Board, 2007 –20（March 2007）。
④ CBO, "Housing Wealth and Consumer Spending," p. 2.

融产品的出现，例如住宅权益信用贷款，家庭可以利用自己的住房借贷弥补投资或失业带来的损失。由于美联储先发制人采取了措施，通货紧缩并没有出现。

在2002年11月的一次国会听证会上，艾伦·格林斯潘含蓄地承认，互联网泡沫破灭后，美联储降低利率的部分原因是为了促进房地产业的发展。他辩称，美联储的低利率政策刺激了住房销售和低抵押贷款利率的房地产业，从而刺激了经济。正如格林斯潘所解释的那样，"通过提取一些房主已经积累起来的抵押资产权益，在过去两年的经济衰退中，抵押贷款市场成为一股强有力的经济稳定力量。"[1]2004年2月，他重申了这个观点，指出"从住房权益抵押贷款中提取大量现金"。[2]

次级抵押贷款："购买者将支付高溢价"

次级抵押贷款市场经历20世纪90年代轻度衰退后，又重现生机。2001～2003年，次级抵押贷款发起价值翻了一番，达到3100亿美元。2000年，52%的次级抵押贷款被证券化，2003年，该比例达到63%。[3] 低利率刺激了次级贷市场的繁荣，影响长久而广泛；而日益普及的自动化信用评分系统、日益累积的借贷统计历史数据和进场的公司规模越来越大都推动了这一市场的繁荣。

过去十年，"边缘参与者"或被收购或破产消失，次级贷款市场由为数不多的几个大公司占据着。到2003年，93%的次级抵押贷款是由次级抵押贷款机构的前25强发起的，比1996年的47%多得多。[4]

当时参与次级抵押贷款发行与证券化的机构主要有三类：商业银行和互助储蓄机构、华尔街投资银行、独立抵押贷款机构。一些大银行和互助储蓄机构，如花旗集团、国家城市银行、汇丰银行和华盛顿互惠银行等通过成立新实体、收购企业或为其他借贷机构提供资金，向次级抵押贷款市场投入数十亿美元，

---

[1] Fed Chairman Alan Greenspan, "The Economic Outlook," prepared testimony before the Joint Economic Committee, 107th Cong., 2nd sess., November 13, 2002.

[2] Fed Chairman Alan Greenspan, "Federal Reserve Board's Semiannual Monetary Policy Report to the Congress," prepared testimony before the House Committee on Financial Services, 108th Cong., 2nd sess., February 12, 2004.

[3] FCIC staff calculations from 2009 Mortgage Market Statistical Annual, 1:4, "Mortgage Originations by Product" (total subprime volume); 2:13, "Non-Agency MBS Issuance by Type" (subprime PLS).

[4] Ibid., 1:3, "Mortgage Origination Indicators"; 220, 227, "Mortgage Originations by Product".

当然具体操作几乎都是由它们的非银行子公司实施的,从而使之游离于任何监管之外。

而在次贷领域,华尔街的投资银行开始担心来自大型商业银行和互助储蓄银行的竞争。雷曼兄弟公司前总裁巴特·迈克达德(Bart McDade)告诉调查委员会:"大型商业银行和互助储蓄银行学会了证券化技巧,不再需要投资银行进行设计和分销了。"①因此,投资银行转向发放抵押贷款,以保证贷款供应以便进行证券化后出售给日益壮大的投资者队伍。例如,第四大投资银行雷曼兄弟公司1998~2004年收购了BNC和Aurora等6家美国次贷商。②第五大投资银行贝尔斯登出手收购了Encore等3家次级贷款发起机构,2006年,美林证券收购第一富兰克林,摩根士丹利购买了Saxon Capital Inc,2007年高盛集团增持一家小型次级贷款机构Senderra Funding的股份。

与此同时,几家独立的抵押贷款机构也纷纷采取行动,促进了抵押贷款的增长。新世纪金融公司和美利凯斯特抵押公司尤为活跃。新世纪金融的"Focus 2000"计划主要"面向愿意支付高溢价的整体贷款买家而专门发行的特色贷款"。③"整体贷款"买家是华尔街那些购买抵押贷款并打包成抵押担保证券的公司,他们的购买欲望十分强烈。2003年,新世纪公司售出了208亿美元的整体贷款,而3年前这一数字仅是31亿美元,④一举从次级贷款发起机构的第10名跃居到第2名。新世纪公司四分之三的贷款都出售给了摩根士丹利和瑞士信贷集团这两个金融机构,但是它向其投资者保证会有"更多的潜在购买者"。⑤

美利凯斯特格外看重贷款量。根据公司的公开报表,它支付给客户经理的每份抵押贷款佣金要比竞争对手支付的少,但是它鼓励客户经理承销更多的贷款来弥补收入差距。美利凯斯特首席执行官阿西姆·米达尔(Aseem Mital)在2005年曾提到:"我们每位员工发放的贷款额都比其他公司的多。"该公司还削减发行过程中其他环节的成本。米达尔告诉《美国银行家》的一位记者,公司交易结算室零售部按流水线的方式运行,工作细分为数据输入、抵押贷款审核、

---

① Bart McDade, interview by FCIC, April 16, 2010.
② Presentation to the Lehman Board of Directors, March 20, 2007. 在这一时期,雷曼兄弟收购了3家国际贷款机构。
③ New Century, 1999 10-K, March 30, 2000, p. 2.
④ Final Report of Michael J. Missal, Bankruptcy Court Examiner, in RE:New Century TRS Holdings, Chapter 11, Case No. 07-10416(KJC), (Bankr. D. Del.), February 29, 2008, p. 42.
⑤ New Century, 2000 10-K, April 2, 2001, p. 15;New Century, 2003 10-K, March 15, 2004, p. 13. Rankings from 2009 Mortgage Market Statistical Annual, 1:220, 223.

客户服务、销售管理和融资等专门任务。据一位业内行家估计,由于节约了成本,美利凯斯特向证券化公司的收费比竞争对手的少了0.55%。2000~2003年,美利凯斯特的贷款发放量估计从每年40亿增加到390亿美元,令该公司从次级抵押贷款发起机构的第11名跃居第1名。美国国民金融公司首席执行官安吉罗·莫兹罗2005年告诉投资者:"显然他们是挑衅者。"①到2005年,国民金融公司排名第3。

次级贷款参与者采用了不同的战略。雷曼兄弟和国民金融公司运用的是"垂直整合"模式,参与抵押贷款链的每一个环节:贷款发起与融资、打包证券化、向投资者出售。其他机构则专注于某个细分市场:新世纪公司主要是发起抵押贷款并把它卖给抵押贷款链中的其他公司。

如果抵押贷款发起机构选择将发起的抵押贷款一直持有到期,即采取发起-持有策略,那么发起机构一定会谨慎对待承销和风险。但是,如果他们把抵押贷款证券化以其他方式卖掉,即采取贷款-证券化策略,那么即使贷款违约,他们也不会遭受任何损失。只要他们做出精确的陈述和保证条款,即使许多贷款都变成了不良贷款,他们唯一的风险也仅是声誉受损,而在经济繁荣期间贷款是不会变成不良贷款的。总之,在金融危机前,贷款-证券化渠道输送了大多半的抵押贷款和更大部分的次级抵押贷款到市场上。

几十年来,贷款-证券化模式提供的抵押贷款是安全的。房利美和房地美自20世纪70年代以来,一直在购买优级、合格的抵押贷款,执行严格的承销标准。但有些人觉得现在这个模式出现了问题。证券化先驱刘易斯·拉涅利曾这样告诉调查委员会:"看看有多少人参与进来,有地产商、证券发行商、保险公司、承销商等,但在整个产业链中谁对谁都不负责。"这并不是包括他在内的投资银行家们所期望的。"没有谁定下规矩说'噢,对了,你必须为自己的行为负责',"拉涅利说道,"想都不想,就是这么回事。"②

许多抵押贷款都是由抵押贷款经纪人开始做起的。这些独立经纪人能接触到各种放贷机构,与借款人一起完成借款申请程序。经纪人的存在令各公司无须成立分支机构就能更快速地扩张业务;同时由于不需要全职销售人员,成本也

---

① Aseem Mital and Angelo Mozilo, quoted in Erick Bergquist, "Under Scrutiny, Ameriquest Details Procedures," American Banker 170, No. 125 (June 30, 2005): 1. Volume and rankings from 2009 Mortgage Market Statistical Annual, 1: 220, 223. 568 Notes to Chapter 6.

② Lewis Ranieri, interview by FCIC, July 30, 2010.

降低了；而且能够扩展业务的地理范围。

经纪人的报酬通常来自借款人、贷款人或从借贷双方收取的预付佣金，因此贷款好坏对经纪人无关紧要。很多时候借款人并不知道自己支付了经纪人佣金费用，事实上许多借款人误以为抵押贷款经纪人是为借款人谋取最佳利益的。① 放贷机构支付给经纪人的常见佣金是"收益差价回扣费"：贷款的利率越高，贷款银行支付给经纪人的回扣费就越高，这就刺激了经纪人以尽可能高的利率让借款人签署合同。"如果经纪人打算在贷款交易中获得更多的收益，他就会提高利率，"弗雷蒙投资贷款公司前销售经理杰·杰弗里（Jay Jeffries）告诉调查委员会，"我们每发放一笔高利率贷款，就会向经纪人支付收益差价回扣。"②

理论上，借款人是防止违规贷款的第一道防线。例如，通过货比三家，他们能够意识到经纪人想向他们兜售高价贷款，或者在借款人有资格获得并不"昂贵"的优级贷款时诱导他们申请次级贷款。但是，借款人大多缺乏抵押贷款的基本知识。美联储两位经济学家的研究表明，估计至少38%的可调息抵押贷款（ARM）借款人不了解利率重置一次会变化多少，一半以上的借款人低估了多年后的高昂贷款利率。③ 在贷款的其他方面，借款人同样缺乏认识，比如，要提供什么经济能力证明给贷方。"大多数借款人甚至没有意识到，他们得到的是'无核凭贷款'，"可靠贷款中心（Center for responsible lending, CRL）会长迈克尔·卡尔霍恩（Michael Calhoun）说，"借款人拿着W申请表来，拿回去的却是'无凭贷款'，因为经纪人可从中获得更多的报酬，放贷人可从中获得更多的利润，贷款高利率还能让华尔街赚上一笔。"④

信贷机会较少的借款人并不擅长与经验丰富的经纪人在谈判桌上较量。"虽然许多消费者认为他们很擅长处理日常财务，事实上他们的日常财务行为常会产生额外的开支和费用，例如，由于支票账户透支、信用卡延期还款等产生额外的费用，"达特茅斯学院的经济学教授安娜玛丽娅·卢萨迪（Annamaria

---

① James M. Lacko and Janis K. Pappalardo, "The Effect of Mortgage Broker Compensation Disclosureson Consumers and Competition：A Controlled Experiment," Federal Trade Commission Bureau of Economics Staff Report（February 2004），p. 1.

② Jay Jeffries, testimony before the FCIC, Hearing on the Impact of the Financial Crisis—State of Nevada, session 3：The Impact of the Financial Crisis on Nevada Real Estate, September 8，2010，transcript, p. 177.

③ Brian Bucks and Karen Pence, "Do Borrowers Know Their Mortgage Terms?" Journal of Urban Economics 64（2008）：223.

④ Michael Calhoun and Julia Gordon, interview by FCIC, September 16，2010.

Lusardi）告诉调查委员会，"做出财务决定之前，人们并不经常货比三家、比较不同金融合同的条款。"①

回想一下前文研究过的证券化交易案例——新世纪金融公司出售4499笔抵押贷款给花旗银行，花旗转手售给证券化信托基金，证券化信托基金再把它们捆绑成19个层级出售给投资者。那4499笔抵押贷款中，经纪人代表新世纪金融公司发起了3466笔。经纪人平均每笔贷款向借款人收取3756美元，相当于贷款额的1.81%。此外，经纪人还拿到了新世纪金融公司为1744笔贷款支付的收益差价回扣，平均每笔贷款拿到2585美元。经纪人从这3466笔贷款中总共获得了1750万美元以上的报酬。②

批评家认为，由于报酬如此优厚，抵押贷款经纪人有一切理由追求"市场能承受的最高佣金和抵押贷款利率"。③ 金西金融公司创始人兼首席执行官赫伯·桑德勒（Herb Sandler）告诉调查委员会，经纪商如同"世界妓女"。④ 随着住房和抵押贷款市场的蓬勃发展，经纪商也赚得盆满钵满。据抵押贷款研究机构Wholesale Access报道，2000~2003年，经纪公司从3万家增加到5万家。2000年，55%的贷款由经纪人发起；2003年达到顶峰，为68%。⑤ 摩根大通首席执行官杰米·戴蒙（Jamie Dimon）向调查委员会表示，2009年，摩根大通发现经纪人发起的贷款造成的损失是摩根大通自行发放贷款的2倍时，最终终止了经纪人发放贷款业务。⑥

随着住房市场的扩大，次级贷和优级贷出现了另一个问题：房价高估。对于贷款人来说，如果借款人违约，高估房价意味着更大的损失。但对聘请估价师的借款人、经纪人或信贷员来说，高估房价可能决定是否能够达成交易。设想一下，一栋价值20万美元的房子，评估师说只可能卖到175000美元。在这

---

① Annamaria Lusardi, "Americans' Financial Capability," report prepared for the FCIC, February 26, 2010, p. 3.
② FCIC工作人员估算值依据：Blackbox, S & P, and IP Recovery, provided by AntjeBerndt, Burton Hollifield, and Patrik Sandas, in their paper, "The Role of Mortgage Brokers in the Subprime Crisis," April 2010.
③ William C. Apgar and Allen J. Fishbein, "The Changing Industrial Organization of Housing Finance and the Changing Role of Community-Based Organizations," working paper (Joint Center for Housing Studies, Harvard University, May 2004), p. 9.
④ Herb Sandler, interview by FCIC, September 22, 2010.
⑤ Wholesale Access, "Mortgage Brokers 2006" (August 2007), pp. 35, 37.
⑥ Jamie Dimon, testimony before the FCIC, First Public Hearing of the FCIC, panel 1：Financial Institution Representatives, January 13, 2010, transcript, p. 13.

种情况下，银行不会向借款人提供 18 万贷款。 交易流产了。 可以肯定的是，评估师开始感受到了压力。 2003 年的一项调查发现，55% 的估价师感到迫于压力要高估房价；到 2006 年，这个比例已攀升到 90%。 这种压力经常来自抵押贷款经纪人，但评估师的报告却称压力来自房地产经纪人、贷款机构，很多时候还来自借款人自己。 一般来说，拒绝提高估价意味着失去客户。① 佛罗里达州评估和经纪服务公司 D. J. Black & Co. 的董事长丹尼斯·布莱克（Dennis J. Black）是一个拥有 24 年经验的评估师，在美国各地为全美独立评估师协会（NAIFA）讲授继续教育课程。 他听到评估师们抱怨说，迫于压力，不得不忽视待评房屋没有厨房、墙壁受损、设备系统无法使用等问题。 布莱克告诉调查委员会："我经常听说，客户认为最终估价不是他们期望的，所以不能用。"②于是客户会去找别的评估师重新估价。

正如萨克拉门托市具有 30 多年经验的评估师凯伦·曼恩（Karen Mann）在给调查委员会的证词中解释的那样，监管法规方面的变化进一步推动评估标准趋向宽松。 1994 年，美联储、货币监理署、美国储蓄监督局以及联邦存款保险公司放松了对其监管的贷款人的评估要求，将需要持证专业评估师评估的最低房屋总值从 100000 美元提高到 250000 美元。 在谈到评估师缺乏监管时还说："在加州，尽管缺乏合格而经验丰富的培训机构，但是持证评估师的数量却大大增加。"③贝克尔斯菲尔德市的评估师加里·克拉布特里（Gary Crabtree）告诉调查委员会，加州房地产评估师管理办公室只有 8 名审查员，却要负责监督 21000 名评估师。

2005 年，四大监管机构发布加强估价规范的新指南。 他们建议不得由贷款发起机构的贷款员来挑选评估师，结果导致华盛顿互惠银行委托"评级管理公司"④即第一美国公司来选择评估师。 不过，2007 年纽约州总检察长对第一美国公司提出诉讼：根据公司内部文件，起诉声称第一美国公司不当地让华互银行的贷款员"插手挑选能够抬高房屋估价使华互达成交易的评估师，并且不当

---

① October Research Corporation, executive summary of the 2007 National Appraisal Survey, p. 4.
② Dennis J. Black, written testimony for the FCIC, Hearing on the Impact of the Financial Crisis—Miami, session 2：Uncovering Mortgage Fraud in Miami, September 21, 2010, p. 8.
③ Karen J. Mann, written testimony for the FCIC, Hearing on the Impact of the Financial Crisis—Sacramento, session 2：Mortgage Origination, Mortgage Fraud and Predatory Lending in the Sacramen to Region, September 23, 2010, p. 2.
④ Gary Crabtree, testimony before the FCIC, Hearing on the Impact of the Financial Crisis—Greater Bakersfield, session 4：Local Housing Market, September 7, 2010, transcript, p. 172.

地允许华互施加压力……令评估师修改会致使贷款交易失败的低估价评估结果"。①

花旗集团:"引来监管审查"

随着次级贷款发行量增多,花旗集团决定扩张,后果却麻烦重重。在《格雷姆－里奇－比利雷法案》认定花旗集团与旅行者集团1998年的合并有效后不到一年,花旗集团又迈出了重要一步。2000年9月,它以310亿美元收购了当时第二大次级贷款机构联合第一资本(仅次于家庭金融公司)。由于联合第一资本拥有三家小银行(分别在犹他州、特拉华州和南达科他州),所以这次并购需要得到美联储和其他监管机构的批准。但因为这三个银行是专业银行,《格雷姆－里奇－比利雷法案》中的一项条款规定此类情况下审查机构中无须包括美联储,于是这次交易由货币监理署、存款保险公司和纽约州银行监管机构审查。但消费者团体提出抗议,列举出了联合第一资本很多不当的房贷行为,包括提高提前还款处罚、管理费过高和贷款文件的各种隐形收费——所有这些都是针对没有经验的借款人的。北卡罗来纳州的一家非营利性社区贷款机构的创始人马丁·伊柯斯(Martin Eakes)说:"由美国最大的银行接手这家掠夺性借款机构,真是让人无法接受。"②

此次并购的支持者认为,花旗集团这样的大银行处于严格的监管之下,能够改造联合第一资本,而且花旗集团也承诺要采取强有力的措施。2000年11月,监管机构批准了此次并购。到第二年夏天,花旗集团已经开始暂停从近三分之二的经纪人和一半的银行手中购买抵押贷款,过去这些经纪人和银行都曾出售贷款给联合第一资本。花旗集团负责社区关系的资深副总裁帕姆·弗拉尔蒂(Pam Flaherty)说:"我们知道,经纪人是公众热议的焦点,也是许多颇具争议的案例的焦点。"③

这次并购给花旗集团招来严格的监管审查。联邦贸易委员会负责监管独立

---

① Complaint, People of the State of New York v. First American Corporation and First Americane Appraise IT (N. Y. Sup. Ct. November 1, 2007), pp. 3, 7, 8.
② Martin Eakes, quoted in Richard A. Oppel Jr. and Patrick McGeehan, "Along with a Lender, Is Citigroup Buying Trouble?" New York Times, October 22, 2000.
③ Pam Flaherty, quoted in Erick Bergquist, "Judging Citi, a Year Later: Subprime Reform 'on Track'; Critics Unsatisfied," American Banker, September 10, 2001.

抵押贷款公司消费者保护法的合规情况。2001年，联邦贸易委员会对联合第一资本并购前的业务进行调查，发现该公司曾向借款人施压，要他们签订昂贵的抵押贷款和抵押保险合同进行再融资。2002年，联邦贸易委员会以"系统的、广泛的、欺骗的不当放贷行为"为由，起诉联合第一资本，花旗集团与联邦贸易委员会达成民事和解，支付费用高达2.15亿美元，赔偿额度创下新高。①

2001年，纽约联邦储备银行利用花旗集团提出收购纽约长岛欧美银行（European American Bank）的机会，对花旗财务（现在联合第一资本在它旗下）进行了一次调查。"花旗集团的那次交易招来了监管审查，"前美联储委员马克·奥尔森（Mark Olson）告诉调查委员会："他们给自己买了一堆麻烦，至少还要两年才能解决"。② 最后，纽约联邦储备银行控告花旗财务在没有合理评估借款人还款能力的前提下，把无抵押个人贷款（借款人财务有困难）转成住宅权益贷款。纽约联邦储备银行审查花旗财务2000~2001年贷款时，又控告其在没有审查借款人是否具有抵押贷款资格的情况下，就把信用保险出售给了借款人。因为这些违规行为，加上花旗曾阻碍调查，美联储2004年对花旗集团处以约七千万美元的罚金。花旗集团称估计还要赔偿借款人三千万美元。③

联邦法律："准备遏制不公平违规贷款"

2000年花旗集团收购联合第一资本时，美联储也开始重新审视现有保护借款人免受掠夺性贷款侵害的相关法律。美联储举行了第二轮《住宅所有权与权益保护法案》听证会，随后提出了两项改革提议。第一项旨在有效禁止贷款机构不考虑借款人还款能力，仅依据抵押品价值向其发放任何抵押贷款——不仅局限于《住宅所有权与权益保护法案》所限定的一系列高成本贷款。发放高成本贷款时，放贷机构必须核实并记录借款人收入和债务状况；发放其他贷款时，由于贷款机构可以参考借款人的还款历史等资料，因而核贷文件的标准要低一些。美联储工作人

---

① "Citigroup Settles FTC Charges against the Associates Record-Setting MYM 215 Million for Subprime Lending Victims," Federal Trade Commission press release, September 19, 2002.
② Mark Olson, interview by FCIC, October 4, 2010.
③ Timothy O'Brien, "Fed Assess Citigroup Unit MYM 70 Million in Loan Abuse," The New York Times, May 28, 2004.

员的备忘录称，这些规定主要"影响发放'无凭贷款'的放贷机构"。另一项改革提议涉及欺骗性广告、误导性贷款条款和让消费者签署空白文件等行为。①

尽管在美联储听证会上、《住房与城市发展部和财政部联合报告》中都有掠夺性贷款的证据，但美联储官员在如何积极加强消费者保护上仍存在意见分歧。他们纠结于两部联合报告中提到的利益权衡问题。"我们鼓励发展次级抵押贷款市场，"美联储委员爱德华·格雷林奇曾在2004年初金融服务圆桌会议上表示，"但我们不希望激发贷款违规行为，而是尽力制止它们。"②美联储首席法律顾问斯科特·阿尔瓦雷斯（Scott Alvarez）告诉调查委员会："有人担心，如果制定宽泛的监管规则，可能会妨碍公平的、诚信业务的发展，监管目标是不良行为，但宽松的规则可能无法覆盖所有细节。而如果制定无所不包的规则，人们很容易就能逐一找到规避办法。"③

艾伦·格林斯潘后来也说，禁止某些产品可能会带来不良的后果。"只要借款人符合适当的承销标准，就不应该把抵押贷款和其他贷款产品视为不合理的贷款，"他说，"相反，应该实施全国性的政策以提高住房拥有率。"④针对违反消费者保护法的某些行为，他提出了另一个解决方法："如果存在恶劣的欺诈行为，或恶劣违规行为，需要的不是监督和管理，而是执法。"⑤但美联储是不会利用法律制度制止掠夺性贷款的。从2000年到2006年格林斯潘任期结束，美联储只向司法部移交了三家违规的抵押贷款机构：伊利诺伊州的第一美国银行、加利福尼亚州维克多维尔的沙漠社区银行和法国兴业银行纽约分行。

美联储官员拒绝了工作人员的改革提议。一番争论后，2001年12月，美联储确实修改了《住宅所有权与权益保护法案》，但只是一些无关紧要的调整。在解释其举措时，美联储委员会强调妥协之举："修改规则的最终目的是在不过度干预信贷流动、不造成不必要的债权人负担或不减少消费者合法交易选择的情况下，遏

---

① Federal Reserve Board internal staff document, "The Problem of Predatory Lending," December 5, 2000, pp. 10 –13.
② Federal Reserve Board, Morning Session of Public Hearing on Home Equity Lending, July 27, 2000, opening remarks by Governor Gramlich, p. 9.
③ Scott Alvarez, interview by FCIC, March 23, 2010.
④ Alan Greenspan, written testimony for the FCIC, Hearing on Subprime Lending and Securitization and Government-Sponsored Enterprises (GSEs), day one, session 1: The Federal Reserve, April 7, 2010, p. 13.
⑤ Alan Greenspan, quoted in David Faber, And Then the Roof Caved In: How Wall Street's Greed andStupidity Brought Capitalism to Its Knees (Hoboken, N. J.: Wiley, 2009), pp. 53 –54.

止不公平或违规的贷款行为。"这样的修改产生的影响微乎其微。 美联储经济学家估计，以前有9%的次级抵押贷款受《住宅所有权与权益保护法案》的约束，该法修改后，应该有38%的次级贷款受新法规约束。① 但贷款人改变了抵押贷款条款，以规避新规则中利率和费用的触发点。 到2005年下半年，大约只有1%的次级抵押贷款受新法规约束。② 然而，回顾美联储所做的一切，艾伦·格林斯潘在接受调查委员会面谈时称，美联储制定了一套时至今日仍然行之有效的规则。③

联邦存款保险公司主席谢拉·贝尔说，我们错失了一次良机，若那次规则修改得当，本来有可能阻止金融危机："我本意是制订比美联储更严厉的规则，制订针对所有人——无论是银行还是非银行机构——的抵押贷款标准。 只有能证明借款人收入足够偿还贷款，否则根本不能发放贷款。"④

美联储在执法和监督上也犹豫不决。 在2000年讨论修改《住宅所有权与权益保护法案》时，美联储消费者与社区事务委员会的工作人员也提出了一个试点方案，即审查银行控股公司的非银行子公司的贷款行为，⑤例如花旗财务和汇丰融资，这些机构次级抵押贷款市场的影响越来越大。 非银行子公司受联邦贸易委员会的监管，银行和储蓄机构则由另外的监管机构监督。 作为控股公司的监管机构，美联储有权审查非银行子公司是否"遵守《银行控股公司法案》或在委员会特别司法管辖权内的任何其他联邦法律"；但是，消费者权益保护法并没有明确授予美联储在这方面的执法权。⑥

美联储拒绝对银行控股公司的非银行子公司进行常规检查。 尽管有美联储委员格拉姆利克的支持，试点方案还是搁置了。 美联储消费者和社区事务部现任主管桑德拉·布劳恩斯坦（Sandra Braunstein）当时还是工作人员，他告诉调查

---

① "Truth in Lending,"Federal Register 66, No. 245（December 20, 2001）:65612（quotation）, 65608. Notes to Chapter 6569.
② Robert B. Avery, Glenn B. Canner, and Robert E. Cook,"New Information Reported under HMDA and Its Application in Fair Lending Enforcement,"Federal Reserve Bulletin 91（Summer 2005）:372.
③ Alan Greenspan, interview by FCIC, March 31, 2010.
④ Sheila Bair, testimony before the FCIC, Hearing on Too Big to Fail: Expectations and Impact of Extraordinary Government Intervention and the Role of Systemic Risk in the Financial Crisis, day 2, session 2: Federal Deposit Insurance Corporation, September 2, 2010, transcript, p. 191.
⑤ Dolores Smith and Glenn Loney, memorandum to Governor Edward Gramlich,"Compliance Inspections of Nonbank Subsidiaries of Bank Holding Companies,"August 31, 2000.
⑥ GAO,"Consumer Protection: Federal and State Agencies Face Challenges in Combating Predatory Lending,"GAO 04 -280（Report to the Chairman and Ranking Minority Member, Special Committee on Aging, U. S. Senate）, January 2004, pp. 52 -53.

委员会说，艾伦·格林斯潘和其他美联储官员担心如果对非银行子公司进行常规检查，可能造成不公平的竞争环境，因为子公司不得不与独立抵押贷款公司竞争，而美联储对独立抵押贷款公司没有监管权（尽管美联储的《住宅所有权与权益保护法案》规定适用于所有贷款机构）。① 在调查委员会的一次访谈中，艾伦·格林斯潘进一步争辩说，无论有没有法律规定，美联储都没有足够的资源来审查非银行子公司。 更糟糕的是这位美联储前主席表示，如果监管不彻底，实际上是向公司和市场发出了错误的信号：如果审查了某个机构，但做得不够彻底，那么这个机构反而会挂一个牌子，声称本机构已经美联储审查。 局部监管是很危险的，会给这些机构盖上管理良好的官方大戳。②

但是，如果不能监管是由于缺乏资源，美联储主席总会争取到更多资源。美联储的收入来自其持有的国债利息，所以它不必要求国会拨款。 然而，需要记住的是，它可能会受政府财政审计的约束。

还是在那次调查委员会的面谈中，格林斯潘回忆说，虽然自己出席了无数次消费者权益保护会议，但他不会假装自己是这方面的专家。③

格雷林奇曾是美联储消费者附属委员会主席，他赞成加强对银行、互助储蓄机构、银行控股公司和州政府特许抵押贷款公司等所有次级抵押贷款机构的监管。 他承认，由于这样监督会将美联储的权力扩大到那些其贷款行为不受常规监督的公司（例如独立的抵押公司），因而这需要国会立法，甚至"可能引起各州的对抗"。 但缺乏这样的监管，抵押贷款行业"就像一个有法律却没有警察的城市"。④ 在2007年的一次访谈中，格雷林奇告诉《华尔街日报》记者，他私下曾敦促艾伦·格林斯潘打击掠夺性贷款，但遭到反对；由于缺乏委员会的支持，他不再坚持。 格雷林奇告诉《华尔街日报》："艾伦·格林斯潘是反对加强监管的，所以我没有继续坚持。"⑤（格雷林奇于2008年死于白血病，享年68

---

① Sandra Braunstein, interview by FCIC, April 1, 2010. Transcript pp. 32 −33.
② Greenspan, interview.
③ Greenspan, interview.
④ Edward M. Gramlich, "Booms and Busts: The Case of Subprime Mortgages," Edward M. Gramlich, "Booms and Busts: The Case of Subprime Mortgages," Federal Reserve Bank of Kansas City Economic Review (2007):109.
⑤ Edward Gramlich, quoted in Greg Ip, "Did Greenspan Add to Subprime Woes? Gramlich Says Ex-Colleague Blocked Crackdown On Predatory Lenders Despite Growing Concerns," *Wall Street Journal*, June 9, 2007. See also Edmund L. Andrews, "Fed Shrugged as Subprime Crisis Spread," *New York Times*, December 18, 2007.

岁。）

美联储未能阻止掠夺性贷款，激怒了消费者权益保护人士和一些国会议员。批评者指责违规贷款的问题没有受到重视。康涅狄格大学法学教授帕特里夏·麦考伊（Patricia McCoy）2002～2004 年任职美联储消费者咨询委员会，他十分清楚美联储对个体消费者受侵犯的反应，"这是典型的美联储思维定式，"麦考伊说，"如果不能证明这是一个广泛存在的问题、会造成系统性风险，那么他们就不会理会。"这种情况让国家消费者法律中心的玛戈特·桑德斯（Margot Saunders）很沮丧："我出席了 2005 年美联储的一次会议，我在会上说'要有多少传闻才能说明问题是真的？……上万的事例还不能让你们相信这是个大问题？'"①

美联储的静而不动战胜了 2000 年《住房与城市发展部和财政部的联合报告》及美国审计总署（General Accounting Office，GAO）1999 年和 2004 年报告。② 直到 2007 年 7 月，美联储在新主席本·伯南克的领导下，才实施了一个试点项目，开始对次级抵押贷款子公司进行常规检查。③ 直到 2008 年 7 月，即次级抵押贷款市场关闭一年后，美联储才根据《住宅所有权和权益保护法案》发布新规则。这些规定禁止更多种类"高价抵押贷款"的欺诈行为；此外，规定还禁止贷款机构不考虑借款人还款能力就发放贷款，并要求机构核实借款人收入和资产情况。④ 这些规定直到 2009 年 10 月份才生效，已经太迟了，效果微乎其微。

回首过去，美联储首席法律顾问斯科特·阿尔瓦雷斯说，美联储受制于当时的大环境。他告诉调查委员会，"传统的思维方式是不应该有监管；除非已经

---

① Patricia McCoy and Margot Saunders, quoted in Binyamin Appelbaum, "Fed Held Back as Evidence Mounted on Subprime Loan Abuses," *Washington Post*, September 27, 2009.

② GAO, "Large Bank Mergers: Fair Lending Review Could be Enhanced with Better Coordination," GAO/GDD-00-16 (Report to the Honorable Maxine Waters and Honorable Bernard Sanders, House of Representatives), November 1999; GAO, "Consumer Protection: Federal and State Agencies Face Challengesin Combating Predatory Lending."

③ "Federal and State Agencies Announce Pilot Project to Improve Supervision of Subprime MortgageLenders," Joint press release (Fed Reserve Board, OTC, FTC, Conference of State Bank Supervisors, American Association of Residential Mortgage Regulators), July 17, 2007.

④ 《诚信贷款法案》第 44522～44523 页（"Truth in Lending," pp. 44522-44523）2008 年条款对"高费用抵押贷款"（"Higher-priced mortgage loans"）的定义为：第一留置权抵押贷款，其年贷款抵押率超过"可比交易"（由美联储公布）的优级贷款率的 1.5% 以上，第二留置权抵押贷款，其年贷款抵押率超过"可比交易"的优级贷款率的 3.5% 以上。

能够确定出现了问题，否则应该让市场自我监控……我们之所以采取这样的态度，就是因为 20 世纪 90 年代和 21 世纪初的这种传统观点主导了市场。"强劲的房地产市场消除了人们的疑虑。阿尔瓦雷斯指出，长久以来抵押贷款违约率都很低，帮助无信用记录的人拥有住房的愿望也十分强烈。①

各州："一贯立场"

由于美联储的不作为，许多州着手制定自己的"小型住宅所有权与权益保护法案"并且严格执行。但是他们面临两个联邦监管机构的反对：货币监理署和美国储蓄监督局。

1999 年，北卡罗来纳州率先采取行动，建立了一个 5% 的触发费率：即根据本州法规，在大多数情况下，贷款手续费超过贷款额的 5% 的抵押贷款都是高费用贷款，这一指标大大低于联邦《住宅所有权与权益保护法案》规定的 8%。其他一些条文则涵盖了更多类型的贷款，如禁止 15 万美元以下贷款收取提前还款罚款，禁止频繁再贷款（即以贷还贷）。②

这些法规不适用于联邦特许储蓄机构。1996 年，储蓄监督局重申其"一贯立场"，它的条例"涵盖了整个联邦储蓄贷款协会的所有领域，不会给各州调控的余地"。"要让各州摆脱麻烦，无须再制定与联邦监管条例重复或者冲突的贷款规定，"储蓄监督局说，这样才能让储蓄机构"免受不当、重复监管，减少负担，从而给公众提供低利率信贷"。同时，"精细完备的联邦借款人保护法律体系"会保护消费者。③

然而，其他州照搬了北卡罗来纳州的做法。各州检察长发动数千起诉讼维权行动，其中仅在 2006 年就超过 3000 例。④ 到 2007 年，29 个州和哥伦比亚特区都通过了各种形式的反掠夺性贷款立法。有的是由两个或两个以上的州联合诉讼：例如，2002 年伊利诺伊州、马萨诸塞州和明尼苏达州联合诉第一联盟抵

---

① Alvarez, interview.
② Raphael W. Bostic, Kathleen C. Engel, Patricia A. McCoy, Anthony Pennington-Cross, and Susan M. Wachter, "State and Local Anti-Predatory Lending Laws: The Effect of Legal Enforcement Mechanisms," Journal of Economics and Business 60 (2008): 47–66.
③ "Lending and Investment," Federal Register 61, no. 190 (September 30, 1996): 50965.
④ Joseph A. Smith, "Mortgage Market Turmoil: Causes and Consequences," testimony before the Senate Committee on Banking, Housing, and Urban Affairs, 110th Cong., 1st sess., March 22, 2007, p. 33 (Exhibit B), using data from the Mortgage Asset Research Institute.

押贷款公司（First Alliance Mortgage Company），得到 5 亿美元赔偿，尽管该公司已申请破产保护。 同年，家庭金融公司（后来被汇丰银行收购）被勒令向消费者支付 4.84 亿美元的罚款和赔偿金。 2006 年，49 个州以及哥伦比亚特区联手诉美利凯斯特抵押公司，要求该公司偿还 3.25 亿美元，并遵守放贷限制规定。

然而，我们会看到，从 2004 年起货币监理署正式与储蓄监督局一道禁止各州采取上述行动，各州银行的努力遇到严重阻力。 伊利诺伊州总检察长丽莎·麦迪甘向委员会证实：“联邦监管机构拒绝改革'掠夺性'贷款行为和产品，也就是间接承认了它们的合法性。"①

社区贷款机构承诺："我们未改初衷"

消费者团体未能成功说服美联储采取更多措施保护消费者免受掠夺性放贷的欺诈。 他们还游说银行向中低收入社区投资，为这些社区提供贷款。 银行对此的承诺有时也被称为"社区再投资"承诺（CRA Commitments）或"社区发展承诺"。 这些承诺不受 1997 年《社区再投资法案》等法律的约束。 事实上，承诺贷款常常超出《社区再投资法案》的范围。 例如，承诺贷款经常发放给超过《社区再投资法案》收入规定的个人，又或是《社区再投资法案》覆盖范围之外的地区，又或是《社区再投资法案》未提及的少数族群。 银行要么与这些社区团体签订协定，要么单方面保证对特定社区或人群提供贷款和投资。

21 世纪初并购狂潮期，为了迎合民意，银行经常做出这些承诺。 最著名的是花旗集团于 1998 年并购旅行者集团后提出承诺 1150 亿美元的贷款和投资，其中包括抵押贷款。 随后，花旗集团在 2002 年收购加州联邦银行（California Federal Bank）时，又做出了 1200 亿美元的承诺。 美国银行 2004 年与舰队波士顿金融公司（Fleet Boston Financial Corp.）合并时，宣布其迄今为止的最大资金承诺：10 年内达到 7500 亿美元的贷款和投资。 摩根大通在并购纽约化学银行（Chemical Bank）和第一银行公司（Bank One Corporate）时分别宣布了 181 亿美

---

① Lisa Madigan, written testimony for the FCIC, First Public Hearing of the FCIC, day 2, panel 2：Current Investigations into the Financial Crisis—State and Local Officials, January 14, 2010, p. 12.

元和8000亿美元的资金承诺。全国社区再投资联盟估计，1977~2007年承诺总值高达4.5万亿美元，其中抵押贷款占了很大一部分。①

虽然银行在新闻发布会上大肆宣传这些承诺，全国社区再投资联盟却说自己和其他社会团体都无法证明这些贷款真的发放了。② 调查委员会多次要求美国银行、摩根大通、花旗集团和富国这四家美国最大的银行提供其"社区再投资和社区贷款承诺"信息。这些银行的回应是已经履行了大部分承诺。但根据提供的文件看，各银行对社区团体投入的金额要比他们单方面保证的少很多。此外，各银行许诺的贷款范围通常超出《社区再投资法案》的规定，比如，贷款对象还包括少数族群和中高收入者。此外，摩根大通8000亿"社区发展计划"中，仅有22%符合《社区再投资法案》的要求。③ 即使美国银行把所有贷款，包括向中低收入者和少数族群提供的抵押贷款都计在它的承诺内，也仅有一半多一点的贷款承诺符合《社区再投资法案》的要求。

这些贷款中有很多风险并不高，这并不奇怪，因为这种定义宽泛的贷款一定包括向信用记录良好的借款人发放的贷款，低收入信用不佳或信用欠佳的借款人则不是。事实上，花旗集团承诺在2002年发放800亿美元抵押贷款，都是向中低收入家庭、中低收入社区和少数族群提供的"完全优级贷款"。这些贷款表现还不错。④ 摩根大通最大一笔社区承诺提供给了芝加哥社区再投资联盟：11年内提供120亿美元贷款。2004~2006年发放的贷款中，逾期未付超过90天的贷款不到5%，甚至到2010年底也是这样。⑤ 美联银行做出了1000亿美元的单边承诺，2004~2006年发放的120亿抵押贷款中，逾期未付超过90天的贷款仅占约7.3%。而全美平均水平为14%。⑥ 美联银行贷款之所以有相对较好的表

---

① Commitments compiled at National Community Reinvestment Coalition, "CRA Commitments" (2007).
② Josh Silver, NCRC, interview by FCIC, June 16, 2010.
③ Data references based on Reginald Brown, counsel for Bank of America, letter to FCIC, June 10, 2010, p. 2; Jessica Carey, counsel for JP Morgan Chase, letter to FCIC, December 16, 2010; Brad Karp, counsel for Citigroup, letter to FCIC, March 18, 2010, in response to FCIC request; Wells Fargo public commitments 1990 - 2010, data provided by Wells Fargo to the FCIC.
④ Karp, letter to FCIC, March 18, 2010, in response to FCIC request.
⑤ Carey, letter to FCIC, December 16, 2010, p. 9; Brad Karp, counsel for JP Morgan, letter to FCIC, May 26, 2010, p. 10. 570 Notes to Chapter 7.
⑥ 调查委员会计算依据：Federal Housing Finance Agency, "Data on the Risk Characteristics and Performance of Single-Family Mortgages Originated in 2001 - 2008 and Financed in the Secondary Market" (August 2010), Table 1 - C; 该报告包含了由政府支持企业所购买或证券化的贷款和由非政府机构证券化的贷款。富国银行提供的到期未付数据涵盖了其81%的贷款。

现，一部分原因是贷款主要发放给相对稳定的东南部地区，另一部分原因是借款人的信用较好。

《社区再投资法案》生效后的头几年，美联储在考虑批准金融机构合并时，还是比较看重它们的"社区再投资"承诺。1989年2月，情况却发生了变化，美联储否决了美国大陆银行（Continental Bank）与大峡谷州立银行（Grand Canyon State Bank）合并的申请，声称该银行改善社区服务的承诺不能冲抵其不良贷款记录。① 1989年4月，美国联邦存款保险公司、货币监理署和美国储蓄监理局的前身联邦住宅贷款银行委员会（Federal Home Loan Bank Board, FHLBB）与美联储联合宣布，只有令人满意地解决"特定问题"之后，②才会在并购时将金融机构向监管机构做出的"社区再投资"承诺考虑在内。

美联储内部文件和公开声明表明，美联储在评估并购时，从未考虑过金融机构对社会团体的承诺，也未强迫它们对社会团体做出资金承诺。 正如前美联储官员格伦·洛尼向美联储工作人员说的那样："一开始我们就没打算强迫银行必须承诺给……社会团体资金，以此作为可以申请获批的条件。"③

事实上，1995年修改后的《社区再投资法案》明确表示，美联储将不会考虑金融机构对第三方的承诺，或强迫它们执行以前与第三方签订的协议。 规则声称"金融机构与（第三方）协议履行情况的记录并不是《社区再投资法案》的绩效标准"。④ 然而，各银行仍然强调过去的表现，并且保证未来的承诺。 例如，1998年，国民银行宣布与美国银行合并时，还宣布了一个为期10年的3500亿美元的投资承诺，其中1150亿美元用于经济适用房贷款，300亿美元用于个人消费贷款，1800亿美元用于资助小企业，250亿美元用于经济发展，100亿美元用于社区发展。

因为两家银行规模很大，这次合并可能是当时最具争议的并购案。 美联储举行了四次公开听证会，收到了大约1600条意见。 支持并购者赞扬银行做出的

---

① "Orders Issued Under the Bank Holding Company Act," Federal Reserve Bulletin 75, No. 4（April 1989）:304.

② "Statement of the Federal Financial Supervisory Agencies Regarding the Community Reinvestment Act," Federal Register 54（April 5, 1989）:13742. This remains the interagency policy. "Community Reinvestment Act: Interagency Questions and Answers Regarding Community Reinvestment; Notice," Federal Register 75（March 11, 2010）:11666.

③ Glenn Loney, interview by FCIC, April 1, 2010.

④ "Community Reinvestment Act Regulations and Home Mortgage Disclosure; Final Rules," Federal Register 60, No. 86（May 4, 1995）:22155 −223.

社区投资承诺，而反对者谴责其缺乏实质。美联储内部员工备忘录建议批准合并，并反复提到美联储坚持不考虑这些承诺："美联储认为社区再投资承诺协议，是非官方当事方之间的协议，委员会并没有促进、监管、判断、要求或强制执行协议或协议的特定部分……不管有没有非官方协议，国民银行仍然有义务满足包括'低收入和中等收入'地区在内的整个社会的信贷需求。"[①]

美联储在并购批准令中提到了承诺，但是进而声明"申请者必须证明无须依赖任何其他计划或承诺，按照《社区再投资法案》要求有令人满意的绩效记录……美联储认为，《社区再投资法案》计划无论是作为一项计划或是一项可实施的承诺，在本合并案中与相关企业已取得的绩效表现无关"。[②]

那么，这些承诺是意义重大的一步，或者仅仅是一种姿态？花旗银行的总经理利劳埃德·布朗（Lloyd Brown）告诉调查委员会，大多数承诺本来应该在正常业务中履行。[③] 说到2007年对国民银行的并购，美国银行全球企业社会责任部主任安德鲁·布莱勒（Andrew Plepler）告诉调查委员会："并购会引起社会极大关注。有时候，在被并购银行进行投资的社区民众看来，一加一并不等于二……因此，我们所要做的是坚持继续放贷和投资的立场，这样我们生活和工作的社区才会继续保持繁荣。"他进一步解释说，银行保证的资金是通过与"商业伙伴的紧密合作"得以实现的，这些商业伙伴在将来会继续开展满足社区放贷目标的商业活动，向社区民众保证借贷和投资行为将一如既往地进行下去。[④]

总而言之，银行承诺将继续一贯的做法，而社区组织则得到该得的保证。

银行资本标准："套利"

尽管美联储反对为消费者实施更强的保护，但是，它吸取了1998～1999年第一代次级贷款机构遭受严重风险的教训：当时吉斯通银行和超级银行持有的次级证券化资产被证明高估，走向破产。美联储和其他监管机构因此调整了银行和储蓄机构的证券化资本要求。

---

① Division of Consumer and Community Affairs, memorandum to Board of Governors, August 10, 1998.
② Federal Reserve Board press release, "Order Approving the Merger of Bank Holding Companies," August 17, 1998, pp. 63–64.
③ Lloyd Brown, interview by FCIC, February 5, 2010.
④ Andrew Plepler, interview by FCIC, July 14, 2010.

2001年10月，监管机构推出"追索权规则"来规定银行持有证券化资产所必须具有的资本量。如果某家银行对一项抵押贷款证券的剩余贷款仍持有利息（正如吉斯通、超级银行以及其他银行所为），那么对应每一美元利息，它就必须准备一美元的资本。这个规定似乎是有道理的，因为在这种情况下，如果资产池的贷款遭受损失，银行最先受到冲击。而过去的规则则要求银行用8%的资本来保障剩余利息和其他证券化资产可能遭受的损失。吉斯通和其他银行严重低估自身风险并且持有资本不足，而监管机构给他们开了绿灯。讽刺的是，因为新规需要银行持有100%剩余利息的资本，这使得银行更倾向于出售证券化资产的剩余利息，这样一来，当贷款成为坏账时，银行就不再是第一个受害者。

"追索权规则"同时对资产支持证券做了规定。资本金要求直接和评级机构对资产池中各级产品的评估挂钩。对持有AAA级或AA级证券的银行，资本金要求远远低于持有低级证券的银行资本金要求。例如，投资于AAA级或者AA级抵押贷款证券的每100美元，资本要求仅为1.6美元（相当于政府支持企业担保证券的标准）。但是，同样数量的资本投资BB级证券，资本要求为16美元，是前者的10倍。

银行可以把资产池中的贷款证券化，而不是在账上将其计作全额贷款，从而轻而易举地降低因拥有贷款而必须持有的监管资本。比如某银行账上要是有100美元的抵押贷款，就必须相应地有5美元监管资本，包括应对非预期损失的4美元和应对预期损失的1美元。但是，如果银行创造了100美元的抵押贷款担保证券，并按级出售，然后购回所有级别的证券，那么银行的监管资本只要达到大约4.1美元就行[①]。美联储经济学家戴维·琼斯（David Jones）在接受调查委员会面谈时说："监管资本套利确实影响了银行的决策，但不是唯一的影响因素。"他曾在2000年写了一篇关于监管资本的文章[②]。

最终的比较结果是，在银行监管资本标准下，一张100美元AAA级企业债券需要8美元监管资本，是AAA级抵押支持证券的五倍。抵押支持证券和企业

[①] 假设AAA级占75%（MYM 1.20），AA级占10%（MYM 0.20），A级占8%（MYM 0.30），BBB级占5%（MYM 0.40），权益级占2%。见Goldman Sachs，"Effective Regulation: Part 1, Avoiding Another Meltdown，" March 2009, p. 22.

[②] David Jones, interview by FCIC, October 19, 2010. See David Jones, "Emerging Problems with the Basel Capital Accord: Regulatory Capital Arbitrage and Related Issues，" *Journal of Banking and Finance* 24, nos. 1–2 (January 2000): 35–58.

债券不一样,它最终由房地产担保。

新规使评级机构掌握操纵权。一个银行所需监管资本的数额部分取决于它持有的证券评级。将监管资本标准与评级机构的意见绑定,在危机出现时就会招致批评。前财长亨利·鲍尔森在委员会作证时说,这是"危险的拐杖"[①]。但是,美联储的琼斯指出这比"让银行自己评定自己的风险"要好得多。他说,让银行自己评定风险"很可怕",并指出银行已经要求美联储降低监管资本要求,理由是评级机构太过保守。[②]

与此同时,银行和监管者并没有想到AAA级抵押贷款支持证券会遭受巨大损失;因为这些证券被认为是最安全的投资之一。他们同样也没有想到预期损失导致其信用等级下降;企业必须因此提供更多监管资本,并且一旦在银行为筹措资本而出售证券时信用等级被下调,就意味着根本没有买家。所有的这些会在几年内接踵而至。

调查委员会结论

委员会认为高风险抵押贷款正无限制地增长。不可持续的有毒贷款污染了整个金融体系并引发了房地产泡沫。

次级贷款得到了主要金融机构的大力支持,花旗集团、雷曼兄弟、摩根士丹利等公司收购了次级贷款发行机构。另外,主要金融机构通过向这些机构提供信用额度、证券化资产,购买抵押物以及其他机制加速刺激了抵押贷款的增长。

监管当局未能控制高风险住房抵押贷款。美联储尤其未能履行其法定监管责任,未能建立并维持审慎的放贷标准,也没能防止掠夺性放贷行为的发生。

---

① Henry Paulson, testimony before the FCIC, Hearing on the Shadow Banking System, day 2, session 1: Perspective on the Shadow Banking System, May 6, 2010, transcript, p. 34.

② Jones, interview.

第七章

抵押贷款机器

2004年,各商业银行、互助储蓄银行和投资银行追赶上了房利美和房地美住房贷款证券化的步伐,并于2005年超过"两房"。尽管这两家美国政府支持企业在贷款限额内保持了优级贷款证券化的垄断地位,但是受较低稳定利率吸引的优质借款人利用住房贷款再融资的浪潮逐渐平息下来。与此同时,华尔街把注意力放在政府支持企业无法购买和证券化的高收益贷款上,包括规模巨大的大额房贷和不符合政府支持企业标准的非优级贷款。非优级贷款迅速成为市场主流——向信用水平较低的借款人发放的次级贷款,以及向信用水平较高的借款人发放的比优级贷款风险高的次优级贷款。①

到2005年和2006年,华尔街证券化贷款的金额比房利美和房地美高出三分之一。仅在两年内,非政府机构抵押支持证券增长了30%以上,于2006年达到1.15万亿美元;其中71%是次级或次优级贷款。②

许多投资者愿意——或是受监管机构鼓励,或是迫于监管规定只能购买评级机构给出高评级的证券。由于其他高评级资产收益较低,投资者渴望购买华尔街高收益抵押贷款担保的抵押证券——这些抵押贷款是发放给那些有非传统特点、贷款证明不全、没有贷款证明("无核凭贷款")或者在某种程度上未达到严格承销审核标准的次级借款人的。

"抵押贷款证券化可被看做工厂流水线,"花旗集团前任首席执行官查尔

---

① 例如,某笔次优贷款可能要求借款人提供部分收入证明或者不用证明,或者该笔贷款的贷款房价比比较高,又或者贷款目的是投资人的某笔资产。

② Inside Mortgage Finance, The 2009 Mortgage Market Statistical Annual, Vol. 2, The Secondary Market (Bethesda, MD: Inside Mortgage Finance, 2009), p. 9, "Mortgage & Asset Securities Issuance" (showing Wall St. securitizing a third more than Fannie and Freddie); p. 13, "Non-Agency MBS Issuance by Type." FCIC staff calculations from 2004 to 2006 (for growth in private label MBS).

斯·普林斯告诉金融调查委员会说："次级抵押贷款就像证券化过程中的原材料，而事后看来，这些贷款的质量越来越差也在情理之中。在生产过程的最后阶段，由于原材料质次有害，所以从流水线的终端生产出来的产品也是质次有害的。华尔街显然参与了这个生产流程。"①

这些抵押贷款的发起和证券化还依靠来自影子银行系统的短期融资。投资银行不像商业银行和互助储蓄银行那样可以依靠存款，其更多依赖于来自货币市场基金和其他投资者的现金资金，主要是商业票据和回购债券。1995年到2003年，房价已增长91%，而这些热钱和证券化工具促使房价在2004年初的基础上又增长了36%，于2006年4月达到顶峰——而同期住房自有率不断下降。这期间获益最大的地区均为"沙漠之州"：譬如洛杉矶郊区（54%），拉斯维加斯（36%），奥兰多（72%）。

国外投资者："不可抗拒的获利机会"

从2003年6月到2004年6月，美联储一直将联邦基准利率维持在1%以下，以刺激2001年以来低迷的美国经济。随着通货紧缩忧虑消除，美联储先后17次提高利率25个基点，将利率逐步提高到5.25%。

有人认为，美联储利率过低、时间过长。斯坦福大学经济学家、分管国际事务的前美国副财长约翰·泰勒将这次危机主要归咎于美联储的这种做法。他在接受调查委员会面谈时称，如果美联储遵循其一贯做法，短期利率本来会很高，从而抑制对抵押贷款的过度投资。泰勒说，"房地产的发展本来不应该这么火暴，甚至根本都不会出现火暴的情况，而房地产泡沫的破裂本来也不该如此剧烈。"②其他人的言语则更为尖锐。西雅图一家货币管理公司的总裁威廉·A. 弗雷根斯坦（William A. Fleckenstein）写道："格林斯潘用世界上最大的房地产泡沫来解救世界上最大的抵押资产权益泡沫。"③

美联储现任主席伯南克和前任主席格林斯潘都不同意这种说法。他们认为，购买房屋的决定取决于抵押贷款的长期利率，而不是美联储所控制的短期利

---

① Charles O. Prince, interview by FCIC, March 17, 2010.
② John Taylor, interview by FCIC, September 23, 2010.
③ William A. Fleckenstein and Frederick Sheeham, Greenspan's Bubbles: The Age of Ignorance at the Federal Reserve (New York: McGraw-Hill, 2008), p. 181.

率。并且长期利率和短期利率已经脱钩。格林斯潘说："1971~2002年，美联储的基金利率和抵押贷款利率同步运行。"① 当美联储在2004年提高利率时，政府官员预期抵押贷款利率也将提高，从而减缓增长。然而，抵押贷款利率在接下来的一年中继续下降。建筑业仍继续建房，2006年1月新开工房屋数量达到227万套——为30年以来的新高。

2005年格林斯潘告诉国会，这是一个"难题"。② 一个理论把矛头对准了外国资本。发展中国家发展迅速，由于过去易受金融问题的影响，因此鼓励高储蓄。这些国家的投资者将存款投在美国既安全收益又高的证券上。美联储主席伯南克称之为"全球储蓄过剩"。③

美国存在庞大的经常账户逆差，流入美国的资本量空前地高。2002~2006年的几年中，国外政府公共实体持有的美国财政债务由0.6万亿美元增至1.43万亿美元；而公众持有的美国债务比例从18.2%增加到28.8%。国外投资者也购买了房利美和房地美担保的证券。"两房"证券由于暗含政府保证，因此似乎与国债一样安全。1998年亚洲金融危机结束时，国外投资者对政府支持企业证券的持有量与十年前持平，约为1860亿美元。仅在两年后，也就是2000年，国外投资者持有的政府支持企业债券达到3480亿美元；2004年则达到了8750亿美元。美联储前委员弗雷德里克·米什金（Frederic Mishkin）在接受调查委员会采访时称："有大量资产流入美国。这种情况很独特：像中国这样的贫穷国家，由于自身金融体系薄弱，因此将钱投到美国等发达国家，比把钱放在自己国家里获得的收益要高得多。美国充斥着流动资产，从而降低了长期利率。"④

国外投资者寻求一种高级的、几乎与国债和政府支持企业证券一样安全，又有较高回报率的贷款。他们看中了从华尔街抵押贷款证券化机器中涌出的AAA级资产。加州大学伯克利分校的经济学家皮埃尔－奥利维尔·古林普斯（Pierre-Olivier Gourinchas）在接受调查委员会采访时称，海外需求推高了证券

---

① Alan Greenspan, "The Fed Didn't Cause the Housing Bubble," Wall Street Journal, March 11, 2009. See also Ben Bernanke, "Monetary Policy and the Housing Bubble," speech at the Annual Meeting of the American Economic Association, Atlanta, Georgia, January 3, 2010.

② Alan Greenspan, testimony before the Senate Committee on Banking, Housing, and Urban Affairs, 109th Cong., 1st sess., February 16, 2005.

③ Fed Chairman Ben S. Bernanke, "The Global Saving Glut and the U. S. Current Account Deficit," remarks at the Sandridge Lecture, Virginia Association of Economics, Richmond, Virginia, March 10, 2005.

④ Frederic Mishkin, interview by FCIC, October 1, 2010.

化债券价格,这"给美国金融体系带来了不可抗拒的获利机会,即通过将高风险的资产捆绑,出售高级债券,从而设计出'准'安全债券"。①

普林斯顿大学经济学家保罗·克鲁格曼在接受调查委员会采访时称:"想到金融危机,就不能不考虑国际金融资本流动。大规模资本流入促成了美国房地产泡沫,也造成了西班牙、爱尔兰和波罗的海诸国的泡沫。简而言之,金融危机是由于金融体系缺乏监管和大规模国际资本流动不断扩大的结果。"②

抵押贷款:"良好的贷款"

再融资的繁荣一去不回,但发起人仍然需要抵押贷款卖给华尔街。由于价格不断上涨,他们需要能使迫不及待的借款人买得起高价房的新产品。这样的抵押贷款产品风险更大、更冒进,在为投资者带来更高收益的同时,也给借款人带来更大风险。责任贷款中心在 2006 年警告称:"持有次级贷就像下高风险的赌注。"③

次级贷发行份额从 2003 年的 8% 上升到 2005 年的 20%。④ 约有 70% 次贷借款人运用了像 2/28s 和 3/27s 这样的混合可调息抵押贷款(ARMs)。这些贷款在开始的两三年中采取较低的初始优惠利率,之后会定期调整利率。⑤ 优级借款人也选择了可选型抵押贷款工具。2003~2005 年,次优级债券的美元成交量增长了 350%。⑥ 这些贷款至少在一开始,能使借款人负担得起更贵的住房。广受欢迎的次优级产品包括只付息抵押贷款和选择支付型 ARMs。选择支付型 ARMs 允许借款人每月选择还贷方式——包括会实际增加本金的支付方式——欠付的利息会加到本金里去,称为负摊销。当还款余额达到一定程度,贷款就会转为固定利率的抵押贷款,使月供大幅增长。选择支付型 ARMs 在抵押贷款中

---

① Pierre-Olivier Gourinchas, written testimony for the FCIC, Forum to Explore the Causes of the Financial Crisis, day 1, session 2:Macroeconomic Factors and U. S. Monetary Policy, February 26, 2010, pp. 25 – 26.

② Paul Krugman, interview by FCIC, October 6, 2010.

③ Ellen Schloemer, Wei Li, Keith Ernst, and Kathleen Keest, "Losing Ground:Foreclosures in the Subprime Market and Their Cost to Homeowners, " Center for Responsible Lending, December 2006, p. 22.

④ 2009 Mortgage Market Statistical Annual, Vol. 1, The Primary Market, p. 4, "Mortgage Originationsby Product. "

⑤ Christopher Mayer, Karen Pence, and Shane M. Sherlund, "The Rise in Mortgage Defaults, " Journal of Economic Perspectives 23, No. 1 (Winter 2009):Table 2, Attributes for Mortgages in Subprime and Alt – A Pools, p. 31.

⑥ 2009 Mortgage Market Statistical Annual, 2:13, "Non-Agency MBS Issuance by Type. "

所占比重从2003年的2%增至2006年的9%。①

与此同时，非优级贷款和优级贷款的承保标准降低了。反映第一、第二甚至第三次抵押贷款的综合贷款房价比上升。债务收入比攀升，而非自有不动产贷款利率同样上涨。房利美和房地美的抵押贷款市场份额从2003年的57%跌至2004年的42%，而到2006年已降至37%。②取而代之的是非政府机构担保抵押证券，也就是说这些证券不再是由政府支持企业发行和担保的。

在这个新市场中，发行商竞争激烈；而国民金融公司拔得头筹。③从2004年到2007年市场崩溃，它是最大的抵押贷款发行商。尽管国民金融公司濒临破产，公司的联合创始人和首席执行官安吉罗·莫兹罗（Angelo Mozilo）也称其抵押贷款投资组合中有许多"有毒"贷款，他在接受调查委员会调查时，仍然认为这家拥有40年历史的公司，曾帮助了2500万人购房，并且通过向少数族裔（这些人在历史上饱受歧视）提供贷款而阻止了社会动荡。"国民金融公司是美国历史上最伟大的公司之一。它对美国社会及其凝聚力做出的贡献超越美国史上任何一家公司。"④向购房者提供贷款只是公司业务的一部分。国民金融公司董事长和首席运营官戴维·桑波尔（David Sambol）在与调查委员会面谈时称，只要贷款不会损害公司财务和名誉，那么国民金融公司就只是"把证券卖给华尔街的卖家"。该公司的核心商业战略是"发行能在二级市场流通的产品"。⑤ 2002~2005年，在该公司发行的1.5万亿美元抵押贷款中，有87%出售或者证券化。

2004年，莫兹罗宣布了一个大胆的目标，抢占发行市场30%的份额以获取市场主导地位。⑥国民金融公司当时的市场份额是12%，但是它还面临来自美

---

① 2009 Mortgage Market Statistical Annual, 1：6, "Alternative Mortgage Originations"; previous data extrapolated in FCIC estimates from Golden West, Form 10-K for fiscal year 2005, and Federal Reserve, "Residential Mortgage Lenders Peer Group Survey: Analysis and Implications for First Lien Guidance," November 30, 2005.

② Inside Mortgage Finance.

③ Countrywide, 2005 Form 10-K, p.39; 2007 Form 10-K, p.47（showing the growth in Countrywide's originations）.

④ Angelo Mozilo, email to Sambol and Kurland re: Sub-prime Seconds. See also Angelo Mozilo, email to Sambol, Bartlett, and Sieracki, re: "Reducing Risk, Reducing Cost," May 18, 2006; Angelo Mozilo, interview by FCIC. September 24, 2010.

⑤ David Sambol, interview by FCIC, September 27, 2010.

⑥ See Countrywide, Investor Conference Call, January 27, 2004, transcript, p.5. See also Jody Shenn, "Countrywide Adding Staff to Boost Purchase Share," *American Banker*, January 28, 2004.

利斯凯斯特、新世纪金融、华互银行等公司的激烈竞争。他们的竞争手段是将数年前开发的产品转变为利基产品发行，但是转变后产品风险更大、发行更广。之前就职于新世纪金融公司的反欺诈专家帕特丽夏·琳赛（Patricia Lindsay）在与国民金融公司约谈时说：" 良好贷款的定义已经从'能够偿还的贷款'转变为'能卖得出去的贷款'。"①

2/28s 和 3/27s："为可支付性做出调整"

过去，使用混合 ARM 2/28s 和 3/27s 的抵押贷款可以修复信用受损者的信用。获得这种贷款后，在还贷开始的两三年中利率较低，意味着借款人能够应付还款，从而证明他们有能力及时还款。但到后期利率骤增，还款额会增至两倍甚至三倍，留给借款人的选择余地很小：如果他们已经建立了可靠的信用，那么他们可以向同一家贷款机构进行再融资，申请类似的或利率优惠一些的抵押贷款；②如果他们无法再融资，那么借款人很可能无力继续还款，不得不变卖房屋以支付欠款。如果他们既无力继续还贷，房子也卖不出，那么他们也只能违约了。

但 2000 年以后，随着房价上涨，2/28s 和 3/27s 发挥了新的作用：帮助人们购得房产或者搬进更大的房子。安德鲁·戴维森公司（Andrew Davidson & Co.）的董事长、抵押贷款市场资深投资人安德鲁·戴维森在接受调查委员会面谈时称，"由于房价越来越贵，我们必须调整抵押贷款偿付额度，因为我们无法左右借款人的收入。"③贷款人给予借款人较低的初始优惠利率，但很少考虑当利率重置后他们的处境。混合 ARM 成为次级抵押贷款市场的主力。

包括"民权领袖会议"等消费者保护团体强烈谴责 2/28s 和 3/27s。他们说，这些贷款既不能恢复借款人的信用也不能把他们由租户变为房东。2007 年夏天，全美社区再投资联盟的戴维·贝瑞堡（David Berenbaum）在国会作证时称，"借贷行业导致市场上充斥着像 2/28s 和 3/27s ARM 这样的特异贷款。还贷初期过后，这些贷款的利率飙升，使借款人不堪重负。"④在反对者看来，这

---

① Patricia Lindsay, written testimony for the FCIC, hearing on Subprime Lending and Securitization and Government-Sponsored Enterprises (GSEs), day 1, sess. 2: Subprime Origination and Securitization, April 7, 2010, p. 3.
② Andrew Davidson, interview by FCIC, October 29, 2010.
③ 2 Ibid.
④ David Berenbaum, testimony before Senate Committee on Banking, Subcommittee on Housing, Transportation and Community Development, 110th Cong., 1st sess., June 26, 2007.

些抵押贷款是贷款人剥夺低收入借款人资产的一种方式。这些贷款包含着巨额还款，并记入抵押贷款中，使调息时抵押贷款的价值很可能会超过房屋本身价值。如果借款人无法再融资，那么贷款人会取消抵押品的赎回权，在不断上涨的房地产市场中成为房东。

1980年选择性ARM开始进入市场时，也仅是利基产品（niche products），但是到2004年，由于还贷额要比传统抵押贷款低，开始成为借款人的贷款选择之一。在房地产繁荣时期，很多借款人仅需支付最低月供加上本金余额就行。

较早销售ARMs的是成立于1929年的金西储蓄银行（Golden West Savings），位于加利福尼亚州奥克兰市，该互助储蓄银行1963年被马里恩和赫伯特·桑德勒公司（Marion and Herbert Sandler）收购。1975年，桑德勒（Sandlers）将金西（Golden West）和世界储蓄银行（World Savings）合并为金西金融公司（Golden West Financial Corp.），通过世界储蓄银行管理运营各个分支机构。1981~2005年期间，金西储蓄银行发行了2740亿美元的选择性ARMs。[1] 和其他的抵押贷款公司不同，金西持有这些贷款。

桑德勒告诉调查委员会说，金西公司的选择性ARMs产品在市场上销售时叫做"择日还贷"（"Pick-a-Pay"），该产品是同行业中损失最小的。即使是在金西公司被美联银行收购之前的2005年，由于证券投资组合基本上全是选择性ARMs，公司损失也低于行业水平。桑德勒认为，金西公司表现优异是因为公司尽职尽责地进行产品模拟试验，比如，模拟利率升降对贷款的影响，房价下跌了5%甚至10%又会对贷款产生什么影响，等等。桑德勒说："在过去二十五年里，各种模拟完全准确，从来没因为贷款结构问题导致债务拖欠，更没有损失或者止赎现象。"[2]但是2006年，美联银行收购了金西公司，房地产市场逐渐恶化，随后"择日还贷"证券投资组合的贷款销账率便突然从0.04%上升到了2008年9月的2.69%，止赎现象也开始出现。

好几年前，美国国民金融公司和华互银行这样的机构增发了选择性ARMs，使得产品更容易发生支付冲击。在金西公司，当贷款期达到十年之后，或者未偿还本金余额增加到初始规模的125%时，"择日还贷"抵押贷款就会实行新的固定利率。美国国民金融公司和华互银行实行的是贷款五年后，或者当本金达

---

[1] Email and data attachment from former Golden West employee to FCIC, subject: "re: GoldenWest Estimated Volume of Adjustable Rate Mortgage Originations," December 6, 2010.

[2] Herbert Sandler, interview by FCIC, September 22, 2010.

到初始规模的110%，就会实行新的利率。 这两家银行还提供了低至1%的初始利率，贷款房价比高至100%。 这些都使得借款人的应付账款增长幅度加大，速度加快，缓冲机会减少。

2002年，华互银行超过国民金融公司，成为第二大抵押贷款发行银行。 自1986年以来，华互银行就开始发行选择性ARMs。 2003年华互银行进行的一项研究（参议院常务调查委员会引述）指出："选择性ARMs是获利最大的抵押贷款①，华互银行应该探究怎么做才能增加它的销量"。 他们通过焦点小组访谈发现，很少有消费者申请选择性ARMs这个产品，因为看上去不那么诱人。② 研究发现，这种产品最大的卖点就是要让顾客明白，与固定利率贷款相比，购买选择性ARMs的月供要低得多。③ 研究同时发现，很多华互银行的经纪人并不看好这些贷款。④ 一个受调查者说："很多贷款咨询顾问都不信任这些产品，认为它们对顾客'不好'。 我们必须扭转这种思维方式。"⑤

尽管存在这些挑战，华互银行的选择性ARMs的发行量还是从2003年的300亿美元飙升到2004年的680亿美元。 2004年选择性ARMs占华互银行证券发行量的一大半，成为其主打可调息家庭住房贷款产品。⑥ 该产品平均FICO信用积分是700，完全属于"优级产品"范围，其中大约三分之二是巨额房贷，抵押贷款额超过了房利美和房地美这两家公司可以购买和承保的最大额度。⑦ 这些产品一大半卖给了加州消费者。⑧

在2005年第二个季度里，国民金融公司的选择性ARMs发行量达到145亿美元的高峰，该季度发行贷款占所有贷款的25%，但代价是公司不得不放松了审核标准。⑨ 2004年7月，国民金融公司决定将房屋评估价值的90%贷出，

---

① Washington Mutual, "Option ARM Focus Groups—Phase II," September 17, 2003; Washington Mutual, "Option ARM Focus Groups—Phase I," August 14, 2003, Exhibits 35 and 36 in Senate Permanent Subcommittee on Investigations, exhibits, *Wall Street and the Financial Crisis: The Role of High Risk Home Loans*, 111th Cong., 2nd sess., April 13, 2010（hereafter cited as PSI Documents）, PDF pp. 330-51, available at http://hsgac.senate.gov/public/_files/Financial_Crisis/041310Exhibits.pdf.
② PSI Documents, Exhibits 35 and 36, pp. 330-51.
③ PSI Documents, Exhibits 35 and 36, pp. 330-51, 334.
④ PSI Documents, Exhibits 35 and 36, p. 345.
⑤ PSI Documents, Exhibits 35 and 36, p. 346.
⑥ Washington Mutual, "Option ARM Credit Risk," August 2006, PSI Document Exhibit 37, p. 366.
⑦ PSI Documents Exhibit 37, p. 366, showing average FICO score of 698; p. 356; comparing conforming and jumbo originations.
⑧ Ibid., p. 357.
⑨ Document listing Countrywide originations by quarter from 2003 to 2007, provided by Bank of America.

而之前是80%，此外，还把最低信用评分降低到620。① 2005年初，国民金融公司再次放宽标准，把组合贷款价值比（包括二级资产抵押贷款）增至95%。②

这些贷款的风险不断上升。2003～2005年，平均贷款房价比上升了大约4%，综合贷款房价比上升了大约6%，债务收入比从34%增长到38%，这些都说明借款人把更多的收入用在还贷上了。此外，在2005年这两个发行机构发行的选择性ARMs中，68%为信用证明文件不足的贷款。③ 对于选择性ARMs的投资者和投机者——即不准备把房屋作为主要居所的借款人，他们占总贷款人数的比例也上升了。

虽然贷款人仍在放贷，但上述变化令他们担忧。2004年9月和2005年8月，莫兹罗给高管发邮件说，这些贷款会带来"金融和信誉的灾难"。④ 他认为，国民金融公司不应该把这些贷款出售给投资者。莫兹罗给国民金融公司的首席执行官卡洛斯·加西亚（Carlos Garcia）写信说："投资者持有选择性贷款完全是一种商业投机行为，并不是我们以前成功运营的那种家庭住房贷款。炒房客们应该选择摩根大通银行或者是富国银行投资，而不是我们。你和你的团队应该站在我的立场来理解问题，我的看法是，选择性贷款本质上没有问题，问题在于借款人的资质和第三方发行者的滥用行为……如果目前找不到有效的产品，那就应该放缓银行的增长速度"。⑤

然而，国民金融公司没有放缓增长速度，选择性ARMs的发行量还在继续上升，从2004年的50亿美元增长到2005年的260亿美元，并在2006年达到330亿美元的顶峰。⑥ 由于这些贷款收益很大，2006年时，华互银行也保留了选择性ARMs，销售额超过600亿美元，其中大部分卖到了加州，其次是佛罗里达州。⑦ 然而，就是这些贷款在此次危机中遭受了巨额损失。

提到竞争对手国民金融公司和华互银行，美国富国银行的董事长兼首席执行官约翰·斯坦普（John Stump）回忆说富国银行虽然发行了很多高风险抵押贷款

---

① 国民金融公司2003年10月贷款计划指南（联合贷款房价比最大为80，FICO最低信用积分为680），2004年7月贷款计划指南（联合贷款房价比为90%，FICO积分为620分）。
② Countrywide Loan Program Guide, dated March 7, 2005.
③ Federal Reserve, "Residential Mortgage Lenders Peer Group Survey: Analysis and Implications for First Lien Guidance," November 30, 2005, pp. 6, 8.
④ Angelo Mozilo, email to Carlos Garcia (cc: Stan Kurland), Subject: "Bank Assets," August 1, 2005.
⑤ Angelo Mozilo, email to Carlos Garcia (cc: Kurland), subject: "re: Fw: Bank Assets," August 2, 2005.
⑥ Countrywide, 2005 Form 10-K, p. 57; 2007 Form 10-K, p. F-45.
⑦ See Washington Mutual, 2006 Form 10-K, p. 53.

证券，却避开了选择性 ARMs。他说："因为我察觉到收益和发行量都有所下降，于是做了这个艰难的决定。"①

整个市场中选择性 ARMs 的成交量在 2003～2006 年翻了两番，从 650 亿美元增长到 2550 亿美元。那时，华互银行和国民金融公司已经有大量的证据表明越来越多的借款人只支付最低还贷额，这意味着抵押贷款也已经成为负摊销贷款，也就是说他们的资产正在慢慢被侵蚀掉。国民金融公司的负摊销贷款选择性 ARMs 占比从 2004 年的 1% 增长到 2005 年的 53%，而到 2007 年则增长到 90% 以上。② 华互银行的情况是，2003 年 2%，2004 年 28%，2007 年 82%。③ 房价大幅下跌，加重了借款人的困境，负摊销贷款之后他们所剩的任何资产都会渐渐丧失价值。借款人欠付的抵押贷款远远高出其房屋的市场价值，因此纷纷放弃了房屋和抵押贷款。

来自加利福尼亚州再投资联盟的凯文·斯坦因向调查委员会作证说，选择性 ARMs 的出售方式不合理。他说："最明显的证据就是 2006 年夏天，美联储在旧金山召开了《住宅所有权与权益保护法案》听证会。在听证会上，母语为非英语的消费者证实，银行在向他们兜售选择性 ARMs 贷款时使用的是他们日常主要使用的语言，可是签署贷款文件时却只有英语版，而且其中很多条款很苛刻。一些消费者证实由于被经纪人彻底骗了，他们甚至无力偿付初期贷款。"④在北加州法律服务中心工作的地区法律顾问莫娜·塔瓦陶（Mona Tawatao）说，她帮助过的那些借款人"是被操纵或被骗去购买那些初期利率很诱人的选择性 ARMs 或是永远也不可能还完的择期还贷（pick-a-pay）产品。这些顾客大多数是老年人、有色人种、残疾人和英语水平较低的人，还有非裔美国老年人和拉丁美洲裔老年人"。⑤

承销标准："我们必须与光同尘"

还有一个会产生严重后果的变化。数十年来，优质贷款的首付比例一直是 20%（即贷款房价比率为 20%）。随着价格的不断上升，20% 的比率很难继续

---

① John Stumpf, interview by FCIC, September 23, 2010.
② Countrywide, 2007 Form 10-K, p. F-45; 2005 Form 10-K, p. 57.
③ Washington Mutual, 2007 Form 10-K, p. 57; 2005 Form 10-K, p. 55.
④ Kevin Stein, testimony before the FCIC, Sacramento Hearing on the Impact of the Financial Crisis-San Francisco, day 1, session 2: Mortgage Origination, Mortgage Fraud and Predatory Lending in the Sacramento Region, September 23, 2010, transcript, p. 72.
⑤ Mona Tawatao, in ibid., p. 228.

保持，因此从 2000 年开始，贷款人开始接受更低的首付款。

对于只能支付 20% 以下首付的借款人来说，总有地方获得贷款。一般来说，放贷机构会要求这些借款人购买私人抵押贷款保险，每月收取手续费。如果贷款以止赎告终，那么抵押贷款保险公司就会向放贷机构支付全部贷款。由于担心违约，政府支持企业在借款人没有购买保险的情况下，是不会购买或者承销首付款低于 20% 的抵押贷款的。放贷机构于是想出了个办法来免掉月手续费，从而降低了拥有房产的成本：即首付更低而且不需要上保险，不幸的是，这个做法对房产业主、房地产业和金融体系都不是好事。

放贷机构设置首付款有一定的自主权。1991 年，国会命令联邦监管机构为房地产放贷制定适用于银行和互助储蓄银行的标准，目标是"减少房地产放贷泛滥行为，从而减少存款保险基金的风险，提高保险存款机构的安全性和稳定性"。[①] 国会讨论了包括贷款房价比在内的各项标准，但是把最终决定权留给了监管机构。最终，监管机构拒绝为贷款房价比设定标准，或为家庭住房抵押贷款设定信用文件要求，他们的解释是："很多消费者担心，如果实施严格的贷款房价比，信贷会受到限制，放贷成本会增加，放贷灵活性下降，经济增长受阻，还会导致其他大家不希望看到的结果。"[②]

1991 年，由于高贷款房价比的贷款发展迅速，监管当局重新考虑了制定标准的问题。他们收紧放贷机构的报告要求，限制银行持有贷款房价比高于 90%、没有抵押贷款保险或其他保护措施的贷款额度。此外，还提示银行和互助储蓄银行建立内部指南来管理贷款风险。[③]

由于有了复式/猪背抵押贷款，高贷款房价比贷款很快就成为主流。贷款人提供大约房屋价值 80% 的第一抵押贷款和 10% 甚至 20% 的第二抵押贷款。这很符合借款人胃口，因为这些贷款的月供比需要贷款保险的传统抵押贷款便宜，并且利息可享受税收减免。放贷机构也喜欢这类贷款，因为第一次抵押贷款（虽然没有抵押保险）数额较低，可以卖给政府支持企业。[④]

[①] Real Estate Lending Standards, *Federal Register* 57（December 31, 1992）:62890.
[②] Real Estate Lending Standards, *Federal Register* 57（December 31, 1992）:62890.
[③] Office of the Comptroller of the Currency, Board of Governors of the Federal Deposit Insurance Corporation, Office of Thrift Supervision, "Real Estate Lending Standards: Final Rule," SR 93-1, January 11, 1993.
[④] Office of the Comptroller of the Currency, Board of Governors of the Federal Deposit Insurance Corporation, Office of Thrift Supervision, "Interagency Guidance on High LTV Residential Real Estate Lending," October 8, 1999.

不过，复式抵押贷款也增加了风险。综合贷款房价比越高的借款人，房屋抵押资产净值就越低。在房价上行的市场，借款人要是无力支付贷款，可以卖掉房屋摆脱负担。然而，如果市场上房价下跌而借款人无力还贷的话，其欠款有可能远比房屋价值更高。复式抵押贷款通常是零首付，如果房价下降，尤其是贷款时的估价高于房屋的最初价值，很多借款人可能会陷入深重的债务。

但是，复式抵押贷款却帮助像新世纪金融公司这样的抵押贷款市场的大玩家解决了一个大问题。要满足投资者的需求，就要找到新借款人，无力支付首付的家庭购房者群体是一片尚未开发的处女地。但是，到 2005 年 9 月份，在所有持有 2004 年发行的抵押贷款的借款人中，持有复式抵押贷款的借款人与其他人相比，还款拖欠达 60 天或以上的可能性要高 4 倍。新世纪金融的高层知道这些数据后，二级市场部的负责人要求"立刻思考对策"。尽管如此，新世纪金融公司还是增加了抵押贷款数量，到 2005 年底，复式抵押贷款占总贷款量的 35%，而 2003 年时仅有 9%。① 该公司不是个案，2001~2006 年，在所有的证券化次级抵押贷款中，平均综合贷款房价比从 79% 上升到了 86%。②

促销抵押贷款证券的另一种快捷方法是放宽对借款人的信贷信息要求。几年前就已经出现"自报收入"贷款或者"低凭核贷"（low documentation）（有时候甚至是无凭核贷 no documentation），主要是为收入不稳定或者很难核实收入的顾客提供的，比如个体经营者或者信用记录优秀的长期顾客。此外，如果贷款从各方面看很安全，那么放贷机构就可能不再对借款人核实信息。金西公司的桑德勒告诉调查委员会说"如果我设定的是 65%、75%、70% 的贷款房价比，那么我就不可能拿到所有的证明文件"，这个过程太烦琐而且没有必要。他对教师、会计、工程师等人群的收入知道得清清楚楚，而就算不知道，也很容易查到。他所需要做的只是核实一下借款人是不是真的在他们所说的工作单位工作就够了。如果他的推测错了，贷款房价比仍可以保护投资的安全。③

然而，在 2005 年左右，低凭核贷和无凭核贷的情况大有变化。非优级贷款机构当时号称无须提供大量申贷文件就能够迅速放贷，条件是他们的贷款利率更

---

① Final Report of Michael J. Missal, Bankruptcy Court Examiner, In RE: New Century TRS Holdings, Chapter 11, Case No. 07-10416（KJC），（Bankr. D. Del.），February 29, 2008, pp. 128, 149, 128.
② Yuliya Demyanyk and Otto Van Hemert, "Understanding the Subprime Mortgage Crisis," *Review of Financial Studies*, May 2009.
③ Sandler, interview.

高。 随后这种做法开始流行起来，2000~2007年，低凭核和无凭核贷款飞速增长，从占未偿付贷款总额的2%增长到大约9%。① 在所有次优级证券中，2006年发行的贷款中有80%是有限凭核或无凭核贷款。② 前银行监管者威廉·布莱克（William Black）向调查委员会证实，抵押贷款行业自身的反欺诈专家将借款人自报收入贷款看做是"向欺诈公然发出邀请"，这也解释了"骗子贷款"这一行业术语。③ 说到2005年花旗银行的贷款，在消费者借款方面经验丰富的银行家理查德·鲍恩告诉调查委员会说，"要想继续在这个行业混下去，就必须与光同尘，也开始买那些骗子产品。"④摩根大通的首席执行官吉米·戴蒙告诉委员会说，"在抵押贷款审核中，不知怎么搞的，我们没想到房价不会一直上升，也没想到仅有自报收入报告是不行的。"⑤

最终，次级贷和次优级贷机构孤注一掷，打赌房价会一路走高。 这是唯一能使抵押贷款机器继续运行下去的条件。 证据见抵押支持证券案例分析CMLTI 2006－NC2，这种证券与上文描述的产品有诸多相似之处。

此次交易中的4499笔贷款是由新世纪金融公司发行的可调息和固定利率住房抵押贷款。 这些贷款的平均本金为210536美元，低于2006年房价中位数221900美元，⑥大部分为30年期，90%以上的贷款是2006年5月、6月、7月发放的，那时候美国的住房价格刚达到顶峰。 据报道，贷款购置的房产中90%以上是首次置业，43%是自置居所，48%为再融资获得现金。 这些贷款遍布全美50个州和哥伦比亚特区，但是五分之一以上的贷款卖到了加利福尼亚州，十分之一以上卖到了佛罗里达州。⑦

贷款中80%以上是ARMs，其中多数为2/28s或3/27s。 这些混合型ARMs

---

① CoreLogic loan performance data for subprime and Alt－A loans, and CoreLogic total outstanding loans servicer data provided to the FCIC.

② Christopher Mayer, Karen Pence, and Shane M. Sherlund, "The Rise in Mortgage Defaults," *Journal of Economic Perspectives* 23, No. 1 (Winter 2009):32.

③ William Black, testimony for the FCIC, Miami Hearing on the Impact of the Financial Crisis, day 1, session 1:Overview of Mortgage Fraud, September 21, 2010, p. 27.

④ Richard Bowen, interview by FCIC, February 27, 2010.

⑤ Jamie Dimon, testimony before the FCIC, January 13, 2010, p. 60.

⑥ 这是一次范围很广的特殊交易，是以超额抵押为基础的信用增级结构；见Gary Gorton, "The Panic of 2007," paper presented at the Federal Reserve Bank of Kansas City's Jackson Hole Conference, August 2008, p. 23.

⑦ FCIC工作人员的估计BlackBox, S&P and Bloomberg。 到证券发行期，其中的八种从贷款池中被排除。 因此，这些估计数值可能和交易的招股说明书中公布的略微有所差别，因为招股说明书包括4499种贷款。

大都具有"物美价廉"的特点。例如，20%以上的ARMs是只还息型贷款，即在还贷开始的两年或三年，借款人只按很低的固定利率付息，而且无须支付本金。另外，40%以上的ARMs是"2/28混合体"贷款，这种贷款本金分四十年分期付款，进一步降低了月供，不过同时也意味着借款人在30年期末时需要支付最终本金。

资产池中多数资金由第一抵押贷款提供，其中，33%是对同一房产的复合抵押贷款，因此此次交易中三分之一以上的抵押贷款的综合贷款房价比在95%到100%，而且42%是无凭核贷，进一步加剧了风险。其余的是"完全凭核"的贷款，尽管不是所有的贷款的信用文件都十分齐全。① 总之，捆绑在这次交易中的贷款反映了整个市场的情况：金融产品复杂，其贷款房价比过高，几乎没有信用证明。尽管很多人警告说这些贷款组合结构有毒，但是监管当局对此却没有充分的认识。

联邦监管当局："不受州级法律约束大有益处"

多年来，有些州一直力图监管抵押贷款业务，尤其是希望取缔次级市场上激增的掠夺性抵押贷款。但是国民储蓄机构和银行及其各自的监管当局美国储蓄监督局和货币监理署却抵制各州的监管。银行机构声称，如果没有一套统一的规则，很难在全国范围内开展业务。而监管机构也赞同他们的说法。2003年8月，市场中高风险的次级贷和次优级贷不断增加，放贷机构积聚的风险更高，首付要求更低，证明文件更少，还息型贷款、选择支付型贷款也纷纷出现，货币监理署更是煽风点火，草拟了国民银行的联邦法律优先适用规则，与储蓄监督局出台的国民储蓄机构不受各州消费者法规束缚的规定如出一辙。②

早在1996年，储蓄监督局就颁布了规定，受联邦监管的储蓄机构首先要适用联邦法律，而不是各州有关禁止掠夺性抵押贷款的法律。③ 2003年，就此规定储蓄监督局发布了四份意见函，宣布乔治亚州、纽约州、新泽西州和新墨西哥

---

① FCIC工作人员基于BlackBox，S&P和Bloomberg的分析得出的估计。预期贷款池中最初包括4507种贷款，到证券发行期，其中的八种从贷款池中被排除。因此，这些估计数值可能和交易的招股说明书中公布的略微有所差别，因为招股说明书包括4499种贷款。

② *Federal Register* 69（January 7，2004）:1904. The rules were issued in proposed form at *Federal Register* 68（August 5，2003）:46119.

③ 见OTS Opinion re California Minimum Payment Statute, October 1, 2002, p. 6。

州的州级法律不适用国民储蓄机构。 在新墨西哥州，监管机构宣布新墨西哥州的禁止气球贷款、负摊销、提前还款罚金、以贷还贷（loan flipping）和不经审核还贷能力就放贷等规定无效。

货币监理署对其监管下的各家国民银行也采取了同样的政策，为其提供联邦法优先适用权，鼓励人们从国民银行贷款。 2002 年在美国货币监理署的最终规则通过之前，监理署署长小约翰·霍克在一次演讲中指出，"国民银行免受州级法律管辖对其大有裨益，这是货币监理署经过多年努力的结果。"①在当年的一次访谈中，霍克说货币监理署所监管的市场份额可能会减少，应当引起重视。②

2003 年 8 月，货币监理署颁布了第一项优先适用令，目标直指乔治亚州的《住房所有权与权益保护法案》。 2004 年，货币监理署颁布了一项覆盖全国的优先适用规定，针对的是所有妨碍或者限制国民银行贷款的州级法律。 不久之后，总资产 1 万亿美元的三家大型银行表示将从州注册银行转为联邦注册银行，从而使货币监理署的年度预算增加了 15%。③

在这场优先权争斗中，州注册银行是争论的另一个焦点。 2001 年，货币监理署出台一项规定，赋予国民银行的州级注册分行优先适用权。 结果，几大国民银行将其抵押贷款业务都转到了各自的分行，声称说这么做的原因是分行可以免受州级抵押贷款法律的约束。 当时有四个州对这项规定提出抗诉，但都于 2007 年被最高法院驳回。④

货币监理署和储蓄监督局的优先权措施生效后，这两家联邦机构就成为唯一有权禁止国民银行和储蓄银行及其分行进行违规贷款的监管机构。 货币监理署长霍克的继任者约翰·杜甘为优先权辩护，他指出"次级贷款中有 72% 是由受州级法律约束的贷款机构发行的。⑤ 一大半是由完全受州级法律约束的抵押贷款机构发行的"。 伊利诺伊州司法部长丽莎·麦迪甘提出反驳，她指出，国民银

---

① Comptroller of the Currency John Hawke, remarks before Women in Housing and Finance, Washington, D. C., February 12, 2002, attached to OCC News Release 2002 -10, p. 2.
② John Hawke, quoted in Jess Bravin and Paul Beckett, "Friendly Watchdog:Federal Regulator Often Helps Banks Fighting Consumers," *Wall Street Journal*, January 28, 2002.
③ Oren Bar-Gill and Elizabeth Warren, "Making Credit Safer," *University of Pennsylvania Law Review* 157 (2008):182 -83, 192 -94.
④ 见 Watters v. Wachovia Bank NA, 550 U. S. 1 (2007)。
⑤ John Dugan, testimony before the FCIC, Public Hearing on Subprime Lending and Securitizationand Government-Sponsored Enterprises (GSEs), day 2, session 2:Office of the Comptroller of the Currency, April 8, 2010, transcript, p. 150.

行、储蓄银行及其分行深度参与了次级贷发行。麦迪干提出了不同的数据,她告诉调查委员会:"国民银行和联邦储蓄机构及其分行发行了大约32%的次级抵押贷款、40.1%的次优级贷款、51%的选择支付型贷款和只还息型 ARM。"

美联储在保护消费者和金融体系免受掠夺性贷款危害方面鲜有作为,而储蓄监督局的所作所为则和各州避免危机的种种努力完全背道而驰……由于联邦监管机构限制各州权力,很多大型抵押贷款机构抛弃了州级执照,纷纷寻求国民银行身份的庇护。我认为,联邦法律优先适用权不断扩大导致美国前所未有的滥发贷款现象绝非偶然。①

霍克署长给了调查委员会另一种解释:"虽然一些批评者说货币监理署的优先适用权是权力争夺,但实际上,我们只是对各州大肆收紧对联邦注册金融机构的管控做出回应而已。"②

抵押贷款证券参与者:"华尔街渴求我们的产品"

次级和次优级抵押支持证券依赖一个复杂的供应链,很大程度上是通过商业票据和回购市场的短期贷款获得资金,2007年,随着金融危机的爆发,这两个市场变得至关重要。这些贷款的抵押品不是国债和 GSE 证券,而是高评级的抵押贷款证券,但是支持这些证券的贷款自身风险也越来越高。像美利凯斯特抵押公司和新世纪这些独立的、没有存款业务的抵押贷款发起方,只能依靠来自银行给予的批量信用额度(warehouse lines ofcredit)、自有商业票据或者从回购市场借款来融资发起抵押贷款。

对花旗这样的商业银行而言,批量信用额度是一项数十亿美元的业务。2000~2010年,花旗银行一度向抵押贷款发行方提供了高达70亿美元的扩批量信用额度,其中向新世纪提供了9.5亿美元,向美利凯斯特抵押公司提供了35亿美元。③花旗银行首席执行官查尔斯·普利斯告诉调查委员会,要是他早知实情,是不会同意

---

① Lisa Madigan, testimony before the FCIC, First Public Hearing of the FCIC, day 2, panel 2: Investigationsinto the Financial Crisis—State and Local Officials, January 14, 2010, transcript, p. 104.
② John D. Hawke Jr., written testimony for the FCIC, Public Hearing on Subprime Lending and Securitizationand Government-Sponsored Enterprises(GSEs), day 2, session 2:Office of the Comptrollerof the Currency, April 8, 2010, p. 6.
③ Citigroup Warehouse Lines of Credit with Mortgage Originators, in Global Securitized Markets, 2000 -2010(revised), produced by Citigroup;staff calculations.

这种做法的,"之前我并不了解情况,在我任期快结束时,我才发现,花旗向一些贷款发行方提供批量信用额度。 我对花旗几乎承担了发起方的作用——深度参与抵押贷款产品的发起——这种做法令我深感不安,它也违背了我先前为花旗制定的不参与发起抵押贷款的规定。"①

早在1998年,穆迪称新的资产支持商业票据(下文称ABCP——译者注)为"崭新的领域。"②,ABCP成了抵押贷款的热门融资来源,1997~2001年,它在售出的商业票据中的占比由原来的四分之一上升到了二分之一。

2001年,只有5家抵押贷款公司借入总额40亿美元的ABCP;到2006年,有19家机构总共借入430亿美元。③ 例如,国民金融服务公司2003年开始实施商业票据规划——格兰纳达园计划(Park Granada),2004年实施锡耶纳园计划(Park Sienna)。④ 到2007年5月,通过格兰纳达园计划借入130亿美元,通过锡耶纳园计划借入53亿美元。 次级贷款和其他抵押贷款在售出之前都归在这些计划之下。⑤

商业银行使用商业票据,目的之一是谋求监管套利。 如果银行的资产负债表中有抵押贷款,监管当局会要求商业银行持有4%的资本以预防损失。 如果银行把抵押贷款放在资产负债表外的实体,比如商业票据计划,就没有资本要求(2004年规定需要持有少量资本)。 但是为了使交易能够为投资者赚钱,银行必须为这些规划提供流动资金支持,并从中收费。 流动性支持意味着当商业票据延展而投资者不愿购买时,银行需要以预先确定的价格收购这些票据。 金融危机期间,由于各家银行必须兑现这些承诺,最终给其资产负债表造成沉重压力。

为了应对安然公司丑闻,制定财务报告标准的私立机构财务会计准则委员会出台了更为严格的标准,这样金融机构就很难将商业票据计划做成表外交易了,也就无法利用对其有利的资本监管规定,从而造成了ABCP市场停滞。 银行界抗议称其商业票据计划和安然的做法不同,所以不应适用新的会计标准。 2003年,作为回应,银行监管机构提议,计算监管资本时,银行可以不把这些资产列入资产负债表。 监管机构本来还提议收取一项最高可达银行的ABCP计划流动

---

① Charles O. Prince, interview by FCIC, March 17, 2010.
② Moody's Special Report, "The ABCP Market in the Third Quarter of 1998," February 2, 1999.
③ Moody's 2007 Review and 2008 Outlook:US Asset-backed Commercial Paper, February 27, 2008.
④ Moody's ABCP Reviews of Park Granada and Park Sienna.
⑤ Moody's ABCP Program Review:Park Granada, July 16, 2007.

性1.6%的资本费用,这是以前从未有过的收费,但是,提议遭遇了强烈的反对:行业协会组织美国证券化论坛称这项收费"独断专行",道富银行也称其"太墨守成规"[①],最后在2004年监管机构发布了最终规则,规定该费用最高为0.8%,也就是草议比例的一半。随后,市场恢复了增长。

通过改变回购抵押品的类型,监管措施即《破产法》的变化推动了回购市场的增长。2005年之前,只有抵押品是国债或者政府支持企业的证券,在借款人破产后,回购贷款人才能够立即获得抵押品的明晰所有权。在2005年《防治滥用破产和消费者保护法》(Bankruptcy Abuse Prevention and Consumer Protection Act)中,国会将很多其他资产也包括了进去,包括抵押贷款、抵押支持证券、担保债务凭证和一些衍生品。结果,短期回购市场越来越依赖于评级高、非机构抵押支持证券;但是从2007年中开始,银行和投资者对抵押贷款市场产生了怀疑,这样一来这种证券作为资金来源就不太可靠了(见图7-1)。达雷尔·亨德里克斯(Darryll Hendricks)是瑞士联合银行(United Bank of Switzerland, UBS)的一位经理,金融危机爆发后,他担任纽约美联储的回购市场调研小组组长。他告知调查委员会[②],危机爆发后,这些"流动性差、难以估值的证券,在第三方回购市场中占据的份额立即增加,造成供过于求"。

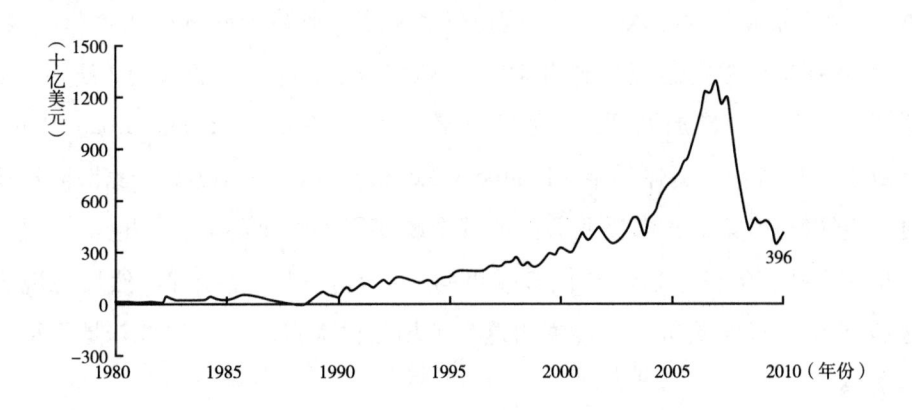

图7-1 回购借款
经纪人对回购借款的使用在危机前暴增。

说明:经纪商净借款。
资料来源:Federal Reserve Flow of Funds Report。

---

① Letters from the American Securitization Forum (November 17, 2003) and State St. Bank (November 14, 2003) to the Office of Thrift Supervision.
② Darryll Hendricks, interview by FCIC, August 6, 2010.

我们的样本交易 CMLTI2006 – NC2 可以解释这些资金和证券化市场的实际运作方式。八家银行和证券公司为新世纪金融公司提供了发行 4499 笔抵押贷款所需的大部分资金，新世纪公司将这些笔贷款卖给了花旗银行。大部分资金通过与多家银行的回购协议获得，这些银行包括，摩根士丹利（4.24 亿美元）、英国巴克莱资本银行（2.21 亿美元）、美国银行（1.47 亿美元）、贝尔斯登（6400 万美元）。① 新世纪公司在发起抵押贷款时获得融资。所以在大约两个月内，新世纪欠上述银行约 9.4 亿美元。另外的 1200 万美元资金由新世纪自筹，包括通过自有商业票据计划筹集的 3 百万美元。2006 年 8 月 29 日，花旗银行为抵押贷款和应付利息向新世纪公司支付 9.7 亿美元，新世纪在保留 2400 万美元（2.5%）的溢价之后，将余款支付给回购贷款方。②

交易中的投资者

购买抵押支持证券的投资者来自世界各地；为每一个投资者量身定制的分级制度使证券化得以运作下去。花旗银行的抵押支持债券 CMLTI2006 – NC2 共有 19 层级，其投资者见表 7 – 1。房利美购买了 1.55 亿美元的 AAA 级证券，它们比超级安全的美国国债的回报率还高。③ 其余价值 5.82 亿美元的 AAA 级产品被全世界 20 多个机构投资者买走，风险因此分散在全球各地。④ 这些 AAA 级的证券占总交易额的 78%。购买方包括中国、意大利、法国、德国的银行和基金、芝加哥联邦住房贷款银行（Federal Home Loan Bank of Chicago）；肯塔基州退休基金（Kentucky Retirement Systems）、一家医院和摩根大通。摩根利用其证券借贷业务部的现金购买了部分证券。⑤（也就是说，摩根将其客户持有的证券借给其他金融机构，从而获得现金抵押，然后用现金投资这笔交易。证券放贷虽然能够为这一市场提供大量现金，但终归是不稳定的资金来源）

---

① 花旗银行，2006 年 8 月 29 日，贷款销售。
② Correspondence between Citi and New Century provided to FCIC. FCIC staff estimates fromprospectus and Citigroup production dated November 4, 2010. Citi August 29, 2006, Loan Sale.
③ Fannie Mae Term Sheet.
④ 全世界 20 多个机构投资者，见 Citigroup letter to the FCIC reSenior Investors, October 14, 2010. 5820 亿美元是 FCIC 员工基于穆迪的 PDS 数据分析所作的估算。
⑤ 见 Brad S. Karp, counsel for Citigroup, letter to FCIC, about senior investors, October 14, 2010, p. 2. See also Eric S. Goldstein, counsel for JPMorgan Chase & Co., letter to FCIC, November 16, 2010.

表 7–1　CMLTI 2006–NC2 中的部分投资者

	层级	原始金额（百万美元）	原始评级①	息差②	部分投资方
优先层 78%	A1	MYM154.6	AAA	0.14%	房利美
	A2–A	MYM281.7	AAA	0.04%	大通证券借贷资产管理公司；1家中国的投资基金，6家投资基金
	A2–B	MYM282.4	AAA	0.06%	芝加哥联邦家庭住房贷款银行，3家德国、意大利和法国银行，11家投资基金，3个零售投资方
	A2–C	MYM18.3	AAA	0.24%	美国和德国两家银行
中间层 21%	M–1 1 iasset managers	MYM39.3	AA+	0.29%	意大利一家投资基金和两家银行，切尼财务公司，3家资产管理公司
	M–2	MYM44.0	AA	0.31%	Parvest ABS Euribo，4家资产管理公司，一家中国银行，一只CDO
	M–3	MYM14.2	AA–	0.34%	2只CDO，1家资产管理公司
	M–4	MYM16.1	A+	0.39%	1只CDO，1支对冲基金
	M–5	MYM16.6	A	0.40%	2只CDO
	M–6	MYM10.9	A–	0.46%	3只CDO
	M–7	MYM9.9	BBB+	0.70%	3只CDO
	M–8	MYM8.5	BBB	0.80%	2只CDO，1家银行
	M–9	MYM11.8	BBB–	1.50%	5只CDO，2家资产管理公司
	M–10	MYM13.7	BB+	2.50%	3只CDO，1家资产管理公司
	M–11	MYM10.9	BB	2.50%	
权益层 1%	CE	MYM13.3	NR		嘉迈金融集团
	P，R，Rx 享有特别支付的额外层级				

全球各类投资方在这次交易中购买了证券，其中包括房利美、国际银行，结构性投资工具（SIVs）和担保债务凭证。

注：①标准普尔。
②收益率等于银行间拆借利率 LIBOR 一个月利率加上表内所列息差。例如，交易达成时，房利美的收益率为 LIBOR 的 5.32% 加上 0.14% 共计 5.46%。

这笔交易的中间层占证券总价值的 21%。如果损失超过 1% 到 3%（根据设计，门槛值会随着时间的推移不断提高），那么购买残值层的投资者就会被淘汰出局，夹心层的投资者会开始遭受损失。CDO 的创造者（将在下一章讨论）购买的是评级在 AAA 级以下以及几乎所有 AA 级以下的中间层部分。只有很少量最优的中间层没有卖给 CDO。例如，结构性投资公司（SIV）切尼财务有限公司（Cheyne Finance Limited）购买了 700 万美元的最优中间层级的证券，成为金融危机中首当其冲的受害者之一，在2007年夏天引发了投资者恐慌。法国巴黎银行的基金管理机构 Parvest ABS Euribor 购买了2000万美元的二等夹心层债券，①成为引爆当年夏天金融危机的机构之一。②

一般来说，像对冲基金这样寻求高回报的投资机构会购买抵押支持证券中的股权层；如果出现问题，它们会首先遭受损失。它们的预期回报可达15%，20%，甚高至30%。花旗银行自留了残值层，或称"第一损失层"，并和嘉迈金融集团（Capmark Financial Group）分摊了剩余的部分。③

"收益颇丰"

对各家银行来说，设计、销售和分配这笔、乃至成千上万笔类似的交易，带来的利润十分可观。抵押贷款发起方在把贷款出售进行证券化时获利。④部分利润流向从业人员，尤其是那些抵押贷款业务量庞大的人员。

在我们分析过的那笔交易中，新世纪公司赚取了2400万美元的溢价，其中的一部分就付给了许多参与业务操作的员工。新世纪的员工帕特丽夏·琳赛告诉调查委员会说："发起方、信贷员以及客户经理，就连争取到贷款业务的销售人员，都拿到了丰厚的报酬。"而且业务量比质量更重要。她还指出："华尔街迫不及待的要买我们的产品。我们的贷款会提前三个月出售，甚至在设计出来前就卖出去了。"⑤

华互银行的次级贷款业务部门长滩抵押贷款也有类似的激励措施。2004年华互银行制订了业务成交量激励计划，2007年"住房贷款产品"计划的目标也是以产品为导向：增加"高利润产品（选择性ARMs、次优级、住房股权、次级贷款）的增长"，"招聘并充分发挥经验丰富的选择性ARMs销售人员的作用，"并且"促进高利润产品策略的薪酬结构"。⑥

产品设计出来后，承销人（通常是投行）对其进行推广和销售。银行收取

---

① Citigroup letter to the FCIC, November 4, 2010.
② See e. g., Simon Kennedy, "BNP Suspends Funds Amid Credit-Market Turmoil," August 9, 2007. (www.marketwatch.com/story/bnp-suspends-fund-valuations-amid-credit-market-turmoil).
③ See Brad S. Karp, letter to FCIC, about mezzanine investors, November 4, 2010, p. 1. The equitytranches were not offered for public sale but were retained by Citigroup.
④ FCIC staff estimates from prospectus and Citigroup production dated November 4, 2010.
⑤ Patricia Lindsay, interview by FCIC, March 24, 2010.
⑥ PSI Documents, Exhibit 59a: "Long Beach Mortgage Production, Incentive Plan 2004," and Exhibit 60a (quoting page 2 of WaMu Home Loans Product Strategy PowerPoint presentation).

销售额的一定比例（通常在 0.2% 到 1.5% 之间）作为贴现、回报或者佣金。[1] 像 CMLTI 2006 – NC2 这样价值 10 亿美元的交易，花旗银行只要收取 1% 的费用，就能赚取 1000 万美元。但在本例中，花旗银行自留了部分残值层证券。只要交易按照预期执行，那么即使这样做也会带来巨额利润。

专门为投资银行编制报酬数据的 Options 集团检查了 2005～2007 年 11 家商业和投资银行的抵押支持证券的销售与交易部门[2]，结果发现，2005～2007 年，业务人员平均每年的基本工资为 65000 美元到 90000 美元。但是，他们的奖金远远超过工资。对高管来说，副总经理的平均基本工资和奖金从 20 万美元到 115 万美元不等。总经理的平均工资和奖金为 62.5 万美元到 162.5 万美元。[3] 薪酬最高的是处于部门最顶层的主管。比如 2006 年，美林全球市场和投资银行部的部长道·金（Dow Kim）的基本工资是 35 万美元，另外有 3500 万美元的奖金，仅次于美林证券公司首席执行官的报酬。[4]

穆迪："得到了空白支票"

评级机构对于抵押支持证券市场的顺利运行至关重要。发行方的交易结构必须得到评级机构的批准；银行必须持有的资金量由评级机构的评级来确定；回购市场的贷款周期也要靠评级机构的评定才能确定；有些投资者只购买 AAA 级的证券；评级机构的评判也会纳入附约和其他金融合同。为了调查信用等级的评定过程，调查委员会集中研究了穆迪的投资者服务，穆迪在三大评级机构中规模最大、历史最长。

2005 年、2006 年和 2007 年穆迪几乎一半的评定收益来自抵押支持证券等结构性金融产品。[5] 从 2000 到 2007 年，穆迪通过评定这类金融工具所获得的收益

---

[1] John M. Quigley, "Compensation and Incentives in the Mortgage Business," Economists' Voices（The Berkeley Electronic Press, October 2008）, p. 2.

[2] 巴克莱银行、贝尔斯登公司、法国巴黎银行、花旗银行、德意志银行、高盛银行、汇丰银行、摩根大通、雷曼兄弟、摩根士丹利和瑞士联合银行。

[3] 抵押贷款和 MBS 出售和交易业内最高管理层全球平均报酬。见 OptionsGroup, "2005 Global Financial Market Overview & Compensation Report"（October 2005）, pp. 42, 52; Options Group, "2006 Global Financial Market Overview & Compensation Report"（November 2006）, pp. 59, 69; and Options Group, "2007 Global Financial Market Overview & Compensation Report"（November 2007）, pp. 73, 82。

[4] See Merrill Lynch, 2007 Proxy Statement, p. 46.

[5] See FCIC staff analysis of Moody's Form 10 – Ks for years 2005, 2006, and 2007.

增长了四倍多。① 但是评定过程中有很多冲突,在金融危机中成为人们关注的焦点。

穆迪在评定抵押支持证券的时候,使用了一些信用相对较好时期的数据来建模。但是,穆迪没有充分考虑审核标准降低和房屋价格剧烈下降的可能性。并且直到2006年底,穆迪才开发了包含次级证券层级风险因素的模型,此前,穆迪已经对19000种次级证券进行了评定。②

"永远都有生意做"

在过去的75年中,信用评级一直都和政府监管措施挂钩。③ 1931年,美国货币监理署(OCC)要求银行报告公开交易的BBB级或以上级别的证券账面价值(即证券的支付价格)证券;必须公布低于此类等级的证券当前的市场价格(可能较低)。1951年,美国国家保险专员协会(the National Association of Insurance Commissioners,NAIC)提高了保险公司持有低等级证券的资本要求。④ 但是1975年出现了转折,证券交易委员会按照美国公认统计评级机构(下文称NRSROs——译者注)——当时即指穆迪、标准普尔或者惠誉——的信用评级为基础,修改了经纪人的最低资本需求。按照救助规则要求,信用评级也纳入银行资本监管措施;自2001年起,救助规则还允许银行为高级证券持有更少的资本。举例来说,BBB级证券需要持有的资金是AAA和AA级证券的五倍,BB级证券则需要十倍多的资本。根据2004年6月签署的《新巴塞尔资本协议》,有些国家的银行也必须遵从类似的资本要求,但是美国许多银行并没有完全执行这些规则中的严格要求。

信用评级也决定了投资者是否会购买证券。证券交易委员会规定货币市场基金只能购买"由任意两个NRSROs评定的……属于两个最高短期评定类别之

---

① See FCIC staff calculations based on Moody's Form 10－Ks for years 2003－07.
② "Moody's Expands Moody's Mortgage Metrics to Include Subprime Residential Mortgages," September6, 2006;FCIC staff estimate based on analysis of Moody's SFDRS and PDS databases.
③ 三大评级机构评定的信用风险特征有些许不同。标准普尔和惠誉的评级基于借款人违约的可能性;穆迪则基于投资者的预期损失。尽管如此,投资者和监管者倾向于把这些评级看做大体一致的。评级可以分为两大类:投资级证券的等级从BBB－至AAA,低于BBB－等级的证券被认为是投机证券,也被认为是垃圾证券(这是标准普尔的划分方法;穆迪的相应等级是从Baa到AAA)。
④ Richard Cantor and Frank Packer, "The Credit Rating Industry," FRBNY Quarterly Review (Summer-Fall 1994):6.

一的证券，或者是可比的未评级证券。"①美国劳工部规定养老基金仅可投资于A级或者更高等级的证券。信用评级也影响私人交易，因为合同中可能包含触发条款，一旦证券或者实体的信用等级下降，则会触发交付抵押品或者立即还款。触发条款在金融危机中发挥了重要的作用，并且导致美国国际集团遭受重创。

《1984 年次级抵押市场增强法案》对抵押市场来说尤为重要，在该法案下，只要抵押贷款相关证券从至少一个评级机构获得高评级，联邦注册和州注册的金融机构就可以对其投资。刘易斯·拉涅利对调查委员会说，"看看法案的措辞吧，'要求信用评级'……这使评级机构可以永远有生意做，评级机构即便不是最大的行业，现在也是最大的行业之一了"。② 针对这种情况，穆迪前任总经理埃里克·科尔钦斯基（Eric Kolchinsky）将其概括为"评级机构得到了一张可以随意填写的空白支票"。③

评级机构数十年都得以规避监管。从 1975 年开始，只有经过证交委批准后，公司才能成为 NRSROs，但是，一旦得到批准，该公司将不必再受到监管。30 多年以后，在 2006 年的《信贷评级机构改革法》中，证交委获得了对 NRSROs 有限的监管权。该法案在 2007 年 6 月生效，重点在强制要求评级机构披露评级方法；但是这项法律禁止证交委监管信用等级评定机构的信用评级实际操作、程序及方法。④

养老基金和大学捐赠基金等投资机构依靠评级机构，是因为他们既没有评级机构那样的数据来源，也不具备对所要购买的证券的分析能力。穆迪前任总经理杰罗姆·冯斯（Jerome Fons）承认，"次级贷款（住房抵押支持证券）及其衍生品的抵押品的构成和特征缺乏透明度……投资者通常无法获得每笔贷款的数据，也就是贷款最详细的细节。"⑤另外，即使是大型金融机构，也会依赖评级

---

① Andrew J. Donahue, director, Division of Investment Management, SEC, "Speech by SEC Staff: Opening Remarks before the Commission Open Meeting," Washington, DC, June 25, 2008. See also Lawrence J. White, "Markets: The Credit Rating Agencies," *Journal of Economic Perspectives* 24, No. 2（Spring 2010）:214.

② Lewis, interview by FCIC, July 30, 2010.

③ Eric Kolchinsky, testimony before the FCIC, Hearing on the Credibility of Credit Ratings, the InvestmentDecisions Made Based on Those Ratings, and the Financial Crisis, session 1: The RatingsProcess, June 2, 2010, transcript, pp. 19–20.

④ 见 15 美国法典（U.S.C.）条款 78o-7（c）（2）。

⑤ Jerome S. Fons, testimony before the House Committee on Oversight and Government Reform, 110th Cong., 2nd sess., October 22, 2008, p. 2.

机构。 当然，有些投资者会详细调查产品的情况，即使有信用评定，也仍然会对产品心存疑虑。 加利福尼亚州贝克尔斯菲尔德市使命银行（Mission Bank）的董事长阿诺德·凯特尼（Arnold Cattani）就描述过决定出售抵押支持证券和担保债务凭证（CDO）的情景：

> 在一次会议上，应该是2006年，形势开始变得很困难，我问首席财务官，如果爱荷华州得梅因的抵押支持证券借款人出现违约，我们应该如何应对。 我知道如果贝克尔斯菲尔德市的借款人违约，有人就会拿走抵押品。 但是，如果一揽子证券出现违约，又会出现什么情况呢？ 他回答不了这个问题。 于是，我告诉他卖掉这些证券，全部卖掉，因为我们不了解这类证券，我不清楚我们是否能够了解如此复杂的金融状况；所以不想牵扯进去。①

尤其值得注意的是，评级机构不需要对证券登记的错报、误报负任何责任，因为法院规定，评级机构的评定只是表达观点，应受《宪法第一修正案》的保护。 穆迪的标准免责声明中写道："评级……是并且必须被解释为观点陈述，它们绝非事实陈述，也不是对购买、出售或者持有某种证券的推荐意见。"穆迪前高管加里·威特（Gary Witt）告诉调查委员会，"人们对信用评级期望过多……投资决策不应该只靠评级，还应该有更多的考虑。"②

"唯独没有讨论最重大的问题"

评级机构旨在提供一种方法来比较不同种类和期限的资产的风险。 也就是说，AAA级抵押证券的风险和AAA级企业债券的风险应当相似。

自20世纪90年代中期，穆迪开始用三个模型对抵押支持证券的各个层级进行评定。 第一个模型是1996年开发的，穆迪运用该模型对住房抵押支持证券进行了评定。 2003年，穆迪创造了新模型M3 Prime来评定优质贷款，巨额贷款和

---

① Arnold Cattani, testimony before the FCIC, Hearing on the Impact of the Financial Crisis—Greater Bakersfield, session 2: Local Banking, transcript, p. 60.
② Gary Witt, testimony before the FCIC, Hearing on the Credibility of Credit Ratings, the InvestmentDecisions Made Based on Those Ratings, and the Financial Crisis, session 1: The Ratings Process, June 2, 2010, transcript, p. 41.

次优质贷款交易。 2006年秋天，房地产市场已经发展到顶峰，穆迪才开发出M3 Subprime模型并运用于评定次级贷款交易。①

上述模型包含不同公司及证券的因素、市场因素、法律与监管因素以及宏观经济趋势。 M3 Prime模型使穆迪的评级程序自动化。 尽管穆迪没有对单个贷款评估或取样，但是公司运用了来自贷款发行方的贷款信息。 依靠贷款房价比、借款人信用等级、发行人质量、贷款条件以及其他资料，模型模拟了1250种情境下每种贷款的表现，这些情况包括利率变动、全国失业率和房屋价格的变化等等。 在所有情境下，房屋价格年均增长大约4%。② 模型几乎没有关注全国房价骤降的情况。 穆迪前高管杰·西格尔（Jay Siegel）告诉调查委员会，"（在州一级）有可能已经出现房地产价格下降，我们的统计信息本来应该考虑到这种情况。 但是，全国房价下降38%，比几年前的价格还低，比统计数据造成的压力大得多。"即使是房价已经涨到史无前例的水平，穆迪也没有调整方案，没有考虑房价下降的可能性。 2005年，按照西格尔的说法，"穆迪的观点是，全国房地产市场不存在泡沫。"③

当初期定量分析完成以后，首席分析师会召集其他分析师和经理组建评级委员会，对证券进行总评级。④ 西格尔告诉调查委员会，定性分析也是不可缺少的："通常人们误以为穆迪的信用评级仅仅通过应用数学方法或者模型实现。 事实并非如此……评级过程会涉及很多因素，最重要的是评级委员会成员的独立判断。 从根本上来说，评级反映的是委员会大多数成员的主观意见。"⑤穆迪的总经理罗杰·斯坦因（Roger Stein）说，"总体来说，模型也必须考虑到没有数据的事件带来的影响。"⑥

多年来穆迪都运用1996年的模型评定次级贷款。 2006年，穆迪引进了另一个模型来评定抵押支持证券。 就像M3 Prime模型，次级贷评级模型将抵押证券

---

① Moody's Investors Service, "Introducing Moody's Mortgage Metrics: Subprime Just BecameMore Transparent," September 7, 2009.
② David Teicher, Moody's Investors Service, interview by FCIC, May 4, 2010; "Moody's MortgageMetrics: A Model Analysis of Residential Mortgage Pools," April 1, 2003.
③ Jay Siegel, interview by FCIC, May 26, 2010.
④ Teicher, interview.
⑤ Jay Siegel, testimony before the FCIC, Hearing on the Credibility of Credit Ratings, the InvestmentDecisions Made Based on Those Ratings, and the Financial Crisis, session 1: The Ratings Process, June 2, 2010, transcript, p. 29.
⑥ Roger Stein, interview by FCIC, May 26, 2010.

置于1250种情境下进行模拟。① 穆迪的官员告诉调查委员会，他们认为压力测试情境并不够严重，因此，他们增加了最大压力情境的权重，即减少了AAA级证券的比例。 斯坦因协助开发了次级贷的模型，他说其实模拟结果"通过手动校准"变得更为保守，以便预期损失与"专家的观点"相一致。 同时，斯坦因还指出，穆迪担心的是如何建立适当的负压力测试情境，例如，模拟的一个步骤就是分析家从M3 Subprime模型中抽取"单一最差的情景"然后乘以一个因数，从而增加情况恶化程度。②

然而，穆迪没有充分解释证券化贷款质量下降的原因。 冯斯向调查委员会提到了这个问题；"我是高级结构性信贷委员会的成员，你可能认为委员会就应该处理这些问题（即抵押贷款审核标准降低），但是从来没有人向委员会提出证券池质量下降、对信用评级的影响等问题……我们讨论了一切该讨论的问题，唯独对最明显的大问题视而不见。"③

调查委员会的样本交易是CMLTI 2006－NC2。 为这笔交易评级时，穆迪首先运用模型模拟了抵押贷款池的损失，得出的估值反过来决定了证券中低层级证券规模到底该有多大才能保护高层级证券免受损失。 通过对这笔交易进行分析，主分析师发现，它和花旗银行购买的新世纪公司的那笔贷款相似，穆迪之前已经对那次交易进行过评级，因此建议这笔交易采用同样的低层级证券规模。④ 随后对该证券做出调整以解释风险更高的贷款，例如只付息抵押贷款。⑤ 此次评级穆迪获得了208000美元的收益⑥（标准普尔也评定了这笔交易，收入135000美元）。⑦

我们之后将会讨论，这笔交易中有三个层级在发行后一年内就遭到降级，即2007年7月10日房屋价格仅仅降低了4%的时候，穆迪将大量证券的评级下调，2007年10月，M4－M11降级，到2008年，所有层级下调。 在2006年穆迪评定为AAA级的所有抵押贷款支持证券中，有73%降级为垃圾级。⑧ 由此产生的后果波及整个金融体系。

---

① Moody's Investors Service, "Introducing Moody's Mortgage Metrics."
② Stein, interview.
③ Jerome Fons, interview by FCIC, April 22, 2010.
④ Moody's Rating Committee Memorandum, August 29, 2006.
⑤ FCIC员工基于穆迪PDS数据库分析得出的估值。
⑥ 2006年10月12日，穆迪投资服务公司向花旗全球金融有限公司的苏珊·米尔斯开具的发票。
⑦ Standard & Poor's, Global New Issue Billing Form, Citigroup Mortgage Loan Trust 2006－NC2, September 28, 2006.
⑧ FCIC员工基于穆迪自2010年4月起的SFDRS数据分析得出的估算。

房利美和房地美："市场竞争力下降"

2004年，房利美和房地美遇到多方面的问题，它们违反了会计操作规则，面临整改和罚款。① 与华尔街相比，他们的市场份额在下降，因为华尔街开始主导证券化市场。 为了保持主导地位，两房放宽了贷款审核标准，购买并承销高风险贷款，增购证券。② 然而它们的监管机构联邦住房企业监督局仍把注意力放在会计和经营操作等问题上，而没有理会两房不断增加对高风险抵押贷款和证券的投资。

2002年，房地美更换了会计事务所。 公司使用安达信会计公司多年，但是当安达信在安然破产中遇到麻烦（导致安然及其会计公司破产）之后，房地美则改为使用普华永道。 普华永道发现，从2000年到2002年9月，房地美为了抹平赢利报告，以此表明自己是增长强劲的"稳定的"公司，隐瞒了50亿美元的收益。 房地美按赢利收益来计算奖金，被住房企业监督局发现违规。 房地美董事会解雇了大多数高管，其中包括董事长和首席执行官利兰·布兰德赛尔（Leland Brendsel），总裁兼首席运营官戴维·格伦（David Glenn），首席财务官沃恩·克拉克（Vaughn Clarke）。 ③2003年12月，房地美同意向住房企业监督局支付1亿2500万美元罚金，并且整改公司管理、内部控制、会计操作和风险管理。 2004年1月，联邦住房企业监督局规定房地美将最低资本金提高30%，直至运营风险降低并能及时制定已审核的财务报表。 房地美面临股东高达4.1亿美元的诉讼，并要向证交委支付5000万美元的罚款。

下一个出问题的是房利美。 2004年9月，联邦住房企业监督局发现房利美违反会计准则，其此前的财务数据遭到质疑。 2006年，联邦住房企业监督局报告表明，从1998年到2002年，房利美夸大的收益总计达110亿美元，并且房利

---

① Chris Cox, SEC chairman, prepared testimony before the Senate Banking Committee, 109th Cong., 2nd sess., June 15, 2006; "Freddie Mac, Four Former Executives Settle SEC Action Relating toMulti-Billion Dollar Accounting Fraud," SEC press release, September 27, 2007.

② James Lockhart, director, FHFA, speech to American Securitization Forum in Las Vegas, NewMexico, February 9, 2009（p. 2, slide 4 of presentation shows the chart）.

③ OFHEO Special Examination Report, December 2003.

美还根据薪酬计划操纵会计记账。① 联邦住房企业监督局要求房利美改进会计监督，（和房地美一样）留存30%的资本盈余，并加强管理和内部控制。房利美董事会解雇了首席执行官富兰克林·雷恩斯及其他高管人员，美国证交委要求房利美重新发布2001~2004年上半年的财务报告。面对美国证交委和住房企业监督局的执法诉讼，房利美最终缴纳了4亿美元的罚金。房地美执行副总裁唐纳德·比塞纽斯（Donald Bisenius）告诉调查委员会，会计问题转移了管理层在抵押贷款业务上的注意力，并耗费了"管理层大量的时间和精力，大概就是这个原因导致了我们的市场竞争力下降"。②

随着丑闻的展开，华尔街发行的非政府机构抵押支持证券（private-label mortgage-backed securities，PLS）规模从2001年的870亿美元增长到2005年的4650亿美元（见图7-2）；次优级抵押支持证券从110亿美元增长到3320亿美元。房地美和房利美这两家政府支持企业——特别是房地美——分别从2001年和2002年开始成为市场上的买家。尽管私人投资者购买的最多，2001年"两房"购买的私人发行的次级抵押支持证券达到总发行量的10.5%。2004年这一比例高达40%，2008年回落到28%。但它们购买次优级抵押支持证券的份额一直相对较低。③ 房地美和房利美几乎总是购买最安全的、AAA等级的证券。从2005年到2008年，"两房"的购买数量不论是从金额来说还是百分比来说都有所减少。

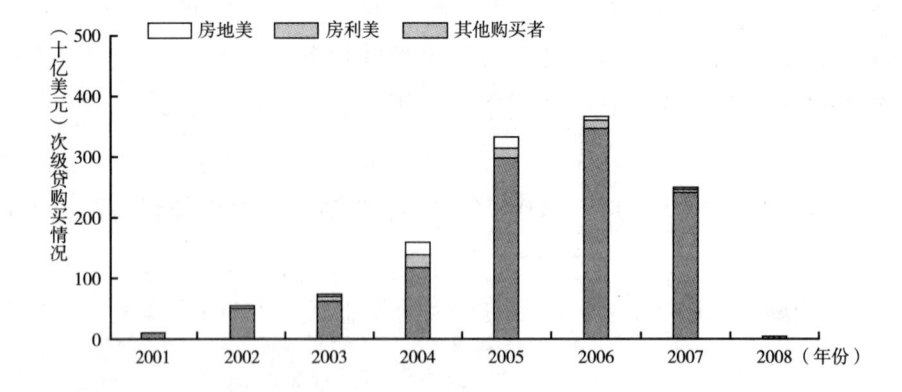

---

① 2006年OFHEO发布了《房利美特别审查报告》。OFHEO认为，房利美管理层存在大量失职行为，其中包括不同形式的会计操纵以及违反公认会计准则的行为。和处理房地美案一样，OFHEO认为房利美的管理层希望大幅推高每股收益，以便对提高管理层的薪酬产生影响。
② Donald Bisenius, interview by FCIC, September 29, 2010.
③ *Mortgage Market Statistical Annual 2009*.

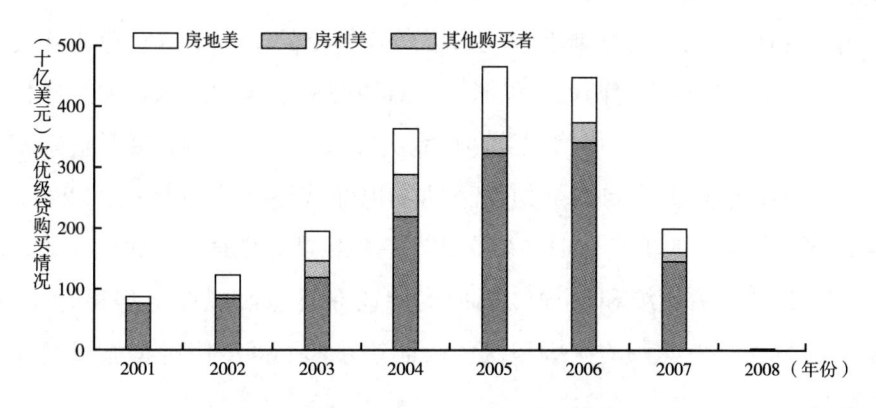

图 7-2　非政府支持企业抵押支持债券的购买者

注：2000 年以来政府支持企业购买的次级贷和次优级非机构债券，2004 年购买量达到峰值。

资料来源：Inside Mortgage Finance，Fannie Mae，Freddie Mac。

这些投资在一开始是获利的，但是随着 2007 年、2008 年违约不断增加，房地美和房利美的非政府机构抵押支持证券都开始出现大规模损失——主要来自他们购买的次优级证券。到 2010 年第三季度，"两房"在证券上的总损失高达 460 亿美元——相当于危机前"两房"资本规模的 60%。①

联邦住房企业监督局了解到"两房"购买次级贷款和次优级抵押支持证券的情况。在 2004 年审查中，联邦住房企业监督局注意到房地美购买了这些证券，同时也发现房地美所购买的全额抵押贷款（whole mortgage）"风险属性较高，甚至超过了企业本身的模型模拟能力和成本计算能力"，其中就包括带来"严重风险"的"无收入/无资产贷款"。联邦住房企业监督局报告说，抵押贷款的承保人已经察觉到这些贷款滥用情况。② 但是，联邦住房企业监督局认为房地美购买抵押支持证券和高风险的抵押贷款并不是"重大监管关切"，审查主要集中在房地美处理会计和内部缺陷的工作上。③ 而在联邦住房企业监督局对房利美的审查报告中却没有包括任何关于购买次级贷款和次优级抵押支持证券的内容，并认为房利美的信用风险管理令人满意。④

"两房"购买次级和次优级抵押支持证券的原因备受争论。包括美联储前主席艾伦·格林斯潘在内的一些观察家认为"两房"购买私人抵押贷款与其实现

---

① See Tables 5.1/5.2 in FHFA Conservatorship report for third-quarter 2010.
② OFHEO Special Examination Report, September 2004, pp. 9-10.
③ OFHEO Special Examination Report, September 2004, pp. 2, 10.
④ OFHEO, "2005 Report to Congress," June 15, 2005, p. 15.

经济适用房目标有关。格林斯潘向调查委员会提交的证言中有一份工作文件，当中写道，迫于市场压力"两房"须"扩大对经济适用房的投入，因此选择大规模投资于次级证券"。① 运用房地美和房利美提供的数据，调查委员会审查了单户住宅、多户住宅和证券购买是如何帮助实现经济适用房目标的。2003年和2004年，房利美购买的单户住宅和多户住宅的数量都分别达标；也就是说，房利美本来可以不用购买次级和次优级抵押支持证券就能实现经适房目标。实际上，房利美2004年所购买的次级和次优级证券并未上报至住房和城市发展部计入达标数据。

在2005年以前，仅需"两房"全部房屋贷款的50%甚至更少就可满足经济适用房目标。到2005年这一比例提高到超过50%；但是即使是在那个时候，单户住宅和多户住宅购买量也达到总体目标了。② 在有些情况下，购买证券确实帮助房利美实现了其子目标——即要求"两房"购买或担保购房贷款。2005年，房利美未能实现其中一个子目标，而且要不是购买了证券，第二个子目标也难以实现；2006年，房利美通过购买证券实现了两个子目标。

大量购买非政府机构抵押支持证券的房地美情况也是如此。③ 调查委员会的估计显示，2003～2006年，房地美也是不需要购买任何次优级或次级证券就可以实现经济适用房目标，但是还是通过购买证券来实现了子目标。④

房利美前任商务总监罗伯特·莱文（Robert Levin）告诉调查委员会说，购买私人抵押支持债券（PLS）是"赚钱的活动"，这是实证经济学……无须在获取利润和达成目标之间取舍，这是可称为"金钱、目标和市场份额三赢"的大手笔活动。⑤ 房利美业务、分析和决策小组组长马克·维纳（Mark Winer）说，购买由次级贷款担保的AAA级次级抵押支持证券被视为赚钱的良机。他说，抵押

---

① Alan Greenspan, testimony before the FCIC, Hearing on Subprime Lending and Securitization and Government-Sponsored Enterprises (GSEs), day 1, session 1: The Federal Reserve, April 7, 2010, transcript, p. 13.
② FHFA, "Mortgage Market Note: Goals of Fannie Mae and Freddie Mac in the Context of the Mortgage Market: 1996 -2009, " February 2010, p. 22; "FCIC calculations."
③ FHFA, Report to Congress, 2008 (2009), pp. 116, 125.
④ BlackRock Solutions, "Fannie Mae's Strategy and Business Model, Supplementary Exhibits, " December 2007.
⑤ Robert Levin, interview by FCIC, March 17, 2010.

支持证券实现了经济适用房目标，而经济适用房目标也成为增购私人抵押支持贷款的一个决定因素。①

总体来说，次级抵押支持证券包装下抵押贷款的发行通常是面向可以帮助房利美和房地美实现其经济适用房目标的借款方，但次优级贷款的发行却并非如此。次优级抵押贷款并没有扩展到低收入借款人，次优级贷款的特点之一是借款人未声明收入，监管规定不允许把发放这种借款人的房贷计入经济适用房目标。② 莱文告诉调查委员会说，他们认为购买次优级贷款"对房利美住房目标没有净积极效应"。③ 相反，他们必须通过向低收入和中等收入借款人提供贷款来冲销这些次优级贷款，以实现目标。

从 2005 到 2008 年，房利美和房地美不断购买次级和次优级抵押支持证券，此外还购买了更大数量的高风险抵押贷款并将其证券化。这样做的结果对于公司、股东和美国纳税人来说，都是灾难性的。

调查委员会结论

调查委员会认为，美联储的货币政策和外国资本流入为房地产泡沫的产生创造了条件。然而，这些条件原本不一定会引发危机。美联储和其他监管机构没有采取必要的行动控制信用泡沫。另外，美联储的政策和公告对抵押贷款和房地产泡沫的扩大起到了推动而不是抑制的作用。

贷款标准下降，在贷款体系的每一层中都存在着问责和责任的重大失误，包括借款人、抵押贷款经纪人、评估人员、发起人、证券化机构、信用评级机构和投资者以及从企业管理层到个人的所有参与者。放贷总是以持续上涨的房屋价格为前提，而无视偿还能力如何。

高风险抵押贷款通过次级贷款证券化过程提供的渠道在整个金融体系内传输和交易。这条渠道对不断增长的高风险抵押贷款的发行至关重要。"发行－销售模式"破坏了抵押贷款和抵押贷款相关证券赖以长期存在的责任制和问责制，最终导致了抵押贷款质量低下的后果。

联邦和各州的法规要求或者鼓励金融企业和一些机构投资者基于评级机构的

---

① Mark Winer, interview by FCIC, March 23, 2010.
② John Weicher, former FHA commissioner, interview by FCIC, March 11, 2010.
③ Letter from Robert Levin to FCIC, June 17, 2010, p. 2.

评定进行投资，这导致了对等级评定的过度依赖。评级机构并未受到证交委或者其他监管机构的严格监管以确保评级的质量和准确性。调查委员会案例分析中提到，穆迪公司使用有缺陷的、过时的模型对抵押贷款相关证券做出错误的评定，没有对证券标的资产做详尽的尽职调查。即使在发现模型有误之后，穆迪仍继续使用这些模型进行评定活动。

联邦银行监管者没有对高风险抵押贷款发放行为进行及时控制，货币监理署和储蓄监督局规定联邦法律优于各州法律法规适用于国民银行和储蓄机构，导致借款人得不到充分保护，同时也削弱了对抵押贷款市场这一部分的监管。

第八章

担保债务凭证机器

早先有一种比较晦涩难懂的金融产品，叫做担保债务凭证（CDO），在21世纪的头十年里，担保债务凭证为低评级抵押支持证券创造了新需求，从而改变了抵押信贷市场的面貌。

除了AAA级之外其他层级的产品尽管回报率较高，但依旧很难出售。如果借款人发生拖欠或者违约，那么这些层级产品的投资者就很倒霉，因为他们处于偿付顺序中较靠后的位置。

华尔街想出了一个办法，正如某个银行家所言，他们"创造了投资者"。[1]也就是说，他们设立新证券去购买那些难以出售、评级较低的产品。银行家们把BBB级或A级的低级别抵押担保证券挑出来，重新打包成新证券，即CDO。大约有80%的担保债务凭证产品被评为AAA级，但是事实上，它们普遍是低评级担保证券。CDO产品又会按照自己的偿付等级出售。同样，风险规避型投资者先得到支付，风险追寻型投资者最后得到赔偿。同抵押担保债券一样，评级机构把偿付顺序最靠前的产品评为AAA级（见图8-1）。

把一系列BBB级抵押担保证券转换成AAA级的新产品并不容易。但是通过数学方法能够做到。证券公司认为，如果把各类BBB级抵押担保证券会聚成资产池，将会创造出多元化利润，这一观点也得到了评级机构的认可。评级机构认为，多元化的利润很重要，如果一只证券走势不好，第二只证券同时走势不好的可能性就很小。只要损失有限，也就只有那些购买底层证券的投资者才会受到损失。他们会吸收这部分损失，而其他投资者仍然能够得到偿付。

按照这种逻辑，CDO机器大规模吞购BBB或其他低评级抵押担保证券，从一

---

[1] Joe Donovan, Credit Suisse, quoted in Michael Gregorgo "The 'What If's' in ABC CDOs", Asset Securitization Report, February 18, 2002.

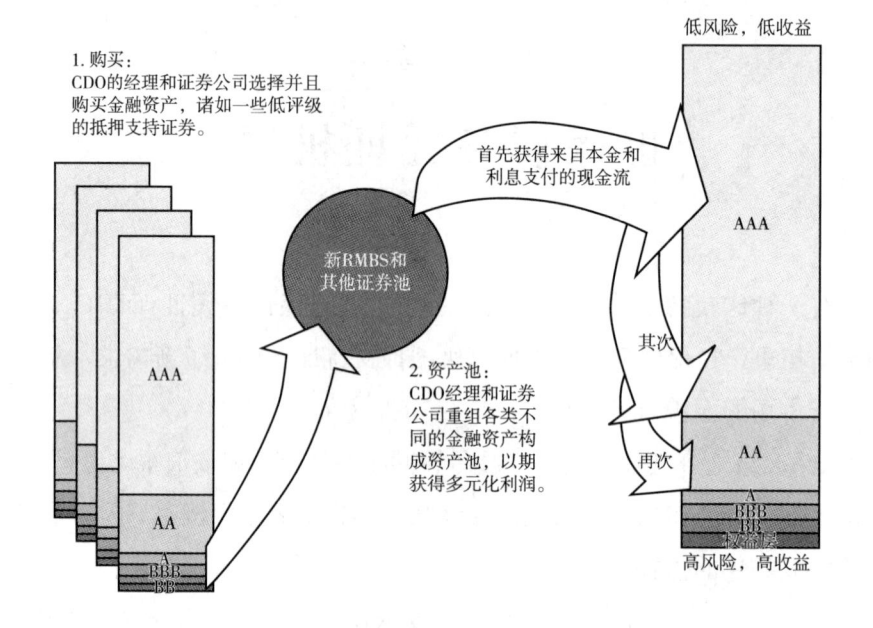

图 8 – 1　担保债务凭证（CDO）

个小工具成长为一个几千万亿的大产业。2003 年到 2007 年之间，美国房价上涨了 27%，新发行的抵押担保证券价值达 4 万亿，华尔街发行了包括以抵押担保证券作为抵押物的将近 7000 亿 CDO。[①] 在产品买家到位后，证券机构继续为资产池吸纳贷款，成百上千亿美元涌入抵押市场。结果，CDO 成为抵押贷款供应链的发动机。"一架机器正在运行，"贝尔斯登的高级经理斯科特·艾科尔（Scott Eichel）2005 年 5 月对一位金融记者说，"有大量人才维持着这架机器的运行。"[②]

维系这台庞大机器运行的每一个参与者，包括 CDO 经理和打包出售这些证券的承销商、给予大部分证券优秀评级的评级机构，还有违约承保人，都根据证券出售的规模赚取管理费。整合各种交易的银行家就像企业的经理人一样，交易额与管理费和奖金成正比。抵押市场的交易管理费高用达数十亿美元。

[①] 金融危机调查委员会工作人员的计算结果，数据来自 Moody's CDO PDS database 以及 data in Moody's CDO Enhanced Monitoring Service database。金融危机调查委员会选择的担保债务凭证有至少 10% 的抵押品是抵押担保证券，或者含有其他确定的诸如资产担保证券的债权抵押债券的特征。

[②] Scott Eichel，引自 Allison Pyburn，"CDO Machine? Managers, Mortgage Companies, Happy to Keep Fuel Coming，" Asset Securitization Report，May 23，2005。

然而当房地产市场走弱的时候，CDO 所依赖的模式就成了个悲惨的错误。抵押担保证券之间有高度的相关性，即它们的表现趋同。全美次级贷款和次优级贷款高度集中在某些地区，在那里大量借款人违约。这可不是人们所期望的结果。人们希望某个地区的损失能够通过其他地区的成功贷款来弥补。但是结果是 CDO 成了金融危机中最不幸的资产。一些大 CDO 商遭受的损失最为严重，诸如花旗集团、美林证券和瑞士联合银行，同样遭受重大损失的还有金融担保机构，诸如美国国际集团、安巴克集团（Ambac）、美国城市债券保险（MBIA）。这些机构一直信任自己的模型，并且一直坚持交易在人们看来风险最低的 CDO 产品：比如 AAA 级证券，甚至是 AAA 级层中最安全的"超级保险"证券。

"ABS CDO（资产抵押证券担保债务凭证——译者注）的概念很令人厌恶。"美国联邦储备委员会现任银行业监督管理部主任帕特里克·帕金森（Patrick Parkinson）对金融危机调查委员会说。[1]

担保债务凭证："我们创造了投资者"

迈克尔·米尔肯（Michael Milken）的德崇证券在 1987 年利用不同公司的垃圾债组建了第一支 CDO。此举的意义在于：汇集众多债券能够降低投资者购买单一债券而承担的较大失败风险；同时证券被分成不同层级，能够方便投资者选择适合自己风险和回报偏好的产品。

对于创造了 CDO 的经理人来说，获得收益的关键是管理费和利差——即 CDO 从债券或贷款获得的利息与 CDO 付给投资人的利息之间的差额。20 世纪 90 年代的十年中，CDO 经理人购买的基本上是公司或新兴市场债券和银行债券。1998 年的流动性危机抬高了资产支持证券的回报率。培基证券（Prudential Securities）看准这一机会发行了将一系列不同种类 CDO 整合为一的 CDO，这些 CDO 中每只都是由不同种类的资产担保证券组成的。这些"多部门证券"或"资产担保证券"是以抵押贷款、活动房屋贷款、飞机租赁、互惠基金费用以及其他拥有可预测收入的资产支持的。人们认为这种多样化能够给投资者带来又一层安全保护。

2002 年，在部分资产担保证券表现不良时，ABS CDO 经历了一段比较艰难的

---

[1] Patrick Parkinson, interview by FCIC, March 30, 2010.

时期，尤其是以活动房屋贷款（大量借款人违约）、飞机租赁合同（"9·11"事件之后）和互惠基金等费用（网络泡沫破裂）支持的CDO。① 很多投资银行、投资者和评级机构都认为，这个问题是由于资产范围太大造成的，因为选择这些证券投资组合的资产管理者不可能在飞机租赁、互惠基金等方方面面都是专家。

所以CDO产业转向了CDO经理们认为自己非常了解的非优级抵押支持证券，这些CDO似乎有不错的表现记录，而且作为相对安全的投资，其回报较高。 美心集团（Maxim Group）和哈丁咨询（Harding Advisory）两家公司的经理周文（音，Wing Chau）说："大家都在关注这种产品，并且说CDO可以操作，但是我们还是需要继续寻找可靠的抵押品。"这两家公司大部分CDO都由美林证券承销。 他还说："CDO产业关注住房抵押担保证券，次优级和次级债券，以及非机构证券，并且留意到这些产品相对稳定。"②

CDO产品很快在抵押抵押业务中无处不在。③ 投资者喜欢这种既安全又有稳健回报的产品，投资银行也喜欢这种新创造出来的对低评级抵押担保证券以及其他资产支持证券的需求。"我们告诉大家，这些BBB级证券非常好，利差大，可是没有投资者响应"。 2002年2月，瑞信银行家乔·多纳文（Joe Donovan）在凤凰城召开的一次证券银行家会议上说，"那我们就创造出投资者。"④

2004年，CDO的创造者是BBB级抵押担保证券的大买家，他们的出价对这些证券的市场价格影响很大。 到2005年，他们几乎包揽了所有BBB级证券。⑤ 抵押担保证券为发起抵押贷款提供资金流，与此类似，CDO也为抵押担保证券注入了现金。 同样是在2004年，抵押担保证券占CDO抵押的一半以上，2002年时占比才是35%。⑥ CDO的销售额每年翻一番，从2003年的300亿美元上升到2006年的2250亿美元。⑦ 提供这些债券需要数以千万亿计美元的次级贷和准优级贷款。

---

① Jian Hu, "Assessing the Credit Risk of CDO Backed by Structured Finance Securities: Rating Analysts' Challenges and Solutions," Journal of Structured Finance 13, No. 3（2007）: 46.
② Wing Chau, interview by FCIC, November 11, 2010. Wing Chau, 2011年11月11日。
③ 高层级指购入相对高层级抵押担保证券的CDO，中间级指购入3B级和其他低层级抵押担保证券的CDO。
④ Joe Donovan引自Gregory "The 'What If's' in ABS CDO"。
⑤ Laurie Goodman et al., Subprime Mortgage Credit Derivatives（Hoboken, NJ: John Wiley, 2008）, p. 315.
⑥ Hu, "Assessing the Credit Risk of CDO Backed by Structured Finance Securities," p. 47, Exhibit 5.
⑦ 2007年发行量降至1940亿美元，2008年发行量几乎为零。 金融危机调查委员会工作人员根据穆迪的CDO Enhanced Monitoring System（EMS）所做的估算。

"巨大的努力"

CDO 的构建涉及五类主要参与者：证券公司、CDO 经理、评级机构、投资者和金融担保机构。每类参与者都承担着不同级别的风险，并且都曾经一度获得了丰厚的报酬。

证券公司承销 CDO，也就是说，他们负责选择抵押品，再将它们划分为不同的层级，然后销售给投资人。2004 年到 2007 年之间，美林证券、高盛投资公司和花旗集团证券部三大证券公司 CDO 的销售总额超过 30%。德意志银行和瑞士联合银行也是主要的参与者。[1] "我们在世界各地都有销售代表，他们的工作就是销售这些结构性产品，"花旗集团 CDO 部门的负责人内斯特·多明戈斯（Nestor Dominguez）告诉金融危机调查委员会："我们下大力气配置人员来教育投资者、推销 CDO 产品，我们付出了很大努力，大概配备了 100 个左右的销售代表。我相信竞争对手也做了同样的部署。"[2]

承销商关注的重点是促成销售交易和赚取管理费。然而，承销也意味着有风险。在筹集期——即承销商为成立 CDO 而聚集抵押担保证券的 6~9 个月，证券公司必须持有 BBB 级抵押担保证券等资产。通常在这段时期，证券公司都会承担资产价值损失的风险。德意志银行前任 CDO 负责人迈克尔·拉默（Michael Lamont）告诉金融危机调查委员会说："我们的工作就是赚取新发行证券管理费，（并且）如果市场衰退，我们要确保能够对冲风险。"[3] 美林证券前任 CDO 负责人克里斯·里恰尔迪（Chris Ricciardi）对金融危机调查委员会说，在承销之后，他就不会追踪 CDO 的表现了。[4] 不仅如此，拉默还说，评级机构的模型是否能得出正确的基本假设并不关他们的事。那"并不是我们要讨论的问题"，他说。[5] 在很多情况下，承销商帮助 CDO 经理挑选抵押品会引发潜在冲突（后文详谈）。

CDO 经理的角色就是选择抵押品，比如抵押担保证券。有时候他们还负责从头到尾管理投资组合。有各种机构担任 CDO 管理方，从像周氏那样独立的投

---

[1] 金融危机调查委员会工作人员根据穆迪公司的 CDO EMS database 所做出的估计。
[2] Nestor Dominguez, interview by FCIC, September 28, 2010.
[3] Michael Lamont, interview by FCIC, September 21, 2010.
[4] Chris Ricciardi, interview by FCIC, September 15, 2010.
[5] Lamont, interview.

资公司，到像太平洋投资管理公司和黑石公司（Blackrock）那样的大型资产管理公司。

CDO经理根据CDO资产数额、有时候按CDO的表现按期收取管理费。以百分比计算，管理费占比可能看起来很小（有时候只是百分之零点几），但是从数额上看却十分庞大。如果是较高层级的抵押支持证券CDO，从每10亿美元交易额中收取的年度管理费高达60万美元到100万美元之间。而较低层级的证券规模相对较小，一笔5亿美元左右交易的年度管理费大概是75万美元到150万美元。① 经理促成的交易越多，收取的管理费就越多，而不会产生额外的成本。"你肯定听人说过，'人人都想当CDO经理'"，时任野村证券结构金融分析师、现任标准普尔首席信贷官的马克·阿德森（Mark Adelson）对金融危机调查委员会说，"在多次行业会议上大家反复提到了这种现象——CDO经理人数量激增……因为他们的收入非常可观。"② 从2003年到2007年间，证券业内CDO经理赚取了至少15亿美元的管理费。③

评级机构的角色是在和承销商密切磋商的基础上，提供关于抵押品和CDO结构的基本指南，即不同层级CDO的规模以及回报率。对于大多数投资者来说，AAA级是较合适的投资品。评级机构收取的费用基本上在25万美元到50万美元之间。④ 大多数交易至少要由两个评级机构进行评级，并且分别向它们支付费用，尽管他们的评价基本上是一样的。

CDO投资者，如抵押担保证券的投资者，依据各自对风险和回报的偏好关注不同层级的CDO产品。诸如花旗集团、美林证券、瑞银集团这类的CDO承销商，持有评级比AAA级还要好的优先级产品，其中的原因我们稍后讨论。它们也会把这些优质产品出售给投资了CDO产品以及其他高评级资产的商业票据项目。对冲基金经常会购买股权级产品。⑤

最终，其他CDO成了中间级CDO最重要的投资者。截至2005年，CDO承销商卖出了大部分的中间级证券（包括A级），尤其是将投资级当中层级最低

---

① 金融危机调查委员会工作人员根据委员会CDO经理与承销商调查数据计算所得。
② Mark Adelson, interview by FCIC, October 22, 2010.
③ 金融危机调查委员会工作人员计算数值。我们按照交易总价值0.1%的年度管理费——即业内最低正常收入——来估算抵押多部门担保债务凭证的费用，不包括其他收入，比如经理留存的权益层利息。接受委员会调查的经理人报告说管理费在0.1%和0.4%之间。
④ "Summary of Key Fee Provisions for Cash CDO as of January 2000–2010," prepared by Moody's for the FCIC.
⑤ FCIC Hedge Fund Survey. See FCIC website for details.

而风险最高的 BBB 级卖给 CDO 经理人，让其打包成其他 CDO。[1] 通行的做法是把 CDO 产品 5% 或者 15% 的现金投资于其他 CDO。而 CDO 中 80% 到 100% 的现金投资到其他 CDO，就构成了我们常常听说的"双重 CDO/CDO 平方"（完全由 CDO 支持的 CDO 产品）。

场外交易衍生品称作信用违约掉期，其发行人（主要指美国国际集团）在向 CDO 投资者发行掉期交易品的过程中扮演了十分重要的角色。他们向投资者承诺，如果投资出现损失，会向他们支付溢价性质的赔款。这种信用违约掉期保护使 CDO 产品更具吸引力，因为它们看起来几乎毫无风险。但是一旦真的发生巨大损失，就会给信用违约掉期发行方带来巨大风险敞口。

按照华尔街的惯例，CDO 创造的利润会反映在雇员的红利上。21 世纪初，随着流动性增长而产生了对各类金融产品的巨大需求，在此背景下，2003 年到 2006 年五大投资银行税前利润翻了一番，从 200 亿美元增长到了 430 亿美元，这些投资银行全球员工的薪酬也从 340 亿美元增长到 610 亿美元，[2]其中一部分的增长归功于抵押担保证券、CDO 以及各类金融衍生品，所以经手产品交易的员工能够拿到相应的高工资。一家为投资银行编制工资报表的公司在 2005 年报告说，"金融衍生品交易商、抵押贷款和资产支持证券销售商尤其享受这个分红季。"[3]

为了了解 CDO 运作的更多细节，我们再一次回顾一下花旗集团抵押担保证券——CMLTI2006 - NC2 这个交易案例。我们在前文描述了该交易中大部分 AAA 级以下的债券构成 CDO 的方法。其中一只 CDO 就是由瑞士联邦银行（UBS）发行的 Kleros 房地产三号基金（Kleros Real Estate Funding III）。[4] 管理这只 CDO 的是科恩公司（Cohen & Company）的子公司斯特拉特高斯资产管理公司（Strategos Capital Management），该公司总裁是之前创建美林 CDO 业务的克里斯·里恰尔迪。[5] Kleros 三号基金于 2006 年发行，购买并持有 9.6 亿美元花旗集团 A 级 M5 部分的抵押品，以及 187 种其他抵押担保证券低级产品。该基

---

[1] 金融危机调查委员会工作人员依据穆迪 CDO Enhanced Monitoring Service 所做的估算。
[2] Bloomberg LLC, Financial Analyst Function; Bear Stearns Companies Inc., Form 10 - K, for the fiscal year ended November 30, 2006, filed February 13, 2007, Exhibit 13.
[3] The Options Group, "2005 Global Financial Market Overview & Compensation Report," October 2005, p. 16.
[4] Moody's, Kleros Real Estate CDO III, Ltd., CDO EMS Data, 数据最后更新于 2008 年 5 月 27 日。接下来关于 CMLTI2006 - NC2 的讨论以金融危机调查委员会工作人员依据穆迪的 CDO EMS database 分析进行预测。
[5] Ricciardi, interview.

金总共持有 9.75 亿美元抵押支持证券，其中有 45% BBB 级或以下的产品，有约 15% 的 A 级产品，剩下的为 A 级以上产品。 为了获得购买这些产品的资金，Kleros 三号基金向投资者发行了 10 亿美元债券，这是当时典型的 CDO。 Kleros 三号基金的债券中约 88% 是 AAA 评级，至少一半低于 AAA 评级的债权用于支持其他 CDO。[①]

"市场的母乳……"

CDO 的增长对抵押市场本身也有着重要的影响。 CDO 管理者愿意支付高价购买 BBB 评级的抵押支持证券，以便扩张所管理的资产，因为这是他们收入的基础。 这些 "CDO 叫价" 抬高了这个层级证券的价格，定价高出传统的抵押支持证券投资者的市场标价。

主要由诸如保险公司这类的机构投资者所购买 20 世纪 90 年代发行的次级抵押证券。 这些证券由债券保险人担保，并对证券交易进行分析。 从 20 世纪 90 年代初开始，有 6 个层级以上及其他保障 AAA 级投资者特点的抵押支持证券越来越流行，取代了之前依靠证券保险保护投资者的方法。 到 2004 年，早期抵押支持证券的形式已经基本消失了，市场越来越多地选择多层级化结构及其 CDO 投资人。

这是一个至关重要的变化，因为 CDO 管理者的关注点和传统投资者的有明显不同。 "CDO 管理者和 CDO 投资者也与那些逐渐失势的单一保险债券保险商不同，他们大多既不是抵押方面的专业人员，也不是房地产专家，他们只是搞金融衍生品的家伙。" 阿德森说。[②]

事实上，CDO 经理人 Chau 解释说他的工作就是创造一种评级机构支持、投资者会买的结构组合，同时还要确保他所购买的抵押支持证券 "符合行业标准"。 他说他仰仗这些评级机构。 "但是，吸引大量投资者、也同样吸引我的是那种安全感，评级总是那么稳定、牢靠，连贯一致。 我是说，评级机构做得真好，一切看起来都那么天衣无缝。"[③] CDO 的生产如同自动驾驶系统一样高效运转。 "从事抵押贷款交易的人对 'CDO 叫价' 赞赏有加，说它就像是市场的

[①] 举例来说，Buckingham CDO，Buckingham CDO II 及 Buckingham CDO III 中有 Kleros III 分层产品，所有交易都由巴克莱银行承销。

[②] Adelson, interview.

[③] Chau, interview.

母乳一样……"市场评论员詹姆斯·格兰特（James Grant）在2006年写到，"没有它，几乎就无法建立资产担保证券。 即便建立了资产担保证券，其设计肯定也十分保守。 信用撤离所带来的痛楚后果在房地产市场上也体会得到。"①

瑞银全球CDO集团也认同，并指出CDO"现在已经成为各个抵押品市场中的霸王了"。 通过提升抵押支持证券的数量和价格，"CDO叫价"的影响"已经远远超出了CDO市场，影响到了全美经济"。② 要不是来自CDO对抵押证券的需求，贷款人根本就没有抵押债券可卖，他们也就没有理由竭尽全力地发放贷款了。

"杠杆作用是CDO的本质特征"

抵押贷款生产线的每一步都引入了杠杆率。 大部分金融机构都是依靠杠杆作用繁荣起来的，即借钱投资。 在经济景气的时候，杠杆率可以增加收入，而不景气的时候它也会带来损失。 抵押品本身也创造杠杆——尤其是当贷款首付低，贷款房价比高的时候。 由于是负债融资，抵押支持证券和CDO创造的杠杆率更高。 用其他债务创造CDO产品的人经常会购买CDO作为抵押品。 合成型担保债务凭证由信用违约掉期组成，放大了杠杆率，下文会详细讨论。 "CDO依靠那些由自身抵押品支持的证券在杠杆的基础上创造新的杠杆，"高盛抵押部门负责人丹·斯帕克斯向金融危机调查委员会解释说。③ "人们一直在寻找杠杆作用的其他形式……杠杆可以单独使用，可以作为一个机制使用，也可以在整个体系中心使用。"花旗集团的多明戈斯对金融危机调查委员会说道。④

甚至连购买CDO的投资者也可以利用杠杆。 结构性投资工具是一种典型的商业票据计划，主要投资于3A级证券，平均杠杆率是14∶1，也就是说对于每1美元的资本，结构性投资工具要持有14美元的资产。⑤ 这些资产的资金由债务组成。 对冲基金经常购买债务，在回购市场运用较高的杠杆率。 但是我们也能够清楚地看到，在危机期间，美林、花旗、美国国际集团持有或者购买3A评级

---

① James Grant, "Up the Capital Structure"（December 15, 2006）, in Mr. Market Miscalculates：The Bubble Years and Beyond（Mount Jackson, VA：Axios Press, 2008）, 186.
② UBS Global CDO Group, Presentation on Product Series（POPS）, January 2007.
③ Dan Sparks, interview by FCIC, June 15, 2010.
④ Dominguez, interview.
⑤ 对所有结构性投资工具来说，账面净资产价值比范围为2.5~28.3倍，平均为13.6倍。 Moody's Investors Service, "Moody's Special Report：Moody's Update on Structured Investment Vehicles,"January 16, 2008, p. 13.

或超优级CDO时，支持资本很低甚至为零，所以创下了最高的杠杆率。

就这样，2004年置业率达到顶峰，新的抵押贷款在一系列再融资活动和投资者、投机者、二套房购买的推动下不断增长，数万亿美元的证券靠两个因素支持：数以百万计购房者的次级贷和次优级贷款的偿付能力，以及以抵押物为基础的住宅市场价值的稳定性。 有些市场参与者一直了解这些风险。 "'资产抵押证券'CDO产品天生具有杠杆作用"，欧力士信贷公司的银行家马克·克利士2004年10月参加在博卡拉顿举行的证券化银行家会议时对与会者说。 尽管这种产品的短期收益很好，但是后期的损失有可能十分巨大。 克利士说："我们以后会看到问题。"①

贝尔斯登对冲基金："崩溃前一直运转良好"

五大投行中最小的一家贝尔斯登公司从1985年开始了资产管理业务，当时它成立了贝尔斯登资产管理公司。 资产管理带来了稳定的管理费收入，银行因而能向消费者提供新产品，资本金要求却不高。

贝尔斯登资产管理公司在CDO业务中，既是出色的管理者，又是一个投资于抵押支持证券的优秀对冲基金。 到2006年底，拉尔夫·乔菲在贝尔斯登资产管理公司管理着11只共计183亿美元资产的CDO和两只总值180亿资产的对冲基金。② 尽管贝尔斯登拥有贝尔斯登资产管理公司，但是贝尔斯登管理层几乎从不监管其业务。③ 乔菲管理的两只大型抵押贷款对冲基金最终失败，可谓是2007年金融危机爆发早期的大事件。

2003年，乔菲在贝尔斯登资产管理公司发行了第一只基金，高等级结构信用策略基金。 2006年，他又发行了一只高等级结构信用策略杠杆增强基金。 这

---

① Mark Klipsch quoted in Colleen Marie O'Connor "Drought of CDO Collateral Tops Concerns," Asset Securitization Report，October 18，2004.

② Bear Stearns Asset Management，Collateral Manager Presentation；Ralph Cioffi，interview by FCIC，October 19，2010；Bear Stearns High-Grade Structured Credit Strategies Master Fund，Ltd.，financial statements for the year ended December 31，2006（total assets were MYM8573315025）；Bear Stearns High-Grade Structured Credit Strategies Enhanced Leverage Master Fund，Ltd.，financial statements for the year ended December 31，2006（total assets were MYM9403235402）.

③ James Cayne，written testimony for the FCIC，Hearing on the Shadow Banking System，day 1，session 2：Investment Banks and the Shadow Banking System，May 5，2010，p. 2；Warren Spector，interview by FCIC，March 30，2010.

些基金购买的大部分都是抵押贷款支持证券或者CDO，并且利用杠杆率增强其回报。其目标是90%的资产可以得到3A级或者2A级评级。乔菲告诉金融危机调查委员会说，"这些基金的运作原理是：结构性信用市场带给基金的收益高于其评级建议它们可能获得的收益。"①乔菲为第一只基金设定的目标杠杆率是10∶1。对杠杆增强基金，乔菲提高了赌注，鼓吹它为"'杠杆版的优质'基金"，他设定的杠杆比率为12∶1。②到2006年底，高级结构基金有86亿美元资产（其中9亿美元来自对冲基金投资者，7.7亿美元是借款）。杠杆增强基金有94亿美元（其中9亿美元来自投资者，而85亿是借款）。③

贝尔斯登资产管理公司在回购市场借款购买这些资产的做法在对冲基金中十分常见。金融危机调查委员会所作的一项调查表明，截至2008年6月，回应调查的约170只对冲基金从回购市场借款至少2750亿美元，这些受调查公司在2007年6月之前投资抵押支持证券或CDO产品至少达450亿美元。④由于能够使用3A或者2A级CDO作为回购抵押的借款能力，刺激了市场对这些证券的需求。

但是回购借款有风险，它创造了巨大的杠杆作用，必须经常更新。比如某投资者凭保证金额度购买了一只股票，也就是借款买入，每美元要支付50美分，另外50美分由投资人向股票经纪人贷款获得，这个杠杆比率就是2∶1。房屋所有者购买一套房屋可能只需支付10%首付，剩下部分可以通过抵押获得，那么这个杠杆率就是10∶1。相比之下，回购贷款允许投资者用更少的资金去购买证券——以国库券为例，投资者可以仅用0.25%的资金，从证券公司借来99.75%的资金（比率为400∶1）。再以抵押支持证券为例，投资者可能只需支付5%就能获得全部资金（即20∶1的比率）。⑤

---

① Cioffi, interview.
② AIMA's Illustrative Questionnaire for Due Diligence of Bear Stearns High Grade Structured Credit Strategies Fund; Bank of America presentation to Merrill Lynch's Board of Directors, "Bear Stearns Asset Management: What Went Wrong."
③ Bear Stearns High-Grade Structured Credit Strategies Master Fund, Ltd., financial statements for the year ended December 31, 2006; Financial Statements, Bear Stearns High-Grade Structured Credit Strategies Enhanced Leverage Master Fund, Ltd., financial statements for the year ended December 31, 2006; BSAM fund chart prepared by JP Morgan.
④ 金融危机调查委员会工作人员依据委员会对冲基金调查中的数据进行的计算。回应此项调查的对冲基金总投资为1.2万亿美元。
⑤ IMF, Global Financial Stability Report, April 2008, Table 1.2, page 23, "Typical 'Haircut' or Initial Margin."

在这种杠杆率水平下，抵押支持证券价值变化5%，就可以让投资者的资本翻一番，或者是失去所有最初投资。

关于杠杆的另一个固有的错误推论就是人们以为抵押品很容易卖出去。但是，在需要出售抵押品的紧急时刻，就会发现私人抵押支持证券和美国国库券有着天壤之别。

回购资金的短期性也造成了其与生俱来的风险和不可靠：今天通过特别条款能够获得的资金，可能到明天就没有了。举例来说，乔菲基金面临的风险是回购方有可能随时停止回购展期。然而，回购方更多的时候是以隔夜展期把资金贷给乔菲他们这样的基金，根本不关心这些抵押品的质量。

贷款给乔菲对冲基金的企业也经常向他们出售抵押支持证券，对冲基金再把这些证券抵押出去获得贷款。① 如果抵押物的市场价值下降，回购贷方能够也一定会要求对冲基金提供更多抵押以支持回购贷款。这种动态变化在2007年决定诸多基金命运的时候发挥了重要的作用，对乔菲基金影响最为明显。"我认为回购市场一直运行良好，可突然有一天就崩溃了，"乔菲对金融危机调查委员会说。在那之前，他的对冲基金可以利用借款购买几十亿美元的CDO，因为抵押资产处于牛市，他说，"回购越来越为人接受，有更多交易员，更多回购贷方和更多投资者。回购市场在美国国内和国际上都普遍存在，而且急剧扩张。"②

贝尔斯登资产管理公司向投资者推销它的CDO，说这些产品具有复杂特性，市场价值被低估，因此很有潜力。2003年，市场看起来风险可控，前途无限。乔菲及其团队不止购买CDO，也创造和管理其他CDO。乔菲会为自己的对冲基金购入抵押支持证券、CDO和其他证券。当达到公司内部投资限额时，他就会把证券重新打包卖给其他投资者，获得的资金用来支付回购贷方贷款，同时取得新CDO的股权级部分。③

由于乔菲管理的新CDO用的是从自己的对冲基金中挑选的抵押品，所以他属于交易双方。④ 这种地位结构导致乔菲对其对冲基金投资者义务和他对CDO投资者义务之间的利益冲突。这种现象在华尔街并不少见，贝尔斯登资产管理

---

① Alan Schwartz, interview by FCIC, April 23, 2010.
② Cioffi, interview.
③ Cioffi, interview.
④ Cioffi, interview.

公司向潜在投资者公开了这种结构和及其利益冲突。① 举例来说，CDO 应该以什么价格向对冲基金购买资产，这是非常关键的问题：如果 CDO 支付的价格高于市场价，就会对对冲基金投资者有益，而损害了 CDO 投资者。

从 2004 年到 2005 年，贝尔斯登资产管理公司连续推出三只 CDO 旗舰产品：Klio I，II，III 号，由花旗集团承销。这三只 CDO 主要是由贝尔斯登资产管理公司拥有的抵押支持证券和资产抵押证券组成，靠资产抵押商业票据提供资金②，贝尔斯登资产管理公司持有股权。当时，在不发生违约的情况下，如果 CDO 经理人管理资产并持有股权级产品，他们的预期年回报率在 15% 到 23% 之间。③ 由于有抵押支持证券、CDO 和杠杆，乔菲的基金一度获得丰厚的回报：扣除管理费后，高评级基金的回报 2004 年约为 17%，2005 年约为 10%，2006 年约为 9%。④ 2007 年对冲基金崩溃之前，乔菲和塔宁赚了数百万美元。从 2005 年到 2007 年，乔菲总收入超过 410 万美元。2007 年两只对冲基金申请破产，乔菲的薪酬超过 176 万美元。他的总经理马特·塔宁（Matt Tannin）在 2005 年到 2007 年之间收入了超过 570 万美元。⑤ 两人都自掏腰包投资基金，以此作为卖点，劝说其他投资者购买基金。

但是，2007 年房价下降导致投资者质疑抵押支持证券的价值，为乔菲带来巨额回报的短期杠杆率这次放大了损失，很快让他的两只基金破产退市。⑥

花旗集团流动性期权："潜在的利益冲突"

2005 年，花旗集团成为销售 CDO 产品的市场主力，充分利用其下商业银

---

① Bear Stearns High-Grade Structured Credit Strategies, investor presentation, stating that "the fund is subject to conflicts of interest." Bear Stearns High-Grade Structured Credit Strategies Enhanced Leverage Fund, L. P., Preliminary Confidential Private Placement Memorandum, August 2006. Everquest Financial Ltd., Form S-1, p. 13.
② Bear Stearns Asset Management Collateral Manager, presentation：Klio I 中有 73% 的住房抵押贷款支持证券和资产担保证券以及 27% 的 CDO，KlioII 的抵押品包括 74% 的住房抵押贷款支持证券和资产担保证券以及 26% 的 CDO，KlioIII 的抵押品包括 74% 的住房抵押贷款支持证券和资产担保证券以及 26% 的 CDO；Cioffi，interview。
③ Everquest Financial Ltd., Form S-1, pp. 9, 3.
④ Bear Stearns Asset Management, Collateral Manager Presentation.
⑤ Cioffi and Tannin Compensation Table, produced by Paul, Weiss, Rifkind, Wharton & Garrison, LLP.
⑥ Matt Tannin, Bear Stearns, email to Bella Borg-Brenner, Stillwater Capital, March 16, 2007；Greg Quental, Bear Stearns, email to Andrew Donnellan, Bear Stearns, et al., June 6, 2007.

行的储蓄提供流动性支持。 在此期间,公司陷入了与监管者之间的各种各样的麻烦,时任 CEO 的查尔斯·普林斯告诉金融危机调查委员会,处理这些麻烦要花掉他一大半时间。① 在为次级贷款业务支付了 700 万美元罚款之后,花旗集团又陷入了麻烦,公司被指控在 2011 年安然公司申请破产之前,通过结构性融资交易帮助安然财务报表造假。 2003 年 7 月,花旗集团同意缴纳 1200 万美元罚款平息指控,并在美联储和货币监理署的正式监管下彻底整顿其风险管理。②

到 2005 年 3 月,美联储要求花旗集团在公司治理改善并提升合规之前,不得进行重大收购。 据普林斯说,他已经决定"将公司的重点从收购驱动型战略转向有机增长的均衡战略"。③ 前财政部长、前高盛集团联合首席执行罗伯特·鲁宾时任花旗集团董事会执行委员会主席,他告诉调查委员会,当时他建议,如果花旗集团能够合理管控风险,就应该提高其风险承受程度。④

在美联储和国会取消了对商业银行的投资部门活动的限制之后,花旗集团的投资银行子公司如鱼得水,当时市场上机会多多,其中一个就是 CDO 业务,蓬勃发展的抵押贷款市场为其提供了起飞的空间。

2003 年,花旗的 CDO 部还只是公司投行的一个小板块,当时该部门负责人内斯特·多明戈斯说,"我们只有八个人和一个彭博终端系统"。⑤ 尽管如此,在投资银行的联合 CEO 托马斯·马赫拉斯(Thomas Maheras)的指挥下,这个小小板块成了 CDO 初期市场上的明星,2003 年和 2004 年创造了 180 多亿美元,几近那些年市场总额的 1/5。

那八个人学会了高盛集团和西德意志银行率先采用的创新结构。 花旗集团

---

① Charles Prince, interview by FCIC, March 17, 2010.
② 日本和英国的监管者也在 2004 年和 2005 年处罚了公司。 2004 年 9 月,由于花旗银行涉嫌参与在日本的非法活动,日本金融厅暂停了花旗银行债券交易员在日本经营层级产品业务的权利。 第二年,英国金融服务管理局因花旗银行的从事"Dr. Evil"债券交易项目对其罚款 2500 万美金。 Financial Services Agency, Government of Japan, "Administrative Actions on Citibank, N. A. Japan Branch," September 17, 2004; Financial Services Authority, "Final Notice" to Citigroup Global Markets Limited, June 28, 2005 (www.fsa.gov.uk/pubs/final/cgml_28jun05.pdf); David Reilly, "Moving the Market: Citigroup to Take MYM25 Million Hit in 'Dr. Evil' Case," Wall Street Journal, June 29, 2005.
③ Prince, interview.
④ Robert Rubin, interview by FCIC, March 11, 2010.
⑤ Dominguez, interview by FCIC, March 2, 2010. The CDO desk earned revenues of MYM367 million in 2005. Paul, Weiss, Citigroup's counsel, letter to FCIC, March 31, 2010, in re the FCIC's second and third supplemental requests, "Response to Interrogatory No. 21."

不再把 3A 级 CDO 作为长期债务发行，而是将其重新设计成短期资产支持商业票据[①]。当然，商业票据会带来流动性风险（作为长期债券销售时，风险并不会表现出来），这是因为为了维系 CDO 的存续，这些票据会每隔几天或者几周再次向投资者发行。但在当时，资产支持商业票据是很便宜的融资形式，尤其是货币市场共同基金，有着庞大的潜在投资者基础。为了降低流动性风险，并确保评级机构能够给予最高评级，花旗银行（花旗集团的国民银行）向投资者提供回购保证，当商业票据到期或融资成本增长到预定水平时，如果没有买家，为了获得长期费用，花旗会将商业票据回购。[②]

2003 年 7 月，花旗集团的 CDO 团队携名为 Grenadier Funding 的 15 亿美元 CDO 进军市场，其中包括花旗银行的 13 亿回购型商业票据。[③] 随后的三年里，花旗发行并承销了 250 亿美元以 CDO 发行的回购型商业票据，[④]数额高于任何一家公司。贝尔斯登资产管理公司的三只由花旗集团承销的 Klio CDO，占总额的 100 多亿美元，[⑤]对花旗来说不是个好兆头。但是最初，这个被多明戈斯称为"战略首创"的项目还是为花期赚取了大笔利润。CDO 部为花旗集团投资银行赚取的产品结构设计费占总承销费的 1%，即 10 亿美元的交易可以赚到 1 千万美元。花旗集团还会向买方收取占收益额 0.1% 到 0.2% 的年费。[⑥] 换句话说，一笔典型的 10 亿美元的交易，仅为流动性卖回权一项，花旗银行就会拿到 100 万美元到 200 万美元的费用，几乎没有任何成本，因为交易员认为卖回权永远也不会被触发。[⑦]

实际上，流动性卖回权是另一种高杠杆率的赌博：一种在某些情况下会被触发的临时性负债。在上文提到的 2004 年流动性卖回权资本规则变化以前，花旗集团无须为这种临时负债拨备任何资本，它可以利用风险模型来确定资本标准，模型预测认为卖回权被触发的可能性微乎其微。2004 年规则改变，要求花旗银行为其回购型商业票据持有 0.16% 的资本，即每 10 亿美元必须持有 160 万美元

[①] Janice Warne, interview by FCIC, February 2, 2010; Paul, Weiss, Citigroup's counsel, letter to FCIC, March 1, 2010, "Response to Interrogatory No. 18."

[②] Paul, Weiss, Citigroup's counsel, letter to FCIC, March 1, 2010, "Response to Interrogatory No. 18."

[③] Moody's Investors Service, "担保债务凭证 with Short-Term Tranches: Moody's Approach to Rating Prime – 1 CDO Notes," February 3, 2006, p. 11.

[④] Citigroup Inc., Form 10 – K, for the fiscal year ended December 31, 2007, filed February 22, 2008, p. 91.

[⑤] Everquest Financial Ltd., Form S –1, May 9, 2007, p. 93.

[⑥] Dominguez, interview, March 2, 2010.

[⑦] Dominguez, interview, March 2, 2010.

的资本。 即便卖回权年费为 100 万~200 万美元，这项资本的年回报率仍旧超过 100%。 多明戈斯告诉金融危机调查委员会，毫无疑问，3A 评级、多重收益、低资本要求，这一切使流动性卖回权为花旗集团资产负债表增光添彩。[①] 2007 年一系列事件揭穿了这些假象，将 250 亿美元商业票据直接推进了花旗的资产负债表，花旗必须拿出 250 亿现金或者更多的资本未满足监管要求。

流动性认沽期权由花旗集团资本市场委员会批准，委员会负责审查所有新金融产品。[②] 花旗认为流动性认沽期权风险低，只考虑到了抵押的信用风险，而没有考虑市场动荡带来的流动性风险。[③] 花旗集团最大商业银行子公司的监管机构货币监理署知道花旗已经发行流动性认沽期权。[④] 但是，它在后安然时期的执法重点是花旗银行是否有产品审查流程，而没有关注这些产品给花旗银行资产负债表带来的风险。[⑤]

除了花旗集团之外，只有几个大型金融机构，像美国国际集团金融产品公司、法国巴黎银行、德国西德意志银行、法国兴业银行，承销了大量以 CDO 形式发行的商业票据流动性认沽期权。[⑥] 美国最大的商业银行美洲银行，2006 年承销规模还很小，到 2007 年市场崩溃前，规模就达到了 60 亿美元。[⑦] 在被问到其他市场参与者为什么没有承销这些产品时，多明戈斯说，兴业银行和法国巴黎银行是市场中的大玩家，"参与这个市场的银行，必须拥有强大资产负债表，有能力获得抵押品，还要与抵押品经理建立关系。"[⑧]

2006 年达到公司投资上限时，CDO 部停止承销流动性认沽期权。[⑨] 花旗银行的财务部门为流动性认沽期权设定的上限是 230 亿美元。[⑩] 但有过一次例外，

---

① Dominguez, interview, March 2, 2010.
② Warne, interview.
③ GCIB Capital Markets Approval Committee, Coventree Capital, "Liquidity Put Option," draft as of December 13, 2002, p. 4.
④ Ron Frake, interview by FCIC, March 11, 2010.
⑤ 货币监理署和花旗银行之间的"正式协议"。 2003 年 7 月 22 日。
⑥ Moody's Investors Service, CDO with Short-Term Tranches.
⑦ Ibid. ;Bank of America Corporation, Form 10-Q for the quarterly period ended September 30, 2007, p. 19; Floyd Norris, "As Bank Profits Grew, Warning Signs Went Unheeded," New York Times, November 16, 2007.
⑧ Dominguez, interview, March 2, 2010.
⑨ Paul, Weiss, Citigroup's counsel, letter to FCIC, June 23, 2010, "Responses of Nestor Dominguez," p. 6.
⑩ OCC, "Subprime CDO Valuation and Oversight Review—Conclusion Memorandum," Memoran dum from Michael Sullivan, RAD, and Ron Frake, NBE, to John Lyons, Examiner-in-Charge, Citibank, NA, January 17, 2008, p. 6.

上限达到 250 亿美元。① 风险管理层对顶级资产支持证券（包括流动性认沽期权）的上限是 250 亿美元。 随后在 2006 年的备忘录中，花旗集团财务管理集团批评公司的定价不合理，没有考虑当流动性认沽期权到期时，投资者不买商业票据的风险，因此要求花旗准备 250 亿美元现金。② 一份无日期、无署名的内部文件（估计是 2006 年起草的）也对花旗投资银行的一条惯例提出了疑问，即在没有考虑损失的情况下就向 CDO 交易员支付报酬，"流动性认沽期权定价较低，产生了潜在的利益冲突，低定价可以卖出更多的 CDO 资产，也就能获得更多的产品设计费。"③正如我们以后会看到的，这么做的后果是损失惨重，巨大的金融集团被逼向破产的边缘。

美国国际集团："华尔街的金鹅"

2004 年，按股市价值算，美国国际集团是当时世界上最大的保险公司：在全球 130 多个国家中拥有资产 8500 亿美元、员工 116000 人、子公司 223 家。

但是对华尔街来说，美国国际集团最有价值的资产是它的信用评级：它获得过所有评级公司给出的最高评级：1986 年起被穆迪评为 Aaa 级，1983 年起被标准普尔评为 AAA 级。 评级很重要，有了这些漂亮的评级能够降低公司借款成本，调动资金进行高收益投资。 2010 年初，美国只有六家私营公司获得最高评级。④

美国国际集团金融产品公司设在康涅狄格州，主营业务在伦敦。 1998 年开始，这家公司想出了一个用评级赚钱的新路子。 依托其母公司美国国际集团，金融产品公司成为场外交易衍生品主要交易商，总投资组合高达 2.7 万亿美元。 在诸多衍生品交易活动中，金融产品公司发行了由其他金融公司和投资者持有的信用违约掉期担保债务凭证。 为获得像保费那样的持续收入，金融产品公司同意，如果出现违约，会向投资者偿还债务凭证。 信用违约掉期常被比作保险，

---

① OCC, "Subprime CDO Valuation and Oversight Review—Conclusion Memorandum," Memorandum from Michael Sullivan, RAD, and Ron Frake, NBE, to John Lyons, Examiner-in-Charge, Citibank, NA, January 17, 2008, p. 6.
② Tobias Brushammar et al., memorandum to Nestor Dominguez et al., "Re: Liquidity Put Valuation," October 19, 2006, pp. 1, 3-4; "Liquidity Put Discussion," pt. 1, produced by Citi.
③ "Liquidity Put Discussion," produced by Citi.
④ 穆迪公司提供给金融危机调查委员会的数据。

但按照惯例，保险公司卖出保单，必须预留损失准备金。 由于信用违约掉期不是受监管的保险合同，无须满足准备金要求。 在这种情况下，金融产品公司有99.85% 的把握预计，他们承销保险的信用违约掉期中据称最安全的部分不会有经济损失，因此没有预留任何损失准备金，这个决定导致了美国国际集团 2008 年的厄运。①

美国国际集团金融产品公司与欧洲银行有大量业务往来，向他们销售各种金融资产支持的信用违约掉期，这些资产包括债券、抵押支持证券、CDO 和其他债务证券。 对美国国际集团来说，为赚取保险费冒风险是值得的，而对出钱购买保险的银行来说，掉期交易能够帮助他们抵消信用风险，因而为资产持有的资本要求就会减少。 从 AIG 购买信用违约掉期能使银行的资本金要求由 8% 降到 1.6% 。② 到 2005 年为止，AIG 承销了 1070 亿美元这种享有监管资本优势的信用违约掉期，其中大部分卖给了追求多种资产类型的欧洲银行。 到 2007 年，承销额达到 3790 亿美元。③

美国的银行也能够享受同样优势。 2001 年，按照追索规则，美国监管当局向持有抵押支持证券和其他投资的银行控股公司提出了类似的资本标准要求。 所以，与 AIG 签订的信用违约掉期合同同样能够降低美国银行的资本金要求。

2004 年和 2005 年，AIG 为价值 540 亿美元的超高级 CDO 层级产品提供了保险，而 2003 年这一数字仅为 20 亿美元。④ 在接受金融危机调查委员会的一次面谈中，AIG 一位高管把 AIG 金融产品公司的掉期销售主力艾伦·弗罗斯特（Alan Frost）称为"华尔街的金鹅"。⑤

AIG 这项业务中最大的顾客是 CDO 主要承销商高盛投资公司。 美国国际集团也为美林证券、法国兴业银行以及其他公司提供了数十亿美元的保险合同。 美国国际集团"看起来是个完美的顾客"，高盛的首席风险官克雷格·布罗德里克（Craig Broderick）告诉金融危机调查委员会，"他们确实符合一切

---

① Gary Gorton, interview by FCIC, May 11, 2010.
② AIG, 2008 10－K, p. 133. Assets are assigned a "risk weighting" or percentage that is then multiplied by 8% capital requirement to determine the amount of risk-based capital.
③ 美国国际集团提供给金融危机调查委员会的 2000 年底到 2010 年第一季度信用违约掉期年度名义资产负债表。
④ 到 2007 年，总额达到了 780 亿（ibid.）。
⑤ Gene Park, interview by FCIC, May 18, 2010.

条件：评级最高，拥有看起来毋庸置疑的专业知识，具备雄厚的金融实力，有较长时间从事此项贸易的历史，还有多年的交易经验，所以非常看好这一市场。"①

美国国际集团公司也把优质评级优势发挥到商业票据业务，提供流动性认沽期权，和花旗银行为自己的交易承保的做法类似，担保在没有买主的情况下买下这些商业票据。2002年美国国际集团进入这个领域，到2005年，就已经通过CDO发行了超过60亿美元的商业票据流动性认沽期权。美国国际集团也发行了超过70亿美元的信用违约掉期来为法国兴业银行提供保险，帮助该银行对抗自己承销的CDO型商业票据的流动性认沽期权的风险。②"我们一贯的做法是设计几乎不会发生风险的保险交易，收取一点儿保险费。"美国国际集团金融产品公司总经理吉恩·帕克（Gene Park）对金融危机调查委员会说，"我们是为数不多的几家能做此项业务的公司之一。因为如果你考虑一下，没有人愿意从无法偿债的人手里购买灾难险……而我们却能为华尔街和银行提供保障。"③

美国国际集团为各类资产（包括抵押支持证券和CDO）提供信用保护，包括抵押支持证券和担保债务凭证，保额从2002年的200亿美元增长到了2005年的2110亿美元，到了2007年，总额达5330亿美元。④这项业务只占美国国际集团金融服务公司的一小部分，它在2005年创造了44亿美元的营业收入，占美国国际集团总收入的29%。

美国国际集团在承保这些合同的时候没有提供任何抵押担保，然而不同于分业经营的保险公司，美国国际集团金融产品公司承诺，如果证券价值下降，或评级机构下调长期负债评级，公司会交付抵押担保。公司的竞争对手单一保险金融担保公司——诸如专门承保金融合同的美国城市债券保险公司和安巴克公司——根据保险监管规定，不得在实际损失发生之前进行支付。美国国际集团信用违约掉期合同的抵押交付条款后来对金融危机产生了重大影响。

---

① Craig Broderick, testimony before the FCIC, Hearing on the Role of Derivatives in the Financial Crisis, day 1, session 3: Goldman Sachs Group, Inc. and Derivatives, June 30, 2010, transcript, pp. 289–90.
② Moody's, "担保债务凭证 with Short-Term Tranches"; AIG, "Information Pertaining to the Multi-sector CDO Portfolio," provided to the FCIC.
③ Park, interview.
④ 美国国际集团，2000年底到2010年第一季度信用违约互换年度名义资产负债表。

但是这个规则在市场繁荣时期并没有产生影响。投资者有 3A 信用评级保险，美国国际集团则赚取保险费（费用大约是年名义掉期额的 0.12%），① 经理人拿到红利。负责该业务的伦敦分公司，红利池占新增收入的 30%。② 金融产品公司首席执行官约瑟夫·卡萨诺（Joseph J. Cassano）在年底分红。③ 2002 年到 2007 年，他支付给自己的最低年度分红是 3800 万美元。在随后的几年中，他的薪酬有时是母公司 CEO 的两倍。④

灾难在 2005 年降临：经审计发现，美国国际集团操纵利润，从而失去了 3A 信用评级。2005 年 11 月之前，公司将过去五年多的报告收入减记 39 亿美元⑤。董事局解雇了在公司工作 38 年之久的首席执行官莫里斯·汉克·格林伯格（Maurice Hank Greenberg）。纽约州总检察长艾略特·斯皮策（Eliot Spitzer）准备指控其欺诈行为。

格林伯格告诉金融危机调查委员会说："2005 年，春 3A 信用评级遭取消，那时美国国际集团就应该理智地退出或者减少承保信用违约掉期产品业务"。⑥ 集团并没有这样做。相反，2005 年金融产品公司又承保了 360 亿美元的高评级 CDO 型信用违约掉期产品，⑦直到 2006 年，公司才决定终止这些承保合同。⑧

高盛投资公司："增加次级贷崩溃的效应"

亨利·鲍尔森自 1999 年开始到 2006 年就任财政部长之前，一直是高盛投资公司首席执行官。他向金融危机调查委员会证实，他就任财长时，很多不良贷款已经发放出去了，"就像大部分牙膏已经挤出了牙膏管"，并且"没有适当的监管机制来应对"⑨。鲍尔森举例说，"次级贷款占所有抵押贷款的比例从

---

① Alan Frost, interview by FCIC, May 11, 2010.
② AIG Financial Products Corp. Deferred Compensation Plan, March 18, 2005, p. 2.
③ Joseph Cassano, email to All Users, re:2007 Special Compensation Plan, December 17, 2007.
④ Joseph Cassano compensation history, provided by AIG to the FCIC.
⑤ AIG, Form 8-K, filed May 1, 2005.
⑥ "Fact Sheet on AIGFP," provided by Hank Greenberg, p. 4.
⑦ AIG, CDO notional balances at year-end.
⑧ Gene Park, email to Joseph Cassano, re:"CDO of ABS Approach Going Forward—Message to the Dealer Community," February 28, 2006.
⑨ Henry M. Paulson Jr., testimony before the FCIC, Hearing on the Shadow Banking System, day 2, session 1:Perspective on the Shadow Banking System, May 6, 2010, transcript, p. 22.

1994年的5%上升到2006年的20%……证券化把发行人按照其发起的产品风险大小进行划分。"他发现这样一来"导致了房地产泡沫产生，并最终以最悲惨的方式爆裂"。①

在鲍尔森领导下，高盛投资公司在制造和出售抵押证券中扮演了中心角色。2004年到2006年，高盛向抵押贷款人提供了数十亿美元贷款，大多数通过以回购形式流向了美利凯斯特公司、长滩、弗雷蒙投资贷款公司、新世纪金融公司和国民金融公司等次贷公司②。在同一时期，高盛从包括这些公司在内的众多次级贷发起公司购进了530亿美元贷款，打包证券化后卖给了其他投资者。③2004年到2006年，高盛发行了总价值为1840亿美元的318只抵押证券（其中四分之一是次级贷），还有总计320亿美元的63只CDO。2004年到2006年6月期间，高盛公司还发行了面值为350亿美元的22只合成或混合CDO产品。④

合成CDO是含信用违约掉期的复杂票据产品。不像传统现金CDO，合成CDO不包含有实际抵押贷款担保的抵押支持证券，甚至没有其他CDO组成的担保证券，相反，他们只是参考这些抵押证券的表现，然后判断借款方是否会偿还抵押。这些CDO包含信用违约掉期，不向单一购房方提供融资。这些CDO的投资者包括："有融资的"做多投资者，他们用现金购买CDO发行的实际证券；"无融资的"做多投资者，他们购买掉期合约，如果证券表现好，就能赚到钱；以及"做空"投资者，他们买进以参考证券支持的信用违约掉期合约，如果证券表现不好就能赚钱。尽管"有融资"投资者在参考证券表现良好时能取得收益，但是一旦参考证券发生违约，他们就会损失掉所有投资。对于在支付链条最高处的"未融资"投资者，只要参考证券表现良好，他们就能收到来自CDO的保费收入。但是，一旦参考证券跌到某一特定点（含）以下的时候，或者CDO没有足够资金支付给做空投资者的时候，他们就不得不支付赔偿费了。做空投资者（经常是对冲基金）从CDO中购买信用违约掉期交易产品，并且支付保险费。混合CDO是传统CDO和合成

---

① Henry M. Paulson Jr., written testimony for the FCIC, Hearing on the Shadow Banking System, day 2, session 1:Perspective on the Shadow Banking System, May 6, 2010, p. 2.
② Goldman Sachs, 2005 and 2006 10-K（appendix 5a to Goldman's March 8, 2010, letter to the FCIC）.
③ Appendix 5c to Goldman's March 8, 2010, letter to the FCIC.
④ Goldman's March 8, 2010, letter to the FCIC, p. 28（subprime securities）.

CDO 的组合产品。

高盛等公司发现，在抵押贷款供应开始枯竭的时候，合成 CDO 较之传统 CDO 更便宜也更容易创造。由于无须抵押资产，只用很短的时间就能创造一只合成 CDO，而且容易定制，因为 CDO 经理人和承销商可以挑选任何抵押支持证券——不受任何限制。这种交易的运行方式见图 8-2。

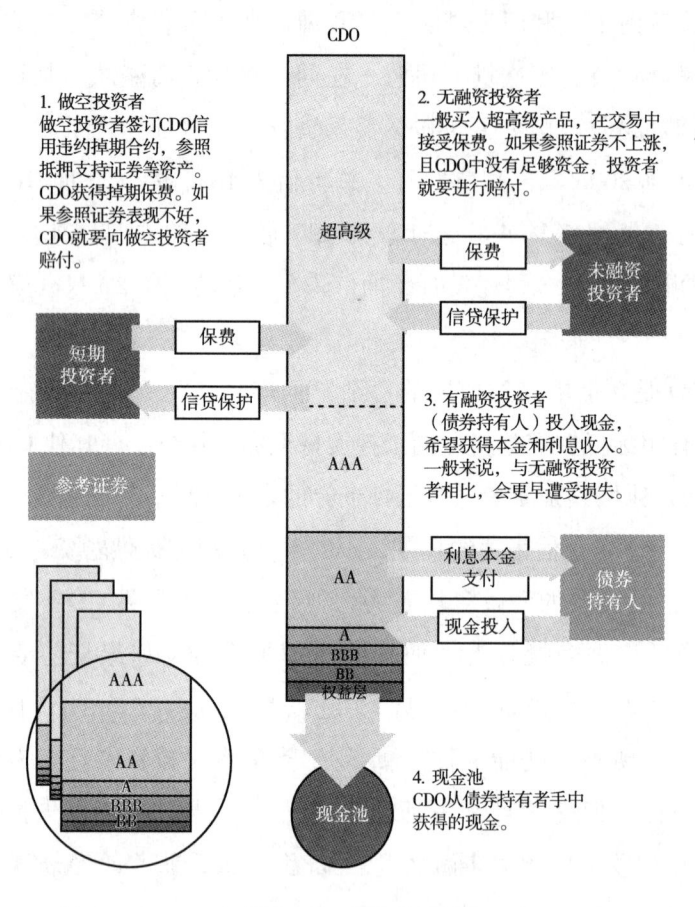

图 8-2 合成 CDO

注：包含信用违约掉期的复杂票据交易，如高盛的 Abacus2004-1。

2004 年，高盛发行了第一只合成 CDO——Abacus2004-1，这笔交易价值 20 亿美元。大概 1/3 的掉期参照的是房屋抵押支持证券，1/3 是现有 CDO 产品，剩下的是商业抵押支持证券（由捆绑在一起的商业房屋贷款组成）以及其他证券。

在这笔 20 亿美元的交易中，高盛是做空投资者：它购买这些参考证券的信用违约掉期保险。德国工业银行、西部信托公司集团和美联银行这些有融资投资者投入 1.95 亿美元购买这次交易的中间层部分。① 如果参照的资产表现良好，这些投资者就能够得到预期的本金和利息支付，如果这些资产表现不好，那么作为做空投资者的高盛就会拿到这 1.95 亿美元。② 也就是说，德国工业银行、西部信托公司集团和美联银行就是做多投资者，他们下赌认定资产上涨，高盛作为做空投资者赌这些资产下跌。

未融资投资者——西部信托公司和 GSC 合伙公司（管理对冲基金和 CDO 的资产管理公司）没有预先投入任何资金，他们每年都从 CDO 取得保费收入，因为他们承诺如果证券下跌，且 CDO 产品没有足够资金支付做空投资者，那么他们就会赔偿保险费。③

这项交易刚发起时，高盛是最大的未融资投资者，持有其中 18 亿美元的超高信用评级层。高盛 20 亿美元的空头头寸冲销了风险敞口。一年后，高盛购买美国国际集团的信用保险，把未融资买空头寸转让出去，换取年 220 万美元的回报。④ 于是到 2005 年，美国国际集团成为这笔交易（Abacus 2004 – 1）中超高级层的最大无融资投资者。

总之，如果参照证券表现好，Abacus 2004 – 1 的做多投资人将会坐收数百万美元收入（就像债券投资者在债券上涨的时会赚钱那样）。另外，高盛在资产下跌的时候能够获得近 20 亿美元收入。

最终，作为 Abacus 2004 – 1 的做空投资人，高盛获得了 9.3 亿美元的收入，做多投资人则损失了几乎所有投资。GSC 合伙公司向高盛卖出了第一层和第二层级损失信用违约掉期保险，于是 2008 年 4 月向高盛公司赔付 730 万美元。美国国际集团金融产品公司为高盛的超高级层提供保险，2009 年 6 月向其支付 8.06 亿美元。同月，西部信托公司向高盛支付初级中间层的 2300 万美元，同时也收到德国工业银行向其支付的 C 层级的 3000 万美元。2010 年 4 月，德国工业银行支付给了高盛另外的 B 层级的 4000 万美元。2010 年 5 月期间，高盛收到了德国工业银行、美联银行、西部信托公司的支付 A 层级信用违约掉期的 2400 万美

---

① 高盛投资公司向金融危机调查委员会提供的电子表格"Protection Bought by GS"，2004 年 6 月 9 日，德国工业银行购买了 3 千万美元的 A 级票据，4 千万美元的 B 级票据，3 千万美元的 C 级票据。2005 年 1 月，西部信托公司购买了 5 千万美元的 A 级票据，美联银行在 2005 年 3 月购入 4500 万美元的 A 级票据。
② 金融危机调查委员会工作人员根据高盛投资公司数据计算的结果。
③ "Protection Bought by GS，"spreadsheet.
④ 金融危机调查委员会工作人员基于高盛投资公司数据计算的结果。

元。 部分 Abacus 2004-1 层级进入了其他基金和 CDO。 比如，西部信托公司就将 Abacus 2004-1 的部分层级放入了自己的三只 CDO 产品。

从 2004 年 7 月 1 日到 2007 年 5 月 31 日期间，高盛包装出售了 47 只合成型 CDO，总面值为 660 亿美元。① 高盛抵押业务部前负责人丹·斯帕克斯（Dan Sparks）告诉金融危机调查委员会，公司发行费用占交易总额的 0.5% 到 1.5%。② 高盛通过做空交易赚取利润，其他赢利的方法还有促成买卖双方签订信用违约掉期交易保险。

我们会看到，这些新金融工具会为做空合成 CDO 的投资者带来巨大收益——即投资者赌房地产泡沫会破裂，这些工具也会在房价暴跌的时候放大损失。 当借方发生抵押贷款违约，希望从抵押支持证券获得现金收益的投资者就会遭受损失，看涨合成 CDO 抵押支持证券的投资者也会遭受损失（看跌的是可以获得收益的）。③ 结果就是房地产崩盘把损失成倍放大。

看完这一个案例，我们可以回过头去看看花旗集团的抵押支持证券 CMLTI 2006-NC2 案例。 信用违约掉期使市场新参与者可以赌这些证券走势好或者不好。 合成 CDO 大大增加了对这种"赌博产品"的需求。 例如，证券中间层之一的 M9（BBB 评级）层级中有 1200 万美元的债券。 诸如 Auriga、Volans 和 Neptune CDO IV 等合成 CDO 都含有以 M9 层级债券为参照的信用违约掉期。 只要 M9 债券上涨，赌 M9 下跌的投资者（即做空投资者）就会定期向 CDO 付款，用以支付预期看涨的投资者（即做多投资者）。 如果 M9 债券违约，做多投资者就要给做空投资者支付大量资金。 这就是赌博——2007 年初这笔交易中有超过 5000 万美元压在 M9 债券上。 因此，按 1200 万美元债券的表现，可能有超过 6000 万美元会换手。 高盛的斯帕克斯简洁地对金融危机调查委员会解释说，如果说这笔交易中只要有一个产品出问题，合成会使风险影响成倍放大。④

M9 层级的放大效应不是个别现象。 冰川基金公司（Glacier Funding）的 CDO 2006-4A 中价值 1500 万美元的 A 层级，被价值 8500 万美元的合成型 CDO 选中作为参照。 声景住宅权益信托（Soundview）2006-EQ1 的一只同样评级为

---

① 金融危机调查委员会工作人员基于高盛投资公司提供的数据所作的分析。
② Sparks, interview.
③ 当然，理论上对金融体系的净影响并不大，因为在衍生品市场中，每个输家都对应有一个赢家。
④ Sparks, interview.

A 的 2800 万美元层级，被价值 7900 万美元的合成 CDO 选中，另一个评级为 3B 级价值 1300 万美元的层级被一只价值 4900 万美元的合成 CDO 选中。①

总的来说，高盛集团创造的合成 CDO 产品参照了 3408 只抵押证券，其中有些还被多次参照。举例来说，参照两次的证券就有 610 只。高盛创造的 9 种不同的合成型 CDO 都选中了同一个抵押支持证券。② 这类交易的存在导致房地产泡沫破碎时数十亿美元换手。

尽管高盛的管理层承认合成 CDO 是一场放大整体风险的"赌博"，但他们也认为高盛的发明创造产生了"社会效益"，因为合成 CDO 增加了市场的流动性，并能让投资者定制理想的风险投资组合。③ 在向调查委员会作证时，高盛总裁兼首席运营官加里·科恩（Gary Cohn）坚持认为："合成 CDO 和每天进行的成千上万笔美元或美国国债与其他货币掉期交易没有什么不同。……这就是金融市场的运行方式。"④

然而，有人对这种交易持批评态度。现任美联储银行业监管部主任帕特里克·帕金森认为合成 CDO"放大了次级贷崩溃的效应"。⑤ 其他观察者的批评更为尖锐。"我认为这些工具毫无社会价值"，马里兰大学法律系教授、商品期货交易委员会贸易市场部前主任迈克尔·格林伯格对金融危机调查委员会说。他认为信用违约掉期交易市场就是个"大赌场"。同时他证实说"赌博双方谁都没有抵押品，却为房主是否会违约下注，这种数十亿美元的合法赌博对美国民众和纳税人造成了深远的影响"。⑥

穆迪："点石成金"

要不是三家评级机构——穆迪、标普和惠誉——给予这些交易积极的评级，

---

① From Goldman Sachs data provided to the FCIC in a handout titled "Amplification" and quoted at the FCIC's Hearing on the Role of Derivatives in the Financial Crisis, day 1, session 3: Goldman Sachs Group, Inc. and Derivatives, June 30, 2010.
② 金融危机调查委员会工作人员基于高盛投资公司数据所作的分析。
③ Lloyd Blankfein, chairman of the board and chief executive officer, Goldman Sachs Group, interview by FCIC, June 16, 2010; Sparks, interview.
④ Gary Cohn, testimony before the FCIC, Hearing on the Role of Derivatives in the Financial Crisis, day 1, session 3: Goldman Sachs Group, Inc. and Derivatives, June 30, 2010, transcript, p. 351.
⑤ Parkinson, interview.
⑥ Michael Greenberger, before the FCIC, Hearing on the Role of Derivatives in the Financial Crisis, day 1, session 1: Overview of Derivatives, June 30, 2010; oral testimony, transcript, p. 109; written testimony, p. 16.

生产 CDO 的机器根本就无法运行。 与其自己做信用分析，投资者更愿意依赖评级机构的评级。 穆迪的评级收入由每笔交易的规模决定，2006 年和 2007 年设定，穆迪为"标准"CDO 产品评级的收费上限为 50 万美元，"复杂"CDO 产品的收费上限为 85 万美元。①

在为合成 CDO 和现金 CDO 评级时，穆迪面临两个关键性的挑战：第一，评估 CDO（或者其合成等价资产）购买的抵押资产证券的违约概率；第二，测量各个违约之间的风险相关性——即证券同时违约的可能性。② 这就像抛掷硬币来确定正面朝上的概率，各次抛掷其实都互不相干，也就是说，它们之间并不具有相关性。 再比如，一条切片面包如果其中有一片发霉了，很可能其他面包片也都霉变了。 也就是说，各片面包的新鲜程度是高度相关的。 CDO 里的抵押资产证券更像面包片而不是硬币的正反面，现在投资者才搞明白这一点。

估计违约可能性时，穆迪几乎完全依赖自己对 CDO 抵押资产证券的评级③，各机构从未仔细审查过这些证券的风险。 "我们直接采用了（抵押支持证券）的评级，"曾任穆迪 CDO 部经理的加里·威特对金融调查委员会说。 这种操作给穆迪和投资者们带来了麻烦。 威特作证说，抵押品"在我们下面瓦解，我们本应有所回应，但并没有这么做。 我们应该防范问题的，也没有这么做"。④

为了确定 CDO 中任何一个证券的违约风险，穆迪引入了原始评级假设。 这并不简单。 如果原始评级由于承销困难、欺骗或其他原因使其没有能够准确反映债券中抵押品质量，那么，这些债券被打包成 CDO 的时候，评级错误也会混入其中而未被察觉。

更难的是评估资产组合中所有证券违约相关性，包含次级和次优级抵押证券的 CDO 因为历史表现记录较短，尤其棘手。 所以评级公司完全依赖风险分析师

---

① Moody's Investors Service, "Summary of Key Provisions for Cash CDO as of January 2000 –2010."
② Gary Witt, written testimony for the FCIC, Hearing on Credibility of Credit Ratings, the Investment Decisions Made Based on Those Ratings, and the Financial Crisis, day 1, session 1：The Ratings Process, June 2, 2010, pp. 12, 15.
③ Gary Witt, written testimony for the FCIC, Hearing on Credibility of Credit Ratings, the Investment Decisions Made Based on Those Ratings, and the Financial Crisis, day 1, session 1：The Ratings Process, June 2, 2010, p. 12.
④ Gary Witt, testimony before the FCIC, Hearing on Credibility of Credit Ratings, the Investment Decisions Made Based on those Ratings, and the Financial Crisis, day 1, session 1：The Ratings Process, June 2, 2010, transcript, pp. 168, 436.

的判断。"由于缺乏可用的违约风险数据,不可能依据对实际风险的观察开发出违约相关性经验评估工具,"穆迪早期揭示其评级过程时坦承。①

简而言之,维特说穆迪没有合适的模型来评估抵押证券违约相关性——因此就"编造"了一个。 他回忆道:"穆迪找到各个资产池的分析师问,'你觉得这些抵押债券违约相关性有多大?'"②CDO 在 2005 前后交易大增,这个问题变得越来越严重。 维特强烈地觉得穆迪必须改进 CDO 评级模型,以解决 CDO 中高风险抵押证券越来越集中的问题。③ 他采取了两个措施,第一,在 2004 年中期设计了一个新评级方法,把违约相关性直接纳入模型中。 然而,这个方法直到 2005 年才运用到 CDO 评级中。④ 第二,2005 年初,他提议发起一项研究,对几笔 CDO 交易中的抵押证券开展"彻底审查","通过对 AAA(抵押支持证券)所作的相关性假设来看看我们对 AAA 级 CDO 评级假定是否一致。"尽管上级批准维特开展这项研究,但合同规定却不允许他购买"进行彻底分析"所必需的软件。⑤

2005 年 6 月,穆迪改进了风险相关性评估的方法,但这次采用了基于前 20 年趋势的新模型,但是这个时间段内美国房价一路走高,抵押资产违约率却非常低,同时非传统抵押产品市场规模非常小。 因此,穆迪对这套乐观的"经验主义"假设进行了调整,转向基于发行地区、年份、中介等因素进行分析。 例如,如果两只抵押支持证券在同一地区发行——例如在加利福尼亚南部——穆迪会提高它们之间违约相关性;如果两个证券抵押服务商一样,相关性就会更高。 但是同时,穆迪也会做其他技术性选择来降低预期违约相关性,从而提高证券的评级。 利用这些模型,穆迪认为,比起信用卡信贷或汽车贷款这些由其他消费信用资产支持的证券来说,两只抵押贷款支持的证券相关性更低。⑥

---

① Moody's Investors Service, "Moody's Approach to Rating Multisector CDO," September 15, 2000, p. 5.
② Gary Witt, interview by FCIC, April 21, 2010.
③ Witt, written testimony for the FCIC, June 2, 2010, p. 17.
④ Gary Witt, follow-up interview by FCIC, May 13, 2010.
⑤ Witt, interview, April 21, 2010.
⑥ 例如,穆迪假设不同信用评级的借款人不会同时违约。 代理机构按照 FICO 信用评分的平均得分把证券分为三个子类:优级(信用评分高于 700),中级(信用评分为 625~700),次级(信用评分低于 625)。 创建三个子类而不是传统的两类(优级和次优级),会得出相关性较低的假设结论,因为在不同子类下的抵押担保证券被假定为相关性很小。 "Moody's Revisits Its Assumptions Regarding Structured Finance Default(and Asset)Correlations for CDO," June 27, 2005, pp. 15, 5, 7, 9, 4;Gary Witt, interview by FCIC, May 6, 2010.

其他主要评级机构也相继采用了类似的方法。① 一些监管机构的学者提醒投资者，建立在假设基础上的CDO信用评级是有风险的。由各国监管机构和央行支持的国际清算银行2005年6月出台一份报告发出警告说，"结构金融交易的复杂性可能会导致投资者过度依赖评级机构的评级，而忽视其他评估证券的手段。这样一来，结构金融产品的风险被改头换面，会带来影响深远的诸多问题。问题之一就是，金融工具分层的做法有可能导致金融机构的投资组合风险过度集中的意外风险"。②

CDO经理人和承销商依靠评级销售债券，他们创造的每一只新CDO都配有宣传手册，投资者可以据此决定是否认购。每本手册都描述了投资组合的资产类型，但是并不会提供细节。③ 调查委员会工作人员检查过的每本宣传手册都引用了穆迪或者标普的分析，无一例外。新产品历史评级"稳定"和公司债券的稳定性有所不同。事实上，自1983年到2006年，92%的新发行产品12个月内的评级没有经历过任何变动，但是仅有78%的公司债同期评级为变动。在更长的时间段内，结构性金融产品的评级并不稳定。在1983年到2006年之间，只有56%的3A级金融证券在评级五年后仍能保持原有评级水平。④ 2006年到2007年间，违约数量开始上升之后，承销商依旧在宣传手册中使用这些评级数据来销售产品，而那时评级机构还没有下调大批抵押支持证券评级。当然，每本宣传册子都有免责声明："既往表现不保证未来表现，"并且鼓励投资者履行自己的尽责调查。

设在达拉斯的海曼资本咨询公司（Hayman Capital Advisors）的凯尔·巴斯（Kyle Bass）在众议院金融委员会作证时说，含有低评级抵押支持证券的CDO"是晦涩难懂的结构性金融产品，它当中那些精心设计出来的高风险、低评级次级贷层级，对消费者极具吸引力，让他们上当受骗。评级机构利用些许点金术和人们对作了些手脚的相关性假设的疏忽，就达到了吸引投资者上钩的目的。

---

① Hedi Katz, "U.S. Subprime RMBS in CDO," Fitch Special Report, April 15, 2005, p.3; Sten Bergman, "CDO Evaluator Applies Correlation and Monte Carlo Simulation to Determine Portfolio Quality," Standard & Poor's Global Credit Portal Ratings Direct, November 13, 2001, p.8.
② Ingo Fender and Janet Mitchell, "Structured Finance: Complexity, Risk and the Use of Ratings," BIS Quarterly Review (June 2005):68 (www.bis.org/publ/qtrpdf/r_qt0506.pdf).
③ 基于金融危机调查委员会对40个CDO经理和11个承销商所做的CDO创立和营销的调查。
④ Moody's Investors Service, "Structured Finance Rating Transitions: 1983 − 2006," January 2007, pp.7, 64. Of structured finance securities originally rated triple − A between 1984 and 2006, 56% retained their original rating 5 years later, 5% were downgraded, and 39% were withdrawn.

他们说服投资者相信，这些有害的次级贷中 80% 的层级产品和和美国国库券的评级水平相当"。①

当房价开始在全国范围内下跌、违约增长的时候，抵押支持证券相关性远比评级机构预测的要高，换句话说，它们几乎在同一时间开始违约。这些损失导致了大量 CDO 评级下降。2007 年，20% 的美国 CDO 证券的评级被调低。2008 年，91% 被降级。② 2008 年末，穆迪抛弃了自己的主要 CDO 假设，取而代之的是比危机前所用的高出两三倍的资产相关性假设。③

回顾过去，很明显可以看出这些机构的 CDO 模型有两个关键的错误。第一，他们假设，券商会通过抵押支持证券多样化创造出更安全的金融产品，但事实上，这些证券和原来的没有什么不同。"（评级机构）有很多事情都做错了"，美联储主席本·伯南克对金融危机调查委员会说，"他们没有考虑抵押贷款各个类别之间明显的交叉相关性。"④

第二，这些机构依据他们自己对抵押品给出的评级来对 CDO 进行评级。"建立在结构性金融评级上的 CDO 产品很危险。"结构性金融专家安·拉特利奇（Ann Rutledge）告诉金融危机调查委员会说。"评级无法预言未来的违约情况，只是对评级过程的描述，它只是证券损失的平均静态预期。"⑤

当然，CDO 评级是评级机构一项有利可图的业务。穆迪在 2004 年对 220 笔 CDO 交易进行了评级，覆盖所有类型的 CDO，不仅只是抵押贷款相关 CDO。2005 年 363 笔，2006 年 749 笔，2007 年 717 笔。交易价值 2004 年为 900 亿美元，2005 年 1620 亿美元，2006 年 3370 亿美元，2007 年 3260 亿美元。⑥ 据报

---

① Kyle Bass, testimony to the House Financial Services Committee, Subcommittee on Capital Markets, Insurance, and Government Sponsored Enterprises, Hearing on the Role of Credit Rating Agencies in the Structured Finance Market, 110th Cong., 1st sess., September 27, 2007, p. 11.

② "Structured Finance Rating Transitions:1983 – 2008," Moody's Credit Policy Special Comment, March 2009, p. 2.

③ Moody's Investors Service, "Announcement:Moody's Updates Its Key Assumptions for Rating Structured Finance CDO," December 11, 2008.

④ 本·伯南克与金融危机调查委员会的闭门会议，2009 年 11 月 17 日。

⑤ Ann Rutledge, email to FCIC, November 16, 2010. Ann Rutledge is a principal in R&R Consulting, a coauthor of Elements of Structured Finance (Oxford:Oxford University Press, 2010), and a former employee of Moody's Investor Service. She and co-principal Sylvain Raines first spoke to the FCIC on April 12, 2010.

⑥ From Moody's "Structured Finance:Special Report," the following page 1 headlines:"2004 U.S. CDO Review / 2005 Preview:Record Activity Levels Driven by Resecuritization CDO and CLOs," February 1, 2005; "2005 U.S. CDO Review:Looking Ahead to 2006:Record Year Follows Record Year," February 6, 2006; "2008 U.S. CDO Outlook and 2007 Review:Issuance Down in 2007 Triggered by Subprime Mortgages Meltdown;Lower Overall Issuance Expected in 2008," March 3, 2008.

道，穆迪投资者服务公司从结构型产品（抵押支持证券和 CDO）评级获得的收入，从 2000 年的 1.99 亿美元（穆迪总收入的 33%）增长到 2006 年的 8.87 亿美元（总收入的 44%）。 单是资产支持 CDO 的评级一项就占结构性金融收益的 10% 以上。① 结构性金融繁荣的那些年，公司收入和利益激增。 2000～2006 年，穆迪的收入从 6.02 亿美元激增到 20 亿美元，利润率从 26% 攀升到 37%。

然而 CDO 部的工作量与利润增长同员工人手不成正比。 维特说"我们人手不足，总是加班加点"。② 穆迪"锱铢必较""吝啬的"的管理层不愿意给经验丰富的员工加薪。 "招募和留住好员工的问题无法解决。 投资银行经常把我们最好的员工挖抢走，在我记忆中，公司从来没有拨钱给我们留住他们。"维特说。 "我们几乎没有人手做调研。"③穆迪前任团队业务总经理埃里克·科尔钦斯基告诉金融危机调查委员会说，2004～2006 年，我们评估的交易增长量"十分巨大……但是我们的人手并没有因此增加"。 到 2006 年，科尔钦斯基回忆说："作为团队领导，我的职责就是危机管理。 每笔交易都是一个危机。"④别的部门在上班时间开发新方法，威特说，"我们却不得不利用业余时间来做。"⑤

评级机构与 CDO 承销商和管理人密切合作，创造新的 CDO。 评级机构的大部分收入要依靠为数不多的几个参与者来获得。 从 2005 年到 2007 年 CDO 交易中，有 1400 亿美元来自花旗集团和美林证券。⑥

评级机构提出的相关性假设对 CDO 的设计起着直接和关键性的作用：相关性更低的假设可以帮助制造出规模更大且更容易出售的 3A 评级证券和规模较小难卖的 3B 级证券。 因此，如下文讨论的那样，承销商精心设计产品结构以便获得评级机构更有利的评级——比如，扩大高层级的规模。 更进一步看，发行商可以自行挑选评级机构进行合作，而评级机构仰仗发行商赚钱，所以迫于压力会给出较好的评级，这样才可能保持在同行中的竞争力。

---

① 穆迪每年从 ABSCDO 中获得的年度总收入 2003 年是 11730234 美元、2004 年 22210695 美元、2005 年 40332909 美元、2006 年 91285905 美元和 2007 年 94666014 美元。 Information provided by Moody's, May 3, 2010. 请参阅 Moody's Corporation 2006 10 - K, p. 66 and Moody's Corporation, 2007 10 - K。
② Witt, testimony before the FCIC, June 2, 2010, transcript, p. 46.
③ Witt, written testimony for the FCIC, June 2, 2010, p. 11; Witt, interview, April 21, 2010.
④ Eric Kolchinsky, interview by FCIC, April 27, 2010.
⑤ Witt, interview, April 21, 2010.
⑥ 金融危机调查委员会工作人员基于穆迪 CDO EMS database 数据库的分析所做的估计。

人员流动性太高也增加了评级机构员工的压力，人员频繁流动导致评级机构穷于挽留现在被当做客户看待的老员工。2005年任穆迪美国衍生品团队经理的吉泽有里（Yuri Yoshizawa）在接受金融危机调查委员会员工的采访中，看到一份自2005年7月起的团队组织结构图，她发现51个分析员中有13个（约占员工总数的25%）离开了穆迪，跳槽到投资银行或者商业银行。①

布莱恩·克拉克森（Brian Clarkson）任穆迪投资服务公司总裁之前，负责结构性金融部，他向金融危机调查委员会解释说，留住员工一直是个难题，原因很简单，银行工资更高。为了防止人才流失，穆迪在员工要跳槽去某个银行或发行商而接受面试的时候，禁止他们参与该机构的评级工作。但是是否告知管理层要去哪里面试完全取决于员工自己。穆迪的员工在离开穆迪后，不得参与其在职时经手的穆迪的评级活动，但是却可以参与除此之外与穆迪有合作关系的其他评级业务。②

证券交易委员会："一团糟"

21世纪初，美国五家主要投资银行扩大了在抵押贷款和抵押证券产业的参与程度，除券商分支机构外，政府对它们几乎没有任何正式的监管。2002年，欧盟通告美国的各个金融机构，如果要继续在欧洲开展业务，必须在2004年前设立一个"统一"监管者——负责监管控股公司。美国的商业银行已经达到了这个标准——他们的统一监管者就是美联储。监管美国国际集团的美国储备监督局随后也满足了欧盟的要求。然而五家投资银行没有达到标准：美国证交委监管投行的证券分公司，但是没有任何监管机构负责全面监管这些银行。这样，五大投行面临一个重要的抉择：到底选谁作为他们的管理者。

到2004年，五大投行的证券子公司资产总计2.5万亿美元，占五大投行资产总价值4.7万亿美元的一半还多。在随后的三年里，资产增长到了4.3万亿美元。高盛是最大的一家，其后是摩根士丹利和美林，接下来是雷曼兄弟和贝尔斯登。这些大型多元化国际公司在近些年中转变了业务模式。为了赢利，他们越来越依赖交易以及场外衍生品市场交易、投资、证券化等非传统投融资活

---

① Yuri Yoshizawa, interview by FCIC, May 17, 2010. The chart was labeled "Derivatives（America）".
② Brian Clarkson, interview by FCIC, May 20, 2010.

动。前文提到过，在2002年之后的几年中，贝尔斯登的交易和投资收入超过其税前收入的100%。

这些投资银行还拥有存款机构，投行可以通过它们为经纪商开立由联邦存款保险公司担保的账户，存款可以作为廉价但有限的融资来源。这些存款机构有两种形式，一种是储蓄机构（由美国储蓄监督局监管），另外一种是工业贷款公司（由联邦存款保险公司和州监管机构共同监管）。美林和雷曼拥有最大的储蓄存款子公司，利用它们为发起抵押贷款进行融资。

投行发现自己必须有一个统一的监管者，拥有储蓄机构意味着投行有两个选择，如果公司把自己的储蓄机构做成商业银行，则由美联储负责其控股公司的监管；如果做成互助储蓄银行，就由美国储蓄监督局进行监管。但是投资银行想出了第三种选择，他们游说证交委设计一种既满足欧洲规定又免受其监管的体系。[1] 证交委很愿意介入，尽管它的职责一直以保护投资者为重。

2003年11月，在欧洲的规定宣布几乎一年之后，证券交易委员会才建议设立联合监管对象计划（Consolidated Supervised Entity program），来监督投资银行的控股公司和所有子公司。该计划针对拥有大型美国券商子公司的投资银行，这些子公司受证交委监管。无论如何，这是证券交易委员第一次尝试对公司的安全稳健进行监管。证交委没有明示立法授权，不能要求投资银行服从统一监管，所以它建议自愿加入联合监管对象计划。证券交易委员会在其权力之外设计了这个项目，为投资银行的证券交易子公司制定规则。这个项目适用于自愿受联合监管对象计划统一监管的证券经纪商或是已经在美联储监管下的控股公司，比如JP摩根和花旗集团。联合监管对象计划由证交委委员实施有限的监管。加入该项目的公司可以使用新方法计算其持有证券组合所必需的监管资本标准。这个方法以市场价格的变动为基础，被称为"可替代净资产规则"，和1996年巴塞尔规则的市场风险修订规则相似，大型商业银行和银行控股公司计算其证券组合投资的资本标准都采用巴塞尔规则。

自1975年以来，证券交易商一直受传统净资本规则约束，该规则要求券商直截了当地按照资产等级和信用评级来确定资本要求，这种算法没有给公司任何自由发挥的余地。而新净资本规则却允许投资银行建立自己的专有价值－风险

---

[1] Harvey Goldschmid, interview by FCIC, March 24, 2010; Annette Nazareth, interview by FCIC, April 1, 2010.

模型，算出其监管资本——即每个公司在证券和衍生品出现损失时用于保护投资者资产所必须持有的资本。 证券交易委员会估计，它建议设立的这种专有价值－风险新模型可以将券商的资本标准平均降低 40%，证交委还规定，一旦券商试算净资产（净资产减去难以出售的资产）降到 50 亿美元以下，就必须向它发出早期预警通知。

与此同时，美国储蓄监督局已经对几家拥有存款子公司的证券公司进行监管了，因而认为自己是这些公司的控股公司的当然监管者。 在写给证券交易委员会的一封信中，美国储蓄监督局对证交委的新拟规定严加指责，认为它会导致证交委与储蓄监督局在监管加入联合监管对象计划的储蓄机构和控股公司时"出现重复甚或冲突的情况"。 美国储蓄监督局认为证交委擅自阻挠了在《格雷姆－里奇－比利雷法案》中提到的国会的意图："审慎对待美联储或储蓄监督局对控股公司的监管权力，应根据银行的控股公司是储蓄机构还是商业银行决定其监管者。 多年来监管机构建立了专业能力，用以泽佑存款机构和储蓄机构控股公司及其附属机构设立的联邦储蓄保险基金面临的风险，我们应当认可这种能力。"美国储蓄监督局宣布："我们认为，证交委提议的（对储蓄与贷款控股公司的）监管权力毫无理由，会给这些实体及其储蓄机构子公司和联邦储蓄保险基金带来巨大风险。"①

与此相反，金融服务业对于证交委的体系反应十分积极，尤其对可替换净资产计算的规定反响热烈。 例如，雷曼兄弟公司写道，"欢迎和支持证交委的做法"。 摩根大通支持对仍然约束证券子公司和商业银行的旧净资本规定进行修改的提议，"现有资本规定夸大了券商必备的资本金额"。 德意志银行认为该建议是"朝着全面风险管理现代化实践迈进的一大步"。② 在接受金融危机调查委员会采访时，证交委的官员和投资银行高管都表示，券商选择接受证交委监管是因为它对他们的核心证券业务更为熟悉。

在 2004 年 4 月举行的一次会议上，证交委的委员们投票通过了联合监管对象计划和新净资本计算法。 在接下来的一年半中，五大投资银行先后自愿接受了监管，尽管美林和雷曼的储蓄机构还是继续由美国储蓄监督局监管。 还有几家公司由于要开发能够测量市场价格波动风险敞口的体系，所以加入项目的时间有所推迟。

---

① Office of Thrift Supervision, letter to the SEC, February 11, 2004.
② Lehman Brothers, Inc., letter to the SEC, March 8, 2004; J. P. Morgan Chase & Co., letter to the SEC, February 12, 2004; Deutsche Bank A. G. and Deutsche Bank Secs., letter to the SEC, February 18, 2004.

2002 年到 2005 年任证券交易委员会委员的哈维·古德施米德（Harvey Goldschmid）告诉金融危机调查委员会的工作人员说，联合监管项目创立之前，证券交易委员会的人员一直担心他们对华尔街公司及其对冲基金和海外子公司几乎没有任何权威。但是项目开始时，证券交易委员一下就有了"监管一切的权力"。① 证交委委员们那时曾探讨过允许券商降低资本要求所带来的风险。"一旦出了问题，就会变得一团糟，"古德施米德在 2004 年的一次会议上说。"如果资本要求下降导致其他问题出现，我们真的有措施保护投资者吗？"作为回应，即将接手管理这个项目的证券交易委员会官员安妮特·纳萨勒（Annette Nazareth）向委员们保证，她的部门能够应付挑战。②

新计划由证券交易委员会市场监管司下面的审慎监管与风险分析办公室负责，共有 10 到 12 名工作人员。③ 项目实施初期得到很多证交委的检查人员的支持参与，到 2008 年，负责该项目的专职员工增加到 24 人。④ 但仅有 10 位"监督员"负责五大投资银行，每个银行由三人负责，所以有人会负责两个银行。⑤

联合监管项目采用的是银行监管模型，但是证交委并没有全盘照搬银行监做法。⑥ 一方面，大型银行的监管机构会向银行派遣现场检查员，但证交委的联合监管计划没有这么做，但美国货币监理署在花旗银行一家就派驻了超过 60 个全职检查员。据证券交易委员会前任交易和市场部主任埃里克·西里（Erik Sirri）说，联合监管项目重点关注流动性，因为证券公司不像商业银行那样，传统上不会把放贷方作为最后的救命稻草。⑦ 当然，这一点在金融危机时有所改变。投资银行接受年检，在检查期间，项目员工会审查公司的各个系统和记录，核实公司是否制定了风险控制流程。

联合监管项目一开始就不顺利，证券交易委员会在每家投行加入项目之前，对其进行了测试。2005 年贝尔斯登的加入测试表明公司存在几项缺陷。举例

---

① Harvey Goldschmid, interview by FCIC, April 8, 2010.
② 证券交易委员会闭门会议，2004 年 4 月 28 日。
③ 2005 年，市场监管司变为交易与市场司。为简便起见，本报告通篇称其为市场监管司。
④ Erik Sirri, interview by FCIC, April 1, 2010. 尽管证券交易委员会有超过 1000 位检察员，但是他们共同监管 5000 多个经纪商（拥有 750000 多个注册代表）以及其他市场参与者。
⑤ Michael Macchiaroli, interview by FCIC, March 18, 2010.
⑥ 监管者每月与联合监管对象公司的高级业务和风险管理人员见面，讨论关于当月公司的一般关切和观察到的风险。会议的书面报告每个月都呈送给市场监管者。此外，联合监管对象的监管者每季度都会考察每个联合监管对象公司的财务部和财务控制部门讨论其流动性和融资问题的情况。
⑦ Erik Sirri, written testimony for the FCIC, Hearing on the Shadow Banking System, day 1, session 3: SEC Regulation of Investment Banks, May 5, 2010.

来说，检查人员发现，贝尔斯登没有设置公司的风险价值比上限，应急资金计划是按照非常乐观的压力测试结果设计的。① 除此之外，证券交易委员会意识到贝尔斯登抵押贷款过于集中、杠杆率很高。 尽管如此，证券交易委员会并没有要求贝尔斯登更改资产负债表、降低杠杆率或增加流动现金。 证交委官员们说，一切尽在掌控之中。② 接下来因为联合监管项目忙于自己的人员重组，没有对贝尔斯登进行下一年度检查，而这期间证券交易委员会本来应该进行现场监管。 证交委确实每个月都召见所有加入联合监管项目的公司，包括贝尔斯登，③ 也确实针对所有公司进行过抽调检查。 2006 年，证交委担心贝尔斯登过分依赖无担保商业票据融资，于是贝尔斯登减少了无担保商业票据，增加了担保回购借贷。④ 不幸的是，数百亿的回购贷款资金都是隔夜拆借资金，可能会在毫无预警的情况下消失。 具有讽刺意味的是，2008 年 3 月的第二个星期，贝尔斯登进入破产第四天的时候，证券交易委员会才进行贝尔斯登加入测试之后的第一次现场监管检查。⑤

投资银行的杠杆率自 2004 年到 2007 年一直在增长，一些批评人士将责任归咎于证交委的净资本规则改革。 古德施米德告诉金融危机调查委员会，这一增长是由于"疯狂资本时代和公司缺乏责任感"造成的。⑥ 事实上，20 世纪 90 年代末，五家投资银行的杠杆率更高，加入联合监管计划后先下降后提高。 这表明联合监管对计划不是导致杠杆率变动的唯一因素。⑦ 2009 年西里指出，在联合监管计划下，投行的净资本水平保持得"相对稳定……而且有时候甚至在项目期间稳定性有所增加"。⑧ 古德施米德 2005 年离开证券交易委员会，他认为证交委有能力更好地管控投资银行。 他坚持认为，"除了道义上的劝说，还可以做得更多，

---

① Internal SEC memorandum, Re: "The Consolidated Supervised Entity Program Examination of Bear Stearns & Co. Inc. ," November 4, 2005.
② Securities and Exchange Commission, Office of Inspector General, "SEC's Oversight of Bear Stearns and Related Entities: The Consolidated Supervised Entity Program, " Report No. 446 – A, September 25, 2008, pp. 17 –18.
③ Michael Macchiaroli, interview by FCIC, April 13, 2010.
④ Robert Seabolt, email to James Giles, Steven Spurry, and Matthew Eichner, October 1, 2007.
⑤ Matt Eichner, interview by FCIC, April 14, 2010; SEC, OIG, "SEC's Oversight of Bear Stearns and Related Entities: The Consolidated Supervised Entity Program, " p. 109.
⑥ Goldschmid, interview.
⑦ GAO, "Financial Markets Regulation: Financial Crisis Highlights Need to Improve Oversight of Leverage at Financial Institutions, " GAO –09 –739 (Report to Congressional Committees), July 2009, pp. 38 –42.
⑧ Erik Sirri, "Securities Markets and Regulatory Reform, " remarks at the National Economists Club, Washington, D. C. , April 9, 2009.

其中……如果证券交易委员会利用自己的权利的话,是能够做得更多的。"①

总的来说,很多人认为联合监管计划失败了。从2004年到金融危机爆发,五大投行过分依赖短期融资取得了惊人的增长。证券交易委员会前主席克里斯托夫·考克斯说这一监管项目"从一开始就有本质缺陷"。②证交委现任主席玛丽·夏皮罗总结说这个项目"在提供审慎监管方面并不成功"。③如后面章节作述,证券交易委员会的总检察官也起了关键作用。2008年9月,正值金融危机中期,在五大独立投资银行有的倒闭(雷曼兄弟),有的被收购(贝尔斯登和美林),有的转为银行控股公司接受美联储的监管(高盛和摩根士丹利)之后,联合监管计划也宣告停止了。

对美联储来说,高盛和摩根士丹利的结局不无讽刺意味。JP摩根的银行子公司转由美国货币监理署监管,④美国储蓄监督局和证券交易委员会推动了他们的联合监管,美联储官员意识到过去十年里其监管范围不断萎缩。"在当时的环境下,美国储蓄监督局和证券交易委员会咄咄逼人,试图让自己成为联合监管者……来满足欧洲的要求,"2001年到2006年任职的前美联储委员马克·奥尔森说道。"监管者之间竞争激烈。"⑤2008年1月,美联储工作人员曾做过一项内部研究,调查投资银行不选择美联储作为联合监管机构的原因。工作人员采访了已在美联储监管之下的五家公司,其中四家选择证券交易委员会作联合监管机构。根据这份报告说,没有一家公司选择美联储的最主要原因是美联储"管得太全","尤其是和美国储蓄监督局或者证券交易委员会的控股公司监管做比较尤为如此。"⑥

调查委员会结论

委员会认为:高风险抵押支持证券需求下降,导致大规模担保债务凭证产品

---

① Harvey Goldschmid, interview, April 8, 2010.
② "Chairman Cox Announces End of Consolidated Supervised Entities Program," SEC press release, September 26, 2008.
③ Mary Schapiro, testimony before the FCIC, First Public Hearing of the Financial Crisis Inquiry Commission, day 2, panel 1: Current Investigations into the Financial Crisis—Federal Officials, January 14, 2010, transcript, p. 39.
④ 美联储仍是摩根大通控股公司的监管者。
⑤ Mark Olson, interview by FCIC, October 4, 2010.
⑥ Federal Reserve System, "Financial Holding Company Project," January 25, 2008, p. 3.

的产生。这些由资产池中高风险层级组成的 CDO 产品拉升了不良抵押证券需求，并导致了地产泡沫，某些其他产品也起了推波助澜的作用，其中包括：CDO 平方，信用违约掉期交易，合成 CDO、投资抵押支持证券和 CDO 的商业票据计划。这些高风险资产很多出现在那些举足轻重的机构的资产负债表上，导致这些机构在金融危机中濒临破产或轰然倒下。

出售信用违约掉期，被用来为 CDO 产品超优层级投资者提供违约保险，各机构说服投资者相信其风险很低，从而刺激了超优层级产品的销售，但是使信用违约掉期保险卖方在房地产泡沫破裂后的风险大幅增加。

合成型 CDO（全部或部分由信用违约掉期组成）即使是在抵押市场垮掉的时候，也继续推动了证券化的发展，并为投资者提供了在房地产市场赌博的机会。由于对相关的风险进行了分层，它们也传播扩大了房地产泡沫破裂的损失。

评级机构给予 CDO 的高评级错使投资者和金融机构受到鼓舞大肆购买 CDO，令次级贷证券化不断进行下去。由于穆迪公司治理失败，没能确保数万支抵押支持证券和 CDO 的评级质量。

证监会对五大投资银行监管不到位，没有限制它们的风险行为，没有要求它们持有充足的资本和流动资金，所有这些导致了这五家投行在金融危机期间失败，只能求助于政府。

第九章

悉数登场

2003年,在加州福尼亚州贝克斯菲尔德(Bakersfield),住宅建筑商沃伦·彼得森只需要支付3.5万美元就可以买到1万平方英尺、大约3个网球场大小的土地。一年后,随着房地产蓬勃发展,土地成本上涨了两倍多,达到了12万美元。在过去的25年中,沃伦·彼得森每年建成3至10栋定制和半定制的住宅。但在危机爆发前的一段时期,他建造了多达30栋的住宅。

五年后他告诉金融危机调查委员会:"2005年末以来我仅建成了一栋新住房"。①

2003年,在加利福尼亚南部农业中心圣华金河谷(the San Joaquin Valley)的贝克斯菲尔德(Bakersfield),新住宅的平均价格是15.5万美元。在2006年,当地的住宅价格爆涨到近30万美元。② 贝克斯菲尔德的房地产商劳埃德·普朗克(Lloyd Plank)说:"到了2004年,资金似乎从四面八方迅速涌来"。人们在贝克斯菲尔德购买房产之后,持有很短一段时间就转手卖出。有时候,人们会在代管期抛售住宅,仍然可以获利20%到30%。③

在全国范围内,住房价格在1997年到2006年期间达到顶峰,上涨了152%,④为1920年以来的最高涨幅。⑤ 随后便是灾难性的下跌,然而抵押贷款

---

① Warren Peterson, written testimony for the FCIC, Hearing on the Impact of the Financial Crisis—Greater Bakersfield, session 3: Residential and Community Real Estate, September 7, 2010, pp. 1, 3.

② Gary Crabtree, principal owner, Affiliated Appraisers, written testimony for the FCIC, Hearing on the Impact of the Financial Crisis—Greater Bakersfield, session 4: Local Housing Market, September 7, 2010, p. 2.

③ Lloyd Plank, Lloyd E. Plank Real Estate Consultants, written testimony for the FCIC, Hearing on the Impact of the Financial Crisis—Greater Bakersfield, session 4: Local Housing Market, September 7, 2010, p. 2.

④ Core Logic 单一家庭组合(SFC)房屋价格指数,2010年8月的数据。据金融危机调查委员会(FCIC)计算,从1997年1月至2006年4月高峰期的变化。

⑤ Professor Robert Shiller, Historical Housing data.

直到 2007 年还没有停止，显然没有注意到房价开始下降和贷款标准恶化的事实。 新闻报道强调住房市场的疲软，甚至暗示这是一个泡沫，并且可能随时破灭。 虽然监管到位，但未能奏效。 贷款购买者和证券化机构忽视了自己对所购买产品的尽职调查。 美联储和其他监管机构越来越认识到房地产市场即将出现问题，但认为其影响将是可控的。 证券化的增加、较低的承销标准以及唾手可得的信贷在其他市场也很常见，例如信贷流入商业地产和企业贷款。 如何应对即将出现的信贷泡沫呢？ 许多企业，如雷曼兄弟和房利美导致问题进一步恶化。

从抵押贷款的产生到抵押担保证券和担保债务凭证的发行和营销，所有了解这条生产线的人包括监管者都怀疑每个依赖于抵押贷款本身的"齿轮"，其实际表现与其宣传大不相同。

泡沫："信贷引发的热潮"

总部位于加利福尼亚州欧文（Irvinem, California）的新世纪金融公司，曾是全美第二大次级抵押贷款机构。 新世纪金融公司忽略了自身贷款质量正在恶化的早期预警，甚至剥夺了发现证据的两个风险控制部门的权力。 在 2004 年 6 月的一次演示中，贷款质量监测部门的工作人员报告称，通过审计，他们发现 2003 年 11 月和 12 月的贷款中有 25% 涉及严重的承销错误，包括掠夺性贷款、违反法律的行为以及信贷问题。 2004 年，首席运营官和后任首席执行官的布拉德·莫里斯（Brad Morrice）建议将这些结果从跟踪信贷的统计工具中去除，随后该部门在 2005 年被解散，其全体工作人员停止工作。 同年，内部审计部发现贷款文件存在大量缺陷，并且在 2005 年提出了九条意见，甚至给予公司的贷款审批部 7 次"不满意"评级。 新世纪金融公司的抵押贷款发售分公司总裁帕特里克·弗拉纳根（Patrick Flanagan）削减了该部门的预算，并在一份备忘录中说："该部门已经失控，并试图支配商业行为而不是开展审计工作"。[1]

当公司从投资者手中回购不断恶化的贷款，公司就要面临不断增加的回购要求。 截至 2006 年 12 月，近 17% 的贷款在发放三个月后就出现了违约。 新世纪金融公司的破产清理报告："新世纪金融公司痴迷于增加贷款发放，而无视与这

---

[1] Final Report of Michael J. Missal, Bankruptcy Court Examiner, In RE: New Century TRS Holdings, Chapter 11, Case No. 07 – 10416（KJC）,（Bankr. D. Del）, February 29, 2008, pp. 145, 138, 139 – 40（hereafter Missal）.

项业务战略相关的风险。"①

2005年9月，即在房市见顶前的7个月，数以千计的发起人、证券化机构和投资者在佛罗里达州的博卡拉顿（Boca Raton，Florida）参加2005年资产支持证券东部会议，他们打高尔夫球、做交易以及讨论市场。资产支持证券市场仍然良好，但是即使最乐观的人仍然能捕捉到一些迹象。与会嘉宾关注三方面的问题：住房价格过热只是由"基本面"等需求增加所引起吗？利率上升能够抑制市场过热吗？在追求利率的投资者的追捧下，担保债务凭证会造成抵押贷款市场的扭曲吗？②

这些数字令人震惊。房价从未上涨到如此地步，也从未上涨得如此之快。全国平均指数掩盖了这些重要的变化，包括加利福尼亚在内的四个州的房价，与全国平均水平相比，已经出现了显著的涨跌幅。正如美联储主席艾伦·格林斯潘所说，如果存在泡沫，也只是在某些地区。他在2005年6月告诉国会委员会，"全国房价不会出现泡沫"，非抵押贷款的增长将一些市场的房价推高到了一个不可持续的水平。③尽管全国性的住房价格"泡沫"不大可能出现。

就世界而言，21世纪初很多国家都曾出现住房价格上涨。哥伦比亚大学商学院经济学家克里斯托弗·迈尔（Christopher Mayer）对调查委员会指出，"真正需要关注的是美国房价的经历相对于欧洲是多么的平常"。④1997年到2007年，英国和西班牙的住房价格上涨幅度均超过了美国，而爱尔兰和法国的价格涨幅低于美国。2009年国际货币基金组织研究分析从2001年末到2006年第三季度，在21个发达国家中，有一半以上的国家其房价上涨幅度超过了美国，但是并非所有国家都遭受了房价的迅速下跌。⑤值得注意的是，加拿大的房价在2009年强劲增长后，只是经历了温和与短暂的下跌。克利夫兰联邦储备银行的

---

① Final Report of Michael J. Missal, Bankruptcy Court Examiner, In RE: New Century TRS Holdings, Chapter 11, Case No. 07 -10416 (KJC), (Bankr. D. Del), February 29, 2008, p. 3.
② Nomura Fixed Income Research, "Notes from Boca Raton: Coverage from Selected Sessions of ABS East 2005," September 20, 2005, pp. 5 -7.
③ Alan Greenspan, "The Economic Outlook," testimony before the Joint Economic Committee, 109th Cong., 1st sess., June 9, 2005.
④ Christopher Mayer, written testimony for the FCIC, Forum to Explore the Causes of the Financial Crisis, day 2, session 5: Mortgage Lending Practices and Securitization, February 27, 2010, pp. 5 -6.
⑤ Antonio Fatás, Prakash Kannan, Pau Rabanal, and Alasdair Scott, "Lessons for Monetary Policy from Asset Price Fluctuations Leaving the Board," International Monetary Fund, World Economic Outlook (Fall 2009), chapter 3.

研究员将此归功于加拿大拥有比美国更严格的贷款标准以及监管和金融体系的结构性差异。① 包括英国、爱尔兰和西班牙在内的其他国家都经历了房价的急剧下降。

美国经济学家和决策者对于房价的持续上涨都不能给出合理的解释。令人欣慰的是经济增长的同时失业率保持在较低水平。但是，2005年5月美联储的一项研究表明购房与租房的成本差距已经远远超过了历史水平：房屋租售比已经从20倍增至25倍。② 在一些城市，这种变化更加明显。1997年到2006年，洛杉矶、迈阿密和纽约的房价与租金的比率分别上升了147%、121%和98%。③ 2006年，全国房地产联合会的负担能力指数（即衡量一个普通的家庭是否有资格申请普通住宅抵押贷款）已达到了历史性的低点，④而这还是在传统首付20%的情况下，现在已经不再要求了。⑤ 也许当美国实行更低的首付比例并可以获得诸如选择性可调整利率贷款和只还息型贷款的情况下，这种措施就不再重要了。这或许给予了购房者一种预期，即能够从住房价格继续上涨中获利。

在2006年6月的会议上，联邦公开市场委员会（FOMC，由美联储理事、四个区域联邦储备银行的主席以及纽约联邦储备银行主席组成）听取了关于抵押贷款风险和房地产市场的五个报告。委员会对于房价是否被高估难以达成共识。美联储主席伯南克在给调查委员会的一封信中写道："对于许多（FOMC）委员而言，很难将系统性风险归咎于房地产市场对房价的过度高估，正如我们现在所了解的那样"。另一个报告则认为国家抵押贷款体系可能会遭受压力，但不可能崩溃，同时借款人和贷款人都不会出现特别不稳定的情况。在讨论有关非传统抵押贷款产品的时候，论点是只还息型贷款并没有过度发展，而且它们的风险可以通过大幅降低首付比例来化解。其中一个报告指出

---

① James MacGee, "Why Didn't Canada's Housing Market Go Bust?" Federal Reserve Bank of Cleveland. Economic Comment（December 2，2009）.
② Morris A. Davis, Andreas Lehnert, and Robert F. Martin, "The Rent-Price Ratio for the Aggregate Stock of Owner-Occupied Housing," Federal Reserve Board Working Paper, May 2005，p. 2.
③ 来自 Core Logic CSBA 住房价格指数和单一家庭综合指数的价格数据。租金数据来自劳工统计局，消费物价指数（CPI – U）。业主主要居所的等价租金；所有指数以1997年为基期进行调整。旧金山联邦储备银行的方法遵循"房价和基本价值"，2004 – 27，2004年10月1日。
④ 全国房地产经纪人协会的住房负担能力指数，一项综合指数（HOMECOMP），彭博咨询，该指数创始于1986年。
⑤ 该指数还预测有25%的合格率，使每月支付本金及利息不能超过一般家庭每月收入的25%。在全国房地产经纪人协会，可以找到更多关于计算住房负担能力指数的方法。

虽然一部分只还息型贷款的贷款价值比率(Loan-to-value ratio)在上升,但是大部分贷款的比率仍然占有约80%。另一个报告认为住房市场的活跃反映了"基本面良好"。然而还有一个报告认为家庭财富变化对于支出影响的水平,可能只有20世纪90年代股市泡沫时的一半。大多数与会者认为对金融机构的溢出可能性似乎是温和的。①

正如最近一项研究指出,许多经济学家在住房问题上是"不可知论者",不愿在没有经济理论支持的情况下,因断言存在泡沫而承担声誉风险或者造成市场恐慌。②美联储副主席唐纳德·科恩(Donald Kohn)就是一位泡沫市场的"不可知论者"。科恩在2006年的讲话中引用欧洲中央银行的研究结果说道:"鉴定泡沫是一个棘手的命题,因为并不可能直接观察到推动资产价格的所有基本因素。因此中央银行对股价或房价过高的任何判断,在本质上都是非常不确定的"。③

但并非所有的经济学家都不愿拉响警报。联邦存款保险公司首席经济学家理查德·布朗(Richard Brown)在2005年3月的报告中写道:"如果信贷条件或经济条件恶化,由信贷催生的房地产价格暴涨,可能会导致系统崩溃。在过去五年,美国住房的平均价格上涨了50%,有些地区甚至上涨一倍。尽管这一增长可以通过强大的市场基本面来解释,但2004年快速发展的房地产繁荣强烈地反映了系统性因素的影响,其中包括低成本和放松抵押贷款的因素。"④

几个月后,美联储的经济学家在一份内部备忘录中承认房价可能被高估,但却淡化了经济低迷的潜在影响。即使面对住房价格的大幅下跌,他们仍然辩称,不会出现大规模违约,因为许多借款人仍然拥有大量资产(他们的住房)。抵押市场的结构性变化使爆发危机的可能性微乎其微,金融系统似乎资本很充足。经济学家得出结论:"即使房价出现历史性的下跌,相对于近期股票市场

---

① Ben Bernanke, letter to FCIC Chairman Phil Angelides, December 21, 2010, p. 2.
② Kristopher S. Gerardi, Christopher L. Foote and Paul S. Willen, "Reasonable People Did Disagree: Optimism and Pessimism about the U. S. Housing Market Before the Crash," Federal Reserve Bank of Boston Public Policy Discussion Paper No. 10 -5, August 12, 2010.
③ Donald L. Kohn, "Monetary Policy and Asset Prices," speech delivered at "Monetary Policy: A Journey from Theory to Practice," a European Central Bank Colloquium held in honor of Otmar Issing, Frankfurt, Germany, March 16, 2006.
④ Richard A. Brown, "Rising Risks in Housing Markets," memorandum to the National Risk Committee of the Federal Deposit Insurance Corporation, March 21, 2005, pp. 1 -2.

所导致的家庭财富的缩水，其幅度仍然很小。从财富效应的角度来看，这似乎不太可能造成重大的宏观经济问题"。①

抵押证券欺诈行为："滋生犯罪的温床"

新世纪金融公司并不是唯一一家忽视贷款质量的公司，其40%的抵押贷款为无凭核贷款。②整个抵押贷款业的泡沫达到了顶峰，标准开始下降、收入证明也无须验证、来自内部审计部门和有关人员的警告被忽略。这些条件形成了欺诈行为的温床。前银行监管者威廉·布莱克分析了储蓄和贷款危机期间的犯罪形态，之后向委员会提出一个预测：在2000年中期将至少有1.5亿贷款存在"某种形式"的欺诈行为，原因之一就是随后发放的无凭核贷款。③

住房贷款欺诈是指借款人在贷款申请中采取欺骗或故意隐瞒信息。利润欺诈通常涉及通过欺骗手段，在出售一栋住宅后获取金融利益。伊利诺伊州总检察长丽萨·麦迪甘对贷款欺诈的定义更加广泛，包括对借款人销售无力负担或结构上不公平的抵押产品。④

根据联邦调查局的统计，80%的欺诈案件涉及业内人士。⑤例如非法不动产炒作涉及买家、房地产中介、估价师和共谋的代理。在"沉默第二次（Silent Second）"中，买方与信贷员相互勾结，背着第一次发放抵押贷款的机构，掩盖存在第二次抵押贷款以隐瞒没有交首付的事实。"背房买家（Straw buyers）"允许那些想隐藏所有关系的买家使用他们的姓名和信用积分，从中获取好处。⑥

在一个实例中，两名佛罗里达州南部的女子因在2004年到2007年，在海天

---

① Board of Governors, memorandum from Josh Gallin and Andreas Lehnert to Vice Chairman ［Roger］ Ferguson, "Talking Points on House Prices," May 5, 2005, p. 3.
② Missal, p. 40.
③ William Black, testimony before the FCIC, Hearing on the Impact of the Financial Crisis—Miami, Florida, session 1: Overview of Mortgage Fraud, September 21, 2010, transcript, p. 78; and email from William Black to FCIC, December 12, 2010.
④ Reply of Attorney General Lisa Madigan (Illinois) to the FCIC, April 27, 2010, p. 7.
⑤ Chris Swecker, Assistant Director Criminal Investigative Division Federal Bureau of Investigation, statement before the House Financial Services Subcommittee on Housing and Community Opportunity, 108th Cong., 2nd sess., October 7, 2004.
⑥ Florida Department of Law Enforcement, "Mortgage Fraud Assessment," November 2005. 582 Notes to Chapter 9.

社区报纸刊登提供移民帮助的广告而被起诉。她们被指控窃取了前来寻求帮助的数百人的个人信息并使用这些人的名字购买房产,然后转售获利。美国律师维尔弗雷多·费雷尔(Wilfredo Ferrer)告诉调查委员会这是他所见过的"最耸人听闻的计划之一"。①

因为对欺诈行为程度的估计各不相同,所以监管机构很少对此进行调查,除非资产丧失抵押品赎回权。欺诈调查机构 Inter-thinx 的业务关系副总裁安·费尔默(Ann Fulmer)告诉调查委员会,该公司从通过分析 2005 年到 2007 年的贷款样本,发现 13% 的贷款存在欺诈或遗漏,足以撤销或要求回购贷款(如果已经证券化)。该公司的分析显示,这 2 年期间约 1 万亿美元的贷款涉嫌欺诈。费尔默进一步估计,2005 年到 2007 年间,价值 1600 亿美元的欺诈贷款最终丧失了抵押品赎回权,造成债权人 112 亿美元的损失。根据贷款人权益保证官员费尔默(从事减轻贷款损失的律师和白领犯罪学家)的观点,其中涉及轻微欺诈的交易比率,如较轻微的歪曲事实,可能达到 60%。②这类贷款在监管之下不会存在问题,因为借款人可以及时偿还。

抵押公司美利凯斯特是 2003 年、2004 年和 2005 年美国最大的次级贷款服务机构,该公司负责抵押贷款欺诈调查的负责人埃德·帕克告诉调查委员会,"骗取贷款的现象在公司中十分普遍,没有人监控。随着贷款额的上升,现在可以看到贷款发起程序背后的影响"。③ 房利美企业管理资本市场前副总裁戴维·古斯曼(David Gussmann)告诉调查委员会,在他分析的一组 50 笔证券化贷款中,他发现同一个投资者购买了其中的 19 处房产,每次都错误地确定自己只拥有一处资产,而另外一个投资者则购买了 5 处。④ 据该公司抵押贷款欺诈部主任威廉·布鲁斯特(William H. Brewster)称,在房地产泡沫期间,房利美发现的欺诈案件逐步提高,并在 2006 年底快速增长。他说,在欺诈的证据面前,房利美要求美国银行、国民金融公司、花旗集团和摩根大通等贷款机构在 2008 年和

---

① Wilfredo Ferrer, testimony before the FCIC, Hearing on the Impact of the Financial Crisis—Miami, Florida, session 3: The Regulation, Oversight and Prosecution of Mortgage Fraud in Miami, September 21, 2010, transcript, pp. 186 –87.
② Ann Fulmer, supplemental written testimony for the FCIC, Hearing on the Impact of the Financial Crisis—Miami, Florida, session 1: Overview of Mortgage Fraud, September 21, 2010, p. 2; Fulmer, testimony, transcript, pp. 80 –81.
③ Ed Parker, interview by FCIC, May 26, 2010.
④ David Gussmann, interview by FCIC, March 30, 2010.

2009年分别回购了价值约 5.5 亿美元和 6.5 亿美元的抵押贷款。① 加利福尼亚大学欧文分校的犯罪学教授亨利·蓬特尔（Henry Pontell）在调查委员会的听证会上说："不严格或几乎不存在的政府监督会产生被犯罪学家称为'促使犯罪的环境'，从而容易产生犯罪"。②

调查和起诉抵押贷款欺诈违法行为的责任落在了地方、各州和联邦执法官员的肩上。在联邦一级，联邦调查局负责调查，而将案件的指控提交给联邦检察官，后者隶属于司法部。案件还可能涉及其他机构，包括美国邮政检查服务局、住房和城市发展部以及国家税务局。联邦调查局作为管辖范围最广的联邦调查执法机构，高度关注抵押欺诈问题。③ 联邦调查局助理局长克里斯·斯维克（Chris Swecker）很早就开始注意到抵押贷款欺诈在增加，当时他还是北卡罗来纳州夏洛特市办事处（1999 年到 2004 年）的特派员。2002 年，该办事处调查了第一收益抵押贷款公司（First Beneficial Mortgage）出售给房利美的欺诈性抵押贷款，并且成功对其公司的老板小詹姆斯·爱德华·麦克林（James Edward McLean Jr.）和其他人进行了刑事指控。在房利美发现舞弊的证据后，第一收益抵押贷款公司回购了抵押贷款，随后在没有受到任何来自房利美的干扰下转售给了吉利美。④ 由于没有提示吉利美，房利美为此支付 750 万美元的罚款。麦克林在以 80 万美元现金购买豪华游艇后，引起了联邦调查局注意。⑤ 斯维克在 2004 年升任联邦调查局助理局长以后，立即将重点转向抵押贷款欺诈。斯维克在 2004 年告诉国会的一个委员会，"抵押贷款欺诈的潜在影响十分明显，如果抵押贷款欺诈在产业内形成系统性风险，并任由其发展至不可控制的地步，最终将对金融机构产生风险并且对股市产生不利影响"。⑥

斯维克在听证会中指出了有关欺诈数据收集的不足之处，并建议国会建立报告制度和其他补救办法，并要求无论是否有联邦监管，所有贷款人都必须参与。例如，建立起可疑活动报告（简称 SARs），由联邦存款保险公司救助的银行及其

---

① William H. Brewster, interview by FCIC, October 29, 2010.
② Henry Pontell, written testimony for the FCIC, Hearing on the Impact of the Financial Crisis—Miami, Florida, session 1: Overview of Mortgage Fraud, September 21, 2010, p.1.
③ Department of Justice, Office of the Inspector General, "The Internal Effects of the FBI's Reprioritization, September 2004," p.1.
④ Chris Swecker, interview by FCIC, March 8, 2010.
⑤ Patrick Crowley, MortgageDaily.com, November 24, 2003.
⑥ Swecker, statement to the House Financial Services Subcommittee on Housing and Community Opportunity, October 7, 2004.

附属机构提交给金融犯罪执法网络组织（FinCEN，财政部下属的一个机构，负责管理反洗钱法律并且与执法机构密切合作以打击金融犯罪）。当金融机构怀疑金融交易中存在犯罪活动时也可以提交可疑活动报告。但许多抵押贷款发起方，如美利凯斯特、新世纪金融公司和第一选择公司（Option One）是在金融犯罪执法网络组织的管辖范围之外，他们产生的贷款会被大型贷款方和投资银行置入证券池而不受金融犯罪执法网络组织的审查。威廉·布莱克向委员会证实80%的非优级抵押贷款是未担保的贷款人，并且是在没有要求提交可疑活动报告的情况下发放的。之所以要求这些机构这样做，是因为他相信自己看到了漏报的证据。他提到，在2009年上半年只有约10%的联邦保险抵押贷款发放机构报告了涉嫌的抵押贷款欺诈。①

据国民金融公司负责特别调查的前高级副总裁弗朗西斯科·圣·佩德罗（Francisco San Pedro）称，作为当时全国最大的抵押贷款机构，国民金融公司抵押贷款业务中潜在的欺诈活动数量，其内部在2005年提交了5000件、2006年为10000件、2007年为20000件。②但是最终提交到可疑活动报告中的，在2005年仅为533件、2006年为2895件、2007年为2621件。③

2007年美国货币监理署在对美国银行的审查中发现了类似的情况。美国货币监理署从抽取的50个抵押贷款样本中发现其中16例样本符合"质量保证提交要求"（quality assurance referrals），应提交可疑活动报告，却没有向金融执法网络组织提交，而所有案例都符合提交报告的法律要求。美国货币监理署要求美国银行管理层改善其流程，以确保可疑活动得到及时报告。④

富国银行在2004年到2007年和2008年分别为第二大和第一大抵押贷款发放机构，其前质量保证和欺诈分析师达西·帕默（Darcy Parmer）告诉委员会，她知道富国银行住房抵押贷款部门发现了"数百计的诈骗案件"，但并没有向金融执法网络组织报告。她补充说，至少有一半被她标记为欺诈的贷款，在她的反对下仍然得到了发放。⑤

尽管存在漏报，抵押贷款欺诈案件的快速增长仍然引起人们的注意。金融

---

① William Black, written testimony for the FCIC, September 21, 2010, p. 17.
② Francisco San Pedro, interview by FCIC, September 20, 2010.
③ FinCEN report to the FCIC on Countrywide SAR activity, 1999－2009.
④ OCC, letter to Bank of America, June 5, 2007.
⑤ Darcy Parmer, interview by FCIC, June 4, 2010.

执法网络组织在2006年11月报告称，1996年到2005年，与抵押贷款欺诈相关的可疑活动报告增加了20倍。报告指出，三分之二的贷款是由不受任何联邦标准约束和监管的抵押贷款经纪人发起的。① 斯维克要求立法机构强迫所有的贷款人向监管机构和执法机构提供诈骗犯罪的相关信息，但是未能成功。②

斯维克试图获得更多的经费以打击抵押贷款欺诈，但遭到抵制。斯维克告诉调查委员会，他的经费请求被联邦调查局高层、司法部或是预算管理办公室砍掉。他称争取更多经费的努力犹如"艰难的爬坡"。③

2005年共提交了25988起与抵押贷款欺诈相关的可疑活动报告；2006年为37457起。之后这一数字一直上升，2007年为52862起，2008年为65004起，2009年为67507起。④ 与此同时，联邦调查局的高层官员专注于恐怖主义威胁，负责白领犯罪的特工从2004财年的2342人减少到2007年的不到2000人。当年，联邦调查局负责抵押贷款欺诈计划的全职特工只有120人，他们要审查（提交到金融执法网络组织）超过50000例的可疑活动报告。作为对调查委员会询问的回应，联邦调查局称，为弥补人力资源的不足已经开发出了"新方法以侦察和打击抵押贷款欺诈"，例如在2006年为侦察非法不动产炒作而创建了一套计算机应用程序。⑤

自2001年以来，一直担任联邦调查局局长的罗伯特·穆勒（Robert Mueller）说，调查抵押贷款欺诈需要考虑"其他方面的优先事项"，如恐怖主义。他告诉委员会他聘请了额外的人员以打击欺诈，但在预算过程中，"我们没有得到我们所要求的"。他还表示，联邦调查局增调资源以应对抵押贷款欺诈的增长，但他认为这些资源可能仍然不足。他说："我要告诉你们的是现有资源是不够的"。在危机过后，美国联邦调查局正在继续调查欺诈，穆勒暗示未来可能还会发生类似诉讼⑥。

---

① FinCEN, "Mortgage Loan Fraud: An Industry Assessment Based on SAR Analysis," November 2006, pp. 2, 6.
② Swecker, statement before the House Financial Services Subcommittee on Housing and Community Opportunity, October 7, 2004.
③ Swecker, interview.
④ FinCEN, "Mortgage Loan Fraud Update: Suspicious Activity Report Filings from April-June 30, 2010," p. 21.
⑤ DOJ, letter from Assistant Attorney General Ronald Welch to the FCIC, April 28, 2010, pp. 1, 3, October 21, 2010, p. 2.
⑥ Robert Mueller, interview by FCIC, December 14, 2010.

2005年2月至2007年9月期间,担任总检察长的阿尔贝托·冈萨雷斯告诉委员会,虽然他认为本应对抵押贷款欺诈投入更多精力,但是在事后他认为其他问题更为紧迫:"我认为任何人都很清楚,反恐战争比(抵押贷款欺诈)更重要。抵押贷款欺诈并不会威胁生命,因此保护我们的孩子免受危险组织或敌害攻击更为重要"。①

2008年,美国联邦住房企业监督局——政府支持企业的监管机构发布的一份报告显示,"抵押贷款欺诈案件的发生率在2006年和2007年的上半年显著上升"。联邦房地产企业监管办公室表示,他们一直在与执法部门紧密合作,是司法部抵押贷款欺诈工作组中非常积极的一员。② 1991年到2006年期间担任美联储银行监管和调控部门负责人的理查德·斯皮伦科滕告诉调查委员会,"对抵押贷款欺诈和一般性欺诈的关注是一个重要问题,而我们注意到抵押贷款欺诈案件的发生率在上升"。③

从2007年11月到2008年底,迈克尔·穆凯西一直担任美国总检察长,他告诉委员会说:"收到抵押贷款违约的报告以及与非法不动产炒作相关的欺诈行为、房价高估……我模糊记得外部人士建议应该投入更多的资源,而猜测这些资源是否被用于国家安全调查,尤其是猜测对恐怖主义的调查在某种程度上阻碍了对抵押贷款欺诈的调查,我认为这是子虚乌有"。他说,司法部有其他更为紧迫的优先事项,例如恐怖主义、帮派暴力以及西南边境的问题。④

在给调查委员会的信中,司法部概述了与联邦调查局一起打击抵押贷款欺诈的行动。例如,在2004年美国联邦调查局实施了代号为"持续打击"的行动,这项行动主要针对包括抵押贷款欺诈在内的各种金融犯罪。同年,该机构开始公布抵押贷款欺诈年度报告。次年,联邦调查局和其他联邦机构宣布了一项联合打击抵押贷款欺诈的行动。2005年7月至10月,在代号为"迅捷"的行动中,联邦调查局共提交了156份起诉书,逮捕了81人,89人被定罪。2007年美国联邦调查局开始专门跟踪抵押贷款欺诈案件,并增派了人员。2008年在代号为"恶意抵押贷款"的行动中,全国共发现144起抵押贷款欺诈案件,并有406

---

① Alberto Gonzales, interview by FCIC, November 1, 2010.
② OFHEO, "2007 Performance and Accountability Report," pp. 13, 17.
③ Richard Spillenkothen, interview by FCIC, March 19, 2010.
④ Michael J. Mukasey, interview by FCIC, October 20, 2010.

名涉案人员被美国总检察长办公室起诉。①

威廉·布莱克告诉调查委员会，华盛顿（联邦政府）基本上忽视了这个问题而任由其继续恶化。 布莱克说，"由于需要应对'9.11'恐怖袭击，联邦调查局受到极大约束而且糟糕的是联邦调查局几乎得不到政府监管部门、银行监管部门以及储蓄监管部门的任何协助"。② 前联邦调查局官员斯维克告诉委员会，他在任职期间与银行监管机构没有任何联系。③

随着抵押贷款欺诈案件的增长，联邦机构采取了行动。 在佛罗里达州，一名特工艾伦·威尔科克斯（Ellen Wilcox）和联邦执法部与坦帕市（Tampa）警察部门以及希尔斯伯勒县（Hillsborough County）消费者保护协会一起在坦帕地区破获了一起连环诈骗房主的刑事案件。 其主要成员是奥森·本(Orson Benn)，他是总部位于纽约的阿金特抵押贷款公司（Argent Mortgage Company）的副总裁，该公司隶属于美利凯斯特。 从2004年开始，十名调查人员和两名检察官为识破（一个涉及130笔贷款的）案件中的联盟网络花费了数年时间。 这个网络包括：房地产经纪人、估价师、上门维修承办商、产权公司、公证员以及一名重犯。④

根据案例中的起诉文件，罪犯通常走街串巷，寻找那些老年房主（他们认为这些老人的住房具有很高的价值），并且建议修葺或装修那些住房。 房主填写文书之后，业内人士将利用这些信息来申请贷款。 该团伙的成员骗取贷款文件，包括虚假的W-2表格，含有虚假的就业和伪造的薪金信息，并且以房主的名字申请房屋净值贷款。 参与交易的每个人都会收到根据他们各自的角色相应的报酬。 阿金特抵押贷款公司的本通过帮助担保一笔贷款就会得到3000美元的回扣。 当贷款通过后，收到支票的虚假建筑公司就会消失，而房主从未从房屋再融资中获得一分钱。 希尔斯伯勒县的官员从房主们的投诉中（房主们向他们投诉未按计划修葺自己的房屋）发现了骗局，随后也得知他们失去了产权。 在18个被告中包括本在内的16人已经认罪或已定罪。⑤

---

① DOJ response to FCIC request, April 16, 2010; see also DOJ response to FCIC request, April 28, 2010.
② William Black, testimony before the FCIC, September 21, 2010, transcript, p. 38.
③ Swecker, interview.
④ Ellen Wilcox, special agent, Florida Department of Law Enforcement, testimony before the FCIC, Hearing on the Impact of the Financial Crisis—Miami, session 2: Uncovering Mortgage Fraud in Miami, September 21, 2010, transcript, p. 80; "Participant in MYM13 Million Mortgage Fraud Scheme Convicted by Polk County Jury, " Office of Florida Attorney General Bill McCollum press release, August 28, 2008.
⑤ Tenth Judicial Circuit in and for Polk County, Florida, State of Florida vs. Scott Almeida, et al., OSWP No. 2005-0256-TPA; July 23, 2007, see paragraphs 2, 17, 18, 19, 28, and 32.

威尔科克斯告诉委员会:"这样的调查成本和周期使他们难以吸引调查机构和检察官,虽然他们试图证明自己的预算是根据调查统计而定的。"[1]威尔科克斯说,现在跟进其他案件已经很难,因为有很多的次级抵押贷款发放企业已经破产,所以难以寻找罪犯和证人。例如美利凯斯特已在2007年倒闭,尽管其贷款服务机构阿金特公司已在同年被花旗集团收购。

信息披露和尽职调查:"企业的质量控制问题"

除了欺诈行为和恶劣借贷行为的增多,在泡沫的最后几年,贷款标准也逐渐恶化。经过多年的发展,次优级抵押贷款在2005年到2006年期间又增长5%,特别是选择性可调整利率贷款增长7%,只还息型贷款增长9%,而低凭核或无凭核贷款(向借款人收取固定利率的抵押贷款)增长14%。总体而言,低凭核或无凭核贷款占到发起抵押贷款总额的27%,其中许多产品只有在房价继续上涨以及借款人能够以低利率融资时才能维持。[2]

从理论上讲,抵押贷款的质量关系到证券化过程中每一个参与者的利益,但在实践中,他们的利益往往并不一致。纽约联邦储备银行的两位经济学家指出,抵押贷款证券化存在"7项致命冲突",在证券化过程中某些参与者比其他参与者掌握更多的信息,并有机会利用这个优势。[3]例如,贷款机构通过发起和出售抵押贷款赚取佣金且对贷款非常了解,但借款人则对于能否按时偿还抵押贷款缺乏长期利益刺激,而这并不影响贷款机构的自身商业信誉。同样,证券化机构将抵押贷款打包成为抵押担保证券,但是他们自身却不太可能从这些证券化中获利。

从理论上讲,信用评级机构是证券化过程中的重要监督者。他们将自己的角色描述为"市场上的裁判员"。[4]但是,他们既没有审查抵押担保证券中的个人住房抵押贷款的质量,也没有审查抵押贷款是否像证券化机构所说的那样。

所以,健全的市场依赖于两个关键的审查。首先,购买并实施证券化的抵

---

[1] Wilcox, testimony before the FCIC, September 21, 2010, transcript, pp. 98-99.
[2] Gary Gorton, "The Panic of 2007," paper presented at the Federal Reserve Bank of Kansas City, Jackson Hole Conference, "Maintaining Stability in a Changing Financial System," August 2008.
[3] Adam B. Ashcraft and Til Schuermann, "Understanding the Securitization of Subprime Mortgage Credit," Federal Reserve Bank of New York Staff Report No. 318, March 2008, pp. 5-11.
[4] Raymond McDaniel, quoted in the transcript of Moody's Managing Director's Town Hall Meeting, September 11, 2007.

押贷款公司必须通过第三方公司或者内部检查对抵押贷款池进行尽职审查。其次，遵守证券交易委员会的规定，各方在证券化过程中必须披露他们向投资者出售的证券化资产的相关信息。这两种应有的审查却都没有被执行。

尽职调查公司："豁免"

由于次级抵押贷款证券化的迅速发展，证券商自己或通过第三方对发起人出售的抵押贷款资产池进行尽职调查。审查的程度由发起人和证券化机构通过协商决定。虽然资产池的审查比率应该达到30%，但在实际操作中往往要低得多。一些观察家称，随着市场的增长以及发起人日益集中，他们对抵押贷款的购买者具有更强的议价能力，抽查样品的比率有时仅为2%至3%。① 一些证券化机构要求，尽职调查公司应该从资产池中选取任意抵押贷款进行分析，其他证券化机构则要求选取那些最有可能存在某种缺陷的样品，以便能够有效地发现更多的问题贷款。

位于康涅狄格州的克莱顿控股公司（Clayton Holdings），是第三方尽职调查服务的主要提供商。② 正如克莱顿控股公司的副主席维基·比尔（Vicki Beal）向调查委员会解释的那样："公司不是被客户聘来调查其贷款的好坏的"。相反，公司只负责鉴定贷款是否符合发起人所承诺的条款以及在某种程度上，增强客户对贷款资产池的议价能力。③

通常检查涉及三个领域：信贷、合规性和估价。贷款符合承销准则（通常是贷款发起人规定的标准，有时还须符合收购贷款的金融机构所提供的额外或者叠加的准则）吗？贷款遵守联邦和州政府的法律规定吗？特别是符合掠夺性信贷法案和诚实贷款要求吗？报告的资产价值准确吗？④ 更为关键的是判断缺陷贷款的标准，"弥补因素"可以弥补这些缺陷吗？例如，如果贷款比率高于所

---

① Keith Johnson, former president and chief operating officer of Clayton Holdings, Inc., interview by FCIC, September 2, 2010.
② Frank Filipps, interview by FCIC, August 9, 2010.
③ Vicki Beal, testimony before the FCIC, Hearing on the Impact of the Financial Crisis—Sacramento, session 3: The Mortgage Securitization Chain: From Sacramento to Wall Street, September 23, 2010, transcript, pp. 155, 155-56.
④ Beal, testimony before the FCIC, September 23, 2010, transcript, pp. 169, 157; see also Martha Coakley, Massachusetts Attorney General, comment letter to the Securities and Exchange Commission regarding proposed rule regarding asset-backed securities, Release No. 33-9117;34-61858;File No. S7-08-10, August 2, 2010, p. 6.

要求的标准，但借款人具有较高收入，可以弥补这种缺陷吗？ 调查公司将贷款样品评级，并将数据转交其客户。 在收到报告后，证券化机构将对资产池定价并剔除不符合承销准则的贷款。

　　克莱顿公司在房地产繁荣时期审查了大量的贷款，因此该公司对发起人实际采用的承销标准以及证券化机构乐于接受的承销标准具有更加深入的了解。 贷款被分为三类：符合承销准则的贷款（1 级），不符合承销准则，但拥有弥补因素而被批准的贷款（2 级）以及那些不符合准则也未获批准的贷款（3 级）。 总体而言，截至 2007 年 6 月 30 日，克莱顿公司 18 个月内所分析的 911039 笔贷款中，54% 的贷款被评为 1 级，18% 被评为 2 级，其中 72% 的贷款符合承销准则或者拥有弥补因素。 其余 28% 的贷款被评为 3 级。① 理论上，银行可以拒绝购买 3 级贷款资产池，或者他们能够使用适当的（尽职调查公司）结果来更深入地审查这些贷款的质量。 18 个月中，克莱顿公司发现 39% 的（存在缺陷的）3 级贷款被银行"豁免"。 于是，在克莱顿公司抽查的样本中，有 11% 的贷款虽然被发现了应该拒绝购买的证据，但仍被批放贷（见表 9－1）。

表 9－1　以下银行对被拒绝贷款的豁免情况

2006 年 1 月至 2007 年 7 月，克莱顿公司拒绝了其审查的 28% 的抵押贷款。 其中，39% 的被拒绝抵押贷款通过各种方式获得豁免。

单位：%

金融机构	A 接受的贷款	B 拒绝接受的贷款	C 获得金融机构豁免的贷款	D 豁免后仍被拒绝的贷款	E 金融机构豁免率
花旗集团	58	42	13	29	31
瑞士信贷	68	32	11	21	33
德意志银行	65	35	17	17	50
高　盛	77	23	7	16	29
摩根大通	73	27	14	13	51
雷曼兄弟	74	26	10	16	37
美林银行	77	23	7	16	32
瑞　银	80	20	6	13	33
华盛顿互惠	73	27	8	19	29
总　计	72	28	11	17	39

说明：选自克莱顿公司趋势报告。 以上数字是四舍五入后的结果。
资料来源：Clayton Holdings。

---

① Beal, testimony before the FCIC, September 23, 2010, transcript, pp. 169－70.

根据以上数据，2006年5月至2009年5月，担任克莱顿公司总裁的基思·约翰逊（D. Keith Johnson）告诉委员会，抵押担保证券"对我而言，54%的贷款存在质量控制问题"。[1]基思·约翰逊得出结论，他的顾客经常豁免一些贷款以维护他们与贷款发起人之间的业务关系，大量拒绝发起人的贷款可能会导致发起人转向其竞争对手出售贷款。简而言之，这是卖方市场，卖方可能比华尔街的发行人更有势力。[2]

比尔证实，贷款被拒后的高豁免率本身并不能证明审批程序存在问题。她说："由于发起人的贷款准则在不断降低，证券化公司便引用了另外的信贷准则。要知道，申报收入等要求提示我们要看看该收入是否合理"。[3]如果标准更加严格，可能被拒贷款更多，证券化机构就会更密切地关注这些被拒贷款，因此便可能产生更多的豁免。正如穆迪投资者服务公司在给调查委员会的信中所作的解释："一个有极为严格承销标准的机构，虽然拥有较高的豁免率，却要比一个有极度宽松承销标准但没有豁免贷款的机构，对资产池产生的危险小得多"。[4]尽管如此，许多招股说明书表明，资产池中的贷款要么完全达到了承销标准要么拥有弥补因素，即使克莱顿公司的记录显示被抽查的贷款仅是一小部分，在这部分被抽查的样本中还是包括了大量获得豁免的3级贷款。

约翰逊说，2006年到2007年，他接触过信用评级公司，并对由克莱顿公司开发的"例外跟踪产品"的利率进行评估。他分享了一些该公司的研究结果并试图说服这些机构，这些数据将对评级过程有益。约翰逊回忆说："难道这些数据对评级公司划分风险级别不是很有用吗？"评级机构也认为尽职调查公司的数据"非常好"，但他们不需要这些信息，因为随着私人证券市场的不景气，[5]这些数据可能会导致证券的信用级别降低并影响2007年的代理业务。

---

[1] D. Keith Johnson, testimony before the FCIC, Hearing on the Impact of the Financial Crisis—Sacramento, session 3: The Mortgage Securitization Chain: From Sacramento to Wall Street, September 23, 2010, transcript, pp. 183-84.

[2] D. Keith Johnson, testimony before the FCIC, Hearing on the Impact of the Financial Crisis—Sacramento, session 3: The Mortgage Securitization Chain: From Sacramento to Wall Street, September 23, 2010, transcript, p. 211.

[3] Beal, testimony before the FCIC, September 23, 2010, transcript, p. 172.

[4] John J. Goggins, senior vice president and general counsel, Moody's, letter to FCIC regarding "September 27, 2010 Article Published in The New York Times Misconstruing Commission Testimony," September 30, 2010.

[5] Johnson, testimony before the FCIC, September 23, 2010, transcript, p. 174.

当不良贷款被证券化机构从资产池中剔除后，一些发起人可以简单地将它们放入新的资产池，并希望不会再次被抽检出来。在新世纪金融公司破产清算人员的报告中，描述了这种行为。① 同样，弗雷蒙投资与贷款公司（Fermont Investment & Loan）也有一项类似政策，即将贷款置入新的资产池中，直到被"踢出"3次。该公司的前合规与风险管理经理罗杰·埃尔曼（Roger Ehrnman）告诉调查委员会，这就是"三震出局规则"。②

一些抵押贷款证券化机构只做内部尽职调查，但似乎投入的资源有限。摩根士丹利内部尽职调查的负责人不在纽约，而是在佛罗里达州的博卡拉顿（Boca Raton），并且再一次，他仅直接听取两至五人的汇报，而这些调查人员实际上是来自埃奎纳克斯（Equinox）人事顾问公司的雇员。③ 德意志银行和摩根大通的内部尽职调查团队的规模同样很小。④

银行对于所购买的抵押贷款，并非必须具备更好的监控系统。在调查委员会一次关于抵押贷款业务的听证会上，曾在花旗金融抵押贷款部管理200多名专业承销人员的前高级副总裁理查德·鲍文披露他的团队曾经对花旗集团从一个贷款网络购买的贷款进行质量审查，其中既包括花旗集团准备持有的次级抵押贷款，也包括计划出售给房利美和房地美的次级抵押贷款。

对于购买次级贷款，鲍文的团队会对即将购买的贷款进行信用记录审查。鲍文说："在2006年和2007年，我目睹了贷款购买过程中资产池信用评估方式的很多变化。例如，花旗集团消费者贷款业务的首席风险官将大量承销决定从'不合格'改为'合格'"。⑤

鲍文的另一项职责是对约500亿美元的优级贷款池进行年度监督，其中很大一部分出售给了房利美和房地美进行证券化。在提供给鲍文团队进行质量审查的贷款样本应至少包括5%的拟证券化贷款，但是这一规定往往被忽视：通常接受审查的样本比例只有2%，而且其中不符合规定的贷款占到了很大比例。"那

---

① Missal, p. 67.
② Roger Ehrnman, interview by FCIC, September 2, 2010.
③ Tony Peterson, interview by FCIC, October 14, 2010.
④ Joseph Schwartz, vice president in charge of mortgage acquisition due diligence, Deutsche Bank, interview by FCIC, July 21, 2010; William Collins Buell VI, head of mortgage acquisition, JP Morgan, interview by FCIC, September 15, 2010.
⑤ Richard M. Bowen, written testimony for the FCIC, Hearing on Subprime Lending and Securitization and Government-Sponsored Enterprises (GSEs), day 1, session 2: Subprime Origination and Securitization, April 7, 2010, p. 2.

时我也参与了这项工作,2006 年中,我们发现 40% 至 60% 的贷款要么是不符合规定,要么就是缺少关键记录"。①

鲍文将他发现的问题向他的直接上司和公司高管做了多次汇报,包括花旗金融抵押贷款部购买并出售给政府支持企业的贷款质量和承销问题。 正如在后一章中所述,政府支持企业后来要求花旗集团在 2010 年 12 月回购 15 亿美元的贷款,因为他们发现花旗集团出售给他们的贷款不符合标准。

美国证券交易委员会:"最大问题是我们没有审查招股说明书的补充条款"

截至金融危机爆发,投资者持有了超过 2 万亿美元的非政府机构抵押担保证券和接近 7000 亿美元的担保债务凭证。② 这些证券是在证券交易委员会监督之外发行的,只有其中的一小部分执行了证券交易委员会持续公开报告的要求。 美国证券交易委员会的使命是保护投资者,通常这项责任并非是通过审查证券的质量实现的,而只是简单地通过保证有效的信息披露,让投资者自己做出决定。 一家公司的股票在首次公开发行的情况下,通常会涉及对发行公司的招股说明书以及销售之前的补充内容进行冗长的审查。③

不过,随着不间断注册的 "注册上架" 法推行开来,具有信用评级机构高信用评级的抵押担保证券的发行程序变得更快捷了。 这项制度允许发行者向证券交易委员会提交介绍每个产品条款的补充招股说明书。 证券交易委员会主管公司财务披露的副主任雪莱·帕拉特(Shelley Parratt)告诉调查委员会:"最主要的问题是我们没有检查补充的招股章程"。④ 为改善有关抵押担保证券和其他资产支持证券的信息披露,证券交易委员会于 2004 年底颁布了《AB 条例》。 该条例规定所有招股说明书都应包括"要约的说明、用于发起或者购买资产池的授信或承销标准,包括披露的范围、标准的任何更改以及这些政策和标准可以被替代的程度"。⑤

---

① Richard M. Bowen, interview by FCIC, February 27, 2010;FCIC correspondence with Richard M. Bowen.
② Inside Mortgage Finance, The 2009 Mortgage Market Statistical Annual, Vol. 2, The Secondary Market (Bethesda, MD:Inside Mortgage Finance, 2009), p. 156;FCIC staff estimate based on analysis of Moody's CDO EMS database.
③ See, for example, James C. Treadway Jr., "An Overview of Rule 415 and Some Thoughts About the Future, "remarks to the thirteenth annual meeting of the Securities Industry Association, Hot Springs, Virginia, October 8, 1983.
④ Shelley Parratt and Paula Dubberly, interview by the FCIC, October 1, 2010.
⑤ 17 C. F. R. Part 229.1111(a)(3), "Pool Assets, " revised as of April 1, 2005.

在基本没有审查或监督的情形下，抵押担保证券的相关信息披露有多透明呢？ 招股说明书通常包括免责声明，大意是并非所有的抵押贷款都符合发起人的信贷政策："发起人可以按照具体情况，根据补偿因素决定承销例外（不能完全符合承销风险分类或者其他准则的潜在抵押贷款）。"① 这种信息披露通常可以用一句来说明，"大量"或者"大部分"的抵押贷款都属于这种例外。② 花旗集团的鲍文对贷款池信息的披露程度提出了批评："根本没有为投资者披露他们所购买贷款质量的相关文件"。③

这样的信息披露根本不能让投资者了解他们购买的贷款是否确实符合标准。只有2%至3%的贷款被抽样审查，克莱顿公司提供的证据表明，大量的贷款没有满足承销准则或者拥有弥补因素。④ 对于未被抽查的高达97%的贷款，克莱顿公司和证券化机构都没有信息，但是人们有理由相信，其中很多贷款存在缺陷（与抽样审查中的问题贷款的比例相同）。 对于抵押担保证券的最终投资者来说，招股说明书中并不包含这个信息，也不包括审查贷款数量的信息，这不禁令人质疑信息披露是否产生了重大误导，甚至违反了《证券法》。

担保债务凭证根据不同的监管架构发行，并且运用于很多抵押担保证券，而且不受注册上架规定的约束。 通常承销商根据证券交易委员会规则144A发行担保债务凭证，该条款允许将未经注册的特定债券转售给某些合格机构投资者，其中包括各类投资机构，如大都会保险公司（MetLife）、加利福尼亚州教师退休基金（California State Teacher's Retirement System）等养老基金以及高盛等投资银行。⑤

美国证券交易委员会在1990年颁布实施了规则144A，提高了证券市场对借

---

① See Part V of complaint filed by Cambridge Place Investment Management Inc., dated July 9, 2010, in Suffolk County (Massachusetts) Superior Court, Cambridge Place Investment Management, Inc., v. Morgan Stanley & Co., Inc., Case No. 10 - 27841, p. 71 (hereafter Cambridge Complaint), and Part V of complaint filed by Federal Home Loan Bank of Chicago, dated October 15, 2010, in Circuit Court of Cook County, Illinois (Chancery Division), Federal Home Loan Bank of Chicago v. Banc of America Funding Corp. et al., Case No. 10CH450B3, p. 173.

② Cambridge Complaint, pp. 32 -33, 61 -63, 70 -71, 75 -76.

③ Bowen, interview.

④ D. Keith Johnson, former president and chief operating officer, Clayton Holdings, Inc., interview by FCIC, June 8, 2010.

⑤ 一个关于QIB的定义是根据第144A条，包括"实体，其自己的账户或其他合格机构买家的账户，在总量上拥有至少100万美元的发行人，且不隶属与任何实体。 See 17 C. F. R. 230. 144A, "Private Resale of Securities to Institutions". 584 Notes to Chapter 9.

款人的吸引力，也增强了美国投资银行对外国同行的竞争力。 同时，市场参与者认为美国披露要求比其他国家更加严格。 新规则极大地扩展了证券市场。 按照新规则，这些证券的销售不再被认为是"公开发行"，因此不需要遵守证券交易委员会的注册规定。 1996年，美国国会通过了《国家证券市场改善法案》进一步加强了这些例外，得克萨斯州证券委员会专员丹尼斯顿·沃伊特·克劳福德（Dennis Voigt Crawford）向调查委员会指出，"现在我们知道，通过阻止州政府在该领域采取预防性措施，立法对这场危机起到了重要的推动作用"。① 根据这项法案，在监督私募债务抵押债券中国家证券监管机构被排除在外。 在没有注册要求的情况下，根据规则144A，新的债务市场迅速发展。 这个市场是流动的，因为合格的投资机构可以按照规则144A自由交易债务证券。 但是在规则144A实施之初，市场上的债务证券大多是企业债券，这与十年之后占据私募市场主导地位的担保债务凭证有很大不同。②

危机爆发后，投资者认为信息披露是不充分的，并且根据联邦和州证券法律提出了大量的诉讼。 正如我们将会看到的，有些已经得到实质性的解决。

监管机构："市场总是会自我纠正"

监管机构在哪儿？ 在危机爆发数年之前，承销标准不断下降且新的抵押产品已经出现在监管机构的雷达屏幕上，但各机构以及他们信守的减少市场干预的传统思想延缓了行动。

自20世纪90年代起，监管机构遵循了一种"以风险为重点"的方法，广泛依赖于银行的内部风险管理体系。③ 美联储主席格林斯潘在1999年说："随着银行内部体系的改善，整个审查程序的基本原则在很大程度上应该转移到提供建设性的反馈意见上，银行可借以进一步提高其风险管理系统。"④1993年到1998

---

① Dennis Voigt Crawford, testimony before the FCIC, First Public Hearing of the FCIC, day 2, session2: Current Investigation into the Financial Crisis—State and Local Officials, January 14, 2010, p. 112.
② Richard Breeden, interview by FCIC, October 14, 2010. See Public Law 104 -290（Oct. 11, 1996）; Rule 144A contained provisions that ensured it did not expand to the securities markets in which retail investors did participate.
③ Federal Reserve Board, SR 9724, "Risk-Focused Framework for Supervision of Large Complex Institutions," October 27, 1997.
④ Alan Greenspan, "The Evolution of Bank Supervision," speech before the American Bankers Association, Phoenix, Arizona, October 11, 1999.

年期间，担任美国货币监理署的审计师尤金·路德维希（Eugene Ludwig）（针对 1999 年《格雷姆－里奇－比利雷法案》）告诉调查委员会，各机构秉持一种"历史的远见、历史的方法，即使用比较宽松的规则是适当的监管方式"。① 在危机后的一次教训总结中，纽约联邦储备银行指出"市场总是会自我纠正"。报告最后总结，"尊重市场的自我纠正的特性，阻止监管者将指令性观点强加给银行"。②

对银行自身风险管理的依赖将扩大到资本标准。银行多年来一直抱怨 1988 年的巴塞尔协议标准不给予他们充分的余地以特定的资产风险设置其资本。经过多年协商，国际监管机构在美联储的大力支持下，于 2004 年 6 月引入巴塞尔资本协议 II，该协议允许银行降低资本要求，条件是银行能说明他们有成熟的内部模型并可以评估其资产的风险。尽管没有一家美国银行完全执行该协议所允许的更加成熟的方法，但是巴塞尔 II 反映和加强了监管机构以风险为重点的监管方法。斯皮伦科滕说，监管机构最大的失误之一就是他们对"巴塞尔 II 前提的接受"，他认为这表明了监管当局对银行内部风险模型的过度信任，过度迷恋于（徒有其表的）复杂的定量风险测量技术的准确性，以及（至少在巴塞尔 II 的初期）愿意通过减少监管资本以换取更好的风险管理和更大的风险灵敏性的愿望。③

监管机构在危机爆发前几年，就一直在关注抵押贷款市场。早在 2004 年再融资繁荣期间及其前一年，他们就认识到抵押产品和借款人已经发生了改变，并开始向银行和储蓄机构提供指导。但是因为机构之间的分歧、行业阻挠以及市场参与者广泛认为一切都在控制之中，结果导致补救措施做得太少太晚。

美国联邦储备委员会理事、消费者保护以及安全和稳健监管小组委员会主席苏珊·贝尔斯告诉调查委员会："委员会内部认为，很多这种类型的贷款已经被发挥到了极致，所以委员会的主要争论在于，针对我们看到的滥用行为应该采取多么严格的管理。因此，这更多的是一个程度的问题"。④

---

① Eugene Ludwig, interview by FCIC, September 2, 2010.
② Federal Reserve Bank of New York, "Report on Systemic Risk and Supervision," Draft of August 5, 2009, p. 2.
③ Rich Spillenkothen, "Notes on the performance of prudential supervision in the years preceding the financial crisis by a former director of banking supervision and regulation at the Federal Reserve Board (1991 to 2006)," May 31, 2010.
④ Susan Bies, interview by FCIC, October 11, 2010.

事实上，同样在2005年7月，正如早些时候在联邦公开市场委员会的会议中所描述的那样，一位委员指出："一些更新的、更加复杂的和未经检测的信贷违约工具造成了市场混乱"。另一位与会者担心"次级贷款注定会导致危机"。第三位与会者指出了抵押贷款证券的风险、快速增长的次级贷款以及许多银行贷款者没有掌握借款者足够信息的事实。但是，空前高的利润和资本水平清除了这些担忧。第四位与会者表示，"我们将会看到住房价格的最后疯狂"。与会者关注"金融创新"，并且"担忧猪背复合抵押贷款（piggybacks）以及其他非传统贷款"，其违约风险可能比他们担保的证券更高，"可能会使政府支持企业的报表看上去很漂亮"。美联储工作人员回应说，政府支持企业并不是个性化证券的最大买家。①

2006年春，联邦公开市场委员会再次讨论了房地产和抵押贷款市场的风险并对抵押贷款部门日益增长的"独创性"表示了担忧。一位与会者指出，负摊销贷款会对业主产生剥夺资产和财富的有害影响，并且应该进一步关注非传统贷款行为，这些贷款似乎是建立在房价持续上涨的假设之上。

时任美国财长的约翰·斯诺告诉调查委员会，他曾在2004年末或2005年初召开会议，敦促监管机构解决迅速增加的不良贷款问题。他说，监管者往往注意不到自己机构的问题，对此他很震惊。没有人拥有360度的视野。金融监管机构的基本反应是："可能存在问题，但还没有进入我们的视线内"。监管机构对约翰·斯诺的问题回答说："我们的违约率很低。我们的机构有很充足的资本，拖欠率也很低。所以我们没有发现任何实质性的严重问题"。②

2005年5月，银行机构颁布了关于房屋净值信用罚款和房屋净值贷款风险的准则。这种提醒金融机构有关信用风险管理的做法，指出了只还息型贷款、低凭核或无凭核贷款、高贷款比率或高债务与收入比率、低信用评分、自动估价模型的大量使用以及通过贷款中介或者其他第三方所产生的交易大量增加。虽然该准则确定了银行诸多问题贷款的行为，但是它仅限于房屋净值贷款，并不适用于首次抵押贷款。③

---

① Bernanke, letter to the FCIC, December 21, 2010.
② John Snow, interview by FCIC, October 7, 2010.
③ Office of the Comptroller of the Currency, Board of Governors of the Federal Deposit Insurance Corporation, Office of Thrift Supervision, and National Credit Union Administration, "Credit Risk Management Guidance for Home Equity Lending," May 16, 2005.

2005年，美联储和其他机构的审查员组建了一个秘密的"同行专家组"研究六家公司的抵押贷款做法，这些公司在2005年共发起了1.3万亿美元的抵押贷款，几乎占全国贷款总额的一半。 六家公司中的五家均在美联储的监管职权范围内——美国银行、花旗集团、国民金融公司、国家城市银行（National City）、富国银行以及最大的储蓄银行华盛顿互惠银行。① 在美国联邦储备委员会银行监督管理部，负责信贷风险管理的官员斯迪克告诉调查委员会："研究表明这些高风险和不负责的贷款增长非常迅速。②这些公司发行的大部分贷款都是次优和次级抵押贷款，而且这些产品的承销标准已经恶化"。③

一旦美联储和其他监管机构确定了抵押贷款存在的问题，他们即会对这些无指导约束的行业表示关切。 比斯说："美联储理事会的有些人认为，只要美联储颁布指导准则，银行就会明白"。④

因此联邦机构针对选择性可调整利率贷款等非传统抵押贷款起草了指导准则，在2005年末开始公开征求公众意见。 指导准则草案指示贷款机构在利率发生变化时，应考虑借款人的偿付能力，而不只是考虑较低的起始利率。 指导准则警告贷款者慎重发放低核凭贷款。⑤

这立即引起了银行业的极力反对。 美国银行家协会表示，该指导准则夸大了非传统抵押贷款的风险。⑥ 其他市场参与者抱怨，指导准则要求他们假设"最坏的情况"，即当利率变化时借款人必须要全额付款。⑦ 他们对于低核凭贷款有争议，坚持认为"几乎任何形式的收入记录都是合适的"。⑧ 他们否认更充分的

---

① 2009 Mortgage Market Statistical Annual, 1:3; "Residential Mortgage Lenders Peer Group Survey: Analysis and Implications for Guidance," PowerPoint presentation, November 30, 2005, pp. 13, 3.
② Sabeth Siddique, interview by the FCIC, September 9, 2010.
③ "Residential Mortgage Lenders Peer Group Survey: Analysis and Implications for Guidance," PowerPoint, November 30, 2005.
④ Bies, interview.
⑤ Office of the Comptroller of the Currency, Board of Governors of the Federal Deposit Insurance Corporation, Office of Thrift Supervision, and National Credit Union Administration, "Interagency Guidance on Nontraditional Mortgage Products," Federal Register 70 (December 29, 2005):77, 249, 72, 252, 72, 253.
⑥ Paul Smith, American Bankers Association, letter to the Federal Deposit Insurance Corporation, Board of Governors of the Federal Reserve System, Office of Thrift Supervision, and Office of the Comptroller of the Currency, March 29, 2006, p. 2.
⑦ Letter from American Financial Services Association to federal regulators 8, available at http://www.ots.treas.gov/_files/comments/d1e85ce1-07ab-4acf-8db5-8d1747afba0a.pdf.
⑧ Letters to the Office of Thrift Supervision from the American Bankers Association (March 29, 2006), p. 2; the American Financial Services Association (March 28, 2006), p. 8; and Indymac Bank (March 29, 2006), p. 4.

信息披露制度可以保护借款人免于遭受非传统抵押贷款的风险,认为没有任何实证证据支持有必要进一步提高消费者保护标准。[1]

对于是否需要指导准则,机构内部也存在争议。美联储官员斯迪克告诉调查委员会:"我们遭到了来自行业、国会和内部的各方面阻力。因为这可能会扼杀创新,并且阻断很多人的美国梦"。[2]

削弱和延迟指导准则的强大压力来自多个方面。由于美国储蓄机构监督局的反对,导致抵押贷款指导准则延迟将近一年颁布。[3] 贝尔斯说:"人们担心如果美联储加强对银行的监管,是否会形成不公平的竞争环境,因为美联储并不能约束独立抵押贷款机构"。监管抵押贷款市场的另一个挑战是国会。比斯回顾了她为拟议规则作证时的情形,"国会的议员认为如果我们推出更严格的标准,无异于否定美国人民的购房梦"。[4]

当指导准则在2006年颁布实施时,监管机构通过银行审查和诸如银行与监管机构的"自愿协议"等非正式措施监督指导准则的实施。

与此同时,出现了一些机构更换监管机构以寻找更宽松的待遇。2006年12月,国民金融公司申请将监管机构从美联储和美国货币监理署更换为美国储蓄机构监督局。国民金融公司的更换是在公司内部对美国储蓄机构监督局的监管优势做出评估后的数月,其中许多优势是2005年中由该局在"拓展行动"中提倡的,该行动是在约翰·赖克成为该组织负责人后发起的。国民金融公司公开宣称,决定接受储蓄机构监督局监管,是想要一个专门的住房监管机构,而不是对银行和持股公司进行各自监管的机构。[5]

不过,其他因素也发挥了作用。美国货币监理署在国民金融公司的最高检察官告诉调查委员会,国民金融公司首席执行官安吉洛·莫兹罗和总裁兼首席运营官戴夫·桑波尔认为美国货币监理署对财产估值的意见将会扼杀公司业务。[6]

---

[1] The Housing Policy Council of the Financial Services Roundtable, letter to the Office of Thrift Supervision, March 29, 2006, p. 6.

[2] Siddique, interview.

[3] Binyamin Appelbaum and Ellen Nakashima, "Banking Regulator Played Advocate Over Enforcer: Agency Let Lenders Grow Out of Control, Then Fail," *Washington Post*, November 23, 2008.

[4] Bies, interview.

[5] See, e. g. "Countrywide Seeks to Become Savings Bank; The Mortgage Lender Says It Is Planning to Apply to Convert Its Charter So It Will Be Regulated by One Federal Agency instead of Two," *Los Angeles Times*, November 11, 2006, based on Bloomberg, Reuters.

[6] Kim Sherer, interview by FCIC, August 3, 2003.

2006年7月，国民金融公司在简报中指出，"美国储蓄机构监督局对持股公司的监管不像美联储那样具有干涉性。 特别是，储蓄机构监督局很少进行广泛的现场检查，即使当他们进行现场检查，通常也不会过多干涉持股公司"。 简报文件还指出，"储蓄机构监督局的监管标准远远没有美联储的成熟"。① 2006年8月，莫兹罗给他的行政管理层写信说："看来美联储现在正因选择支付型贷款而困扰，但储蓄机构监督局却没有。 由于选择支付型贷款是我们业务和盈利的重要组成部分，美联储可能会迫使我们尽快做出决定。"国民金融公司的首席风险官约翰·麦克默里（John McMurray）回应说："基于我与储蓄机构监督局和联邦储备银行的接触，储蓄机构监督局的监管制度似乎更熟悉和更适合选择支付型可调整利率贷款。"②

在2007年3月5日，美国货币监理署批准了国民金融公司的特许转换申请。

杠杆贷款和商业地产："舞曲未终，接着跳"

信贷泡沫并非仅限于住房抵押贷款市场。 尽管泡沫造成的影响和破坏力有限，商业地产和杠杆贷款市场（通常是指那些低于投资级别的公司所获得的贷款，包括用于业务经营和并购的贷款）也经历了类似的泡沫形成与破裂的交替循环。 2000年到2007年，商业抵押担保证券和担保贷款凭证等结构性金融产品极大地刺激了这两个市场，这些金融产品在很多方面类似于住宅抵押担保证券（RMBS）和担保债务凭证。 随着住宅抵押市场承销标准的降低，其贷款成本也下降了，③而且新的信用衍生产品的发展又支撑了这些证券的交易。④

杠杆贷款在以前都是由商业银行发放，但到了20世纪90年代中期，一个针对机构投资者的市场开始出现和发展。⑤ 一家"代理"银行会向一家公司发起一

---

① Countrywide, "Briefing Paper: Meeting with Office of Thrift Supervision, Thursday July 13, 2006.
② Angelo Mozilo, email to John McMurray (cc Dave Sambol, Carlos Garcia), re: Pay Options, August 12, 2006; John McMurray, email to Angelo Mozilo (cc Kevin Bartlett, Carlos Garcia, Dave Sambol, re: Pay Options, August 13, 2006.
③ 借贷成本反映信贷利息差，利率上升是为了补偿投资者信贷风险。 信贷息差是投资者要求超过无风险利率的部分，无风险利率通常以美国国债或具有类似特征的掉期合约利率为准。
④ Congressional Oversight Panel, "Commercial Real Estate Losses and the Risk to Financial Stability," February 10, 2010, pp. 58 - 60.
⑤ Loan Syndication Trading Association, "The US Loan Market Today," presentation.

个贷款"包",然后出售或打包成辛迪加贷款给其他银行和大型非银行投资机构。打包的贷款一般包括不同期限的贷款,有些是短期信贷,会出售给银行,其余的长期贷款会出售给非银行机构投资者。2000~2007年,杠杆贷款的发行量翻了一番,但迅速增长的是长期机构贷款而不是短期贷款。长期杠杆贷款发行量从2000年的46亿美元激增至2007年的387亿美元。①

从1998年开始,长期杠杆贷款被打包成担保贷款凭证,使用类似于担保债务凭证的评级方法进行评级。像担保债务凭证一样,担保贷款凭证也有分级、承销商和信贷担保经理。1998年到2002年间担保贷款凭证的年市场交易额不足50亿美元,但在2002年以后开始显著增多,2005年的发行量超过了400亿美元,在2007年更是达到了800多亿美元。从2000年到2007年第三季度,超过60%的杠杆贷款被打包成担保贷款凭证。②

随着杠杆贷款市场的发展,信贷变得更加宽松,杠杆率也逐渐提高。随着交易量的大幅增长,借贷的成本变得更加低廉。2003年银行间贷款拆借利率为4%,而到了2007年初仅为2%。在杠杆收购热潮的高峰期,杠杆贷款通常以只付息、实物支付和低门槛贷款形式发行。③实物支付贷款允许借款人通过发行新债来支付应付利息。低门槛贷款允许借款人无须遵守标准贷款的要求,而标准贷款通常要求借款公司限制其债务,维持最低水平的现金流。那些专门从事直接投资的私人股本公司,发现融资更容易并且更便宜,足以支持他们的杠杆收购。同房价一样,目标公司的价格也开始上涨。

2007年4月2日,私人股本公司KKR宣布以290亿美元收购第一数据公司(First Data Corporation,一家电子数据处理公司,其业务包括信用卡和借记卡电子数据),这是史上涉及杠杆贷款规模最大的交易之一。作为这项交易的一部分,KKR将发行80亿美元的垃圾债券,另外的150亿美元则通过银行财团的杠杆贷款支付。这个银行财团包括花旗银行、德意志银行、高盛、汇丰证券、雷曼兄弟和美林银行。④

---

① Loan Syndication Trading Association, "Financial Reform and the Leveraged Loan Market," presentation.
② Ibid., Loan Syndication Trading Association, "Challenges Facing CLOs ... and the Loan Market," presentation.
③ Ibid., p. 14. SEC, "Risk Management Reviews at Consolidated Supervised Entities," memorandum, April 26, 2007.
④ Michael Flaherty and Dena Aubin, "For Private Equity Market, All Eyes on First Data," Reuters, September 4, 2007.

直到2007年7月，花旗集团和其他银行仍在增加杠杆贷款业务。① 花旗集团首席执行官查尔斯·普林斯当时说："当音乐停止（流动性不足），事情就会变得复杂。 但只要舞曲未终（流动性充足），就必须接着跳舞，我们仍在跳。"查尔斯·普林斯后来向调查委员会解释说："当时，因为低利率已经维持了很长时间，私人股本公司很难再与银行讨价还价。 而那时任何一家银行都不会单独停止参与这项贷款业务。 任何一家机构都不可能单边退出杠杆贷款业务。 正是在这种背景下，我提醒大家，我们都是监管下的实体，提高杠杆贷款领域的贷款标准符合监管机构的利益"。②

担保贷款凭证市场可能会在2007年夏季的金融危机中和更大规模的担保债务凭证等相关市场一起崩溃。 届时，将新增约3000亿美元的未偿还贷款；随着二级市场的需求枯竭，这些贷款将最终体现在银行资产负债表上。③

多户公寓楼、写字楼、酒店、零售业和工业房产，这些商业地产都经历了类似住房市场的泡沫。 投资银行发行了商业抵押担保证券，甚至把商业地产贷款打包成了担保债务凭证，完全照搬了他们在住房抵押贷款市场的做法。 正如住房价格从2000年开始上涨，商业地产的价值也在一直上涨。 根据现有数据统计，2003年到2008年，32个市场的中央商务区写字楼价格上涨了近60%。 与此同时，凤凰城、坦帕、曼哈顿以及洛杉矶的商业地产价格分别上涨了193%、153%、147%和146%。④

商业抵押担保证券的发行量从2000年的470亿美元增长到2005年的1690亿美元，并在2007年达到2300亿美元。 当证券化市场收缩时，其发行量在2008年下跌至120亿美元，并在2009年进一步下跌至30亿美元。 在2007年，约四分之一的商业地产抵押贷款被证券化，证券化机构发行了410亿美元的商业抵押贷款担保债务凭证，该数字在2008年也出现了大幅下降。⑤

---

① SEC, "Risk Management Reviews of Consoldated Supervised Entities," memorandum, July 5, 2007.
② Charles Prince, quoted in "Citigroup chief stays bullish on buyouts," Financial Times, July 9, 2007; testimony before the FCIC, Hearing on Subprime Lending and Securitization and Government-Sponsored Enterprises (GSEs), day 2, session 1: Citigroup Senior Management, April 8, 2010, transcript, pp. 49 – 50.
③ Roben Farzad, Matthew Goldstein, David Henry, and Christopher Palmeri, "Not So Smart," BusinessWeek, September 3, 2007.
④ Joseph Gyourko, "Understanding Commercial Real Estate: Just How Different from Housing Is It?" NBER Working Paper 14708, National Bureau of Economic Research, February 2009, pp. 23, 38.
⑤ CRE Finance Council, Compendium of Statistics, November 5, 2010, Exhibits 3, 2.

2006年7月，当私人股本公司黑石集团（Blackstone Group）宣布以每股溢价40%、总价260亿美元收购希尔顿连锁酒店的2900项资产时，杠杆贷款和商业地产部门联系在了一起。一年后，一位作家将这笔交易形容为，"千禧年初期的疯狂大收购，在廉价、宽松的信贷以及不断竞争的共同刺激下，私人股本公司经常以难以置信的高价收购其他公司，并为此背负巨额债务，最终他们为自己的行为付出了高昂的代价"。① 其200亿美元的融资来自五大投资银行及美国银行和德意志银行等大型商业银行。②

贝尔斯登公司在这些市场中日趋活跃。虽然在2006年，贝尔斯登公司在住房贷款证券化市场名列榜首，但在商业贷款证券市场中却仅居中下游。③ 但是贝尔斯登公司奋起直追，并在2007年的一次讲话中夸口："2006年我们已经确立了贝尔斯登公司在全球商业地产金融市场的地位。"2004年到2006年，该公司的商业地产抵押贷款发起额增长了一倍多。④

随后商业地产抵押贷款市场轰然崩溃。尽管商业地产抵押贷款市场规模比住房地产抵押市场小得多，但是其跌幅却更大（2008年，与住房地产抵押市场12万亿美元的规模相比，商业地产的债券规模只有不到4万亿美元）。⑤ 与高峰时期相比，商业地产价值下跌了大约45%，其价格跌到了谷底。所有的华尔街投资机构都遭受了损失，其中雷曼兄弟和贝尔斯登公司的损失尤为严重。对纳税人而言损失则是潜在的。2008年，美联储将承担贝尔斯登公司300亿美元的不易流动性资产，其中包括希尔顿融资方案中未出售的约40亿美元贷款。⑥ 并且，在住房抵押贷款市场开始稳定之后，商业房地产市场仍在下跌。

雷曼兄弟：从"行动"到"存储"

即使当市场已经接近顶点时，雷曼仍在冒险。

2007年10月5日，当商业地产已占到其总资产的6.3%时，雷曼兄弟以54亿美元收购了公开上市公司金弓石史密斯（Archstone Smith）房地产投资信托基

---

① Joe Keohane, "Heartbreak Hotels," Portfolio, November 11, 2008.
② "Hilton Debt Clogs Lenders' Balance Sheets," Commercial Mortgage Alert, February 20, 2009.
③ Tom Marano, interview by FCIC, April 19, 2010.
④ Jeff Mayer and Tom Marano, "Fixed Income Overview," Bear Stearns, March 29, 2007, p. 18.
⑤ Gyourko, "Understanding Commercial Real Estate: Just How Different from Housing Is It?" p. 1.
⑥ New York Federal Reserve Bank, "Maiden Lane LLC Holdings as of 9/30/2008."

金的主要股权。金弓石公司在美国340多个社区拥有88000多套公寓，其中部分在建。这是雷曼兄弟投资银行最大的商业地产投资。①

鉴于当时市场的情况，雷曼最初乐观的预计，未来10年，金弓石可以创造超过1.3亿美元的利润。雷曼兄弟和金弓石都已经高度杠杆化：如果租金收入下降，金弓石几乎没有任何缓冲；同样，如果金弓石（这样类似的投资）发生亏损，雷曼也没有任何缓冲。② 尽管该公司此前宣称，"风险管理是雷曼商业模式最核心的部分"，但当执行委员会做出投资决定的时候，却将风险官玛德琳·安东尼奇排除在外。③

自20世纪90年代后期，雷曼也建立了大型抵押贷款发起机构、庞大的证券发行业务和强大的承销部门。在2006年3月的全球战略研究会上，首席执行官理查德·富尔德以及其他高层向他们的同事解释了一种更为大胆的发展战略，包括风险性更大和杠杆率更高的业务。他们将这种转变描述为从"移动"或证券化业务向"存储"业务的转变，雷曼兄弟将开展和持有长期投资。④

截至2006年夏天，房地产市场面临库存快速增加、销售量大跌和价格摇摆不定的困境。高层往往无视公司的风险政策和限制以及风险经理的警告，一味追求"反周期增长战略"。该战略曾在以前的市场混乱时期发挥作用，因此雷曼的管理层认为它会再次奏效。⑤ 雷曼下属的奥罗拉银行在房地产市场已经显示出疲软的时候继续发起次优级贷款。⑥ 同时，雷曼继续将资产证券化并出售，但现在（作为投资）持有的抵押资产更多。在商业地产和住宅地产两个市场，雷曼账面上与抵押贷款相关的资产从2006年的670亿美元增加到2007年的1110亿美元。这是导致雷曼兄弟在一年后倒闭的部分原因。

监管机构没有制止雷曼兄弟的快速发展。雷曼的主要监管机构美国证券交易委员会知道该公司对风险管理的忽视。调查委员会从得到的证券交易委员会

---

① Anton R. Valukas, Report of Examiner, In re Lehman Brothers Holdings Inc., et al., Chapter 11 Case No. 08 -13555 (JMP), (Bankr. S. D. N. Y.), March 11, 2010, 2:356 (hereafter cited as Valukas).
② Anton R. Valukas, Report of Examiner, In re Lehman Brothers Holdings Inc., et al., Chapter 11 Case No. 08 -13555 (JMP), (Bankr. S. D. N. Y.), March 11, 2010, 2:356 -58.
③ Madelyn Antoncic, "Lehman Brothers Risk Management," August 7, 2007, p. 5; and Antoncic, interview by FCIC, July 14, 2010.
④ Valukas, 1:43, 4; Antoncic, interview.
⑤ Valukas, 1:45 -62, 79 -80.
⑥ Jody Shenn, "Lehman Said to Return to Mortgage Market through Aurora Unit (Update 1)," Bloomberg, October 21, 2009.

的官方报告中获悉,证券交易委员会知道雷曼在继续增加持有抵押贷款证券,并且已经超过了规定的风险限制,对此,证券交易委员会几乎在每个月的报告中都会特别提到。① 而证券交易委员会监管方案的负责人埃里克·西里告诉调查委员会,如果该机构充分认识到与商业地产相关的风险,那就没有问题。 为了避免严重的损失,西里坚称雷曼必须在 2006 年开始出售房地产资产。② 尽管如此,直到 2008 年一季度雷曼仍然在不断地买进。

此外,据破产调查员称,雷曼通过"回购 105"交易(在每个申报期前,暂时从资产负债表去除部分资产的会计手法)降低杠杆率。 雷曼的全球财务总监马丁·凯利表示交易不会造成"实质性变化","只是在负债表上减少资产的目的或者动机"。 其他雷曼高管认为"回购 105"交易是"会计的小花招"或者是一种"在季度末,以不合法的手段达到资产负债表目标的一种取巧的管理方式"。 在 2008 年 6 月成为雷曼兄弟投资银行的董事长兼首席运营官的巴特·麦克达德,在一封电子邮件中称,"回购 105"交易是"另一种让我们上瘾的毒品"。③

雷曼的审计公司安永意识到了"回购 105"的操作不妥,但并没有追究雷曼未公开披露的责任,尽管在 2008 年 5 月雷曼的高级副总裁马修·李告知安永,这种操作并不合法。 雷曼破产调查员得出结论,安永会计师事务所从开始就"没有对'回购 105'的指控进行调查,没有质疑雷曼未披露信息的行为",而且在调查李的主张以及对雷曼财务报表的审计和审查中存在似是而非的论点,均不符合专业标准。④ 在 2010 年 12 月,纽约州总检察长安德鲁·科莫起诉安永会计师事务所,指控该公司提供"大规模的会计欺诈",帮助雷曼掩饰其财务状况欺骗公众。⑤

自 1999 年开始,美国储蓄机构监督局通过管辖雷曼的储蓄分支机构对其进行监管。 虽然"证券交易委员会被视为主要监管机构",储蓄机构监督局的检察官告诉调查委员会,"我们不能因此认定证券交易委员会必然采取正确的行动,所以我们也对该控股公司进行管理和监督"。⑥ 然而,直到 2008

---

① SEC, "Risk Management Reviews of Consolidated Supervised Entities," memoranda, October 6, 2006; December 6, 2007; February 2, 2007; March 30, 2007; May 31, 2007; July 5, 2007; August 3, 2007; September 5, 2007; October 5, 2007.
② Erik Sirri, interview by FCIC, April 1, 2010.
③ Valukas, 1:7;18 nn. 63, 64;3:742, 815 −22.
④ Valukas, 1:8, 20 −21
⑤ The People of the State of New York v. Ernst & Young LLP (NY Sup. Ct. filed Dec. 21, 2010).
⑥ Ronald Marcus, interview by FCIC, July 23, 2010.

年 7 月雷曼破产前的几个月，储蓄机构监督局才公布一份警告报告，指出尽管雷曼公司的规模较小却在商业房地产押了"特大赌注"，远大于其他同行，同时雷曼在商业房地产部门的"风险过度集中"，而且雷曼的最大失误在于其风险管理。①

房利美和房地美："两个艰难的抉择"

2005 年，当国民金融公司、花旗集团、雷曼兄弟和许多其他银行在抵押贷款和担保债务凭证业务进入飞速发展时期，两个庞大的政府支持企业，房利美和房地美的高管正担心他们会落伍。当时的一个标志是"房利美购买抵押贷款的最大来源国民金融公司放松了其承销标准，而房利美却不再购买新的抵押贷款"，国民金融公司董事长和首席运营官桑波尔向调查委员会说。② 作为一个整体市场，2003 年国民金融公司向房利美出售的贷款占其总额的 72%，但在 2004 年下降至 45%，在 2005 年进一步下降至 32%。③

房利美的单户贷款负责人托马斯·伦德（Thomas Lund）在 2005 年 6 月 27 日的战略规划会议上告诉在座的其他高级官员："经济中的风险已经加速显现"。在一个项目列表中，他指出了市场的变化：（高风险的）可选择性抵押贷款产品的扩散、对房地产泡沫的担忧、对借款人承担的风险和债务（的增加）的担忧以及更激进的风险分级。④

伦德说："我们面临两个艰难的选择，坚持原则或者满足市场的需求"。如果房利美坚持原则，意味着维持信贷标准、保护其资产的质量、保障资本以及加强公司对公众声音的关注。然而，房利美也将面临交易量和收入减少、市场份额持续下降、利润减少以及关键客户关系的弱化。⑤ 前首席执行官丹尼尔·穆德告诉调查委员会："这是个简单的现实问题，如果你不现实则无利

---

① See Ronald S. Marcus, OTS, "Report of Examination Lehman Brothers Holdings Inc.," July 7, 2008, pp. 1 – 2.586 Notes to Chapter 9.

② David Sambol, interview by FCIC, September 27, 2010.

③ See Countrywide Financial Corporation, Form 10 – K, February 29, 2007, p. 47. See also Fannie Mae, "Single-Family Conventional Acquisition Characteristics: Overall"（2007）; Fannie Mae, "Single Family Conventional Acquisition Characteristics: Countrywide Financial Corporation"（2007）; Countrywide, "Response to June 23 Request:11 and 12:Summary."

④ "Single Family Guarantee Business:Facing Strategic Crossroads," June 27, 2005.

⑤ "Single Family Guarantee Business:Facing Strategic Crossroads," June 27, 2005.

可图，并且违背自己的使命，但是盈利又面临危险。我的话是出于长远考虑，而不仅仅只针对哪一个季度或者某一年。所以这是对公司战略的一次深刻反思"。①

伦德对满足市场的最大障碍十分清楚。他指出，房利美缺乏能力和基础设施构建华尔街所提供的高风险抵押担保证券，并且对新型信贷的风险不熟悉，担心贷款价格可能与风险不匹配以及围绕某些产品产生的监管问题。② 在数次会议上，伦德建议针对现在的市场变化是周期性还是长期性的问题展开研究，但是他也建议房利美"投入大量资源提高房利美在抵押市场环境中的竞争能力"。③ 2005 年 7 月，花旗银行的高管也向房利美的董事会做了一次陈述，警告房利美正处于被边缘化的危险中，而"坚持原则"并不是一个明智的选择。花旗银行建议房利美扩大担保业务，涵盖诸如次优和次级抵押贷款。④ 当然，作为房利美的第二大抵押贷款出售者，花旗集团将从中获益。在随后两年，花旗银行在 2007 财政年度向房利美销售了 560 亿美元的贷款，同比增长超过了 25%，同时，只还息型贷款的销售量增长了三倍多，达到 40 亿美元。⑤

伦德在 2005 年告诉调查委员会，董事会将采纳他的建议。当时，房利美将"坚持原则"，同时将提高竞争力在非优级贷款市场上与华尔街展开竞争。⑥ 事实上，内部报告表明，截至 2005 年 9 月，公司已开始增加收购高风险贷款。到 2005 年底，公司的次优级贷款达到了 1810 亿美元，而在 2004 年和 2003 年，分别只有 1470 亿美元和 1380 亿美元；没有完整收入证明的贷款达到 2780 亿美元，高于 2003 年的 2000 亿美元；只还息型贷款从 2003 年的 120 亿美元增加到 2005 年的 750 亿美元（请注意这些类别可能会重叠。例如超 A 级贷款可能也缺少完整的收入证明）。2005 年底，为填补所有业务的潜在损失，房利美总共筹备了 400 亿美元的资本。2008 年 9 月，联邦住房金融局（其前身为联邦住房企业监督局）在政府接管房利美的前夕写道："增加市场份额的计划，导致了购买高风险产品的策略，引起了谨慎信用风险管理与公司经营目标之间的冲突。

---

① Daniel Mudd, interview by FCIC, March 26, 2010.
② "Single Family Guarantee Business: Facing Strategic Crossroads."
③ "Single Family Guaranty Business Strategic Review Summary," PowerPoint presentation, July 19, 2005.
④ Citigroup, "Project Phineas: Presentation to the Board of Directors," executive summary, July 18 and 19, 2005.
⑤ "Single Family Conventional Acquisition Characteristics Overall," produced by Fannie Mae.
⑥ Tom Lund, interview by FCIC, March 4, 2010.

2005年以来,房利美在没有制定适当风险控制措施的情况下,增持了次优级贷款组合以及其他高风险产品"。①

随着时间的推移,房利美在财务报告所披露的核心贷款特点发生了变化,使人难以认定其次级和次优级抵押贷款的风险敞口。 例如,2005年到2007年间房利美对次级抵押贷款的定义是:专门从事次级抵押贷款的公司或者分支机构所发行的抵押贷款。 根据该定义,尽管房利美报告在2005年、2006年和2007年分别将5%的常规单户住房贷款发放给了FICO信用积分低于620分的借款人,但是次级抵押贷款仅占其总业务量的不到1%。②

同样,房地美利用有限的资本迅速扩大了投资组合。③ 2005年,房地美首席执行官理查德·塞伦解雇了长年首席风险官戴维·安德鲁柯尼斯(David Andrukonis)。 塞伦说,解雇安德鲁柯尼斯的原因之一是他对放松承销标准以满足目标的做法表示担心。 塞伦告诉调查委员会,"对于放松承销标准的危险,我有合理的不同意见。 现在事实表明,他能够比我们其他人更好地预测市场。④ 新任风险官阿努拉格·萨克西纳(Anurag Saksena)向调查委员会的工作人员谈到,他一再要求提高资本以弥补不断增加的风险。⑤ 房地美的单户住房贷款执行副总裁唐纳德·比塞纽斯则告诉调查委员会的工作人员,他不记得曾经有过这样的讨论。⑥塞伦并没有让萨克西纳进入高级管理层。⑦

政府支持企业的监管机构,美国联邦住房企业监督局在每个审查报表中都提及了"两房"增加购买高风险贷款及证券的行为。 但美国联邦住房企业监督局从未要求政府支持企业停止购买。 相反,年复一年,监管机构表示两家公司都有充足的资本、优质的资产质量、审慎的信贷风险管理、合格和有活力的管理人员及董事。

---

① Christopher Dickerson to James B. Lockhart III, "Proposed Appointment of the Federal Housing Finance Agency as Conservator for the Federal National Mortgage Association," memorandum, September 6, 2008, p. 14
② Fannie Mae, 3Q 2008 Form 10 - Q, p. at 115; Fannie Mae, 2007 Form 10K, pp. 126 -30.
③ By December 31, 2005, Freddie reported capital of MYM36.4 billion; MYM173 billion in loans to borrowers with FICO scores below 660; MYM80 billion in high LTV; and MYM93 billion in loans for non-owner-occupied homes. Federal Home Loan Mortgage Corporation, "Information Statement and Annual Report to Stockholders: For the fiscal year ended December 31, 2007," February 28, 2008, p. 74.
④ Richard Syron, interview by FCIC, August 31, 2010.
⑤ Anurag Saksena, interview by FCIC, June 22, 2010.
⑥ Donald Bisenius, interview by FCIC, September 29, 2010.
⑦ Saksena, interview.

2006年5月，房利美在支付4亿美元罚款（因会计做法不合规）的同时，同意将其资产负债表中抵押贷款组合总额限制在7280亿美元（2005年12月31日的水平）。① 两个月后，房地美同意将其产品组合的年增长量限制在2%。② 2006年5月，美国联邦住房企业监督局发布了房利美和房地美的"21世纪初期审查报告"，报告指出"两房"增持了高风险贷款和非政府支持企业证券，但给出的结论却是：两家企业的资产素质良好而且资本金充足。监督局在报告中认为，房地美正致力于解决薄弱环节，公司董事会是积极和称职的。2005年对房利美的审查范围十分有限，主要致力于解决会计和内部控制的缺陷，因为在房利美财务丑闻曝光之后，完成三年的特别检查需要大量的资源。③

在特别检查中，联邦住房企业监督局指出政府支持企业的企业文化方面的确存在许多问题。2006年5月，对房利美做出的特别审查报告中，监督局详细揭露了房利美傲慢和不道德的企业文化——1998年到2004年，为满足高层管理人员的奖金发放标准，公司员工操纵了财务账目和收益。④ 监督局局长詹姆斯·洛克哈特（曾在发表报告的时候即将担任局长）回顾在特殊审查过程中，首席运营官穆德在给首席执行官富兰克林·雷恩斯的电子邮件中写道，"在房利美的固有观念中，我们是战无不胜的、积极进取的，我们能够制定或者已经制定了有利于自己的规则"。⑤

上任后不久，洛克哈特就开始倡导改革。他告诉调查委员会："显然联邦住房企业监督局需要立法监管美国最大的和在系统中最重要的两个金融机构"。⑥ 但直到2008年7月30日，仍未通过任何改革法案，而此时已经为时已晚。

---

① "OFHEO, SEC Reach Settlement with Fannie Mae; Penalty Imposed," Office of Federal Housing Enterprise Oversight press release, May 23, 2006.
② "Freddie Mac Voluntarily Adopts Temporary Limited Growth for Retained Portfolio," Federal Home Loan Mortgage Corporation press release, August 1, 2006.
③ OFHEO, Report of the Special Examination of Fannie Mae, May 2006.
④ OFHEO Report："Fannie Mae Façade; Fannie Mae Criticized for Earnings Manipulation," Office of Federal Housing Enterprise Oversight press release, May 23, 2006.
⑤ James Lockhart, written testimony for the FCIC, Hearing on Subprime Lending and Securitization and Government-Sponsored Enterprises (GSEs), day 3, session 2: Office of Federal Housing Enterprise Oversight, April 9, 2010, p.2.
⑥ James Lockhart, written testimony for the FCIC, Hearing on Subprime Lending and Securitization and Government-Sponsored Enterprises (GSEs), day 3, session 2: Office of Federal Housing Enterprise Oversight, April 9, 2010, p.1.

2006年:"我们将增强对次级抵押贷款业务的渗透"

在房利美购买高风险贷款及证券几年后,时任首席财政官罗伯特·莱文在2006年1月的董事会上提出一个战略:"增强对次级抵押贷款业务的渗透"。① 该提案在一个月之后获得董事会通过。② 房利美在购买次级抵押贷款方面变得越来越大胆。 在一次房利美高管的避暑度假期间,董事长斯蒂芬·阿什利(Stephen Ashley)提议恩里科·达拉维切(Enrico Dallavecchia)为新任首席风险官,他宣布新的首席风险官不会阻碍冒险:"我们要以不同的、创造性的思维考虑风险、合规和管制。 从历史上看,这些都不是房利美的强项。 今天的思维要求这些领域成为业务部门积极的合作伙伴并且被看做是我们开发产品和满足市场需求的工具。 任命恩里科·达拉维切为首席风险官,并不是让他充当业务的减震器"。③

2006年,房利美共购买贷款5160亿美元;其中有650亿美元贷款(包括重复计算的部分,约占总额的13%)的贷款总额与房产价值比超过了95%;15%的贷款为只还息型贷款;28%的贷款没有完整的收入证明。④房利美还购买了360亿美元的次级抵押贷款以及价值120亿美元的次优级私营企业的抵押担保证券。 与以前相比,高风险贷款总额代表的资本倍数更高。⑤

至少在初期,特别是当房价仍在上涨的时期,增加高风险贷款以及提高市场份额的战略计划似乎很成功。 据房利美报告,2005年和2006年的净利润分别为60亿美元和40亿美元。 这两年,首席执行官穆德的年终奖总额为2440万美元,曾任临时首席财务官、后任首席商务官的莱文也获得了1550万美元的年终奖。⑥

2006年,房地美继续增加购买高风险贷款,"扩大购买和担保高风险抵押贷款以提高市场份额、实现目标、保持竞争力并且回应卖家的需求"。⑦ 房地美降

---

① Robert J. Levin, Board of Director Presentation, PowerPoint presentation, January 2006.
② Minutes of the February 21, 2006, meeting of the Board of Directors of Fannie Mae (approved on April 25, 2006).
③ Stephen B. Ashley, Chairman Fannie Mae, remarks prepared for delivery at the Senior Management Meeting, Cambridge, Maryland, June 27, 2006.
④ Fannie Mae, "Notes to Single Family Conventional Acquisition Report," August 3, 2007; See also Federal National Mortgage Association, Form 10 - K, for the fiscal year ended December 31, 2006, filed August 16, 2007.
⑤ FCIC工作人员根据房利美提供的数据估计。
⑥ Federal National Mortgage Association, "Form DEF 14A," November 2, 2007, p. 42; Federal National Mortgage Association, Form 10 - K, May 2, 2007, p. 202.
⑦ OFHEO, Report of the Special Examination for Fannie Mae, May 2006, p. 8.

低了承销标准,增加了对信贷政策豁免和例外的使用。 新增的选择性产品占当年总购买量的24%,这些产品能够满足客户更加广泛的需求。 房地美的计划似乎也很成功。 2005年和2006年,房地美在风险与市场份额增加的同时,保持了20亿美元的净收入。① 在这两年,首席执行官理查德·塞伦共收到2320万美元的年终奖,② 同时,首席运营官尤金·麦奎德(Eugene McQuade)也获得了1340万美元的奖金。③

对于这些新变化,联邦住房企业监督局也同样十分清楚。 2007年3月,联邦住房企业监督局在报告中提到了,房利美购买高风险产品的新举措,包括一项到2011年占据次级抵押贷款市场20%份额的计划。 但是联邦住房企业监督局在报告中称,信贷风险仅"轻微"上升,这是因为次级抵押贷款和其他非传统金融产品的发展。 但其单户住房贷款业务的整体资产质量良好,董事会成员是"积极和称职的"。 当然,房利美的"资本也很充足"。④

同样在2007年,联邦住房企业监督局告诉房地美存在薄弱环节,并且增加了风险的可能性,但是总体而言,由于房地美的实力和融资能力,出问题的可能性很小。⑤ 房地美的确存在"重要的监管问题",⑥同时联邦住房企业监督局也指出了房地美向高风险抵押贷款业务的重要转变。⑦ 但还是与往年一样,监管机构的结论是,房地美"资本充足"、资产质量和信贷风险管理良好。⑧

政府支持企业通常向由它们担保的抵押担保证券收取一定费用,而联邦住房企业监督局则对房利美向所担保的证券收取低于模型规定费用的行为保持了沉默。 房利美业务、分析和决策小组负责人马克·维纳从2006年5月开始负责建

---

① Federal Home Loan Mortgage Corporation, Form 10 -K, for the fiscal year ended December 31, 2005, filed June 28, 2006, pp. 3, 19. Federal Home Loan Mortgage Corporation, Form 10 -K, for the fiscal year ended December 31, 2006, filed March 23, 2007, pp. 3, 22.

② Federal Home Loan Mortgage Corporation, Proxy Statement and Notice of Annual Meeting of Stockholders (May 7, 2007), Summary Compensation Table, p. 52 (for 2006 figures). Federal Home Loan Mortgage Corporation, Proxy Statement and Notice of Annual Meeting of Stockholders (July 12, 2006), Summary Compensation Table, p. 37 (for 2005 figures).

③ Federal Home Loan Mortgage Corporation, Proxy Statement and Notice of Annual Meeting of Stockholders (May 7, 2007), Summary Compensation Table, p. 52 (for 2006 figures). Federal Home Loan Mortgage Corporation, Proxy Statement and Notice of Annual Meeting of Stockholders (July 12, 2006), Summary Compensation Table, p. 37 (for 2005 figures).

④ OFHEO, Report of the Special Examination for Fannie Mae, May 2006, pp. 3, 9 -10, 15.

⑤ ibid. p 2.

⑥ OFHEO, Report of the Special Examination for Fannie Mae, May 2006, pp. 3, 9 -10, 15.

⑦ OFHEO, Report of the Special Examination for Fannie Mae, May 2006, pp. 7 -8.

⑧ OFHEO, Report of the Special Examination for Fannie Mae, May 2006, pp. 7 -8.

模定价收费,他认为房利美向次优级贷款收取的费用并不足以补偿风险,对此他十分担忧。 维纳回忆说,莱文对他的模型提出了批评,并问道:"你能告诉我为什么你认为你说的对,而其他所有人都错了吗?"①根据负责西部区域的高级副总裁托德·亨普斯特德(Todd Hempstead)的意见,降低担保费是为了提高市场份额。② 穆德承认模型规定的费用和实际收取的费用存在差别,但告诉调查委员会,因为许多贷款缺乏历史数据,所以模型规定的费用并不准确。③

2008 年 9 月 6 日,备忘录建议政府监管房利美,联邦住房企业监督局明确列举了这种操作是不安全和不稳健的。 备忘录中称,"在 2006 年和 2007 年,由于越来越强调提高市场份额以及为了与华尔街和其他政府支持企业竞争,对贷款收取的实际费用低于模型规定的费用"。④

2007 年:"进一步深入信贷池"

当住房价格在 2006 年第二季度达到顶点的同时,拖欠率开始上升。 在 2007 年 4 月举行的董事会会议上,伦德说,住房市场的混乱正是房利美扩展市场份额的机会。 与此同时,房利美通过提高流动性支持住房市场。⑤ 在 5 月的会议中,伦德报告,房利美的市场份额从 2006 年的 37% 增加到现在的 60%。⑥ 的确,在 2007 年房利美稳步向前,购买了更多的高风险贷款。⑦ 除此之外房利美还购买了 160 亿美元的次级非政府支持企业证券以及 50 亿美元的次优级贷款。⑧

6 月,房利美准备好了 2007 年的五年战略计划,题为"深化市场——开发广度"。 这项计划中提到"严峻的新挑战——疲软的住房市场"和"增长放缓的抵押贷款债务市场",包括承担和管理"更多的抵押信贷风险,进一步深入信贷池,在抵押贷款市场发挥越来越大的作用"。 总体来说,该计划预计房利美未来的 5 年收入和利润都将增加。⑨

---

① Mark Winer, interview by FCIC, March 23, 2010.
② Todd Hempstead, interview by FCIC, March 23, 2010.
③ Daniel Mudd, interview by FCIC, March 26, 2010.
④ Dickerson to Lockhart, Fannie Mae conservatorship memo, September 6, 2008, p. 14.
⑤ Minutes of a Meeting of the Fannie Mae Board of Directors, April 21, 2007.
⑥ Minutes of a Meeting of the Fannie Mae Board of Directors, May 21, 2007.
⑦ Federal National Mortgage Association, Form 10 - K, for the fiscal year ended December 31, 2007, p. 24.
⑧ FCIC staff estimate based on data provided by Fannie Mae.
⑨ "Deepen Segments—Develop Breadth," Fannie Mae Strategic Plan, 2007 -2011.

房利美的管理层告诉董事会，公司的风险管理职能部门具备实施 5 年战略计划的所有必要手段和预算。首席风险官达拉维切却不这么认为，特别是鉴于他的预算被削减了 16%。2007 年 7 月 16 日，达拉维切在给首席执行官穆德的电子邮件中写道，鉴于 2007 年削减了风险管理部门 25% 的人员之后又提出继续削减 2008 年预算的建议，当他在董事会会议上听到房利美"有足够的意志和金钱来改变我们的文化和承受更多的信贷风险"时，感到非常沮丧。① 在早些时候写给首席运营官迈克尔·威廉姆斯（Michael Williams）的一封邮件中，达拉维切提到，"房利美的风险控制程序是他职业生涯中所见到的最差的之一，甚至连起码的信贷、市场和操作风险的控制程序都没有"，并且"已经回到昔日为削减开支而克扣风险管理部门的份上"。这些不足之处"表明人们并不关心风险控制功能或者他们根本就不懂"。②

穆德回应道，"根据我的经验，电子邮件并不是一个进行交流、发泄或者协商的好渠道"。如果达拉维切觉得他受到了恶意对待的话，他应该"和别人面对面"地处理这件事，除非他希望威廉姆斯"成为替你（向同事）传话的那个人"。穆德最后说，"请今天来见我，我们面对面地谈谈"。③ 达拉维切告诉调查委员会，当他写这封邮件的时候，感到疲倦和沮丧，在邮件里所表达的观点比他想象的还要极端。④ 2007 年，在持续购买和担保高风险抵押贷款以后，信贷损失导致房利美全年净亏损了 21 亿美元。与此同时，马德的年终奖却高达 1160 万美元，莱文的年终奖为 700 万美元。

2007 年，房地美也在不断增加购买高风险贷款。自 3 月份实施的一项战略计划着重突出了"来自特许经营权的压力"以及"低于预期回报的风险"。⑤ 公司试图通过涉足其他市场以提高收入："在非优级抵押贷款市场，房地美对于非政府支持企业拥有竞争优势"。这份战略计划文件解释道："我们有机会在那个我们曾经错失的市场中进行扩张——次级以及次优级抵押贷款市场。"⑥房地美把握住了这个机会。⑦ 正如联邦住房企业监督局在其 2007 年度调查报告中所

---

① Enrico Dallavecchia, email to Daniel Mudd, "Budget 2008 and strategic investments," July 16, 2007.
② Enrico Dallavecchia, email to Michael Williams, "RE:," July 16, 2007.
③ Daniel Mudd, email to Enrico Dallavecchia, "RE: Budget 2008 and strategic investments," July 17, 2007.
④ Enrico Dallavecchia, interview by FCIC, March 16, 2010.
⑤ Freddie Mac, "Freddie Mac's Business Strategy, Board of Directors Meeting," March 2-3, 2007, pp. 3-4.
⑥ Freddie Mac, "Freddie Mac's Business Strategy, Board of Directors Meeting," March 2-3, 2007 pp. 3-4, 70, 73.
⑦ OFHEO, 2006 Report of Examination for the Federal Home Loan Mortgage Corporation, pp. 8-9, 10-11.

提到的，在2006年和2007年，房地美增加购买和担保了风险性更高的贷款，其中包括了只还息型贷款（FICO信用评分低于620分的贷款）、高贷款价值比率贷款、高负债收入比贷款以及没有完整收入证明的贷款。而房地美2007年的财务业绩表现十分糟糕：信贷损失导致了31亿美元的净亏损。价值1520亿美元的次级贷款和次优级个性化证券的账面价值遭受了130亿美元的市价损失。而在同一年，塞伦和麦奎德的年终奖总额分别为1830万美元和380万美元。

经济适用房目标："政府支持企业总是小题大做"

正如前面所讨论的，从1978年开始，住房与城市发展部定期为政府支持企业制定目标，这些目标所涉及的方面包括提高中低收入借款人以及服务不到位地区的住房自有率。在2005年以前，这些目标是基于中低收入家庭组在整个抵押贷款市场中所占的比例。这些目标旨在促使政府支持企业适度增加购买抵押贷款。①

1997年到2000年，住房与城市发展部要求在政府支持企业所购买的贷款中，中低收入借款人的贷款比例不能低于42%。在2001年该比例提高到了50%。② 穆德说，只要目标保持在政府支持企业贷款总额的一半以下，那么正常业务中所产生的贷款就能够达到这些目标的要求，"正常的商业活动往往会与市场相匹配并达到目标"。③ 莱文告诉调查委员会，"正常经营活动中的大量业务完全可以达到目标"，而且满足目标的大部分贷款"无论如何都可以做成"。④

2004年，住房与城市发展部宣布从2005年开始，政府支持企业所购买贷款中的52%都需要达到针对中低收入借款者的目标。这一目标在2007年将达到55%，在2008年将达到56%。⑤ 鉴于市场中发起的高风险贷款数量与日俱增，新目标更加接近市场的真实情况。但是，正如穆德所提到的，"当目标从50%最终提高到57%，你必须更加努力地工作、投入更多注意力，并且为这些贷款提

---

① Federal Housing Finance Agency, "Mortgage Market Note 10 - 2: The Housing Goals of Fannie Mae and Freddie Mac in the Context of the Mortgage," February 1, 2010.
② "HUD Announces New Regulations to Provide MYM2.4 Trillion in Mortgages for Affordable Housing for 28.1 Million Families," Department of Housing and Urban Development, press release, October 31, 2000.
③ Mudd, interview.
④ Robert Levin, interview by FCIC, March 17, 2010.
⑤ "HUD Finalizes Rule on New Housing Goals for Fannie Mae and Freddie Mac," Department of Housing and Urban Development press release, November 1, 2004.

供优先权"。① 标的目标贷款（指为达到目标而发放的贷款）尽管在政府支持企业购买的贷款中所占比例不大，但是其重要性已然上升。

在2008年房地产市场动荡不安时，穆德验证了这一点，房利美已无法在股东义务与经济适用房目标和其他与任务相关的需求之间取得平衡："房利美已经无法100%满足支持住房目标的各种需求，而该设定目标已经超出了市场中的发起水平"。② 随着政府支持企业的贷款总规模由2003年的3.6万亿美元稳步上升至2007年的4.9万亿美元，③政府支持企业为了达到经济适用房目标所需要服务的借款人数也上升了。截至2005年，据政府支持企业的首席执行官、联邦住房企业监督局的官员以及市场观察者称，房利美和房地美正在努力达到更高的目标。

数十名接受访谈的房利美现在和以前的员工以及管理者告诉调查委员会，政府支持企业购买高风险抵押贷款和次级贷款以及次优级非政府支持企业抵押支持证券的主要动力，并不是完成住房与城市发展部的目标。包括穆德在内的房利美高层指出了购买这些抵押贷款的一系列复杂原因，比如扭转下降的市场份额、对发起者需求的回应以及满足股东要求提高市场份额和利润的要求，同时还包括完成经济适用房目标以及为市场提供流动性的任务。

例如，莱文告诉调查委员会，房利美为了达到住房目标购买了一些次级抵押贷款和抵押贷款支持债券，这在以前他们是不会考虑的，房利美被迫去"满足市场需要"，同时扭转下跌的市场份额。另外，他说大多数次优级贷款的收益较高，同时不会被计入目标，所以购买这些贷款只是为了提高利润。④ 同样，伦德告诉委员会，在2006年，对市场份额的渴求是房利美策略的主要的驱动力。住房目标是一个因素，但不是主要的因素。⑤ 同时达拉维切告诉调查委员会，房利美增加次优级抵押贷款的购买是为了重获市场以及迎合消费者的需求。⑥

---

① Mudd, testimony before the FCIC, Hearing on Subprime Lending and Securitization and Government-Sponsored Enterprises (GSEs), day 3, session:1 Fannie Mae, April 9, 2010, transcript, pp. 63 – 64.
② See FHFA, "Annual Report to Congress 2009," pp. 131, 148. The numbers are for mortgage assets + outstanding MBS guaranteed. Total assets ＋ MBS are slightly greater.
③ OFHEO, "2008 Report to Congress," April 15, 2008.
④ Robert Levin, interview by FCIC, March 17, 2010; Robert Levin, testimony before the FCIC, Hearing on Subprime Lending and Securitization and Government-Sponsored Enterprises (GSEs), day 3, session 1:Fannie Mae, April 9, 2010, transcript, pp. 68 – 72.
⑤ Tom Lund, interview by FCIC, March 4, 2010.
⑥ Dallavecchia, interview.

房利美与国民金融公司的主要联系人亨普斯特德告诉调查委员会，住房目标只是房利美经营策略的一个原因，房利美涉足高风险抵押贷款市场的主要原因是：初级市场发起的都是这类贷款。① 如果房利美想要继续购买大量的贷款，就需要购买风险抵押贷款。房利美负责多户家庭住房贷款的执行副总裁肯尼斯·贝肯（Kenneth Bacon）也发表了大体相同的言论，同时还补充说，股东也希望看到市场份额和回报率的上升。② 房利美前主席史蒂芬·阿什利告诉委员会，2005年和2006年房利美策略的改变归结于"多种原因"，包括对重获市场份额的渴望以及回应证券发起人压力的需要，同时还有来自房地产业要求其更多地参与市场的压力。③

为了确保在正常商业运营情况下无法达成的抵押贷款的足够供应，房利美和房地美针对服务不完全的地区发起了一项拓展计划，并为发起人和经纪人制定了一个教育计划。④ 此外，正如迈克·奎因（Mike Quinn）所解释的那样，房利美的管理层对目标达成负有责任，尽管房利美不会购买那些超出预设风险指标以外的抵押贷款，他们对符合目标的贷款收取更少的费用。⑤ 阿什利还坚称，房利美并没有为了达到目标而改变资格标准或者承销标准，而是通过营销和推广活动、住房交易会以及由公司合作伙伴办公室运营的拓展计划来完成目标。阿什利告诉调查委员会，"实际上，我们的重点在于对外拓展，而不是通过降低、削弱或者放松标准的方式解决问题"。⑥

前联邦住房企业监督局主席小阿曼多·福尔肯证实，政府支持企业购买次级和次优级抵押贷款是为了提高利润以及重获市场份额，而完成经济适用房目标只不过是副产品而已。⑦ 随后，继任主席洛克哈特把政府支持企业策略的改变归结于对市场份额和利润的追求以及完成住房目标的需要。鉴于2005年经济适用房目标的大幅度提升，⑧在一次与调查委员会的访谈中，他说："对于这种变化，

---

① Todd Hempstead, interview by FCIC, March 23, 2010.
② Kenneth Bacon, interview by FCIC, March 5, 2010.
③ Stephen Ashley, interview by FCIC, March 31, 2010.
④ Levin, interview.
⑤ Mike Quinn, interview by FCIC, March 10, 2010.
⑥ Ashley, interview.
⑦ Armando Falcon, testimony before the FCIC, Hearing on Subprime Lending and Securitization and Government-Sponsored Enterprises (GSEs), day 3, session 2: Office of Federal Housing Enterprise Oversight, April 9, 2010, transcript, pp. 155–56, 192;. written testimony, p. 10.
⑧ Lockhart, written testimony for the FCIC, April 9, 2010, p. 6;;Lockhart, testimony before the FCIC, April 9, 2010, transcript, pp. 156–61.

达到目标只是其中一个原因而并非唯一的原因"。① 这种观点得到了联邦住房企业监督局其他很多官员的证实。②

前住房与城市发展部官员迈克·普莱斯(Mike Price)告诉调查委员会,当政府支持企业达到目标时,"他们总是小题大做",他们极力宣扬自己对提高房屋拥有率所做出的贡献。此外,普莱斯和其他住房与城市发展部的官员告诉委员会,政府支持企业从未声称完成经济适用房目标会置他们于不安全或者不稳定的处境之中。③

事实上,法律允许房利美和房地美可以不完成经济适用房目标,前提是这些目标是"无法完成的",或者这些目标会危及企业的安全和稳定。④ 同时,由于政府支持企业经常超额完成任务,有时候住房与城市发展部会降低目标,或者在少数情形下被政府支持企业忽略了。⑤ 例如,2007年12月12日,马德在写给住房与城市发展部的信中说:"房利美认为中低收入水平和特殊经济适用房这两个子目标在2007年无法完成。"⑥房利美在2007年度的策略计划中已经预料到了这种情况,该计划称:"在目前的情况下,我们得出一个结论,即今年无法达到目标,我们决定和住房与城市发展部以最佳的方式处理此事并继续向董事会及时通报"。⑦ 事实上,房利美和房地美都呼吁住房与城市发展部调低(经济适用房目标中的)两个子目标。住房与城市发展部接受并允许政府支持企业可以在不承担任何后果的情况下,不达到目标。⑧

经济适用房目标带来的冲击

至少在2005年住房与城市发展部设定新经济适用房目标之前,政府支持企

---

① James Lockhart, interview by FCIC, March 19, 2010.
② Edward DeMarco, interview by FCIC, March 18, 2010; Maria Fernandez (with Alfred Pollard, Chris Dickerson, Jeffrey Spohn, and Jamie Newell), interview by FCIC, March 5, 2010.
③ Mike Price (with Janice Kuhl, Paul Manchester, Charlotte Reid, Alfred Pollard and Kevin Sheehan), interview by FCIC, February 19, 2010.
④ Department of Housing and Urban Development, "HUD's Housing Goals for the Federal National Mortgage Association (Fannie Mae) and the Federal Home Loan Mortgage Corporation (Freddie Mac) for the Years 2005-2008 and Amendments to HUD's Regulation of Fannie Mae and Freddie Mac," Federal Register 69, No. 211 (2 Nov. 2004):63629.
⑤ FHFA, "The Housing Goals of Fannie Mae and Freddie Mac in the Context of the Mortgage Market."
⑥ Daniel Mudd, letter to Brian Montgomery re affordable housing goals, December 21, 2007.
⑦ "Deepen Segments—Develop Breadth," Fannie Mae Strategic Plan.
⑧ Brian D. Montgomery, Federal Housing Commissioner, to Daniel Mudd, Fannie Mae, typed letter, April 24, 2008; Brian D. Montgomery, Federal Housing Commissioner, to Richard F. Syron, Fannie Mae, typed letter, April 24, 2008.

业只需要在日常购买的基础上，补充购买少量贷款和非政府支持企业的抵押担保证券就可以达到政府的要求。 政府支持企业知道他们或许无法从标的目标贷款中赚取与正常经营（可以从与目标相符和与目标不符的贷款中赚取利润）相同的利润，甚至，他们还可能亏损，因为政府支持企业还有一些与住房目标相关的管理和其他成本。

2009 年 6 月，房地美向董事局经营和风险委员会做了关于达到目标成本的报告。 2000 年到 2003 年，标的目标贷款的成本为零，因为这些目标是通过公司多户家庭贷款业务的"利润扩张"完成的。 在再融资繁荣时期，这些目标变得更具挑战性，同时房地美的多户家庭贷款业务也开始产生成本，因此在 2004 年以后，完成多户家庭和单一家庭贷款目标开始增加政府支持企业的成本。 同时，房地美在 2005~2008 年所购买的所有贷款中，只有 4% 是为"达到目标"——这些贷款被称为"针对经济适用房的贷款"。 尽管房利美向这些贷款收取了更高的保证费，但这些贷款具有比平均水平更高的违约率。 2003 年到 2008 年，房地美为完成经济适用房目标，每年约花费两亿美元，这些为达到目标而付出的成本包括 3 个部分：预期收益、预期违约率以及损失的收益（基于在其他方面投资获取的预期收益）。 这些成本只计算了为达到目标而购买的贷款，这是相对于正常经营中购买的"符合目标"的贷款而言。① 相比之下，2003 年到 2006 年，房地美的平均净利润还不到 30 亿美元。②

2004 年，房利美聘请了麦肯锡咨询公司（Mckinsey）和花旗集团以决定是否值得放弃政府支持企业的特许身份。 作为特许企业虽然获利丰厚，但在经营方面也面临诸多监管和限制，其中包括特许企业的任务目标。 在被称为"皮纳斯计划"的一份提交给房利美高级管理层的最终报告中显示，2000 年到 2003 年，为达到目标所付出的显性成本几乎为零："很难仅从单一家庭贷款业务确定为达到住房目标而产生的基本边际成本。"③ 该报告最

---

① "Cost of Freddie Mac's Affordable Housing Mission，"PowerPoint presentation，June 4，2009，pp. 7 - 8，10 - 11.

② 房地美 2003 年的净收入是 48 亿美元，2004 年为 26 亿美元，2005 年为 21 亿美元，2006 年为 23 亿美元，2007 年净亏损 31 亿美元，2008 年净亏损 501 亿美元。 Federal Home Loan Mortgage Corporation，Form 10 - K，for the fiscal year ended December 31，2009，filed February 24，2010，Item 6，Selected Financial Data，p. 57（for 2008 figure）. Federal Home Loan Mortgage Corporation，"Information Statement and Annual Report to Stockholders：For the fiscal year ended December 31，2007，"February 28，2008，Selected Financial Data and Other Operating Measures，p. 28（for 2003 -07 figures）.

③ "Cost and Benefits of Mission Activities：Project Phineas，"presentation，June 14，2005.

后得出结论，尽管完成2003年再融资热潮时期的目标变得略微困难，大量房屋所有者特别是中高收入者再融资，不可避免地减少了资产池中符合目标的贷款比率。

在计算成本时，咨询顾问计算了对符合目标的贷款所收取的费用与房利美自己的模型所要求的高额费用之间的差额。但是房利美并非只对符合目标的贷款收取较低的费用。纵观整个投资组合，房利美对目标贷款以及对非目标贷款所收取的费用都低于其模型所建议的数额。因此，目标贷款甚至是特定的目标贷款，都不应该为此负全责。事实上，2000年到2004年，对很多目标贷款而言，房利美收取的费用甚至高于其他贷款。

由于2006年到2007年面临更为积极的目标，房利美扩大了购买针对性目标贷款的计划，其中包括通过"我的社区抵押贷款计划"购买的贷款、承销标准比较宽松的抵押贷款以及虚构的住房抵押贷款。房利美详细地计算了这些贷款的机会成本（因放弃其他机会而损失的收入）以及所谓的现金流成本，或者预期收入与预期损失之间的差额。当市场在2006年见顶时，房利美预计其贷款的现金流成本达1.15亿美元，标的目标贷款的机会成本为3.9亿美元，而房利美的净收入为41亿美元，其中包括正常业务中"符合目标的贷款"所获得的利润。①标的目标贷款总额达到了180亿美元，占2006年房利美全年单一家庭抵押贷款购买总额（5240亿美元）的3.4%。②随着市场在2007年中期开始紧缩，当年预计的机会成本约为10亿美元。③

通过对目标可负担投资组合的表现和总体亏损进行比较分析，房地美2009年的报告进一步深入分析了达到目标的成本。虽然未偿还的目标可负担贷款（600亿美元）仅占投资组合总额的4%，但其预计亏损将占亏损总额的19%。事实上在2008年末，这些高风险贷款的损失仅占亏损总额的8%——这意味着相对投资组合整体而言，他们的表现好于预期。房地美公司的大部分亏损是由正常经营过程中所购买的贷款造成的。该报告提出，在违约贷款中次优级抵押贷款居多。④

---

① March 13, 2007, Business Review Briefing; information confirmed by counsel to Fannie Mae on January 4, 2011.
② "Fannie Mae's Housing Goals," Audit Team briefing, May 8, 2007.
③ "Fannie Mae Board of Directors Management Report," PowerPoint presentation, July 17, 2007.
④ "Cost of Freddie Mac's Affordable Housing Mission," PowerPoint presentation, June 4, 2009, pp. 7-8, 10-11.

调查委员会结论

　　调查委员会认为，证券化抵押贷款公司未能对其购买的贷款进行有效的尽职调查，并且多次故意违反承销标准。潜在的投资者未能获得充分信息，或者被一些包含不良抵押贷款的相关抵押贷款证券信息所误导，而这些问题的重要性显而易见。证券交易委员会未能有效地实施信息披露要求和管理抵押贷款证券，使部分此类证券的销售免于审查。并游离于州级法律之外，因此该委员会未能履行保护投资者的核心使命。

　　美联储未能认识到房地产泡沫带给金融系统的巨大风险，因为相信可以在泡沫破灭之时控制损失，他们拒绝及时采取行动以抑制泡沫的发展。

　　宽松的抵押贷款监管、濒临崩溃的抵押贷款发放标准及操作，为抵押贷款欺诈行为提供了成熟的土壤。

第十章

疯 狂

担保债务凭证的车轮原本会在2006年的春季"戛然而止"。房价达到了顶点，同时美国国际集团对次级抵押贷款担保债务凭证的担保业务开始放缓，但是华尔街也不再需要那只"会生金蛋的鹅"了。当美国国际集团不再是担保债务凭证风险损失的最后承担者后，证券公司开始在自己的业务中承担更多的风险。轰鸣的车轮驶进了2007年。为美国国际集团设计担保债务凭证头寸分析模型的耶鲁大学金融学教授加里·戈顿（Gary Gorton）对调查委员会说："鉴于所有我们已经看到和得出的结论，这似乎有些奇怪"。①

担保债务凭证已经成为一台可以自我驱动的机器。高层管理人士是担保债务凭证业务的主要推动者，特别是花旗集团、美林和瑞士联合银行三大银行的高级管理层，显然不能接受或者甚至根本不能理解他们所创造的产品中的内在风险。多数情况下，证券发行公司保留优先系列，其他的担保债务凭证购买中间系列，而那些拥有复杂交易策略的对冲基金则会购买股权系列：这些机构不仅能够在担保债务凭证表现好时赚钱，也可以在市场崩溃的时候获取收益。这些因素使抵押贷款市场在房价开始下跌之后的一段时间内得以维持，并造成大型金融机构的账面上出现巨大风险敞口，而这些风险敞口最终将许多机构推向破产的边缘。

次级抵押贷款证券化的先驱刘易斯·拉涅利称停止执行谨慎的承销标准是"疯狂的行为"。他告诉调查委员会，"你们毁了这些标准，……因为你们破坏了制约和平衡，而这两样东西本来可以阻止这一切的发生"。②

合成担保债务凭证开始兴起。合成担保债务凭证为投资者提供了更便利的

---

① Gary Gorton, interview by FCIC, May 11, 2010.
② Lewis Ranieri, interview by FCIC, July 30, 2010.

投机房地产的机会，而这些证券依赖于此。合成担保债务凭证还使得投资银行和担保债务凭证的经理们能够快速地制造担保债务凭证。但是合成担保债务凭证的发行者和经理拥有不同的客户群，而他们又拥有不同的利益偏好。同时，经理们在选择抵押物时也需要客户的帮助，包括那些看空抵押品的客户。备受瞩目的美国证券交易委员会指控高盛的案例，就可以说明这一问题。①

监管机构反应平淡。早在 2005 年，管理机构就发现担保债务凭证和信用违约掉期会集中风险而不是分散风险，但是他们认为华尔街对此很清楚。2006 年末，监管机构发布了一份准则，对银行所从事的复杂的结构性金融交易发出了风险警告，但是准则中并未包括抵押担保证券和担保债务凭证，因为他们认为这些产品的风险显而易见。②

一场灾难即将来临。

担保债务凭证经理："我们不是租来的经理"

在"疯狂"时期，每个人都想分一杯羹，担保债务凭证经理们面临着与日俱增的竞争压力。抵押担保证券需求的增加推高了证券价格，压缩了经理们的利润空间，导致经理们的收入下降。与此同时，又有新的担保债务凭证经理加入竞争。与美林来往频繁的担保债务凭证经理周文说，以中级担保债务凭证为例，随着时间的推移，其手续费降低了一半。③ 整个收入来源依靠创造和管理新的产品来维持。

早在三四年前，经理们在选择抵押品时会受到承销商——创造和销售债券的证券公司——的影响。调查委员会在对 40 名担保债务凭证经理进行的一次调查中证实了这一点。④ 有时候，经理们会收到由证券公司创建的投资组合，然后从该组合中选取抵押资产。通常，首先发起交易的证券投资者也会影响到资产的选择，但是一些经理仍然坚称他们的选择是独立做出的。"我们不是租来的经理，

---

① Complaint, SEC v. Goldman Sachs & Co. and Fabrice Tourre (S. D. N. Y. April 16, 2010).
② Office of the Comptroller of the Currency, Treasury; Office of Thrift Supervision, Treasury; Board of Governors of the Federal Reserve System; Federal Deposit Insurance Corporation; and Securities and Exchange Commission, "Interagency Statement on Sound Practices Concerning Elevated Risk Complex Structured Finance Activities" (Notice of final interagency statement), January 5, 2007.
③ Wing Chau, interview by FCIC, November 11, 2010.
④ FCIC, Survey of 40 CDO Managers, Schedule A and B (1st production served on 28 managers, 2nd production served on 12 managers).

抵押品确实是我们自己选择的"，来自垂直资本投资咨询公司（Vertical Capital）的总顾问劳埃德·法斯（Lloyd Fass）说。① 正如我们将要看到的，证券公司通常会有首选合作的特定担保债务凭证经理。 作为市场的领头羊，美林拥有大批担保债务凭证经理而美林承销的担保债务凭证经常购买自己的其他产品（CDO）。

　　根据市场参与者的反应，担保债务凭证刺激了人们对抵押担保证券的需求，特别是高收益率债券，而需求上升反过来也影响了支持债券的抵押贷款的发起标准。② 随着标准的降低，至少有一家公司退出了：美国最大的投资基金之一——太平洋投资管理公司，2004 年，其担保债务凭证管理部门的规模为全美最大。2005 年初，太平洋投资管理公司宣布不再管理任何新的交易，部分原因在于抵押担保证券信用质量的降低。 太平洋投资管理公司的一位执行董事，斯科特·西蒙（Scott Simon）在 2005 年的一次行业会议中告诉观众说："这个部门存在很高的道德风险"。 "你要么铤而走险要么选择不，我们不会为了钱去损害客户或者砸自己的招牌"。 西蒙说，评级机构的计算方式并不够严格，特别是在缺乏历史数据的情况下就将其应用于新的次级贷款和次优级贷款。③ 但不是所有人都同意该观点。 "那些从事于这项业务的经理们正在做正确的事情，"美心集团首席运营官阿曼德·帕斯丁（Armand Pastine）在这次会议中回应称。"暗示经理会基于道德因素在一项可行的交易中退出——这只是一个借口"。④ 正如在危机期间司空见惯的那样，美心集团发起的 8 只抵押支持担保债务凭证中的两只，美心高等级担保债务一号和二号，将无法按时支付投资者利息，包括那些投资者持有的原为 AAA 级的债券。 其他 6 只原为 AAA 级的抵押债券也被降至垃圾级。⑤

---

① Vertical Capital, email response to FCIC survey, October 29, 2010.
② As two market observers would later write, "Starting in 2004, CDO and CDO investors became the dominant class of agents pricing credit risk on sub-prime mortgage loans…In the absence of restraints, lenders started originating unreasonably risky loans in late 2005 and continued to do so into 2007." Mark Adelson and David Jacob, "The Sub-prime Problem: Causes and Lessons," January 8, 2008, p. 1 –9. Scott Simon quoted in Allison Pyburn, "CDO Investors Debate Morality of Spread Environment," Asset Securitization Report, May 9, 2005, p. 1.
③ Scott Simon, quoted in Allison Pyburn, "CDO Investors Debate Morality of Spread Environment," Asset Securitization Report, May 9, 2005, p. 1.
④ Armand Pastine, quoted in ibid. According to the FCIC database, PIMCO did manage one more new CDO, Costa Bella CDO, which was issued in December 2006.
⑤ Source on downgrades: Bloomberg. Source on events on default: Moody's Investors Service, "Moody's downgrades ratings of Notes issued by Maxim High Grade CDO I, Ltd.," April 18, 2008, and "Moody's downgrades ratings of Notes issued by Maxim High Grade CDO II, Ltd.," April 18, 2008.

另一种发展趋势也改变了担保债务凭证：2005年和2006年，经理已不再将自己的钱投入交易中。在2000年初期，投资者将经理在他们所持有的担保债务凭证系列中的投资作为投资质量的保证，投资者相信如果经理能够分担损失的风险，他们将更加明智地选择抵押品。但是这种保险失去了效果，因为随着时间的推移，经理在交易中的个人投资在逐渐变少。ACA资本金融担保公司（ACA Capital）的财务担保分支机构，ACA管理公司，很好地说明了这种趋势。在2002年和2003年，ACA管理公司在自己发起担保债务凭证中的持有股权高达100%，在2004年的两桩交易中分别持股52%和61%，2005年持有的股权为10%和25%，2006年持有的股权进一步下降为0和11%。①

而合成担保债务凭证，正如我们所看到的，根本没有任何与经理激励制度相关的保障。就这些合成捆绑的信用违约掉期的本质而言，那些做空的投资者认为资产的价格将会下跌。

信用违约掉期："愚蠢的问题"

2005年6月，衍生品交易商推出了"现收现付"式的信用违约掉期，这是一种复杂的金融工具，它模仿了真实抵押担保证券现金流的时间安排。② 这种特征使得与这些新的信用违约掉期捆绑的合成担保债务凭证的发行和销售变得更加便捷。

这种现收现付互换产品同时促进了第二个重要创新，即在2006年推出的首个基于抵押担保证券的信用违约掉期价格指数，被称之为 ABX.HE 指数（次级贷款衍生债券综合指数）。这是一个系列指数，其功能如同非优级抵押贷款市场的道琼斯工业平均指数，同时也是一种对赌市场的主流方式。每六个月，一个由证券公司组成的协会将分别从五个信用等级中挑选20只基于抵押担保证券

---

① ACA Capital, 2006 10-K, p.12.
② "ISDA Publishes Template for Credit Default Swaps on Asset-Backed Securities with Pay As You Go Settlement," International Swaps and Derivatives Association press release, June 21, 2005 (www.isda.org/press/press062105.html). 在现收现付式掉期产品下，如果涉及的抵押支持证券没有拿到全部的利息和本金支付，那么现收现付式保护的销售者将被要求为买家未被偿付的部分埋单。对于多头投资者——也就是掉期交易中受保护的一方——该掉期产品的一个优点就是在交易中嵌入杠杆：他们不需要在债券本金偿还问题上大费周折；只需要同意在证券价值下跌之时去承担损失风险并以此获取每季度的掉期费用。

的信用违约掉期，五个信用等级分别为：AAA、AA、A、BBB 和 BBB –。那些认为（任何给定类型的）债券无法按时付息的投资者可以通过购买信用违约掉期规避风险。随着对保障需求的增加，指数就会下降，该指数也就成为反映市场信心的晴雨表。

对于经理而言，合成担保债务凭证的快速发展部分是因为从"现收现付"的信用违约掉期中组成一个合成担保债务凭证比组成一个普通的现金式担保债务凭证更加便捷。ACA 资本金融担保公司的劳拉·施瓦茨（Laura Schwartz）说："合成产品交易的美妙之处就在于你可以纵观全局，而不用去购买现金债券"，①同时也不存在储藏成本以及相关风险。合成担保债务凭证倾向于给予股权级证券更高的回报：一位分析师预测一个合成担保债务凭证股权级证券（the equity tranche）的回报率为 21%，而一个典型的现金担保债务凭证股权级证券的回报率仅为 13%。②

合成担保债务凭证快速发展的重要动力之一是对抵押支持债券信用违约掉期的需求。德意志银行的抵押贷款交易员格雷格·利普曼（Greg Lippmann）告诉调查委员会，他经常经手此类交易，匹配"空头"和"多头"，同时为银行将风险降低到最低。利普曼说，2006 年到 2007 年期间，与他有业务往来的 50～100 家对冲基金都想做空抵押担保证券的中间系列债券；同时在多头一方，"我们所购买的信用违约掉期多是来自瑞银、美林和花旗银行，因为他们是最激进的（合成）担保债务凭证承销商"。③通常，他们从利普曼处购得这些头寸并把它们放入合成担保债务凭证；最终，银行会保留超高级和 AAA 级证券，承担合成担保债务凭证的大部分风险，将大量的 AAA 级以下的证券出售给其他担保债务凭证，并将股权级证券卖给对冲基金。

仅一年后，合成担保债务凭证的保险金额便由 2005 年的 150 亿美元飙升至 610 亿美元（我们包含了所有的担保债务凭证，50% 以上为合成担保债务凭证；此外，除非特别说明，我们的数据所指的担保债务凭证包含了抵押担保证券）。甚至许多被标记为"现金担保债务凭证"的都拥有一些衍生产品。2006 年担保债务凭证的发行总额为 2250 亿美元，其中包括"现金"担保债务凭证、"混

---

① Laura Schwartz, interview by FCIC, May 10, 2010.
② Laurie S. Goodman, Shumin Li, Douglas J. Lucas, Thomas A. Zimmerman, and Frank J. Fabozzi, Subprime Mortgage Credit Derivatives (Frank J. Fabozzi Series) (Hoboken, NJ: John Wiley, 2008), p. 176.
③ Greg Lippmann, interview by FCIC, May 20, 2010.

合"或合成担保债务凭证；调查委员会预计 27% 的抵押品都是金融衍生产品，这一比例在 2005 年和 2004 年分别为 9% 和 7%。①

合成担保债务凭证的出现改变了很多担保债务凭证经理和对冲基金经理的利益诉求。一旦涉及空头投资者，担保债务凭证就会产生两种类型投资者，他们的利益是对立的：一些人会因为资产表现良好而获益，另一些人则会因为抵押贷款的借款方无法偿付以及资产表现不佳而获益。

甚至多头投资者的动机也不相一致。合成担保债务凭证使得资深投资者能够对赌房地产市场或者追求更为复杂的交易策略。这类投资者通常是对冲基金，他们经常使用信用违约掉期在同一个担保债务凭证的不同级别中建立抵消头寸；通过这种方式，只要担保债务凭证表现良好，他们就能够获取收益，而如果市场崩溃，他们将获得更多的收益。2010 年初期，调查委员会在对 170 多只对冲基金（涉及总资产高达 1.1 万亿美元）的调查中发现，中等规模的对冲基金经常使用这种策略：在 2006 年下半年发行的所有担保债务凭证中，对冲基金购买了一半以上的股权级证券，同时他们也做空其他的系列。② 同样的方法也被用于抵押担保证券市场。调查委员会的调查发现，截至 2007 年 6 月，最大的对冲基金持有价值 250 亿美元的股权和其他低级别的抵押担保证券，其 450 亿美元的空头头寸足以抵消这些损失。③

这些类型的交易改变了结构性金融产品市场。股权和大部分担保债务凭证的中间系列证券以及抵押贷款支持债券的投资者通常拥有最强的激励监控投资组合的潜在信用风险。但随着信用违约掉期的出现，对于谁拥有这样的激励变得模糊不清。

以美林在 2007 年发行的价值 15 亿美元的诺玛担保债务凭证（Norma CDO）为例，证券投资者磁星基金（Magnetar Capital，一家对冲基金）正在执行一项被称为关联交易的普通策略——在买入股权级证券的同时做空诺玛和其他担保债务凭证的分级证券。根据法庭文件，磁星基金也参与了诺玛的资产挑

---

① FCIC staff estimates based on analysis of Moody's CDO EMS database.
② FCIC Hedge Fund Survey. 2006 年 7 月至 12 月，一些管理资产平均金额达到 40 亿到 80 亿美元的对冲基金积聚了总价值超过 14 亿美元的与抵押贷款相关的 CDO 证券分层头寸，同时还聚集了总价值超过 30 亿美元的与抵押贷款相关的 CDO 中级分层空头头寸。FCIC 使用穆迪自营的 CDO 数据来估测 CDO 证券头寸保险价值。关于更多的对对冲基金的调查详见 FCIC 官方网站。注：FCIC 没有调查那些已经被清算或者已经关闭的对冲基金，这些基金可能已经购买了大量的"做多"抵押贷款证券头寸。
③ FCIC Hedge Fund Survey. See FCIC website for details.

选。① 磁星基金从这桩交易中获利 4500 万美元，同时作为担保债务凭证经理的 NIR 资本管理公司（NIR Capital Management）获得了 75000 美元的手续费（含附加费用）。② 磁星基金的顾问告诉调查委员会，4500 万美元是一个折扣，其实是磁星基金所购买的分级证券和其他多头的回扣，而不是出售货物或者服务的收入。③ 法庭文件认为磁星基金参与了选择抵押品的挑选；同时在美林知情的情况下，NIR 放弃了对资产选择应负的责任，而将选择权交给了磁星基金。此外，法庭文件显示，当美林的一位工作人员发现在 NIR 资本管理公司没有参与或不知情的情况下，磁星基金已经执行了诺玛高达 6 亿美元的交易。她在给同事的邮件中写到："一个愚蠢的问题。谁允许磁星基金为 NIR 交易了？"④美林既没有披露磁星基金从中获利 4500 万美元，也没有透露磁星基金负责挑选抵押品以及其将从损失中获益的空头头寸。⑤

美林的新老板——美国银行，其顾问向调查委员会解释说："对一个担保债务凭证的证券投资者而言，他拥有最大的投资风险，因而介入选择抵押品的过程是一个很常见的行业行为……然而，在投资组合的产品选择上，抵押品经理才是做出最终决定的人。"这一封信并没有特别提到诺玛担保债务凭证。⑥ 美国银行未能按照调查委员会的要求提交与该问题相关的文件。

联邦监管机构已经发现了这一滥用行为，这一行为牵涉到空头投资者，他们影响了合成担保债务凭证内部的工具选择。2010 年 4 月，美国证券交易委员会以欺诈罪起诉高盛，控告它误导投资者，作为独立担保债务凭证经理的 ACA 管理公司挑选了担保债务凭证的基础资产，而事实上是空头投资者保尔森（Paulson & Co.）对冲基金（公司）在资产的选择上起到了"举足轻重"的作用。美国证券交易委员会在高盛 ABACUS2007 – AC1 债券的市场宣传材料中发现这些虚假陈述，而 AC1 债券只是高盛的 24 个 ABACUS 交易之中的一个。⑦

2007 年贝尔斯登担保债务凭证部的负责人艾拉·瓦格纳（Ira Wagner）告诉

---

① Rabobank's counsel, letter to Judge Fried of the Supreme Court of NY, May 11, 2010.
② Norma Flow of Funds, information provided by Merrill Lynch.
③ Steven Ross, email to FCIC, December 21, 2010.
④ See letter from Rabobank's counsel, letter to Judge Fried, May 11, 2010; the letter was never filed with the court because the case was settled.
⑤ Document of Magnetar Investments in Norma, Attachment G – 13 (showing Magnetar purchases of equity tranche in Norma); provided by Merrill Lynch.
⑥ Information provided by Merrill Lynch, December 22, 2010.
⑦ Complaint, SEC v. Goldman Sachs & Co. and Fabrice Tourre.

调查委员会，在与保尔森公司的代表接触之后，他拒绝了这桩交易。 当被问及关于高盛让保尔森来选择抵押品是无关紧要的，因为抵押品已经被披露且当时保尔森对冲基金的知名度并不高时，瓦格纳认为这种说法非常"荒唐"。 他说结构性金融产品促使保尔森对冲基金选择最差的资产。 虽然承认每个合成产品的交易都必须有做多和做空的投资者，瓦格纳认为由做空投资者选择参考抵押品会造成严重的冲突，也正是出于这个原因他拒绝了参与。①

ACA 资本金融担保公司的执行官告诉调查委员会，他们开始并不知道空头投资者参与了抵押品的挑选。 首席执行官艾伦·罗斯曼（Alan Roseman）说，当他查阅证券交易委员会的指控书时，才知道保尔森对冲基金的角色。② ACA 公司负责这桩交易的工作人员劳拉·施瓦茨说，她相信保尔森对冲基金就是购买股权级证券的投资者，因此产品表现良好符合保尔森公司的利益。 同时她说，对于保尔森也持有空头头寸，她并不感到意外，因为市场中的关联交易是很常见的，但是她也提到，"坦白地说，（在当时）在参加证券交易委员会的听证会之前，我甚至不知道保尔森对冲基金是唯一做空的投资者"。③ 保尔森公司告诉调查委员会，任何合成担保债务凭证都不得不投资一个"买卖双方都同意保护的资产池"。 他们对反对意见表示无法理解："每一个（合成）担保债务凭证都会为买方和卖方提供保护。 所以如果有人说不想打包一个担保债务凭证是因为有人在这个担保债务凭证中购买了保护（保险），那么担保债务凭证业务就无法进行了。"④

2010 年 7 月，这场诉讼最终以高盛支付史无前例的 5.5 亿美元的罚款告终。 高盛"承认 ABACUS2007 – AC1 交易的市场宣传材料包含了不完全的信息。 特别是高盛在宣传材料中错误地声称，该投资组合由 ACA 资产管理公司（ACA Management LLC）负责筛选，同时又没有披露保尔森对冲基金在筛选过程中的角色以及保尔森对冲基金与担保债务凭证投资者截然相反的经济利益"。⑤

新的金融衍生品为看跌市场的投资者提供了做空房地产泡沫的绝佳机会。 在房地产市场最繁荣的加利福尼亚州和佛罗里达州，当地的房价简直可以说是一

---

① Ira Wagner, interview by FCIC, April 20, 2010.
② Alan Roseman, interview by FCIC, May 17, 2010.
③ Schwartz, interview.
④ John Paulson, interview by FCIC, October 28, 2010.
⑤ "Goldman Sachs to Pay Record MYM550 Million to Settle SEC Charges Related to Subprime Mortgage CDO," SEC press release, July 15, 2010.

飞冲天；这也使持有怀疑态度的人相信这种上升的趋势将难以为继。如果高房价难以持续，那么硬着陆的可能性极大。一些人公开地表达了这种担忧，另一些人认为，泡沫即将破裂。在某些情况下，做空担保债务凭证，也就是在对赌评级公司及其模型。一家小型投资公司康沃尔资本公司（Cornwall Capital）的两位负责人杰米·迈（Jamie Mai）和本·哈克特（Ben Hockett）告诉调查委员会，早在2007年他们就已经告诫过证券交易委员会，一些评级机构对抵押贷款支持担保债务凭证的评估过于乐观。迈和哈克特认为这些评级机构是"混乱的根源"，因为他们的评级致使投资者不再需要去研究价格以及不再谨慎，甚至使他们觉得"一切都如同儿戏"。①

保尔森公司的舒思汉（音译 Sihan Shu）告诉调查委员会，做空担保债务凭证"非常有吸引力"，因为评级机构为多种经营提供了便利。保尔森公司在2006年6月创立了一只基金，刚开始只是做空BBB级证券。到2007年末，创立还不到一年的保尔森信贷机会基金开始专门做空次级房地产市场，其规模扩大了590%。"每个抵押担保证券分级中通常有30%的抵押贷款在加州，而在佛罗里达州和纽约州分别为10%。即使你积累了100个抵押担保证券，还是可以做到地理分布的多样化。对我们而言，担保债务凭证则无法做到多样化。"舒思汉的研究表明，如果房屋价格停止上涨，BBB-级的抵押担保证券就有被降级的风险。如果抵押担保证券的价格下跌5%，担保债务凭证的损失就会增加20倍。②

如果潜在的相对较少的贷款丧失赎回权，将最终导致所有的BBB-级证券变得一文不值。美国对冲基金集团前点股份（FrontPoint Partner）旗下一只基金的创始人史蒂夫·艾斯曼（Steve Eisman）告诉调查委员会："只要再融资的渠道畅通，系统就不会有什么问题。再融资停止之时，就是损失爆发之日。截至2006年，约一半（售出的抵押贷款）是无凭核贷款。当时房价处于最高点而承销标准处于最低水平，因此系统就崩溃了。每个人都承受了很高的杠杆以至于再无力承担更多的损失"。③ 2006年10月6日，詹姆斯·格兰特在一篇名为"神奇的炼金术"的新闻通讯中写道，"华尔街通过创造担保债务凭证，将BBB-级的抵押贷款变成了AAA级的抵押贷款证券"。他预测在两年之内，如

---

① Jamie Mai and Ben Hockett, interview by FCIC, April 22, 2010.
② Sihan Shu, interview by FCIC, September 27, 2010.
③ Steven Eisman, interview by FCIC, April 22, 2010.

果全国房价下跌4%，即使是担保债务凭证的AAA级证券，也会蒙受一定损失；而价格如果下跌10%，持有AA-及以下分级证券的投资者将血本无归。①

在2005年，艾斯曼和其他人就已经开始通过做空所有与抵押贷款相关的证券来寻找最佳的方式以应对这场即将来临的灾难。购买信用违约掉期是一个行之有效的方式。艾斯曼发现他可以挑选抵押支持债券中最差的分级，并投入数百万美元做空，这样可以通过相对较低的投入获得较高的杠杆。事实上，他也是这么做的。

截至2006年底，艾斯曼已经持有了数百万美元的信用违约掉期空头头寸，他认为这一切都只是时间问题。艾斯曼说："所有人真的认为一切会变好。我想他们肯定都疯了。"②

金融危机之后成名的另一位做空大师迈克尔·贝里（Michael Burry）是一位从医生转行的投资人。他的塞恩资本（Scion Capital，位于加利福尼亚州北部的硅谷）对冲基金大手笔地做空了住房抵押担保证券，这也是他改变策略的一种反映，因为在2002年，他投资了住房建筑业的股票。但是他越来越怀疑支撑着市场繁荣的融资问题。贝里认为一些新奇的可调息抵押贷款产品是"最具危害的抵押贷款"。他告诉调查委员会："我颇有兴趣地看到这些产品转而关注信用光谱低端的次级市场。在房价上升的背后，收入和工资却没有伴随着上涨，因此我判断，未来两年将决定房地产市场的走势，也是可调息抵押贷款寻求再融资的两年"。③ 截至2005年中期，贝里已经为价值数十亿美元的抵押担保证券和房地产市场金融公司的债券购买信用违约掉期，其中包括房利美、房地美和美国国际集团公司。

做空房地产市场的并非只有艾斯曼、康沃尔、保尔森和贝里几家公司。事实上，在价值成百上千亿美元的合成担保债务凭证的另一边是做空它们的投资者。对信用违约掉期的购买表明引入新的风险和杠杆等衍生产品对系统产生的冲击。尽管这些投资者在房地产危机中收益颇丰，但他们从来没有做过一笔次级抵押贷款或者实际购买过一笔抵押贷款。换句话说，他们并不是在为自己的财产购买保险，相反，他们只是在做空其他人承担的风险。保尔

---

① James Grant, "Inside the Mortgage Machine," in Mr. Market Miscalculates: The Bubble Years and Beyond (Mount Jackson, VA: Axios, 2008), pp. 180–181, 182–183.
② Eisman, interview.
③ Michael Burry, interview by FCIC, May 18, 2010.

森告诉调查委员会，他的研究报告显示如果房价保持不变，BBB－分级证券将会出局；那时他可以以很便宜的价格购买保护这些分级证券的信用违约掉期。①

在零和博弈的另一边，往往是那些最终遭受沉重打击的美国主要金融机构。贝里向调查委员会承认，"你们是否允许我的做法，还有待讨论"。但是他说，问题不在于他持有空头头寸，而在于其他人所能接受的风险。"当我开始做空时，我在不断抛售头寸……而在另一边却有人在不断买进。我认为这是一场灾难，而且它本来是可以避免的"。②

信用违约掉期在几个方面"润滑"了担保债务凭证这台机器。第一，信用违约掉期使担保债务凭证经理们能够比创建现金担保债务凭证更快地创建合成或混合担保债务凭证。第二，信用违约掉期能够使担保债务凭证的投资者（包括发起银行，如花旗集团和美林）将违约的风险转嫁给信用违约掉期的发行者（如美国国际金融公司以及其他保险公司）。第三，信用违约掉期使得关联交易成为可能。正如调查委员会的调查报告所显示，大多数对冲基金把购买证券、其他抵押担保证券中的低级系列（junior tranches）以及担保债务凭证作为复杂交易策略的一部分。③因此，对促进对冲基金对证券或者其他抵押担保证券低级系列以及担保债务凭证的需求而言，信用违约掉期发挥了至关重要的作用。第四，信用违约掉期能够使投机者无须投入大量现金就可以做多或做空房地产市场。

另外，也可以认为信用违约掉期刺破了房地产和抵押担保证券泡沫。因为担保债务凭证的创建机构可以通过信用违约掉期从而更为简便地为其担保债务凭证购买抵押贷款敞口，而不需要实际购买抵押担保证券，由此信用违约掉期的需求可能确实减少了对高收益率抵押贷款的需要。此外，一些市场参与者认为，如果没有通过信用违约掉期做空房地产市场，泡沫可能会持续更久。正如我们即将看到的那样，在2006年后半年，ABX. HE. 指数下跌就是市场即将动荡的第一个先兆。耶鲁大学经济学教授、对冲基金公司艾灵顿资本管理公司（Ellington Capital Management）的合伙人之一、同时也参与投资和管理担保债务凭证的约翰·吉拉克普洛斯（John Geanakoplos）对调查委员会说，"一旦悲观投资者能够

---

① Paulson, interview.
② Burry, interview.
③ FCIC Hedge Fund Survey. See FCIC website for details.

通过信用违约掉期卖出空头头寸,市场价格也必将反映他们的看法,而不是仅仅反映高度杠杆化的乐观者的态度"。①

花旗集团:"无法相信我们已经无计可施"

在2005年和2006年,当对冲基金做空房地产市场的同时,花旗担保债务凭证的办公桌上堆满了现金。

但是在发行价值250亿美元的流动性卖权(以保护购买花旗集团担保债务凭证发行商业票据的投资者的利益)之后,银行的财务部门停止了这项操作。为了继续业务,担保债务凭证(担保债务凭证)办公室不得不为其承销的超高级担保债务凭证证券寻找新的市场——或者设法获得公司对担保债务凭证"生产线"的支持。此外,担保债务凭证办公室还积累了180亿美元的超高级担保债务凭证证券,其中大多数都产生于2006年初至2007年8月,如果他们在这期间售出必然会亏损。②同样花旗集团的担保债务凭证库存中也增加了融资证券。这些证券正在等待被打包成新的担保债务凭证。

通常证券公司不会持有证券。俗话说,"大家干的是流动的买卖,而不是储藏的生意",这句话说明他们只是创建和销售证券,而不是购买或者持有证券。

然而,最大的商业银行和投资银行在20世纪晚期开始在证券业务中展开竞争,这种情况一直延续到21世纪,他们总是吹嘘自己的"资产负债表"以支持销售新的证券。就这一点而言,花旗在担保债务凭证市场开创了先河。花旗集团在其担保债务凭证业务中,对潜在损失持有了巨大敞口,特别是在花旗银行内部,高达1万亿美元的商业银行存款由联邦存款保险公司保险。虽然花旗集团的竞争者也这样做,但是没有花旗这么冒进,当然,最终的损失也没有花旗这么大。

2006年,花旗集团在它创建的担保债务凭证中,持有了大部分的超高级和

---

① John Geanakoplos, written testimony for the FCIC, Forum to Explore the Causes of the Financial Crisis, day 1, session 3:Risk Taking and Leverage, February 26, 2010, p. 16.

② OCC, "Subprime CDO Valuation and Oversight Review—Conclusion Memorandum," memorandum from Michael Sullivan, RAD, and Ron Frake, NBE, to John Lyons, Examiner-in-Charge, Citibank, NA, January 17, 2008, p. 6;Paul, Weiss, Citigroup's counsel, letter to FCIC, June 23, 2010, "Responses of Nestor Dominguez."

AAA 级证券。 通常情况下，花旗集团可以获得单一险种保险公司比如安巴克的信用保护，以对冲这些分级证券所产生的相关风险。 因为这些对冲措施已经到位，所以花旗集团认为这些分级证券的风险已经被消除了。

花旗集团的报告称，这些分级证券将无法以面值出售，从而引起了对其估价准确性的质疑，由此也引发了人们对收益准确性的质疑。 曾在 20 世纪 90 年代担任花旗集团风险管理部门负责人的理查德·布克斯坦伯（Richard Bookstaber）告诉调查委员会说，"任何从事商业的人士都知道，如果库存增加，就意味着你没有能够为产品准确定价"。 但是将这些分级证券以票面价格保留在账面上，就可以改善财务状况以便创建新的担保债务凭证。 布克斯坦伯说，"错误定价是对担保债务凭证交易的一种潜在补贴。"①直到 2007 年秋，公司才开始将证券的价格降低至市场的真实水平。

在担保债务凭证中保留这些超高级分层头寸敞口，部分是因为这是他们理想的资本处理方式。 正如我们在前一章节所看到的，在 2001 年的追索权法案之下，AAA 级证券的吸引力在于，银行不需要为其持有相对更多的资本（相对于低评级证券而言）。 同时如果银行在自己的交易账户中持有这些资产（且不以长期投资的方式持有），根据《1996 年的市场风险修订法案》的规定，银行可以得到更好的资本待遇。 该法案允许银行使用自己的模型来决定持有资本金的数量，而该资本金数量会根据市场价格的变动而变化。 花旗银行断定，以交易为目的持有的合成担保债务凭证的超高级证券的资本金要求几乎为零，因为这种产品的价格波动较小。 因此，花旗银行对超高级分层仅持有少量的监管资本金。

花旗银行还在一些合成担保债务凭证的超高级分层中，持有"无资金"头寸；也就是说，它向担保债务凭证出售保护。 如果参考抵押担保品表现不佳，做空的投资者就会开始获得收益。 偿付资金首先来自于购买低于 AAA 级证券的多头投资者。 然后，如果仍未还清做空投资者，花旗银行将开始付款。 通过向超高级分层提供保护并承担相应的风险，花旗银行可以每年获取 0.2% 到 0.4% 的费用；在一笔十亿美元的交易中，花旗银行每年获利二百万至四百万美元。

在启动期，花旗集团还持有一些涉及担保债务凭证的抵押担保证券及其他证券的敞口。 担保债务凭证的打包及出售一般在 6 或 9 个月的启动期内完成。 通常，花旗集团的证券部门会为担保债务凭证经理建立一个融资仓库。 在启动

---

① Richard Bookstaber, interview by FCIC, May 11, 2010.

期，担保证券需要支付利息；根据协议，利息要么全部上交给花旗集团，要么分给经理们。对于担保债务凭证部门而言，这是一个巨大的现金收入来源。已经进入融资仓库的证券有不错的收益率，通常比银行借款利率高出1到2.5个百分点，因此担保债务凭证部门在一笔交易中挣到1000万至1500万美元并不罕见。① 交易员们可以从这些收入中获取奖金。但是花旗集团也必须承担仓库中储存资产所造成的所有损失。当金融危机进一步深化时，许多担保债务凭证交易都无法完成；花旗集团以及其他投资银行都被迫减记仓库中证券的票面价格，结果造成华尔街金融机构损失惨重。在许多情况下，承销商为了"卸载"这些资产，会将担保债务凭证仓库中的抵押品打包到其他的担保债务凭证中。

造成全公司风险对冲混乱不堪的一个原因是，花旗集团的不同部门对同一个担保债务凭证有各种各样的抵消敞口。担保债务凭证部门很可能创建一个特定的担保债务凭证，另一个不同的部门会为基础抵押品购买保护，而第三个部门可能会去购买无资金支持的超高级分层。如果担保债务凭证的抵押品出现问题，该担保债务凭证就必须立刻赔付购买信用保护的部门；如果担保债务凭证无钱可付，那么赔付资金将由超高级分层的购买部门支付。2007年11月，在花旗集团报告其担保债务凭证投资组合损失惨重以后，监管机构发现花旗并没有全面掌握公司的担保债务凭证风险敞口："担保债务凭证敞口的本质、来源及规模让很多高级管理人员和董事会都大吃一惊。他们对流动性卖权的风险敞口也不太清楚。特别是管理层未能考虑或者有效地管理担保债务凭证头寸中固有的信用风险"。②

花旗集团以资产负债表支撑担保债务凭证业务的意愿达到了预期效果。花旗集团的担保债务凭证部门在2005年和2006年，分别从担保债务凭证业务和作为抵押品的抵押担保证券中获利110亿和220亿美元。根据调查委员会对穆迪数据的分析，在担保债务凭证的承销商中，包括所有类型的担保债务凭证，花旗集团的排名从2003年的第十四位飙升至2007年的第二位。③

花旗集团的投资银行获利，其投资银行家们也必然获益。投资银行的联席

---

① "RMBS and Citi – RMBS as a Percentage of Citi – CDO Portfolio Notionals," produced by Citi for the FCIC.

② Federal Reserve Bank of New York, Federal Reserve Board, Office of the Comptroller of the Currency, Securities and Exchange Commission, U.K. Financial Services Authority, and Japan Financial Services Authority, "Notes on Senior Supervisors' Meetings with Firms," November 19, 2007, p. 3.

③ FCIC staff estimates, based on analysis of Moody's CDO EMS database.

首席执行官,托马斯·马赫拉斯说,他只用了不到的1%的时间思考担保债务凭证的问题,却是花旗集团收入最高的执行高管之一,2006年他的工资和奖金总额高达3400万美元。 同年,全球固定收益部门的联席负责人兰道夫·贝克(Randolph Baker)的收入为2100万美元。 花旗集团首席风险官的收入为740万美元。[1] 其他人也收获颇丰。 全球担保债务凭证业务部的联席负责人内斯特·多明戈斯和珍妮丝·沃恩(Janice Warne),在2006年的收入都达到了600万美元。[2]

花旗集团也设有"追回"条款:在一些特定的情形之下,奖金将归还给公司。 尽管花旗集团最终损失惨重,但是该政策没有追回一分钱。 企业治理评级机构"企业图书馆(Corporate Library)",将花旗集团评为C级。 在2007年初,该机构将花旗集团进一步降至D级,"这反映出企业的管理存在很高的风险"。 曾有人评论:执行官的奖金与股东的利益并不匹配。[3]

当公司将数百亿美元投入具有风险担保债务凭证业务时,花旗集团的监管人员都去哪儿了? 花旗集团拥有一个复杂的公司治理架构,并拥有大批的监管人员。 美联储负责监管持股公司,但是就像《格雷姆-里奇-比利雷法案》所提到的那样,美联储也依赖其他机构监管最重要的附属机构:货币监理署监管最大的附属银行——花旗银行,证券交易委员会监管证券公司——花旗环球金融有限公司。 此外,花旗集团的各类业务与其法人实体并不相符,一个在担保债务凭证部门从事复杂交易的个体能够通过复杂的方式与公司各个部门互动。

美国证券交易委员会每三年一个周期对证券部门进行审查,有些时候,他们也会出于特殊的原因开展其他审查。 与拥有风险管理以及安全和稳健规则的美联储和货币监理署不同,美国证券交易委员会主要通过审查寻找风险管理中的不足之处。 与重点保护以及防止公司破产的安全和稳健的监管机构不同,证券交易委员会的工作重点始终是保护投资者的利益。 在危机爆发之前,美国证券交易委员会对花旗集团证券部门进行的最后一次检查是在2005年,并在2006年6月完成了检查报告。 在此次检查中,证券交易委员会告诉调查委员会,他们没

---

[1] Paul, Weiss, Citigroup's counsel, letter to FCIC, March 1, 2010, in the FCIC's second supplemental request, "Response to Interrogatory No. 7"; Paul, Weiss, letter to FCIC, March 31, 2010, updated response to interrogatory No. 7, p. 5.
[2] Nestor Dominguez, interview by FCIC, March 2, 2010; Paul, Weiss, letter of March 31, 2010, pp. 3–6.
[3] Board Analyst Profile for Citigroup Inc., April 16, 2007.

有任何"惊天动地"的发现，但也提出花旗集团在风险管理中存在不足，例如在内部定价和估值控制方面表现得不尽如人意，并且花旗集团允许交易员超越他们设定的风险限制。①

不同于美国证券交易委员会，美联储和美国货币监理署保持了持续的现场监管。 在担保债务凭证繁荣时期，美国货币监理署的团队一直在批评该公司风险管理中的不足，包括担保债务凭证业务中的一些具体问题。2005年1月，美国货币监理署告诉该公司，"收入与利润的增长已经凌驾于风险管理和内部控制之上了"。② 同年，另一份文件提到，"这次检查的结果让人失望，业务增长已经远远超过了管理的基础架构和控制程序的承受范围"。③ 2005年5月，在一次由其他美联储银行对花旗集团展开的复查中，他们对纽约联邦储备银行的监管工作提出了批评，随后以现任财政部长蒂莫西·盖特纳为首，开始对花旗银行进行复查。 复查得出结论，美联储花旗集团现场监管团队似乎"缺乏足够的资源以维持连续不断的监管活动。 在花旗集团，团队有限的精力都投入到了热门监管议题，从而削弱了团队对目标进行连续监管的能力……在团队内部，纽约联邦储备银行对监管问题的严重性估计不够，导致人手不足"。④ 2005年美联储对花旗的检查中没有对同年货币监理署在调查中所提到的问题给予关注。 4年之后，下一次同行审查将再次发现纽约美联储对花旗集团监管的严重不足。⑤

2006年4月，美联储对花旗集团的监管评级由前一年的"一般"调整为"满意"。⑥ 美联储还取消了为解决花旗集团存在的监管问题、在前一年对新并购交易设置的禁令。⑦ 美联储和美国货币监理署的检查人员一致认为，花旗集团在贯彻其首席执行官查尔斯·普林斯的风险管理改革计划中取得了"很大进展"。⑧

---

① SEC staff (Sam Forstein, Tim McGarey, Mary Ann Gadziala, Kim Mavis, Bob Sollazo, Suzanne McGovern, and Chris Easter), interview by FCIC, February 9, 2010.
② Comptroller of the Currency, memorandum, Examination of Citigroup Risk Management (CRM), January 13, 2005, p. 3.
③ Ronald Frake, Comptroller of the Currency, letter to Geoffrey Coley, Citibank, N. A., December 22, 2005.
④ Federal Reserve, "New York Operations Review, May 17 –25, 2005," p. 4.
⑤ Federal Reserve Bank of New York Bank Supervision Group, "Operations Review Report," December 2009.
⑥ Federal Reserve Bank of New York, "Summary of Supervisory Activity and Findings, Citigroup Inc., January 1, 2005 – December 31, 2005," April 10, 2006; Federal Reserve Bank of New York, "Summary of Supervisory Activity and Findings, Citigroup Inc., January 1, 2004 – December 31, 2004," April 5, 2005.
⑦ Citigroup Inc., Form 8 – K, April 3, 2006, Exhibit 99.1.
⑧ Federal Reserve Board, memo to Governor Susan Bies, February 17, 2006.

美联储宣称："该公司已经……完成了必要的改进，使其能够充分遵守两项现存的、由美联储提出的强制性措施，这两项措施也与执行高度机构化交易和控制息息相关。"次年，花旗集团董事会通过提高普林斯20%的年终奖金，奖励他在解决监管合规问题上所取得的成绩。①

美国货币监理署在回顾过去时指出，在2006年取消监管限制是一个关键的转折点。"在取消对关键并购的监管限制之后，花旗集团发起了一轮积极的收购计划"，美国货币监理署在2008年初给普林斯的继任者，维克兰姆·潘伟迪（Vikram Pandit）的信中写道。"此外，在取消正式和非正式协议以后，先前对风险及合规的关注开始为业务扩张和利润让路"。同时风险管理经理被授权可以超越限制提高风险敞口而不是像他们告诉监管者的那样对业务部门保持约束。②当花旗银行的担保债务凭证业务蒙受巨大损失之后，美联储开始批评花旗利用商业银行支撑投资银行业务的行为。"为追求利润增长，高级管理层允许大部分业务不受质疑地进入资产负债表"，美联储在2008年4月给潘伟迪的一封信中写道。"花旗集团在各种产品中都拥有很大的市场份额，包括杠杆化金融产品和结构性信贷交易产品，并且利用资产负债表支撑它的'贷款并证券化'的策略。在市场混乱的情况下，高级管理人员没能正确地考虑这一策略在资产负债表中所蕴涵的意义。更进一步说，他们从公司资本的角度未能觉察这些业务收入波动所带来的潜在负面影响"。③

盖特纳告诉委员会，他和其他的领导人本可以为阻止危机的发生做得更多，"我不认为我们真的无能为力"。④

美国国际集团："我们拿到的钱还不足以让我们去冒险"

与他们在花旗的同僚不同，美国国际集团金融产品公司分支机构的一些高层

---

① The board reversed a 15% reduction that had been implemented when the issues began and then added a 5% raise. Citigroup, 2006 Proxy Statement, p. 37.
② Comptroller of the Currency, letter to Citigroup CEO Vikram Pandit (Supervisory Letter 2008 – 05), February 14, 2008; quotation, p. 2.
③ Federal Reserve Bank of New York, letter to Vikram Pandit and the Board of the Directors of Citigroup, April 15, 2008, pp. 6 – 7.
④ Timothy Geithner, testimony before the FCIC, Hearing on the Shadow Banking System, day 2, session 1: Perspective on the Shadow Banking System, May 6, 2010, transcript, p. 128.

发现公司承担了太多的风险。然而，他们没有为此做什么。2005年，美国国际集团金融产品公司的高层开始怀疑所有的信用违约掉期，这其中包括安德鲁·福斯特（Andrew Forster）和吉恩·帕克。帕克告诉调查委员会，他亲眼目睹公司首席执行官约瑟夫·卡萨诺指着大批（由美国国际集团金融产品公司承销的）信用违约掉期痛斥一个销售人员，暗示这项业务已经变得非常困难。顾问加里·戈顿告诉帕克，美国国际集团销售的信用违约掉期所涉及的"多板块"担保债务凭证（multi sector）主要是由抵押担保证券构成的，而这些证券包含的次级抵押贷款和次优级抵押贷款还不到10%。帕克又询问了另一位公司职员亚当·布德尼克（Adam Budnick）以求证实。据帕克所说，布德尼克反复检查后回来告诉他，"我不敢相信，你知道吗，这一比率在80%或者90%左右"。在审阅了投资组合之后，帕克想起一位朋友在失业之后仍然能够获得100%的贷款购买新房，帕克说："这生意太可怕了，我们应该退出。"①

2005年7月，帕克的同事安德鲁·福斯特给艾伦·弗罗斯特和戈顿发了封邮件，弗罗斯特是美国国际集团的一位销售人员，主要负责公司日益繁荣的信用违约掉期业务，而戈顿建立了一个公式以确定美国国际集团发行的每一个信用违约掉期所承担的风险。福斯特在信中说，"我们承担了次级抵押贷款中的大量风险敞口，跟我们谈过的每一个人都表示他们很担心拥有这么多高风险抵押贷款的敞口该如何处理，目前我只看到了这些集中了80%高风险抵押贷款的交易。这些交易的风险真的和其他的交易风险一样大吗？"②

帕克和其他几个人花费了几周的时间研究这件事情，他们和银行分析师以及其他专家交流过，也在考虑美国国际集团是否应该继续在次级和次优级抵押贷款市场销售保护产品。其他人都觉得一些基础抵押贷款"注定要失败"，但是只要房地产价格保持上涨，大部分借款人都可以得救。③

美国国际集团顾问戈顿回忆起他和其他公司成员与一位贝尔斯登分析师的一次会谈。那位分析师对房地产市场非常乐观以至于戈顿等人认为这位分析员"疯了，必须要吃药了"。④当提及房地产市场可能下跌时，帕克和他的一些同事当面告诉调查委员会，"我们没有拿到足够的钱来承担如此的风险……我不知

---

① Gene Park, interview by FCIC, May 18, 2010.
② Andrew Forster, email to Gary Gorton, Alan Frost, et al., July 21, 2005.
③ Park, interview.
④ Gorton, interview.

道是否有一列火车正在靠近。 我只知道我们没有拿到足够的钱站在铁轨上去冒险"。①

2006年2月，帕克和其他人劝说卡萨诺和弗罗斯特停止销售次级抵押担保证券的信用违约掉期保护产品。 在2月28日给卡萨诺的一封邮件中，帕克写道：

> 乔，
> 以下要写的内容，是我们计划在本周晚些时候发给我们的交易员的，内容是关于我们目前基于高等级资产抵押证券的担保债务凭证产品市场业务发展的。 我们发现资产抵押证券市场的担保债务凭证在过去的一年已经越来越缺少变化，现在的情况是，很多交易几乎完全依赖于次级或非优级住宅抵押贷款担保。 考虑到目前房地产市场的状况，我们发现承销标准日趋恶化以及潜在的高度集中的风险敞口，这让我们感到很不舒服，尤其考虑到这还涉及非优级抵押贷款的证券化。 在我们参与的交易中，我们乐意看到在这些交易中所出现的组成成分的巨大变化。 比如，在非关联资产类别中所体现出的更为多样化的组成成分。
>
> 鉴于我们一贯的审慎，那些资产中的中级系列（即BBB和单A分级）让我们觉得很不安……考虑到次级市场的套利行为，我们觉得这可能会让我们眼下退出资产支持证券市场的担保债务凭证销售业务。 然而，我们仍然会致力于与承销商和为资产支持证券市场开发担保债务凭证的经理们一同工作，从抵押品的角度出发，希望其更为多样化。 有鉴于此，我们将会在这些产品机构中引入新的资产类别或者向其他产品增加配额，比如担保贷款凭证和（新兴市场中的）担保债务凭证。②

美国国际集团的交易对手对此反应冷淡。 "如果（你们美国国际集团）要退出，我们有10家其他公司可以替代你们"，另一家公司的投资银行家对帕克说。③ 无论如何，交易对手都有时间寻找新的交易商，因为美国国际集团金融产品公司依然在继续销售他们的信用违约掉期。 当看空的执行官还在研究自2005

---

① Park, interview.
② Gene Park, email to Joseph Cassano, February 28, 2006.
③ Park, interview.

年夏天伊始的事件时，即使是在 2006 年 2 月以后，团队还在继续处理即将上线的交易。 2005 年 9 月到 2006 年 7 月期间，他们总共完成了 37 笔交易，其中一笔交易涉及由高达 93% 的次级资产支持的担保债务凭证产品。①

截至 2007 年 6 月，美国国际集团已经承销了多达 790 亿美元的多板块担保债务凭证（multisector CDOs）的信用违约掉期，为 2005 年底销售额（160 亿美元）的 5 倍。② 帕克声称，他和其他大多数的美国国际集团成员在那时都不知道，如果参考证券市场价值下降，信用违约掉期会导致国际集团追加抵押品。③ 帕克说他们担忧的无非就是如果次级和次优级抵押贷款出现大量违约时，美国国际集团将难以幸免。 然而，卡萨诺告诉调查委员会，他知道可能会出现追加抵押品的要求。④ 但是美国国际集团在向美国证券交易委员会提交的 2005 年年度报告中向投资者提到，只有国际集团被降级才会出现追加抵押品的风险。

所以，美国国际集团对其次级风险敞口的对冲总额没有超过 1.5 亿美元。⑤ 一些美国国际集团的交易对手并不仅仅使用国际集团的信用违约掉期来对冲其他的头寸，他们也在对冲国际集团无法履行合约的风险。 正如我们稍后会看到的那样，高盛通过购买国际集团的信用违约掉期，做空其他证券和指数以平衡因国际集团无法履行掉期合约产生的损失，或者由于次级市场的崩溃而导致抵押担保证券价格下滑的风险。

美林："不惜一切代价"

当道·金（Dow Kim）于 2003 年 7 月担任美林全球市场与投资银行集团的联席主席时，他被授命增加集团收入，特别是在那些美林落后于其他竞争对手的领域。⑥ 金将注意力转向了担保债务凭证业务；首席执行官斯坦利·奥尼尔告诉调查委员会，客户将担保债务凭证看做他们交易策略整体的组成部分。⑦ 金从瑞

---

① 数据是由美国国际集团（AIG）提供。 CDO-RFC CDO III Ltd ——其中 93% 为次级抵押贷款，7% 为 RMBS（住宅抵押贷款担保证券）家庭证券，根据 AIG 信用委员会。 FCIC 调查显示其余 7% 的 RMBS 中也包括次级担保物。
② AIG, "Residential Mortgage Presentation (Financial Figures are as of June 30, 2007)," August 9, 2007, p.28.
③ Park, interview.
④ Joseph Cassano, interview by FCIC, June 25, 2010.
⑤ Park, interview.
⑥ Dow Kim, interview by FCIC, September 9, 2010.
⑦ Stanley O'Neal, interview by FCIC, September 16, 2010.

士信贷挖来了克里斯·里齐亚迪,因为在瑞士信贷,里齐亚迪的团队是担保债务凭证的销售冠军。①

随着里齐亚迪的到来,美林的担保债务凭证业务排名也从2002年的第十五位飙升至第二位,2004年和2005年,仅落后于花旗和高盛。② 随后,2006年2月,里齐亚迪离开了美林,成为科恩公司的首席执行官,这是一家从事资产管理的公司;在科恩公司,他也管理了少量(通常是由美林承销的)担保债务凭证。

在里齐亚迪离开之后,金指示这个团队其余的成员要"不惜一切代价"不仅要保持市场份额,而且要拿下排名第一的宝座,这是在一份控诉美林的文件中一位前美林工作人员的话。③ 金告诉调查委员会的工作人员,他不记得当时对话的具体内容,但是在里齐亚迪离开之后,美林确实为把担保债务凭证业务扩张至全球而做出了努力,而且金本人也希望世人知道美林愿意承诺以它的人力、资源和资产负债表实现该目标。④

的确,美林是有此意愿的。 尽管失去了它的造雨者(里齐亚迪),美林在竞争中却取得了压倒性的胜利,2006年美林发行了总价值约389亿美元的与抵押贷款相关的担保债务凭证,而排在第二位的摩根士丹利的发行总额只不过为213亿美元,2007年美林也再次登上榜首,⑤这也是依仗着里齐亚迪所建造的强大的担保债务凭证机器所获得的结果——2003年到2006年,这项业务共为美林创造了超过了10亿美元的收益。⑥

为了保持担保债务凭证业务的持续发展,美林采取了三种策略,包括再打包风险抵押贷款使其变得更加吸引人或者当别人不购买产品时,自己购买自己的产品。 像花旗集团一样,美林不断在自己的投资组合中增持自己制造的担保债务凭证的份额,主要是超高级分层,同时美林也把那些担保债务凭证中不好销售的BBB级和其他低等级分层再次打包进其他担保债务凭证中;美林使用其合成担保债务凭证中所包含的现金来购买其他分层担保债务凭证。

长久以来,对于很多担保债务凭证的承销商而言,将一些中间系列分层出售

---

① Kim, interview.
② FCIC staff estimates based on analysis of Moody's CDO EMS database.
③ Complaint, Coöperatieve Centrale Raiffeisen = Boerenleenbank v. Merrill Lynch, No. 601832/09 (N. Y. S. June 12, 2009), paragraph 147.
④ Kim, interview.
⑤ FCIC 基于穆迪 CDO EMS 数据库的分析。
⑥ Presentation to Merrill Lynch and Co. Board of Directors, "Leveraged Finance and Mortgage/CDO Review," October 21, 2007, p. 35.

给其他担保债务凭证经理是一种普遍做法。即使是在资产支持证券担保债务凭证发展的初期，这些资产通常也包含了少量其他担保债务凭证的中间系列分层；评级机构在对每一笔交易进行评估时也允许这种做法。但是，由于其拥有抵押担保证券的风险分级，传统投资者的需求开始下降，市场对于担保债务凭证的依赖也日益严重。市场开始称那些传统投资人为"真钱"，将他们与那些担保债务凭证经理区分开来，因为担保债务凭证经理购买分层担保债务凭证只是为了把他们再次打包到其他的担保债务凭证里面去。根据担保债务凭证经理周文的说法，2005年到2007年，一个典型的担保债务凭证一般都包含其他分层担保债务凭证，并且仍然保持5%至30%的增长率。① 根据调查委员会整理的数据显示，担保债务凭证分层在抵押贷款支持担保债务凭证中作为抵押品的比率在2003年平均为7%，而在2007年上升至14%。双重担保债务凭证的交易（即那些由来自于其他担保债务凭证分层而构成的新担保债务凭证）从2005年的36笔，分别增加到2006年的48笔和2007年的41笔。美林制造并出售了其中的11笔。②

尽管如此，在2006年末，有明显的迹象表明还有少数的"真钱"投资人在担保债务凭证市场中。具体到美林：2006年第四季度到2007年8月，美林共创建和销售了44笔资产支持证券担保债务凭证，大约有接近80%的中间系列分层被担保债务凭证经理购买。③ 这和周文的情况类似：根据调查委员会的分析，确定在周文管理的13只担保债务凭证中有88%的中间系列分层被再次打包到了其他的担保债务凭证中。④ 据估计，大约有10位不同的担保债务凭证经理购买了美林诺玛担保债务凭证的分层。调查委员会发现的最极端的案例是美林的尼奥担保债务凭证，其买家全部是担保债务凭证经理。⑤

纵观整个市场，在2003年担保债务凭证产品包含了大约13%的A级分层，23%的Aa级分层和43%的来自其他担保债务凭证的Baa级分层，以上证券均是由穆迪评级（在穆迪的评级中，Aaa相当于标准普尔的AAA，Aa相当于AA，Baa相当于BBB，而Ba相当于BB）。2007年，这些分层的比率分别增长至

---

① Chau, interview.
② FCIC基于穆迪CDO EMS数据库的分析。
③ FCIC基于穆迪CDO EMS数据库的分析。数据由美林提供。没有提供Robeco High Grade CDO I的相关信息。
④ FCIC基于穆迪CDO EMS数据库的分析。
⑤ 数据由美林提供。

87%、81%和89%。① 美林和其他投资银行只是简单地通过制造新的担保债务凭证去购买旧担保债务凭证中难以出售的部分，以这种方式人为创造担保债务凭证需求。

正如美国证券交易委员会的律师告诉调查委员会的那样，进入2007年以后，华尔街上的君子协议随处可见：你买我的BBB级证券，我就会买你的。②

美林和它的担保债务凭证经理们是他们自己产品的最大买家。2003年到2007年，美林共创造了142只担保债务凭证，除了8只以外，其他134只都至少向另一只美林担保债务凭证出售一个分层。在美林的交易中，平均10%的抵押品被打包进了由其他（由美林创造并销售的）担保债务凭证的分层组成的新担保债务凭证中。美林的这种担保物比率相对较高，但不是最高的；另外一个市场大鳄花旗集团的比率为13%，而瑞银仅为3%。③

经理们开始抵制这种做法了。周文，这位曾经任职于美心集团，随后又在哈丁咨询公司工作的经理，掌管着来自美林的13只担保债务凭证，而且在多板块担保债务凭证发展的初期，他还曾与里齐亚迪在保德信公司（Prudencial Securities）共事。他告诉调查委员会，因为回报率，纯抵押担保证券变得很昂贵，即使在房地产市场下跌的时候也是如此。因为担保债务凭证相比类似级别的抵押担保证券，其回报率更高，所以对市场的需求也就更大，这也是担保债务凭证经理把证券和担保债务凭证一起打包的原因。④

尽管已经出现市场委靡的迹象，美林还是在继续推进它的担保债务凭证业务。直到2006年春季，当国际集团停止为美林和其他公司的产品进行保险时（即使是超高级的担保债务凭证分层），美林也没有重新考虑自己的策略。国际集团已经为美林的担保债务凭证承保了99亿美元，⑤美林也是其第三大顾客，排在高盛和法国兴业银行之后，但此时美林与国际集团断绝了业务往来，转向了单一险种保险公司。2006年夏天，美林的管理层注意到其在承销担保债务凭证领域最大的竞争对手花旗集团将越来越多的担保债务凭证超高级分层放到了自己

---

① FCIC 基于穆迪 CDO EMS 数据库的分析。在 FCIC 的数据库中，由 CDO 构成的 Baa 级别的分层，其总价值为 6.84 亿美元；Aa 级分层在 2003 年价值为 14 亿美元，在 2007 年为 83 亿美元。A 级分层在 2003 年的价值为 5.22 亿美元，在 2007 年 43 亿美元。
② FCIC staff telephone discussion with SEC staff, September 1, 2010.
③ FCIC 基于穆迪 CDO EMS 数据库的分析。
④ Chau, interview; for number of the CDOs he managed, FCIC staff analysis of Moody's Enhanced CDO Monitoring Database。
⑤ Super Senior Credit Transactions Principal Collateral Provisions, December 7, 2007, produced by AIG.

的资产负债表里，以薄利的形式对那些持有 BBB 级和股权分级的投资者进行有效补贴。作为回应，美林继续加大担保债务凭证的储藏量和库存；同时为了参与竞争并完成交易，美林不断持有超高级分层头寸，而这些头寸并没有得到国际集团或者其他保险公司的保险。①

这并非美林在抵押贷款和担保债务凭证业务领域的"最后一搏"。尽管 2006 年美林在抵押贷款相关的担保债务凭证业务中登上了第一的宝座，随后成了"垂直整合"抵押贷款的典型（雷曼和贝尔斯登是这种模式的先驱）。这种模式要求在抵押贷款业务中的每个环节都需要持有股份：发起抵押贷款、将这些贷款打包成证券、将这些证券再打包进其他证券，然后在华尔街将它们出售。2006 年 9 月，当房地产泡沫开始收缩、违约率开始上升的几个月以后，美林宣布将以 13 亿美元从国家城市公司（National City Corp.）收购一家次级贷款债权商，第一富兰克林金融公司（First Franklin Financial Corp.）。正如一位金融记者随后指出的，这一行为"让分析师看不懂，因为次级贷款市场正在快速恶化"。② 而且美林已经拥有奥尼抵押贷款公司（Ownit Mortgage Solutions Inc.）1 亿美元的股份，这家公司可以给美林提供信用限额仓库，也为抵押贷款借款网络公司（Mortgage Lenders Network）提供了信用额度。③ 在收购第一富兰克林金融公司之后不久，这两家公司都停止了运营。④

直到 2006 年 9 月，美林的一位分析师发出警告称，次级抵押贷款资产的市场需求将很快枯竭并可能导致公司收入突然缩水，但是美林仍然没有打算退缩。⑤ 因为该评估与公司的策略不相符，所以美林什么也没有做。最后，在 2006 年底，金指示他的工作人员在整个公司内削减信用风险。⑥ 但这为时已晚。整个体系的规模已经太大了。

---

① Presentation to the Merrill Lynch Board, "Leveraged Finance and Mortgage/CDO Review," p. 23; Jeff Kronthal, former head of Merrill Lynch's Global Credit, Real Estate and Structured Products, interview by FCIC, September 14, 2010.
② Al Yoon, "Merrill's Own Subprime Warnings Unheeded," Reuters, October 30, 2007.
③ EC, "Risk Management Reviews of Consolidated Supervised Entities," internal memo to Erik Sirri and others, February 2, 2007, p. 3.
④ EC, "Risk Management Reviews of Consolidated Supervised Entities," internal memo to Erik Sirri and others, February 2, 2007, p. 1.
⑤ Yoon, "Merrill's Own Subprime Warnings Unheeded."
⑥ Kim, interview.

监管机构："过度集中的风险正在加剧吗？"

正如已经发生的那样，当面对非传统抵押贷款准则的相关问题时、在处理快速变化的结构性金融市场之时，监管机构未能及时采取措施。他们错失了关键的机会。2003年1月2日，在安然公司倒闭一年之后，美国参议院常设调查小组委员会指示美联储、美国货币监理署和美国证券交易委员会"立即就那些和美国公共公司一起参与复杂结构化金融产品的银行和证券公司起草一份综合审议报告以鉴别那些结构化金融产品、交易或者那些助长美国公司在其财务报表中利用欺骗性账户交易的行为"。截至2003年6月，小组委员会建议以上机构颁布一份"可以接受与不可接受的结构化金融产品和交易及其行为"的联合准则。① 四年之后，银行机构与美国证券交易委员会共同颁布了他们"关于高风险复杂结构性融资活动的稳健做法的联合声明"，该文件共有9页。②

在随后的几年中，2003年到2007年，银行机构和美国证券交易委员会公布了两份草案以征求公众意见。2004年的草案发布于美国货币监理署、美联储和美国证券交易委员会对花旗集团和摩根大通采取制裁之后，而之所以制裁花旗集团和摩根大通，是因为他们帮助安然公司操纵其资产负债表。2004年草案的重点在于金融机构在管理其结构性金融业务方面所应有的政策和程序。③ 这主要是为了避免安然事件的再一次发生，而正是出于这个目的，这一声明鼓励金融机构防范那些像安然一样的客户，那些试图利用结构性交易来规避监管或财务报告分析要求、逃税或者从事其他非法或不当行动的客户。

行业集团批评称，该草案的范围太广，过于具体且冗长不堪。一些人说，该草案覆盖了太多的金融结构性产品，甚至包括了那些不具有法律或者名誉风险的产品。还有人说："将结构性金融产品法律化会破坏市场，同时不管是在美

---

① Senate Permanent Subcommittee on Investigations, Fishtail, Bacchus, Sundance, and Slapshot: Four Enron Transactions Funded and Facilitated by U. S. Financial Institutions, 107th Cong., 2nd sess., January 2, 2003, S-Prt 107-82, pp. 36-37.
② "Interagency Statement on Sound Practices" (Notice of final interagency statement), January 5, 2007 (see n. 4, above).
③ Office of the Comptroller of the Currency, Treasury; Office of Thrift Supervision, Treasury; Board of Governors of the Federal Reserve System; Federal Deposit Insurance Corporation; and Securities and Exchange Commission, "Interagency Statement on Sound Practices Concerning Complex Structured Finance Activities" (Notice of interagency statement with request for public comments), May 13, 2004.

国还是在国外，会在复杂的结构性金融产品市场中，使美国的金融机构处于不利的竞争地位。"①

两年之后，2006年5月，这些机构又公布了一份删减后的草案，该草案着重反映了"以原则为基础"的监管方式，并再次征求公众意见。其中大部分要求都与2003年美国货币监理署和美联储对花旗和摩根大通采取行动时所做出的要求类似。②

当监管机构在2007年1月颁布最终方案的时候，这一次行业表现得比较支持。其中一个原因是抵押担保证券和担保债务凭证都被排除在外了，"大多数的结构性金融交易，例如标准的公共抵押担保证券和涉及普通掉期衍生产品或者担保债务凭证的对冲型交易对金融市场中的参与者而言都很熟悉了，也拥有健全的跟踪记录，同时一般也没有被作为（复杂结构性金融交易）最终声明的目标对象"。③这些例外在监管机构收到草案修改意见之后就已经被加上了。

监管机构已经注意到了担保债务凭证和信用违约掉期的潜在风险。在2005年银行监管联合论坛上，巴塞尔委员会发布了关于这些产品的一份综合性报告，该论坛囊括了来自全球各地的银行业、证券业和保险业监管机构。该报告的主要注意力在于银行和其他涉及担保债务凭证和信用违约掉期业务的公司是否了解他们所承担的风险。报告建议这些公司确保他们了解评级公司模型的本质，特别是对担保债务凭证的评级。同时报告还建议公司确定他们的交易对手从哪里购买信用保险——例如美国国际集团或金融保障公司——以便在需要的时候能够起到很好的保护作用。④

监管机构还称，他们已经对担保债务凭证和衍生产品市场进行了深度研究，对于"过度的集中的风险正在加剧吗"这一问题，答案是：或许没有。监管机

---

① Office of the Comptroller of the Currency, Treasury; Office of Thrift Supervision, Treasury; Board of Governors of the Federal Reserve System; Federal Deposit Insurance Corporation; and Securities and Exchange Commission,"Interagency Statement on Sound Practices Concerning Complex Structured Finance Activities"(Notice of interagency statement with request for public comments), May 13, 2004, pp. 7 - 8.

② John C. Dugan, Comptroller of the Currency, written testimony for the FCIC, Hearing on Subprime Lending and Securitization and Government-Sponsored Enterprises (GSEs), day 2, session 2: Office of the Comptroller of the Currency, April 8, 2010, Appendix E: OCC Supervision of Citibank, N. A., p. 10.

③ "Interagency Statement on Sound Practices"(Notice of final interagency statement), January 5, 2007, p. 6.

④ Basel Committee on Banking Supervision: Joint Forum,"Credit Risk Transfer,"Bank for International Settlements, March 2005, pp. 3 - 4, 6 - 7, 5 - 10.

构认为，信用风险是"适中"的，而且单一险种金融担保机构也应该知道他们在做什么。①

（联合论坛关于风险评估与资本的工作小组）没有发现证据显示信用风险在"暗中积聚"。一些非银行公司，他们的主要业务模式就在于承担信用风险。这些公司中最重要的就是单一险种财务担保公司。其他市场参与者似乎对这种公司的本质非常了解。对于这种担保公司，信用风险总是他们的主营业务，同时他们也在获得相关专业知识方面投入颇多。虽然不能排除这些公司中的其中一家会遭受不可预知的问题或者对风险进行误判的潜在可能，但是，他们承担的风险主要集中在与自然灾害或者宏观经济相关的方面。同时显而易见的是，这些公司也受到监管机构、评级机构和市场的检验的制约。②

监管机构认为，行业参与者也似乎从早些时候担保债务凭证板块的表现中吸取了经验工作小组相信，对担保债务凭证的投资者而言，全面了解所涉及的信用风险而不仅仅依靠评级公司的评估是十分重要的。从很多方面来看，很多先前遭受损失、经历降级和注重潜在风险的担保债务凭证已经变得很受人欢迎了。③

穆迪："一切都与收入有关"

与其他市场参与者一样，作为三大评级机构之一的穆迪投资者服务公司，也被卷入了疯狂的结构性产品市场。抵押担保证券和担保债务凭证的分级结构标准是根据评级机构设定的准则而设置的；没有他们的模型和他们慷慨的AAA级评估，也不会有投资者对这些交易感兴趣了。2002年到2006年，穆迪的住宅抵押担保证券评级业务量翻了一倍；以美元衡量的商业价值从6200万美元飙升至1.69亿美元；对这些交易进行评级的雇员人数也增加了一倍。但是在同时期，

---

① Basel Committee on Banking Supervision: Joint Forum, "Credit Risk Transfer," Bank for International Settlements, March 2005, p. 4.
② Ibid.
③ Ibid, pp. 3–4.

担保债务凭证的评级数量增长了7倍，而雇员人数仅增加了24%。2003年到2006年，与担保债务凭证业务相关的年收入从1200万美元增长至9100万美元。①

当穆迪在2000年上市以后，投资人沃伦·巴菲特的伯克希尔·哈撒韦公司持有了其15%的股份。在穆迪进行了股票回购之后，伯克希尔·哈撒韦持有穆迪的流通股份额在2008年增至20%。截至2010年，伯克希尔·哈撒韦和其他三家投资人对穆迪的持股数总和超过了50.5%。当被问到他对穆迪的内控是否满意时，巴菲特回应调查委员会说，他对穆迪的管理一无所知。②"我什么也不知道，我从来没有去过穆迪，我都不知道穆迪在哪儿"。巴菲特说他之所以投资这家公司是因为评级公司的业务类似于"自然双头垄断"，评级公司拥有"很强悍"的定价权——"业务评估中的唯一决定因素就是定价权"。③

很多穆迪的前雇员说在穆迪上市之后，公司的文化就变了——"从以前类似大学学院(的文化氛围)变成现在唯利是图"，前执行经理埃里克·科尔钦斯基说。④在穆迪投资者服务公司前主席布莱恩·克拉克森的领导下，员工们开始对市场份额有了新的关注。1991年，克拉克森以住宅抵押贷款小组高级分析师的身份加入了穆迪，在经历连续数次的升迁之后，于2004年成为这家评级机构的联席首席运营官，并在2007年8月成为该公司的主席。⑤主管美国衍生品的前团队执行经理加里·威特描述了在克拉克森的领导下，公司文化的变迁："对于工作的猜想，我和约翰·卢瑟福（John Rutherford，前主席及首席执行官）的想法一样，'（在穆迪成为一家独立公司以后）我想通过重塑公司的企业文化从而大幅提高公司利润'，并且他也通过人事调整推动了这一进程，从这方面来说，卢瑟福成功了。同时这也是为什么布莱恩·克拉克森如昙花

---

① SEC, Office of Compliance Inspections and Examinations, "Examination Report to Moody's Investor Services, Inc.," p. 4 (examination begun August 31, 2007).
② Warren Buffett, testimony before the FCIC, Hearing on the Credibility of Credit Ratings, the Investment Decisions Made Based on Those Ratings, and the Financial Crisis, session 2: Credit Ratings and the Financial Crisis, June 2, 2010, transcript, p. 301.
③ Warren Buffett, interview by FCIC, May 26, 2010; Buffett, testimony before the FCIC, June 2, 2010, transcript, p. 302.
④ Eric Kolchinsky, written testimony for the FCIC, Hearing on the Credibility of Credit Ratings, the Investment Decisions Made Based on Those Ratings, and the Financial Crisis, session 1: The Ratings Process, June 2, 2010, p. 2.
⑤ Brian Clarkson, interview by FCIC, May 20, 2010.

一现……他是让企业文化向市场份额看齐的推动者"。① 负责整合穆迪内部历史资料的前执行经理杰罗姆·冯斯也同意这样的说法:"主要的问题是……公司过于注重市场份额和收入,特别是在结构性产品领域,克拉克森的野心(他们更愿意以其他的方式)使得他用公司的名誉去换取短期的利润"。②

穆迪公司主席和首席执行官雷蒙德·麦克丹尼尔(Raymond Mcdaniel)不同意这样的评价,他告诉调查委员会,在公司分拆上市之后他并没有看到文化上出现什么"特别的不同之处"。③ 克拉克森也对这种评价发表了不同看法,他说即使是在公司还未处于独立运营的时候,市场份额对穆迪也很重要。 他解释道:"他认为穆迪从邓白氏集团分离出来之前……有些提不起精神,公司学术化氛围如在象牙塔里一样的说法……是不正确的。 我认为(象牙塔)是一种误称,我认为穆迪一直专注于它的业务"。④

克拉克森和麦克丹尼尔也强烈反对所谓穆迪因为专注市场份额而导致评级质量下降的说法。 克拉克森告诉调查委员会,如果出于"正当原因",那么穆迪就算失去了生意,也没有关系:"如果因为分析或信用原因而放弃一笔交易,无可厚非。 但如果是因为缺乏交流,不够透明,不拿起电话去和别人沟通,这就有问题了"。⑤ 麦克丹尼尔引用不可预知的市场环境作为一个原因,他认为模型没有准确地预测信用质量。⑥ 他向调查委员会作证说:"我们相信自己的评级在发布之时代表了我们最佳的观点。 当得到最新的信息,我们会根据最新信息和我们对房地产市场的了解调整自己的判断,我认为我们对评级做出了最合理的调整"。⑦

尽管如此,根据和他共事过的人说,对于合规,这位穆迪的总裁似乎就没有像对市场份额和利润那样热情了。 前穆迪首席合规官斯科特·麦克里希(Scott McClesky)向调查委员会讲述了一段往事,当时穆迪刚刚公布了巨额的收

---

① Gary Witt, interview by FCIC, April 21, 2010. John Rutherford was the president and CEO of Moody's Corporation from the time of its spin-off from Dun & Bradstreet in 2000 until he retired from the firm in 2005.
② Jerome Fons, interview by FCIC, April 22, 2010.
③ Raymond McDaniel, interview by FCIC, May 21, 2010.
④ Clarkson, interview.
⑤ Ibid.
⑥ McDaniel, interview.
⑦ Raymond McDaniel, testimony before the FCIC, Hearing on the Credibility of Credit Ratings, the Investment Decisions Made Based on Those Ratings, and the Financial Crisis, session 2: Credit Ratings and the Financial Crisis, June 2, 2010, transcript, pp. 203-204.

益，尤其是在抵押担保证券和担保债务凭证评级业务中收益颇丰，他与克拉克森及其他董事会的成员在公布此喜讯之后共进晚餐。"当时克拉克森走到我面前，并当着所有人的面包括董事会成员直接对我说，'你们合规部这一季度带来了多少收入？没有，一分钱都没有'，他在董事会面前这样说，只是为了显示他是如何有恃无恐，对他而言，只关心收入"。①克拉克森告诉调查委员会，他不记得这段对话并称，"在我看来合规管理是一项非常重要的工作"。②

根据穆迪前雇员的反映，克拉克森的管理方式让他们透不过气来，没有机会去讨论或表达不满。威特把克拉克森比喻为穆迪的"独裁者"，他还说，如果克拉克森让一个员工去做什么事，"你要么按他的办，要么卷铺盖走人"。③"当我在1997年底加入穆迪的时候，分析师最害怕的就是对所分配任务做出错误的评级"，前高级副总裁马克·弗洛巴（Mark Froeba）向调查委员会证实了这一点。"当我离开穆迪以后，一位分析员最害怕的就是他或者她被选出来去做损害穆迪市场份额的事情"。④克拉克森否认了自己"强权式"的管理风格，同时他的上司雷蒙德·麦克丹尼尔告诉调查委员会说，克拉克森是一位"称职的经理"。⑤

前团队执行经理加里·威特回想起当时他每个月都会收到一封来自克拉克森的邮件，"上面列出了我所负责领域的基本市场份额……我相信这上面列出了我们已做成的交易，同时还会列出那些在我负责业务范围内，由标准普尔或者惠誉完成的交易。有时，我还必须口头发表评论或者甚至写一份书面的报告……你知道的，比如这些交易（我们没做的）的内容，我们为什么没对其进行评级。所以你也看出来了，很明显市场份额对他而言很重要"。威特承认他作为一个经理所感到的压力，"当我是分析员的时候，我只会去想如何把交易完成好……一旦我（被提升为执行经理）需要满足预算，我要付别人工资，我就开始从更全面的视角来看问题了。我开始意识到，没错，我们有股东，而且没错，他们也理应挣到钱。首先，我们得把评级做好，这是最重要的事情；但是你也得考虑

---

① Scott McCleskey, interview by FCIC, April 16, 2010.
② Clarkson, interview.
③ Witt, interview.
④ Mark Froeba, testimony before the FCIC, Hearing on the Credibility of Credit Ratings, the Investment Decisions Made Based on Those Ratings, and the Financial Crisis, session 3: The Credit Rating Agency Business Model, June 2, 2010, transcript, p. 347.
⑤ Clarkson, interview; McDaniel, interview.

市场份额"。①

早在2001年，在评估职员的表现方面，克拉克森对市场份额的强调就已经很明显了。2001年7月，克拉克森让下属传阅了一份电子表格，其上列出了49位分析员及其"评级"或者"未评级"的交易数量和金额。

克拉克森指示说："你应该用这种绩效考核方式提醒所有人，告诉他们，与其他同事相比，他们所处的位置在哪里。"②执行经理（监督分析师对交易进行评级）的收入包括：基本工资、奖金和股票期权。他们的业绩目标主要基于以下几个方面：市场范围、收入、市场推广（包括演讲和宣传）、评级质量和分析工具的开发，其中只有一项无法在奖励和分发奖金时实时评估：评级质量。对于一项已经评级的资产，可能要花好几年的时间才会发现其评级的资产表现与预期的表现不一致。

2006年1月，一位主管衍生品的经理列举了他在2005年绩效评估中最重要的一些成就。在单子的最上方写着："在担保债务凭证的企业现金流板块维护了我们的市场份额……在我看来，我们只错失了一笔来自美国银行关于担保贷款凭证的交易，我们无法对该担保贷款凭证进行评级，因为它的结构实在是太诡异了（原文如此）"。③

2007年秋，一封内部传阅的邮件为证明穆迪强调市场份额提供了更多的证据。在这期间，对结构性金融市场的降级也在四处弥漫。主管美国衍生品的集团执行经理吉泽有里（Yuri Yoshizawa）要求她团队的执行经理们就市场份额由98%降至94%做出解释。④

尽管如此明显地强调市场份额，克拉克森仍告诉调查委员会说："对任何一位执行经理而言，最重要的是可信度……以及评级的表现。"⑤ 穆迪的主席和首席执行官麦克丹尼尔进一步说："我不认为我们在追求市场份额。我们关注我们的市场地位……而评级的质量使评级能够反映最佳的预测内容、预测状态，这

---

① Witt, interview; Gary Witt, testimony before the FCIC, Hearing on the Credibility of Credit Ratings, the Investment Decisions Made Based on those Ratings, and the Financial Crisis, Session 3: The Credit Rating Agency Business Model, June 2, 2010, transcript, p. 394.
② Brian Clarkson, email to Ed Bankole, Pramila Gupta, Michael Kanef, Andrew Kriegler, Sam Pilcer, Andrew Silver, and Linda Stesney, subject: "June YTD AFG by analyst. xls," July 5, 2001.
③ William May, email to Gus Harris, subject: "RE:BES and PEs," January 12, 2006.
④ Yuri Yoshizawa, email to direct report managing directors, subject: "3Q Market Coverage – CDO," October 5, 2007.
⑤ Clarkson, interview.

才是最高目标。"①

无论麦克丹尼尔还是克拉克森试图去解释什么，一些职员还是目睹了公司对市场份额的强调。前团队执行经理威特回想起当时还在穆迪任职时的"确凿证据"，那是在2007年第三季度，穆迪的管理层和其他执行经理的一次"全体大会"期间，也是在穆迪已经宣布对抵押贷款相关证券大幅降级之后。② 在麦克丹尼尔做了关于下一年穆迪财政前景预测的报告后，其中一位执行经理回应道："雷蒙德，听到你说你相信这间屋子里的人每个人的脑子里首先想到的都是今年余下时间的财政前景，我觉得很有趣……我认为我们把更多的关注放在了经营状况上面。"他还说道，"我认为这间屋子里的人更为担心的是……以及分析员所焦虑的是评级将会何去何从，其前景如何……尤其是我们正在面临的严峻的评级转变情况……对未来及评级准确性的不确定"。③ 威特回忆说："穆迪的名声已经变得一片狼藉；这些站在这里的人，他们甚至都不以为然……他们表现得好像什么事情都没有发生一样，即便现在事情已经发生了……这让我越发明白……他们只关心短期的赢利能力"。④

在2007年10月发给麦克丹尼尔的一份内部备忘录中，在标题为"利益冲突：市场份额"的章节中，首席信用官安德鲁·金博尔（Andrew Kimball）解释说："穆迪已经设置了安全措施，防止团队通过降低标准的方式来轻易地解决市场份额的问题。"但是他发现这些保护措施远远不足以防止风险发生，他在两个方面给出了具体的解释。首先，"评级是由委员会委托的，而不是个人（然而，整个委员会、整个部门都容易受到市场份额目标的影响）"。其次，"评级的方法和标准已经公开了，并对评级委员会的裁决权设定了界限（然而，往往在这些界限中又有充足的自主权且足以对市场施加影响）"。⑤

此外，自负加上市场份额的压力，可能会阻碍穆迪开发新模型或者更新它的假设条件，正如金博尔所写："公司常常把过去取得的成功归结为他们充满竞争力和评级程序非常完善，而不是一连串好运的结果……24年来我们对住宅抵押

---

① McDaniel, interview.
② Witt, testimony before the FCIC, June 2, 2010, transcript, pp. 456−457.
③ Moody's Investors Service: Managing Director's Town Hall Meeting, September 11, 2007, transcript, pp. 42, 51−52.
④ Witt, interview.
⑤ Andrew Kimball, internal email, October 21, 2007, attaching memorandum, "Credit policy issues at Moody's suggested by the subprime/liquidity crisis." The susceptibility of a ratings committee to external pressures was shown in the constant proportion debt obligation (CPDO) scandal in Europe.

担保证券的成功评级，可能导致经理们只需对现有的系统进行微调——使系统更高效、更具赢利能力、成本更低以及更加全能。微调往往不能带来成功；事实上，只会使成功离我们更远。"①

如果客户对评级不满意，他可能会从其他评级机构得到更好的评级。这些机构能从评级交易中获利，事实上，只有当他们的评级被发行人接受才能得到报酬。所以压力来自两个方面：公司内部对增加市场份额的要求以及来自发行机构和投资银行家的直接需求，他们只想得到更好评级。②

穆迪副总裁和高级信用官，理查德·米夏勒克（Richard Michalek）向调查委员会作证说，"丢失业务给竞争对手的风险，即使是不自觉的，也绝对会打破平衡：使一位独立的风险裁决人变为一个被俘的风险转移推动者"。③ 威特对此表示同意。当被问及投资银行是否会经常以得不到满意的评级就停止业务相威胁时，威特回答说："天哪，你在开玩笑吗？ 我的意思是，这都是司空见惯的啊，我想说的是，他们一直都在威胁我们……就像这样，'好吧，下次我们就和惠誉和标普合作了'。"④克拉克森也证实，对于发行机构对穆迪的员工施压"听到别人这样说（指那些投行），我一点都不会感到奇怪"。⑤

前执行经理冯斯表示，在应该坚守原则时，穆迪却百依百顺："穆迪知道他们开始向来自银行的压力屈服了，这些压力来自投资银行和其他证券发行机构……穆迪允许自己被威胁。因为，你也知道，他们也想参与这个游戏……他们本来也可以站直了腰板说，'对不起，我们不做了，我们不会在这上面签字，我们要保护投资人，我们不干了……你知道，我们要保全自己的名声，我们不会对这些担保债务凭证评级，也不会对这些次级住宅抵押担保证券评级'。"⑥

金博尔在他 2007 年 10 月的备忘录中详细写道：

---

① Andrew Kimball, internal email, October 21, 2007, attaching memorandum, "Credit policy issues at Moody's suggested by the subprime/liquidity crisis." The susceptibility of a ratings committee to external pressures was shown in the constant proportion debt obligation (CPDO) scandal in Europe, p. 3.
② Richard Michalek, testimony before the FCIC, Hearing on the Credibility of Credit Ratings, the Investment Decisions Made Based on Those Ratings, and the Financial Crisis, session 3: The Credit Rating Agency Business Model, June 2, 2010, transcript, p. 361.
③ Ibid.
④ Witt, interview.
⑤ Clarkson, interview.
⑥ Fons, interview.

理想情况下，竞争应该以评级的质量为基础，要价居第二位而服务应该处于第三位。

不幸的是，在这三个竞争因素中，评级质量在测定业绩的长尾中被证明是最无力的……真正的问题不是市场忽视了评级质量，而是在市场的一些部门中，通过奖励将最低级别信用产品提高到最高级别的评级，恶化了实际评级质量。毫无疑问，以此为基础的（信用评级机构之间的）竞争将导致整个系统处在危险当中。出人意料的是严格的评级质量基本得不到响应，这是因为：发行商想得到高信用评级；投资者不希望已投资产品的信用评级降级；银行家在与评级机构博弈，以谋求在评级执行过程中增加额外的几个点。①

穆迪的员工们告诉调查委员会，投资银行家给他们施加微妙压力的一个策略是要求在很短的时间内完成交易评级。曾负责监督担保债务凭证评级的埃里克·科尔钦斯基回忆了某个担保债务凭证评级的例子："这笔交易的问题是银行家们几乎没有给我们任何通知、任何文件以及时间去分析，而这笔交易对于我们的市场份额至关重要……因为银行家们知道我们不会拒绝，由于市场份额的原因我们不会放弃交易，他们正是利用了这一点"。② 对于这项担保债务凭证交易，那些银行家们只给了我们三到四天的时间进行审查并最终做出评估。科尔钦斯基在向吉泽有里发送的电子邮件中写道，这些交易"给我们的时间极其有限"。③ 在房地产泡沫达到顶峰之前，信用评级机构一般要花费6周甚至2个月的时间去对一个担保债务凭证进行评级。④ 到了2006年，科尔钦斯基描述了担保债务凭证部门与以往完全不同的情况，"银行家们变得更加强势，因此担保债务凭证部门由原本安静的小部门变成了日夜不停的工作机器"。⑤ 2006年，穆迪平均每个工作日都要给30多只抵押债券授予AAA评级。⑥

这样的压力可以从2006年4月负责瑞士信贷合成担保债务凭证交易的执行经理给吉泽有里的邮件中看出来，信中说，"如果我们不能让评级交易变得既快

---

① Kimball, memorandum, "Credit policy issues at Moody's," p. 1.
② Eric Kolchinsky, testimony before the FCIC, Hearing on the Credibility of Credit Ratings, the Investment Decisions Made Based on Those Ratings, and the Financial Crisis, session 1: The Ratings Process, June 2, 2010, transcript, pp. 68 –69.
③ E Kolchinsky, email to Y Fu and Y Yoshizawa, May 30, 2005.
④ Kolchinsky, testimony before the FCIC, June 2, 2010, transcript, pp. 68 –69.
⑤ Eric Kolchinsky, interview by FCIC, April 14, 2010.
⑥ FCIC 基于穆迪 SFDRS 数据库做出的估计。

又令人满意,那么我将面临一个重大的政治问题。即使我一直向投资者解释结算要遵守穆迪的时间表,但是他们总是充耳不闻"。①

金博尔在2007年10月的备忘录中描述了所有的外部压力:"分析师和执行经理们不断被银行家们、发行商及投资者游说,所有人都有正当的理由,而且他们的观点能够影响信用级别的判定,有时候会提高评级,有时候会降低评级(我们'被洗脑了')。再加上评级公司内部对市场份额和赢利的过分关注,的确构成了对评级质量的'威胁'"。②

美国证券交易委员会在2007年就信用评级机构对抵押担保证券和担保债务凭证的评级进行了调查,2008年7月向穆迪公司提交了调查报告。证券交易委员会就诸多问题对穆迪提出了批评,其中包括没有对抵押贷款信息的准确性进行验证,而将这项工作留给了调查公司和其他各方;没能够保留大多数交易的评级记录;评级质量因抵押担保证券交易的复杂性增加而下降;没有雇用充足的评级工作人员;在未经充分审核的前提下推出评级报告;没有披露对抵押担保证券和担保债务凭证的评级过程;纵容利益相关者影响评级的决策。③

这些问题都出现在2007年,就像一台机器一直在平稳地运转,随后齿轮一个接着一个地滑落了——直到完全停业运转。

调查委员会结论

调查委员会认为,信用评级机构并没有履行它们的核心使命,没有通过提供准确的评级信息达到保护投资者利益的目的。它们没有发现房地产及抵押部门出现严重问题的众多警示信号。调查委员会在该领域选取的调查对象穆迪公司使用过时的分析模型,并继续使用其发布与抵押证券相关的评级报告,而没有进行必要的调整。证券的发行公司通过向信用评级机构付费获得评级的商业模式严重损害了评级的质量和诚信;评级机构更加重视市场占有率和利润而不是评级的质量和诚信。

尽管从2006年开始,房地产市场趋于平缓并最终下跌,但是担保债务凭证

---

① Riachra O'Driscoll, email to Yuri Yoshizawa, subject: "Magnolia 2006-5 Class Ds," April 27, 2006.
② Kimball, memorandum, "Credit policy issues at Moody's," p. 2.
③ SEC, Office of Compliance Inspections and Examinations, "Examination Report for Moody's Investors Services, Inc.," p. 2.

的证券化、双重担保债务凭证以及合成担保债务凭证却没有减少，而且在房地产泡沫破灭后极大地扩大了损失的风险敞口，并进一步加剧了对金融系统和经济的影响。

在此期间，投机者基于对房地产市场前景的判断，对合成担保债务凭证需求增加，助长了市场的发展。合成担保债务凭证的经理们面临潜在的利益冲突，有些人认为抵押债券的借款人会继续进行偿付，而另一些人则认为房地产市场将要垮掉。

抵押贷款相关证券的承销商也要面对潜在的利益冲突，从某种程度上说，除了做市商的角色以外，他们还需要从自营交易出发卖空这些金融产品。

第十一章

泡沫破裂

当泡沫破裂时会发生什么？ 2007年初，曾经一度繁荣的一些地区的房价呈现出明显下跌的趋势。 抵押贷款发起机构的日子变得日益艰难，越来越多的家庭，尤其是申请次级和次优级贷款的家庭，开始无力承担他们的债务。

暂时尚不明朗的是，房地产危机会对金融体系（对泡沫的膨胀起了推波助澜的作用）带来什么影响。 所有的这些抵押担保证券和担保债务凭证会成为全球各大金融机构资产负债表上的定时炸弹吗？ "人们关注的是如果人们……不能对这些资产进行估值，这将会带来……对这些公司的偿付能力问题的质疑"，现任纽约联邦储备银行主席威廉·达德利(William Dudley)对调查委员会说。[1]

在理论上，证券化、场外衍生工具以及影子银行系统等众多手段被认为可以有效地分散投资者的风险。 然而这个理论将被证明是错误的。 抵押担保证券的大部分风险实际上已经落在了那些对整个金融系统具有重要影响的公司身上，这些公司持有大量担保债务凭证的超高级和AAA级分层。 这些公司将最终蒙受巨大损失，尽管那些投资曾经被认为绝对安全。

2007年，随着不断增多的抵押贷款拖欠和违约迫使评级机构首先下调了抵押担保证券的评级，紧接着又下调了担保债务凭证的评级。 惶恐的投资者致使这些产品的价格一落千丈。 面对回购贷款人追加保证金的要求，对冲基金被迫以低价出售这些产品；很多对冲基金被迫倒闭。 银行也减记了其所持衍生品数百亿美元的账面价值。

2007年夏，许多证券化市场几乎停止运行，其中也包括了非机构抵押担保证券市场。 例如，次级证券化产品在2007年第二季度的发行总额为750亿美元（已

---

[1] William Dudley, interview by FCIC, October 15, 2010.

经较前几个季度有所下降）。在第三季度这一数字急剧下降至 270 亿美元，到了第四季度仅为 120 亿美元。次优级分层第二季度的发行额突破了 1000 亿美元，但在第四季度骤降至 130 亿美元。曾经的繁荣一去不返——2008 年上半年只发行了 40 亿美元的次级或次优级抵押担保证券，之后就几乎再无任何交易。[1]

担保债务凭证也经历了同样的命运。包含抵押担保证券的担保债务凭证，其发行额从 2007 年第一季度最高时的 900 多亿美元骤降至第三季度的 290 亿美元，第四季度的发行额仅为 50 亿美元。由于担保债务凭证市场趋于瘫痪，投资者不再信任任何结构化产品。[2] 2007 年，共有超过 800 亿美元的担保贷款凭证，或证券化的杠杆贷款发行；而 2008 年的发行量仅为 100 亿美元。商业房地产抵押贷款支持证券的发行额从 2007 年的 2320 亿美元暴跌至 2008 年的 120 亿美元。[3]

那些从 2007 年动荡中幸免的证券化市场，最终由于危机在 2008 年进一步深化而遭到重创。汽车贷款、信用卡、小企业贷款和设备租赁的证券化产品在 2008 年第三、四季度都几乎停止发行。

违约："房地产市场的转折"

2005 年全国住房价格上升了 15%，这是连续第三年保持了两位数增长。但是截至 2006 年春季，销售增长的步伐开始放缓，售罄市场上所有房屋所需要的时间（以月计算）达到 10 年来的最高水平。从全国范围来看，住房价格在 2006 年 4 月达到顶峰。

2006 年春季，联邦开放市场委员会讨论了住房价格的问题。联储主席伯南克会同其他委员预测住房价格将出现下跌，但对下跌的速度（快慢）并不确定。伯南克认为房地产市场的一些调整将是良性的，以及联邦开放市场委员会的目标应该是确保房地产市场的回落不会过度影响经济的整体增长。[4]

2006 年 10 月，随着住房市场的持续低迷，穆迪投资者服务公司的一个商业分支部门——穆迪经济网，发布了其首席经济学家马克·赞迪撰写的报告——

---

[1] Inside Mortgage Finance, *The 2009 Mortgage Market Statistical Annual*, Vol. 2, *The Secondary Market* (Bethesda, Md.: Inside Mortgage Finance, 2009), p. 13, "Non-Agency MBS Issuance by Type."

[2] FCIC staff estimates based on Moody's CDO Enhanced Monitoring System (EMS) database.

[3] *2009 Mortgage Market Statistical Annual*, 2:373, "Commercial MBS Issuance."

[4] Ben S. Bernanke, chairman of the Federal Reserve, letter to Phil Angelides, chairman of the FCIC, December 21, 2010.

《住房价格的临界点：对美国住宅房地产市场的展望》。他得出以下结论：

> 全国近20个城市的房价将发生崩盘；房价将以两位数的速度从峰值开始下跌……预计以下地区的房价将大幅下跌：沿佛罗里达州西南海岸地区、亚利桑那州和内华达州的都市地区、加利福尼亚的一些地区、整个大华盛顿地区、华盛顿特区以及底特律周边地区。预计大多数都市地区的房价只会经历回归性调整，价格从峰值到谷底的降速将保持在个位数……需要注意的是其他市场价格的下降趋势将会持续到2008年，甚至到2009年。
>
> 由于超过100个城市地区的住房价格已经或即将下跌，而这些地区的存量住房占全国总存量的近一半，因此其价格的下跌势必引起全国房价下降。事实上，全国房价将在2007年下跌的可能性很大。[1]

2007年，美国全国房地产经纪人协会宣布，现房销售数量经历了25年来的最大跌幅。当年住房价格下降了9个百分点。2008年房价的下降幅度将会达到惊人的17%。总体而言，截至2009年底，与2006年的峰值的相比，房价将累计下跌28%。[2] 其中一些城市的房价下跌比较严重：2010年8月，拉斯维加斯的住房价格与峰值相比累计下跌了55%。一些从来没有经历房价大幅上涨的地区也遭到了连累：丹佛的房价已经较高峰时期下跌了18%。

在一些地区，住房价格早在2005年底就已经开始下跌。例如，新泽西州的海洋城，当地多为度假别墅，其住房价格自2001年以来累计上涨了144%；当地房价在2005年12月达到顶峰，并在2006年上半年下跌了4%。截至2010年中期，当地房价与峰值相比已经下跌了22%。2005年10月，萨克拉门托市（Sacramento）的房价就已经达到顶峰，截至目前已经累计下跌近50%。在大多数地方，价格上涨的时间更久一些。例如，亚利桑那州图森市（Tucson, Arizona），当地房价在2006年的绝大部分时间里都在上涨，从2001到2006年8月的最高点，累计上涨了95%，然后到年底仅下跌了3个百分点。[3]

---

[1] Mark Zandi, Celia Chen, and Brian Carey, "Housing at the Tipping Point," Moody's Economy.com, October 2006, pp. 6–7.

[2] CoreLogic Home Price Index, Single-Family Combined (available at www.corelogic.com/Products/CoreLogic－HPI.aspx), FCIC staff calculations, January to January.

[3] CoreLogic Census Bureau Statistical Area (CBSA) Home Price Index, FCIC staff calculations.

住房市场崩盘的最初迹象之一，是早期支付违约（通常被定义为借款人在借款的第一年出现 60 天及以上的拖欠）的上升。调查委员会掌握的数据显示，截至 2006 年夏天，发放不超过一年的贷款中 1.5% 出现违约。2007 年底，违约率达到了 2.5% 的峰值，远远高于 2000 年经济衰退时的 1%。更令人惊叹的，首次支付违约（借款人对其申请的抵押贷款一次都没有偿付）在 2007 年初达到了贷款总额的 1.5% 以上。① 作为对上述有关数据问题的回应，房地产研究机构科洛捷（Corel logic）首席经济学家马克·弗莱明（Mark Fleming）告诉调查委员会，早期支付违约"与次优级和次级抵押贷款的份额增加、住房市场的转向以及这些贷款产品的敏感度有一定关联"。②

严重抵押贷款违约（被定义为逾期 90 天或以上天数未偿，或是已经丧失抵押品赎回权），在 21 世纪前十年的早期一直在 1% 上下波动，从 2006 年开始上升并不断增长。截至 2009 年底，9.7% 的抵押贷款严重违约。相比之下，在 2002 年由于上次经济衰退导致的严重支付违约率在最高时仅为 2.4%。③

那些住房市场曾经最为繁荣的地区，其拖欠率也是最高的。在"沙州"——加利福尼亚、亚利桑那、佛罗里达和内华达——严重拖欠率在 2007 年中期上升到 3%，在 2009 年底更是高达 15%，为其他地区的两倍（如图 11-1 所示）。④

不同类别贷款的违约率严重程度也各不相同（如图 11-2 所示）。次级可调息抵押贷款的严重违约率从 2006 年初就开始上升。截至 2009 年末，次级可调息抵押贷款的违约率为 40%。直到 2007 年，优质可调息抵押贷款与次级固定利率抵押贷款才同时开始走弱；历史上风险最小的优质固定利率抵押贷款的严重违约率伴随 2008 年逐步严重的萧条和失业率同步出现较慢的增长。

调查委员会进行了大量的测试，比较了由政府支持企业购买或担保的抵押贷款、私人市场证券化的抵押贷款以及那些由联邦住房管理局或退伍军人管理局提供担保的抵押贷款之间的表现（如图 11-3 所示）。该研究对 2006 年

---

① Data provided by Mark Fleming, chief economist for CoreLogic, in his written testimony for the FCIC, Hearing on the Impact of the Financial Crisis—Sacramento, session 1: Overview of the Sacramento Housing and Mortgage Markets and the Impact of the Financial Crisis on the Region, September 9, 2010, figures 4, 5.

② Mark Fleming, testimony before the FCIC, Hearing on the Impact of the Financial Crisis—Sacramento, session 1: Overview of the Sacramento Housing and Mortgage Markets and the Impact of the Financial Crisis on the Region, September 9, 2010, transcript, p. 14.

③ Mortgage Bankers Association, National Delinquency Survey, data provided to the FCIC.

④ ibid. 根据 FCIC 的计算。

亚利桑那、加利福尼亚、佛罗里达和内华达州的"沙州"贷款违约问题最为严重。

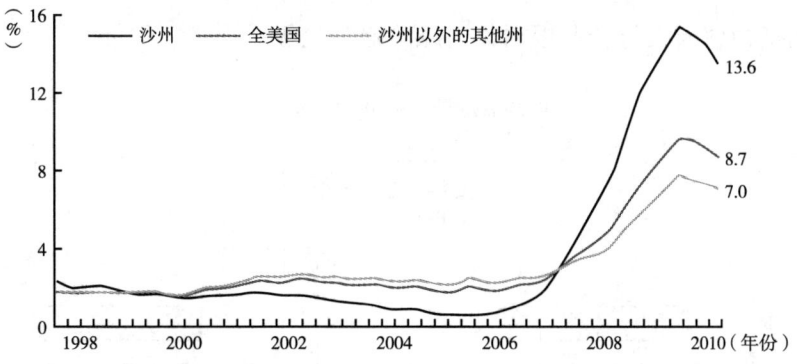

图 11-1　各地区抵押贷款违约率

说明：严重违约率包括 90 天及以上未偿还的抵押贷款以及丧失赎回权的贷款。
资料来源：Mortgage Bankers Association National Delinquency Survey。

相对于其他类型的贷款，次级调整利率贷款的违约比较严重，并且最早出现严重违约。

图 11-2　各类抵押贷款的违约率

说明：严重违约率包括 90 天及以上未偿还的抵押贷款，以及那些丧失赎取权的贷款。
资料来源：Mortgage Bankers Association National Delinquency Survey。

到 2009 年间，在每年年底偿还的 2500 万抵押贷款进行了分析。[1] 这些数据包含了 4 个类型的抵押贷款：出售给个性化证券由发行人标记为次级（标为 SUB）的贷款、出售给个性化证券机构的次优级贷款（标为 ALT）、由政府支持企业作为担保或购买的贷款（GSE）以及由联邦住房管理局或退伍军人管理

---

[1] FCIC staff analysis, "Analysis of housing data," July 7, 2010. The underlying data come from CoreLogic and Loan Processing Svcs. Tabulations were provided to the FCIC by staff at the Federal Reserve.

局担保的贷款(FHA)。① 在政府支持企业贷款组中，除了占大多数的一般性贷款，还包括由政府支持企业根据其高风险定为次级或次优级的贷款。

长方体表示严重违约率均值的分布。
中间50%
中间90%

2008年　　　　　　　　　　　　2009年

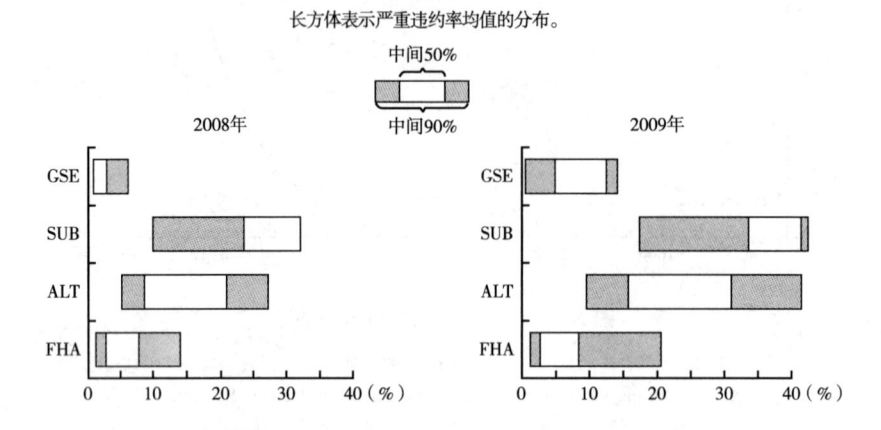

图11-3　抵押贷款市场不同类型贷款的表现

说明：严重违约率包括90天及以上未偿还的抵押贷款，以及那些丧失赎取权的贷款。
资料来源：抵押贷款银行家协会全国违约调查。

根据对贷款表现的不同影响，调查委员会对这4个大类又细分为不同的子类：FICO信用分数、贷款总额与房产价值比和贷款规模。例如，一个子类可以是政府支持企业贷款余额低于41.7万美元（按照政府支持企业贷款规模限制，FICO分数介于640~659，借款人的信用历史记录低于平均水平），贷款总额与房产价值比80%~100%。另一组可能是拥有相同特点的次优级贷款。每年这些贷款被分成576个不同子类——GSE、SUB、ALT以及FHA，每组各144个子类。②

图11-3对测试结果进行了生动的阐述。不同的长方体代表了每一大类贷款的不同违约率，这是通过对每个大类中144个子类的违约率计算得出的。每个长方体黑色部分代表的是平均违约率分布的中间50%（中值两侧各25%）。包含黑色和白色部分的整个长方体代表的是平均违约率分布的中间90%。长方体排除了两端各5%的极值。例如，在2008年底，GSE长方体黑色部分平均违约率的范围是从底部的0.6%到顶部的2.4%。GSE整个长方体的范围代表的平

---

① 次级和次优级抵押贷款是指那些包含在次级或次优级证券化中的贷款。GSE抵押贷款包括由房地美和房利美购买或担保的抵押贷款。联邦住房管理局（FHA）的抵押贷款包括由联邦住房管理局或退伍军人管理局提供担保的抵押贷款。
② 根据FCIC工作人员的分析。

均违约率是从 0.1% 到 6.0%。这表示 GSE 子类中只有 5% 的贷款平均违约率超过 6.0%。与之大不相同的是，SUB 的黑色部分的平均违约率从最低的 24.0% 到最高的 31.0%，而整个长方体的范围是 10% 到 32%。这意味着在本子类中只有 5% 的 SUB 贷款平均违约率低于 10%。GSE 子类中表现最差的 5% 的贷款，其严重违约率与 SUB 贷款中表现最好的 5% 相似。[1]

截至 2009 年底，市场中所有部门的表现都开始疲软。GSE 贷款违约率的中间值（黑长方体的中间点）从 2008 年的 1% 上升到 2.5%，SUB 贷款违约率的中间值从 29% 上升到 39%，次优级贷款从 12% 上升到 21%，FHA 贷款保持在 6% 左右。

该数据显示，2008 年到 2009 年，GSE 贷款的表现明显好于私人证券化，或非 GSE、次级和次优级贷款。如果把 GSE 子类资产池中的贷款与私人证券化抵押贷款中具有相同特点的贷款进行比较，如 FICO 信用积分较低的贷款，结论依然成立。例如，借款人 FICO 信用积分低于 660 分的私人证券化抵押贷款的严重违约率是 GSE 贷款的 4 倍。

2008 年，非 GSE 贷款与 GSE 贷款的平均违约率分别为 28.3% 和 6.2%。这可能是由承销标准的差异以及这些抵押贷款中尚未发现的差异造成的。[2] 例如，在 GSE 的资产池中，借款人往往需要缴纳更多的首付款。调查委员会的数据显示，FICO 信用积分低于 660 分的 GSE 贷款中有 58% 的贷款的原始贷款总额与房产价值比率低于 80%，表明借款人至少缴纳了 20% 的首付款。相对较高的首付比例有助于抵消 FICO 信用积分较低的影响。相比之下，FICO 信用积分低于 660 分的非 GSE 次级证券化贷款中只有 31% 的贷款的贷款价值比例低于 80%。这些数据说明，非机构证券化贷款中更可能存在多个危险因素，从而表现在所谓的风险分层中，例如较低的 FICO 信用积分列在低首付款分层之前。

---

[1] A recent analysis published by FHFA comes to very similar conclusions. See "Data on the Risk Characteristics and Performance of Single-Family Mortgages Originated from 2001 through 2008 and Financed in the Secondary Market," September 13, 2010.

[2] FCIC staff analysis, "Analysis of housing data and comparison with Ed Pinto's analysis," August 9, 2010. In the sample data provided by the Federal Reserve, Fannie Mae and Freddie Mac mortgages with a FICO score below 660 had an average rate of serious delinquency of 6.2% in 2008. In public reports, the GSEs stated that the average serious delinquency rates for loans with FICO scores less than 660 in their guarantee books was 6.3%. Fannie Mae 2008 Credit Supplement, p. 5; Freddie Mac Fourth Quarter 2008 Financial Results Supplement, March 11, 2009, p. 15.

政府支持企业的次优级抵押贷款的表现也明显好于那些打包成非政府支持企业证券的次优级抵押贷款。例如，2008年在贷款价值比率超过90%的贷款中，政府支持企业资产池中贷款的平均严重违约率为5.7%，而非政府支持企业次优级证券贷款的严重违约率高达15.5%。① 这些结果在很大程度上，也是由风险分层的差异所导致的。

其他人对此则有不同看法。曾在20世纪80年代担任房利美首席信贷官的抵押金融业顾问爱德华·平托（Edward Pinto）认为，政府支持企业主导了高风险贷款市场。在提交给调查委员会工作人员审查以及在一系列访谈中向委员提供的书面分析报告中，平托认为，FICO信用积分低于660分的政府支持企业贷款、组合贷款比率大于90%，或具有其他特征的抵押贷款，如只还息型贷款，基本上等同于那些被发行人标记为次级和次优级的证券化抵押贷款。

在忽略与抵押贷款表现部分相关风险分层（还需要依靠一些其他假设）的前提下，仅通过分析FICO信用积分和贷款总额与房产价值比率，平托估计，截至2008年6月30日，全美国抵押贷款总额（2670万）中的49%是高风险抵押贷款，可定义为次级或次优级。平托估计其中的1190万笔贷款，相当于贷款总额的45%，是由政府支持企业购买或担保的。② 相比之下，政府支持企业自己划分的次级或次优级抵押贷款只有不到300万笔。③

重要的是，调查委员会的审查表明，在平托的分析中那些被列为次级或次优级的政府支持企业贷款，并不像非机构证券中的次级或次优级贷款表现得那么糟糕。这些差异表明，将所有这些贷款都归为一类是一种误导。与平托的说法恰

---

① 在联邦储备提供的样本数据中，2008年房利美和房地美贷款与价值比率高于90%的抵押贷款，其平均严重违约率为5.7%。在公开报道中，GSE表示，它们担保账目中贷款与价值比率高于90%的抵押贷款，其平均严重违约率为5.8%。Fannie Mae 2008 Credit Supplement, p.5; Freddie Mac Fourth Quarter 2008 Financial Results Supplement, March 11, 2009, p.15.

② Edward Pinto, "Memorandum: Sizing Total Federal Government and Federal Agency Contributions to Subprime and Alt – A Loans in U.S. First Mortgage Market as of 6.30.08," Exhibit 2 with corrections through October 11, 2010 (www.aei.org/docLib/PintoFCICTriggersMemo.pdf). 0.267亿笔贷款中包括670万笔次级证券化贷款和210万笔次优级证券化贷款，共计880万笔次级贷款，平托分别称之为"自命"次级和次优级抵押贷款。他额外增加了他认为具有次级特点（信用分数低于660分）的880万笔贷款。他还增加了GSE中的630万笔贷款，这些贷款包括只偿付利息，和负摊销贷款以及任何贷款价值比率超过90%的第二次抵押贷款贷款，他是泛指具有"次优级的特点"的贷款。其中包括大约140万笔由联邦住房管理局和退伍军人管理局抵押比率大于90%的贷款（总共有大约550万笔联邦住房管理局和弗吉尼亚抵押贷款）以及银行投资组合中的130万笔贷款，他认为这些贷款具有"次优级贷款的特点"。

③ Fannie Mae 2008 Credit Supplement, p.5; Freddie Mac Fourth Quarter 2008 Financial Results Supplement, March 11, 2009.

好相反，一些具有高风险贷款特征的政府支持企业抵押贷款，如贷款总额与房产价值比率高的贷款，并不等同于那些被发行商标记为次级或次优级的证券化抵押贷款。调查委员会收集和分析的数据显示，与政府支持企业贷款风险特征相似的非政府支持企业证券化贷款的违约率明显偏高。

除了对政府支持企业持有或担保的贷款进行检查外，平托还对《社区再投资法案（CRA）》的作用提出了意见，声称，"《社区再投资法案》引起了无法估量的痛苦和困难"。①

与这种观点相反，两位美联储经济学家认定，为完成《社区再投资法案》要求的目标，只发放了少量的次级贷款。通过分析在2006年发起的1400万笔贷款，他们发现《住房抵押贷款披露法案》所界定的所有高成本贷款中只有很小的一部分与《社区再投资法案》有关。这些高成本贷款可多为次级抵押贷款。研究发现，只有6%的高成本贷款是银行和储蓄机构（及其附属公司和分支机构）依照《社区再投资法案》发放给了中低收入或居住在中低收入社区的借款人。其余94%的高成本贷款由两部分组成，一部分是由受《社区再投资法案》约束的机构发放的，而这部分贷款并没有从《社区再投资法案》获得信贷；另一部分是《社区再投资法案》约束范围之外的金融机构发放的。通过使用其他来源的数据，这些经济学家还发现，与《社区再投资法案》相关的次级抵押贷款表现得比其他的次级抵押贷款更好。"总之，现有的证据显示，《社区再投资法案》对当前的危机没有任何实质性的影响"，他们写道。②

随后的研究也得出了类似的结论。例如，旧金山联邦储备银行的两位经济学家，通过使用不同的方法和数据对加州抵押贷款市场进行分析后发现，在受《社区再投资法案》约束的机构发放的贷款中，只有16%发放给了中低收入者，相反《社区再投资法案》约束范围之外的独立抵押贷款机构有超过20%的贷款发放给了中低收入者。此外，即使在市场最繁荣时期，受《社区再投资法案》约束的机构在低收入社区中发放的贷款中，只有不到30%是高成本贷款。相比之下，独立抵押贷款公司在这些社区发放的贷款中，约有一半是高成本贷款。

---

① Edward Pinto, "Yes, the CRA Is Toxic," *City Journal* Autumn 2009.
② Neil Bhutta and Glenn Canner, "Did the CRA Cause the Mortgage Market Meltdown?" Federal Reserve Board of Governors, March 2009. The authors use the Home Mortgage Disclosure Act data, which cover roughly 80% of the mortgage market in the United States—see Robert B. Avery, Kenneth P. Brevoort, and Glenn B. Canner, "Opportunities and Issues in Using HMDA Data," *Journal of Real Estate Research* 29, No. 4 (October 2007):351–379.

通过对比这些贷款以及借款人的特点，如收入和信用评分，结果发现受《社区再投资法案》约束的机构向中低收入社区发放的贷款，其违约率是独立贷款抵押机构发放（与之相似的）贷款违约率的一半，这并不是《社区再投资法案》造成的，而是由于整体监管的缺失所致。"虽然还不能定论，但这表明《社区再投资法案》强调贷款应处在贷款人的评估范围内，有助于确保负责任的贷款发放，甚至是在承销标准整体下降的时期"，他们总结道。①

总体而言，在 2004 年、2005 年和 2006 年，受《社区再投资法案》约束的银行和储蓄机构所发放的抵押贷款占发放总额的 60% 以上，但它们所发放的高成本贷款只占高成本贷款总额的 36% 至 41%。独立抵押贷款公司的贷款发放额仅占抵押贷款总额的不到三分之一，却占高成本贷款发放总额的近一半。② 最终，受《社区再投资法案》约束的存款机构的非银行附属机构，其发放的贷款被计入了银行和储蓄机构所放贷款。这些附属机构发放的贷款仅占抵押贷款总额的 10% 左右，却占高成本贷款发放总额的 12%。

美国银行向调查委员会提供了符合《社区再投资法案》的抵押贷款组合的数据，但是该数据仅占其抵押贷款组合总量的 7%。③ 在 2010 年第一季度末，美国银行 2120 亿美元的住宅抵押贷款组合中，不良贷款占 8%；在符合《社区再投资法案》的抵押贷款组合（150 亿美元）中，不良贷款占 21%。

当被问及他是否认为政府的政策，如《社区再投资法案》在危机中推波助澜时，花旗集团原首席执行官约翰·里德表示，他不相信银行会"因为政府政策允许，而发起一笔不良抵押贷款"，除非银行可以将这些抵押贷款出售给房利美或房地美，这些负有社会责任的政府支持企业。他说，"我很难回答。如果监管机构没有站起来指责无凭核次级抵押贷款是因为他们觉得，国会有意向这个方向推动，那么我会说是的"。④

"你知道，《社区再投资法案》是一项令人讨厌的法案，"银行家刘易斯·拉涅利告诉调查委员会说，"但是你知道吗？我认为，有所作为总比无所作为

---

① Elizabeth Laderman and Carolina Reid, "Lending in low and moderate income neighborhoods in California: The Performance of CRA Lending During the Subprime Meltdown," November 26, 2008, working paper to be presented at the Federal Reserve System Conference on Housing and Mortgage Markets, Washington, DC, December 4, 2008.
② FCIC, "Preliminary Staff Report: The Mortgage Crisis," April 7, 2010.
③ Bank of America response letter to FCIC, August 20, 2010.
④ John Reed, interview by FCIC, March 4, 2010.

要好得多。你知道，我们在过去做了许多事情。《社区再投资法案》带给了社区巨大改变……我们通过向社区注入资金，的确改变了社区，使它更加稳定。"他说，"但是包括国民金融公司在内的贷款机构以'提高住房自有率政策'为烟幕弹，废除了承销标准，如首付款要求。危险是，这为所有的疯狂做法提供了掩护，而这些做法跟住房目标并没有任何关系"。①

信用降级："史无前例"

2004 年之前，穆迪对抵押担保证券评级的监测，一直由对这些证券的评级的分析师负责。2004 年，穆迪首席信用官兼团队执行经理尼古拉斯·威尔（Nicolas Weill）被授权组建一个独立的监管机构以监测以前的评级交易。②

2006 年 11 月，监测团队发现由弗雷蒙投资贷款公司发起的抵押贷款的早期支付违约开始上升，③并对以弗雷蒙贷款为基础资产的各种证券进行了降级或者列入有待降级的观察名单。"我们在同一年中，将评级的交易列入观察名单，是从来没有过的情况"，威尔在后来给穆迪公司董事会主席兼首席执行官雷蒙德·麦克丹尼尔以及穆迪投资服务公司主席布莱恩·克拉克森的信中写道。④

2007 年初，威尔在其监督拟定的一份关于早期支付违约激增的特别报告中声称，丧失赎回权的情况主要集中在次级抵押贷款池。除此之外，2006 年第二季度证券化的次级抵押贷款中，2.75% 的贷款在六个月内出现超过 60 天的严重拖欠，是 2006 年拖欠率（1.25%）的两倍多。然而，对于评级机构而言，出现问题的原因仍不清楚。"穆迪目前正在评估，这是否代表抵押品信贷的整体质量出现了恶化，或者只是最终违约提前出现，并不会对资产池的总体预期损失产生显著影响"。⑤

在接下来的几个月里，穆迪公司发布了一些有关次级抵押证券市场的定期更新报告。在随后的 3 个月里，穆迪对 4.5% 的 Baa 级未偿还次级抵押证券采取了降级。2007 年 7 月 10 日，穆迪采取了一项空前行动，对 2006 年发起的 399 只

---

① Lewis Ranieri, interview by FCIC, July 30, 2010.
② Nicolas Weill, interview by FCIC, May 11 2010.
③ Ibid.
④ Nicolas Weill, email to Raymond McDaniel and Brian Clarkson, July 4, 2007.
⑤ Moody's Investors Service, "Early Defaults Rise in Mortgage Securitizations," Structured Finance: Special Report, January 18, 2007, pp. 1, 3.

次级抵押担保证券进行了降级,并将另外的32只证券列入降级观察名单。 价值52亿美元的证券受到了影响,而这些证券的评级一般都为Baa或是更低,占2006年被穆迪评为Baa级次级证券总量的19%。 高评级的证券暂时没有被降级。 穆迪将降级归咎于:"冒进的承销加上住房价格长期的缓慢升值",并指出受影响的证券中约60%的抵押贷款来自以下四个发行机构:弗雷蒙投资贷款公司、长岛抵押贷款公司(Long Beach Mortgage Company)、新世纪抵押贷款公司以及WMC抵押证券公司(WMC Mortgage Corp)。[1]

威尔随后告诉调查委员会的工作人员,穆迪发布了大量的公告,而不是一次降级几只证券以避免造成市场混乱。[2] 几天之后,标准普尔对498只类似分层进行了降级。 这几次降级影响巨大,不仅因为涉及的证券数量多,也因为降级的幅度大——平均每只证券被降级4档,而常规的做法一般是下调一或两档(例如,下调一档的话,级别将从AA变为AA-)。 2007年7月遭受降级的证券中,排在最后的是花旗银行CMLTI2006-NC2证券的三个中间系列(M9、M10、M11)。 在当时,原始贷款池中大约12%的贷款已经预付,但是另外11%的贷款已拖欠90天以上,或已经丧失赎回权。[3]

全世界的投资者都在评估自己的风险敞口,并间接估计其他人对这些资产的风险敞口。 一份来自贝尔斯登资产管理公司的报告详细地披露了它的风险敞口。 其中一种名为"帆船"(Tall Ships)的担保债务凭证对调查委员会抽查的样本交易持有直接风险敞口,拥有大约800万美元的M7和M8分层。 通过持有雷曼兄弟M8分层的一个面值一千万美元的信贷违约掉期,贝尔斯登的高级对冲基金也有风险敞口。 贝尔斯登资产管理公司增强型杠杆对冲基金拥有独立担保债务凭证的部分权益,进而拥有调查委员会抽样交易中的M9分层。 除此之外,这些基金通过他们持有的其他担保债务凭证进而持有了花旗集团的分层,并造成了风险敞口。[4]

同年11月,穆迪下调了另外2506只价值334亿美元分层的评级,并将价值238亿美元的577只分层列入降级观察名单。 所有被降级和被观察的证券占

---

[1] Moody's Investors Service, "Moody's Downgrades Subprime First-lien RMBS – Global Credit Research Announcement," July 10, 2007.
[2] Weill, interview.
[3] FCIC基于Blackbox data分析,得出的估算。
[4] 贝尔斯登的数据由摩根大通向FCIC提供。

2006 年穆迪公司全年评级证券的 13.4%。在 10 月份降级观察的证券中，48 只分层（价值 69 亿美元）曾经是 Aaa 级，529 只（价值 169 亿美元）曾经是 Aa 级。这说明 92% 的（2006 年发行的）抵押担保证券，在 2007 年的前 10 个月至少有一个分层被降级或被列入降级观察名单。①

截至 2007 年 10 月，调查委员会研究的交易样品 CMLTI 2006 – NC$_2$ 中 13% 的贷款出现严重违约，一些住宅甚至已经被收回。M4 至 M8 分层的评级在第二轮大规模降级中被下调。另外 5 种分层最终在 2008 年 4 月被降级。②

在降级浪潮结束之前，穆迪对（2006 年发行）83% 的 Aaa 级抵押担保证券以及所有的 Baa 级证券进行了降级。而那些 2007 年发行的证券，几乎所有的 Aaa 级和 Baa 级分层都遭到了降级。2006 年发行的证券中，最初被评为 Baa 或更高级的分层中的 76% 被降至垃圾级，而 2007 年所发行债券中的 89% 也遭遇了同样的命运。③

担保债务凭证："翻越次贷忧虑之墙"

2007 年 3 月，穆迪的报告称，包含大量（高度集中的）次级抵押担保证券的担保债务凭证可能遭遇"严重"降级。④ 在这份报告发布五天之后，公司美国衍生品部执行经理吉泽有里在一封邮件中向穆迪公司主席雷蒙德·麦克丹尼尔及执行副总裁诺尔·科农（Noel Kirnon）解释说，瑞士信贷第一波士顿银行（Credit Suisse First Boston）的一位执行经理"看到像美林、花旗、瑞银这样的银行仍在拼命交易，意图清仓……他认为，他们对担保债务凭证进行打包和定价，是为了从将这些资产清除出去，而他们目前持有的担保债务凭证……则寄希望于以后再出售"。⑤ 数月之后，在一篇名为"次贷忧虑之墙"（"Climbing the Wall of

---

① Moody's Investors Service，"Moody's Downgrades MYM33. 4 billion of 2006 Subprime First-Lien RMBS and Affirms MYM280 billion Aaa's and Aa's，" October 11，2007；"October 11 Rating Actions Related to 2006 Subprime First-Lien RMBS，" Structured Finance：Special Report，October 17，2007，pp. 1 –2。
② FCIC 基于 Blackbox data 分析，得出的估算。
③ FCIC 基于穆迪 SFDRS（截至 2010 年 4 月）数据的分析。
④ Moody's Investors Service，"The Impact of Subprime Residential Mortgage-Backed Securities on Moody's-Rated Structured Finance 担保债务凭证：A Preliminary Review，" Structured Finance：Special Comment，March 23，2007，p. 2。
⑤ Yuri Yoshizawa，email to Noel Kirnon and Raymond McDaniel，cc Eric Kolchinsky，subject："CSFB Pipeline information，" March 28，2007.

Subprime Worry"）的文章中，穆迪公司对担保债务凭证市场进行了评论，"2007年第一季度的一些行为是一些代理机构狂清仓及减少其资产负债表中次级产品风险敞口的结果"。① 即使穆迪已经意识投资银行正在清仓抵押品，并将其打包为担保债务凭证（可能不管质量如何），它仍继续使用现有的模型对新的担保债务凭证进行评级。

穆迪前执行官理查德·米夏勒克向调查委员会证实，"对于为什么我们没有停止使用并改变评价方法，这要归结于穆迪公司非常保守的企业文化，至少当我在那里时是这样的，这个文化是：比快速地找到一个新的方法更糟糕的事情是，快速地找到一个错误的方法，并且不得不使用它又没有考虑到意想不到的后果"。②

7月，麦克丹尼尔向董事会作了一个关于穆迪公司2007年战略计划的报告。他的幻灯片标题十分悲观："聚焦抵押贷款：质量不断恶化"、"住房价格正在下跌……"、"抵押贷款支付利率重置剧增"、"2007至2008年度预测，抵押贷款违约将达到1.3亿"。③ 尽管所有证据都表明标的抵押贷款的质量正在下降，直到去年9月份，穆迪仍未对它的担保债务凭证评级模型做出任何修正。④ 在穆迪对次级抵押贷款大规模降级之后，在2007年7月10日新评级的（价值510亿美元的）担保债务凭证产品中，它仍给予88%的产品Aaa评级。⑤

穆迪公司希望通过调整抵押贷款从而避免信用降级——如果借款人的月供保持在可承受的水平，那么他们将继续还贷。 但是在9月中旬，一个担保债务凭证团队的执行经理埃里克·科尔钦斯基从一次调查中了解到，只有极少数的不良抵押贷款得到了调整。⑥ 由于担心继续对担保债务凭证评级，而不对已经恶化的基础证券做出调整，可能会导致穆迪承担责任，因此科尔钦斯基向吉泽建议，公

---

① Moody's Investors Service, "First Quarter 2007 U. S. CDO Review: Climbing the Wall of Subprime Worry," Structured Finance: Special Report, May 31 2007, p. 2.

② Richard Michalek, testimony before the FCIC, Hearing on the Credibility of Credit Ratings, the Investment Decisions Made Based on Those Ratings, and the Financial Crisis, session 3: The Credit Rating Agency Business Model, June 2, 2010, transcript, pp. 448 –449.

③ "2007 MCO Strategic Plan Overview," presentation by Ray McDaniel, July 2007.

④ Eric Kolchinsky—retaliation complaint, Chronology Prepared by Eric Kolchinsky.

⑤ FCIC staff estimates based on analysis of Moody's SFD 303 –6167（checked –BLK）; Kolchinsky— retaliation complaint.

⑥ Eric Kolchinsky, interview by FCIC, April 27, 2010. 4838 –241. Moody's Investors Service, "First Quarter 2007 U. S. CDO Review: Climbing the Wall of Subprime Worry," Structured Finance: Special Report, May 31, 2007, p. 2.

司应该停止对担保债务凭证评级,直到对证券降级的工作完成以后。 科尔钦斯基告诉调查委员会,他因此受到了吉泽的"警告"。①

截至2008年底,超过90%担保债务凭证分层被降级。 穆迪几乎降级了所有Aaa级和Baa级分层(2006年所评定的担保债务凭证)。 随后,又是一次大规模降级——超过80%的Aaa级分层和超过90%的Baa级分层最终被降至垃圾级。②

法律修改:"基于信息"

房地产泡沫的破裂暴露了(那些已经发放并被证券化的)抵押贷款的问题。当危机出现之后,那些持有抵押债券及结构化产品风险敞口的人,包括投资者、金融公司以及私人抵押债券担保公司,对抵押贷款发起机构和证券发起人的陈述和保证进行了严格的审查。 当抵押贷款被证券化、出售或保险时,需要向投资者和保险公司做出某些陈述和保证,以确保抵押贷款符合规定。 由于住房抵押贷款证券失去了价值,投资者发现证券发起人存在严重过失,包括未能对抵押贷款池中的基础抵押担保证券进行尽职调查,同时也没有及时披露这些证券的信息。 当那些私人抵押贷款保险公司发现它们担保的债务中存在相似的缺陷时,他们断然拒绝了索赔。

房利美和房地美每年都会购买或担保上百万笔贷款。 他们授予那些遵守法律协定——声明和保证(贷款必须满足的具体规定)的证券发起机构承销权。然后,他们通过抽样检查,确保发起机构遵守这些声明和保证。 如果出现违背以及贷款"不符合"购买条件,政府支持企业有权要求卖方回购贷款——当然,这是在卖方没有破产的前提下。

截至2010年8月31日,在为期三年零八个月的时间里,房地美和房利美共要求卖家回购总额为348亿美元的16.7万笔贷款。 到目前为止,房地美已经从卖方那里收到91亿美元,房利美也已收到118亿美元——两者总计209亿美元。③ 值得注意的是,回收资金占到了(据政府支持企业记录)从2008年初

---

① Eric Kolchinsky—retaliation complaint.
② FCIC, "PSR: Credit Ratings and the Financial Crisis," pp. 30 –33.
③ Bingham McCutchen, Fannie Mae counsel, letter to FCIC, September 21, 2010 (hereafter "Bingham Letter"); O'Melveny & Meyers LLP, Freddie Mac counsel, letter to FCIC, September 21, 2010 (hereafter "O'Melveny Letter").

至 2010 年 9 月间，信贷相关总支出（1630 亿美元）的 21%。①

为确保承销机构遵守其标准，房地美对一小部分履约贷款和大部分的止赎贷款（包括所有贷款中在前两年出现违约的贷款中的 90%）进行了审核。房地美共审查了价值 768 亿美元的贷款（其收购和担保的贷款总额为 1.51 万亿美元），并发现 217 亿美元的贷款不合格，这意味着它们不符合的声明和保证。②

在抽样的履约贷款中，随着时间的推移不良贷款的比例也在不断上升，从 2005 年的 10% 上升到 2008 年的 23%。不过，房地美仅对极少数的履约贷款要求发起人回购。在 2005 年至 2008 年期间发起的抵押贷款中，房地美发现其中 17% 不合格，而这些贷款中的 27% 已经止赎。③ 这些贷款的大部分已被回售给发起机构——只要发起机构仍在运营。有时，如果只是微小瑕疵，政府支持企业不会要求发起机构回购贷款。

总体而言，在房地美抽样检查的违约拖欠贷款和止赎贷款中，约有 20% 被要求回购。2009 年和 2010 年，房地美要求以下贷款机构进行大量的回购：国民金融公司，19 亿美元；富国银行，12 亿美元；大通住房融资公司（Chase Home Financial），11 亿美元；美国银行，4.76 亿美元；联盟金融公司（Ally Financial），4.53 亿美元。④

与房地美测试贷款的方法相似，房利美从 2005 开始，对发起抵押贷款中的 2% 到 5% 进行审查，并对拖欠贷款进行高比例抽样检查。2007 到 2010 年，房利美要求以下发起机构对其贷款进行回购：美国银行，69 亿美元；富国银行，23 亿美元；摩根大通，22 亿美元；花旗集团，15 亿美元；太阳信托银行（SunTrust Bank），8.98 亿美元；联盟金融公司，8.38 亿美元。⑤ 在 2011 年 1 月初，美国银行与房利美和房地美达成和解协议，支付了超过 25 亿美元的（政府支持企业的）索赔。⑥

和房利美和房地美一样，私人抵押保险公司也发现抵押贷款中的严重拖欠情

---

① Federal Housing Finance Agency, "Conservator's Report on the Enterprises' Financial Performance: Third Quarter 2010," tables 3.1 and 4.1.
② Raymond Romano, interview by FCIC, September 14, 2010; Bingham Letter.
③ Bingham Letter.
④ Bingham Letter, Tab 3; Tab 1, "Repurchase Collections by Top Ten Sellers/Servicers."
⑤ O'Melveny letter.
⑥ "Bank of America announces fourth-quarter actions with respect to its home loans and insurance business," Bank of America press release, January 3, 2011.

况。他们拒绝向一些拖欠的抵押贷款支付赔偿。保险是在房主违约时保护抵押贷款持有人的，尽管保险费一般由房主进行承担。截至2006年底，私人抵押保险公司对总额为6680亿美元的潜在抵押贷款损失提供了保险。①

随着（承保的）抵押贷款的违约和损失的不断增加，私人抵押保险公司面临的索赔也在不断增多。截至2010年10月，占据市场份额98%的七大私人抵押贷款保险公司，驳回了25%的索赔申请（价值大约60亿美元），理由是违反发起准则、不正确的就业和收入报告以及财产估价问题。②

除了购买和担保的抵押贷款之外，在房地产泡沫期间，政府支持企业总计购买了6900亿美元的次级和次优级非政府机构证券（private-label securities）。③根据政府支持企业的数据，从2008年1月至2010年9月30日共对这些证券收取了460亿美元的费用。④由于不能从证券服务机构和受托人那里获取足够的信息（在许多情况下，这些机构和受托人是大型银行），2010年7月12日，政府支持企业通过它们的监管机构——联邦住房金融局对导致政府支持企业在交易中遭受损失的64家受托人及服务商发出传票。⑤在发现资产池中存在不良贷款的违规行为以后，政府支持企业要求受托人承认它们权利，包括要求发起机构或批发商回购贷款的权力。⑥

虽然政府支持企业遵循的这一战略基于合同法，其他投资者则是根据证券法提出诉讼，声称他们被不准确或不完整的说明书误导；在很多情况下，他们都胜诉了。

2010年中期，据估计法院审理的案件几乎涉及了所有主要的贷款发起机构和保险公司，超过400起诉讼涉及违反声明和保证。⑦在金融危机爆发后提起的

---

① Mortgage Insurance Companies of America, *2009 – 2010 Fact Book and Member Directory*, Exhibit 3: Primary Insurance Activity（Insurance in Force）p. 17.
② Documents produced for the FCIC by United Guaranty Residential Insurance, MGIC, Genworth, RMIC, Triad, PMI, and Radian.
③ FCIC 基于房利美和房地美产品数据的计算。数字为次优级、选择性可调整利率和次级抵押贷款数据。
④ FHFA, "Conservator's Report: Third Quarter 2010." Accounting changes for impairments have resulted in offsetting gains of MYM8 billion.
⑤ "FHFA Issue Subpoenas for PLS Documents," Federal Housing Finance Agency news release, July 12, 2010.
⑥ Covington & Burling LLP, Freddie Mac counsel, letter to FCIC, October 19, 2010; see O'Melveny & Meyers LLP, letter to FCIC, dated October 19, 2010.
⑦ NERA Economic Consulting, "Credit Crisis Litigation Revisited: Litigating the Alphabet of Structured Products," Part VII of a NERA Insights Series, June 4, 2010, p. 1.

诉讼中包括那些宣称向投资者提供的登记报表以及说明书中存在"对事实的虚假陈述"或"材料失实"。他们宣称这违反《1934年证券交易法》和《1933年证券法》。

私人和政府实体都走上了法庭。例如，投资券商嘉信理财（Charles Schwab）已经对美国银行、富国银行和瑞银证券（UBS Securities）提起了诉讼。① 在指责摩根士丹利和高盛对它们所销售的抵押贷款担保证券的信息披露不足之后，马萨诸塞州总检察长办公室与两家公司达成了和解。摩根士丹利和高盛分别同意支付1.02亿美元和6000万美元。②

又如，芝加哥联邦住房贷款银行对包括美国银行、瑞士信贷证券、花旗集团和高盛在内的多家公司提起诉讼，涉及总额为33亿美元的私人抵押担保证券，声称他们未能提供这些证券的准确信息。同样，剑桥广场投资管理公司（Cambridge Place Investment Management）"基于适用于登记表、招股说明书和潜在补充条款中所含资料"，③向高盛、摩根士丹利、花旗集团、汇丰银行、巴克莱银行和美国银行提起诉讼。

损失："谁来承担住房信用风险？"

2007年至2008年，随着评级机构开始降低抵押担保证券和担保债务凭证的信用评级，投资者开始恐慌并导致这些证券的市场价格暴跌。无论是直接损失，还是在整个市场蔓延的恐慌，都会导致金融系统中许多大型金融公司倒闭或者濒临倒闭。抵押贷款相关证券的市场价格下跌，反映了基础抵押贷款出现违约的可能性较高，这意味着流向投资者的现金减少，同时市场中的投资者开始普遍担心市场已经缺乏流动性。投资者之所以看重流动性，是因为他们希望确保在必要的时候，能够迅速地出售证券以筹集现金。当抵押债券市场濒临崩溃之际，市场中的参与者正在减少他们的风险敞口，潜在的投资者则担心他们可能会

---

① Defendants Wells Fargo Asset Securities Corp. and Wells Fargo Bank, N. A. 's Notice of Removal, Charles Schwab Corp. v. BNP Paribas Securities Corp, et al., No. cv－10－4030（N. D. Cal. September 8, 2010）.
② Attorney General of Massachusetts, "Attorney General Martha Coakley and Goldman Sachs Reach Settlement Regarding Subprime Lending Issues," May 11, 2009; "Morgan Stanley to Pay MYM102 Million for Role in Massachusetts Subprime Mortgage Meltdown under Settlement with AG Coakley's Office," June 24, 2010.
③ Complaint, Cambridge Place v. Morgan Stanley et al., No. 10－2741（Mass. Super. Ct. filed July 9, 2010）, p. 28.

被套牢。

由于市场价格下跌,根据"按市值计价"的会计规则要求,各公司必须对它们持有的证券账面价值进行减记,以反映较低的市场价格。2007年第一季,那些大型银行和投资银行开始使用新的会计规则,并首次分三个估值类别报告资产:"一级资产(Level 1)",具有可见的市场价格,如在股票交易中的股票;"二级资产(Level 2)",这部分的价格不易确定,因为它们不是交易活跃的资产;"三级资产(Level 3)",这是流动性不足和没有明显的市场价格的资产和其他投资。为了确定市场无法定价的三级资产和部分二级资产的价格,各个公司使用各种依靠假设的模型来进行定价。许多金融机构报告称,三级资产已经大大超过了他们的资本。例如,2007年第一季度,贝尔斯登报告了约190亿美元的三级资产,相比之下其资本只有130亿美元;摩根士丹利报告了约600亿美元的三级资产,而其资本只有380亿美元;高盛的三级资产为480亿美元,其资本仅为370亿美元。

即使没有实际损失,在某些情况下甚至证券公司并不打算出售的许多证券也被要求按市值计价并进行账面减记。这些要求反映了未出现的实际损失可能来自于信用评级机构和投资者对抵押债券可能发生违约的预期。但只有当这些违约真正出现时,证券才会出现实际损失。无交易证券的市场定价是困难的、主观的,也是危机期间一个具有争议的问题。为什么呢?由于减低账面价值的做法会减少收益和资本,并且会引发"增加抵押品的要求"。

按照市场价值计价的会计规则在近年来遭到了很多批评,因为证券公司认为较低的市场价格并没有反映真正的市场价值,而只是迫不得已情况下的"跳楼价"。时任美国证券交易委员会财务报告改进委员会委员的约瑟夫·格伦菲斯特(Joseph Grundfest)提出,当时以市场价格定价的证券"造成了这样一种情况,你需要购置实物资本以弥补从来没有真实存在的损失"。[1] 但是不以市场价格为基础的资产计价,可能意味着该公司没有按照会计规则的要求记录损失,从而夸大赢利和资本。

由于抵押贷款市场正走向崩溃,一些经济学家和分析师估计,次级和次优级抵押贷款的实际损失,又称现实损失,总额约为2000亿至3000亿美元;[2]截至

---

[1] Sarah Johnson, "How Far Can Fair Value Go?" CFO. com May 6, 2008.
[2] Vikas Shilpiekandula and Olga Gorodetsky, "Who Owns Residential Credit Risk?" Lehman Brothers Fixed Income, U. S. Securitized Products Research, September 7, 2007.

2010年，损失不会超过这个数字。2009年末，所有受损的次优级和次级抵押担保证券的总市值约为3000亿美元。① 受损证券是指那些已经遭受现实损失或预计即将遭受现实损失的证券。虽然该数字对于美国14万亿美元的经济总量来说微不足道，却带来了超乎寻常的影响。"次级抵押贷款本身是一个非常小的资产类别"，美联储主席伯南克在向调查委员会解释，他和财政部长鲍尔森为何会低估了当时初现端倪的住房危机的影响时说道。"众所周知，股市每天上下波动蒸发掉的资金比整个国内次级抵押贷款的价值都要高。但是，什么是造成了危机的蔓延，或者造成危机蔓延的主要因素呢？答案是与次级抵押贷款相关的、规模巨大的证券化资产池"。②

住房抵押贷款证券市场价格的大幅下跌对金融机构产生了巨大的溢出效应，导致这一现象的原因有许多。例如，就像刚刚讨论过的，当抵押担保证券和担保债务凭证价格下跌时，这些证券的持有人会下调他们手中证券的账面价格——在他们遭受实际损失之前。

此外，证券化市场集中了风险。"谁在承担住房信贷风险呢？"雷曼兄弟的两个分析师在2007年9月的报告中问道。答案是：四分之三的次级和次优级抵押贷款已经被证券化——"这些证券化产品中的大多数风险集中在投资级证券，并已几乎完全转移给了AAA级的担保债务凭证的持有者"。③ 那些规模巨大并对整个系统具有重要影响的公司，持有大量的不良证券或者是对这些证券持有巨大的风险敞口，而持有的资金很少，并不足以抵御潜在的损失。与此同时，在金融危机期间美国政府认为其中大多数公司已经大到不能倒。

国际货币基金组织在2008年10月发布的《全球金融稳定报告》中，对这些资产贬值以及价值减记的严重程度进行了调查。总之，根据国际货币基金组织的计算，在整个金融体系中大约有10万亿美元的抵押贷款资产。其中，3.8万亿美元的资产为政府支持企业抵押担保证券；国际货币基金组织预计这部分资产的亏损为800亿美元，但持有这些证券的投资者并不会损失一分钱，因为有政府

---

① Moody's Investor Service, "Default & Loss Rates of Structured Finance Securities: 1993 – 2009," Special Comment, September 23, 2010.
② Ben Bernanke, closed-door session with the FCIC, November 17, 2009.
③ Vikas Shilpiekandula and Olga Gorodetsky, "Who Owns Residential Credit Risk?" September 7, 2007, p.1. 雷曼兄弟分析师认定次级和次优级抵押贷款的最终损失为2000亿美元。他们表示，这些预测是基于房价在全国范围内平均下跌30%的假设。For the securitization figures, see Inside Mortgage Finance, *The 2009 Mortgage Market Statistical Annual*, Vol. 2, *The Secondary Market*.

支持企业的担保。另外的4.7万亿美元的抵押贷款资产,据估计为优级和非优级抵押贷款,主要由银行和政府支持企业持有。预计这部分资产将由于市场价值的下跌而遭受1700亿美元账面价值减记。剩余的1.5万亿美元资产,据估计为抵押担保证券和担保债务凭证。这部分资产的减记,预计为5000亿美元。更令人不安的是,超过二分之一的损失预计将由投资银行、商业银行和储蓄机构承担。剩余的非机构抵押担保证券价值的减记,将由保险公司、养老基金、政府支持企业和对冲基金共同分担。10月份的报告还预计,商业抵押担保证券、担保贷款凭证、杠杆贷款及其他贷款和证券将减记约6550亿美元——其中超过一半的减记来自商业抵押担保证券。预计商业银行、储蓄机构和投资银行将再次承担大部分损失。[1]

此外,在危机开始时,不确定性(国际货币基金组织在对预测进行较大修改后提出)和杠杆化将促进危机的蔓延。投资者意识到,对银行、投资银行和其他机构的抵押贷款资产的风险敞口,他们所了解的信息远远不足。金融机构已经在短期回购市场,某种程度上通过抵押担保债务凭证和抵押担保证券,使用商业票据、衍生产品对它们自身进行了杠杆化,而在金融危机之前许多人在某种程度上对此并不理解。在质疑那些公司资产负债状况的同时,贷款人也会质疑这些公司的抵押资产价值。

尽管抵押担保证券中最高级分层被降级,金融机构也对其资产负债表中记录的资产根据市场价值进行了减记。虽然这在2007年还不为人们所知,然而,在2010年底,绝大多数抵押担保证券的AAA级分层的现金流并没有遭受实际损失,而且在以后也会避免了遭受严重的现实损失。

总体而言,对于从2005年至2007年被评为最高级——AAA级抵押担保证券分层来说,尽管被大规模降级,截至2009年底只有约10%的次优级和4%的次级证券受到"重大损害"——这意味着损失已经或者即将发生(如图11-4所示)。对于较低级别的Baa分级债券来说,96.5%的次优级和次级抵押贷款证券遭受了损失。截至2009年底,共有3200亿美元的次级和次优级债券遭受重大损失——包括最初被评为AAA级的1326亿美元债券。对于担保债务凭证的投资者而言,结果可能更糟,他们的命运很大程度上取决于低评级抵押担保证券

---

[1] IMF, "Financial Stress and Deleveraging: Macro-Financial Implications and Policy," *Global Financial Stability Report* October 2008, p. 78; IMF, "Containing Systemic Risks and Restoring Financial Soundness," *Global Financial Stability Report*, April 2008.

的表现。 最终，超过90%的Baa级担保债务凭证债券和71.3%的Aaa级担保债务凭证债券遭受了损失。①

2005~2007年抵押担保证券（MBS）和截至2009年底的担保债务凭证（CDO）遭受的减值，根据初始评级。证券减值是指，证券被降级至C或Ca级，或者遭受重大损失。

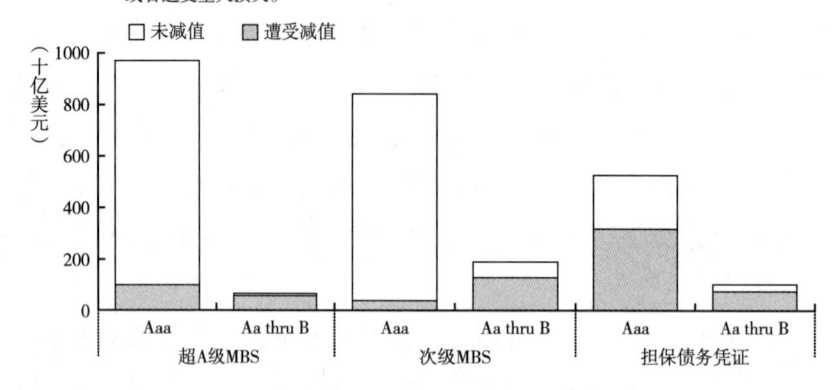

图 11-4　遭受减值的证券

资料来源：Moody's Investors Service，"Special Comment：Default & Loss Rates of Structured Finance Securities：1993-2009"；Moody's SFDRS。

房地产泡沫的破裂并不是整个故事的结束。 正如伯南克向调查委员会作证时所说："我无法确定的是，系统内部的缺陷和弱点会将最初由次级贷款造成的恐慌放大成为多么严重的危机。"②

调查委员会结论

调查委员会认为：房地产泡沫破裂所引发的一系列后果最终导致了金融危机。

高杠杆率、资本金不足及短期融资使得许多金融机构在2007年市场低迷时变得更加脆弱。 投资银行的杠杆比率甚至超过40比1。 这也就是说，对应于40美元的资产，他们仅持有1美元的资本。 政府支持企业房利美和房地美的杠杆率更是高达75比1。 如果考虑到"假账"，许多机构的杠杆率或资本不足甚

---

① FCIC staff estimates, based on Moody's Investor Service, "Default & Loss Rates of Structured Finance Securities：1993-2009," Special Comment, September 23, 2010, and analysis of Moody's Structured Finance Default Risk Service.

② Ben Bernanke, testimony before the FCIC, Hearing on Too Big to Fail：Expectations and Impact of Extraordinary Government Intervention and the Role of Systemic Risk in the Financial Crisis, day 2, session 1：The Federal Reserve, September 2, 2010, transcript, p. 54.

至比它们报告的更为严重，例如花旗集团资产负债表外的风险敞口和国际集团的衍生品头寸等问题。

政府支持企业是造成金融危机的原因之一，但不是主要原因。它们持有 5 万亿美元的抵押贷款风险敞口并拥有重要的市场地位，而且毫无疑问它们遭受了惨重损失。它们参与了高风险抵押贷款借贷的扩张并降低了抵押贷款标准，极大地刺激了次优贷款的需求。然而，它们只是跟随而不是带领了华尔街公司的行动。它们购买或担保的贷款的拖欠率明显低于其他金融机构所购买或证券化的贷款。

《社区再投资法案》要求受监管银行和储蓄机构向它们的吸储地区提供贷款、投资，并提供安全稳健的服务，这并不是导致次级抵押贷款危机的主要原因。然而，《社区再投资法案》并没有要求银行承诺放贷，却被借款机构出于公共关系的目的加以利用了。

第四部分

瓦 解

2007年初：次贷恐慌四处蔓延

2007年夏天：资金链断裂

2007年底至2008年初：数十亿的次级贷款损失

2008年3月：贝尔斯登倒闭

2008年8月：系统性风险隐患

2008年9月：收购房地美和房利美

2008年9月：雷曼破产

2008年9月：援助美国国际集团

危机与恐慌

经济衰退

房屋止赎危机

第十二章

2007 年初：次贷恐慌四处蔓延

2007 年，房地产泡沫的破裂以及次级贷款业务的突然停止，导致了金融机构的亏损、基金市场的现金抽逃、信贷紧缩以及利率上升。失业率则相对稳定，一直保持在 4.5% 以下，直到年底原油价格急剧上涨。截至 2007 年中，房价已经从 2006 年的最高点下跌了近 4%。2006 年 11 月 ABX. HE. 指数下挫 1.5%（一个与道·琼斯指数类似的指数，它对 2006 年上半年发行的 BBB 级抵押贷款担保证券的信用违约掉期进行了指数化）预示着风暴即将来临。①

此次下跌的原因在于穆迪和标准普尔对一项交易中的分层（由弗雷蒙投资贷款公司发起，以抵押贷款作为担保的交易）做出了负面展望评级。② 同年 12 月，在奥尼抵押贷款公司和赛百灵资本公司（Sebring Capital）停止运营之后，ABX. HE. 指数又下跌了 3 个百分点。五大投资银行的高级风险管理人员告诉美国证券交易委员会他们预计在 2007 年会有更多的次级抵押贷款公司倒闭。证券交易委员会分析师在 2007 年 1 月 4 日的备忘录中告诉总监埃里克·西里，"所有人都认识到，当再融资和房地产的盛宴结束之后，许多小型次贷发起机构所采取的商业模式已不再可行"。③

这一趋势变得越来越明显。2007 年 1 月，抵押贷款借款网络公司宣布，它已经停止资助抵押贷款和接受新的申请。2 月，新世纪金融公司报告了远远高于预期的抵押贷款信贷亏损以及汇丰银行，美国最大的次级贷款机构，宣布增加

---

① FCIC staff calculations using data in worksheets Markit ABX. HE. 06 −1 prices and ABX. HE. 06 −2 prices, produced by Markit; Nomura Fixed Income Research, CDO/CDS Update 12/18/06. The figures refer to the BBB − index of the ABX. HE. 06 −2.
② Nomura Fixed Income Research, CDO/CDS Update 12/18/06, p. 2.
③ SEC, "Risk Management Reviews of Consolidated Supervised Entities," internal memo to Erik Sirri and others January 4, 2007.

18亿美元的季度损失储备。3月,在收到一份来自联邦存款保险公司停止和终止的命令以后,弗雷蒙公司停止了次级抵押贷款的发起。4月,新世纪金融公司申请破产。

这些机构依靠短期融资获取经营所需的现金(通过商业票据和回购市场)。但是,商业票据的买家和银行都不愿继续为它们提供资金,回购贷款人也越来越不愿意接受次级和次优级抵押贷款和抵押担保证券作为抵押品。他们也坚持缩短融资期限,最终缩短到一天——这是固有的规避风险的需求,因为如果他们对借款人失去信心,这赋予了他们短期内抽回资金的选择权。

当金融公司开始根据新的按市值计价会计准则,更详细地报告它们的资产,特别是那些正变得难以流动并很难定价与抵押债券相关的资产时,预示着市场又将出现问题。这些公司拥有的(流动性较差的)二级和三级资产的总量"以这些银行和投资银行拥有的杠杆率计算,高的令人吃惊",一位纽约对冲基金经理吉姆·查诺斯(Jim Chanos)说。查诺斯说,新的信息披露也首次揭示,许多公司保留了巨大的证券化产品风险敞口。"没有人知道这一数字,直到2007年春,市场才得知这一数字。当数据公布时,如同有人敲响了开始的钟声,几乎在该数字公布的同时,记者开始写关于它的文章,对冲基金开始谈论它,人们也开始在市场中议论它"。①

从2006年底到2007年初,一些银行开始通过出售资产和购买信用违约掉期来减少他们的次贷风险敞口。一些公司,如花旗集团和美林银行等,一个方面降低了自己的抵押贷款风险,另一个方面却又增加了风险。在过去近四年里,一直忙于创造与销售抵押担保证券的银行,现在又尽其所能地出售或对冲这些产品。现在他们将这些产品抛进了一些(注定成为有史以来最倒霉的)担保债务凭证。特别是花旗银行、美林银行和瑞银,被迫大量保留了这些担保债务凭证"超高级"的分层。银行家们总是希望,而且许多人显然相信,拥有理论上最安全的超高级债券,一切都会平安无事。

由于这种抵押贷款资产市场价值的不确定性,因此交易越来越少,而对这些产品的定价也变得日益困难。

虽然政府官员知道次级市场的情况正在恶化,但他们低估了这带给金融体系的风险。2007年1月证券交易委员会的官员提出,投资银行拥有不良次级贷款

---

① Jim Chanos, interview by FCIC, October 5, 2010.

的风险敞口，但又认为"这些风险敞口并不构成实质性损害"。① 从春季直到初夏，财政部和美联储都坚持认为，次级市场的恶化所造成的损害将是可控的。"次级市场的问题及其对整体经济和金融市场的影响，应该是可控的"，②美联储主席本·伯南克在3月28日向国会联合经济委员会（the Joint Economic Committee）作证时说道。同一天，美国财政部长鲍尔森告诉众议院拨款委员会："从整体经济的角度出发，我的底线是我们需要密切注视着它（次级抵押贷款市场的问题），但它似乎在可控范围之内"。③

高盛："让我们更加主动地分散风险"

2006年12月，随着ABX BBB指数的首次下跌和抵押贷款部门连续10个交易日的损失，高盛的主管们决定减少公司的次贷风险敞口。高盛对其抵押贷款相关产品的价值进行了减记，以此来反映较低的ABX.HE.价格，并开始每日发布这部分资产的损失报告。④

作为对次级抵押贷款市场波动的反应，在2006年12月13日，高盛的分析师向公司的首席执行官戴维·维尼亚（David Viniar）和首席风险官克雷格·布罗德里克提交了一份内部报告，报告的内容涉及"抵押贷款业务的主要风险"。⑤ 第二天，高管决定他们将"离家更近一些"，他们希望减少抵押贷款的风险敞口：卖出一切可以出售的东西，卖不出去的重新打包并全部出售。⑥ 高盛固定收益、货币和商品业务线执行经理，凯文·加斯沃达（Kevin Gasvoda）指示他的销售团队，宁愿遭受亏损也要快速清空资产担保证券和担保债务凭证头寸："请重新关注手中新发行的债券头寸，并将它们转移出去。在未来几个月将会

---

① SEC, "Risk Management Reviews of Consolidated Supervised Entities," memo, January 4, 2007.
② Fed Chairman Ben S. Bernanke, "The Economic Outlook," testimony before the Joint Economic Committee, U. S. Congress, 110th Cong., 1st sess., March 28, 2007.
③ Henry Paulson, quoted in Julie Haviv, "Bernanke Allays Subprime Fears as Beazer Faces Probe," Reuters, March 28, 2007.
④ David Viniar, written testimony, Wall Street and the Financial Crisis: The Role of Investment Banks, Senate Permanent Subcommittee on Investigation, 111th Cong., 2nd sess., April 27, 2010, pp. 3 – 4.
⑤ Michael Dinias, email to David Viniar and Craig Broderick, December 13, 2006, Senate Permanent Subcommittee on Investigations, Exhibit 2.
⑥ Viniar, written testimony, Permanent Subcommittee on Investigation, pp. 3 – 4; Daniel Sparks, email to Tom Montag and Richard Ruzika, December 14, 2006, Senate Permanent Subcommittee on Investigations, Exhibit 3.

有绝佳的机会，我们不想被旧的库存拖累。即使遭受少量损失，也要努力将它们清空"。① 在 12 月 15 日的电子邮件中，维尼亚向全球证券联席负责人汤姆·蒙塔格（Tom Montag）描述了这一战略："从 ABX. HE. 指数看，持仓位置是合理且明智的，但还是太多了。可能需要费些力气才能调整到合适的规模。对于其他资产，我的基本观点是让我们用一切方法积极地分散风险，随着市场进入更加困难的阶段，可能会出现更好的机会，我们要好好利用这次机会"。②

随后的电子邮件表明，"其他资产"是指：与抵押贷款相关的资产。在 12 月 20 日的一封内部广泛传阅的电子邮件中，高盛的合伙人、固定收益销售部门联席负责人斯泰西·巴什·波利（Stacy Bash-Polley）指出，虽然不像其他公司，高盛能够找到担保债务凭证超高级和股权级分层的买家，但中间分层仍然是一个挑战。"最佳目标"，她说，是将它们打包到其他的担保债务凭证："我们一直在思考如何将它们打包在一起以分散风险。虽然在转移'尾风险'（超高级和股权债券）方面，我们已经取得了巨大的成功，我们认为重点解决在过去几个月里积累的中间分级风险，极为重要。目前我们收到来自投资者的一些反馈，似乎小规模地（时机现在还不理想）转移担保债务凭证的风险是最佳选择"。③

为这些证券找到买家变得越来越难。早在 10 月份，高盛的交易员就抱怨说："没有人蠢到在第一时间购买这些垃圾"。④ 尽管高盛首要的商业宗旨是——"客户利益永远第一"，该公司为努力减少次级抵押贷款的风险敞口，将目标转向了那些没有经验的客户。在 12 月 28 日的一封讨论年度目标客户清单的邮件中，高盛公司结构性产品相关交易部的副总裁法布里斯·图尔（Fabrice Tourre）说，将"力量集中"到"依靠评级的买家"身上，而不是"经验丰富的对冲基金"，"这些基金正在跟我们做同样的事情"。⑤ "同样的事情"是指出

---

① Kevin Gasvoda, email to Genevieve Nestor and others, December 14, 2006, Senate Permanent Subcommittee on Investigations, Exhibit 72.
② David Viniar, email to Tom Montag, December 15, 2006, Senate Permanent Subcommittee on Investigations, Exhibit 3.
③ Stacy Bash-Polley, email to Michael Swenson and others, December 20, 2006, Senate Permanent Subcommittee on Investigations, Exhibit 151.
④ Tetsuya Ishikawa, email to Darryl Herrick, October 11, 2006, Senate Permanent Subcommittee on Investigations, Exhibit 170c; Geoffrey Williams, email to Ficc-Mtgcorr-desk, October 24, 2006, Senate Permanent Subcommittee on Investigations, Exhibit 170d.
⑤ Fabrice Tourre, email to Jonathan Egol and others, December 28, 2006, Senate Permanent Subcommittee on Investigations, Exhibit 61.

售或者做空，它们都预计抵押贷款市场将继续走弱。2007年1月，高盛抵押贷款部门负责人，丹尼尔·斯帕克斯（Daniel Sparks）赞扬高盛成功地减少其次级资产的库存，他写道，这个团队"像疯了一样在全世界寻找买家，拼命地从一些又大又老的柠檬身上挤出一点汁水"。① 他从第三人称的角度描写到：图尔承认"系统中的杠杆越来越高"，他"站在所有这些复杂的、高杠杆的、由他自己创造的古怪交易中间，而不需要了解这些怪物的复杂的特性"。②

2月11日，高盛首席执行官劳埃德·布兰克费恩向蒙塔格询问关于以前交易剩余头寸中2000万美元损失问题，他问道："我们可以或是应该在以前就已经清除这些资产，对于大肆甩卖其他资产的工作我们做得足够好吗？"③

数据表明，答案是肯定的，他们清理得相当不错，尽管减记了2000美元并且仍保留着数十亿美元的次级风险敞口。在2007年第一季度，高盛的抵押贷款业务实现了创纪录的2.66亿美元利润，这主要得益于做空市场，包括对风向标ABX BBB指数100亿美元的空头头寸，该指数在上年11月的下跌引起了高盛的注意。

在随后的几个月里，高盛在降低自己的抵押贷款风险的同时，不断地创建和向其客户出售抵押贷款相关产品。从2006年12月到2007年8月，它创建和出售了约254亿美元的担保债务凭证，包括176亿美元合成型担保债务凭证。高盛通过这些担保债务凭证卸载了剩余库存中的大部分其他担保债务凭证和抵押担保证券。④

由于在做空这些证券的同时又向其的客户兜售这些产品，高盛遭到了指责和起诉。纽约R&R咨询公司的结构性金融产品专家西尔万·雷尼斯（Sylvain Raynes），把高盛的行为称为"我所见过的对信贷信息最讽刺性地运用"，并将其的行为比喻为"给别人的房屋买了火灾保险以后，再故意纵火"。⑤

在调查委员会的听证会上，高盛的首席执行官劳埃德·布兰克费恩被问道，

---

① Daniel Sparks, email to Tom Montag, January 31, 2007, Senate Permanent Subcommittee on Investigations, Exhibit 91.
② Fabrice Tourre, email to Marine Serres, January 23, 2007, Senate Permanent Subcommittee on Investigations, Exhibit 62.
③ Lloyd Blankfein, email to Tom Montag, February 11, 2007, Senate Permanent Subcommittee on Investigations, Exhibit 130.
④ FCIC calculations using data from "2004-2007 GS Synthetic CDOs," produced by Goldman Sachs.
⑤ Gretchen Morgenson and Louise Story, "Banks Bundled Bad Debt, Bet Against It and Won," *New York Times*, December 24, 2009.

高盛向它的客户出售了那些自己坚信会违约并同时做空的抵押担保证券，他是否认为这是正当的、合法的或是符合道德的。布兰克费恩回答说："我相信这种行为是不当的，我们对这一结果感到后悔——使得人们遭受了经济损失"。① 次日，高盛召开了一次新闻发布会，声称布兰克费恩没有说过高盛"抵押贷款相关证券的销售行为是不当的……他是对一个问题后面出现的一系列的陈述做出的回应，该问题是在一个假设的前提下预测出来的，假设是一家公司销售它自认为会违约的产品。布兰克费恩先生认为，如果该假设成立的话，这种行为并不合适。但是他并没有认为，也没有说高盛的行为不当"。②

此外，高盛总裁兼首席运营官加里·科恩作证："在过去两年的金融危机中，在住宅抵押贷款相关业务方面高盛损失了12亿美元……我们没有做空我们的客户，这些数据证实了这个事实"。③

事实上，高盛的空头头寸并不是故事的全部。抵押贷款日均"风险价值"措施，或VaR，从2月份开始已经连续3个月上升，而这项措施的作用是在市场出现意外的情况下跟踪潜在损失。截至2月，根据证券交易委员会的报告，高盛公司的VaR达到了最高值。导致VaR数值上升的主要原因是一边倒地认为抵押贷款市场将持续走弱。3月至5月，抵押贷款证券部采取了相对中性的操作，逐渐减少了ABX.HE.指数的空头头寸；④6月至8月，高盛再次改弦易辙，通过增加购买抵押贷款相关资产以增加短期头寸。

高盛的客户基础收益阿尔法基金（The Basis Yield Alpha Fund）声称在高盛的"森林狼"（Timberwolf）担保债务凭证中投资了1125万美元，并在2010年起诉高盛涉嫌欺诈。在2010年4月的听证会上，"森林狼"的交易受到了参议员卡尔·莱文和常设小组委员会其他委员的严厉批评。基础收益阿尔法基金称，高盛将"森林狼"设计成一个会很快违约的产品，通过做空担保债务凭证，高盛即可以卸载低质量的资产，又可以从做空担保债务凭证中获利。在这家基金投资两周后，高盛就开始要求它追加保证金。截至2007年7月底，高盛已要

---

① Lloyd Blankfein, testimony before the FCIC, First Public Hearing of the FCIC, first day, panel 1: Financial Institution Representatives, January 13, 2010, transcript, pp. 26–27.
② "Goldman Sachs Clarifies Various Media Reports of Aspect of FCIC Hearing," Goldman Sachs press release, January 14, 2010.
③ Gary Cohn, testimony before the FCIC, Hearing on the Role of Derivatives in the Financial Crisis, day 1, session 3: Goldman Sachs Group, Inc. and Derivatives, June 30, 2010, transcript, p. 267.
④ Michael Swenson, opening statement, Hearing on Wall Street and the Financial Crisis: The Role of Investment Banks, Senate Permanent Subcommittee on Investigations, pp. 2–3.

求超过3500万美元的保证金。① 据基础收益阿尔法基金称,高盛公司的保证金追加要求迫使其在2007年8月开始破产——高盛收到来自这家基金公司约4000万美元的清算资产。 高盛对基础收益阿尔法基金的指控进行了否认,首席执行官布兰克费恩对高盛误导投资者的说法予以了驳斥。 他告诉调查委员会:"我会告诉你,我们只跟知道他们在买什么的人做交易。 当然,在事后会有人说他们真的不知道"。②

除了向客户出售次级抵押贷款证券,高盛还使用信用违约掉期来做空这些证券;它还做空了ABX. HE. 指数和一些与它有业务关系的金融企业。 与每个市场参与者一样,在考虑实际市场交易情况以及对其他机构的资产估价进行调查以后,高盛会对这些资产进行"标记"或者报价。 随着危机不断发展,高盛对抵押担保证券的报价明显低于其他公司。 高盛知道,这么低的报价会伤害到其他公司,包括自己的一些客户,因为他们可能需要对这些资产和类似资产进行减记。 此外,在交易者调查中,高盛公司的报价将会被其竞争对手的选取。 因此,高盛公司的报价可能对那些"按市值计价"的公司带来损失:因为,它们的资产价值会下降,赢利也将下降。

对这些资产的价格进行减记,也要求企业减少回购借款或者向它出售信用违约掉期保护的交易对手提供额外的抵押品。 在5月11日的电子邮件中,作为高盛公司的首席风险官,克雷格·布罗德里克负责跟踪统计公司面临风险的资产,他对同事说抵押贷款小组"正在考虑大幅调低它们对抵押贷款投资组合(尤其是)担保债务凭证以及双重担保债务凭证的报价。③ 这将对我们利润产生很大影响,但是由于涉及回购、衍生品和其他产品的报价以及追加保证金的要求,也会对我们的客户产生影响。 我们需要对我们的客户进行调查,确定最脆弱的客户,并做出结论等。 现在这引起了很多高层的关注"。④

布罗德里克对高盛的报价对客户和交易对手的影响的判断是正确的。 关于

---

① Complaint, Basis Yield Alpha Fund v. Goldman Sachs Group, Inc., et al. (S. D. N. Y. June 9, 2010), p. 29.
② Blankfein, testimony before the FCIC, January 13, 2010, transcript, p. 140.
③ Craig Broderick, written testimony for the FCIC, Hearing on the Role of Derivatives in the Financial Crisis, day 1, session 3; Goldman Sachs Group, Inc. and Derivatives, June 30, 2010, p. 1.
④ Craig Broderick, email to Alan Rapfogel and others, May 11, 2007, Senate Permanent Subcommittee on Investigations, Exhibit 84.

报价的首次纠纷始于2007年5月：涉及由贝尔斯登资产管理公司运营的两家快速崛起的对冲基金，它们以抵押贷款为主营业务。

贝尔斯登对冲基金："状况不佳"

曾在2003年，在贝尔斯登负责构建担保债务凭证的拉尔夫·乔菲和马修·塔宁，正忙于管理贝尔斯登资产管理公司的高等级结构化信贷策略基金。当他们在2006年增加了杠杆和风险更高的增强型基金后，他们变得更加忙碌。

截至2007年4月，贝尔斯登资产管理公司的内部风险敞口报告显示，约60%的高等级基金的抵押品为次级抵押贷款支持担保债务凭证，这些资产已经开始失去市场价值。① 因为他"再也不想使用他的工作电子邮件了"，塔宁在他的私人电子邮件账户的一篇日记中回忆道：2006年，当他意识到增强型基金"正面临被投资者'摧毁的风险'，他感到不寒而栗，他们并不能使用他们原以为可以使用的高杠杆率"。②

这种"摧毁的风险"加上错误的时机，决定了增强型基金的命运。增强型基金在开放不久之后，ABX.HE.指数BBB-系列开始震荡下行，在2006年最后的3个月中下跌了4%；随后在2007年1月又下跌了8%，在2月下跌了25%。ABX.HE.指数的下跌也动摇了市场的信心。投资者开始从增强型和高等级证券逃离。乔菲和塔宁加强了营销力度。2007年3月，塔宁在给投资者的电子邮件中说："我们看到了机会，这不是疯狂的机会，而是明智的机会，我投入了额外的资金，我想你们也应当如此。"③在3月12日的电话会议上，乔菲和塔宁向投资者保证"这两只基金有充足的流动资金"，他们继续用自己的钱来投资以证明他们的信心。④ 塔宁甚至说他正在增加个人投资，然而，根据证券交易

---

① High Grade Risk Analysis, April 27, 2007, p. 4; High Grade—Enhanced Leverage Q&A, June 13, 2007, stating "the percentage of underlying collateral in our investment grade structures collateralized by sub-primemortgages is approximately 60." On the March 12, 2007, investor call, Matthew Tannin told investors that "most of the CDOs that we purchased are backed in some form by subprime" (Conference Call transcript, pp. 21-22).

② Email from matt.tannin@gmail.com to matt.tannin@gmail.com, November 23, 2006.

③ Matthew Tannin, Bear Stearns, email to Chavanne Klaus, MEAG New York, March 7, 2007.

④ BSAM Conference Call, April 25, 2007, transcript, p. 5.

委员会的调查：他从来没有这样做过。①

尽管他们声称信心十足，乔菲和塔宁一直处在"红色警戒"状态。2007年4月，乔菲赎回了自己在增强型杠杆基金610万美元投资中的200万美元，并将这部分资金转移到他管理的第三只对冲基金。② 他们试图出售冲基金持有的"有毒担保债务凭证"。这些资产在市场上直接出售的可能性不大，但还有另一种方法。③

贝尔斯登资产管理公司在5月末推出一项双重担保债务凭证交易，这将减少冲基金40亿美元的担保债务凭证资产。其中，价值32亿美元的最高级分层被作为商业票据出售给了短期投资者，如货币市场共同基金等。④

更关键的是，为了赚取手续费，美国银行通过提供流动性卖权为这笔交易做了担保。随后商业票据的投资者拒绝该特别票据的延期支付，最终导致美国银行在这笔交易中损失了超过40亿美元。⑤

"19%就是世界末日"

几乎所有的对冲基金都会根据其在各方面的投资计算市场价格，并至少每月为它们的投资者提供一次市场价值报告。行业标准通常要求能够以现价快速估算即时交易资产，如股票，然而在流动性很差的市场，资产的定价是通过调查其他交易商的报价后，并计算其他价格影响因素之后才能得出最终的资产净值。对于抵押贷款支持的投资，资产定价极为重要，因为一方面市场价值被用于告知投资者，并且用于计算对冲基金的总值以便于内部风险的管理。另一方面，这些资产也被用作回购债券协议及其他贷款人的抵押品。关键是，如果对冲基金的资产组合价值下跌，回购债券协议和其他贷款人就可能会要求追加抵押品。4月，摩根大通通知贝尔斯登的联席总裁，艾伦·施瓦茨（Alan Schwartz）摩根大通要求贝尔斯登资产管理公司追加抵押品，以支持其回购

---

① Matt Tannin, Bear Stearns, email to Klaus Chavanne, MEAG New York, March 7, 2007; Matthew Tannin, email to Steven Van Solkema, March 30, 2007; Complaint, SEC v. Cioffi, No. 08 Civ. 2457（E. D. N. Y. June 19, 2008）, p. 32.
② Jim Crystal, Bear Stearns, email to Ralph Cioffi（and others）, March 22, 2007; Ralph Cioffi, Bear Stearns, email to Ken Mak, Bear Stearns, March 23, 2007.
③ Warren Spector, testimony before the FCIC, Hearing on the Shadow Banking System, day 1, session 1: Investment Banks and the Shadow Banking System, May 5, 2010, transcript, pp. 83 - 84.
④ Information provided to FCIC by legal counsel to Bank of America, September 28, 2010.
⑤ Ibid.

借款。①

　　交易商的报价缓慢地跟上了次级贷款衍生债券综合指数（ABX. HE.）的变化。甚至当 ABX. HE. 指数 BBB－系列在 4 月反弹 6% 的时候，经纪交易商的报价最终开始反映证券价值已经下跌。2007 年 4 月 2 日，高盛对贝尔斯登资产管理公司发出的标价范围是从 65 美分至 100 美分，这意味着一些证券的价值只有其初始价值的 65%。② 在 4 月 19 日周四，在为下周的投资者电话会议做准备时，贝尔斯登资产管理公司的分析师们告知乔菲和塔宁，他们认为基金投资组合的价值已大幅下跌。③ 在周日，塔宁从他的私人账户给乔菲发了封邮件，他认为两个对冲基金都应该关闭并且清偿："情况的确很糟糕……如果我们认为分析师的分析是准确的，我认为我们应该马上关闭基金……如果他们分析正确的话，整个次贷市场都要完了。"④但是在随后的周三，乔菲和塔宁的态度又同时转向乐观。从电话会议一开始，塔宁就告诉投资者们，"此时此刻，从全局的角度来看，我们应该有信心，相信我们的信贷市场，特别是次贷市场，并没有发生系统性崩溃……我们很满意目前的情况"。乔菲也同时使投资者确信，基金在今年很有可能获得正收益。⑤ 2007 年 5 月 1 日，两只对冲基金从新的基金获得了超过 6000 万美元的资金，但同时也有超过 2800 万美元的资金被投资者赎回。⑥

　　同一天，高盛对贝尔斯登资产管理公司发布的报价范围降为 55 美分至 100 美分。⑦ 乔菲同时对高盛、雷曼、花旗以及摩根大通的报价提出质疑。⑧ 在 5 月 16 日，通过初步估计，乔菲告诉投资者，增强杠杆基金的资产净值在 4 月份下降

---

① Alan Schwartz, interview by FCIC, April 23, 2010. 显而易见，作为仅有的两个三方清算银行之一，摩根大通比其他市场参与者和管理者掌握更多关于 BSAM 债务情况的信息。正如后文中所述，这一市场信息优势后来使得摩根大通在一夜之间买下了贝尔斯登。
② Email from Goldman to Bear, April 2, 2007.
③ Steven Van Solkema, Bear Stearns, internal email, Summary of CDO Analysis Using Credit Model, April 19, 2007.
④ Matt Tannin, Bear Stearns, email from Gmail account to Ralph Cioffi, Bear Stearns, at his Hotmail account, April 22, 2007.
⑤ BSAM Conference Call, April 25, 2007, transcript.
⑥ Iris Semic, email to Matthew Tannin et al., May 1, 2007.
⑦ Robert Ervin, email to Ralph Cioffi et al., May 1, 2007; email from Goldman (ficc-ops-cdopricing) to rervin@bear.com, May 1, 2007.
⑧ SAM Pricing Committee minutes, June 5, 2007; Robert Ervin, email to Greg Quental et al., May 10, 2007, showing that losses for the High Grade fund would be 7.02% if BSAM used the prices Lehman's repo desk was using, rather than 11.45%—the loss without Lehman's marks.

了6.6%。① 在4月底进行最终数值计算时，他要求贝尔斯登资产管理公司定价委员会使用以他的团队模型为基础的公允价值计价，与使用高盛的计价方法相比，这将减少2500万至5000万美元的损失。② 6月4日，尽管高盛的报价非常低，但定价委员会决定继续使用交易商平均报价而不是使用公允价值计价。委员会同时指出，资产净值的下降的幅度将会高于6.6%，因为在估价发布之后，很多头寸在收到交易商报价后其价值将进一步下跌。③ 最终下降幅度从6.6%修改为19%。乔菲认为众多因素导致了4月份的估价修改，而选用高盛的报价也是其中一个因素。④ 经过一系列会议，乔菲在给一位委员的邮件中说："这不是市场……这只是纯学术——无论如何19%（价值）是世界末日"。⑤ 6月7日，贝尔斯登资产管理公司宣布了基金资产净值下跌了19%，并冻结了赎回。

"矿井里的金丝雀"

当摩根大通在4月份联系贝尔斯登的联席总裁艾伦·施瓦茨，要求其追加保证金后，施瓦茨召集了执行委员会讨论回购贷款机构将如何减少头寸以及要求在新报价的基础上追加保证金的。⑥ 6月初，贝尔斯登和贝尔斯登资产管理公司的回购贷款机构进行了会谈，解释了资产管理公司缺少追加保证金的现金，并且协商暂缓60天执行。这些公司出售了一些现在已经变为不良资产的担保债务凭证和其他证券的增强型及高等级分层。⑦ 现在所有10家投资机构不仅都拒绝了施瓦茨的请求，还要求追加保证金。⑧ 这直接导致这两家基金不得不低价出售抵押品以筹集现金。⑨ 债券的抛售导致投资者信心的完全丧失，赎回基金的要求进一步增多。

当贝尔斯登资本管理公司冻结基金赎回不久，美林银行获得了贝尔斯登为清

---

① Email from "BSAM Hedge Fund Product Management（Generic），" May 16, 2007, produced by JP Morgan.
② 由摩根大通制作的无标题表格 BSAMFCIC－e0000013，显示损失已经超过5000万美元；由摩根大通制作的资产净值估计对账表显示损失已经接近2500万美元。
③ BSAM Pricing Committee minutes, June 4, 2007.
④ Ralph Cioffi, interview by FCIC, October 19, 2010.
⑤ Ralph Cioffi, email to John Geissinger, June 6, 2007.
⑥ Schwartz, interview.
⑦ Ibid.
⑧ ibid.；CSE Program Memorandum to Erik Sirri and others through Matthew Eichner, July 5, 2007.
⑨ CSE Program Memorandum, July 5, 2007.

偿回购贷款而出售的抵押品，总额超过 8.5 亿美金。 7 月 5 日，美林对抵押品进行了拍卖，在对资产面值进行折扣后，仅拍出了 1.81 亿美元。① 其他的回购贷款机构增加了他们的抵押品要求，或者拒绝了延期偿还。② 两只对冲基金面临的这一轮冲击，基本没有给贝尔斯登资本管理公司和贝尔斯登留下任何选择的余地。 虽然拥有资产管理公司，但贝尔斯登在两只对冲基金中的股权头寸相对较小。 4 月 26 日，贝尔斯登的联席总裁沃伦·斯佩克特（Warren Spector）批准了总额达 2500 万美元的对增强杠杆基金的投资。③ 贝尔斯登没有援助基金或者它们回购贷款机构的法律义务。 然而，这些贷款机构同时也是贝尔斯登日常打交道的一些大型投资银行。④ 此外，任何与贝尔斯登相关实体的倒闭都会增加投资者对贝尔斯登公司本身的担忧。

抵押贷款交易部负责人托马斯·马兰诺（Thomas Marano）告诉调查委员会，不断追加保证金的要求已经在贝尔斯登内部造成了混乱。 在 6 月底，贝尔斯登委派他和贝尔斯登资本管理公司的首席执行官理查德·马林（Richard Marin）一起策划一个解决方案。 马兰诺现在开始着手了解投资组合，包括在大量重大资产不得不被出售的这种最糟糕的情况下，哪些是有价值的资产。⑤ 贝尔斯登的结论是：高等级基金仍然具有正的价值，但是增强杠杆基金则没有。

基于这一分析，贝尔斯登承担了 32 亿美元的债务——并最终借款 16 亿美元，清偿了高等级基金的所有回购贷款，使自己成为该基金唯一的回购贷款方；而任由增强型杠杆基金自生自灭。

在 6 月召开的一次联邦公开市场委员会会议上，与会委员被告知次贷市场以及贝尔斯登资本管理公司对冲基金的情况。 联邦公开市场委员会的工作人员

---

① CSE Program Memorandum, July 5, 2007; Merrill Lynch analysis, "Bear Stearns Asset Mgm't: What Went Wrong"; Paul Friedman, interview by FCIC, April 28, 2010. While most of the Bear Stearns executives interviewed by FCIC staff did not recall the percentage discount at which the collateral seized by Merrill Lynch was auctioned, they did believe that it was significant (e. g., Robert Upton, interview by FCIC, April 13, 2010).

② "While the High Grade fund was not in default/had not missed any margin calls, creditors were cutting off its liquidity by increasing haircuts or not rolling repo facilities." Bear Stearns Packet dated May 30, meeting held on June 20, produced by the Securities and Exchange Commission, p. 3; Upton, interview.

③ Warren Spector, email to Mary Kay Scucci, April 26, 2007.

④ Friedman, interview; Warren Spector, interview by FCIC, March 30, 2010; Sam Molinaro, interview by FCIC, April 9, 2010.

⑤ Thomas Marano, interview by FCIC, April 19, 2010; Spector, interview (on Marano's being sent to Marin).

说，次贷市场"非常不稳定并反映了房地产市场的基础正在恶化"。两只对冲基金的次贷债券清偿问题可以和 1998 年长期资本管理公司面临的困境相提并论。美联储主席伯南克指出对冲基金的遭遇很好地说明了杠杆能够导致流动性风险，尤其是在交易对手不愿意给他们时间去平仓以及将手中头寸变现的情况下。但他同时也指出，贝尔斯登资本管理公司的对冲基金"相对独特"，他们次级抵押贷款的持仓比例高于其他赞助基金。①

一些委员担心对冲基金缺乏透明度、缺乏对基金所持资产进行估价的市场准则以及美联储也不能系统地收集对冲基金的数据，因为这超出了美联储的权限。这些事实使委员们担心，他们是否能够全面地了解问题。

联邦公开市场委员会委员在会议中指出，由于缺乏透明度，信用衍生品市场的规模以及与次级债务相关的活动可能成为政策背景中的一团迷雾。

同时，支持援助高等级基金的贝尔斯登高管们，并不希望遭受损失。然而，并不是所有人都对此表示支持——首席执行官詹姆斯·凯恩（James Cayne）和贝尔斯登资本管理公司前任高级执行董事厄尔·赫丁（Earl Hedin）就持反对意见，因为他们不想增加股东的潜在损失。②事实证明他们的担忧是对的。截至 7 月，两只对冲基金几乎变得一文不值：高等级基金资产缩水了 91%，增强杠杆基金资产缩水了 100%。③两只基金都在 7 月 31 日申请破产。乔菲和塔宁因涉嫌欺骗投资者被提起刑事诉讼，但是他们在 2009 年 9 月被无罪释放。由美国证券交易委员会提起的民事诉讼，在该报告发布之时，仍在审理中。

回顾往事，马兰诺告诉调查委员会，"因为任由基金倒闭，我们招致了众多谴责，但是我们别无选择"。④ 在 6 月份的一封内部邮件中，全美最大共同基金公司之一的联邦投资公司（Federated Investors）的比尔·贾米森（Bill Jamison）将贝尔斯登的对冲基金称作"矿井里的金丝雀"，并预计金融市场将发生更多动荡。⑤ 随着这两只基金的覆灭，市场中的回购贷款也随之收紧。回购贷款机构也开始重点关注抵押品（潜在次级风险敞口）的估价，以及不同金融机构的相关

---

① Fed Chairman Ben S. Bernanke, letter to FCIC Chairman Phil Angelides, December 21, 2010.
② James Cayne, interview by FCIC, April 21, 2010.
③ SEC, "Risk Management Reviews of Consolidated Supervised Entities," memo to Erik Sirri and others, August 3, 2007, p. 2; SEC, "Risk Management Reviews of Consolidated Supervised Entities," memo to Erik Sirri and others, July 5, 2007, p. 3, both produced by SEC.
④ Marano, interview.
⑤ Bill Jamison, internal email, June 21, 2007, produced by Federated.

风险敞口。他们在向抵押信贷市场相关机构发放贷款时也提高了保证金要求；他们通常要求以国债作为抵押；很多情况下，他们要求更短的借款期限。① 显然，AAA级抵押担保证券以及担保债务凭证已经不再像以前一样被投资者和交易商认为是"非常安全"的投资了。

凯恩把斯佩克特叫进办公室并要求他辞职。在8月5日周日的董事会上，斯佩克特递交了他的辞呈。

信用评级机构："猝不及防"

当贝尔斯登资本管理基金在全力处理那两只岌岌可危的对冲基金时，那些主要的信用评级机构开始承认次级抵押担保证券的表现并不像宣传的那样好。2007年7月10日，评级机构针对一系列住宅抵押担保证券，发布了下调综合信用评级和信用观察警示的相关信息。这些声明预示着真正损失的到来。

标准普尔宣布，将612只由美国次级抵押贷支持的分层，价值73.5亿美元的证券列入负面观察。标准普尔承诺将根据其评级数据库审查每一笔交易，以判断其负面影响。当天下午，穆迪也下调了在2006年发行的，由美国次级抵押贷款支持的399种抵押担保证券的信用评级，并且将32只分层列入观察名单。穆迪的信用降级影响了大约价值52亿美元的证券。第二天，穆迪又将原始面值50亿美元的184只担保债务凭证分层，列入降级观察名单。在首次声明公布的两天后，标准普尔又将负面观察名单中的（共计612只分层）498只降级。三家信用评级机构中规模最小的惠誉评级公司，也公布了相似的信用降级。②

对于理解其中含义的人来说，这些做法意味深长。虽然这些被降级的债券只是极少的一部分（仅占2006年发行抵押担保证券总额的不到2%），投资者们很清楚更多的信用降级即将到来。许多投资者对评级机构提出批评，指责他们反应滞后。截至2007年7月，据估计相对于2006年春季的最高峰，全国房价已

---

① JPMorgan, Directors Risk Policy Committee, "Worldwide Securities Services Risk Review," September 18, 2007; Michael Alix, interview by FCIC, April 8, 2010.

② For the downgrades, see Moody's Investor Service, "Announcement: Moody's Downgrades Subprime First-Lien RMBS," July 10, 2007; Standard & Poor's, "S&PCorrect: 612 U. S. Subprime RMBS Classes Put on Watch Neg; Methodology Revisions Announced," July 11, 2007; Standard & Poor's, "Various U. S. First-Lien Subprime RMBS Classes Downgraded," July 12, 2007, p. 2; Glenn Costello, "U. S. Subprime Rating Surveillance Update," Fitch Ratings, July 2007.

经下跌近 4%。①

7 月 10 日，在与标准普尔公司的一次电话会议中，对冲基金经理史蒂夫·艾斯曼质问了标准普尔公司抵押担保证券小组的负责人汤姆·沃拉克（Tom warrac）。他问道："我想知道为什么是现在。我的意思是，这么久以来，为什么在现在爆出次贷问题的新闻。严重拖欠已经出现了好几个月。你们的评级为什么要在现在制造出这么大的问题——为什么很久以前你们不这样做……我想说的是，你们不能这样突然降级，你们早就应该醒悟了"。沃拉克回答说，标准普尔"在获取第一手信息之后就立刻采取了行动"。②

信用评级机构的降级与贝尔斯登对冲基金的问题共同对市场造成了进一步的寒蝉效应。ABX. HE. 指数 BBB - 系列在 7 月下跌了 33%，证实了抵押债券持有者面临更多的麻烦。为了避免贝尔斯登基金那样的悲剧再次上演，回购贷款机构进一步要求其他以抵押担保证券为抵押品的借款人提供更多的担保，因为他们的资产前途未卜。许多借款方出售资产以追加保证金，并且每次出售都有可能被进一步压低价格。如果借款方在流通性更好的市场出售其他资产，因为这些市场价格是随时变动的，所以也会推动这些市场价格的下跌。

美国国际集团："意料之外"

在即将到来的溃败面前，所有的损失者当中，美国国际集团是受影响最大的公司之一。在多年的快速发展之后，美国国际集团的金融产品分支机构承销了高达 790 亿美元的场外交易购买信用违约掉期，而保护的对象则是由次级抵押贷款支持的多板块担保债务凭证的超高系列分层。

在 7 月 11 日的一次电话通话中，也就是信用降级的第二天，美国国际集团金融产品信用交易的负责人安德鲁·福斯特告诉金融产品营销部的执行副总裁艾伦·弗罗斯特，他需要对相关披露进行分析，因为"我们联系的每一个评级机构……都出现了更多的信用下调"。他的担忧进一步增加："就像我大约一个月前一样，你知道，这是在自取灭亡……我们将要面临的问题是，我们所持

---

① FCIC,"Preliminary Staff Report：Credit Ratings and the Financial Crisis," June 2,2010,p. 29.
② Steven Eisman and Tom Warrack, Standard & Poor's Structured Finance, July 10, 2007, teleconference, transcript, p. 16.

有的债券将遭受大幅度的信用降级……所有人都在抛售，剩下的已经损失了两个百分点，为什么你不能对你的账面进行减记。 所以现在可以肯定要转移注意力了。 我的意思是我们不能……我们必须进行减记。 就是，恩，我们基本上完了"。①

福斯特担心的是，如果参考证券的市场价值发生一定程度的下跌，或者会信用评级机构下调国际集团的长期债务信用等级，按合同要求国际集团的大部分信用违约掉期会将抵押品派给掉期购买者。 也就是说，即使没有产生实际的现金损失，也会引发追加抵押品的要求，例如那些保护所依赖的基础担保债务凭证超优分层。 显然，国际集团的高管们，包括首席执行官马丁·沙利文（Martin Sullivan）、首席财务官史蒂夫·本辛格（Steve Bensinger）、首席风险管理执行官罗伯特·刘易斯（Robert Lewis）、首席信用管理执行官凯文·麦金（Kevin McGinn）以及金融服务部的首席财务官艾利亚斯·哈巴耶布（Elias Habayeb），告诉调查委员会的调查人员，直到7月追加抵押物的要求开始席卷而来，他们甚至不知道这些信用违约掉期的存在。② 美国国际集团的上级综合管理机构，储蓄管理局对此也不知情。③ 弗罗斯特作为国际集团金融产品部信用违约掉期的销售负责人，知道这些条款的情况，他说他相信他们就是该行业的标准。④ 该部门的首席执行官约瑟夫·卡萨诺，对此也同样知情。⑤

当然，交易对手方对此很清楚。 在7月26日的晚上，因为持有国际集团价值210亿美元的超优分层的信用违约掉期合同，⑥高盛的交易员安德鲁·德威曼（Andrew Davilman）以邮件的形式首先向弗罗斯特发出通知，要求追加抵押品：

---

① Andrew Forster, telephone conversation, July 11, 2007, transcript, pp. 3 -5.
② Martin Sullivan, interview by FCIC, June 17, 2010；Steve Bensinger, interview by FCIC, June 16, 2010；Robert Lewis, interview by FCIC, June 15, 2010；Kevin McGinn, interview by FCIC, June 10, 2010；Andrew Forster, Elias Habayeb, and Steve Bensinger, testimony before the FCIC, Hearing on the Role of Derivatives in the Financial Crisis, day 2, session 1：American International Group, Inc. and Goldman Sachs Group, Inc. , July 1, 2010, transcript, pp. 11, 61 -62.
③ Clarence K. Lee, former managing director for Complex and International Organizations, Office of Thrift Supervision, testimony before the FCIC, Hearing on the Role of Derivatives in the Financial Crisis, day 2, session 2：Derivatives：Supervisors and Regulators, July 1, 2010, transcript, pp. 232 -235.
④ Alan Frost, interview by FCIC, May 11, 2010.
⑤ Joseph Cassano, interview by FCIC, June 25, 2010.
⑥ "Information Pertaining to the Multi-Sector CDS Portfolio," produced by AIG, with FCIC staff calculations.

德威曼：很抱歉，在假期打扰你。追加保证金的通知已经发给你了，希望给你提个醒。

弗罗斯特，在18分钟后：关于什么？

德威曼，一分钟后：关于200亿的超优分层。①

第二天，高盛通过寄发一张清票，正式要求追加抵押担保，并要求索取18亿美元。② 同日，高盛购买了一份1亿美元的五年期保险（信用违约掉期），以防止国际集团可能出现的债务违约风险。③

弗罗斯特从来没有对德威曼的邮件做出答复。当他度假回来时，他被指示不要介入这个问题，因为卡萨诺希望福斯特作为负责人去解决相关问题。④ 国际集团的模型显示，信用违约掉期承保的债券支付不会出现任何违约情况。高盛的高管们认为这些模型是不相关的，因为无论出现什么样的长期现金损失，信用违约掉期合约要求如果市场价值下降就必须交付抵押品。⑤ 高盛估计债券的平均市场价值损失为15%。⑥

所以，先是贝尔斯登的对冲基金，随后是美国国际集团，都因高盛对抵押担保证券的报价而受到打击。就像乔菲和他的同事一样，弗罗斯特和他的同事们也对高盛的报价持质疑态度。在7月30日，美国国际集团的另一位交易员告诉福斯特"如果高盛不横插一脚的话，美国国际集团将会平安无事"。追加保证金的要求就像"一个晴天霹雳，而且提出的数字远远超出了我们的预期"。他承认交易商们也许会因为缺少交易，报价"可能会是面值的80%至95%"，但是他也认为高盛的报价"非常荒谬"。

在向调查委员会作证时，维尼亚说，高盛已经做好准备，以高盛自己的报价将抵押担保证券出售给国际集团。⑦ 美国国际集团的福斯特称，他甚至不会以面

---

① Andrew Davilman, email to Alan Frost, subject: "Sorry to bother you on"; Frost, email to Davilman, subject: "Re: Sorry to bother you on"; Davilman, email to Frost, subject: "Re: Sorry to bother you on" — all July 26, 2007.

② Goldman Sachs International, Collateral Invoice to AIG Financial Products Corp., July 27, 2007, produced by Goldman Sachs.

③ AIG hedges, January 2006 – December 2008, produced by Goldman Sachs.

④ Andrew Forster, interview by FCIC, June 23, 2010.

⑤ Daniel Sparks, interview by FCIC, May 11, 2010.

⑥ "Valuation & Pricing Related to Initial Collateral Calls on Transactions with AIG," produced by Goldman Sachs.

⑦ Jon Liebergall and Andrew Forster, telephone conversation, July 30, 2007, transcript, pp. 402 – 404.

值90%的价格去购买那些债券，因为其价格还会进一步下跌。此外，国际集团被要求以同样的价格对它持有的由类似资产构成的投资组合进行估价。福斯特说："在当前的环境下，我仍然不会购买它们……因为它们价格可能还会下跌……我们不能对手中任何头寸进行估价，很明显那样我们才会得救，因为我们在市场上有巨大的影响。如果我们开始回购这些实物债券，那么任何会计人员都可以对我们说，恩，约翰，你知道，既然你以面值90%的价格进行了交易，你们一定能够对你们的债券进行估价了"。①

艰苦漫长的谈判接踵而至。据美国国际集团金融产品部的执行经理汤姆·安森（Tom Athan）对8月1日和高盛高管会议的描述道，高盛公司"寸步不让"。"我几乎使用我拥有的每一张牌，法律措辞、习惯做法、语言意图、合约解读，并且强调这可能损害双方的关系，但是高盛说，公司'最高层'对此十分清楚，他们觉得这是一次'考验'"。②

高盛和美国国际集团仍然在对高盛的报价进行争论，尽管国际集团仍在向高盛提交的抵押品，但这些抵押品已经达不到高盛的要求，而高盛也在继续购买信用违约掉期以防止国际集团违约。在接下来的14个月里，更多类似的争论花费了国际集团数百亿美元，并最终导致了美国历史上最大的政府救助案之一。

调查委员会结论

调查委员会认为，像贝尔斯登对冲基金和国际集团金融产品公司这样的实体，由于对次级贷款拥有大量的风险敞口，最先受到房地产泡沫破裂的影响，从而给他们的母公司带来了财务压力。由于房地产市场泡沫破裂导致了抵押资产价值下跌，加之对金融公司次级贷款风险敞口的担忧，商业票据和回购债券市场作为影子银行借贷市场的两个关键组成部分，快速体现了房地产泡沫破裂的影响。

---

① David Viniar, written testimony for the FCIC, Hearing on the Role of Derivatives in the Financial Crisis, day 2, session 1: American International Group, Inc. and Goldman Sachs Group, Inc., July 1, 2010, p. 2.
② Liebergall and Forster, telephone conversation, July 30, 2007, transcript, p. 407.

第十三章
2007年夏天：资金链断裂

2007年夏，随着高信用评级债券价格的大幅下跌以及贝尔斯登对冲基金的破产，不断走弱的房地产市场所产生的进一步影响尚不明确。"我并不认为次贷市场的混乱会威胁整体经济"，财政部长鲍尔森在7月26日接受彭博社的采访中说道。[①] 同时，焦虑的市场参与者则不肯轻易放过任何隐藏或潜在的次级贷款风险敞口的蛛丝马迹。7月底，他们发现资产支持商业票据（ABCP）市场存在次级贷款风险——一个在金融部门中至关重要，却通常不活跃的市场。

这种融资渠道允许企业通过抵押优质短期资产获取资金。截至2007年中，美国资产支持商业票据市场1.2万亿美元的规模中，有数千亿美元是由抵押贷款相关资产担保的，其中包括一些次级抵押贷款风险敞口。[②]

如前文所述，信用评级机构给予了这些资产支持商业票据项目最高投资信用评级，通常是因为它们从商业银行购买了流动性卖权进行保值。当抵押贷款证券市场枯竭，而且货币市场共同基金对各种资产支持商业票据持谨慎态度时，银行就会被要求对这些期权进行支持，并将这些资产计入银行的资产负债表，将损失转移到商业银行系统当中。在某些情况下，为了维护与投资者的关系，银行会支持他们赞助的项目，尽管这些银行之前并没有为此做出承诺。

德国工业银行："现金投资者"

第一个在资产担保商业票据经营中遭受重大损失的是德国工业银行（IKB

[①] Henry Paulson, quoted in Kevin Carmichael and Peter Cook, "Paulson Says Subprime Rout Doesn't Threaten Economy," Bloomberg, July 26, 2007.

[②] Moody's Investors Service, "Moody's ABCP Program Index: CP Outstanding as of 06/30/2007."

Deutsche Industriebank AG）。 自1924年成立开始，德国工业银行主要对德国中型企业进行借款融资，但是在过去的10年中，其经营开始多元化。 2002年，德国工业银行创造了一个资产负债表外的商业票据项目——莱茵兰（Rhineland），购买由结构性金融证券构成的投资组合，这些证券由信用卡应收账款、商业贷款、汽车消费贷款及住房抵押贷款支持。 莱茵兰通过使用短期相对廉价的商业票据购买长期收益率较高的证券获取收益，也就是所谓的"证券套利"策略。 截至2007年6月底，莱茵兰已经拥有140亿欧元（189亿美元）资产，其中95%的资产是担保债务凭证和担保贷款凭证，也就是证券化的杠杆贷款。 其中至少有80亿欧元（108亿美元）的资产由德国工业银行通过购买流动性认卖权进行保值。① 更重要的是，德国监管部门当时并没有要求德国工业银行持有任何资本金以补偿莱茵兰潜在的损失。②

直到2007年7月，当许多投资者逃离结构性产品市场时，德国工业银行还在计划扩大资产负债表外的资产额，并愿意买入抵押贷款相关的衍生品，比如合成型担保债务凭证。③ 德国工业银行的态度使其成为投资银行和对冲基金的宠儿，因为他们都迫切地希望卖空。

2007年初，当高盛在为产品Abacus 2007 – AC1，也就是我们第三部分提到的合成型担保债务凭证寻找买家时，德国工业银行走进了它的视线。 据对冲基金保尔森公司的一位职员坦率地说，像德国工业银行这样的"真钱投资者"过于冒进。 "市场不会给即将崩盘的次贷抵押贷款（抵押担保证券）定价"，保尔森公司的职员在邮件中写道，"在我看来造成这一情况的原因在于，评级机构、担保债务凭证经理及承销商都有将游戏继续下去的激励，然而'真钱投资者'既没有分析工具，也没有制度框架，使其能够根据所掌握的信息做出亏损预期，从而在损失之前采取行动。"④德国工业银行随后购买了1.5

---

① Moody's Investors Service, "Moody's Performance Overview: Rhineland Funding Capital Corporation," June 30, 2007.
② 如前所述，在美国，对流动性卖权的资本报价很低，为0.8%。 Staff of Bundesanstalt fur Finanzdienstleistungsaufsicht（the Federal Financial Services Supervisory Authority, Germany's bank regulators）, interview by FCIC, September 8, 2010. See also Office of the Comptroller of the Currency, "Interagency Guidance on the Eligibility of Asset-Backed Commercial Paper Liquidity Facilities and the Resulting Risk-Based Capital Treatment," August 4, 2005. 例如，花旗集团为累计发行的250亿美元的CDO购买了2亿美元流动性卖权进行保值。
③ IKB, 2006/2007 Annual Report, June 28, 2007, p. 78.
④ Securities Fraud Complaint, Securities and Exchange Commission v. Goldman Sachs & Co. and Fabrice Tourre, no. 10 – CV –3229（S. D. N. Y. April 15, 2010）, p. 6.

亿美元 Abacus 担保债务凭证中 A1 和 A2 分层，并且放入了莱茵兰项目。① 这项投资最终血本无归。

2007 年年中，莱茵兰的资产支持商业票据由大量美国投资者持有，包括加州奥克兰市（the city of Oakland，California）、蒙大拿投资委员会（Montana Board of Investments）和明尼苏达州明尼阿波里斯市郊区的罗宾斯戴尔学区（the Robbinsdale Area School District in suburban Minneapolis）。7 月 20 日，德国工业银行向他的投资者保证，抵押担保证券的信用降级只会对其业务产生有限影响。② 然而，几天之后，过去定期在商业票据市场帮助莱茵兰项目筹资的高盛公司，告知德国工业银行，它将不再向其客户出售任何莱茵兰的票据。7 月 27 日周五，德意志银行在意识到资产支持商业票据（ABCP）市场将很快抛弃莱茵兰，而且德国工业银行将必须对该项目提供实质性的支持后，认为与其进行业务合作的风险太大，从而中断了它的信贷额度。对于德国工业银行而言，这都是继续其业务的必要的资金来源。德意志银行同时也向德国银行监管部门就德国工业银行的危险状态发出了警告。在监管部门的促使下，德国工业银行的最大股东，德国复兴信贷银行在 7 月 30 日宣布了救助声明。在 8 月 7 日，莱茵兰对德国工业银行行使流动性卖权。莱茵兰商业票据的投资者得以脱身，而损失则由德国复兴信贷银行承担，最终预期损失高达 95%。③

德国工业银行的案例说明了即使作为规避风险的投资者，其选择的投资组合也可能潜藏着不良抵押贷款资产。恐慌很快蔓延至短期资金市场，即使是没有高风险抵押贷款风险敞口的市场。"这是一种认识，一种非常敏锐的认识，担心一些存在风险的资产支持商业票据可能已经传导到该领域。结果是投资者通常就会甚至连看都不看基础资产就决定'我不想持有任何资产支持商业票据，我也不想投资任何可能持有这种票据的基金'。"道富环球投资管理公司（State Street Global Advisors）全球现金投资部的史蒂芬·迈尔（Steven Meier）向调查委员会的工作人员说道。④

---

① IKB staff, interview by FCIC, August 27, 2010; Securities and Exchange Commission (plaintiff) v. Goldman Sachs & Co. and Fabrice Tourre (defendants), Securities Fraud Complaint, 10 - CV - 3229, United States District Court, Southern District of New York, April 15, 2010, at 17, paragraph 58.
② "Preliminary results for the first quarter (1 April - 30 June 2007)," IKB press release, July 20, 2007.
③ IKB staff, interview; IKB, clarification of interview by FCIC, November 15, 2010; IKB, restated 2006/2007 Annual Report, p. 5.
④ Steven Meier, testimony before the FCIC, Hearing on the Shadow Banking System, day 2, session3: Institutions Participating in the Shadow Banking System, May 6, 2010, transcript, p. 307.

截至2007年底，资产支持商业票据市场的市值从8月8日的最高的(原文为12亿，参照上文应为)1.2万亿美元，缩水至8000亿美元。

国民金融公司："新的9·11"

8月2日，德国工业银行获得救助的三天后，国民金融公司首席执行官安吉洛·莫兹罗发现他们公司已经无法通过商业票据或者从回购市场上融资。"当我们在国民金融公司(8月2日)讨论时，那简直就是新的9·11"，他说，"我们一周工作7天试图找出解决的办法，并且试图和银行合作……我们的数十亿美元的回购协议即将到期"。①

莫兹罗给一位前美联储官员，同时也是国民金融公司的前任董事的邮件中说道："对信用市场的担忧现在逐渐变成恐慌。除了房利美和房地美外，抵押信贷市场的流动性几乎枯竭……所有的抵押品要么就无法在二级市场出售，要么就必须以特别低的价格甩卖"。②

8月2日，尽管国民金融公司内部发生混乱，首席财务官埃里克·夏拉基(Eric Sieracki)仍然告诉投资者，公司拥有大量短期偿债资本作为预备资金，而且"我们银行有充足的流动性……重要的是公司目前运转良好，包括商业票据的处理"。③穆迪也再次确定了国民金融公司的AAA信用评级以及稳定前景。

信用评级机构和国民金融公司很快就转变了他们的立场。莫兹罗在8月6日召开了一次特别会议，据会议纪要显示，他向董事会报告："实际上二级市场所有的抵押债券(无论优质的还是非优质的)几乎都毫无征兆地停止了流动……公司已经无法出售其高质量抵押担保证券"。董事长和首席运营官戴维·桑波尔告诉董事会："管理运营计划只能根据目前不稳定的形势逐周的制定"。莫兹罗说，尽管他继续和银行谈判以寻求新的流动性来源，但是二级市场的"史无前例和意外"地失效，将迫使公司动用其备用信贷额度。④

---

① Angelo Mozilo, testimony taken by the SEC in the matter of Countrywide Financial Corp., File No. LA-03370-A, November 9, 2007, pp. 150, 36-37.
② Angelo Mozilo, email to Lyle Gramley, member of Board of Countrywide Financial Corporation(cc Michael Perry, chief executive officer, IndyMac Bank), August 1, 2007.
③ Eric Sieracki, quoted in Mark DeCambre, "Countrywide Defends Liquidity," TheStreet.com, August 2, 2007.
④ "Minutes of a Special Telephonic Meeting of the Board of Directors of Countrywide Financial Corporation," August 6, 2007, pp. 1, 2, 1.

在国民金融公司召开董事会后不久，美联储的联邦公开市场委员会委员讨论了次级抵押贷款市场的"大规模金融动荡"以及包括国民金融公司在内的一些公司遇到的压力。他们在会议中指出，现在的数据并没有显示房地产市场即将崩溃，如果其前景正如判断的那么乐观，他们可能会事后回顾并因为这次金融事件没有给实体经济带来太大影响而感到惊讶。但是联邦公开市场委员会的委员们也表达了他们担心次贷的影响将进一步延伸到其他部门，同时他们一再指出，对于市场恶化程度和持续时间，他们感到十分意外。其中一位与会者，引用了丘吉尔的名言——无论历史如何重重写也不能饶恕这一刻的罪责，如果他们没有做好准备在全体员工大会上看到更糟糕的情况。①

几天之后，8月14日国民金融公司发布了2007年7月的经营业绩，报告称丧失赎回权及拖欠行为在不断增多，信贷产品在上月下跌了14%。公司一位发言人说，公司可能会考虑裁员。同日，2007年3月（国民金融公司）转为特许储蓄银行之前的美联储一直负责监督国民金融公司的控股公司，在一位官员给联邦储备委员会提交了一份机密便笺，他在信中说明了国民金融公司当时的情况：

> 该公司现在严重依赖"贷款并证券化"模式，考虑到目前的市场状况，该公司已经无法证券化或者出售其不合格的抵押贷款……国民金融公司的短期资金战略严重依赖于商业票据，尤其是资产支持商业票据。在目前市场情况下，这一战略的可行性并不确定……所以公司在回购债券交易中运用抵押证券作为抵押品的能力也是不确定的……因此，该公司将面临严峻的流动性压力。不难想象，流动性压力最终很可能导致其破产。②

国民金融公司向其上级监管机构——美国储蓄监督局提出请求，如果美联储能够协助，通过免除一条规定并允许国民金融公司的下属储蓄机构通过投保存款人集资或者通过贴现窗口贷款支持它的控股公司，这就要求美联储接受有风险的抵押担保证券作为抵押品。这种方式从未被采用甚至认为以后也不会被采用——直到来年的春天。美联储并没有介入："在联邦储蓄委员会批准借款给控股公司或者抵押子公司之前，实质性的法定条款将会出台"，这位官员写道。

---

① Fed Chairman Ben Bernanke, letter to FCIC Chairman Phil Angelides, December 21, 2010.
② Federal Reserve Staff, memo to Board of Governors of the Federal Reserve System, "Background on Countrywide Financial Corporation," August 14, 2007, pp. 1–2.

"近几十年以来,美联储都没有借过钱给非银行机构;在目前环境下,这样的借款几乎不可能"。①

第二天,由于没有任何其他资金来源,莫兹罗向董事会建议,公司将告知其债权人,准备从其将其备用信贷额度下调 115 亿美元。② 莫兹罗和他的团队知道,这一决定将导致公司信用等级被下调。"我们唯一的选择就是降低信贷额度",他告诉调查委员会说。"我们有一批贷款,要么我们告诉我们的借款人和顾客,'我们破产了,我们没有资金了'——但是这样做存在很大风险,诉讼风险,我们承诺保证资金……当面临这两个选择时,你必须两害取其轻"。③

同一天,国民金融公司的董事会批准了 115 亿美元的信用额度下调。 但是在公司对外公布这个消息之前,美林银行的一位分析师,肯尼斯·布鲁斯(Kenneth Bruce)重新发布了对国民金融公司股票的信用评级,从两天前的"买入"评级下调至"卖出",并对其前景展望下调为"负面",理由是缺乏流动性。 他同时补充道:"如果市场对自己正常运转的能力失去信心,国民金融公司的模式就无法进行……如果在疲软的市场发生清算事件,那么国民金融公司就很可能会破产"。④

第二天,在布鲁斯的警告开始传播的同时,国民金融公司向市场通告了其下调备用信用额度的决定。 穆迪将国民金融公司高级无担保债务的信用等级下调至最低投资等级。 国民金融公司当天的股价下跌了 11%,收盘于每股 18.95 美元;当年全年,其股价总共下跌了 50%。 这个坏消息导致资金从这家老牌银行逃离。 莫兹罗挑出 8 月 16 日洛杉矶时报包含布鲁斯这篇报道的报纸,他指着这篇文章说:"这在周一导致我们银行 80 亿美元的资金外逃"。 莫兹罗告诉调查委员会,那篇文章促使其客户们向国民金融公司位于南加州的分行发送撤资通知。 一位记者"带领一个摄影师,对正在排队的人们进行采访,那场面十分可怕。 无

---

① Federal Reserve Staff, memo to Board of Governors of the Federal Reserve System, "Background on Countrywide Financial Corporation," August 14, 2007, pp. 12−13.

② Countrywide Financial Corporation, Form 8−K, Exhibit 99.1, filed August 6, 2007. See also "Minutes of a Special Telephonic Meeting of the Boards of Directors of Countrywide Financial Corporation and Countrywide Bank, FSB," August 15, 2007.

③ Angelo Mozilo, interview by FCIC, September 24, 2010.

④ Kenneth Bruce, "Liquidity Is the Achilles Heel," Merrill Lynch Analyst Report, August 15, 2007, p. 4; Kenneth Bruce, "Attractive Upside, but Not without Risk," Merrill Lynch Analyst Report, August 13, 2007, p. 4.

论人们的恐惧,还是我们的恐惧。 其实根本毫无必要",莫兹罗说道。①

6天后,即8月22日,美国银行宣布将投资20亿美元收购国民金融公司16%的股份。 两家公司都对全国最大银行即将并购抵押贷款机构的传言表示否认。 莫兹罗告诉媒体,"我们的生存从来就不是问题";他说新投资将巩固国民金融公司的地位,它依旧是"全国实力最雄厚以及经营最好的公司之一"。②

国民金融公司在10月份公布了12亿美元的净损失,这是该公司25年以来首次出现季度亏损。 随着其抵押贷款投资组合中坏账的不断增加,国民金融公司的贷款损失从一年前的3800万增长至9.34亿美元。 2008年1月11日,美国银行在一篇新闻稿中宣布了一份"最终协议",决定以近40亿美元的价格收购国民金融公司。 新闻稿中称,合并后的实体将停止发起次级贷款,并将开展援助计划以帮助陷入困境的借款人。

法国巴黎银行:"警报响起"

与此同时,美国金融市场上出现的问题袭击了法国最大的银行。 8月9日,法国巴黎银行(BNP Paribas SA)宣布对三家投资基金暂停赎回,因为这三家基金在两周内损失了20%。 这些基金的总资产为22亿美元,其中三分之一的资产为AA及以上评级的次级贷款证券。③ 该银行同时宣布,将停止对这些基金以公允市价进行计价,因为美国证券化市场中某些特定部门的流动性已经完全蒸发,导致在不考虑其质量和信用等级的情况下,无法对特定的资产进行公平定价。④

回顾往事,许多投资者认为法国几家基金的停止回赎是2007年流动性危机

---

① Mozilo, interview;the article, by E. Scott Reckard and Annette Haddad, was titled "Credit Crunch Imperils Lender:Worries Grow about Countrywide's Ability to Borrow—and Even a Possible Bankruptcy".
② Angelo Mozilo, quoted in "One on One with Angelo Mozilo, Chairman and CEO of Countrywide Financial," Nightly Business Report, PBS, August 23, 2007, transcript; and in "CEO Exclusive:Countrywide CEO, Pt. 1," The Call, CNBC, interview by Maria Bartiromo, August 23, 2007, transcript, p. 1.
③ Sebastian Boyd, "BNP Paribas Freezes Funds as Loan Losses Roil Markets," Bloomberg, August 9, 2007.
④ "BNP Paribas Investment Partners Temporally [sic] Suspends the Calculation of the Net Asset Value of the following funds:Parvest Dynamic ABS, BNP Paribas ABS EURIBOR and BNP Paribas ABS EONIA," BNP Paribas press release, August 9, 2007.

的开始。 8月9日是短期资金市场"警报响起"的日子,太平洋投资管理公司(PIMCO)的一位执行经理,保罗·麦克星告诉调查委员会,"购买者开始罢市,交易彻底停止"。① 也就是说,他们停止出售手中的商业票据转而要求支付(他们贷款的)报酬。 在8月9日,信用评级为A-1级的资产支持商业票据的隔夜拆借利率从5.39%升到5.75%——为2001年以来最高水平。 利率水平继续不均衡的上升,到8月10日已高达6.14%。 图13-1显示,作为反应,贷款发放额开始下降。

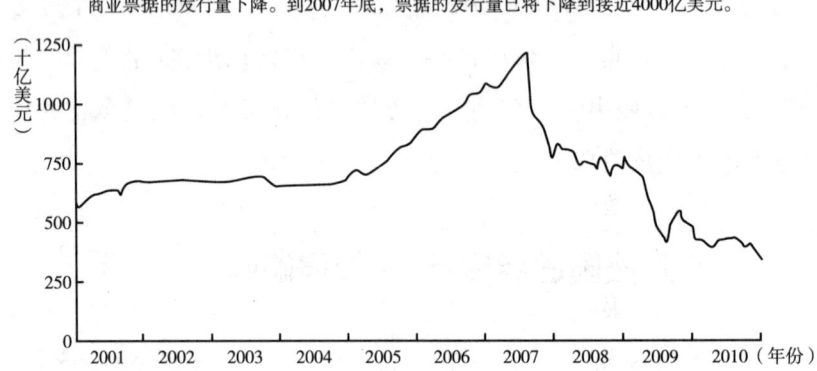

在2007年夏天金融危机爆发初期,由于人们对资产质量的担忧迅速蔓延,资产担保商业票据的发行量下降。到2007年底,票据的发行量已将下降到接近4000亿美元。

图13-1 资产担保商业票据的发行量

说明:按季度调整。
数据来源:Federal Reserve Board of Governors.

仅在8月,资产支持商业票据市场就缩水了1900亿美元,即20%。 8月6日,次级贷款的贷款方,美国住房抵押贷款公司的资产支持商业票据项目行使了其延期支付的特权,拖欠了借款人几个月的款项。 贷款方迅速从拥有其他类似条款的项目中撤资,导致5月到8月的市场发行量从350亿美元萎缩到40亿美元。②

出售票据的期限日益变短,反映出债权人希望尽可能频繁地对其交易对手的信誉度进行再评价。 美国资产支持商业票据的平均到期日从7月的大约31天下

---

[1] Paul A. McCulley, testimony before the FCIC, Hearing on the Shadow Banking System, day 2, session 3: Institutions Participating in the Shadow Banking System, May 6, 2010, pp. 237, 309.
[2] Daniel M. Covitz, Nellie Liang, and Gustavo A. Suarez, "The Evolution of a Financial Crisis:Panic in the Asset-Backed Commercial Paper Market," August 24, 2009, p. 39.

降到 9 月中旬的 23 天左右，尽管绝大多数发行票据的期限为 1 至 4 天。①

混乱很快向货币市场中的其他证券蔓延。质量风险曝光后，投资者们抛售了他们手中的回购债券和商业票据，并且增持一些看起来相对安全的货币市场基金和国债。市场参与者由于不确定各自潜在的次贷风险，为了保证自己的流动性争相涌入基金。银行之间也不愿意互相拆借。银行间同业拆借利率的监控指标，1 月期 Libor – OIS 利差的攀升，表明银行开始担心彼此间拆借的信用风险。在 8 月 9 日，Libor – OIS 利差大幅上升，达到了历史平均值的 3 至 4 倍，随后在 9 月 7 日，又攀升了 150%。2008 年，Libor – OIS 利差达到更高水平。

针对回购债券、商业票据以及银行同业拆借市场的恐慌现象，政府立即采取了行动。在 8 月 10 日，即法国巴黎银行停止赎回的第二天，美联储宣布"为了保证金融市场的有序运作，将在必要时候提供流动性支持"，②欧洲中央银行也向隔夜拆借市场投放了数十亿欧元。8 月 17 日，美联储下调贴现率 50 个基点，从 6.25% 下调至 5.75%。这是许多旨在增加公司流动性的第一步。美联储同时将贴现窗口融资的期限延长至 30 天（从以前通常的隔夜或者很短期限）以给予银行一个更稳定的融资渠道。同日，美联储的联邦公开市场委员会发布声明，承认市场正在不断恶化并承诺将"准备在需要时采取行动以减轻其对经济的负面影响"。③

结构性投资工具："荒漠绿洲"

8 月，资产支持商业票据市场的混乱对结构性投资工具（SIV）市场造成了冲击，尽管这些项目和次级抵押贷款没有多少联系。自 1988 年推出以来，结构性投资工具的表现一直很稳定。这些投资工具经历了数次信贷危机的考验——即使在 2007 年夏初，穆迪公司在其 2007 年 7 月 20 日发布的报告中指出："结构性投资工具：次贷旋涡中一片平静的绿洲"。④

---

① ibid. figure 1, panel B, p. 33.
② "The Federal Reserve Is Providing Liquidity to Facilitate the Orderly Functioning of Financial Markets," Federal Reserve Board press release, August 10, 2007.
③ Federal Reserve Board, press release, August 17, 2007.
④ Henry Tabe, Moody's Investors Service, "SIVs: An Oasis of Calm in the Sub-prime Maelstrom: Structured Investment Vehicles," International Structured Finance: Special Report, July 20, 2007, p. 1.

与典型的资产支持商业票据项目不同,结构性投资工具主要以中期票据为基础——期限为1~5年的证券。结构性投资工具持有大量的高流动性资产,并且每日或每周以市场价格对这些资产进行估价,使其能够在发起方不提供任何明确流动性支持下正常运转。

结构性投资工具部门的资产从2004年到2007年增加了2倍。在次贷危机爆发的前夕,市场中共有36种结构性投资工具,总资产额近4000亿美元。① 其中大约四分之一的资金,投资了抵押担保证券或者担保债务凭证,但是仅仅6%资金投资了次级抵押担保证券和担保债务凭证。

毫无疑问,第一个破产的结构性投资工具集中持有了次级抵押担保证券或者与抵押贷款相关的担保债务凭证,或者两者皆有。其中包括切恩金融(Cheyne Finance)(由位于伦敦的切恩资本管理公司经营),莱茵桥(Rhinebridge)(德国工业银行的另外一个项目),金钥匙(Golden Key)和主帆2号(MainsailⅡ)(两个都是由巴克莱资本组建)。8月至10月,上述四个结构性投资工具都被迫重组或者清算。

投资者迅速从相对安全的结构性投资工具中撤离。穆迪的总经理亨利·泰伯(Henry Tabe)告诉调查委员会:"媒体很乐意危言耸听地报道下一个'漏水的结构性投资工具'或者持有结构性投资工具机构的倒闭"。② 由于结构性投资工具缺乏透明度导致情况比较复杂。"处于无法确定风险的环境之中……一种不信任已经蔓延到各种资产当中。以前流动的资产现在不流动了。优质的抵押品无法出售或用于融资,一切都不能按其真正价值交易",穆迪在9月5日写道。③

甚至优质资产在面对一个贬值的抵押信贷市场时也无能为力。一个结构性投资工具甚至给一只AAA级担保债务凭证报出了面值7%的价格。④ 为了筹集现金,经理们不得不出售资产。但是在一个贬值的市场中销售优质资产,往往压低这些未受影响资产的价格,同时,也压低了其他结构性投资工具投资组合的市场价格。

---

① Henry Tabe, Moody's Investors Service, "SIVs: An Oasis of Calm in the Sub-prime Maelstrom: Structured Investment Vehicles," International Structured Finance: Special Report, July 20, 2007, p. 1.
② Henry Tabe, interview by FCIC, October 4, 2010.
③ Moody's Investors Service, "From Illiquidity to Liquidity: The Path Toward Credit Market Normalization," Moody's International Policy Perspectives, September 5, 2007, p. 1.
④ Tabe, interview.

截至 11 月底，还在继续运营的结构性投资工具平均对其 23% 的投资组合进行了清算。① 赞助机构救助了一部分结构性投资工具。其他的结构性投资工具要么被重组，要么被清算；一些投资者需要等待一年或者更长时间才能得到补偿，而且也只能拿到一部分钱。以莱茵桥为例，投资者损失了 45% 并且在第二年才慢慢得到偿付。② 在另一个名为西格玛（Sigma）的结构性投资工具中，投资者的损失高达 95%。③ 到了 2010 年秋天，没有一个结构性投资工具还能独善其身。通过次级抵押贷款违约导致的损失，次贷危机已经将一个曾经坚韧的市场击溃。

货币基金和其他投资者："饮鸩止渴"

货币市场基金和其他基金遭受了另一个多米诺骨牌效应。这些基金大部分由投资银行、银行持股公司或者"复合共同基金"赞助，比如富达投资集团、先锋基金集团和联邦投资公司。在证券交易委员会的监管下，货币市场基金在向散户投资者出售时必须有两套会计账簿，一份反映购买证券时的价格，另一份记录基金的市场价值（也就是市场说法中的"影子价格"）。然而，基金不需要公开其影子价格，除非基金的资产净值（NAV）下跌 0.5%，导致每股低于 1 美元（至 0.995 美元）。这种市值的下跌被称为"跌破净值"，通常会导致基金破产。这种情况可能很快出现，比如一个基金投资组合的 5% 在投资中损失了 10%（5% 的 10% 等于 0.005 美元）。所以一个基金经理无法承受比较大的风险。

但是结构性投资工具被认为是十分安全的投资工具，它们经常并且广泛地被货币市场基金所持有。2007 年秋，数十个货币市场基金面临结构性投资工具及其他资产支持商业票据的损失。为了防止他们的基金跌破 1 美元（净值），最少有 44 家赞助机构，包括像美国银行、美国合众银行（US Bancorp）以及太阳信托这样的大型银行机构开始从他们的货币市场基金购买结构性投资

---

① Moody's Investors Service, "Moody's Update on Structured Investment Vehicles," Moody's Special Report, January 16, 2008, p. 12.
② Information provided to the FCIC by Deloitte LLP's counsel, August 2, 2010.
③ Moody's Rating Action, "Sigma Finance," September 30, 2008; Henry Tabe, The Unravelling of Structured Investment Vehicles: How Liquidity Leaked through SIVs: Lessons in Risk Management and Regulatory Oversight（［Chatham, Kent］:Thoth Capital, 2010）, p. 60.

工具资产。①

类似的一幕同样发生在了货币市场中监管更加宽松的领域，"增强型现金基金"（enhanced cash funds）。这些基金并不面向散户投资者，而是面对一些"有资格的购买者"，包括投资额达2500万美元及以上的投资者。增强型现金基金处于大部分证券交易委员会的监管和披露要求范围之外。由于它们比零售基金的投资门槛更高，并且受到的监管较少，因此投资者期望风险更高的投资可以换来回报更高的收益。但是，这些基金也必须将资产净值维持在1美元以上。

随着市场的逆转，这些基金当中有一些已经跌破1美元，与此同时，一些其他基金的赞助公司也开始介入并支持他们基金的资产价值。资产总额达50亿美元的"通用资产管理信托增强型现金信托"（GE Asset Management Trust Enhanced Cash Trust）在夏季搁浅了，这是一只是由通用公司赞助，管理其职工养老金和员工福利资产的基金；该基金50%的资产是抵押担保证券。当该基金被报道损失了2亿美金，并且在2007年11月倒闭之后，投资者以0.96美元的价格赎回了他们的股份。② 美国银行在最高峰时曾以400亿美元（当2007年11月，基金最大的投资者撤回200亿美元投资之后）的资产支持其战略性现金投资组合基金，这是全美国最大的增强型现金基金。③

瑞士信贷机构的货币市场总理基金（Credit Suisse Institutional Money Market Prime Fund）的快速发展和没落，提供了一个有趣的研究案例。该基金通过一个基于互联网的交易平台来力图吸引投资者，该平台被称作"入口"，并为货币市场基金和其他基金提供了大约3000亿美元。这些入口可以使投资者（将他们的现金）快速投资最高的收益的基金。提供高回报率就能够吸引大量资金：一位货币市场基金经理后来将使用这些"入口"的资金比喻为"饮鸩止渴"。④ 但是

---

① Christopher Condon and Rachel Layne, "GE Bond Fund Investors Cash Out After Losses from Subprime," Bloomberg, November 15, 2007.

② The identity of the investor has never been publicly disclosed. See Shannon D. Harrington and Sree Vidya Bhaktavatsalam, "Bank of America to Liquidate MYM12 Billion Cash Fund," Bloomberg, December 10, 2007. See also Michael M. Grynbaum, "Mortgage Crisis Forces the Closing of a Fund," New York Times, December 11, 2007.

③ Rich Rokus, portfolio manager at Marshall Money Market Funds, interview by Crane Data, Money Fund Intelligence, June 2009; Crane Data, Money Fund Intelligence, January 2008.

④ Credit Suisse Institutional Money Market Fund, Inc., Notes to Financial Statements, December 31, 2008, Note 3, p. 30.

这些钱也会很快消失。瑞士信贷基金在流动性危机爆发前的12个月里提供了全行业最高的回报率，其资产也实现了快速膨胀，从2006年夏季的约50亿美元增长到2007年夏的（超过）250亿美元。为了实现这一高回报率并且吸引投资者，它主要投资于结构性金融产品包括担保债务凭证和像"切尼"（Cheyne）这样的机构性投资工具。当投资者开始担心这类资产时，他们仅在2007年8月一个月内就从基金中撤走了100亿美元。该基金的赞助银行，瑞士信贷集团被迫对基金实施援救，在8月购买了其57亿美元的资产。① 这个小插曲说明了货币市场基金依赖"热钱"的风险，所谓的热钱也就是机构投资者快速进入和撤离基金以追求最高的收益率的资本。

结构性投资工具和抵押贷款相关投资遭受的损失，同样也重创了全美国地方政府的投资池，因为一些政府往往持有价值数十亿的债券。这些资金为市政厅、学区和其他政府机构提供了规模经济效益、分散投资和流动性。在某些情况下，参与投资是一项任务。

佛罗里达州地方政府投资池坐拥270亿美元资产，其规模为全美最第一，并且"试图通过现金、定期存款、国债、地方政府债券等有价证券的形式像一个高流动性、低风险的货币市场基金一样运作"，州立法机构在一项调查中指出。② 但是到了2007年11月，因为信用评级的下调，该基金至少持有了15亿不再符合佛罗里达州规定的证券。该基金持有超过20亿美元的结构性投资工具以及其他一些存在问题的证券，其中大约7.25亿美元的证券已经违约。同时它还持有国民金融公司6.5亿美元的定期存单，到期日期为2008年6月。③ 11月初，伴随着一系列的新闻报道，该基金运行出现问题。地方政府在两周内就收回了80亿美元。奥兰治县（Orange）和皮内拉斯县（Pinellas）撤出他们的全部投资。在11月29日，基金经理停止了赎回。佛罗里达是受影响最严重的一个州，但是其他州也同样因为投资结构性投资工具和其他抵押相关资产而遭受了巨大损失。

---

① Credit Suisse Institutional Money Market Fund, Inc., Notes to Financial Statements, December 31, 2008, Note 3, p. 30.
② Florida Legislature, Office of Program Policy Analysis and Government Accountability, "The SBA [State Board of Administration] Is Correcting Problems Relating to Its Oversight of the Local Government Investment Pool," Research Memorandum, March 31, 2009, p. 2.
③ SBA report, "Update on Sub-Prime Mortgage Meltdown and State Board of Administration Investments," November 9, 2007, pp. 721-722.

调查委员会结论

　　调查委员会认为，影子银行系统可以与商业银行系统进行竞争，但没有有效的监督和管理。由于高杠杆率、短期融资、高风险资产、流动性不足以及缺少联邦政府的支持，使得该系统十分脆弱。当抵押信贷市场崩溃以后，金融公司开始抛弃商业票据和回购贷款市场，导致一些依赖这些市场获取经营资金的机构破产，或者在随后的危机中不得不寻求援助。这些市场及其他相互关联的机构导致了危机的传播，危机甚至蔓延到一些和抵押信贷市场几乎没有或没有直接联系的市场和公司。

　　此外，对于传统银行的监管也明显放宽，允许商业银行和储蓄机构在极少的限制和约束下运行，并且参与更广泛的金融活动，其中就包括影子银行系统的一些活动。

　　金融部门多年以来迅速扩张直至金融危机爆发，该部门运用其巨大的政治力量削弱了影子银行和传统银行系统的制度性监督及市场监管。"放松监管"导致金融系统尤其易受到金融危机的冲击，并使危机负面影响加剧。

第十四章

2007 年底至 2008 年初：数十亿的次级贷款损失

虽然大批银行在 2007 年秋天开始救助它们的货币市场基金和商业票据项目，但金融部门面临的一个更严重的问题：与抵押贷款相关的贷款、证券及衍生产品的损失高达数十亿美元，并且还看不到尽头。在美国的公司当中，据报道花旗集团和美林银行的损失最为严重，主要是因为其大规模的担保债务凭证业务，两家银行在当年底因减记而遭受的损失分别为 238 亿美元和 247 亿美元。此外，还有一些大型金融机构的损失也超过了 10 亿美元，如美国银行（97 亿元）、摩根士丹利（103 亿美元）、摩根大通（53 亿美元）和贝尔斯登（26 亿美元）。[1] 保险公司、对冲基金和其他金融机构遭受的（与抵押贷款相关的）损失总计超过了 1000 亿美元。[2]

这些公司的资金和现金储备面临严重的资产减记压力。此外，市场参与者开始对那些被认为是相对健康的公司和剩下的那些他们不太肯定的公司实行差别对待。贝尔斯登和雷曼兄弟被列在"嫌疑犯"名单的前两位，截至 2007 年底，两家银行在信用违约掉期市场，5 年期债务违约保险的年保费（1000 万美元）分别为 17.6 万和 11.9 万美元，而实力相对雄厚的高盛则仅为 6.8 万美元。[3]

同时，经济也开始呈现出承压的迹象。面对金融市场的动荡、住房价格的下降以及每桶 75 美元以上的油价，消费者的支出也正在放缓。美联储将银行隔

---

[1] Bloomberg Professional, Write downs and Credit Losses vs. Capital Raised (WDCI) function, data reported for second half of 2007. Write-downs are for losses to holdings in structured finance and mortgages.

[2] Roy C. Smith, Paper FortuneMYM: Modern Wall Street: Where It's Been and Where It's Going (New York: St. Martin's 2009), p. 341.

[3] Bloomberg Historical Prices Index December 31, 2007; CGS1U5; CBSC1U5; and CLEH1U5. Figures refer to credit default swaps on five-year senior debt.

夜拆借率从这一年早些时候的 5.25% 下调到 9 月的 4.75%，10 月进一步下调至 4.5%，接着又在 12 月下调至 4.25%。

美林银行："对夏季的反省"

美林在 10 月 24 日宣布，第三季度收入将包括担保债务凭证 69 亿美元和次级抵押贷款 10 亿美元的损失，损失总额高达 79 亿美元，这一消息惊呆了投资者，这是当时华尔街规模最大的账面减记，是 3 周前公司警告投资者 45 亿美元预期损失的两倍。六天后，为美林效力了 21 年的首席执行官斯坦利·奥尼尔在四面楚歌中被迫辞职。

美林持有的大部分与抵押贷款相关的担保债务凭证超优分层，发生了账面价值减记，而此前美林还认为这些资产是极其安全的。2006 年秋末，美林的管理层认为当时是"增长的牛市"和"次贷资产增长的牛市"。[1] 但是到了年末，迹象表明问题更加严重，已经不容忽视。美林扩大信贷额度的两家抵押贷款发起机构已经倒闭：奥尼抵押贷款公司（美林持有其一小部分股权）和抵押贷款借款网络公司。美林所持有的抵押担保贷款，其中 15 亿美元来自抵押贷款借款网络公司，12 亿美元来自奥尼抵押贷款公司。

与许多竞争对手一样，美林开始加大营销力度，精神百倍地将其手中的抵押贷款和证券打包为担保债务凭证。它的目标是通过清空资产负债表中的这些贷款和证券，降低公司风险。然而，美林发现，这些担保债务凭证的超优分层并不能以可以接受的价格出售；因此，它不得不"将这些担保债务凭证的超优分层重新拆解以进行交易"，[2] 这导致美林的资产负债表中又累计了数百亿美元的此类资产。美林投资银行部的联席总裁道·金告诉调查委员会的工作人员说，这些保有的担保债务凭证超优分层头寸，实际上是从 2006 年末开始的减少次级贷款和次优级抵押贷款库存战略导致的。出售信用评级较低的担保债务凭证分层，保留超优分层：这是他在 2006 年底给经理们的指示，金回忆说。他认为，该战略将降低整体信贷风险。毕竟，理论上超优分层是这些投资中最安全的部分。[3] 然而

---

[1] Presentation to Merrill Lynch & Co. Board of Directors, "Leveraged Finance and Mortgage/CDO Review," October 21, 2007, p. 23.

[2] Presentation to Merrill board, October 21, 2007, p. 23.

[3] Dow Kim, interview by FCIC, September 10, 2010.

从某种程度上说，他的策略是不由自主的：经理们在出售这些资产时并不顺利，有的甚至是亏本出售。①

最初，这一战略似乎有效。截至5月，抵押贷款和打包成为担保债务凭证的证券总额从3月的128亿美元下降到了35亿美元。②根据美林2007年9月的内部报告，其保有的担保债务凭证超优分层的净值已经从2006年9月的93亿美元增加到2007年3月的254亿美元，并在5月份进一步增加至289亿美元。③但是，随着抵押贷款市场承受的压力越来越大，超优分层的市场价值也开始暴跌，该战略反而成为困扰公司的噩梦。

美林2007年第一季度的净收入为99亿美元，为有史以来第二高的季度业绩，其中包括固定收益、货币和商品业务（其中包括保有的担保债务凭证头寸）。该结果公布于一次分析师电话会议——根据联邦债券法律的规定，这是投资者与分析师获取该公司重要信息和一些公开声明的途径。

美林当时的首席财务官杰弗里·爱德华兹（Jeffrey Edwards）表示，该公司的业绩不会被次级抵押贷款市场上的混乱所影响，因为在过去的五个季度中，"次级贷款相关活动的收入仅占净收益的不到1%"，同时美林的"风险管理能力比以往任何时候都更好，这对我们在动荡的市场环境中获得成功至关重要"。为了进一步提供保证，他说："我们相信在这个狭窄的市场范围内问题依然存在，但并不会对其他部门产生负面影响"。④

不过，爱德华兹并没有透露担保债务凭证超优分层的保有量大幅增加，也没有提到销售这些担保债务凭证时的困难，甚至需要亏本出售，尽管会议中提及了一些相关问题。

7月，美林第二季的业绩与一季度一样增长强劲，第二季度业绩报告中称："公司上半年的净收入、净收益和每股摊薄后的净收益均将创历史新高"。⑤当美林在电话会中公布该结果后，瑞士大型银行瑞士联合银行的分析师格伦·斯科尔（Glenn Schorr），要求美林首席财务官爱德华兹提供有关美林担保债务凭证头寸的具体情况。与三个月之前一样，爱德华兹再次强调，美林的风险管理是可

---

① Presentation to Merrill Board of Directors, October 21, 2007, p. 23.
② Ibid, pp. 23 −24.
③ Presentation to Merrill Lynch Risk Oversight Committee, "Market Risk Management Update," September 26, 2007, p. 7.
④ Merrill Lynch, 1Q 2007 Earnings Call transcript, April 19, 2007, p. 3.
⑤ Merrill Lynch, 2Q 2007 Earnings Release, July 17, 2007, p. 1.

以信赖的,而且相对于公司的整体业务,担保债务凭证业务只是一小部分。 爱德华兹说,美林对于低评级担保债务凭证市场部分的风险敞口已经显著减少,尽管他没有透露美林持有的担保债务凭证总额在6月份已达到304亿美元。 爱德华兹拒绝提供有关美林持有的次级抵押贷款担保债务凭证和被打包成担保债务凭证的抵押担保证券的详细信息。 "我们不对任何具体的或者更广泛的群体披露本公司的资本分配情况",爱德华兹说。①

7月22日,在积累担保债务凭证超优分层多月之后,美林的高管首次正式向董事会通报了这次增持的情况。 在向董事会财务委员会做报告时,固定收益、货币和商品业务部的联席负责人戴尔·拉坦奇奥(Dale Lattanzio)说,公司所持有的320亿美元与担保债务凭证相关的资产,基本上都是AAA级资产,对低评级资产的风险敞口显著减少。② 这个净值是减去已经(以一种或其他形式)对冲保值后剩余的担保债务凭证头寸。 对冲保值是指第三方通过收取一定费用,提供一种保护,从而公司将最终风险转移给第三方。 美国国际集团和单一险种保险公司是这些保险的主要供应方,通常的保险形式是信用违约掉期。 在2007年7月,美林已开始增加信用违约掉期保护,以冲销(其保有的)担保债务凭证头寸的风险。

拉坦奇奥告诉调查委员会,"(管理层)决定在今年初大量减持次级抵押资产中信用等级较低的部分,同时增持一些高级或超优分层资产"。③ 爱德华兹并没有觉得这有任何问题。 正如金所认为的那样,"公司的每个人以及该行业中的大多数人都觉得超优分层是绝对安全的"。④

前任首席执行官奥尼尔告诉调查委员会调查人员,他一直不知道公司在保有担保债务凭证的超优分层,直到拉坦奇奥向财务委员会做报告时才知道。 对此他感到十分吃惊,因为在他的印象里,美林的抵押贷款支持资产业务一直是由需求驱动的:他假设,如果没有新的客户,将不会有新的供应。 如果客户需要担保债务凭证,美林为什么要将担保债务凭证保留在自己的资产负债表上? 奥尼尔说,他对自留头寸的做法表示惊讶,但也指出,报告、分析和潜在损失的预

---

① Merrill Lynch, 2Q 2007 Earnings Call transcript, July 17, 2007, pp. 8, 20.
② Merrill Lynch Finance Committee Summary, July 22, 2007, p. 7.
③ Ibid.
④ Kim, interview.

期，并不足以向人们敲响"警钟"。① 拉坦奇奥在7月的报告中称，保有的担保债务凭证头寸仅仅损失了7300万美元。② 在接下来的3个月，担保债务凭证超优分层的市场价格暴跌；奥尼尔告诉调查委员会："通过对损失的估计，人们逐渐意识到，这段时间（从夏季到9月）所作所为的严重后果"。③

在10月21日，美林高管向其董事会报告公司经营情况，当时持有的担保债务凭证超优分层净值已经从7月最高峰的322亿美元下降到152亿美元，因为公司增加了对这部分资产的对冲、注销和出售。 在10月24日，美林宣布了第三季度收益：抵押贷款相关资产的账面价值减记达到了惊人的79亿美元，导致了23亿美元的净亏损。 美林还首次报告了其保有的净值达152亿美元的担保债务凭证头寸。 但是在分析师的电话会议里，奥尼尔和爱德华兹仍然拒绝披露担保债务凭证的保有总额（减去通过保险公司和美国国际集团对冲的部分），"我只是不想讨论背后的细节"，爱德华兹说。 "我只想说，我们所提供的信息，已经达到了非常高的披露水平，并且应该已经足够了"。④ 据美国证券交易委员会称，截至2007年9月，美林已累计保有了550亿美元的担保债务凭证头寸，几乎是10月24日电话会议上所报告的152亿美元"净"保有额的4倍。⑤

奥尼尔在10月30日辞职时，获得了1.615亿万美元的遣散费，⑥超过了他在2006年9140万美元的总收入，当时他的公司还在不断扩大其抵押贷款银行业务。 导致美林损失数十亿美元（保有担保债务凭证超优分层）的战略监督负责人金，在2007年5月离开时，（美林）为他支付了4000万美元（2006年的工资），这相当于美林公司一年的利润。⑦

2007年末，（美林耗资近1亿美元购买保险的）单一险种保险公司的运营出现了问题，正如即将发生的那样，评级机构下调了其的信用评级。 证券交易委员会已经告诉美林，如果它向陷入财政困境的保险公司购买额外的信用违约掉期的话，将会被征收惩罚性的资本费用。 美林在意识到一些保险可能无法保证以后，开始计提损失准备金，从2008年1月17日的26亿美元开始，到2008年

---

① Stanley O'Neal, interview by FCIC, September 16, 2010.
② "ABS CDO Update" by Dale Lattanzio, July 2007, p. 10.
③ O'Neal, interview.
④ Merrill Lynch, 3Q 2007 Earnings Call transcript, October 24, 2007, pp. 7, 10.
⑤ SEC narrative chronology, Merrill Lynch specific, p. 1.
⑥ Nancy Moran and Rodney Yap, "O'Neal Ranks No. 5 on Payout List, Group Says: Table (Update1)," Bloomberg, November 2, 2007.
⑦ Kim interview; Merrill Lynch, 2007 Proxy Statement, April 27, 2007, p. 47.

底，总共计提与保险相关的损失准备金达 310 亿美元，并且创纪录地对其他抵押相关风险敞口进行了 440 亿美元的减记。

花旗集团："微不足道"

在奥尼尔从美林辞职五天后，花旗集团宣布其拥有的次级贷款风险敞口总额为 550 亿美元，比它在三周前告诉投资者的数额高出了 420 亿美元。花旗集团还宣布，它持有的次级抵押相关资产将遭受 80 亿至 110 亿美元的损失，首席执行官查克·普林斯将引咎辞职。像奥尼尔一样，普林斯也是在事后才知道花旗次级贷款相关担保债务凭证的风险敞口。普林斯和董事会执行委员会主席罗伯特·鲁宾告诉调查委员会，在 2007 年 9 月之前，他们并不知道花旗集团的投资银行部门出售了一些带有流动性卖权的担保债务凭证，并且保留了一些其他担保债务凭证的超优分层。①

普林斯告诉调查委员会，即使在事后回想时，他也很难找到理由去批评任何他的团队所做的决定。"如果有人坐在我的职位上，当我们面对 2 万亿美元的资产负债表时，其中有 400 亿美元的 AAA 级、零风险票据，这不会引起我任何注意"，普林斯说，"如果当时有人对我说，'现在，我们的资产负债表上有 2 万亿资产。我想对你指出，有十亿分之一机会，这 400 亿美元可能会付诸东流。'这种情况对我当时来说肯定没有用。这不是个有用的信息。我什么都做不了，因为任何事物都有这样的一个概率"。② 事实上，概率远远不止于此。即使在 2007 年底担保债务凭证大规模降级之前，AAA 级担保债务凭证在发起后的 5 年内，遭受降级的概率也高达十分之一。③

当然，花旗集团拥有一个庞大而复杂的组织。2007 年，花旗集团资产负债表内有 2 万亿美元资产，表外还有 1.2 万亿美元资产，分布在 2000 多个运行的分支机构当中。普林斯认为，花旗集团并不是因为规模太大而难以管理。④ 但它是这样一个组织，其中一个部门在决定减少抵押贷款风险的同时，另一个部门

---

① Charles Prince, interview by FCIC, March 17, 2010; Robert Rubin, interview by FCIC, March 11, 2010.
② Prince, interview.
③ Moody's Investors Service, "Structured Finance Rating Transitions: 1983 – 2006," Special Comment, January 2007.
④ Charles Prince, testimony before the FCIC, Hearing on Subprime Lending and Securitization and Government-Sponsored Enterprises (GSEs), day 2, session 1: Citigroup Senior Management, April 8, 2010, transcript, p. 11.

却可能会决定增加。而且在这个组织中,价值430亿美元的担保债务凭证风险敞口并不会引起高层的注意,因为这仅是花旗资产总值的2%和资金的三分之一,而且它们也被认为是"零风险的票据"。①

需要指出的是,花旗集团的财务控制部门在2006年时曾指出,花旗集团就其担保债务凭证所出售的流动性卖权,相对于其风险来说对投资者定价过低。②同时,2006年初,证券化部门(该部门负责从其他公司购买抵押债券并将其打包出售给投资者)的执行经理苏珊·米尔斯(Susan Mills)注意到了次级抵押贷款市场上不断上升的拖欠行为,并组建了一个监察小组,跟踪部门购买的贷款。③截至2006年年中,她的小组注意到了贷款质量的恶化以及早期的支付违约,也就是说,越来越多的借款人在获得贷款的几个月内就开始违约。根据米尔斯向调查委员会的回忆,从2005年到2007年,早期支付违约率从2%上升至5%或6%,增加了近三倍。④对此,证券化部门放缓了贷款的购买,要求更高质量的抵押贷款,并对购买的贷款进行更仔细更广泛的尽职调查。然而,无论是米尔斯还是部门的其他工作人员都没有与花旗集团的其他部门分享这一信息,包括担保债务凭证部门。⑤2007年3月至4月,与证券化部门相反,担保债务凭证部门增加了抵押担保证券的购买,因为后者将市场的萧条视作买入的时机。⑥

"跨业务部门的有效沟通不足",花旗集团的监管机构后来发现了这个问题。"管理层承认,现在看来,应该及早将抵押贷款恶化的信息通知到公司各部门。全球消费者集团(The Global Consumer Group)和抵押支持证券交易员看到次贷市场的问题并且避免了损失,但担保债务凭证结构业务部门反应太慢——各业务部门之间没有任何沟通和交流"。⑦

---

① Prince, interview.
② Tobias Brushammar, James Hua, Graham Jackson, and Subra Viswanathan, Citigroup memorandum to Nestor Dominguez, Janice Warne, Michael Raynes, and Jo-Anne Williams, subject: Liquidity Put Valuation, October 19, 2006.
③ Susan Mills, interview by FCIC, February 3, 2010; James Xanthos, interview by Financial Industry Regulatory Authority (FINRA), March 24, 2009.
④ Susan Mills, testimony before the FCIC, hearing on Subprime Lending and Securitization and Government-Sponsored Enterprises (GSEs), day 1, session 2: Subprime Origination and Securitization, April 7, 2010, transcript, pp. 186 –187.
⑤ Mills, interview.
⑥ Murray Barnes, former managing director of Independent Risk, interview by FCIC, March 2, 2010.
⑦ Notes on Senior Supervisors' Meeting with Firms, meeting between Citigroup and Federal Reserve Bank of New York, Federal Reserve Board, Office of the Comptroller of the Currency, Securities and Exchange Commission, U. K. Financial Services Authority, and Japan FSA, November 19, 2007, p. 17.

担保债务凭证部门的联席负责人珍妮丝·沃恩告诉调查委员会，她在2007年初第一次发现了市场的疲软。2007年2月，ABX. HE. 指数BBB-06-2系列下跌至平均水平的63%，担保债务凭证部门决定放缓对用于打包创建担保债务凭证的抵押担保证券的存储。① 然而，此后不久，ABX. HE. 指数开始回升，在3月上涨至平均水平的84%，并在5月一直保持在这个水平。因此，担保债务凭证部门改弦更张，在4月加速购买储存债券，据担保债务凭证部门联席负责人内斯特·多明戈斯②说，直到夏天，当ABX. HE. 指数下降到低于平均水平的60%以后，他才发现市场转弱。③

花旗集团担保债务凭证业务的风险官默里·巴恩斯（Murray Barnes），批准了担保债务凭证部门临时增加购买抵押品限制的要求。巴恩斯指出，现在看来，当时不应该将利差扩大视为一个机会，而是应重新评估其假设并且检验ABX. HE. 指数的下跌是否是抵押贷款市场走弱的征兆。他承认，他对于担保债务凭证部门管理其自身风险的能力过于"自负"。④

2007年上半年，风险管理部门也将担保债务凭证部门持有的超优分层限额从300亿增加到350亿美元。像美林一样，花旗集团的风险管理人员和交易员认为持有超优分层的风险不大。⑤ 花旗集团的监管机构后来写道："没有认识到在超优AAA级担保债务凭证中的风险可能是花旗集团的'最大失误'……由于管理层认为这部分债券的信用风险不大，因此在资产负债表上保持大量头寸……当次级抵押贷款市场开始恶化，这些资产的风险被认为增加了，造成账面价值的大幅减记"。⑥ 最终，抵押贷款、次优级抵押担保证券和抵押贷款相关的担保债务凭证造成了花旗集团580亿美元的损失，相当于花旗集团在2006年底时资金的一半。其中约80亿美元损失与从单一险种保险公司购买的保险有关。⑦

巴恩斯提高担保债务凭证风险限额的决定得到了他的上司艾伦·杜克

---

① Janice Warne, interview by FCIC, February 2, 2010; Nestor Dominguez, interview by FCIC, March 2, 2010.
② Dominguez, interview.
③ Nestor Dominguez, testimony before the FCIC, Hearing on Subprime Lending and Securitization and Government-Sponsored Enterprises (GSEs), day 1, session 3: Citigroup Subprime-Related Structured Products and Risk Management, April 7, 2010, transcript, pp. 282−283.
④ Barnes, interview.
⑤ Ibid.
⑥ Notes on Senior Supervisors' Meeting with Firms, meeting with Citigroup, November 19, 2007, p. 6.
⑦ FCIC staff calculations.

(Ellen Duke)的批准。 巴恩斯和杜克向首席风险官戴维·布什内尔（David Bushnell，布什内尔曾被普林斯称为"华尔街上最好的风险管理者"）进行了汇报。 布什内尔告诉调查委员会，他不记得具体审批的情况，但在一般情况下，当一个业务线在增长时风险管理部门将批准更高的风险限额。① 据他描述，增加花旗集团的结构化产品业务是"全公司的倡议"。②

虽然证券化部和担保债务凭证部运用了相反的战略，但值得指出的是，两个部门的风险官都参加相同的每周召开的独立风险会议。 杜克反映说，当问题出来的时候她并没有过分担心，她和她的风险团队"被结构化产品所吸引而没有看到基础抵押品的风险"。③ 据巴恩斯说，担保债务凭证部门没有看到担保债务凭证相关抵押品的风险，因为他们缺乏获取贷款运行数据的能力，如拖欠行为及早期支付违约。④ 然而，花旗集团的证券监督部门可能基于它们自己的数据提供一些建议。⑤ 巴恩斯告诉调查委员会，花旗集团的风险管理往往是沿着业务线管理，他指出，他与负责证券业务的同事仅相隔两个办公室，却没发现相关贷款发生的细微差别。 他为没有去接触消费者银行部门，而没有"号准"抵押贷款的"脉搏"而感到后悔。⑥

"大萧条以来最大的危机"

直到2007年秋，普林斯和鲁宾都一直相信，担保债务凭证业务中的负面风险是微不足道的。 "我不认为有人会注意到担保债务凭证。 这是一个巨大企业里的一项业务，直到问题发生前，这也不是一项具有任何特点的业务"，作为董事会的一个重要成员，⑦鲁宾引用普林斯的话告诉调查委员会，"你知道吗？ 汤姆·马赫拉斯在负责交易。 他被认为是华尔街上非常好的交易员……而处理这些问题就是那些交易员的责任"。⑧ 花旗集团投资银行部的联席总裁马赫

---

① Prince, testimony before the FCIC, April 8, 2010, transcript, p. 118; David Bushnell, interview by FCIC, April 1, 2010.
② Bushnell, interview.
③ Ellen "Bebe" Duke, Citigroup Independent Risk, interview by FCIC, March 18, 2010.
④ Barnes, interview.
⑤ James Xanthos, interview by Financial Industry Regulatory Authority (FINRA), March 24, 2009.
⑥ Barnes, interview.
⑦ Prince, interview.
⑧ Robert Rubin, former chairman of the Executive Committee and adviser, interview by FCIC, March 11, 2010.

拉斯告诉调查委员会，他只会花费"1%"的时间去思考或处理担保债务凭证业务。①

花旗集团的风险部门根本就没有十分关注住房市场的风险。据普林斯说，布什内尔和其他人曾和他说："'天哪，全美国的房屋价格将会在全国范围下跌30%，对于（抵押担保证券）担保债务凭证来说不是一个问题，但对我们来说就是问题了'，这是大萧条以来从未发生过的事"。② 房屋价格还远远没有下跌到30%时，花旗集团就因为资产减记和售出的流动性卖权开始出现了问题。

到了2007年6月，全国房价已经下降4.5%，约16%的次级可调息抵押贷款发生拖欠。然而，花旗集团仍然不认为这会触发流动性卖权，并继续对其保有的担保债务凭证超优分层的价值漠不关心。2007年6月4日，花旗集团向证券交易委员会就其担保债务凭证业务的次贷风险敞口提交了报告。该报告指出，花旗集团并未将两个头寸纳入风险敞口：一个是146亿美元的担保债务凭证超优分层，另一个是232亿美元的流动性卖权。该报告解释称，流动性卖权并不是一个问题："违约风险是极不可能发生的……（以及）特定的市场事件也必须要求我们筹集资金"。因此，我们认为这些头寸的风险甚至要低于超优分层。③

仅仅几周之后，贝尔斯登的两只对冲基金在2007年7月破产并引起了麻烦。花旗集团承销了以3只担保债务凭证支持的商业票据，而贝尔斯登资产管理公司则是这些担保债务凭证的管理者，而花旗集团对这些资产（商业票据）发行的流动性卖权的价值开始下跌，利率则开始上升。当这些资产支持商业票据的利率上升到一定水平时，流动性卖权就会被触发。

作为花旗集团全国银行分支机构的监管机构，美国货币监理署曾在2003年对流动性卖权表示毫不担忧。但到了2007年夏天，货币监理署的首席检察官约翰·里昂（John Lyons）告诉调查委员会，货币监理署已经开始担心。购买商业票据将花费花旗集团公司250亿美元的现金，而且当市场动荡增加时就可能导致资产负债表上的损失。里昂还表示，考虑到利率的上升，花旗集团别无选择。

---

① Thomas Maheras, former co-CEO of Citi Markets & Banking, interview by FCIC, March 10, 2010.
② Prince, interview.
③ Citigroup, Presentation to the Securities and Exchange Commission Regarding Overall CDO Business and Subprime Exposure, June 2007, p. 11.

在随后的6个月里，因为流动性卖权，花旗集团一共购买了250亿美元的商业票据。①

在7月20的电话会议中，首席财务官加里·克里滕登(Gary Crittenden)告诉分析师和投资者，公司的次贷风险敞口已经从2006年底的240亿美元下降到2007年6月30日的120亿美元。但他没有提及超优分层和流动性卖权。他说："我认为我们的风险团队对困难环境做了很好的预测，并且在过去的6个月里，为减少我们的风险敞口做出了积极的努力"。② 一周后，他在7月22日的电话会议中重申，次贷风险敞口已经被消除了："所以我认为我们进行了有效的风险管理，并对一些市场混乱进行了成功的预测"。③

截至8月，由于市场条件恶化，花旗集团的担保债务凭证部门对其超优分层进行了重新估值，虽然它没有一个有效的估值模式。但是市场冻结了，这些资产部分由于缺乏实际的市场价格，需要一个定价的模型。纽约联邦储备银行随后指出："就花旗目前的验证方法而言，基于基本经济因素所采用的担保债务凭证超优分层估价模型，并不是完全有效，此外它只是基于已经披露的风险"。④

担保债务凭证部门的首席风险官巴恩斯，告诉调查委员会，那年夏天的某个时间，他会见了担保债务凭证部的联席负责人，并向他表达了对库存的担保债务凭证和保留的超优分层可能出现的损失的担忧。消息得到了传达。多明戈斯告诉调查委员会："我们开始了广泛的讨论……次级抵押贷款市场的情况的急剧下降，以及如何传递到超优分层头寸"。⑤ 另外，在这个时候，这样的担忧第一次传达到马赫拉斯那里。由于马赫拉斯事先对自留的，价值数十亿美元的担保债务凭证超优分层缺乏了解，他只指出："该业务是由经验丰富和绝对胜任的经理进行管理，并由一个独立的风险小组进行监督，对于该领域工作的一般情况和风险他们都会及时告诉我"。⑥

---

① Paul，Weiss，Citigroup's counsel，response to FCIC Interrogatory #18，March 1，2010.
② Citigroup，2Q 2007 Earnings Call Q&A transcript，July 20，2007.
③ Complaint，Securities and Exchange Commission v. Citigroup Inc.，1:10-cv-01277 (D.D.C)，July 29，2010.
④ Federal Reserve Board of New York，letter to Vikram Pandit and the Board of the Directors of Citigroup，April 15，2008，p.11.
⑤ Dominguez，testimony before the FCIC，April 7，2010，transcript，p.281.
⑥ Maheras，interview，and testimony before the FCIC，Hearing on Subprime Lending and Securitization and Government-Sponsored Enterprises (GSEs)，day 1，session 3：Citigroup Subprime-Related Structured Products and Risk Management，April 7，2010，transcript，p.269.

虽然不能确定具体日期，但据布什内尔说，在花旗集团开始购买由贝尔斯登资本管理公司管理的，支持担保债务凭证超优分层的商业票据以后，在9月底或者10月初，他记得一次"商业首脑"会议曾对超优分层的市场价格波动不断增加的问题进行了讨论。[1] 这也是公司董事长和首席执行官普林斯第一次得知花旗保有的担保债务凭证超优分层"开放头寸"的大概数额："刚开始并没有令人感到吃惊……但之后数额不断扩大，在之后的30天里尤为明显"。[2] 在8月底，花旗的估值模型显示超优分层的损失在1500万至20亿美元之间。在修正估值方法之后，在9月中旬损失又被重估为3亿至5亿美元。[3] 在一周后，损失迅速飙升。

"危机会议"

为了处理担保债务凭证和流动性卖权的潜在损失，从9月9日开始普林斯召开了一系列会议，随后与他的高级管理团队成员召开了夜间"危机会议"，其中包括鲁宾、马赫拉斯、克里滕登、布什内尔以及首席行政官洛乌·卡登（Lou Kaden）。[4] 第一次会议时鲁宾在韩国，但卡登将会议内容及时告知了他。[5] 鲁宾随后发送电子邮件给普林斯说："据透露，马赫拉斯从来没有对超优分层提供明确和直接的回答。如果是这样的话，会议一开始没有讨论这个问题，是不是意味已经发生的问题还不够严重？这是一个不同的但同样也令人担忧的问题，现在是提供充分和明确的信息并加以分析的时候了。"普林斯不同意并回复："我认为，作为第一次会议这很好。我们并不是要得到最终答案。"[6]

鲁宾回国后，在9月12日召开了第二次会议。这次会议使鲁宾第一次回想起担保债务凭证超优分层和流动性卖权的风险。后来他评论说："我所关心的只有一件事，在任何情况下，如果一些不良资产重新回到花旗，也许这种情况离我们很遥远，但这就说明你们没有充分处理好风险。"[7]当然，这种情况现在并不遥远，

---

[1] Bushnell，interview.
[2] Prince，interview.
[3] Complaint，Securities and Exchange Commission v. Citigroup Inc.，p. 13.
[4] Maheras，interview.
[5] Prince，interview；Charles Prince，email to Robert Rubin，re，September 9，2007，9∶43 A. M.（on Thomas Maheras and super seniors）.
[6] Robert Rubin，email to Charles Prince，September 9，2007，5∶30 P. M.；Charles Prince，email to Robert Rubin，September 9，2007，5∶51 P. M.
[7] Robert Rubin，interview by FCIC，March 11，2010.

因为数十亿美元的次级抵押贷款资产已经回到了花旗集团的账面上。

普林斯告诉调查委员会，马赫拉斯在整个会议以及后来的危机会议中都向他保证超优分层不会对花旗集团构成威胁，即使市场条件恶化了；他补充说，他对于马赫拉斯的评估越来越感到不安。"马赫拉斯直到他工作的最后一天（10月11日）都一直在说：'我们不会因为这些超优分层损失一分钱……'随着时间的推移，我对马赫拉斯最终的判断感到越来越不安，那时候我真的开始十分担心将要发生的事情。"①

尽管普林斯十分担心，花旗集团就其超优分层头寸和流动性卖权的额外风险对外依旧保持沉默，它甚至在2007年10月1日提前公布了其第三季度赢利情况的一些细节。

10月11日，评级机构第一次宣布了针对上千种证券的一系列信用降级。在普林斯看来，这些降级"是金融危机中突如其来的事件"。② 就在同一天，普林斯重组了投资银行，此举导致马赫拉斯的辞职。

四天后，在董事会公司审计和风险管理委员会会议中，超高级担保债务凭证和流动性卖权的问题被特别提出并且提交给董事会全体成员讨论。一份陈述总结道："（投资银行的）次级贷款风险敞口总额是130亿美元，此外还有超高级担保债务凭证的160亿美元和流动性卖权的270亿美元"。③ 花旗集团的次级贷款风险敞口总额为560亿美元，将近其资本的一半。计算简单明了，但在当天的一次分析师电话会议上，克里滕登没有提及任何与超高级担保债务凭证和流动性卖权相关的风险敞口，并且告诉与会人员花旗面临的次级贷款风险总额低于130亿美元。④

一周后，10月27日，周六，普林斯从克里滕登那里得知公司次级贷款相关资产的损失达80至110亿美元；他在周一向董事会递交了辞呈。他后来回忆称："当时我正在开车回家的路上，加里打电话给我，告诉我损失不是2亿或3亿美元而将是80亿美元，我永远不会忘记那个电话。我继续开车，回到家后，我走进门，告诉我妻子我刚才所听到的，告诉她如果一切都是真的，我就辞职"。⑤

---

① Prince, interview.
② Ibid.
③ Citigroup, "Risk Management Review: An Update to the Corporate Audit and Risk Management Committee," October 15, 2007, p. 4.
④ Citigroup, Q3 2007 Earnings Call transcript, October 15, 2007.
⑤ Prince, interview.

11月4日，花旗集团披露了准确的次级贷款风险敞口总额，现在估计是550亿美元，并且披露了与次贷相关的损失。虽然普林斯已经辞职，他的名字仍然留在花旗集团的工资单上直到年底，而且董事会慷慨地给他派发了巨额的离职奖金：1190万美元的现金和价值2400万美元的股票，普林斯2004年至2009年的奖金总额达到了7900万美元。① 后来证券交易委员会因花旗集团延期披露而对它提起诉讼。为了达成和解，花旗银行支付了7500万美元。纽约联邦储备银行后来总结道："由于对担保债务凭证超优分层造成的（广泛的）次级贷款风险敞口，沟通不足……高级管理人员及负责监督的独立风险管理部门，没有能够正确认识和及时分析这些风险"。②

董事会在12月宣布了普林斯的继任者，董事长理查德·帕森斯（Richard Parson）和首席执行官潘伟迪。鲁宾将留任至2009年1月，在2000年至2009年的任职期间，他的工资总额超过了1.15亿美元，③其中在担任执行委员会主席期间，他"没有承担经营职责"，鲁宾告诉调查委员会，"根据我和花旗集团之间的协议，我不负责人事或经营权"。④

花旗集团原联席首席执行官约翰·里德将花旗的失败部分归咎于公司文化的改变，这一改变始于1998年花旗集团将所罗门兄弟公司作为旅行者集团的一部分合并后。他指出所罗门兄弟的高管们"一向习惯于承担（冒）巨大的风险"，当然"也曾经……赚了很多钱……但随后就陷入了麻烦"。⑤

美国国际集团与高盛的争论："前所未有的损失"

2007年7月26日，高盛的德威曼发送的电子邮件打断了美国国际集团的艾伦·弗罗斯特的休假，因此导致的高盛和美国国际集团关于支持信用违约掉期抵

---

① Paul, Weiss, Citigroup's counsel, letter to FCIC in re the FCIC's second and third supplemental requests, March 31, 2010; Citigroup, 2008 Proxy Statement for fiscal year 2007, March 13, 2008, p. 74.
② Federal Reserve Board of New York, letter to Vikram Pandit and the Board of Directors of Citigroup, April 15, 2008, p. 8.
③ FCIC staff calculations from Citigroup proxy statements（information for 2000 –06）and information on 2007 – 09 provided by Paul, Weiss（on behalf of Citigroup）, letter to FCIC, March 31, 2010, "Response to Interrogatory No. 3," pp. 3 –6.
④ Robert Rubin, testimony before the FCIC, Hearing on Subprime Lending and Securitization and Government-Sponsored Enterprises（GSEs）, day 2, session 1: Citigroup Senior Management, April 8, 2010, transcript, pp. 15 –16.
⑤ John Reed, interview by FCIC, March 24, 2010.

押品的争论引起了两家公司高层的注意。连续 14 个月，高盛一直紧追不舍，并且每个工作日都给美国国际集团发送正式的需求函。当高盛无情地催促美国国际集团以大幅低于其他公司报价的价格追加抵押品的同时，美国国际集团和它的管理层正在努力应对迅速发展的危机。

最初，美国国际集团的高层对追加抵押品的要求十分震惊，大多数高管之前甚至都不知道高盛的信用违约掉期中包括追加条款。

他们知道美国国际集团金融产品公司（AIG Financial Products）拥有巨大的风险敞口——2007 年，为 790 亿美元，①其中大部分由次级和次优级贷款支持，相比之下，母公司报告的总资产仅为 958 亿美元。但是管理层说，对此他们从未担心过。"'金融产品公司'不会亏损的魔咒一直存在（我所经历的）"，会计政策副总裁约瑟夫·圣·丹尼斯（Joseph St. Denis）说道。②

接着美国国际集团收到了第一次追加抵押品的要求。圣·丹尼斯告诉调查委员会，当他得知这个消息时，他"愣住了"以至于"不得不坐下"。③ 早在 18 个月之前就坚持美国国际集团应该停止掉期业务的执行高管吉恩·帕克对追加条款也很意外。他对调查委员会说，"金融产品公司的第一原则"是永远不提供抵押品。他认为，这在信用违约掉期业务中特别重要，因为这是美国国际集团唯一未套期保值的业务。④

但是金融产品公司的总法律顾问杰克·孙（Jake Sun）对调查委员会说，美国国际集团和行业的抵押品条款都是标准的。他负责在掉期协议实施之前对其进行评估。⑤ 最先获悉追加抵押品要求的弗罗斯特也认同，其他金融机构在交易中也涉及同样的追加抵押品条款。⑥ 总部位于巴黎的美国国际集团金融商品公司企业风险管理部负责人皮埃尔·麦克提斯（Pierre Micottis）认为，实际上提供抵押品条款在金融衍生品的合同中十分普遍，但是在超高级金融违约掉期合同中比较罕见，因为这些掉期合同通常被认为十分安全。⑦ 根据保险监管机构的规定其管辖范围内的保险公司，如美国城市债券保险公司和安巴克，在投保实体遭受实

---

① AIG, Earnings Call credit supplement, August 9, 2007.
② Joseph St. Denis, letter to House Committee on Oversight and Government Reform, U. S. House of Representatives, October 4, 2008, p. 4.
③ Joseph St. Denis, interview by FCIC, April 23, 2010.
④ Gene Park, interview by FCIC, May 18, 2010.
⑤ Jake Sun, interview by FCIC, June 21, 2010.
⑥ Alan Frost, interview by FCIC, May 11, 2010.
⑦ Pierre Micottis, interview by FCIC, June 24, 2010.

质性损失时才能赔付，因此这些公司不允许因市场价值下降或未出现的实质性损失而增加抵押品。由于美国国际集团金融产品公司不属于受监管的保险公司，因此它不受该禁令的约束。

在美国国际集团高管对抵押品条款感到意外的同时，他们的公司也因为不能对高盛数据的有效性做出评估而感到烦恼。金融产品公司没有自己的模型，因此无法对信用违约掉期担保的担保债务凭证证券投资组合进行估值，也不能对冲它的风险敞口。吉恩·帕克认为没有必要进行对冲的部分原因在于一种误解：美国国际集团只有在超优分层持有者出现实质性亏损时才需要补偿交易对手。他还称，曾经考虑购买瑞士联合银行的保险。但是美国国际集团金融产品公司信用交易负责人安德鲁·福斯特对此表示反对，因为保险费高于金融产品公司承销信用违约掉期保护的费用。"我们不会为此多付一毛钱"，弗罗斯特对帕克说道。①

因此，金融产品公司依赖于一个不具备监控担保债务凭证市场价值功能的保险精算模型。该模型是由宾夕法尼亚大学沃顿商学院金融学教授加里·戈顿设计的，他从1996年开始担任金融产品公司的顾问，并且与该公司首席执行官约瑟夫·卡萨诺有很好的私人关系。戈顿模型有99.85%的信心保证由金融产品公司担保的担保债务凭证超优分层的持有者不会遭受实际经济损失，甚至是在像二战后经济衰退那样糟糕的经济环境下也是如此。负责审计该公司的普华永道会计师事务所也明显没有意识到追加抵押品的要求，从而得出以下结论——"从风险管理的角度来看，美国国际集团投资组合的违约风险已经消除，而且证券投资组合中没有实质性的经济风险。作为结果，从风险管理的角度看，这些头寸债务流的公允价值可以合理地估计为零"。②

在与调查委员会交流过程中，卡萨诺坚信已经对"信用违约掉期账簿"进行了有效的对冲。他认为美国国际集团不可能在信用违约掉期中遭受损失，因为掉期合约只涉及高"起赔点"的最高评级债券的超优分层——也就是说，只有担保债务凭证中的很多分层发生违约，超优分层才会遭受损失。因为大量的风险敞口来自于2006年之前的贷款，而那时他认为承销标准已经开始恶化。③事实上，据吉恩·帕克称，约瑟夫·卡萨诺阻止了1.5亿美元的对冲——对美国国际

---

① Park, interview.
② PricewaterhouseCooper audit team, memo re 3Q07 review of AIG's super-senior 信用违约掉期 portfolio, November 7, 2007, p. 2。
③ Joseph Cassano, interview by FCIC, June 25, 2010.

集团在 ABX. HE. 指数中持有的空头头寸的对冲。 正如帕克所解释："乔暂停了那个，由于在我们第一次投入 1.5 亿美元以后……市场开始不利于我们……我们在这 1.5 亿中遭受了损失。 乔说：'我不认为这是世界末日……我不想花这笔钱。 快停下来'"。①

尽管在 2007 年夏，市场的透明度十分有限，高盛利用现有的，包括来自 ABX. HE. 以及其他指数的信息估计实际价格。 高盛也与其他公司进行交流，以确定他们对证券的报价。 最终，高盛根据自己的经验：在大多数情况下，当银行对某个投资买入信用保护时，它会转而将这个投资的信用保护卖给其他交易对手。 这些交易产生了更多的价格信息。②

在与高盛发生争端之前，美国国际集团依赖于戈顿模型，而这个模型并不能估计基础证券的市场价值。 所以美国国际集团对高盛的报价感到很意外。 当遭到美国国际集团拒绝时，高盛立即将它的 7 月 27 日抵押品追加要求从 18 亿美元减少到 12 亿美元，这意味着，确定可信的市场价格十分困难。 通过对比第三方的报价，美国国际集团认为高盛的新要价还是太高。 高盛对担保债务凭证的估价介于票面价格的 80% 到 97%，而美林对同一证券的估价介于 95% 到 100%。③

8 月 7 日，约瑟夫·卡萨诺对普华永道说，由于"价格的（确定体系）透明度极低"从而"很难确定'追加抵押品要求'是否反映了真实的市场活动水平"。④ 美国国际集团的经理们也打电话给其他持有类似债券的交易商，希望通过了解他们的报价，进而有助于应对高盛的要价。 但是这些报价是"不可用的"——也就是说，市场将不会以他们的报价进行实际交易。 "以上估价……不代表美林的实际投标或出价"，这是美林对美国国际集团做出的一系列市场价值评估的免责条款之一。⑤ 高盛对此类估值的可靠性提出了质疑。

"不可轻率"

8 月 9 日，公司第二季度业绩电话会议期间，美国国际集团的管理层第一次

---

① Park，interview.
② oldman's submissions to the FCIC on its valuation and pricing related to collateral calls made to AIG are available on Goldman Sachs's website （http：//www2. goldmansachs. com/our－firm/on－the－issues/responses－fcic. print. html）.
③ Andrew Forster, telephone call to Jon Liebergall，July 30，2007，transcript.
④ PricewaterhouseCooper，memo to AIGFP 2007 2Q review files，August 8，2007.
⑤ Andrew Forster, email to Joseph Cassano and Pierre Micottis，November 9，2007，enclosing marks from Merrill Lynch.

公开透露了总额为 790 亿美元,签发给担保债务凭证超优分层的信用违约掉期。他们承认绝大部分(640 亿美元)参保的基础债券是由次级抵押贷款支持的。其中,总额为 190 亿美元的担保债务凭证,主要由高风险的 BBB – 级抵押品支持。在电话会议中,约瑟夫·卡萨诺坚称风险敞口是安全的:"毫不轻率地说,公司很难想出我们会在那些交易中损失 1 美元"。他的结论是,"我们还没有发现问题。我们看不到任何与担保债务凭证业务有关的损失"。高级副总裁兼首席风险官罗伯特·刘易斯再次保证:"我们相信,只有在房地产价格将下跌到经济萧条的程度,并伴随着空前的违约率,①我们的 AAA 级和 AA 级投资才会受损"。

这些保证主要针对可能会导致公司信用违约掉期头寸出现实际经济损失的实际抵押贷款违约。② 但是在当时,更重要的是那些美国国际集团管理层在内部讨论的大量的其他风险。在电话会议上,没有人提到高盛 12 亿美元的抵押品追加要求;显然,未来更多追加抵押品的要求会危及美国国际集团的流动性;美国国际集团可能面临被迫对现有资产采取"大幅减记"的风险,这点安德鲁·福斯特已经提到过。

在电话会议结束的第二天,美国国际集团向高盛提交了 4.5 亿美元的现金,这是自从高盛要求 12 亿美元以来美国国际集团首次追加抵押品。正如弗罗斯特在 2007 年 8 月 16 日,发给安德鲁·福斯特的电子邮件中所写的那样,这个想法"使每个人都放松下来"。③ 首先,包括约瑟夫·卡萨诺在内的某些美国国际集团高层已经计划了他们的夏末休假。约瑟夫·卡萨诺在开始德国和奥地利的单车旅行之前,签署了 4.5 亿美元的"诚信存款"。④ 双方并且签署一份附属文件,明确各方对追加金额存在争议。在当时,美国国际集团和高盛这两家几十年的生意伙伴,开始同意搁置争议。

8 月 14 日,弗罗斯特来到高盛的办公室"启动"一度因约瑟夫·卡萨诺和其他高管度假而中断的"对话"。两天后,弗罗斯特在给安德鲁·福斯

---

① AIG, Earnings Call credit supplement, August 9, 2007, pp. 28, 14, 21, 22.
② 这些估计基于纽约联邦储备银行 2010 年 1 月的报告,"Maiden Lane III Quarterly Holdings Report"。这可能不是他们完整的报告目录,因为 Maiden Lane III 证券投资组合并不包括所有的 CDO 分层(CDO tranches)。目录共包括 335 只证券,FCIC 在穆迪 CDO EMS 和彭博数据库中找到了其中 327 只证券的数据。在 327 只证券中,有 313 只被降级,206 只遭受实质性损害(例如,降至 Ca/C 级)。最初被评为 Aaa 级的 139 只证券中,134 只被降级,55 只遭受实质性损害。
③ Alan Frost, email to Andrew Forster, August 16, 2007.
④ Cassano, interview.

特的信中写道：“请相信我，这绝不是我们面对的最后一次（追加保证金）要求"。①弗罗斯特是对的。9月11日，法国兴业银行（Société Générale）要求美国国际集团金融产品公司追加4000万美元的信用违约掉期抵押品。瑞银要求追加6700万美元，高盛则把他们的要求提高到了3亿美元。兴业银行的要求是以高盛提供的（面值的82.5%）买入价计算，但美国国际集团对这个报价持有异议。美国国际集团金融产品公司的执行经理汤姆·安森告诉安德鲁·福斯特，兴业银行"从高盛收到的报价可能会增加抵押品追加要求的金额，但是兴业银行与高盛对此有分歧"。②几周后，约瑟夫·卡萨诺告诉美国国际集团金融产品公司首席财务官哈巴耶布，他认为兴业银行的"保证金追加要求"受到了"高盛的刺激"，而且美国国际集团"对高盛的要求持有异议，而兴业银行也没有再次提及那个具体（追加保证金）要求"。③在10月的第二周，评级机构宣布对数以百亿美元的次级抵押贷款降级，这极大影响了由这些贷款支持的证券和担保债务凭证。11月2日，高盛的（追加抵押品）要求金额几乎已经翻倍，达到28亿美元。11月6日，美国国际集团的首席执行官，本辛格对集团审计委员会说，金融产品公司已经收到来自5个合作伙伴追加保证金的要求，而且集团在具体金额方面与各方都未能达成一致。④

美国国际集团的这个立场主要源于，它们一直认为高盛设定的价格过低。美国国际集团的观点已经得到证实，至少是部分证实，因为高盛的报价与其他交易对手的报价存在巨大差异。美林和高盛曾对同一信用违约掉期头寸提出追加抵押品的要求，但是高盛的报价要比美林低35%。⑤高盛坚持认为，他的报价代表了"来自于我们做市行为中获取的不断演变的信息，包括我们所进行的交易，我们所观察到的市场行为，可比证券和衍生品的价格变化以及相对流动性的近期价格……各种指数"。⑥ABX的交易量从2007年9月底的每周400笔降至2007年第四季度的每周250笔；主营低信用等级分层TABX的成交量在7月中

---

① Frost, email to Forster, August 16, 2007.
② Tom Athan, email to Andrew Forster, cc Adam Budnick, September 11, 2007.
③ Joseph Cassano, email to Elias Habayeb, November 11, 2007.
④ Minutes of the meeting of the AIG Audit Committee, November 6, 2007, p. 5.
⑤ Andrew Forster, email to Joseph Cassano, subject: GS Prices vs Others, November 18, 2007.
⑥ Goldman, submission to the FCIC, "Valuation & Pricing Related to Initial Collateral Calls on Transactions with AIG," pp. 2-3.

旬为每周50笔，截至8月中旬则几乎降至零。①

但是约瑟夫·卡萨诺认为，高盛第一次追加抵押品要求的迅速下降（从7月27日的18亿美元降到8月2日的12亿美元）以及4.5亿美元保证金的临时协议证明高盛对其后期坚持的要价并不确定。高盛国际的联席首席执行官迈克尔·舍伍德曾经告诉约瑟夫·卡萨诺，高盛"在这期间没有庆祝胜利"而是"市场开始向高盛的方式靠拢"；约瑟夫·卡萨诺引用这些评论意在暗示高盛的最初报价过于激进。②

"更多的情书"

8月中旬，安德鲁·福斯特在给弗罗斯特的电子邮件中指出，高盛激进的资产价格下调战略的目的是"给竞争对手最大的杀伤"。③ 在这期间，为美国国际集团和高盛审计的普华永道会计师事务所，非常清楚美国国际集团从未在这些头寸进入市场之前对其定价。2007年第三季度，随着追加抵押品的要求不断增多，普华永道鼓励美国国际集团着手开发自己的估价模型。在高盛发出保证金追加要求之前，普华永道就得出结论："赔偿控制"弥补了美国国际集团没有估价模型的缺陷。其中包括交易对手对应付抵押品的通知。④ 换句话说，美国国际集团风险管理的一个途径是：美国国际集团通过那些有能力决定自己头寸市场价格的交易对手以及它们提出的抵押品追加要求，发现自己的问题。

美国国际集团内部对于建立一个估价模型并非毫无争议。9月中旬，约瑟夫·卡萨诺和安德鲁·福斯特会见了哈巴耶布等人，讨论了头寸价格减记和计入集团财务报表中的实际损失的问题。约瑟夫·卡萨诺仍然认为估值程序是没有必要的，因为违约的可能性仍然"很遥远"。⑤ 他在写给安德鲁·福斯特等人的邮件中表示，哈巴耶布的要求是"更多的情书……（让我们完成）相同地提交答案的训练"。⑥ 尽管如此，截至10月，经过与普华永道协商，美国国际集团开

---

① FCIC基于存管信托及结算公司和Markit the Depository Trust & Clearing Corporation and Markit数据的分析。ABX包括ABX. HE 06-2的所有类型。TABX基于06-2和07-1 BBB和BBB-分层的参考。
② Cassano, interview.
③ Andrew Forster, email to Alan Frost, August 16, 2007.
④ Tim Ryan, PricewaterhouseCooper, interview by FCIC, June 1, 2010.
⑤ SEC staff briefing of FCIC staff, June 4, 2010.
⑥ Joseph Cassano, email to Andrew Forster, Pierre Micottis, James Bridgwater, and Peter Robinson, subject: Fw:SS CDS Valuation, October 8, 2007.

始评估由穆迪开发并使用的次级贷款产品定价模型。在完全通过内部测试之前，约瑟夫·卡萨诺认为穆迪模型只有"借鉴"的作用。① 美国国际集团将该模型与被认为具有市场代表性的摩根大通担保债务凭证销售数据结合在了一起。当然，从此前的几个月到现在，这些分层的市场交易并不活跃。所有人都知道这不是一个完美的解决方案，但是美国国际集团和它的审计机构认为这可以作为一个权宜之计。临时模型在第三季度开始投入使用。

"我们对自己报价信心十足"

11月7日，美国国际集团在公布的第三季度赢利报告中披露，该公司面临"与超优分层信用违约掉期投资组合有关的"3.52亿美元连带责任，以及"2007年10月产生的近5.5亿美元的（税前）未实现的市场估值损失"。在一次电话会议上，首席执行官沙利文向投资者保证，该保险公司拥有"强有力的风险管理"。他说："美国国际集团一贯认为，金融产品公司不太可能被要求为这些金融衍生品支付赔偿。"约瑟夫·卡萨诺接着说，美国国际集团拥有"足够的资源应对可能出现的追加抵押品要求"。② 当时美国国际集团仍然坚信，信用违约掉期不会产生实际经济损失，它通过新近采用和改进的穆迪模型，预测的赔偿金总额为3.52亿美元。事实上，普华永道已经对该模型的相关性提出了质疑：在利润发布之前，该模型并未得到验证，它没有考虑到掉期合同的结构性信息，而且所采用的数据质量也存在问题。③ 美国国际集团并没有在电话会议中提及这些警告。

两周之后，高盛在11月23日提出追加30亿美元。美国国际集团在抗议之后，还是支付了15.5亿美元，累计支付总额达到了20亿美元。④ 四天后，约瑟夫·卡萨诺收到了一份来自安德鲁·福斯特的备忘录，其中列举了相关证券的参考报价，提出报价的机构包括：高盛、美林、法国东方汇理银行、蒙特利尔银行（Bank of Montreal）和兴业银行。⑤ 这些报价差异很大，从不到债券票面价格的55%至几乎100%。高盛的报价则远远低于其他交易机构。例如，高盛对邓希

---

① PricewaterhouseCooper, minutes of meeting at AIGFP, October 11, 2007. See also PwC audit team, memo re 3Q07 review of AIG's super-senior CDS portfolio, November 7, 2007, pp. 230 −231.
② AIG, 3Q 2007 Earnings Call transcript, November 7, 2007, pp. 5, 17.
③ PwC audit team memo, p. 6.
④ Goldman Sachs International, to AIG Financial Products Corp., "Amended Side Letter Agreement," November 23, 2007.
⑤ Joe Cassano, email to Bill Dooley, November 27, 2007, attaching memo from Andrew Forster, "Collateral Call Status."

尔（Dunhill）担保债务凭证的报价为票面价格的75%，而美林的报价则为95%。安德鲁·福斯特认为，这些报价验证了美国国际集团长期存在的问题："没有哪个交易机构比其他机构知道的更多，或者拥有更好的交易量，只能瞎猜价格"。① 卡萨诺同样认为："没有人知道如何从不透明的市场环境中得出符合市场的价格"。卡萨诺在写给一位同事的信中说："信息有限是因为缺乏参与者（愿意）给这些债务指出一个参考价格"。②

一周以后，卡萨诺要求高盛伦敦办事处的迈克尔·舍伍德（Michael sherwood）返还14亿美元。他告诉美国国际集团和高盛的高管，独立的第三方对美国国际集团金融产品公司所签发的信用违约掉期的报价为票面价格的70%（该掉期合约承保的担保债务凭证包含3500只基础证券），而且美国国际集团对剩余30%的估价显示高盛的要求并不成立，因此高盛应该返还差额。③ 高盛不但没有返还，反而提出了更高（金额）的要价。④

截至11月底，美国国际集团与它的审计机构一致认为，合并穆迪模型的国际集团估值系统，无法对超优分层进行估值。⑤ 但是关于如何进行估值双方也未能达成一致。将一般的担保债务凭证抵押品数据引入穆迪模型，得出的损失为15亿美元；高盛模型得出的损失为50亿美元，相当于美国国际集团一个季度的利润。⑥ 在11月29日，普华永道的审计人员与美国国际集团和金融产品公司的高层一起讨论了当时的情况。根据普华永道的会议记录，美国国际集团仍未能与高盛达成一致，而美国国际集团也没有数据可以和高盛的报价讨价还价。安德鲁·福斯特回忆到，沙利文说当他听到如果使用高盛的报价会亏掉整季度的利润，他差点儿犯了心脏病。⑦ 沙利文告诉调查委员会说，他不记得在会议上说过这样的话。⑧

美国国际集团对数据进行了调整，想以此摆脱对交易机构报价的依赖。美国国际集团金融产品公司负责模型的执行副总裁詹姆斯·布里奇沃特（James

---

① Andrew Forster, "Collateral Call Status," memo prepared for Joe Cassano.
② Joe Cassano, email to Bill Dooley, subject：Collateral Calls, November 27, 2007.
③ Joe Cassano, email to Bill Dooley, subject：GS call back, November 30, 2007.
④ Goldman Sachs International, Collateral Invoice to AIG Financial Products Corp., margin call, November 23, 2007.
⑤ PwC audit team, memo, November 7, 2007, p. 5.
⑥ PricewaterhouseCooper, notes of a meeting to discuss super-senior valuations and collateral disputes, November 29, 2007, p. 2, produced by PwC.
⑦ Andrew Forster, interview by FCIC, June 21, 2010.
⑧ Martin Sullivan, interview by FCIC, June 17, 2010.

Bridgewater）想出了一个解决方案。 布里奇沃特确信，基础债券的价值以及美国国际集团给这些债券掉期保护的估价之间存在不同的计算方式，他建议采用一个"负面基础调整"方法，（这会将预计的 51 亿美元的未实现损失（高盛提出的金额）减少到 15 亿美元。 据普华永道的审计人员称，约瑟夫·卡萨诺和其他高管一致同意采用"负面基础调整"方法。

普华永道、美国国际集团和约瑟夫·卡萨诺提供给调查委员会的部分文件都反映了 11 月 29 日的会议以及之后的讨论。 在第二次会议中，只有审计人员和母公司高管参加（金融产品公司的高层，包括约瑟夫·卡萨诺和安德鲁·福斯特都没有参加），普华永道对美国国际集团的风险管理十分担忧，尤其是对信用违约掉期投资组合估值以及该公司支付抵押品的情况。 在没有母公司企业风险管理部门参与的情况下，金融产品公司向高盛支付了 20 亿美元。 另一个问题是，"在(投资者日)会议之前，普华永道将无法得到更多关于金融产品公司超优分层估值程序管理方式的信息"。①

审计人员非常担忧美国国际集团的子公司所采取的互相冲突战略。 尤其是，证券借贷子公司使用通过借贷证券筹集的现金购买抵押担保证券，而这些证券是美国国际集团代表其保险子公司持有的。 从 2006 年底到 2007 年 9 月，美国国际集团持有的证券从 690 亿美元增加到了 880 亿美元。 同时，金融产品公司则根据自己的分析决定从 2006 年开始减少签发担保债务凭证的信用违约掉期。 在普华永道看来，允许一家子公司增持次级债券风险敞口，而同时另外一家子公司则准备全面退出市场，证明该公司现行的风险管理制度是失败的。 普华永道还指出，如果证券借贷业务的风险敞口被披露的话，将会改变该公司 2007 年第二季度的财务报告。 审计人员得出的结论是："这些项目增加了风险管理控制的隐患，并可能导致实质性缺陷"。② 美国国际集团首席信用官凯文·麦金对这些相互矛盾的战略也表示了忧虑。 2007 年 11 月 20 日，麦金在电子邮件中写道："所有单位都收到了我们对房地产市场表示担忧的定期报告。 有些单位听从了建议并做出了反应；其他部门则直接选择忽略，而且更为糟糕的是，它们也没有察觉市场恶化的迹象"。 他总结这就像是："罗马在燃烧，而尼禄(Nero)却在拉琴"。③ 相反，沙利文对调查委员会称，证券借贷业务和美国国

---

① PwC, notes of meeting of November 29, 2007, p. 2.
② Ibid.
③ Kevin McGinn, email to Paul Narayanan, November 20, 2007.

际集团金融产品公司采取的不同战略只能说明两家子公司采取了不同的商业模式，并不是风险管理的失败。①

12月5日，在收到普华永道警告六天后，沙利文在另一次电话会议上吹嘘美国国际集团的风险管理和次级贷款监管道："我们在美国房地产市场上承担的风险是经过合理分析的，并且是有风险管理体系支撑的……我们相信遭受经济损失的概率接近于零……我们对我们的报价和估值方法的合理性是有信心的"。瑞士信贷（一家瑞士银行）的分析师查理·盖茨（Charlie Gates）直接问及了美国国际集团与其贸易伙伴在估值和抵押品的争端，这在美国国际集团第三季度的财务报告中婉转地提到过。卡萨诺回应说："我们不时收到来自其他公司的抵押品追加要求，然后我们对他们说，我们不同意你的数字。他们就走了，离开了。你会问那是为什么？这就像是路上经过的汽车。在其他时间，他们就会和我们友好地坐在一起，而不是彼此充满敌意，并且一起试图求同存异，达成共识"。②

卡萨诺并没有透露向高盛和其他合作伙伴分别支付了20亿美元和数亿美元保证金，以及每天都收到高盛和其他公司要求追加现金的情况。美国国际集团在电话会议中也没告诉分析师和投资者，它所公布的15亿美元的最大潜在风险敞口是采用"负面基础调整"（negative basis adjustment）方法推算得出的。因此直到2008年2月11日，投资者才知道美国国际集团的利润被高估了36亿美元。

"重大缺陷"

截至2008年1月，对于已签发信用保护的证券，美国国际集团还没有一个决定其市场价格的可靠方法。然而，约瑟夫·卡萨诺在1月16日给迈克尔·舍伍德和高盛首席财务官戴维·维尼亚的电子邮件中，要求他们归还20亿美元中的11亿美元。③他附件中的电子数据表显示，美国国际集团是以票面价值对许多证券进行估值的，似乎它们都没有贬值。高盛高层告诉调查委员会，显然这种估值是不可信的。④同时，高盛随后通过购买信用违约掉期（以对冲美国国际

---

① Sullivan, interview.
② AIG Investor Conference Call, December 5, 2007, transcript, pp. 4-6, 25.
③ Joseph Cassano, email to Michael Sherwood and David Viniar, subject: CDO Valuations, January 16, 2008.
④ Andrew Davilman, interview by FCIC, June 18, 2010; David Lehman, interview by FCIC, June 23, 2010.

集团的违约风险），建立了14.5亿美元的保险从而弥补了美国国际集团实际支付金额与他们所要求数额之间的差价。①

普华永道的审计人员在2008年2月6日会见了美国国际集团董事会主席罗伯特·维纶斯塔（Robert Willumstad）。他们告诉维纶斯塔说，在12月5日的投资者电话会议中所公布的15亿美元预计损失，是通过"负面基础调整"推算得出的，这种计算方式是不准确和未经验证的，并证明了"美国国际集团金融产品公司超优分层信用违约掉期投资组合的估值程序和监督管理的无效"。普华永道得出的结论是："自2007年12月31日以来，这就是一个严重缺陷"。②换句话说，普华永道本来可以宣布美国国际集团所公布的财务报告数据是错误的。我们不知道为什么审计人员没有及时发布公告，特别是普华永道在11月就知道这次"调整"了。

审计人员在与罗伯特·维纶斯塔的会谈中，毫不掩饰对沙利文的不满；他们认为本辛格不具备弥补沙利文缺点的能力；他们认为刘易斯欠缺企业风险管理的"综合技能"。审计人员的结论是："缺乏领导力、在过去缺乏针对（金融产品）做出艰难决定的意愿、缺乏处理复杂问题的经验"造成了这些问题。③尽管有这些问题，沙利文在过去的四年中仍然从美国国际集团获得了1.07亿美元的收入，包括1800万美元的遣散费。当在调查委员会的听证会中被问及这些收入时，他回答："我不知道，也想不起这些数字了，先生，无论如何……我确实不记得赚了那么多钱"。④

第二天，普华永道会见了美国国际集团审计委员会全体成员，并重复了对罗伯特·维纶斯塔所作的分析报告。审计人员称，只有在约瑟夫·卡萨诺"不干涉审计程序"的前提下，他们才能完成对美国国际集团的审计。考虑到约瑟夫·卡萨诺是一个"管理判断者，但是金融产品公司的这种文化应该改变了"。⑤ 2月11日，证券交易委员会在一份文件中透露，美国国际集团的审计者已经发现了严重问题，并且已经得知12月的预计损失因此减少了36亿美

---

① "AIG/Goldman Sachs Collateral Call Timeline," available on FCIC website at http://fcic.gov/hearings/pdfs/2010-0701-AIG-Goldman-supporting-docs.pdf.

② PricewaterhouseCooper, memo to AIG workpaper files, February 24, 2008, pp. 2-3, 10.

③ PricewaterhouseCooper, notes on a February 6, 2008, meeting with AIG, February 13, 2008, p. 2.

④ Martin Sullivan, testimony before the FCIC, Hearing on the Role of Derivatives in the Financial Crisis, day 1, session 2: American International Group, Inc. and Derivatives, June 30, 2010, transcript, p. 233.

⑤ PricewaterhouseCooper, notes on the AIG Audit Committee meeting, February 7, 2008, p. 2.

元——也就是51亿美元与15亿美元之间的差额——是由未经验证的"负面基础调整"计算方法造成的。

评级机构对此立即做出了反应。穆迪和标准普尔宣布下调其信用评级,以及惠誉对美国国际集团的评级展望调整为"负面",这意味着美国国际集团可能在未来遭到降级。当天,美国国际集团的股价暴跌了12%,每股收于44.74美元。

2月末,高盛已持有20亿美元的现金抵押品,并要求追加25亿美元。此外为免受美国国际集团倒闭的影响,还将它的信用违约掉期保险提高至了21.5亿美元。2月28日,美国国际集团再次让华尔街失望了——这次是惨淡的第四季度和2007财年的利润。该公司净亏损达52.9亿美元,主要来自与担保债务凭证超优分层信用违约掉期相关的21.5亿美元风险敞口,还有超过26亿美元的损失与证券借贷业务部门购买的次级债务有关。伴随着亏损金额的公布,沙利文宣布了约瑟夫·卡萨诺退休的消息,但是这对这位美国国际集团金融产品公司的前负责人来说并非全是坏消息:从1987年1月加入金融产品公司到2008年退休,他的总收入超过了3亿美元,还不包括他在退休后作为顾问,每月100万美元的收入。①

3月份,美国国际集团及其子公司的联邦监管机构——美国储蓄机构监督局,将该公司的综合评级从代表"基本健全"的a2级下调至代表需要进行"适度至严厉"监管的a3级。美国储蓄机构监督局仍然维持不存在生存威胁的判断。② 而且也没有计划对美国国际集团的财务状况进行为期6个月的进一步调查。

但到此时,可能为时已晚。

美联储:"贴现窗口失灵"

在危机中,花旗、美林以及其他公司的公告表明,金融机构将因其在抵押贷款市场中的风险敞口遭受巨大损失。金融公司的股票价格暴跌;截至11月底,标准普尔金融指数全年下跌了16%。从7月至11月,资产支持商业票据下跌了30%,这意味着金融机构将不得不出售这些资产或者以其他的方式融资。投资银行和其他金融机构面临紧缩的融资市场及现金压力。最终,美联储认定自8

---

① Joseph Cassano, testimony before the FCIC, Hearing on the Role of Derivatives in the Financial Crisis. day 1, session 2:American International Group, Inc. and Derivatives, June 30, 2010, p. 233;Cassano, interview.

② Office of Thrift Supervision, letter to AIG General Counsel and Board, March 7, 2008.

月以来，利率下调以及其他采取的措施都没有能够有效地为金融市场提供流动性和稳定性。 美联储的贴现窗口并没有吸引几家银行前来贷款，因为这意味着"耻辱"。 "贴现窗口的问题在于银行不喜欢用它，因为使用贴现窗口存在被认为实力不济的风险"，时任纽约联储金融市场部负责人，现任的纽约联储主席威廉·达德利对调查委员会说道。①

银行和储蓄机构更喜欢利用其他的资金来源；特别是在 2007 年下半年，政府支持的联邦住房贷款银行开始向银行等金融机构提供贷款并接受抵押贷款作为抵押品，这使它们的贷款总额从 2350 亿美元激增至 8750 亿美元（增加了 37%），而当时证券市场已经冻结。 从 2007 年 3 月底到 12 月底，最大的储蓄机构华盛顿互惠银行，在联邦住房贷款银行的贷款从 280 亿美元增加至 480 亿美元；国民金融公司的贷款从 380 亿美元增加到了 560 亿美元。 联邦住房贷款银行因此成为商业银行等金融机构寻求贷款的（最后）第二贷款人（最终贷款人是美联储）。②

此外，金融部门缺乏流动性造成企业和消费者贷款更加困难，这引起了美联储的关注。 从 10 月 7 日开始，根据信贷员的报告，优质抵押贷款紧缩标准的百分比从 15% 上升至 40%。 其间，信贷员报告，大中型企业贷款紧缩标准的百分比从 8% 上升到 19%，达到 2003 年以来的最高水平。③ "当贴现窗口的表现未能达到预期效果时，美联储采用了大量非常规的政策……非常富有创造性的措施"。 在 2006 到 2008 年间担任美联储理事的弗雷德里克·米什金告诉调查委员会："这些行动非常冒进，而且极具争议"。④ 在 12 月 12 日宣布创立的联储定期资金招标工具（the Term Auction Facility，TAF）就是其中的第一项措施。 这项措施旨在通过定期招标使银行的资金充裕以及避免因使用贴现窗口而带来的"耻辱感"。 这一计划取得了部分成效，截至年底，银行贷款增加了 400 亿美元。 随后，美联储继续改进联储定期资金招标工具，提供更多的信贷及更长的还款期限。

---

① William Dudley, interview by FCIC, October 15, 2010.
② Adam B. Ashcraft, Morten L. Bech, and W. Scott Frame, "The Federal Home Loan Bank System: The Lender of Next to Last Resort?" Federal Reserve Bank of New York Staff Reports, No. 357 (November 2008), p. 4.
③ Federal Reserve Board, "October 2007 Senior Loan Officer Opinion Survey on Bank Lending Practices," October 2007.
④ Frederic Mishkin, interview by FCIC, October 1, 2010.

美联储关注的另一个问题是，拥有现金的银行和机构可能囤积现金。囤积是指外国银行很难借到美元，从而被迫卖掉以美元计量的资产，如抵押担保证券。那些抛售或者对抛售的担忧将会对美国证券市场价格造成压力。美联储及世界其他国家的中央银行的应对措施是实行（也是在12月12日）新的"货币互换限额"以帮助外国银行购得美元。在该机制下，外国中央银行与美联储互换现金——当地货币兑换美元——然后把这些钱借给自己国内的商业银行。"危机期间，美国的银行极不情愿向欧洲银行提供流动性"，达德利说道。[1] 中央银行在"9·11"恐怖袭击之后，也才采用了类似的做法支持世界金融市场。在2001年底，互换限额总量达到880亿美元。在七年后的金融危机期间，该限额达到了5800亿美元。

美联储希望联储定期资金招标工具和货币互换限额能够减少短期货币市场的压力，缓解诸如投资银行等在危机中苦苦挣扎的参与者的融资压力。重要的是，美联储考虑不仅是商业银行和储蓄机构，还包括"更广泛的金融系统"。达德利称"从以往来看，美联储一直倾向于向商业银行提供流动性，并认为提供给银行系统的流动性可以流向（借给）非银行部门中的具有偿还能力的机构。但是在这次金融危机中，历史并没有重演……我认为人们还没有完全理解影子银行系统的复杂情况、'结构性投资工具（运用长短期利率不同的利差赚取差价）'的作用以及管道型投资工具，银行提供给这些工具明确或含蓄的支持"。[2]

即使美联储降低了利率和实施了联储定期资金招标工具，这对于背负着资产损失和疲于应对融资保证的银行而言，无疑是杯水车薪。在2008年1月，美联储再次下调利率——接着再次下调，在两周内下调了两次，这一极不寻常的举动使联邦基准利率从4.25%下降至3.0%。

美联储也开始采取新方案，启动其应急措施：定期证券借贷工具（TLSF），尽管该工具直到3月才开始实行。定期证券借贷工具更多的是一种观点："我们通过联储定期资金招标工具向商业银行提供的流动性，而不会导致对其他领域的金融支持力度的显著减小"。达德利对调查委员会说，"因此我们可能会考虑绕开金融系统，创造一个向主要交易商直接提供流动性的工具"。[3]

3月7日，美联储把每两周一次的联储定期资金招标工具限额从300亿美元

---

[1] Dudley, interview.
[2] Ibid.
[3] Ibid.

提高至 500 亿美元，并且保证至少持续六个月。美联储也将抵押品的标准进一步放宽。主要交易商——主要是投资银行和隶属于大型商业银行的经纪交易商——可以将政府支持企业的债务，包括政府支持企业的抵押担保证券作为抵押品。美联储希望在任意给定时间内，为这些未偿贷款提供 1000 亿美元的信贷规模。

与此同时，美国中央银行开始酝酿迈出具有革命性的一步：允许不受美联储监管的投资银行以类似商业银行的条款从贴现窗口贷款。

单一险种保险公司："没有预料到的损失"

同时，在 2007 年评级机构继续下调抵押担保证券和担保债务凭证的信用评级。截至 2008 年 1 月，由于抵押信贷市场的压力，标准普尔对抵押担保证券的 3389 只分层和 420 只担保债务凭证的 1383 只分层进行了降级。最大的两家单一险种保险公司，美国城市债券保险公司和安巴克总共向价值 2650 亿美元的抵押贷款证券和其他结构化产品提供了保险。因此，这些承保产品的信用评级下降，必然会给两家公司的财务实力带来挑战。经过压力测试分析，标准普尔在 2008 年 2 月估计安巴克将需要 4 亿美元的资金用以弥补结构化产品的潜在损失。[①] 这种资金压力将会影响这两家保险公司本身的信用评级，并相应地导致它们所承保的产品进一步被降级。

与许多单一险种保险公司一样，作为最小的保险公司，ACA 资产管理公司用不到 7 亿美元的极少资金支撑着它的债务，包括 690 亿美元的担保债务凭证信用违约掉期。2007 年底，ACA 的净亏损高达 17 亿美元，几乎全部来自信用违约掉期。

这只是新闻。"零损失容忍"的概念是保险公司商业模式赖以生存的核心，保险公司以及它们的股东：信用评级机构、投资者和保险公司债权人，传统地认为保险公司不会亏损。就像 ACA 首席执行官艾伦·罗斯曼告诉调查委员会的那样："我们从未预料到亏损……我们根据市场波动对冲机构性交易对手的风险……我们认为，首先，我们敢于在市场波动中持仓是因为我们不必根据市场价

[①] Standard & Poor's, "Detailed Results of Subprime Stress Test of Financial Guarantors," Ratings-Direct, February 25, 2008.

值向交易对手提供抵押。 其次，信用评级机构告诉我们，市场计价的波动对我们的评级并不重要，它们看重的是保险公司的财务实力"。①

11 月初，证券交易委员会对美林使用单一险种保险对冲"我们共同关注的风险"表示更加关注。② 华尔街的大型公司试图最小化它们对单一险种保险公司的风险敞口，尤其是 ACA 资产管理公司。 12 月 19 日，标准普尔将 ACA 的信用等级降至 CCC 垃圾级，这是对 ACA 的致命打击，首席执行官罗斯曼说，它的"评级就是特权"。③ 像美林这样从 ACA 购买保险的公司事实上将一无所获。

尽管面临市场压力，证券交易委员会认为单一险种保险的问题基本上仅限于 ACA。 证券交易委员会在 2008 年 1 月的一份内部文件中说："很明显还需要继续融资，但事实上，担保机构（除 ACA 之外）并没有从流动性导致的问题中受到太多冲击，因此我们有理由相信该部门的情况将会朝着可控的方向发展"。④

信用评级机构对债券保险商说，如果它们希望保持 AAA 评级，那么它们必须增加资本。 美国城市债券保险公司和安巴克最终分别增加了 16.5 亿美元和 15 亿美元的资本。 然而，在 2008 年 6 月标准普尔还是将它们的信用等级下调至 AA 级。 在危机爆发后，大多数保险公司停办了新业务。

次级贷款危机通过单一险种保险公司蔓延到了之前没有受到影响的市场：地方政府债券市场。 多米诺骨牌的路径很易于遵循：投资者预计到单一险种保险公司会被降级，从而将这些保险公司向其他证券提供的保险也进行了贬值，即使与抵押担保证券市场没有任何关系的证券也受到了影响，包括拍卖利率证券（ARS）。 拍卖利率证券是一种长期债券，它的利率通过 1 至 7 周的定期拍卖决定。⑤ 退出的投资者可以对债券进行再次投标，从而新的投资者也可以进入。 这些债券以地方政府债券为主。 2007 年 12 月 13 日，联邦和地方政府总共发行了 1650 亿美元的拍卖利率证券，占市场总量 3300 亿美元的一半。 另外一半主要是助学贷款和非营利（博物馆和医院发行的）债券。

---

① Alan Roseman, interview by FCIC, May 17, 2010.
② SEC, "Risk Management Reviews of Consolidated Supervised Entities," internal memo to Erik Sirri and others, November 6, 2007, p. 3.
③ Roseman, interview, May 17, 2010.
④ SEC, "Risk Management of Consolidated Supervised Entities," internal memo to Erik Sirri and others, January 2, 2008, p. 2.
⑤ Bill Lockyer, *State of California 2008 Debt Affordability Report: Making the Municipal Bond Market Work for Taxpayers in Turbulent Times* (October 1, 2008), p. 4.

关键的问题是：这些实体想以低于短期贷款的利率获得长期贷款，而投资者为了保证投资的安全不想把钱进行长期投资。不像商业票据，这个市场无法从银行那得到明确的流动性支持，却有隐含的支持：如果没有足够的新投资者进入市场替代旧的投资者，交易商将会主导拍卖，包括像瑞银、花旗集团和美林这样的公司就会介入并弥补缺口。由于这些干涉，从1984年到2007年间的十几万次拍卖中只发生过13起流拍。交易商用这些极少的流拍数据使它们的顾客相信：拍卖利率证券的流动性非常好，即使是在困难时期，也是短期投资的理想工具。[1]

但是，如果流拍，拍卖利率证券的投资者将会不得不继续持有这些债券。作为补偿，这些债务的利率将会重置，通常会更高，但是投资者的资金会在新投资者和交易商进入或者债务人偿还贷款之前被套牢。拍卖利率证券投资者是典型的风险厌恶和流动性偏好型，因此他们愿意从单一险种保险公司为自己的拍卖利率证券投资购买保险。因此，保险公司在2007年下半年出现问题必然会影响拍卖利率证券市场。由于担心保险公司不能履行他们的保险，投资者撤离了。市场只能依靠交易商的支持维持运行，但是它们面临的压力已经超出了它们的承受范围。由于交易商还需要处理自身的问题，它们没有能力介入并保证拍卖成功。2月，它们集体离场了。市场几乎瞬间崩盘。2月14日，在金融危机中最混乱的市场之一，80%的拍卖利率证券拍卖流拍了；紧接着在第二周67%的拍卖流拍了。

拍卖利率证券工具套牢了投资者手中数千亿美元的资产。散户——低于一百万美元的个人投资者，小型公司和慈善机构的资金占到了市场总量（3300亿美元）的三分之一。[2] 此外，选择留在场内的投资者为承担的风险提出更高的要价。在投资者要价和利率重置的压力之下，利率升至10%或更高，无数预算紧张的政府、基础工程建设和非营利组织遭到重创。拍卖利率证券导致负债的乔治敦大学损失了600万美元。[3] 由于利率从3.5%飙升到14%，纽约州深深陷入了40亿美元债务的泥潭之中。在2月，纽约和新泽西州港务局（the Port Authority

---

[1] John J. McConnell and Alessio Saretto, "Auction Failures and the Market for Auction Rate Securities"（The Krannert School of Management, Purdue University, April 2009）, p. 10.

[2] Erik R. Sirri, director of Trading and Markets, U. S. Securities and Exchange Commission, "Municipal Bound Turmoil: Impact on Cities, Towns and States," testimony before the House Financial Services Committee, 110th Cong., 2nd sess., March 12, 2008.

[3] Georgetown University, "Annual Financial Report, 2008－2009," p. 5.

of New York and New Jersey）的债务利率在一周之内从 4.3% 飙升至 20%。①

仅在 2008 年，证券交易委员会就收到 1000 多起关于拍卖利率证券流拍的投资投诉。投资者称，经纪人引导他们相信拍卖利率证券是安全并且流动性非常好的投资工具，基本相当于货币市场账户，但是利率会略高。投资者还说，市场冻结使他们无法支付短期费用，如医疗支出、大学学费、维持小型企业运营以及慈善机构的工资发放。截至 2009 年，证券交易委员会联合包括美国银行，加拿大皇家银行资本市场（RBC Capital Markets）和德意志银行在内的金融机构解决了公司误导投资者的费用问题。最终，这些银行筹集了 500 多亿美元用于偿还数以万计的拍卖利率证券投资者。②

调查委员会结论

调查委员会认为，大型投资银行、银行持股公司和保险公司（包括美林、花旗和美国国际集团）在次级抵押贷款市场上遭受巨大损失的原因在于公司治理（包括风险管理）的重大失败。这些机构的高管和雇员薪酬制度极大地鼓励了冒险行为。

证券交易委员会和银行监管当局作为大型投资银行、银行持股公司和美国国际集团的监管者，没有对它们的安全和稳健进行有效的监管，任由它们在经济活动中承担过度风险，诸如非优质抵押贷款证券化和场外衍生品交易以及持有资本和流动性严重不足。

---

① Jacqueline Doherty, "The Sad Story of Auction-Rate Securities," Barrons, May 26, 2008.
② "SEC Finalizes ARS Settlements with Bank of America, RBC, and Deutsche Bank," SEC press release, June 3, 2009.

第十五章

2008年3月：贝尔斯登倒闭

自从2007年7月贝尔斯登的对冲基金倒闭以后，它在2007年下半年就面临着更艰巨的挑战。从回购贷款市场转入高级基金，导致贝尔斯登的账户增加了近16亿美元的次级抵押资产，并在11月促使对与抵押贷款有关的资产进行了高达19亿美元的减记。这促使投资者仔细审查贝尔斯登的财务状况。2007年秋，贝尔斯登的回购贷款机构——大多是货币市场共同基金——逐渐要求贝尔斯登增加抵押品和支付更高的利率。随后在2008年3月的一周内，在这些贷款机构、对冲基金客户和金融衍生品的交易对手的压力之下，导致了贝尔斯登在一项政府支持的援助中被政府接管。

抵押贷款证券化是贝尔斯登最赚钱的业务中最大的一部分，它的固定收入业务占其公司总收入的45%。增长最快的是贝尔斯登的全球顾客服务部，其中包括它的大宗经纪业务。贝尔斯登是美国第二大大宗经纪商，其2006年的市场份额是21%，仅次于摩根士丹利的23%。[①] 该业务在危机中也最引人关注。

在抵押贷款证券化业务中，贝尔斯登采取垂直整合模式，从贷款发起到证券化再到销售，它在每一环节都获取利润。贝尔斯登通过收购，建立自己的附属发起机构，创造抵押贷款，再将这些贷款打包成证券，然后出售给投资者。[②] 虽然贝尔斯登是五大投行中规模最小的一家，但是从2000年至2007年，它一直位居私人抵押贷款证券化的前三名。[③] 2006年，贝尔斯登承销了价值360亿美元

[①] "Prime Asset," 2007 Upper HedgeWorld Prime Brokerage League Table, accessible at Gregory Zuckerman, "Hedge Funds, Once a Windfall, Contribute to Bear's Downfall," *Wall Street Journal*, March 17, 2008.

[②] Jeff Mayer and Thomas Marano, "Fixed Income Overview," March 29, 2007, p. 8, produced by JP Morgan.

[③] Inside Mortgage Finance, *The 2009 Mortgage Market Statistical Annual*, Vol. 2, *The Secondary Market* (Bethesda, MD: Inside Mortgage Finance, 2009), pp. 18-25.

的各类担保债务凭证，是其 2005 年承销总额 145 亿美元的两倍多。 这些价值 63 亿美元的担保债务凭证中包括抵押担保证券，使贝尔斯登成为该项业务的前 12 强。① 作为华尔街的典型公司，贝尔斯登将自己看做是从事流量业务的公司，而不是存量业务的公司——也就是，它只为顾客提供服务，而自己不持有长期风险敞口。②

尽管市场开始显现出萎缩的迹象，像花旗和美林这样的公司已经开始收缩自己的业务时，贝尔斯登仍在扩张自己的业务。 早在 2006 年 5 月，贝尔斯登已经在抵押贷款发行的前 90 天内，③因违约损失了 300 万美元，这在最近十年内非常罕见。 但是贝尔斯登坚持认为，挫折只是暂时的。 2007 年 2 月，贝尔斯登甚至加倍持有安可信用——美国第三大抵押债券发起机构。 这项交易与贝尔斯登的逆势商业模式一致——在市场低迷时买进然后等待扭亏为盈。④

仅仅在一个月后，证券交易委员会的内部报告显示，"贝尔斯登抵押贷款业务出现了严重的市场风险亏损"所有的次优级抵押贷款资产都出现了亏损。⑤ 虽然损失不大，但是证券交易委员会的报告称："这些事情中出现的管理风险反映了抵押品出现的问题比事先进行的压力测试中的问题还要严重"。⑥

"我们需要宽容"

2007 年 7 月 31 日，当贝尔斯登的两只对冲基金宣布破产时，正在南塔克特岛(Nantucket Island)度假的贝尔斯登前财务主管罗伯特·厄普顿(Robert Upton)预计，评级机构将会下调其公司的信用评级，造成融资成本增加。 贝尔斯登的大部分运营资金来源于回购市场的短期借贷；它的隔夜贷款高达 500 亿至 700 亿美元。⑦ 贝尔斯

---

① FCIC staff estimates, based on Moody's CDO EMS database. Different numbers are provided in Jeff Mayer and Thomas Marano, "Fixed Income Overview," March 29, 2007, p. 16.
② Samuel Molinaro, interview by FCIC, April 9, 2010;Michael Alix, interview by FCIC, April 8, 2010. 6. SEC, "Risk Management Reviews of Consolidated Supervised Entities," memorandum to Robert Colby and others, May 8, 2006.
③ SEC, "Risk Management Reviews of Consolidated Supervised Entities," memorandum to Erik Sirri and others, May 8, 2006.
④ Robert Upton, interview by FCIC, April 13, 2010.
⑤ SEC, "Risk Management Reviews of Consolidated Supervised Entities," memorandum to Erik Sirri and others, March 1, 2007.
⑥ Ibid.
⑦ Bear Stearns, "Fitch Presentation," PowerPoint slides, August 2007.

登在被降级后的第二天，就面临融资成本上升的威胁。

投资者、分析师和信用评级机构在每季度末都会仔细审查杠杆比率。在2007年11月，贝尔斯登的杠杆率几乎接近38比1。截至2007年底，贝尔斯登的三级（Level 3）资产——很难进行估值和出售的非流动性资产——达到它有形普通股权益的269%；因此，只要这些非流动资产账面价值下降37%，就会抵消它的全部有形普通股权益。

每到季度末，贝尔斯登就会通过出售资产来降低它的杠杆率，然后在下个季度初再把那些资产买回来。贝尔斯登及其他公司会将这些交易记为售出——即使这些资产只是被暂时从资产负债表上减除——目的是减少公司资产以降低杠杆率。贝尔斯登的前财务主管厄普顿将此举称为"装饰门面"，旨在取悦债权人和评级机构。① 贝尔斯登的公开文件在某种程度上反映了这个问题：例如，它在2007年年报中称，其资产负债表比前12个月的平均月末余额降低了近12%。②

为了防止被降级，厄普顿在8月初，与三家主要的信用评级机构——穆迪、标准普尔和惠誉进行了会谈。③ 在2007年，经过几次沟通之后——包括4月9日和6月22日——标准普尔维持了对贝尔斯登的高评级，并在4月指出："贝尔斯登的风险控制相对稳健"以及"贝尔斯登风险管理过程的基础是有效的高层监督和强大的公司文化"。6月22日，穆迪还是给予了贝尔斯登A1的信用评级，惠誉则给予它"稳定"的前景展望。

8月初，厄普顿向评级机构提供了贝尔斯登的信息，表示管理层已经从两个对冲基金的倒闭中得到了关于公司管理特别是风险管理的教训，公司将会减少对短期不安全资金的依赖并增加在回购市场的融资。贝尔斯登和其他的市场参与者都没有预料到，贝尔斯登自己的回购贷款机构会拒绝接受高风险抵押贷款资产，甚至最终拒绝接受国债。

"我恳求标准普尔对我们宽容一些"，厄普顿告诉调查委员会。④ 但是他未能如愿。8月3日，就在贝尔斯登的两只对冲基金宣布破产后的第三天，标准普尔在将贝尔斯登的前景展望调整为"负面"的同时，强调了贝尔斯登的两家基

---

① Upton, interview.
② Bear Stearns, Form 10-K for the year ended November 30, 2007, filed January 29, 2008, pp. 52, 22.
③ Upton, interview.
④ Ibid.

金、与抵押贷款的相关投资以及小额资本基础。①

时任贝尔斯登首席执行官的（直到2008年）吉米·凯恩（Jimmy Cayne）在被问及降级后的感受时称："负面前景展望可能会从多方面影响你的很多业务……就像你有一个漂亮的小孩，你从来没有想到他会生病，但是他生病了。你会是什么感受？ 讨厌"。②

为了使投资者相信不会再出现新的问题了，当天贝尔斯登召开了一次电话会议。但是会议进行得并不顺利。截至当天收盘时，贝尔斯登的股票价格暴跌6%，收于108.35美元，与2007年历史最高价格169.61美元相比下跌了36%。

"可以适当怀疑我们"

8月5日周日，在电话会议的两天后，贝尔斯登还有机会通过证券交易委员会挽救局面。在周日，证券交易委员会市场监管部门的副总监迈克尔·马基亚罗利（Michael Macchiaroli）和助理总监马修·艾希纳（Matthew Eichner）视察了贝尔斯登。监管人员审查了贝尔斯登抵押贷款市场的风险敞口，包括公司账簿上的130亿美元可调息抵押贷款（ARM）。贝尔斯登的管理层保证，一旦投资者在9月从汉普顿的撤退中回归，他们的库存也会减少。"很明显，监管者不应该听信这些甜言蜜语并笑着离开"，艾希纳对调查委员会说道。"130亿美元的可调息抵押贷款可不是儿戏"。艾希纳并不认为贝尔斯登的管理层在撒谎。他们只是过于乐观罢了。③

凯恩的继任者，贝尔斯登公司前联席总裁艾伦·施瓦茨及全球抵押贷款和资产支持证券部门负责人托马斯·马兰诺似乎并不担忧。但是其他高管充满警惕。自营业务负责人温迪·德·蒙肖（Wendy de Monchaux）和股票销售和交易部负责人史蒂文·迈耶（Steven Meyer）都建议马兰诺减少抵押贷款投资组合。④据首席风险官迈克·阿利克斯（Mike Alix）透露，前董事会主席艾伦·格林伯格

---

① Standard & Poor's, Global Credit Portal RatingsDirect, "Research Update: Bear Stearns Cos. Inc. Outlook Revised to Negative; 'A+/A-1' Rating Affirmed," August 3, 2007.
② Jimmy Cayne, interview by FCIC, April 21, 2010.
③ Matthew Eichner, interview by FCIC, April 14, 2010.
④ Wendy de Monchaux, interview by FCIC, April 27, 2010; Steven Meyer, interview by FCIC, April 22, 2010.

(Alan Greenberg)说过:"对冲风险的最好方式就是出售"。① 最终贝尔斯登将证券投资组合从 2007 年第三季度的 560 亿美元减少至第四季度的 461 亿美元,但是为时已晚。

当年夏季,美国证券交易委员会认为贝尔斯登的流动性在短期内是充裕的,但是马修·艾希纳坚持认为监管机构当时"持适当的怀疑态度"。在 8 月 5 日的会议之后,证券交易委员会要求贝尔斯登每天上报它的流动性状况。然而,马修·艾希纳承认他和他的同事们都大大低估了流动性危机爆发的可能性。②

在每个工作日的晚上,厄普顿都要向证券交易委员会更新贝尔斯登 4000 亿美元的资产负债表,特别是回购债券和商业票据的资产状况。9 月 27 日,贝尔斯登通过无担保十年期债券募集了近 25 亿美元。随后上报调整为一周一次。③证券交易委员会检察长后来对监管机构提出了批评,指出它们没有降低贝尔斯登的杠杆率或者"限制贝尔斯登的抵押贷款证券的集中度",尽管"已经发现贝尔斯登的风险管理机制存在很大的缺陷,包括缺乏抵押担保证券方面的风险管理专家"和"人员长期不足;风险管理者对交易者的建议缺乏独立性;在危机中关键管理人员的失误;以及缺乏能力或者意愿根据市场环境的变化而更新模型"。④

证券交易委员会主席克里斯托弗·考克斯(Christopher Cox)的高级顾问迈克尔·哈洛伦(Michael Halloran)对调查委员会说,证券交易委员会有足够的信息和权威要求贝尔斯登像其他金融机构那样,出售抵押担保证券和降低杠杆率。哈洛伦称,在 2007 年第一季度,他曾经问证券交易委员会联合监管对象计划的负责人埃里克·西里,"为什么我们不能要求他们(贝尔斯登和雷曼兄弟)降低风险"?西里说,证券交易委员会的职责不是告诉银行如何经营他们的公司,而是保护投资者的利益。⑤

"死亡旋涡"

当评级机构在 8 月份调整了对贝尔斯登的信用评级之后,凯恩试图从花旗集

---

① Mike Alix, interview by FCIC, April 8, 2010.
② Eichner, interview.
③ Timeline Regarding Bear Stearns Companies Inc., April 3, 2008, produced by SEC.
④ SEC Office of Inspector General, Office of Audits, "SEC's Oversight of Bear Stearns and Related Entities: The Consolidated Supervised Entity Program," Report No. 446-A, September 25, 2008, pp. ix-x.
⑤ Michael Halloran, interview by FCIC.

团和摩根大通获得信贷额度。两家银行都表示，贝尔斯登一直是很好的客户，并且表示希望帮助它。① "我们想鱼和熊掌兼得"首席财务官塞缪尔·莫利纳罗（Samuel Molinaro）说，贝尔斯登既想获得银行的信贷额度又想加强它的传统短期流动性来源，如货币市场基金。但是，凯恩告诉调查委员会，这两个愿望都没有实现。塞缪尔·莫利纳罗说："至于为什么那些大型银行不愿向贝尔斯登提供贷款，我不方便透露。"②

主要货币市场基金管理机构，联邦投资基金管理公司（Federated Investors）在10月1日决定将贝尔斯登从允许从事无担保商业票据的交易对手名单中除名，③这表明无担保商业票据比回购的风险更大。在2007年全年，贝尔斯登都在减少它的无担保商业票据（从2006年底的207亿美元减少至2007年底的不足39亿美元），取而代之的是担保回购借款（从690亿美元增加至1020亿美元）。但是贝尔斯登对隔夜回购的日益依赖，产生了一系列不同的问题。

第三方回购市场使用了两家清算银行——摩根大通和纽约梅隆银行（BNY Mellon）。在每个交易日，这两家清算银行会把现金归还给债权人；接收借款人的抵押品，从根本上保证抵押品处于第三方托管状态；然后在白天将它们自己的现金贷给借款人。这被称为"解除"回购交易；它允许借款人改变他们每天的抵押品。随后在当天结束时债权人向清算银行提交现金并获得新的抵押品，这被称为"重卷"交易。

处于近乎无监管状态的第三方回购市场，它的日均交易额从2002年8000亿美元增长至2007年的1.7万亿美元，在2008年初达到了2.8万亿美元。④它逐渐发展成为一个规模庞大、流动性良好的市场。尽管很多借款人进行隔夜回购交易，但是它还是被认为是非常安全的市场，因为回购交易是超额抵押的（借出的贷款金额低于抵押品价值）。这就是金融危机之前的总体情况。

随着贝尔斯登进一步加大三方回购借款业务，它越发依赖于摩根大通这家清算银行。如果交易对手，如贝尔斯登在当天出现违约，摩根大通和纽约梅隆银

---

① Cayne, interview.
② Samuel Molinaro, testimony before the FCIC, Hearing on the Shadow Banking System, day 1, session 1: Investment Banks and the Shadow Banking System, May 5, 2010, transcript, p. 43; Cayne, interview.
③ "Changes in Approved Commercial Paper List—10/01/2007 – 12/31/2007" and "Changes in Approved Commercial Paper List—1/01/2008 –3/31/2008," produced by Federated Advised Funds.
④ Federal Reserve Bank of New York, "Tri-Party Repo Infrastructure Reform," white paper, May 17, 2010, p. 7.

行将会面临巨额亏损，这种风险在 2007 年之前几乎不存在。事实上，摩根大通充当了贝尔斯登的当日回购贷款人。

即使是长期回购贷款每天也要由清算银行或者借款机构"重卷"。美联储董事赛斯·卡彭特（Seth Carpenter）把它比作一个每周都要进行再融资的抵押贷款："假设你的抵押贷款的期限只有一周，而不是 30 年期。如果一切顺利，到了周末，你需要再次抵押融资，因为你没有足够的现金一次还清所有的贷款。然后到了下一个周末，你又开始抵押融资。这就是为什么很多机构都喜欢回购交易的原因"。①

在当年秋季，把贝尔斯登从商业票据交易商名单中除名的联邦投资基金管理公司继续向其提供担保回购贷款。② 另一个主要的贷款机构富达投资公司则限制了它所有与贝尔斯登有关的风险敞口，并缩短了期限。③ 10 月，道富环球投资管理公司除隔夜回购以外，拒绝向贝尔斯登提供任何回购贷款。④

贝尔斯登的贷款通常是由与抵押贷款有关的证券担保，而在这些证券当中，三级资产已经超过了贝尔斯登的净资产，高达 172 亿美元。

在 2007 年第四季度，贝尔斯登公布了其第一季度的损失为 3.79 亿美元。美国证券交易委员会仍然坚持"对该公司的流动资产恶化的负面报道是没有任何证据的"。证券交易委员会的结论是："贝尔斯登的流动资产池仍然稳定"。⑤

2007 年秋天，贝尔斯登的董事会雇用奥维咨询公司（Oliver Wyman）对其公司的风险管理进行审查。并在 2008 年 2 月 5 日向管理委员会提交了报告"风险管理诊断：为经济资本发展提供的建议和案例"。在该报告的结论中：风险评估是"罕见"和"特别的"，以及"受制于资源不足"，"风险管理者并不能有效地挑战前台的决定"，风险管理部门是"人手不足的"并且认为是"次要的"。施瓦茨告诉调查委员会，最终的结论并没有指出重大缺陷。他没有从咨询公司那里寻求积极的反馈，因为奥维咨询的报告意在提供一个风险管理的"黄金标准"路线图。⑥

---

① Seth Carpenter, interview by FCIC, September 20, 2010.
② 联邦投资基金管理公司（Federated Investors）向 FCIC 提供的信息。
③ Scott Goebel, Kevin Gaffney, and Norm Lind（Fidelity employees）, interview by FCIC, February 25, 2010.
④ Steve Meier, executive vice president State Street Global Advisors, interview by FCIC, March 15, 2010.
⑤ Timeline Regarding the Bear Stearns Companies Inc., April 3, 2008, pp. 1 - 2, provided to the FCIC.
⑥ Alan Schwartz, interview by FCIC, April 23, 2010.

在2008年1月报告完成之前，在收到从2004年到2007年的9360万美元报酬后，凯恩辞去了首席执行官的职务。① 但他仍是董事会非执行主席。 一些高级管理人员对他和董事会提出了尖锐的批评。 托马斯·马兰诺对调查委员会说，凯恩更多的时候是在打高尔夫和桥牌。② 董事会的发言人，贝尔斯登的前高级董事保罗·弗里德曼（Paul Friedman）说："我猜可能是因为我工作的公司从来没有一个真正意义上的董事会，所以在某种情况下有些人提出或者应该让董事会介入这些事情对我来说，反而是件新鲜事"。 尽管他告诉调查委员会，他是在贝尔斯登倒闭后，在愤怒和沮丧的情形下说的这些话。③ 公司治理评级机构企业图书馆（the corporate libray），在它的最终报告中给了贝尔斯登一个"D"，该结果反映了由"对董事会和奖金制度的极度担忧"所导致的"严重管理风险"。④ 当凯恩被问及他在贝尔斯登时是否犯过错，他对调查委员会说："我会对发生的事情负责。 我不会逃避责任"。⑤

在贝尔斯登，奖金主要取决于当年的股本收益。 高管的奖金一半是以现金的形式发放，另外一半则是超过三年且至少持有五年的限制出售的股票。⑥ 每年计算奖金池规模的公式由董事会的一个小组委员会决定。 股东批准奖金发放计划以及高级执行经理的资本积累计划。 凯恩对调查委员会说，他制定了自己的奖金标准，同时该标准也适用于执行委员会的所有5位成员。 凯恩说，包括董事会在内，没有人质疑他的决定。⑦

尽管在2007年遭受了巨额亏损，但是贝尔斯登的奖金支出仍然占到其收入的58%。 薪酬委员会的艾利克斯对调查委员会说，公司的薪酬支出通常占其收入的50%，但是由于2007年的收入减少，所以比例上升了——如果管理层适当

---

① Lucian A. Bebchuk et al.，"The Wages of Failure：Executive Compensation at Bear Stearns and Lehman 2000 -2008，"November 22，2009，Table 2，p.15；SNL Financial.
② Thomas Marano，interview by FCIC，April 19，2010.
③ Paul Friedman，quoted in William Cohan，House of Cards：A Tale of Hubris and Wretched Excess on Wall Street （New York：Doubleday，2009），p.71.尽管弗里德曼知道FCIC引用了这个观点，他还是认为他们对贝尔斯登的失败过于沮丧。 目前，弗里德曼正在供职于古根海姆证券（Guggenheim Securities），并且是贝尔斯登前总裁艾伦·施瓦茨的部下。 Paul Friedman，interview by FCIC，April 28，2010.
④ The Corporate Library，"The Bear Stearns Companies Inc.：Governance Profile，"June 20，2008，p.4.
⑤ Cayne，interview.
⑥ Molinaro，interview.
⑦ Cayne，interview；施瓦茨（Schwartz）在接受FCIC质询时说，高管的奖金是经薪酬委员会讨论的，对薪酬的最终建议来自CEO（首席执行官）。

降低薪酬,那么很多员工就会辞职。① 高级管理人员的基本工资是 25 万美元,其余部分收入由现金、限制出售的股票以及期权混合构成。②

2000 年到 2008 年,贝尔斯登五位最高领导人的薪酬为 3.265 亿美元的现金和 11 亿美元的股票所得,总计超过了 14 亿美元。这一金额甚至超过了证券交易委员会的年度预算。③ 凯恩的继任者,抵押贷款部门投资的主要倡导者,首席执行官艾伦·施瓦茨,2004 年到 2007 年的薪酬总额超过了 8700 万美元。负责监督(已经倒闭的)两家对冲基金的联席总裁斯佩克特,他的同期薪酬超过了 9800 万美元。尽管斯佩克特被迫辞职,但是贝尔斯登并未要求他退还一分钱。在 2006 年,凯恩、施瓦茨和斯佩克特的薪酬都是首席风险官艾利克斯收入的 10 倍以上。④

凯恩走了,施瓦茨来了,贝尔斯登在 2008 年初仍在继续挣扎。尽管支付的利息在增加,但是贝尔斯登公司还是有能力通过回购借款支持它的资产负债表。⑤ 马兰诺说,他担心成本的不断上升是贝尔斯登即将陷入困境的一个市场信号,这可能导致"我们走向死亡旋涡"。⑥

"保护投资者的责任"

2008 年 1 月 30 日,周三,财务主管厄普顿报告,一个内部的会计失误显示贝尔斯登的流动资金减少了 50 亿美元——按要求必须向证券交易委员会提交报告。在贝尔斯登发现这个失误以后,证券交易委员会重新要求贝尔斯登每天报告它的流动性状况。⑦

贷款机构和客户越来越不愿意与贝尔斯登做生意。2 月 15 日,贝尔斯登资产负债表上的抵押贷款、抵押担保证券和资产支持证券共计为 367 亿美元,与上

---

① Alix, interview.
② Bear Stearns, 2007 Performance Compensation Plan, p. I -1(provided to the FCIC);Alix, interview. The salary cap had been raised from MYM200000 to MYM250000 in 2006(Alix, interview;Cayne, interview).
③ Bebchuk et al., "The Wages of Failure," Table 1, p. 12;Table 2, p. 15;Table 4, p. 20. The budget authority for the SEC in 2008 was MYM906 million;in 2010, it was MYM1.026 billion.
④ In 2006, Alix received MYM3 million in total compensation, Cayne received more than MYM38.3 million in salary and bonus, and Schwartz received more than MYM35.7 million in salary and bonus. SNL Financial;interviews with Spector and Alix.
⑤ Marano, interview.
⑥ Tom Marano, email to Alan Schwartz and Richie Metrick, February 12, 2008.
⑦ Matthew Eichner, email to James Giles et al., January 30, 2008.

年 11 月相比减少了近 100 亿美元。其中约 260 亿美元为次级或者次优级抵押贷款证券和担保债务凭证。

贝尔斯登大宗经纪业务的客户——对冲基金特别担心贝尔斯登可能无力偿还他们的现金或者证券。贝尔斯登大宗经纪业务的负责人洛乌·利伯丁（Lou Lebedin）对调查委员会说，在 2007 年底，对冲基金的客户偶尔会要求了解其财务状况，但是这种要求在 2008 年初开始增多，特别是当贝尔斯登用于购买信用违约掉期保险的支出开始增加以后。随后要求变成了赎回——对冲基金开始与其他公司合作。"他们对我们忧心忡忡，并且认为这只是短期行为"。利伯丁说，"他们通常会告诉我们，他们十分乐于和我们合作，但是他们有责任保护他们的投资者"。贝尔斯登最大的客户之一，文艺复兴科技公司（Renainassance Technologies）撤回了它的所有业务。截至 4 月，利伯丁的主要经纪业务管理的资产仅为 900 亿美元，与 1 月时的 1600 亿美元相比，下降了 40%。①

"没有重大的问题"。当证券交易委员会发现贝尔斯登的资金池的规模约为 180 亿至 200 亿美元后称。②

3 月 10 日，周一，贝尔斯登在储备了近 180 亿美元的现金之后开始营业。当天，专设实体贝尔斯登次优信托（Bear Stearns Alt–A Trust）发行的 15 只抵押担保证券被穆迪降级。降级开始占据各大媒体的头条，"穆迪下调了贝尔斯登的信用评级"，厄普顿说。③ 随着流言四起，交易对手们开始恐慌。④ 贝尔斯登的流动资金开始枯竭，证券交易委员会担心贝尔斯登将会受到各方的挤兑。⑤ 然而当天"一切正常"——也就是说，回购贷款机构仍在向贝尔斯登提供资金——但是证券交易委员会的官员们担忧"这将难以为继"。⑥

周二，美联储宣布它将向投资银行和其他"大型经销商"提供贷款。定期证券借贷工具将提供高达 2000 亿美元的国债，并且接受政府支持企业的抵押担保证券及非政府支持企业的 AAA 级抵押担保证券为抵押品。这给了投资

---

① Lou Lebedin, interview by FCIC, April 23, 2010. 9. Timeline Regarding Bear Stearns Companies Inc., April 3, 2008, produced by SEC.
② Timeline Regarding Bear Stearns Companies Inc., April 3, 2008, produced by SEC.
③ Upton, interview.
④ Minutes of Special Meeting of Bear Stearns Board of Directors, March 13, 2008.
⑤ Pat Lewis, Bear Stearns, email to Matthew Eichner, Steven Spurry, James Giles, and Kevin Silva, March 10, 2008.
⑥ Matthew Eichner, email to Brian Peters, March 11, 2008.

银行从贷款机构获得借款的希望——如果抵押品是国债而不是其他目前备受质疑的高评级证券，如抵押担保证券。 美联储还宣布将贷款期限从隔夜延长至28天，无疑又给了那些疲于"解除"回购合同的投资银行一次难得的喘息之机。

定期证券借贷工具是美联储新开创的一个先例，这是美联储首次向非商业银行金融机构提供紧急信贷。 按照《联邦储备法案》第13章第（3）款的要求，美联储需要确定现在处于"特别紧急情况"。 自从大萧条以来，美联储就没有动用过《联邦储备法案》第13章第（3）款；这是自1991年国会扩展该法案权限（允许美联储向投资银行提供贷款）之后，美联储首次使用该项措施。[1] 美联储正在采取非常措施，它宣布将在不久之后对那些财务状况未经检查和未受监管的金融机构发放贷款。

但是直到3月27日，美联储才开始启动将定期证券借贷工具，比预期日期晚了两周多——它不知道贝尔斯登能撑这么久。 第二天，美联储的吉姆和证券交易委员会一起核查了贝尔斯登的流动资金情况。 证券交易委员会说，贝尔斯登资金情况，拥有125亿美元的现金——与周一的180亿美元相比已经减少了55亿美元——能够通过回购市场负担它的所有银行贷款和大多数权益证券。 他的结论是："证券交易委员会指出，未能证实贝尔斯登遭受了严重的损失，而且该公司的资本状况'良好'"。[2]

衍生品交易对手越来越不愿意和贝尔斯登发生业务关系。 有时候，他们会"解除"与贝尔斯登的交易，而在其他情况下，则会要求追加保证金或抵押品。[3] 在贝尔斯登作为独立公司的最后几年，其金融衍生品的风险敞口大幅增加。 在2007财政年度末，贝尔斯登拥有13.4万亿美元的衍生品合同，相比之下，它这方面的风险敞口在2006财政年度末是8.7万亿美元，而在2005年仅为5.5万亿美元。

那些担心贝尔斯登支付能力的衍生品交易对手可以通过出让（assignments）

---

[1] David Fettig, "The History of a Powerful Paragraph," Federal Reserve Bank of Minneapolis, June 2008.
[2] James Embersit, email to Deborah Bailey, March 3, 2008.
[3] 在回答FCIC的书面质询时，摩根大通列了一个2008年3月10日至3月14日期间，贝尔斯登和OTC金融衍生品的清单。 电子清单是贝尔斯登在2008年回答证券交易委员会交易和市场部询问时制作的。 在2008年3月10日，大量的债券更新都避开了贝尔斯登。 这在上周获得纽约联邦储备银行和国际掉期和衍生工具协会的确认（New York Federal Reserve personnel, interview by FCIC; ISDA personnel, interviews by FCIC, May 13 and 27, 2010）。

和约务更替（novations）的方式解除与贝尔斯登的衍生品合同。 转让方式允许交易对手把他们的头寸转让给其他人：如果公司 X 和公司 Y 签订了衍生品合同，然后 X 可以把它的头寸转派给 Z 公司，这样与 Z 公司签订合同的公司现在就是 Y 公司。 约务更替也允许交易对手把他们的衍生品合同转给其他人，但是要增加一个第三方：不是 X 对 Y；而是 X 对 Z，Z 对 Y。 转让和约务更替都是华尔街的常规交易。 但是在周二，纽约联邦储备的布赖恩·皮特对证券交易委员会的马修·艾希纳说，纽约联储正在"看到很多'对冲基金'希望将已经与贝尔斯登完成交易的客户分配给其他交易对手，这样就可以将贝尔斯登'踢出局了'"。① 交易对手们已经不打算与贝尔斯登进行衍生品交易了。

贝尔斯登也很难进入交易。 得克萨斯州的一只对冲基金海曼资本合伙公司（Hayman Capital Partners）决定出售高盛（相对较小的）一笔 500 万美元的次级衍生品头寸，从而降低它的次级抵押贷款风险敞口。 贝尔斯登的报价最高，因此海曼希望把它出让给贝尔斯登，这样贝尔斯登就会成为高盛的交易对手。 海曼在 3 月 11 日下午 4 点 06 分，通过电子邮件通知了高盛。 高盛在 41 分钟后的回复出人意料："高盛不同意这笔交易。"②

海曼的执行合伙人凯·贝斯对此感到震惊。 他告诉调查委员会，在他的记忆中，没有任何交易对手拒绝过常规约务更替。③ 高盛在第二天的解释中也没有透露任何细节："我们的交易柜台更希望面对海曼，我们不希望面对贝尔斯登。"④ 更让人感到奇怪的是，16 分钟后，高盛最终同意接受贝尔斯登作为交易对手。⑤ 但是不良影响已经造成了。 华尔街尽人皆知高盛拒绝一个五大投行的常规业务。 这意味着：不要相信贝尔斯登。

贝尔斯登的首席执行官艾伦·施瓦茨希望能够借助在 CNBC 的一次节目重振市场。 当被问及这一事件时，施瓦茨说，他对此一无所知并反问道："为什么会有这样的流言呢？"⑥证券交易委员会主席考克斯告诉媒体，他们正在持续

---

① Brian Peters, email to Matthew Eichner, March 11, 2008.
② Stuart Smith, email to Bear Stearns, March 11, 2008; Marvin Woolard, email Stuart Smith et al., March 11, 2008; Kyle Bass, interview by FCIC, April 30, 2010.
③ Bass, interview.
④ Debby LaMoy, email to Faina Epshteyn, March 12, 2008; Faina Epshteyn, email to Debby LaMoy, March 12, 2008.
⑤ Marvin Woolard, email to Stuart Smith et al., March 12, 2008.
⑥ CNBC video, Schwartz and CNBC's David Faber, original air date March 12, 2008.

监控贝尔斯登和其他证券公司的资本水平,并且"对这些公司目前的缓冲资本水平表示满意"。①

贝尔斯登的情况愈发糟糕。很多投资者认为美联储最新公布的贷款计划是针对贝尔斯登的,他们担心在几周后该措施就会退出。3月12日周三,证券交易委员会指出,贝尔斯登为142个紧张的衍生品交易对手支付了11亿美元的保证金。②

在四五个月之前已经收紧合同条款的回购贷款机构,再次收紧了"缰绳",要求贝尔斯登追加抵押品。③它们担心违约率将快速上升。④

到了当天晚上,贝尔斯登在回购市场上的融资能力已经枯竭。证券交易委员会指出,包括富达和梅隆在内的许多重要的货币基金公司在周三交易结束后告诉贝尔斯登,他们"在犹豫明天是否要继续提供资金"。证券交易委员会说,尽管他们认为(10亿至20亿美元)的金额是"在可控范围之内",而大量的撤资势必带给市场不利的信号。⑤但是这个事情已经没有意义。当晚,施瓦茨在电话中与纽约联邦储备银行主席盖特纳讨论,在许多回购贷款机构撤资时联储的弹性有多大。⑥

财务主管厄普顿说,在那周之前,他从未担心过回购贷款机构会撤出。截至周四,他相信贝尔斯登的末日快到了。⑦贝尔斯登的管理层告诉董事会,流言将会阻止交易对手与贝尔斯登交易,他们正在面临数额巨大的保证金追加要求,回购市场上的140亿美元还远远不够,而且"现有的现金远远无法满足贝尔斯登的需要"。⑧厄普顿对调查委员会说,很多回购贷款机构已经极不情愿和贝尔斯登接触,并且停止了对它的借贷,即使以国债做抵押也不行。⑨衍生品交易对手继续逃离贝尔斯登。截至当晚,它的流动资金只剩下不到20亿美元(见图15-1)。

---

① Yalman Onaran, "Bear Stearns Investor Lewis May Increase His Stake," Bloomberg News, March 11, 2008.
② Matthew Eichner, email to Erik Sirri, Robert Colby, and Michael Macchiaroli, March 12, 2008.
③ Minutes of Special Meeting of Bear Stearns Board of Directors, March 13, 2008, pp. 1-2.
④ Upton, interview.
⑤ Matthew Eichner, email to Erik Sirri, Robert Colby, and Michael Macchiaroli, March 12, 2008.
⑥ Alan Schwartz, interview by FCIC; Matthew Eichner, email to Erik Sirri, Robert Colby, and Michael Macchiaroli, March 13, 2008.
⑦ Upton, interview.
⑧ Minutes of Special Meeting of Bear Stearns Board of Directors, March 13, 2008.
⑨ Upton, interview; Goebel, Gaffney, and Lind, interview; Steven Meier, interview by FCIC, March 15, 2010; Michael Macchiaroli, interview by FCIC, April 13, 2010.

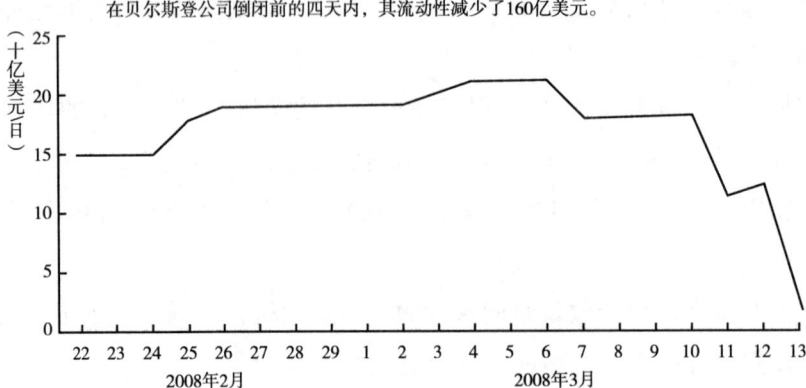

在贝尔斯登公司倒闭前的四天内,其流动性减少了160亿美元。

图 15-1　贝尔斯登公司流动性

资料来源:Securities and Exchange Commission。

在短短的一周之内贝尔斯登就用尽了现金。然而,管理层和监管机构仍然相信该公司具有偿付能力。美国证券交易委员会前主席考克斯向调查委员会作证时称:"从 3 月 10 日至 17 日的那一周,一直到被摩根大通兼并,贝尔斯登的资金缓冲水平都一直高于监管标准"。①

"政府不会批准更高的价格"

3 月 13 日,周四,晚上,贝尔斯登通知美国证券交易委员会,它将"在周五无法正常运营"。② 首席执行官施瓦茨向摩根大通首席执行官吉米·戴蒙打电话要求给予贝尔斯登 300 亿美元的信贷额度。戴蒙拒绝了他,③据施瓦茨称,摩根大通对抵押贷款市场拥有大量风险敞口。因为贝尔斯登同样拥有大量非流动性抵押贷款投资组合,所以在没有政府支持的情况下,摩根大通是不会给予援助的。施瓦茨再次与盖特纳通话。施瓦茨坚持认为贝尔斯登的问题在于流动资金,而不是资本不足。随后施瓦茨、吉米、盖特纳和财政部长亨利·鲍尔森之间进行了一系列的谈话。④ 为了满足贝尔斯登流动资金的需求,纽约联邦储备银

---

① Upton, interview; Goebel, Gaffney, and Lind, interview; Steven Meier, interview by FCIC, March 15, 2010; Michael Macchiaroli, interview by FCIC, April 13, 2010.
② Timeline Regarding Bear Stearns Companies Inc., April 3, 2008, produced by SEC.
③ Jamie Dimon, interview by FCIC, October 20, 2010.
④ Alan Schwartz, testimony before the FCIC, Hearing on the Shadow Banking System, day 1, session 2: Investment Banks and the Shadow Banking System, May 5, 2010, transcript, p. 167; Schwartz, interview.

行在 3 月 14 日周五早上，通过摩根大通向贝尔斯登发放了 129 亿美元的贷款。标准普尔将贝尔斯登的信用评级连降三级，下调至 BBB 级。穆迪和惠誉也同样下调了贝尔斯登的信用评级。截至当天收盘时，贝尔斯登已经没有现金。它的股票暴跌 47%，收盘价跌至 30 美元以下。

市场显然将这笔贷款看做了"终极"疲软的信号。在周五收市后，鲍尔森和盖特纳告诉贝尔斯登的首席执行官施瓦茨，美联储在下周将不会再向摩根大通提供贷款。没有那笔贷款，贝尔斯登就无法运营。事实上，贝尔斯登必须在周日晚上，亚洲市场开始之前找到一个买家，否则它就完了。[1] 施瓦茨、塞缪尔·莫利纳罗、阿利克斯和其他人在整个周末都忙于会见包括摩根大通及美国弗劳尔私募公司（J. C. Flowers&Co.）在内的其他潜在买家。据施瓦茨透露，参与者认为在候选买家中，只有摩根大通具备实力在 48 小时内提出可信的报价。[2] 作为贝尔斯登的回购交易清算银行，摩根大通持有贝尔斯登大量的抵押资产并且有最新的估价。[3] 这些信息足以使摩根大通在收购中占得先机。

3 月 16 日，周日，摩根大通告诉纽约联邦储备银行和财政部，如果能够得到美联储的金融支持，他们愿意进行这笔交易。[4] 美联储再次根据《联邦储备法案》第 13 章（3）款中的"特别紧急情况"条款，同意通过一个名为"麦登道"（Maiden Lane LLC）（以纽约联邦储备银行旁边的一条街道命名）的新实体收购贝尔斯登价值 299.7 亿美元的资产，将这些资产从贝尔斯登的资产负债表中移除。那些资产——大部分是抵押贷款相关的证券、其他资产和贝尔斯登抵押贷款交易部的对冲交易——将被置于纽约联邦储备银行的管理之下。为了筹集收购资金，摩根大通借了 11.5 亿美元的后偿贷款（subordinated loan），并从纽约联邦储备银行获得了 288.2 亿美元贷款。因为这笔贷款，摩根大通承担了第一部分 11.5 亿美元的亏损风险；美联储则将要承担高达 288.2 亿美元的亏损后续风险。[5] 美联储的贷款将在麦登道公司把抵押品出售后获得偿还。

周日晚上，伴随着麦登道的成立，摩根大通宣布它将以每股 2 美元的价格收

---

[1] Schwartz., interview.

[2] ibid.; Molinaro, interview; Alix, interview.

[3] John Chrin, interview by FCIC, April 28, 2010.

[4] Dimon, interview by FCIC, October 20, 2010; minutes of Special Meeting of Bear Stearns Board of Directors, March 16, 2008.

[5] Federal Reserve, "Report Pursuant to Section 129 of the Emergency Economic Stabilization Act of 2008: Loan to Facilitate the Acquisition of The Bear Stearns Companies, Inc. by JP Morgan & Co.," pp. 1, 4; Ernst & Young, "Project LLC: Summary of Findings and Observations Report," June 26, 2008, p. 10.

购贝尔斯登。贝尔斯登的会议记录显示,摩根大通最初考虑的报价是每股 4 美元,但是最后降到每股 2 美元,"因为政府不会批准比这更高的价格……联储和财政部不会支持一个使贝尔斯登的股东获得丰厚报酬的收购交易,因为联邦政府用纳税人的钱去'救助'投资银行的股东会面临'道德风险'"。①

八天后,在 3 月 24 日,贝尔斯登和摩根大通达成协议,将价格提高到每股 10 美元。摩根大通金融机构兼并收购部的联席负责人约翰·克里恩(John Chrin)告诉调查委员会,他们提高收购价格是为了使贝尔斯登的股东更易于通过交易。②贝尔斯登首席执行官施瓦茨对调查委员会说,提高价格使贝尔斯登"在目前情况下,最大可能地为股东、1.4 万名公司员工及我们的债权人"维护了公司的价值。③

"走向黑洞"

贝尔斯登倒闭的速度使美国证券交易委员会官员迈克尔·马基亚罗利和马修·艾希纳像其他人一样震惊。马基亚罗利告诉调查委员会,早在 8 月,他就怀疑过贝尔斯登(的流动资金状况),但是他和他的同事们希望贝尔斯登能够通过回购市场筹集到足够的流动性,即使需要较高的保证金。④

美联储主席伯南克后来将救助贝尔斯登称为金融危机中最艰难的决定。市值 2.8 万亿美元的三方回购市场"实际上已经'开始'出现故障",伯南克说。"随着日益严重的恐慌情绪",短期贷款机构开始要求更多的抵押品,"这使金融公司的自我融资更加困难,并且给他们的流动性带来了越来越大的压力。它正在走向黑洞"。他把贝尔斯登的倒闭看成冻结第三方回购市场的威胁,如果任由短期抵押贷款机构自行处理抵押品,他们将会"在市场中抛售,造成资产价格大幅下跌"。⑤

伯南克告诉调查委员会:"虽然贝尔斯登不是一家庞大的公司,但是我们认为救助它还是很有必要的——对此,你可能不认同——但是在我们看来,因为贝

---

① 与 2008 年 3 月 16 日贝尔斯登的董事会会议记录不同,当 FCIC 工作人员询问施瓦茨时,他说,每股 2 美元的报价来自摩根大通而不是鲍尔森(Paulson)。施瓦茨还说,因为贝尔斯登没有收到"更有竞争力的报价",所以必须接受摩根大通的报价。
② Chrin, interview.
③ Alan Schwartz, testimony before the FCIC, Hearing on the Shadow Banking System, day 1, session 2: Investment Banks and the Shadow Banking System, May 5, 2010, transcript, p. 142.
④ Macchiaroli, interview.
⑤ Ben Bernanke, closed-door session with FCIC, November 17, 2009.

尔斯登在这个关键的回购金融市场上扮演了关键角色，它的倒闭可能会导致市场崩溃，并将影响到其他公司"。①

盖特纳对于摩根大通收购贝尔斯登需要政府支持的解释如下："贝尔斯登的衍生品交易对手意外发现，他们之前设置的防止金融风险的重要金融头寸已经失效，这将会触发市场进一步的巨大动荡。这将会导致贝尔斯登的交易对手将会对他们所持有的（这些头寸的对应）抵押品进行一轮清算，并将在这个已经非常脆弱的市场中引起多米诺骨牌效应"。②

鲍尔森对调查委员会说，贝尔斯登的流动性和资本都存在问题。他说："你能想象我们面对的麻烦吗？如果贝尔斯登倒闭了，那么可能会有成百上千的（它的）交易对手，开始抛售它们的抵押品，并且会进一步压低价格，造成更大的损失。那时，大家会对投资银行的商业模式充满恐惧"。鲍尔森认为，如果贝尔斯登申请破产，"那么在贝尔斯登破产的同时，雷曼兄弟也会破产……而且整个过程会开始的早一些"。③

调查委员会结论

调查委员会认为：贝尔斯登的失败和由此引发的政府主导援助行动，是由高风险抵押贷款资产的风险敞口、对短期融资的依赖及高杠杆率所导致的。这些都是企业管理和风险管理不善造成的后果。贝尔斯登的管理层和员工的薪酬体系很大程度上取决于股票收益，构成了过度使用杠杆和重视年度增长目标等短期收益的激励机制。

贝尔斯登经历了回购贷款机构、对冲基金客户和衍生品交易对手的资金出逃，并在政府主导下被摩根大通收购，因为政府认为它牵连太广而不能倒闭。贝尔斯登失败的部分原因是证券交易委员会监管不力，致使该公司过度杠杆化、从事高风险投资活动和流动性不足。

---

① Ben Bernanke, closed-door session with FCIC, November 17, 2009.
② Timothy Geithner, president, Federal Reserve Bank of New York, "Actions by the New York Fed in Response to Liquidity Pressures in Financial Markets," prepared testimony before the Senate Committee on Banking, Housing, and Urban Affairs, 110th Cong., 2nd sess., April 3, 2008, p. 10.
③ Ibid.

第十六章

2008年8月：系统性风险隐患

摩根大通在联邦政府协助下收购了贝尔斯登并避免了灾难——但只是暂时而已。 美联储采取新的方式为金融体系注入资金，一些投资者和债权人认为政府对贝尔斯登的援助，开创了政府干预的先例。 投资者开始担心通货膨胀而不是经济衰退，因为油价在不断上涨（在7月份已经达到每桶144美元）。 2008年初，股票市场已经从2007年秋季的最高点下跌15%。 随后在2008年3月，道琼斯指数攀升至13058点，距2007年10月的最高点仅差8%。 金融机构防止违约的成本——即信用违约掉期的价格——已经从三四月份的高位开始下跌。 摩根士丹利的财务主管戴维·王[①]（David Wong）说：事后看来，贝尔斯登的事情发生一个月以后，市场表现得出奇稳定并且似乎已经回归中性，一路上涨直到9月。 利用投资者对市场担忧的短暂间歇，美国排名前十家的银行和剩余的四大投行的预期损失，在6月底以新股本计算，分别增加了不到1000亿美元和400亿美元。

尽管有这些好消息，银行家和监管机构仍因贝尔斯登的快速倒闭而心惊不已。 而且他们知道其他投资银行拥有和贝尔斯登一样的缺陷：高杠杆、依赖隔夜拆借市场和证券市场、拥有大量非流动抵押债券和其他不良资产。 特别是，贝尔斯登的遭遇暴露了三方回购协议的危险，以及金融衍生品合约导致的交易对手风险。

尽管雷曼首席执行官迪克·福尔德（Dick Fuld）在股东大会上向大家一再保证："最糟糕的时刻已经过去"，[②]但是大家都在议论，倒闭的不会只有贝尔斯登一家公司。

[①] David Wong, interview by FCIC, October 15, 2010.
[②] Josh Fineman and Yalman Onaran, "Lehman's Fuld Says 'Worst Is Behind Us' in Crisis（Update3）," Bloomberg, April 15, 2008.

美联储:"当人们感到恐惧"

最紧迫的风险来自于回购市场的潜在崩溃,前任财政部长亨利·鲍尔森对调查委员会说:"该市场发展得非常快,并且不受任何监管机构约束。①"市场参与者认为三方回购协议市场相对安全,并可以作为短期抵押品的可靠融资渠道。正是由于这种理解,贝尔斯登才得以在2007年将近300亿美元的无担保融资转移到回购市场。 现在大家都十分清楚,回购市场和其他短期金融融资市场一样,无法抵御资金出逃。

2007年回购市场的资金出逃,重创了贝尔斯登旗下两家资产管理基金和抵押贷款发起机构,这吸引了金融界的注意力,而贝尔斯登的遭遇(资金出逃)同样让人目瞪口呆。 市场参与者和监管机构现在最好能够了解回购抵押品是如何逐渐从国债和房利美、房地美发行的证券变为非政府抵押担保证券和担保债务凭证的。② 在危机之前的高峰期,这种高风险资产占总抵押品的30%。③ 2005年4月,《2005年防止破产滥用及消费者保护法》(Bankruptcy Abuse Prevention and Consumer Protection Act of 2005)将回购贷款人持有的抵押品纳入了保护范围,如与抵押相关的证券等风险高于政府和公司债券的证券。 这些保护提高了贷款人的信心,如果借款人宣布破产,他们拥有明确的权利,立即拥有这些抵押品。 然而,摩根大通首席执行官吉米·戴蒙告诉调查委员会:"当人们开始感到恐慌时,他们绝不会向非标准物品提供资金"。④

令借款人和监管者感到吃惊的是,高质量的抵押品并不能确保进入回购市场。 回购市场的贷款人也不仅担心抵押品的质量,他们也担心借款人的财务状况。 事实上,即使对同一抵押品,回购市场的贷款人也可能会对不同的借款人要求不同的折价。⑤ 尽管出台了2005年破产法案,贷款人仍然不愿冒险,即使是高质量的抵押物。 美国道富银行的史蒂文·迈耶告诉调查委员会:"交易对

---

① Henry Paulson, testimony before the FCIC, Hearing on the Shadow Banking System, day 2, session 1: Perspective on the Shadow Banking System, May 6, 2010, transcript, p. 28.

② Viral V. Acharya and T. Sabri Öncü, "The Dodd-Frank Wall Street Reform and Consumer Protec-tion Act and a Little Known Corner of Wall Street: The Repo Market," Regulating Wall Street, July 16, 2010.

③ Sandie O'Connor, JP Morgan, interview by FCIC, March 4, 2010.

④ Jamie Dimon, interview by FCIC, October 20, 2010.

⑤ Adam Copeland, Antoine Martin, Michael Walker, "The Tri-Party Repo Market Before the 2010 Reforms," FRBNY Staff Report No. 477, November 2010, p. 24.

手处于风险的第一线，而我们并不想经历清偿抵押品的不愉快。"①纽约联邦储备银行的威廉·达德利表示，"一遇到麻烦，三方回购市场的投资者最先想到的是出逃，而不是持有这些抵押品……所以当金融机构陷入困境，高质量的抵押品本身并不足以自保。"②

此外，如果回购市场的一个借款人出现违约，货币市场基金——通常为贷款人——不得不持有这些抵押品，但是按照相关法律，他们又不能拥有这些抵押品。例如，货币市场基金不能持有长期债券，如机构抵押担保证券。通常如果一家基金获得了此类抵押品，就会立即清算这些证券，即使是在金融危机市场走低的情况下。因此，基金只是单纯地避免接受与抵押贷款相关的证券。瑞士联合银行的全球风险分析部门负责人和执行经理，同时也是（由纽约联邦储备银行组织的）回购市场私营部门专责小组负责人的达雷尔·亨得里克斯称："在危机中，投资者并不认为担保基金和无担保基金有什么不同。"③

如前所述，在贝尔斯登破产前的周二，美联储宣布了一项新计划——定期证券借贷工具，但是直到3月27开始实施。此工具将会随时向投资银行和其他一级交易商提供高达2000亿美元的国债——大型商业银行和投资银行的证券分支机构可以与纽约联邦储备银行交易获得，如花旗集团、摩根士丹利和美林——最长借款期限可达28天。借款人可以使用高评级证券，包括政府支持企业的债券兑换国债。随后，一级交易商以这些国债为抵押在回购市场中借取现金。与为商业银行提供短期资金的联储定期资金招标工具一样，定期证券借贷工具只是为了掩盖金融机构从美联储直接借钱的行为。然而，在贝尔斯登垮掉以后，美联储的官员意识到在这种形势下需要立刻采取行动，而且仅靠定期证券借贷工具并不足以解决问题。

所以，美联储推出了另一项新计划。在贝尔斯登倒闭的周日，美联储又新推出了一级交易商信贷安排（Primary Dealer Credit Facility，PDCF）——再次援引《联邦储备法案》第13章（3）款——以类似存款机构的条件——银行和储蓄机构——通过美联储贴现窗口直接向投资银行和一级交易商提供资金而不是国债。贝尔斯登前首席执行官吉米·凯恩告诉调查委员会："对贝尔斯登来说，这项措

---

① Steven Meier, testimony before the FCIC, Hearing on the Shadow Banking System, day 2, session 3: Institutions Participating in the Shadow Banking System, May 6, 2010, transcript, p. 276.
② William Dudley, interview by FCIC, October 15, 2010.
③ Darryll Hendricks, interview by FCIC, August 6, 2010.

施晚到了45分钟"。①

与可以提供为期28天的国债定期证券借贷工具不同，金融机构可以通过一级交易商信贷安排，用抵押品换取隔夜现金贷款。实际上，这项计划可以代替隔夜回购市场，并具备为市场提供数千亿美元信贷的潜力。美联储货币事务委员会副主席赛斯·卡彭特说："一级交易商信贷安排旨在帮助那些——交易商无法提供资金支持的——贴现窗口可以接受的证券——如果他们无法从市场中融资，他们可以从美联储获得资金。通过这种方式，你就不用担心。而且通过提供这种支持，其他贷款人知道他们在第二天就能够把钱拿回来"。②

美联储通过收取贴现利息和附加费用来鼓励交易商将一级交易商信贷安排作为最后的借款人。在该计划开始运行的第一周，就为贝尔斯登（在摩根大通并购完全结束之前，为其提供的过渡融资）、雷曼兄弟、花旗集团的下属证券分公司等提供了超过3400亿美元的资金。然而，在市场对贝尔斯登的担忧消退之后，对这项工具的使用在4月之后有所下降，到6月底就完全停止了。③ 因为交易商担心对一级交易商信贷安排的依赖，会被市场认为是陷入困境的信号，这项安排变得像美联储贴现窗口一样带有耻辱的印记。雷曼破产清算员指出："矛盾的是，这项措施是为了缓和由于流动性不足而导致的市场对投资银行的信心下降，然而，包括雷曼在内的大多数市场交易商认为使用此项安排会导致市场信心下降"。④

3月2日，美联储扩展了定期证券借贷工具接受的（可作为抵押的）证券范围，纳入了其他AAA级资产支持证券，如汽车和信用卡贷款。美联储的达德利在6月份的一封电子邮件中指出这两项措施至少会延期到年底。"一级交易商信贷安排对于一些（投资银行）的稳定至关重要"，他写道。"其实金额并不重要，一级交易商信贷安排实际上支持了三方回购系统"。⑤ 7月30日，美联储宣布将这两项措施延期至2009年1月30日。

---

① James Cayne, testimony before the FCIC, Hearing on the Shadow Banking System, day 1, session 2: Investment Banks and the Shadow Banking System, May 5, 2010, transcript, p. 168.
② Seth Carpenter, interview by FCIC, September 20, 2010.
③ Federal Reserve, "Regulatory Reform: Primary Dealer Credit Facility (PCDF)," Usage of Federal Reserve Credit and Liquidity Facilities, data available at www.federalreserve.gov/newsevents/reform_pdcf.htm.
④ Anton R. Valukas, Report of Examiner, In re Lehman Brothers Holdings Inc., et al., Chapter 11 Case No. 08-13555 (JMP), (Bankr. S. D. N. Y.), March 11, 2010, 4: 1396-98; quotation, 1396 (hereafter cited as Valukas; available at http://lehmanreport.jenner.com/).
⑤ William Dudley, email to Chairman, June 17, 2008.

摩根大通"拒绝'解除'交易——将不可饶恕"

回购市场对贝尔斯登的挤兑，同时也引起了两家回购清算银行对他们所承担的风险的警惕——摩根大通，曾是贝尔斯登、雷曼兄弟和美林的主要清算银行，而另一家银行，纽约梅隆银行（BNY Mellon）则是高盛和摩根士丹利的主要清算银行。

在贝尔斯登垮掉之前，市场并没有真正意识到三方回购市场给清算银行造成的巨大风险敞口。正如上文提及的"解除/重卷"机制，会带给摩根大通和纽约梅隆银行巨大的"日内"风险敞口——一种临时风险敞口，但并不因此就意味着不危险。在与调查委员会的会谈中，戴蒙说，在2008年贝尔斯登破产以前，他并没有充分意识到银行的三方回购清算业务所蕴涵的巨大风险。① 一家清算银行需要考虑两方面问题：首先，如果回购贷款人放弃了投资银行，清算银行可能被迫承担回购贷款人的角色。第二，更糟糕的是——如果投资银行违约，它可能被迫持有（它不想要的）抵押证券。"如果他们在日内违约，我们就必须当天清偿这些抵押证券，这对我们来说意味着巨大的风险"。戴蒙解释道。②

2008年，为了降低风险摩根大通和纽约梅隆银行开始要求三方回购市场的借款人——大多数是投资银行——提供超额抵押。

美联储开始重视由这两家回购清算银行构成的系统性风险。它们可能会导致一系列的连锁反应。如果摩根大通或纽约梅隆银行决定不再"解除"交易，货币市场基金和其他回购贷款人将会被迫持有数百亿回购抵押品。随后这些贷款人会陷入十分困难的境地，被迫出售大量抵押品以满足自身的资金需求，然而这又将导致回购抵押品的大量低价抛售以及贷款人挤兑。③

在货币市场基金和其他回购贷款人拒绝提供资金的情况下，如贝尔斯登的遭遇，一级交易商信用工具可以为借款人提供隔夜资金拆借，但是如果在白天，清算银行拒绝对投资银行提供融资，信用工具也将无计可施。

7月11日，美联储提出了一项最后未能实施的计划，该计划旨在应对可能出现的一种情况：如果两家清算银行的任何一家不愿意或没有能力"解

---

① Dimon, interview.
② Ibid.
③ Hendricks, interview.

除"交易。① 该计划将允许美联储在当天为陷入困境的投资银行，如雷曼提供 2000 亿美元资金——尤其在当摩根大通和梅隆银行无法或者不愿意提供如此大规模的融资时，基本上弥补了这两家银行留下的资金缺口。② 在一份内部备忘录中，美联储的官员为支持该计划，举了一个例子："如果交易商对它的投资者和清算银行失去信心并停止提供贷款，这对借款公司而言无疑是场灾难，并会造成人们对隔夜流动性投资工具'零风险'的广泛质疑"。③

随后就任美联储研究和数据部副主任帕特里克·帕金森认为，只要一级交易商信贷工具继续为隔夜贷款人提供支持，纽约联邦储备银行的新方案就没有必要。他在向达德利和其他人的邮件中写道："我们应该告知（摩根大通）在拥有一级交易商信贷工具的情况下，没有必要拒绝'解除'交易，这将不可原谅"。④

7 月 20 日，也就是一个周之后，帕金森写信告诉美联储理事和总顾问斯克特·阿尔瓦雷斯，由于摩根大通清算银行的角色，它"很有可能最先意识到，那些向三方融资（雷曼兄弟）提供资金的货币市场基金和其他投资机构正在大规模离场"。他还描绘了连锁反应的景象：如果清算银行拒绝"解除"交易可能导致大规模抛售和市场恐慌。"正是出于对这种结果的担忧，我们才促成了摩根大通收购贝尔斯登"，他说道。⑤

然而，帕金森表示，一级交易商信贷工具可能不足以阻止摩根大通拒绝"解除"雷曼的回购协议。因为大多数雷曼的抵押品并不符合信贷工具的要求，而且雷曼很有可能在白天破产（在回购协议结算之前），摩根士丹利仍然面临重大风险。他还指出，即使美联储向雷曼提供 2000 亿美元贷款，如果没有买家还是无法保证其能够存活下来：如果一级交易商信贷工具贷款的"耻辱标记"，导致其他贷款人停止提供资金，那么雷曼就将破产。⑥

美联储和证券交易委员会："脆弱的流动性"

在现存的四家投资银行中，判断它们流动性风险的最主要标准之一就是回购

---

① Lucinda Brickler, email to Patrick Parkinson, July 11, 2008; Lucinda Brickler et al., memorandum to Timothy Geithner, July 11, 2008.
② The MYM200 billion figure is noted in Patrick Parkinson, email to Ben Bernanke et al., July 20, 2008.
③ Brickler et al., memorandum, p. 1.
④ Patrick Parkinson, email to Lucinda Brickler, July 11, 2008.
⑤ Patrick Parkinson, email to Ben Bernanke et al., July 20, 2008.
⑥ Ibid.

市场中的融资占其总负债的比率：雷曼和美林是15%~20%、摩根士丹利是10%~15%、高盛是10%左右。① 另一个判断标准就是对隔夜回购和公开回购的依赖程度。 虽然四家投资银行都在努力缩减，但是除高盛以外，其余三家银行隔夜和公开回购的比例仍然超过了回购融资总额的40%。 通过比较7至8月和3至5月两个时间段，雷曼的该项比率从45%下降至40%，美林从46%下降至43%，摩根士丹利从70%下降至55%，高盛从18%下降至10%。② 第三个衡量风险的标准就是回购贷款的折价——也就是贷款人（对一笔贷款）要求的，超出抵押品的数额。 美联储官员监控了投资银行、对冲基金和其他回购借款人的折价。 美联储分析师后来指出："由于借款人担心他们持有抵押证券遭受损失，因此不断提高折价比率——一些机构抵押证券的折价率已经提高了一倍，甚至一些高信用评级借款人和相对安全的抵押品，如国债的折价率也已经显著上升。"③

贝尔斯登被并购的当天，为了更好地了解这些投资银行的运营情况，纽约联邦储备银行和证券交易委员会分别派出团队去雷曼、美林、高盛和摩根士丹利进行现场调查。 据证券交易委员会交易和市场部主管埃里克·西里称，他们最初的几轮会议涉及了融资、资本和资产质量。④

美联储主席伯南克接受众议院委员会询问时表示，在2008年，美联储更像是通过紧急借贷工具向投资银行提供信贷的贷款人，而不是监管者。⑤ 美联储的分析师主要研究了两个问题：第一，每家投资银行是否具有的流动性——能够获得充足的资金维持运营？ 第二，它们是否具有偿付能力，即净股本（资产总值减去负债总额）是否足以弥补可能出现的损失？⑥

美国财政部在2008年也向投资银行派遣了所谓的特种部队。 这些来自财政部和美联储的官员全天都在工作现场——这是证券交易委员会从未做的事。 历

---

① Based on chart in Federal Reserve Bank of New York, Developing Metrics for the Four Largest Securities Firms, August 2008, p. 5.
② Ibid.
③ Tobias Adrian, Christopher Burke, and James McAndrews, "The Federal Reserve's Primary Dealer Credit Facility," Federal Reserve Bank of New York, Current Issues in Economics and Finance 15, No. 4（August 2009）:2.
④ Erik Sirri, interview by FCIC, April 9, 2010, p. 3.
⑤ Fed Chair Ben Bernanke, "Lessons from the Failure of Lehman Brothers," testimony before the House Financial Services Committee, 111th Cong., 2nd sess., April 20, 2010, p. 1.
⑥ Valukas, 1:8 n. 30; Examiner's Interview of Timothy F. Geithner, Nov. 24, 2009, p. 4.

史上，证券交易委员会对投资银行最关心的就是他们的流动性风险，因为这些公司完全依赖于信贷市场的融资。① 证券交易委员会已经要求这些公司全部实施所谓的流动性模型，这些模型设计的主要目的是确保这些机构在无法获得无担保资金和出售资产的情况下能够拥有至少足够维持一年的现金。 在贝尔斯登遭受回购市场的挤兑之前，证券交易委员会的流动性压力指标——也被称为压力测试——并没有将公司无法获得担保融资的可能性列入考量范围。 据证券交易委员会的西里表示，他们从来没有考虑到投资银行甚至无法通过抵押包括国债在内的高质量抵押品，在回购市场融资。 他告诉调查委员会，随着金融危机的不断恶化，证券交易委员会开始将流动性和融资风险视为投资银行的首要风险，他们鼓励这些投资银行减少对无担保商业票据和对回购贷款延期的依赖。②

美联储和证券交易委员会合作开发了两种新的压力测试以判断投资银行是否能够抵御潜在的挤兑，或者回购市场崩溃导致的系统性风险。 这些压力测试方案被称为"贝尔斯登"和"贝尔斯登之光"，是和剩余的四家投资银行一起完成的。 例如在5月，按"贝尔斯登"和"贝尔斯登之光"的标准，雷曼分别缺少84亿美元和15亿美元的资金。③

美联储在6月还实施了另一个流动性压力分析。 每家公司根据不同的风险资产组合采用不同的压力测试方案，监管机构根据不同的压力试验来比较。 测试假设每家公司会损失100%的无担保融资，并根据抵押品的不同质量确定在回购市场上的损失比例。 压力测试显示，在一个估计的方案中，只有高盛和摩根士丹利还可以维持。 美林和雷曼兄弟则会倒闭：这两家银行分别缺少22亿美元和15亿美元的现金；在压力测试下，他们还缺少22%的流动资金。④

美联储的压力测试内部报告批评美林持有大量非流动性固定收入资产，并指出美林的流动资金池处于低位，而他们并没有意识到这一点。 对于雷曼兄弟，美联储总结认为，它糟糕的流动性状况是由于大量风险敞口造成的——大量的隔夜商业票据，加上数量可观的隔夜担保（回购）协议以及流动性较差的资产。⑤

---

① Valukas, 4:1486.
② Sirri, interview.
③ William Brodows and Til Schuermann, Federal Reserve Bank of New York, "Primary Dealer Mon-itoring: Initial Assessment of CSEs," May 12, 2008, slides 9–10, 15–16。
④ Federal Reserve Bank of New York, "Primary Dealer Monitoring: Liquidity Stress Analysis," June 25, 2008, p. 3.
⑤ Federal Reserve Bank of New York, "Primary Dealer Monitoring: Liquidity Stress Analysis," June 25, 2008, p. 5.

这些流动性较差的资产包括抵押贷款相关债券——现在已经贬值。 同时,雷曼也使用了自己开发的压力测试方案,并且该测试显示雷曼还有大量的"多余现金"。①

虽然证券交易委员会和美联储共同合作进行压力测试,并都可以获取数据,但是每个机构都表示在金融危机的几个月中,对方并没有分享各自的分析和结果。 比如,雷曼在8月份倒闭之后,美联储告诉破产清算员,证券交易委员会拒绝分享两份关于雷曼的流动性状况的水平审查(跨公司)以及商业地产的风险敞口。 证券交易委员会则反驳称,这些文件只是草稿,并未最终审定。 此外美联储的现场工作人员认为证券交易委员会的现场工作人员并不具备分析数据的专业素质,进一步加剧了本已紧张的气氛。② 双方之间缺乏沟通的问题,只能通过管理信息分享的一份正式谅解备忘录得到改善。 据证券交易委员会前主席克里斯多弗·考克斯称,需要正式谅解备忘录的原因之一,是因为美联储不愿意与证券交易委员会分享监管信息,美联储担心投资银行不愿意提交信息,如果他们认为他们会被移送至证券交易委员会强制执行。③ 直到贝尔斯登倒闭3个多月后,正式谅解备忘录才在2008年7月开始实施。

金融衍生品:"系统性风险的早期评估"

美联储的帕金森在8月8日的一封邮件中劝告他的同事,指出应该关注回购市场和衍生品市场的系统系风险:我们已经充分考虑如何避免回购市场中出现大规模抛售。(这就是说,现行职权范围内的选择并不吸引人——对美联储和纳税人有大量风险以及很多道德风险。)我们对由投资银行交易对手造成的场外衍生品交易业务停闭的潜在系统性风险的评估,以及寻找缓和措施的工作仍处于初级阶段。④

回购市场的规模庞大,但是正如前文所述,与全球衍生品市场相比却相形见绌。 2008年6月底,场外交易衍生品市场的名义价值已经达到673万亿美

---

① Valukas, 4:1489.
② Valukas, 4:1496, 1497.
③ Christopher Cox, statement before the House Financial Services Committee, 111th Cong., 2nd sess., April 20, 2010, p.5.
④ Patrick Parkinson, email to Steven Shafran, August 8, 2008.

元，市场资本总值为 20 万亿美元（见图 16-1）。 市场参与者或政府监管机构，如美联储都无法获得充分的市场风险信息。 因为 2000 年的法案，已经取消了对该市场的监管，市场的参与者的报告和披露并不客观，而且也没有政府机构负责监管。 虽然美国货币监理署可以从商业银行和银行持股公司获得衍生品市场的交易信息，但这些信息并不包括大型投资银行和保险公司，如美国国际集团，它也是主要的场外衍生品交易商之一。 在危机期间，由于对这些基本信息掌握不足，加剧了不确定性。

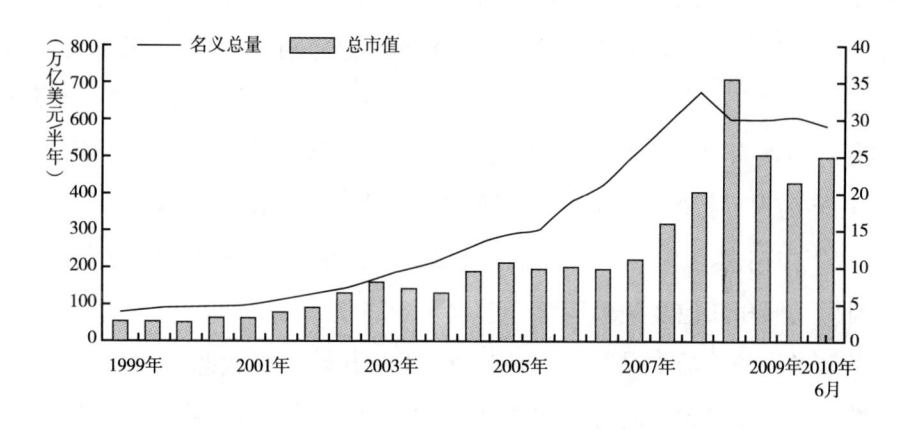

图 16-1 未清偿场外交易衍生品名义总量和总市值

资料来源：Bank for International Settlements。

在金融危机期间，监管机构也担心作为少数几家场外衍生品交易商的大型金融机构之间衍生的连锁反应。 衍生品合约在两个交易方之间建立了信贷关系，如一方因为价格，或利率的波动，或贷款违约必须向另一方支付一笔数目惊人的资金。 如果一方无法按期支付，可能就会对其交易对手的财务造成很大的伤害，只能通过第三方抵消债务并依赖于即期付款。 事实上，绝大多数衍生品交易商，他们一般都会签订一份抵消合同以对冲风险；因此，如果他们在一份合同中负债，他们很可能在抵消合同中拥有同等数目的欠款，这会导致发生一系列的损失或违约的潜在危险。 由于这些合同的金额巨大，而且对交易方的杠杆率不设限制，因此当一份金额巨大的合同突然出现违约，将会对市场的参与者和整个金融系统产生巨大威胁。

以纽约联邦储备银行前主席杰拉尔德·科里根（E. Gerald Corrigan）为首的交易对手风险管理集团及旗下主要证券公司，曾警告说大量积压的合同证实衍生品交易和主协定增加了企业信贷违约的风险。① 2006 年 8 月,在纽约联邦储备银行主席盖特纳的呼吁下,14 家主要市场交易商大幅度减少了积压合同,而且未经过交易对手同意就停止向第三方指定交易。②

大量的衍生品头寸以及由此产生的交易对手信贷和操作风险集中在少数几家企业。 截至 2008 年 6 月 30 日,美国的银行业的控股公司持有了大量的场外衍生品交易头寸:摩根士丹利 94.5 万亿美元、美国银行 37.7 万亿美元、花旗集团 35.8 万亿美元、美联银行 4.1 万亿美元、汇丰银行 3.9 万亿美元。 高盛和摩根士丹利在 2008 年成为银行持股公司之后开始公布他们持有的头寸:在 2009 年第一季度,他们各自持有的场外衍生品头寸名义价值分别为 45.9 万亿美元和 37 万亿美元。③ 2008 年,美国五大银行持股公司所持有的衍生品潜在的风险敞口总额平均为他们现有(满足监管要求的)资本的 3 倍。 投资银行的风险甚至更高。 仅在转为银行持股公司后,高盛所持有的衍生品风险敞口就达其资本的 10 倍。 这些集中在大型银行持股公司和投资银行的衍生品头寸对金融系统构成了威胁,因为它们和其他金融机构有着千丝万缕的联系。

种类繁多的场外衍生品交易市场在 2008 年开始呈现疲态。 截至 2008 年夏季,大量衍生品开始大幅贬值。 正如我们即将看到的那样,在 2008 年下半年,衍生品市场经历了有史以来最大的缩水,给风险对冲和价值发现造成严重困难。

美联储对此忧心忡忡,因为衍生品交易对手在对贝尔斯登的挤兑中发挥了关键作用。 这些交易对手通过约务更替,将它们的头寸撤离贝尔斯登——高盛拒绝接受贝尔斯登作为衍生品交易对手的谣言——华尔街对此仍然记忆犹新。 美国太平洋投资管理公司投资组合经理克里斯·纽伯恩(Chris Newbourne)告诉调查委员会,更替能力的丧失是贝尔斯登倒闭的关键原因。④

信用衍生品是问题的一个重要根源。 最大受益人就是信用违约掉期的卖

---

① Counterparty Risk Management Policy Group, "Toward Greater Financial Stability: A Private Sector Perspective, The Report of the CRMPG II," July 27, 2005.
② Federal Reserve Bank of New York, "Statement Regarding Meeting on Credit Derivatives," September 15, 2005; Federal Reserve Bank of New York, "New York Fed Welcomes New Industry Commitments on Credit Derivatives," March 13, 2006; Federal Reserve Bank of New York, "Third Industry Meeting Hosted by the Federal Reserve Bank of New York," September 27, 2006.
③ See Comptroller of the Currency, "OCC's Quarterly Report on Bank Trading and Derivatives Activities, First Quarter 2009," Table 1; the figures in the text are reached by subtracting exchange traded futures and options from total derivatives.
④ Chris Newbourne, interview by FCIC, July 28, 2010.

方：单一险种保险公司和国际集团，它们是担保债务凭证市场的最后防火墙。此外，信用评级机构对单一险种保险公司发布的"负面"前景展望，刺激了所有人，因为这些保险公司为数万亿美元的衍生品提供了担保。 正如我们所看到的那样，当保险公司的信用等级被下调，他们所承保资产的价值包括地方政府债券和其他证券都会贬值，这样可能会影响到市场中保守的机构投资者。 这种后果，在华尔街（行话）被称为"连锁反应"；在主街（Main Street）被称为"多米诺骨牌效应"，在美联储被称为"系统性风险"。

银行业："极为脆弱的市场"

2007年秋，商业银行界已经呈现出承压的迹象。 在2007年第四季度，受累于抵押担保证券和担保债务凭证减记，加上借款人的还款日益艰难导致了大规模的预期贷款损失——甚至在未来还款将更加困难，商业银行利润下跌到16年以来的最低点。 净不良贷款率——不良贷款占总贷款的比率——上升至2002年，自9•11事件引发经济衰退以来的新高。 利润在2008年持续下滑——首先，由于投资银行业务相关的减记，包括打包的抵押担保证券、担保债务凭证和担保贷款凭证，大型银行比小型银行的损失更为严重。 市场价格下跌迫使银行下调他们所持有证券的价值。 正如前面章节提到的，几家大型银行也对表外业务（off-balance-sheet activities）提供了支持，比如货币市场基金和商业票据业务，为资产负债表增加额外资产——这些贬值较快的资产。 监管机构由于许多小型商业银行拥有大量住宅房地产建筑业的风险敞口而下调它们的信用评级，在2007年中，房地产行业由于资金链断裂几乎崩溃。 截至2007年底，调查委员会已经将76家银行列入"问题银行名单"，其中主要是小型银行；这些银行的资产总额为22.2万亿美元。[①] （直到大型银行在2008年初，被监管机构降至垃圾级，这些银行才被调查委员会从问题名单中除名[②]）。

---

① 在2005年该数值相对较低，在抵押贷款繁荣时期，问题资产达到7亿美元。 "问题"机构的财务，经营和管理上的弱点影响了它们，他们在金融机构评级系统下被评为4或5级。 联邦存款保险机构——监管银行和基金。 FDIC reporting for insured institutions—i. e., the regulated banking and thrift industry overall. See Quarterly Banking Profile：Fourth Quarter 2007 = FDIC Quarterly 2, No. 1（December 31, 2007）：1, 4；Quarterly Banking Profile：First Quarter 2008 = FDIC Quarterly 2, No. 2（March 31, 2008）：2, 4；Quarterly Banking Profile：Second Quarter 2008 = FDIC Quarterly 2, No. 3（June 30, 2008）：1.

② 截至2009年底，702家银行出现了问题，涉及资金4030亿美元。 Quarterly Banking Profile：Fourth Quarter 2009 = FDIC Quarterly 4, no. 1（December 31, 2009）：4.

不合格抵押贷款证券化（由不符合房利美和房地美承销或抵押贷款规模准则的抵押贷款所支持）市场也在2007年的第四个季度消失了。因为这些不合格贷款不好出售，而且房价前景日趋惨淡，所以已经没有必要把它们保留在资产负债表上。据统计，房价在一年内已经下跌约7%。2008年第一季度，银行部门的房地产贷款出现了自2003年以来的最小增幅。① 因迪美银行的报告称，自去年以来其贷款发放额下降了21%，因为它们已经停止了发放不合格贷款。美国最大的储蓄机构，华盛顿互惠银行在2008年4月宣布，终止发放通过次级抵押贷款通道发放的剩余贷款。

但是这些措施并不能减少银行和储蓄机构已有的次级和次优级抵押贷款证券的风险敞口。在2008年这些资产的价格仍然在不断减记。监管机构开始关注银行的偿付能力，督促他们增加新资本。在2008年1月，花旗集团从科威特、新加坡和沙特阿拉伯王子沙特王子阿尔瓦利德·本·塔拉勒（Alwaleed Bin Talal）和其他地方，筹集了140亿美元资本。4月，华盛顿互惠银行从以收购公司德太资本（TPG Capital）为首的投资集团筹得了70亿美元。美联银行在2007年末筹集了60亿美元资本，紧接着又在2008年4月获得了80亿美元。虽然资本增加了，但是银行监管机构并没有停止对他们降级。

后来就任美联储银行监督管理部主管的罗杰·科尔（Roger Cole）向调查委员会透露："从2007年4月以来，市场已经变得不堪一击"。② 储蓄机构的情况也是如此。美国储蓄机构监督局风险管理执行经理迈克尔·所罗门（Michael Solomon）表示："储蓄银行的处境非常困难，特别是中小型储蓄机构——为了赶上（危机期间的快速降级）并转变商业模式，力求在音乐停止的时候，能抢到椅子……但是他们被抓住了。当降级潮开始袭来，以及储蓄机构能够有所作为的时候，已经为时太晚……商业模式……无法适应2008年的局势发展。"③

在2008年随着商业银行的"健康"状况不断恶化，监管机构开始对那些评级很高的大型金融机构降级，并且要求他们调整风险管理流程。祸不单行，往往当一些公司正处于破产边缘的时候，信用降级和强制性措施便接踵而来。调

---

① Quarterly Banking Profile: First Quarter 2008, p. 4.
② Roger Cole, interview by FCIC, August 2, 2010.
③ FCIC interview with Michael Solomon and Fred Phillips-Patrick, September 20, 2010.

查委员会在调查的案例中发现，监管机构不仅没有及时发现问题，也没有采取有效措施迫使企业做出必要改变。

花旗集团："改弦更张的时候到了"

银行持股公司的监管机构美联储和负责监管国家银行附属机构的美国货币监理署，在2008年4月最终决定将花旗机构和主要银行的评级下调至"不满意"——2007年10月，在花旗集团宣布对其持有的抵押贷款相关证券进行数十亿美元减记之后5个月。监管机构在5月和6月又对花旗采取了新的强制性措施。而仅在一年之前，如在先前章节中已经讨论过的，在取消了对复杂交易的所有管制之后，如针对安然和次级贷款分支机构花旗金融的管制，美联储和货币监理署还提高了对花旗集团的评级。2007年4月9日，针对此次信用评级上调，纽约联邦储备银行在每年发布的检查报告中指出："2006年的风险管理评估反映了花旗集团的风险控制能力，他们的风险管理工作令人满意。美联储在2006年取消了对花旗集团的所有正式限制和强制措施。花旗集团董事会和高级管理层仍在积极推进相关的改进工作"。[1]

但是市场的崩溃震惊了花旗集团的监管机构。在2007年11月，纽约联邦储备银行带领一队国际监管人员，高级监管团对11家大型公司进行了评估，总结从金融危机（到当时）中得到的经验教训。批评的矛头主要指向了花旗集团。11月19日与花旗集团管理层的一次会议后，监管人员在备忘录写道："该公司从上至下，对它的风险因素敏感度缺乏有效和全面的了解。压力测试并没有考虑到这种极端的市场局势……管理层认为担保债务凭证和杠杆贷款可以组成辛迪加贷款，并忽略了担保债务凭证超优级AAA分层的信用风险"。[2]

通过回顾，可以发现花旗集团存在两个关键问题：对企业缺乏有效的监管和风险控制；对于创建担保债务凭证缺乏适当的基础设施和内部监控。早在2005年初，货币监理署就发现了这些问题，但是并没有采取有效的改进措施。特别是，作为审查银行对"'后安然'强制措施"执行情况审查的一部分，货币监

---

[1] Federal Reserve Bank of New York, letter to Charles Prince, April 9, 2007.
[2] Federal Reserve Bank of New York, Federal Reserve Board, Office of the Comptroller of the Currency, Securities and Exchange Commission, U. K. Financial Services Authority, and Japan Financial Services Authority, "Notes on Senior Supervisors' Meetings with Firms," November 19, 2007, p. 3.

理署评估了流动性卖权和超优分层，但是并没有检查这些风险敞口的威胁。对于发现的问题，货币监理署并没有采取强制性措施要求花旗集团进行整改，而是寄希望于公司管理层的保证，他们保证将在2006年努力提高风险管理以达到货币监理署的要求。

相反，在调查委员会从纽约联邦储备银行获得的文件中，并没有显示检查人员自己已经意识到了这两个问题。来自其他联邦储备银行（2009年12月，对纽约联邦储备银行四年以来的工作审查）的工作人员在评估纽约联邦储备银行对花旗集团的监管工作时总结道：

> 对花旗集团监管工作收效甚微。虽然监管团队非常胜任和尽职，并充分了解该组织，但是监管计划的实施中仍然存在很多的漏洞。该团队没有积极主动地调整花旗集团的监管评级，在2007年底对花旗集团金融和次级贷款相关部门的双重降级就是证明。而且，监管计划没有充分重视到公司的风险监控和内部审计功能。造成现在需要花费大量的精力解决这两方面问题。此外，对于花旗集团为解决监管问题所采取的措施，该团队还缺乏自律和积极主动的评估及验证方法①。

美国财政部长和前任纽约联邦储备银行行长盖特纳，就花旗集团的监管工作告诉调查委员会："作为职权部门，在帮助花旗银行限制（最终出现的）风险方面我们做得并不够"。②

2008年1月，货币监理署在对担保债务凭证业务崩溃的分析报告中指出，当美国货币监理署和美联储，在2006年撤销了花旗集团各种控制问题的相关监管协议以后，该业务的风险开始快速上升。2008年4月，美联储和货币监理署将花旗集团的整体评级和大型附属银行的评级从2级（满意）降至3级（不满意），反映了监管机构已经意识到花旗集团在风险管理方面的不足。

美联储和货币监理署的官员都认为《1999年格雷姆-里奇-比利雷法案》是一个障碍，该法案阻碍了他们全面了解大型金融公司，如花旗集团所承担风险。该法案使之变得很困难——虽然不是不可能——监管机构对超出他们职权

---

① Federal Reserve Board, "FRB New York 2009 Operations Review: Close Out Report," p. 3.
② Timothy Geithner, testimony before the FCIC, Hearing on the Shadow Banking System, day 2, session 1: Perspective on the Shadow Banking System, May 6, 2010, transcript, p. 210.

范围的大型公司的其他领域展开调查。例如花旗集团,在全世界拥有许多监管机构;甚至分散在不同附属机构的证券业务也分属于不同的监管机构——包括美联储、美国货币监理署、证券交易委员会、美国储蓄机构监督局,以及其他一些政府机构。

2008年5月和6月,花旗银行与纽约联邦储备银行和美国货币监理署签订了谅解备忘录,以解决在2007年暴露出来的有关风险管理的问题。在随后的几个月里,纽约联邦储备银行和美国货币监理署的官员表示他们很满意花旗集团的表现。事实上,在与调查委员会的交谈中,纽约联邦储备银行高级公共关系经理史蒂夫·曼查尼(Steve Manzari)表示,从2008年4月至8月他们对花旗集团在执行监管要求方面表示满意:积极更换管理层、在2007年末提高资本并采取了一系列必要的"内部调整"。然而,"花旗其实陷入一个非常严重的……系统性事件",对监管机构而言"是提出新方案的时候了"。①

美联银行:"收购金西金融集团是个错误"

美联银行(由货币监理署、美国储蓄机构监督局和美联储共同监管)的2007年度报告显示,其子公司金西金融公司的"选择支付"可调息抵押贷款(ARM),或选择支付型ARM投资组合,预计在2008年将损失1%;2006年该投资组合的损失还不到0.1%。事实很快证明,2008年的损失比预期的还要惨重。金西公司在6月份将该投资组合的预期损失提高到了9%,在9月份进一步提高到了22%。

面对不断增加的损失和其他担忧,美联银行再次增加了资本金。4月,美联银行宣布本年第一季度的损失为3.5亿美元。在随后的几周,储户从银行取走了150亿美元,贷款机构也减少他们对该银行的风险敞口、缩短了贷款期限、提高了利率并削减了贷款额度。②截至6月,据美联银行财务及资产负债表管理部高级副总裁奥格斯·麦克布赖德(Angus McBryde)称,基于第二季度可能出现的更加不利的市场反应和损失预期,管理部推出了一个流动性危机管理计划,并将在7月份公布。③

---

① Steve Manzari and Dianne Dobbeck, interview by FCIC, April 26, 2010.
② Federal Reserve Board, "Wachovia Case Study," November 12 and 13, p. 20.
③ Angus McBryde, interview by FCIC, July 30, 2007.

6月2日，美联银行董事会罢免了为银行工作了32年的首席执行官肯·汤普森以及其他8位高管。① 6月底，该银行宣布停止发起金西金融公司的"选择支付"产品，并免除与之相关的所有费用和提前还贷罚金。 7月22日，美联银行公布第二季度的亏损为89亿美元。 新任首席执行官，近期刚刚出任美国财政部副部长的罗伯特·斯蒂尔宣布了一项旨在改善银行财务状况的计划：筹集资金、降低股息以及裁员10%至20%。

评级机构和监管机构对这些保证并不领情。 当天，标准普尔就下调了美联银行的信用评级。 在保持了多年"满意"评级以后，美联银行也被美联储降至"不满意"。 美联储指出，2008年的预测显示，损失将耗尽最近筹集的资金：2008年度损失将超过30亿美元，这导致了进一步的降级。② 美联储指示美联银行重新评估和更新它的资本计划及流动性管理信息。 尽管美联储直到夏季，才多年来首次对美联银行降级，但它表示美联银行的许多问题"本质上是长期性的，也是滞后的投资决策和渴望拥有自主经营业务线所导致的结果"。③

美联储直言批评了美联银行董事会和高级管理层"没有正确和充分地认识市场环境、过度涉及了高风险活动，包括缺少压力测试和严格的问责制度"。 美联银行的管理层并不完全了解公司的风险水平，尤其是某些非银行投资，而且没有及时处理这些已知的不足。 此外，该公司董事会也没有充分质疑管理层的投资决策。④ 尽管如此，美联储的结论认为，美联银行的近期流动性充足，而且在目前混乱的市场环境下，银行管理层已经将隔夜融资市场的风险敞口降到了最低。

货币监理署在8月4日下调了美联银行的信用等级，并将其整体投资组合的风险水平评估为"高"。 货币监理署指出了许多与美联储同样的问题，并额外强调了关于金西金融公司的收购，并认定抵押贷款组合以及相关的房地产止赎是其问题的关键。 货币监理署指出，董事会已经"承认收购金西金融集团是一个错误"。⑤

货币监理署写道，市场更加关注公司的不良状况，同时一些大型基金已经开

---

① 汤普森收到价值约为870万美元的遣散赔偿，并加速兑现股票。 此外，他要求协商他在美联银行的办公及聘用私人助理三年的费用。 汤普森在2006年和2007年的工资和股票补偿分别超过了2300万美元和2100万美元。 2002年到2008年他的报酬总额超过1.12亿美元。
② Federal Reserve Bank of Richmond, letter to Wachovia, July 22, 2008, pp. 3–5.
③ Comptroller of the Currency, letter to Wachovia, August 4, 2008, with Report of Examination; letter, pp. 8, 3.
④ Comptroller of the Currency, letter to Wachovia, August 4, 2008, with Report of Examination; letter, pp. 3–6.
⑤ ibid. letter, p. 2; Report of Examination, p. 18.

始限制它们对美联银行的风险敞口。与美联储一样，货币监理署认为除非发生降低市场信心的事件，否则美联银行的流动性仍是充足的。① 而且与美联储一样，货币监理署对新的管理制度和董事会更具操作性的监管作用表示了认可。

然而美联银行的问题仍然继续恶化，到了秋季，监管机构不得不绞尽脑汁地为这家陷入困境的银行寻找一个买家。

华盛顿互惠银行："管理的持续性缺乏进展"

华盛顿互惠银行，通常被简称为"WaMu"，在2007年底拥有超过3000亿美元的资产。当时，该银行资本负债表上有59亿美元的住房贷款为选择支付型可调息抵押贷款，风险敞口主要集中在加利福尼亚州，是其资本和储备金的两倍。华盛顿互惠银行喜欢选择支付型可调息抵押贷款的原因很简单：在2005年，结合其他非传统抵押贷款，如次级贷款，它们创造的利润是政府支持企业的抵押贷款证券的8倍。② 但这已经是过去的事了。华盛顿互惠银行在2007年第四季度被迫减记了19亿美元，在2008年第一季度减记了11亿美元，其中绝大多数与选择支付型可调息抵押贷款投资组合有关。

作为这些损失的回应，华盛顿互惠银行的上级监管机构美国储蓄监督局要求其报告资产质量、赢利和流动性情况——美国储蓄监督局在过去提出过这些问题，但并未反映在监管评级上。③ "对我们来说，除了通过检查报告和在会议不断地唠叨（好吧，'惩罚'）之外，我们很难再做什么，因为这些机构还没有真正遭受损失的不利影响"，美国储蓄监督局驻华盛顿互惠银行的首席检察官在2005年一封电子邮件中评论道。事实上，非传统抵押贷款投资组合在2005年和2006年的表现非常出色。

但是华盛顿互惠银行（WaMu）现在遭受了损失，美国储蓄监督局在2008年2月27日决定，根据它现在的状况决定将它的评级从2级降至3级，即"不满意"。④ 3月，美国储蓄监督局建议华盛顿互惠银行采取"战略举措"——要

---

① ibid. Report of Examination, p. 12.
② "Home Loans Discussion," materials prepared for WaMu Board of Directors meeting, April 18, 2006, p. 4; Senate Permanent Subcommittee on Investigations, Wall Street and the Financial Crisis: The Role of High Risk Home Loans, 111th Cong., 2nd sess., April 13, 2010, Exhibits, p. 83.
③ Senate Permanent Subcommittee on Investigations, Wall Street and the Financial Crisis: Role of the Bank Regulators, 111th Cong., 2nd sess., April 16, 2010, Exhibits, p. 6.
④ OTS Regional Director Darrel Dochow, letter to FDIC Regional Director Stan Ivie, July 22, 2008.

么寻找买家，要么筹集资金。 在4月，华盛顿互惠银行从一个以私人股权投资公司得克萨斯太平洋集团（the Texas Pacific Group）为首的财团获得了70亿美元资金。①

但是坏消息接踵而来。 7月14日，美国储蓄机构监督局关闭了位于加利福尼亚州帕萨迪纳的因迪美银行（Indymac Bank in Pasadena, California），直接导致了史上最大的储蓄机构——华盛顿互惠银行的倒闭。 华盛顿互惠银行在7月22日宣布，它在第二季度亏损了33亿美元。 储户在接下来的两周取走了100亿美元。② 旧金山联邦住房贷款银行（Federal Home Loan Bank of San Francisco）与其他11家联邦住房贷款银行在历史上一直是华盛顿互惠银行和其他机构的重要资金来源——它们开始限制华盛顿互惠银行的贷款金额。 美国储蓄监督局在多个评估领域对它进一步降级，虽然互惠银行总体评级仍然为3级。

作为华盛顿互惠银行存款的众多保险公司之一，联邦存款保险公司，虽然拥有其股份，但它并没有像美国储蓄监督局那样手下留情，联邦存款保险公司在3月份大幅下调了华盛顿互惠银行的信用评级，表示它应该受到"高度关注"。③

联邦存款保险公司明确不同意美国储蓄监督局将华盛顿互惠银行的整体评级维持在3级，并建议进一步下调至4级。④ 通常，4级将引发实施一项强制措施，但是这次没有。 在2008年8月的一次采访中，在1981年到1985年期间任联邦存款保险公司主席的威廉姆·伊萨克（William Issac）指出联邦存款保险公司和美国储蓄监督局有着互相矛盾的利益。 作为监管机构，美国储蓄监督局坚持以稳定银行业为原则，不想采取严厉措施。 另外，"联邦存款保险公司的工作是处理倒闭问题，因此它宁愿采取更加强硬的态度……他们的理论是越早解决问题，解决的成本就越低"。⑤

联邦存款保险公司董事长希拉·拜尔指出了这种紧张关系，他告诉调查委员会："很早之前，我们的检查人员就非常关注华盛顿互惠银行的抵押贷款投资组

---

① Offices of Inspector General, Department of the Treasury and Federal Deposit Insurance Corporation, "Evaluation of Federal Regulatory Oversight of Washington Mutual Bank," Report No. EVAL 10 -002, April 2010, pp. 31, 12.
② FDIC, Confidential Problem Bank Memorandum, September 8, 2008, p. 4.
③ Treasury and FDIC IGs, "Evaluation of Federal Regulatory Oversight of WaMu," p. 39.
④ Confidential OTS Memorandum to FDIC Regional Director, September 11, 2008；Treasury and FDIC IGs, "Evaluation of Federal Regulatory Oversight of WaMu," pp. 45 -47.
⑤ Quoted in Damian Paletta, "FDIC Presses Bank Regulators to Use Warier Eye," Wall Street Journal, August 19, 2008.

合的质量,但是美国储蓄监督局坚决反对我们介入,而只是让我们(联邦存款保险公司)的检查人员做贷款层面的分析"。①

财政部监察长在后来批评了美国储蓄监督局对华盛顿互惠银行的监管工作:"我们认定美国储蓄监督局应该尽快降低华盛顿互惠银行的综合评级,并尽快采取强制性手段迫使它的管理层纠正已经发现的问题。特别是,鉴于互惠银行的管理层长期以来,一直缺乏纠正已发现问题的程序,我们觉得美国储蓄监督局应该遵循其政策,采取正式的强制性措施,而不是采取其他非正式措施"。②

监管者:"重重阻挠"

在调查委员会研究的这些案例中,监管机构要么未能及时发现商业银行和储蓄机构的失误和问题,要么当他们发现问题以后没有采取强有力的措施。在一定程度上,这种失灵反映了银行审查在金融平静时期的本质,因为它们仍在赢利。他们不仅是监管者,而且有时还扮演了咨询顾问的角色,和银行一起评估它们的系统是否正常运行。这种作用在一定程度上反映了监管机构"关注风险"的监管方式。货币监理署在2010年1月出版的《大型银行监管手册》中解释,"在这种方式下,监管机构不是试图限制风险,而是决定银行是否已经发现、理解并控制他们所承受的风险"。③当危机发生后,监管机构又不能及时改变方式。

资深监管官员告诉调查委员会,当金融机构在赚取创纪录的高额利润时,很难有效地告诉这些机构它们存在风险。美联储的罗杰·科尔告诉调查委员会,监管机构曾经讨论过银行的增长速度是不是过快,并累积了很多风险,但是遇到了阻力。"坦白而言,这些阻力的理由部分是因为公司的现实情况——如花旗集团在某一季度赢利了四五十亿美元。在这种情况监管机构都很难说服他们。"当这种资金在每个季度可以正常流转的时候,这些金融公司的资本比率远远超过了最低要求,监管机构就更无话可说了④

监管机构还告诉调查委员会,它们担心银行已经存在的问题会进一步恶化。对于大型银行,根据联邦银行法规采取正式公开的监管措施,意味着对银行风险行为的严厉监管评估,而这种措施很少用于必将引起关注的银行。2006年初

---

① Sheila Bair, interview by FCIC, August 18, 2010.
② Treasury and FDIC IGs, "Evaluation of Federal Regulatory Oversight of WaMu," p. 3.
③ Comptroller of the Currency, Large Bank Supervision:Comptroller's Handbook, January 2010, p. 3.
④ Cole, interview.

以前，担任美联储监管部门负责人的理查德·斯皮伦科滕将消极监管归咎于监管机构认为传统的、非公开（幕后）的方法与银行之间的对抗较少，更多的是引导银行管理层与他们合作；也不希望在他们与银行管理层之间，（他们认为的）那种建设性或者平等的关系中注入不和谐的因素；以及担心金融市场对公开措施出现过度反应，导致资金出逃。他认为这些担心有其合理性，但是"有时也会影响监管的有效性并延误弥补措施。这次金融危机的一个教训就是……应该及早采取强有力的监管措施"。①

2001 年到 2010 年间，担任货币监理署的大型银行监管部门高级副审计长的道格拉斯·罗德称，银行监管机构受累于银行提交的信息不充分，但他承认，监管机构在此次金融危机发展的关键时刻，未能尽到应尽的干预作用。他说，监管机构、市场参与者以及其他机构应当在他们对安全和稳定性的忧虑与市场运行的需要之间做出平衡，并指出："我们的确低估了市场环境中的系统性风险"。②

监管机构还批评了美国复杂的监督制度。错综复杂的监管机构，为银行提供了选择最宽松监管者的机会，而且每个企业从属于数个监管机构。例如，像花旗集团这样的大型公司，美联储负责监管它的银行持股公司、货币监理署负责监管其银行的下属公司、美国证券交易委员会负责监管证券公司、美国储蓄监督局负责监管其下属储蓄机构——这会造成监管遗漏和重叠的问题。美国财政部历届部长和国会领袖多年来一直致力精简和统一监管机构。具有代表性的是，贝尔斯登被收购两周之后，时任财政部长的鲍尔森在 2008 年 3 月 31 日提出了"现代化金融监管架构的蓝图"，他主张废除储蓄宪章（the thrift charter）、建立保险公司的联邦宪章（目前仅由各州监管）、将美国证券交易委员会和商品期货交易委员会合并。然而这些提案在 2008 年便已被束之高阁了。③

调查委员会结论

调查委员会认为，银行业监管机构未能及时有效地发现和纠正银行和储蓄机

---

① Richard Spillenkothen, "Observations and Perspectives of the Director of Banking Supervision and Regulation at the Federal Reserve Board from 1991 to 2006 on the Performance of Prudential Supervision in the Years Preceding the Financial Crisis," paper prepared for the FCIC, May 21, 2010, p. 24.
② Doug Roeder, interview by FCIC, August 4, 2010.
③ "Treasury Releases Blueprint for Stronger Regulatory Structure," Treasury Department press release, March 31, 2008.

构的问题以及它们低效的企业治理和风险管理，这些公司在破产之前仍然保持着令人满意的信用评级。这种失败是由多种因素造成的，包括人们认为监管机构负担过重、金融机构能够自律，还有人认为只要企业仍在盈利就没有必要进行干涉等。

拥有大量抵押贷款资产风险敞口的大型商业银行和储蓄机构诸如美联银行和因迪美银行遭到了贷款人和存款人的挤兑。

不受监管的场外衍生品交易市场由于相互关联而形成了系统性风险，美联储认识到这一点时为时已晚，更加缺乏采取行动所必要的信息。

第十七章

2008年9月：收购房地美和房利美

自2007年秋起直到2008年9月7号，房利美和房地美被政府列入保护范围，对于政府所支持的这两家企业，政府官员一直试图在企业所支持的这两家企业的安全性和稳健性以及其对证券市场的支撑性间获得平衡。房产价格的持续下降，贷款拖欠不断上升，抵押证券价值飞速下跌，种种现象表明房屋抵押市场正在迅速衰退，此时这两家公司的责任尤显重大。如果政府支持企业愿意购买新的贷款，贷款人也将更愿意向负担得起抵押贷款的借款人提供再融资。如果政府支持企业购买更多的贷款，将有利于市场的稳定，但这可能会使资产负债表已经岌岌可危的这些企业陷入更风险的境地。

属于政府支持企业的这两家公司都有非常高的杠杆率——拥有抵押资产的价值高达5.3万亿美元，其资本占比却低于2%。在接受金融危机调查委员会的采访时，美国前财政部长亨利·鲍尔森（Henry Paulson）承认，在2006年6月其就职时，根据当时他所了解到的这些企业的状况，他就认为"一场灾难正在降临"，关键问题是资本的法定含义到底是什么，而对此问题，监管者缺乏对法定资本调整的灵活度。事实上，他说一些人把这称为"膨胀的资本"。[1] 然而，截至2007年秋天，这两家政府支持企业一直在购买高风险的抵押贷款和证券。从2007年第三个季度开始，这两家企业所公布的在抵押贷款上的净损失就高达数10亿美元。

但是财政部的许多官员认为当市场上没有其他买家有能力购买这些抵押贷款和证券时，就需要国家向这两家企业注资以便为市场提供一定的流动性。当2007年房价下跌时，鲍尔森向联邦住房金融局表示消除危机最重要的手段是阻

---

[1] Henry Paulson, interview by FCIC, April 2, 2010; Henry Paulson, On The Brink: Inside the Race to Stop the Collapse of the Global Financial System (New York: Business Plus, 2010), p. 57.

止房价继续下跌，防止止赎行为的泛滥，确保持续的抵押贷款资金的供给，这些都需要这两家政府支持企业的参与以便保持交易的活力[1]。然而，政府支持企业可获得的紧急贷款是有限的。这些企业与其监管机构就资产组合上限达成的一致意见是——资产负债表上贷款和证券组合业务的限制——需要提取30%作为资本公积金。

2007年和2008年这两家公司公布了数十亿美元的损失，美国联邦住房企业监督局却放松了对上限管制的要求。前美国联邦住房企业监督局主席詹姆斯·洛克哈特向金融危机调查委员会表示："从2007年秋天，他们的行为就像在没有任何防护下走钢丝。"[2]不幸的事发生了，平衡丧失，至今为挽救这两家公司已花费了纳税人1510亿美金。

收购的最佳时机

房利美总裁丹尼尔·穆德在2007年8月1号给洛克哈特的信中试图努力解除房利美在其会计丑闻曝光后就资本组合所达成的上限设定，自2006年5月该资本组合上限开始实施。穆德写道："我们目睹了日益混乱的住房融资市场，眼前次级贷款出现了问题，表明整个信贷市场存在着流动性危机，而这不仅仅是次级贷款市场的唯一问题。"[3]由于购买贷款的需求不断下降，虽然像国民金融公司这样的大型贷款公司仍能保持正常证券贷款规模，但规模较小的贷款公司基本已经退出了市场。很多公司告诉房利美，如果房利美不出手购买，他们将停止发放贷款。

穆德认为放松并调高上限将会保证市场的流动性。"资产组合上限上调10%将会给予我们带来更大的灵活性……通过市场发出信号，即政府所支持的这两家公司有能力保证市场的流动性从而阻止危机的发生。"他坚持认为一旦批准允许调高上限，将解决"市场流动性问题"。此外，该公司已做了巨大的努力以纠正其会计和内部控制的缺陷——该点被认为是取消上限的首要条件。最

---

[1] Paulson, interview.

[2] James Lockhart, testimony before the FCIC, Hearing on Subprime Lending and Securitization and Government-Sponsored Enterprises (GSEs), day 3, session 2: Office of Federal Housing Enterprise Oversight, April 9, 2010, transcript, p. 163.

[3] Daniel Mudd, letter to James Lockhart, August 1, 2007, p. 1.

后，穆德强调："该项取消上限的批准可重拾市场信心，表明政府支持企业有能力履行稳定美国房地产市场的作用。"①

房利美的高层同时也看到了挣钱的商机。因为市场缺乏竞争，他们通过提高证券保险的费用和降低购买贷款和证券的费用来提高利润。②汤姆·伦德作为长期从事房利美单身家庭业务的主管，他向金融危机调查委员会表示：在2007年8月，当竞争者陆续退出市场，贷款和证券价格下降时，市场开始青睐房利美。伦德告知金融危机调查委员会人员，2007年的流动性冲击之后，房利美"市场风险有所缓解，价格也合适。"③公司业务主管罗伯特·莱文回忆："这是购买的最佳时机。"④

8月10日，来自美国联邦住房企业监督局的洛克哈特指出，提高房利美资产组合上限的时机还未成熟，但监管者将"积极"考虑这一要求。他指出不会批准提高上限，因为房利美仍然在为住房提供抵押担保，即使它不能购买贷款，房利美仍然是一个"重要的受到关注的监管对象"。除此之外，洛克哈特还指出房利美不可能做到非常周到地处理好次级和次优抵押贷款市场问题，因为公司的章程不允许其使用庞大贷款去解决市场中出现的问题（抵押贷款数额远远高出政府支持企业的贷款上限）。⑤据他观察，虽然在会计和内部控制方面的问题有所改善，但仍存在许多有待完善的工作。房利美仍然没有提交2006年及2007年财务报表，"在当前如此不稳定的市场，这是一个特别令人不安的信号。"⑥

洛克哈特向金融危机调查委员会证实"到2007年8月，对于政府支持企业而言，采取安全可行的措施解决混乱已经变得不可能了"。他担心日益放松的监管可能意味着更大的损失。他向金融危机调查委员会表示："这些公司即使可能完成解决市场混乱的任务，但是绝对没有能力采用安全的方式来解决问题。如果他们的任务是稳定市场，减少混乱，其资本结构已经使其对此无力为之"，其所剩无几的资本已经不允许他们这样做了。⑦

---

① Daniel Mudd, letter to James Lockhart, August 1, 2007, pp. 1, 5.
② Daniel Mudd, letter to shareholders, in Fannie Mae, "2007 Annual Report," p. 3.
③ Thomas Lund, interview by FCIC, March 4, 2010.
④ Robert Levin, interview by FCIC, March 17, 2010.
⑤ James Lockhart, letter to Daniel Mudd, August 10, 2007, p. 1.
⑥ James Lockhart, letter to Senator Charles Schumer, August 10, 2007.
⑦ James Lockhart, written testimony for the FCIC, Hearing on Subprime Lending and Securitiza-tion and Government-Sponsored Enterprises (GSEs), day 3, session 2: Office of Federal Housing Enter-prise Oversight, April 4, 2010, pp. 12, 2, 12.

洛克哈特还担心房利美和房地美这两家政府支持企业的稳定性，从2006年5月他上任开始，他就开始担心美国联邦住房企业监督局对这些大型公司的监管能力，他曾提议赋予美国联邦住房企业监督局更大的监管权利，而实际上他所负责的监管机构其监管手段极其有限。他已经成功把允许增加资本需求和限制资本的增长纳入美国联邦住房企业监督局的权力范围之内。他还寻求超越住房与城市发展部的设定职权的授权，同时立法授权其率领的机构能独立于司法部门。他所追求的授权还包括赋予房利美和房地美接管授权，在必要的时候向政府支持企业提供流动性，类似于银行监管者对银行的监管职能。这样看来，美国联邦住房企业监督局有权保护政府支持企业，实际上，种种权利的实现是迫使政府接管问题企业，但是由于资金的缺乏无法开展好对这类政府支持企业的保护，表明其所拥有的权力实际上是无法实现的。在洛克哈特获得这些他所追求的权力之前，政府支持企业的状况已在不断恶化。[1]

市场上唯一的玩家

在2007年夏天房地产市场萧条时，房地美和房利美是"市场中唯一的玩家"，鲍尔森告诉金融危机调查委员会。到2008年春天，"我们尤其需要依赖这两家企业来解决现在所遇到的问题。"[2]

此时，几乎没有人怀疑美国需要房利美和房地美来支持摇摇欲坠的房地产市场。问题是如何能够安全妥善地解决这些问题。[3] 购买或向风险抵押证券提供担保可以帮助借款人赚钱，但随后会导致这两家企业的巨额损失。"这的确需要权衡"，洛克哈特在2007年表示——这样的调整将使这两家企业资产负债表出现更大的问题。[4] 风险贷款和证券的价值下降正在不断侵蚀他们公布的资产。到2007年底，房利美所报告的美国个人消费信用评估公司（FICO）给出的信用评分低于660分的抵押项目与组合抵押贷款项目的比例超过7∶1；次优贷款和证

---

[1] James Lockhart, written testimony for the FCIC, Hearing on Subprime Lending and Securitiza-tion and Government-Sponsored Enterprises （GSEs）, day 3, session 2: Office of Federal Housing Enter-prise Oversight, April 4, 2010, pp. 2, 4, 7.

[2] Paulson, interview.

[3] David Nason, Tony Ryan, and Jeremiah Norton, Treasury officials, interview by FCIC, March 12, 2010.

[4] James Lockhart, quoted in Steven Sloan, "Setting an OFHEO Plan, But Wishing Otherwise," American Banker, December 21, 2007.

券之比例超过6∶1。所贷款项目中借款人无法提供完整证明文件部分的资产超过其报告资产的10倍。①

到9月中旬，美国联邦住房企业监督局轻微调高了政府支持企业资产组合的上限，从7280亿美元提高到7350亿美元。这样等于允许房利美每年的抵押贷款和证券资产总额提高了2%——同样房地美与美国联邦住房企业监督局也业已达成了类似的协议。美国联邦住房企业监督局排除了大幅度增加上限的可能性，"因为补救方案还没有出台，许多问题还有待解决，房利美和房地美还没有达到已签署的协议的要求"。②

随着时间的推移，房利美和房地美在抵押贷款市场上变得日益重要。2007年第四季度，他们已经购买了75%的新抵押贷款，相当于2006年的两倍。以极低的资本支撑了一个5万亿美元的抵押贷款市场，如果市场不稳定，两房的命运将是注定的。据洛克哈特的说法，"房地美和房利美的撤出，或企业信心的下降将是一场自我引发的信贷危机。"③

在10月初，参议员查尔斯·舒默（Charles Schumer）和众议员巴尼·弗兰克（Barney Frank）均提出了类似的法案，暂时将政府支持企业的投资组合上限提高10%，或提供约1500亿美元的资金援助，其中大部分用于为次级抵押贷款融资。美国联邦储备委员会主席本·伯南克认为这是"不明智的"，相应地也就未制定类似的措施。④

到11月，房利美和房地美分别宣布第三季度亏损达15亿美元和20亿美元。在2007年12月底，房利美宣布用440亿美元的资本冲销源自8790亿美元的资产损失和2.2万亿美元的抵押贷款证券的潜在损失。如果损失超过1.45%，房利美将会破产。如果损失超过1.7%房地美也会破产。此外，还有关于他们所"报告"的资本，其是否存在还是个严重的问题。

"这是一场时间的游戏——保持冷静"

在第一季度，实际国内生产总值的年增长率下降了0.7%，居民消费自20世

---

① Fannie Mae, "Single-Family Book Characteristics Report," September 2008.
② "OFHEO Provides Flexibility on Fannie Mae, Freddie Mac Mortgage Portfolios," OFHEO news release, September 19, 2007, p. 1.
③ Lockhart, written testimony for the FCIC, April 4, 2010, p. 13.
④ Ben Bernanke, quoted in Eric Dash, "Fannie Mae to Be Allowed to Expand Its Portfolio," New York Times, September 20, 2007.

纪 90 年代以来首次出现下跌。 失业率自 2007 年春较低水平的 4.4% 上升至 2008 年前三个月的 5%。 美联储在继续降息，经济却进一步陷入衰退。 2 月，美国国会通过经济刺激法案，在这些措施当中，批准了扩大房利美和房地美可购买抵押贷款的规模。

推动美国联邦住房企业监督局放松对房利美和房地美监管的努力还在继续。 舒默要求美国联邦住房企业监督局将资本附加费的要求降低 30%；对于如此苛刻的请求，他在 2 月 25 日给洛克哈特的信中写到，过多的监管阻碍了房利美向房主提供融资的能力。①

两天后，房利美的首席执行官穆德报告了 2007 年第四季度的亏损情况，承认房利美"正在面临和经历最恶劣的住房和抵押市场"。② 公司发行了 78 亿美元的优先股股票，满足了美国联邦住房企业监督局规定的所有 81 条要求，并正与美国联邦住房企业监督局讨论就将资本公积金的要求降低 30%。 第二天，房地美公布了损失，同时向市场表明公司已经通过发行 60 亿美元的优先股筹集到了资金。

由于这两家公司目前已经上交了账务报表，此时已经达到了协议的规定，洛克哈特宣布，美国联邦住房企业监督局将在 2008 年 3 月 1 日调高双方的投资组合上限。 他还表示美国联邦住房企业监督局将考虑逐步调低 30% 资本公积金的要求，因为这两家公司已经进一步达到了协议的相关规定，例如最近通过发行优先股股票募集资金的举措。 穆德告诉金融危机调查委员会，如果房利美再次面临资金短缺的状况，他将尝试寻求降低资本公积金提取比例，因为这样可以规避更严格的监管。③

2008 年 2 月 28 日，即美国联邦住房企业监督局解除上限一天后，一位纽约联邦储备银行的分析师向财政部指出，提取 30% 的资本公积金，这一约束条件阻碍了政府支持企业为次级抵押贷款市场提供充足流动性的可能。④

市场也出现降低附加费呼声。 安纳利资本管理公司（Annaly Capital

---

① Senator Charles E. Schumer, letter to OFHEO Director James B. Lockhart III, February 25, 2008; Schumer continued, "If you have decided that you will be keeping the capital surcharge in place... I would like an explanation as to why you think upholding that restriction outweighs the importance of providing capital relief that could better position the GSEs to provide rescue products for borrowers stuck in unaffordable loans."
② "Fannie Mae Reports 2007 Financial Results," Fannie Mae press release, February 17, 2008.
③ Daniel Mudd, interview by FCIC, March 26, 2010.
④ Robert Steel, email to Jeremiah Norton, February 28, 2008.

Management）的首席执行官迈克·法雷尔警告财政部副部长罗伯特·斯蒂尔（Robert Steel），危机笼罩着信贷市场，只有依赖政府支持企业才能解决问题。"我们相信目前正处在危机的边缘……每一等级的资产价格缺乏透明度"，并且"恐慌的投资者"预示了市场充斥着极其糟糕的消息。 法雷尔说废除资本公积金的要求，并通过立法改革政府支持企业，将有可能促使他们为市场提供更大的稳定性。 他还认为，政府支持企业可能认为其资本回报率不高，但"他们不得不接受这样的事实，继续忠实履行公司章程"，因为"就目前来看，对整个美国经济、金融安全有利即意味着对房利美、房地美的股东有利"。①

在贝尔斯登倒闭的前一天，斯蒂尔向穆德报告说，他与银行、住房和城市事务委员会资深参议员理查德·谢尔比（Richard Shelby）和参议院金融服务委员会的成员法雷尔讨论了政府支持企业改革立法和资本公积金减免的可能，这种可能性很高。 他希望与参议院银行委员会主席克里斯托弗·多德（Christopher Dodd）交流。 由于对政府支持企业有能力挽救抵押贷款市场的信心，穆德提出一个"简化交易"的设想。 如果监管部门同意消除部分附加费，房利美将可筹集到新的资本。② 在3月7日给房利美首席商务运行官莱文的邮件中，穆德建议在几乎没有任何交易的情况下也可以降低30%的资本公积金要求："这是一项时间游戏……是否需要更多的挽救市场的举措……我们可以先取消对资本限制的要求。 但是这需要冷静处理。"③

紧接着一天，3月8日，财政部和白宫收到了房利美发来的额外信息。 白宫经济学家贾森·托马斯（Jason Thomas）给斯蒂尔发邮件并警告：2007年财务报告结果显示，房利美是通过会计作假的做法掩蔽了其破产的事实。 3月10日，巴伦周刊（*Barron's*）的文章中也提供了一个类似的分析结论：

> 所有对房利美的资本状况的评估显示，该公司目前几乎破产。 会计造假导致多种资产类别（非机构证券，递延税项资产，低收入合伙投资）被夸大了，而负债则被低估。 这种会计恶作剧使得被夸张的数字净值加起来达到数百亿美元。
>
> 然而，抵押贷款违约海啸的影响尚未显现在房利美的利润表上。 如此

---

① Michael Farrell, email to Robert Steel, March 6, 2008.
② Emails between Robert K. Steel and Daniel Mudd, March 7, 2008.
③ Daniel Mudd, email to Robert Levin, March 7, 2008.

严峻的后果未得以体现出来的确反映了房利美的双重重要功能。服务于住房市场的同时最大限度地提高其股东回报,这其实是合乎逻辑的。本打算同时实现这两项功能,但是实际均未实现。随着股东资金亏损,该公司被政府收购是不可避免的。①

鉴于贝尔斯登危机风暴,鲍尔森说希望房利美和房地美筹集资金,增加抵押贷款市场的信心。斯蒂尔告诉他,财政部、美国联邦住房企业监督局和美联储为保证该公司能募集到资金,正计划放宽对政府支持企业的资本附加费要求。

2008年3月16日,斯蒂尔向财政部的同事威廉·达德利(William Dudley),即当时的纽约联邦储备银行执行副总裁报告,希望"强化"政府将为房地美和房利美提供担保的暗示。斯蒂尔写信给达德利:"依靠我就好"暗示政府明确保证返还附加费以及公司将试图筹集到新资金,斯蒂尔担心这会对联邦政府的资产负债表产生影响:"我不喜欢这样,到现在我也没有与其他人交流这些内容。我认为,作为一个重大举措,远远高出我的支付能力,将使美国的债务规模瞬间扩大一倍。"②

"这个想法在我看来是适得其反"

美国联邦住房企业监督局及财政部的监管者与政府支持企业的高管讨论,如果政府支持企业可筹集到更多资金就可以降低对其资本金的要求。洛克哈特告诉金融危机调查委员会:"整个抵押市场处在风险之中。"③问题还在持续发酵。鲍尔森告诉金融危机调查委员会,穆德和房地美首席执行官理查德·塞伦(Richard Syron)做出个人承诺筹集更多的资本是达成交易的关键。④ 仅仅几天之前,3月13日,塞伦还曾宣布,他的公司在季报中向投资者表示将不可能筹集到新的资本。房利美和房地美高官与洛克哈特和斯蒂尔在讨论之前准备了草案,该草案向管理机构施压要求把资本公积金从30%降低到20%。洛克哈特对

---

① "Fannie Mae Insolvency and Its Consequences," p. 1; attachment to email from Jason Thomas to obert Steel, March 8, 2008.
② Robert Steel, email to David Nason, Tony Ryan, Jeremiah Norton, and Neel Kashkari, subject: "re: GSEs," March 16, 2008.
③ James Lockhart, interview by FCIC, March 19, 2010.
④ Paulson, interview.

此表示不满,该草案中并未对筹集更多的资金做出承诺,只是表达了在"会在需要的时候"增加资本。① 这看起来好像是政府支持企业的内部交易。 在给斯蒂尔和另外两家公司总裁的电子邮件中,洛克哈特写道:"这一想法令我愤慨,我认为在没有新增加资本情况下让监管者批准同意放松对被监管者的监管,这将使其面临已经非常高的抵押贷款的杠杆风险(更不用说利率提高的风险),这是不可思议的。"在最初的协议中政府支持企业每筹集 2 美元的资金将降低 1 美元的公积金要求,洛克哈特沮丧地指出:"我们好像经历了从筹资 2 美元减低公积金 1 美元,从 1 美元对 1 美元,现在回到了筹资 0 美元需要支付 1 美元公积金的境地。"②

尽管洛克哈特提交了保留性声明,美国联邦住房企业监督局在 3 月 19 日仍公布了交易内容,交易的相关重大事项基本不变。 美国联邦住房企业监督局同意将资本公积金提取比例从 30% 降到 20%。 房利美和房地美承诺"将开始大规模筹集资金"。③ 鲍尔森告诉金融危机调查委员会说两方均承诺筹集更多的资金,这简直是"没脑子"的许诺,但是他对于洛克哈特曾经提出的"此行为简直是倒行逆施"的说法完全没有印象。④

市场分析师约书亚·罗斯纳(Joshua Rosner)也批评这一交易。 "我们认为对政府支持企业的资本公积金的降低不仅会给这些机构带来麻烦,而且可能会引起华盛顿的恐慌,"他写道。 "如果该举动造成政府支持企业的不稳定,美国联邦住房企业监督局将从唯一可能避免危机恶化的监管者变成教科书上的反例,实际上监管者应该尽量避免屈服于外界的政治压力。"⑤

房利美承诺发行优先股以筹集 74 亿美元的资金,房地美却食言了。 执行副总裁唐纳德·比塞纽斯指出了其中的两个原因,暗示房利美实际并没有筹集到足够的资金。 原因是首先必须保护现有股东的资产。 唐纳德告诉金融危机调查委员会"我敢肯定,房利美的投资者并不是很高兴"。 "其次……如果你真的从根本上相信你有足够的资本承受继续滑向低迷的房价市场,你就无须去筹集更多

---

① James Lockhart, email to Daniel H. Mudd, Robert Steel, and Dick Syron, subject:"Re:announcement draft," March 17, 2008.
② Ibid.
③ "OFHEO, Fannie Mae and Freddie Mac Announce Initiative to Increase Mortgage Market Liquidity," OFHEO news release, March 19, 2008.
④ Paulson, interview.
⑤ Joshua Rosner, "OFHEO Got Rolled," GrahamFisher Weekly Spew, March 19, 2008.

的资金。"①

同样，首席执行官塞伦在2008年8月6日发表了关于筹集资金的观点，"在这样的价格下筹集更多的资本将完全稀释了现有股东的权利，因此，我们必须平衡股东的利益。"②但洛克哈特对此看法不同，在他看来，塞伦所公开发表的意见是为了掩盖房地美实际上无力筹集到资金的事实，"他推测塞伦只得拿这来做辩护的借口。塞伦的律师对他建议说，在公布季度赢利前筹集资本有很高的高风险。而我们的律师对此并不同意，因为我们清楚地知道他们存在严重的会计问题。"洛克哈特告诉金融危机调查委员会。③

这样做会增加市场的信心

5月，两家公司宣布了第一季度的进一步亏损的事实。即使在形势恶化的条件下，6月9日美国联邦住房企业监督局仍进一步降低了资本公积金的要求，从20%下调至15%，以奖励房利美的资本金增加了74亿美元。6月，房利美的股票下跌28%，房地美下降34%。6月，房利美1000万信用违约掉期的债务保护价格从5月的47700美元上升至66000美元；而回顾2004～2006年，该价格基本维持在13000美元左右。8月，两房均宣布第二个季度进一步亏损。

即使房利美和房地美变成了公共持股公司，他们还拥有难以量化的资产：美国政府的支持。政府的担心是：不能让5.3万亿美元资产的政府支持企业倒闭，因为他们是抵押市场流动性的唯一来源，而且他们如果倒闭会造成债权人损失，他们所担保的抵押证券也会受到影响。山姆大叔以前就拯救过政府支持企业。在20世纪80年代，山姆大叔就帮助因为两位数的通货膨胀而无法维持的房利美，在20世纪80年代中期，他又帮助了另一家陷入困境的政府支持企业——农业信贷体系。在20世纪90年代中期，即使类似于政府支持企业的机构，美国金融公司也接受过政府的援助。

市场捕获了房利美和房地美是否会被政府援助这一消息，政府支持企业的长期债券收益率提高了。政府支持企业的债券利率和国债利率的不同在于——溢

---

① Donald Bisenius, interview by FCIC, September 29, 2010.
② "Freddie Mac CEO Richard Syron Talks about the Stock Slide," PBS Nightly Business Report, Wednesday, August 6, 2008, transcript.
③ Lockhart, interview.

价高低反映投资者对风险的估计——2007年两者之间的差距扩大为1.5个百分点。与其他上市企业相比这个差距不大，但是对于政府支持企业而言该差距就有点大了。与2007年相比，2008年6月这一差距提高了65%。到9月5日，监管者介入之前，与2007年相比几乎增加了一倍，对政府支持企业来说他们获取资本的成本更高了。另外，同一时间，房利美抵押支持债券的价格有小幅度上升，私人抵押支持债券的价格却大幅度下跌。比如，FNCI7指数——一种平均利率为7%的房利美抵押证券指数——从2007年1月的102上升到2008年5月的103，又比如FNCI5指数——一种平均利率为5%左右的房利美抵押证券指数——从95上升到96。

2008年7月到8月，房利美面临了流动性紧缺的问题，因为他们不能在回购市场上通过抵押证券来获取充足的资金。其股价每股跌破7美元。房利美向美联储求救。① 美联储银行监督管理委员会资深专家向金融危机调查委员会表示这两家企业当时的确已经陷入困境，并指出"流动性已经变得非常重要，所以美联储同意伸手援助"。②

在6月13日，在华盛顿的美联储授权纽约联邦储备银行向房利美和房地美提供紧急贷款"这些贷款应该能够在金融市场日趋紧张的状况下稳住房抵押市场"。③ 这两家企业应该不再可能继续向美联储要钱。④

同样在6月13日，财政部发布了包括三个部分的一份法案：通过将这两家企业与财政部关联以增加它们的信用。授权财政部向这两家企业注入资金，将美国联邦住房企业监督局替换为联邦住房金融局，赋予他们救助政府支持企业的权力。鲍尔森告诉国会监管部门需要"火箭筒"来解决问题，"你们可能不太想拿出来"。"我想说的是某些事情的不确定相反会使信心增加，通过增加信心会大大降低使用它的可能性。"⑤房利美的穆德和房地美的塞伦非常欢迎这个方案。⑥

---

① Daniel Mudd, letters to James Lockhart, August 1, 2008, and August 15, 2008.
② Timothy P. Clark (senior adviser, Division of Banking and Supervision, Federal Reserve Board) and Scott Alvarez (general counsel, Federal Reserve Board), interview by FCIC, February 23, 2010.
③ "Board Grants Federal Reserve Bank of New York the Authority to Lend to Fannie Mae and Freddie Mac Should Such Lending Prove Necessary," Federal Reserve Board press release, July 13, 2008.
④ Alvarez, interview.
⑤ Treasury Secretary Henry Paulson, testimony on GSE initiatives, Recent Developments in U.S. Financial Markets and the Regulatory Responses to Them, Senate Committee on Banking, Housing, and Urban Affairs, 110th Cong., 2nd sess., July 15, 2008.
⑥ "Statement by Daniel H. Mudd, President and CEO," Fannie Mae press release, July 13, 2008.

在 2008 年 6 月末，国会通过《住房与经济复苏法案》（Housing and Economic Recovery Act –HERA），赋予鲍尔森所期待的巨大权力——延长对政府支持企业的信用担保，购买他们的住房抵押贷款证券，并向其注入资金。这份 261 页的法案还强调了联邦住房金融局对政府支持企业的监管功能，它是一家独立的联邦机构，与它的前身相比，在对房利美和房地美投资组合、资本水平和补偿方面的决定权更大。需要补充的是，该法案为能够给政府支持企业提供足够的资金，将联邦债务上限从 8000 亿调高到 10.6 万亿美元。

在美联储主席同意提供紧急贷款之后，联邦工作人员和美国货币监理署（OCC）的代表，还有财政部顾问公司摩根士丹利发布了对政府支持企业的调查。蒂莫西·克拉克（Timothy Clark），负责监督美联储为期一周审查的主管对金融危机调查委员会表示，这是他们第一次能够了解政府支持企业的相关信息。他在此之前曾表示"这些企业把美联储当成敌人……我们之间一直存在斗争，"他补充说，"我们需要对付美国联邦住房企业监督局，其拥有的资料同样严格保密难以看到，直到他们需要向我们要钱的时候我们才有权掌握他们的信息。"①虽然美联储和货币监理署工作小组介入了政府支持企业并同高管进行了商议，但穆德告诉金融危机调查委员会，直到他们的企业被列入救助名单时自己才知道这些机构已经介入其中。②

美联储和货币监理署发现问题比联邦住房金融局调查的结果更加糟糕。根据克拉克所说，美联储发现这些政府支持企业完全是在"裸奔"，存在巨大的潜在损失，他们的运作方式"不安全且不合理"。③货币监理署拒绝透露他们所使用的调查方法。他使用自己的计量方法，查找出了信用和风险管理中的值得关注的问题，而且这些机构基本对未来可能的损失无意识且对问题未预留充足的储备。货币监理署监管政策的副监察官凯文·贝利（Kevin Bailey）向金融危机调查委员会表示房利美所预计的贷款损失有问题，这些损失被低估了。他补充说，房利美高估了其递延所得税资产，因为未来的利润可能为零，估计预期税款也就无意义。④

摩根士丹利所计算的损失同样证实了美联储和货币监理署的调查结论。它

---

① Clark, interview.
② Mudd, interview.
③ Clark, interview.
④ Susan Eckert, Kevin Bailey, and other OCC staff, interview by FCIC, February 19, 2010.

指出房利美自身损失测算方法存在问题,导致公司对损失严重低估。几乎来自摩根士丹利的所有报告都显示房利美资本不能达到监管资本要求,而房利美自身测算则出现了完全不同的结果。

贷款损失被低估和其他的问题使得贝利坚信即使这些政府支持企业没有倒闭,那么倒闭也"为期不远了",他向金融危机调查委员会表示。① 监管还发现房利美直到拖延两年后才冲销贷款,这是一种典型的自欺欺人的方式。按照要求银行应当在贷款逾期 180 天就冲销贷款。面对这么多错误和缺陷,房利美和房地美受到了很多指责。货币监理署公报说"考虑到政府支持企业的角色和市场地位,他们应该成为行业的领导者,同时应该有效地实现对风险的管理,有效地综合分析和公布相关信息。然而,他们却完全落后于行业中的其他成员"。②

"既不安全又不合理的做法"

鲍尔森向金融危机调查委员会表示虽然他知道美联储和货币监理署的调查结果,但他仍然花了三个星期来说服洛克哈特和联邦住房金融局相信政府支持企业已经面临资金短缺且难以生存下去的状况,政府应接管这些机构。③ 在 8 月 22 日,联邦住房金融局通知穆德和塞伦他们公司的资本未达到监管的要求,联邦住房金融局同时还强调他们异常担心当房地产市场价格下降的时候房利美的现有资本是否充足。④

房利美增加资本的前景变得更加渺茫。8 月 25 日,房利美告知财政部,同时还告知联邦住房金融局——目前筹集资本基本不可能,而且预期公司损失会进一步显现。房利美的"基本情况的赢利预测"表明偿付能力面对巨大压力,并"强调"预测表明"资金来源将继续萎缩"。⑤

---

① Susan Eckert, Kevin Bailey, and other OCC staff, interview by FCIC, February 19, 2010.
② Office of the Comptroller of the Currency, "Observations—Allowance Process and Methodology," August 2008 (last revised September 8, 2008), p. 3.
③ Paulson, interview.
④ Christopher H. Dickerson (FHFA Acting Deputy Director, Division of Enterprise Regulation), letter to Daniel H. Mudd (President and CEO of Fannie Mae), "Re: Notice of Proposed Capital Classification at June 30, 2008," August 22, 2008, pp. 1, 2; Christopher H. Dickerson (FHFA Acting Deputy Director, Division of Enterprise Regulation), letter to Richard F. Syron (President and CEO of Freddie Mac), "Re: Notice of Proposed Capital Classification at June 30, 2008," August 22, 2008.
⑤ "Draft—Mid-year Letter," pp. 11–13 (quotation, p. 13), attached to Christopher H. Dickerson, letter to Daniel H. Mudd, September 4, 2008.

截至9月4日，洛克哈特和联邦住房金融局同意财政部将政府支持企业列入保护名单。同一天，塞伦和穆德收到来联邦住房金融局的中期分析报告。文章开头就告诉这些总裁们他们的公司已经被降级到"重点关注"，而且"冒险和荒唐的举措和状况影响到了公司的现状，在2008年6月，公司整体资本不断恶化，利润大幅度下降，同时未来可能面临更多损失，资本结构需要调整"。① 这种坏的情况预期会更加恶化。

长达21页的报告传递给了房利美，希望其解释相关问题，其中包括董事会和高级经理决策失误，政府支持企业所拥有和担保的抵押贷款和证券的质量下降，储备金不足，机构完全依赖于短期资金而无法新增资本等问题。联邦住房金融局还警告董事会"决策不谨慎"去"购买并担保高风险的抵押产品"的行为。报告指出房利美为增加市场份额，提高收入，达到既定的住房目标，通过购买或为高风险的贷款提供担保，与那些购买低质量证券的华尔街公司竞争。联邦住房金融局还指出"审慎的信用风险管理和公司营业目标之间存在矛盾"，一旦放宽了承销和资格标准则这些风险很高的贷款的购买行为就预期会发生。由于使用了自身的风险估算模型而低估了风险，政府支持企业收取的费用比其本身就存在缺陷的模型所设定的费用还要低。联邦住房金融局指出这些机构之所以设定如此低的费用是因为对市场份额过分在意，以便满足同华尔街的公司和房地美等公司竞争的需要。②

美国联邦住房金融局说，即使在内部报告已经指出市场问题以后，房利美依然买入和担保风险更大的贷款产品。"高管们没有考虑在2006年下半年和2007年出现的新问题，而是继续投资高风险项目，并且在不评估风险极限的情况下维持对次优抵押贷款产品的准入。"③公司也依然购入自有品牌证券，以及那些由次优级抵押贷款和次级抵押贷款支持的证券。④ 美国联邦住房金融局发现，实际造成的损失很可能比政府支持企业本身所估计的还要高。

联邦住房金融局还指出，房利美的财务问题与日俱增，而且正在引起更多的关注。用于预测损失的模型本身都并未通过独立的验证或者做近年来的更新。

---

① Dickerson to Mudd, September 4, 2008; Christopher H. Dickerson, letter to Richard Syron, September 4, 2008, with "Draft Mid Year Letter" attached.
② "Draft—Mid-year Letter" (Fannie), pp. 5–7.
③ "Draft—Mid-year Letter" (Fannie), p. 5.
④ "Draft—Mid-year Letter" (Fannie), p. 6.

联邦住房金融局还认为，如果用一个更新的模型来预测，估计的损失可能呈现一种急剧增加的态势。同时，房利美也高估了其递延所得税资产的规模。根据更多的对未来机构运行绩效的预测，联邦住房金融局发现收益被显著夸大了。①

一份长达22页的报告递交给了房地美。其中包含了对政府支持企业的安全性和稳健性严苛的评估，同时对管理人员和董事会做出了更为严厉的批评。报告详细指出市场信心显著不足，"从市场筹集资本将难以实现"。联邦住房金融局指出，"董事会和高管们信心丧失"，让他们对"一系列欠缺考虑的决定以及其他严重的错误判断所引起的损失"负责。根据监管者的说法，他们是靠不住的，鉴于其普遍的失败，指望其解决好自身监管问题和处理好外界的批评是不可能的。联邦住房金融局认为，房地美筹资失败的原因还有董事会和CEO对于降低资本附加费用并没有认真考虑。②

正如联邦住房金融局对房利美的评估一样，在2006年和2007年市场一片萧条的情况下，房地美进行了购买和担保高风险贷款产品方面进行了既不安全又不合规的操作。尽管在2006年已经被监管者告知，他所购买的次级零售债券已经超出了风险的控制能力，房地美依然在随后的各季度中买入了价值达到220亿美元的次级抵押贷款证券。

联邦住房金融局还发现，"气势庞大"的会计结算质疑了房地美报告的赢利和财产状况。尽管已经有抵押资产损失的明确信号，房地美依然在等着冲销资产，直到监管者威胁要发布叫停公告。即使如此，一笔减记资产中心面值仍在2月份财务报表公布之前被撤销。监管者认为，债务拖欠和信用下降的增加会"导致赢利和资产的大量损失"。③

"毫无预警，直接陷入泥潭"

穆德告诉金融危机调查委员会监管者以前从未与之沟通过相关的风险问题，直到9月4日的信件中突然罗列出一系列的批评。他表示监管者"记载的情况"，"与外界认为良性监管的流程大相径庭，外界普遍认为监管当局应该是：首先是第一次警告：要求改正；第二次警告：再次要求改正；第三次警告：出

---

① http://v.youku.com/v_show/id_XMTI3OTQ4NzU2.html, pp. 9, 10.
② "Draft Mid Year Letter"（Freddie）, pp. 1, 1−2, 7.
③ "Draft Mid Year Letter"（Freddie）, p. 8.

局。 实际上，监管者直接从零到三，中间没有任何的间歇余地。"[1]联邦住房金融局向金融危机调查委员会提供的报告和其他文件证明了穆德所说属实。 美国联邦住房企业监督局在 2006 年 5 月的检查报告指出信用风险不断增加，并要求改正，但是并没有在 9 月 4 日的文件里提出强烈批评。

这两家公司被认定"重点关注"两天之后，房利美总裁穆德和房地美总裁塞伦即面临公司被政府收购的危机。 在 9 月 6 日，联邦住房金融局副局长克里斯·迪克森（Chris Dickerson）发送单独的备忘录给洛克哈特，通报联邦住房金融局已经被任命为政府支持企业的接管人。[2]

然而，接管之前并没有定论。 鲍尔森、洛克哈特和伯南克接见了穆德和塞伦，以及他们的董事会成员，说服他们放弃控制权。[3] 他们面临选择：全部接受或者一个也不接受。 "他们不得不同意。"洛克哈特向金融危机调查委员会表示。 这样的选择极其具有敌意，还有一系列的"法律问题"需要处理，他指出，"他们不得不制定……很强势的方案迫使董事会及高管们没有选择的余地。"[4]鲍尔森警告这些政府支持企业，他有能力向他们注入资金，但是前提是这些企业被政府接管。[5]

根据鲍尔森所言，穆德当时非常"震惊和愤怒"。[6] 房利美的个人—家庭业务主管伦德向金融危机调查委员会表示当时每个人都对政府将接管公司的决定表示惊讶。[7] 莱文告诉金融危机调查委员会，他从来没有遇到过政府接管，而且他也没想到房利美会破产。[8]在 2010 年接受金融危机调查委员会的采访时，穆德表示"政府以注入资本的方式接管公司是非常不公平的"。[9]房利美当年损失估计在 180 亿到 500 亿美元之间。[10]房地美的收购备忘录只是在细节上

---

[1] Mudd, interview.

[2] Christopher H. Dickerson to James B. Lockhart III, memorandum, "Proposed Appointment of the Federal Housing Finance Agency as Conservator for the Federal Home Loan Mortgage Corporation," September 6, 2008 (hereafter Freddie conservatorship memorandum); Christopher H. Dickerson toJames B. Lockhart III, memorandum, Proposed Appointment of the Federal Housing Finance Agency as Conservator for the Federal National Mortgage Association," September 6, 2008 (hereafter Fannie conservatorship memorandum).

[3] Paulson, interview;Lockhart, interview;Paulson, On the Brink, p. 8.

[4] Lockhart, testimony before the FCIC, April 9, 2010, transcript, p. 191.

[5] Paulson, interview;Paulson, On the Brink, p. 10.

[6] Paulson, On the Brink, p. 10.

[7] Lund, interview.

[8] Levin, interview.

[9] Mudd, interview.

[10] FHFA, Fannie conservatorship memorandum, pp. 2, 29.

与房利美有所不同。它的损失在2008年前6个月达到10亿美元，预期到年底则大概在110亿到320亿美元之间。①

虽然董事会有选择的权利，但是事实上只有一个选择。"我们无论如何都必须同意被接管"，塞伦向金融危机调查委员会表示。"在9月4日的报告中有一个非常明显的信息有什么样的运行机制就会有什么样的结果。"②穆德也同意"这份报告其实就是逼迫他们接受收购"。③两家公司的董事会最终同意被接管。

这两家公司的首席执行官都下台了，但是基本问题仍然存在。财政部如其允诺的那样准备采取两个步骤解决偿债能力。第一，它会向这两家企业的优先股股东购买2000亿优先股，把这些股票转成短期担保贷款。除此之外，财政部承诺在2009年底以前从华尔街和其他投资人那里购买抵押证券。前期，财政部从每个政府支持企业购买10亿美元的优先股，股息为10%。每家机构都授权财政部购买其普通股，占普通股的79.9%。现在有的很多普通股股东和优先股股东都不再持有政府支持企业的股票。优先股股票价格的下跌导致许多持有这些股票的银行受损，结果10家机构倒闭，35家机构被监管者降级，而不是政府所宣称的那样，管理者已经为金融机构提供了的"充足的资本"。④

鲍尔森向金融危机调查委员会表示他"天真"地以为这些举措能够阻止危机，因为"这为房价制定了下限，为市场注入了信心"。紧接着一天他就意识到自己错了——"雷曼开始倒闭"。⑤前财政部长助理尼尔·卡什卡里（Neel Kashkari）也同意这种看法。"我们以为我们稳定了房利美和房地美，可能就为自己留下了时间，也许一个月，也许三个月。如此深度的干预措施，稳定这样一个庞大的金融市场，会为我们预留出一些时间。我们都感到惊讶，雷曼公司在一个星期后爆发，雷曼兄弟不得不被接管否则只有破产。"⑥

美联储理事凯文·沃尔什和纽约联邦储备银行总法律顾问汤姆·巴克斯特

---

① FHFA, Freddie conservatorship memorandum, pp. 3, 29.
② Syron, interview.
③ Daniel Mudd, testimony before the FCIC, "Hearing on Subprime Lending and Securitization and Government-Sponsored Enterprises (GSEs), day 3," session 1: Fannie Mae, April 9, 2010, transcript, p. 38.
④ Paul Nash, FDIC, letter to FCIC, providing responses to follow-up questions to Sheila Bair's testimony during the September 2, 2010, hearing, p. 5.
⑤ Paulson, interview.
⑥ Neel Kashkari, interview by FCIC, November 2, 2010.

(Tom Baxter)表示雷曼的倒闭事关重大,可能会引发金融危机。① 沃尔什向金融危机调查委员会表示有关政府支持企业机构被收购的消息引起了市场震荡。 市场误解了政府支持企业机构面临的相关风险,以为政府想让他们破产,这"导致投资者对所有资产的价值感到担心,开始重新评估每一投资组合"。②

联邦住房金融局主管洛克哈特描述了在雷曼兄弟倒闭下政府将政府支持企业纳入保护的决定。 假设投行的资产负债表是房利美的五分之一,与政府支持企业的倒闭相比,雷曼兄弟的破产所带来的结果将会是有限的。 他还说,相比5.5万亿美元的金融机构的倒闭,雷曼兄弟破产所带来的后果是很小的。③ 政府支持企业债券的主要持有者中,中国和俄罗斯央行持有超过5000亿美元,美国金融公司和基金公司则持有更多。 根据美联储2005年的研究发现,美国银行持有超过1万亿美元政府支持企业的债券和证券——高于银行体系内150%的一级资本和当时11%的总资产。④

在向金融危机调查委员会证实时,穆德声称破产是事情的全部且不可避免。他还说,"2008年企业在房产危机和金融危机的双重危机下将失去任何保护。即使没有全球金融混乱,一个有着多重责任的政府支持企业也难以承受全国范围内连续30%的房价下降。 当房价上升的时候,模型的计算结论当然允许商业赢利和机构社会责任之间的平衡。 当房价远离历史经验范围的时候,'陷阱与钟摆',这将是一个非常难以抉择的问题"。⑤

"一塌糊涂的金融机构"

在接受金融危机调查委员会调查时,联邦住房金融局的官员们严重批评了房利美的管理措施。 联邦住房金融局负责考核房利美的监察官约翰·克尔(John Kerr)没有为房利美粉饰。 他给房利美打上了30年以来他所遇到的"运行最差的金融机构"的标签。 斯考特·史密斯(Scott Smith)是联邦住房金融局的副局

---

① Tom Baxter, interview by FCIC, April 30, 2010;Kevin Warsh, interview by FCIC, October 28, 2010.
② Warsh, interview.
③ Lockhart, testimony before the FCIC, April 9, 2010, transcript, p. 232.
④ Staff of the Federal Reserve System, Division of Banking Supervision and Regulation, memorandum to the Board of Governors, "Stress Scenarios on Bank Exposures to Government Sponsored Enterprise(GSE)Debt," January 24, 2005, p. 5.
⑤ Daniel Mudd, written testimony for the FCIC, Hearing on Subprime Lending and Securitization and Government-Sponsored Enterprises(GSEs), day 3, session 1:Fannie Mae, April 9, 2010, p. 3.

长，他认为房利美的预测能力较差，预测模型缺乏各类压力模拟的情景的设定。他们都认为房利美的模型没有包括可预期的房价下跌的因素。奥斯丁·凯利（Austin Kelly）是美国联邦住房企业监督局的专家，他认为不能依据房利美的数据，因为它的数据处理方法是混乱的。联邦住房金融局的官员指出：他们不理解房利美，这么大的公司，居然其预测模型比普通的社区银行还简单。①

然而，9月4日前在美国联邦住房企业监督局与房利美的会谈中没有提出这种批评的言论。联邦住房金融局的官员承认他们在房地美和房利美问题上的疏忽。他们过多地关注常规问题，而没有注意到房利美日益扩大的信贷风险。洛克哈特告诉金融危机调查委员会应该加大力度评估与抵押贷款有关的资产和担保的信用风险。②现任联邦住房金融局局长爱德华·德麦克（Edward DeMarco）认为：不能根据"经济人"假设否定美国联邦住房企业监督局所做的工作，即没有把足够的注意力放在信用风险上，而是仅关注了其操作风险、会计和审计的缺乏上。③

对穆迪和其他评级机构来说，美国联邦住房企业监督局的错误是不足为奇的。穆迪曾指出：监管者的水平正在提高，但是依然只是在平均水平之下。④前美国住房与城市发展部的官员亨利·希斯内罗斯（Henry Cisneros）也表达了相似的观点："美国联邦住房企业监督局比起房利美和房地美来说很弱小，房地美和房利美的工作人员拥有名校教育背景，并且能够影响国会。"⑤

援助房地美和房利美的成本是巨大的，而且预期很有可能增加。从2008年1月1日到2010年9月，它们共计损失2290亿美元，减记了2007年底报告的联合资本710亿美元以及房利美2008年新增的70亿美元。财政提供了1510亿美元填补缺口。联邦住房金融局估计：到2013年，政府援助成本在2210亿到3630亿美元之间。国会预算办公室计划逐步减少对政府支持企业的资金资助，包括总的财政支持和实际费用的支出，到2019年资助规模将达到3890亿美元。

"辜负了我的薪水"

房利美的两位高级官员在金融危机调查委员会的听证会上被问及：如何改善

---

① John Kerr, Scott Smith, Steve Corona（FHFA examination manager），and Alfred Pollard（FHFA general counsel），group interview by FCIC, March 12, 2010.
② Lockhart, interview.
③ Edward DeMarco, interview by FCIC, March 18, 2010.
④ Mudd, interview.
⑤ Henry Cisneros, interview by FCIC, October 13, 2010.

管理以使公司平稳运行，避免需要大额的财政援助。 穆德，2000~2008年获得6500万美元的收入，他希望说明这样一个事实：那些能够正常运作或者获得显著成绩的公司，一定是多元化经营，合理配置资金、国际化运作的公司。 如果是这样的话，就不需要从政府寻求帮助，这才是解决问题的更好的方案。[①] 房利美首席商务官莱文，2000~2008年赚了4500万美元佣金，回答说，"与我的薪酬相比我未尽到应尽的职责。"[②]

调查委员会结论

调查委员会认为：房利美和房地美作为私人公司上市交易，又以政府背景创造利润的商业模式，有本质上的缺陷。 我们认为：房利美的冒险经营是从2005年开始的，并最终导致了它的失败。 它的做法迎合了华尔街对增长的预期，也扩大了市场份额，保证了员工丰厚的佣金。 住房与城市发展部的住房自有率的设定目标或多或少影响了两房的经营行为。 政府的资助在某种程度上支持了他们的做法，维护了房屋市场自由化的公共福利政策。 冒险的借贷和证券化导致了房利美的主要损失，加上它远超过法律允许的杠杆率，最终导致公司破产。

包括风险管理在内的公司治理没有保护政府支持企业，部分原因是源于扭曲的佣金分配方式。 一方面，美国联邦住房企业监督局缺乏足够大的权利和监管能力；另一方面，政府支持企业本身有相当大的政治影响力，从而能够影响立法，甚至逃避监管。

早在2008年初，虽然当时政府支持企业的资金状况已经出现问题，但联邦政府依然决定对其增加贷款，冒险支持了即将崩溃的抵押贷款市场。 尽管这些措施为抵押贷款市场提供了流动性支持，但仍然导致了政府支持企业的实际损失。 而这些损失最终由纳税人承担，这又反映出政府支持企业在履行双重使命的矛盾本性。 在危机中，政府支持企业的抵押贷款证券实际上保持了自身的价值，并不是导致金融公司损失的主要因素。

[①] Mudd, testimony before the FCIC, April 9, 2010, transcript, p. 104.
[②] Robert Levin, testimony before the FCIC, Hearing on Subprime Lending and Securitization and Government-Sponsored Enterprises（GSEs）, day 3, session 1：Fannie Mae, April 9, 2010, transcript, p. 104.

第十八章
2008年9月：雷曼破产

偿债能力是一个简单的金融概念：如果你的资产价值超过你的负债，你就拥有偿债能力；如果不是，你就有破产的危险。但是，2008年9月12日，星期五的下午，来自全美最大的商业和投资银行的专家在华尔街美联储的办公室里，讨论雷曼兄弟的命运，就这家拥有157年历史的公司是否有偿债能力，与会者意见不一。

两天前，雷曼公司报告8月末的净资产是280亿美元。在过去9个月里，共计损失60亿美元，新近融资了100亿美元，相比上一年度净资产仍处于增加状态。

这个事实很难让其他投资银行相信。美联储的官员已经就雷曼的偿债能力问题讨论了数月，它们认为其偿债能力的风险已经很高。为了弄清此事，美联储不再依据雷曼所提供的280亿美元这一数据，开始质疑雷曼是否是按市值估价了其资产。6月份一位纽约联储的官员在写给同事的邮件中指出：如果公司的相关状况已经经过重大的修改，那么资产负债表中的数字就没有太大意义。[①] 如果还想继续经营的话，雷曼只能低价出售资产，否则随时可能发生大量的资本瞬间化为乌有的事情。

银行家们认为雷曼高估了实际资产。依照雷曼所使用的不现实的估价模型，他们有充分的理由提出质疑。纽约联储所有银行家都不相信雷曼账面上列明的540亿美元的资产价值。如果考虑到市场的因素，其资产实际价值应该只有一半，这样雷曼账面上280亿美元的净资产就顷刻消失了。即使低价出售的话，其账面数据将仍不到一半。

---

① Joseph Sommer, counsel, Federal Reserve Bank of New York, email to Patrick M. Parkinson, deputy research director, Board of Governors of the Federal Reserve System, et al., "Re: another option we should present re triparty?" July 13, 2008.

当摩根大通的首席执行官杰米·戴蒙被问及：雷曼是否具有偿债能力？ 他回答："我不知道，我尚不能回答这个问题。"①它的首席风险官巴里·朱布罗（Barry Zubrow）说："单从会计的角度来看，雷曼有偿债能力。 很明显它用短期融资和很高的杠杆率来处理了账面资产。"②

前雷曼的首席执行官理查德·尔德在向金融危机调查委员会证实说，他坚持认为他的公司有偿债能力，他说："公司没有资金漏洞。 第三季度，公司还有284亿美元的净资产。"③美联储主席本·伯南克不同意这样的说法。 他认为："我坚信的确存在资金漏洞；还强调纽约联邦储备银行主席蒂莫西·盖特纳，财政部长亨利·鲍尔森和美国证券交易委员会主席克里斯托弗·考克斯都认为存在巨大的资金漏洞；并且公司已经没有偿债能力，甚至没有流动资金。"④其他人，如美国银行的首席执行官肯·刘易斯，由于认同雷曼有资金漏洞的观点，那时他正在考虑是否在政府的帮助下收购雷曼。 他对金融危机调查委员会说，雷曼的实际资产和其他资产被高估了600～700亿美元。 这个消息在雷曼宣布破产的前些天他就告诉了鲍尔森。⑤

仅仅一个星期，更确切地说是一个周末。 关于美国历史上最大的破产案的讨论一直在继续，但是这改变不了一个基本的事实：没有一个银行愿意救助雷曼，政府基于财政、政治、经济各种考虑没有营救雷曼。 伯南克对金融危机调查委员会说：如果政府借钱给雷曼，雷曼依然会破产。 最终不仅不能保住雷曼，而且会把大量的损失强加到纳税人头上。⑥

"获得更多稳妥的资金来源"

在2008年3月贝尔斯登破产之后，大多数分析人士，包括伯南克、鲍尔

---

① James Dimon, interview by FCIC, October 20, 2010.
② Barry Zubrow, testimony before the FCIC, Hearing on Too Big to Fail: Expectations and Impact of Extraordinary Government Intervention and the Role of Systemic Risk in the Financial Crisis, day 1, session 2: Lehman Brothers, September 1, 2010, p. 212.
③ Richard S. Fuld Jr., testimony before the FCIC, Hearing on Too Big to Fail: Expectations and Impact of Extraordinary Government Intervention and the Role of Systemic Risk in the Financial Crisis, day 1, session 2: Lehman Brothers, September 1, 2010, p. 148. See also Fuld's written testimony at same hearing, p. 6.
④ Ben Bernanke, testimony before the FCIC, Hearing on Too Big to Fail: Expectations and Impact of Extraordinary Government Intervention and the Role of Systemic Risk in the Financial Crisis, day 2, session 1: The Federal Reserve, September 2, 2010, transcript, pp. 26, 89.
⑤ Kenneth D. Lewis, interview by FCIC, October 22, 2010.
⑥ Bernanke, testimony before the FCIC, September 2, 2010, p. 22.

森、盖特纳和考克斯①都认为雷曼是下一个贝尔斯登。盖特纳说，唯一的办法就是获得更多出于谨慎的投资资金。② 美联储副主席唐纳德·科恩告诉伯南克：在贝尔斯登破产之后，一些机构投资者也认为雷曼就是下一个，只不过是时间问题。③ 一系列的数字证实了他们的猜测：3月18日，摩根大通宣布收购贝尔斯登。由于信用违约互换业务，雷曼五年期的1000万债券的年担保费用增加了31万美元；对于美林该业务的成本增加了24.1万美元，对于高盛该业务的成本增加了16.5万美元。

人们主要担忧：雷曼公司与房地产相关投资和所依赖的短期融资来源，涉及2008年第一季度末到期的价值78亿美元的商业债券和1970亿美元回购协议，以及与无数对手间的总量超过90万份衍生工具的风险。④

因为雷曼与所有的投资银行都有合作，美联储和美国证券交易委员会质疑：在资产减记之后，雷曼有足够的实际资本吗？有足够的流动资本来维持运营吗？因为偿债能力和流动性都至关重要，而且相关。如果货币市场基金、对冲基金以及投资银行认为雷曼的资产小于估值，他们就会撤回基金，或要求追加更多担保，或减少借款数额。这将迫使雷曼变卖资产，一夜之间耗尽资本和流动资金。贝尔斯登就是这样。

过去美国证券交易委员会一直认为：证券巨头公司的流动性是首要的。但是美联储，作为银行监管者更强调资本的充足性。美国证券交易委员会的市场交易部负责人埃里克·西里认为，因为美联储是实际上的主要监管者，美国证券交易委员会要想寻求合作，必须接受美联储所强调的资本充足的观点。然而，随着时间的推移，双方也都看到了流动性的重要。⑤

---

① Bernanke told the examiner that the Federal Reserve, the SEC, and "markets in general" viewed Lehman as the next most vulnerable investment bank because of its funding model. Anton R. Valukas, Report of Examiner, In re Lehman Brothers Holdings Inc., et al., Debtors, Chapter 11 Case No. 08－13555（JMP）, （Bankr. S. D. N. Y.）, March 11, 2010, 2:631（hereafter cited as Valukas）;see also 1:5 and n. 16, 2:609 and nn. 2133－34, 4:1417 and n. 5441, 4:1482 and n. 5728, 4:1494, and 5:1663 and n. 6269. Paulson, 2:632. Geithner told the examiner that following Bear Stearns's near collapse, he considered Lehman to be the "most exposed" investment bank, 2:631;see also 1:5 and n. 16, 2:609, 4:1417 and n. 5441, 4:1482 and n. 5728, 4:1491 and n. 5769, and 5:1663 and n. 6269. Cox reported that after Bear Stearns collapsed, Lehman was the SEC's "number one focus";1:5 and n. 16, and p. 1491 and n. 5769;see also 2:609, 631.

② Timothy Geithner, quoted in Valukas, 1:8 and n. 30, 4:1496.

③ Donald L. Kohn, email to Bernanke, "Re:Lehman," June 13, 2008. Valukas, 2:615;2:609 and n. 2134.

④ Harvey R. Miller, bankruptcy counsel for Lehman Brothers, interview by FCIC, August 5, 2010;Lehman board minutes, September 14, 2008, p. 34.

⑤ Erik R. Sirri, interview by FCIC, April 1, 2010.

第十八章 2008年9月：雷曼破产

雷曼的财务主管保罗·图纽奇（Paolo Tonucci）对金融危机调查委员会说：自2007年出现流动性危机以来，贝尔斯登的破产已经使人们预期到雷曼首要的问题就是融资问题。① 在贝尔斯登破产之后的两个星期，雷曼找到了新的融资渠道，即动用所谓一级交易商信贷安排从美联储借到了钱，②但是不得不小心避免出现过度依靠一级交易商信贷安排这种获取现金的模式，因为这已经表明资金出现了问题。

在5月末的时候，雷曼拥有450亿美元的流动资金，但是它和美林在2008年春季和夏季的四大投资银行流动性压力测试中表现最差。

同时，公司也极力提高资金状况。首先，它降低了不动产的风险。从不动产资本为900亿美元降到5月底的710亿美元，到了夏末进一步降低至540亿美元。然后，增加了融资和长期债务的比例，从2008年4月到6月总计增加了155亿优先股和高级和次级债务。

财政部副部长罗伯特·斯蒂尔表扬了雷曼做出的努力，公开表示：这是解决问题的一个方法。③ 除此之外，交替出现了一系列其他的困难。富尔德随后指出：雷曼面临的主要问题之一是缺乏市场信心。公司的形象被投资者的"裸卖空"破坏了（在未借入证券的情况下卖出雷曼的证券）。期待雷曼的破产，甚至通过破坏市场信心来推动雷曼破产。贝尔斯登的破产就是因为谣言和流动性危机所致。现在，这些裸卖空者又来袭击我们了。④ 雷曼说服美国证券交易委员会打压"裸卖空"行为。⑤ 美国证券交易委员会开始关注短期卖空行为。美

---

① Paolo R. Tonucci, interview by FCIC, August 6, 2010.
② Specifically, Lehman drew MYM1.6 billion on March 18; MYM2.3 billion on March 19 and 20; MYM2.7 billion on March 24; MYM2.1 billion on March 25 and 26; and MYM2 billion on April 16. Lehman Brothers, "Presentation to the Federal Reserve: Update on Capital, Leverage & Liquidity," May 28, 2008, p. 15. See also Robert Azerad, vice president, Lehman Brothers, "2008 Q2—Liquidity Position (June 6, 2008)," p. 3. After its bankruptcy, Lehman drew MYM28 billion, MYM19.7 billion, and MYM20.4 billion, on September 15, 16, and 17, until Barclays replaced the Fed in providing financing. Valukas, 4: 1399. See alsoDavid Weisbrod, senior vice president, Treasury and Securities Services-Risk Management, JPMorgan Chase & Co., email to James Dimon et al., "Re: TriParty Close," September 15, 2008.
③ Thomas A. Russo, former vice chairman and chief legal officer, Lehman Brothers, email to Richard S. Fuld Jr., forwarding article by John Brinsley (originally sent to Russo by Robert Steel), "Paulson Says Investment Banks Making Progress in Raising Funds," Bloomberg, June 13, 2008 (quoting Robert Steel), June 13, 2008.
④ Richard S. Fuld Jr., interview by FCIC, April 28, 2010.
⑤ Valukas, 2: 713 and nn. 2764−65, 2: 715 and n. 2774. See also Russo, email to Fuld, "Fw: Rumors of hedge fund putting together a group to have another run at Lehman," March 20, 2008 (forwarding discussions with SEC regarding short sellers).

国证券交易委员的官员玛丽·夏皮罗解释说:"我们还没有足够的信息证实短期卖空股票的操纵行为是引起贝尔斯登和雷曼破产的原因,或者说它是2008年秋季以来引起其他银行陷入困境的原因。"美国证券交易委员会不认为短期操纵与投资银行的破产有关系。①

3月18日,雷曼报告了比预期稍好的第一季度收益:48900万美元。股价上升了将近50%,达到46.49美元。但是投资者和分析人士很快就质疑雷曼报告的实际资产的价值真实性。有机构认为雷曼的资产减记幅度太小,令人怀疑。② 绿光资本(Greenlight Capital),该基金在随后卖空雷曼的股票,戴维·爱因霍恩(David Einhorn)在5月份的一次演讲中指出:雷曼有大量的商业地产贷款,应该质疑其估值的准确性。他认为即使雷曼的估值更透明也并不能增加市场的信心。③

内尔·米诺(Nell Minow)是企业图书馆(Corporate Library)的主编和合伙人,这家公司致力于公司治理方面的研究。他认为是其他原因让人们对雷曼的管理产生了怀疑。他说:"雷曼的董事会没有一个真正懂金融衍生品的人。"④ 在2004年6月企业图书馆给雷曼评级为D,在2008年评级为F。⑤ 6月9日,雷曼宣布第二季度有28亿美元的损失,这是它自1994年成为公共公司以来首次出现亏损。股价跌至30美元。三天后,雷曼宣布撤换首席运营官约瑟夫·格雷戈里(Joseph Gregory)和主要首席风险官艾琳·卡兰(Erin Callan)。股价再次跌至22.7美元。

"这绝不是好消息"

在6月12日,雷曼公布第二季度最终报告时,纽约联邦储备银行对雷曼进

---

① Dan Chaudoin, Bruce Karpati, and Stephanie Shuler, Division of Enforcement, SEC, interview by FCIC, April 6, 2010; Mary L. Schapiro, chairman, SEC, written responses to written questions—specifically, response to question 13—from FCIC, asked after the hearing on January 14, 2010.

② Jesse Eisinger, "The Debt Shuffle: Wall Street Cheered Lehman's Earnings, but There Are Questions about Its Balance Sheet," Portfolio.com, March 20, 2008.

③ David Einhorn, Greenlight Capital, "Private Profits and Socialized Risk," speech at Grant's Spring Investment Conference, April 8, 2008, p. 9. See also David Einhorn, "Accounting Ingenuity," speech at Ira W. Sohn Investment Research Conference, May 21, 2008, pp. 3-4.

④ Nell Minow, interview by FCIC, September 13, 2010.

⑤ Nell Minow, testimony before the House Committee on Oversight and Government Reform, Hearing on Lehman Brothers, 110th Cong., 2nd sess., October 6, 2008.

行了现场检查。柯尔丝顿·哈洛（Kirsten Harlow）说，没有发现关于流动性、债务更新、终止任何担保或提供抵押资金的能力方面的不利信息。[1] 其所公布的流动资产和资产的数值都比上一季度好。

然而，雷曼的借款者和监管者都非常担忧。第二天早晨，纽约联邦储备银行的威廉·达德利，发邮件给伯南克、盖特纳、科恩和其他人时说："一级交易商信贷安排应该扩展实施的范围，因为一些投资银行仍然存在不稳定性，尤其是雷曼。我认为，缺乏一级交易商信贷安排的支持，雷曼会经历一个全面的流动性危机。"[2]

在收益披露后的一个星期，哈洛报告：雷曼实际上存在资金困难。四大金融机构与雷曼都有交易，但他们都减少了与雷曼的业务联系，包括法国外贸银行（Natixis）（一家法国投资银行），也取消了所有与雷曼的业务。摩根大通报告：大量的养老基金业务和一些亚洲央行减少了他们与雷曼和美林的业务联系。花旗要求追加30亿~50亿美元的合理储蓄，缩小与雷曼的风险敞口，最终只拿到了20亿美元。[3] 在内部备忘录中，花旗环球金融机构集团的首席风险管理专家托马斯·丰塔纳指出：雷曼现在丧失了自信。[4] 联邦储备监管部的高级研究员蒂莫西·克拉克更直接地说："这不是好消息。"[5]

6月25日，压力测试的结果显示：雷曼除了先前的540亿美元，还需要150亿美元注入流动资金池以便支付所有不安全性的借款和各种较为安全的借款。[6] 然而，雷曼在隔夜商业票据市场上的借款越来越多，从2007年9月末的30亿美元增加到2008年5月末的80亿美元。雷曼公司的运作主要依赖于回购资金，特别是部分到期的隔夜拆借和非流动性资产抵押。[7] 6月中旬，雷曼62%的流动资产依赖于借款而不是传统的债券，比如依赖流动性差的抵押贷款相关的债券。而这种债券不能依赖一级交易商信贷安排实现融资，对此投资者变得更加谨慎。[8]

6月10日，联邦投资——一家大型货币市场基金，也是雷曼最大的第三方回

---

[1] Kirsten J. Harlow, email to Timothy Geithner et al., "On-Site Primary Dealer Update：June 16，" June 16, 2008.

[2] William Dudley, email to Timothy Geithner, Donald Kohn, and others, June 17, 2008.

[3] Kirsten J. Harlow, email to Kevin D. Coffey, examining officer, FRBNY, et al., "On-Site Primary Dealer Update：June 19，" June 19, 2008.

[4] Thomas Fontana, Citigroup, email to Christopher M. Foskett, Citigroup, et al., June 12, 2008.

[5] Tim Clark, Federal Reserve, email to Kevin Coffey, Federal Reserve, et al., June 20, 2008.

[6] Federal Reserve Bank of New York, "Primary Dealer Monitoring：Liquidity Stress Analysis，" June25, 2008.

[7] Based on chart in Federal Reserve Bank of New York, "Developing Metrics for the Four Largest Securities Firms，" August 2008, p. 9.

[8] Federal Reserve Bank of New York, "Primary Dealer Monitoring：Liquidity Stress Analysis，" June25, 2008.

购资金提供机构通知摩根大通（雷曼的清算银行）他们不会再与雷曼有业务往来。因为摩根大通在第三方回购业务中，"雷曼不愿意真诚地协商，而且越来越不配合"。① 达孚公司（Dreyfus）作为另一家大型基金和雷曼第三方回购借款人，开始从该公司撤回回购款项。②

"惊扰市场"

随后美联储考虑到第三方回购市场的风险，也想了很多办法帮助雷曼。纽约联邦储备银行和联邦存款保险公司都拒绝了雷曼转变为银行控股公司的提议。盖特纳告诉富尔德这一招并不能解决流动性的问题。③ 美联储的达德利提出该建议是效仿贝尔斯登的做法：雷曼从股权收益中出资 50 亿美元，美联储出资 550 亿美元设立一特别机构，该机构持有雷曼 600 亿美元的资产。这种做法能够转移来自市场上流动性差的资产，避免雷曼为了偿债而低价出售资产。④ 然而这是不可能实现的。

当这个提议在 7 月份浮出水面的时候，本身是含有投机成分的。但到了 8 月份，情况就变了。8 月 8 日美国联邦储备委员会研究与统计部副主任帕特里克·帕金森在给美联储和财政部的同事写邮件时，提出营救计划应该考虑以下内容：（1）明确雷曼根据《破产保护法》第十一章申请破产保护是否会给金融市场和经济运行带来严重的损害；（2）收集足够多准确的信息来评估雷曼破产的潜在影响；（3）探究对遭受严重影响的部门的营救措施。⑤

---

① Karl Mocharko, assistant vice president and senior trader, Federated Investors, Inc., email to Gail Shanley, Federated Investors, Inc., et al., "Re: Federated SubCustodial Agreement—JPMC's comments," July 10, 2008; Charles Witek, Federated Investors, Inc., email to George V. Van Schaick, Lehman Brothers, et al., "FW: Federated SubCustodial Agreement—JPMC's comments," April 23, 2008. Despite the FRBNY's observation, Federated did not fully terminate its repo relationships with Lehman. In fact, as of September 12, Federated's repo exposure to Lehman was MYM2 billion, as reported in the Commission's Market Risk Survey of money market mutual funds.

② Patrick M. Parkinson, email to David Marshall, et al., July 11, 2008; David Marshall, email to Patrick M. Parkinson, July 11, 2008.

③ Valukas, 4:1497-98 (quoting Timothy Geithner); see also Bart McDade, president and chief operating officer, Lehman Brothers, interview by FCIC, April 16, 2010.

④ William Dudley, email to Geithner et al., "Re: Lehman Good Bank/Bad Bank idea discussed last night," July 15, 2008.

⑤ Patrick M. Parkinson, email to Steven Shafran, Department of the Treasury, et al., "Fw: Gameplan and Status to Date," August 19, 2008.

第十八章 2008年9月：雷曼破产

当监管者意识到不了解雷曼和其他投资银行的场外衍生品交易时，投资银行披露了场外衍生品交易的总数，合约总风险和市场估值。但是他们没有公开报告合约和交易方情况。因此，无法得知持有人、持有量和交割时间，这个信息本来对分析雷曼破产后对衍生品交易方和金融市场的可能影响具有非常重要的意义。

帕金森提议：如果主要的交易方都违约的话，组建一个由主要市场参与者的高级管理人员构成的违约管理机构，同监管者一起共同预测形势。这一提议来自于一个私人公司的风险政策管理部。该部门早在十年前就提醒美联储注意场外衍生品交易潜在的问题。帕金森建议加快建立这个机构，同时不要让市场中的投资者知道。① 8月15日，他在给纽约联邦储备银行的官员发邮件时写道，他很担忧：缺乏足够的信息，因此不能形成有效的计划。② 他被告知，两天前纽约联邦储备银行的官员得到了雷曼场外衍生品交易的信息，但是这些信息还不够。而且雷曼与纽约联邦储备银行的会面已引起了市场上的小幅波动。这就更进一步说明市场需要得到更多关于雷曼的确切信息。③

纽约联邦储备银行的官员不愿意披露雷曼衍生品的交易方的相关信息。因为这样的披露会传递出巨量的负面信息。④ 他们认为这样会惊扰市场。⑤ 帕金森认为信息是非常重要的，但是试图收集信息本身的行为就会产生巨大的市场风险。⑥ 而且解开雷曼子公司与其他交易方的复杂相关性是很困难的，恐怕要让律师和会计人员忙上一阵子。⑦

8月28日，财政部的斯蒂夫·夏弗兰（Steve Shafran）通知帕金森，财长鲍尔森同意在尽可能不带来扰动的情况下，收集场外交易衍生品的信息。⑧

9月5日，帕金森向雷曼的首席执行官富尔德发出了索取信息的邮件。⑨ 盖特纳希望前纽约联邦储备银行主席，现任高盛董事杰拉尔德·科里根（E. Gerald Corrigan 曾经也在交易方风险政策管理部门工作）成立一个行业组织，搜集陷入

---

① Patrick M. Parkinson, email to Steven Shafran, August 11, 2008.
② Patrick M. Parkinson, email to Arthur Angulo, Theodore Lubke, Til Schuermann, and William Brodows, August 15, 2010.
③ William Brodows, email to Patrick Parkinson, August 15, 2008.
④ Ibid.
⑤ Ibid.
⑥ Parkinson, email to Steven Shafran, August 19, 2008.
⑦ Ibid.
⑧ Steven Shafran, email to Patrick M. Parkinson, August 28, 2008.
⑨ Patrick M. Parkinson, email to Theodore Lubke, September 5, 2008.

困境的投资银行的信息。 在鲍尔森的建议下，帕金森、夏弗兰和其他人也开始搜集信息。 接下来的数周，人们都在讨论信息收集的问题。

9月4日，雷曼兄弟的高管们通告摩根大通高管（雷曼的第三方回购清算银行）：两周后会公布第三季度的业绩。 39亿美元的损失反映出了严重的资产减记状况。 雷曼也开始考虑逐步扩充资本，包括接受韩国发展银行或者其他银行的投资，出售雷曼投资管理部纽伯格·伯曼和部分房地产资产，以及将公司根据私募股权赞助商的资质分为"好银行"和"坏银行"两类分别对待。[1] 雷曼兄弟的高管们也与摩根大通讨论了雷曼的回购担保业务。

9月8日，星期一，纽约联邦储备银行的20多名官员收到通知：9月9日开会为雷曼出谋划策。 他们看到一份文件，上面指出雷曼的第三方回购资金敞口大约是2000亿美元。 在破产前，贝尔斯登的敞口仅仅500亿~800亿美元。 这份文件进一步明确了共有10家交易方为雷曼提供了80%的回购资金，而且由雷曼的清算银行提供的即日流动资金可能也会出现问题。 实际上，摩根大通、花旗银行和美国银行都需要雷曼公司追加担保金。 "如果他们拿不到需要补充追加的担保金，就不会再向雷曼提供资金。"[2]

9月9日，星期二，韩国发展银行将不再投资雷曼的消息震动了市场。 雷曼的股价下跌了55%，收盘价是7.79美元。 与伯南克通话后，盖特纳命令下属起草一份报告：说明雷曼和贝尔斯登的相同点和不同点，以及过去和现在的状况之差异所在。[3] 美联储的帕金森发邮件给财政部的夏弗兰表达了他的观点：雷曼下周会报告更大的损失，净资产也不可能增加，尽管它的流动性资金高于曾经的贝尔斯登，但仍然会使市场对它失去信心。[4]

下午五点，鲍尔森召集考克斯、盖特纳、伯南克和财政部的官员讨论雷曼可

---

[1] Emil Cornejo, senior vice president, Department of the Treasury, Lehman Brothers, email to Janet Birney, senior vice president, Department of the Treasury, Lehman Brothers, et al., "JP Morgan Agenda forwarded for our review. FYI," September 3, 2008. See Lehman Briefing Memorandum, September 4, 2008; JP Morgan Agenda, September 4, 2008.

[2] Meg McConnell, FRBNY, email to Arthur Angulo et al., "Meeting tomorrow at 9:00," September 8, 2008.

[3] Henry M. Paulson Jr., On the Brink: Inside the Race to Stop the Collapse of the Global Financial System (New York: Business Plus, 2010), p.178; Rita C. Proctor, assistant to the chairman, Board of Governors of the Federal Reserve, email to Donald L. Kohn et al., "This evening's conference call will take place at 5 P.M. instead of 6 P.M.," September 9, 2008.

[4] Patrick M. Parkinson, email to Steven Shafran, "Re: now I am on a conf call," September 9, 2008.

能破产的问题。[1] 5 点 20 分的时候,财政部吉姆·威尔金森(Jim Wilkinson)写邮件给同事米歇尔·戴维斯(Michelle Davis)表达了他对政府不救助雷曼的不满:"我们需要沟通,我只是不能忍受由政府去救助雷曼,这将在新闻界引起轩然大波,难道这还不可怕?"[2]

当天,富尔德同意向摩根大通增加 36 亿美元的担保。雷曼的破产财团随后宣布:他们之所以这样做,是因为摩根大通威胁要撤回提供的回购资金。朱布罗指出:摩根大通要求雷曼追加担保是因为衍生品交易方和雷曼之间的风险敞口在不断扩大。[3] 摩根大通的主席史蒂文·布莱克(Steven Black)说,他要求雷曼追加 50 亿美元担保金,最终只拿到了 36 亿美元。[4] 他认为这样做并未给雷曼增加过大的压力。星期二晚上,雷曼和摩根大通的董事聚在一起讨论雷曼融资的问题。摩根大通没有被说服。摩根大通的董事局主席布莱克汇报说:"雷曼不知所措。"布莱克回应说:"他们自身并没有可行的方案,只是期待我们帮助他们,要么出主意,要么提供信贷额度帮助他安然挺过第一季度,他们即将区分'好银行/坏银行'。期待着我们给他再次开出同样的处方,很明显他们认为我们会再次那样做。"[5]雷曼的破产财团并不这样认为。在戴蒙提出摩根大通愿意购买雷曼的优先股后,雷曼督促布莱克派遣一个敬业的团队来执行此交易,布莱克却派遣了一些高级风险管理经理彻查雷曼的相关机密信息。[6]

破产财团当晚发表声明说,摩根大通要求雷曼在次日早晨七点半宣布第三季度的收益前,执行关于第三方回购的修订协议。修订协议要求雷曼提供额外的担保金,以增强其潜在的责任承担,从而使摩根大通能更好地控制雷曼的

---

[1] Henry M. Paulson Jr., On the Brink: Inside the Race to Stop the Collapse of the Global Financial System (New York: Business Plus, 2010), p. 178; Rita C. Proctor, assistant to the chairman, Board of Governors of the Federal Reserve, email to Donald L. Kohn et al., "This evening's conference call will take place at 5 P. M. instead of 6 P. M.," September 9, 2008.

[2] Jim Wilkinson, email to Michele Davis, September 9, 2008.

[3] Barry Zubrow, interview by FCIC, August 19, 2010.

[4] Paul, Weiss, counsel to Steven Black, letter to FCIC, August 27, 2007, written responses to FCIC questions in email of August 26, 2007, p. 6.

[5] John J. Hogan, JPMorgan Chase & Co., email to Steven D. Black, September 9, 2008, 7:07 P. M.; Steven Black, email to John Hogan, September 9, 2008, 8:24 P. M. See also Valukas, 4:1139, 1140 and n. 4204, and 1141.

[6] Complaint, In re Lehman Brothers Holdings, Inc., et al., against JPMorgan Chase Bank, N. A., Chapter 11 Case No. 08 -13555 (JMP) (Bankr. S. D. N. Y. May 26, 2010), pp. 14 -15 (hereafter cited as Lehman Complaint).

银行账户。① 破产财团说，雷曼执行协议是因为摩根大通的威胁，如果雷曼不执行协议，摩根大通将拒绝提供即日回购借款。 摩根大通否认这一说法。 布莱克告诉金融危机调查委员会："2008年9月10日星期三开市前，摩根大通从来没有威胁过雷曼：如果9月份的协议不执行的话会停止提供贷款和清算业务。"②

星期三开市前，雷曼宣布它第三季度损失39亿美元，其中包括了56亿美元的资产减记。 四小时后，财政部的分析员马修·卢瑟福（Matthew Rutherford）给同事写邮件时指出七家大型货币基金机构已经减少与雷曼的业务联系，尽管还没有完全终止批量回购业务。③

卢瑟福写道："富达投资集团（最大的基金联合企业）认为：尽管至今雷曼没有发生很大的转变，仍然在做决定的过程中，我们希望有新的方案出台。"到星期五，富达投资集团已经减少了提供给雷曼的第三方回购借款，从之前的120亿减少到不到20亿美元。 富达投资集团告诉金融危机调查委员会：3月份贝尔斯登破产前的一个星期，富达投资集团已经结算了它借给贝尔斯登的96亿美元的回购资金。

"充分发挥想象"

美联储要求工作组提出一个具体的方案用以说明：美联储协助美国银行收购雷曼的可行性；私人财团购买雷曼优先股的可行性；美联储提供第三方回购贷款的可行性。④达德利提出"考虑援助雷曼"请求后，纽约邦储备银行的资深副主席帕特丽夏·莫瑟（Patricia Mosser）提出了她的观点：（1）不考虑价格，寻找买家；（2）逐步结束雷曼的事情；（3）迫使雷曼破产。 关于第一点建议，莫瑟说："尽量用最小额的资金作为临时支持，不需要登兰有限责任公司（Maiden Lanc LLC）的介入，不需美联储持股。 因为这样做，雷曼被收购的道德风险和名誉损失都将很高。 如果美联储决议再次进行股权投资的话，那美联储在3月

---

① Complaint, In re Lehman Brothers Holdings, Inc., et al., against JPMorgan Chase Bank, N.A., Chapter 11 Case No. 08-13555 (JMP) (Bankr. S. D. N. Y. May 26, 2010), pp. 14-15 (hereafter cited as Lehman Complaint).
② Black responses, August 27, 2010, p. 6.
③ Matthew Rutherford, email to Tony Ryan, Department of the Treasury, et al., September 10, 2008.
④ Mark VanDerWeide, assistant general counsel, Board of Governors of the Federal Reserve System, email to Scott G. Alvarez, general counsel, Board of Governors of the Federal Reserve System, "lehman," September 10, 2008.

份做的一切暂时增加流动性的努力都将化为泡影。而且不能开这一坏的先例。长远来看，还不如让雷曼破产。"的确破产是件从各个角度看都显得糟糕的事情，却解决了美联储的道德风险加剧问题。①

星期三的晚上，纽约联邦储备银行的一名官员向同事提供了"清算财团"的计划。②该计划召集雷曼的第三方回购、信用违约互换、场外交易的相关交易方的高级代表，即所有雷曼破产会受到严重损失的利益攸关方，一起讨论制定共同的资金机制防止雷曼破产。根据计划，财政部长鲍尔森告诉市场的参与者，到下周一亚洲开市（纽约时间，星期日晚上）时会设计出一个可行的方案。计划还阐述了这样一个想法："我们应该在开会前确定一个最大限度融资额，但是具体数字不能泄露给清算财团。"③实际上两天之后的会面，鲍尔森将告诉这些财团：政府决定让雷曼破产。④

美国银行前首席执行官肯·刘易斯告诉金融危机调查委员会，财政部长鲍尔森在9月10日，星期三晚上与他通了话，询问他收购雷曼的意见，并告诉他富尔德愿意交易。7月鲍尔森和盖特纳已经安排富尔德和刘易斯讨论收购的事情，但是富尔德那时还不愿意卖掉整个公司。因为此事刘易斯向鲍尔森表达了他的忧虑，他担心富尔德不愿意卖掉整个公司或者不愿意按实际价格出售公司。美国银行董事会开始重新查看雷曼的账簿。第二天，富尔德对这项交易很乐观。但是美国银行认为雷曼的资产被高估了，刘易斯告诉鲍尔森没有政府的支持该交易将不可能进行。但鲍尔森告诉他让他充分发挥想象，争取完成收购。鲍尔森的坚持使得美国银行的董事们不得不继续工作。但是9月12日，星期五，刘易斯向鲍尔森重申了他的观点：没有政府的支持，收购将无法完成。很明显，富尔德并不知情。他给刘易斯打电话的时候，刘易斯的妻子告诉他，刘易斯无法接电话，然后就挂了。⑤

9月11日，星期四，高盛的董事苏珊·麦凯布（Susan McCabe）上午8点26分给达德利和其他人发邮件时说，事情发展不顺利，而且越来越坏。比起贝

---

① Patricia Mosser, email to William Dudley et al., "thoughts on Lehman," September 10, 2008.
② See Michael Nelson, counsel and vice president, FRBNY, email to Christine Cumming, first vice president, FRBNY, et al., "revised Liquidation Consortium gameplan + questions," September 10, 2008, (attaching game plan).
③ See Patrick M. Parkinson, email to Donald Kohn et al., "Fw: revised Liquidation Consortium gameplan + questions," September 11, 2008 (attaching game plan).
④ Ibid.; Thomas Baxter, interview by FCIC, August 11, 2010.
⑤ Ken Lewis, interview by FCIC, October 22, 2010.

尔斯登，雷曼存在更大的交易方风险，特别是在衍生品市场，因此市场将更加恐慌。 美国国际集团、华盛顿互助银行也不例外。 这超出了各方的控制能力。① 伯南克得知：如果雷曼破产，它比贝尔斯登的问题更难解决。 因为雷曼的规模是贝尔斯登的两倍。②

一些人认为政府应该采取行动。 上午10点46分，纽约美邦储备银行的高级官员海利·波斯基（Hayley Boesky）向她的同事转发了一份邮件。 这份邮件来自一位对冲基金经理刘易斯·贝肯（Louis Bacon），他建议纽约联邦储备银行"努力稳定雷曼的情况"。 同时也强调"上述措施实际无法解决根本问题，雷曼有太多的坏账需要剥离。"③

下午1点40分，美联储官员提出设立"雷曼违约管理机构"的框架建议。 这个机构由雷曼的交易方和债权人组成，共同处理雷曼破产的事情。 他们同意延期清算与雷曼的交易。 首先应拟定一个清算程序，然后用统一的估值方法进行清算。④ 星期四晚上12点多，波斯基通知他的同事，恐慌地对冲基金公司说他们预期到金融业会全面的衰退，雷曼会倒，华盛顿互助银行、美林都会倒闭。 投资者请求拯救的不仅是雷曼，而是整个金融业。 波斯基形象地描述了雷曼危机所引发的恐慌的程度。 把恐慌分成十级，如果说贝尔斯登引发的恐慌是十级的，雷曼引发的就是十二级的。⑤

几乎是同时，摩根大通要求雷曼到第二天的纽约开市时追加50亿美元的现金。 如果不执行，摩根大通将拒绝提供贷款。⑥ 摩根大通的CEO戴蒙，主席布莱克和首席风险官朱布罗之前通过电话向雷曼的高层提出了这个要求，包括雷曼

---

① Susan McCabe, Goldman Sachs Group, Inc., email to William Dudley et al., "Hope you have the Radar screens on early this morning," September 11, 2008.

② Rita C. Proctor, email to Bernanke, "Fw: Financial Markets Conference Call 9/11/08," September 11, 2008（forwarding to Chairman Bernanke materials for the conference call）.

③ Hayley Boesky, vice president, Markets Group, FRBNY, email to Meg McConnell et al., forwarding Louis Bacon, email to Hayley Boesky, "FW: Options for short-circuiting the market," September 11, 2008, 10: 46 A. M.

④ Email chain between Jamie McAndrews, Tobias Adrian, and Jeff Stehm, subject: "Fw: Default Management Group 9 Sep 2008. doc," September 11, 2008.

⑤ Hayley Boesky, email to Debby Perelmuter, senior vice president, FRBNY, et al., "Panic," September 11, 2008.

⑥ Jane Buyers-Russo, managing director, JP Morgan, email to Paolo R. Tonucci, "Fw: Letter to Lehman," Sept. 11, 2008, （attaching JPMorgan Chase & Co.'s September 11, 2008, Notice to Lehman Brothers Holdings Inc.）.

的首席执行官富尔德、首席财务官罗维特以及财务主管图纽奇。① 然而图纽奇告诉摩根大通的董事：雷曼不会满足他们的要求。 他还对金融危机调查委员会说："戴蒙说雷曼资金的问题与摩根大通没有关系。 摩根大通说'我们只想要钱，其他不是我们考虑的问题'，我方强调的其要求的数额太大。"②当他追问摩根大通如果按照要求追加100亿美元时摩根大通能提供何种保证时，戴蒙回答说："我们什么也不能保证。"③

在通常情况下，图纽奇不会有如此的忍耐力，但是情况已经超乎寻常。 他在9月12日星期五写给雷曼董事的邮件里如是说："摩根大通作为清算银行会继续要求雷曼继续追加担保金。 如果我们不能提供现金，他们就拒绝清算，我们就会倒闭。"因此雷曼动用所有可支配资产向摩根大通提交了50亿美元现金。④

摩根大通的朱布罗却不这样认为。 他告诉金融危机调查委员会，先前雷曼提供的36亿美元的担保原本就不够，因为所担保的产品其流动性差，价值又不确定。 而且潜在的担保差额远大于50亿美元。⑤ 雷曼的前首席执行官富尔德说，他之所以同意增加50亿美元担保金，是因为摩根承诺继续承接雷曼的业务。⑥ 雷曼破产财团也做出相同的声明。 现如今争议的问题是：雷曼破产财团起诉摩根大通要求归还50亿美元以及之前36亿美元担保金。⑦

"华尔街的首席执行官们"

雷曼能被批准实行破产吗？ 政府的态度也是不确定的。 星期五上午，财长鲍尔森前往纽约处理雷曼的问题。⑧ 威尔金森说："他不能想象用政府的钱来解决雷曼的问题"。 那天下午，美联储董事会成员沃尔什在回应同事提出的不保

---

① Jane Buyers-Russo, email to Bryn Thomas, executive director, Broker Dealer Group, JPMorgan Chase & Co., et al.,"Re:Lehman Brothers TriParty Collateral,"September 12, 2008.
② Paolo R. Tonucci, interview by FCIC, August 6, 2010.
③ See Valukas, 4:1158−65, 1162 and n. 4304.
④ Lehman Complaint, pp. 22−23, paragraphs 68, 71.
⑤ Barry Zubrow, written testimony for the FCIC, Hearing on Too Big to Fail: Expectations and Impact of Extraordinary Government Intervention and the Role of Systemic Risk in the Financial Crisis, day 1, session 2: Lehman Brothers, September 1, 2010, p. 7.
⑥ Richard S. Fuld, interview by FCIC, August 24, 2010.
⑦ Lehman Complaint, p. 23, paragraph 70.
⑧ Jim Wilkinson, email to Abby Aderman, Russell Reynolds Associates,"Re:Paulson Statement on Treasury and FHFA Action to Protect Financial Markets and Taxpayers,"September 12, 2008.

护所有雷曼债券的持有者时指出,"我认为不应该保护任何人"。① 然而星期五,美联储主席伯南克却没有别的选择。 他只能用政府作挡箭牌,以免他必须召集美联储董事会行使紧急借款权利。②

星期五晚上的早些时候,财长鲍尔森召集被哈维·米勒(该人是雷曼破产律师)称为"家庭内部的高管"③,即华尔街的首席执行官们到纽约联邦储备银行总部。 鲍尔森说通过私人部门是解决阻止雷曼破产的唯一方法。 华尔街的首席执行官们必须提出一个实际的解决方法,使损失降到最低。 休克式疗法不利于资本市场,也会带来极大的风险,使得整体资产价值快速缩减,导致追加担保的要求不断上升,资产流动性变差。 也就是说,会导致系统性风险增加。 如果董事们不能形成有序的解决方案,就不可能根据1998年的《长期资本管理法案》确定隐性损失到底有多大。 鲍尔森督促美联储通过政策和应用借贷工具来帮助雷曼,但是他强调说美联储不会提供任何其他形式的贷款支持。④ 正如纽约联邦储备银行法律总顾问汤姆·巴克斯特说的那样,政府不会提供"任何的帮助"。⑤

H. 罗金·科恩(H. Rodgin Cohen)是一名华尔街资深律师,他的态度代表大多数银行,包括雷曼。 他告诉金融危机调查委员会,政府不救雷曼是经过深思熟虑的。 他说:"我不能确切地知道政府在想什么,但是我感觉他们在耍花招。 官方的理由是救雷曼存在政治上的障碍。 救贝尔斯登之后,引发了很多非议。 我相信政府也曾考虑过援助雷曼,只是更希望私人部门能够买下雷曼的大部分资产。"⑥

美联储内部的清算财团制订的计划与科恩的观点一致。 即便政府做出资助雷曼的承诺,也不会向外界公布。⑦ 另一事实也证明这一观点:尽管鲍尔森也说"一分钱"不给。 但英国财政大臣阿利斯泰尔·达林(Alistair Darling)透露:鲍尔森告诉他,纽约联邦储备银行准备通过巴克莱银行助其完成收购雷曼的交易。⑧

---

① Kevin M. Warsh, e-mail to J. Nellie Liang, senior associate director, Division of Research and Statistics, Board of Governors of the Federal Reserve System, September 12, 2008.
② Valukas, 2:618.
③ Harvey R. Miller, interview by FCIC, August 5, 2010.
④ Tom Baxter, "Speaking notes: Financial Community Meeting," attached to email from Helen Ayala, NYFRB, to Steven Shafron, Treasure, September 12, 2008.
⑤ Thomas C. Baxter, interview by FCIC, August 11, 2010.
⑥ H. Rodgin Cohen, interview by FCIC, August 5, 2010.
⑦ Parkinson, email to Kohn et al., September 11, 2008.
⑧ Financial Services Authority of the United Kingdom, "Statement of the Financial Services Authority" before the Lehman bankruptcy examiner, pp. 4-5, paragraph 23.

星期五晚上的财团会议,花旗首席执行官维克兰姆·潘伟迪问到:是否有必要和美国国际集团谈谈。 蒂莫西·盖特纳干脆地回答:让我们集中关注雷曼就可以了。①

"告诉他们缓一缓"

如果9月15日,也就是星期一摩根大通在第三方回购市场拒绝为雷曼提供即日贷款,会发生什么呢? 美联储从夏季就开始考虑这个可能性。 正像帕金森指出的那样,最关键的问题是:即使雷曼申请破产,美国证券交易委员会仍然想让雷曼的经纪人存活下来,也不想让美联储成为最终借款者而只能拿到第三方担保抵押的部分。② 他说,朱布罗周末通知他,周一摩根大通暂不会解除与雷曼的回购协议,即使美联储还没有通过所谓一级交易商信贷工具为雷曼扩大担保。 在年初时,帕金森曾说过,摩根大通拒绝放松相关的条件是不可原谅的。 现在他告诉盖特纳说:"告诉他们缓一缓。"③

美林的首席执行官约翰·塞恩(John Thain)周六上午说,集团的董事查看了雷曼的资产,估计该公司的资产被高估了150亿到250亿美元。 他认为这超过了别人愿意接受的程度,雷曼可能会破产。④ 如果雷曼破产,美林就将是下一个。 因此,他与美国银行的刘易斯通话。 随后他们在美国银行的办公大楼会面。 直到星期天,两人达成协议,美国银行以每股29美元的价格收购美林股权,以美国银行的股份作为支付。

星期六下午,雷曼的法律顾问向美联储提供一份文件,说明雷曼的违约会引发一系列的违约(这些违约将由子公司的场外交易衍生品引发)。⑤ 伯南克、科恩、盖特纳和其他的高级官员随后开会讨论向国会申请额外授权的可能性,盖特

---

① Paulson,On the Brink,p. 193.
② Patrick M. Parkinson,email to Lucinda Brickler,senior vice president,payments policy,FRBNY,"Re:triparty repo thoughts for this weekend,"September 12,2008.
③ Patrick M. Parkinson,interview by FCIC,August 24,2010;see also Patrick M. Parkinson,email to Lucinda Brickler et al. ,"Re:another option we should present re triparty?"July 13,2008.
④ John Thain,interview by FCIC,September 17,2010.
⑤ Christopher Tsuboi,examiner,bank supervision/operational risk,FRBNY,email to Alejandro LaTorre,assistant vice president,Credit,Investment and Payment Risk Group,FRBNY,"memo re:Lehman's intercompany default scenario,"September 13,2008.

纳想要推动事情的解决。① 然而，美联储法律总顾问斯科特·阿尔瓦雷斯提醒大家不要把计划泄露给摩根大通。因为他不想给人留下美联储帮助摩根大通压迫雷曼或者其他银行的话柄。②

在周六晚上，由雷曼破产恐惧引发的游行取消了。这似乎是因为达成了一项协议：巴克莱银行可能收购雷曼，不包括由私人财团注入的400亿~500亿美元（尽管财团的银行家们都认为雷曼的资产严重高估了）。迈克尔·克莱恩（Michael Klein），作为巴克莱银行的分析师，告诉雷曼的主席巴特·麦克达德（Bart McDade）说，如果私人财团签署协议答应将予以协助，巴克莱银行愿意收购雷曼。③ 这似乎表明交易会顺利进行下去。④

"这并不意味着美好的结局"

星期日，一切都变得糟糕了。上午八点，巴克莱银行的首席执行官约翰·瓦利（John Varley）和主席罗伯特·戴蒙德（Robert Diamond）告诉鲍尔森、盖特纳和考克斯：英国金融服务监管局（FSA）没有批准收购雷曼的交易。⑤ 问题出在担保上。纽约美联储要求直到收购结束，巴克莱银行担保雷曼的债务，就像3月份摩根大通为贝尔斯登提供担保一样。⑥ 在英国的法律中，担保需要巴克莱银行的股东投票表决，这一程序需要30~60天的时间。尽管可以延期执行这一规定，但是英国金融服务监管局认为这样的做法是没有先例的，而且直到周六晚上他们才得知有担保要求，巴莱克银行自然不愿意承担这样的义务。

盖特纳请求英国金融服务监管局的主席凯勒姆·麦卡锡（Callum McCarthy）延期执行股东投票。但麦卡锡想让纽约联邦储备银行承担这项担保。⑦ 而且，英国金融服务监管局认为，巴克莱银行承担这一义务将导致不得不对雷曼的相关业务提供无限期、不确定的担保，承担雷曼之前和将来的一切风

---

① Scott Alvarez, email to Ben Bernanke et al.，"Re：Fw：today at 7：00 p.m. w/Chairman Bernanke, Vice Chairman Kohn and Others，" September 13，2008.
② Scott Alvarez, email to Mark VanDerWeide，"Re：tri-party，" September 13，2008.
③ Bart McDade, interview by FCIC, August 9, 2010.
④ Baxter, interview.
⑤ Paulson, On the Brink, p. 207.
⑥ Baxter, interview；Robert Diamond, interview by FCIC, November 15，2010.
⑦ Paulson, On the Brink, pp. 212 −213.

险，包括所有进入收购环节的交易，而这些交易也许最终根本不可能成功。①

对鲍尔森来说，由美联储作担保是根本不可能的。② 这样会让美联储背上很重的负担。尽管担保可以维持雷曼继续经营。但是如果巴克莱银行拒绝收购，美联储就将持有一家完全破产了的银行。

巴克斯特告知金融危机调查委员会：巴克莱银行知道这种担保是必需的，因为摩根大通在收购贝尔斯登时也提供相同类型的担保。实际上，他认为巴克莱不为雷曼担保的真实原因是：英国政府不愿意其进行这项交易。③

星期天上午，财政部的威尔金森给摩根大通投资银行的首席执行官杰斯·斯特利（Jes Staley）写邮件时说，他与鲍尔森和盖特纳会面时发现事情不太顺利。他认为：结局不会太好。④ 一个小时之后，他补充说："让政府援助雷曼是妄想。政府不可能提供资金，鲍尔森也无能为力，除非巴克莱撤销不收购的计划，否则事情的结局会更坏。"⑤

事情果真如此。鲍尔森与英国的达林商谈没有成功。⑥ 两年后，达林承认他不支持交易："假如一家英国银行购买一家美国超级大银行，而美国银行随后几周就倒闭，你能想象吗？"他不得不对所有的英国人说："每个英国人从孩子辈，到孙子辈，到子子孙孙辈将不得不为我们的错误决定付出长期的代价。"美国银行试图独善其身的决定更坚定了他的想法，他坦言他的第一反应是：如果这是一个好项目，为什么没有一家美国银行愿意做呢？ 而且他认为承担雷曼的所有担保是不可能的事情，这样做会给英国经济带来不利的影响，他不会允许英国用纳税人的钱认购美国的银行。⑦

在英国做出决定后，雷曼的所有计划都泡汤了。雷曼的法律顾问科恩回忆："当鲍尔森与盖特纳和考克斯一同从会场走出来时，他们告诉雷曼的主席和我说：'我们财团同意购买贵公司，但是英国政府不愿意。达林不愿意让美国

---

① Financial Services Authority of the United Kingdom, "Statement of the Financial Services Authority" before the Lehman bankruptcy examiner, p. 9, paragraph 48.
② Paulson, On the Brink, pp. 209 –210. See also Baxter, interview.
③ Baxter, interview.
④ Jim Wilkinson, email to Jes Staley, September 14, 2008, 7:46 A. M.
⑤ Jim Wilkinson, email to Jes Staley, September 14, 2008, 9:00 A. M.
⑥ Paulson, On the Brink, p. 210.
⑦ Alistair Darling, quoted in United Kingdom Press Association, "Darling Vetoed Lehman Bros Takeover," Belfast Telegraph, October 9, 2010.

的危机传染英国。'"①

下午 1 点,雷曼的高层在办公室正在讨论这一糟糕的消息。大家来之前,他们听说纽约联邦储备银行可能提供更加灵活的一级交易商信贷安排来帮助雷曼,包括扩大借款人所可以使用的抵押品类型。② 他们来到纽约联邦储备银行的办公室与相关官员讨论一级交易商信贷安排的扩大计划。政府官员不允许雷曼扩大担保类型。麦克达德告诉金融危机调查委员会,我们的要求是明确的,但理由是模糊的。麦克达德说不允许雷曼扩大抵押担保物的类型与要求雷曼在周一开市前筹集到足够的资金是两码事。③

然而,巴克斯特对金融危机调查委员会解释说,由于雷曼自营机构属于雷曼非控股机构,其可以扩大担保类型。④ 9 月 14 日,星期日,下午 2 点 15 分来自纽约联邦储备银行的一封邮件声明,雷曼的法律顾问接到通知:可以用一级交易商信贷安排使雷曼获得的贷款担保扩大,但是如果申请破产的话,这种担保扩大权不可以供雷曼自营机构使用。⑤ 9 月 14 日的雷曼董事会记录表明:美联储拒绝雷曼扩大获得的一级交易商信贷安排的融资申请资格,以及雷曼控股公司破产保护申请,而批准经纪自营机构按照有序的方式破产。⑥ 在 9 月 14 日的一封信件中,纽约联邦储备银行通知雷曼高级副总裁罗伯特·古列尔莫(Robert Guglielmo),自营机构可以使用一级交易商信贷安排扩大担保类型而融资,但是这封信直到 9 月 15 日下午 2 点 24 分还没有发出。之后雷曼递交了破产保护申请。⑦ 在接下来的三天,雷曼的自营机构每天使用一级交易商信贷安排借款 200 亿到 280 亿美元。⑧

正像柯克告诉金融危机调查委员会的那样,在纽约联邦储备银行星期天的会议上,政府官员走了一小时之后又返回来问:"你们计划今晚就递交破产申请吗?"⑨

---

① H. Rodgin Cohen, interview by FCIC, August 5, 2010.
② Bart McDade, interview by FCIC, August 9, 2010.
③ Alex Kirk, interview by FCIC, August 16, 2010;McDade, interview, August 9, 2010.
④ Baxter, interview.
⑤ Thomas C. Baxter, letter to FCIC, October 15, 2010, attaching Exhibit 6, James P. Bergin, email to William Dudley et al., "Bankruptcy," September 14, 2008. See also Kirk, interview.
⑥ Ibid., attaching Exhibit 5, Lehman Brothers Holdings Inc., "Minutes of the Board of Directors, September 14, 2008," p. 2.
⑦ Ibid., attaching Exhibits 2 and 8.
⑧ On September 15, 2008, LBI borrowed MYM28 billion from PDCF against MYM31.7 billion of collateral;on September 16, 2008, LBI borrowed MYM19.7 billion against MYM23 billion of collateral;and on September 17, 2008, LBI borrowed MYM20.4 billion against MYM23.3 billion of collateral. See Valukas, 4:1399 and nn. 5374-75.
⑨ Kirk, interview.

米勒回应说："在座的人都没有权利提出申请，只有董事会有这个权利，我们会召开董事会投票表决。还需要一些时间来准备申请文件，不能很快地完成。"① 政府官员解释说，如果雷曼在周一开市之前不申请破产保护的话，雷曼在英国的分支机构雷曼国际欧洲公司（LBIE）只能单独承担法律责任。柯克回忆说："政府官员之前告诉我们希望我们当晚申请，当时这么做是对的，因为我们不知道当晚会发生什么。我们希望在周一开市之前，这两件事情都发生。"②他所说的第二件事情是指美国银行宣布收购美林。

"雷曼倒闭是最好的选择"

米勒认为应该有别的办法，因为申请破产实在是下下策。雷曼准备向大家说明破产将是一场大灾难。③ 因为处理破产的相关问题大概需要五年时间，花费80亿~100亿美元，也会扰乱美国和国际市场。④

巴克斯特告诉金融危机调查委员会说："我知道结果将是非常糟糕的；关键是雷曼在那个时候并不承认。让他们相信雷曼破产的最终结局是不可能的。他们一直认为美国纳税人会援助他们。因为这种事情在贝尔斯登身上发生过，所以他们一直抱有这种偏执的想法。然而巴克斯特的使命是使雷曼理解他们不会获得援助，然后把注意力集中在其他可行的方案上，也就是选择在周一开市后市场混乱下不得不破产，还是现在就申请破产保护。"他说，"从我的观点来看，首要的事情是使哈维知道现在申请保护比周一在混乱中破产好得多。然后哈维必须与雷曼董事会成员讨论，因为他们有责任最大限度地保护公司、股东以及其他利益相关者的利益。"⑤

"唯一的办法就是让雷曼破产。"⑥米勒说巴克斯特没有提供进一步的破产处理计划，但是向他保证一切都在可控范围内。然后巴克斯特告诉雷曼的领导

---

① Miller, interview.
② Kirk, interview.
③ Miller, interview. In his interview, Kirk told FCIC staff that he thought there were more than 1 million derivatives contracts.
④ McDade, interview, August 9, 2010.
⑤ Baxter, interview.
⑥ Harvey R. Miller, written testimony for the FCIC, Hearing on Too Big to Fail: Expectations and Impact of Extraordinary Government Intervention and the Role of Systemic Risk in the Financial Crisis, day 1, session 2: Lehman Brothers, September 1, 2010, p. 8.

可以离开美联储的办公室了。米勒告诉金融危机调查委员会："美联储的官员几乎想要把我们推出办公室。"在离开办公大楼的时候，他对同事说："他们不喜欢我们。"

米勒继续解释说："我们回到总部，那里一片混乱，就像电影《电影1946》中放映的银行危机出现的情形一样。大部分的董事会成员感到吃惊。亨利·考夫曼（Henry Kaufman）说："这种情况怎么可能在美国发生呢？"①

破产财团通知雷曼董事会：巴克莱银行放弃收购雷曼。政府希望董事会提交破产申请。美国证券交易委员会的考克斯打电话通知雷曼董事会，情况非常严重，需要采取行动，巴克斯特也在一旁。董事会询问考克斯是否是在命令他们进行破产申请。考克斯和巴克斯特商量了一会儿，回复说这是美国证券交易委员会董事会的决定。雷曼的董事又问是否是考克斯和巴克斯特要求他们进行破产申请的。他俩又商量了一会儿，回复说政府的立场是很明确的，希望雷曼申请破产。②

接完电话后，麦克达德告诉董事会如果政府不资助，雷曼不可能获得资金了。董事会表决后决定申请破产。时间是星期一凌晨1点45分。③

"一场大灾难"

美联储主席伯南克告诉金融危机调查委员会，政府官员知道雷曼破产是一场大灾难。

他说："我们从来没有质疑过雷曼破产是一场大灾难。这会对资本市场产生严重的影响；也会使其他金融公司丧失信心；也会对美林和摩根士丹利产生压力，即便高盛现在没有压力，最终他也会感受到巨大压力；同时也可能带来短期货币市场的危机，这是我们不能够完全预期的。但是，最终它还会给商业票据市场和货币市场共同基金带来压力。因此我们从来都没有否认它将是一场大灾难，我们会尽可能营救雷曼。"④

"雷曼兄弟和通用汽车的联系是什么呢？"伯南克慷慨激昂地问道。"雷

---

① Miller, interview.
② Ibid.
③ Ibid.
④ 2009年11月17日伯南克与FCIC的闭门会议。

曼兄弟的失败意味着他们过去融资的商业票据非常糟糕。"伯南克指出，货币市场基金，尤其是一只称为美国货币基金（Reserve Primary Fund）的基金，它持有雷曼的票据，损失非常惨重。他解释说："这意味着商业票据的使用将受到抑制，这将连累通用汽车。"①

"随着金融业面临压力，"鲍尔森告诉金融危机调查委员会，"当雷曼破产，投资者从市场撤回资金，导致多数公司发现很难销售他们的票据。这导致流动性短缺，一些公司必须依赖短期的资金，因为他们不能预期低迷的商业票据市场在面对压力时的走向。"②

哈维·米勒对金融危机调查委员会说："雷曼的破产是一场波及全世界的系统性的灾难。它引起了消极的反应，破坏了金融系统的有效性。金融市场的不可预测性，使得市场信心丧失。"③

在雷曼申请破产的当天，道·琼斯指数跌落近500点。7000亿美元的退休基金，政府养老基金和其他投资组合蒸发了。④

对于雷曼自身来说，其破产波及8000个子公司和分支机构，将近6000亿美元的资产和负债，超过10万个债权人，以及2.6万员工。它的破产使得它在衍生品合约中违约，因此交易方就可以拿到担保终止合约。在母公司申请破产之后，分布于18个国家的大约80个没有偿债能力的子公司申请破产。在2010年9月的主要破产程序中，包含了6.6万件诉讼，价值超过了8730亿美元。米勒说："雷曼的破产代表了美国历史上最大的，最复杂的，影响最深远的破产案件。"破产的成本将近10亿美元。直到本书写作时，破产程序预计还需两年完成。⑤

伯南克认为政府决定让雷曼破产的想法是合法的，也是符合现实的。从法律的角度，伯南克解释说："我们不能提供没有可预期偿还能力的贷款。美联储的贷款必须是安全的。在不良资产救助计划前，我们一直是公平地对待每一家机构的。我们没有能力注入资本或者提供担保。"⑥星期天下午伯南克在给同事

---

① 2009年11月17日伯南克与FCIC的闭门会议。
② Henry M. Paulson Jr., written testimony for the FCIC, Hearing on the Shadow Banking System, day 2, session 1:Perspective on the Shadow Banking System, May 6, 2010, p. 55.
③ 2010年9月1日米勒给FCIC的报告，第14页。
④ 同上。
⑤ 同上。
⑥ 2010年9月2日，伯南克给FCIC的报告，第23页。

沃尔什的邮件中指出，美联储会提供超过 120 亿美元的贷款给雷曼。"如果我问：我们需要提供多少资金才能让雷曼继续经营？即使我从私人部门和美联储一共筹集 120 亿美元，但是这大概还是不够。"①

3 月份，美联储援引《联邦储备法》第 13 章第 3 条，提供贷款帮助摩根大通收购了贝尔斯登。但是，虽然有这个授权存在，但是该收购与雷曼所面临的状况有差别，还需要具体情况具体分析。伯南克解释说：即便美联储提供贷款，雷曼也没有足够的抵押担保物，同样会导致破产。"那一周星期天的晚上，我得知雷曼正在谈交易，人们需要雷曼提供必要的流动资产。但是雷曼没有足够的担保，以致美联储无法借款给它。即使我们借钱给雷曼，它进行的交易可能成功，也可能不成功而导致破产，因为它不能满足相关的交易安全性的要求。更何况，如果交易不成功，我们会使美国纳税人背上沉重的负担。"②伯南克坚持认为美联储除了眼看着雷曼倒下没有别的选择。

伯南克向金融危机调查委员会承认：他当时就雷曼没有获得政府贷款的解释，与在雷曼破产后的几天，他做出的解释截然不同。那时他的解释是：他认为市场已经对雷曼的破产做好了准备。③ 2008 年 9 月 23 日，他声明说："雷曼的破产会引发危险。但是雷曼的问题在相当长一段时间人们已经知道，尤其是投资者，比如在信贷违约互换市场雷曼的担保成本增加，公司倒闭的可能性已经很高了。我们判断投资者和交易方已经有足够的时间对此做好了准备。"④而且最终美联储宣称在法律上他们没有义务拯救雷曼，因为援引《联邦储备法》第 13 章第 3 条雷曼无法拿出足够的担保以获得贷款，虽然根据该条款获得贷款的条件是非常宽泛的。政府所发放的贷款并不要求所有的贷款都是安全的，但是美联储必须感到满意。⑤ 实际上，2009 年 3 月，美联储的法律总顾问斯考特·阿尔瓦雷斯认为："援引《联邦储备法》第 13 章第 3 条获得贷款，要求这些贷款是

---

① 2008 年 9 月 14 日，伯克南给沃什和美联储的其他官员的邮件。
② 2010 年 9 月 2 日，伯南克给 FCIC 的报告，第 22 页。
③ 2010 年 9 月 2 日，伯南克给 FCIC 的报告，第 24 页。
④ Ben Bernanke, "U. S. Financial Markets," testimony before the Senate Committee on Banking, Housing, and Urban Affairs, 110th Cong., 2nd sess., September 23, 2008.
⑤ 12 U. S. C. §343(A), as added by act of July 21, 1932 (47 Stat. 715); and amended by acts of August 23, 1935 (49 Stat. 714), December 19, 1991 (105 Stat. 2386), and July 21, 2010 (124 Stat. 2113). 见美国相关的法律文件。12 U. S. C. §343(A), as added by act of July 21, 1932 (47 Stat. 715); and amended by acts of August 23, 1935 (49 Stat. 714), December 19, 1991 (105 Stat. 2386), and July 21, 2010 (124 Stat. 2113). 135. Scott G. Alvarez et al., memorandum, "Authority of the Federal Reserve to provide extensions of credit in connection with a commercial paper funding facility (CPFF)," March 9, 2009, p. 7.

绝对安全的，这就已经破坏了立法宗旨，该法的目的就在于处于紧急情况下提供贷款，重建经济秩序。"①

对富尔德和其他雷曼的管理者来说，该法就是政府应该为他们提供紧急贷款的依据。尽管美联储在雷曼将要破产的那些天里，否认了很多说法，但是也没有向金融危机调查委员会提供任何书面的支撑证据说明雷曼没有足够的担保能力。富尔德坚持认为："雷曼有足够的担保能力。9月12日，星期五晚上雷曼申请破产的时候，雷曼还有资金，且不需要通过联储的贴现窗口贴现。雷曼那时候需要的就是给予流动资金的帮助。雷曼可以用过去的整个业务作为担保，比如它的分支机构（数天之后美国国际集团就是这样做的）。"富尔德拒绝承认雷曼有资金漏洞。他告诉金融危机调查委员会："在2008年8月31日，雷曼申请破产的前两周，雷曼还有267亿净资本。这和人们所说的存在300亿～600亿资金漏洞时完全不同。"他认为如果雷曼被当做银行控股公司，就会得到资助。在雷曼破产之后，政府就给予了高盛和摩根士丹利银行控股公司的地位。②

美联储主席否认对雷曼有任何的偏见。他认为除了破产最实际的办法就是找一个买家。伯南克说："当潜在的买家放弃收购，比如美国银行转而收购美林，巴克莱银行不愿意参与交易。这使得我们除了让雷曼倒下没有别的选择。"③

2008年9月16日，美联储公开市场委员会召开会议，一些官员认为政府不应该救雷曼。因为这样会强化人们认为公司越大就越不会倒闭的预期，破坏金融市场的规则。让雷曼倒闭就是传递出信号，再大的公司也会因为经营不善而倒闭。甚至有人认为这是市场在试探美联储和财政部。其他与会者认为，核心公司的破产会给金融和经济带来深远的影响，但是美联储没有能力注入资金。伯南克的观点仅仅是出于金融的考虑，也许监管者则从大范围金融机构破产的可能性去考虑。④

雷曼破产了，美林则被美国银行收购。塞恩指责政治家和监管者没有援助雷曼是因为害怕承担政治后果。"在摩根大通收购贝尔斯登的问题上，政府受

---

① Scott G. Alvarez et al., memorandum, "Authority of the Federal Reserve to provide extensions of credit in connection with a commercial paper funding facility（CPFF），" March 9, 2009, p. 7.

② Fuld, written testimony for the FCIC, September 1, 2010, pp. 7, 6, 3.

③ 伯南克与FCIC的闭门会议。

④ 2010年12月21日美联储主席伯南克给金融危机调查委员会主席菲尔·安吉利迪斯的信。

到很多批评。援助华尔街可能会引发更多批评。不援助雷曼，是在不愿意救助华尔街是出于政治考虑以及可能增加政府道德风险的双重作用下发生的，根本谈不到美联储有没有法律授权的问题。不是不能救，是不愿意救。"塞恩告诉金融危机调查委员会。①

塞恩还告诉金融危机调查委员会："允许雷曼破产是金融危机中最大的错误。"他和华尔街的其他高管试图相信鲍尔森和盖特纳想要阻止雷曼破产，"我想做的就是告诉他们不能让雷曼破产。但他们可能没有心情听。他们不愿意听到任何企业需要政府援助的讨论。"②

金融危机调查委员会的职员问塞恩，他和其他高管有没有明确地告诉鲍尔森、盖特纳或者其他人，不能让雷曼倒闭。他回答说："我们没有强烈地表达不能让雷曼倒闭的意思，但我们说过，雷曼破产会让危机更严重。"③

摩根大通的戴蒙持不同的观点。他认为："雷曼破产不是很坏的事情。我认为如果周一上午开市救雷曼，也会是同样的结果。糟糕的事情还是一样会发生。美国国际集团也有自己的问题，但这些问题跟雷曼没有关系。其他银行还要经营，全球的金融市场一样会恐慌。救助雷曼还是让它倒闭，危机一样会蔓延，只不过是路径可能不同罢了。"④

美联储的法律总顾问阿尔瓦雷斯和纽约联邦储备银行的总法律顾问巴克斯特告诉金融危机调查委员会：无论如何，都会出问题。巴克斯特说："如果美联储在雷曼没有足够的担保和确定可预期偿还的情况下，如人们预期在周一借款给雷曼，我们将会听到人们议论政府如何浪费纳税人的钱。"⑤

调查委员会结论

调查委员会认为：雷曼兄弟的破产使得金融危机加剧。

雷曼的破产表明：导致失败的主要原因是监管不力、风险交易（包括证券化

---

① Thain, interview.
② Ibid.
③ Ibid.
④ Dimon, interview.
⑤ Scott G. Alvarez, testimony before the FCIC, Hearing on Too Big to Fail: Expectations and Impact of Extraordinary Government Intervention and the Role of Systemic Risk in the Financial Crisis, day 1, session 1: Wachovia Corporation, September 1, 2010, transcript, p. 95. See also Baxter, letter to FCIC, October 15, 2010, p. 6.

和场外衍生品交易）、高杠杆率、过度依赖短期资金。虽然表面上投资银行可能更容易受到影响，但商业银行同样会因此遭受损失，包括他们的影子银行系统，最终许多银行都会受到损失，都需要政府的救助。

雷曼和其他场外衍生品交易方一样，衍生品交易是导致它失败的主要原因。大量的衍生品使得它的破产错综复杂，并通过与其他交易方和金融机构的业务联系将危机放大。

雷曼倒闭的一部分原因是公司治理和风险管理出了问题，依赖短期利润所得为高管和经纪人分红的薪酬制度加剧了问题的严重性。

美联储出于各种原因不援助雷曼，其中包括没有私人公司愿意收购它；雷曼的潜在损失存在不确定性；担心要承受道德风险和政治后果；监管者还错误地认为，市场的参与者已经预期到了雷曼的破产，故雷曼的倒下对金融系统的影响是可控的。美联储还为不伸手援助寻找的开脱理由是它没有法定的权利去援救雷曼。

政府在援助贝尔斯登和房地美、房利美之后没有援助雷曼，之后又援助了美国国际集团，这种决策的不一致性更加剧了金融市场的恐慌和不确定性。

第十九章
2008年9月：援助美国国际集团

尽管90亿美元是一大笔钱了，但在2008年9月的第二周美国国际集团的高层和董事会看了资产负债表，同时考虑了市场因素之后，仍坚信90亿美元的现金不能保证公司在下周正常运营。[①] 美国国际集团公司有超过1万亿美元的资产，但是大部分的流动资产，包括现金，均由子公司持有，其子公司的监管者不允许现金在控股公司间自由流动，更不用说流动到已经陷入困境的美国国际集团的经营金融产品的子公司了。[②] 公司的负债，特别是近期即将到期的负债，已经超过了90亿美元。

2008年9月12日，星期五，美国国际集团在诸多领域面临挑战。首先，它需要为当天到期的商业票据筹集140亿美元，[③]因为传统的投资者（比如货币市场基金）不想再持有美国国际集团的票据了，即使只是存在短期不确定性风险；下一周，公司有价值32亿美元的票据到期。[④] 其次，回购资金的提供者持有美国国际集团的担保（97亿美元，且大部分是隔夜资金），[⑤]现在他们对这些担保也不放心了。因为他们认识到公司有缺陷，而且大部分担保是与抵押贷款相关的证券，这种担保质量很差。[⑥]

再次，美国国际集团已经为信贷违约互换的交易方提供了数十亿美元的担保。从2008年6月，交易方要求追加157亿美元，美国国际集团又提供了132亿美元。9月12日，追加保证金增加到234亿美元，至此美国国际集团共

[①] 2008年9月12日纽约联储关于AIG会议记录。
[②] 同上。
[③] 同上。
[④] AIG Commercial Paper Outstanding & Maturities—week of Sept 15th, September 16, 2008, produced by JP Morgan.
[⑤] 截至2008年6月30日AIG的季度报告。
[⑥] 纽约联储关于AIG的会议记录。

提供 189 亿美元，其中 76 亿美元是给高盛的，美国国际集团在未来可能需要追加更多的保证金。① 那一天，标准普尔和穆迪都警告要降低美国国际集团的信用评级。如果这样的话，可能需要再追加 100 亿美元保证金。② 一旦降低评级会影响美国国际集团商业票据的流动性，需要美国国际集团再拿出 40 亿~50 亿美元作为应对流动性紧张的需要。③

最后，美国国际集团会因证券出借业务而增加负担。作为证券出借方，美国国际集团从交易方手里获得现金，大致相当于所借证券市价的 100% 或 102%。当交易方开始怀疑美国国际集团的稳定性，公司只能接受到大概证券市价的 90%。④ 而且，美国国际集团必须将这些现金投资在抵押贷款资产上面，而这些资产的价值正在萎缩。自 2007 年 9 月，监管者就与美国国际集团一起努力减少用证券借出所获取的现金投资于抵押借款相关资产上所可能带来的风险，根据埃里克·迪纳罗（前纽约州政府保险监督）的证词，⑤到 2008 年 6 月底，美国国际集团已经投资了 750 亿现金在抵押借款相关证券上，但是相关证券的价值缩减到了 595 亿美元。2008 年 8 月末，母公司不得不提供 33 亿美元给从事证券借出业务的子公司，而交易方要求提供 240 亿美元来补偿公司提供的现金担保和证券价值缩减之间的差额。⑥ 美国国际集团和它信用违约互换交易方的担保诉求争议阻碍了有序的证券出借业务，实际上促使证券出借交易方进一步提高了要求。⑦

星期五，美国国际集团的董事会派出由副主席雅各布·弗伦凯尔（Jacob Frenkel）率领的团队与纽约联邦储备银行进行会谈。⑧ 就在同一办公大楼的另一个地方，财长鲍尔森，纽约联邦储备银行主席盖特纳告诉过华尔街的银行家们，他们必须在周末设计出在没有政府援助情况下，阻止雷曼破产的方案。现在召开这个紧急会议又是因为美国的机构出了问题。纽约联邦储备银行随后

---

① 2007 年 7 月 27 日，高盛集团要求 AIG 追加担保的声明；由 AIG 提供的关于担保的信息；纽约联储关于 AIG 的会议记录。
② 拉托雷给卡明、盖特纳和杜德利的关于"AIG 的最新消息"的邮件，2008 年 9 月 12 日。
③ 纽约联储关于 AIG 的会议记录。
④ 2010 年 6 月 22 日马克·哈钦斯接受 FCIC 的采访。
⑤ Eric Dinallo, testimony before the FCIC, Hearing on the Role of Derivatives in the Financial Crisis, day 2, session 2: Derivatives: Supervisors and Regulators, July 1, 2010, transcript, pp. 3, 16.
⑥ Michael Moriarty, testimony before the Congressional Oversight Panel, Hearing on American International Group, 111th Cong., 2nd sess., May 26, 2010, p. 4.
⑦ Dinallo, testimony before the FCIC, July 2, 2010, pp. 16 –17.
⑧ 纽约联储关于 AIG 的会议记录。

发表的报告指出:"美国国际集团的财务主管预测母公司和子公司金融产品的流动性最多能保持5~10天。"①

美国国际集团提出一个简单的问题:他们如何援引《联邦储备法》第13章第3条获得贷款。这个拥有1万亿资产的公司,没有办法再维持一周的经营。

"现金流动面临危险"

美国国际集团造访纽约联邦储备银行一定是出现了紧急情况,这一点也不意外。利用一级交易商信贷安排,美联储向有资格的主要交易商的投资银行打开了贴现窗口(过去只向储蓄机构开放),但美国国际集团没有资格。夏季以来,纽约联邦储备银行的官员就开始考虑提供紧急担保贷款给那些对金融市场影响很大的机构。这导致监管者紧盯住拥有2万亿美元资产的控股公司,包括美国国际集团和通用资本。他们都是商业票据市场上的大型参与者:美国国际集团拥有200亿美元的未偿付票据,通用资本则有900亿美元。② 8月份,纽约联邦储备银行组建团队研究这两个公司的资金和流动性风险。

8月11日,纽约联邦储备银行的官员与储蓄监督局会面讨论美国国际集团的问题。③ 监管者认为美国国际集团的现金流动性还可以,也有能力进入资本市场。④ 纽约联邦储备银行不同意这一观点。2008年8月14日,来自金融政策与分析部门的分析师凯文·科菲(Kevin Coffey)声明:尽管年初增加了200亿美元,美国国际集团仍然存在资金和流动性的压力,似乎需要提供大量的长期资金来降低资产价值恶化的影响,增强流动性,处理资产负债不匹配的问题。⑤

科菲列出了六个需要考虑的问题:(1)由于证券出借业务,美国国际集团在投资上有大量的损失;(2)美国国际集团子公司金融产品的信用违约互换账簿和追加保证金的损失按市价计算是265亿美元,因此8月中旬它需要增加165亿美元担保金;(3)有大量需要偿付的近期负债;(4)缺乏流动资金,而不得

---

① 纽约联储关于AIG的会议记录。
② "Systemic Impact of AIG Bankruptcy," attachment to FRBNY internal email from Alejandro La-Torre to Timothy Geithner, September 16, 2008.
③ FRBNY, internal memo about August 11, 2008, meeting with the AIG team of the Office of Thrift Supervision.
④ Ibid.
⑤ 2008年8月14日纽约联储关于AIG的内部文件。

不承诺回购担保债务；（5）如果美国国际集团被降级，衍生品合约将被要求追加保证金；（6）有限的信贷工具不能满足突发的现金需求。他认为穆迪和标准普尔主要担心美国国际集团第二季度的收益、资本和流动性。如果美国国际集团不解决这些问题，评级机构必将对它降级。[1]

四天后，高盛对其客户发布报告，采纳了很多科菲的分析。报告称，不要购买美国国际集团：一个即将被降级，且急需融资的公司。报告称："我们已经看到美国国际集团信用违约互换的预计损失将达到 90 亿到 200 亿美元，这将导致大量的现金支出，从而使美国国际集团的资产风险性增大。简单地说，在我们的评级范围内，还没有出现过这样的情况"。[2] 与贝尔斯登一样，美国国际集团也会破产，而且规模可能更大。纽约联邦储备银行的官员艾拉·塞里格（Ira Selig）把高盛的报告发给科菲和其他人。并补充道："最糟糕的结果不外乎：大量资金流出，填补担保，美国国际集团的资产负债表失衡。"[3]

9 月 2 日，美联储的官员丹尼尔·维森特（Danielle Vicente）指出：情况变坏了。"由于有大量的表外流动资金需求，美国国际集团现在的流动资金和资产负债能力都不足。"如果变现 8350 亿美元的证券投资组合来偿还负债，就意味着大量的损失和对价格有"潜在"影响。通过一级交易商信贷工具借款可以增加美国国际集团的流动资金，但是维森特质疑，一级交易商信贷工具真的有助于公司生存吗？[4] 但也有人认为：正是美国国际集团资金来源不稳定，才使得公司运营不稳。如果美国国际集团被降级，需要追加 330 亿美元兑现表外承诺。资产负债表表外的承诺，包括追加担保，终止合约和增强流动性。然而，那时美国国际集团除 40 亿美元的循环信贷外，只有 12 亿至 13 亿美元的现金。[5]

评级机构在观望美国国际集团如何解决它的流动性和资本需求问题。分析人士担心美国国际集团信用违约互换和投资损失；担心评级机构的评价；担心随之而来对资本的影响。实际上，高盛 8 月 18 日关于美国国际集团的报告认为：美国国际集团和它的评级机构否认了即将产生的损失。[6]

到了 9 月初，管理层就不再否认了。9 月 12 日，星期五，在纽约联邦储备

---

[1] 2008 年 8 月 14 日纽约联储关于 AIG 的内部文件。
[2] 2008 年 8 月 18 日高盛关于 AIG 的最新消息。
[3] Ira-Selig, email to Kevin Coffey, "Goldman Report on AIG," August 18, 2008.
[4] 2008 年 9 月 2 日纽约联储关于 AIG 的内部文件。
[5] 同上。
[6] ibid. 2008 年 8 月 18 日高盛关于 AIG 的最新消息。

银行开会的时候,美国国际集团的管理层就报告说:"公司面临很严重的流动性问题,已经威胁到了生存。"9月15日,评级机构将召开会议。可能发生的降级需要追加数十亿美元的担保金,以及增加流动性资产和其他的资金需求。① 美国国际集团的股价已经严重下挫(从前一日的17.55美元下降到11.49美元),信用违约互换达到14%,②这意味着为了保护100亿美元的资产,每年需要支付140亿美元。美国国际集团报告在商业票据市场上也出现了问题,9月12日到期的25亿美元的票据只有11亿能流通。③ 而且,一些银行不再愿意与美国国际集团做生意,甚至拒绝提供回购资金。④ 资产是流动的,但其价值在降低,借款受限制,融资不可行。

"溢出效应"

纽约联邦储备银行知道美国国际集团倒闭会产生很严重的后果。9月12日晚上,在美国国际集团的高层会议结束后,其倒闭的可能性就更大了。纽约联邦储备银行的海利·波斯基写邮件给威廉·达德利和其他人的时候说,"多数的恐慌来自对冲基金,现在焦点是美国国际集团。我听说比雷曼还糟糕。每一个银行和交易方都和他们有联系。"⑤

在12点之前,纽约联邦储备银行的副总裁安雷康德·拉托雷(Alejandro LaTorre)发邮件给盖特纳和美国国际集团的其他高层说:"主要的问题是:如果美国国际集团被降级的话,在未来几天就会因流动性不足而无法运营。通过各类产品,其主要的风险敞口集中在美国和欧洲的12个大银行。如果美国国际集团倒闭的话,大量交易方会受到严重的损失。"⑥

纽约联邦储备银行的官员在星期六上午召开会议,搜集额外的关于美国国际集团财务情况的信息,但是据纽约联邦储备银行的法律总顾问汤姆·巴克斯特说,"私人机构的解决方案对美国国际集团来说更现实"。⑦ 实际上,一家私人机

---

① 2008年9月12日纽约联储关于AIG的会议记录。
② 同上。
③ AIG Commercial Paper Outstanding & Maturities—week of Sept 15th, September 16, 2008.
④ 2008年9月12日,纽约联储关于AIG的会议记录。
⑤ Hayley Boesky, email to Bill Dudley et al., "AIG panic," September 12, 2008.
⑥ 2008年9月12日和13日纽约联储的电子邮件。
⑦ Thomas Baxter, interview by FCIC, April 30, 2010.

构，早在星期四时就与美国国际集团的首席执行官罗伯特·维纶斯塔讨论过收购的事，他们还邀请沃伦·巴菲特参加。维纶斯塔告诉金融危机调查委员会，周末他与十几个私人公司谈过。① 美国国际集团的高层与监管者一起制订了计划：允许美国国际集团的子公司借款给母公司。在周六的电话会议上，美联储的官员告诉美国国际集团高层，不要太寄希望于财政救助。② 周六晚上，美国国际集团告诉美联储在必要的情况下可以接受私人公司的收购。纽约联邦储备银行的高级副总裁写邮件给拉托雷和其他人时如是说："弗劳尔斯（Flowers）公司积极与美国国际集团、监管者和银行家们协商，并准备好了合同书，提供了纽约州政府保险部关于美国国际集团母公司流动性的分析报告。"③

周日的早晨，9月14日，纽约联邦储备银行的亚当·阿什克拉夫特（Adam Ashcraft）传阅了一份备忘录：根据《联邦储备法》第13章第3条关于借款给美国国际集团的评论，讨论了美国国际集团在资产市场上低价出售可能造成的影响。④ 在附件里，亚当写道："美国国际集团以出售资产为要挟，似乎是在威胁政策制定者允许美国国际集团通过贴现窗口借款，以避免通过其他方式处置资产，例如：出售或对冲担保债务凭证（这对资金毫无影响）、出售子公司或者融资。"⑤

在下午2点30分的会议之前，拉托雷发送了一份分析报告给同事。报告是关于借款给美国国际集团的利弊。支持借款给美国国际集团的一方认为：借款有利于避免金融市场（比如通用商业票据市场）大量的倒闭和混乱的发生。如果美国国际集团倒闭，会产生溢出效应，连累其他做相同业务的公司，导致在欧洲的银行业务需要增加180亿美元的资金以弥补资金缺口。换句话说，欧洲银行通过购买美国国际集团的信贷违约互换即可降低信贷风险，资本需求也降低。如果美国国际集团倒闭的话，他们就不能通过信贷违约互换保证低信贷风险了，因而资本需求就会上升。美国国际集团的破产会影响其他公司，2.7万亿美元的场外交易衍生品，其中1万亿美元集中在12个大公司。备忘录同时指出：美国国际集团的倒闭会引起信用违约互换市场的混乱，导致交易账户的严重失衡。⑥

反对者认为私人部门的解决方案具有冷却效应。美联储的贷款并不能保

---

① Robert Willumstad, interview by FCIC, November 15, 2010.
② Patricia Mosser, email to Alejandro LaTorre et al., re: AIG/Board call, September 13, 2008, 12:54 P. M.
③ 2008年9月13日Patricia Mosser给拉托雷的邮件。
④ 2008年9月14日，纽约联储关于AIG内部备忘录。
⑤ Adam Ashcraft, email to Alejandro LaTorre et al., "AIG and the discount window," September 14, 2008.
⑥ 2008年9月14日拉托雷写给亚当的邮件。

证美国国际集团正常经营，而且还使《联邦储备法》第 13 章第 3 条作为政策工具的效力受到损害，而且增加了道德风险。 人们也会认为政府政策是不连贯的，因为当初没借钱给雷曼。资产不足不能掩盖潜在的资金漏洞。 拉托雷得出结论："没有惩罚性的条款，借钱给美国国际集团会助长其糟糕的风险管理，并且美国国际集团不会出售或对冲担保债务凭证的相关风险。"①

然而，私人机构的收购突然停止了。 周末下午，弗劳尔斯公司的收购请求被美国国际集团董事会拒绝了。 该公司告诉金融危机调查委员会，他提出的收购方案是：他和另一家公司安联保险公司（Allianz——一家保险巨头公司），分别投资 50 亿美元换取美国国际集团子公司的股份，因为纽约州政府保险部批准子公司借款 200 亿美元给母公司，母公司就可以从美联储获得财政支持。 然后②，安联保险公司就几乎可以控制美国国际集团了。 弗劳尔斯公司对美国国际集团不愿意商谈表示非常惊讶。 "我并不是说这个方案是完美的，我奇怪的是在现在的情况下，没有人愿意做这项交易。"③维纶斯塔说弗劳尔斯公司的方案中所谓的，没有人会认为是真心诚意的，所以很快被拒绝了。 对于其他美国国际集团潜在的投资者，维纶斯塔说每一个潜在的交易都需要政府援助，否则远水解不了近渴。

周一早晨，雷曼宣布破产之后，美联储发出倡议，希望摩根大通和高盛联合提供 750 亿美元辛迪加贷款给美国国际集团，以保证美国国际集团的正常经营。④ 下午，评级机构宣布了评级结果，比预期的还要坏。 三家评级机构宣布对美国国际集团降级。 标准普尔降了两级给出 A–，穆迪和惠誉降了两级，分别给出 A$_2$ 和 A。 降级使得美国国际集团子公司的金融产品在信用违约互换业务上需要追加 130 亿美元的现金担保。 单高盛一家就需要追加 21 亿美元。⑤ 共计需要 320 亿美元，美国国际集团只支付了 195 亿美元。⑥ 公司股票下挫了 61%，从前一日收盘时的 12.14 美元跌到 4.76 美元，只相当于其股票高点价格 145.84 美元的一小部分。

尽管美联储官员期望，但摩根大通和高盛不同意提供辛迪加贷款。 巴克斯

---

① 2008 年 9 月 14 日拉托雷写给亚当的邮件。
② J. C. Flowers, interview by FCIC, October 7, 2010.
③ Robert Willumstad, interview by FCIC, November 15, 2010.
④ Ibid.
⑤ 2008 年 9 月 15 日，高盛给 AIG 金融子公司的追加担保的通知。
⑥ Data supplied by AIG (Tab 31 of the AIG/Goldman Sachs collateral call timeline).

特告诉金融危机调查委员会："15 日雷曼申请破产的时候，我们就决定保证我们的资产负债表的平衡。"①纽约联邦储备银行的高级官员莎拉·达尔格林（Sarah Dahlgren）同意巴克斯特的观点，她说："雷曼的破产就是依赖私人解决方案带来的结局。"②

在闭市之后，美国国际集团通知纽约联邦储备银行：他们已经无法进入短期商业票据市场。③ 监管者与盖特纳进行了电视电话会议。联储美国国际集团的监管机构内部传阅了一份邮件指出："关键问题是美国国际集团的规模、声誉、特许经营权、批发和零售的市场活动会在全球范围内出问题，特许经营权会遭到损害。"④当天晚些时候，美联储决定援引《联邦储备法》第 13 章第 3 条援助美国国际集团。纽约联邦储备银行在财政支持下，将挽救这家知名的金融机构。

联邦公开市场委员会相信美国国际集团面临流动性危机，但不知道偿债能力是否有问题。而且，有官员指出：美国国际集团货币市场基金的风险敞口比雷曼还大，母公司很快就没钱运作了。⑤

星期二上午，美联储决定向美国国际集团提供 850 亿贷款以满足其立即执行的履约。抵押品是母公司和主要的不受监管的子公司的资产，加上几乎所有受监管的子公司的股票。美联储声明：美国国际集团的倒闭会使已经很脆弱的金融市场更受打击，导致商业更高的借贷成本，减少家庭财产，削弱经济增长能力。⑥ 到星期三，美国国际集团的股价为 1.99 美元。对比前八年美国国际集团的总计 660 亿美元的利润，现在 993 亿美元的负债就不那么显赫了。

但是 850 亿美元很快被证明是不够用的。依据不良资产救助计划，⑦财政部又增加了 491 亿美元的贷款。美国国会监督小组认为，纳税人的资金已经给美国国际集团提供了 182 亿美元的贷款。监督小组指责政府匆忙援助美国国际集团："美联储和财政部为美国国际集团开辟了新天地。他们让纳税人为挽救一个家族企业担负所有的成本和风险。"⑧财政部为了维护自己的立场指出："监督

---

① Baxter, interview.
② See Sarah Dahlgren, FRBNY, interview by FCIC, April 30, 2010.
③ Ibid.
④ Alexander J. Psomas, email to NY Bank Sup AIG Monitoring and Analysis, September 15, 2005.
⑤ 2010 年 12 月 21 日，美联储主席伯南克写给 FCIC 主席菲尔·安吉利的信。
⑥ 2008 年 9 月 16 日，美国联邦储备委员会理事会新闻稿。
⑦ Congressional Oversight Panel, "The AIG Rescue, Its Impact on Markets, and the Government's Exit Strategy," June 10, 2010, p. 98.
⑧ Ibid., executive summary, pp. 1, 8.

小组忽略了全球经济已经处于崩溃边缘的这一事实,当时我们只是必须在很短的时间内做出决策。"①

"蚊子如何监管大象"

美国储蓄监督局承认它在对美国国际集团的监管上是有失误的。2009年3月18日,国会举行听证会,证实监管者没有能够识别出美国国际集团金融产品子公司信用违约互换投资组合的流动性风险程度。② 前美国储蓄监督局负责人约翰·赖克告诉金融危机调查委员会说,到2008年9月他依然不知道关于美国国际集团的信用违约互换的负债情况。③

美国储蓄监督局东北区的负责人迈克·芬恩(Mike Finn)说,他们被授权管理控股公司,更倾向于确保美国国际集团的子公司联邦存款保险公司的安全和正常经营,没有关注那些做非保险业务的子公司,比如金融产品子公司对美国国际集团的潜在影响。④ 芬恩忽略了美国储蓄监督局根据《欧盟金融集团指令》(European Union's Financial Conglomerates Directive —FCD)所应该担负的责任,该项责任是美国储蓄监督局曾努力寻求的。《指令》要求在欧洲有业务的外国公司需要在其本土有统一的监管者。2004年起,美国储蓄监督局说服欧盟从而成为美国国际集团在美国本土的统一监管者。⑤ 2005年,欧盟金融集团声明:美国国际集团和它的分支机构统一由美国储蓄监督局监管。作为监管者,美国储蓄监督局对美国国际集团和它的子公司将执行不间断的检查。⑥ 甚至美国储蓄监督局的负责人约翰告诉金融危机调查委员会,自己都不能理解在《欧盟金融集团指令》下美国储蓄监督局应如何实现对美国国际集团的监管。 他从来就不确定美国储蓄监督局对美国国际集团的子公司金融产品

---

① Treasury spokesman Andrew Williams, quoted in Hugh Son, "AIG's Rescue Had 'Poisonous' Effect, U. S. Panel Says (Update1)," Bloomberg, June 10, 2010.
② Scott M. Polakoff, "American International Group's Impact on the Global Economy:Before, during, and after Federal Intervention," testimony before the. House Committee on Financial Services, Subcommittee on Capital Markets, Insurance, and Government Sponsored Enterprises, 111th Cong., 1st sess., March 18, 2009.
③ John Reich, interview by FCIC, May 4, 2010.
④ Michael E. Finn, prepared testimony before the Congressional Oversight Panel, May 26, 2010.
⑤ C. K. Lee, interview by FCIC, April 28, 2010. See also Memorandum of Understanding between Scott M. Albinson, managing director, OTS, and Daniele Nouy, secretaire general de la Commission Bancaire, April 11, 2005.
⑥ OTS, Memo to Commission Bancaire regarding its supervisory role, January 2005.

有监管的权利,这使得监管出现漏洞。①

美国储蓄监督局的说法不可信的原因是:缺乏对美国国际集团子公司金融产品的监管授权是它自身的问题,与其他人无关。美国储蓄监督局实际上核查过这家子公司,尽管有点为时过晚。检查者称该公司不配合他们的检查。负责2004年4月到2006年6月期间检查的官员约瑟夫·冈萨雷斯(Joseph Gonzales)告诉金融危机调查委员会说:"我听下属说,金融产品子公司认为美国储蓄监督局检查他们超越了其所获得的授权。"②

美国储蓄监督局没有仔细检查由母公司担保的信用违约互换投资组合,甚至美国国际集团也在年报里认为这种投资是超高级投资组合。2004~2005年,美国储蓄监督局不太了解信用违约互换业务。③ 在高盛首次发出要求美国国际集团对金融产品追加担保金的前一周,美国储蓄监督局对信用违约互换实行了一周的检查,得出结论:信用违约互换账户的风险太小而不值得测度,将推迟到2008年再做全面详细的核查。④ 机构对此做出解释的原因是因美国储蓄监督局自身在时间和人力上的缺乏。⑤

2008年2月,美国国际集团报告了数十亿美元的损失以及它在信用违约互换估值上的技术不足。尽管美国储蓄监督局直到2008年9月(美国国际集团向美联储求救的前十天)还没有发起一个关于信用违约互换的深入调查,但在美国国际集团倒闭一个月之后,即10月17日完成了对自身信用违约互换的检查。正像前美国储蓄监督局银行业务的负责人布拉德·韦林(Brad Waring)所说,一切马后炮均于事无补。⑥

赖克告诉金融危机调查委员会,在2008年前美国国际集团还不是问题的焦点。他也承认美国储蓄监督局从来也没有真正弄懂美国国际集团的子公司金融产品,因此也没有监管过它。"简单来说,像美国储蓄监督局这样的机构根本没办法监管美国国际集团、通用、美林这些企业。因为这些企业在全球拥有众多的子公司,或许我是第一个这样说的人,像美国储蓄监督局这样的机

---

① Reich, interview.
② Joseph Gonzalez, interview by FCIC, May 7, 2010.
③ Ibid.
④ 2007年7月13日,OTS针对AIG金融产品子公司的审查报告。
⑤ AIG/高盛追加担保时间表,第50页。
⑥ Brad Waring, interview by FCIC, May 7, 2010.

构自称能够监管美国国际集团和它所有的子公司,就像一只蚊子如何能监管大象?"①

盖特纳同意他的观点,并直率地告诉约翰·赖克。在救助美国国际集团后,他接到了盖特纳的电话。"我在电话那头听到了最粗鄙的语言,他说'你小子扔给我一个烫手的山芋',我只能忍受着。"②

调查委员会结论

调查委员会认为,美国国际集团经营不善而后接受政府救助,主要原因是它所做的信用违约互换业务没有做原始抵押担保,没有留出足够的资本储备或对冲资金,这在公司治理上特别是其风险管理实践上是一个重大失败。

美国国际集团的失败可能是因为对场外衍生品工具的管制放松,其中包括信用违约互换产品。这些衍生品有效地规避了联邦政府和州政府的管制,包括资金和保证金的要求,而这些要求本可以降低美国国际集团破产的概率。衍生品市场缺乏透明度和有效的价格传递机制,这加剧了美国国际集团和高盛投资的担保纠纷,以及与其他衍生品交易对手间类似的争议。美国国际集团有管制的套利活动主要是通过在未受管制的产品上开展的主要业务实现的,这些业务大多选定在伦敦,同时选择一个较弱的联邦机构作为其监管机构——例如美国储蓄监督局。

美国储蓄监督局未能有效地对美国国际集团及其附属机构行使其监管权力:监督美国国际集团这样一个规模大而复杂的机构,它缺乏足够能力,没能认识到美国国际集团信用违约互换产品中固有的风险,没能了解其责任是监督整个公司,包括美国国际集团金融产品公司在内。此外,由于美国储蓄监督局对场外衍生产品放松管制,州保险监管者被禁止监管美国国际集团信用违约互换的买卖,尽管这类买卖与保险合约相似。如果他们作为保险合约而被监管,美国国际集团将会被要求保持足够的资本储备,将不能达成需要抵押品担保的合约,并无法给投机者提供违约保护;因此美国国际集团本来可以被制止以这种冒险的方式行事。

---

① Reich, interview.
② Ibid.

美国国际集团通过以信用违约互换产品和其他诸如有价证券借贷（其潜在的违约失败引起了系统性风险）等信用关系活动与许多大型的商业银行、投资银行和其他金融机构建立了紧密的联系。政府认为美国国际集团太大而不能倒，并承诺拿出1800多亿美元实施救助。没有紧急援助，美国国际集团的违约和倒闭会带来其交易对手的倒闭，造成层级式的损失和整个金融系统的崩溃。

第二十章

危机与恐慌

2008年9月15日——那天雷曼兄弟宣布破产，接着在同一天美林证券被美国国际集团收购，标志着战后美国历史上最恶劣的市场混乱开始，也是对我们所公认最安全的投资的非同寻常的冲击。债权人和投资者们怀疑：除此两家外，是否还有许多其他大型金融机构也站在了失败的边缘，至少雷曼的破产似乎表明有些机构是不可能受到联邦政府的保护而实现成功避险的。

在金融危机期间担任摩根士丹利首席执行官的约翰·马克告诉金融危机调查委员会："在9月15日雷曼破产之后，随着投资者对金融机构失去信心，摩根士丹利和类似的一些机构都不可幸免于难，'常在河边跑哪有不湿鞋'，整个投资银行模式都已陷入困境中。"[1]

"市场状况非常糟糕，市场波动，流动性不足，交易根本无法进行，我的意思是其实根本无交易，市场状况极差"，摩根大通的首席执行官杰米·戴蒙对金融危机调查委员会回忆说。他认为美国将会面临20%的失业率："在我看来我们即使能渡过难关，但是情况会很糟糕，我们将停止借贷、营销和投资操作……可能会裁员20000人。我将会在三周内采取行动。你知道许多公司已开始这样做，就像大萧条时一样。"[2]

财政部长蒂莫西·盖特纳对金融危机调查委员会说："人们开始把钱从实力很强的银行中取出，从距离和风险及业务上远离那些处在问题中心的华尔街精英们。这是一个好的做法，这是早期恐慌时的传统做法。"[3]在2009年12月的一次采访中，盖特纳曾说："当火已经点燃，并熊熊燃烧起来的情况下，没有任何

---

[1] John J. Mack, written testimony for the FCIC, First Public Hearing of the FCIC, day 1, panel 1：Financial Institution Representatives, January 13, 2010, p. 6.

[2] Jamie Dimon, interview by FCIC, October 20, 2010.

[3] Timothy Geithner, interview by FCIC, November 17, 2009.

一家有实力的银行能幸免于难。"①

美联储主席本·伯南克对金融危机调查委员会说:"作为一个研究大萧条的学者,我可以诚实地说,2008 年 9~10 月的危机是在全球历史上,包括曾经发生的大萧条内,最严重的一次金融危机。去看那些在当时承担重压的公司,鲜有不倒闭的风险。因此在 13 个美国最重要的金融机构中,可能有 12 个在一两周内都有倒闭的危险。"②

9 月 14 日,周日,就像贝尔斯登倒闭的那个周末一样,美联储在周日宣布了新措施以使投资银行和其他公司能获得更多的流动性。再次,美联储降低了投资银行和其他一级交易商在借款时使用的抵押品的质量标准,这两项支持回购贷款的计划分别是:一级交易商信贷安排和定期证券借贷工具安排。③ 同时,提供了一项暂时例外规则,允许投资银行和其他金融公司从它们从事保险或储蓄的下属机构中借取现金。投资银行在美联储贷款项目下获得了一定的流动性。到 9 月底,摩根士丹利就已得到美联储救助资金达 961 亿美元,高盛达 315 亿美元。④

但是这些新的措施并没有抑制市场恐慌。首批受到直接影响的是货币市场基金和其他一些机构,它们持有雷曼 40 亿美元的无担保商业票据,并通过第三方回购市场贷款给了其他公司。在得知面临危险的条件下,投资者撤出资金,甚至包括从联储管理公司的货币市场基金和美联银行的常青投资(Wachovia's Evergreen Investments)中撤出。

其他与雷曼有直接关联的交易方,包括对冲基金、投资银行和投资者,他们与雷曼签有 90 万份以上场外衍生品交易合约。例如,到 2008 年 5 月,德意志银行,摩根大通和瑞银集团加起来与雷曼共有 15 万笔未平仓交易。雷曼的破产直接给场外的衍生品的交易对手带来巨大麻烦。根据美国破产法,一旦雷曼破产就可终止其所签订的衍生品交易合约,依据合约规定,由于雷曼欠他们钱,这

---

① Timothy Geithner, quoted by Robert Schmidt, "Geithner Slams Bonuses, Says Banks Would Have Failed (Update2)," Bloomberg, December 4, 2009.

② Ben Bernanke, closed-door session with FCIC, November 17, 2009.

③ 特别是美联储拓宽了 PDCF 的适用范围,使得与两大主要清算银行在三方回购市场体系接受的抵押品类型相匹配,包括非投资的证券和股票;之前,PDCF 抵押品被限制为投资级的债券。联储同意拓宽 TSLF,使其包括了所有等级的债券;之前,TSLF 抵押品被限制为国库券,政府债券和 AAA 级抵押担保及资产担保债券。联储也增加了 TSLF 拍卖的范围和频率,从每两周到每周一次。美联储董事会新闻稿,2008 年 9 月 14 日。

④ 9 月 30 日,高盛投资 TSLF 和 PDCF 盈余分别为 150 亿和 165 亿美元。美联储董事会,"监管改革:美联储信贷和流动性工具的使用",PDCF。

些机构自然可以完全持有雷曼的抵押品。然而其他额外的欠款需要在破产程序中提出索赔。如果他们为雷曼进行了担保,将不得不面对抵押品归还的索赔,并且还有涉及合同估值的纠纷有待解决。这些过程可能会延迟付款,也很可能导致亏损。此外,即使完成合同的对冲交易也将面临重重风险。①

雷曼风险曝光后,即使那些没有直接与雷曼有相关业务的投资者也会选择退出。基金的经理们,在 9 月份就把商业票据市场上的价值 1650 亿美元的票据结算后退出,将数十亿的回购贷款转向投资于拥有更安全的抵押品的贷款,这对依赖抵押品市场的投资银行和金融机构来说压力进一步增加。②"当商业票据市场停滞时,美国最大的公司雷曼被认为是彻底结束了",雷曼破产的诉讼律师哈维·米勒告诉金融危机调查委员会。③

投资者和没有担保的存款人,迅速地把数百亿美元从房地产业务较差的银行(例如华盛顿互惠银行、美联银行)中取出投入那些房地产业务能力似乎较强的银行(例如富国银行、摩根大通)。对冲基金从尚存的投资银行撤出,例如高盛、摩根士丹利,甚至美林,由于美国银行刚刚向外界宣布了其收购美林的计划(估计在之后的三个半月内美林不会倒闭),撤出的数百亿美元资金,用以支持拥有良好经纪业务的一些大型商业银行(例如摩根大通银行、瑞士信贷银行、德意志银行),因为商业银行比投资银行的流动性来源更多样,并且拥

---

① Lehman initially asserted that there were around 930000 derivative transactions at the time of bankruptcy. See Debtors' Motion for an Order pursuant to Sections 105 and 365 of the Bankruptcy Code to Establish Procedures for the Settlement or Assumption and Assignment of Prepetition Derivatives Contracts, Lehman Brothers Holdings Inc., et al, No. 08 – 13555 (Bankr. S. D. N. Y. Nov. 13, 2008), p. 4. See also Anton R. Valukas, Report of Examiner, In re Lehman Brothers Holdings Inc., et al., Chapter 11 Case No. 08 – 13555 (JMP), (Bankr. S. D. N. Y.), March 11, 2010, 2:573. By November 13, 2008, a special facility to unwind derivatives trades with Lehman had successfully terminated most of the 930000 derivative contracts. Nevertheless, in January 2009, Lehman's counsel reported that 18000 derivatives contracts had not been terminated. Moreover, there are massive unresolved claims relating to over-the-counter derivatives in the bankruptcy proceeding: as of May 2010, banks had filed more than MYM50 billion in claims for losses related to derivatives contracts with Lehman. See Debtors' Motion for an Order pursuant to 620 Notes to Chapter 20 Sections 105 and 365 of the Bankruptcy Code to Establish Procedures for the Settlement or Assumption and Assignment of Prepetition Derivatives Contracts, Lehman Brothers Holdings Inc., et al., No. 08 – 13555 (Bankr. S. D. N. Y. Nov. 13, 2008) [Docket No. 1498], p. 4; Debtors' Motion for an Order Approving Consensual Assumption and Assignment of Prepetition Derivatives Contracts, Lehman Brothers Holdings Inc., et al., No. 08 –13555 (Bankr. S. D. N. Y. Jan. 16, 2009) [Docket No. 2561], p. 3.
② 对所有类型可纳税的商业票据货币市场基金持有量,从 2008 年 8 月底的 6710 亿下降到 9 月底的 5050 亿(数据由投资公司协会提供给 FCIC)。纽约梅隆,作为三方清算银行报告,在 2008 年 3 月 31 日和 12 月 31 日之间的三方业务,财政担保的回购从 1950 亿(13%)上升到 4660 亿(27%)(数据由纽约梅隆提供给 FCIC)。
③ Harvey Miller, interview by FCIC, August 5, 2010.

有大量的安全存款。摩根大通和纽约梅隆银行，作为主要的第三方回购清算银行为了规避交易风险，开始要求投资银行和其他一级交易商比以往缴纳更多的抵押品。许多银行拒绝给彼此贷款，银行间借贷成本上升到前所未有的水平（见图20-1）。

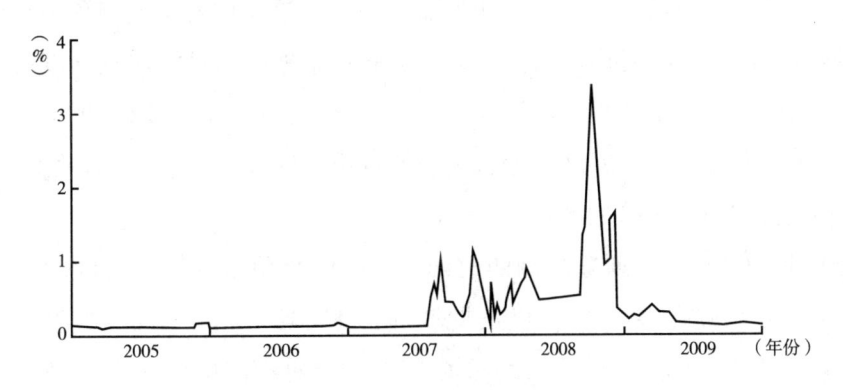

图20-1 银行间同业拆借成本

随着人们对银行的交易对手的运营状况的担忧，贷款出借银行对贷款要求更高的利息以应对不断上升的风险。一个月期伦敦同业拆借利率（LIBOR）与隔夜指数掉期利率（OIS）的利差扩大也源于自金融以来的交易风险的日益上升。

说明：该图显示伦敦同业拆借利率（LIBOR）与隔夜指数掉期利率（OIS）的利差大小。

资料来源：Bloomberg。

9月15日，周一，道·琼斯工业平均指数下跌超过500点，下跌幅度超过4%，创下了自"9·11"恐怖袭击以来最大的单日指数下降记录。这一下降记录在9月29日再次被超过，那一天美国众议院对7000亿美元的不良资产救济计划进行初次投票表决——向金融市场和企业提供大额的援助，当时道·琼斯指数跌了7%，金融股票下降16%。当月，标准普尔500损失了8890亿美元的价值，下降了9%，成为2002年9月以来最惨重的月份。

一些机构将直接受到冲击。

货币市场基金："交易员甚至不再接听电话"

当雷曼宣布破产时，美国货币市场基金在雷曼的商业票据上已经投资了7.85亿美元。美国货币市场基金是世界一流的货币市场互惠基金，1971年由储备管理公司（Reserve Management Company）建立。传统上基金一般投资于保守型资产，如政府债券和银行存单，并且多年来该基金在安全性和流动性上一直享有穆迪和标准普尔的最高评级。

2006年3月，美国货币市场基金告诉它的投资者，基金的收益略逊于其对手，因为它以一种"更保守和风险规避的"方式投资，"例如，货币市场基金从不对商业票据进行投资"。①但声明发布后不久，该机构就不动声色地彻底地改变了投资策略。18个月内，从基本不投资商业票据，到投资比重一度占到货币市场基金资产的一半。高收益吸引了更多的新投资者，而美国货币市场基金也成为美国2006、2007及2008年增长最快的货币市场基金组合——仅在2008年前8个月收益就实现了2倍的增长。②

2008年初，在贝尔斯登临倒闭前两天，美国货币市场基金的经理们在回购市场上向贝尔斯登提供贷款。仅在贝尔斯登倒闭当天，其首席执行官艾伦·施瓦茨出现在美国全国广播公司财经频道上时，基金投资组合经理迈克尔·卢西亚诺（Michael Luciano）告诉金融危机调查委员会，美国货币市场基金才陆续将其投资撤出。但是在政府救助贝尔斯登后，迈克尔·卢西亚诺也像许多其他专业投资者一样认为："如果雷曼兄弟或其他投资银行遇到了麻烦，联邦政府将同样救助他们，因为他们业务更大，市场面临的系统性风险将更大更明显。这些公司太大所以不能倒。"③

9月15日，当雷曼兄弟宣布破产时，美国货币市场基金对雷曼控股份额达到基金总资产的1.2%，当时其总资产达624亿美元。那天早上，基金就充斥着总共108亿美元的赎回请求。美国道富银行（State Street）——一家基金托管银行，最初主要是通过透支贷款来满足美国货币市场基金的资金需求，但在早上10：10停止了对其援助。据说，因为没有其他借贷途径，美国货币市场基金的代表将道富集团的这种行为称为对该④基金的"死亡之吻"。尽管有来自老布鲁斯·本特和布鲁斯·本特Ⅱ这类货币市场互惠基金的投资顾问保证道：每股基金一定会保持1.00美元的净资产值。但在9月16日后的周一和周二，仍致使投

---

① 储备基金，2006年3月向股东的半年年度报告。
② Complaint, SEC v. Reserve Management Company Inc., Resrv Partners Inc., Bruce Bent Sr., Bruce Bent Ⅱ, and The Reserve Primary Fund (S. D. N. Y. May 5, 2009), p. 12 (para. 35); "Fidelity, BlackRock, Dreyfus, Reserve Make Big Gains Past 12 Months," Crane Data News Archives, September 12, 2008.
③ The Reserve Primary Fund management, interview by FCIC, March 25, 2010.
④ SEC Complaint against Reserve Management Company Inc., pp. 2, 18 (paras. 3, 59), p. 30 (para. 101); The Reserve, "The Primary Fund: Plan of Liquidation and Distribution of Assets," December 3, 2008, p. 2.

资者将 290 亿资金撤出。①

同时，周一美国货币市场基金的董事会决定，所持有的雷曼票据为每美元价值 80 美分，这种估值很快被证明仍然过于乐观。在周二市场收盘后，储备管理公司公开宣布其所持有的雷曼票据价值为零，"到纽约时间今天下午 4：00 有效"。结果，储备初级基金跌破面值。② 四天后，该基金向美国证券交易委员会请求，寻求批准其暂停赎回交易。

其他同样遭受损失的基金之所以得以幸免于难，主要源于担保人的作用。周一，美联银行的资产管理公司常青投资宣布将会支持旗下的三种常青互惠基金，这三种基金持有雷曼票据共达 5.4 亿美元。在周三，纽约梅隆银行宣布支持持有雷曼票据的各种基金，包括 220 亿美元机构现金储备基金和四只达孚基金。因此，纽约梅隆银行将为此承担 4.25 亿美元的税后费用。在之后的两年，62 种货币市场基金——美国 36 种，欧洲 26 种③——均接受了类似的援助，从而避免了基金跌破面值的状况出现。

在美国货币市场基金跌破面值后，撤资出现了不祥的预兆：那些甚至与雷曼没有直接联系的基金也出现了撤资状况，这给货币市场基金造成了重创。一般来说基金有无风险应该是可知的，因为证券交易委员会要求这些基金至少每季一次报告投资的细节。投资者将基金赎回，只是因为他们担心其他投资者会在他们之前撤出资金，"非常清楚的是我们正慢慢地滑入地狱，这是个无底洞，因为周三周四的资金撤离形势一片高涨"，美联储经济学家帕特里克·麦凯布（Patrick McCabe）告诉金融危机调查委员会，"一种强烈的感觉是，这是一场正在进行但还未完全显现的灾难。"④

"我们认识到，那时金融体系中缺乏灵活的后援力量"，美联储迈克尔·帕鲁姆博（Michael Palumbo）说，"流动性危机，就其本质来说会引起快速紧急的

---

① SEC Complaint, pp. 26-33（paras. 88-113）; The Reserve, "The Primary Fund: Plan of Liquidation," p. 2.
② SEC Complaint, p. 35（para. 121）. The SEC notes that the Primary Fund likely broke the buck prior to 11:00 A. M. on September 16 because of the redemption requests and the valuation of Lehman's debt; moreover, RMCI announced on November 26, 2008, that owing to an administrative error, its NAV should have been calculated as MYM0.99 between 11:00 A. M. and 4:00 P. M. on September 16（pp. 34-33, paras. 119, 120）.
③ Moody's Investors Service articles, "Sponsor Support Key to Money Market Funds," August 9, 2010, p. 4; "Moody's Proposes New Money Market Fund Rating Methodology and Symbols," September 7, 2010.
④ Patrick McCabe and Michael Palumbo, interview by FCIC, September 28, 2010.

反应，危机蔓延的速度也非常迅速。"①

一个较早即受到波及且受严重损害的是百能投资公司（Putnam Investments），它投资了 120 亿美元于货币市场基金，它在周三赎回大浪下受到重击。由于不能快速充足地清偿资产，这只基金被迫停止赎回。一周后，它被联邦投资公司（Federated Investors）收购。

在一周内，投资于货币市场基金（主要投资于高利率证券）的投资者，共撤资 3490 亿美元；三周内，他们又再次撤资 850 亿美元。这些资金主要转向了用于购买国库券和政府机构证券的其他基金；实际上，这些流入的钱比其所投入的基金的资本总额还高，因此这些基金不得不拒绝资金的大量流入②（见图 20 - 2）。由于对国库券的前所未有的需求，四周期限的国库券回报率跌到了 0，这是第二次世界大战以来前所未有的。

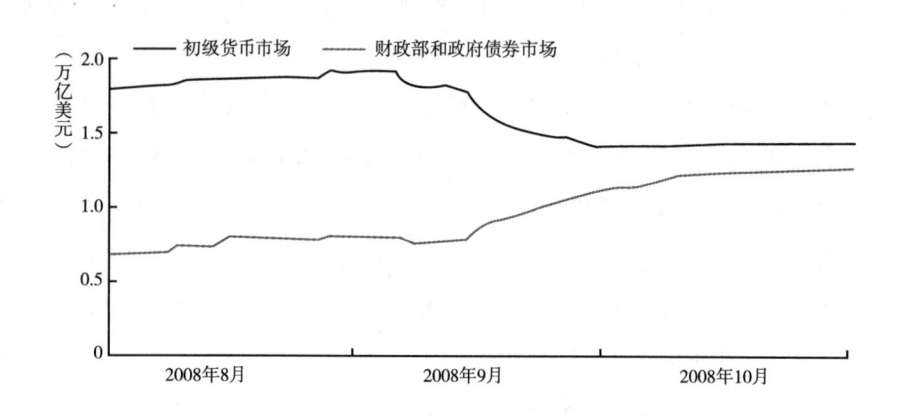

图 20 - 2 货币市场基金投资

鉴于安全性的考虑，投资者开始从初级货币市场基金转向投资于美国国债及机构证券。

资料来源：Crane Data。

货币市场互助基金需要现金以满足投资者的赎回请求，只得试图卖掉它的非流动性资产获得资金。不幸的是，市场根本就没有可进行的交易。"有趣的是，我们听说交易商们甚至都不再接听电话。基金经理们已放弃它们手中的票据了；他们找不到愿意购买的人。"麦凯布说。③

---

① Patrick McCabe and Michael Palumbo, interview by FCIC, September 28, 2010.
② 投资公司协会，货币市场历史周报数据。当非政府基金在 2008 年 9 月 10 日和 10 月 1 日期间损失 4340 亿时，政府基金，投资在国库券和政府支持企业债务上，在同时期增加了 3570 亿。
③ McCabe and Palumbo, interview.

持有任何大型金融机构的无担保商业票据并不能解决市场上的风险问题：基金管理人可不想与下一个雷曼发生任何关系。金融危机调查委员会一份关于最大货币市场基金的调查发现，许多人不愿在雷曼破产的几周内去购买金融公司的商业票据。受访对象，也是持有金融商业票据数量锐减的五家，它们将持有量减少了一半，从 580 亿美元减少到 290 亿美元。① 这导致了商业票据利率前所未有地上升，给贷款人造成各种问题，尤其是对那些金融公司，像通用资本，CIT 集团，美国运通，还有一些非金融机构，它们一般使用商业票据来支付像工资或库存类的直接费用。商业票据借贷成本在 9 月中旬飙升，疯狂地超过了 2007 年时的最高点（见表 20-3）。

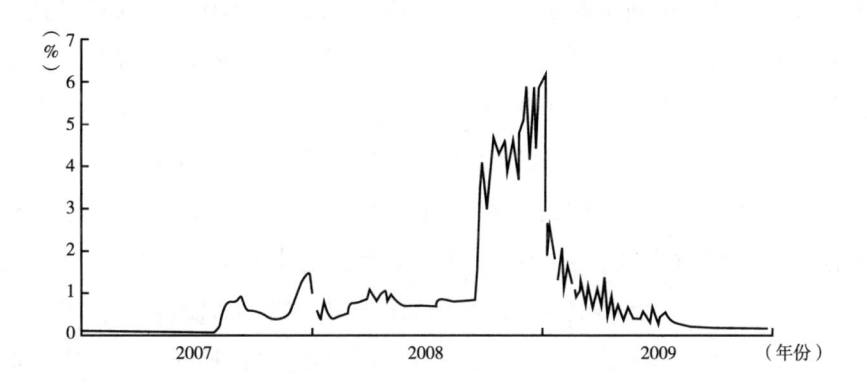

图 20-3 短期借贷成本

危机期间，评级水平较低的非金融公司的借贷成本急剧上升。
说明：以 30 日商业票据为例，二等非金融机构（A2/P2）与最优等机构所支付的利差显著扩大。
资料来源：Federal Reserve Board of Governors.

"如果你的公司在商业票据市场上有广泛的参与度"，盖特纳告诉金融危机调查委员会，"那么他将面对与世界上最大型公司遭遇相同的窘境，美国金融界正丧失融资能力和商业票据交易市场。"②在流动性好的市场上，对于那些拥有最高信用评级的公司来说，很容易获得借贷时间长达三十年的贷款，但这些优势几乎一夜之间消失了。因为恐慌，金融机构每天都出现上万亿美元现金和资产的转移，这根本上扰乱了支付体系，而消费者都要依赖该体系维持正常的生

---

① FCIC 对货币市场互惠基金的调查。从 2008 年 9 月 12 日到 19 日，五大公司的持有量从 580 亿下降到 290 亿。详见 FCIC 的网站。
② Timothy Geithner, testimony before the FCIC, Hearing on the Shadow Banking System, day 2, session 2: Perspective on the Shadow Banking System, May 6, 2010, transcript, p.135.

活,如使用信用卡和借记卡支付业务。 "根本不存在任何特殊机制可缓解市场的困顿——或者说没有任何机制将能起到挽救市场窘境的作用——这已成为系统性和全面性的恐慌,而这种状况需要亟待终止。"帕鲁姆博说。①

9月19日,周五,那天,政府提出了两个新的贷款计划。财政部将保证为符合条件的,且票面净资产价值不低于1美元的货币市场基金承担相关的费用。②美联储将给银行提供贷款,以购买货币市场基金中那些以高质量资产作抵押的商业票据。③虽然在接下来的几个月该计划执行得并不顺利,但在该计划刚开始的前两周,向银行共提供贷款1500亿美元。这两个贷款项目立刻减缓了货币市场基金的撤资速度。

由于金融市场的混乱,证券交易委员会对大约800家银行、保险公司和证券公司的股票卖空交易实施了暂禁令。 9月18日实施的该方案,以及早在夏季时就已经实施的对19只金融股票"裸卖空"行为的禁令(就是没有股票,交付给买方是先借入股票再卖空),都是为了保护金融市场免受"非法操作"的影响。

与此同时,财政部长亨利·鲍尔森和其他的高级官员决定,他们需要一个更系统的方法来应对深陷困顿的公司和市场。鲍尔森开始寻求国会对不良资产救助计划的授权。"危机发生后一成不变的问题就是我们总是慢半拍。 危机总是不按我们预期的方式发展和演变",时任财政部助理部长尼尔·卡什卡里告诉金融危机调查委员会,"我们寻求此授权是为了获得拯救自身的机会,重要的是我们能为自己提供最大的力量和最大的灵活性。 尤其是该授权的取得,将允许我们基本上可以做到我们需要做的任何事,"④尼尔·卡什卡里说,"大概要花费两周时间与国会协商该问题"。 正如下面要谈到的,这项授权真是很难获得。

摩根士丹利:"我们会是下一个"

在雷曼破产和美林被收购之后,投资者们认真评估了仅存的两大独立投资银

---

① McCabe and Palumbo, interview.
② "Treasury Announces Guaranty Program for Money Market Funds," Treasury Department press release, September 19, 2008. President George W. Bush approved the use of existing authorities by Secretary Henry M. Paulson Jr. to make available as necessary the assets of the Exchange Stabilization Fund (ESF) for up to MYM50 billion to guarantee payments to support money market mutual funds. The original objective of the ESF, established by the Gold Reserve Act of 1934, was to stabilize the value of the dollar in the depths of the Depression. It authorized the treasury secretary, with the approval of the president, to "deal in gold, foreign exchange, and other instruments of credit and securities" to promote international financial stability.
③ 这一项目被称为资产担保商业票据货币市场互惠基金流动性工具(AMLF)。
④ Neel Kashkari, interview by FCIC, November 2, 2010.

行，尤其是摩根士丹利。 9月15日周一，通过信用违约互换来保护摩根士丹利1千万债务的年成本，从周五的36.3万上涨到了68.2万美元，大约是对高盛投资实行保护的成本的两倍。"周一我们一回来，就听到美林和雷曼倒闭的爆炸性消息，"约翰·马克，摩根士丹利前CEO告诉金融危机调查委员会，他之后又说："我们即将是下一个倒下的。"①

摩根士丹利高管们应该有理由自信。 在之前的星期五，公司的流动性资产仍有1300亿美元，而高盛有1200亿美元②。 和高盛一样，几个月前摩根士丹利就通过了监管者（银监会）的资产流动性压力测试。 但是，前期的市场指标本身就很混杂。 戴维·黄（David Wong），摩根士丹利的财务总监，提前从伦敦区公司听说，几个欧洲银行都不再接受摩根士丹利作为其衍生品交易方。③ 他曾联系过这些银行，至少在那时，他们还同意保持自己与摩根士丹利的部分交易。 但戴维·黄非常明白，关于衍生品交易对手通过债务更新而撤资逃跑的传言，已经造成了雷曼和贝尔斯登的倒闭。 而回购贷款人（出借人），主要是在货币市场基金中，却没有立即表现出惊慌。 周一，仅有几家提出要求略微增加担保。④

但是这种相对稳定状况很快消失了。 摩根士丹利立即成为对冲基金撤资的目标。 在金融危机之前，像摩根士丹利这种典型经纪商公司，会担心他们对对冲基金客户所带来的风险。 现在，情况发生了逆转。 雷曼事件已经显示出，虽然主要经纪商能够再利用客户资产为自己筹集现金，但是客户的资产可能被冻结或是在公司倒闭中丧失殆尽。⑤

为保护自己，对冲基金从摩根士丹利、美林、高盛公司撤出数十亿美元的现金和其他资产，投资到银行控股公司（如摩根大通）、大型外国银行（如德意志银行和瑞士信贷银行）、托管银行（如纽约梅隆和北美信托银行）的主要经纪商。 他们相信这些公司是更安全、更透明的。 基金经理告诉金融危机调查委员

---

① John Mack, interview by FCIC, November 2, 2010.
② New York Federal Reserve, internal email, October 22, 2008, p. 2.
③ David Wong, email to Fed and SEC officials, September 15, 2008.
④ 乔纳森·斯图尔特，纽约联邦储备银行，内部邮件，2008年9月17日。
⑤ One year later, the Senior Supervisors Group—a cross-agency task force looking back on the causes of the financial crisis—would write, "Before the crisis [at the investment banks post-Lehman], many broker-dealers considered the prime brokerage business to be either a source of liquidity or a liquidity-neutral business. As a result, the magnitude and unprecedented severity of events in September-October 2008 were largely unanticipated." Senior Supervisors Group, "Risk Management Lessons from the Global Banking Crisis of 2008," October 21, 2009, p. 9.

会，为防止对冲基金客户撤回他们的资产，有些主要经纪商采用了强硬措施。例如，"大多数对冲基金客户主要通过传真要求现金转移，"对冲基金经理乔纳森·伍德（Jonathan Wood）告诉金融危机调查委员会，"在强大压力下，这些基金都犯错误了，我不清楚这是不是巧合……那些作为贷方的主要经纪商是无论如何都会撤离，他们不想遭受损失。"①

很快，对冲基金也遭受到自己客户前所未有的撤资。根据金融危机调查委员会对幸存下来的对冲基金的调查，在2008年第四季度投资者的赎回请求量平均占到全部委托基金的20%。②这重击了市场。2007年末全球投资于对冲基金的金额达2200亿美元，③但在杠杆效应下，它的市场影响被放大了好几倍。广泛的赎回迫使对冲基金卖掉大量的资产，这进一步拉低了市场价格。许多对冲基金只得停止赎回或是倒闭。

在周一，对冲基金要求从摩根士丹利撤资约100亿美元。④而周二早上，摩根士丹利宣布到2008年8月31日的近三个月赢利14亿美元，与上年同期相比几乎一样。马克决定提前一天公布这一好消息，情况却出乎意料。"一位对冲基金经理对我说，听到消息后，他认为提前一天宣布收益是市场趋向衰弱的象征。因此我猜想这是因为人们会继续减少持有我们的股票或卖掉它，但我不知道他们是想减持，还是想彻底卖掉。"马克对金融危机调查委员会说。⑤戴维·黄说："我们试图掌控资金，实在是由于雷曼破产对我们产生了影响，而且一些不确定的事情也正在发生着，引起市场的波动并影响到一些客户的信心，甚至影响到一些老客户的信心。"⑥

对冲基金急速撤资320亿美元是在周三，⑦那天是美国国际集团被紧急援助后的第一天，也是那天"我们的老客户开始撤走"，戴维·黄这样介绍。⑧许多对冲基金现在试图行使合同所规定的权利，从摩根士丹利的大宗业务处借入更多的贷款而无须提供任何担保。周二、周三和周五，摩根士丹利从美联储一级交

---

① Jonathan Wood, Whitebox Advisors, interview by FCIC, August 11, 2010.
② FCIC对在危机中幸存下来的对冲基金进行了调查。按照规模排列的三个最大的四分位数，在2008年第四季度（雷曼破产后首次可赎回的时期），受到投资者赎回要求平均达它们资产的20%。
③ IFSL Research, "Hedge Funds 2009," April 2009.
④ David Wong, treasurer of Morgan Stanley, interview by FCIC, October 15, 2010.
⑤ Mack, interview.
⑥ Wong, interview.
⑦ Patrice Maher（Morgan Stanley）, email to William Brodows（Federal Reserve BNY）et al., September 28, 2008, with data in an attachment. Hedge fund values are the Prime Brokerage Outflows（NY + International）.
⑧ Wong, interview.

易商信贷安排下分别获得的贷款达到 130 亿、270 亿、353 亿美元。

美联储的政策制定者在这个夏天所担心的事情，随着事情的发展，一切风险都被触发了：两大第三方回购清算银行——摩根大通和纽约梅隆，均要求增加担保。像贝尔斯登出现问题时所发生的一样，两大清算银行开始担心它们与摩根士丹利、美林、高盛的盘中风险。在雷曼破产的周日那天，美联储已经降低了担保门槛，而且通过一级交易商信贷安排为机构提供隔夜拆贷。但是一级交易商信贷安排并不能完全代替纽约梅隆和摩根大通所提供的当日融资业务，这两大行不会为日贷款而接受低质量的抵押担保，而美联储愿意提供隔夜贷款而接受该类低质抵押品。在没有大的变故下，美联储不会贷款给这三家投资银行，而一旦这三家投资银行要求贷款，美联储将要求其提供更多的抵押。

"当日拆借业务是清算银行盘中的较大风险"，证券交易委员会的马修·埃克纳（Matthew Eichner），在周三的电子邮件中告诉纽约联邦储备银行的同事。"他们不想遭受风险，故要求现金或证券作担保。在摩根士丹利和美林内部会议上争论不断，指名道姓的谩骂，太不雅观了。"①

"Taking the name"是在华尔街交易时接受交易时的一种说法。周四，梅隆公司要求摩根士丹利增加 30 亿美元的担保。并且纽约美联储人员说，摩根大通正在考虑将 22 亿美元的保证金要求提高到 28 亿美元②。根据一个在花旗的美联储审查员，也是花旗的从业者说："摩根士丹利就像车灯前的麋鹿般无助，其面临来自于欧洲市场的巨大压力。他看起来就像几个星期前的雷曼一样。"③

商业票据市场也盯上了摩根士丹利。从 9 月 12 日到 9 月末，该公司的优质商业票据交易量下降了近 40%，成交量仅 2000 万美元。相比之下，在 8 月最后两周时，摩根士丹利的平均每日交易量大约是 2.4 亿美元。④

周六，摩根士丹利执行官向纽约联邦储备银行简单介绍了当前情况。截至此时，该公司已接受美联储的一级交易商信贷安排和定期证券借贷工具的资金支持分别达 353 亿和 325 亿美元。⑤ 一周内其流动性资产池从 1300 亿下降到

---

① 马修·艾西纳，内部邮件，2008 年 9 月 16 日。
② 安杰拉·麦克纳斯，写给纽约银行的邮件，2008 年 9 月 18 日。
③ 艾米·怀特，纽约联邦储备银行内部邮件，2008 年 9 月 19 日。
④ Morgan Stanley, "Liquidity and Financing Activity：08/28/08," "Liquidity and Financing Activity：09/18/08," "Liquidity and Financing Activity：10/03/08," reports to the New York Federal Reserve.
⑤ Morgan Stanley Corporate Treasury, "Meeting with Federal Reserve：September 20, 2008," attachment to Morgan Stanley email to NYFRB, September 20, 2008, including "Forward Forecast."

550亿美元。 从摩根士丹利大宗经纪业务中，回购贷方撤资310亿美元，对冲基金取走860亿美元。 这种撤资严重超出了仅在一月前进行压力测试所设想的最严峻的情境。①

本周，高盛投资也经历了相同的资金撤离。 它的资金池流动性下降，从上周五的1200亿降到这周四的570亿美元。 到本周末，高盛已从美联储一级交易商信贷安排和定期证券借贷工具分别贷款50亿和135亿美元。 劳埃德·布兰克费恩，高盛的执行总裁告诉金融危机调查委员会：

"我们在这期间有大量的流动性。 但是随着系统性事件的发生，我们的流动性也紧张起来。 如果你问我，若没有政府相当大的干预将会怎样，我会说我们将会深深地陷进去——那将会是一个比我们所能想象的更紧张的情况。 我们从未期望政府会给予帮助，我们也不会过多依赖这些机制……我感觉还好，但是我们在每晚睡前都感觉将有更多的风险，我比任何一个负责任的经理担心的还要多，是因为这是我的事业，也是出于对整个市场系统的风险及不确定性的考虑。"②

伯南克告诉金融危机调查委员会，美联储认为那周高盛的资金撤离会导致其破产："我可以说，像摩根大通，高盛投资整体上对自身保护得很好，他拥有足够的资本和流动性资金。 但作为投资银行而不是商业银行，当巨大的资金的危机冲击所有投资银行时，即使是高盛投行，我们认为很大程度上它们也可能破产。"③尽管没有像摩根士丹利那样借用美联储信贷工具，高盛仍将会继续使用美联储提供的贷款，10月份在一级交易商信贷安排下其贷款高达240亿美元，12月份在定期证券借贷工具下其贷款达到435亿美元。

9月21日，周五，摩根士丹利和高盛都向美联储申请成为银行持股公司。 "据我30年的经验，摩根士丹利和高盛一直坚决反对美联储的监管——但在雷曼破产后，这些机构看到，如果不做出重大改变他们将会成为下一个雷曼。 而这一重大改变就是成为银行持股公司。"汤姆·巴克斯特，纽约联邦储备银行首席法律顾问对金融危机调查委员会如是说。④ 美联储与司法部联合，取消为期5

---

① Morgan Stanley Corporate Treasury, "Liquidity Landscape:09/12 -09/18/2008," in attachment to Morgan Stanley email to NYFRB, September 20, 2008; Amy White, internal NYFRB emails, September 16 and 19, 2008.
② Lloyd Blankfein, testimony before the FCIC, First Public Hearing of the FCIC, day 1, panel 1: Financial Institution Representatives, January 13, 2010, transcript, pp. 34-35.
③ Bernanke, closed-door session.
④ Thomas Baxter, interview by FCIC, April 30, 2010.

天的反托拉斯的暂缓期,迅速批准了两大申请。① 摩根士丹利立即将其 390 亿美元的工业贷款公司转换成为全国性银行,接受货币监理署的监管;高盛也将其 26 亿美元的工业贷款转变为美联储系统中的政府特许银行,接受美联储和纽约州政府的监督。 美联储将开始对这两个新的银行持股公司进行监督。

这两大公司即刻获得的好处就是获得了为期 90 天贴现窗口的紧急进入通道。② 更重要的是,"我认为最大的好处是它显示了你在金融体系中的重要地位。 如果他们认为你在极短时期内就会倒闭的话,美联储就不会让你成为银行控股公司。"马克告诉金融危机调查委员会:"这一行动传出的一种信号就是这两大公司将会幸存下来。"③

为表现对此抱有充分的信心,沃伦•巴菲特投资高盛 50 亿美元,三菱东京日联银行投资摩根士丹利 90 亿美元。 马克说,他整个周末都一直在等着确认三菱的投资,在周日下午他接到伯南克、盖特纳以及鲍尔森的电话。 "基本上他们都说他们想让我卖掉公司",马克告诉金融危机调查委员会:"不到一小时,三菱打电话来确定了投资,监管者们立即放弃了让我出售公司的打算"。④

然而,尽管在周末宣布了,摩根士丹利的资金撤离还在继续。 "经过一周,仅有少量的投资者愿意进行新的回购交易,"戴维•黄说,"只是他们不再贷款了"。⑤

到 9 月底,摩根士丹利的流动性资产池达到 550 亿美元。⑥ 可是其流动性严重依赖于从美联储的两个项目下所提供的贷款,一级交易商信贷安排下贷款达 600 亿和定期证券借贷工具下贷款达 165 亿美元。 高盛的流动性资产池已恢复到 800 亿美元,背负一级交易商信贷安排下贷款 165 亿美元和定期证券借贷工具下贷款 150 亿美元。

场外衍生品交易:"戛然而止"

当投资者开始担心交易对手的风险,对冲基金和其他市场参与者减少投资或

---

① The switch to bank holding company status required a simple charter change. Both Morgan and Goldman already owned banks that they had chartered as industrial loan companies, a type of bank that is allowed to accept FDIC-insured deposits without having any Fed supervision over the bank's parent or other affiliated companies.
② Federal Reserve, "Discount Window Payment System Risk: Getting Started," last updated November 17, 2009.
③ Mack, interview.
④ Ibid.
⑤ Wong, interview.
⑥ 来自 2008 年 9 月 19 日艾米•怀特的纽约联邦储备银行内部邮件。

退出时，场外交易衍生品市场的交易也一直在下降。在这一市场上很多活动迅速减少；有时候，根本就没有市场——什么交易都没有。出现了前所未有的市场急剧萎缩现象。①

"由于威胁到了每一个参与者的生存问题，无论是否直接面临着次级抵押贷款证券的风险，场外交易衍生品市场也开始停滞。"对冲基金经理迈克尔·马斯特斯（Michael Masters）告诉金融危机调查委员会。②"此外当场外衍生品市场暴跌时，参与者们的反应是清偿这些资产，掉期产品是用来进行对冲的。"这一市场未受管制且极不透明，没有发布公开报告的要求，也很少或根本没有价格传递机制。雷曼破产后，该市场的参与者们开始担忧他们交易对手风险和资信状况以及所签合同的实际价值。这直接地导致人们从该市场的突然撤离。

打击主要来自基于次级贷款的衍生品市场。公司已经开始依赖于衍生品合约的价格，通过次级贷款衍生债券的综合指数（ABX indices）对他们的次级贷款资产来估价。ABX.HE.BBB－06－2，其2007年的下跌反映出其成为金融危机的首当其冲者，自5月以来其就一直在围绕一美元收回5美分的交易价格上下波动。但是即使这样，在此指数上的交易也变得日益减少。从2007年1月到2008年9月间平均每周大约70宗交易，到2008年10月时下降到每周不足3笔交易，这种指数值也不再具有任何含义了。③因此，这些资产的正当价格是什么？价格传导成了一种猜测游戏，比在正常市场条件下更难猜测。

场外衍生品市场萎缩影响到了抵押证券的估值。衍生品是用来控制这些风险的——风险包括浮动汇率风险、利率变动以及资产价格变动风险。有效地控制衍生品市场的风险要求有很强的流动性，以致资产价格可以在一天内以很小的成本来进行调整。但在2008年秋，每个人都想将风险转移他人，从而降低自己的风险。随着参与者开始退出现有交易，市场出现撤资风潮。因为每个人都担心下一笔交易的风险，因此经常就没有了第二笔交易——交易量就进一步下降了。结果是正当谨慎却导致无交易的恶性循环。

---

① 应该牢记的是，此时市场缺乏管制是它极度不透明。透明度缺乏、报告要求缺乏、第三方收集数据有限，都使记录及记述危机期间出现的各种市场交易问题变得很困难。
② Michael Masters, testimony before the FCIC, Hearing on the Role of Derivatives in the Financial Crisis, day 1, session 1：Overview of Derivatives, June 30, 2010, transcript, p. 26.
③ 提供给FCIC的美国证券托管清算公司数据。

同时，由于缺乏流动性的衍生品市场和有效的价格传导，每个公司的风险管理变得成本昂贵并且难以管控。平常的对冲交易机制也受到破坏。想要损失部分资产从而避免全部损失的交易者可能都找不到买主，需要对冲的人也发现成本更高或是根本就不可能实现。

一些措施也显示了衍生品市场缺乏流动性。首先，广泛出现了场外衍生品未平仓合同数量急剧下降。自2000年12月联邦法令放松管制以来，此市场交易增加七倍多。然而，从2008年6月30日到年底，未平仓的衍生品名义交易额下降了10%还多，这种骤降突破先例。这是自1998年国际清算银行开始统计以来首次出现的为期六个月的市场萎缩。[1] 其次，它是在金融市场巨大动荡时期出现的。一般在此时，公司通常会向衍生品市场寻求帮助来对冲它们增加的风险——但现在衍生品市场自身都需要帮助。

衍生品市场缺乏流动性体现在由衍生品交易商在达成合约时所要求的高价表现出来的。在市场流动性降低时，交易商则要承担额外的风险，他们将这些风险的成本传递给市场的参与者。这种成本明显表现为扩大的"买卖价差"——交易者愿意接受的买价和卖价之间的差异。金融危机期间市场的流动性变差，交易者担心他们可能承担未知的风险。结果是，他们开始卖出合约时要高价（提高要价），并传递开来。另外，他们买入合约则开出较低的价格（降低买价），因为他们担心交易对方的不良信誉。合约差价提高意味着一个公司对冲其风险的成本增加，这些风险包括贷款风险或是另一公司的潜在违约风险。风险管理成本也随着风险本身的增加而增加了。

同时，2007年12月到2010年6月，相对2007年12月的名义价值58.2万亿美元，优质信用衍生品交易萎缩了48%，2010年6月最新的数据是已经降到30.3万亿美元。[2]

总之，2008年秋场外衍生品市场的急剧萎缩严重降低了机构的能力，这种能力是在金融系统中不确定性使风险控制成为首要任务时，公司能够很快进入或是解除合约或是有效地对冲它们的商业风险的能力。

---

[1] "The Global OTC Derivatives Market at End-June 1998," Bank of International Settlements press release, December 13, 1998; "OTC derivatives market activity in the second half of 2008," Bank of International Settlements press release, May 9, 2009, p. 7.

[2] "Triennial and Regular OTC Derivatives Market Statistics," Bank of International Settlements press release, November 16, 2010, p. 7.

华盛顿互惠银行:"归你们了"

在雷曼破产后的八天里,存款人从华盛顿互惠银行撤资167亿美元,这使它面临即刻破产。由于其较差的抵押贷款审核标准和选择支付型可调息抵押贷款的风险华盛顿互惠银行在一段时期内成为人们担忧的对象。7月,穆迪将华盛顿互惠银行的优先无担保债券降为Baa3级,成为最低的投资信用评级,之后9月11日将其降低为垃圾级,引述说"由于华盛顿互惠银行金融资产的灵活性极差,恶化了资产质量,预期其会被吞并"。①

美国储蓄监督局认定,节约也是不可能做到的"偿付债务并满足其运营流动性需求"。② 政府在2008年9月15日接管了此银行,委任联邦存款保险公司接管,许多无担保贷款人遭受了损失。在2008年6月30日时拥有资产3070亿美元,华盛顿互惠银行成为美国历史上倒闭的最大的保险储蓄机构,规模大于因迪美银行(Independent National Mortgage—IndyMac,美国第二大的贷款银行),也大于任何80、90年代倒闭的银行和储蓄机构。在同一天,摩根大通花费19亿从联邦存款保险公司收购华盛顿互惠银行的银行业务经营权;第二天,华盛顿互惠银行母公司(现已降为储蓄机构)从法律上寻求联邦《破产法》第十一章的破产保护。

联邦存款保险公司的官员对金融危机调查委员会说,他们提前了解了华盛顿互惠银行的麻烦,因此有时间与摩根大通进行交易。摩根大通的首席执行官杰米·戴蒙说,在联邦存款保险公司主席谢拉·贝尔打电话询问其是否准备竞买华盛顿互惠银行时,摩根大通已对华盛顿互惠银行的资产进行审核,所以当时我就回答"当然"。"她在第二天打电话给我说'他是你的了',顺便说一下,我想会有其他的竞买者,否则我们就会以1美元参加竞标,而不是190亿美元了,但是我们确实希望竞标成功。"③

联邦存款保险公司的保险基金在整个华盛顿互惠银行的破产中幸免于难。无担保储户与有担保储户也是如此。但是联邦存款保险公司,并不用考虑使用联邦存款保险公司的基金保护无担保贷款人,这可以通过援引《1991年联邦存

---

① Moody's,"Moody's downgrades WaMu Ratings;outlook negative,"September 11,2008.
② "OTS Fact Sheet on Washington Mutual Bank,"OTS 08-046A,September 25,2008,p.3.
③ Jamie Dimon,interview by FCIC,October 20,2010.

款保险公司改进法》中"系统风险例外"来实现(《1991 联邦存款保险公司改进法》，要求破产银行以最低的成本并入联邦存款保险公司，除非联邦存款保险公司、美联储和财政部一致认为这个特殊公司的倒闭会对整个金融系统带来风险；17 年来此法案还没有实行过)。这些贷款人的损失引起了其他正处于挣扎中的银行，尤其是美联银行无担保贷款人的恐慌，带来了严重的后果。然而，联邦存款保险公司主席贝尔坚持这一决策，"我坚持认为这是正确的决定"，她告诉金融危机调查委员会，"华盛顿互惠银行是一个经营不善的机构"。她认为华盛顿互惠银行的决议是"成功的"。①

联邦存款保险公司的决定引起极大争议。美联储法律总顾问斯科特·阿尔瓦雷斯告诉金融危机调查委员会，他同意贝尔的决定，"本不应该干预华盛顿互惠银行"。② 但是财政部官员并不认同，"我们认为这是一个重大决定，我们很难决定如何行事，但是不能因为我们自身的困难而将整个金融体系带入大萧条时期的困境，"财政部尼尔·卡什卡里说，"因此，在我看来这是一个错误决定，使经济陷入如此危险境地，这好像是在玩火。"③

美联银行："在其他银行倒下后站在了多米诺骨牌的最前面"

美联银行，并购了金西部公司，成为选择支付型可调息抵押贷款的最大持有人，这种贷款曾将华盛顿互惠银行以及国民金融公司拖垮。那段时间，对美联银行——当时的第四大银行控股公司的担忧也快速上升。9 月 9 日，美林证券分析师艾德·纳扎利安(Ed Najarian)将其公司股票降级为"表现不佳"，指出其选择支付型可调息抵押贷款和商业贷款组合上的弱点。9 月 11 日，美联银行总裁会见联储官员，要求一种豁免规则，就是有限控股公司可使用担保存款来满足其流动性需求。美联储没有答应；人们认为美联银行的现金状况尚好，其所要求

---

① Sheila Bair, testimony before the FCIC, Hearing on Too Big to Fail: Expectations and Impact of Extraordinary Government Intervention and the Role of Systemic Risk in the Financial Crisis, day 2; session 2; Federal Deposit Insurance Corporation, September 2, 2010, exchange between Bair and Commissioner Douglas Holtz-Eakin, pp. 134, 149.
② Scott Alvarez, testimony before the FCIC, Hearing on Too Big to Fail: Expectations and Impact of Extraordinary Government Intervention and the Role of Systemic Risk in the Financial Crisis, day 1, Session1; Wachovia Corporation, September 1, 2010, transcript, p. 84.
③ Kashkari, interview.

的救济是一种"愿望",而不是一种"必须"。①

但是在雷曼破产后,美联储就改变了想法,立刻召开电话会议讨论美联银行管理的流动性。 储户流出量在增加。 9月19日,美联储支持了美联公司的请求,使用担保存款给控股公司提供流动性。 9月20日,周六,富国银行董事长理查德·M. 科瓦切维奇(Richard M. Kovacevich)告诉美联银行首席执行官,也是最近成为财政部副部长的罗伯特·斯蒂尔,表达了富国银行有兴趣收购受困的美联银行,并且两人同意之后在本周再次商谈。 在同一天,美联储董事凯文·沃尔什建议斯蒂尔也与高盛谈了谈。 作为高盛的前副主席,斯蒂尔便与该公司交涉,但维持对话的时间很短;高盛没有兴趣。②

在接下来的整周内,越来越明显的迹象表明美联银行需要与一个更强的金融机构合并。 之后,9月25日华盛顿互惠银行的倒闭"加剧了贷款者对美联银行状况的担忧",美联储顾问阿尔瓦雷斯告诉金融危机调查委员会。 "在华盛顿互惠银行破产那天,美联银行存款人加速从其账户中取走了大笔现金,"阿尔瓦雷斯说,"另外,大批的基金投资者也从银行撤出流动性支持资金。 仿佛美联银行很快就无法维持其正常运营了。"③斯蒂尔说,"日子一天天过去,随着金融机构开始减少与美联银行进行正常的融资交易,流动性压力在增加。"④

美联银行的货币监理署主要审查员戴维·威尔逊(David Wilson)认为,华盛顿互惠银行倒闭后美联银行发现"整个世界都变了"⑤。 联邦存款保险公司主席贝尔对此有些不同看法。 华盛顿互惠银行的倒闭,"实际上是令人扫兴的事情",她告诉金融危机调查委员会,"即使是头版,也会被隐藏到头版中不起眼的角落,最好不引起别人的注意,而仅仅是昙花一现,仿佛一切仍会照常进行。"⑥

---

① Greg Feldberg, "Wachovia Case Study," presentation at LBO Supervision Conference, November 12-13, 2008, Atlanta, Georgia, p. 15. These rules, embodied in section 23A of the Federal Reserve Act, limit the support that a depository institution can provide to related companies in the same corporate structure; they are aimed at protecting FDIC-insured depositors from activities that occur outside of the bank itself. Exemptions have the effect of funding affiliate, nonbank assets within the federal safety net of insured deposits; they create liquidity for the parent company and/or key affiliates (and reduce bank liquidity) during times of market stress.
② Robert Steel, interview by FCIC, August 18, 2010.
③ Scott Alvarez, written testimony for the FDIC, September 1, 2010, p. 4.
④ Robert Steel, written testimony before the FCIC, Hearing on Too Big to Fail: Expectations and Impact of Extraordinary Government Intervention and the Role of Systemic Risk in the Financial Crisis, day 1, session 1: Wachovia Corporation, September 1, 2010, p. 2.
⑤ David Wilson, interview by FCIC, August 4, 2010.
⑥ Sheila Bair, interview by FCIC, August 18, 2010.

美联银行——国家第四大商业银行的撤资是"静悄悄的撤资",无保险存款人和无担保贷款人坐在电脑旁静静操作,而不是站在银行大厅外。① 到9月26日周五中午,贷款人拒绝了银行提出的短期融资的转存申请,包括商业票据和股存单。② 联邦存款保险公司的约翰·科斯顿(John Corston)证实,那天美联银行存款损失57亿美元,商业票据和回购业务损失11亿美元。③

到周五晚,美联银行向美联储声称,担忧的债权人要求偿还其大约一半的长期贷款——500亿至600亿美元。④ 美联银行"不必偿还所有合约基金(它们都还没有到期),但是如果美联银行不愿提前偿还,从这些出借人那再次借款的困难会进一步增加"。 美联银行的审查员理查德·威斯特凯姆(Richard Westerkamp),里奇蒙德联邦储备银行(Richmond Fed)告诉金融危机调查委员会。⑤

就在这天,美联银行十年期债券市值从1.73美元降到29美分,1000万的美联银行债务违约每年的保险成本从57.1万跳涨到140万美元,银行股票下跌了27%,市值损失80亿美元。 货币监理署约翰·杜甘,负责美联商业银行子公司的监管,向联邦存款保险公司主席贝尔发了一封简短且令人担忧的邮件,称美联银行流动性已不稳定了。⑥ "在其他银行倒下后美联站在了多米诺骨牌的前端",斯蒂尔告诉金融危机调查委员会。⑦

政府官员在没有拿出一个方案前,并没有准备让美联银行在9月29日,周一时营业。⑧ "在经历雷曼、美国国际集团和华盛顿互惠银行的事情后,市场已经处在相当大的压力下了。"美联储法律总顾问阿尔瓦雷斯告诉金融危机调查委

---

① Richard Westerkamp, Federal Reserve Bank of Richmond, interview by FCIC, August 13, 2010.

② Wachovia was unable to roll MYM1.1 billion of asset-backed commercial paper that Friday; James Wigand and Herbert Held, memo to the FDIC Board of Directors, September 29, 2008, p.2. On brokered certificates of deposit, see Westerkamp, interview.

③ John Corston, acting deputy director, Division of Supervision and Consumer Protection, FDIC, written testimony before the FCIC, Hearing on Too Big to Fail: Expectations and Impact of Extraordinary Government Intervention and the Role of Systemic Risk in the Financial Crisis, day 1, Session 1: Wachovia Corporation, September 1, 2010, p.4.

④ Wilson, interview.

⑤ Rich Westerkamp, email to FCIC, November 2, 2010. Westerkamp said that the estimate of early redemption requests was based on a phone conversation with officials in Wachovia's treasury department, describing their conversations with investors; the figures were never verified.

⑥ Bair, interview.

⑦ Robert Steel, interview by FCIC, August 18, 2010.

⑧ Bair, interview; Steel, interview; FDIC staff, interview by FCIC re Wachovia, July 16, 2010.

员会。"担忧的是美联银行的倒闭会让投资者对处在相同情况下的其他金融机构的能力产生怀疑，会让这些机构融资更难。"①

富国银行已经表现出购买美联银行的兴趣；到周五时，花旗也表达了同样的兴趣。周五美联银行与两公司达成机密协议，两大买主立刻开始了收购前的尽职调查。②

关键问题是联邦存款保险公司是否会在并购上提供援助。尽管花旗从没考虑过在没有政府帮助下进行投标，但是富国银行首先就表达了即使没有政府援助，其也愿意收购整个美联银行。③要想获得联邦存款保险公司的援助，首先所涉及项目要排除《联邦存款保险公司改进法》中所规定的系统风险存在的问题。在整个周末，美联储都一直在考虑，如果联邦存款保险公司不进行干预，债权人或未保险存款人遭受损失时的系统性风险。

对银行来说这种信号是令人失望的。根据最近的资金撤离情况，联邦存款保险公司和货币监理署在最近的分析中预计，美联银行在下周将面临1150亿美元现金流出——包括最重要的420亿美元存款流出，其中120亿美元来自公司存款账户，300亿美元来自零售经纪客户。而美联银行仅有的170亿美元现金及现金等价物。联邦存款保险公司和货币监理署估计，尽管公司可以使用它的担保从美联储贴现窗口、回购市场、联邦住宅贷款银行（Federal Home Loan Banks）再集资860亿美元，但所有这些努力只会满足可用的1030亿美元，而需要满足潜在资金流出则需要1150亿美元的资金。④

整个周末，美联储认为美联银行应该获救助，必要的话联邦存款保险公司可提供援助。他主要集中于对公司的交易对手和其他相互依赖的大量市场参与者的分析，并申明如果通过互惠基金来售卖资产将会导致短期融资市场的"实质性倒闭"。⑤根据里奇蒙德联邦储备银行的支持分析，互惠基金持有美联银行660亿美元债务，里奇蒙德联储员工将其称为"有重大系统性的后果"。投行"已经很脆弱且很没有信心"，因其拥有美联银行1910亿美元债务和存款390亿美元。这些公司面临着"万一美联银行崩溃后它们变得更依赖于美联储提供的基

---

① Alvarez, written testimony for the FCIC, September 1, 2010, p. 5.
② Steel, interview.
③ Ibid.
④ Wigand and Held, memo to the FDIC board, September 29, 2008, pp. 2, 4 –5.
⑤ Federal Reserve staff, memo to the Board of Governors, subject: "Considerations Regarding Invoking the Systemic Risk Exception for Wachovia Bank, NA," September 28, 2008, p. 7.

于支持项目的资金供给,例如像使用一级交易商信贷安排的资金支持"。①

另外,美联储官员认为,美联银行的倒闭将会引起各大银行"更不愿贷款给企业和家庭。这些影响会导致经济疲软、高失业和国民财富下降"。② 财长鲍尔森因与斯蒂尔的关系,对此不作判断,而其他的财政部官员都积极倡导救助美联银行。③ 白宫幕僚乔什·博尔顿(Josh Bolten),在周日打电话给联邦存款保险公司主席贝尔,表达出对系统性风险例外寻求支持。④

9月28日,周日,下午18:00,富国银行董事长科瓦切维奇告诉美联银行首席执行官斯蒂尔,他需要更多的时间来评价美联银行的资产,尤其是该行的商业房地产持有量;如果没有联邦存款保险公司的援助,富国银行将不会在周一前进行竞买。因此富国银行和花旗开始谈论援助的相关方式。富国银行的提议是,如果损失进一步变大,超过了联邦存款保险公司200亿损失的上限,则首先应注入20亿美元到总值1270亿美元的资金池,并且还需提供资金以弥补可能随后将发生损失的80%。花旗希望联邦存款保险公司愿意以不同的方式弥补价值3120亿美元资金池的损失,但提出首先可拿出300亿美元补偿金,之后三年每年额外拿出40亿美元,同时给予联邦存款保险公司价值120亿美元的美联银行优先股和认股凭证(按既定价格购买股票的权利)作为补偿;联邦存款保险公司需要补偿的总损失大约为420亿美元。⑤

联邦存款保险公司工作人员预计美联银行的损失在350亿和520亿美元之间。依据分析和补偿的详情,他们估计富国银行的分析及其出价的细情将会使联邦存款保险公司损失56亿到72亿美元,然而在花旗的分析及其出价则不会有损失。周日晚,美联银行也提交了一份自己的议案,其中要求联邦存款保险公司直接向美联银行提供援助,以使美联银行能作为一个独立实体幸存下来。⑥

---

① John A. Beebe, Market Risk Team Leader, Federal Reserve Bank of Richmond, memo to Jennifer Burns, VP-LCBO, "Wachovia Large Funds Providers," September 27, 2008, pp. 1-2.

② Federal Reserve staff, memo to the Board of Governors, subject: "Considerations Regarding Invoking the Systemic Risk Exception for Wachovia Bank, NA," September 28, 2008, p. 7.

③ Bair, interview; minutes of the telephonic meeting of Federal Deposit Insurance Corporation Board of Directors, September 29, 2008, p. 8.

④ Bair, interview.

⑤ FDIC memo to the FDIC Board of Directors, p. 8; Corston, written testimony for the FDIC, September 1, 2010, p. 10.

⑥ Specifically, under Wachovia's proposal, the FDIC would provide credit protection on MYM200 billion of loans, while Wachovia would absorb the first MYM25 billion in losses and the FDIC would potentially incur losses on the balance of the MYM200 billion. To offset that risk, Wachovia proposed that the FDIC receive MYM10 billion in preferred stock and warrants on common shares (FDIC memo to the FDIC Board of Directors, p. 8).

但是联邦存款保险公司还没有对援引系统性风险例外做出决定。其董事会——包括美国储蓄监督局和货币监理署的董事会，在9月29日周一早上6：00召开，来决定市场开市前美联银行的命运。① 联邦存款保险公司副总监米盖尔·布朗（Miguel Browne），坚持里奇蒙德联邦储备银行所作的分析：美联银行的倒闭会带来很多风险，类似于多米诺骨牌纷纷倒下，在不同方向上风险得以蔓延，也会伤害太多的人，包括美国纳税人。危机对全球的潜在影响和对美元信心的下降，对此他也表达出了担忧。贝尔仍表示不愿意对私有金融市场进行干预，但最终还是同意了。"我想，这是许多非优选择中的一种可选项，"她在会上说，"我默许这一决定，基于我同事们的努力，和这样一个事实——这一法令给予了众多决策制定者发言权。我并不完全同意，但是很明显，我们需要向前，推动一些问题的解决，因为当下已处于一种十分微妙的境地。"②

为获得贝尔和约翰·赖克（在联邦存款保险公司董事会中任董事的储蓄监督局局长）的批准，财政部最终同意采取非常措施，即从拟议的交易中拿出资金以弥补政府的损失。③ 如果没有财政部的这一快速承诺，联邦存款保险公司将成为主要的损失承担者，资金来源于联邦存款保险公司的存款保险基金，当时的持有量是346亿美元；一般是，仅在此项基金耗尽后，财政部才会伸出援助之手。④ 根据会议记录来看，贝尔认为，财政部同意就产生的损失给予援助，这"非常重要"，因此"它极力支持这笔交易的达成"。⑤

仅在30分钟之后，联邦存款保险公司董事会投票表决支持政府的援助计划。决议也确定了获胜的投标者：花旗。"这是一场战争迷雾"，贝尔告诉金

---

① The FDIC board has five members: the comptroller of the currency, the director of OTS, and three other members appointed by the president. In Too Big to Fail: The Inside Story of How Wall Street and Washington Fought to Save the Financial System from Crisis—and Themselves (New York: Viking, 2009), Andrew Ross Sorkin (p. 497) wrote that before the September 29, 2008, FDIC board meeting, New York Federal Reserve Governor Geithner and other officials had a conference call with Bair (Paulson recused himself) during which Geithner urged Bair to help Citigroup acquire Wachovia by guaranteeing some of its potential losses. Geithner argued that allowing the FDIC to take over Wachovia would have the effect of wiping out shareholders and bond holders, which, he was convinced, would only spook the markets. He was still furious with Bair for the way she had abruptly taken over Washington Mutual, which had had a deleterious effect on investor confidence.
② Federal Deposit Insurance Corporation Board of Directors meeting, September 29, 2008, transcript, pp. 21–22.
③ Minutes of telephonic meeting of the FDIC board, September 29, 2008, p. 8.
④ Ibid.; the MYM34.6 billion figure is as of September 30, 2008 (FDIC staff, memo to the Board of Directors, subject: "Third Quarter 2008 CFO Report to the Board," November 21, 2008, p. 1).
⑤ Minutes of telephonic meeting of the FDIC board, September 29, 2008, p. 8.

融危机调查委员会,"金融系统极不稳定。谁会冒险保证美联银行在周一就一定会有资金注入呢?"①

美联银行董事会迅速表决接受花旗的竞标。美联银行、花旗和联邦存款保险公司签署了框架协议,美联银行和花旗也达成了一项排他性协议,防止美联银行在其他事务上与其他潜在并购者商洽。②

2008年9月底,大约也是花旗宣布收购美联银行和援引系统风险例外条款的那段时间,联邦公开市场委员会一直处在市场混乱之中。"两巨大机构的并购导致了联邦公开市场委员会的担心,越来越大的公司被创造出来,'太大而不能倒'"。这来自美联储主席伯南克写给金融危机调查委员会的信。他又说,他"对此担心,也表示出希望不良资产救助计划能够创造出新的选择,而不仅仅依赖于大公司间的并购解决问题,今后,通过监管改革,我们可能会建立起更好的解决机制,果断地处理金融监管中过度集中和'太大而不能倒'的问题"。③

花旗银行与美联银行即刻开始对交易进行商讨,9月29日,美联银行的股票日跌幅达到81.6%,降至每股1.84美元,这天也是不良资产救助计划初次提起时即遭国会拒绝的那一天。他们面临着来自监管者和市场的双重巨大压力,必须在下周一前达成交易;但是协议很复杂:花旗并没有打算收购整个公司,只希望收购其银行业务部分,而花旗也试图改变其中的一些初始条款来实现部分收购。这时出现了令人震惊的消息:周二早上,10月2日,富国银行重回谈判桌,提出了极具竞争力的投标,即在没有政府援助下,也愿意以每股7美元购买美联银行整体——这个价格是花旗竞标价格的7倍。

在富国银行提出新方案时,市场上充斥着大量的投机活动,特别是由于国家税务局第2008-83号通知。这一行政法规,仅在两天前颁布,规定允许进行并购的公司可以即刻冲销被并购公司的资产损失,不再是分段冲销。富国银行告诉美国证券交易委员会,国家税务局的法规允许银行在并购后的第一年减免应上

---

① Bair, interview.
② Steel, written testimony for the FCIC, September 1, 2010, p. 4. On the board's vote and the agreement in principle, see Steel, interview; see also Affidavit of Robert K. Steel, dated October 5, 2008, filed in Wachovia Corp. v. Citigroup, Inc., Case No. 08 - cv - 085093 - SAS (S. D. N. Y.), pp. 3 - 4 and exhibit A.
③ 2010年12月21日,美联储主席本·伯南克,写给FCIC主席菲尔·安吉利德斯(Phil Angelides)的信。

缴税收30亿美元，而不是分三年每年减免10亿美元。但富国银行表示，决定无政府援助竞标美联银行，这些"本身并不是参与竞标的主要考虑"。① 前富国银行董事长科瓦切维奇告诉金融危机调查委员会，富国银行修订的投标条件，反映的是其再次对被并购的企业的业务情况进行了非常尽职的详细的调查，这点那时他已向美联银行首席执行官斯蒂尔作了说明。② 但是联邦存款保险公司主席贝尔说，那时科瓦切维奇告诉她的是，税收政策的改变是导致富国银行修改投标的一个重要原因。③

10月2日，周四，在花旗表示愿意接受联邦资助收购三天后，美联银行董事会在21:00召开紧急会议来商讨富国银行修改后的投标书。董事会全体一致投票支持富国银行的收购计划。

周五凌晨3:00，美联银行的CEO斯蒂尔、法律总顾问简·舍本（Jane Sherburne）和联邦存款保险公司主席贝尔与花旗集团首席执行长潘伟迪通话，通知他美联银行已经与富国银行签署了决定性的并购协议。斯蒂尔从准备好的笔记上说着，潘伟迪震惊了，"他很失望。还是不要再提了。"斯蒂尔告诉金融危机调查委员会。④ 潘伟迪本来认为花旗与美联银行的交易一定会达成。在斯蒂尔和舍本放下电话后，潘伟迪询问贝尔如果花旗也提供与富国银行同样每股7美元的条件，它是否能够维持原有的购买美联银行的损失分担协议。贝尔说，不可能，因为联邦存款保险公司不会阻挠任何一个私人购买协议的达成；并且它也不可能在竞标战中帮助花旗。贝尔告诉金融危机调查委员会，如果花旗以此价格收购美联银行，她也担心花旗的生存能力。"事实上，我们也不知道花旗那时是多么不稳定。"主席贝尔说，"现在我们只是在卖掉一个有问题的机构，拥有麻烦抵押基金组合的机构卖给另一个有问题的机构……我想如果协议通过，花旗也终将会成为又一个需要被解救的银行。"⑤

10月3日，周五，上午，美联银行宣布了与富国银行的交易，联邦存款保险公司因祸得福。"此项协议不需要从联邦存款保险公司拿出一分钱"，富国银

---

① Wachtell, Lipton, Rosen & Katz, on behalf of Wells, letter to Division of Corporation Finance, SEC, November 17, 2008, p. 3.
② Richard Kovacevich, interview by FCIC, August 24, 2010.
③ Bair, interview.
④ Steel, interview.
⑤ 贝尔接受采访。财政部卡什卡里（Neel Kashkari），在采访中告诉FCIC，他不同意。他认为，首要做的事是将银行有问题资产风险从金融系统转移到政府。花旗的FDIC援助收购通过把潜在损失转移到FDIC，从金融体系中挽救了潜在的2700亿资产损失。

行董事长科瓦切维奇在新闻发布会上说。斯蒂尔说"协议让我们能在没有政府支持下,保持美联银行的完整和维持一个完整公司的价值"。①

10月6日,周一,花旗提起诉讼要求禁止富国银行对美联银行的收购,但没有成功。这笔交易将以每股7美元的价格在12月31日完成交易。

国家税务局第2008-83号通知在2009年废除。财务部监察长后来对通知发行的环境进行了一次调查后说,通知的目的是通过取消对税收损失的使用限制来鼓励实力较强的银行兼并弱小银行。监察长总结:这有一个立法上的争论,通知可能是对财政部税法的不适当的改变;宪法只允许国会改变税法。一份国会报告估计,废除该通知会在10年中减少70亿美元的税收收入。②然而,富国银行监察长理查德·利维(Richard Levy)告诉金融危机调查委员会,到现在富国银行还没有从通知中得到任何好处,因为还没有得到任何税收收入的补偿。③

不良资产救助计划"综合方案"

在雷曼破产后的十天里,美联储通过一级交易商信贷安排和定期证券借贷工具两项贷款工具向投行和商业银行提供了近3000亿美元,企图抑制回购市场的撤资风暴;美联储和财政部宣布前所未有的计划来支持货币市场基金。到9月末,美联储的资产负债表上负债增加了67%,达到1.5万亿美元。

但是联储也近于无计可施。到最后,也只能用担保贷款的形式为金融市场提供流动性支持。即使能得到美联储新的支持,不良资产未来损失的不确定性也使得投资者很难决定哪些机构会幸存下来,总之,融资体系正从最后贷方那悄悄崩溃。

9月18日,周四,美联储和财政部提出了财长鲍尔森所称的"综合方案"来遏制金融体系中不断攀升的危机,这个"综合方案"主要是通过购买与抵押贷款相关的不良资产。这些不良资产使很多公司的资产负债表的负担日益加重。④

---

① "Wells Fargo, Wachovia Agree to Merge: Creating Premier Coast-To-Coast Financial Services Franchise without Government Assistance," Wells Fargo press release, October 3, 2008.
② Rich Delmar, Treasury Office of the Inspector General, interview by FCIC, August 25, 2010; Rich Delmar, memorandum for Inspector General Eric M. Thorson, "Inquiry Regarding IRS Notice 2008-83," September 3, 2009, pp. 3, 5, 11-12.
③ Richard Levy, interview by FCIC, August 19, 2010.
④ "Statement by Secretary Henry M. Paulson, Jr. on Comprehensive Approach to Market Developments," Treasury Department press release, September 19, 2008.

9月20日周六早上,高盛投资和摩根士丹利正准备成为银行持股公司,财政部向国会提交了一份不良资产救助计划的立法草案。这份文件长度仅三页,但是掩盖不了其历史意义。该方案授权财政部拿出7000亿美元来收购金融机构的不良资产。

最初的反应是该计划毫无通过的希望。例如,在周二参议院金融委员会主席克里斯托弗·多德说,"提案是很出色,在规模上史无前例,但我可能说该计划缺乏具体的操作细节。""在此立法中具体细节几乎没有",委员会副主席理查德·谢尔比说,"我认为它仅仅是将财政部的临时方案法律化,而不是建立一个综合可行的计划来解决当前危机。"①

鲍尔森在周二参议院金融委员会上说,"当然,我们都认为我们能做的最好是确保资本市场的开放,贷方可继续借贷。而这也是该方案所要完成的任务,它将会解决这些问题。"②伯南克在周三对国会联合经济委员会说:"我认为这是战后美国最严重的金融危机,事实上它已向全球蔓延……我想认识到这点非常重要,就像我们从不同国家、不同时间的很多以前例子中看到的那样,信用阻塞就像是切断了经济的血脉。"③在同一天,他告诉众议院金融服务委员会,"人们说,'华尔街,它与我有什么关系?'这是他们思考的方式。不幸的是,华尔街与每个人的关系密切且重大。它影响到人们所在的公司、从事的工作,大到影响到经济环境,还将影响到人们的生活,影响到人们的借款和储蓄,以及为退休而进行的储蓄等等。"④到9月28日,周日晚,当银行家和监管者苦想着是否对美联银行施行援救时,国会协商者已对协议的框架达成了同意。

参议员梅尔·马丁内斯,前住房与城市发展部秘书长,同时也是银行委员会成员,对金融危机调查委员会描述了周日那天鲍尔森与伯南克的会见:

> 我仅记得一直在思考世界末日到来时我们的应对。这种事情,最

---

① Senators Christopher J. Dodd and Richard C. Shelby, remarks before the Senate Committee on Banking, Housing, and Urban Affairs, Turmoil in U. S. Credit Markets: Recent Actions Regarding Government Sponsored Entities, Investment Banks, and Other Financial Institutions, 110th Cong., 2nd sess., September 23, 2008, transcript, pp. 3, 6.
② Secretary Henry Paulson, testimony before the Senate Banking Committee, Turmoil in the U. S. Credit Markets, transcript, p. 37.
③ Fed Chairman Ben Bernanke, "Economic Outlook," testimony before the Joint Economic Committee, 110th Cong., 2nd sess., September 24, 2008, transcript.
④ Fed Chairman Ben Bernanke, testimony before the House Financial Services Committee, The Future of Financial Services: Exploring Solutions for the Market Crisis, September 24, 2008, transcript, p. 48.

可怕，即使是他们两位也在寻求超能力挽救局势，他们根本就不能确定他们是否能遏制住这次金融危机。我真的认为这次危机比大萧条时期还严重……很明显，对一个像我这样的人，我想你认为"哇，如果这些处在金融中心、拥有权力的人都认为这比他们描绘的还要晦暗，那一定是相当的无比的晦暗了"。①

然而，9月29日上午，仅在花旗宣布其提议的对美联银行进行政府援助收购几小时后，众议院以228 : 205票否决了不良资产救助计划。市场反应极快：道·琼斯工业平均指数迅速下跌778点，降幅接近7%。

为增加提案的吸引力，不良资产救助计划的支持者只能做出适当的改变，包括联邦存款保险公司对每一客户的账户存款保险额的上限暂时从10万增加到了25万美元。② 周三晚，参议院以74 : 25的绝对分数投票通过了不良资产救助计划。10月3日，周五，众议院以263 : 171票通过，总统布什签字成为法律，这时该法案的文本长度已达169页。不良资产救助计划所述的目标是"通过提供联邦政府的授权购买和投保一定类型的不良资产，以恢复金融市场的流动性和信心，达到提供稳定、遏制经济金融系统混乱以及保护纳税人的目的"。③ 为监督7000亿美元救助计划的实施，国会成立了国会专门监督小组和不良资产救助计划特别监理署。

但是市场状况仍在继续恶化。10月6日，道·琼斯工业平均指数四年来首次收盘在10000以下；到周末它已下跌了1900点，下跌幅度达到18%，低于2007年10月的最低点。银行间借贷的利率与国库券的票面利率（市场信心的严密监视指标）的利率差，达到了历史最高点。在雷曼破产和不良资产救助计划获得通过的这个月内，金融和非金融公司发行的未偿商业票据的美元价值已经缩水了2640亿美元。即使是在之前商业票据市场混乱中幸存下来的公司，现在也感到压力。10月7日，作为回应，美联储制订出另一项紧急救助计划，即商业票据

---

① Mel Martinez, interview by FCIC, September 28, 2010.
② The TARP legislation, drafted as the Emergency Economic Stabilization Act of 2008, was coupled in Public Law 110-343 with several other vote-attracting acts, including the Energy Improvement and Extension Act of 2008, the Tax Extenders and Alternative Minimum Tax Relief Act of 2008, the Paul Wellstone and Pete Domenici Mental Health Parity and Addiction Equity Act of 2008, and the Heartland and Hurricane Ike Disaster Relief Act of 2008. Congress originally said that the deposit insurance cap would revert to MYM100000 at the beginning of 2010, but later extended the deadline through the end of 2013.
③ The quotation is part of the formal title of Public Law 110-343, of which the TARP legislation—officially named the Emergency Economic Stabilization Act of 2008—is a part.

融资工具（Commercial Paper Funding Facility），直接从符合资格的发行商那购买有担保或无担保的商业票据。① 这项计划，允许公司延迟支付债务，该计划被金融和非金融公司广泛应用。 利用该项目获得贷款支持最多的三大公司均是外国机构：瑞士联合银行集团，累计借款720亿美元；比利时德克夏银行（Dexia Group），530亿；巴克莱银行380亿美元。 其他的金融机构包括通用电气金融服务公司（160亿美元），保诚集团资金（24亿美元）和丰田汽车信贷公司（36亿美元）。 参与的非金融公司包括威瑞森通讯（Verizon）（15亿美元），哈雷戴维森摩托车公司（Harley-Davidson）（23亿美元），麦当劳（2030亿美元）和乔治亚州电讯（1090亿美元）。②

财政部已经在重新思考不良资产救助计划。 实施这一计划的最好方式还是不明确的。 哪些属于不良资产？ 政府将如何决定在非流动性市场上的公平价格？ 持有这些不良资产的公司是否同意以遭受一些损失为代价在某一价格上卖掉资产？ 政府如何避免过度支付？ 这些问题都需要时间来解决，而财政部想要尽快稳定住正在恶化的市场。

市场和监管者所担忧的主要是，他们不确定根据金融机构的资产负债表所确定的，他们所认为的不良资产是否就是不良资产——即他们也不能确定哪些银行真的有偿还债务的能力，而哪些银行已经丧失了清偿债务的能力。 在最短时间内恢复信心的方法是，简单地进行金融部门的资本重组（重新对金融部门注资）。 在不良资产救助计划立法下，做出这种适当的改变是允许的，因为该法案中规定，财政部与美联储协商后，可以购买金融工具，包括股票。 前提是他们认为这种购买在促进金融市场稳定上是必要的。 然而，新提议面临着许多新问题。 通过对这些公司注资，政府将成为私立金融机构的大股东。

10月12日，周日，在达成注资条款后，鲍尔森、伯南克、贝尔、杜甘和盖特纳从主要的金融机构中选出小部分，准备进行直接注资：四大银行控股机构（美国银行、花旗、摩根大通和富国银行），尚存的三大投资银行（已成为银行控股公司的高盛、摩根士丹利和同意收购美林的美国银行），两大主要清算结算

---

① "Board Announces Creation of the Commercial Paper Funding Facility（CPFF）to Help Provide Liquidity to Term Funding Markets, " Federal Reserve Board press release, October 7, 2008. The CPFF complemented the Fed's other commercial paper program, the AMLF, which was created shortly after the Reserve Primary Fund broke the buck. While the AMLF targeted money market mutual funds, the CPFF aimed to create liquidity for qualified commercial paper issuers.

② Federal Reserve Board, "Commercial Paper Funding Facility（CPFF）."

银行（纽约梅隆和美国道富银行）。总共，这九大机构持有资产量超过11000亿美元，占美国银行业总资产的75%。

10月13日是哥伦比亚纪念日，鲍尔森在华盛顿召集各大公司的总裁。① 鲍尔森与伯南克、贝尔、杜甘和盖特纳一起解释了财政部已经从不良资产救助计划中拿出2500亿美元来购买金融机构的股权，这是一项新形成的资本购买计划（Capital Purchase Program—CPP）。特别是，财政部将购买高级优先股，前五年将会获得5%的股息收益；五年后为激励企业尽早还款，股息率将提升至9%。公司将不得不向财政部签署认股证书，同时承诺遵守行政补偿和公司管制的相关要求。

监管者们已经决定将资助资金的一半分配给这九大公司：分配给花旗、摩根大通和富国银行各250亿美元；美国银行150亿美元；美林、摩根士丹利和高盛各100亿美元；纽约梅隆30亿美元和美国道富集团20亿美元。

"我们不想让这次援助看上去像是银行业的国有化过程"，鲍尔森对金融危机调查委员会说。因此，资金注入是以无投票权股票（Nonvoting Stock）的形式，这种援助条件对任何公司都显得非常诱人。② 鲍尔森强调了银行的参与对提供系统性信心的重要性。他对这些公司的高管们说，"如果你们现在不同意注资的条件，之后政府监管者可能会告诉你们，贵公司存在资金不足……如果你再回来找我时，你可能会不喜欢我开出的条件。"③九大公司都接受了这一协议。"我认为，他们做了一个清楚易懂的、有说服力的论据来应对这次危机，而那时危机已经变得非常严重。那时即使那些银行没有继续出现资金的撤离现象，但市场条件依然在持续恶化。"摩根大通的戴蒙对金融危机调查委员会如是说。④

为进一步恢复市场信心，那时政府是不会允许最大型的金融机构倒闭的，政府也在第二天宣布了两项新的联邦存款保险公司计划。第一项计划暂时保障了

---

① Ken Lewis from Bank of America, Robert Kelly from BNY Mellon, Vikram Pandit from Citigroup, Lloyd Blankfein from Goldman, Jamie Dimon from JP Morgan, John Thain from Merrill, John Mack from Morgan Stanley, Ronald Logue from State Street, and Richard Kovacevich from Wells.

② Paulson, testimony before the FCIC, May 6, 2010, transcript, p. 70. Former assistant treasury secretary Phillip Swagel argued, "There is no authority in the United States to force a private institution to accept government capital" ("The Financial Crisis: An Inside View," Brookings Papers on Economic Activity, conference draft, Spring 2009, pp. 33-34).

③ Henry Paulson, On The Brink: Inside the Race to Stop the Collapse of the Global Financial System (New York: Business Plus, 2010), p. 365.

④ Dimon, interview.

所有的联邦存款保险公司作为担保机构和旗下的一些控股公司的优先债务。这项计划使用非常广泛。例如，据公开报告，高盛在2009年1月由联邦存款保险公司未偿贷款所支持的债务达260亿美元，2009年底为210亿美元；摩根士丹利在2008年底是160亿美元，而2009年底为240亿美元。通用资本，也是该项目的最大使用者之一，在2008年底有联邦存款保险公司支持债务未偿贷款350亿美元，2009年底600亿美元；花旗在2008年底是320亿美元，2009年底是650亿美元；摩根大通2008年底是210亿美元，2009年底是410亿美元。

第二项计划是为存款保险机构的无息储蓄提供存款保险，例如向活期存款等提供存款保险。① 由于对纳税人有风险，这些措施要求美联储、联邦存款保险公司和财务部共同出台联邦存款保险公司改进法案下的系统性风险例外的措施安排，就如两周前他们帮助花旗投标美联银行时的做法一样。

那周后段时间，财政部向有资格的"发展良好的"和"有生存能力的"银行、储蓄机构和控股公司，实行不良资产救助计划，条件与首批九大公司所接受的条件一样。② 恰当的联邦监管机构——美联储、联邦存款保险公司、货币监理署和储蓄监督局，将会审查这类申请，再把它们提交给财政部作最后的审批。这种计划目的不仅是恢复金融系统的信心，也是向银行提供充足的资金，使得它们能在借贷、股息收益、补偿政策和取消抵押品回赎缓和上履行它们的义务。③

"制订这些计划的整个目的是让这些银行能充分合理地利用它筹集资本，继续向市场提供贷款。这是该计划的全部目的所在。"鲍尔森告诉金融危机调查委员会。然而，对于这些银行向商业和家庭提供贷款方面并没有具体的要求。"在我们宣布它后立刻就有批评，说'你们应该迫使它们提供贷款'。"鲍尔森说。尽管他说他不知道该怎样去做，但他确实承认这项计划将会更行之有效。④ 这些法案所赋权企业的法律义务确实会影响到高级行政人

---

① The Temporary Liquidity Guarantee Program consisted of two programs, the Temporary Debt Guarantee Program (TDGP) and the Transaction Account Guarantee Program (TAGP). The TDGP at its highest point in May 2009 guaranteed MYM346 billion in outstanding senior debt; see "FDIC Announces Plan to Free Up Bank Liquidity," FDIC press release, October 14, 2008. The TAGP guaranteed MYM834 billion in deposits at the end of 2009.

② "Factsheet on Capital Purchase Program," FinancialStability.gov, updated October 3, 2010.

③ "Remarks by Secretary Henry M. Paulson, Jr. on Financial Rescue Package and Economic Update," Treasury Department press release, November 12, 2008.

④ Paulson, testimony before the FCIC, May 6, 2010, transcript, p. 70.

员的收入，并影响到企业向股东支付的能力。随着时间推移，这些条款将会更严厉，且在下一年，按照制订不良资产救助计划的法案中的另一措施，财政部将设立不良资产救助计划行政补偿特别监理署，其功能是审查不良资产救助计划的补偿在接受者间分配的情况。

到 2008 年底财政部根据不良资产救助计划的资本购买计划向金融机构共投入 1880 亿美元，最终，它将形成对 707 家金融机构总计达到 2050 亿美元的投资。①

之后的几个月，财政部将不良资产救助计划项目安排中尚余的 4500 亿美元中的大部分提供给特定金融机构，包括美国国际集团（400 亿美元，另加 300 亿美元计划贷款），花旗（200 亿美元，另加损失担保）和美国银行（200 亿美元）。在 12 月 9 日，它创建了汽车工业融资计划，在此计划下最终向汽车制造商和汽车融资公司投入不良资产救助计划基金 810 亿美元做投资和贷款，其中特别是通用汽车、通用汽车金融服务公司、克莱斯勒公司和克莱斯勒金融公司。② 2009 年 1 月 12 日，总统布什通知国会，他不打算使用不良资产救助计划救济金 7000 亿美元中的第二部分资金，因此他可能确保"新政府能'尽早获得这些基金'"。③

到 2010 年 9 月——不良资产救助计划制订后两年，财政部已经使用了授权的 7000 亿美元资金中的 3950 亿美元。其中，2040 亿美元已偿付，1850 亿美元仍未偿付，39 亿美元作为损失已经发生。④ 大约 550 亿未偿付基金是在资本购买计划中。财政部仍持有大量股权，如通用（普通股的 61%），联合汽车金融公司（前身是通用金融服务公司的 56%）和克莱斯勒公司（9%）。另外，475 亿美元不良资产救助计划基金仍投资在美国国际集团，加上纽约联储的 497 亿美元贷款和纽约联储在美国国际集团的两个外国保险公司的非不良资产救助计划的股权投资 260 亿美元。⑤ 到 2010 年 12 月，所有在哥伦比亚纪念日当日曾被邀请

---

① U. S. Treasury Department Office of Financial Stability, "Troubled Asset Relief Program"; Transactions Report for Period Ending December 31, "2008: Capital Purchase Program;" "Factsheet on Capital Purchase Program."
② U. S. Treasury Department Office of Financial Stability, "Troubled Asset Relief Program: Transactions Report for Period Ending October 15, 2010: Capital Purchase Program." 128. Office of the Special Inspector General for the Troubled Asset Relief Program, "Initial Report to the Congress," February 6, 2009, p. 6.
③ Congressional Oversight Panel, "September Oversight Report: Assessing the TARP on the Eve of Its Expiration," September 16, 2010, p. 27.
④ Congressional Oversight Panel, "September Oversight Report: Assessing the TARP on the Eve of Its Expiration," September 16, 2010, p. 27.
⑤ Office of Financial Stability, "Troubled Asset Relief Program: Two Year Retrospective," October 2010, pp. 15, 51; AIG, "What AIG Owes the U. S. Government," updated September 30, 2010.

到会的九大公司最终都偿还了政府贷款。①

当然,不良资产救助计划仅仅是金融危机期间为了稳定金融市场和救助特定公司,在多于两打并且总计有上万亿美元的紧急救助计划中唯一投入实施的救助方案。事实上,不良资产救助计划并不是规模最大的救助计划。② 许多计划项目在此或在之前的章节中讨论过。仅举几例:美联储的定期证券借贷工具和一级交易商信贷安排分别出资高达 4830 亿和 1560 亿美元。到 2009 年 1 月,货币基金市场提供的救助额也达到 3500 亿美元,商业票据融资工具提供的资金达到 3650 亿美元。③ 当它开始引入时,为所有联邦存款保险公司下的保险机构提供的保障优先债务偿还的项目所准备投入的资金高达 9390 亿美元。2008 年 1 月,美联储宣布的最大一项计划是购买 1.25 万亿美元抵押担保证券。④

美国国际集团:"必须给病人的伤口止血"

美国国际集团是第一个接受不良资产救助计划救助的机构,但不是作为资本购买计划的一部分。除纽约联邦储备银行提供的 850 亿美元贷款,美国国际集团仍然有两大漏洞需要资金填补。尽管 9 月和 10 月,联储贷款能够支付 240 亿美元,它的证券贷款业务仍急需资金;除早期支付的 350 亿美元,它仍需 270 亿美元来支付信用违约互换交易。

11 月 10 日,政府宣布重组纽约联邦贷款,在这个过程中,财政部将购买 400 亿美元美国国际集团的优先股。就像资本购买计划的做法一样,财政部得到美国国际集团的股权认证,并且对分红和工资分配行为进行了限制。

那天,纽约联储新推出两个资产负债表外实体来收购美国国际集团的不良资产,这两家实体分别是麦登道 II(Maiden Lane II)和麦登道 III(Maiden Lane III),麦登道 II 用来处理证券借贷业务,麦登道 III 用来处理与信用违约互换相

---

① Office of Financial Stability, "Troubled Asset Relief Program: Two Year Retrospective," October 2010, pp. 15, 51; AIG, "What AIG Owes the U. S. Government," updated September 30, 2010.
② Office of the Special Inspector General for the Troubled Asset Relief Program, "Quarterly Report to Congress," October 26, 2010, table 2.1, p. 46 (obligation figures as of October 3, 2010, and expenditure figures as of September 30, 2010).
③ The money market funding is through the Asset-backed Commercial Paper Money Market Mutual Fund Liquidity Facility (AMLF); FCIC staff calculations.
④ Board of Governors of the Federal Reserve System, "Regulatory Reform: Agency Mortgagebacked Securities (MBS) Purchase Program."

关的业务。在接下去的一个月内，纽约联邦储备银行给麦登道Ⅱ的贷款达到198亿美元，使其能够从美国国际集团的人寿保险子公司收购抵押担保证券。这使得美国国际集团的子公司能够偿付证券贷款交易方，这也是美国国际集团从政府救助下获得的总计437亿美元的资金支持。这些支付在表20－1中详细列出。①

表20－1 美国国际集团向交易方的支付情况

对证券交易方的支付 百万美元 2008年9月18日到12月12日		向信用违约互换交易方支付 百万美元 截至2008年11月	麦登道Ⅲ	美国国际集团对抵押品的支付
巴克莱集团	每股7.0美元	法国兴业银行	每股6.9美元	每股9.6美元
德意志银行	6.4	高盛公司	5.6	8.4
巴黎银行	4.9	美林银行	3.1	3.1
高盛银行	4.8	德意志银行	2.8	5.7
美国银行	4.5	瑞士联合银行	2.5	1.3
汇丰银行	3.3	法国东方汇理银行	1.2	3.1
花旗银行	2.3	德意志中央合作银行	1.0	0.8
德国克莱沃特银行	2.2	蒙特利尔银行	0.9	0.5
美林银行	1.9	美联银行	0.8	0.2
瑞士联合银行	1.7	巴克莱银行	0.6	0.9
荷兰国际集团	1.5	美国银行	0.5	0.3
摩根士丹利	1.0	苏格兰皇家银行	0.5	0.6
法国兴业银行	0.9	德国德累斯顿银行	0.4	0.0
美国国际集团	0.6	荷兰拉博银行	0.3	0.3
瑞士信贷集团	0.4	巴登符腾堡银行	0.1	0.0
帕洛玛证券	0.2	汇丰银行	0.0	0.2
城堡投造集团	0.2	合计	27.1	35.0
合计	43.7			

其中192亿美元来自于麦登道Ⅱ，172亿美元来自纽约联邦储备银行，70亿美元来自美国国际集团

说明：基于四舍五入的计算总量应不会增加。
资料来源：Special Inspector General for TARP.

---

① The Fed had created the first Maiden Lane vehicle in March to take MYM29 billion in assets off the balance sheet of Bear Stearns, as described in chapter 15. See "AIG RMBS LLC Facility: Terms and Conditions," December 16, 2008; "AIG Discloses Counterparties to 信用违约掉期, GIA and Securities Lending Transactions," AIG press release, March 15, 2009, Attachment D: Payments to AIG Securities Lending Counterparties.

麦登道Ⅲ的资金来源包括两部分，纽约联储提供的243亿美元贷款和财政部的50亿对美国国际集团的投资。这些资金用来从16家美国国际集团的金融产品信用违约互换交易方那里购买债务抵押证券（担保债务凭证）。债务抵押证券的面值是621亿美元，美国国际集团已经通过信用违约互换对这些证券进行了担保。[1] 因为美国国际集团已经向其交易方提供了价值350亿美元的抵押品，麦登道Ⅲ另向这些交易方再次支付了271亿美元，以便在信用违约掉期下取消其所作的担保债务凭证的权利。[2] 交易的一个条件是，美国国际集团免去对这些交易方的赔偿义务。这些付款明细在表20-1中列出。

高盛投资接受麦登道Ⅲ贷款140亿美元，源于它从美国国际集团购买的信用违约互换产品。在2010年1月13日金融危机调查委员会听证会期间，高盛首席执行官利劳埃德·布兰克费恩证实如果美国国际集团倒闭，高盛投资将不会有任何损失，因为高盛已经购买了信用保险，来保护它给美国国际集团的支付与美国国际集团所偿还的抵押品价值之间的差异。[3] 听证会之后高盛提交给金融危机调查委员会的文件中显示，高盛以信用违约互换形式持有的美国国际集团信用资产有24亿美元，尽管大部分的保险来自于不稳定的金融机构，包括自身都需要政府支持的花旗（4.023亿美元）和雷曼（1.748亿美元）——尽管雷曼在美国国际集团受援助时早已破产。[4] 在金融危机调查委员会的一场听证会上，高盛首席财务总监戴维·维尼亚说，这些交易对手已经提供了抵押品。[5]

高盛也认为从美国国际集团购买的140亿美元信用违约掉期保险是高盛"对应账簿"的一部分，意思是高盛可以将140亿美元卖给自己的客户作为抵消保

---

[1] Federal Reserve Bank of New York, "Maiden Lane Ⅲ: Transaction Overview"; Federal Reserve and Treasury Department press release, November 10, 2008; "AIG CDO LLC Facility: Terms and Conditions," Federal Reserve Bank of New York press release, December 3, 2008; FRBNY, "Maiden Lane Transactions." MYM27.1 billion was paid to 16 counterparties and MYM2.5 billion was paid to AIGFP as an adjustment to reflect overcollateralization.

[2] Office of the Special Inspector General for the Troubled Asset Relief Program, "Factors Affecting Efforts to Limit Payments to AIG Counterparties," SIGTARP-10-003, November 17, 2009, pp. 19-20.

[3] Blankfein, testimony before the FCIC, January 13, 2010, transcript, pp. 90-93.

[4] 数据由高盛投资提供给FCIC。

[5] David Viniar, testimony before the FCIC, Hearing on the Role of Derivatives in the Financial Crisis, day 2, session 1: American International Group, Inc. and Goldman Sachs Group, Inc., July 1, 2010, transcript, p. 148.

险；它给金融危机调查委员会提供信息指出，从麦登道Ⅲ获得的 140 亿美元全部支付给了它的客户。① 如果没有联储的救助，高盛将不得不用其他方式来筹资 140 亿美元。

高盛提供给金融危机调查委员会的文件中也显示了它收到了来自美国国际集团的款额 34 亿美元，这与信用违约互换交易有关，却不是麦登道Ⅲ贷款的一部分。 其中 19 亿美元是之后收到的，因此可能是美联储给予美国国际集团紧急救助中的一部分。 总数中的 29 亿美元是专有交易（就是，仅仅是以高盛利益而做的交易，并不面向客户），很大程度上与高盛的担保债务凭证有关。 因此，不像从美国国际集团接受的 140 亿美元可以通过交易将资金借贷给自己的交易方，这 29 亿美元资金是高盛留存的。②

美国国际集团的交易对手在投资上没有任何的损失，这一事实被广泛批评——因为美国国际集团，一旦其受到政府扶持，就对其信用违约互换交易方以 100%的面值支付了赔偿。 2009 年 11 月，不良资产救助计划特别监察长指责纽约联邦储备银行没能够争取到更大的让步。 监察长说，前八大交易对手中的七个一致要求坚持按照 100%进行偿付，而纽约联邦储备银行只能同意了，因为当时从其交易对手获得让步是不可能成功的。③

不良资产救助计划特别监察长极度批评纽约联邦储备银行所进行的谈判结果。 它发现，从一开始纽约联邦储备银行在资助美国国际集团上准备不足。 为防止美国国际集团倒闭，纽约联邦储备银行匆忙答应了 850 亿美元紧急救助计划，大体上是按照私人部门所预期的条件来进行的。④ 不良资产救助计划特别监察长将这种结果归罪于纽约联邦储备银行的谈判战略，它将这种结果描述为"数十亿的美元现金从政府向美国国际集团的交易对手转移，即使是高级政策制定者

---

① 高盛投资，给 FCIC 的邮件，2010 年 7 月 15 日。
② ibid．，数据是由高盛投资提供给 FCIC。
③ SIGTARP, "Factors Affecting Efforts to Limit Payments to AIG Counterparties," pp. 15 – 16, 18. The report said counterparties insisted on 100% coverage because (1) concessions "would mean giving away value and voluntarily taking a loss, in contravention of their fiduciary duty to their shareholders"; (2) they had a "reasonable expectation" that AIG would not default on further obligations, given the government assistance; (3) costs already incurred to protect against a possible AIG default "would be exacerbated if they were paid less than par value"; and (4) they were "contractually entitled" to receive the par value of the credit default swap contracts.
④ "In other words, the decision to acquire a controlling interest in one of the world's most complex and most troubled corporations was done with almost no independent consideration of the terms of the transaction or the impact that those terms might have on the future of AIG" (ibid., p. 28).

认为对美国国际集团的交易对手实施援助并不是需要重点考虑的"。①

2010年6月，不良资产救助计划国会监督专门小组也批评，美国国际集团的紧急救助对资本市场产生了不良影响。报告说，政府未能有效地要求美国国际集团的债权人"共同分担损失"，这改变了政府与市场间的关系，传出一种明显的信号——有些公司获得了"太大而不能倒"的保障。报告说纽约联邦储备银行本应该坚持到美国国际集团的交易对手做出适当的让步。②

财政部和美联储人员反驳说，等待交易对手的让步将会导致美国国际集团的信用等级即刻下降、资金突然大量被撤离。③纽约联邦储备银行人员告诉金融危机调查委员会，他们与交易对手之间几乎没有讨价还价的可能，因为交易方受到信用违约互换合约条款的保护。并且在提供850亿美元贷款后，政府更不能让美国国际集团倒闭。"美国国际集团的交易方说'我们有抵押品，这是一项契约，你已经接受政府救助，有山姆大叔支持你，我们为什么要让你免除你已经签署同意的合同中对你的限制呢？'"纽约联储汤姆·巴克斯特告诉金融危机调查委员会。"问题是，我们应该使用我们的监管权力影响那些交易对手吗？在我看来，那是完全不合适的，是一种滥用职权，是我们大家都不愿看到的事情。"④

莎拉·达尔格林负责纽约联邦储备银行的麦登道Ⅲ事务，她说政府不能够用破产来威胁机构。"这是一次金融上的大灾难"，她对金融危机调查委员会说："美国政府的信誉也处在危险中。"⑤不良资产救助计划特别监察长认为纽约联邦储备银行"由于道义上受限不会以美国国际集团的破产作为威胁的借口，因为它并没有威胁的打算"，而且"对交易对手与美国国际集团的契约权的干预是不合适的"，这"确实需要有效地关注该问题"。⑥

盖特纳说：他认为全部的偿付是绝对正确的决定，"我们这样做，我认为不仅对纳税人来说是最小成本、最好的交易，也避免了不去救助所引发的巨大损失。"⑦

纽约联邦储备银行人员告诉金融危机调查委员会，9月16日提供了850亿美

---

① ibid.，总结第1页。
② Congressional Oversight Panel,"June Oversight Report: The AIG Rescue, Its Impact on Markets, and the Government's Exit Strategy,"June 10, 2010, pp. 10, 8.
③ "美国国会反对AIG救助小组",《金融时报》2010年6月10日。
④ Baxter, interview.
⑤ Sarah Dahlgren, interview by FCIC, April 30, 2008.
⑥ SIGTARP,"Factors Affecting Efforts to Limit Payments to AIG Counterparties,"p. 29.
⑦ Timothy Geithner, quoted in Jody Shenn, Bob Ivry, and Alan Katz,"AIG 100-Cents Fed Deal Driven by France Belied by French Banks,"Bloomberg Businessweek, January 20, 2010.

元贷款后，美国国际集团的生存威胁仍然存在。① "如果我们不稳定住证券贷款或是担保债务凭证市场，美国国际集团将很快用尽这850亿美元。因此我们需要阻止这病人已经受伤的胸膛继续流血"，达尔格林说，"不仅仅是美国国际集团，整个金融市场……它在变得越来越差、越来越差。"②

巴克斯特说麦登道Ⅲ阻止了美国国际集团金融产品的"大出血"，它已从850亿政府贷款中抽出资金给交易对手以支付抵押担保金。另外，因为麦登道Ⅲ也接受与信用违约互换相关的债务抵押债券，"当债务抵押债券的资产价值重新恢复后，将首先用来偿还政府贷款……麦登道Ⅲ给予的贷款获得的结果是我们被要求全额偿还从其获得的贷款，"他说。③

总之，美联储和财政部共拿出1800多亿美元来救助美国国际集团，以防止其倒闭。④ 到2010年9月30日时，全部未偿还的援助减少到了1248亿美元，主要是通过出售美国国际集团业务来偿还的。⑤

花旗集团："我们不会让另一个雷曼出现"

对美联银行的竞标失败折射出花旗的经营不善。2008年10月3日，美联银行宣布选择富国银行投标的那天，花旗股票暴跌18%，在一周内又下跌了43%。"同意与我们进行交易是对我们的一种承认，这是我们需要获得的市场信心，"爱德华·奈德·凯利三世（Edward "Ned" Kelly Ⅲ），花旗集团的副主席告诉金融危机调查委员会。"如果我们需要该笔交易却没有得到它，对于向前发展的公司的能力来说，这无疑暗示了点什么。"⑥

罗杰·科尔（Roger Cole），当时是美国联邦储备委员会银行监管的领导，他认为这次并购的失败是一个转折点，是"花旗想重获重视"的时刻。"市场认为

---

① E. g., Baxter, interview; Jim Mahoney, Federal Reserve Bank of New York, interview by FCIC, April 30, 2010; Michael Alix, Federal Reserve Bank of New York, interview by FCIC, April 30, 2010.
② Dahlgren, interview.
③ Baxter, interview.
④ GAO, "Federal Financial Assistance: Preliminary Observations on Assistance Provided AIG," GAO-09-4907（Testimony: Before the Subcommittee on Capital Markets, Insurance, and Government Sponsored Enterprises, House Committee on Financial Services）, March 18, 2009, p. 2; Federal Reserve press release, September 16, 2008.
⑤ AIG, "What AIG Owes the US Government," updated September 30, 2010.
⑥ Edward J. Kelly Ⅲ, interview by FCIC, March 3, 2010.

花旗失去协议是它经营不善的一种反映，由一个比花旗更精明更敏锐的富国银行夺走了机会，"科尔告诉金融危机调查委员会。"对于一个没有核心融资（保险存款）业务的机构，我们认为它将更应该得到这一协议。"①

哥伦比亚纪念日那天宣布花旗将接受政府资金援助后，花旗股价上升了18%，但这种乐观并没有持续太久。两天后，花旗宣布了第三季度28亿美元的净损失，主要集中于次中级贷款、商业房地产投资、结构性投资工具（SIV）业务的冲销上。在接下来的一周花旗银行股票下跌17%，到11月12日，股价下跌到1996年以来的最低值，达到个位数。

媒体的猜测也加剧了市场忧虑，公司董事对其高管已失去信心，凯利说。②11月19日，公司宣布自从它发布了第三季度收益后，结构性投资工具价值在这月内下降了11亿美元。之后花旗将其资产负债表外的结构性投资工具资产留存的174亿美元投到它的运营（账簿）中。投资者迅速拉低了该股股票的价格，其下跌幅度接近24%，这是自1987年10月的股市崩盘以来，其最大的单日指数下跌。两天后，股票价格为每股3.77美元。花旗的信用违约互换交易负担急剧上升到每年50万美元，以此来保护价值1000万美元的花旗债务违约业务。③按照凯利的说法，这些威胁到市场对花旗认知的现实变成了银行股下跌的现实："投资者看到这些蔓延趋势说，'还有我可以真正投资资金的地方吗？'这不仅是大规模投融资机构担心的，也是普通投资者所担心的，而这些人在各个不同的领域均拥有存款。"④

很多监管者观察着金融公司的股价、日常流动性和令人惊恐信用违约互换交易的流向。11月21日，周五，英国金融服务管理局（FSA）施行了一项对64亿美元的现金实行"拘禁"以保护花旗伦敦总部的经纪交易商。联邦存款保险公司监察者知道这种行为对银行的资金流动性是非常有害的，并且担心英国金融服务管理局或其他外国监管机构可能会在接下来几周内强加其他额外的现金要求。⑤

---

① Roger Cole, interview by FCIC, August 2, 2010.
② Kelly, interview.
③ James R. Wigand and Herbert J. Held, memorandum to the FDIC Board of Directors, regarding recommendation for systemic risk determination for Citigroup, November 23, 2008, p. 5.
④ Kelly, interview.
⑤ Mark D. Richardson, email to John H. Corston, Jason C. Cave, et al., subject: "RE: CONFIDENTIAL—Citigroup—Deterioration of Stock Price and 信用违约掉期 Spreads," November 20, 2008; Mark D. Richardson, email, to John H. Corston, Jason C. Cave, et al., subject: "11-21-08 Citi Liquidity call notes," November 21, 2008.

到周五收盘时，普遍的担忧是如果美国政府不行动，花旗可能不能幸存下来；它的流动性问题即将达到了危险的程度。联邦存款保险公司和美联储的监管者，对此都没有争议。① 美联储主席伯南克告诉金融危机调查委员会，"2008 年秋我们一直关注着花旗，认为'花旗不是一个实力很强的公司，它仅是一个其他情况良好的金融公司'。却没意识到这样一种说法，'心脏的五大心房中四个都是好的，而第五个很差'。但是它们之间都是相互联系的；因此，一项的失败必将会导致其所关联项的失败。"②

联邦存款保险公司的亚瑟·莫顿，11 月 22 日在向他的同事迈克尔·克里明杰(Michael Krimminger)发邮件："考虑到现在的风险是流动性问题，解决的办法是让交易对手知道他们将会受到银行和控股公司的保护……主要问题是，让世界知道我们将不会让下一个雷曼出现。"克里明杰，联邦存款保险公司主席的特别顾问认为："在现阶段，美国政府将不会允许花旗不兑现它所应承担的义务，把这点弄清楚和搞明白很重要。"③

花旗自己预测如果储蓄仅出现 7.2% 的下降，就会吞噬掉它的现金盈余。如果最近撤资趋势继续延续的话，公司预期每天会有 2% 的存款流出。如果花旗不能够获得大规模即刻的资金注入，它的金库将会在周末前变空。同时，花旗的主管确信公司是稳健的，市场只是简单的恐慌。花旗 CEO 潘伟迪认为，"这不是基本的状况，它无关我们资金，也无关那时我们的融资，但是关乎那时的股价水平……市场感知变成了现实。"④花旗认为，那时所需要的就是政府扩大流动性工具的使用。"人们质疑到了政府真值得做点什么的时候了……问题的解决不仅要求质量和安全，还要求一定的确定性，"凯利，时任潘伟迪的顾问，对金融危机调查委员会说。⑤

对于花旗要求政府批准其扩大流动性的计划，联邦存款保险公司没有同意，认为任何"增加的流动性"都会很快被市场吞掉，因为储蓄者会大量地取现。政府官员也认为花旗没有足够的优质抵押品可以从美联储以抵押品为

---

① Wigand and Held, November memo to the FDIC board regarding Citigroup, p. 5.
② Bernanke, closed-door session.
③ Arthur J. Murton, email to John V. Thomas, Michael H. Krimminger, et al., subject: "RE: Proposed Conduit," November 22, 2008; Michael H. Krimminger, email to Arthur J. Murton, John V. Thomas, et al., subject: "RE: Proposed Conduit," November 22, 2008.
④ Vikram Pandit, testimony before the Congressional Oversight Panel, Citigroup and the Troubled Asset Relief Program, 111th Cong., 2nd sess., March 4, 2010, transcript, p. 79.
⑤ Kelly, interview.

基础的流动性计划下获得更多的贷款。加上从不良资产救助计划中获得的250亿美元，花旗已经得到了大量的政府支持。到11月21日时，它分别有美联储担保流动性计划和美联储商业票据融资工具项下各243亿美元和2亿美元未偿还贷款。同时它还从联邦住宅贷款银行（Federal Home Loan Banks）借款840亿美元。12月，花旗总共持有联邦存款保险公司债务担保计划下的优先担保债务320亿美元。

11月23日周日，联邦存款保险公司工作人员向其董事会建议，需要第三次援引《联邦储蓄保险公司改进法》的系统性风险例外条款。① 就如以前所做的一样，监管者决定这一提议应该在这周末宣布，使得在周一开市前增加投资者信心。根据联邦存款保险公司工作人员的说法，花旗的倒闭会"严重削弱企业和个人投资者的信心"。② 监管者也担心花旗倒闭会削弱最近实行的不良资产救助计划中资本购买计划的成效。③

财政部同意在不良资产救助计划项下向花旗再提供200亿美元，条件是获得购买股息为8%的优先股的权利。④ 这笔资金注入使得花旗接受的不良资产救助计划的资金达到了450亿美元。花旗银行也获得了195亿美元资本收益，这些收益来自于优先股的发行和政府做的资产担保。⑤ 在这种担保下，花旗和政府一起围筑了3060亿美元的资产池，在它周围设置了一个保护的"篱笆栏"。实际上，这是一个花旗和联邦政府共担损失的协议。"没有大量的科学研究表明资产池需要达到3060亿美元"，花旗银行的凯利告诉金融危机调查委员会。他说达成的协议是为了"安抚市场情绪以便使灾难性的金融风险消失"。⑥ 当2009年1月达成最终条款时，担保的资金池，主要是贷款和住宅及商业抵押担保证

---

① GAO, "Federal Deposit Insurance Act: Regulators' Use of Systemic Risk Exception Raises Moral Hazard Concerns and Opportunities Exist to Clarify the Provision," GAO-10-100 (Report to Congressional Committees), April 2010, p. 2.
② Wigand and Held, memo to the FDIC board regarding Citigroup, pp. 9, 10.
③ Department of the Treasury response to Congressional Oversight Panel, Questions for the Record, p. 3, Citigroup and the Troubled Asset Relief Program, March 4, 2010, p. 44. "Joint Statement by Treasury, Federal Reserve, and the FDIC on Citigroup," joint press release, November 23, 2008.
④ "Joint Statement on Citigroup."
⑤ 花旗总共接受的2008年11月政府援助接近400亿资本收益。资本收益的一半来自财政部在花旗优先股的TARP投资200亿；另外160亿来自"安全港"内资产风险加权的改变。另外，作为"安全港"担保品的支付，花旗发行了优先股70亿给财政部和FDIC；在达到了安排下的安全保障特征后，结果是花旗资本增加了350亿。
⑥ Kelly, interview.

券，资金池数额下降至 3010 亿美元。

花旗所承担的责任是承担资产池的先期损失 395 亿美元，而随后联邦政府将会承担此数额的 90%。一旦这些损失具体化，财政部将会动用不良资产救助计划基金承担其中的 50 亿美元，联邦存款保险公司将会从储蓄保险基金中承担另外 100 亿美元（为了能够这样做，它需要通过系统风险例外的审批），美联储将会承担余额部分。作为报答，花旗同意给予政府认购 70 亿美元的优先股以及许可政府购买其他股票的期权。① 在综合分析了所保险资产的质量后，联邦存款保险公司人员预计存款保险基金（动用它需要获得系统性风险例外的授权）将不会受到任何损失。②

联邦存款保险公司的董事会于星期日又举行了一次会议，以决定这家勉强维持的公司的命运。在上午 10 点的电话会议上，美国储蓄机构监管局的执行总裁约翰·赖克表达了简短的不同声音，他质问为什么没有对之前倒闭的曾处于美国储蓄监督局监管下的储蓄机构考虑过类似的做法。他说"在我眼中，毫无疑问都是系统性的问题。"但是他同时补充说：

"事后看来，我认为在这之前一些系统性的问题已经暴露了，却没有被加以很好地区分出来。由于印地麦克银行的倒闭使得大家将关注度集中在了下一个处于危险的机构上，也就是华盛顿互惠银行，接下来它的破产又使大家关注美联银行。现在我们都在关注花旗集团，并且在猜测谁会是下一个倒下者。我希望所有监管当局，我们所有的人，包括美国财政部和美联储都能以均衡的方式对待这些情况。而且我担心所作的一些貌似创造性的选择正影响着我们的决定。这些决定包括什么是系统风险、什么不是的，什么是政府能够做的、什么是政府不能做的。"③

联邦存款保险公司董事会一致通过了这一提案。这一消息的公布如同一锤"开市钟"，市场的反应非常积极：花旗集团的股票价格上涨了近 58% 达到了 5.95 美元。直到 2009 年 12 月"安全港"规则才被撤销，到那时花旗集团终止了接受政府的担保，同时归还从不良资产救助计划项下所借的

---

① The warrants gave the government the right to buy 254 million shares at MYM10.61 a share; at the time, the stock was trading at MYM3.76（Congressional Oversight Panel,"November Oversight Report: Guarantees and Contingent Payments in TARP and Related Programs," November 6, 2009, pp. 18-19）.

② FDIC Board of Directors meeting, closed session, November 23, 2008, transcript, p.14.

③ FDIC Board of Directors meeting, closed session, November 23, 2008, transcript, pp.27-28.

200 亿美元。2010 年 12 月,美联储宣布已经卖出了花旗集团所有的普通股。①

美国银行:"拉郎配的婚姻"

随着花旗集团的稳定,市场也将关注度迅速转移到了下一张可能倒下的多米诺骨牌:美国银行,在今年早些时候,该银行已经收购了国民金融公司,并且在 9 月 15 日宣布将要收购美林证券。 这一收购将创下全球最大的经纪人佣金,同时使得美国银行成为全国最大的储蓄机构。 根据当时两公司的股票价格,这一交易市值高达 500 亿美元。

不过直到次年的第一季度这一交易才彻底完成。 在这一过渡时期,两家公司都是以独立身份进行运营,推迟了股东调整以及对公司章程的表决。 因为这一原因,美林的执行总裁约翰·塞恩和美国银行执行总裁肯·刘易斯分别代表各自的公司出席了在美国财政部举办的哥伦比亚纪念日会议。 在美国银行对美林证券的收购接受之后,财政部向美国银行投资 250 亿美元。

10 月,美林公布的第三季度净损失为 51 亿美元。 在 10 月 16 日公司收入的新闻发布上,美林描述了其有关债务抵押债券的多头以及其他受到"严重的市场价格错估影响"的与房地产相关的证券和资产的减记情况。 塞恩向参与此次会议的投资者宣布,美林下一步的战略是整顿公司内部。 现在美林持有的资产支持证券形式的担保债权凭证的总价值不到 10 亿美元,并且已经不再持有次优级抵押贷款。 "现在我们交易账目持有的次级债已经下降到了 2.95 亿美元,"塞恩说。 "我们持有的非美国抵押贷款业务头寸也减半了。"②

美联储于 11 月 26 日通过了这一收购项目,同时指出美国银行和美林证券的资本都很充足,并且保证这种状况将一直持续到收购完成,另外美国银行"拥有

---

① Office of Financial Stability, "Troubled Asset Relief Program: Two Year Retrospective," October 2010, p. 30; "Taxpayers receive MYM10.5 billion in proceeds today from final sale of Treasury Department Citigroup common stock," Treasury Department press release, December 10, 2010.

② "Merrill Lynch Reports Third Quarter 2008 Net Loss from Continuing Operations of MYM5.1 Billion," Merrill Lynch press release, October 16, 2008, p. 4; Merrill Lynch, 3Q 2008 Earnings Call transcript, October 16, 2008, p. 2.

的充足财务资源足以落实该收购"。① 两公司的股东于12月5日通过了这一收购议案。

不过刘易斯告诉金融危机调查委员会,接下来美国银行高管的想法却发生了改变。 在11月中旬,美林证券预期其在第四季度的税后损失将达50亿美元;这一预期在12月3日调整为70亿美元,12月9日调整为90亿美元,截至12月14日达到了120亿美元。② 刘易斯于12月4日听说美林证券的损失"增长得越来越快"。③ 他将这一损失归因于"进入第四季度以来,实际的资产恶化速度比预先的估计快很多"。④

在一月份的电话会议上,刘易斯和首席财务总监乔·普莱斯(Joe Price)向投资者透露说当股东投票时,银行还未意识到美林公司第四季度损失的严重程度。 "这并不是关于资产确认问题,"肯·刘易斯说,"实际情况是我们并没有预期到这么严重的资产恶化,并且这是发生在12月中旬至月末。"⑤美林公司的塞恩对此提出了质疑。 他告诉金融危机调查委员会美林公司每天都会向美国银行报告实际赢利和损失情况,美国银行的高管应该注意到损失的发生。⑥ 之后证券交易委员会要求对美国银行执行一项诉讼,用以惩罚该公司没有在12月5日股东投票之前公布美林已发生的95亿美元损失。 根据证券交易委员会的指控,这些不充分的信息披露剥夺了股东的知情权,而这些信息对于投资者能否正确估计这一收购的价值也是至关重要的。 在2010年2月,美国银行支付了1.5

---

① Federal Reserve System, "Order Approving Bank of America Corporation Acquisition of a Savings Association and an Industrial Loan Company," November 26, 2008, pp. 7, 9. To approve such a proposal, the Bank Holding Company Act requires the Fed to determine that a transaction "can reasonably be expected to produce benefits to the public, such as greater convenience, increased competition, or gains in efficiency, that outweigh possible adverse effects, such as undue concentration of resources, decreased or unfair competition." 12 U. S. C. 1843(j)(2)(A).

② Timothy J. Mayopoulous, former general counsel of Bank of America, written testimony before the House Oversight Committee, Bank of America and Merrill Lynch: How Did a Private Deal Turn into a Federal Bailout? Part IV, 111th Cong., 1st sess., November 17, 2009.

③ Ken Lewis, deposition In Re: Executive Compensation Investigation: Bank of America-Merrill Lynch, February 26, 2009, p. 9, available from House Committee on Oversight and Government Reform and the Subcommittee on Domestic Policy, Bank of America and Merrill Lynch: How Did A Private Deal Turn into a Federal Bailout? 111th Cong., 1st sess., June 11, 2009.

④ Bank of America, 4Q 2008 Earnings Call transcript, January 16, 2009, p. 16.

⑤ Bank of America, 4Q 2008 Earnings Call transcript, January 16, 2009, p. 3, 10, 16.

⑥ John Thain, interview by FCIC, September 17, 2009.

亿美元以执行证券交易委员会的裁决。①

12月17日，刘易斯告诉美国财政部长鲍尔森美国银行正在考虑根据收购协议中的重大变故条款（MAC），这一条款允许该公司退出收购或重新商议收购条款。"损失的严重性极高，我们至少应该考虑使用重大变故条款，"刘易斯告诉金融危机调查委员会，"我们认为，这种资产恶化速度的加快是超出我们预期的。股票的大幅贬值带来了大量的损失，美林公司的资本基石上出现了巨大的漏洞。"②

当天下午，刘易斯从北卡罗来纳飞到了华盛顿，在美联储会见了鲍尔森和美联储主席伯南克。他们两人要求刘易斯在他们考虑这一问题时"暂缓"启用这一条款。③

鲍尔森和伯南克总结认为，美国银行试图援引重大变故条款，但这"并不是法律意义上最合理的选择"。他们相信美国银行如果采取最终的法律诉讼是不会成功的，并且伴随的诉讼很可能会导致美国银行依然要按合约规定收购实力相当弱的美林证券。更为重要的是，伯南克认为考虑到从审查、准备到尽职调查已经持续了三个月，市场将会丧失对美国银行管理层的信心。这两部门同样相信起用这一条款将导致范围更广的结构性危机，最终将会导致两公司更大的损失。④

不管是美林证券还是其执行总裁约翰·塞恩都已经了解了美国银行的这一考虑。刘易斯告诉金融危机调查委员会他并没有同美林证券接触以进一步商议这一情况，因为他想尽量避免"对抗性关系"的出现。⑤ 后来塞恩了解到美国银行打算将利用重大变故条款并付诸否决对美林的收购，他对这一行动的成功概率表示怀疑："我们热议的议题之一就是重大变故条款。这一条款将市场变动考虑

---

① Complaint, SEC v. Bank of America (S. D. N. Y. Jan. 12, 2010); Final Consent Judgment As to Defendant Bank of America (S. D. N. Y. Feb. 4, 2010).

② Ken Lewis, interview by FCIC, October 22, 2010.

③ Lewis, deposition In Re: Executive Compensation Investigation: Bank of America—Merrill Lynch, pp. 34, 38; Henry Paulson, written testimony before the House Committee on Oversight and Government Reform and the Subcommittee on Domestic Policy, Bank of America and Merrill Lynch: How Did a Private Deal Turn into a Federal Bailout? Part III, 111th Cong., 1st sess., July 16, 2009, p. 22.

④ Paulson, written testimony before the House Oversight Committee, July 16, 2009, p. 23 (quotation); Ben Bernanke, written testimony before the House Committee on Oversight and Government Reform and the Subcommittee on Domestic Policy, Bank of America and Merrill Lynch: How Did a Private Deal Turn into a Federal Bailout? Part II, 111th Cong., 1st sess., June 25, 2009, p. 18.

⑤ Lewis, interview.

在外……并且第四季度市场的变化程度比美林证券内部大得多。"①

在 12 月 21 日这个星期日，鲍尔森通知刘易斯说想要启用这一条款需要由公司出示一份"庞大损失的认定"。 鲍尔森提醒刘易斯如果他们公司着手实行一项毫无合理法律依据的"破坏性"战略，作为他们的共同管理者的美联储有法律权力更换掉美国银行的管理层和董事会。② 事后伯南克告诉他的法律总顾问："虽然我们没有要求刘易斯继续走下去，但是我们有暗示说我们相信将这一条款进行下去不利于他们公司的稳健运营。"后来来自纽约的国会议员埃德普斯·汤斯（Edolpus Towns）提起美国银行和美林证券的收购案时，将其称为"一场被迫的婚礼"。③

监管者正在讨论一项类似于向花旗集团提供一揽子救援计划，其中包括优先股以及类似于花旗集团的"安全港"的资产池。 相关人员对此的分析与花旗银行进行的分析是一样的。 同时，刘易斯决定"缓解"这一局面，并且解释说当美国财政部长同美联储主席都认为援引重大变故条款将会引发系统性风险的时候，"那么很明显这是让我先停手。"④在 12 月 22 日的董事会上，刘易斯告诉董事会成员美联储和美国财政部相信一个失败的收购会造成系统性风险，并且在政府部门的坚持下会导致管理层和董事会的变动。 此外，政府还将提供帮助"用以保护美国银行不受美林证券某些资产的负面影响"，尽管该援助的条件是收购结束后，到 2009 年 1 月收购结束时，这一援助也未曾开始。⑤

在充分明白政府的援助将可能会被在公司 1 月中旬公布的第四季度的收益情况"完整地记录"后，董事会最终决定不再实施重大变故条款，而是继续按照之前的计划进行。⑥ 刘易斯告诉金融危机调查委员会"很明显如果重大变故条款真的会对金融体系造成系统性风险，那么对于美国银行而言也是不利的"，"这使我和董事会最终做出继续收购的结论。"⑦

---

① Thain, interview.
② Paulson, written testimony before the House Oversight Committee, July 16, 2009, pp. 19, 25.
③ Chairman Ben Bernanke, email to General Counsel Scott Alvarez, "Re: Fw: BAC," December 23, 2008, available from House Oversight Committee, Bank of America and Merrill Lynch: How Did a Private Deal Turn into a Federal Bailout? Part II, June 25, 2009, p. 73; Representative Edolphus Towns, in ibid., p. 2.
④ Lewis, interview.
⑤ Minutes of a Special Meeting of Board of Directors of Bank of America Corporation, December 22, 2008, available in House Committee on Oversight and Government Reform, June 11, 2009, p. 183.
⑥ Minutes of a Special Meeting of the Bank of America board, December 30, 2008, available in ibid., p. 188.
⑦ Lewis, interview.

这一收购于 2009 年 1 月完成，其间并没有接受政府部门的帮助。待收购案正式完成时，进行收购的三个月期间两公司股价均出现了下降，收购价格已经从 9 月份公布的 500 亿美元下降到了 190 亿美元。1 月 9 日，美国银行收到了不良资产救助计划给美林证券的 100 亿美元，此前在上年 10 月份美国银行已经接受了来自不良资产救助计划的 150 亿美元。①

除了来自不良资产救助计划的投资，在 2008 年末美国银行和美林证券还从美联储担保计划下借了 880 亿美元（其中 600 亿美元是通过定期拍卖工具获得，剩下的 280 亿美元通过一级交易商信贷安排和定期证券借贷工具获得，此外还通过美联储的商业票据融资工具借得 150 亿美元。在上年秋天，美国银行的存量证券工具通过定期证券借贷工具借得 170 亿美元，通过一级交易商信贷安排借得 110 亿美元）。同样在 2008 年末，在债务担保计划下，通过联邦存款保险公司的担保，美国银行发行了 317 亿美元的优先级债券。② 此外美国银行还从联邦住房贷款银行借了 920 亿美元。尽管美国银行拥有这么多的资金资源，监管者始终担心如果第四季度的收入依然不好，它可能还会遇到流动性的问题。③

监管者想要准备好公布政府支持的细节，与此同时，美国银行同步披露第四季度的公司运行情况。自上年 12 月末以来他们就一直关注资助的细节，④他们有理由对细节保持谨慎：例如总价值 3840 亿美元占美国银行 67% 的回购证券、证券基金每一天都会延期付款，并且美林证券的"遗赠"业务一夜间也筹集了 1440 亿美元。评级机构对新的美国银行信用评级下调一级将迫使美国银行按照

---

① See Department of the Treasury, Office of Financial Stability, "Troubled Assets Relief Program: Transactions Report, for Period Ending November 16, 2010," November 18, 2010. In addition to drawing on these funds, it was also a "substantial user" of the Fed's various liquidity programs. The holding company and its subsidiaries had already borrowed MYM55 billion through the Term Auction Facility. It had also borrowed MYM15 billion under the Fed's Commercial Paper Funding Facility and MYM20 billion under the FDIC's debt guarantee program. And newly acquired Merrill Lynch had borrowed another MYM21 billion from the Fed's two Bear Stearns-era repo-support programs. Yet despite Bank of America's recourse to these programs, the regulators worried that it would experience liquidity problems if the fourth-quarter earnings were weak.

② 联邦存款保险公司担保的债务金额可以由每名符合资格的实体或者是 its cap 来发放，这是基于截至 2008 年 9 月 30 日的高级无抵押债务余额的。

③ FRB and OCC staff, memorandum to Rick Cox, FDIC, subject: "Bank of America Corporation (BAC) Funding Vulnerabilities and Implications for Other Financial Market Participants," January 10, 2009, p. 2.

④ Sheila C. Bair, FDIC Chairman, written testimony before the House Committee on Oversight and Government Reform and the Subcommittee on Domestic Policy, Bank of America and Merrill Lynch: How Did a Private Deal Turn into a Federal Bailout? Part V, 110th Cong., 1st sess., December 11, 2009, p. 2.

合约规定增加100亿美元的附加担保品。下调两级还需要再增加30亿美元。尽管从监管者的角度看公司仍然具有充足的资本，但是公司的普通股权益资本比较低，并且考虑到紧张的市场条件，普通股权益资本还将下降2%。① 较低的普通股权益（最基本的资本衡量方法）令市场堪忧，市场认为在危机的中期，资本的监管措施并不得当。

1月15日，在经过了"激烈"的讨论之后，美联储和联邦存款保险公司同意了以下条款：②美国财政部将使用来自不良资产救助计划的资金购买200亿美元股息率8%的美国银行优先股。美国银行以及三家相关政府机构——美国财政部、美联储和联邦存款保险公司——指定了一个总额达1180亿美元的资产池，其中主要是来自前美林证券的证券投资组合，其损失将由以上四家机构共同承担。这一资产池同花旗集团的"安全港"规则类似。在这种情况下，美国银行要对该资产池最先出现的100亿美元损失负责，政府将可能负责其余的90%的损失。如果将政府的损失具体化，那么美国财政部将承担75%，最多负责75亿美元；联邦存款保险公司承担25%，上限为25亿美元；其余损失的90%将由美联储承担。③

1月15日，星期四，晚上22时，联邦存款保险公司的董事会召开了电话会议进行第四次投票。结果全体一致根据《联邦储蓄保险公司改进法》同意适用系统性风险的例外条款。④

次日上午，也就是1月16日，美国银行公布了美林证券房地产相关减记

---

① FRB and OCC staff memo to Rick Cox, "Bank of America Corporation (BAC) Funding Vulnerabilities," pp. 2, 4; Mitchell Glassman, Sandra Thompson, Arthur Murton, and John Thomas, memorandum to the FDIC Board of Directors, subject: Bank of America, etc., January 15, 2009, pp. 8, 9.

② Bair, written testimony before the House Oversight Committee, December 11, 2009, p. 3.

③ Glassman et al., memo to the FDIC board, January 15, 2009, p. 3. They agreed to this 25/75 split because 25% of the assets for the ring fence were from depository institutions and 75% were not. See closed meeting of the FDIC Board of Directors, January 15, 2009, transcript, p. 18.

④ Closed meeting of the FDIC board, January 15, 2009, transcript, p. 24. According to the FDIC staff, "Liquidity pressure may increase to critical levels following the announcement of fourth quarter 2008 operating results that are significantly worse than market expectations. Market reaction to BAC's operating results may have systemic consequences given the size of the institution and the volume of counterparty transactions involved. Without a systemic risk determination... significant market disruption may ensue as counterparties lose confidence in BAC's ability to fund ongoing operations... [Economic developments] point to a clear relationship between the financial market turmoil of recent months and impaired economic performance that could be expected to worsen further if BAC and its insured subsidiaries were allowed to failed. Such an event would significantly undermine business and consumer confidence." Glassman et al., memo to the FDIC board, January 15, 2009, pp. 13 −14.

和费用共计153亿美元的净损失。此外还公布了200亿美元的不良资产救助计划的资本投资以及由政府提供的1180亿美元的"安全港"项目。尽管有大量来自政府的支持，但同前一日相比，美国银行的收盘价仍下跌了近14%。

在接下来的数月里，美国银行同监管者共同确认了应当包括在资产池中的资产。接着，在5月6日美国银行要求退出"安全港"规则交易，并解释说公司认为损失不会超过之前要求美国银行承担的第一批损失100亿美元。尽管最终公司被允许结束这一交易，它仍需将获得的收益补偿给政府，因为这些收益来自于市场对于政府承诺保障美国银行资产的预期。9月21日，美国银行同意支付4.25亿美元的终止费：其中向美国财政部支付2.76亿美元，向美联储支付5700万美元，向联邦存款保险公司支付9200万美元。

调查委员会结论

调查委员会认为，2008年秋季随着巨额损失在金融体系内蔓延，很多金融机构倒闭或者倒闭之后又被政府挽救。整个市场充斥着恐慌，信用市场随之紧缩，交易量大幅下降，股票市场也不景气。透明度的缺失加深了危机：金融市场的参与者并不了解金融机构已经暴露在风险抵押贷款资产以及其他潜在损失面前，事实上，很多公司都不知道自身弱点已经暴露。

衍生品市场场外交易的规模及其特性造成了整个金融系统的重大系统性风险，同时也加剧了2008年秋天市场的恐慌：在不透明又缺乏监管的市场中，数百万计的合同通过合约双方的信用风险将各个金融机构联系在一起，最终整个系统暴露于广泛蔓延的损失和违约中。大量的头寸集中在系统内的重要机构手中（主要是场外衍生品交易商），这又增加了系统的不确定性。这些机构相继发生"银行挤兑"，包括通过债券更新、抵押品需求以及拒绝做合约对手的方式进行衍生品操作的挤兑。

一系列的行动、无作为以及错误判断使得整个国家陷入了痛苦的抉择中：要么冒着整个金融系统崩溃的风险，要么动用纳税人的数万亿的资金稳定系统来阻止其对整个经济造成的灾难性损害。在这一过程中，政府救助了大量的被认为是"太大以至于不能倒闭"的金融机构——这样的机构要么是规模庞大，而且同其他的金融机构联系紧密，要么是在一个甚至几个金融市场中都是非常重要的参与者——它们的倒闭将导致其他机构的损失甚至是破产。政府还为非金融机构提供了大量的资金援助。通过这些援助以及金融危机期间通过破产和收购进行的金融机构整合，现在美国金融部门比以往任何时候都更加集中在几家大型的、具有系统重要性的机构中。这种集中要求监管者对这些机构进行更严格密集而有效的监管。

第二十一章

经济衰退

金融系统的恐慌和不确定使得国家陷入了几十年来时间最长、程度最深的萧条。金融市场的银根紧缩对整个经济都造成了影响。在向金融危机调整委员会的说明中，美国银行总裁布莱恩·莫伊尼汉（Brian Moynihan）描述了金融危机对经济的影响："作为一个行业，在此次危机的整个过程中，我们造成了很多伤害。我们非常清楚自己错误的商业决策给美国民众造成的影响。"[①]的确，美国民众也感受到了在美国经济中金融体系的剧变带来的震颤。21个月间，17万亿美元的家庭财富蒸发掉了，并且2009年10月失业率达到了最高值10.1%。

随着房地产泡沫的缩小，那些原本指望依靠房产升值来获得现金以及退休保证的家庭就被超过房产价值的贷款套住了。他们又开始限制消费，逐步使得经济增长陷入停滞——这一经典的"节俭悖论"，这是凯恩斯在大约一个世纪前描述过的情形。

在恐慌的余波中，金融机构的信用不是紧缩，就是被冻结，这使得公司无法再容易获得低成本的资金。通过借款来发工资后扩大库存变得越来越艰难；由于无法获得资金又没有客户，很多公司只能削减成本并且裁员。直至今日，信贷供应量仍然比金融危机前低。

失去了工作，人们无法再支付房贷。即使搬家将增加获得工作的可能性，但是由于房子无法卖掉，他们只能原地不动。上百万的家庭丧失了抵押品赎回权，更多的人无法按期支付抵押贷款。其他的人干脆选择放弃贬值的房产，直接将房产钥匙还给了银行，这一举动将会长期降低家庭的信用。丧失抵押品赎

[①] Brian Moynihan, written testimony for the FCIC, First Public Hearing of the Financial Crisis Inquiry Commission, day 1, session 1：Financial Institution Representatives，January 13, 2010.

回权数量的激增以及被弃置的房产进一步拉低了房价,进而又降低了国内周边地区的房产价值,甚至是那些可以支付抵押贷款的居民也感受到自己被卷进了旋涡中。

那些几十年来一直期盼和依赖房地产繁荣的城市现在出现了失业以及税收减少的现象。随着自身资源的减少,这些社区政府背上了沉重的市政开销负担,这些钱已经部分被用于扩大服务设施以满足城市增加的人口。房价的下跌使得依靠房产税收入的地方预算降低。与弃置房产相关的问题甚至需要警察和消防部门出面加以解决。

在金融危机调查委员会组织的全国范围的听证会上,地方专家证实金融危机给各地带来的影响非常严重。例如,加利福尼亚资本金融发展公司总裁克拉伦斯·威廉姆斯(Clarence Williams)说,2007~2009年,萨克拉门托(Sacramento)的银行停止了放贷,潜在的借款者因此放弃了贷款。而且这些银行家向他抱怨说,市场借款的需求下降了,并且如果他们放贷就必须加大对资金的监管。2010年9月,金融危机调查委员会在萨克拉门托举行听证会时,当地一度非常繁荣的建筑业仍然十分不景气。威廉姆斯认为,"除非我们提高需求并且改变商业的现状,否则萨克拉门托地区的失业率无法降低,并且房产问题尤其显得关键。"①

不管是美国的普通民众,还是全球范围内大大小小的商业机构,都感受到了金融危机带来的影响。政策制定者们在州、国家以及国际层面仍在着重解决危机的余波,就像房主和放贷方仍在解决卷入丧失抵押品赎回权这一过程的各种复杂问题一样。

普通家庭:"寝食难安"

官方公布的经济衰退始于2007年12月。从各方面来看,此次危机对劳务市场的影响都是有史以来最为严重的。这一事实反映在失业率上升的速度以及失业面的广度上,数百万的美国人长时间无法找到工作。2008年美国裁掉了360万份工作,这是自1940年有记录以来最大的年度下跌。截至2009年12月,

---

① Clarence Williams, written testimony for the FCIC, Hearing on the Impact of the Financial Crisis Sacramento, session 4: Impact of the Financial Crisis on Sacramento Neighborhoods and Families, September 23, 2010, p.8; and testimony before the FCIC, transcript, pp. 259-60.

美国已经裁掉了470万份工作。2010年9月间，美国新增了近100万就业，但仍然只是之前减少的一小部分。

失业率——包括那些积极寻找工作的失业人员、有临时工作，但更希望有全职工作的人员以及那些想要工作却不积极寻找的人员——从2007年12月的8.8%上升到了2008年12月的13.7%，在2009年10月达到了17.4%。这是自1994年首次使用劳工分类计算以来的最高水平。在2010年9月，失业率依然为17%。平均每人处于失业的时间从2008年6月的9.4周上升到了2009年6月的18.2周，到2010年6月则达到了25.5周。根据大部分地方政府的最新数据，找工作的时间超过了15周的失业者占到了59%。

劳动力市场的情况令所有人生畏，对于非洲裔美国人而言，形势尤为严峻，他们的失业率为16%，高于全国平均水平6个百分点；16岁至19岁工人的失业率为24.6%；西班牙裔失业率为13.2%。在一些特定的行业这一现象尤为严重：例如，建筑业的失业率2009年的平均水平为19.1%，2010年前11个月平均水平为20.6%。

在调整了通胀水平后，作为国家经济产出测度标准的实际国内生产总值在2008年第三季度下降到了4%，第四季度为6.8%。在2009年上半年又经历了一次下降，下半年有所回升，但平均的GDP比2008年下降了2.6%，这也是自1946年来的最低水平。

针对劳动力市场的问题，金融危机期间任布什政府经济顾问理事会主席的爱德华·拉兹（Edward Lazea）告诉金融危机调查委员会，金融危机同如今的经济问题密切相关："我认为大部分的问题都与投资相关，2009年金融市场的恐慌以及吃紧使得各个公司不再按预定的计划进行投资，我认为这减缓了员工的雇佣，且这一问题在目前的劳动力市场依然存在。"①

到2009年6月，经济衰退已经持续了18个月。对于2620万失去工作、无法找到全职工作或是已经停止找工作的人而言，依然没有什么好消息。贝克尔斯菲尔德市（Bakersfield）的珍妮·麦克德莫特（Jeannie McDermott）告诉金融危机调查委员会，之前她从事再填充打印机墨盒的生意，但是在这样萧条的经济环境下，她无法维持生存，自2008年起就开始找全职工作了。②

---

① Ed Lazear, interview by FCIC, November 10, 2010.
② Jeannie McDermott, testimony before the FCIC, Hearing on the Impact of the Financial Crisis—Greater Bakersfield, session 6: Forum for Public Comment, September 7, 2010, transcript, pp. 211–213.

家庭在此次金融危机中受到的影响不仅仅在劳动力市场，还包括他们的净财富以及他们的信用评级。2007~2009年第一季度，家庭净财富损失掉了17万亿美元。其中房价的降低导致了5.6万亿美元的损失，其他的损失则是由于金融资产的贬值造成的。2008年GDP为14.4万亿美元，作为一个独立的参考点，十几年前在互联网泡沫时期，财富的净损失为6.5万亿美元，对于整个经济的影响相比此次金融危机要小得多。房地产以及金融资产的贬值导致了家庭负债在2000~2007年增加了6.8万亿美元。由于房价和股价的上涨，家庭净财富在2007年第二季度曾经达到了最高值66万亿美元。然而房地产和股票市场之后的崩盘使得这部分收入消失，同时房贷依然接近历史最高水平，甚至超过了2006年的水平。在2010年第三季度，除去公司股票和房价以及房贷的下降，家庭净财富总共为54.9万亿美元，比三年前下降了16.5%（见图21-1）。

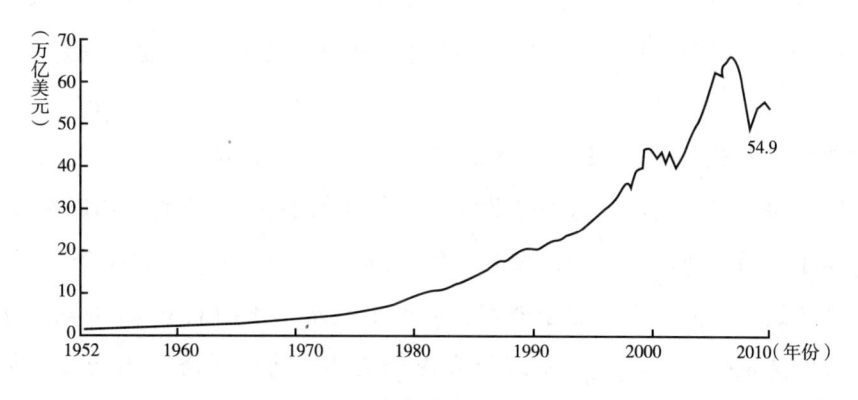

图21-1 家庭净资产变化趋势图

此次金融危机比2000年的网络泡沫的破裂所席卷走的家庭财富更多。
说明：净资产指资产总值减去负债额。
资料来源：Federal Reserve Flow of Funds Report。

在全国范围内，房价比2006年的最高值下降了32%，达到了2009年的最低水平。房屋自有率由2004年的最高值69.2%下降到了2010年秋季的66.9%。因为如此多的美国居民都拥有住房，并且这套住房代表着他们个人唯一的也是最重要的资产，房产自有率的下降显得并不严重。但是通过房屋抵押以及现金再融资进行借款的方法已经很少被采用了。

在加利福尼亚州贝克尔斯菲尔德市金融危机调查委员会的听证会上，玛丽·瓦西里（Marie Vasile）向大家解释她的家庭是如何迁至40公里外的大山里，通过租赁房来帮助丈夫恢复健康。① 他们将老房子进行出售，但是在失去活力的市场上房子失去了价值。 最终，她和丈夫找到了愿意用"房屋短售"方式购买房子的买家，即房子的售价低于房贷的余额。 但是由于买方迟迟不肯同意达成交易，他们担心会失去这一买卖并且陷入丧失抵押品赎回权。 "总而言之，我的丈夫很可能会丢掉工作，因此不但我不知道我的房子将会怎样，我更不清楚他是否会在即将到来的12月找到工作。 这是我无法解决的问题。 我吃不下饭也睡不着觉。"

自危机发生以来，严重的抵押拖欠问题——包括拖欠房贷90天，甚至更长时间以及房屋正在丧失抵押品贷款赎回权——已经蔓延开来了。 在各地区，中西部（包括俄亥俄州、印第安纳州、伊利诺伊州、威斯康星州、密歇根州）房地产的拖欠率都处于最高水平，2007年达到5%。② 截至2010年秋季，这一比例上升至9.2%。 其他地区同样经受着高比例的困扰——特别是所谓的房屋危机最严重的所谓沙州。 2010年第三季度，佛罗里达州的拖欠率达19.5%；内华达州为17.8%；亚利桑那州为10.8%；加利福尼亚州为10.3%。

数据公司科洛捷 Core Logic 将25个房地产市场确认为最糟糕的销售记录地，包括房屋短售以及丧失抵押品赎回权的财产的销售。 拉斯维加斯在2010年中期公布了一组清单，其中扣押物的销售占到了整个房屋销售的60%。③ "州政府有些期望过度，依据原来的经济增长以及消费水平预期的10万个就业岗位几乎在一夜间蒸发掉了"，一直跟踪研究内华达州经济的经济与市场分析员杰里米·阿圭罗（Jeremy Aguero）这样告诉金融危机调查委员会。④

在金融危机之后，股票市场的表现同样削减了人们的财富。 由于大型机构投资者转向了国债以及其他被认为安全的证券投资领域，2008年标准普尔500指数下降了三分之一（这是自1974年来年度最大幅度下跌）。 个人投资者认为这不仅会影响目前的预算，还会影响到未来的退休前景。 根据一项计算，2007年

---

① Marie Vasile, testimony before the FCIC, in ibid., transcript, pp. 244 – 251.
② National Delinquency Survey," Mortgage Bankers Association, Fourth Quarter 2007, March 2008, p. 4; Third Quarter 2010, November 2010, p. 4.
③ CoreLogic, "U. S. Housing and Mortgage Trends：August 2010," November 2010, p. 5.
④ Jeremy Aguero, principal analyst, Applied Analysis, written testimony for the FCIC, Hearing on the Impact of the Financial Crisis—State of Nevada, session 1：Economic Analysis of the Impact of the Financial Crisis on Nevada, September 8, 2010, p. 3.

9月至2008年9月间，像养老金这样的退休金账户资产损失了2.8亿美元，或者说占全部资产的三分之一。① 尽管股票市场有了一定程度的复苏，但2010年12月31日公布的标准普尔500指数只有13%，这一数值低于2008年初的水平。类似地，根据摩根士丹利资本国际公司的MSCI数据，世界指数股票型基金——代表了全球1500只股票的集合，2008年全球范围内的股票价格下跌超过40%，2009年反弹了24%。

金融市场的余波使一些公共养老金计划陷入困难，其中一些早在危机之前就出现了问题。在科罗拉多州，政府预算部门警告称记名损失达110亿美元，这可能导致公职人员退休协会计划（覆盖45万公职人员以及教师）在20年内破产。州政府为此削减了退休福利以填补这一损失。② 在2008年经济不景气随后的6个月里，蒙大拿州的公共养老金基金损失了20亿美元，这部分是由于投资复杂的华尔街证券造成的。③

在2008年秋季之前，数月来消费者信心一直在不断地下降。2008年5月世界大企业联合会报告称，对消费者信心的测度表明，消费者信心已经低至1992年以来的最低水平。④ 截至2009年初，消费者信心又跌至新最低点；自那之后，消费者信心有所回升，但大家仍旧觉得没有希望。⑤

在金融危机调查委员会的贝克尔斯菲尔德市的听证会上，商业房产开发及评估师格雷戈里·拜纳姆（Gregory Bynum）认为："没有人想要做决定，没有人愿意冒险，由于经济环境的不确定，这一情况在州政府以及联邦政府都存在。"⑥

受到财富严重缩水以及工作没有保障的影响，家庭减少了负债。20年来信用卡总债务额每年都在增长，在2008年达到了最高值9890亿美元。几乎是在两年之后，这一总额下降了19%，为8020亿美元。这其中银行的做法有着很

---

① Mauricio Soto, "How Is the Financial Crisis Affecting Retirement Savings?" Urban Institute, December 10, 2008, available at www.urban.org/url.cfm? ID =901206.
② 0 Steven K. Paulson, "Auditors Say Colorado Pension Plan Recovering," Associated Press, August 16, 2010.
③ Charles S. Johnson, "Montana Pension Funds Growing but Haven't Made Up Losses," The Billings Gazette, May 18, 2009.
④ 委员会发布的消息，2008年5月27日。
⑤ 委员会发布的消息，2010年12月28日。
⑥ Gregory D. Bynum, testimony before the FCIC, Hearing on the Impact of the Financial Crisis Greater Bakersfield, session 3;Residential and Community Real Estate, September 7, 2010, transcript, p. 102.

关键的影响：2008年以来，他们一直在紧缩借贷标准，减少信用卡的信用额度并且提高了手续费以及利率。在2008年第三季度，67%的银行对信用卡实行的标准都高于以往任何季度的水平。在第四季度，有59%的银行延续这一标准，这意味着很多银行又一次实行了紧缩政策。事实上，在2009年夏季之前，许多银行每一季度都在提高信用卡标准。仅仅在最新的调查中才出现了一小部分银行开始松动这一标准。① 面对金融困境，2009年超过140万的家庭宣告破产，2008年这一数据为110万。②

家庭金融资源的下降，银行借贷标准的提高以及消费者信心的下降共同导致了支出的大幅度削减。占美国国内生产总值三分之二以上的消费者支出，在2008年下半年以每年约3.5%的比率下降，并且在2009年上半年又一次下降。自此回升的幅度一直很小。在2007年末至2009年春季期间，对汽车以及卡车的支出额下降达40%，这在一定程度上受到了消费者融资困难以及失去工作没有工资的影响。

企业"松鼠储藏坚果"

当2008年9月出现金融危机时，各个企业的融资渠道枯竭了。那些可以延期支付商业票据的公司面临的是更高的利率水平以及更短的支付期限。那些无法延期付款的公司只能依靠最传统的融资方法（银行贷款）或者使用公司的现金储备。当时一位分析师称，大公司开始依靠现金余额的做法就像"松鼠储藏坚果"。德旺能源公司的高官杰夫·阿戈斯塔（Jeff Agosta）告诉金融危机调查委员会，如果当时政府没有支持商业票据市场，"那我们就要吃草蜷住帐篷了。当时的情况就是那么糟糕"。③ 尽管他的表达有些夸张，但恐惧确实是真实的。资金的缺乏以及需求的减少导致了公司的破产。2009年这一数字增长了3倍，达到了近61000家。④ 突然之间，公司的长期计划需要被重新评估——尽管信用市场在某种程度上已经有所复苏，但这些决定带来的影响依然存在。

---

① Board of Governors of the Federal Reserve System, October 2010 Senior Loan Officer Opinion Survey on Bank Lending Practices, Net Percentage of Domestic Respondents Tightening Standards on Consumer Loans, Credit Cards, November 8, 2010.
② American Bankruptcy Institute, "Annual Business and Non-business Filings by Year (1980 –2009)."
③ Jeff Agosta, conference call with FCIC, February 25, 2010.
④ American Bankruptcy Institute, "Annual Business and Non-Business Filings by Year (1980 –2009)."

至于银行，截至 2007 年中期，各大银行已经开始限制贷款的发放，对大型以及中型公司也不例外。① 在 2007 年 9 月 18 日，联邦公开市场委员会发表声明称他们已经注意到了这一紧缩情况，这将降低联邦基金率。 在雷曼兄弟破产以后，像甘尼特公司（Gannett Corporation）、电信运营商通信公司以及杜克能源公司都减少了目前的信用额度，因为他们担心目前的信贷市场。②

没有融资渠道、现金储备的不断减少再加上经济的不确定性导致很多公司开始裁员或者是削减投资，这阻碍了经济的增长并且减少了自身提高生产力的潜在可能性。 一项对于财务总监的调查表明：57%的美国公司都在一定程度上受到了信用限制的影响，这导致公司决定减少资本、技术以及其他方面的投资。③ 新闻标题记录了这一问题：资本短缺导致中型企业削减投资，同时随着萧条的发生，包括卡特彼勒公司、康宁公司以及约翰迪尔这样的实业公司，默克和惠氏这样的制药公司以及高科技公司全都进行了裁员。 一些企业勉强可以支付工资和获得存货融资。

2008 年 10 月开始使用商业票据融资工具，通过这一工具美联储为非金融机构提供了很多贷款，这保证了商业票据市场以更为正常的利率和形式运作。 但是即使有央行的帮助，在 2008 年第四季度近 70%的银行仍然紧缩信贷标准以及借贷规模。④ 小型企业对此深有感触，因为这些小型企业雇佣了近 40%的全国私营企业的劳动力，"向小型企业提供贷款对国家经济至关重要"。 在 2010 年初美联储董事会成员伊丽莎白·杜克（Elizabeth Duke）向国会如是说。⑤ 大型公司依靠资本市场进行融资，但这些小型公司主要通过传统银行、其他金融机构、非营利组织以及私人借款进行融资。 这次金融危机破坏了上述所有的融资渠道，使得贷款渠道变得稀少而成本昂贵。

在全美独立企业联盟 2009 年的一项针对小型企业的调查中，14%的受访者

---

① Board of Governors of the Federal Reserve System, July 2007 Senior Loan Officer Opinion Survey on Bank Lending Practices, August 13, 2007, p. 13.
② Liz Moyer, "Revolver at the Heads," Forbes, October 7, 2008. Gannett Corporation withdrew MYM1.2 billion, FairPoint Communications withdrew MYM200 million, and Duke Energy withdrew MYM1 billion.
③ Murillo Campello, John R. Graham, and Campbell R. Harvey, "The Real Effects of Financial Constraints: Evidence from a Financial Crisis," Journal of Financial Economics 97 (2010):476.
④ Board of Governors of the Federal Reserve System, January 2009 Senior Loan Officer Opinion Survey, fourth-quarter 2008, p. 8.
⑤ Elizabeth Duke, governor, Federal Reserve Board, "Small Business Lending," testimony before the House Committee on Financial Services and Committee on Small Business, February 26, 2010, p. 1.

称贷款"难以获得"。这一数据在2008年为9%，在1991年信贷危机期间曾经达到最高值11%。①

2010年7月，美联储主席本·伯南克在一次演讲中称让小型企业获得贷款依旧"非常困难"。他还指出银行给小型企业的贷款额已经从2008年第二季度的超过7100万美元跌至2010年第一季度的少于6700万美元。②

另一个因素——在经济疲软时期犹豫不敢有太多贷款——自然是数据背后的深层原因。路易斯安那州拉斐特市（Lafayette）中南银行执行总裁克劳狄尔（C. R. Cloutier），代表美国独立社区银行家协会告诉金融危机调查委员会，"社区银行是愿意提供贷款的，因为提供贷款正是银行获得收入维持运转的方式。然而，高质量的贷款需求在下降……从我所在银行的经验来说，消费者非常担心经济大环境而不愿意借款……信贷是可以获得的，但是现在没有企业申请贷款。"③

尽管如此，不论是调查还是小道消息都表明，即使是信用高的借款者在进行贷款时也面临着比危机之前更严格的信用额度。历史上，银行对商业贷款征收的费用高于其集资成本2个百分点，但是截至2008年末已经变为高于3个百分点，并且在2009年末继续增长，这提高了整个借款成本。④

随着房地产市场的崩溃，小型企业获得贷款的渠道数量也随之下降。在繁荣期，很多企业业主都没有限制发行上升股权以及低息房屋净值贷款。17%持有抵押贷款的小型企业都在通过变卖自身业务以融资还贷。⑤ 随着房价的下跌，他们使用这一选择的能力已经被借款者所降低或是阻碍了。杰里·约斯特（Jerry Jost）告诉金融危机调查委员会，几年前他用房屋做抵押贷款帮助女儿在贝克尔斯菲尔德市开了一家婚纱店。随着经济的滑坡，约斯特失去了曾经非常盈利的建筑生意，他女儿的生意也倒闭了。在努力寻找稳定工作以及可靠收入的过程中，

---

① National Federation of Independent Businesses，"NFIB Small Business Economic Trends，" December 2010，p. 12.
② Ben Bernanke，"Restoring the Flow of Credit to Small Business，" speaking at the Federal Reserve Meeting Series："Addressing the Financing Needs of Small Businesses，" Washington，DC，July 12，2010.
③ C. R. "Rusty" Cloutier, past chairman, Independent Community Bankers of America, testimony before the FCIC, First Public Hearing of the FCIC, day 1, panel 3：Financial Crisis Impacts on the Economy, January 13, 2010, transcript, p. 194.
④ Federal Reserve Statistical Release，E. 2 Survey of Terms of Business Lending，E. 2 Chart Data："Commercial and Industrial Loan Rates Spreads over Intended Federal Funds Rate，by Loan Size，" spread for all sizes.
⑤ William J. Dennis Jr.，"Small Business Credit in a Deep Recession，" National Federation of Independent Businesses，February 2010，p. 18.

约斯特的家庭已经耗尽了一生的储蓄。①

信用卡借款是小企业融资的另一来源,它也同样进行了紧缩借款额度。2010 年 4 月美联储公布的高级信贷人员调查表明,大量的银行承认他们对小型企业审核信用卡账户的标准高于"危机之前的长期平均水平"。自 2009 年末以来,不论是新账户还是现有账户,银行对商业信用卡贷款条款的要求进一步提高。② 不过 2010 年 7 月美联储的最新调查中出现了积极的信号,这是自 2006 年末银行提高对小型企业保险标准以来第一次出现的。③

为了帮助小型企业借款者,美联储于 2009 年 3 月推出了定期资产抵押证券贷款工具(TALF),该项目旨在帮助证券化的贷款,包括汽车贷款、学生贷款以及小型企业贷款。 美联储以及其他监管者于 2010 年 2 月推出了另一项措施旨在促进小型企业融资渠道,建议其他银行努力满足"有信誉的小型企业借款者"的资金需求,并且保证管理当局不会阻碍这些努力。

然而想要扭转主流经济的不景气是非常困难的。 对于很多现金储备已经枯竭的小型企业而言,由于没有其他融资渠道导致支付票据出现了困难,破产以及贷款违约现象出现明显上升。 小型企业贷款的违约率已经从 2007 年的 8% 上升到了 2008 年的 12%。④ 总而言之,小型企业目前的状况是挽救劳动力市场的关键因素:不景气的小型企业进行了大量的裁员,情况稍微好些的公司也不再雇佣额外的员工了。

那些通常依靠发行商业票据进行融资的独立信贷公司也同样受到了限制。 美联信集团就是这样的一个信贷公司。 来自联邦不良资产救助计划的 23 亿美元的额外资本支持也没能挽救美联信集团,在 2009 年 9 月该集团递交了破产保护申请。 然而,一些积极为小型企业提供贷款的公司,例如关注于中等市场消费者的商业借款机构通用电气资本,却能保证继续为借贷者提供资金。 通用电气资本的商业票据经营也比其他机构好。⑤

然而,公司借款的条件还是恶化了。 2008 年通过政府项目以商业票据的形

---

① Jerry Jost, interview by FCIC, August 20, 2010.
② 联邦储备委员会,2010 年 4 月对高级借贷人员的银行借贷行为的调查。
③ 联邦储备委员会,2010 年 7 月对高级借贷人员的银行借贷行为的调查。
④ Emily Maltby, "Small Biz Loan Failure Rate Hits 12%," CNN Money, February 25, 2009;"SBA Losses Climb 154% in 2008," Coleman Report(www.colemanpublishing.com/public/343.cfm).
⑤ Michael A. Neal, chairman and CEO, GE Capital, testimony before the FCIC, Hearing on the Shadow Banking System, day 2, session 3:Institutions Participating in the Shadow Banking System, May 6, 2010, transcript, p. 242.

式借出了 980 亿美元，发放了 134 亿美元的长期债券并且通过其他项目发放了 218 亿美元商业票据。① 在危机发生之前，通用资本就已经将商业票据削减至其全部债务量的 10% 以下，或者说是 460 亿美元，这同样缓解了金融危机对公司的冲击。 通用公司及通用资本的副资金经理马克·巴德哥（Mark Barderg）告诉金融危机调查委员会。"之前做出的决定认为减少公司对商业票据市场的依赖需要十分谨慎，而且我们做到了。"公司的资产负债表中增加了 600 亿美元的现金，如果需要的话，还有 520 亿美元支持银行的信贷额度可以使用。②

全球贸易量的下降不仅对美国经济，还对全世界经济造成了损害。 随着金融危机在欧洲和美国进入最严重时期，几乎所有主要贸易国的出口都出现了问题。③ 2008 年第三和第四季度，出口的下降导致国内生产总值下降了 3 个百分点。 近期，出口已经开始复苏，并且至 2010 年秋季出口几乎已经恢复至危机前水平。④

商业房地产："毫无进展"

包括写字楼、商场以及仓库在内的所有商业房地产同样遭受了打击，这不但反映了该行业对被危机削弱的借贷市场的依赖，还反映了其作为经济活动晴雨表的角色。 如果公司停业、裁员或者不断扩张的话，那么公司也就不再需要办公空间。 反过来，较低的房屋出租率迫使房主为重要房客提供一定的刺激以使其继续租房。 举例说明：总部设在纽约的两大房地产经纪商就获得了 9 个月的免费房屋使用权，只要他们续签 2008 年和 2009 年的租约。⑤

到 2010 年秋天，商业用房的空房率依然非常高，即 20% 的办公空间没有被利用。 并且实际的比率很可能会更高。 因为公司裁员导致了"隐形空缺"——这里是一堆桌子，那里是一堆地板。 由于需求的不足，银行依旧只愿意给那些已经有签约房客的、信誉度高的开发商这类最为安全的项目提供贷款。"银行既不给我们融资，也不低价销售其在危机中获得的一些不良资产，也不为我们创造有利的条

---

① 美国通用电气公司 2008 年年报，第 38 页。
② Mark S. Barber, testimony before the FCIC, Hearing on the Shadow Banking System, day 2, session 3: Institutions Participating in the Shadow Banking System, May 6, 2010, transcript, p. 263.
③ 国际货币基金组织，国际金融统计数据库，世界出口。
④ 国际货币基金组织，国际金融统计数据库，世界出口。
⑤ Jane Levere, "Office Deals, 19 Months Apart, Show Market's Move," New York Times, August 10, 2010.

件，"一名开发商告诉美国房地产协会的调查组，"一切都毫无进展。"①

在曾经依靠旅游业和建筑业提供就业的内华达州，商业地产遭受了巨大的冲击。目前拉斯维加斯的办公楼空置率徘徊在24%的水平，而在2005年中期仅为8%。拉斯维加斯零售业房屋的闲置率为10%，而历史房屋闲置率水平仅为3%到4%。经济的不景气导致很多国际知名零售商陷入倒闭，腾空了内华达州的购物中心锚定零售空间。随着闲置地产需求的下降，拉斯维加斯及其周边的土地价格都大幅度下跌。②

由于贷方不愿意提供贷款，直到2010年秋季，美国国内很少有开发商有足够的资金建造或者是购买房地产。雷曼兄弟的破产意味着Monday Properties打算斥资3亿美元在弗吉尼亚州阿林顿市建造35层高，并且横跨源自华盛顿的河流的玻璃办公大楼计划有些力不从心。潜在的租借人想要知道开发商是否进行了融资；潜在的贷款人也想知道该公司是否有潜在的租房人。执行总裁安东尼·韦斯特赖克（Anthony Westreich）说："现在的情况有点像马拉车。"他在2010年10月冒着巨大的风险，在没有潜在的租房人和永久融资渠道的前提下开工。③当自身周转不灵时，银行突然将商业建筑贷款抽回，摇摇欲坠的金融机构的瓦解使得商业房地产的开发商以及商业房东处于窘迫的境地。并且当银行宣告破产然后被联邦储蓄保险委员会接管时，这些商业房主几乎在一夜间失去了主要的银行承租人，长期的租赁合同也就不复存在了。④在加利福尼亚州，自2003年来有超过35家公司宣告破产。⑤

2010年2月，几乎有一半的商业房地产贷款都缩水了，也就是说，贷款额已经超过资产的实际市场价值。商业房地产的贷款主要由社区和地方银行持有。⑥

---

① 全国房地产经纪人协会，商业地产季度市场调查，2010年12月，第4、5页。
② Brian Gordon, principal, Applied Analysis, testimony before the FCIC, Hearing on the Impact of the Financial Crisis—State of Nevada, session 3: The Impact of the Financial Crisis on Nevada Real Anton Troianovski, "High Hopes as Builders Bet on Skyscrapers," Wall Street Journal, September 29, 2010. Estate, September 8, 2010, transcript, p. 155.
③ Anton Troianovski, "High Hopes as Builders Bet on Skyscrapers," Wall Street Journal, September 29, 2010.
④ Ibid.; Gregory Bynum, president, Gregory D. Bynum & Associates, Inc., testimony before the FCIC, Hearing on the Impact of the Financial Crisis—Greater Bakersfield, session 3: Residential and Community Real Estate, September 7, 2010, transcript, pp. 77-80, 77-78.
⑤ Federal Deposit Insurance Commission, "Failed Bank List," January 2, 2010.
⑥ February Oversight Report, "Commercial Real Estate Losses and the Risk to Financial Stability," Congressional Oversight Panel, February 10, 2010, pp. 2, 41, 45.

其中一些商业抵押贷款已经被证券化，并且截至 2010 年 8 月这些打包抵押贷款的拖欠率已经接近 9%，这是行业有史以来最高水平，对于距离金融风暴整整两年以后的房地产市场仍是不良征兆。① 在 2008 年末，这一违约率仅为 1.6%。②

随着 2010 年末的临近，我们还不完全清楚商业房地产何时或者是否已经触底。加利福尼亚州新港滩市格林街顾问公司一直在跟踪研究房地产投资信托，他们认为房地产市场在 2009 年中期已经达到了最低点。根据格林街研究部主任迈克·柯比（Mike Kirby）的观点，2007~2009 年市场下降了一半，情况才得以缓解。"然而，"柯比补充道，"市场价值依然不到最高值的 20%。"③这是其中一种观点。另一方面，穆迪投资者服务公司的实际商业资产价格指数跟踪关注商业楼盘的销售，他们认为现在下结论还为时过早。穆迪公司在 2010 年春季和秋季曾经监测到了市场的一些复苏迹象，总经理尼克·莱维蒂（Nick Levidy）认为，"在市场交易量恢复前，商业房地产价格将会一直大幅波动。"④根据国会监督小组公布的一份报告，最大的商业房地产贷款损失预计将出现在 2011 年或者更晚些。⑤ 预计 2011~2013 年，将会有近 7000 亿美元的商业房地产贷款到期。⑥

政府："各州在努力填补缺口"

州以及地方政府的财政情况

经济萧条不仅打击了各个公司以及公司员工，还影响到了州及其地方政府。在政府税收下降之时，那些失去工作、已经破产或是正处于失去抵押品赎回权的

---

① TreppWire, "CMBS Delinquency Rate Nears 9%, Up 21 BPs in August after Leveling in July, Rate Now 8.92%," Monthly Delinquency Report, September 2010, p. 1.
② Allen Kenney, "CRE Mortgage Default Rate to Double by 2010," REIT.com, June 18, 2009. See also "Default Rates Reach 16-Year High," Globe St., February 24, 2010.
③ Ibid., Green Street Advisors, "Commercial Property Values Gain More Than 30% from '09 Lows," December 2, 2010, pp. 3, 1.
④ "Moody's/REAL Commercial Property Price Indices, December 2010," Moody's Investors Service Special Report, December 21, 2010; Moody's Investors Service, "US Commercial Real Estate Prices Rise 1.3% in October," December 20, 2010.
⑤ Congressional Oversight Panel, "Commercial Real Estate Losses," February Oversight Report, February 10, 2010, pp. 2–3.
⑥ Dr. Kenneth T. Rosen, chairman, Fisher Center for Real Estate and Economics, University of California at Berkeley, slides in testimony before the FCIC, First Public Hearing of the FCIC, day 1, panel 3: Financial Crisis Impacts on the Economy, January 13, 2010.

人们正在要求政府给予更多的服务。除了对精神病防治、对儿童以及流浪人员的帮助，这些服务还包括医疗、失业补偿、福利。最近华盛顿一家智库报道了预算制定是政策的当务之急："在制定本年度的财政预算时，至少有46个州政府在努力填补财政缺口。"①

萨克拉门托市的全国服务代理总经理布鲁斯·瓦格斯塔夫（Bruce Wagstaff）向金融危机调查委员会解释说："萨克拉门托市以及整个加州最核心的问题是：民众对公共服务的需求正在增加，然而此时资源却是严重短缺的。"②

与联邦政府不同，几乎每个州政府都需要平衡预算，因此财政不能出现赤字。州政府理事会的资深财政分析家苏吉特·卡纳加里纳（Sujit CanagaRetna）告诉金融危机调查委员会各州政府面临的预算亏空"是令人惊诧的数字。不仅仅在较大的州存在，几乎在每个州都有此类现象"，他说州政府财政收入发生的"大转型"意味着各州政府必须"面对提供给民众何种项目的服务，政府需要调整服务的定位"。③据一项研究的预测，仅2011一个财政年度，各州就必须获得1300亿美元的储蓄或者新收入以平衡预算。④截至2010年秋天，出现了一些好消息：一些州的税收和其他费用收入已经开始上升，或者至少下降速度减缓了。⑤

在2010年9月的报告中，全美州议会联合会（National Conference of State Legislatures）发表声明称：各州政府"正在拭目以待未来经济是否能保持这一新出现的收入增速……尽管最近收入有所增加，但是由于联邦刺激资金的耗尽而出现了更大缺口，终止了税收的增长并且州政府支出压力增加"。⑥

一些州的情况更为糟糕，这其中的原因可能是他们受到危机影响的程度比较严重，也可能是在出现危机时他们自身已经存在着结构性预算问题。2010年，新泽西州长克里斯·克里斯蒂（Chris Christie）提出削减州预算110亿美元（近

---

① Elizabeth McNichol, Phil Oliff, and Nicholas Johnson, "States Continue to Feel Recession's Impact," Center on Budget and Policy Priorities, December 16, 2010.
② Bruce Wagstaff, Sacramento Countywide Services Agency, testimony before the FCIC, Hearing on the Impact of the Financial Crisis—Sacramento, session 4: The Impact of the Financial Crisis on Sacramento Neighborhoods and Families, September 23, 2010, transcript, p. 234.
③ Sujit CanagaRetna, interview by FCIC, November 18, 2010.
④ McNichol, Oliff, and Johnson, "States Continue to Feel Recession's Impact."
⑤ "NCSL Fiscal Brief: Projected State Revenue Growth in FY 2011 and Beyond," National Conference of State Legislatures, September 29, 2010, p. 1.
⑥ "NCSL Fiscal Brief: Projected State Revenue Growth in FY 2011 and Beyond," National Conference of State Legislatures, September 29, 2010, p. 1.

四分之一）以减少赤字。从今年夏天到秋天，加利福尼亚政府一直在努力弥补190亿美元的资金缺口，这一数字比其他某些州的财政预算还要多。然而，该州独立预算分析办公室称9月份赤字已经增长了250亿美元，全年的预算赤字为60亿美元，即将到来的财政年度预算赤字将为190亿美元。① 根据关注健康医疗研究的非营利性组织凯瑟家庭基金会（Kaiser Family Foundation）的报告，人们失业的同时也失去了健康保险，这使得2009年一年中就有380万人被纳入了医疗补助计划，涨幅达8%——这是自政府推出健康保险计划以来单年度最大的增长。每个州都出现了登记人数的增加：在其中9个州涨幅达15%；在内华达州以及威斯康星州，登记人数涨幅超过了20%。②

各州政府和联邦政府共同承担医疗补助计划的开销。国会提供了870亿美元的一揽子刺激计划来为他们提供这笔支出，并且2011年6月间已经扩大了援助范围。凯瑟预测，如果到那时经济还没有复苏，那么对于这一项目的支出将会成为致使各州陷入困境的另一个巨大的潜在诱因。③

近日，全国城市联盟称美国各城市正处于近25年来最糟糕的财政状况，并且虽然已经经历了四个年度的连续收入下降，经济仍还没有触底。④ 因为对于大部分地方政府而言，财产税仍然是政府收入的几大重要来源之一，并且一些地方估价员目前仅关注了财产价值的下降，在未来几年里他们的政府收入还有可能继续下降。⑤

一份对于380个城市的调查报告称，"2010年、2011年以及之后，房地产市场的不景气、消费者信心的不足以及高失业率所带来的影响将会依然在城市中存在"。这一调查的作者称2010年政府收入将下降3%，城市预算将缩水2%，这是自该组织公布此类报告的25年来最大幅度的下降。⑥

目前投资者用怀疑的目光看待曾经稳定的州政府以及地方债券，这使得很多

---

① State of California, Legislative Analyst's Office, "The 2011-12 Budget: California's Fiscal Outlook."
② Kaiser Commission on Medicaid and the Uninsured, "Medicaid Enrollment: December 2009 Data Snapshot," September 2010, pp. 1, 3.
③ Kaiser Commission on Medicaid and the Uninsured, "Hoping for Economic Recovery, Preparing for Health Reform: A Look at Medicaid Spending, Coverage and Policy Trends," September 30, 2010, pp. 16, 25.
④ National League of Cities, "Recession's Effects Intensify in Cities," October 6, 2010.
⑤ Christopher W. Hoene and Michael A. Pagano, "City Fiscal Conditions in 2010," National League of Cities, October 2010, p. 3.
⑥ Christopher W. Hoene and Michael A. Pagano, "City Fiscal Conditions in 2010," National League of Cities, October 2010, pp. 7, 2.

州政府的借款成本上升并且使得他们更难以平衡预算。对于房屋止赎率第三高的佛罗里达州各市政府而言，他们在 2010 年 9 月卖掉了 4.42 亿美元的国债，这导致了借款成本的上涨。

对于联邦政府的影响

经济学家马克·赞迪和艾伦·布林德认为联邦政府对于金融危机以及随后的经济萧条做出的反应"包括了有史以来的最为激进的财政和货币政策"，"然而直至今日，几乎每一项政策举措都存在着争议，一些批评认为政策有误导性、效率很低或者两者兼而有之"。[1]

萧条刚一出现政府就开始实施相应的财政政策：2008 年的《经济刺激法》被正式写入法律，以减税的形式为房主提供了近 1700 亿美元，并且对企业也实行了税收刺激。2008 年 10 月，在危机的顶峰期，又推出了 7000 亿美元的不良资产救助计划；在 2009 年，制定了《美国复苏与再投资法》以刺激疲软的经济，这次又以削减税收和提高政府支出的形式提供了 7870 亿美元。

从 2007 年中期开始的利率下调到 2009 年初定期资产抵押证券贷款工具的实施，美联储在整个金融危机期间一直为经济提供支持。除了金融危机期间实施的紧急贷款计划，自 2008 年 9 月至 2010 年 12 月间美联储向美国经济投放了约 1.7 万亿美元——主要是购买抵押贷款支持证券这类金融资产，这一过程被称为"量化宽松"。[2] 在 2010 年 9 月，官方又公布了 6000 亿美元的资金投放，旨在维持长期及短期的低利率状况。

2010 年 10 月，美国财政部报告称不良资产救助计划实际的支出远远少于 2008 年秋季国会已经拨付的 7000 亿美元，因为 2009 年银行就已经开始向美国财政部偿还款项了。事实上，美国财政部称，不良资产救助计划最终的花费约为 290 亿美元，这主要是用来救助美国汽车制造商通用和克莱斯勒使其摆脱困境，以及用于抵押贷款修订方案。[3] 来自国会预算办公室的最新预测表明不良资产救助计划最后的开销为 250 亿美元。[4] 国会预算办公室在早前的报告中称，涉及

---

[1] Alan S. Blinder and Mark Zandi, "How the Great Recession Was Brought to an End," Moody's Analytics, July 27, 2010, p. 1.

[2] Donald L. Kohn, vice chairman, Federal Reserve Board of Governors, "The Federal Reserve's Policy Actions during the Financial Crisis and Lessons for the Future," speech at Carleton University, Ottawa, Canada, May 13, 2010.

[3] U. S. Department of the Treasury, Office of Financial Stability, "Troubled Asset Relief Program: Two Year Retrospective," October 2010, p. 8.

[4] Congressional Budget Office, "Report on the Troubled Asset Relief Program," November 2010.

政府资助机构的倒闭，到2019年时政府的资助金额（包括政府金融支持的成本以及实际的资金花费）将达3890亿美元。

总而言之，萧条期间随着政府支出的增加和收入的下降，联邦财政赤字从2008年的4590亿美元增长到了2009年的1.4万亿美元。预计到2010年将达到1.6万亿美元。①

金融部门："几乎是三年前的三倍水平"

当整个经济都在奋力挣扎之时，金融部门的情况有点特殊。与经济中其他部门一样，金融行业也进行了裁员。在经过了几十年的稳步增长后，2007年金融部门的雇员减少了128000人，2008年减少了273000人，2009年又减少了310000人。如北卡罗来纳州的夏洛特市，这样依赖金融行业的地区遭受了严重的打击。夏洛特的失业率从2006年的4.8%上涨到了2010年2月的最高点12.8%。

从2009年1月到2010年12月，有297家银行倒闭，其中大部分是中小型银行。② 在金融危机调查委员会的一份陷入困境机构的清单上，小型银行的数量从2010年第二季度的829家上升到了第三季度的860家，这是自1993年3月以来的最大数字。③ 尽管危机期间大量的大型金融机构也已破产或接近破产，但总的来说，自2008年秋季以来他们经营得越来越好了。金融部门的总利润从2006年的最高峰4280亿美元下降到了2008年的1280亿美元，这是自20世纪90年代以来的最低水平。由于低利率和低息政府借款渠道的开通，2009年和2010年利润又出现了反弹。2009年金融部门的利润是2420亿美元，2010年秋季达到了3690亿美元的水平。

在金融部门内部，商业银行的利润从2009年第一季度的76亿美元上升到了2010年第一季度的180亿美元。这些收入主要是由大型银行获得的。④ 对于那

---

① White House Office of Management and Budget, FY2011 Budget Historical Tables, Section 1, Table 1.1—Summary of Receipts, Outlays, and Surpluses or Deficits (−):1789−2015, Total Budget Deficit.
② FDIC, "Failed Bank List."
③ "Quarterly Banking Profile:Third Quarter 2010," FDIC Quarterly 4, No. 4 (2010):4.
④ FDIC, "Quarterly Banking Profile:First Quarter 2009," FDIC Quarterly 3, No. 2 (2009):1, and "Quarterly Banking Profile:First Quarter 2010," FDIC Quarterly 4, No. 2 (2010);Board of Governors of the Federal Reserve System, Profit and Balance Sheet Developments at U. S. Commercial Banks in 2009.

些资产超过 10 亿美元的商业银行，利润增长了至少两倍，从 2009 年第一季度到 2010 年第一季度利润由 63 亿美元增长到了 145 亿美元。① 对于资产不足 10 亿美元的商业银行而言，利润仅增长了 26%，从不足 10 亿美元增长到了 12 亿美元。②

　　证券业已经公布了创纪录利润，又一次进行了大量分红。仅仅对于那些在纽约工作的人而言，2009 年华尔街证券公司的分红达 203 亿美元，同比增长 17%，"人均增长 27%，达到了 34 万美元"。③ 在报道了 2007~2008 年间遭受 540 亿美元的损失后，纽约州审议长在 2009 年的报告中称，"证券业的行业利润达到了 614 亿美元的历史记录——几乎是上一年利润的三倍。"④

---

① FDIC, Statistics on Depository Institutions, Income and Expense, All Commercial Banks—Assets more than MYM1B—National, Standard Report #1（reports issued on 3/31/2010 and 3/31/2009）. Profit is logged as "Net income attributable to bank."
② FDIC, Statistics on Depository Institutions, Income and Expense, All Commercial Banks Assets less than MYM100M and Assets MYM100M to MYM1B; Standard Report #1（reports issued on 3/31/2010 and 3/31/2009）. Profit is logged as "Net income attributable to bank."
③ "Wall Street Bonuses Rose Sharply in 2009," New York State Comptroller Thomas P. DiNapoli press release, February 23, 2010.
④ N. Y. State Comptroller Thomas P. DiNapoli, "Economic Trends in New York State," October 2010.

第二十二章
房屋止赎危机

抵押品止赎的上升:"市场复苏极其渺茫"

自从房地产泡沫破灭以来,约有 400 万家庭失去了住房并且丧失了止赎权,[1]另有 450 万家庭[2]正在陷入房屋止赎的窘境或者是严重拖欠房屋抵押贷款的现象。大量的调查研究表明,待经济危机结束时,将导致 800 万至 1300 万的房屋停止赎回。[3] 房屋止赎的蔓延伤害了很多家庭并且降低了房产市场的价格,对学校教育构成挑战以及限制了社区服务设施的利用率,浪费了政府服务。整个经济需要十几年才能获得恢复并出现原先的繁荣。

在 2007 年之前,房屋止赎率一直低于 1%。但是自从房屋市场崩溃后,这一上升趋势日趋明显:2009 年,平均 2.2% 的住房出现了止赎,相当于每 45 套房屋中就有 1 套出现因房主无法还贷而被银行强行收回房屋。[4] 到 2010 年秋季,美国每 11 份居民抵押贷款中就有 1 份过期未付,但还暂未陷入止赎境地。

---

[1] 金融危机调查委员会的计算结果来自于 Hope Now and Moodys.com。
[2] 全国抵押银行协会拖欠情况调查(该处为本章其余的贷款拖欠率以及房屋止赎率的资料来源)。
[3] Julia Gordon, Center for Responsible Lending, "HAMP, Servicer Abuses, and Foreclosure Prevention Strategies," testimony before the Congressional Oversight Panel for the Troubled Asset Relief Program (TARP), COP Hearing on TARP Foreclosure Mitigation Programs, 111th Cong., 2nd sess., October 27, 2010, pp. 5, 30; CRL testimony based on Rod Dubitsky, Larry Yang, Stevan Stevanovic, and Thomas Suehr, "Foreclosure Update: Over 8 Million Foreclosures Expected," Credit Suisse (December 4, 2008), and Jan Hatzius and Michael A. Marschoun, "Home Prices and Credit Losses: Projections and Policy Options," Goldman Sachs Global Economics Paper (January 13, 2009), p.16.
[4] "RealtyTrac Year-End Report Shows Record 2.8 Million U. S. Properties with Foreclosure Filings in 2009—An Increase of 21 Percent from 2008 and 120 Percent from 2007," RealtyTrac, January 14, 2010.

这一消极信号表明这场风波尚未达到顶峰。① 全国很多城市的房屋买卖中占绝大多数的是抵押物的拍卖,像在拉斯维加斯、菲尼克斯、萨克拉门托以及加州情况几乎如此。②

对于4499名贷款者而言其贷款已经被纳入 CMLTI 2006 – NC2 中:截至 2010 年 9 月,很多人都已经搬家或者通过再贷款继续履行归还房贷的义务;1917 名借款者已经进入了房屋止赎阶段(主要在佛罗里达和加利福尼亚地区),728 名已经进入了贷款调整计划中。 在1715名正常还贷者中,其中519人已经出现了严重的拖欠支付现象或者目前刚处于房屋止赎初期。③

很多科研单位以及政府机构都在研究房屋止赎出现的原因。 其中有两件事情对于解释抵押贷款违约非常关键。 首先,由于就业以及其他的财政状况吃紧或是抵押贷款还款额的增加导致了无法按月支付还款额。 其次,由于房屋的价值下降而低于所欠债务额。 换句话讲,借款人的资产净值为负。

艾莫赫斯证券公司(Amherst Securities)的高级经理人劳丽·古德曼(Laurie Goodman)称:"这是无可争辩的证据",他在2009年告诉国会:"借款人处于资产净值为负的状况下,是导致贷款违约率上升的最重要因素。 当借款者资产净值为负时,而且失业又成为催化剂之时,这些因素都增加了贷款违约的可能性。"④

从2006～2009年春季,房屋价格下降了32%,之后房价虽有了一定程度的反弹,但各地区的房价回升情况极其不稳定。⑤ 全国范围内,1800万个家庭或者说是22.5%的房屋贷款者,他们背负的抵押贷款额高于本身房屋的市场价值(见图22 – 1)。 在内华达州,67%的房屋抵押贷款业务处于亏损,这也是全国的最高水平;在加利福尼亚州,这一数值为32%。⑥

---

① "Delinquencies and Loans in Foreclosure Decrease, but Foreclosure Starts Rise in Latest MBA National Delinquency Survey," MBA press release, November 18, 2010.
② Mark Fleming, chief economist, CoreLogic, testimony before the FCIC, Hearing on the Impact of the Financial Crisis—Sacramento, session 1: Overview of the Sacramento Housing and Mortgage Markets and the Impact of the Financial Crisis on the Region, September 23, 2010, transcript, p. 14.
③ 金融危机调查委员会人员根据 BlackBox 数据整理。
④ Laurie S. Goodman, senior managing director, Amherst Securities Group LP, written testimony before the House Financial Services Committee, "The Private Sector and Government Response to the Mortgage Foreclosure Crisis," 111th Cong., 1st sess., December 8, 2009, p. 3.
⑤ 这一指数从2006年4月的200.4下降到了2009年3月的136.6,跌幅达31.8%。
⑥ "New CoreLogic Data Shows Third Consecutive Quarterly Decline in Negative Equity," CoreLogic Inc., December 13, 2010, p. 1; nationally, third-quarter figures were an improvement from 11.0 million residential properties—23%—in negative equity in the second quarter of 2010.

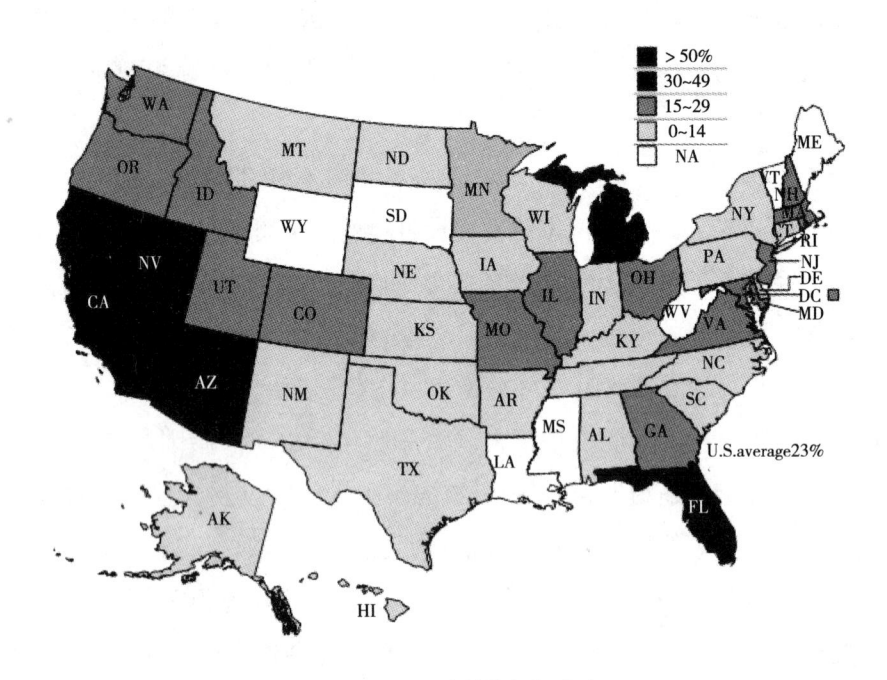

图 22-1 "缩水的"抵押资产

抵押贷款人发现自己的抵押资产在缩水,也就是说,欠银行的钱比抵押品的实际价值高,这样的状况在亚利桑那、加利福尼亚、佛罗里达、密歇根和内华达尤为明。
2010 年第三季度,负资产的贷款所占比例。
资料来源:Corelogic。

由于该现象的蔓延以及负资产问题的延伸,"策略性违约"的现象同样有所增加:当房主意识到房屋的价值低于贷款额并且他们认为房屋的价值近期也不会有所上升时,这些房主就开始有意识地违约。

截至 2010 年秋季,在危机中受到重大影响的三大州,房屋止赎的现象尤为严重的加利福尼亚州、佛罗里达州以及内华达州,这三个州的报告显示房屋止赎现象已经有了一定的好转,但是截至 11 月,内华达州的水平依然高于全国平均水平 5 倍。根据抵押贷款银行家协会的报告,全国有 33 个州的房屋止赎率都比年初有所攀升,其中华盛顿州(其失业率高达 9.2%)、印第安纳州(失业率达 9.8%)以及南卡罗来纳州(失业率为 10.6%)这三个州的增幅最大。

在俄亥俄州,克利夫兰市以及环绕美国的凯霍加河地区政府正用推土机将大量的被弃置的房屋推平,目的是为未来建设俄亥俄州东北部土地保护"银行"。为了达到目的,有关机构接收了未上税的不良资产以及来自住房事务部、城市发展部门、房利美和其他私人出借人捐赠的房屋。① 目前,全国都处于越来越大的压力下,2009 年就有 14000 份房屋止赎。② 在连续几年的高失业率以及脆弱的经济情况下,金融危机打击了毫无抵抗力的居民,并且"将他们推到了悬崖边缘",吉姆·罗卡基斯(Jim Rokakis)作为凯霍加河区的财务主管这样告诉金融危机调查委员会。③

在 2010 年春季的调查中,85% 的受访市长都将次级抵押贷款排在了导致房屋止赎问题出现因素的第一位或第二位。92% 的市长称他们预期明年房屋止赎问题会依然存在甚至更加严重。④

2010 年 10 月抵押金融内情出版物的执行总裁以及出版商盖·西卡拉(Guy Cecala)告诉国会督察问题资产救助计划小组"房地产市场中抵押品拍卖数量没有实质性的下降"。"目前抵押物拍卖的交易仍然占全部交易量的 50%,因此谈论房地产市场的复苏还很艰难。"⑤

全美社区再投资联盟董事长兼执行总裁约翰·泰勒向金融危机调查委员会解释说:"金融服务行业的创新变革才是使我们陷入危机的真正原因,而且也是我们正在看到以及即将看到更恶劣现象的原因,将出现 1500 万至 1600 万份房屋止赎申请。""并且,如果只有几十万或者一百万的人陷入房屋止赎,你可以责备说,'你们本应该了解更多的房屋贷款方面的注意事项'。但是不可能这 1500 万人全部都错了,他们不可能全都是愚蠢的。"⑥

房屋止赎的发端:"持续的不理会"

在过去的几十年里,同一体系曾高效地发放了上百万份的房屋抵押贷款,然而,现在这一系统在解决房屋市场问题方面却失效了,这其中还包括房主自身所作

---

① Jim Rokakis, treasurer of Cuyahoga County, Ohio, interview by FCIC, November 8, 2010.
② Cuyahoga County experienced 13943 foreclosure filings in 2006, 14946 in 2007, 13858 in 2008, and 14171 in 2009. "Ohio County Foreclosure Filings (1995 –2009): Cuyahoga County, " Policy Matters Ohio.
③ Rokakis, interview.
④ The United States Conference of Mayors, "Impact of the Mortgage Foreclosure Crisis on Vacant and Abandoned Properties in Cities: A 77 – City Survey, " June 2010, pp. 3 –4.
⑤ Guy Cecala, prepared testimony for the Congressional Oversight Panel for the Troubled Asset Relief Program (TARP), COP Hearing on TARP Foreclosure Mitigation Programs, 111th Cong., 2nd sess., October 27, 2010, p. 2.
⑥ John Taylor, interview by FCIC, October 27, 2010.

出的改进抵押贷款所作的努力。 随着抵押贷款问题的增加，联邦以及州政府陆续采用了财政刺激以鼓励银行调整利率，延长房屋贷款期限或者直接降低一些抵押贷款的账面价值的措施。 但是到目前为止，联邦审计员以及独立消费者监督员都对联邦政府以及银行抵押贷修订项目的效果之评价很低。

截至 2012 年末，住房可偿付调整计划（Home Affordable Modification Program—HAMP）的供给缺口将牵涉到 300 万至 400 万目标家庭（这一项目的资金主要来自联邦不良资产救助计划）。 截至 2010 年 12 月，住房可偿付调整计划仅仅完成了对 5.2 万份抵押贷款进行了永久修正。① 同时，银行报告称他们已经独立批准了 340 万份贷款的修正，尽管这些修正中很大一部分只是将已经逾期的贷款变成重新开始还款，但这将导致每月的还款额增加。

各州抵押贷款修正措施以及房屋止赎援助项目的效率目前还不清楚。 其中一些才刚刚启动。 例如，新泽西州即将在 2011 年开始一项达 1.12 亿美元的"房屋拥有计划"用以为由于失业或是"实质性失业"的居民提供延期的贷款偿付或者是无息贷款，从而可以让这些居民继续偿还抵押贷款。②

在全国范围内受到房屋危机影响的社区举办了一系列听证会，金融危机调查委员会从很多证人那里了解到，他们在试图调整抵押贷款从而保住房子的过程中遇到很多困难。 对于那些已经偿付了很多年贷款并且逐步成为实质性抵押贷款净值借款人，他们的调整贷款申请极易被拒绝，因为贷款人更希望这些贷款者直接卖掉房子。 2010 年 3 月，纽约州奥尔巴尼帝国司法中心高级律师克里斯汀·凯夫（Kirsten Keefe）向管理当局提交了一议案以引起对该问题的关注。 在同美联储董事会消费者咨询委员会的交谈过程中，克里斯汀向他们证实了在纽约借款人中的那种趋势——这些人都在尽力想要达到住房可偿付调整计划的资格。③ 她说，"我们同样听说很多有抵押贷款净值的借款人被住房可偿付调整计划拒绝"，④ 2010 年 11 月全国消费者法律中心的黛安·汤普森（Diane Thompson）向美国参议院银行、住房以及城市事务委员会证实了这一项目面临的挑战。 她说，

---

① Congressional Oversight Panel, "December Oversight Report: A Review of Treasury's Foreclosure Prevention Programs," December 14, 2010, pp. 4, 7, 18.
② HOPE NOW, "Industry Extrapolations and Metrics (October 2010)," December 6, 2010, p. 3.
③ New Jersey HomeKeeper Program, New Jersey Housing and Mortgage Financing Agency, approved September 23, 2010.
④ Kirsten Keefe, presentation to the meeting of the Federal Reserve System's Consumer Advisory Council, Washington, D. C., March 25, 2010, transcript, p. 34.

"只有很少的一部分潜在有资格的借款人能够获得永久的贷款修正。支持者不断的报告说借款者遭到了住房可偿付调整计划的不合理拒绝……并且一些机构一直不理会住房可偿付调整计划下的相关申请"。①

竞争性的刺激计划可能会鼓励银行将房屋止赎视为比修订现有抵押贷款条款更快速、更干净且成本更低的一种手段。② 对于银行而言,房屋止赎是应对违约贷款的一种慎重选择。因为有数据表明,很多即使获得了暂时或永久性放松条款支持的借款人仍会再次陷入贷款违约中。③ 并且,机构还可以从将违约的房屋抵押贷款纳入房屋止赎程序的过程中收取相当的费用,这也在一方面刺激了银行拒绝贷款修正的请求。④

试图采取房屋止赎或者是修正贷款还会经常遇到另一个麻烦:第二抵押要基于第一抵押处理完成的基础上。通常情况下银行会将第一抵押卖给证券化机构。第二抵押仍然由同一出借人发放,即为同一贷款人继续为借款人提供抵押服务:也就是说,他们处理月供还款事务同时为借款客户提供服务。如果第一抵押被修正或者是被取消了赎回权,那么第二抵押的所有价值可能都会被抹掉。在这些情况下,持有第二抵押的贷款人就有动机延迟修正旧贷款直至借款人有能力支付的新贷款才开始进入第二抵押还款阶段。⑤

---

① Diane E. Thompson, testimony to the Senate Committee on Banking, Housing, and Urban Affairs, Problems in Mortgage Servicing from Modification to Foreclosure, 111th Cong., 2nd sess., November 16, 2010, p. 3.

② See, for example, National Consumer Law Center, "Why Servicers Foreclose When They Should Modify and Other Puzzles of Servicer Behavior," October 2009.

③ Joseph H. Evers, Office of the Comptroller of the Currency, deputy comptroller for large bank supervision, written testimony before the Congressional Oversight Panel for the Troubled Asset Relief Program(TARP), COP Hearing on TARP Foreclosure Mitigation Programs, 111th Cong., 2nd sess., October 27, 2010, pp. 7 -10. The OCC reported that mortgage servicers have modified 1239896 loans since early 2008. By the end of the second quarter of 2010, more than 26% of the modifications were seriously delinquent;9% were in the process of foreclosure;and 4% had completed foreclosure. The OCC examined modified loans that were 60 or more days delinquent that were modified during the second quarter of 2009, to determine when after loan modification that serious delinquency recurred. At 12 months after modification, 43% of loans were delinquent by two or more months;at nine months after modification, 41% were in arrears;at six months, 34%; and at three months after a loan change, nearly 19% were delinquent. The OCC noted that more recent modifications have performed better than earlier modifications.

④ Julia Gordon, senior policy counsel, Center for Responsible Lending, written testimony before the Congressional Oversight Panel for the Troubled Asset Relief Program (TARP), COP Hearing on TARP Foreclosure Mitigation Programs, 111th Cong., 2nd sess., October 27, 2010, p. 11.

⑤ David J. Grais, partner with Grais & Ellsworth LLP, interview by FCIC, November 2, 2010.

目前美国主要银行持有的第二抵押的账面价值高于 4000 亿美元。① 从银行已经报告的这些贷款的表现上看，这些贷款的账面价值还没有被降低。 这些贷款的实际价值可能远远小于报告的 4000 亿美元。② 未来出现损失的危险是显而易见的。 一些沮丧的第一抵押被留置的投资者已经起诉了服务商，称这些服务商没有保护投资者的金融利益。 相反，这些投资者认为由于服务商持有第二抵押留置权，因此他们只关心自己的资产负债表状况。 实际上，当借款人在两类条件下均无法按期履行还款义务时，金融服务企业仍旧会鼓励这些借款人继续支付第二抵押的贷款。 根据劳丽·古德曼的观点，为了让抵押贷款修正顺利进行，第二抵押的持有人必须接受银行的安排，并必须为此承受损失——而且该损失还不小。③

还有其他的障碍使得贷款的修正变得艰难。 比如，抵押贷款支持证券的各类投资者所面临的竞争性利率不同。 从一份房屋止赎交易中获得的收益可能足以偿付持有高利率证券的投资者，然而持有较低利率证券的投资者的利益很可能被抹杀掉。 结果，因此，持有较低利率的抵押证券的投资者倾向于银行对违约贷款进行修正，前提是它所产生的现金流量高于因丧失抵押品赎回权产生的损失。

为了解决房屋止赎危机，私人以及公共部门将主要精力放在了推进短售上。 从理论上讲，短售房可以帮助借款人、社区以及贷款人快速获得现金流。 借款人避免了房屋止赎；社区避免了房屋空置，因为社区担心破旧的房屋过多可能会引发犯罪现象的上升；同时贷款人避免了房屋止赎后发生的一些成本。 然而，这样的交易经常会停滞不前，因为程序很烦琐，需要各方的协调合作，同时也会消耗大量的资源。 例如，借款人可能非常不情愿结束的买家投标，因为他们不清楚房屋是不是按可能的最高价格出售的。 除此之外，当同时涉及两份抵押贷款时，第一抵押和第二抵押的持有人必须同时达成解决方案的同意。

进程中的漏洞："投机和最糟糕的情况"

2010 年，随着个人房屋止赎权的问题的爆发，揭露了借款人用文件证明以

---

① Calculation by Laurie Goodman, senior managing director, Amherst Securities. See PowerPoint presentation to the Grais and Ellsworth LLP conference "Robosigners and Other Servicing Failures: Protecting the Rights of RMBS Investors," October 27, 2010（http://video.remotecounsel.com/mediasite/Viewer/? peid = 12e6411377a744b9a9f2eefd1093871c1d）.

② Grais, interview.

③ Goodman testimony before the House Financial Services Committee, December 8, 2009.

及进行抵押贷款证券化的过程中存在的系统性漏洞，其他的问题也开始涌现。法律专家以及消费者保护团体告诉金融危机调查委员会，多年来房屋止赎程序上的以及文件上的问题在诉讼案件和学术研究中一直都存在，但是直到房屋止赎出现了如此大的增长时人们才开始关注这一问题。

2010年秋天全国50个州的律师联手共同调查房屋止赎的无规则，试图找到可能的解决办法，并且试图提出要求就借款人所遭受的潜在损失的赔偿方案，以弥补被不合理的房屋止赎而伤害到借款人利益。 比如，贷款人一直依靠"代人捉刀者"，通过找人代替签字的方式提高了贷款流程速度，但是忽略了借款人签字的准确性要求，有时甚至还会倒填日期。 上百份的宣誓书中所陈述的个人贷款情况，这些"代人捉刀者"实际上无法知道这些宣誓书的真实性。 其中一个"代人捉刀者"是通用汽车金融服务公司的杰弗里·斯蒂芬（Jeffrey Stephan），他说他一个月内就要签署一万份宣誓书——这意味着在一周四十个小时的工作时间中，每分钟就要签署一份宣誓书①——这意味着他不可能确切了解每一份房屋止赎权下的借款人的还款历史。 除此之外，大量的诉讼案件所认定为无效的公证书、伪造的签字、补填的抵押贷款日期等一系列文件，均无法被证明终止止赎权的合法法律地位——也即银行拥有房屋的权利是值得质疑的。②

由于抵押贷款证券化的发展速度，完全超出了法律和金融体系对谁拥有抵押贷款的相关信息的准确记录能力，而导致法律方面的问题层出不穷。 在资产证券化的过程中，贷款被不断地转售。 为了加速这一过程，金融行业创造了抵押贷款电子登记系统（Mortgage Electronic Registratiom Systems），这一组织是由3000名抵押贷款的贷款方组成的。 它记录服务权以及抵押贷款所有人的利益变化情况。 抵押贷款电子登记公司被指定为成员的"抵押权人记录"，这一地位意味着赋予其法律权利，当借款人无法偿还贷款时将有权对其行使房屋止赎权。自从1995年成立以来，抵押贷款电子登记系统已经登记了6600万份抵押贷款交易，截至2010年11月贷款余额达到3300万。③

---

① See Deposition of Jeffrey Stephan, GMAC Mortgage LLC v. Ann M. Neu a/k/a Ann Michelle Perez, No. 50 2008 CA040805XXXX MB (Fla. Cir. Ct. Dec. 10, 2009), pp. 7, 10.

② See, for example, Dwayne Ransom Davis and Melisa Davis v. Countrywide Home Loans, Inc.; Bank of America, N. A.; BAC GP LLC; and BAC Home Loans Servicing, LP, 1:10-cv-01303-JMS-DML (S. D. Ind. October 19, 2010).

③ Congressional Oversight Panel, "November Oversight Report: Examining the Consequences of Mortgage Irregularities for Financial Stability and Foreclosure Mitigation," November 16, 2010, p. 20.

然而，法院以及学术机构对抵押贷款电子登记系统的地位或者它所拥有的房屋止赎权利提出了疑问。① 在众议院司法委员会召开有关房屋止赎危机听证会的前夕，纽约州最高法院法官 F. 达纳·温斯洛（F. Dana Winslow）认为"抵押贷款电子登记系统的法律地位已经成为了一个普遍问题，我经常使用'丧失抵押品赎回权之既定抵押权人'这一词汇"来描述抵押贷款电子登记系统。 由于"抵押贷款法律所有权的成倍的无记录转移"，根据温斯洛的观点，我们不清楚在抵押贷款经频繁出售以后，抵押贷款电子登记系统是否还能被看做是既定抵押贷款权人这一问题值得商榷。② 更为重要的是，法院并不认定抵押贷款电子登记系统拥有潜在资产既定所有权，因此无权交割资产或者处理与有关财产相关的止赎。③

温斯洛还强调了抵押贷款电子登记系统在法律地位方面的不足，特别涉及相关文本的处理过于草率的问题：在房屋止赎过程中没能在法庭提供确切的文件；产权链的不连贯性，包括产权打印资料同之前提供的信息有很大差别；有追溯效力的文件签名问题和前几年在清理文件时遗留下的问题；有关分配以及证明所有权的宣誓书上的可疑签字；分配方案上可疑的公证人公章。④

2010 年 11 月 16 日，一家破产法院判决纽约银行不能对其从全国金融公司购买的一份贷款进行止赎，因为抵押贷款电子登记系统未能按照合并和服务协议的要求进行背书转让或者说是将相关文件完整地转移给纽约银行。 这一判决的意义深远，因为通常惯例是：当贷款被证券化时由全国金融公司保留票据和相关贷款文件。⑤

纵观整个市场，一些抵押贷款证券持有人已经起诉了这些证券的一些发行人，要求这些发行者宣告购买是无效的。⑥ 如果这一法律挑战成功的话，那些拥

---

① See, e. g., Mortg. Elec. Registry Sys. v. Johnston, No. 420 - 6 - 09 Rdcv (Rutland Co. Vt. Super. Ct. Oct. 28, 2009), holding that MERS did not have standing to initiate foreclosure because the note and mortgage had been separated.

② The Honorable F. Dana Winslow, written testimony before the House Committee on the Judiciary, Foreclosed Justice: Causes and Effects of the Foreclosure Crisis, 111th Cong., 2nd sess., December 2, 2010, pp. 2, 4.

③ Order, Objection to Claims of Citibank, N. A. 4 - 6 - 10, (Bankr. E. D. Cal. May 20, 2010), p. 3. The order cites In re Foreclosure Cases, 521 F. Supp. 2d 650 (S. D. Oh. 2007); In re Vargas, 396 B. R. 511, 520 (Bankr. C. D. Cal. 2008); Landmark Nat'l Bank v. Kesler, 216 P. 3d 158 (Kan. 2009); LaSalle Bank v. Lamy, 824 N. Y. S. 2d 769 (N. Y. Sup. Ct. 2006).

④ Winslow, written testimony before the House Committee on the Judiciary, pp. 2 - 3.

⑤ See John T. Kemp v. Countrywide Home Loans, Inc., Case No. 08 - 18700 - JHW (D. N. J.), pp. 7 - 8.

⑥ Grais, interview.

有抵押贷款支持证券的投资人就可以要求发行人按初始发行价格回购这些证券——很可能还要支付利息。这样的话,发行人就会成为这些证券的持有人并承担损失风险。[1]

在 2010 年 11 月国会监督小组公布的报告对此类风险提出了警告:"如果文件上出现的问题被证明是普遍存在的,更为重要的是,如果不但对止赎财产,还对混合抵押贷款的所有权产生怀疑的话,那么后果将十分严重。"[2]这一观点得到了爱荷华大学研究止赎权和相关法律的法律教授凯瑟琳·波特(Katherine Porter)的附和:"可能是对于这一问题存在的认识的不足将诉讼变成了危机。由于相关知识的缺乏导致了投机以及相当糟糕的情况。"[3]乔治敦大学法律相关教授亚当·莱文廷(Adam Levitin)估计说索赔可能达数万亿美元,这会致使主要的美国银行丧失偿债能力。[4]

相邻效应:"我不会搬家"

对于数百万按时支付账单、从未失去房子、从未听说过担保债务凭证(担保债务凭证)的美国人而言,这场金融危机的持续时间好长、使人迷惑也令人心痛。由房屋市场的繁荣到房产泡沫引发的危机在绕了一大圈以后又回到了到处都是"代售"牌子的状态——不过这一次很少有买家。大量的商店停业关门;老板们进行裁员;希望已经不见了。如今太多的美国人都住在了郊外被废弃的城镇或者是城市废墟,那里的房产都是空的,数月来也没有开发商去开发。

从未陷入这样疯狂境地的房屋承租人也是受害者之一,这主要是由于在房主无力偿还贷款之后借款人就将房产收走了。租房者可能会既失去房子的同时又失去保证金。根据从美国住房与城市发展部到众议院住房与社区机会分委员会的副助理埃里卡·泊森(Erika Poething)的证词中引用的数据,在明尼阿波利斯市,2006~2007 年丧失抵押品贷款赎回权的房产中,有 60% 的房产都是用于出

---

[1] Adam J. Levitin, associate professor of law, Georgetown University Law Center, testimony to Senate Committee on Banking, Housing, and Urban Affairs, Problems in Mortgage Servicing from Modification to Foreclosure, 111th Cong., 2nd sess., November 16, 2010, p. 20.

[2] Congressional Oversight Panel, "November Oversight Report," pp. 5, 7.

[3] Katherine Porter, professor of law, University of Iowa College of Law, written testimony before the Congressional Oversight Panel for the Troubled Asset Relief Program (TARP), COP Hearing on TARP Foreclosure Mitigation Programs, October 27, 2010, p. 8.

[4] Levitin, written testimony before the Senate Committee on Banking, Housing, and Urban Affairs, p. 20.

租的。①

对于儿童而言，二手房（不论是租住的还是购买的）都是不稳定的一种状态。全国范围内房屋止赎给儿童带来的影响是巨大的。根据最新的一项研究，在金融危机之后经历过无家可归的儿童中，由于父母拥有的或是租赁的房屋丧失了抵押品贷款赎回权，有三分之一的儿童受到了影响。②内华达州的一所学校告诉金融危机调查委员会由于金融危机所带来的居住地变化对教育构成了重大挑战。③

全国范围内，需要帮助的人数已经超出了社区能够提供的资源。横贯美国，各个社区都在努力增加房屋救助预算以帮助由于房屋止赎而无处安置的人。例如在内达华州的克拉克县（约有190万人居住在拉斯维加斯及其附近）需要削减其金融房产救助项目的资金，尽管在社区中存在着大量的需求。内华达州房产交易中心的董事长兼执行总裁盖尔·伯克斯（Gail Burks）告诉金融危机调查委员会，她的团队发现很多在房屋止赎过程中接受过他们帮助的人们都非常的失望。"压力实在是太大了，有时我们帮助过的夫妇最终选择了离婚，有时甚至是房屋止赎过程还没结束就离婚了。我们还经历过一些人以自杀相威胁。"④

故事仍然在继续。来自加利福尼亚Discovery Bay的估价师凯伦·曼恩（Karen Mann）告诉金融危机委员会她的家庭目前的情况。她的女儿和女婿已经将房屋贷款调整为利率可调贷款。当利率开始上调时，新的资金困境使得贷款的支付超出了这个家庭的可支付能力。由于房屋的市场价值几乎与其抵押债

---

① Erika Poethig, written testimony for the House Subcommittee on Housing and Community Opportunity, Impact of the Foreclosure Crisis on Public and Affordable Housing in the Twin Cities, 111th Cong., 2nd sess., January 23, 2010, p.5.

② National Association for the Education of Homeless Children and Youth (NAEHCY) and First Focus, "A Critical Moment: Child and Youth Homelessness in Our Nation's Schools," July 2010, p.2. In early 2010, NAEHCY and First Focus conducted a survey of 2200 school districts. When they were asked the reasons for the increased enrollment of students experiencing homelessness, 62% cited the economic downturn, 40% attributed it to greater school and community awareness of homelessness, and 38% cited problems stemming from the foreclosure crisis.

③ Dr. Heath Morrison, testimony before the FCIC, Hearing on the Impact of the Financial Crisis State of Nevada, session 4: The Impact of the Financial Crisis on Nevada Public and Community Services, September 8, 2010, transcript, pp. 261–264.

④ Gail Burks, testimony before the FCIC, Hearing on the Impact of the Financial Crisis—State of Nevada, session 3: The Impact of the Financial Crisis on Nevada Real Estate, September 8, 2010, transcript, pp. 230–231.

务相同，这一家庭试图获得抵押贷款修正的尝试毫无结果。他们联系了一个短售的买家，但是这一交易却被禁止。接着，医疗问题又带来了挑战，于是这对夫妇和他们的四个孩子搬回和曼同住。"孩子们被安排到了新的学校，大人们在重建生活的过程中经受着痛苦和心理创伤。"曼说。这对夫妇已经递交了破产申请。在破产的两个月以后，借款方才询问他们是否想要修改他们的贷款。①

在佛罗里达州的开普·科勒尔（Cape Coral）、多恩·亨特（Dawn Hunt）和她的邮递员丈夫还有两个孩子住在一幢迷人的牧场风格的房子里，这是他们十年前以 10 万美元的价格买下的。在这块宁静的土地上，主要的居民都是房子的所有人。在 2005 年和 2006 年，建筑商纷纷涌入这一地区，在空地上建了好多新的房屋。佛罗里达的建筑商舒适房屋有限公司（Homebuilder Comfort Homes of Florida LLC）在亨特家的房子旁边建了一栋房子，但是并没有完成施工。这个秋天，房子都是空着的，只有一个房屋框架。房子外面没有刷灰泥，里面也没有内部墙。在房子前门附近的电子盒上有一个黄蜂巢。未被收拾的草坪长得有 4 英尺高。灌木丛里的坚硬沙子使得人们难以接近这栋房子。与亨特家隔两个门的另一所房子也是空的，一年前这里的夫妇离婚后从这里搬走了。车库里还有他们丢弃的一辆汽车。房顶已经开裂，上面铺了一块蓝色塑料布用以阻止雨水流入。一天夜晚一些故意破坏公共财产的人闯进了这栋房子中，之后亨特报了警。后来，即使在白天闯入者又返回此地至少两次。②

现在亨特家附近 44% 的房屋都已经出现贷款违约，要么处于房屋止赎的过程中，要么就是被银行收回。③ 社区中其余房子的绝大多数也被出租，这些房子现在的主人都是在原来主人将房子还给银行后再买下这房子的，亨特家房子的价值也比市场最高峰时下跌了三分之二。然而，邻居不再像从前那样可爱，亨特告诉金融危机调查委员会，"我们不会搬家。"④

---

① Karen Mann, president and chief appraiser, Mann and Associates Real Estate Appraisers & Consultants, written testimony for the FCIC, Hearing on the Impact of the Financial Crisis—Sacramento, session 2: Mortgage Origination, Mortgage Fraud and Predatory Lending in the Sacramento Region, September 23, 2010, p. 12; oral testimony, p. 66.

② Dawn Hunt, homeowner in Cape Coral, FL, interview by FCIC, December 20, 2010.

③ Zip code 33991, default, foreclosures and REO, S&P Global Data Solutions RMBS database, July 2010.

④ Hunt, interview.

调查委员会结论

委员会认为，未公开的抵押贷款情况以及资产证券化的复杂性使得解决抵押贷款市场的问题变得更加艰难。这一复杂性一方面导致了第一抵押和第二抵押的持有人以及抵押贷款服务商之间激烈的利益争夺；另一方面降低了政策制定者、监管者、金融机构以及房屋所有人所获信息的透明度；同时又妨碍了抵押贷款的修正。由此引发的争议和无所作为给私人房屋持有人造成了损失和伤痛，并且进一步增加了房地产市场和金融机构稳健运行的极大不确定性。

反对意见一

比尔·托马斯　　基思·赫尼西　　道格拉斯·霍尔兹·埃金

金融与经济危机的起因

导　言

我们已经确定了对解释危机至关重要的十个原因。在这个不同观点中，我们
- 解释了我们的方法与其他人的方法如何不同；
- 简要描述了金融危机发展的各个阶段；
- 列出了导致金融危机的十个重要原因；
- 初步详细地说明了每个原因。

我们与金融危机调查委员会（以下简称"调查委员会"）多数人的结论有相一致的地方，但不幸的是也存在很多分歧，因此，我们在本报告中阐述了不同意见及观点。

我们感谢调查委员会全体工作人员所做的研究工作。在许多方面，他们对我们的观点和结论的形成提供了帮助。

由于调查委员会的其他六名委员给我们设置了篇幅限制，[①]本报告仅着重说明了几个造成危机的关键原因。遗憾的是，由于篇幅的限制，几个原本应该详细讨论的重要问题，只能在这里简要地提及。

我们的方法如何不同于其他方法

在调查委员会的听证和调查过程中，我们经常听到危机是由单一原因造成的

[①] 金融危机调查委员会关于限制持反对意见者每人9页的投票（商业出版的版本，全书约为550页），2010年12月6日。在向总统和国会提交的官方版本中并不受限制。

争论。一些人认为,危机源于国际资本流动或货币政策;另一些人认为源于住房政策;其他人则认为,对定义模糊的影子银行部门的监管不足,或者不受监管的泛滥的场外衍生品,或者金融部门的贪婪以及它们对华盛顿的政治影响。

在每种情况下,使用单一原因解释这些争论不免太过于简单,因为这些解释并不完整。虽然其中一些是导致危机的主要原因,但都不足以独立地说明问题。

调查委员会多数人对危机起因的解释恰恰相反——过于宽泛。在金融危机期间,并非事事都错,从而导致了危机,其中一些原因是主要的,而其他一些因素影响甚微。并不是所有在危机之前与住房或者金融体系有关的变革都是造成危机的罪魁祸首。他们在将近550页的报告中,更多的是列举不好的事情,而不是对发生了什么及其原因进行重点解释。当全都是重点时,就等于没有重点。

例如非信贷衍生产品就没有以任何有效的方式,直接或间接导致的金融危机。无论是《社区再投资法案》还是废除"格拉斯-斯蒂格尔"防火墙,都不是关键原因。无须诉诸这些因素就可以解释这场危机。

我们也反对过于简单化的假设,即监管缺失导致了危机,以及与之相反的,因监管过多造成危机的观点。我们对有效监管的尺度怀有疑问。金融监管规则的数量应反映解决金融体系中导致其系统失灵的需求。例如,在21世纪蓬勃发展的高风险、由非银行机构发放的非传统抵押贷款,在监管不力的环境下造成巨大破坏,间接导致了金融危机。政府不完善的房地产政策造成了市场扭曲,同时促进了不健全的抵押贷款制度的产生。全国各地不负责任的借贷以及美国国际集团陷入困境,部分是由于监管不力,而房利美和房地美的没落,则是因为政策制定者使用政府权力将谋取私利与实现公共目标混为一谈,然后导致了损失社会化的结果。使用"政府干预太多"和"政府干预太少"的论调解释金融危机都过于宽泛。

多数委员声称,假如美国采取全面的、限制性更强的法规以及更加严格的监管措施,金融危机是可以避免的。委员会多数人的结论主要忽略了危机的全球性特征。例如:

- 美国和欧洲都出现了信贷泡沫。这就告诉我们,对信贷泡沫的主要解释,应侧重于对两个地区产生影响的共同因素。
- 该报告在很大程度上忽略了超出住房领域的信贷泡沫。信贷息差的下降不仅仅局限于住房领域,同时也包括商业地产等其他资产。这就告诉我们,美国房地产泡沫的根本原因是信贷泡沫。这也告诉我们,美国住房政策或者市场美国是经历住房价格快速上涨的国家之一。

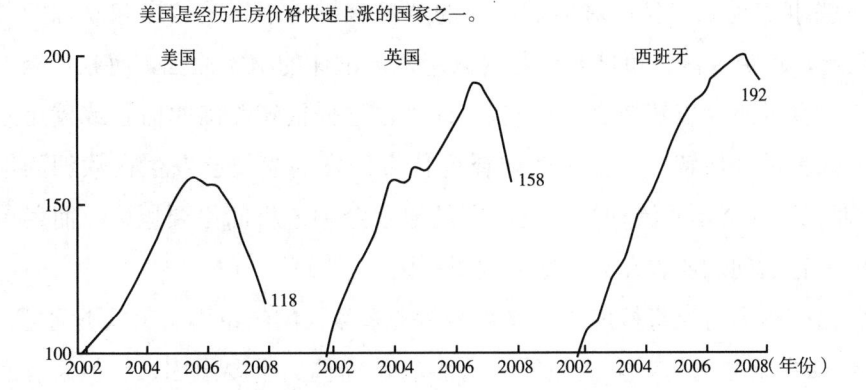

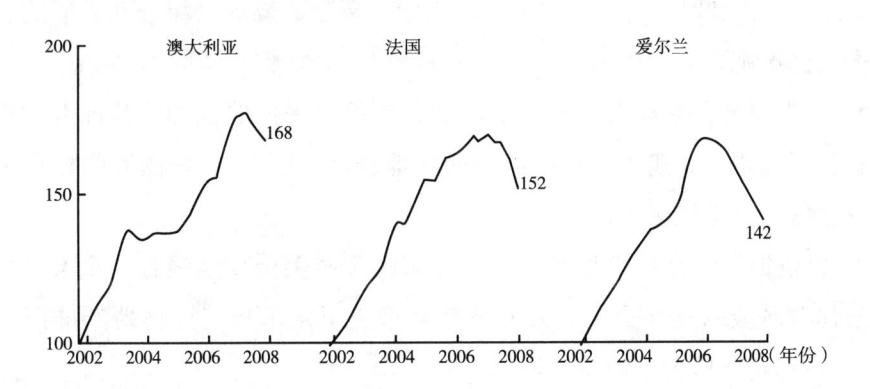

图1　2002~2008年各国住房价格的升值情况

美国是经历住房价格快速上涨的国家之一。
资料来源：Standard and Poors, Nationwide, Banco de Espa, AusStats, FNAIM, Permanent TSB。

本身的问题并不能解释美国房地产泡沫。

- 英国、西班牙、澳大利亚、法国，还有爱尔兰，都出现了房地产泡沫，一些国家的情况甚至比美国更加严重。一些国家的房地产泡沫对美国式的抵押贷款证券化的依赖很小。对美国房地产泡沫的一个合理解释，也应考虑到世界其他国家与美国的相同之处。这使我们的解释更加全面，而不仅仅局限于美国的房地产政策、管理或监督。这也告诉我们，美国证券化市场的失灵，可能是一个根本原因，同时我们必须寻找其他的因素。

- 一些大型金融公司在冰岛、西班牙、德国和英国等其他国家的投资也遭受了失败。这些公司并非仅在美国的房地产市场投资，而且这些公司的运营环境（监管制度）也不同于美国的商业和投资银行。在许多情况下，欧洲的监管体系比美国的监管制度更加严格，但他们仍然面临着类似美国的金融公司破产的情况。

这些事实说明，我们对信贷泡沫的解释应侧重于影响美国和欧洲的共同因素，因此，信贷泡沫很可能是引起美国房地产泡沫的根本原因，而且美国的房地产政策本身并不足以解释金融危机。此外，过分依赖美国的监管或监控系统这个单一因素的任何解释，都不能解释为什么同样的事情会发生在欧洲的部分地区。因此国际资本和流动性不足，应是导致金融危机的主要原因，而美国商业和投资银行之间的监管差异，则为次要原因。

将这些跨国对比直接应用于调查委员会多数人的结论引出了以下问题：

● 如果金融部门对华盛顿的政治影响是危机的重要原因，如何解释英国、德国、冰岛、比利时、荷兰、法国、西班牙、瑞士、爱尔兰和丹麦类似的金融机构破产的情况呢？

● 调查委员会多数人在报告中详细介绍的"失控的抵押贷款证券列车"又如何解释在西班牙、澳大利亚和英国的房地产泡沫呢？这些国家的住房抵押贷款融资系统完全不同于美国。

● 投资银行的经营和监管架构如何解释许多美国商业银行、几家大型的美国大学捐赠基金以及一些州立公务员养老基金决定承担美国房地产的巨大风险呢？更不用说一些大中型德国银行。

● 前美联储主席格林斯潘的"去监管主义"如何造成了整个欧洲银行的监管失灵？

并非所有人都认为这些因素毫不相干；只是这些因素不是主要原因。

金融危机调查委员会的使命是："研究国内和全球以及美国目前金融和经济危机的起因"。调查委员会多数人的报告过度偏重于美国的监管政策，忽视了其他国家的相似之处，仅强调加强监管而没有优先考虑起因，并且未能有效地区分原因和影响，因此该报告是不平衡的，并导致了关于危机起因的错误结论。

我们通过简要地描述危机的发展阶段开始阐述我们对危机起因的解释。

金融危机发展的阶段

截至 2010 年 12 月，①美国仍然深陷于由金融危机所引发的经济衰退之中。

---

① Ben S. Bernanke, "Monetary Policy and the Housing Bubble," Speech at the Annual Meeting of the American Economic Association, Atlanta, Georgia, January 3, 2010（www.federalreserve.gov/newsevents/speech/bernanke20100103a.htm）.

这场金融危机始于2007年8月，终于2009年初。金融危机的主要特征是：2008年9月的金融冲击以及随之而来的金融恐慌。从2008年第四季度开始，金融震荡和恐慌引发了贷款和就业的严重萎缩。

一些观察家将近期的经济发展情况描述为一次经济衰退。这次经济衰退始于2007年12月，持续到2009年6月，随后开始恢复。虽然经济衰退这个定义在技术上是准确的，但它模糊了更加重要的整体经济与金融市场发展联系的时间表。我们将最近这段美国宏观经济的历史分为五个阶段：

- 一系列前震在2007年8月开始，经济增长随之放缓，然后在2008年8月经历了一次温和的衰退，随着出现流动性问题，三家美国大型金融机构倒闭；
- 一场严重的金融冲击出现在2008年9月，10家大型金融机构相继破产、濒临破产，或被收购；
- 这引发了金融恐慌，实体经济在2008年底开始出现巨大萎缩；
- 随后在2009年初，金融震荡、恐慌结束以及经济纾困开始；
- 最后，实体经济的萎缩持续深化，金融市场开始进入恢复和重建时期。

截至2010年12月，美国仍处在最后一个阶段。金融系统仍处在恢复和重组中，同时美国经济试图恢复到持续强劲增长的状态。通过验证引起危机的十个主要原因，我们的意见集中在金融危机的前三个阶段。

金融和经济危机的十个主要原因

以下涉及国内和国外的十个原因是解释金融和经济危机的主要原因。

I. 信贷泡沫。自20世纪90年代后期开始，中国、其他发展中大国和石油生产大国积累了大量的资金盈余。他们将外汇储蓄借给美国和欧洲，导致利率下降。

信贷息差收窄，这意味着风险投资融资的借贷成本下降。信贷泡沫在美国和欧洲开始形成，其中最显著的表现是对高风险抵押贷款的投资增加。美国货币政策可能对信贷泡沫起到促进作用，但并没有导致泡沫的形成。

II. 房地产泡沫。美国庞大和持续的房地产泡沫始于20世纪90年代后期，并在21世纪初开始加速。房地产泡沫以全国房价涨幅远高于历史趋势以及在加利福尼亚、内华达、亚利桑那和佛罗里达地区短暂的"繁荣－破裂"周期为特征。许多因素共同导致房地产泡沫，而泡沫的破裂导致了房产所有者和投资者

III. 非传统抵押贷款。 信贷息差收紧、对美国房价过于乐观的判断以及一级和二级抵押贷款市场的缺陷，导致了不当的贷款发起行为，这些因素共同造成了美国房地产融资信贷的增加。 在廉价信贷的激励下，一些公司如国民金融公司、华盛顿互惠银行、美国抵押公司和汇丰金融公司发起了大量的高风险非传统抵押贷款。 在某些情况下，这些贷款具有欺骗性，通常很混乱，而且超出了借款人的偿还能力。 与此同时，许多购房者和房主没有尽到自己的责任，并没有了解他们的抵押贷款的条款，并做出审慎的金融决定。 这些因素进一步放大了的房地产泡沫。

IV. 信用评级和证券。 信用评级和证券化的缺陷使不良贷款转化成了有毒金融资产。 证券化降低了金融机构（用于证券化的）抵押贷款的质量。 信用评级机构错误地将抵押担保证券及其衍生品评为安全投资产品。 证券投资者没有看到信贷评级的风险，并进行自己的尽职调查。 这些因素推动了更多不良贷款的产生。

V. 金融机构集中的相关风险。 美国的许多大型和中小型金融机构的经理，积累了大量与房地产高度相关的风险。 有些人是在赌房地产价格会继续上涨，有些人则是对资产负债表上（持有过度房地产的风险）的潜在风险重视不够。 这些大量但又似乎可以控制的抵押贷款损失逐渐积累，最终压垮了大型金融机构。

VI. 杠杆率和流动性风险。 相对这些金融公司资产负债表中过度集中的房地产风险而言，这些金融公司的经理手中持有的资本严重不足，进而扩大了这种风险。 许多公司的日常流动资金融资严重依赖于短期回购协议和商业票据市场，这使得流动性风险一触即发。 他们把偿付能力赌在（有时在不知不觉中）房地产资产上，认为他们的房地产投资是安全的，也总可以借到隔夜资金。 二者都不是正确的选择。 在一些情况下，缺乏偿付能力会引发流动性危机，并导致一些大型金融公司破产或接近破产。 那些房地产投资风险透明度不高的公司增加了市场中的不确定性，使得他们很难得到急需的资本和流动性。

VII. "传染"的风险。 "传染"的风险是导致危机的重要原因。 在某些情况下，金融体系是脆弱的，因为政策决策者们害怕一家大型公司的突然破产，引发其交易对手的资产负债表损失。 这些公司规模太大，如果决策者们任由他们突然破产，其交易对手的信用风险将传导至其他相互关联的企业。

VIII. 普遍冲击。 在其他情况下，普遍冲击导致无关联金融机构的破产：他们有类似的房地产投资。 无关联金融公司在大致相同的时间、出于同样的原因破产，是因为他们存在同样的问题：巨额的房地产投资损失。 这种普遍冲击意味着这个问题的范围更广，不仅仅是一个重要银行在普遍冲击下破产而导致的大型金融机构资本不足。

IX. 金融冲击和恐慌。 2008 年 9 月，10 家公司接二连三地破产、接近破产和重组引发了全球性金融恐慌。 投资者对金融体系的信心和信任开始蒸发，几乎所有美国和欧洲的大中型金融机构的运营状况都遭到了质疑。

X. 金融危机导致的经济危机。 金融冲击和恐慌，造成了实体经济的严重萎缩。 这波金融冲击和恐慌在 2009 年初结束。 但对实体经济的伤害一直持续至今。

现在我们详细地阐述造成这次危机的十个主要原因。

信贷泡沫：全球资本流动、被低估的风险以及美联储政策。

金融和经济危机始于美国和欧洲的信贷泡沫。 信贷息差显著收窄，这意味着相对于安全资产，如美国国债，金融风险投资的借贷成本降低。

在这些风险投资中，最引人注目的是高风险抵押贷款。 美国房地产泡沫是信贷泡沫最明显的体现，但并不是唯一的一个。 盈余产生的廉价信贷也促进了商业地产、高收益债券和杠杆贷款的繁荣。

信贷泡沫的起因：全球资本流动、风险重新定价和货币政策

全球资本流动

从 20 世纪 90 年代后期开始，中国、其他发展中大国和石油生产大国的国内消费和投资少于他们的收入。 随着中国和其他亚洲经济体的经济增长，他们的储蓄也随之增长。 此外，在全球高油价的推动下，最大的石油生产国家积累了大量的盈余资本，并期待向美国和欧洲投资。 廉价资本大量流入美国，降低了借贷成本。 美国人将廉价的信贷投向了高风险（与以前相比）领域。 欧洲的情况也比较类似。 德国的储蓄和资本流向了爱尔兰、意大利、西班牙和葡萄牙。

美联储主席伯南克介绍了金融项目顺差的增长（反映经常账户的赤字增长）

和房价升值之间牢固的互动关系:"经常账户恶化的国家,资本流入上升……房价上涨得更快(2001年到2006年)……从统计和经济方面来看,这种关系非常显著,可以解释约31%的国家的国内房地产价格升值变化。"

全球失衡是对金融危机最重要的宏观经济解释和主要原因。美国和欧洲经济体的外资稳定流入和大量增加、促进国内贷款显著增长,尤其是高风险抵押贷款业务。

风险的重新定价

低成本资本,可以但并不一定导致风险投资的增加。美国和欧洲的外国资本流入的增加,并不能单独解释信贷泡沫。

我们仍然不知道信贷泡沫是理性还是非理性行为的结果。投资者可能曾经是理性的——他们的偏好可能已经改变,使他们愿意接受回报较低而风险较高的投资。他们也可能曾经是非理性的——他们可能采用了泡沫的心态和假设,他们为高风险资产出了高价,可以通过转售获得更高回报。或许他们可能错误地认为,世界变得更安全,不良后果的风险降低了,尤其是在美国的房地产市场。

多年来,很多因素共同导致了此次危机,投资者倾向于高价购买风险资产。当房地产泡沫破裂,金融冲击袭来,所有的投资者重新评估风险投资会带来什么回报以及他们愿意为风险资产支付什么价格。全世界各种风险投资的信贷息差突然大幅增加,而风险资产的价格暴跌。这种情况在美国表现得最为明显,但并非仅限于美国市场的高风险、非传统抵押贷款担保的金融资产。最终,信贷泡沫破裂并造成了巨大损失。

货币政策

美联储显著影响了资本的供给和价格。这导致一些人认为,美联储长期保持超低利率,推动了风险投资需求的增加。美联储政策的批评者认为,从格林斯潘时期开始,到伯南克时期延续的长期超低利率制造了房地产泡沫。

约翰·泰勒博士是这种说法的支持者之一。他认为,2002年到2006年,美联储设定的利率过低,通过计算这一时期的新房开工量,证明低利率助长了房地产泡沫。他认为这个美联储制造的房地产泡沫是导致金融危机的根本原因。他进一步指出,如果联邦基金利率遵循泰勒规则(设定联邦基金利率的货币政策公式），房地产市场的繁荣和随后的萧条所造成的损失要小得多。他还分析了欧洲经济体，并得出结论认为类似的力量在发挥作用。

现任美联储主席伯南克和前美联储主席格林斯潘都不同意泰勒的分析。伯南克认为，泰勒规则是一个描述性经验法则，但"简单的政策规则"不足以决定货币政策。① 他进一步指出，如果根据严格的泰勒规则，美联储的货币政策立场可能不会与它的历史路径有显著不同。前主席格林斯潘说，短期利率和房价之间的联系并不是很强——即使美联储对银行间隔夜拆借制定的目标利率过低，这一点并不能来解释为什么30年期抵押贷款利率也很低。

这次辩论引出了几个货币政策问题：

● 美联储在设定利率时，应该如何权重政策规则呢？货币政策应以规则为基础，还是随意制定呢？

● 如果美联储认为资产泡沫正在形成，是否应该使用货币政策尝试刺破或者阻止呢？

● 2002年到2006年间，利率是否真的过低？

● 超低的联邦基金利率是否导致或者助长了房地产泡沫？

这次辩论所涉及的问题十分复杂，而且至今尚未解决。宽松的货币政策并非必然导致信贷利差收窄。有关短期利率和房价升值之间的联系还是悬而未决的问题，无论新房开工率是否是衡量房地产泡沫的最佳标准，还是房地产价格上涨的时期相对于2002年到2006年的利率，与欧洲相比，泡沫的幅度是否可以由泰勒规则和历史性利率之间的差距解释。同时，许多观察家认为泰勒是正确的，在此期间，短期利率确实过低，因此即使他的观点不能被证实是正确的，至少也是合理的。

我们得出结论，全球资本流动和风险重新定价造成了信贷泡沫，同时我们认为这两个因素是造成危机的主要原因。美国的货币政策可能是一个放大因素，但货币政策本身并没有导致信贷泡沫，也不是造成危机的主要原因。

金融危机调查委员会应集中更多的时间和精力对全球资本流动、风险重新定价以及货币政策等问题进行探索。相反，调查委员会虽然耗时数千小时，却几乎没有对这些关键的经济问题进行分析。在许多情况下，调查委员会的调查工

---

① Ben S. Bernanke, "Monetary Policy and the Housing Bubble," Speech at the Annual Meeting of the American Economic Association, Atlanta, Georgia, January 3, 2010（www.federalreserve.gov/newsevents/speech/bernanke20100103a.htm）.

作是高效的、信息丰富的，但应该更加平衡地调查和分析。

结论：
- 信贷泡沫是导致金融危机一个重要原因。
- 全球资本流动降低了美国和多数欧洲国家的资本价格。
- 随着时间的推移，投资者降低了高风险投资的回报。他们的偏好可能已经发生了改变，他们可能会采取一种非理性泡沫心态，或者他们可能错误地认为世界已经成为更安全。这膨胀了风险资产的价格。

美国的货币政策可能助长了目前的信贷泡沫，但并没有导致金融泡沫。

房地产泡沫

房市泡沫有两个组成部分：实际住房和抵押贷款融资。我们简要地看一下每个组成部分及其可能的原因。

美国存在房地产泡沫——美国房地产价格的涨幅超过市场发展水平可以解释的范围。这包括全国房地产市场的泡沫和泡沫更为严重的"沙洲"地区：加利福尼亚、内华达、亚利桑那和佛罗里达。

传统的观点认为，当存在泡沫时自己很难发现，而且泡沫破裂后造成的后果异常严重。即使在美国房地产泡沫破灭后，对其起因仍未达成一致的意见。

虽然我们还不知道可能造成房地产泡沫的原因及其相对重要性，我们至少可以确定一些最重要的假设：

- 人口的增长。亚利桑那、佛罗里达、内华达和加利福尼亚州部分地区的人口增长速度远远超过全国平均水平。人口增长推动了房地产的需求。
- 土地使用限制。在一些地区，当地的分区规则和其他土地使用限制以及对建筑的天然障碍，使新建房屋难以满足因人口增长而日趋紧张的住房需求。当供应受限而需求增加时，价格上涨。
- 过度乐观。即使市场需求没有抬高价格，人们对将来房地产价格上涨的期望也可以造成膨胀。这是对泡沫产生的经典解释。
- 宽松的融资。非传统（及较高风险）的抵押贷款使得潜在购房者可以借到足够的资金以购买更贵的住房。这并不意味着他们买得起，或者可以负担未来的住房抵押贷款，而仅仅是因为有人愿意提供首付贷款。抵押贷款发放机构通常没有鼓励借款人在贷款时量力而行的激励机制。

结合前两个因素也许可以解释"沙洲"部分地区的情况,但这并不能解释全国房价上涨的问题。

全国性抵押贷款泡沫是美国和欧洲普遍存在的信贷泡沫最大和最重要的表现。抵押贷款利率与风险损失相对较低,而且高风险借款人(在过去通常会被拒绝)发现现在有可能获得抵押贷款。①

除了信贷泡沫,非传统抵押产品的快速增长是本轮抵押贷款快速增长的一个关键原因。2000年到2006年,这些产品的使用快速增加。抵押贷款承销标准不断下降(使证券机构降低了他们可以接受的抵押贷款的信贷质量,以及信用评级机构对证券和衍生产品的过高评级)。抵押贷款增加的同时,需要提供的资料却很少或者不需要任何资料。

当房价上涨时,支付能力降低通常会抑制需求,但是贷款人和借款人越来越依靠非传统抵押产品掩盖其支付能力的不足。这些抵押产品包括只付息型可调息抵押贷款、选择支付可调息抵押贷款,赋予了借款人可以调节月度还款额度的灵活性,以及最初付款甚至不足以支付利息费用的负摊销产品。这些异乎寻常的抵押产品经常导致最初月度的还款额大幅减少,甚至少于标准的可调息抵押贷款。毫不奇怪,这些产品为希望将最初月度还款额降到最低的贷款人和借款人提供了选择。

美联储主席伯南克总结了这种情况:"从某种意义上说,放贷机构和借款人深信房价只会上升。借款人选择和延期了他们可能长期无法负担的抵押贷款。提供给他们这些贷款,主要是期望积累的住房抵押证券很快可以再融资,转为可以承受的抵押贷款。有一段时间,房价上涨成为一个自我实现的预言,但无法持续升值,直到最终房价大跌。"②

这种解释,假设了房价暴涨和抵押贷款激增之间的一种关系。对于两者之间谁是因,谁是果,目前还没有定论。二者似乎有相互增强的作用。

在理解非传统抵押贷款的增长时,也难以确定因果要素的相对重要性,但我们至少可以列出重要的因素:

● 非银行抵押贷款机构,如新世纪和美国抵押贷款公司在不完善的监管制度(特别是在国家一级)的环境下发展繁荣。信息披露标准和承销规则的薄

---

① "危险的借款者"并不是指穷人。通常很多危险借款人都是低收入者,同时未通过验证收入而申请无收入证明抵押贷款购买别墅的借款人也属于此类。

② Bernanke, "Monetary Policy and the Housing Bubble."

弱，使不负责任的贷款机构易于发售可能无法偿还的抵押贷款债券。联邦监管的银行和储蓄机构，如国民金融公司、美联银行和华盛顿互惠银行，都对抵押贷款发放的监管比较宽松。

- 抵押贷款债券经纪人支付了新的发行费用，但最终并没有承担债券因业绩不佳而造成的损失。因此，抵押贷款经纪人具有忽略借款人负面信息的激励。

- 许多借款人既不了解他们的抵押贷款条款，也没有意识到房地产价格下跌所产生的风险，同时他们看到其他人购买了更大的房子，贷款的金额也远远超出了他们偿还能力。

- 这些因素辅以政府政策，（其中许多政策已经实施了几十年）补贴了房主，但对纳税人和经济造成了隐性成本。两党政客为了取悦选民，提供了过度的住房补贴。

调查委员会听取了关于严重抵押贷款欺诈问题令人信服的证词。令人发指的事实表明，抵押贷款诈骗在房地产泡沫期间大幅增加。毫无疑问，这种欺诈行为造成了巨大损失。但在令人感到愤怒的同时，在某些地区（佛罗里达州）诈骗可能已经十分严重，调查委员会无法评估与房地产泡沫相关诈骗的整体影响。

合法但可疑的借贷激增，更容易解释为什么会有这么多不当抵押贷款。宽松的信贷标准足以使贷款机构在法律允许的范围内，制造大量的不良贷款。即使没有抵押贷款诈骗，房市泡沫和危机仍旧可能发生。因此，抵押贷款诈骗不是造成金融危机的必要原因，却是一个促成因素，并对泡沫产生了不利影响。即便不良贷款的数量不足以对泡沫产生巨大影响，不断增加的诈骗行为也应该成为市场深层次结构性问题的先行指标。

总结：

- 美国庞大的持续性房地产泡沫始于20世纪90年代中后期，并在21世纪初期加速发展。泡沫的特点是：全国房价上涨的速度远高于历史趋势以及在加利福尼亚州、内华达州、亚利桑那州和佛罗里达州地区，更短暂的"繁荣与萧条"的循环周期。

- 同时期还产生了抵押贷款泡沫，这主要是由宽松的信贷泡沫导致的。

- 目前，人们对房地产泡沫产生的原因知之甚少。现有的解释包括：人口增长、土地使用限制、泡沫心理以及宽松的信贷。

- 人们对导致抵押贷款泡沫的原因以及与房地产泡沫的关系，目前仍然知之甚少。 重要因素包括：银行和非银行抵押贷款机构信息披露标准以及承销规则薄弱、抵押债券经纪机构的补偿、借款人购买过多住房和对抵押条款的不了解或忽略以及多年积累的过度政府住房补贴。
- 抵押诈骗大幅增加，但是调查委员会收集的证据未能证实这是一个导致金融危机的主要原因。

将不良抵押贷款变成有毒的金融资产

抵押贷款证券化的过程：通过政府支持企业房利美和房地美以及国民金融公司和其他"私营"的竞争对手，使抵押贷款变成了抵押担保证券。 证券化过程允许资金从投资者流入购房者手中。 没有它，抵押贷款将仅限于银行和其他组合贷款发放机构，而其支持来源于传统的资金来源如储蓄。 证券化使房主获得了巨额额外资金支持，从而减轻了置业负担。 不同类型的贷款机构之间的房地产风险也不同。 如果一切运行正常，这些都是好东西。 但事实却是一切没有正常运行。

一些人批评的焦点在于这些金融工具的形式。 例如，担保债务凭证，通过抵押担保证券捆绑不同的支付流获取报酬。 有些人认为，将一些简单的抵押贷款转化为抵押担保证券，然后再转化为担保债务凭证，会是一个问题。 他们认为，复杂的金融衍生品导致了危机。 我们的结论是，该设计的细节有助于了解引发危机的主要原因。 如果系统正常运转，重新设定抵押的支付流影响甚微。 如果各部分以不同的方式组合，抵押贷款总的风险是不变的。

不幸的是，系统没有正常运转。 证券和抵押过程中的几个缺陷，使结果变得更加糟糕。

- 房利美和房地美、国民金融公司以及其他私营公司，都降低了他们抵押贷款证券的信贷质量标准。[①] 因此抵押担保证券在危机期间比前几年变得更"差"，因为作为基础的抵押贷款质量普遍很差。 这就使"不良"抵押贷款变成了更"糟糕"的证券。

[①] 调查委员会就不同类型证券化机构在降低信贷质量中的动机和相对重要性展开了激烈的辩论。 我们认为各种类型的证券化机构应负部分责任，与信贷标准被降低和这个问题为什么会普遍存在相比，辩论并不重要。

- 抵押贷款发行机构利用这些信贷质量较低的证券化标准和宽松的信贷，在他们发放的贷款中放松了承销标准。只要他们可以在二级市场转售抵押贷款，他们根本不关心其质量。

- 与住房相关的资产以及借款人和最终投资者之间的步骤日益复杂，增加了信用评级机构的重要性，并且使投资者更难以独立做出风险评估。在这方面，金融衍生品的复杂化的确助长了危机，但这里列出的其他问题更为重要。

- 信贷评级机构对从抵押贷款证券中衍生的担保债务凭证给予过于乐观的评级。① 对这些捆绑抵押担保证券的回报错误地高估，信用评级机构对创造有毒金融资产负有重大责任。

- 借款人、发行机构、证券化机构、评级机构和包含高风险抵押贷款证券的最终买家，都没未能做到审慎，并且也没有在各自的交易中做到尽职调查。特别是担保债务凭证的买家，理论上的老练投资者过度依赖于信用评级。

- 许多金融机构对房价下了重注。虽然在某些情况下，他们也会全部使用贷款，但是担保债务凭证和其他衍生证券使他们的运作更容易和有效。

- 国内和国际资本监管标准，都给予高评级的债务优惠待遇，进一步增强评级机构和增加了抵押担保结构性产品的需求。

- 使用衍生工具是一个可以放大房地产投资的方法。"合成型担保债务凭证"是模仿包含真正抵押贷款担保债务凭证报酬的一种证券。这是一个"边注"，让你承担同样的风险，如果你持有实际抵押贷款的一部分。在一定程度上，如果投资者和金融机构希望增加对房地产的投资，他们也能够使用"合成型担保债务凭证"。然而，这些合成担保债务凭证的风险是零和的，因为如果投资者赌房价将下跌，就必须有其他投资者下同等大小的赌注看涨。

这些都是相互关联却又不同的问题。虽然许多涉及"衍生品"，如果说，"衍生工具或担保债务凭证引发了危机"，则是错误的。在每一种情况下，应该承担失败责任的是人和机构，而不是他们使用的金融工具。

总结：

与其说"金融衍生品及担保债务凭证导致了金融危机"，不如说是：

- 证券化机构降低了信贷质量标准；

---

① 同时，信用评级机构发布的负面消息是导致本次危机的一个主要原因，但对于他们的动机目前还不十分清楚。重要的假设包括：（1）无效的分析模型未能解释全国相关住房价格的下跌。（2）鼓励评级机构通过上调评级获取盈利的行业模式。（3）在政府导致的寡头垄断的市场中缺乏有效竞争。

- 抵押贷款发行机构利用了这个机会，创造了垃圾抵押贷款；
- 信贷评级机构给予了过于乐观的评级；
- 证券投资者以及其他人都没有做到有效的尽职调查；
- 国际和国内监管机构鼓励向较低的资本标准套利；
- 一些投资者利用这些证券集中而不是分散了风险；
- 一些投资者使用合成型担保债务凭证，扩大自己的住房投资。

"影子银行"定义不准确的危险

调查委员会多数人报告的第二部分，广泛地讨论了"影子银行体系"的崩溃，报告将其定义为一个"在某些方面，与银行机构类似，但相对于商业银行，所受监管更加宽松的金融机构"。多数人的报告表明，影子银行系统是引起金融危机的一个原因。

"影子银行"是一个术语，表示金融系统内的各种金融机构、工具和发行物。事实上，"影子银行"可以指任何可以将短期贷款转化为长期贷款的、没有政府支持的金融活动。因此，这个术语可以包括各种各样的金融工具和机构：

- 三方回购市场；
- 结构性投资工具和其他资产负债表外的实体，用于提高杠杆率；
- 房利美和房地美；
- 信用违约掉期交易；
- 对冲基金、单一险种保险公司、商业票据、货币市场共同基金、商业银行和投资银行。

正如在本书其他部分中所讨论的，这些因素有些是导致危机的重要原因。无论这些因素在导致或促成危机中发挥了什么作用，无疑，它们是不同的。将这些不同的观点和问题归为一类是错误的。应该看到每个因素的长处，而不是将金融部分笼统地定义为"监管过度宽松"。

大银行的赌注以及倒闭的原因

事态发展至今，房产财富以及房产融资证券价值大幅缩水。然而即使在过去，更惨重的损失并没有造成全球金融体系的瘫痪。在这种情况下，关键的区别在于杠杆率和风险集中度。 美国和欧洲大部分地区，与房地产相关的高度风险主要集中在大型和高杠杆金融机构。 这种杠杆放大了房地产损失对金融机构准备金的影响，同时风险集中意味着这些损失也发生在全业。

事实上，世界上很多大型金融机构和数以百计的中小型金融机构，都将它们的生存赌在了房价上。 有些有意的，有些则不是。

许多投资者对美国的房价做了三个悲观的假设。 他们假设：

- 房价格显著下跌的概率很低；
- 很大程度上，不同地区的房价并不相关联，所以内华达州的房地产泡沫破灭并不会引起佛罗里达州泡沫破灭；
- 战略性违约率相对较低，无法按时还贷的房主自愿选择无追索权抵押贷款违约。

当全国房价下跌，尤其当某些地区情况特别严重时，这些有缺陷的假设就被（以上描述的其他因素）放大了，给持有房地产风险敞口的投资企业造成了巨大的经济损失。

造成金融和经济危机的一个根本原因是，美国和欧洲一些大型金融机构管理层糟糕的风险管理。 在调查委员会审查过的每一家破产公司，管理层对风险管理不善都是导致其破产的原因之一。

鉴于几家大型破产公司高管的证词以及调查委员会工作人员的调查，我们可以将常见的风险管理失败分为以下几类：

- 高度集中的（与房地产相关的）风险。 企业经理们大规模地投资同一类资产，期望高回报率的同时，以他们的竞争对手正在做同样的事来安慰自己。
- 资本不足。 一些破产机构的杠杆率为 35：1 或更高的。 这意味着价值 35 美元的资产包括 1 美元股本和 34 美元的债务。 当事情进展顺利时，这些公司获得巨额利润，但是这些资产对损失也极其敏感，即使是很小的损失，如这些资产的市场价值下降 3%，就将导致它们资不抵债。 在某些情况下，这种增加的杠杆作用是直接和透明的。 在其他情况下，企业使用结构性投资工具和资产担保商业票据管道，而其他资产负债表外业务实体则两者都使用：在情况不允许时，进一步提高它们的杠杆率。 高度集中、高度相关的风险与高杠杆相结合，制造了一个脆弱的金融部门，并创造了一个注定发生的金融危机。 这些公司应该建立更大规模的资金缓冲和/或机制，作为危机中的应急资金。
- 过度依赖于短期回购协议和商业票据市场的流动性。 由于缺乏足够的缓冲资金，每个破产企业的缓冲流动资金仅仅可以维持几天。破产企业的流动性战略似乎是建立在一个有缺陷的假设之上，即企业和这些融资市场将始终健康、平稳地运转。

由于未能提供足够资金而导致短期融资中断，管理层将他们公司的生死置于一触即发的险境。

● 糟糕的风险管理体系。许多公司难以轻松地通过各个业务领域整合其房地产投资风险。一旦市场开始衰退，这些清楚其风险敞口的企业，能够在市场变得更糟之前，有效地出售或对冲风险。而那些不清楚的自身风险敞口的企业，将因有毒资产而被困在分崩离析的市场之中。

丧失偿付能力与流动性断裂

调查委员会听取了来自花旗集团、贝尔斯登、雷曼兄弟和美国国际集团等公司前高层的证词。这些证人的证词有一个共同的主题：

● 在流动性挤兑开始之前我们是有偿付能力的。

● 有人(匿名)传播不良信息，并导致了毫无根据的流动性挤兑。

● 如果没有发生不合理的流动性挤兑，给我们足够的时间，我们的企业可以恢复并且回归强势。

● 因此，公司破产是因为没有足够的时间，而不是我们的错。

在每一个案例中，专家和调查委员们都会对前任首席执行官"我们有偿付能力"的说法进行验证。技术问题使其难以证明，尤其是因为答案取决于衡量哪个时期的偿付能力。在流动性挤兑期间，经过几天的低价甩卖（资产），高杠杆公司的资产负债表的情况将显著恶化。在每一种情况下，无论公司在技术上是否有偿还能力，有充分的证据证明，不与该公司做生意是理性的。从我们研究的案例中可以发现，巨大的金融损失至少使这些公司负债累累。

有趣的是，在每个案例中，首席执行官愿意承认他对的公司流动性风险管理不佳，但不愿意承认他的公司在危机之前是没有偿付能力的。在每个案例中，首席执行官的话是高度不可信的。这些企业的经理知道或者应该知道，他们正在拿公司的偿付能力冒险，并将因此危及公司的生存。

总结：

美国和欧洲的很多大中型金融机构的经理在他们的资产负债表中积累了大量与房地产高度关联的风险。他们的这种做法导致了房地产危机，随后又引起了金融机构破产危机。对于这种结果，一些人是清楚的；另一些人是不清楚的。

一些超大金融公司的经理因为缺乏足够的资金以及有效的再融资途径，进一步放大了这些"错误的重大选择"。因为过度依赖短期回购协议和商业票据市场获取日常流动性，很多经理将他们公司的置于一触即发的险境。他们对房地产下了无法偿还的赌注，因为他们认为房地产投资是安全的以及在任何情况下，都可以获得隔夜融资以弥补流动性不足。在几个案例中，无法偿还的赌注触发了流动性危机，导致一些超大金融公司破产或濒临破产。

投资银行引发金融危机

调查委员会成员持久的争论，表明公司的法律形式和监管制度在大型金融机构破产中的相对重要性。例如，调查委员会认同美国证券交易委员会对投资银行持股公司的监管太弱，最终导致危机以及综合监管方案对这些公司自愿监督的失败。作为结果，没有管理机构能够迫使这些公司加强资本或者流动性缓冲能力。委员们一直认为这是造成这些公司的破产的一个重要原因。然而，调查委员会对投资银行相对薄弱的监管是否是一个导致金融危机的主要原因尚未达成一致。

金融机构各种类型的组织结构和不同的规则，与不同公司结构和监管体制之间的普遍因素相比，并不是导致危机的重要原因。尽管美国有较为严格的管理和监督制度，还是有很多投资银行以及商业银行，无论规模大小都破产了。例如美联银行，一家由美联储、货币监理署和联邦存款保险公司监管的投保储蓄机构。

然而，美联银行却在遭受流动性危机时几近破产，并且促使联邦存款保险公司有史以来第一次使用了系统性风险例外。保险公司也未能从倒闭浪潮中幸免，尤其是国际集团和单线债券保险公司。

英国、德国、冰岛、比利时、荷兰、法国、西班牙、瑞士、爱尔兰和丹麦等国的银行组织架构不同，而且运营的环境也大相径庭，但也遭受了破产或者救助。在这些国家中，其中一些监管和监督制度的严格程度已经远远超过了美国。英国、爱尔兰和西班牙的不良贷款则是由联邦政府监管机构发放的，而不是"影子银行"。

与其将导致危机的主要原因归于这些大型金融机构的监管差异，不如寻找共同的因素更有意义：

- 美国和欧洲不同类型金融公司对房地产进行了高度集中、高度关联的投资。
- 美国和欧洲不同类型的金融机构经理对其偿付能力和流动性风险管理不善。

两种系统性风险

政府的决策者们担忧大型公司突然和无序地破产而选择了介入。 同时，干预本身引起了投资者对金融体系稳定性的恐慌和不确定。 这些干预是对两类系统系失灵的反应。

系统性失灵类型之一：传染

我们从定义"传染"和"大到不能倒"开始。

如果金融公司 X 是其他公司的一个大交易对手，X 公司突然和无序地破产可能会削弱那些其他公司的财务能力，并导致他们破产。 我们把这称为"传染的风险"，在这种情况下，由于企业之间直接的金融纽带，一家公司破产就会导致其他公司破产。 金融公司 X "大到不能倒"，如果决策者非常担心传染发生，以至于他们不愿意让大公司以突然和无序的方式破产。 决策者的判断，很大程度上取决于破产公司会给其交易对手带来多少风险以及传染的可能性和可能造成的损害。

决策者也可能采取行动，如果他们担心一家破产企业会造成传染影响，特别是该公司是某一金融市场的大型参与者。

"大到不能倒"的决定源于政策制定者心中必须决定是否要救助一家濒临破产的公司。 如果他们不能确定交易对手信用风险的大小、或者一个重要的金融市场是否健康、或者更广阔的市场或经济条件使他们更加不愿意承担风险，他们就可能采取行动。

这个逻辑可以合理地解释几个案例中决策者的行为：[①]

- 3 月，美联储推动摩根大通收购了贝尔斯登，通过提供一笔过渡贷款和

[①] 在危机中，财政部长鲍尔森、美联储主席伯南克以及纽约联邦储备银行主席盖特纳是最关键的决策者。 还有一些官员在某些情况下发挥重要作用，例如联邦住房金融局（FHFA）局长吉姆·洛克哈特对 GSE 采取的行动，以及联邦存款保险公司（FDIC）主席希拉·拜尔在 2008 年秋，对于银行借款的临时贷款担保。 2009 年初，金融业恢复和重建期间，最重要的三位关键决策者为：财政部长盖特纳、美联储主席伯南克和白宫国家经济委员会主任萨默斯。

对贝尔斯登一批资产提供损失保护。 决策者在担心贝尔斯登破产本身的同时，还担心破产对其他公司的直接影响，他们决定采取行动是由于他们对整个市场的潜在不稳定因素的不确定以及贝尔斯登的突然破产对第三方回购市场的潜在影响。

• 9月，联邦住房金融局将房利美和房地美置于政府监管之下。 政策制定者们实际上承诺"将区分债务和股权"，这样股票持有者一无所有，但政府支持企业债券的价值将100%保值。 他们这样决定，是因为银行业监管机构（或其他）将房利美和房地美的债务等同于国债。 一家银行持有的所有债务资产中不能都是通用电气或AT&T发行的债务，但可以全部是房利美或房地美的债券。 这同样适用于美国和全世界的其他许多投资者，他们假设政府支持企业债务是绝对安全的，致使他们在其投资组合中加权过重。 因此，决策者们相信，许多金融机构面临的这个交易对手风险意味着政府支持企业债务的任何减记，都将引发整个金融体系的一场连锁破产。 此外，政府支持企业的债务被用来作为短期贷款市场抵押品，继而它们的破产会导致信贷空前规模的突然收缩。 最后，鉴于抵押贷款市场证券化对政府支持企业依赖如此严重，决策者认为，政府支持企业的突然倒闭，将有效地制止创造新的抵押贷款证券。 这三个方面的原因导致决策者得出结论，认为房利美"大到不能倒"。

• 9月，美联储在财政部的支持下，救助了美国国际集团，防止它突然无序地破产。 他们之所以采取这行动是因为国际集团是一些大型金融企业的信用违约掉期出售商，他们担心国际集团的破产会触发对这些公司的资产负债表强制性的减记，迫使其交易对手在悲观的市场中争相替换对冲机构，并可能引发一系列破产。 国际集团也有重要的业务范围以确保消费者和企业的活动，可能会受到下属金融产品公司倒闭的威胁，并可能严重打击企业和消费者的信心。 帮助美国国际集团的决定也受到了因近期其他机构倒闭而造成的极其紧张的市场条件的影响。

• 11月，美联储、财政部和联邦存款保险公司，对花旗集团提供了援助。 监管机构担心，作为全国最大的银行之一，花旗集团的破产会破坏金融系统从不良资产救助计划（TARP）中建立的信心，还可能导致花旗集团的主要交易对手破产。

结论：

传染的风险是导致危机的重要原因。 在某些情况下，金融体系是脆弱的，因为决策者们害怕一个大公司突然和无序地破产，引发其交易对手的资产负债表损失。这些金融机构过于庞大并且通过交易对手的信用风险与其他公司相互关联，因此决策者不愿意任其突然破产。

系统性失灵类型之二：普遍冲击

如果传染像流感，那么一个普遍冲击就像是食物中毒。一个共同因素以同样的方式影响大批企业，并且它们都在同一时间生病。在普遍冲击中，我们可以从一家公司的破产，了解到问题的广度或深度，但一家公司的破产不会引起其他公司的破产。

在这种情况下，共同因素主要集中在美国和欧洲的大中型金融公司一些房地产相关资产的损失。

这些损失摧毁了整个金融业的资本。政策制定者不仅仅面对一个破产的企业，它可能会引发连锁反应。他们需要处理的是许多大型、中型和小型金融机构在大致相同的时间遭遇大规模亏损的情况。

结论：

一些金融机构的破产源于普遍冲击：他们对房地产做出了相同的错误决定。非关联金融公司的破产出于同样的原因、相同的时间，因为他们遭遇了同样的问题——巨额的房地产损失。这种普遍冲击意味着，问题是并不局限于一家破产的银行——普遍冲击导致一些主要大型金融机构的资本不足。

我们现在考察两个在2008年9月被经常讨论的议题。

"政府不应该介入并纾困"

有些人认为没有一家公司会大到不能倒，而决策者错误地救助了贝尔斯登、房利美和房地美、美国国际集团以及花旗集团。在我们看来，他们忽略了决策的基本算术。例如，一旦出现"国际集团即将破产"的新闻，政策制定者就会收到建议：国际集团突然和无序地破产可能会引发连锁反应。鉴于之前种种失利，房利美和房地美、雷曼兄弟的破产、美林合并以及主要储备基金跌破1美元，市场信心已到了崩溃边缘。连锁反应可能导致一场全球金融体系的挤兑。他们并不只是担心一家银行遭受挤兑，而是担心一场可以摧毁整个系统的普遍恐慌——堪比大萧条的风险。

对于一个决策者，计算其实很简单：如果你帮助国际集团摆脱了困境，但你做错了，你会浪费纳税人的钱，并引起公愤。如果你没有帮助国际集团摆脱困境,但你做错了,全球金融体系会崩溃。 这应该很容易看到为什么决策者青睐采取行动——存在一种无论怎么做都是错的可能,但是采取行动的成本远远低于不采取行动的成本。

"伯南克、盖特纳和鲍尔森不应该选择让雷曼兄弟破产"

这可能是金融危机中被讨论最多的话题。 在这种情况下必须讨论:

- 伯南克、盖特纳和鲍尔森除了让雷曼兄弟申请破产以外,还有其他合法的选择。
- 他们知道他们有这个选则,考虑之后最后拒绝了。
- 他们这样做是错误的。
- 他们有一个让雷曼破产的原因。

我们还没有找到有人提出比以上四项更为合理的解释。 我们认为,这三个决策者本有可能挽救雷曼兄弟,如果他们认为有一个合法的、可行的选择。 现在回想起来,我们也认为他们当时是对的——他们没有一个合法和可行的救助方案。

许多杰出的政府官员和市场观察家纷纷指责这三个人犯了一个错误。 这些批评者通常认为,他们应该有挽救雷曼。 当被问及他们还可以做什么时,评论家通常的反应是,"我不知道,但我肯定他们可以做一些事。 他们选择了不作为并引起了危机"。

那些认为任由雷曼兄弟破产是一项错误决策的人,有责任提出可行的替代方案。 美联储对贝尔斯登的救助以及联邦存款保险公司和财政部对美联银行的援助,遵循了同一模式。 在每一种情况下,破产的公司或政府找到了买主以及政府为收购提供补贴。 在贝尔斯登情况中,政府补贴了收购,而在美联银行的情况中,政府明确指出,如果有必要,可以提供援助。 两种情况中补贴的具体机制虽然不同,但救助的关键条件都是存在自愿买方。

雷曼没有意向买家。 美国银行收购美林,并且没有其他的美国金融机构愿意或有能力收购。 几个月以来,政府官员曾尝试促进潜在的国内外买家完成交易,但未能成功。 在"雷曼周末"结束时,最可能的候选人是英国巴克莱银行。 为了完成收购,巴克莱需要股东投票,这将需要数周时间,或者获得它们监管机构的同意。 他们无论如何也来不及。

因此,雷曼兄弟面临迫在眉睫的流动性问题,却没有脱困之法。 因为找不到买家。在未来几周，巴克莱可能会是一个买家。伯南克、盖特纳和鲍尔森当时面临着是否给雷曼提供一个有效的不封顶贷款以补充其枯竭的流动性，而雷曼则在寻求买家。

这笔贷款将来自美联储，在不良资产救助计划（TARP）生效之前，财政部没有提供这种融资的权力。在这种情况下，美联储也受限于法律。美联储只能提供担保贷款。这可以帮助贝尔斯登和国际集团，因为两家公司拥有足够的可支配资产作为抵押。美联储官员认为，雷曼没有足够的未抵押资产可作为担保。前雷曼高管和美联储的批评者承认，即使私人市场参与者也不愿意提供信贷。

还有另一种选择吗？美联储领导人将不得不指示工作人员重新评估在一个较为乐观的雷曼兄弟的资产负债表的分析，以证明担保贷款方式。然后，在雷曼寻找买家的期间，他们将不得不提供无限期的流动性以支持雷曼兄弟。资产重估，在后来被置于严格的法律监督下，尤其会给纳税人带来潜在的、大量的以及不封顶的成本；与此同时，雷曼的其他债权人可以全额兑现债务，而让纳税人负担损失。

美联储主席伯南克，他的法律总顾问斯科特·阿尔瓦雷斯和纽约联邦储备银行的总顾问小托马斯·巴克斯特（Thomas C. Baxter Jr.）都在证词中认为该选项不合法。伯南克建议，这不是一种明智的做法，因为实际上美联储将必须一直提供无限制贷款承诺，允许雷曼兄弟寻找买家。伯南克作证说，这样的贷款只会浪费纳税人的钱，并且不太可能改变最后的结果。

基于2008年他们处理其他面临破产的金融机构的做法，我们认为这些决策者将采取任何他们认为是合法并可行的选择。这是一个积极的团队，愿意在所有情况下果断干预，以减少出现灾难性结果的风险。美联储主席伯南克表示，他"非常，非常有确信，雷曼兄弟的倒闭将会是一场大灾难"。[1]因此我们可以得出结论：在一个如此危险的时刻，在这种情况下，他们会打破传统，如果他们认为他们有其他选择。

一些人觉得这不可思议，政策制定者可能面对这样一种情况：没有合法和可行的计划来避免金融灾难。在这种情况下，这就是事实。

---

[1] Ben S. Bernanke, testimony before the FCIC, Hearing on Too Big to Fail: Expectations and Impact of Extraordinary Government Intervention and the Role of Systemic Risk in the Financial Crisis, session 1: The Federal Reserve, September 2, transcript, p. 78.

冲击和恐慌

传统观念认为雷曼兄弟的倒闭引发了金融恐慌。这是因为人们对雷曼兄弟的破产很意外，对于政府官员就是否可以挽救雷曼的辩论十分激烈。

公众对雷曼兄破产的关注过于狭窄。2008年9月发生的事件是一家又一家企业的一系列破产：

- 9月7日，周日，联邦住房金融局宣布政府接管房利美和房地美。
- 其次是"纽约联邦储备银行的雷曼周末"，实际受影响的不只是雷曼兄弟一家银行。在周末结束时，美国银行已同意收购美林证券公司，雷曼正在申请破产，而美国国际集团也濒临破产。
- 9月15日，周一，雷曼援引第11章申请破产保护。
- 9月16日，周二，主要储备基金（the Reserve Primary Fund，一个货币市场共同基金）"跌破1美元"后，面临着投资者挤兑。其净资产价值低于1美元，即一个投资基金实际上已经亏损。这是货币市场基金的一个关键心理防线。在同一天，美联储批准了850亿美元的紧急贷款，以防止美国国际集团突然破产。
- 9月18日，周四，在美联储主席伯南克支持下，布什政府建议国会领袖给新的不良资产救助计划（TARP）拨款，向银行注资。
- 9月19日，周五，公开宣布700亿美元不良资产救助计划。
- 9月21日，美联储同意接受高盛和摩根士丹利为银行持股公司，将他们置于美联储的监管之下。在此之后，美国再无独立的大型投资银行。
- 9月25日，周四，联邦存款保险公司被任命为华盛顿互惠银行的接收机构以及后来将其出售给摩根大通。
- 9月29日，周一，不良资产援助计划法案未能在众议院获得通过，联邦存款保险公司同意提供援助，以促使花旗集团收购美联银行。
- 10月1日，周三，参议院通过了一项修订后的不良资产援助计划法案。两天后，获得众议院通过，总统签署后成为法律。富国银行而非花旗集团，收购了美联银行。
- 由于9月发生的事件，银行间拆借利率飙升，表明贷款完全冻结的恐慌和威胁正在加剧。

金融恐慌以及随后发生的这些事件放大了这种情绪，这并非都是由雷曼兄弟的破产引起的。雷曼兄弟是在这一系列事件中最意想不到的坏消息，但将造成恐慌的责任完全归咎于雷曼兄弟的破产则是错误的。投资者越来越清楚，抵押贷款的损失会集中到金融体系，但没有人知道到底会怎么样。

结论：

2008年9月，10家企业接二连三地破产、接近破产或者重组引发全球金融恐慌。随着美国和欧洲所有大中型金融机构的"健康"都遭受质疑，投资者对金融体系信心和信任的开始蒸发。

我们简要地讨论其中的两个破产企业。

主要储备基金（Reserve Primary Fund）

主要储备基金的破产在引发恐慌中的作用被低估了。这个货币市场共同基金面临着不断增加的赎回要求，并因持有雷曼债券而遭受了损失。在9月16日，周二，它以一种混乱的方式跌破了一美元。早期的投资者百分之百地撤回了投资，而其余投资者则承担了损失。这在投资者当中引起了恐慌，担心这一幕会在处境类似的其他基金重演。在随后一周中，货币市场共同基金的投资者撤回了349亿美元。

当证券交易委员会无法对市场参与者保证，这是一个孤立的事件以后，货币市场共同基金经理，预计未来将发生挤兑，因此拒绝延长他们的商业票据，并开始将其持有债券转换为国债和现金。依赖短期商业票据市场融资的公司不得不立刻动用信贷担保额度。没有人预计到这些企业的信用额度会被同时触发，而这"非自愿性贷款"意味着银行将收紧其他业务。

房利美和房地美在危机中的作用

政府支持企业，房利美和房地美在几个方面导致了危机：

- 他们参与了降低抵押贷款信用资质标准的资产证券化过程。
- 作为大型金融机构，它的破产可能导致"传染"效应，它们是大规模和多层面情况下的大到不能倒的典型案例。决策者们不愿意让他们破产是因为：

— 通过持有政府支持企业债务，世界各地的金融机构承担了巨大的交易对手风险；

— 某些融资市场取决于其债务的价值；

− 抵押贷款市场的正常运行取决于其继续存在。

• 对纳税人而言，它们是迄今为止最昂贵的破产企业，而且损失还远未见底。

相对于私人证券化机构，这两家公司在证券化中发挥了多大的作用，尚在激烈的争论中。对于为什么这两家公司参与了这个问题，也存在激烈的辩论。我们认为这两个问题是次要的，重要的是房利美和房地美与金融体系的密切联系。

这两家公司既是担保人又是证券化机构，金融机构持有与房地产有关资产的巨额投资，而且金融系统视其发行的债券如同国债。房利美和房利美自身并没有导致危机，但它们在许多方面发挥了重要的推动作用。

系统冻结

继震惊和恐慌之后，金融中介的生存日趋艰难的。一些资金市场完全崩溃了。其他市场经历了震荡传播后的快速井喷和恐慌消退后的缓慢稳定以及政府的介入和对市场和企业的支持。我们在这里强调三个资金市场：

• 银行间拆借。联邦基金市场贷款动态变化迅速，在该市场中，银行彼此之间可以隔夜拆借超额准备金。即使是大型银行也无法获得隔夜贷款，此外，银行从其他地区获得短期资金的能力也受到越来越多的限制。

• 回购。2008年9月，回购利率大幅上升，垫头激增。非传统抵押贷款已不再是可以接受的抵押品。

• 商业票据。雷曼兄弟的破产和主要储备基金跌破1美元引发了主要货币市场共同基金的资金逃离。货币市场共同基金退出投资商业票据市场，导致依靠商业票据的投资公司财务和非财务费用的激增。

无法获取资金、金融公司降低杠杆风险的行为以及宏观经济疲软导致私人消费和企业信贷的紧缩。其他种类债务的证券化市场在2008年迅速崩溃，并且仍未完全恢复，切断了信用卡、汽车贷款、学生贷款和小型企业的贷款的大批资金来源。

信贷资金的减少、房地产泡沫的破灭以及股票市场的下挫导致消费和产出的急剧收缩以及失业的增加。

国内实际生产总值年增长率在2008年第三季度收缩了4.0%，在第四季度收缩了6.8%，并在2009年第一季度收缩了4.9%。2008年第四季度的经济收缩幅度为近30年以来最高。以前没有直接受到金融危机影响的企业和家庭突然陷入衰退——企业停止雇佣并延缓了投资，而家庭则停止了支出计划。恐慌开始后，经济导致失业率攀升，在2008年的前三个季度，平均每月丧失18.5万个就业机会，在2008年第四季度和2009年第一季度平均每月损失超过70万个工作岗位。在2009年的大部分时间里，就业岗位在持续流失，失业率在2009年10月达到了顶峰（10.1%），并且在2009年后期和2010年的前11个月，维持在9.5%以上。

虽然震惊和恐慌在2009年初结束，但其对实体经济的损害持续到了今天。企业和家庭仍在去杠杆化，并且无法确定未来的经济增长和政策方向。金融和经济危机最后造成的悲剧是，经济恢复缓慢并且需要更长的时间。

反对意见二

彼得·J. 沃利斯　美国企业研究所　阿瑟 F. 伯恩斯

前　言

为什么要提出异议?

　　一直以来，我对金融危机调查委员会提出最多的问题是，为什么美国国会困扰于授权。未等到委员会对金融危机原因的见解，国会就通过了总统签署的多德－弗兰克法案（DFA），一项意义深远和极为重要的监管法案。国会和总统在不了解2008年金融危机真正原因的情况下采取了行动，或许是遵守了总统工作人员的行政戒律——"永远不要浪费一个好的危机"。虽然调查委员会的工作没有像美国人民所授权的那样做到充分调查，至少它起到了再次将公众注意力吸引到金融危机上的作用，以及是否——与事实存在一些距离——我们可以得出一个比媒体（经常称为"第一稿历史"）更加准确的评估。

　　为了避免未来的金融危机，我们必须从现在慢慢出现的危机之中，了解它的起因，并采取行动，以避免未来犯同样的错误。如果对这些经验的重要性有疑问的话，看看为修改《1977年社区再投资法案》的持续努力吧。在第111届国会后期，一些民主党国会议员提出了 HR6334 法案。这项法案在该届国会"议员行将离任"期间，被众议院金融服务委员会主席弗兰克誉为他工作的"重中之重"。该法案会将《社区再投资法案》扩展至所有"美国非银行金融公司"，从而其适用的范围甚至将超出国民经济，这项政府社会政策应该为抵押贷款危机和金融危机负责。幸运的是，该提案不会被付诸行动。鉴于最近的选举情况，HR6334 法案的支持者将无力在下届国会通过类似的立法，但在未来，其他与巴尼·弗兰克（Barney Frank）意见相似的议员，可能会谋求通过类似的要求。届时，反对政府通过私营实体达到社会政策目的的真正堡垒，将是充分了解这些政策与2008年金融危机之间的联系。

与国会和行政部门一样，调查委员会的大多数委员错误地认为他们知道金融危机的起因。调查委员会的大多数人没有深入研究危机的起因，反而用其广泛的法定调查权力只寻求支持他们最初假设的事实——危机是由"放松管制"或者宽松的监管、华尔街的贪婪和鲁莽、抵押贷款市场的掠夺性贷款、不受监管的衍生品以及沉迷于过度冒险的金融体系造成的。调查委员会并没有认真调查任何其他原因，并未能有效地将这些因素与金融危机的调查工作联系起来。"多数人"报告中涵盖了金融危机发生以前经济中许多本文作者不喜欢的细节元素，但基本上没有说明已经实施多年的做法为何突然就引发席卷全世界的金融危机。最后，调查委员会"多数人"的报告变成了一个关于金融危机的故事，而不是一篇关于导致金融危机原因的研究报告。

是什么导致了金融危机？

乔治·桑塔亚纳（George Santayana）有一句经常被引用的格言："忘记历史的人注定会重蹈覆辙。"通过回顾金融危机，我们可以了解为什么历史研究通常是有争议的，以及为什么修正主义的历史容易构建。总是有很多因素可以导致一个历史事件；困难的是如何从很多复杂的原因中辨别出最重要的、可以改变历史的因素。如果使用这个标准，我相信引起金融危机的必要条件则必然是美国政府的住房政策，该政策导致了2700万笔次级贷款和其他高风险贷款——占美国的所有抵押贷款的一半，并且随着1997~2007年房地产泡沫开始破灭，这些贷款可能随时违约。如果美国政府没有选择这一政策路径，促成了一个规模空前的泡沫以及数量同样空前的高风险、脆弱的住房抵押贷款，那么2008年的金融大危机将永远不会发生。

由美国国会于1992年发起，在住房与城市发展部推动下，于克林顿和乔治·布什两届政府期间存续的美国政府住房政策，试图通过努力降低抵押贷款的审核标准，提高美国的住房自有率。为实现该政策，(1)美国国会在1992年要求政府支持企业房利美和房地美承担经济适用房计划，(2)控制联邦住房管理局的政策，(3)对次级抵押贷款和抵押贷款银行的"最佳做法倡议"，以鼓励发放更多的次级抵押贷款和其他高风险贷款。住房与城市发展部在次级债务和其他高风险抵押贷款增长中的关键作用已经在报告的第三部分中详细介绍了。

最终，所有这些实体以及《社区再投资法案》(简称CRA)涵盖的被保险的银行，被迫参与竞争以能够争取到那些收入等于或低于社区平均水平的抵押贷款借款人。这种竞争造成承销标准下降，高风险和低质量贷款的增长远远超出正常市场情况下的数量（如果没有政府的影响），并对1997~2007年房地产泡沫起到了重要推动作用。

当泡沫在2007年年中开始破裂时，因政府政策所产生的低质量和高风险贷款出现了空前数量的违约。这些违约的影响被扩大了。在当时只有少数投资者，包括房屋市场分析师了解到，房利美和房地美为达到住房与城市发展部所规定的经济适用房目标，被迫收购了大量次级抵押贷款和其他高风险贷款。

由于2007年年中开始出现意外的拖欠及违约，惊慌失措的投资者从抵押担保证券市场撤走了数万亿美元，导致抵押担保证券价格下跌——特别是那些由次级抵押贷款和其他风险性贷款支持的抵押担保证券——其价格下跌幅度超过了数倍。按照市值计价原则，金融机构需要下调其资产价格并减少资本头寸，由此造成大批投资者和债权人的不安。次级抵押贷款和其他高风险抵押贷款的违约及弃贷的影响向整个金融体系的传导机制将在第二部分详细说明。

在这种情况下，2008年3月美国政府对贝尔斯登的救助暂时平息了投资者的恐慌情绪，但造成了显著的道德风险；投资者和其他市场参与者在贝尔斯登获得援助后认为，所有大型金融机构如果遇到金融困难也都会得到政府援助。然而，当雷曼兄弟投资银行——一家规模比贝尔斯登更大的银行——被允许破产后，震惊了所有的市场参与者；突然间，他们被迫考虑其交易对手的财务健康状况，其中许多公司因（市值计价会计要求）资产减记和损失，导致财务状况下滑。这引起了贷款停发和现金囤积——一个前所未有的市场瘫痪和恐慌时期即2008年金融危机。

是否还有其他原因引起金融危机？

虽然已经列举了引起金融危机的许多其他原因，包括调查委员会"多数人"报告中的一些原因，但综合下文中列举的所有原因，可以为危机提供一个合理解释。

低利率和国外资金流入。各种现象或政策在21世纪初期的低利率政策或国外资金流入等现象或政策应为房地产泡沫负责的观点，不能充分说明泡沫及其破灭所造成的破坏。美国曾在过去出现过房地产泡沫，最近的两次发生在20世纪

70年代末和80年代末，但这些泡沫的破灭并没有引起金融危机。同样，其他发达国家也在21世纪经历了房地产泡沫，有些国家的问题甚至比美国还要严重，但泡沫破灭所造成的房地产损失却很小。只有最近美国房地产泡沫的破灭导致了金融系统崩溃和严重的金融危机。其原因是，当泡沫破灭时，美国的次级抵押贷款和其他高风险贷款占到其抵押贷款规模的一半。泡沫大小并不是关键，而是它的构成。1997~2007年美国房地产泡沫非常独特。然而，投资者对次级抵押贷款创造的高收益需求刺激了（由这些贷款支持的）证券市场的发展。这是金融危机的一个重要因素，虽然这个市场上的抵押贷款与由政府政策直接造成的贷款相比数量相当少。如果没有美国住房政策所催生的数量庞大的违约贷款，仅私人市场中抵押贷款的违约并不足以引起金融危机。

放松监管或监管不严。以缺乏监管或管制不严为引起金融危机的原因也不足以说明问题。首先，在过去的30年里，金融机构没有出现过重要的放松监管化。部分地废除《格拉斯－斯蒂格尔法案》，经常被引为放松管制的一个例子，但此举并没有导致金融危机。[①] 通过《1999年雷姆－里奇－比利雷法案》部分废除了《格拉斯－斯蒂格尔法案》。自新政以来，首次允许银行设立从事承销或证券交易的下属公司。但是，还没有证据表明任何一家银行因为其下属证券公司而陷入麻烦。那些遭受损失的银行是因为他们持有了不良抵押贷款或者从事了（《格拉斯－斯蒂格尔法案》所允许的）抵押借贷业务；陷入困境的投资银行，如贝尔斯登、雷曼和美林，并不附属于大银行，虽然他们有一些小型分支机构，但似乎并没有在抵押借贷和证券交易中发挥任何作用。此外，自20世纪80年代末和90年代初，储蓄和贷款机构危机以后，《1991年联邦存款保险公司改进法案》（FDICIA）大幅加强了对银行以及储蓄和贷款机构的监管。值得注意的是，《联邦存款保险公司改进法案》作为自实施存款保险以来最严格的银行监管法案，并未能阻止金融危机。

影子银行业务。大型投资银行如贝尔斯登、雷曼兄弟、美林、高盛和摩根士丹利，都在金融危机期间陷入了困境。调查委员会"多数人"报告中，将大部分责任归咎于美国证券交易委员会未能有效地监督它们。事实上，证券交易委员会的监管的确薄弱，但是许多银行和储蓄和贷款机构在《联邦存款保险公司

[①] See, e.g., Peter J. Wallison, "Deregulation and the Financial Crisis: Another Urban Myth," *Financial Services Outlook*, American Enterprise Institute, October 2009.

改进法案》的严格监管下，也破产了。 这不禁令人对报告产生质疑：如果投资银行也像商业银行一样被监管或者像商业银行一样提供存款担保，他们就不会遭遇财政困难。 现实情况是，投资银行与商业银行的商业模式完全不同；它是通过短期负债融资支持短期交易业务，如回购协议（通常称为回购）。 这使得他们在2008年发生的恐慌中尤其脆弱，但这不能证明投资银行本身或者对它们的监管质量，是导致金融危机的原因。

风险管理的失败。 "多数人"报告声称，金融机构普遍存在风险管理失败，或者过度杠杆化或冒险，这都可以被称为"事后诸葛"。 事后来看，谴责管理者没有发现房地产泡沫的风险或者低估了风险（这些风险现在看起来很清楚）是一件很容易的事情。 然而，调查委员会访谈了数以百计的金融专家，包括各大银行的高级官员、银行监管官员和投资者。 目前尚不清楚他们其中的任何人，包括令人尊敬的巴菲特，是否预计到了对即将发生的危机。 人们有一种倾向，相信事情会继续向已经发生过的方向发展，并且善于解释为什么会这样。 将危机归咎于忽略对未来的预见是肤浅的，并且对政府决策者而言没有任何价值，他们的立法并不能未卜先知。 事实上，几乎所有金融体系的参与者的都未能预见到这场危机——因为他们不能预见到所有其他的危机——这并没有告诉我们为什么这场危机会发生，或者我们应该如何防止危机。

资产证券化和结构性产品。 证券化往往被贬义地形容为"贷款并证券化的过程"，也被指责为导致金融危机的原因。 但是，证券化只是融资的一种手段。 如果证券化是导致金融危机的原因，那么贷款也是。难道我们要谴责贷款吗？ 几十年来，证券化并没有出现过严重事件，它被广泛用于汽车贷款、信用卡贷款和巨型抵押贷款等，以及不符合房利美和房地美收购标准的贷款。 问题不在于证券化本身，而是在于证券化支持的低质量和高风险贷款。 在证券类别中，有必要提一下担保债务凭证的作用，即CDO。 这些工具是"有毒资产"，因为它们最终是由次级抵押贷款担保，当泡沫破灭时，大量的次级抵押贷款违约，并且很难确定这些损失将最终如何解决。 因此，担保债务凭证只是次级抵押贷款和其他高风险贷款在整个世界金融体系中分布的一个例子。 问题仍然是为什么会创造出这么多不良贷款，而不是既可以将优质资产证券化，也可以将不良资产证券化的体系本身。

信用违约掉期和其他衍生品。 尽管投入了大量精力调查委员会从未发现可以证明不受监管的衍生工具(特别是信用违约掉期)通过"相互联系"推波助澜了金融危机。美国国际集团是已知的唯一一家因为其信用违约掉期合约而破产的公司，而且该公司似乎是一个例外。将金融危机归咎于信用违约掉期（因为一个公司没有妥善管理其风险），如同责备银行因贷款而倒闭一样。像其他事物一样，衍生产品可能被滥用，但是还有没有证据可以证明，金融机构之间的"相互联系"导致了危机以及信用违约掉期或者衍生工具显著加深了危机。例如，雷曼兄弟是衍生产品市场的主要参与者，但调查委员会没有发现任何迹象显示雷曼兄弟的破产源于其信用违约掉期合约，也没有发现其他衍生品合约造成任何其他公司的重大损失，包括雷曼自己签发的那些信用违约掉期。

掠夺性贷款。调查委员会的报告还谴责了掠夺性贷款行为，即在金融系统中积累大量的次级抵押贷款以及其他高风险抵押贷款。这倒可能是一种合理的解释。如果有证据表明掠夺性贷款如此广泛，并创造了大量的高风险贷款，掠夺性放贷是指不道德的贷款人利用了不知情的借款人。这种现象无疑是存在的，但同时也出现了很多掠夺性的放贷人接受高风险贷款，或从事抵押贷款诈骗，因为他们利用了较低的抵押贷款承销标准并从中获利，他们知道自己无力偿还贷款，除非房价上涨，他们才能够出售贷款或者再融资。调查委员会从未能够说明掠夺性放贷的程度。调查委员会"多数人"报告中主要描述了一些贷款机构和抵押贷款经纪人的滥用行为，但没有给予任何关于产生了多少这样贷款的信息。此外，"多数人"报告没有意识到，次级抵押贷款的购买者大多都是政府机构或者遵守政府指令的私人公司。

我们为什么不能达成一致？

调查委员会的"多数人"报告公布后，很多人都对在金融危机的起因这件事上两党不能达成一致意见表示遗憾。我也在问同样的问题，可能令人惊讶。如果委员会的调查是一次客观的和彻底的调查，那我在本报告中提出的很多观点，其他委员在阅读此报告之前本就已知道，并可能会对他们产生影响。同样，我本来能够发现可以改变自己看法的事实。但是，委员会的调查不是以一种我认同的方式架构和实施的，我相信，该研究也不会得到其他共和党议员的支持。

一个突出的例子可以说明调查委员会缺乏客观性。2010年3月，曾担任房利美首席信贷官的美国企业研究所（AEI）常任研究员爱德华·平托（Edward

Pinto)，向调查委员会工作人员提供了一份70页的信息丰富的备忘录，其中包括金融危机爆发以前，金融体系中次级抵押贷款和其他高风险抵押贷款的数量。在该备忘录中，平托记录了超过25万（他后来的研究表明，有大约27万）[①]笔抵押贷款。平托的研究表明，美国约有55万笔抵押贷款，随着金融危机爆发，房价停止上涨，其中约一半的抵押贷款质量不合格并面临违约。当年8月，平托为他的初步研究补充了一份文件，其中记录了住房与城市发展部历经20多年和两届政府，通过降低抵押贷款标准来增加住房自有率的作为。[②]

这项研究提出了关于政府住房政策作用的重要问题。政府住房政策助长了高风险抵押贷款，而高风险抵押贷款在危机和随后的金融恐慌中发挥了关键作用。任何研究金融危机起因的客观调查都应该仔细阅读这份研究报告，呈现给委员会成员，采用平托的证词，并检验平托研究的准确性。但调查委员会没有采取这些步骤。平托的研究从未被提供给调查委员会的其他成员，甚至也没有提供给负责研究住房政策在金融危机中作用的小组委员会成员。

因此，调查委员会"多数人"报告无视金融危机的原因的假说（而这个假说任何客观的调查都应该研究的），而只关注不合理的政治货币理论。这不是一项严肃、客观的调查所应采取的态度，但这就是调查委员会使用其资源和权力的方式。

还有许多其他问题。我们在2009年12月初收到了一份听证会的清单，调查委员会的工作范围取决于清单所开列的公开听证会。那时，委员会成员从未讨论过可能引起金融危机的原因，而我们也从未被告知这些特定专题的重要性以及为何选择这些专题作为一系列听证会的关键议题，而这些议题则是构成委员会全部工作的基石。直到2010年7月，调查委员会成员才在一起讨论或决定金融危机的原因，但当时再对工作人员的工作做出指示，已经为时已晚。调查委员会采访了数百名证人，"多数人"报告中充满了如"史密斯告诉了调查委员会"等类似内容。不过，除非是公开听证会，委员们不会被告知将有会谈，也不知道会谈的对象，谁会参加，当然也没有机会得知报告中所引用的内容及其来源背景。调查委员会"多数人"报告缺乏数据的支持，因此以这些观点替代了数据；这些意见一般而言是没有价值的，尤其是事后的意见，而且这些意见在当时

[①] Edward Pinto, "Triggers of the Financial Crisis"（Triggers memo），http://www.aei.org/paper/100174.
[②] Edward Pinto, "Government Housing Policies in the Lead-up to the Financial Crisis: A Forensic Study," http://ww.aei.org/docLib/Government-Housing-Policies-Financial-Crisis-Pinto-102110.pdf.

也没有经过充分的讨论。

调查委员会的授权章程规定，委员会的报告必须在 2010 年 12 月 15 日或之前提交。我们原计划在 4 月开始看报告的初稿。但直至 11 月，我们没有看到任何草稿。随后，我们被授予了提交书面意见的机会，但从来没有机会集体讨论一下文稿的措辞，也不知道我们的意见是否被接受。12 月 15 日，我们首次收到了"多数人"报告的完整副本，近 900 页（双倍行距）。而报告通过的日期是 8 天后，即 12 月 23 日。这不是完成两党报告的方式，或者任何认真对待这些问题的协议起草小组工作方式。

这份反对声明的安排如下：第一部分是异议要点概要。第二部分介绍了次级抵押贷款的崩溃以及其他高风险抵押对房地产泡沫的推动作用，当这些抵押贷款开始出现违约时，重创了全世界的金融机构。第三部分概述了美国政府的住房政策。事实上，美国政府的住房政策应对 2007 年约一半的美国次级和不合格抵押贷款负责主要责任。第四部分是一个简短的总结。

一　概要

虽然有许多促进因素，但如果没有两届政府住房政策的推动，1997~2007 年的房地产泡沫不会到达令人眩晕的高度，也无法持续如此长的时间，亦不会导致接踵而来的 2008 年金融危机。截至 2007 年年中，这些政策导致了美国金融系统约 27 万次级和次优级抵押贷款，总价值超过 4.5 万亿美元，[①]其中还有一半尚未偿还。这些抵押贷款到达了前所未有的数量，远远超过以往因拖欠和违约相关造成的损失导致了金融体系的脆弱和混乱，最终发展成金融危机。

大多数次级和次优级抵押贷款都是高风险贷款。次级抵押贷款是向有不良信用记录的借款人发放的贷款，通常意味着 FICO（美国的个人信用评分体系）

---

① 如果没有特别注释，所有关于未偿还次级和次优级抵押贷款的估计数量以及使用的专业术语，例如贷款价值比率和违约率，均来自美国企业研究所的爱德华·平托。平托也是一位住房金融行业的顾问。他曾任房利美的首席信贷官。关于 2700 万高风险贷款详见平托 AEI 的学者网页 http://www.aei.org/docLib/Pinto-Sizing-Total-Exposure.pdf；关于这些高风险贷款中联邦机构持有和担保的比例、四大银行根据 CRA 所发售的贷款以及政府机构自 20 世纪 90 年代初期以来所购买的贷款数据，详见 http://www.aei.org/docLib/Pinto-High-LTV-Subprime-Alt-A.pdf，这些备忘录中的信息均注明了出处，并汇总为平托备忘录，于 2010 年 1 月首次提交给 FCIC，随后在 2010 年 3 月进行了修改。（统称为"扳机备忘录"）。

信用积分低于 660 分。① 通常情况下，次级抵押贷款借款人都有过去未能履行其他金融义务的记录。在 20 世纪 90 年代初政府政策改变之前，大多数 FICO 信用积分低于 660 分的借款人没有资格作为优质借款人，并且很难获得抵押信贷，只能通过联邦住房管理局最初的次级贷款机构或者数量相对较少的专门次级贷款机构。

次优级抵押贷款的一个不足之处在于其条款，即它可能有可调整利率或者缺乏借款人有关资料，只支付利息或者只向居住在出租房的投资者，而不是潜在的房主发放贷款。另一个次优级抵押贷款的主要缺陷是高贷款价值比率，也就是低首付。低首付可能意味着借款人缺乏收入来源，并且这种缺乏"共担风险"的贷款，通常意味借款人承担房贷的能力降低。直到他们成为住房与城市发展部经济适用房要求的主体。在 20 世纪 90 年代初，房利美和房地美很少接受这类有缺陷的贷款。

考虑到大量的次级抵押和次优级抵押贷款在房地产泡沫开始破灭后，立即违约并对美国经济和金融体系造成破坏性影响的可能性，调查委员会需要确定的关键问题是，为什么抵押贷款标准从 20 世纪 90 年代初开始恶化，并且如此严重，创造了 27 万次级和次优级抵押贷款。调查委员会从来没有认真研究过这个问题，虽然了解为何和如何发生这种情况是金融危机的核心问题之一。

从一开始，委员会的调查仅限于验证有关金融危机的标准叙述——金融危机是由放松管制或者缺乏监管、风险管理能力较弱、掠夺性贷款、不受监管的衍生工具以及华尔街的贪婪造成的。对于其他假设，要么从来没有考虑，要么只是做了浅显尝试。对调查委员会的批评并不针对其工作人员，在很困难的条件下，他们工作勤奋且高效，在限定的领域出色地完成了工作。金融调查委员会

---

① 对于抵押贷款市场，目前学术界尚无一个准确定义。多年来，房利美仅将从次级贷款发起机构购买的贷款界定为次级抵押贷款。通常作为抵押贷款市场信息来源的 *Inside uortgage Finance*，也是根据发起机构和两房的划分来界定次级抵押贷款。除此之外，即使这些贷款中借款人的信用评分低于 660 分，也被评为优质贷款。但是，无论是由哪家机构发起，只要信用积分低于 660 分，均被认定为次级抵押贷款。美国货币监理署即采用该标准。在平托的研究中，这种由发起机构自己分类的贷款被称为"自我定义"贷款，这些贷款借款人的信用评分低于 660 分，按其特征属于次级抵押贷款。房利美和房地美仅仅报告了它们持有的一小部分次级抵押贷款，因此它们实际收购的次级抵押贷款应该列入由其他机构发起的"自定义贷款"，以便更加准确地计算金融系统中未偿还次级抵押贷款的数量。平托研究中最重要的一点就是揭示出长久以来两房收购贷款的标准，不是依据信用评分而是以发起机构而划分次级抵押贷款。直到被政府接管，两房才公开这些信息。众多市场观察家认为政府支持企业缺少信息披露机制是其失败的一个因素，他们借此可以预计到房地产泡沫在 2007 年破灭时，潜在的严重抵押贷款违约。

的失败是管理的失败。

1. 政府政策导致了数量空前的高风险抵押贷款

政府的三个具体方案应该为1992～2008年间，美国经济中次级抵押贷款和次优级抵押贷款的增长，以及随后的抵押贷款标准下降负主要责任。

政府支持企业的经济适用房任务。事实上，在2007年中期，高风险抵押贷款约占美国抵押贷款总量的一半，这并不是一个偶然事件，也不是因为银行和其他抵押借款人在20世纪90年代初就自己决定为潜在购房者提供宽松的信贷条件。

1992年，美国国会颁布了《1992年住房和社区发展法案》[1]第13条（政府支持企业法案），立法机关旨在通过房利美和房地美为中低收入借款人[2]提供更便捷的抵押贷款渠道。这方面的努力，可能在增加住房自有率的愿望刺激下，最终成为一套法案。该法案要求房利美和房地美降低他们从放贷机构购买贷款时所使用的抵押贷款承销标准。正如参议院委员会当时在报告中所说："（经济适用房的）目标是为了促进房利美和房地美在自己的产品、文化和日常运营中坚持不懈地服务于中低等收入者、少数族裔和内城居民[3]的住房抵押贷款融资的需求。"在住房与城市发展部实施《住房和社区发展法案》的同时，启动了美国抵押贷款市场结构的一系列变化，特别是传统的抵押贷款承销标准的逐步降低。因此我将在此反对声明中指出，购买次级抵押贷款和次优级抵押贷款以及其他的次级抵押贷款、非传统抵押贷款或者非传统抵押贷款，完全是出于经济适用房目标的考虑。

《住房和社区发展法案》彻底背离了政府支持企业作为抵押贷款二级市场的管理者的最初构想。房利美是在新政时期设立的政府机构，其功能是从银行及其他贷款发放机构购买抵押贷款，为他们提供新的资金，用以创造额外的抵押贷款。在1968年，它被授权向公众出售股份，并成为政府支持企业[4]——负有政府使命的股份公司，旨在保持抵押贷款在二级市场的流动。另一个政府支持企

---

[1] Public Law 102-550, 106 Stat. 3672, H. R. 5334, enacted October 28, 1992.
[2] 低收入通常定义为地区中位收入的80%（AMI），中等收入定义为AMI的100%。
[3] Report of the Committee on Banking Housing and Urban Affairs, United States Senate to accompany S. 2733. Report 102-282, May 15, 1992, pp. 34-35.
[4] 房利美和房地美被认为是政府支持企业，因为他们是由国会授权，并享有各种特权（例如从1933年证券法案和1934年证券交换法案获得的豁免）以及从财政部获得的特殊政府支持。因此，资本市场认为如果出现金融困难政府一定会支持它们。这种政府的隐性担保，使得它们的融资成本低于AAA级借款人，通常只高于国债收益率几个基点。

业房地美，由美国国会在1970年授权成立。直到20世纪90年代初，房利美和房地美都有效地履行了其使命。在这个过程中，两家企业对他们愿意购买的抵押贷款设立了保守的贷款标准，其中包括10%至20%的首付和借款人的最低信贷标准等条款。

然而，《住房和社区发展法案》为房地美和房利美创造了一个新的"使命"——支持经济适用房——以及授权住房与城市发展部建立和管理抵押贷款配额制度，房地美和房利美必须购买一定比例的中低等收入者贷款。中低收入者的定义为，收入低于或等于某一特定地区的平均收入的人，或居住在某些低收入社区的借款人。经济适用房目标使房利美和房地美与联邦住房管理局产生了直接竞争，后者如今是住房与城市发展部的一个下属机构，是联邦政府的主要次级抵押贷款机构。

在随后的15年中，住房与城市发展部不断地加强和扩大了经济适用房目标。在政府支持企业法案中，国会最初将政府支持企业完成经济适用房目标的（购买抵押贷款的）比例设定为30%。1995年该标准上提高到了42%，并在2000年进一步提高到了50%。截至2008年，中低收入者的主要目标是56%，后来又增加了一个特殊的经济适用房子目标，要求政府支持企业购买贷款中的27%来自等于或低于地区平均收入80%的借款人。表1显示，1996~2008年间，房地美和房利美几乎每年都可以完成任务。

有关房地美和房利美在20世纪90年代初购买次级抵押贷款和次优级贷款的数据非常少，所以难以估计，政府支持企业在经济适用房目标生效后，购买这些贷款的逐年数量。然而平托估计，这些贷款的总价值约为4.1万亿美元。如表1所示，2008年6月30日，金融危机爆发前夕，由政府支持企业持有或担保的次级和次优级贷款高达1200万笔。这相当于它们抵押贷款风险敞口（3200万）的37%，约占美国未偿还抵押贷款总量（5500万）的58%。因此在金融危机之前，房利美和房地美在美国抵押贷款市场占据主导地位，而且两家企业的承销标准决定了其他抵押金融机构的标准。

《社区再投资法》。1995年，《社区再投资法》的规定进一步严格。1977年通过的《社区再投资法》①及其相关法律规定，投保银行和储蓄与贷款机构将

---

① Pub. L. 95-128, Title VIII of the Housing and Community Development Act of 1977, 91 Stat. 1147, 12 U. S. C. §2901 *et seq*.

放贷对象扩展至他们所服务社区中的低收入借款人。 1995 年生效的新规定首次要求投保银行和储蓄和贷款机构证明，他们已经向低收入社区和低收入借款人发放了贷款。① 合格的《社区再投资法》贷款是向等于或低于地区平均收入（AMI）80% 的借款人发放的贷款，从而类似于住房与城市发展部对房利美和房地美要求的经济适用房购买目标。

2007 年，社会活动家组织的一个伞状组织，全国社区再投资联盟（NCRC）报告称，从 1997 年到 2007 年，银行为寻求监管部门批准其并购申请，承诺与社区团体达到贷款目标协议，创造了超过 4.5 万亿美元的《社区再投资法》贷款。② 这些承诺中的绝大部分似乎已经转换成抵押贷款，从而可能极大地增加了 2008 年次级抵押贷款和其他高风险未偿还贷款的数量。 出于这个原因，调查委员会理应调查和分析这些政策。 不幸的是，如第三部分所述，调查委员会并没有没有这样做。

因此，《住房和社区发展法案》致使房利美和房地美、联邦住房管理局以及寻求社区再投资源案贷款的其他银行对相同的抵押业务——适用于等于或低于地区平均收入或以下借款人的贷款展开竞争。

住房与城市发展部的"最佳做法倡议"。 1994 年，住房与城市发展部在设立"最佳做法倡议"时，在该列表中增加了另一组，抵押贷款银行家协会的 117 名成员最终遵循了该计划。 如后来所示，该计划旨在鼓励降低承销标准，以增加低收入借款人获得抵押贷款的机会。 国民金融公司是本组最大的成员，在 21 世纪初，它也和其他公司为了相同的非传统抵押贷款业务而相互竞争，对于包括房利美和房地美、联邦住房管理局以及《社区再投资法案》的下属银行。

因为这些实体都在寻求相同的贷款，所以他们不太可能都找到足够的借款人，而且并非所有的借款人都能够满足房利美和房地美所建立的传统抵押贷款标准。 这也为降低承销标准创造了理想的条件，因为这些相互竞争的实体寻找非传统抵押贷款的目的，并非是为了盈利，而是为履行政府规定的义务。 而履行这一义务最行之有效的方式，就是降低那些妨碍遵守政府要求的承销标准。

事实上，在 20 世纪 90 年代初，传统承销标准已成为提高中低收入家庭（LMI）住房拥有率的障碍。 在 1991 年的一次参议院银行委员会的听证会上，

---

① http://www.fdic.gov/regulations/laws/rules/2000-6500.html.
② http://www.community-wealth.org/_pdfs/articles-publications/cdfis/report-silver-brown.pdf.

盖尔·辛科塔——一位德高望重的低收入贷款的坚定支持者指出，"贷款人将回应最保守的标准，除非（房利美和房地美）拿出更积极和更有说服力的努力，以扩大有史以来范围最狭小的承销标准"。①

有鉴于此，国会有意在《住房和社区发展法案》中改变政府支持企业的观念，而且还设立了一个机制，逐渐降低传统承销标准，从而使中低收入借款人可以更容易获得自有住房。例如，立法机构指示政府支持企业研究"承保标准实施的影响，（一）建立5%或更低的抵押首付要求；②（二）允许使用手中的现金作为首付来源；（三）允许向存在违约信用记录的借款人发放贷款，如果借款人可以证明从抵押贷款申请之日起之前有至少12个月的良好信用记录"。③ 以上这些标准都不同于当时所理解的传统抵押贷款标准。

我一直无法找到房利美或房地美对这项国会指示的任何研究，但住房与城市发展部将这些线索作为一项授权，以经济适用房目标为机制，削弱了传统标准。住房与城市发展部对此一清二楚，如第二部分所示。最终，在随后的几年内，通过逐渐提高要求和扩大经济适用房目标，增加低收入借款人获得贷款的机会得以实现，所以房利美和房地美完成经济适用房目标的唯一途径就是购买越来越多的次级和超A级抵押贷款，特别是低首付或无首付抵押贷款。由于政府支持企业在抵押贷款市场占主导地位，这也给受政府控制的其他实体造成竞争压力——联邦住房管理局和《社区再投资法案》下属的其他银行——将触角更深地延伸到次级抵押贷款，以便找到他们所需要的抵押贷款以满足政府要求。这也是抵押贷款银行——其中最大的是国民金融公司——必然通过住房与城市发展部的"最佳做法倡议"促进经济适用房计划的原因。

到2008年这些政府计划，造成了美国金融体系中数量空前的次级抵押贷款和其他高风险抵押贷款。表1显示，在金融危机即将开始之前，机构或公司持有的，或通过抵押担保证券分散给投资者的信贷风险。如表1所示，根据政府的指示行事的政府机构或私营机构，持有或担保了1.92亿美元的非传统抵押贷款，而这些贷款在此时仍未偿还。相比之下，约有780万美元的非传统抵押贷

---

① Allen Fishbein, "Filling the Half-Empty Glass: The Role of Community Advocacy in Redefining the Public Responsibilities of Government-Sponsored Housing Enterprises", Chapter 7 of *Organizing Access to Capital: Advocacy and the Democratization of Financial Institutions*, 2003, Gregory Squires, editor.
② 当时政府支持企业的最低首付为5%，而且承销标准比较保守。国会的要求突破了这些限制。
③ GSE Act, Section 1354(a).

款已分发给投资者,主要由私人发行机构如国民金融公司和其他次级抵押贷款机构,通过私人抵押担保证券,或私人抵押担保①发放。

政府或政府控制下的实体持有金融体系中三分之二的非传统抵押信贷风险,这一事实表明,在1997年到2007年房地产泡沫的发展、因泡沫破裂导致的抵押贷款危机以及随之而来的金融危机和经济衰退中,政府政策都发挥了关键作用。

调查委员会多数成员的报告,只关注了780万私人抵押担保证券,这也是他们决定忽略政府在金融危机中作用的一个例子。

表1

单位	次级和次优级贷款的数量	未偿还的本金总额
房利美和房地美	1200万	18000亿美元
联邦住房管理局及其他联邦机构*	500万	6000亿美元
社区再投资法及住房与城市发展部	220万	3000亿美元
联邦政府总计	1920万	27000亿美元
其他(包括国民金融公司、华尔街和其他组织)	780万	19000亿美元
总　计	2700万	19000亿美元

＊包括退伍军人管理局、联邦住宅贷款银行及其他机构。

资料来源：See Edward Pinto's analysis in Exhibit 2 to the Triggers Memo, April 21, 2010, p. 4. http://www.aei.org/docLib/Pinto-Sizing-Total-Federal-Contributions.pdf。

可以肯定的是,政府通过经济适用房增加住房自用率的目标成功了。美国家庭住房拥有率从1994年的约64%(已经30年未变),增长到2004年的69%以上。② 对此,几乎所有人都很满意——美国住房政策的一个长远目标——直到随着2007年房地产泡沫破裂,真实成本显现以后。随后一个精心设计的问责过程开始了。

2. 巨大的房地产泡沫及其影响

如图1所示,以罗伯特·席勒的数据为基础,显示了美国房地产泡沫在1997~2007年间的急剧增长。 截至2007年中,美国的住房价格持续大幅上涨了10年。 以实际美元计算增长了近90%,是近代任何其他房地产泡沫规模的10倍。 正如下文所述,有充分的理由相信,1997~2007年间的房地产泡沫增长和持续的时间也超过了以往,这主要是因为政府的房地产政策,通过向房地产市场注

---

① 在证券化的过程中,证券由一个抵押贷款池支持,并由私营部门公司发行,这类证券通常被称为"个性化证券"(以区分于 GSE 或房利美发行的证券)或者私人 MBS(PMBS)。

② Census Bureau data.

入过量的资金，人为地增加了住房的需求，而如果一直保持传统的贷款标准，政府没有推动次级抵押贷款的增长，那么房地产市场中就不会有这么多资金。

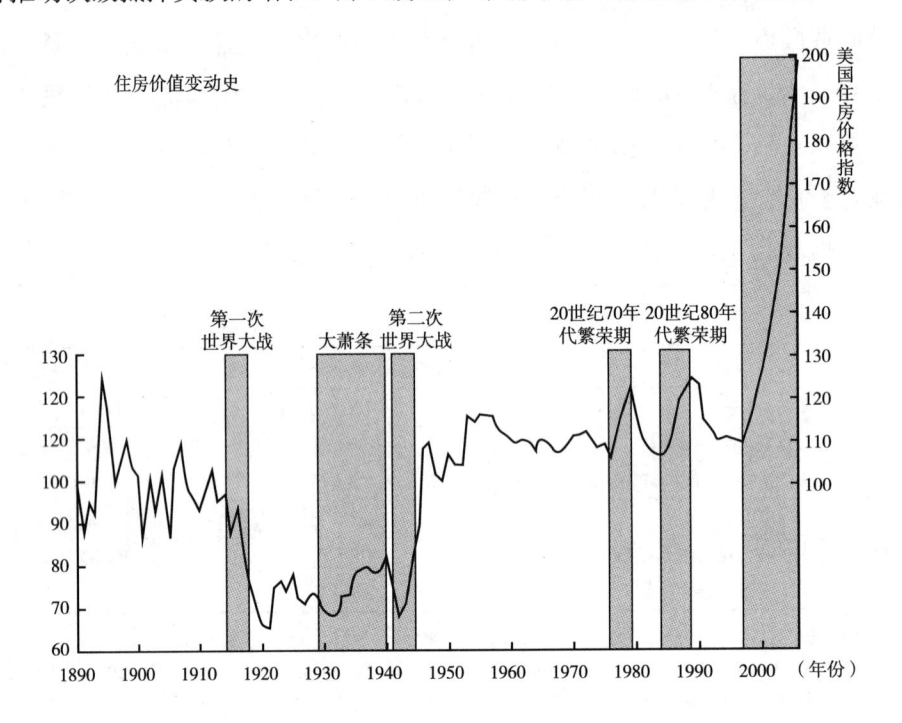

图1　席勒指出的房地产泡沫

耶鲁大学经济学家罗伯特·J. 席勒（Robert J. Schiller）创建了一个始于1890年的美国住房价格指数。该指数并不是以新建住房价格，而是以存量住房价格为标准，衡量住房投资的长期价值。它展示了过去116年剔除通货膨胀影响后的住房价格。

图中以1890年的住房价格为基数100。如果一套标准住房在1890年售价10万美元（通过调制通货膨胀率至当前美元的购买力），相当于1920年的66000美元（指数为66）和2006年的199000美元（指数为199，或者比1890年高99%）。

资料来源："Irrational Exuberance," 2nd Edition, 2006, Robert J. Schiller。

1997～2007年的房地产泡沫持续的时间是以往泡沫的两倍左右，这源于此次泡沫自身的显著特征。抵押贷款质量随着房地产泡沫的发展而下降，贷款发放机构尝试创造抵押产品，使消费者可以负担月供并且购买更昂贵的房子；事实上，此次泡沫存在的长期性，也是造成其破灭后破坏性极强的重要因素。为什么此次泡沫能够持续这么长时间？房地产泡沫萎缩时，开始出现大量贷款拖欠及违约。投资者和债权人意识到了泡沫破裂风险在上升。投资者逐渐兑现离场。最终，泡沫达到顶峰，而那些仍未离场的投资者，开始争相逃离，导致了价格下跌。过去这个过程通常需要3到4年，但这次却维持了10年。此次泡沫长期性的原因是因为市场的一个主要参与者不以盈利为目的，并且不担心会危及自身或者认为风险是可控的。这个主要参与者就是美国政府，它奉行了一项社会政策——通过向中低等收入借款人提供信贷，增加住房拥有率——并要求政府控制或者通过法律法规影响机构和金融公司，在房地产泡沫出现一段时期以后，继续向房地产市场注资，任由泡沫自己发展，它必定会破裂。

经济学家一直在讨论是否因为美联储在21世纪初，长期保持了超低利率的货币政策而导致了泡沫。伯南克和格林斯潘自然认为美联储没有过错。另一方面，"泰勒规则"的作者约翰·泰勒则认为，美联储未能遵循"泰勒规则"是导致泡沫的主要原因。芝加哥布斯商学院（Chicagogo Booth School of Business）的教授拉古拉姆·拉詹认为，美联储的低利率导致了泡沫，但美联储实际上遵循了这一政策以应对失业，而不是通货紧缩。[1] 其他理论则归咎于新兴市场国家的资金大量流入以及美国贸易逆差国的美元回流，然而这些观点并没有抓住问题的关键。引起泡沫的资金来源并不重要，重要是为什么它们会被转换成非传统抵押贷款，一旦巨大房地产泡沫破裂，这些非传统抵押贷款就会立刻违约。

图2清楚地显示，1997~2007年房地产泡沫的基础是27万笔次级和次优级抵押贷款，并且显示了同时期非传统抵押贷款总额的累计增长与泡沫发展之间的关系。包括政府支持企业和《社区再投资法案》的推动作用，非传统抵押贷款的数量高于正常基线30%，[2]而且据估计，《社区再投资法案》贷款在四大银行与并购相关的债务中——美洲银行、富国银行、花旗银行和摩根大通以及它们的前身占了绝大部分。如上所述，这些债务与联邦监管机构批准的兼并或收购申请有关。涉及的金额来自全美社区再投资联盟2007年的一份报告，[3]并根据已宣布的贷款和可能的利率做出了调整。据估计，在累计产生的《社区再投资法案》贷款中，还包括国民金融公司根据住房与城市发展部"最佳做法倡议"，而发放的约1万亿美元的非传统抵押贷款。[4]

---

[1] See, Bernanke testimony before the FCIC, September 2, 2010, Alan Greenspan, in "The Crisis," Second Draft: March 9, 2010, Taylor, in testimony before the FCIC on October 20, 2009, John B. Taylor, *Getting Off Track*, Hoover Institution Press, 2009; and Raghuram Rajan, *Fault Lines: How Hidden Fractures Still Threaten the World Economy*, Princeton University Press, 2010, pp. 108 - 110.

[2] GSE正常收购的抵押贷款中的30%符合AH（经济适用房）目标，即贷款人的收入等于或低于所住地区的中等收入。该比率是在1995年政府政策要求GSE收购更多符合AH贷款以后提高的。

[3] 2007年，全国社区再投资联盟（NCRC）发布了一份关于《社区再投资法案》贷款本金的报告。该报告称债务总额超过了45000亿美元。原始报告已经被从NCRC网站移除，不过仍然可以从以下网址找到：http://www.community-wealth.org/_pdfs/articles-publications/cdfis/report-silver-brown.pdf。第三部分中将对这些债务及因此产生的贷款进行全面分析。

[4] 见注释第657页注释①。

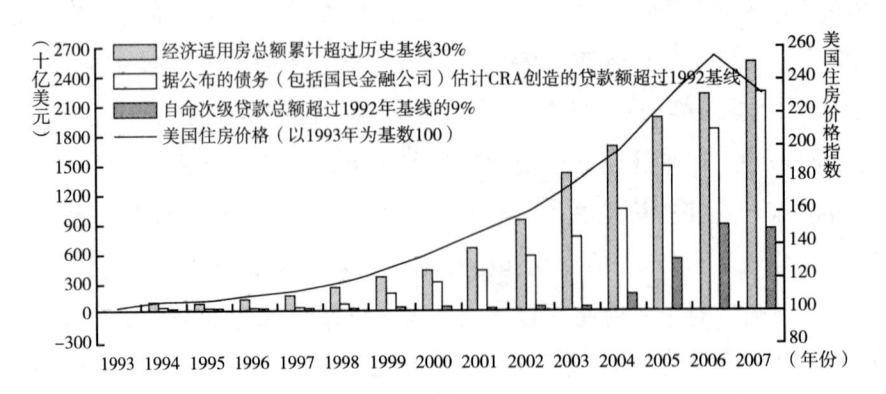

图 2　政府政策对房地产泡沫的影响

政府支持企业（GSE）为经济适用房计划而购买的、《社区再投资法案》（CRA）所创造以及自我计价（Self-Denominated）次级贷款产品与美国房价的关系（以 1993 为基数 100）。

＊资料来源：HUD, NCRC and Edward Pinto, Inside Mortage Finace, S&P/Case-Schiller U. S. Index。

任何泡沫，即使是规模巨大的泡沫在破裂时可能引发金融危机的说法是不正确的。这在表 2 中一目了然，该表是由加州大学伯克利分校哈斯商学院（the Haas Business School at U. C. Berkley）教授德怀特·贾菲（Dwight Jaffee）提供的。表 2 显示，在其他发达国家——在 1997～2007 年间，很多国家也出现过大量房地产泡沫——由这些泡沫破裂引起的抵押贷款违约和拖欠的相关损失远低于美国 1997～2007 年房地产泡沫破裂时所遭受的损失。

圣迭戈州立大学房地产中心主任迈克尔·利博士（Michael Lea）在 2010 年 9 月参议院银行委员会的听证会上，为贾菲教授数据得出的结果提供了支持理由。

美国市场违约和止赎情况比其他国家严重得多。在其他国家，严重拖欠率仍然低于 3%，而在澳大利亚和加拿大则小于 1%。在本次调查的国家中，只有爱尔兰、西班牙和英国的抵押贷款违约率在危机期间有显著增加。

造成这一结果的原因有几个方面。首先次级贷款在其他国家非常罕见或者根本不存在。英国是唯一拥有较大次级贷款份额的国家（抵押贷款在 2006 年达到峰值 8%）。次级贷款在加拿大占抵押贷款的 5%，在澳大利亚占不到 2%，而在其他国家可以忽略不计。

对于首付很低或者零首付的次级抵押贷款借款人，没有什么"风险分层"，也不存在有限核凭贷款。

表2 西欧和美国的不良抵押贷款*

	拖欠≥3个月的%	受损或有疑问的%	丧失止赎权的%	年份
比利时	0.46			2009
丹麦	0.53			2009
法国		0.93		2008
爱尔兰	3.32			2009
意大利		3.00		2008
葡萄牙	1.17			2009
西班牙		3.04	0.24	2009
瑞典		1.00		2009
英国	2.44		019	2009
美国所有的贷款	9.47		4.58	2009
美国优质贷款	6.73		3.31	2009
美国次级贷款	25.26		15.58	2009

* Dwight M. Jaffee, "Reforming the U. S. Mortgage Market Through Private Market Incentives," Paper prepared for presentation at "Past, Present and Future of the Government Sponsored Enterprises," Federal Reserve Bank of St. Louis, Nov 17, 2010, Table 4.

资料来源：欧洲抵押贷款联盟（2010）和美国抵押贷款银行家协会数据库。

无凭核贷几乎不存在……零首付或低首付贷款比例少于美国，并且大多数国家的房价也没有出现下跌……其他发达国家的贷款拥有有追索权，贷款人定期寻访借款人来判别他们的拖欠情况。[1]

事实上，1997~2007年房地产泡沫的破坏性来自其组成部分——非传统抵押的数量——而不是泡沫的规模，对此住房抵押贷款银行家协会[2]公布的数据也有描述。该数据提供了1997~2007年的房地产泡沫与近期两次房地产泡沫（1977~1979年和1985~1989年）的止赎数量对比，如图1所示。当房地产泡沫在1979年破裂后，当时几乎所有的抵押贷款都是传统型的优质贷款，在随后的衰退时期，止赎率在1983年达到高点，但仅为0.87%。另一次泡沫在1989年结束，传统贷款比例依然较高，止赎率在1994年达顶峰，为1.32%。然而，1997~2007年的泡沫破裂后，所有的抵押贷款中的一半是非传统型抵押贷款，2009年止赎率达到5.3%的空前水平。尽管政府和银行为防止或延缓止赎竭尽所能，但仍然回天乏术。

---

[1] Dr. Michael J. Lea, testimony before the Subcommittee on Security and International Trade and Finance of the Senate Banking Committee, September 29, 2010, p. 6.

[2] Mortgage Bankers Association National Delinquency Survey.

所有上述数据对于正确分析政府政策和非传统抵押贷款在金融危机中的作用是至关重要的。上述数据表明，无论是低利率还是国外资金流入在导致美国房地产泡沫中发挥了何种作用，泡沫的破裂并不一定具有如此大的破坏力。问题不仅限于泡沫的大小，还有其构成情况。美国严重的拖欠率（见表3）是其他国家所没有的，主要是因为其他发达国家没有美国金融体系中存在的大量非传统抵押贷款（当泡沫破裂后）。如反对意见后面的章节所示，房贷违约造成了住房价格的大幅下跌，并通过私人抵押担保证券变转变成了银行和其他持有这些债券的机构明显的金融薄弱环节。

表3 非传统抵押贷款拖欠率*

贷款类型	估计的贷款数量（万）	总拖欠率（30天以上和丧失止赎权的贷款）（%）
1. 高评级次级抵押贷款（包括房利美/房地美持有的私人抵押贷款证券）	670	45.0
2. 选择支付型可调息抵押贷款	110	30.5
3. 次优级（包括房利美/房地美/联邦住房贷款银行持有的死人抵押贷款证券）	240	23
4. 房利美次级/次优级/非优级贷款	660	17.3
5. 房地美次级/次优级/非优级贷款	410	13.8
6. 政府	480	13.5
贷款数量小计		2570
7. 非机构大型优质贷款	940	6.8
8. 非机构合规贷款		5.6
9. 房利美优质贷款	1120	2.6
10. 房地美优质贷款	870	2.0
贷款数量总计		5500

* 参见 Pinto, "Government Housing Policies in the Lead-Up to the Financial Crisis: A Forensic Study," November 4, 2010, 图53。

因此，如果1997～2007年房地产泡沫中没有数量空前的非传统抵押贷款，金融危机很可能得以避免。

3. 非传统抵押贷款的拖欠率

非传统抵押贷款的"非传统性"是因为，在政府采取经济适用房政策多年之前，这种抵押贷款只占美国全部住宅贷款中的很小一部分。① 传统住宅抵押贷款被称为常规抵押贷款——通常具有固定利率，一般周期为 15 年或 30 年，首付为 10% 至 20%，而且借款人拥有稳定的工作和收入以及良好的信用记录。 在实施政府支持企业法案之前，即使是次级抵押贷款，虽然也借给信用受损的借款人，但通常会涉及高额首付或者家中的现有资产。②

表 3 显示，截至 2008 年 6 月 30 日，未偿还的非传统抵押贷款拖欠率。 灰色区域包含了几乎所有的非传统抵押贷款。 通过对比（拖欠率）这些贷款与房利美和房地美的优质贷款（在第 9 和第 10 行）的质量，可以得出清晰的结论。

4. 次级私人抵押担保证券的起源和发展

直到 2002 年，次级私人抵押担保贷款市场——私人抵押担保贷款（PMBS）是由次级抵押贷款或者其非传统贷款担保——的规模达到了 1000 亿美元。 在这一年，排在前五名的发行机构依次为：美国通用汽车金融服务公司（GMAC - RFC）（115 亿美元）、雷曼兄弟（106 亿美元）、瑞士信贷第一波士顿集团公司（105 亿美元）、美国银行（104 亿美元）和美利凯斯特（90 亿美元的）。③ 私人抵押担保贷款当年的发行总额为 1340 亿美元，其中华尔街金融机构发行了 430 亿美元。 在随后的几年中，随着市场的发展，华尔街机构已经落后于其他主要次级发行机构，因此截至 2005 年——次级私人抵押担保贷款发行量最大的一年——只有雷曼仍排在前五名，华尔街作为一个集团，其发行量也只占该年私人抵押担保贷款发行总额（507 亿美元）的 27%。④

在关于金融危机的众多传说中，其中之一就是华尔街银行率先进入次级抵押贷款领域，而其他政府支持企业则紧随其后。 调查委员会"多数人"报告中采用了这种观点，作为房利美和房地美收购大量非传统抵押贷款的一种解释。 这个概念其实根本不符合事实。 不仅因为华尔街机构对次级私人抵押担保贷款市场的影响很小，而且在 2002 年之前，房利美和房地美在非传统抵押贷款和其他次级贷款业务中的收购规模比整个私人抵押担保贷款市场还要大。 表 7 显示，

---

① See Pinto, "Government Housing Policies in the Lead-Up to the Financial Crisis: A Forensic Study," November 4, 2010, p. 58, http://www.aei.org/docLib/Government - Housing - Policies - Financial - Crisis - Pinto - 102110. pdf.
② See Pinto, "Government Housing Policies in the Lead-Up to the Financial Crisis: A Forensic Study," November 4, 2010, p. 42.
③ Inside Mortgage Finance, The 2009 Mortgage Market Statistical Annual—Vol. II, p. 143.
④ Inside Mortgage Finance, The 2009 Mortgage Market Statistical Annual—Vol. II, p. 140.

房利美和房地美在2001年至少收购了7010亿美元的非传统抵押贷款。 显然，政府支持企业并没有跟随任何人进入非传统抵押贷款或者其他次级抵押贷款领域；在2002年以前，他们已经在市场中占据了主导地位。 表7还显示，在2002年，当时整个私人抵押担保贷款市场规模是1340亿美元，而房利美和房地美在整个次级抵押贷款市场的收购额为2060亿美元，在其他非传统抵押贷款市场的收购额为3680亿美元，这再次证明，在私人抵押担保贷款市场开始发展之前，政府支持企业已经进入了高风险贷款领域。

房利美的2002年10－K年度报告提供了进一步的证据：哪些公司首先开展了次级或非传统抵押贷款业务。 该文件报告截至2000年12月31显示：房利美14%的信用债务（组合或担保）低于660分（FICO信用积分），该比率在2001年底为16%，在2002年底为17%。① 因此，房利美和房地美是次级抵押贷款十分积极和重要的买家，而当时私人抵押担保贷款市场发行总额分别只有550亿美元（2000年）和940亿美元（2001年）。 换言之，可以更准确地说，华尔街金融机构是在房利美和房地美之后进入的次级抵押贷款领域。 与此同时，政府支持企业在整个20世纪90年代大量购买次级贷款，刺激了次级抵押贷款行业的发展，后者最终成为21世纪次级私人抵押担保证券市场的支柱。

2005年是次级私人抵押担保证券发行量最大的一年，美国抵押公司（540亿美元）和国民金融公司（380亿美元）是两家最大的发行机构。 但与房利美和房地美收购的数量相比，这些数字依然微不足道（自1997年有数据可查以来）。 表7显示，1997~2007年间，房利美和房地美购买了总计约1.5万亿美元的次级抵押贷款以及超过4万亿美元的各种类别的非传统抵押贷款。

由于次级私人抵押担保证券中拥有大量符合住房及城市发展部经济适用房目标资格的非传统抵押贷款，2002~2006年间，房利美和房地美也是次级私人抵押担保证券最大的买家，两家公司的购买量占总发行量的33%，共计5790亿美元。② 表3显示，按抵押贷款拖欠率排列，第1行中的拖欠率最高。 这些都是自我计价次级贷款——由贷款机构发行时指定产生的次级贷款——因此这部分贷款的FICO信

---

① 2003 10－K, Table 33, p. 84 http://www.sec.gov/Archives/edgar/data/310522/000095013303001151/w84239e10vk.htm#031.

② See Table 3 of "High LTV, Subprime and Alt－A Originations Over the Period 1992－2007 and Fannie, Freddie, FHA and VA's Role" found at http://www.aei.org/docLib/Pinto-High-LTV-Subprime-Alt-A.pdf.

用评分较低，其利率通常高于优质贷款；其中许多贷款的首付比率较低，并且还有其他缺陷。

最终，住房与城市发展部的政策应该为质量低劣的次级和次优级抵押贷款（为私人抵押担保证券提供担保）以及次级抵押贷款市场的巨大规模负责。事实的确如此，不仅是因为房利美和房地美通过购买这些贷款，刺激了私人抵押担保证券市场的发展，而且还因为政府或政府主导的大量资金流入房地产市场，导致一个原本普通的房地产泡沫发展成了一个规模和持续时间空前的巨大泡沫。这从以下两个方面促进了私人抵押担保证券市场的空前发展。

首先，经济适用房目标逐渐提高、政府支持企业和联邦住房管理局之间的竞争、住房与城市发展部"最佳做法倡议"的效果以及银行根据《社区再投资法案》发放的贷款，保证了资金持续流入越来越脆弱的抵押贷款市场。这些影响扩大了房地产泡沫的持续时间和规模。泡沫的发展反过来掩盖了次级抵押贷款自身的弱点。随着房价上涨，原本可能发生拖欠的次级贷款借款人得以利用他们房产担保证券进行再融资。如果没有政府或政府主导的资金对市场连续注资，拖欠及违约可能已经在一年或两年前开始了，并会导致次级私人抵押贷款市场瘫痪。相反，泡沫持续了10年，使该市场能够继续发展，直到其规模达到近2万亿美元。

其次，随着泡沫导致房价的上涨，借款人必须寻求风险更高的抵押贷款，以支付更昂贵的贷款月供。这引起新的、风险更高的抵押贷款债务形式的产生，如可调息抵押贷款（造成负摊销）和只还息抵押贷款。这种抵押贷款可能适合一些人，但并不适用于那些只具备次级贷款资格的借款人。然而，次级贷款对私人抵押担保贷款而言是必要的，因为它们一般承担更高的利率，从而可以满足投资者的预期收益。由于次级抵押贷款的发行，房利美和房地美愿意贷款给那些可能满足经济适用房目标的消费者。此外，因为他们的资金成本较低，能够买到的非传统抵押贷款中"最差中的最佳质量"的产品。这些因素——需要收益更高的贷款以及房利美和房地美购买目标贷款的支付能力——随着私营部门发行机构努力满足投资者对次级私人抵押担保证券的需求，进一步推高了贷款风险。从投资者的角度来看，只要泡沫不破裂，私人抵押担保证券就可以继续提供与风险相关的高收益，而不会出现与风险相称数量的拖欠及违约情况。

5. 在危机爆发前人们对非传统抵押贷款了解多少

几乎所有为金融危机调查委员会作证的人都同意，2007年的房地产泡沫破裂后所导致的抵押贷款危机引起了金融危机。然而，这些证人中包括调查委员会咨询过的学者、评级机构的代表，因最终抵押贷款下挫而濒危的金融机构管理人、金融机构的监督和管理人员，甚至著名的投资者沃伦·巴菲特，①似乎都不清楚非传统抵押贷款问题的多面性，或者认可其在泡沫破裂之前的意义。 调查委员会"多数人"报告指出，"曾经出现过警示信号"。 如果有人找，总是可以发现的。 事发之后，在委员会多数人和他们征询意见的对象所作的调查中，都几乎可以察觉得到这些信号。 然而，迈克尔·刘易斯广受好评的新书《大空头》(The Big Short)清楚地表明，金融世界很少有人愿意赌——甚至在有很大胜算的情况下——泡沫终会破裂并造成巨大损失。 大多数人似乎都认为金融体系中可以有非传统抵押贷款，但数量不应该过多。

即使在今天，也有个别媒体引用了在美国金融体系崩溃之前，该体系内积累的非传统抵押贷款的数量。 然而，这是迄今为止引起金融危机的最重要因素。调查委员会大多数成员所提供的、解释金融危机的其他因素——监管制度缺失、糟糕的管理、风险管理的预见性缺失、华尔街的贪婪和补偿政策、信用违约掉期所造成的系统性风险、流动性过剩和宽松的信贷——都不是引发金融危机的合理解释。 更为合理的解释是：在2007年，金融体系内的2700万非传统抵押贷款中大部分出现了违约进而引发了金融危机。

市场参与者似乎对泡沫破裂所导致的破坏性后果缺乏准备，这是由于缺乏对抵押贷款市场产品构成的长期了解。 例如，在2007年9月泡沫开始破裂以后，各金融公司开始遭遇资本和流动性困难。 雷曼兄弟的两位分析师公布了一份题为《谁面临住宅信贷风险？》②的详细报告。 在与报告相关的表格中，据他们估计，未偿还本金的次级和次优级抵押贷款余额约为2.4万亿美元，约占此类贷款总量的一半。 基于该评估，他们模拟了一个房价下降30%左右的压力测试，他们还发现，"在'压力'条件下，住房抵押贷款市场总损失将达2400亿美元，假设房价下降过程为5~6年，则这个损失是可控的"。 最终，实际损失当然会更大，而且会几乎立即反映到市场价格当中，而不是经过5~6年的时间。 但是，直到2007年底，这两位分析师都没有认识到次级和次优级贷款市场的庞大规模是引发危机很重要的一点。

---

① See Buffett, testimony before the FCIC, June 2, 2010.
② Vikas Shilpiekandula and Olga Gorodetski, "Who Owns Residental Credit Risk?" *Lehman Brothers* Fixed Income U. S. Securitized Products Research, September 7, 2007.

在 2007 年，与大多数其他观察员一样，雷曼兄弟的分析师也没有意识到抵押贷款市场的真实构成。根据他们设置的"压力"条件，他们预计，政府支持企业将蒙受 95 亿美元的损失（扣除抵押保险），而且他们的保险赔付收入将足以弥补这些损失。基于已知的损失和最近由联邦住房金融局所作的预测，仅政府支持企业的信贷亏损就将达 3500 亿美元——是雷曼兄弟分析师在 2007 年 9 月所作估计的 30 多倍。两位分析师将不可避免地犯这样一个巨大的错误，因为他们没有意识到政府支持企业的投资组合中的 37%，即 1.65 万亿美元，是由次级和次优级抵押贷款构成的，也没有意识到这些低质贷款会占到政府支持企业在 2007~2010 年间违约损失总额的 75%。[①] 雷曼兄弟的分析师估计，2006 年的次级抵押贷款在"压力"条件下，在存续期间将遭受 19% 的损失，把这一数据与其他后来的（更可靠的）估计数据对比，也更说明问题。例如，在 2010 年初住房价格实际下跌 30% 以后，穆迪对 2006 年的抵押贷款做出了类似估计并提出了 38% 的损失率。[②]

雷曼的损失率预测表明，分析师们对 2006 年非传统抵押贷款的实际未偿还余额没有一个准确的估计数量。事实上，我发现金融危机之前，似乎学者或者金融分析师的任何研究都不清楚当时金融体系中有多少非传统抵押贷款。直到金融危机爆发后，我在美国企业研究所的同事爱德华·平托在收集各种相关的和不同来源的信息之后，才统计得出了金融市场中非传统抵押贷款的数量。因此，在平托研究之前的所有亏损预测结果，必然都是错误的。

调查委员会"多数人"报告用了很大篇幅批评了未能感知未来亏损的企业、监管部门、企业管理人员、风险管理人员和评级机构分析师，这纯粹是事后诸葛亮。当泡沫开始破裂时，似乎没有人了解抵押贷款市场的产品构成信息。调查委员会从未认真研究 2007 年抵押贷款市场的产品构成，只是满足于简单地指责市场参与者不了解眼前的风险，而没有试图了解哪些信息是实际可用的。

数以千计的分析师、学者、监管人员、交易商和投资者对抵押贷款市场不断地进行研究。这些人又怎么可能忽略了像非传统抵押贷款的实际数量这样重要

[①] Fannie Mae, 2010 Second Quarter Credit Supplement, http://www.fanniemae.com/ir/pdf/sec/2010/q2credit_summary.pdf.

[②] "Moody's Projects Losses of Almost Half of Original Balance from 2007 Subprime Mortgage Securities," http://seekingalpha.com/article/182556-moodys-projects-losses-of-almost-half-of-originalbalance-from-2007-subprime-mortgage-securities.

的数据呢？ 大多数市场参与者似乎认为，在泡沫初期，房利美和房地美还会继续坚持他们以前奉行的保守承销政策。 直到房利美和房地美被要求达到住房与城市发展部的经济适用房目标之前，他们很少收购次级抵押贷款或其他低质量抵押贷款。 事实上，房利美和房地美只购买严格意义上的传统抵押贷款。 标准较低的贷款将遭拒绝，并最终由联邦住房管理局保险，或者由一个相对较小的群体，即次级抵押贷款发起机构和投资者购买。

尽管遵守住房与城市发展部的经济适用房规定，任何一个人想象这些规定的意义，就能够意识到房利美和房地美一定是调整了他们的购买标准以接受低质量的贷款，但是很少人会积极主动地揭露新购买模式。 投资者相信，房利美和房地美担保的抵押担保证券不存在重大风险，因为他们认为（事实证明是正确的）这些债券是由联邦政府间接担保的。 此外，政府支持企业拥有法律豁免权，无须向证券交易委员会提供信息——在 2002 年他们同意自愿提交，无须承担信息披露义务，免受分析师对其抵押贷款质量问题的询问。

2003 年房利美开始自愿向证券交易委员会提交报告。 该报告披露，房利美 16% 的抵押贷款 FICO 信用积分低于 660 分——这是次级贷款的一般定义。 对于以 FICO 信用积分 660 分作为划分优质和次级贷款标准是否恰当的问题，人们很少质疑。 联邦银行监管机构以 660 分为分界线，[①]并且在房利美首次发布的 2008 年 10 – K 年度报告的信贷附录中，披露了其持有的贷款中包括优质贷款以及 FICO 信用积分低于 660 的其他贷款。 截至 2008 年 12 月 31 日，FICO 信用积分低于 660 分的借款人的拖欠率是 4 倍或以上 660 分借款人的（6.74% 比 1.72%）。[②] 房利美在其递交的报告中并没有指出 FICO 信用积分低于 660 分的贷款为次级贷款。 虽然在 2005 年底，房利美在其 2005 年 10 – K 年度报告中（直至 2007 年 5 月 2 日才提交）公开了 3110 亿美元次级贷款，报告称：“我们的单一家庭抵押信贷账面比例中包括次级抵押贷款或者由次级抵押贷款担保的结构性房利美抵押担保证券，其中抵押担保证券业务直到 2005 年 12 月 31 日才实际开展。”[③]

[①] 货币监理署、美联储、联邦存款保险公司和储蓄监理局在 2001 年出版的《次级抵押贷款发放计划扩展指南》中建议，"'次级'是指个体借款人的信用特征。 次级借款人通常信用记录较差，包括曾经有支付违约和更加严重的问题，例如撇账、遭到裁决和破产。"FICO 评分低于 660 分即是"较高违约可能性"的证据。 http://www.federalreserve.gov/Boarddocs/SRletters/2001/sr0104a1.pdf.

[②] 从表 12 中推论得出。

[③] Fannie Mae, 2005 10 – K report, filed May 2, 2007.

房利美能够发表这一声明，因为它对次级抵押贷款的定义是：从次级抵押贷款发行机构购买的贷款。因此，在其2007年10-K年度报告中称："次级抵押贷款通常是由专门从事这些贷款业务的贷款人或大型贷款机构的次级部门使用独特程序发起的次级贷款。在我们的次级风险敞口报告中，如果抵押贷款是由这些特种贷款机构或一个大型银行的次级部门发行，我们就将其分类为次级抵押贷款。"①这些贷款的信用评分以及这些信用评分的相关风险不被视为相互联系的。因此，在随后的2007年10-K年度报告中，房利美仍能够使用以下结论，即使当时很可能因为它所持有或担保的大量次级抵押贷款，如果出现大量违约，会导致公司破产。

> 在我们产品组合中持有的，或者用于担保房利美抵押担保证券的次级抵押贷款，仅占2007年、2006年和2005年每年单一家庭业务量的不到1%。②

> 我们估计，在我们的产品组合中持有的，或者用于担保房利美抵押担保证券的次级抵押贷款，不包括再证券化私人抵押相关证券中担保的次级抵押贷款，在2007年12月31日，约占我们单一家庭抵押贷款业务账面的0.3%，2006年这一比例为0.2%，2005年为0.1%。③

这些言论会蒙蔽市场参与者和其他人，包括雷曼兄弟分析师，使他们相信房利美和房地美未持有或没有担保大量的高风险贷款，从而认为在金融体系中，并不存在这么多高风险贷款。

当然，在21世纪初期，并没有一般意义上的"次级贷款"这个定义，所以房利美和房地美可以按自己的意愿来定义它，并且他们的公开报告可以继续维系政府支持企业只购买优质贷款的假象。所以当房利美和房地美向各种抵押贷款信息收集机构报告他们贷款收购的情况时，没有报告次级或者次优级抵押贷款，因此信息收集机构继续遵循行业惯例，将几乎所有政府支持企业的"贷款"评为"优质"。如果不理解房利美和房地美独特、自我计价的贷款分类方法，政府支持企业抵押贷款持仓信息的接收者，就会简单地认为他们所有持有的抵押贷款

---

① Fannie Mae, 2007 Form 10K, pp.129, 155.
② Fannie Mae, 2007 Form 10K, p.129.
③ Fannie Mae, 2007 Form 10K, p.130.

和过去一样都是优质贷款,并将这些贷款计入了优质贷款未偿还余额。 因此,在 2008 年金融系统中,非传统抵押贷款比大多数市场参与者想象的多出了大约 1200 万,而优质贷款则减少了 1200 万。

附录中的情景 1 显示,如果金融体系中多了 1200 万非传统抵押贷款,而不是多了 1200 万优质贷款,附录中的情景 2 显示,拖欠水平将会比预期高出 150%。 拖欠和违约水平将会高出预期 86%。 如果抵押贷款违约的反馈效应导致房地产价格呈螺旋式下跌,这些损失预测之间的差异,可能导致评级机构错误地认为:即使泡沫紧缩,抵押贷款违约所造成的损失只会导致一个局部效应,并不会对 AAA 级抵押担保证券造成不利影响。

调查委员会从来没有研究过这个问题,或者试图确定在金融危机即将发生之前,市场参与者所相信的(金融系统中次级抵押贷款和其他非传统抵押贷款的)未偿还贷款数量。 在调查委员会的公开听证会上,只要有机会我就会询问分析师和其他市场参与者,在金融危机发生之前,他们认为有多少未偿还的非传统抵押贷款。 从他们的回答中可以清楚地发现,没有人曾经考虑过这个问题,似乎没有人相信高风险贷款的数量大到足以影响泡沫破裂后所造成的损失。

直到 2008 年 11 月 10 日,房利美被联邦政府接管以后,该公司才在 2008 年第三季度 10 - Q 报告中承认,他们并不是按风险特征对贷款进行分类,只有那些购自次优级或者自我计价发行机构的抵押贷款,才被称为次级或者次优级抵押贷款。 即使这样,房利美也没有做到完全坦诚。 在描述它的分类标准后,房利美说:"不过,我们还未将一些类似贷款纳入次级和次优级抵押贷款,因为这些贷款不符合我们的分类标准。"[1]这很难反映房利美债务的真实情况。

对于金融危机之前调查委员会刻意回避金融体系中未偿还的非传统抵押贷款的数量问题,而在调查委员会"多数人"报告中也未解决这个问题。 住房与城市发展部对降低抵押贷款标准的推动作用根本没有引起调查委员会的注意,政府支持企业的经济适用房目标也只是一带而过,《社区再投资法案》受到了维护,而无论是住房与城市发展部的"最佳做法倡议",还是联邦住房管理局(FHA)的行为则根本未被提及。 对于次级抵押贷款泡沫的形成,除了"有利可图"这个隐含在多数人的报告中的唯一解释以外,并没有任何其他原因。 总之,"多

---

[1] Fannie Mae, 2008 3rd quarter 10 - Q. p. 115, http://www.fanniemae.com/ir/pdf/earnings/2008/q32008.pdf.

数人"报告就像是缺少了丹麦王子的《哈姆雷特》。

事实上，调查委员会的整个调查似乎都是在尽量减少非传统抵押贷款和政府住房政策的作用。根据这种说法，非传统抵押贷款是引发金融危机的一根导火索，一旦泡沫破裂，金融体系中长期存在的"缺陷和不足"引发了危机。这些所谓的缺陷包括对所谓的"影子银行系统"缺乏足够的监管和过度的场外衍生品交易、华尔街过于优厚的补偿安排以及证券化（以"贷款并证券化的模式"为特点）。巧合的是，所有这些所谓的缺陷和不足需要更多的政府监管，却一直未受到关注，直到空前规模的次级和次优级抵押贷款发生违约，而这些抵押贷款的大量增加则是为了遵循政府的住房政策。

6. 结论

自雷曼兄弟破产以来所公布的关于金融危机起因的众多观点中，包括调查委员会的自主探究，令人意外的是两个并列的事实：（1）一个普遍共识，泡沫以及其破裂所引起的抵押贷款危机是触发原因，有时被称为金融危机的"导火索"；（2）似乎总是刻意地避免研究——为什么抵押贷款标准会下降到如此地步，以至于产生了大量的非传统抵押贷款，一旦泡沫开始破裂，这些贷款随之面临违约。许多观察家包括委员会的多数人在他们的报告中不是认真思考这些资产从资产负债表彻底消失后造成的后果，而是立即转而指责自由市场或者金融或者监管制度的"缺陷和不足"，却不考虑任何系统也无法承受这样的打击。

这种方法的一个最突出的例子是来自于拉里·萨默斯——白宫经济委员会主任和总统的主要顾问之一。在与一些调查委员会成员（没有人告诉我有这么个会谈）的进行私人会谈时，萨默斯被问及是否是抵押贷款危机导致了金融危机。他的回答是，金融危机就像一场森林火灾，而抵押贷款危机则像是一个被扔进一个干燥森林里的"烟蒂"。他问道，森林火灾的原因是烟蒂还是干燥易燃的森林呢？[1] 调查委员会的多数成员认为是干燥易燃的森林导致了火灾。他们的核心观点是，泡沫破裂导致的抵押贷款危机触发了金融危机，这归咎于当时美国的金融体系固有的"不足"——监管制度的缺失、监管不严、掠夺性贷款、华尔街和证券系统参与者之间的贪婪、风险管理不力、过度的杠杆化以及其他因素。委员会多数人的众多奇特说法之一是"30年的放松监管"造成对抗危机的"关键的安全阀被去除"；这完全忽略了1991年存贷危机之后，美国国会通过的《联

---

[1] FCIC, Summers interview, p. 77.

邦存款保险公司改进法》是目前为止银行存款保险问世以来最严格的监管法律，而且当该法案颁布时曾被赞誉为最终赋予了监管机构解决银行危机的权利。

森林火灾的比喻成了描述调查委员会报告与反对意见之间区别的最佳方式。萨默斯所比喻的"烟蒂"是 2700 万笔价值超过 45000 亿美元的高风险非传统抵押贷款。 在这里我们稍用一下常识：4.5 万亿美元的高风险贷款不是一个"烟蒂"；而更像是一个正在森林中爆炸的油罐车。 调查委员会的报告指责了金融体系的状况；我指责了 2700 万笔次级和次优级抵押贷款——占美国 2008 年所有未偿还贷款的一半——在当时，（即使不是全部）大多数市场参与者似乎并不知道这个数字。 在我看来没有哪个金融体系在泡沫破裂后，能够承受如此大规模高风险抵押贷款违约的冲击，而且当抵押贷款的违约和拖欠的数量远远超出（即使是最有经验的）市场参与者的预期时，没有哪个市场可以避免恐慌。

这一结论将对政策产生重大影响。 如果政府的住房政策实际导致了金融危机，那么《多德－弗兰克法案》(Dodd-Frank Act)是立法僭越，而且是不必要的。 恰当的政策选择是减少或者消除政府在住宅抵押贷款市场的参与，而不是对金融体系设置大量的新规则。

* * *

本意见将着重从以下几个方面论述：一是拖欠率和违约率均处于高位的非传统抵押贷款是如何致使金融体系遭受损失；二是上文中所总结的政府政策是如何引起美国和全球各地非传统抵押贷款的数量空前增长。

二 两千七百万笔非传统抵押贷款是如何酿出一场金融危机的

调查委员会从未给当前调查的这场金融危机下过定义。 为了知道从何处着手研究这个问题，下一个定义还是非常必要的。 比如，如果金融危机现在仍在持续的话，我们就应该评估各国政府采取的诸如问题资产重构计划等政策的效果。

但是，国会希望委员会集中关注 2008 年秋天以来发生的那些史无前例的事件，因此本·伯南克对金融危机的定义看来非常恰当：

> 2007 年初信贷风潮就开始显现了，当时发放给信用较差的借款人的次

级贷问题多多，美国部分地区的房价也开始下跌。拖欠还贷和贷款违约的情况越来越多，房价下跌趋势加剧，持续至今。投资者们惊愕地发现他们一向以为安全的资产大幅缩水，于是纷纷逃离各个信贷市场，众多金融机构遭受房屋抵押和其他贷款的重大损失，被迫削减放贷规模。到2008年9月，几家主要金融公司破产或者几近破产，导致众多金融和信贷市场运营停滞。①

换言之，金融危机就是美国大规模贷款失灵导致全球金融机构遭受巨大损失的后果；2008年危机恶化是因为好几家拥有或者被认为拥有大量与贷款相关资产的主要金融公司破产，导致数个金融市场失败。本摘要包括众多相互关联的事件，重点是本次金融危机从根本来讲是由于是一种被广为持有的资产——美国住房抵押贷款——快速贬值造成的。那么接下来要讨论这些债务与损失到底是如何引发这场金融危机的。

下述讨论表明，并非所有的贷款抵押和贷款抵押债券都是危机的根源，最主要的是非传统抵押贷款及其支持的私有抵押贷款支持证券。传统的抵押贷款主要是优质贷款，它们在贷款危机之初并没有遭受实质性的损失，随着金融危机逐步转为经济衰退，房价持续下跌，优质贷款的损失开始接近过往房地产危机的损失程度了。但是，这种损失程度要远远低于非传统抵押贷15%到45%的债务违约水平（取决于贷款的特点），因为这次危机中的贷款级别较以往地产危机中的要低得多，而且此次次级贷数量远超以往任何一次房地产泡沫中的数量，这也最终引发了房价严重下滑并导致危机爆发。

1. 非传统抵押贷款的损失是如何传导到金融体系的

2007年6～7月房地产泡沫开始出现的时候，非传统抵押贷款拖欠率开始实质性上升。此前，虽然这些抵押贷款质量差、风险高，但是拖欠率却比较低，这是泡沫本身造成的结果。泡沫使房价高企，一旦借款人无力偿付贷款，房屋就会被出售，不会导致资产损失。或者，高企的房价再加上宽松的评估规则把房屋打造成了一种自由资产，使房主很容易以更低的利率利用房屋进行再融资。但是，高企的房价高到就连最宽松的信贷条款也无法为继房地产热的时候，泡沫破灭，质量低下的抵押贷款显露出本来面目。正如沃伦·巴菲特所说："当潮汐退去，就会看见到底是谁在裸泳。"

---

① Speech at Morehouse College, April 14, 2009.

此时政府的房地产政策至关重要。前文曾讨论过，要不是美国政府将资金导向抵押贷款市场以促进私人房屋保有量增长，房产泡沫中的非传统抵押贷款早就会在发起不久就陷入违约境地了。但是，政府或者有政府背景的资金源源不断地进入房地产市场，导致泡沫越变越大，压制了债务违约的发生，而以前的房地产泡沫三四年内就会被债务违约戳破。正是因为这种压制，导致非传统抵押贷款支持的私人抵押贷款支持证券数量巨大，风险极高，却没能在短期内引发债务违约，从而在泡沫形成初期就将其击破。国民金融公司和其他机构在损失小、时间充裕的情况下，能够将大量次级私人抵押贷款支持证券（从2002年的1340亿美元到2006年的4830亿美元）证券化，却没有引发一般情况下能够警醒投资者并阻止泡沫进一步膨胀的大量债务违约。①

实际情况是，债务违约的缺失产生了相反的效果。全球投资者看到美国房价暴涨而次级贷和其他高回报贷款又几乎没有任何损失，于是受到鼓舞纷纷买入能带来诱人收益的AAA级私人抵押贷款支持证券。换言之，如图2所示，政府房地产政策——要求政府支持企业实现经济适用房目标，降低联邦住房管理局借贷标准，住房与城市发展部向抵押贷款银行施压下调贷款承销标准，被保银行必须达到《社区再投资法案》要求，这一切催大了房地产泡沫，拉升了次级私人抵押贷款支持证券的全球需求。就这样，在2007年中，泡沫开始破灭，带来了灾难性的后果。

2. 违约开始

美国存款保险公司主席谢拉·贝尔在2010年9月2日金融危机调查委员会听证会上的证词为房地产泡沫破灭导致金融危机爆发全过程作了出色的总结：

> 从2007年中开始，由于越来越担忧美国抵押贷款信用质量，全球金融市场开始遭遇严重的流动性挑战。随着房价下跌，刚发起的次级贷和非传统抵押贷款出现破纪录的违约率，这一切引发市场对美国和其他国家的主要金融机构持有的贷款抵押证券及相关衍生工具的极度担忧。由于无法确定与抵押相关的资产价值以及大型银行和非金融机构资产负债表的稳健状况，这些金融机构甚至对短期银行间拆借也极为谨慎起来。②

---

① Inside Mortgage Finance, The 2009 Mortgage Market Statistical Annual—Volume II, MBS database.
② Sheila C. Bair, "Systemically Important Institutions and the Issue of 'Too-Big-to-Fail,'" Testimony to the FCIC, September 2, 2010, p. 3.

贝尔主席简洁明了的证词中包含了金融危机的所有要素：①2007年中，市场由于担忧非传统抵押贷款的信用质量开始遭遇流动性挑战；②房价下跌；非传统抵押贷款开始迅速违约；③由于很难确定抵押支持债券的价值，因此也很难判断持有这些证券的金融机构的财务状况；④最后，这种不确定性——尤其是雷曼公司的破产——使金融机构不再互相拆借。这个现象就是金融危机。下文讨论金融危机是如何步步形成的。

市场开始遭遇流动性挑战

为了了解危机的传导机制，有必要区分私人抵押贷款支持证券（PMBS）和由诸如联邦住房管理局、房利美和政府支持企业（本部分合称为机构）的政府部门发行的抵押支持贷款（MBS）。如表1所示，到2008年，美国金融体系中2700万笔的非传统抵押贷款是作为——①全额抵押贷款，②政府支持企业担保的或者《社区再投资法案》下银行或政府部门持有或担保的抵押贷款支持证券，或者③国民金融公司等私有公司证券化的私人抵押贷款支持证券——而持有的。2700万笔的非传统抵押贷款的未付本金总计超过4.5万亿美元，其中（PBMS）占780亿美元，未付本金约1.9万亿美元。随着美国金融系统中债务违约规模不断扩大，损失也由金融机构持有的私人抵押贷款支持证券传导给他们。这一切是如何发生的？政府的房产政策究竟在其中起了什么作用？

抵押贷款支持证券和私人抵押贷款支持证券机构把抵押贷款的本金和利息放入资产池给予投资者，用来担保所发行的证券，二者的区别在于为投资者防范信贷风险（资金池中的抵押贷款违约带来的损失）的方式。各个机构对由他们自己或其他实体创造的资产池发行的证券提供保险或担保。由于这些机构要么真的得到，要么被认为有政府支持，他们发行的债券往往被评为或者被认为是AAA级的。

通过分级和归属体系，私人抵押贷款支持证券在资产池中为某些投资者提供某种程度的保护，确保他们在抵押贷款违约时不会遭受损失。在这个体系中，资产池的资产被划分为不同等级。池中有些等级的投资者从抵押贷款中获得本金和利息的权利小于其他级别，因此即使池中的抵押贷款出现违约的情况，高级别资产投资者仍有可能获得回报。

通过这种机制，即使池中是债务风险大于优级贷的非传统抵押贷款，私人抵押贷款支持证券发行的一批债券中90%也都可以评定为AAA或者AA级。从理论上看，比如非传统抵押贷款池的过往损失率为5%，那么这个损失会被10%的级别低于AAA/AA的资产持有者所吸收掉。当然，如果损失超过了预期——本次泡沫破灭时这种情况就出现了——那么损失就会传导到更高级别的投资者头上，使他们遭受损失。① 尚不清楚的是，2007年或2008年，抵押贷款债务违约是否引起了AAA级私人抵押贷款支持证券的现金损失，但是全美金融系统中非传统抵押贷款的违约率太高，很有可能带来现金损失，引起了投资者更大的担忧。

这就意味着在房地产泡沫开始萎缩的时候，私人抵押贷款支持证券投资者和有政府背景的抵押贷款支持证券的投资者的境况迥然不同。 后者没有遭受损失（美国政府保护了所有的抵押贷款支持证券机构投资者），但是对于前者来说，在抵押贷款损失过高的情况下，AAA或AA级别资产也受到侵蚀，因此会遭受巨大损失。 即使他们没有遭受现金损失，私人抵押贷款支持证券持有人也会发现，手中的债券市场价值骤减。 由于被大规模违约吓倒，投资者纷纷逃离资产市场。 因此，我们在探寻金融危机中抵押贷款失败给各种金融机构财务状况带来的直接冲击时，应该只看私人抵押贷款支持证券，而不是机构发行的抵押贷款支持证券。

另外，私人抵押贷款支持证券的贷款债务违约率要远远高于机构担保或者持有的贷款违约率。 许多私人抵押贷款支持证券贷款是自我计价的次级贷（即由次级放贷人借给次级贷款人的贷款），而且被划分为最差贷款（见表3）。 机构持有或者担保的非传统抵押贷款表现良好，是因为机构购买这些资产并非以营利为目的，而仅仅是为了达到诸如经济适用房等政府下达的要求。 他们不想要也不需要私人抵押贷款支持证券所支持的高回报、高风险的抵押资产，因为他们不必为了卖出抵押贷款支持证券而追求高回报。 此外，由于他们获得资金的成本较低，这些机构可以出更高的价购买非传统抵押贷款，因此能够得到"最差中最好的贷款"。

房价使私人抵押贷款支持证券与各种非传统抵押贷款联系起来

但是，这不意味着私人抵押贷款支持证券失败是金融危机唯一的原因。 从某种意义上讲，所有的抵押贷款都通过房价彼此相关联。 这是其他证券化资产所不具备的特点。 如果某个信用卡用户没有还款，不会给其他持卡者造成任何影响。 但是如果某个小区房主因为无力偿还贷款而失去房产，就会对这个小区的所有房屋价值造成不利影响，使这些房产的抵押贷款质量下降。

---

① 关于分层系统和各层级保护方法的详细信息，参见 Gary B. Gorton, *Slapped By the Invisible Hand*: *The Panic of 2007*, Oxford University Press, 2010, pp. 82–113。

由此，私人抵押贷款支持证券通过房价与机构发行或持有的非传统抵押贷款紧密联系起来。由于机构所持有的非传统抵押贷款数量巨大，即使它们的平均债务违约率比支持私人抵押贷款支持证券的非传统抵押贷款要低，天量的非传统抵押贷款还是成为全美房价下跌的主要因素。房价疲软又相应地引起更多的普通非传统抵押贷款和作为私人抵押贷款支持证券抵押物的非传统抵押贷款的违约。换言之，机构持有或担保的大量抵押债务违约削弱了支持私人抵押贷款支持证券的非传统抵押贷款。

要不是美国政府的房地产政策产生了1900万笔天量违约的其他非传统抵押贷款，私人抵押贷款支持证券实际带来的损失就不会这么高。这些债务违约导致房价以史无前例的30%降幅下跌，进一步扩大了在私人抵押贷款支持证券上的损失。

最后，政府为了实施社会政策而导入到房地产市场大量资金，这样做的结果吹大了房产泡沫，使其延续了更长的时间。房地产泡沫膨胀的时间越长，抵押的风险就越大。贷款人不断想方设法地降低抵押水平，借款人则不断购进更贵的房产。泡沫虽然不断增长，但它隐含的风险却模糊不清。借款人本应该无力偿债从而戳破泡沫，现在却能够利用上升的房价再融资，有时甚至享受更低的贷款利率。由于债务拖欠率较低，投资者没有理由退出抵押市场，于是资金源源不断地进场，把这次地产泡沫越吹越大，延续了史无前例的10年时间，私人抵押贷款支持证券市场规模相应扩张，最终崩溃产生了更严重的灾难性后果。如果美国政府没有坚持实施为房地产市场源源不断输送资金的房市政策，也许就不会有后来如此规模巨大的一个私人抵押贷款支持证券市场，或者当房地产泡沫破裂时，金融机构也不会遭受如此巨大的损失。

私人抵押贷款支持证券对投资者情绪极为敏感

私人抵押贷款支持证券不但通过房价与机构的非传统抵押贷款关联，还尤其容易受到投资者对抵押产品的情绪影响。以私人抵押贷款支持证券形式证券化的抵押产品是引发本次危机的重要因素。抵押证券化广受欢迎是有原因的。从2002年起，"巴塞尔协议"规定，抵押物可以用抵押贷款支持证券的形式持有，可能是因为和其他形式的抵押相比，证券化私人抵押贷款支持证券流动性更高，而且只要求银行持有1.6%的风险支持资金，而全额抵押资本要求是4%。所以包括私人抵押贷款支持证券在内的各种抵押贷款支持证券比全额抵押要便宜得多。此外，证券化的抵押更容易交易，流动性更高（通过回购协议）。

但是，如果抵押市场出现某些情况时，证券化抵押的优点就会变成缺点。如果房屋价值下降，全额抵押的损失经过很长时间才会在银行财务报表中反映出来，在大规模市场上，发现损失的速度更慢。可是，私人抵押贷款支持证券受投资者情绪影响的速度却比全额抵押快得多，很快就能在资产负债表上反映出来。首先这是因为私人抵押贷款支持证券更容易交易，与全额抵押相比，其价值会更快受到负面信息的影响而下降。由于私人抵押贷款支持证券资产池各不相同，所以一般其市场成交量较少。如果投资人认为一般抵押价值下降，或者他们得知会出现大规模未预料到的债务违约，就会马上从所有的私人抵押贷款支持证券市场上退出，从而引起私人抵押贷款支持证券价格普遍骤降。

耶鲁大学教授加利·戈顿在其著作《被无形的手扇了耳光》中写到：ABX 指数（次贷衍生债券综合指数）最初是 2006 年末推出的，它第一次让投资者全面了解其他人对私人抵押贷款支持证券资产池价值的看法。指数暴升反映了资产价值的暴跌，引发众多投资者退场。戈顿指出："我认为 ABX 指数向人们揭示了他们此前所不了解的信息，也就是说，大众认为次级贷不值多少钱。我们不清楚到底是什么戳破了房地产泡沫，是卖空次级房地产市场，还是 ABX 指数反映了房价下降产生的加总效果。"①

无论根本原因是什么，如图 3 所示，这就是金融危机中发生的情况。结果是投资者因惧怕遭受似乎马上就会降临的损失纷纷逃跑，于是抵押贷款支持证券市场轰然倒塌。

房价下降对与私人抵押贷款支持证券有接触的所有金融机构造成重创。如上文所述，持有私人抵押贷款支持证券，尤其是 AAA 级的私人抵押贷款支持证券的好处之一就是可交易性很强。因此，这些证券被当做是健康的安全的投资产品，在资产负债表上以平价表示，还能够通过回购协议作为短期融资的抵押品。在回购交易中，借款人将证券出售给贷款人，并拥有能日后按某个价格将证券买回的权力，贷方则能够以这个价格把证券卖给借方而获得安全的贷款回报。贷款人认为如果借款人违约，他仍可以将抵押出售。如果抵押资产的流动性和质量下降，即使抵押品本身实际没有遭受损失，它仍然会丧失其资本价值和流动性价值。这也就是 2007 年房价从企稳到下跌后 AAA 级私人抵押贷款支持证券出现的情况，随之而来的是抵押债务违约以出人意料的速度发生。当 AAA

---

① Gorton, *Slapped by the Invisible Hand*, note 41, pp. 121–123.

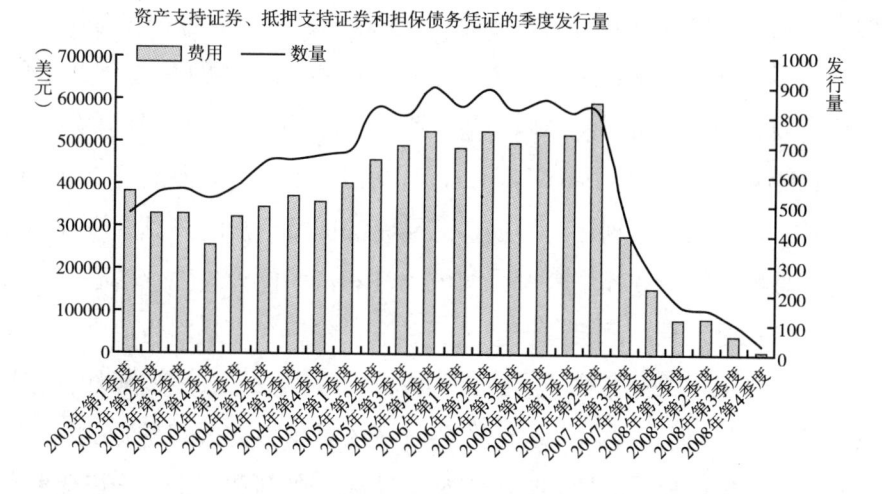

资产支持证券、抵押支持证券和担保债务凭证的季度发行量

图3 抵押贷款支持证券市场对泡沫收缩的反应

级私人抵押贷款支持证券的交易性下降，它们的流动价值开始丧失，金融机构很难甚至根本无法再把这些资产当做回购的抵押物了。这就是贝尔主席在其证词中所称的流动性挑战。

私人抵押贷款支持证券市场出乎意料的崩溃，导致金融机构丧失流动性，最终未能在市场失去信息的情况下保存自己，2008年贝尔斯登几近破产就是最佳佐证。金融调查委员会成员对贝尔斯登流动性问题的调查表明，导致该公司破产的单一事件就是私人抵押贷款支持证券市场失败，因为它抹去了公司AAA私人抵押贷款支持证券，而这是公司进行再回购交易的最主要资源。委员会在2010年5月5日和6日听证会上提出了对贝尔斯登公司的初步调查报告。报告表明，公司97.4%的短期债务融资是安全的，只有2.6%是不安全的。"到2008年1月11日，该公司459亿美元的回购抵押主要由机构（即房地美和房利美）的抵押支持证券、237亿美元的非机构证券化资产支持证券（私人抵押贷款支持证券）和190亿美元的全额贷款组成。"①机构抵押贷款支持证券没有因私人抵押贷款支持证券市场失败受到影响，仍然可用做筹集资金。

因此，贝尔斯登27%的可用资源是私人抵押贷款支持证券，当私人抵押贷款支持证券市场消失的时候，这些资源就无法用于回购融资了。这部分流动性的损失给公司带来重创，市场上关于贝尔斯登公司健康状况的流言四起，客户纷纷撤回投资。贝尔斯登的高管告诉委员会，公司在2008年第一季度的时候还是

---

① FCIC, "Investigative Findings on Bear Stearns (Preliminary Draft)," April 29, 2010, p. 16.

盈利的，也就是在这个月公司陷入困境。他们还说公司的短期债务融资都由商业票据转为了抵押贷款支持证券，因为公司相信抵押支持的资金会更安全。金融危机调查委员会报告指出，2008年3月10日的那周，贝尔斯登公司有超过180亿美元的现金储备，但到3月13日，流动池中的现金就降到了20亿元。①很明显，当时公司无论是盈利还是亏损，已经无法在又一次的挤兑中幸存下来，不用说，市场恐慌情绪导致投资者对公司流动性和偿债能力失去了信心。

值得注意的是，金融危机调查委员会关注贝尔斯登，是因为调查委员会"多数人"认为投资银行的业务模式本质上不稳定，因为他们过度依赖杠杆作用、回购协议或其他短期融资手段。这也是必须挽救贝尔斯登公司的原因。显然，五大投行——贝尔斯登、雷曼兄弟、美林、摩根士丹利和高盛——在金融危机中深受打击。只有两大投行还是独立公司，但也被当做银行控股公司处于美联储的监管之下了。无论如何，我们不清楚投资银行是否比受到严格监管的商业银行、或是受监管程度居于两者之间的房地美和房利美——表现更糟。投资银行没有经受住抵押市场损毁和随后的金融危机的考验，但是众多被保银行——因迪美、华互银行和美联银行虽然有被担保存款和美联储的贴现窗口作为应付市场做空的紧急基金——也没能逃脱厄运。调查委员会"多数人"认为投资银行——又称为影子银行体系——是金融危机的"主要贡献者"，这种划分方法似乎不妥，他们应该是房市泡沫破灭和私人抵押贷款支持证券市场崩溃引发的市场恐慌的受害者。

史无前例的天量非传统抵押贷款引发私人抵押贷款支持证券市场崩溃不仅使贝尔斯登倒下，还摧毁了作为它和其他金融机构保障其资本和流动性的有效资产的AAA级私人抵押贷款支持证券，使投资者开始质疑公司的偿债能力。投资银行不是商业银行，他们不像典型的银行靠短期存款来保有长期资产，而是利用短期融资来进行短期资产交易业务。与调查委员会"多数人"观点相左的是，投行的上述业务模式本身没有问题，问题是流动性大、数量众多、被定为AAA级的次级私人抵押贷款支持证券资产价值暴跌，导致金融市场出现了史无前例的恐慌情绪，最终摧毁了投资银行。

破纪录的大规模抵押违约造成资产负债表上的巨大损失

贝尔主席还指出了私人抵押贷款支持证券贬值与持有这些资产的金融机构的

---

① FCIC, "Investigative Findings on Bear Stearns (Preliminary Draft)," April 29, 2010, p. 16.

"资产负债表健康状况"的关系。除了流动性遭受巨大损失之外,资产负债表减记也是损失传导机制中的另一个主要要素。金融机构持有的证券化资产是按照公平价值会计法的规则记账的,在某些情况下必须调至市价。因此,如果投资者情绪朝着不利于证券化抵押的方向转变,市场价值下降,以私人抵押贷款支持证券形式持有证券化债券的银行和其他金融机构就会遭受大规模的会计损失——未必是现金损失。相应地,一旦大规模债务违约开始在抵押市场和支持私人抵押贷款支持证券的资产池中显现,私人抵押贷款支持证券的价值下降之前,未必会出现全面的损失。而这些资产所在的市场则会受到破坏。这就是2007年发生的状况,立刻引发了金融机构流动性危机和资本减记,使它们看上去陷于财务不稳,无力偿债的窘境。

这些盯市资本损失比预期的实际损失可能要大得多。美联储的一份研究指出:"金融震荡对所有资产支持证券产品中的结构性金融产品带来价格下行压力,甚至影响到了与风险最高的资产几乎没有联系的产品。除了来自高信用风险折价,对于资产没有信心、流动性差、价格剧烈波动也导致大规模的盯市折价。流动性差折价导致了盯市折价,同理,盯市折价率比资产的预期信用违约率要高得多。"[①]换言之,由于对担保价值的不确定导致的弱流动性折价的确比信贷违约蔓延水平高,因为信用违约蔓延只是反映了预期信用损失。

如图3所示,私人抵押贷款支持证券市场的崩溃是金融危机史上重大事件。即使抵押资产池刚出现违约,但由于市场运行不良,私人抵押贷款支持证券只能以极低的价格交易。金融机构无法将私人抵押贷款支持证券资产按原来的价值变现,产生了可怕的结果,尤其是按照盯市会计规则记账,这也就是金融风暴的风眼。实际上这时候资产总值近20亿美元的所有级别产品被媒体称作"有毒资产",全球金融机构不得不在资产负债表上减记,这使得金融机构看上去比实际情况要差,但是他们手中持有的私人抵押贷款支持证券虽然当时无法交易,却还是接近预期利率的流动现金。虽然价值下降速度比较慢——如果全额抵押贷款记在银行资产负债表上,且质量逐渐恶化,就会出现这种情况——但是这些证券失去了交易性,最终大幅贬值。

委员会没有在报告中讨论盯市会计,这是一个重大缺失。因为很多人认

[①] Daniel Beltran, Laurie Pounder and Charles Thomas, "Foreign Exposure to Asset-Backed Securities of U. S. Origin," Board of Governors of the Federal Reserve System, *International Finance Discussion Papers 939*, August 2008, pp. 11 - 14.

为，会计政策在金融危机中作用重大。 许多评论人士认为，这种会计法使资产负债表出现减记，减少了金融机构的一般公认会计原则股本，因此，如果从这些机构收到的现金流来看，他们的资本头寸让他们的财务状况看上去比实际上要虚弱得多。①

当非传统抵押贷款出人意料地出现大规模损失，私人抵押贷款支持证券池的损失波及金融机构自身的时候，投资者恐慌情绪出现，他们不再相信这些金融机构能够在遭受抵押贷款损失后还能幸存下来。 世界大型银行和金融机构组织国际金融研究所推出了一份报告，详细分析了金融危机中的公平价值或盯市会计法：

> 按照现行公平价值会计法对健康资产大幅减记，影响了市场情绪，反过来又导致进一步减记、追加保证金、资本螺旋式下降，这又可能导致大量资产减价销售、动荡、顺周期反馈效应。 这些破坏性的反馈效应使流动性问题恶化，将其演变为偿付能力问题。②

至少有一项研究尝试评估上述效应对金融机构的影响。 2009 年 1 月，Nouriel Roubini 和 Elisa Parisi-Capone 估算了优级贷和非传统抵押贷款支持的抵押贷款支持证券的盯市损失，总额约 1 万亿美元多，其中美国各家银行和投资银行按盯市基础计算，损失 3180 亿美元。③

如果全部实现，这确实是个重大损失。 2008 年，美国银行体系总资产为 10 万亿美元，5 家最大的投行总资产为 4 万亿美元。④如果假设 2008 年银行杠杆率为 15∶1，投资银行杠杆率 30∶1，那就意味着银行业的总资本头寸为 6500 亿美元，投行的头寸为 1300 亿美元，总额为 7800 亿美元。 在这种背景下，按照盯市计算，单是私人抵押贷款支持证券市场崩溃就使美国银行和投行的头寸减少了 41%。 这并不意味着实际损失了这么多资金，而是指相关资产可能要减记或者无法按当初资产负债表上的价格卖出去。

---

① FCIC Draft Staff Report, "The Role of Accounting During the Financial Crisis," p. 16.
② Institute of International Finance, "IIF Board of Directors-Discussion Memorandum on Valuation in Illiquid Markets," April 7, 2008, p. 1.
③ Nouriel Roubini and Elisa Parisi-Carbone, "Total MYM3. 6 Trillion Projected Loan and Securities Losses in U. S. MYM1. 8 Trillion of Which Borneby U. S. Banks/Brokers," *RGE Monitor*, January 2009, p. 8.
④ 盖特纳在纽约经济俱乐部的发言，"Reducing Systemic Risk in a Dynamic Financial System," June 9, 2008, 详见 http://www.ny.frb.org/newsevents/speeches/2008/tfg080609.html.

Roubini 和 Elisa Parisi-Capone 还估算美国商业和投资银行在未证券化次级贷上的盯市损失达 2250 亿美元。①美国以外金融机构的盯市损失是美国损失的 40%，所以全球的银行和其他金融机构都受到了较大打击——当然打击程度取决于私人抵押贷款支持证券市场失败时他们的头寸有多少。我没有其他的数据来反映私人抵押贷款支持证券市场崩溃对其他美国金融机构产生的盯市效应，但可以认为他们的损失也与他们持有的私人抵押贷款支持证券相当。

如此大规模的损失——尤其是把与抵押贷款无关的证券和贷款损失加进去——足以让人质疑美国及全球大量银行、投行和其他金融机构的稳定性了。但是，还有一个因素也加剧了私人抵押贷款支持证券市场失败带来的负面效应。虽然会计规则不要求所有的私人抵押贷款支持证券减记，但是投资者不知道金融机构持有的是最差资产，也不知道有多少资产要减记。无论金额多少，一旦投资者们怀疑这些机构的稳定性，就会减少他们的资本头寸。这也就是贝尔主席总结的第三个因素：资产负债表效应。

政府房地产政策通过私人抵押贷款支持证券将损失传递给最大的金融机构，传导步骤如下：

①机构担保或持有的 1900 万美元非传统抵押贷款导致房地产泡沫膨胀扩大；②房地产泡沫的膨胀压制了损失的出现，而损失原本会阻止非传统抵押贷款支持的私人抵押贷款支持证券的继续发展；③对非传统抵押贷款的争抢使次级贷款人超出风险曲线范围去寻求把高利润的抵押贷款证券化，尤其是这些贷款似乎没有产生与其风险相衬的损失；④当泡沫终于破灭，所有非传统抵押贷款（大部分由机构担保或持有）出现空前的债务违约，引发投资者逃离私人抵押贷款支持证券市场，降低了金融机构持有的私人抵押贷款支持证券的流动性；⑤盯市会计法要求这些机构减记他们所持有的私人抵押贷款支持证券以及其他与抵押贷款相关的资产价值，这种做法减少了他们的资本头寸，使他们的稳定性和偿债能力受到怀疑。

政府行动制造了一场恐慌

2008 年的金融危机更像一场老套的投资者和债权人的恐慌。在经典之作《疯狂、惊恐和崩溃：金融危机史》中，查尔斯·金德尔伯格和罗伯特·Z. 阿利伯把恐慌的原因分为远因和近因："任何危机的远因指的是信贷和投机的扩张，

---

① Nouriel Roubini and Elisa Parisi-Carbone, "Total MYM3.6 Trillion Projected Loan and Securities Losses," p. 7.

近因指金融体系信心衰弱、诱发投资者抛售大宗商品、股票、不动产、汇票、本票以增加货币持有量。"[1]在2008年的金融恐慌中,可以很清楚地看到,远因是政府房地产市政策导致金融系统中非传统抵押贷款不断增加。高风险质次资产大规模增长为金融体系酝酿了某种危机。把这种潜在危机转变成一场全面的实实在在的危机(即恐慌的近因),也是政府一系列行动的结果——2008年出手救助贝尔斯登,6个月后救助雷曼兄弟失败。从给公众带来的成本的角度来看,这是有史以来政府犯下的最大的政策错误,导致错误政策和错误判断的原因至今尚待探讨。

拯救贝尔斯登的教训是,人们想当然地认为大型的尤其是比贝尔还大的那些金融机构应该得到救助。这种思维和行动带来的道德危害不可逆转地改变了世界金融体系中包括雷曼兄弟在内的每个大型公司。从那时起,①更高的资本需求已经不那么重要,政府纾困的可能性能够安抚债权人,所以没有必要通过提高资本来削弱股东力量;②雷曼兄弟这样的公司,本来可以由更大的公司收购或者由战略投资者新注入资金来加以救助而得以幸存,与潜在收购方的谈判却异常艰难;③潜在收购方期望美国政府能够像对待贝尔斯登那样承担一些成本,但是政府却没有对雷曼兄弟伸出援手;④储备金作为一种货币市场共同基金,显然认为雷曼会得到拯救,于是坐等自己被救,决定不出售手中持有的已严重缩水的雷曼商业票据,结果给货币市场基金业带来灾难性后果。

但是,雷曼兄弟没有获救,其债权人也没有被救。当美国金融公司发生大规模盯市损失的时候,他们的偿债能力和稳定性受到质疑,雷曼兄弟的消亡确实是个重大打击。它推翻了市场参与者对贝尔斯登被救后政府政策的理性预期。由于不知道孰强孰弱,大家一窝蜂转向政府证券。由于担心投资者要求回报或者担心公司客户动用信用额度,银行开始囤积现金。银行之间不再拆借,甚至连隔夜贷款都不做了。正如贝尔主席所指出的,这就是金融危机了。此后发生的一切都只是在收拾这个烂摊子。

这个分析指出了金融危机的主要原因就是政府住房政策导致出现了(美国金融市场上)空前的非传统抵押贷款。这些质次风险高的贷款为房地产泡沫推波助澜,而泡沫开始萎缩的时候,这些贷款发生了空前的债务违约。美国和全球金

---

[1] Charles P. Kindleberger and Robert Aliber, *Manias, Panics, and Crashes: A History of Financial Crises*, 5th edition, John Wiley & Sons, Inc., 2005, p. 104.

融机构持有的私人抵押贷款支持证券有发生损失的危险，破坏了他们的流动性和稳定性。

2700万笔次级和次优贷款的积聚不是偶然事件，全球金融失衡、获利率超低也不是偶然发生的。 这些贷款和泡沫是某些非常微不足道的事件的结果：美国政府的房地产政策（由美国住房与城市发展部领导的两个部门）蓄意地降低了抵押贷款承销标准，以便使更多人能够买得起房。 这个做法是为了皆大欢喜。美国的住宅保有量确实达到了历史新高。 但是，其结果却是一场金融灾难，美国至今尚未从中完全恢复。

三　美国政府在促进非传统抵押证券市场发展中的作用

我们在前一章描述了金融系统受到的损害，造成这种损害的原因是由于在2008年发售的2700万笔非传统抵押证券中出现了历史上从未有过的巨大数量的债务违约。 由于其危害巨大，我们必须探究金融危机的最大问题——为什么会出现如此众多的质次抵押贷款。 或者说在1997～2007年金融泡沫之前或期间，为什么抵押贷款标准的下降幅度会如此巨大，以至于允许产生如此多的非传统抵押证券。 此次承销标准大规模且前所未有的变化必有其诱因——仅出现在20世纪90年代或之后的一些诱因。 第三部分论述了这个重要问题。

对金融危机的常见解释是由美联储主席伯南克在莫尔海德学院（Morehead Cdloge）演讲时提出的，这段讲话也出现在第二部分的开篇：

> 如果一国能对国外流入的存款进行合理投资，那么这些资金就对该国有益。 不幸的是，对美国和其他一些国家来说，事实并非如此。 当存在可支配资金盈余时，金融机构会抢夺借贷人，而且在危机出现前的几年里，向家庭和企业发放贷款成为相对便宜且容易做到的事情。 一个重要的后果就是美国的房地产兴旺，且这种兴旺大部分来自快速扩张的房屋抵押贷款。 但不幸的是，很多这种贷款操作都不太合乎规范，例如，贷款者支付很少甚至不支付首付，或者放贷方没有考虑贷款者每月的还款能力。 放贷方可能变得大意，因为就像当时其他人一样，他们预计房价会继续增长——而因此借贷人房屋价值会不断增加——加上当时信贷宽松，这些条件都让借款人有能力再融资。 监管者没能有效预防不合规范的房屋抵押贷款，部分是由于贷

出不良贷款的公司受政府管制影响小或根本不受影响。①

换句话说，世界金融市场的流动性使美国银行通过降低他们在抵押和其他贷款上的承销标准来争夺借贷人。贷款人变得不再小心谨慎。监管者的监管努力失败了。不受监管的贷款人发放不良贷款。有人要问：银行通过降低抵押贷款标准来争夺借款人，这是否说得通？抵押贷款的发起者——无论是储贷社、商业银行、抵押贷款银行或不受监管的经纪人——已经为此竞争了 100 年，因而为潜在的贷款者提供了最低的利率和最高的收益。但在过去，一般来说不会导致或涉及降低抵押贷款承销标准。那些造就传统美国抵押市场的贷款标准一般为 15~30 年的摊销贷款，贷给那些能提供至少 10%~20% 的首付款、拥有良好信用记录、又有工作及收入稳定的购房者。因其固有的质量保证，这种贷款被视为优质抵押贷款。

过去曾出现过次级贷款和次级贷方，但在 20 世纪 90 年代初，次级贷方一般指专为不能获得传统抵押贷款的人提供贷款的利基参与者。这些人提供的贷款额度相对较小，而利率又高于市场，为的是补偿违约风险损失。另外，抵押贷款银行和其他机构依赖联邦住房管理局提供的保险来化解低首付、减值贷款和高负债比率的贷款。直到 20 世纪 90 年代，这些非传统抵押证券还仅占抵押贷款总额的一小部分。总体来说，当时很少用到较低的承销标准，原因很简单，低标准可能在抵押贷款出现违约时造成巨大损失，且很少有贷方愿意持有这种抵押贷款。另外，在美国，房利美和房地美是这些中级抵押贷款的主要买主，它们放贷风格十分保守。如果不是传统抵押贷款生意，房利美、房地美或其他二级市场买主根本不感兴趣。

如果制造出一件次品——无论是家用清洁剂、手机还是贷款——人们很快就会认识到产品的质量问题，然后把制造者踢出市场，这是常识。但是这种情况却没出现在抵押贷款上，从 20 世纪 90 年代到 2000 年左右，抵押贷款质量越来越差，风险越来越高，这是怎么发生的呢？

从报告中可以看出，调查调查委员会"多数人"都认为抵押贷款发起者控制着贷款质量。在委员会的报告中，有大量篇幅讨论"发起—分销"的理念，即发起者不用关心抵押贷款质量，因为最终这些贷款将被廉价出售。按照委员会

---

① Speech at Morehead College April 14, 2009.

的说法，发起者并没有任何投入，而发放次级贷款的动机则是赚取费用，即从发行到证券化过程的每个步骤中赚取利润。

这个理念使抵押贷款市场发生了翻天覆地的变化。抵押贷款发起者可以随意发放次级贷款，但除非有买主，否则他们赚不到一分钱。此时，实质问题则是为什么会存在次级抵押贷款的买主？这也就同样问到为什么始创于1990年初的抵押贷款承销标准会下降得如此严重？就像拉古拉姆·拉詹教授在"错误连连"（Raghuram G. Rajan，*Fault Lines*）中描述的："经纪人慢慢发现市场上居然有人会毫不犹豫地购买次级贷证券，于是纷纷开始发行贷款，也不去查看贷款者的信用度，因此信用质量受到侵害。但是在一段时间里，这些问题被不断增长的房价和很低的违约量所掩盖——宽松的信贷掩盖了其自身引发的众多问题，直到房价停止增长，债务违约数量爆发。"[①]

谁是这些买主？2008年6月30日的非传统抵押贷款（见表1）显示，依政府规定购买、持有或把资产转化为非传统抵押贷款的政府机构和私人组织持有三分之二、约1900万笔的抵押贷款。表1也显示出占到剩下三分之一的私人机构有785万笔左右的贷款。换句话说，如果我们在国内寻找购买非传统抵押贷款的买主，那么政府政策似乎可以算作罪魁祸首。当然私人机构也承担一定责任，但只是次要的。而且，私人机构做的只是对需求做出反应——这也是私人机构的本质角色——但政府的角色则是推出经深思熟虑的政策，政府依自己的意愿创造了本不该出现的需求。

与调查委员会的看法不同的是，抵押贷款承销标准恶化的原因不是因为银行或其他发起者突然开始发放不良贷款，也不是因为那个层面缺乏监管。有记录清晰地显示，是政府监管规则使联邦住房管理局、房利美和房地美、抵押贷款银行和各种被保险银行争相成为次级贷买家。为了达到政府的各项监管要求，他们必须依赖非传统抵押贷款。房利美和房地美必须满足越来越严格的经济适用房要求。联邦住房管理局则需要向低收入贷款者提供贷款保险，否则不能放贷。银行和储贷社也受社区再投资法影响，要表明他们也向同类型贷款者提供贷款。抵押贷款银行也按要求响应住房与城市发展部"最佳做法倡议"的要求以及克林顿政府的"国家住房保有量策略"的要求提供同样的贷款。这些公司发放贷款的动机根本不是赚取利润，只是按照政府的指令行事而已。在这种背

---

① Raghuram G. Rajan，*Fault Lines*，p. 44.

景下，所有这些机构都竞相购买质次的抵押贷款，承销标准下降也就不奇怪了。

1. 住房与城市发展部的重要作用

住房与城市发展部秘书长珊恩·多诺万（Shaun Donovan）在2010年4月4日众议院金融服务委员会的证词中提到政府支持企业时公开表示："目睹2004～2006年间因需求转变导致市场份额减少后，政府支持企业决定拓宽业务重点，从更安全的优质贷款转向追逐非优质贷款市场，一步步放松长久以来的承销和风险管理标准。这不仅对这些企业，而且最终对美国纳税人都是个灾难性的决定。"

更早些时候，2010年1月，在"致美国国会关于'止赎危机'根本原因的报告"中，住房与城市发展部声明："政府支持企业面临严重金融困境——被联邦政府接管——强有力地证明了这些企业确实过多地接触了风险抵押贷款投资。但事实证明，政府支持企业做出决定要购买或担保非优质贷款，更多动力是来自追求市场份额和利润，而不是满足联邦监管要求。"①

一旦出现问题，华盛顿马上指责他人，而机构和个人也都一直努力为自己的错误决策寻找"替罪羊"。住房与城市发展部责难房利美和房地美应当为不断下滑的承保标准负责，此举为逃避责任树立了新标准。相较上面2010年的声明，住房与城市发展部在2000年的表述与之相反，当时它正大幅提高房利美和房地美经济适用房的目标：

> 20世纪90年代，低收入和少数族群家庭就已经因能够得到抵押贷款获益颇多，原因是多方面的：经适房供应量增大、再投资法得以有力贯彻实施、贷款承销更灵活，公平住房法进一步实施等。但大多数行业观察者确信，这些收益归根到底就是在住房与城市发展部制定的经济适用型借贷目标的指挥下，房利美和房地美表现不断提升的结果。近期，住房与城市发展部又提升了2001～2003年目标，这将激励那些政府支持企业为更高的经济适用借贷目标继续做出贡献。②

或者如住房与城市发展部在2004年的陈述，当时它再一次提升了房利美和

---

① Report to Congress on the Root Causes of the Foreclosure Crisis, January 2010, p. xii, http://www.huduser.org/portal/publications/hsgfin/foreclosure_09.html.
② Issue Brief: HUD's Affordable Housing Goals for Fannie Mae and Freddie Mac, p. 5.

房地美的经济适用房目标：

> 数百万的美国人由于没有合格的收入证明文件、首付或者手头现金有限、或者希望通过再融资拿到比传统贷款更多的现金，因而没有优质信用记录或者达不到严格的优质贷款承销要求，这些人只能依赖次级贷方获得抵押贷款。假如政府支持企业能更深入参与次级贷款市场，提供更稳定更标准化的贷款，将会有更多的借款人从中获益。①

最后，再看看住房与城市发展部在 2005 年的表述：

> 越来越宽松的抵押贷款融资对房屋需求的增长十分有利。在 20 世纪 90 年代，住房与城市发展部以及银行监管部门都鼓励贷方增加给低收入家庭和少数族群家庭提供的贷款。社区再投资法、房屋抵押公开法、政府支持企业的住房目标，以及公平贷款法都大力支持抵押贷款经纪人和贷方向市场中低收入家庭和少数族群家庭提供贷款。有时，这些贷款者的信用风险很高，比如有不良信用记录及高负债或首付过少。面对这些情况，贷方往往提供给他们低首付的贷款产品和自动承保，这能帮助贷方确定贷款风险。②

尽管住房与城市发展部在近期竭力否认它们在助长次级贷增长和其他高风险抵押借贷中的作用，但不可否认的是，有事实证明在 20 世纪 90 年代初，住房与城市发展部的确降低了其势力范围内的各个领域中抵押贷款市场的承销标准。在国会立法的支持下，这个政策从克林顿政府期间就开始实施，并几乎延伸到布什政府执政结束。住房与城市发展部下属的联邦住房管理局、受住房与城市发展部经适房政策影响的房利美和房地美以及虽然不受住房与城市发展部监管，但顾忌社区再投资法制裁而实施这一政策的抵押贷款银行业都参与实施了更低的承销标准。③此外，尽管不受住房与城市发展部管制，1995 年实施的《社区再投资法案》也引

---

① Final Rule, http://fdsys.gpo.gov/fdsys/pkg/FR-2004-11-02/pdf/04-24101.pdf.
② HUD PDR, May 2005, HUD Contract C-OPC-21895, Task Order CHI-T0007, "Recent House Price Trends and Homeownership Affordability," p. 85.
③ Steve Cocheo, "Fair-lending pressure builds," *ABA Banking Journal*, Vol. 86, 1994, http://www.questia.com/googleScholar.qst?docId=5001707340.

导了贷款风潮，社区团体可获得大量符合《社区再投资法案》标准的抵押贷款及其他贷款，把它们提供给次级贷款者。①

到2004年，住房与城市发展部确信它完成了一直期待的"革命"：

在过去10年中，我们经历了一场"经济适用借贷革命"，这场革命扩大了那些从前没有被惠及到的家庭获得住房的机会。房利美和房地美是这场革命中不可缺少的一部分。20世纪90年代中到末期，他们提高了承销灵活性，增添了新的低首付产品，并在评估贷款者信用时加大使用自动承保力度。HMDA的数据显示，贷款行业及政府支持企业率先开展的活动增加了不符合贷款条件的借款人的信用量。1993～2003年间，面向低收入家庭和少数族群家庭的传统贷款增长率高于面向高收入家庭和非少数族群家庭的贷款率。②

但是这场革命却成了巨大的政策错误。到2010年，甚至由住房与城市发展部管理的最支持经适房政策的人们也开始意识到他们犯下的错误。8月末，拉里·库罗（Larry Kudlow）主持的CNBC台采访节目请到了房屋金融服务委员会主席、之前最支持经适房政策的倡导者巴尼·弗兰克，他勉强承认了自己的错误："我希望到明年，我们能完全放弃房利美和房地美……将低收入人群推向他们根本付不起，或不能还请贷款的房屋是错误的。"他还补充道，"我对房利美和房地美一直太过乐观了。"③

2. 抵押贷款承销标准降低

在1992年政府支持企业法实施和住房与城市发展部采用新政策以降低承销标准之前，政府支持企业一直遵循保守的承销做法，例如，在房利美对1988年10月到1992年1月间25804笔贷款的随机检查时发现，其中有超过78%的贷款价值比为80%，仅有5.75%的贷款的贷款价值比为91%到95%。④高风险借贷仅限于由住房与城市发展部主导和向其出售他们发起的抵押贷款的专业次级贷贷

---

① 参见 NCRC，*CRA Commitments*，2007。
② *Federal Register*，Vol. 69，No. 211，November 2，2004，Rules and Regulations，p. 63585，http://fdsys.gpo.gov/fdsys/pkg/FR-2004-11-02/pdf/04-24101.pdf.
③ Larry Kudlow,"Barney Frank Comes Home to the Facts,"GOPUSA，August 23，2010，参见 www.gopusa.com/commentary/2010/08/kudlow-barney-frank-comes-home-to-the-facts.php#ixzz0zdCrWpCY（accessed September 20，2010）.
④ 作者文档中的文件。

方来做。什么原因导致保守承销标准的下降呢？调查委员会"多数人"都赞同伯南克主席的看法，似乎确信原因来自银行间的竞争，发起者不负责任的行为以及他们对利益的追求，除此之外，委员会报告没有提供其他解释。

但是，寻找房利美和房地美或向他们出售产品的发起者降低抵押贷款承销标准的原因并不难，住房与城市发展部在无数声明中清楚表明，其政策就是为了降低承销标准以便使低收入贷款者获得信贷。政府支持企业法使住房与城市发展部有能力让房利美和房地美与联邦住房管理局竞争，反之亦然，也就是变成提供更低抵押贷款标准的竞赛。房利美基金会在其2000年报告中阐述："在房利美和房地美开始接受贷款价值比更高和承销更灵活的贷款之前，联邦住房管理局的贷款份额（次级贷）一直居全美之首。"①

依据政府支持企业法，住房与城市发展部秘书处有权为房利美和房地美设定经适房目标。国会要求这些目标必须包括中低收入目标和特殊经济适用目标（后面详解），这些目标在未来都可进行调整。在各种因素中，秘书处为设立目标考虑的因素是全国住房需求和"企业（房利美和房地美）引导行业向中低收入家庭提供抵押贷款信用的能力"。政府支持企业法也设立了一个从1993年1月1日起为期两年的经适房过渡目标，即30%。在这个要求下，政府支持企业购买的抵押贷款中必须有30%为经适房贷款，即以地区平均收入水平或低于这个水平发放给借贷人的贷款。②

该法案又进一步设立了一个"特殊经济适用型"目标，以便满足"在低收入地区的低收入家庭和极低收入家庭未被满足的需求，向他们提供经济适用型贷款"。这一类别定义如下：（1）45%的贷款提供给住在"普查范围"平均收入不超过地区平均收入80%的低收入家庭；（2）55%的抵押贷款提供给极低收入家庭（之后被定义为地区平均收入的60%）。③尽管最初政府支持企业法要求政府支持企业在特殊经济适用型贷款上的费用"不得低于前一年政府支持企业发放抵押贷款总额的1%"，但在接下来的几年里，住房与城市发展部将这个标准大幅提高。最终，这个标准成为房利美和房地美经适房方政策中要求最高的一个。

---

① Fannie Mae Foundation, "Making New Markets: Case Study of Countrywide Home Loans," 2000, http://content.knowledgeplex.org/kp2/programs/pdf/rep_newmortmkts_countrywide.pdf.
② GSE Act, Section 1332.
③ GSE Act, Section 1333.

最后，政府要求政府支持企业："（A）协助主要贷方在低收入家庭和少数族群家庭地区提供住房信用；（B）协助已保险储蓄机构依据《1977年社区再投资法》要求，履行他们的义务。"更多关于《社区再投资法案》及其对抵押贷款质量影响的信息详见本章后半部分。①

国会在该法案中明确说明，该法案的目的是质疑当时的高质量承销指南。它通过引导房利美和房地美审查以下事项来达到该目的：

（1）承销指南从多大程度上妨碍或禁止购买或者证券化混住区、市中心、少数族群居住区的房屋抵押贷款以及中低收入家庭住房抵押贷款。

（2）私人抵押贷款公司的承销标准，以及该标准对企业在（1）中描述的抵押贷款购买或使其证券化的影响程度；

（3）实施承销标准的意义：

（A）为抵押贷款借贷人设定5%或更低的首付要求。

（B）允许使用现金支付。

（C）如果借款人有过违约信用记录，但能提供从贷款申请日前至少12个月的令人满意的信用记录，则可批准放贷。②

我无法找到房利美和房地美按照该法案要求提供的项目报告记录，但是相信两家公司，包括住房与城市发展部都清楚国会要求进行这些检查的理由。过去盛行的承销标准禁止向中低收入家庭提供抵押贷款融资，但现在为了满足法案的目标，这个标准也就大大降低了。无论是出于什么动机，住房与城市发展部开始承诺首付要求将会大幅下调（最终降到零），并且过去的信用记录在申请抵押贷款时变得不再那么重要（这使得次级贷款变得更普遍）。

直到1995年，住房与城市发展部才实施政府支持企业法案中的经适房目标。除了现在占很小部分的特殊经济适用型支付要求外，这些目标要求都不高，都能得以实现。作为常规业务，政府支持企业似乎达到了政府设定的目标——购买占其总额30%的以低于地区平均收入提供给借款人的抵押贷款。但是在1995年，住房与城市发展部将中低收入目标提高到40%，实施到1996年，从1997年起变成42%。对房利美和房地美的影响而论，住房与城市发展部这时最重要的一步就是设定了一个12%的特殊经济适用型目标（面向低收入

---

① GSE Act, Section 1335.

② GSE Act, Section 1354(a).

和极低收入借款者），这个数字到1997年变成了14%。寻找面向低收入和极低收入借款者（分别是80%地区平均收入和60%地区平均收入）且不包含高风险的贷款是非常困难的。早在1995年11月，甚至在这些新的或更高目标生效之前，房利美的员工就已经意识到贷款价值比高达97%的（首付3%）①社区购房者计划违约率年已超过公司在1992年发起时预期比率的26%，1993年为93%，1994年为57%。②

1995年，为了提高住房拥有率而降低承销标准的住房与城市发展部发布了一个新的政策，名为"全国住房保有战略：美国梦想的合作伙伴"。该战略应克林顿总统要求，③在秘书长亨利·希斯内罗斯的领导下，由住房与城市发展部制定。战略的第一章第一段提到："国家住房保有计划旨在通过公共和私人住房产业部门的密切合作，在未来的六年内，使美国住房保有率达到历史最高。"

战略报告接下来提到："行业代表同意成立工作组协助国家住房计划的实施"，并表明此举的目标之一是通过降低首付最终提高住房自有率。"信贷机构、二级市场投资人、抵押贷款保险公司和其他合作成员应该共同致力于降低住房贷款首付标准。除了提供高贷款价值比的贷款融资，还要加强借款人咨询服务，并且在可能的情况下向借款人提供支付首付的资源。"④根据住房与城市发展部的总结报告，战略旨在使融资"更有效、更普及、更灵活"。⑤如下：

> 人们普遍认为，很多达不到住房抵押贷款要求（不管这是事实还是臆想）的年轻家庭是提高住房自有率的重大障碍。国家住房计划要求政府和抵押贷款部门采取措施，旨在：
> 通过精简规章和提高技术及程序效率降低交易成本。
> 通过提高条款的灵活性降低首付要求和利息成本，为中低收入家庭提供补贴，并出台为购房而储蓄的刺激政策。

---

① Fannie Mae, "Opening Doors with Fannie Mae's Community Lending Products," 1995, p. 3.
② Fannie Mae, Memo from Credit Policy Staff to Credit Policy Committee, "CHBP Performance," November 14, 1995, p. 1.
③ HUD, "The National Homeownership Strategy: Partners in the American Dream," 参见 http://web.archive.org/web/20010106203500/www.huduser.org/publications/affh sg/homeown/chap1.html。
④ IHUD, "The National Homeownership Strategy: Partners in the American Dream," Chapter 4, Action 35.
⑤ 住房与城市发展部使用"灵活"一词是有特殊含义的，参见第584页注③。

在全国范围的住房市场上,开发更多可替代性融资产品。①

住房与城市发展部实行经适房计划和国家住房计划的重中之重是降低首付,对于降低承销标准起了推波助澜的重要作用。表4是大量关于20世纪90年代以来的贷款案例,可以说明低首付和抵押贷款风险之间的风险关系。特别需要指出的是低首付(例如高抵押贷款批准率)加上低信用级别(次级贷款),会导致预期贷款违约风险会高出几倍。例如,一个信用评分低于620、首付只有5%的贷款,不履行还款的风险是首付为25%时的4.2倍。

表4 高贷款价值(LTV)比加剧了低评分贷款的风险*

	第一栏	第二栏	第三栏	第四栏	第五栏	第六栏
第一行	FICO 评分	≤70% LTV	71%~80% LTV	81%~90% LTV	91%~95% LTV	和第五-第三栏的关系
第二行	<620	1.0	4.8	11	20	4.2 倍
第三行	620~679	0.5	2.3	5.3	9.4	4.1 倍
第四行	680~720	0.2	1.0	2.3	4.1	4.1 倍
第五行	>720	0.1	0.4	0.9	1.6	4 倍

* "Deconstructing the Subprime Debacle Using New Indices of Underwriting Quality and Economic Conditions: A First Look," by Anderson, Capozza, and Van Order, 参见 http://www.ufanet.com/DeconstructingSubprimeJuly2008.pdf。

尽管明显存在这些风险,住房与城市发展部仍将由私营部门实施的降低首付要求视为其通过"合作伙伴计划"成功实现增加房屋拥有率战略的关键之一。"合作伙伴计划"是住房与城市发展部和抵押贷款融资团体设立的:"借款人产权是评估抵押贷款质量的一个重要方面。然而,很多低收入家庭没有途径获得支付首付的充足资金。虽然合作伙伴计划成员已经从很大程度上减少了购房的这一障碍,但还要继续努力。1989年,只有7%的住房抵押贷款首付比例低于10%。到1994年8月,低首付抵押贷款比例已增加至29%。"②

住房与城市发展部的政策圆满实现了预期目标。1989年,230名购房户中只有1户能以3%或更低的首付购房,但是到2003年,7户中就有1户购房者享受同等水平的首付比例,到2007年,接近三分之一的购房户可以享有低首付比

---

① HUD, Urban Policy Brief No. 2, August 1995, available at http://www.huduser.org/publications/txt/hdbrf2.txt.

② HUD's "National Homeownership Strategy-Partners in the American Dream," http://web.archive.org/web/20010106203500/www.huduser.org/publications/affh sg/homeown/chap1.html.

例。图 4 显示了在住房与城市发展部的政策调控下，贷款价值比（LTVs）和当前贷款价值比（CLTVs，第一次和第二次贷款加总得出更低的首付）逐渐提高。值得注意的是，从 1992 开始，住房与城市发展部政策开始对美国政府支持企业能够接受的首付水平施加影响。

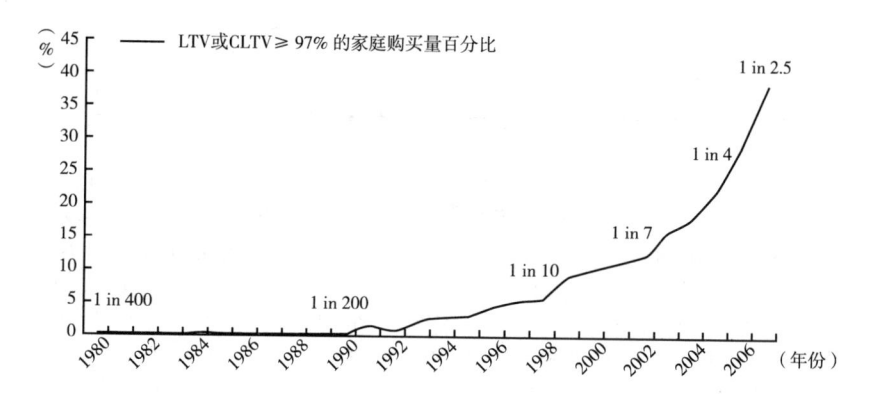

图 4　LTV 或 CLTV ≥ 97% 的家庭购买量百分比估值（含联邦住房管理局和传统贷款*）

* 以房利美 LTV 或 CLTV ≥ 97% 的家庭购买量百分比为例。
资料来源：FHA 2009 Actuarial Study, and HUD's Office of Policy Development and Research-Profiles of GSE Mortgage Purchases in 1999 and 2000, in 2001-2004, and in 2005-2007, and Fannie's 2007 10-K. Compiled by Edward Pinto。

住房与城市发展部的经济适用房目标是房利美提高贷款价值比（低首付）的原因，这在房利美于 2003 年 1 月 10 日向住房与城市发展部部长助理阿尔伯特·特雷维诺(Albert Trevino)做汇报时清楚地显示出来："市场分析显示，对于多数租户来说，购买房屋的最大障碍与财富有关——他们没钱付首付……我们的低首付贷款——在 1994 年以前是微不足道的——已经实现了可观的增长。这是我们服务低收入和小部分借款人策略的关键内容。"伴随这一说法的数据显示房利美的贷款价值比超过 95% 的抵押贷款已经从 1994 年的 1% 提高到了 2001 年的 7.9%。[①]

图 5 显示了低首付款与抵押贷款违约的密切关系。图 5 对比了美国联邦住房管理局 97%（或更高）的当前贷款价值比或贷款价值比抵押贷款的增长与抵押贷款银行协会发布的所有贷款丧失抵押品赎回权启动率的增长。

1995 年，美国住房与城市发展部也规定，房地美和房利美可以获得经济适

[①] "Fannie Mae's Role in Affordable Housing Finance: Connecting World Capital Markets and America's Homebuyers," Presentation to HUD Assistant Secretary Albert Trevino, January 10, 2003.

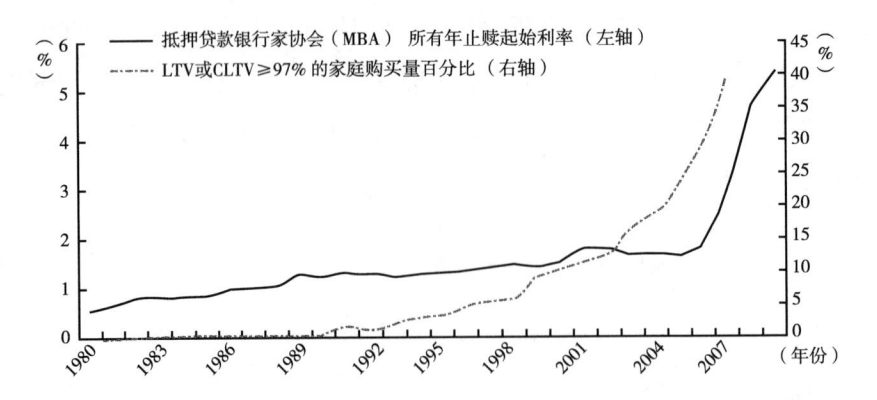

图5　低首付款与抵押贷款违约的密切关系

资料来源：MBA National Delinquency Survey, FHA 2009 Actuarial Study, and HUDs Office of Policy Development and Research-Profiles of GSE Mortgage Purchases in 1999 and 2000, in 2001－2004, and in 2005－2007, SMR's "Piggyback Mortgage Lending," and Fannie's 2007 10－K. Fannie is used as the proxy on the conventional market. Compiled by Edward Pinto。

用房信用来购买由低收入借款人贷款支持的私人抵押贷款支持证券。① 这就为次级贷款者提供了以经济适用房为目标的创造大量次级贷资产池的机会，这些次级资产再通过华尔街的承销商卖给房地美和房利美，后两者在2002～2005年间成为高风险私人抵押贷款支持证券的最大买家。② 然而建立这些私人抵押贷款支持证券资产池不是为了盈利。正如房利美的首席信贷官阿道夫·马尔佐（Adolfo Marzol）在2005年写给房利美的首席执行官丹·穆德的备忘录中所说的："少数群体放贷目标和住房贷款目标非常有挑战性，要将其实现，就必须在2004年大量买入私人抵押贷款支持证券。"③通过创造一个由各种非传统抵押贷款支持的私人抵押贷款支持证券市场，房地美和房利美可以使之前主要从事优质贷款证券化的华尔街开始进行各种非传统抵押贷款支持的私人抵押贷款支持证券的承销业务。

从克林顿时代起，美国住房与城市发展部就开始实施这些政策，并一直延续到布什时代，最终导致了2007年的抵押贷款危机，大量的无首付或低首付贷款和其他非传统贷款充斥着整个金融体系。但是1995年7月，没人意识到住房与

---

① http://www.washingtonpost.com/wp－dyn/content/article/2008/06/09/AR2008060902626.html.
② See Table 3 of "High LTV, Subprime and Alt－A Originations Over the Period 1992－2007 and Fannie, Freddie, FHA and VA's Role" found at http://www.aei.org/docLib/Pinto－High－LTV－Subprime－Alt－A.pdf.
③ Fannie Mae, internal memo, Adolfo Marzol to Dan Mudd, "RE:Private Label Securities," March 2, 2005.

城市发展部这些政策的风险。 正如克林顿总统在1995年的一个演讲中说道："我们的住房保有发展战略不会额外花纳税人一分钱。 无须立法，只需要更多的联邦计划支持或增加联邦办事程序。"①总结一下就是：只要能够获得私营部门的支持，政府可以在不扩张的情况下实现很多目标。 但是，正如我们现在已经知道的，这不意味着纳税人最终不需要付出代价。

在住房与城市发展部秘书安德鲁·科莫（Andrew Cuomo）领导下，经济适用房目标的又一重大举措出台了。 1999年7月29日，住房与城市发展部新闻发布稿的标题为："科莫颁布法案称将为2810万个家庭提供达2.4万亿美元的经济适用房贷款"。②

新闻稿的开头是这样的："住房与城市发展部秘书科莫今天发布一条政策，要求美国最大的两个住房金融公司在未来10年内购买2.4万亿美元的抵押贷款，为大约2810万中低收入家庭提供经济适用住房。"新闻稿还引用了克林顿总统的一段话来强调这一倡议的重要性："在过去的六年半中，本届政府大力促进住房保有量，保证所有美国人都可以买得起房。 今天，住房保有率达到了空前的高度，有超过66%的美国家庭都拥有自己的房子。 今天，我们还要迈出重要的另一步。"

新闻稿接着指出，经济适用房目标要求将得到实质性的提高。 "在更高目标要求下，房利美和房地美将购买4883亿美元抵押贷款，用来在未来10年内为700万中低收入家庭提供经济适用房。 如果不突破目前的目标，只有2100万家庭总额为1.9万亿美元抵押贷款发生，而新抵押贷款和房屋的总额超过了这一数字。"

发布会还指出，"房利美主席富兰克林·雷恩斯与科莫共同出席了新闻发布会，科莫在发布会上宣布了住房与城市发展部的行动。 雷恩斯则表示房利美会全力以赴实现住房与城市发展部提高了的经济适用房目标。"

住房与城市发展部讨论规则时揭示了经济适用房目标大幅提高背后的政策："为了实现政府支持企业法案的实施，政府支持企业项目应该引领企业，确保超低和中低收入水平家庭及未被惠及的地区居民能够获得抵押贷款。"

住房与城市发展部认识到，为了引导抵押贷款产业实现上述目标，政府支持

---

① William J. Clinton, Remarks on the National Homeownership Strategy, June 5, 1995.
② HUD Press Release, HUD No. 99-131, July 29, 1999.

企业必须要实现某些目标，填补二级贷款市场和优质贷款市场之间的空白。这与国会"企业必须扩展业务以实现这些目标"的看法不谋而合。①

新经济适用房目标公布于1999年，不过直到2000年10月才最终实施。其具体情况是惊人的，迫使房利美和房地美不得不进入一个更具挑战性的时代。它们的基本目标即中低收入水平，从原先要求的42%提高到了50%。特殊经济适用房目标从14%提高到了20%。因此，75%的增长目标都集中在超低和低收入类别，而这些类别的风险也是最大的。住房与城市发展部的一份备忘录概括了新的规则：②

>从2001～2003年，每年的目标如下：
>
>低收入和中等收入的目标。在政府支持企业通过购买抵押贷款提供融资的住宅单元中至少有50%要提供给收入不高于地区平均收入（都市区或非都市县区的平均收入）的家庭。1997～2000年相应的目标是42%。
>
>特殊经济适用房目标。在政府支持企业通过购买抵押贷款提供融资的住宅单元中，至少有20%应当提供给超低收入家庭（收入不足地区平均收入的60%）或低收入水平地区的低收入家庭（不足中低收入水平的80%）。1997～2000年相应的目标是14%。
>
>受惠水平低下地区的目标。在政府支持企业通过购买抵押购贷款提供融资的住宅单元中，至少有31%的住宅单元应该位于受惠水平低下的地区。住房与城市发展部及其他机构的研究表明，在低收入和少数族群聚居区，抵押贷款拒贷率较高，贷款发起率较低。而这正是住房与城市建设部对受惠水平低下地区定义的基础。1997～2000年相应的目标是24%。

住房与城市发展部的更为严格的新经济适用房目标立即引起了政府支持企业对社区再投资法贷款的浓厚兴趣，因为其中很大一部分贷款可能符合目标要求。这在房利美副主席杰米·格雷利克（Jamie Gorelick）的讲话中已经显而易见了。2000年10月30日，就在住房与城市发展部宣布政府支持企业经济适用房目标提高后，格雷利克在一个美国银行家协会会议上发表了讲话：

---

① http://frwebgate.access.gpo.gov/cgi-bin/getdoc.cgi?dbname=2000_register&docid=page+65043-65092.

② HUD, Office of Policy Development and Research, Issue Brief No. 5, January 2001, p. 3.

你们的社区再投资法业务对我们非常重要。自1997年以来，我们的特别社区再投资法业务已经有了近70亿美元的规模——这些业绩都是和众多信托人合作的结果，我们的信托人跟各位银行的信托人没什么两样。但是，这仅仅是个开始。在这个十年结束之前，房利美承诺将在特殊社区再投资法业务上融资200多亿美元，在社区再投资法总业务上融资5000多亿美元……

我们需要各位的社区再投资法贷款，因为它们能帮助我们实现新的住房目标……我们从你们的投资组合中购买或把它们打包转换成证券……你们一发起这些贷款，我们就立刻购买……你们可以利用我们的某些社区再投资法友好型产品发起社区再投资法贷款，例如房利美97%（首付3%）产品。或者，我们还有承销形式灵活、融资方式特殊的社区借贷产品，我们的原则是"走'社区再投资法案式'道路"。①

住房与城市发展部50%的新目标是一个转折点。房利美和房地美为达到之前的42%水平还得努力一番，但50%着实是个巨大的挑战。穆德对委员会这样说道：

住房与城市发展部作为房利美的监管者，对房利美强加了更高的住房目标要求，这在我任首席执行官期间（2005～2008）已经很难实现了。住房与城市发展部的目标严重影响了房利美的业务，因为房利美得花大量的时间、资源、能源和人事来找到实现目标的方法。住房与城市发展部大大提高了要求，超过了50%的目标点，房利美必须要更加注重向受惠水平低下的地区发放贷款。房利美不得不投入大量的资源，来满足住房与城市发展部的总体目标和阶段目标。②

可以用简单的算术解释穆德的说法。在50%的水平上，针对每一项购得

---

① Jamie S. Gorelick, Remarks at American Bankers Association conference, October 30, 2000. http://web.archive.org/web/20011120061407/www.fanniemae.com/news/speeches/speech_152.html.
② Daniel H. Mudd's Responses to the Questions Presented in the FCIC's June 3, 2010, letter, Answer to Question 6: How influential were HUD's affordable housing guidelines in Fannie Mae's purchase of subprime and Alt-A loans? Were Alt-A loans "goals-rich"? Were Alt-A loans net positive for housing goals?

的未满足目标的抵押贷款，房利美和房地美都要再购进一笔满足目标要求的贷款。 虽然大约30%的优质贷款在任何情况下都可能满足目标（因为它们都是以地区平均收入或低于地区平均收入水平发放给借款人的），大多数优质贷款还是满足不了目标的。 次级贷款和其他非传统抵押贷款很容易满足目标，但并不是每一种次级或非传统抵押贷款都能符合要求。 相应地，为了实现50%的目标，政府支持企业不得不购买大量的符合要求的非传统抵押贷款，从而获得足够的满足目标的贷款。

因此，2004年时，房利美在一个对住房与城市发展部的汇报中指出，为了达到（住房与城市发展部当时正在考虑的）57%的中低收入目标，房利美就必须获得比设定目标还要多151.5%的次级贷款，①以得到充足的符合要求的贷款。 另外，2004年特殊经济适用房的要求是20%，在此基础上，政府支持企业必须从收入水平仅为甚至低于地区平均收入60%的借贷者那里获取大量的非传统抵押贷款。 这项要求使得房利美和房地美在寻找满足子目标的贷款过程中进一步面临风险。

这里发生的大部分事件没有能够引起关注，甚至连房产金融界的专家都没有注意到，但还是有人发现了其中的问题。 在2001年出版的一篇论文中，②金融分析评论员罗斯纳（Rosner）意识到了房产抵押贷款标准降低，尽管他并不知道有多少笔贷款和这个问题有关：

> 过去十年里，房地美和房利美降低了他们在二级市场购买的贷款首付比例。 首付从原来的10%降到5%，再降到3%，前几个月房利美宣布它将追随房地美的近期举动进入零首付房产抵押市场。 尽管他们还在购买低首付贷款，但这些贷款必须得到"私人房贷保险"（PMI）的担保。 有私人房贷保险的家庭甚至还可以通过无担保贷款、礼券或补贴借到房地产转让手续费。 这意味着买主不仅可以不花一分钱就买到一套新房，而且抵押贷款还可以支付买房的手续费……
>
> 看起来20世纪90年代信用承销程序放宽刺激了房地产行业的大幅增

---

① Fannie Mae, "Discussion of HUD's Proposed Housing Goals," Presentation to the Department of Housing and Urban development, June 9, 2004.
② Josh Rosner, "Housing in the New Millennium: A Home Without Equity is Just a Rental With Debt," June, 2001, p. 7, available at http://papers.ssrn.com/sol3/papers.cfm?abstract_id=1162456.

长。更大的杠杆效应引起住房拥有率增加的良性循环有可能变成丧失赎回权加速导致住房价格下跌的恶循环。①

上一次提高经适房目标是在2004年,当时住房与城市发展部提高了中低收入家庭的目标:2005年为52%,2006年53%,2007年55%,2008年56%。同样,特殊经济适用房目标这一类别占比增幅超过了中低收入家庭的基本目标,这更加重了房利美和房地美购买非传统抵押贷款的风险压力。在这期间,这一类别从20%扩大到了27%。住房与城市发展部在针对该增长所做的声明中宣称:

> 数百万美国人没有良好信用,有些人由于收入证明文件不全、首付款受限、现金不足、或期望在再融资时获得比常规贷款更多的现金等原因而不符合优质贷款市场严格的承销要求,他们只能依靠次级贷获得抵押贷款。如果政府支持企业更加深入地参与次级贷市场,更高的稳定性和标准化会使更多借款人受益。②

房利美真的深度参与了次级贷市场,它在2003年3月对住房与城市发展部所做的报告中说,"更高的目标迫使我们更多参与联邦住房管理局和次级贷业务。"③据住房与城市发展部统计,经适房目标导致房利美获得符合其完成任务要求的贷款量(主要是次级贷款或者次优贷)增加了:①收入极低的借款人获得贷款的比例从1993年的5.2%上升到2007年的12.2%;②经济适用型支付能力的借款人比例从1993年的6.4%上升至2007年的15.2%;③低于平均收入的借款人(包括另外两种类型)从1993年的29.2%上升至2007年的41.5%。④

到了2004年,房利美和房地美急需次级贷来实现经适房目标,于是他们的首席执行官就像下文所述的那样向抵押贷款银行要求获得更多的次级贷款:

---

① Josh Rosner, "Housing in the New Millennium: A Home Without Equity is Just a Rental With Debt," June, 2001, p. 29.
② http://fdsys.gpo.gov/fdsys/pkg/FR-2004-11-02/pdf/04-24101.pdf, p. 63601.
③ Fannie Mae, "The HUD Housing Goals," March 2003.
④ HUD, Office of Policy Development and Research, Profiles of GSE Mortgage Purchases, 1992-2000, 2001-2004, and 2005-2007.

房利美和房地美的高层领导（理查德·塞伦和富兰克林·雷恩斯）直言不讳地表示有兴趣购买先前被认为是次级贷款人或其他利基放款者的贷款……房利美的董事长兼首席执行官雷恩斯告诉旧金山的抵押贷款银行说："房利美的贷款客户们应该好好学习次级贷市场，然后引进优质市场中最好产品。"在称赞次级贷款人时，他说："他们是金融行业最棒的营销家。……我们必须把产品和机会提供给那些信贷能力更弱的人。"①

同样，到2004年，当住房与城市发展部制定更新更高的经适房目标时，房利美和房地美正在动用一切可利用的资源来实现这些目标，采取的手段包括次级贷款，次优贷和购买私人抵押贷款支持证券。有些观察员包括委员会的大部分人，声称政府支持企业购买非传统抵押贷款和私人抵押贷款支持证券是为了盈利，因为这些工具并不能帮助房利美和房地美实现经适房目标，而经适房目标能够实现一定是因为其有利可图。然而，上文提到的马尔佐发表的声明和由房利美提供给委员会的表5中的数据表明，三种类型的非传统抵押贷款——次级贷（即那些FICO评分少于660的借款人的贷款），次优贷和私人抵押贷款支持证券（PLS）——完成了那些年的经适房目标或次级目标。表5充分表明，1996～2008年间，房地美购买非传统抵押贷款量缓慢增长，紧随目标逐渐提高的步伐。

表5还说明，由次级款支撑的普通次级款、次优贷和私人抵押贷款支持证券一直不足以完成经适房目标。因此，房利美发明了一些特殊类型的贷款，在贷款时放弃了常规的承销要求，以补充高质量的非传统抵押贷款收益。两种主要的贷款类型是"我的社区贷款（MCM）"和"延伸批放贷款（EA）"。很多情况下，这两种贷款使房利美能实现经适房目标，却带来比高质量非传统抵押贷款更高的债务违约率代价。随着时间的推移，经适房目标增长了，房利美不得不增加这些类型的贷款数额。如表6所示，这些增加的数额也同时反映了更高的违约率。

---

① Neil Morse, "Looking for New Customers," *Mortgage Banking*, December 1, 2004. 当时房地美的董事会主席Leland Brendsel 没有参加2000年的新闻发布会，也没有保证支持住房与城市发展部的新目标，这一点很重要。雷恩斯很可能忘了他曾在1999年向科莫做过的保证和在2010年8月3日写给《华尔街日报》的一封信中对抵押贷款银行家们所说的话："两房破产的事实清楚明白，公众都知道，公司的高管、监管者和财政部都说公司的损失是由于2005～2007年购买低信贷标准贷款造成的。在华尔街2004年制定市场标准后，为了赢回市场份额，两房完全改变了信贷标准。"

表5 非传统抵押贷款和经济适用房目标*

单位：%

年份	中低收入基本目标 实际量	中低收入基本目标 目标	特殊经适房基本目标 实际量	特殊经适房基本目标 目标	未惠及地区基本目标 实际量	未惠及地区基本目标 目标
信贷评分＜660的发起贷款						
1996	38.08	40	12.31	12	32.10	21
1997	38.04	42	12.35	14	33.03	24
1998	37.72	42	11.76	14	29.37	24
1999	40.36	42	14.04	14	30.87	24
2000	43.69	42	17.83	14	35.79	24
2001	45.98	50	17.90	20	34.91	31
2002	49.66	50	20.09	20	37.29	31
2003	49.18	50	19.38	20	34.12	31
2004	52.71	50	22.14	20	37.54	31
2005	54.39	52	24.21	22	44.38	37
2006	56.34	53	25.85	23	46.34	38
2007	55.47	55	24.76	25	46.45	38
2008	55.24	56	25.50	27	45.39	39
次优发起贷款						
1999	48.83	42	24.17	14	37.41	24
2000	40.61	42	18.74	14	41.03	24
2001	39.05	50	16.41	20	40.66	31
2002	42.77	50	18.13	20	40.08	31
2003	42.42	50	16.81	20	37.34	31
2004	44.13	50	18.56	20	40.08	31
2005	43.12	52	18.57	22	45.36	37
2006	40.43	53	18.09	23	46.40	38
2007	39.02	55	17.29	25	50.29	38
2008	42.37	56	18.52	27	42.10	39
次贷支持的私人抵押证券						
2003	51.43	50	19.57	20	47.09	31
2004	—	—	—	—	—	—
2005	50.95	52	19.86	22	61.13	37
2006	60.63	53	23.51	23	60.12	38
2007	52.96	55	19.21	25	54.55	38
2008	51.42	56	17.68	27	64.45	39

* 2010年4月7日房利美为金融调查委员会制作的光盘。在本分析中，我没有讨论表中政府支持企业"未惠及地区基本目标"的落实情况。这个目标主要涉及少数族群，与中低收入目标和特殊经适房目标的放贷标准有所不同。

表6 房利美更高风险贷款导致了更高的还款拖欠率[*]

年贷款目标		贷款数	严重违约率（%）
2004年及以前	EA/MCM 及住房目标	115686	17.59
2005年	EA/MCM 及住房目标	56822	22.35
2006年	EA/MCM 及住房目标	110539	25.19
2007年	EA/MCM 及住房目标	224513	29.70

[*] Fannie Mae, "GSE Credit Losses," presentation to House Financial Services Committee, 2010年4月16日。

2004年房利美的所作所为表明，房利美和房地美地为了实现经适房目标真是殚精竭虑。正如2005年5月13日《美国银行家》杂志报道所说："周四，一篇房产金融委员会提供给立法当局的报告谴责房利美和房地美多年来为实现其经济适用房目标从事令人可疑的交易。"该报道引用了几宗房利美参与的大型交易，其中卖方被允许在没有资源的情况下回购贷款。例如，报告中称2003年9月，房利美从华互银行购买了120亿美元多户抵押贷款期权，获取了200万美元的费用。根据这项协议，政府支持企业允许华互银行回购贷款……报告说这是房利美经手的最大规模的多户交易，对房利美实现经济适用房目标非常关键。[①]

华互银行2003年10-K报告中一份更清楚的声明记录了所发生的事情。2003年华互银行和房地美进行了一次相似但规模更大的交易，该事件在华互银行2003年12月31日10-K中报道如下：

> 与2002年相比，2003年增加的无息收入部分来自于联邦家庭贷款抵押集团（即房地美）支付给公司（即华互银行）的费用。公司收到了1亿美元不可退还的费用，促使公司用约60亿美元多户贷款与房地美发行的抵押贷款支持证券的100%收益股权互换。由于一年之后公司有权单方面贬值证券，因此公司已经有效地保留了对这些贷款的控制权。所以这些资产依然在账面和报表上被记为贷款。房地美参与了这一交易以便加速完成2003年住房与城市发展部设定的经济适用房目标。

> 房利美和房地美都是支付抵押贷款的持有人，他们暂时占有了符合实现

[①] Rob Blackwell, "Two GSEs Cut Corners to Hit Goals, Report Says," *American Banker*, May 13, 2005, p.1.

目标的贷款,政府支持企业则可利用这些贷款实现2003年的经适房目标。年底过后,卖方有绝对权利回购贷款。 毋庸置疑,早在2003年,房利美和房地美承受了巨大的压力,他们急于寻找次级贷或者其他贷款来完成经济适用房目标,为此他们甚至不惜支付巨额代价来粉饰提交给住房与城市发展部的报告。

3. 促使政府支持企业大量购买非传统抵押贷款的幕后真凶——经济适用房目标

至此,我们已经看到住房与城市发展部的政策降低了承销标准以便低收入借款人能够获得抵押贷款,同时房利美和房地美不仅郑重对待经适房目标,而且愿意千方百计地保证目标的实现。 同时,2004~2007年间,房利美和房地美通过购买大量的次级贷和次优贷来弥补其输给次级贷款者(例如国民金融公司和华尔街)的市场份额,从而达到盈利的做法似乎在某些领域(包括委员会"多数人"报告中)已经得到认可。 尽管这种观点并没有证据支持,甚至还存在很多反面材料,但它已变成另一个都市神话,频繁出现在书籍、博客及其他媒体上,并且已演变成某种现实。①

当然各方观点的表述略有差别。 如前文所述,鉴于其早期降低房产抵押承销标准,住房与城市发展部荒唐地声称:2004~2007年间政府支持企业纷纷争夺"非优质市场"或者"抢占市场份额和利润"。 从这种说法中大家很容易得出结论:这是个人贪婪造孽的又一例证,但显而易见的是,住房与城市发展部其实在尽力为自己于1992~2007年15年间利用经适房目标降低抵押贷款承销标准开脱罪责。 委员会"多数人"报告则做了另一种表述,它谴责政府支持企业放松承销标准是因为想取悦股市分析专家和投资者,并增加管理报酬。 委员会"多数人"报告没有提及任何住房与城市发展部关于努力降低承销标准的所有声明,而只是完全依赖"政府支持企业降低承销标准是因为它们期望追随华尔街和其他

---

① 参见 Barry Ritholtz, "Get Me ReWrite!" in *Bailout Nation*, *Bailouts*, *Credit*, *Real Estate*, *Really*, *Really Bad Calls*, May 13, 2010, http://www.ritholtz.com/blog/2010/05/rewriting – the – causes – of – thecredit – crisis/print/;又见 Dean Baker, "NPR Tells Us that Republicans Believe that Fannie and Freddie Caused the Crash" *Beat the Press Blog*, Center for Economic and Policy Research http://www.cepr.net/index.php/blogs/beat – the – press/npr – tells – us – that – republicans – believe – that – fannie – and – freddie – caused – the – crash;还见 Charles Duhigg, "Roots of the Crisis," *Frontline*, Feb. 17, 2009, http://www.pbs.org/wgbh/pages/frontline/meltdown/themes/howwegothere.html.

借贷者去争夺傻瓜财富"的观点。

这些观点把对房利美和房地美破产及金融危机前美国金融体系中大量劣质抵押贷款迅速增加都归结到两家公司的管理上。他们赦免了政府机关特别是住房与城市发展部的责任。政府支持企业在管理上犯了太多错误，而且不能在这里为其辩护，但冒险争夺市场份额其实又并非政府支持企业所为。在支配次贷业务的华尔街公司和次级贷款方通过任何重要途径进入次贷私人抵押贷款支持证券市场之前，由于要实现经适房目标，房利美和房地美早就成了非传统抵押贷款的主要购买者。除此之外，政府支持企业在 2005 年和 2006 年并没有（其实是不可能）多购买一点非传统抵押贷款，那时候它们已经在市场份额上输给了私人抵押贷款支持证券的发行者、国民金融公司和其他的次级贷款者。

反过来，下面的讨论——解释了有关政府支持企业动机的看法，最后说明它们的所作所为背后的动因就是为了尽力实现住房与城市发展部的经济适用房目标。

政府支持企业购买非传统抵押贷款是与华尔街及其他人争夺市场份额吗？

认为房利美和房地美作为新手于 2004~2007 年间购买非传统抵押贷款并降低承销标准来与华尔街及其他人争夺市场份额的观点是错的。如表 7 所示，政府支持企业从 20 世纪 90 年代就开始购买次级贷和其他的非传统抵押贷款，当时它们首次开始受到经适房目标的约束。研究表明，与其早期标准相违背，政府支持企业从 1994 年开始购买具有高贷款价值的抵押贷款，这在政府支持企业条例颁布和经适房目标推行后很短一段时间就出现了，到 2001 年（这时私人抵押贷款支持证券市场每年发行额已经达到 1000 亿美元），政府支持企业至少购买了 7000 亿美元的非传统抵押贷款，其中包括 4000 多亿美元的次级贷。[①] 远非跟随华尔街或其他人于 2004~2007 年间进入次贷市场，在私人抵押贷款支持证券市场开始发展的很多年以前，政府支持企业就已经成为次级贷款和其他非传统抵押贷款的最大买家。根据这些事实，更确切地说是华尔街及后来统占私人抵押贷款支持证券市场的次级贷款所有者跟随政府支持企业进入了次贷交易市场。表 7 显示，2004~2007 年间政府支持企业购买的非传统抵押贷款并没有显著增长，相反，他们这段时间内购买的次级贷款私人抵押贷款支持证券却减少了。这和下述的事实相符——这些年政府支持企业并未在争夺市场份额上做任何努力。

---

① Pinto, "Government Housing Policies in the Lead-up to the Financial Crisis: A Forensic Study," Chart 52, p. 148, http://www.aei.org/docLib/Government-Housing-Policies-Financial-Crisis-Pinto-102110.pdf.

表7 政府支持企业购买的次级贷款和次优贷 *

单位：十亿美元

年份	1997	1998	1999	2000	2001	2002	2003	2004	2005	2006	2007	1997~2007
次级私人抵押贷款支持证券	3*	18*	18*	11*	16*	38	82	180	169	110	62	707
次级贷	37	83	74	65	159	206	262	144	139	138	195	1502
次优私人抵押贷款支持证券	未知	未知	未知	未知	未知	18	12	30	36	43	15	154
次优贷	未知	未知	未知	未知	未知	66	77	64	77	157	178	619
高LTV贷	32	44	62	61	84	87	159	123	126	120	226	1124
总量	72	145	154	137	259	415	592	541	547	568	676	4106

* Pinto, "Government Housing Policies in the Lead-up to the Financial Crisis: A Forensic Study," Chart 52, p. 148, http://www.aei.org/docLib/Government-Housing-Policies-Financial-Crisis-Pinto-102110.pdf.

有关政府支持企业为了和华尔街争夺市场份额而降低承销标准的论断很容易就能被推翻——除非委员会"多数人"和发表这种讲话的人把国民金融公司（总部设在加利福尼亚）及其他的次级贷款者都包含在所谓的"华尔街"一词中。但是，假设委员会"多数人"和其他评论员使用"华尔街"一词指那些在纽约金融市场运营的公司及投资银行，这些数据则表明2004~2007年或这段时间前后的任何时间，华尔街都是次级私人抵押贷款支持证券市场的重要参与者。2004年的前五大参与者为：次级贷款方美利凯斯特（550亿美元），国民金融公司（400亿美元），雷曼兄弟（270亿美元），GMAC RFC（260亿美元）和新世纪公司（220亿美元）。与雷曼兄弟不同，华尔街一些其他公司也分散在前25名的名单中，但是作为一个集团公司并未成为这些交易的重大参与者。

2005年是次级贷款发行最多的一年，领头的五家公司并未改变，华尔街机构所占总量为1370亿美元，约占当年发行5080亿美元的27%。① 2006年，雷曼兄弟退出了前五名，国民金融公司成了发行者中的"领头羊"，但是华尔街所占的市场份额并未有大幅改变。到2007年中期，私人抵押贷款支持证券市场开始衰落，市场份额几乎变得毫无意义。但是，这一年政府支持企业在非传统抵押贷款所占的市场份额却在上升，尽管其他人都已经放弃或者离开了这一市场，它却不得不必须依靠继续购买非传统抵押贷款来完成经适房目标。因此，房利美即使曾经为了和某一集团竞争而放弃了承销标准，那这个集团也不是华尔街。

---

① Inside Mortgage Finance, The 2009 Mortgage Market Statistical Annual—Volume II, pp. 139, 140.

下一个问题是，政府支持企业是否为了和国民金融公司、美利凯斯特公司及其他曾经在2004~2007年统占私人抵押贷款支持证券市场的次级贷款持有者竞争而降低了承销标准。显而易见，答案似乎还是"否"。2002年以前，次级贷款私人抵押贷款支持证券的市场非常小，直到2002年它才第一次突破1000亿美元，在私人抵押贷款支持证券发行量上达到了1340亿美元。① 然而，表7显示，仅2002年，政府支持企业就买进了2060亿美元的次级贷款，超过了所有次级贷款方及其他人在当年担保的总额。

下面讨论的有关内部资料几乎无一例外都集中于房利美。委员会将其调查直指房利美，从房利美获得了最完整的全套资料。

21世纪前几年，国民金融公司已成功整合了抵押贷款的整套机制，包括创建、打包、发行和通过私人抵押贷款支持证券承销非传统抵押贷款。其他的次级贷款借贷方，如上所述，也是主要的次级贷款发行者，但他们是通过华尔街的保险公司出售私人抵押贷款支持证券。

国民金融公司和其他次级贷款方通过私人抵押贷款支持证券成功变成了非传统抵押贷款分销商，这一事件却因为两个原因困扰着房利美。首先，国民金融公司过去一直是房利美次级抵押贷款的最大供应商；如果现在它把之前卖给房利美的抵押贷款都证券化，那意味着房利美将会更难找到能使其完成经适房目标的次级抵押贷款。此外，政府支持企业知道他们在国会所得到的支持很大程度上依赖于实现经适房目标并"引领市场"向低收入的借款人放贷。2005年和2006年，布什政府和国会中更多的共和党人呼吁对房利美和房地美加强监督，政府支持企业在国会中需要找到同盟来控制局势。次级贷款方这些年来的成长态势表明，政府支持企业不再是低收入抵押贷款的最主要来源——这因此成为房利美管理层的最大关切。没有国会民主党的强力支持，共和党控制的国会很有可能会采取更加强硬的监管措施。房利美因此担忧它"失去了重要性"，并在公司内部引发了一场关于如何回归低收入贷款领导地位的反思。

尽管房利美有充足的理由希望与国民金融公司及其他公司竞争，以获取更多的市场份额，却缺乏足够的经营与财政能力。2005年和2006年，本来是从刺激借贷者或其他人手中夺取市场的绝佳时期，房利美最终却没能采取任何卓有成效的措施。他们将承销标准降到了满足经适房目标的水平，却没能在这些要求上有大的突破。

---

① Inside Mortgage Finance，The 2009 Market Statistical Annual—Volume II, p. 143.

Single Family Business 执行副总裁汤姆·伦德在 2007 年 7 月 27 日的一份重要的备忘录（"十字路口备忘录"）中指出了房利美市场份额流失这一问题并提出了重获市场地位之道。这份备忘录发表的时期十分重要——它说明在 2005 年中的时候，关于房利美是否应该与国民金融公司和其他次贷发放者争夺市场份额的争论仍在进行着。这场竞争从未真正开始。伦德在这份备忘录的开头写道："我们处在一个战略决策的十字路口……我们面临两个严峻的抉择：1. 继续走原来的路（或者）；2. 找寻并迎合市场。""继续走原来的路"指的是保持房利美一直所坚持的贷款质量标准（除为了满足住房与城市发展部的经适房目标做出的改变外）。"找寻并迎合市场"指的是与国民金融公司和其他公司竞争，不仅获取比经适房目标多得多的非传统抵押证券，更要购买比房利美——擅长购买固定利率贷款——更多的风险性更高的贷款。

这些风险更高的购置将会包括更多的选择性可调息抵押贷款（涉及负摊销）和其他众多涉及多层级风险的贷款——房利美之前并没有这方面的经验。因此，伦德写到：房利美缺乏在这一商业领域中竞争的"能力和基础设施……知识……甚至是意愿去为次级贷进行价格竞争或提出有价值的建议"。他得出的结论与公司所面临的抉择一样严峻："现实地讲，我们没办法'找寻并迎合市场'。""因此，"伦德继续说道，"我们建议采取'走原来的路'的策略并检测一下市场变化是周期性的还是长期的。"①

在"十字路口备忘录"的其他部分，伦德写到：次级贷款和次优贷正在将"更符合目标"产品的"流失量"拱手让给私人抵押贷款支持证券发行者。他指出，市场份额流失形势严峻，但是从未提出流失会改变房利美没有足够的能力与国民金融公司和其他公司竞争的看法。一份 2012 年 3 月 31 日金融危机调查委员会工作人员内部调查结果显示，其他高管——罗伯特·莱文（执行副总、业务总监）、肯尼斯·贝肯（住房与社区建设高级副总）和帕米拉·约翰逊（Pamela Johnson，Single Family Business 的高级副总裁）——都认同伦德"走原来的路"的策略。

在 2005 年 7 月以后房利美所有的文件中，没有任何迹象显示伦德"走原来的路"的策略在 2005 年或 2006 年这段时间受到过任何挑战——这段时间，房利美本应该开始大量购置（远比符合经适房目标要求多得多）非传统抵押证券，与

---

① Tom Lund, "Single Family Guarantee Business: Facing Strategic Crossroads," June 27, 2005.

国民金融公司或华尔街展开竞争。

而在伦德的"十字路口备忘录"发布一年之后，时任董事会主席斯蒂芬·阿什利对房利美的高管们说道："2006 年将是变化的一年。当然，我们还有很多问题要解决。美国联邦住房企业督查局的批准文件（暂时提高了资本要求）要求很严苛。从战略的角度讲，如果我们不能完全消除运营和控制上的弱点，监管当局不会考虑让我们开展新的风险更高的业务。"[1]因此，我们又有了一个证据，说明在 2006 年中期，房利美的高管们依然认为公司不应该冒额外的风险与正在销售由次级贷款和非传统抵押贷款支持的国民金融公司公司和其他次贷方竞争。

另外，一份十分确凿的财务证据也证明了房利美在 2004~2007 年间从未尝试，也没有足够的财务能力与国民金融公司和其他次贷公司争夺市场份额。例如，下面是房利美的前监管部门联邦住房企业督查局在 2008 年早期发布的关于房利美的财务数据。[2]

表 8 说明，在 2003~2007 年间，房利美的平均保证金在上涨。要想了解这一数据的重要性，我们需要先了解信贷行业是如何运作的。房利美的大部分担保业务——与国民金融公司和其他公司的私人抵押贷款支持证券互相竞争的业务——都是与抵押贷款资产池的批发商进行的。在这些交易中，像国民金融公司或富国银行等机构会建立一批抵押贷款资产池，然后找寻出价最高的担保机制。在房利美抵押贷款支持证券案例中，最重要的是政府支持企业的担保费，因为这决定了发行者能够获得多少利润。在私人抵押贷款支持证券这一案例中，关键问题在于信贷增级需要花费多少成本才能获得 AAA 级别以便获取更高份额的由抵押贷款资产池支持的证券。

表 8　房利美财务概览

盈利表现	2003 年	2004 年	2005 年	2006 年	2007 年
净收入（十亿美元）	8.1	5.0	6.3	4.2	-2.1
净利率（十亿美元）	19.5	18.1	11.5	6.8	4.6
担保费（十亿美元）	3.4	3.8	4.0	4.3	5.1
净利率收益率（%）	2.12	1.86	1.31	0.85	0.57
平均担保费	21.9	21.8	22.3	22.2	23.7
普通股收益率（%）	2.12	1.86	1.31	0.85	0.57
股息率（%）	21.9	21.8	22.3	22.2	23.7

---

[1] Stephen B. Ashley Fannie Mae Chairman, remarks at senior management meeting, June 27, 2006.

[2] OFHEO, "Mortgage Markets and the Enterprises in 2007," pp. 33 -34.

发行者可以选择房利美、房地美或者华尔街的某家承销公司进行证券化。因此，如果房利美想要与那些私人发行者在次级贷款和其他贷款上竞争的话，唯一的方法就是减少它的担保费（房利美和房地美称之为"G费"），用这种方式使自己变得比华尔街承销公司更具吸引力。 而房利美公司从未这样做，这一事实也说明在2005年6月"十字路口备忘录"发布之后，它从未尝试与国民金融公司和其他次级贷款发行者竞争市场份额。

联邦住房企业管理局的金融摘要表明，实际上房利美在通过降低担保费进行竞争方面没有什么灵活性。 此间，其净收入和股本收入都在快速下滑，降低担保费只会加速下滑。

最后是房利美自己有关收购次级贷的报告。 据房利美2004年（涵盖时期直至2006年）和2007年10－K报告，自2004～2007年房利美的次级贷收购几乎没有增长。 以下是具体数字：

表9　2004～2007年房利美收购的次级贷*

单位：%

FICO 评分	2004 年	2005 年	2006 年	2007 年
FICO＜620	5	5	6	6
620≤FICO≤660	11	11	11	12

* Fannie Mae, 2004 10－K. These totals do not include Fannie's purchases of subprime PMBS. http://www.fanniemae.com/ir/pdf/sec/2004/2004_form10K.pdf;jsessionid＝N3RRJCZPD5SOVJ2FQSHSFGI, p. 141 and Fannie's 2007 10－K, http://www.fanniemae.com/ir/pdf/sec/2008/form10k＿022708.pdf; jsessionid＝N3RRJCZPD5SOVJ2FQSHSFGI, p. 127.

这些数字反映了2004～2007年房利美为实现提高的经适房目标付出了巨大努力；但它们并不能反映房利美为了与通过次级贷款和其他贷款证券化扩大市场份额的国民金融公司及其他公司之间展开竞争。

最后，房利美2005年的10－K报告（2007年5月经过整理归档，也包括了2005年和2006年）中包括一份声明，与2006年的一份声明类似，声明确认政府支持企业没有竞购次级贷（除满足经适房目标购买的次级贷外），2004年、2005年和2006年公司因次级贷购买量下滑而丧失了市场份额：

近年来，单户抵押贷款的发放越来越多地包括了非传统抵押贷款，比如无本金贷款、负摊销贷款和次级贷，而对传统30年期固定利率贷款的需求下降了。2004年、2005年和2006年,我们没有大规模地参与非传统抵押贷款业务,这是由于我们认为那些抵押贷款的价格不足以抵消它们的信贷风险。这些趋势以及我们不愿大规模参与非传统抵押证券的决定致使我们大量失去新单户抵押债券的市场份额,此间一些私立的发行商迅速上位,市场份额从2003年的45.0%降至2004年的29.2%,2005年和2006年分别降至23.5%和23.7%。①

相应地,尽管2004年、2005年和2006年房利美将市场份额让位于国民金融公司和其他公司,但它并没有试图大量购入次级债来以挽回颓势。相反,房利美只是继续购入满足经适房目标所需的次级贷和其他非传统抵押证券。2007年私人抵押贷款支持证券市场垮台后,房利美所采取的行动显示其购入非传统抵押证券的唯一动机就是实现经适房目标。彼时由于国民金融公司和其他公司无法继续发行私人抵押贷款支持证券,房利美的市场份额开始扩大。但是尽管次级贷损失开始在市场上显现,但房利美仍在继续购入非传统抵押贷款,直至2008年9月它被政府接管。如此不顾后果的行为,其原因显而易见——他们仍在固守一直不断提高的经适房目标。如果他们购进非传统抵押贷款只是为了与国民金融公司和其他公司竞争的话,那么这场竞赛实际上已然见了分晓;竞争对手已经放弃了该领域。然而,2004~2006年房利美没有——或不能——提高市场份额的事实毫无疑问地表明,他们在2008年9月之前购入如此多非传统抵押贷款并不是为了扩大市场份额。

由于受困于会计问题、盈利能力削弱、缺少评估新抵押贷款品种风险的能力,房利美别无选择,只得固守15年来的经营路线。从2004年到2007年间,房利美购买非传统抵押证券是为了服从经适房目标,并不是为了增加市场份额——这也是房利美的首选。2007年房利美的市场份额确实提高了,那时候资产支持市场崩溃,国民金融公司疲软,他们无法继续维系抵押贷款证券化业务。2007年10月16日,穆德在给董事会的一份报告中称房利美的市场份额已经从2007年初的20%上涨到了42%。②

这就引出了另一种可能性——房利美和房地美购买非传统抵押贷款因为有利

---

① Fannie Mae, 2005 10-K, p. 37.
② Fannie Mae, Minutes of a Meeting of the Board of Directors, October 16, 2007, p. 18.

可图。这一问题会在下一章节谈及。

房利美购买非传统抵押证券是因为有利可图吗？

政府支持企业评论人经常说，政府支持企业购入非传统抵押证券的真实动机并非是要实现经适房目标，他们这样做是为了从中获利。要是20世纪90年代的时候，这种事可能是真的，但在2000年的时候，经适房目标提高了许多，房利美开始意识到，如果继续追求实现经适房目标，会削弱公司的盈利能力。从2007年开始，房利美便开始要求降低经适房目标。

表10摘自联邦住房金融局的刊物，其中列出了从1996年到2008年间的经适房目标以及政府支持企业是如何成功实现目标的。

表10　1996～2008年政府支持企业成功实现的经济适用房目标*

单位：%

年份	1996	1997	1998	1999	2000	2001	2002	2003	2004	2005	2006	2007	2008
中低目标	40	42	42	42	42	50	50	50	50	52	53	55	56
房利美	45	45	44	46	50	51	52	52	53	55	57	56	54
房地美	41	43	43	46	50	53	50	51	52	54	56	56	51
特别目标	12	14	14	14	14	20	20	20	20	22	23	25	27
房利美	15	17	15	18	19	22	21	21	24	24	28	27	26
房地美	14	15	16	18	21	23	20	21	23	26	26	26	23
未及目标	21	24	24	24	24	31	31	31	31	37	38	38	39
房利美	25	29	27	27	31	33	33	32	32	41	43	43	39
房地美	28	26	26	27	29	32	31	33	34	43	44	43	38

* FHFA Mortgage Market Note 10-2, http://www.fhfa.gov/webfiles/15408/Housing%20Goals%201996-2009%2002-01.pdf.pdf.

如表10所示，实际上每年房利美和房地美都是超额完成经适房目标的，尽管超出的并不多。几年间随着目标要求付诸实施，两家企业的步伐也紧跟不断提高的目标。单单这一点就可以表明，他们提高购入量并不是为了赢利。如果他们是为了赢利的话，那他们便会大幅超额完成指标，因为他们凭借金融优势（较低的融资成本和较低的资本需求量）可以为需要的抵押贷款支付更多的费用。正如住房与城市发展部2000年所指出的："由于政府支持企业的融资优势，他们有能力压低价格，提高自身市场份额。"①

---

① http://frwebgate.access.gpo.gov/cgi-bin/getdoc.cgi?dbname=2000_register&docid=page+65093-65142.

早在1999年，房利美就担心如何才能实现住房与城市发展部定下的50%的中低收入群体目标。 在1999年6月15日的一份备忘录中①，四名房利美工作人员提出三点规则变更，以使得房利美更容易实现目标：①说服住房与城市发展部调整目标的会计法（分子和分母的变动）；②涉足其他有助于实现目标的业务，比如工厂预制住房以及次优贷和次级贷款［"扩大次优贷和A级市场（最高等级次级债），也能收获增量业务，这会有利于我们实现中低收入群体目标"］；③说服住房与城市发展部采取不同方法为公司完成任务的表现打分。

到2000年，房利美能够有效地与按照社区再投资法要求做抵押贷款的银行竞争，争夺住房与城市发展部经适房目标所针对的低收入借款人。 银行储蓄贷款没有将社区再投资法案贷款出售给房利美和房地美，而是开始在投资组合中留存这部分贷款。 2000年11月的一次讲话中，房利美高级副总裁巴利·兹格斯（Barry Zigas）指出，"我们来自非正规渠道的证据显示（银行储蓄贷款在投资组合中留存的社区再投资法案贷款），增加部分是由于低于市场的社区再投资法案产品所致。"②换句话说，银行储贷的社区再投资法案贷款低于市场利率，所以出售势必会蒙受损失。 这对房利美来说比较麻烦，因为房利美要想获得贷款的话，便不得不加价，从而使其面临的风险被低估。

现在务必要看清当时的形势。 房利美和《社区再投资法案》下的储贷银行正在竞争同类非传统抵押贷款，为此他们降低了抵押承销标准，增加了灵活性和补贴。 供需作用的结果是，所有的竞争者需要为这些风险提高的抵押贷款揭支付更高的价格。 当市场利率高于抵押利率时，购进这些贷款的储贷银行将其出售的话势必会亏损。 金融危机调查委员会从房利美拿到的文件中第一处表明：政府支持企业、银行、储贷机构和联邦住房管理局对于次级贷的竞争引发了抑价风险，即引发抵押贷款崩盘和金融危机的主要原因之一。

2003年1月，房利美就在开始计划如何在下一轮（2004年）经适房目标提高前对付住房与城市发展部。 2003年1月22日在一份"修改住房目标行动计划"中，房利美员工考量了许多方案，结论是"房利美应当强烈反对提高目标以及增加新的子目标"。③

---

① Bell, Kinney, Kunde and Weech, through Zigas and Marks internal memo Frank Raines, "RE: HUD Housing Goals Options," June 15, 1999.
② Barry Zigas, "Fannie Mae and Minority Lending: Assessment and Action Plan" Presentation, November 16, 2000.
③ Fannie Mae, "Action Plan for the Housing Goals Rewrite," January 22, 2003.

2003年3月，就在房利美为应对经适房目标提高做准备的时候，员工准备了一个宣讲报告，大概是想在公共论坛上用来抵制住房与城市发展部政策，其明确目的在于说明2004年不应当大幅上调经适房目标。指出：

> 2002年，房利美连续九年超额完成各项指标。但或许是我们所面临的最具挑战性的环境，实现这些目标需要公司第四季度在许多方面努力。假期取消了，加夜班成为家常便饭。另外，此项挑战让住房失去了商业性质。特别是因为达成目标所引发的紧张情绪意味着，我们不是在经商——不是在发挥资产流动功能——而是去做原本我们根本不会去从事的风险过大代价过高的买卖。①

到2004年9月，越发清晰的是经适房目标的提高对房利美的盈利能力产生了不利影响。在给布莱恩·格雷厄姆（Brian Graham，房利美另一位官员）的一份备忘录中，市场研究与政策开发主管保罗·维奇（Paul Weech）写道："在困难市场里，实现经适房目标迫使公司不得不承担高昂成本，可能会造成市场扭曲行为。特别是1998年、2002年和2003年，公司进行某些交易时既要考虑实现住房目标，又要关注交易是否能赢利。"②

在2005年6月的一次名为"使命行动③的成本与效益"说明会中，作者们在第10张幻灯片中指出经济适用房目标的成本已经从2000年的2632500美元增长到2003年的13447500美元。第17张幻灯片的标题是"实现住房与城市发展部今后的目标似乎困难重重且成本高昂"，并且提到："2003年，目标购买成本（相对于房利美的参考收费）由第一个季度每目标单位65美元增长到第四季度的每目标单位370美元，为了弥补其中的差额，公司可能要花费650万到3650万美元购买更多的单位。"讲解最后总结道："从2000到2004年这段时间，'使命行动'的成本，包括显性和隐性成本，很可能平均达到了大约每年2亿美元。"

早些时候，我注意到房利美和房地美通过购买符合经适房目标的贷款来美化它们向住房与城市发展部提交的记录报告，然而稍后他们很快用期权和卖方进行

---

① Fannie Mae, "The HUD Housing Goals," March 2003.
② Fannie Mae internal memo, Paul Weech to Brian Graham, "RE: Mission Legislation," September 3, 2004.
③ Fannie Mae, "Costs and Benefits of Mission Activities, Project Phineas," June 14, 2005.

交易，让卖方稍后重新买进了他们之前的贷款。 2005年，房利美的员工开始用另一种方式去达到同样的美化效果——推迟对非目标贷款的购买使房利美完成当年的经适房目标；这一年，也有人开始第一次系统地计算实现目标对房利美营利性的影响。 在2005年9月30日的一篇演讲中，房利美经济适用房项目的关键高管巴利·兹格斯提出"商业延期期权"。 在他的这种创造性提议下，房利美会请求7个主要的债权人把发放非目标贷款和房里美购买该贷款的时间推迟至2006年。 这样，经适房目标的分母会减少，房利美在2005年第四季度离达成目标的距离也会更近些。 仅这次延期的代价估计就达到了3000万到3800万美元。①

2005年10月31日，在一次向住房与城市发展部做的题为"房利美住房目标业绩最新情况"的报告中，②房利美提到几项"为实现目标不得不做的选择，"包括巨大的新增信用风险和负回报（"交易经济效益远远低于目标回报；一些交易会产生负回报"并且"担保费可能无法弥补预期的损失"）。 其中最值得注意的一点是："问题产品的流动性：购买非常规金融产品会维系高风险放贷；消费者面临着还款冲击和丧失本金的风险；为保证目标实现而放弃审慎负责的放贷政策。"

大多数关于金融危机的论述都断定，是缺失道德和监管的抵押贷款发起人让借款人陷入了不良抵押贷款的圈套中。 有种观点认为掠夺性放贷是2008年金融体系中非传统抵押证券的主要来源之一，这种观点也被委员会"多数人"报告采纳，虽然委员会永远不可能提供任何数据来支持这种观点。 房利美的这张幻灯片表明，后来被称为"掠夺性"放贷可能实际上是被用来满足经适房目标的。 在2004年房地美首席风险经理戴维·安德鲁寇尼斯（David Andrukonis）向房地美CEO理查德·赛伦发送的一条消息中也提到了上述可能性。 当时，赛伦正在考虑是否授权批准购买一种叫"三无"（无收入、无工作、无资产）的产品，而他最终还是批准了。 安德鲁寇尼斯反对房地美的这次决策，他指出："这种产品很有可能使得掠夺性贷款从纯粹的臆想变为事实。"③但这款产品还是被房地美批

---

① Barry Zigas, "Housing Goals and Minority Lending, " September 30, 2005.
② Fannie Mae, "Update on Fannie Mae's Housing Goals Performance, " Presentation to the U. S. Department of Housing and Development, October 31, 2005.
③ Freddie Mac, internal email, Donna Cogswell on behalf of David Andrukonis to Dick Syron, "RE: No Income/No Asset (NINA) Mortgages, " September 7, 2004.

准了，原因很可能正如另一位房地美雇员所讲的那样："次优低核凭/无核凭贷款业务会帮助我们实现住房与城市发展部目标。"①

2006年5月5日，一位房利美员工在给"单户商业贷款委员会"的备忘录中揭露了当时房利美为了购买次级贷以达到经适房目标而面临的严峻信用和金融问题。备忘录描述了当时的竞争状况，来自房地美公司、联邦住房管理局、次级贷和次优贷的贷款方的信用增级都加剧了对符合经适房目标的贷款的竞争……在卖方出资上（房屋卖方为买方支付现金费用），连联邦住房管理局都放宽了指导原则，对于最高值为97%的贷款价值比，拿出6%的出资，用于房产交割、预付费用、折扣点和其他减费优待。②

这篇备忘录指出，房利美由于要实现住房与城市发展部2006年的经适房要求，不得不尽量获得那些符合目标的贷款，也因而承担了极大的风险，这一点让我们瞠目结舌。表11显示了非传统抵押贷款担保费缺口的成本（为了确定贷款是否能带来回报，房利美使用了一种担保费定价模型，这种模型将信用风险和其他一些因素都考虑在内；缺口指的是按定价模型计算出的能实现资产回报的某种贷款的担保费与不能实现回报的贷款之差）。表11是非传统抵押证券的成本情况。这个表格还包括了各机构考虑的三种次级贷产品，一个是30年期固定利率抵押贷款，一个是5年期浮动利率抵押贷款，一个是35年和40年期固定利率抵押贷款。为了简洁起见，这里只分析30年期固定利率抵押贷款产品。表11表明，这款基础产品的首付如果是零，那么按照定价模型，担保费应该是106个基点。然而备忘录指出，房利美购买的此类产品的价格实际上仅相当于37.5个基点的年费，由此产生了一个68.5个基点的缺口（或者是模型中的损失）。缺口如此巨大的原因也在表11中得到说明：这种零首付抵押贷款的预期违约率是34%。表格接下来还探索了其他可能的贷款替代品，结果见表11。

从这篇备忘录中，我们可以清楚地看到，为了实现经适房目标，房利美不得不冒着巨大的信用风险为这些符合目标的贷款买单。

房利美2006年的10-K报告中也提到，实现经适房目标使房利美财务状况恶化。报告还指出，房利美由于购买经适房目标所要求的抵押贷款带来的收益损失和更大的信用损失。

---

① Freddie Mac, internal email from Mike May to Dick Syron, "FW:FINAL NINA Memo," October 6, 2004.
② Fannie Mae, internal memo, Single Family Business Product Management and Development to Single Family Business Credit Committee, "RE:PMD Proposal for Increasing Housing Goal Loans," May 5, 2006, p. 6.

表 11 房利美为实现经适房目标所承受的高风险抵押贷款损失*

单位：%

个人增强（基础MCM 增强成本分析）	30 年固定抵押贷款		
	担保费	平均违约率	缺口
基本产品：100% LTV，20% MI	106	34	-68.50
利率第一（IF）	129	40	-91.50
卖方贡献（SC）	115	23	-77.50
临时 B/D(BD)	118	37	-80.50
零首付（ZD）	106	34	-68.50
建成房屋（MH）	227	42	-189.50

* Fannie Mae, internal memo, Single Family Business Product Management and Development to Single Family Business Credit Committee, "RE: PMD Proposal for Increasing Housing Goal Loans," 2006 年 5 月 5 日，第六页。

我们已经并将继续对我们的抵押贷款来源和购买战略做出重大调整，以实现住房与城市发展部更高的住房目标和新的子目标。这些战略包括进行某些贷款收购交易和资产证券化交易，虽然这些交易比我们传统交易的预计经济回报要低得多。我们也同样放宽了一些承销标准，以获得符合目标的抵押贷款，并增加对高风险抵押贷款产品的投资，这些产品更能为住房与城市发展部的目标和子目标所针对的借款人服务，而这可能会增加我们的信贷损失。①

关于"预计经济回报较低"的根本原因，在金融危机调查委员会于 2007 年 2 月从房利美收到的一份文件中可以找到答案。文件指出，2006 年，为实现住房目标而产生的"现金流成本"是 1.4 亿美元，而"机会成本"是 4.7 亿美元。② 在 2007 年 4 月 11 日递交给住房与城市发展部的关于经适房目标的一份报告中，房利美对这些成本的描述如下："（实现目标的）最大成本是放弃收益所产生的机会成本。在 2006 年，机会成本大概是 4 亿美元，而现金流成本大概是 1.34 亿美元。如果机会成本是零，我们的股东是不会去关注交易的。现金流成本实际上就意味着垫付成本。"③

到这个时候，（根据文档记录中协调会的报告频率判断）几乎每个月都开

---

① Fannie Mae, 2006 10 -K, p.146.
② Fannie Mae, "Business Update," presentation. "现金流成本"等于预期收入减去预期损失。预期收入指即将收到的担保费，预期损失包括和信贷损失。机会成本是实际收到的担保费减去模式费。模式费是房利美为取得资本市场回报而担保同等质量的一笔贷款收取的费用。
③ Fannie Mae, "Housing Goals Briefing for HUD," April 11, 2007.

"协调会",房利美的员工在会上商讨如何实现经适房目标。在2007年6月22日的一次关于"住房目标预测"的协调会上,虽然2007年已经过去了一半,为了实现2007年的经适房目标,大家还是提出了三项方案。其中一项方案预计会造成7.677亿美元的机会成本损失,另两项方案的预计机会成本损失为8.171亿美元。① 在2007年7月27日的一次预测会议上,一项"实现基本目标计划"的方案提出了2007年实现11.56亿美元的目标,大概包括所有子目标在内的中低收入目标。②

2007年12月21日,在一封给住房与城市发展部助理部长布莱恩·蒙哥马利(Brian Montgomery)的信中,房利美首席执行官丹·穆德指出,按照当时国内的金融和经济条件——尤其是私人抵押贷款支持证券市场的缺失和债务违约不断增加的情况下——住房与城市发展部2007年经适房目标是"不可行的"。他指出住房与城市发展部有义务"在决定目标可行性时,考虑一下企业的财务状况"。然后他继续说道:"房利美主张公司会采取一切合理行动去完成那些在财政上稳健又有可能实现的子目标……2006年,房利美放宽了一定的承销标准,并且购买了一些较高风险的抵押贷款产品,以期实现住房目标。"2007年,公司继续购买较高风险的贷款,并认为,为实现目标而购买符合目标的贷款的行为对不断增长的信贷损失负有部分责任。③

这个陈述确认了两个至关重要的事实,解释了为什么房利美(和房地美)在2006年和早些年购买了那么多高风险贷款:一个事实是公司在努力达成住房与城市发展部制定的经适房目标,而不是因为这些贷款有利可图。另一个是虽然房利美和房地美的管理层购买的那些贷款最终导致其破产,但住房与城市发展部和委员会"多数人"却不应该责备这些公司的管理层。

最后,在2009年7月的一篇报告中,联邦住房金融局(取代了联邦住房企业督查局,成为政府支持企业的新监管者)指出,房利美和房地美都对他们购买的次级贷和次优贷进行过交叉补贴:

> 虽然房利美和房地美考虑凭借用模型产生的成本估算来确定单户担保费的水平,但是其收费通常用来补贴他们在其他抵押贷款上的担保,这些贷款

---

① Fannie Mae, "Housing Goals Forecast," Alignment Meeting, June 22, 2007.
② Fannie Mae, Forecast Meeting, July 27, 2007 slide 4.
③ Fannie Mae letter, Daniel Mudd to Asst. Secretary Brian Montgomery, December 21, 2007, p. 6.

又利用了他们预期能从其他贷款担保上赚取的高额回报。2007年和2008年，公司收取单户担保费的交叉补贴现象在不同的产品类型、不同信用等级范围、不同贷款价值比类别中都很明显。每个案例中都有从平均信用风险较低的抵押贷款到信用风险较高的贷款的交叉补贴。最高估值补贴通常都流向风险最大的抵押贷款。①

房利美和房地美实现经适房目标最需要的是较高风险抵押贷款，不需要对高风险贷款的担保费进行交叉补贴，因为这些贷款能盈利。

据此，市场份额和营利性都应当从房利美（和房地美）在2004年到2007年间购买次级贷和次优贷的原因中排除。剩下的唯一动机——也是正当的动机——就是努力实现住房与城市发展部施加的经适房目标。

在2008年政府接手之后，房利美最终出版了一份其2008年10-K的信用附录，解释了为什么参与次级贷和次优贷业务。表格复制如下（见表12），可以让我们全面了解房利美为了实现经适房目标而购买的贷款产品。贷款可能不止一类，所以表格没有显示房利美在每个类型中的参与程度，也没有显示房利美持有的非房利美抵押贷款支持证券和私人抵押支持证券。这部分没有贷款方面的数据。注意表12中提到的84亿美元的次级贷。如早前提到过的，房利美只将其购自次级贷贷款人的贷款归为次级贷。但是，房利美将FICO评分少于660的贷款也包括在这张表里面，这表明这些贷款不是优质贷款，但是也没有将他们正式归为次级贷。

在2009年8月归档的一份信用附录中，房利美删除了表12中重复的贷款，并指出，自2009年6月30日起，它为未付本金总额为2.7万亿美元的非传统抵押贷款承担了信用风险。573万笔非传统抵押贷款的平均贷款额是15.1万美元。② 这个数字不包括房利美持有的次级私人抵押贷款支持证券，因为没有相关的贷款水平数据。

房地美 正如之前所述，委员会对政府支持企业在金融危机当中的作用上所做的调查有限，所以该反对意见报告的注意力主要集中在房利美所提交的材料上。然而，房地美的情况和房利美没有本质上的不同。2009年6月4日，在

---

① FHFA, Fannie Mae and Freddie Mac Single Family Guarantee Fees in 2007 and 2008, p. 33.

② http://www.fanniemae.com/ir/pdf/sec/2009/q2credit_summary.pdf, p. 5.

表 12 按主要产品功能划分的房利美信贷组合：单户家庭传统抵押信贷

2008年12月31日	总账	负摊销贷款	只付息贷款	评分小于620的贷款	评分在620~660之间的贷款	原始LTV＞90%的贷款	评分＜620和原始LTV＞90%的贷款	次优贷款	次级贷	超额贷款
为支付本金（十亿美元）	2730.9	17.3	212.9	123.0	256.1	278.3	27.3	292.4	8.4	19.9
单户传统信贷份额（%）	100.0	0.6	7.8	4.5	9.4	10.2	1.0	10.1	0.3	0.7
严重违约率	148824	142502	241943	126604	141746	141569	119607	170250	150445	579528
2005~2007年发起年份（%）	2.42	5.61	8.42	9.03	5.64	6.33	15.97	7.03	14.29	0.12
加权平均原始LTV（%）	46.5	62.0	80.9	56.3	55.0	58.8	69.8	72.7	80.7	1.4
原始平均原始LTV＞90%（%）	71.8	71.1	75.4	76.7	77.5	97.3	98.1	72.6	77.2	68.4
加权平均原始市价LTV（%）	10.2	0.3	9.1	22.2	21.1	100.0	100.0	5.3	6.8	0.0
市价LTV＞100%（%）	70.0	87.2	93.4	76.3	77.5	97.6	97.7	81.0	87.3	69.9
加权平均评分FICO（%）	11.6	42.8	35.6	15.9	17.6	38.2	38.5	23.2	24.5	0.4
FICO＞620	724	698	725	588	641	694	592	719	623	762
620≤FICO＜660（%）	4.5	10.7	1.3	100.0	0.0	9.8	100.0	0.7	47.6	0.6
固定利率（%）	9.4	10.1	7.7	0.0	100.0	19.4	0.0	8.7	27.8	0.2
主居所（%）	90.0	0.1	39.6	93.6	92.3	94.2	96.5	72.3	73.1	95.2
公寓（%）	89.7	70.4	84.9	96.8	94.4	97.1	99.4	77.8	96.6	98.2
增强信贷（%）	9.4	13.5	16.2	4.9	6.6	9.8	5.9	10.8	4.7	11.5
2007年信贷损失百分比（%）	20.9	76.3	35.0	35.0	36.3	92.5	94.1	38.6	63.4	11.3
2008年第三季度信贷损失百分比（%）	—	—	—	—	—	—	—	—	—	—
2008年第四季度信贷损失百分比（%）	100.0	0.9	15.0	18.8	21.9	17.4	6.4	29.2	1.0	0.0
2008年信贷损失百分比（%）	100.0	3.8	36.2	11.3	16.8	21.5	5.4	47.6	2.1	0.2

一份提交给商务风险委员会董事会的题为"房地美经济适用房任务成本"的文件中，①有好几点显示房地美的情况与房利美没什么差别：

> 2003年以前，我们的住房目标很少需要直接补贴，但是之后的补贴平均每年达200万美元。
>
> 信用风险较高的抵押贷款符合经适房目标，这很不成比例。特殊经济适用型抵押贷款一般需要"被迫接受"极高的信贷风险。
>
> 我们提高了经济适用型单户贷款的收费，但不足以抵消其增加的风险。
>
> 符合目标的单户贷款占2008年模型预测损失中的很大比重。（幻灯片2）
>
> 2007年，房地美虽然没能完成两个子目标，但监管当局认为当时的经济状况使得这些目标无法实现。2008年，房地美没能完成6个目标和子目标，其中5个被视为不可行。基于财政状况，第6个目标没有执行。（幻灯片3）
>
> 符合目标的贷款往往风险更高。家庭收入较低与各种风险因素相关，如财富较少、就业不稳定、贷款价值比较高、信用评分较低。（幻灯片7）
>
> 特殊经济适用型贷款的违约率比预期高……一半以上的贷款的违约率比非目标贷款最高5%的违约率还要高。（幻灯片8）

住房与城市发展部的一个重大政策错误在于使用经济适用房目标迫使政府支持企业承销标准降低，而这一政策维持了两届政府任期。必须承认的是，我们比以往任何时候都明白造成金融危机的原因。最终，经适房目标扩大了房地产的泡沫，注入质次而风险高的非传统抵押贷款，造成房利美和房地美破产，加上美国住房政策的其他因素，共同酿成了金融危机。

国会颁布"2008年住房和经济恢复法案"时，把经济适用房管理责任从住房与城市发展部转移至美国联邦住房金融局。2010年，联邦住房金融局修改和简化了经适房目标，并消除其中了最令人不安的元素。正如房利美所指出的，如果在市场中经适房目标规定的数量超过了市场上符合目标条件的借款人数量，他

---

① Freddie Mac, "Cost of Freddie Mac's Affordable Housing Mission," Business Risk Committee, Board of Directors, June 4, 2009.

们就要被迫分配信贷,将本来提供给中产阶级的信贷资金提供给低收入借款人。实际上,实现经济适用房目标与保持美国二级抵押贷款市场的流动性两者之间存在冲突。联邦住房金融局的新规则对政府支持企业购买的合格贷款数量要求没有超过市场上这些贷款的数量。①

但这并不能解决与经适房目标相关的重大问题。从某种程度上讲,经适房目标使政府能够左右私人公司的信贷去向,本质上是政府信用分配的一种形式。更显著的是,按照《社区再投资法案》要求,政府支持企业间、联邦住房管理局和银行竞相寻找并购买同类贷款,因此将继续使得该类贷款的风险被低估,最终导致抵押贷款崩溃并引发金融危机。我们将在下一节和《社区再投资法案》那一节中继续讨论这个问题。

4. 政府支持企业与联邦住房管理局在次级贷和次优贷方面的竞争

有关住房与城市发展部在经适房目标管理方面的一个重要事实,就是让房利美和房地美同住房与城市发展部旗下的机构联邦住房管理局进行正面竞争。上述有关房利美的部分已经提到了这一点。房利美认为,这是有关住房与城市发展部的利益纷争,但有足够的证据表明这一竞争正是住房与城市发展部和国会想要看到的。回顾1992年政府支持企业法案通过的背景至关重要。1990年,国会通过了《联邦信用改革法案》。②其目的之一是在政府预算中控制政府及贷款担保的风险,实际上该法案放宽了联邦住房管理局的担保预算限制。对于国会和住房与城市发展部那些支持向低收入借贷者和未惠及群体增加抵押贷款的人来说,公平信用会计法的结果无疑十分糟糕。先前为不符合传统抵押贷款要求——通常要求20%的首付以及有意愿和能力偿还的证据——的团体提供的便利通道,如今有可能受到阻碍。要求政府支持企业负责经济适用房在当时看来是个解决办法,因为房利美和房地美不太容易获得私人市场资金,而同时他们也是预算外实体。

从这个角度看,国会和住房与城市发展部要政府支持企业和联邦住房管理局相互竞争就在情理之中了,让房地美和房利美为经济适用型贷款而竞争也就好理解了。由于所有这三家公司都为同类贷款竞争,同时住房与城市发展部对联邦

---

① Federal Housing Finance Agency, 2010 – 2011 Enterprise Housing Goals; Enterprise Book-Entry Procedures; Final Rule, 12 CFR Parts 1249 and 1282, *Federal Register*, September 14, 2010, p. 55892.
② 1990年国会预算 V 项。按照 FCRA,住房与城市发展部必须估算联邦住房管理局为预算划拨的信贷补贴年度成本。信贷补贴等于估算收入减去估算支付得出的净值。

住房管理局的借贷标准和政府支持企业的经济适用房要求进行控制,因此,贷款承销标准降低在所难免。由于降低承销标准可以向低收入借贷者提供抵押贷款信用,所以住房与城市发展部经常明确地对降低承销标准表示出兴趣,这也充分表明了住房与城市发展部创造这类竞争的动机。

联邦住房管理局成立于 1934 年,现在隶属于住房与城市发展部,受美国联邦住房委员会委员(同时也是住房助理秘书)的领导,联邦住房管理局 100% 承保合格抵押贷款。联邦住房管理局的建立旨在为不能满足银行传统贷款要求的人筹措资金。1934 年它承保的贷款价值比最高为 80%。1950 年上升到 95%,1961 年为 97%。[①] 1996~2006 年间,贷款价值比一直维持在 97% 的高位上,联邦住房管理局把借款人的平均 FICO 评分维持在 660 以下。这一期间,一般次级借款人的平均 FICO 分数相对低一些。[②] 从 1993 年开始,就在房地美和房利美被定为竞争关系之后,联邦住房管理局开始提高低首付贷款的比重。可以预见,这对债务违约率产生了影响,爱德华·平托利用联邦住房管理局、联邦存款保险公司和抵押贷款银行家协会的数据做出下图(见表 6)。

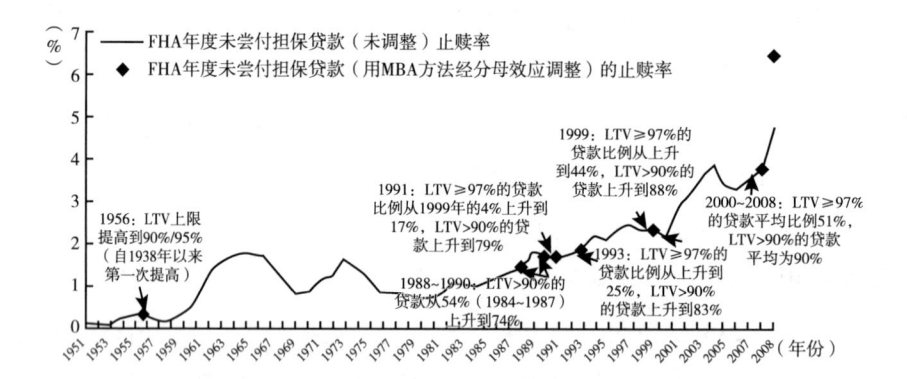

图 6 联邦住房管理局提高贷款价值比对年止赎率的影响占被保险贷款的百分比

资料来源:FDIC MBA and Ed Pinto。

尽管首付下调,联邦住房管理局的市场份额同政府支持企业相比还是开始下降。根据美国审计总局的数据,1996 年,联邦住房管理局在低收入借贷者中的

[①] Kerry D. Vandell, "FHA Restructuring Proposals: Alternatives and Implications," *Fannie Mae Housing Policy Debate*, vol. 6, Issue 2, 1995, pp. 308-309.

[②] GAO, "Federal Housing Administration: Decline in Agency's Market Share Was Associated with Product and Process Developments of Other Mortgage Market Participants," GAO-07-645, June 2007, pp. 42 and 44.

市场份额为26%，而政府支持企业的份额为23.8%。到2005年，联邦住房管理局的份额为9.8%，而政府支持企业的份额为31.9%。似乎房利美在一开始就故意将联邦住房管理局的借贷者作为其社区购房计划的目标群体。在1993年的一份备忘录中，房利美的信用政策小组就将其当时提出的社区购房计划同联邦住房管理局1-to-4家庭贷款项目（203b节）下的贷款要求进行了对比，发现房利美的大部分要求都很有竞争力，甚至超过联邦住房管理局。

联邦住房管理局似乎还尝试过引导政府支持企业。在1999年——即房地美和房利美的经适房目标提出之前——联邦住房管理局的贷款源从1998年的22.9%上升到了1999年的43.84%，货款价值比至少为97%。[1] 为了吸引次级贷业务，联邦住房管理局还对首付标准提供额外优惠。下面是一份2000年1月刊登的Quicken广告文[2]，依据的可能是1999年的联邦住房管理局项目。

> 借贷者可以通过最低首付进行购买。没有联邦住房管理局的担保，很多家庭不可能支付他们中意的房子，因为首付款是他们面对的主要障碍。联邦住房管理局的首付从售价的1.25%到3%不等，比很多贷款方的常规或次级贷款的最低首付要求低得多。
>
> 有了联邦住房管理局贷款，借款人只需要支付"总资金"的3%。除了首付需要的资金，借贷者还需支付房屋买卖手续费、保险及利息预付费用，还有托管费用，其中包括抵押担保、灾害保险和数月的不动产税。联邦住房管理局担保的房屋贷款可以设计成使借款人支付费用不会超过垫付费用的3%，其中包括首付费用。
>
> 家庭成员的馈赠或贷款都可充当垫付费用。联邦住房管理局允许房屋购买者使用家庭成员和非营利机构的馈赠支付首付、房屋交易费和其他费用。事实上，来自家庭成员馈赠或个人贷款可100%用于支付上述费用。
>
> 联邦住房管理局的信贷要求灵活。同很多贷款方为其他种类购房贷款设立的信贷要求相比，联邦住房管理局关注的仅仅是借款人在最近12~24个月

---

[1] Integrated Financial Engineering, "Actuarial Review of the Federal Housing Administration Mutual Mortgage Insurance Fund (Excluding HECMs) for Fiscal Year 2009," prepared for U. S. Department of Housing and Urban Development, November 6, 2009, p. 42.

[2] Quicken press release, "Quicken Loans First To Offer FHA Home Mortgages Nationally On The Internet With HUD's approval, Intuit expands home ownership nationwide, offering consumers widest variety of home loan options," January 20, 2000, http://web.intuit.com/about_intuit/press_releases/2000/01-20.html.

的借贷历史。除此之外，没有最低 FICO 评分要求——即抵押银行对每份申请进行个案审查。这一项目也完全接受向没有任何信用历史的人提供贷款。

联邦住房管理局的借款人负债收入比要比大多数承保机构高得多。传统房屋贷款允许借款人每月新的抵押及现有债务占总收入的 36%，联邦住房管理局则允许占总收入的 41%，在有些情况下甚至会更多。

记住 1999 年十分重要，正是在这一年，住房与城市发展部计划在经适房目标中给政府支持企业更艰巨的任务——中低收入目标从 42% 升到 50%，同时以更高的比例增加特殊经济适用型贷款，因为这类贷款对联邦住房管理局最具竞争力。上一次联邦住房管理局大幅增加贷款价值比为 97% 以上的贷款比例是在 1991 年，这一年刚好是政府支持企业法案将经适房目标强加给房地美和房利美前夕，实际上，这直接导致两房考虑将首付降至 5%，甚至更低。1991 年，贷款价值比维持在 97% 以上水平的情况下，联邦住房管理局的贷款比例从 4.4% 突增到 17.1%。[①] 住房与城市发展部控制下的联邦住房管理局似乎再一次与政府支持企业开始竞争，导致承销标准再次降低。由于联邦住房管理局是政府机构，因此其行为不能用盈利动机进行解释。然而有一点很清楚，就是联邦住房管理局降低住房与城市发展部政策中的借贷标准，把房地美和房利美朝同一方向引导过去。

房地美同联邦住房管理局在高贷款价值比借贷方面的竞争结果如图 7 所示，联邦住房管理局和房地美的贷款价值比等于或高于 97% 的贷款份额，其中包括房利美的联合贷款价值比等于或高于 97% 的贷款。

无论住房与城市发展部的政策是否有意为之，在向政府支持企业提出经适房目标要求之后，1992 年这些企业和联邦住房管理局在经济适用房上的竞争就即刻显现出来。1991 年（恰好在要求政府支持企业承担经济适用房任务之前），联邦住房管理局作为住房与城市发展部控制的机构，在其承受范围内最大幅度地提高了贷款价值比，并在 1999 年（恰好在要求政府支持企业加大经济适用房力度之前）再度提高这一比率。这一事实进一步证明，住房与城市发展部一直在协调政策，以使联邦住房管理局和政府支持企业进行竞争。其效应是拉低承销

---

① GAO, "Federal Housing Administration: Decline in Agency's Market Share Was Associated with Product and Process Developments of Other Mortgage Market Participants," GAO -07 -645, June 2007, pp. 42, 44.

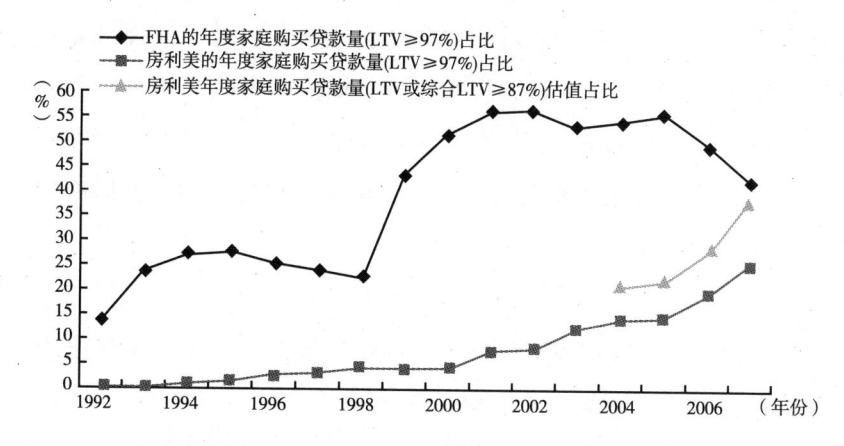

图7　房利美和联邦住房管理局的超高LTV≥97%贷款

标准，而这正是住房与城市发展部反复强调的目标。

5. 把抵押贷款银行和次级贷贷方拉入实现经适房目标队伍中

1994年，住房与城市发展部开始实施一个项目，旨在把从事抵押贷款业的其他成员拉进来，以降低承销标准。那一年，抵押贷款银行家协会——一个既不受联邦政府管理，也不受制于住房与城市发展部监管的机构——同意加入住房与城市发展部"最佳做法倡议"计划①。我们不十分清楚达成这一协议的背景情况，但至少暂时的理由是抵押贷款银行家协会签约是为了避免住房与城市发展部把抵押贷款银行置于《社区再投资法案》之下，当时这一法律只适用于政府担保的银行。

9月中旬[1994]，拥有多家银行所属抵押贷款公司成员的抵押贷款银行家协会同住房与城市发展部签署了一份为期三年的"最佳做法倡议"主协议。协议包括两部分：一个是抵押贷款银行家协会与住房与城市发展部协商从事公平放贷工作协议，另一个是"最佳做法协议"范本，各个抵押贷款银行可以根据这个范本单独同住房与城市发展部签署协议。美国最大的抵押银行国民金融公司头一个签署了协议，协议内容见下文。很多人认为抵押贷款银行家协会协议针对的是国会抵押贷款银行应受社区再投资法案约束的抱怨。②

---

① 住房与城市发展部这样描述其"最佳做法倡议"（HUD's Best Practices Initiative）：自1994年起，住房与城市发展部就与全美主要放贷者签署了公平贷款最佳做法协议。协议不仅提供了向中低收入群体和少数族群放贷的机会，还将公平住房和公平机会原则纳入抵押贷款标准中去，以国民金融公司为代表的这些银行和放贷机构是在其所服务的社区做出坚决推行公平放贷的承诺。参见：http://www.hud.gov/local/hi/working/nlwfal2001.cfm。

② Steve Cocheo, "Fair-Lending Pressure Builds," *ABA Banking Journal*, Vol. 86, 1994, http://www.questia.com/googleScholar.qst?docId=5001707340。

作为签署协议的首个抵押贷款银行家协会成员，国民金融公司可能意识到，协助低收入抵押贷款能够获得政治优势，因此很快成为在房利美和房地美开始寻求次级贷以完成经适房目标之前那一小批迅速成功的次级贷贷款者之一。到1998年，共有117个抵押贷款银行家协会成员签署住房与城市发展部的"最佳做法倡议"，倡议具体如下：

> 签署"最佳做法"协议的公司和协会不仅要履行《公平住房法》中规定的责任，同时还要达成一致承担更多的责任。一般而言，签约者同意为贷款申请者进行审核，保证所有申请人有机会达到抵押贷款要求而获得贷款。所有签约者还同意提供任何规模的贷款，服务于所有借款人，并向符合条件的申请者提供有关所有贷款项目的信息……这一计划会有很好的效果。随着贷方发现新的尚未开发的市场，他们的少数族群和低收入群体的贷款申请及发放量也会增加。最终，全国少数族群和低收入群体的房屋占有率会上升。①

国民金融公司是迄今为止住房与城市发展部项目中最重要的参与者。通过这个项目，国民金融公司做出了一系列几十亿美元的承诺，顶峰时推出了针对少数族群和低收入家庭的"万亿美元承诺"，向其提供贷款，这一承诺部分是通过向房利美和房地美出售次级贷和其他非传统抵押贷款实现的。在2000年的一份报告中，房利美基金会指出："在房利美和房地美开始接受贷款价值比更高和更具保险灵活性的贷款之前，联邦住房管理局的贷款在国民金融公司的借贷业务中所占的份额最大。"②在2007年末，即美国银行拯救国民金融公司几个月之前，该公司报告称其针对"万亿美元承诺"的抵押贷款已达到7890亿美元。③

6.《社区再投资法案》

1993～2008年间有关非传统抵押证券大量增长所存在的最大争议就是《社

---

① HUD, "Building Communities and New Markets for the 21st Century," FY 1998 Report, p.75, http://www.huduser.org/publications/polleg/98con/NewMarkets.pdf.
② Fannie Mae Foundation, "Making New Markets: Case Study of Countrywide Home Loans," 2000, http://content.knowledgeplex.org/kp2/programs/pdf/rep_newmortmkts_countrywide.pdf.
③ "Questions and Answers from Countrywide about Lending," December 11, 2007, 参见 http://www.realtown.com/articles/article/print/id/768. 149 12 U.S.C. 2901. 150 Original letter in author's files.

区再投资法案》的角色。① 这一法案最初从1977年开始实施，只适用于联邦担保的存款机构。 目的之一是"要求每一适当的联邦金融监管机构在对金融机构进行检查时行使其权利，鼓励这些机构帮助满足当地团体的信贷需求，这些团体经授权都能符合金融机构安全良好运作的要求"。 该法案的执行规定使银行监管者对不满足《社区再投资法案》等级要求的银行在诸如兼并收购和分支机构扩张等方面的申请有保留批准的权利。

直到1995年规则收紧之前，《社区再投资法案》在颁布之后的几年并未对次级贷产生实质性影响。 1995年的条例要求被保银行获取或发放先前不可能出现的"灵活创新型"抵押贷款，在这种情况下，《社区再投资法案》与房利美和房地美的经适房目标变得一样了。

《社区再投资法案》有两种完全不同的适用情况。 第一种也是适用性最广的一种，要求所有被保银行将社区再投资法案贷款纳入其所有评估领域中。 这一法案遭到攻击，主要矛盾都集中在银行贷款评估上。 银行（通常是私人银行）抱怨监管者为了与《社区再投资法案》保持一致，要求他们发放安全性低的贷款。 一个例子是一家地区性社区银行在提交给股东的报告中所做的下列陈述：

> 按照社区在投资法规定，监管权力机构在向银行施加高压，要求他们向低收入借款人及其居住的社区发放贷款，尤其是抵押贷款。 监管当局在这一问题上手段十分强硬。 我在此不会进行详述，但是他们为了实现一定的《社区再投资法案》目标，要求某某改变常规抵押贷款发放做法，虽然当时我们极力争辩说这么做太草率，会带来很大的风险。②

另一方面，监管当局对这一法案及采取的相关措施进行辩解，尤其反驳了有关《社区再投资法案》对金融危机起了推波助澜作用的说法。 辩解中最常引用的是前美联储官员兰德尔·克罗斯内(Raudall Kroszner)在2008年12月3日发表的演讲③，相关部分如下：

---

① 12 U. S. C. 2901.

② Original letter in author's files.

③ Randall Kroszner, Speech at the Confronting Concentrated Poverty Forum, December 3, 2008.

只有6%的高定价贷款（由于这些贷款利率高，风险大，所以被认为是社区再投资法案贷款）是由《社区再投资法案》下贷款方在其评估领域内向低收入借贷者和社区发放的，当地区域是《社区再投资法案》评估目标的重心所在。这一结果减弱了批评家有关《社区再投资法案》在次债危机起了实质性作用的言论。

这一陈述中有两点需要进行阐释。第一，此陈述假定所有社区再投资法案贷款均为高价贷款。这是错误的。为了保证获得充足数额的贷款以便获得良好的社区再投资法案评级，很多银行通过把贷款利率调低到与其风险水平不相称的低水平来对贷款进行补贴，而不是有保障的风险性。这在某种程度上是事实，因为社区再投资法案贷款一般是针对低收入个体的贷款；不像发放给中等收入借款人的贷款，社区再投资法案贷款更多是次级贷款和超级级贷，因而遭到联邦住房管理局、房地美和房利美以及像国民金融公司那样的次级贷款方争夺；这一竞争也是他们的评级比风险性更低的另一个原因。第二，《社区再投资法案》下的银行借贷对美国金融体系中次级贷的整体出现可能没有产生主要影响，关于《社区再投资法案》实施对美国金融体系和地产泡沫中出现非传统抵押贷款的担忧，也不是由该法引起的，《社区再投资法案》在金融危机中的作用可以通过另一种路线更为明显地反映出来。

1994年，《里格尔－尼尔州际银行及分行效率法》首次允许银行可以根据联邦法律（与州际合同不同）进行跨州兼并。在这种情况下，《社区再投资法案》的强制措施——即要求监管当局对达不到社区再投资法案评级要求的银行拒绝其申请要求——开始引起一些向联邦银行监管当局申请兼并许可的大型银行的关注。美联储主席本·伯南克在2007年的一次演讲中说，在里格尔－尼尔法规实施后，"随着对银行兼并收购活动的公共监督越来越严密，越来越多的利益团体利用公开评审过程对社区再投资法银行申请进行抗议。在饱受争议的申请实例中，美国联邦储备金监察小组和其他机构召开听证会，听取公众和申请人就存在争议的银行借贷记录的意见。针对这些新的压力，银行开始为他们的社区再投资法案项目投入更多的资源"。① 这一中性描述尽管准确，却没有全面描述法

---

① Ben S. Bernanke, "The Community Reinvestment Act: Its Evolution and New Challenges," March 30, 2007, p. 2.

律和申请过程对银行借贷运行产生的影响。

2007年，部分低收入或社区的"利益团体"组成的联盟组织——全美社区再投资联盟——发布了一份名为《社区再投资法案承诺》的报告，讲述其成员成功地利用银行申请程序的杠杆效应，从向联邦监管当局提出兼并申请的银行所做的《社区再投资法案》放贷承诺中获得数万亿美元。该报告的开头部分如下：[1]从1977年《社区再投资法案》通过以来，贷方和社会团体共签署了446份《社区再投资法案》协议，流向少数群体和低收入家庭的再投资总额超过45万亿美元。

> 贷方和社区团体经常会在贷方提交兼并另一机构或扩大业务申请时签署这些协议。贷方必须在计划进行兼并或变更业务时获取联邦监管机构的批准。四家联邦金融监管机构会对贷方的《社区再投资法案》记录进行详细检查，并对其未来的社区再投资表现进行评估。因此，申请程序促使贷方同社区团体签署《社区再投资法案》协议，这会提升他们的社区再投资上的业绩。在意识到贷方与社区团体合作的重要性后，联邦机构在其申请程序中建立多项机制，鼓励各方在维系和加强社区再投资方面的对话和合作。

这份陈述报告中的脚注是：

> 兼并申请过程中，在银行与社区团体提交联合申请时，美国联邦储备金监察小组允许延长公众咨询期。在对法规Y条的评注中，监察小组指出这一程序的补充是为了方便银行和社区团体在项目方面的讨论，为社区提供便利，满足其需求。货币监理署在其企业手册中注明，如果某个贷款机构不打算履行它所要收购的机构的《社区再投资法案》协议，则不会向该贷款机构提供快速申请流程。

在其报告中，全美社区再投资联盟列出了所有的446项承诺贷款，并逐年统计了所有承诺（见表13）。

---

[1] Fannie Mae Foundation, "Making New Markets: Case Study of Countrywide Home Loans," 2000, http://content.knowledgeplex.org/kp2/programs/pdf/rep_newmortmkts_countrywide.pdf.

表 13　全美社区再投资联盟承诺贷款

年度	年承诺额（百万美元）	总额（百万美元）
2007	12500	4566480
2006	258000	4553980
2005	100276	4298980
2004	1631140	4195704
2003	711669	2564564
2002	152859	1852895
2001	414184	1700036
2000	13681	1285852
1999	103036	1272171
1998	812160	1169135
1997	221345	356975
1996	49678	135630
1995	26590	85952
1994	6128	59362
1993	10716	53234
1992	33708	42518
1991	2443	8811
1990	1614	6378
1989	2260	4764
1988	1248	2504
1987	357	1256
1986	516	899
1985	73	382
1984	219	309
1983	1	90
1982	6	89
1981	5	83
1980	13	78
1979	15	65
1978	0	50
1977	50	50

这些承诺贷款远远超过了《社区再投资法案》在评估领域提供的贷款，这意味着《社区再投资法案》极有可能引发金融危机。值得注意的是，调查委员会"多数人"根本不愿意考虑全美社区再投资联盟的重要性。在委员会举行的唯一一次关于住房问题的听证会上，委员会在没有对全美社区再投资联盟进行任何调查的情况下，就发布了一项报告免除了《社区再投资法案》关于金融危机的任何责任。①

要了解《社区再投资法案》在金融危机中的作用，可以参考的数据是 45000

---

① FCIC, "The Community Reinvestment Act and the Mortgage Crisis." *Preliminary Staff Report*, http://www.fcic.gov/reports/pdfs/2010-0407-Preliminary_Staff_Report_-_CRA_and_the_Mortgage_Crisis.pdf.

亿美元银行《社区再投资法案》放贷承诺款。全美社区再投资联盟在其 2007 年报告中引用了这一数据。（这个报告和其他与本部分讨论相关的文件参见网站 www.ncrc.org①）问题在于，银行监管机构是否会与社会团体合作，是否会因为未达成令社会团体满意的协议，就不会批准并购的申请。不难想象，监管机构并不想因为无法帮助社会团体与银行达成协议而受到国会的批评。在一项已批准的兼并的声明中，美联储表示，银行对未来《社区再投资法案》贷款所做的承诺款对审批过程不会造成影响（见表 14）。美联储官员还告诉调查委员会工作人员，美联储并没有把这些贷款同兼并审批挂钩。调查委员会并没有设法证实这个说法，而是选择相信美联储官员。无论如何，我们仍然无法解释为什么银行把兼并与如此庞大的贷款联系起来。

表 14　四家最大银行兼并重组机构公布的《社区再投资法案》承诺

合并后银行	收购或合并的负有社区再投资法案承诺的银行/实体	社区再投资法案承诺(年份/金额 美元)
富国银行	美联收购的第一联合银行 美联收购的南方信托公司	2001（350 亿） 2004（750 亿）
摩根大通	化学银行与汉华银行合并 First Chicago 收购的 NBD 华互银行收购的 Home Savings 华互银行收购的 Dime 摩根大通收购的第一银行	1991（725 亿） 1995（20 亿） 1998（1200 亿） 2001（3750 亿） 2004（8000 亿）
美国银行	美国银行收购的美国大陆银行 美国银行（由 NationsBank 收购，保留了美国银行的名称） Fleet 收购的波士顿银行 Fleet	1994（10 亿） 1998（3500 亿） 1999（146 亿） 2004（7500 亿）
花旗银行	Travelers Cal Fed	1998（1150 亿） 1998（1150 亿） 2002（1200 亿）

编制：Edward Pinto from the NCRC 2007 report CRA Commitments，found at http://www.community-wealth.org/_pdfs/articles-publications/cdfi s/report-silver-brown.pdf，NCRC testimony regarding Bank of America's $1.5 trillion in CRA agreements and commitments in conjunction with its 2008 acquisition of Countrywide found at http://www.house.gov/apps/list/hearing/fi nancialsvcs_dem/ taylor_testimony_-_4.15.10.pdf.

这其中最大的投资，是由四家银行（美国银行、摩根大通、花旗银行和富国银行）进行的并购。

由于全美社区再投资联盟报告提到的承诺数额巨大，关键问题是：①做出承

---

① http://www.community-wealth.org/_pdfs/articles-publications/cdfi s/report-silver-brown.pdf.

诺的银行到底履行了多少贷款？ ②这些贷款现用于何处？ （3）这些贷款的收益如何？

目前由于委员会就此所作的调查极为有限，只能对上述问题给出部分答案。

承诺银行是否发放了这些贷款？ 做出承诺的银行当然会受到社会团体的压力来履行承诺。 根据布拉德·邦戴（Brad Bondi）对委员会一位成员乔希·思尔文（Josh Silver）的采访，社会团体的确进一步追踪了这些承诺的履行情况。

> 邦戴：谁负责跟进来确保……这些银行是否履行了他们自愿或达成一致签署的协议？
>
> 思尔文：实际上有些《社区再投资法案》协议每年会有两三次与银行开会，讨论一下，比如"你们承诺了这个这个，你们发放了那个那个贷款"，社区团体会和银行一个一个协议地进行讨论。①

然而，当委员会问及四大银行是否履行了与兼并相关的承诺及履行程度时，大多数银行提供的数据非常有限。 他们说没有相关数据或者说数据难以获得，即使提供数据，也非常简单。

很多情况下，在银行向委员会提供的信息中反映出的贷款要少于他们在媒体中公布的数据。 披露的数据包括：摩根大通（8350亿美元）、花旗银行（2740亿美元）、美国银行（2290亿美元），在2001~2008年间，社区再投资法案贷款达到了13000亿美元，这一数据已由爱德华·平托通过"扳机备忘录"②提交给了委员会。 富国银行并未公布数据，但为应对委员会的提问，富国银行提供了大量的账目对照表，如果不和银行相关代表讨论的话，根本无法解读这些数据。 然而，在收集到相关数据以前，委员会于2010年8月终止了与兼并相关的《社区再投资法案》调查。 因此，富国银行的数据并未能被分析。

2010年10月我对委员会的轻率做法提出了抗议，委员会在11月份提出重新启动与兼并相关的《社区再投资法案》承诺的调查。 然而，只有一家银行就此异议声明在截止日期前做了回复。 我们需要分析收集的信息，但是并没有人来跟进这项工作。

---

① Interview of Josh Silver of the National Community Reinvestment Coalition, June 16, 2010.

② Edward Pinto, Exhibit 2 to the Triggers memo, dated April 21, 2010, http://www.aei.org/docLib/Pinto-Sizing-Total-Federal-Contributions.pdf.

由于调查委员会办事拖拉，不可能确定四大银行及其前任承诺方到底发放了多少与兼并相关的《社区再投资法案》承诺贷款，因此也不可能搞清楚现今这些贷款到底在哪，违约率是多少。 这些贷款用于何处？ 在大多数情况下，调查委员会的管理层限制了调查人员对《社区再投资法案》的调查，只提供给他们数量有限的文件和访谈记录，还阻止调查人员继续跟进那些没有对提供数据的要求做出及时回应的机构。

这些贷款时至今日到底在哪？ 现在只能进行推测。 有些银行对金融危机调查委员会的工作人员说，他们并不区分社区再投资法案贷款及其他贷款，所以不能提供相关信息。 根据政府支持企业法案，房利美和房地美肯定有义务帮助银行履行《社区再投资法案》义务，他们无疑是大型银行和其他承诺机构发放的贷款的买方。 例如，据2003年的新闻报道，房利美已获得3940亿美元社区再投资法案贷款，仅2002年就完成2010亿美元，①占该年度房利美经济适用房收购量的约50%。

在"扳机备忘录"中，平托根据他的研究指出在2001年到2007年间，房利美与房地美购买了50%的社区再投资法案贷款，10%~15%由联邦住房管理局担保，10%~15%卖给了华尔街，其余的则留在发起行的账面上。② 这些贷款大部分无法在二级市场出售，因为他们的利率无法补偿风险或没有抵押担保。 另外，政府支持企业、联邦住房管理局与银行间对这些贷款的竞争无疑拉高了它们的价格，同时低估了它们的风险。 如果要出售这些贷款，持有银行就要承担风险，当然大多数银行都不愿这么做。

那么债务违约率是多少？ 根据住宅抵押贷款披露法（HMDA）的规定，银行必须向美联储提供相关数据，以便计算出高利率贷款的拖欠率。 有人认为，这些贷款具有潜在掠夺性。 房利美和房地美、联邦住房管理局、国民金融公司和其他次级贷款人以及《社区再投资法案》下的银行都在寻求同样的贷款（简略地说，以等于或低于地区平均收入水平向借款人发放的贷款），这种情况很可能导致真正发放这些贷款时，它们会有很低的优惠利率，从而按照住宅抵押贷款披露法不用报告利率差额。 这只不过是供给和需求关系。 因此，根据银行承诺

---

① Fannie Mae Passes Halfway Point in ＄2 Trillion American Dream Commitment；"Leads Market in Bringing Housing Boom to Underserved Families, Communities, " http://findarticles.com/p/articles/mi_m0EIN/is_2003_March_18/ai_98885990/pg_3/？tag＝content;col1.

② Triggers memo, p. 47.

而做出社区再投资法案贷款的这些银行没有义务记录和报告他们的贷款拖欠率。如上面提到全美社区再投资联盟有记录可查的几个做出重大承诺的银行告诉调查委员会的工作人员,除记录其他抵押贷款之外,他们不再单独记录社区再投资法案贷款的情况。

然而,在过去几年中,美国银行一直在其每年的年度报告向美国证券交易委员会以10-K形式汇报社区再投资法案贷款的情况。例如,银行在2009年的10-K报告中包含以下内容:"至2009年12月31日,我们的《社区再投资法案》组合中住宅抵押贷款占6%,不良住宅抵押贷款占17%,及2009年20%的住宅贷款净冲账。约32%住宅抵押贷款组合有风险降低保护,只有很小一部分《社区再投资法案》组合有这种保护。"[①]这大概算是四大银行因履行承诺而发放的与兼并相关的社区再投资法案贷款的违约率,但是如果没有贷款数量及银行对贷款的持有量的确切数据,是不可能做出准确测算的。另一家银行的一封律师函信中提到,该银行与兼并相关的社区再投资法案贷款拖欠率在5%到50%之间不等,大部分贷款的违约率为25%。

四 结论

反对意见指出,美国政府的住房政策是2008年金融危机的主要原因。这些政策促使1997~2007年间房地产泡沫形成,并造成了2700万笔次级贷和次优贷,其中大部分贷款在房地产泡沫开始萎缩时,就已经出现了违约的迹象。

这些高风险贷款带来的损失引起全球持有这些抵押贷款——或者由这些贷款支持的私人抵押贷款支持证券——作为投资或流动性资源的金融机构全面疲软。金融危机调查委员会"多数人"报告中提到的监管放松、缺乏监管以及掠夺性贷款或者其他因素并不是引发金融危机的决定性因素。

本结论的政策意义十分重大。如果能够通过单是阻止或者取消导致这场金融危机的那些政府政策和各个项目就可避免这场危机的话,那么2010年美国国会通过的"2010 杜德-弗兰克华尔街改革与消费者保护法案"(2010 Dodd-Frank Wall Street Reform and Consumer Protection Act of 2010)就完全没有必要了,这个法案常被引用为奥巴马政府和第111届国会的重要成就。

---

① Bank of America, 2009 10-K, p.57.

在从 2001 年到 2010 年 10 年里，杜德－弗兰克法案对美国经济的严格监管对美国经济的增长和就业机会的增加产生了不利影响。如果这是防止另一场金融危机不得不付出的代价，那么这个代价是必须要付的。但是如果没有必要预防另一场金融危机，而危机又未必是由政府行为造成的，那么《多德－弗兰克法案》反而是矫枉过正了。

最后，如果此次金融危机的主要原因是政府对房地产融资系统的介入，那么今后房地产金融政策应当做出相应的调整。

附录一
两种情景下的假设损失

1. 两种情景下的假设损失（无反馈效应）

情景1 为市场专业人士所了解的2007年下半年情况，情景2是抵押贷款市场的真实情况。排除了二次抵押权/家庭权益损失。

所用假设：

抵押贷款数量 = 5300 万（笔）

第一次抵押贷款总价值 = 9.155 万亿美元

优质抵押贷款损失 = 1.2%（假设止赎率为3%，严重程度40%）

次级/次优级抵押贷款损失 = 12%（假设止赎率为30%，严重程度40%）

抵押贷款平均规模：17.3 万美元

情景1 的损失

抵押贷款数量 = 5300 万（笔）

优级贷款 = 4000 万（笔）

次级/次优级贷款 = 1300 万（笔）（7.7. PMBS 百万 + FHA/VA = 520 万）

平均价值：

优级贷款 = 6.9 万亿美元（17.3 万美元 × 4000 万）

次级/次优级贷款 = 2.25 万亿美元（17.3 万美元 × 1300 万）

止赎损失：3530 亿美元（6.9 万亿美元优质抵押贷款 × 1.2% = 830 亿美元

+2.25 万亿美元次级/次优级抵押贷款×12%＝2700 亿美元）

损失总百分比：3.5%

情景 2 的损失

抵押贷款数量＝5300 万（笔）

优级贷款＝2700 万（笔）

次级/次优级贷款：

原始次级/次优级贷款：1300 万（笔）

其他次级/次优级贷款：1300 万（笔）[10.5 F&F(不包括已经在 PMBS 中计算过的 125 万)，还有 250 万其他贷款没有证券化（大部分为大型银行所持有）]

平均价值：

优级抵押贷款＝4.7 万亿美元（17.3 万美元×2700 万）

次级/次优级抵押贷款＝4.5 万亿美元（17.3 万美元×2600 万）

止赎损失：5960 亿美元（4.7 万亿美元优质抵押贷款×1.2%＝560 亿美元＋4.5 万亿美元×12%＝5400 亿美元）

损失总百分比：6.5%，增长 86%

说明：没有计入反馈效应——即情景 2 中由于大量止赎造成住房价格下降。如果计入反馈效应，情景 2 中的损失会更大，因为大量止赎会驱动房价进一步快速下滑。这个反馈效应将会导致第一次抵押贷款损失高达 1 万亿美元或占未偿付第一次贷款的 10%。

2. 两种情景下的假设损失（计入反馈）

情景 1 为市场专业人士所知的 2007 年下半年情况，情景 2 是抵押市场的真实情况。排除了二次抵押权/家庭权益损失。

所用假设：

抵押贷款数量＝5300 万（笔）

一次抵押贷款总价值＝9.155 万亿美元

情景 1

优质抵押贷款损失＝1.2%（假设止赎率为 3%，严重程度 40%）

自定价次级抵押贷款和次优级抵押贷款损失=14%（假设止赎率为35%，严重程度40%）

FHA/VA 损失=5.25%（假设止赎率为15%，严重程度35%）

情景 2

优质抵押贷款损失=1.6%（假设止赎率为3.5%，严重程度45%）

自定价次级抵押贷款和次优级抵押贷款损失=25%（假设止赎率为45%，严重程度55%）

FHA/VA 以及未知次级/次优级抵押贷款损失=15%（假设止赎率为30%，严重程度50%）

贷款平均规模：

优级抵押贷款=17.3万美元（6.75万亿美元/3900万）

次级/次优级抵押贷款/FHA/VA：18.2万美元（2.4万亿美元/1300万）

情景 1 的损失

抵押贷款数量=5300万（笔）

优级贷款=4000万（笔）

次级/次优级贷款=770万（笔）PMBS（私人抵押支持证券）

FHA，和 VA=520万（笔）

平均价值：

优级抵押贷款=6.9万亿美元（17.3万美元×3900万）

次级/次优级贷款=1.7万亿美元（22万美元×770万）

FHA/VA=7000亿美元（13万美元×520万）

总预计止赎：470万（3%×3900万+35%×770万+15%×520万）

止赎损失：3600亿美元（6.9万亿美元优级抵押贷款×1.2%＝830亿美元+1.7万亿次级/次优级抵押贷款×14%＝2400亿美元+7000亿美元×5.25%＝370亿）

总损失百分比：3.9%

情景 2 的损失

抵押贷款数量 = 5300 万（笔）

优级贷款 = 2700 万（笔）

原始次级/次优级贷款：770 万（笔）

FHA/VA：520 万（笔）

其他次级/次优级抵押贷款：1300 万（笔）[10.5 F&F（不包括已经在 PMBS 中计算过的 125 万），还有 250 万其他贷款没有证券化（大部分为大型银行所持有）]

平均价值：

优级抵押贷款 = 4.7 万亿美元（17.3 万美元 × 2700 万）

原始次级/次优级抵押贷款 = 1.7 万亿美元（22 万美元 × 770 万）

FHA/VA = 7000 亿美元（13 万美元 × 520 万）

其他次级/次优级抵押贷款：2 万亿美元（15.4 万美元 × 1300 万）

总预计止赎：840 万（3.5% × 2700 万 = 95 万，45% × 770 万 = 350 万，30% × 1300 万 = 3900 万）

止赎损失：8900 亿美元（4.7 万亿美元 × 1.6% = 600 亿美元 + 1.7 万亿 × 25% = 4250 亿美元 + 7000 亿美元 × 15% = 1050 亿美元 + 2 万亿美元 × 15% = 3000 亿美元）

总损失百分比：9.8%，增长 150%

附录二

词汇表

ABCP：asset-backed commercial paper 资产支持商业票据

ABS：asset-backed security 资产支持证券

ABX.HE：次级贷款衍生债券综合指数

affordable housing goals：经济适用房目标

Alt-A：次优贷款

AMI：地区平均收入

ARM：adjustable-rate mortgage 可调息抵押贷款

ARS：auction rate securities 拍卖利率证券

bank holding company：银行持股公司

broker-dealer：经纪交易商

Capital：监管资本（最低资本）

CDO：collateralized debt obligation 担保债务凭证

CDO squared：双重担保债务凭证/CDO 平方

CDS：credit default swap 信用违约掉期

Commercial Paper Funding Facility：商业票据融资工具

Commercial real estate mortgage-backed security：商业房地产抵押贷款支持证券

credit risk：信用风险

Consolidated Supervised Entities program：联合监管对象计划

Counterparty：交易对手

CP：commercial paper 商业票据

CPP：Capital Purchase Program 资本购买计划

CRA：Community Reinvestment Act《社区再投资法案》

credit enhancement：信用增级

credit loss：信贷损失

credit rating agency：信用评级机构

CSE：Consolidated Supervised Entity 联合监管对象

debt-to-income ratio：债务收入比率

delinquency rate：拖欠率

depository institution：存款机构

derivative：衍生品

FCS：Farm Credit System 农村信贷体系

FICO score：（美国个人消费信用评估公司）FICO 信用积分

Foreclosure：止赎（丧失抵押品赎回权）

Freddie Mac：房地美

Glass-Steagall Act：《格拉斯－斯蒂格尔法案》

Gramm-Leach-Bliley Act：《格雷姆－里奇－比利雷法案》

GSE：government-sponsored enterprise 政府支持企业

Haircut：垫头

Hedge：对冲

hedge fund：对冲基金

HOEPA：Home Ownership and Equity Protection Act《住宅所有权与权益保护法案》

Housing and Economic Recovery Act：《住房与经济复苏法案》

hybrid CDO：混合型债务抵押债券

illiquid assets：非流动性资产

I-O, Interest only loan：只付息贷款

Junior Tranch：低级/分层

leverage：杠杆率

Liar loan：骗子贷款

LIBOR：London Interbank Offered Rate 银行同业拆借利率

Liquidity：流动性

liquidity put：流动性卖权

low documentation/low-doc：低凭核贷

LTV ratio：loan-to-value ratio 贷款价值比率

mark-to-market：市场计价

mezzanine tranches 中间级（分层）

monoline：单一险种保险公司

mortgage servicer：抵押贷款服务公司

mortgage underwriting：抵押贷款审核/承保

mortgage-backed security：抵押担保/支持证券

negative amortization loan：负摊销贷款

net asset value：资产净值

net charge-off rate：净坏账率

Ninja（No income no job no assets）：三无贷款（无收入无工作无资产）

no documentation/no-doc：无凭核贷

non-agency mortgage-backed securities：非政府机构抵押担保证券

notional amount：名义值

novation：约务更替

originate-to-distribute：贷款并证券化

originate-to-hold：贷款并持有

Option ARM：选择性可调息贷款

Par：债券的面值

payment-option adjustable-rate mortgage：选择支付型可调整利率贷款

PDCF：Primary Dealer Credit Facility 一级交易商信贷安排

Piggyback second mortgagees：猪背/复合抵押贷款

PLS：private-label mortgage-backed securities 非政府机构抵押支持证券

Pooling：构建资产池

Principal：借款总额

private mortgage insurance：私人抵押贷款保险

repurchase agreement（repo）：回购

Securitization：证券化

shadow banking：影子银行

short sale：短售

short selling：卖空

SIV：structured investment vehicle 结构性投资工具（运用长短期利率不同的利差赚取差价）

SPV：special purpose vehicle 特殊目的机构

Sub-Prime Loan：次级贷款

Super-Senior Tranch：超高级/分层

Subordinated Loan：后偿贷款

synthetic CDO：合成型担保债务凭证

systemic risk：系统风险

systemic risk exception：系统风险例外

TAF：Term Auction Facility：联储定期资金招标工具

TALF：Term Asset-Backed Securities Loan Facility 定期资产抵押证券贷款工具

TARP：Troubled Asset Relief Program 不良资产救助计划

Tranche：分级/分层

TSLF：Term Securities Lending Facility 定期证券借贷工具

Undercapitalized：资本不足

Write-downs：减记

附录三

相关机构和公司名

美国金融危机调查委员会（The Financial Crisis Inquiry Commission, FCIC）

美国财政部（Department of Justice）

美国司法部（Department of Treasury）

美国证券交易委员会（Securities and Exchange Commission, SEC）

美国储蓄监督局（Office of Thrift Supervision, OTS）

美国货币监理署（Office of the Comptroller of the Currency, OCC）

美国审计署（the General Accounting Office, GAO, 2004年以前）

美国政府问责局（the General Accounting Office, GAO, 2004年以后）

国家金融机构改革、恢复及实施调查委员会（The National Commission on Financial Institution Reform, Recovery and Enforcement, FIRREA）

国家信用联盟管理局（National Credit Union Administration, NCUA）

纽约联邦储备银行（Federal Reserve Bank of New York）

美联储（Federal Reserve）

美联储消费者与社区事务委员会（Fed's Committee on Consumer and Community Affairs, CCCA）

联邦存款保险公司（Federal Deposit Insurance Corporation, FDIC）

联邦住房管理局（Federal Housing Administration, FHA）

联邦住房企业监督办公室（Office of Federal Housing Enterprise Oversight, OFHEO）

联邦住房金融局（Federal Housing Finance Agency, FHFA）

联邦公开市场委员会（Federal Open Market Committee，FOMC）

联邦住宅贷款银行委员会（Federal Home Loan Bank Board，FHLBB）

商品期货交易委员会（the Commodity Futures Trading Commission，CFTC）

住房与城市发展部（The Department of Housing and Urban development，HUD）

证券行业协会（Securities Industry Association）

美国银行家协会（American Bankers Association）

国家证券交易商协会（the National Association of Securities Dealers，FINRA）

国家消费者法律中心（National Consumer Law Center，NCLC）

美国抵押贷款经纪人协会（National Association of Mortgage Brokers，NAMB）

美国抵押贷款银行家协会（The Mortgage Bankers Association，MBA）

全美独立评估师协会（National Association of Independent Fee Appraisers，NAIFA）

美国国家保险专员协会（the National Association of Insurance Commissioners，NAIC）

国会预算办公室（Congressional Budget Office，CBO）

全国掠夺性放贷工作组（National Predatory Lending Task Force，NPLTF）

伯克希尔·哈撒韦公司（Berkshire Hathaway）

高盛集团（Goldman Sachs Group，Inc.）

太平洋投资管理公司（Pacific Investment Management Company，PIMCO）

国民金融公司（Countrywide Financial）

东方汇理银行[Calyon Securities（USA）Inc.]

迪泰科公司（Ditech）

美林证券（Merrill Lynch）

贝尔斯登（Bear Stearns）

雷曼兄弟（Lehman Brothers）

花旗银行（Citibank）

富国银行（Wells Fargo）

华盛顿互惠银行（Washington Mutual）

全美社区再投资联盟（National Community Reinvestment Coalition）

加州第一联合抵押贷款公司（First Alliance Mortgage Company）

美利凯斯特（Ameriquest）

美联银行（Wachovia bank）

弗雷蒙投资贷款公司（Fremont Investment & Loan）

金融犯罪执法网络（Financial Crimes Enforcement Network，FinCEN）

欧力士信贷公司（Orix Credit）

摩根大通（JP Morgan）

美国房屋抵押投资公司（American Home Mortgage）

摩根士丹利（Morgan Stanley）

因迪美银行（IndyMac）

储蓄和贷款协会（S&Ls）

富达基金公司（Fidelity）

先锋基金公司（Vanguard）

宾州中央运输公司（Penn Central Transportation Company）

隆巴德沃证券公司（Lombard-Wall）

伊利诺伊大陆银行（Continental Illinois）

第一共和银行（First Public）

MCorp 银行

新英格兰银行（Bank of New England）

美国银行（Bank of America）

汉华银行（Manufacturers Hanover）

德崇证券（Drexel Burnhan Lanbert）

房利美（Fannie Mae）

吉利美（Ginnie Mae，the Government National Mortgage Association，官方称政府国民抵押贷款协会）

房地美（Freddie Mac，the Federal Home Loan Mortgage Corporation，官方称联邦住房贷款抵押公司）

信孚银行（Bankers Trust）

吉普森贺卡公司（Gibson Greeting Cards）

住友商事株式会社（Sumitomo Corporation）

美邦（Smith Barney）

切尼财务有限公司（Cheyne Finance Limited）

嘉迈金融集团（Capmark Financial Group）

希尔森公司（Shearson）

所罗门兄弟公司（Salomon Brothers）

添惠公司（Dean Witter）

亚历克斯布朗父子公司（Alex. Brown & Sons）

萨洛蒙兄弟公司（Salomon Brothers）

家庭金融公司（Household Finance Corp）

长滩储贷（Long Beach Savings and Loan）

内华达州房地产交易中心（Nevada Fair Housing Center, Inc）

家庭国际公司（Household International）

效益金融公司（Beneficial Finance Corporation）

钱库（The Money Store）

冠军抵押公司（Champion Mortgage）

重组信托公司（the Resolution Trust Corporation, RTC）

新世纪金融公司（New Century Financial）

南太平洋基金公司（Southern Pacific Funding, SFC）

康赛可公司（Conseco Inc）

绿树金融公司（Green Tree Financial）

吉斯通银行（Keystone）

超级银行（Superior Bank）

联合第一资本（Associate First）

第一联盟抵押贷款公司（First Alliance Mortgage Company）

可靠贷款中心（Center for Responsible Lending, CRL）

加州联邦银行（California Federal Bank）

舰队波士顿金融金融公司（Fleet Boston Financial Corp.）

化学银行（Chemical Bank）

第一银行公司（Bank One Corporate）

美国大陆银行（Continental Bank）

大峡谷州立银行（Grand Canyon State Bank）

第一服务银行（Service 1st Bank）

金西储蓄银行（Golden West Savings）

马里恩和赫伯特·桑德勒（Marion and Herbert Sandler）公司

欧美银行（European American Bank）

金西金融公司（Golden West Financial Corp）

瑞士联合银行（United Bank of Switzerland，UBS）

芝加哥联邦住房贷款银行（Federal Home Loan Bank of Chicago）

肯塔基州退休基金（Kentucky Retirement Systems）

美国公认统计评级机构（NRSROs）

使命银行（Mission Bank）

安巴克集团（Ambac）

美国城市债券保险（MBIA）

美心集团（Maxim Group）

哈丁咨询（Harding Advisory）

黑石公司（Blackrock）

科恩公司（Cohen & Company）

斯特拉特高斯资产管理公司（Strategos Capital Management）

冰川基金公司（Glacier Funding）

声景住宅权益信托（Soundview）

海曼资本咨询公司（Hayman Capital Advisors）

第一收益抵押贷款公司（First Beneficial Mortgage）

第一选择公司（Option One）

阿金特抵押贷款公司（Argent Mortgage Company）

克莱顿控股公司（Clayton Holdings）

埃奎纳克斯人事顾问公司（Equinox）

大都会保险公司（MetLife）

第一数据公司（First Data Corporation）

黑石集团（Blackstone Group）

费埃哲公司（Fair Isaac）

金弓石史密斯房地产投资信托基金（Archstone Smith）

麦肯锡咨询公司（Mckinsey）

垂直资本投资咨询公司（Vertical Capital）

ACA 资本金融担保公司（ACA Capital）

磁星基金（Magnetar Capital）

NIR 资本管理公司（NIR Capital Management）

康沃尔资本公司（Cornwall Capital）

前点股份（FrontPoint Partner）

塞恩资本（Scion Capital）

艾灵顿资本管理公司（Ellington Capital Management）

企业图书馆公司（Corporate Library）

国民城市公司（National City Corp.）

第一富兰克林金融公司（First Franklin Financial Corp.）

抵押贷款借款网络公司（Mortgage Lenders Network）

长滩抵押贷款公司（Long Beach Mortgage Company）

WMC 抵押证券公司（WMC Mortgage Corp）

瑞士信贷第一波士顿银行（Credit Suisse First Boston）

大通家庭金融（Chase Home Financial）

盟友金融公司（Ally Financial）

太阳信托银行（SunTrust Bank）

嘉信理财（Charles Schwab）

瑞银证券（UBS Securities）

剑桥广场投资管理公司（Cambridge Place Investment Management）

赛百灵资本公司（Sebring Capital）

联邦投资人公司（Federated Investors）

德国工业银行（IKB Deutsche Industriebank AG）

道富环球投资管理公司（State Street Global Advisors）

法国巴黎银行（BNP Paribas SA）

美国合众银行（US Bancorp）

美国国际集团金融产品公司（AIG Financial Products）

法国兴业银行（Société Générale）

蒙特利尔银行（Bank of Montreal）

登喜路（Dunhill）

纽约新泽西州港务局（the Port Authority of New York and New Jersey）

加拿大皇家银行资本市场（RBC Capital Markets）

文艺复兴科技公司（Renainassance Technologies）

贝尔斯登次优贷款信托（Bear Stearns Alt-A Trust）

麦登道（Maiden Lane LLC）

德太资本（TPG Capital）

得克萨斯太平洋集团（the Texas Pacific Group）

旧金山联邦住房贷款银行（Federal Home Loan Bank of San Francisco）

美国通用汽车金融服务公司（GMAC–RFC）

安纳利资本管理公司（Annaly Capital Management）

法国外贸银行（Natixis）

纽约梅隆银行（BNY Mellon）

资产管理公司常青投资（Evergreen Investments）

达孚基金（Dreyfus funds）

百能投资公司（Putnam Investments）

联邦投资人公司（Federated Investors）

通用金融公司（GE Capital）

美国运通（American Express）

三菱东京日联银行（UFJ）

德克夏银行（Dexia Group）

保诚集团（Prudential Funding）

威瑞森通讯（Verizon）

哈雷戴维森摩托车公司（Harley-Davidson）

联合汽车金融公司 Ally Financial

存款保险基金（Deposit Insurance Fund）

甘尼特公司（Gannett Corporation）

美国平点通讯公司 （FairPoint communication）

杜克能源公司（Duke Energy）

卡特彼勒公司(Caterpillar)

康宁公司(Corning)

约翰迪尔公司(John Deere)

默克集团(Merck)

惠氏(Wyeth)

附录四
相关人名表

菲尔·安吉利迪斯（Phil Angelides）
比尔·托马斯（Bill Thomas）
布鲁克斯雷·博恩（Brooksley Born）
拜伦·乔吉欧（Byron Georgiou）
鲍博·格雷厄姆（Bob Graham）
基思·赫尼西（Keith Hennessey）
道格拉斯·霍尔兹·埃金（Douglas Holtz-Eakin）
希瑟·莫伦（Heather Murren）
约翰·W. 汤普森（John W. Thompson）
彼得·J. 沃利森（Peter J. Wallison）
温迪·埃登堡（Wendy Edellberg）
查尔斯·普林斯（Charles Prince）
沃伦·巴菲特（Warren Buffett）
劳埃德·布兰克费恩（Lloyd Blankfein）
本·伯南克（Ben Bernanke）
艾伦·格林斯潘（Alan Greenspan）
乔治·W. 布什（George W. Bush）
理查德·布里登（Richard Breeden）
保罗·麦克里（Paul McCulley）
阿诺·卡泰尼（Arnold Cattani）
迈克尔·麦约（Michael Mayo）

费斯·施瓦茨（Faith Schwartz）
克里斯托弗·克鲁斯（Christopher Cruise）
蒂莫西·盖特纳（Timothy Geithner）
拉尔夫·乔菲（Ralph Cioffi）
鲍勃·纳兹达（Bob Gnaizda）
詹姆斯·罗卡基斯（James Rokakis）
爱德华·格雷林奇（Edward Gramlich）
约翰·泰勒（John Taylor）
斯科特·阿尔瓦雷斯（Scott Alvarez）
谢拉·贝尔（Sheila C. Bair）
凯文·斯坦因（Kevin Stein）
盖尔·博克斯（Gail Burks）
丽萨·麦迪甘（Lisa Madigan）
埃德·帕克（Ed Parker）
佩伦提斯·考克斯（Prentiss Cox）
阿方索·杰克逊（Alphonso Jackson）
朱莉·威廉姆斯（Julie Williams）
约翰·霍克（John Hawke）
约翰·杜甘（John Dugan）
汤姆斯·卡德维尔（J. Thomas Cardwell）
马克·塞维特（Marc S. Savitt）
加里·克拉布特里（Gary Crabtree）

附录四　相关人名表

克里斯·斯维克（Chris Swecker）
威廉·布莱克（William K. Black）
阿尔贝托·冈萨雷斯（Alberto Gonzales）
迈克尔·穆凯西（Michael Mukasey）
卢希·梅克（Ruhi Maker）
苏珊·贝尔斯（Susan Bies）
罗杰·弗格森（Roger Ferguson）
谢拉·卡奈文（Sheila Canavan）
罗伯特·席勒（Robert Shiller）
卡尔·凯斯（Karl Case）
拉古拉姆·拉詹（Raghuram Rajan）
让–克洛德·特里谢（Jean-Claude Trichet）
默文·金（Mervyn King）
劳伦斯·萨默斯（Lawrence Summers）
苏珊·沃彻（Susan M. Wachter）
欧力士信贷公司（Orix Credit）
马克·克利士（Mark Klipsch）
丹尼斯·布莱克（Dennis J. Black）
凯伦·曼恩（Karen Mann）
马丁·伊柯斯（Martin Eakes）
帕姆·弗拉尔蒂 Pam Flaherty
杰米·戴蒙（Jamie Dimon）
迈克尔·格尔班德（Michael Gelband）
玛德琳·安东尼奇（Madelyn Antoncic）
理查德·鲍恩（Richard Bowen）
罗伯特·鲁宾（Robert Rubin）
凯尔·贝斯（J. Kyle Bass）
赫伯·桑德勒（Herb Sandler）
刘易斯·拉涅利（Lewis Ranieri）
杰·杰弗里（Jay Jeffries）
撒贝斯·斯迪克（Sabeth Siddique）
威廉·辛普森（William A. Simpson）

马克·奥尔森（Mark Olson）
凯文·沃尔什（Kevin Warsh）
斯特拉·亚当（Stella Adams）
爱德华·西维克（Edward Sivak）
艾伦·怀特（Alan White）
哈蒂·多希（Hattie B. Dorsey）
卡罗琳·卡特（Carolyn Carter）
马克·赞迪（Mark Zandi）
迪恩·贝克（Dean Baker）
沃伦·皮特森（Warren Peterson）
艾伦·布林德（Alan Blinder）
C. 托德·康诺夫（C. Todd Conover）
斯图尔特·麦金尼（Stewart McKinney）
小阿曼多·福尔肯（Armando Falcon Jr.）
安德鲁·科莫（Andrew Cuomo）
丹尼尔·穆德（Daniel Mudd）
理查德·塞伦（Richard Syron）
詹姆斯·洛克哈特（James Lockhart）
梅尔·马丁内斯（Mel Martinez）
朱恩·奥尼尔（June O'Neill）
劳伦斯·林赛（Lawrence Lindsey）
吉姆·卡拉汉（Jim Callahan）
彭特·阿尔法（Pent Alpha）
斯科特·帕特森（Scott Patterson）
伊曼纽尔·德曼（Emanuel Derman）
保罗·沃尔克（Paul Volcker）
文森特·莱因哈特（Vincent Reinhart）
亚瑟·莱维特（Arthur Levitt）
约翰·赖克（John Reich）
詹姆斯·吉拉罕（James Gilleran）
理查德·斯皮伦科腾（Richard Spillenkothen）
爱德华·英林（Edward Yingling）

桑迪·威尔（Sandy Weill）

约翰·里德（John Reed）

威廉·麦克唐纳（William McDonough）

哈维·米勒（Harvey Miller）

斯坦利·奥尼尔（Stanley O'Neal）

彼得·所罗门（Peter J. Solomon）

布莱恩·力奇（Brian Leach）

约翰·古特福德（John Gutfreund）

理查德·富尔德（Richard Fuld）

阿代尔·特纳爵士（Lord Adair Turner）

富兰克林·雷恩斯（Franklin Raines）

谢拉·贝尔（Sheila Bair）

玛丽·夏皮罗（Mary Schapiro）

约翰·斯诺（John Snow）

盖尔·博金斯（Gail Burks）

汤姆·帕特南（Tom Putnam）

亨利·希斯内罗斯（Henry Cisneros）

格伦·洛尼（Glenn Loney）

戴安·汤普森（Diane Thompson）

加里·詹斯勒（Gary Gensler）

保罗·萨班斯（Paul Sarbanes）

桑德拉·布劳恩斯坦（Sandra Braunstein）

帕特里夏·麦考伊（Patricia McCoy）

玛戈特·桑德斯（Margot Saunders）

劳埃德·布朗（Lloyd Brown）

安德鲁·布莱勒（Andrew Plepler）

阿西姆·米达尔（Aseem Mital）

戴维·琼斯（David Jones）

威廉·A.弗雷根斯坦（William A. Fleckenstein）

弗雷德里克·米什金（Frederic Mishkin）

皮埃尔-奥利维尔·古林普斯（Pierre-Olivier Gourinchas）

安吉罗·莫兹罗（Angelo Mozilo）

戴维·桑波尔（David Sambol）

帕特里夏·琳赛（Patricia Lindsay）

戴维·贝瑞堡（David Berenbaum）

卡洛斯·加西亚（Carlos Garcia）

约翰·斯坦普（John Stump）

莫娜·塔瓦陶（Mona Tawatao）

威廉·布莱克（William Black）

查克·普利斯（Chuck Prince）

达雷尔·亨德里克斯（Darryll Hendricks）

道·金（Dow Kim）

埃里克·科尔钦斯基（Eric Kolchinsky）

杰罗姆·冯斯（Jerome Fons）

加里·威特（Gary Witt）

杰·西格尔（Jay Siegel）

安娜玛丽亚·卢萨迪 Annamaria Lusardi

罗杰·斯坦因（Roger Stein）

利兰·布兰德赛尔（Leland Brendsel）

戴维·格伦（David Glenn）

沃恩·克拉克（Vaughn Clarke）

唐纳德·比塞纽斯（Donald Bisenius）

罗伯特·莱文（Robert Levin）

马克·维纳（Mark Winer）

斯科特·艾科尔（Scott Eichel）

帕特里克·帕金森（Patrick Parkinson）

迈克尔·米尔肯（Michael Milken）

周文（Wing Chau）

乔·多纳文（Joe Donovan）

内斯特·多明戈斯（Nestor Dominguez）

迈克尔·拉默（Michael Lamont）

克里斯·里齐亚迪（Chris Ricciardi）

附录四 相关人名表

马克·阿德森（Mark Adelson）
詹姆斯·格兰特（James Grant）
马修·塔宁（Mattew Tannin）
托马斯·马赫拉斯（Thomas Maheras）
艾伦·福斯特（Alan Frost）
克雷格·布罗德里克（Craig Broderick）
吉恩·帕克（Gene Park）
约瑟夫·卡萨诺（Joseph J. Cassano）
莫里斯·汉克·格林伯格（Maurice Hank Greenberg）
艾略特·斯皮策（Eliot Spitzer）
丹·斯帕克斯（Dan Sparks）
加里·科恩（Gary Cohn）
凯尔·巴斯（Kyle Bass）
安·拉特利奇（Ann Rurledge）
吉泽有里（Yuri Yoshizawa）
布莱恩·克拉克森（Brian Clarkson）
哈维·古德施米德（Harvey Goldschmid）
安妮特·纳萨勒（Annette Nazareth）
埃里克·西里（Erik Sirri）
亨利·鲍尔森（Henry Paulson）
劳埃德·普朗克（Lloyd Plank）
布拉德·莫里斯（Brad Morrice）
艾伦·威尔科克斯（Ellen Wilcox）
帕特里克·弗拉纳根（Patrick Flanagan）
克里斯托弗·迈尔（Christopher Mayer）
唐纳德·科恩（Donald Kohn）
理查德·布朗（Richard Brown）
维尔弗雷多·费雷尔（Wilfredo Ferrer）
安·费尔默（Ann Fulmer）
戴维·古斯曼（David Gussmann）
威廉·布鲁斯特（William H. Brewster）

亨利·蓬特尔（Henry Pontell）
弗朗西斯科·圣·佩德罗（Francisco San Pedro）
达西·帕默（Darcy Parmer）
罗伯特·穆勒（Robert Mueller）
奥森·本（Orson Benn）
维基·比尔（Vicki Beal）
基思·约翰逊（D. Keith Johnson）
罗杰·埃尔曼（Roger Ehrnman）
雪莱·帕拉特（Shelley Parratt）
丹尼斯·沃伊特·克劳福德（Dennis Voigt Crawford）
尤金·路德维希（Eugene Ludwig）
约翰·麦克默里（John McMurray）
托马斯·伦德（Thomas Lund）
戴维·安德鲁柯尼斯（David Andrukonis）
阿努拉格·萨克西纳（Anurag Saksena）
斯蒂芬·阿什利（Stephen Ashley）
恩里科·达拉维切（Enrico Dallavecchia）
尤金·麦奎德（Eugene McQuade）
托德·亨普斯特德（Todd Hempstead）
迈克尔·威廉姆斯（Michael Williams）
肯尼斯·贝肯（Kenneth Bacon）
迈克·奎因（Mike Quinn）
迈克·普莱斯（Mike Price）
加里·戈顿（Gary Gorton）
劳埃德·法斯（Lloyd Fass）
斯科特·西蒙（Scott Simon）
阿曼德·帕斯丁（Armand Pastine）
劳拉·施瓦茨（Laura Schwartz）
格雷格·利普曼（Greg Lippmann）
艾拉·瓦格纳（Ira Wagner）

艾伦·罗斯曼（Alan Roseman）
杰米·迈（Jamie Mai）
本·哈克特（Ben Hockett）
史蒂夫·艾斯曼（Steve Eisman）
迈克尔·贝里（Michael Burry）
理查德·布克斯坦伯（Richard Bookstaber）
兰道夫·贝克（Randolph Baker）
珍妮丝·沃恩（Janice Warne）
维克兰姆·潘伟迪（Vikram Pandit）
安德鲁·福斯特（Andrew Forster）
亚当·布德尼克（Adam Budnick）
约翰·卢瑟福（John Rutherford）
雷蒙德·麦克丹尼尔（Raymond McDaniel）
斯科特·麦克里希（Scott McClesky）
马克·弗洛巴（Mark Froeba）
安德鲁·金博尔（Andrew Kimball）
理查德·米夏勒克（Richard Michalek）
威廉姆·达德利（William Dudley）
马克·弗莱明（Mark Fleming）
汤姆·沃拉克（Tom Warrack）
爱德华·平托（Edward Pinto）
尼古拉斯·威尔（Nicolas Weill）
诺尔·科农（Noel Kirnon）
吉姆·查诺斯（Jim Chanos）
戴维·维尼亚（David Viniar）
凯文·加斯沃达（Kevin Gasvoda）
汤姆·蒙塔格（Tom Montag）
斯泰西·巴什－波利（Stacy Bash-Polley）
约翰·吉拉克普洛斯（John Geanakoplos）
法布里斯·图尔（Fabrice Tourre）
丹尼尔·斯帕克斯（Daniel Sparks）
约瑟夫·格伦菲斯特（Joseph Grundfest）

西尔万·雷尼斯（Sylvain Raynes）
艾伦·施瓦茨（Alan Schwartz）
沃伦·斯佩克特（Warren Spector）
托马斯·马兰诺（Thomas Marano）
理查德·马林（Richard Marin）
詹姆斯·凯恩（James Cayne）
厄尔·赫丁（Earl Hedin）
比尔·贾米森（Bill Jamison）
马丁·沙利文（Martin Sullivan）
史蒂夫·本辛格（Steve Bensinger）
罗伯特·刘易斯（Robert Lewis）
凯文·麦金（Kevin McGinn）
利亚斯·哈巴耶布（Elias Habayeb）
安德鲁·德威曼（Andrew Davilman）
史蒂芬·迈尔（Steven Meier）
埃里克·夏拉基（Eric Sieracki）
肯尼斯·布鲁斯（Kenneth Bruce）
杰弗里·爱德华兹（Jeffrey Edwards）
格伦·斯科尔（Glenn Schorr）
戴尔·拉坦奇奥（Dale Lattanzio）
苏珊·米尔斯（Susan Mills）
默里·巴恩斯（Murray Barnes）
艾伦·杜克（Ellen Duke）
戴维·布什内尔（David Bushnell）
亨利·泰伯（Henry Tabe）
约翰·里昂（John Lyons）
加里·克里滕登（Gary Crittenden）
洛乌·卡登（Lou Kaden）
理查德·帕森（Richard Parson）
约瑟夫·圣·丹尼斯（Joseph St. Denis）
杰克·孙（Jake Sun）
皮埃尔·麦克提斯（Pierre Micottis）

詹姆斯·布里奇沃特（James Bridgewater）

查理·盖茨（Charlie Gates）

迈克尔·舍伍德（Michael Sherwood）

罗伯特·维纶斯塔（Robert Willumstad）

汤姆·安森（Tom Athan）

罗伯特·厄普顿（Robert Upton）

吉米·凯恩（Jimmy Cayne）

迈克尔·马基亚罗利（Michael Macchiaroli）

马修·艾希纳（Matthew Eichner）

温迪·德蒙肖（Wendy de Monchaux）

史蒂文·迈耶（Steven Meyer）

迈克·阿利克斯（Mike Alix）

艾伦·格林伯格（Alan Greenberg）

克里斯托弗·考克斯（Christopher Cox）

迈克尔·哈洛伦（Michael Halloran）

塞缪尔·莫利纳罗（Samuel Molinaro）

赛斯·卡彭特（Seth Carpenter）

洛乌·利伯丁（Lou Lebedin）

约翰·克里恩（John Chrin）

戴维·王（David Wong）

迪克·富尔德（Dick Fuld）

E. 杰拉尔德·科里根（E. Gerald Corrigan）

克里斯·纽伯恩（Chris Newbourne）

阿尔瓦利德·本·塔拉勒（Alwaleed Bin Talal）

罗杰·科尔（Roger Cole）

迈克尔·所罗门（Michael Solomon）

史蒂夫·曼查尼（Steve Manzari）

奥格斯·麦克布赖德（Angus McBryde）

威廉姆·伊萨克（William Issac）

乔治·桑塔亚纳（George Santayana）

罗伯特·J. 席勒（Robert J. Schiller）

德怀特·贾菲（Dwight Jaffee）

罗伯特·斯蒂尔（Robert Steel）

查尔斯·舒默（Charles Schumer）

巴尼·弗兰克（Barney Frank）

迈克·法雷尔（Mike Farrell）

理查德·谢尔比（Richard Shelby）

克里斯托弗·多德（Christopher Dodd）

贾森·托马斯（Jason Thomas）

威廉姆·达德利（William Dudley）

约书亚·罗斯纳（Joshua Rosner）

蒂莫西·克拉克（Timothy Clark）

凯文·贝利（Kevin Bailey）

克里斯·迪克森（Chris Dickerson）

约翰·克尔（John Kerr）

斯科特·史密斯（Scott Smith）

奥斯丁·凯利（Austin Kelly）

爱德华·德麦克（Edward DeMarco）

巴里·朱布罗（Barry Zubrow）

肯·刘易斯（Ken Lewis）

戴维·爱因霍恩（David Einhorn）

内尔·米诺（Nell Minow）

约瑟夫·格雷戈里（Joseph Gregory）

艾琳·卡兰（Erin Callan）

柯尔丝顿·哈洛（Kirsten Harlow）

托马斯·丰塔纳（Thomas Fontana）

斯蒂夫·夏弗兰（Steve Shafran）

纽伯格·伯曼（Neuberger Berman）

吉姆·威尔金森（Jim Wilkinson）

米歇尔·戴维斯（Michelle Davis）

史蒂文·布莱克（Steven Black）

马修·卢瑟福（Matthew Rutherford）

帕特里夏·莫瑟（Patricia Mosser）

苏珊·麦凯布（Susan McCabe）

海利·波斯基（Hayley Boesky）

伊恩·罗维特（Ian Lowitt）

保罗·图纽奇（Paolo Tonucci）

H. 罗金·科恩（H. Rodgin Cohen）

阿利斯泰尔·达林（Alistair Darling）

约翰·塞恩（John Thain）

迈克尔·克莱恩（Michael Klein）

巴特·麦克达德（Bart McDade）

约翰·瓦利（John Varley）

罗伯特·戴蒙德（Robert Diamond）

凯勒姆·麦卡锡（Callum McCarthy）

杰斯·斯特利（Jes Staley）

罗伯特·古列尔莫（Robert Guglielmo）

亨利·考夫曼（Henry Kaufman）

雅各布·弗伦凯尔（Jacob Frenkel）

凯文·科菲（Kevin Coffey）

艾拉·塞里格（Ira Selig）

丹尼尔·维森特（Danielle Vicente）

亚历杭德罗·拉托雷（Alejandro LaTorre）

亚当·阿什克拉夫特（Adam Ashcraft）

莎拉·达尔格林（Sarah Dahlgren）

约翰·赖克（John Reich）

迈克·芬恩（Mike Finn）

约瑟夫·冈萨雷斯（Joseph Gonzales）

布拉德·韦林（Brad Waring）

约翰·马克（John Mack）

迈克尔·卢西亚诺（Michael Luciano）

帕特里克·麦凯布（Patrick McCabe）

迈克尔·帕鲁姆博（Michael Palumbo）

乔纳森·伍德（Jonathan Wood）

迈克尔·马斯特斯（Michael Masters）

艾德·纳贾里安（Ed Najarian）

理查德·M. 科瓦切维奇（Richard M. Kovacevich）

戴维·威尔逊（David Wilson）

约翰·科斯顿（John Corston）

理查德·威斯特凯姆（Richard Westerkamp）

乔什·博尔顿（Josh Bolten）

米盖尔·布朗（Miguel Browne）

简·舍本（Jane Sherburne）

理查德·利维（Richard Levy）

爱德华·奈德·凯利三世 Edward Ned Kelly III

亚瑟·莫顿（Arthur J. Murton）

迈克尔·克里明杰（Michael Krimminger）

乔·普莱斯（Joe Price）

埃德普斯·汤斯（Edolpus Towns）

布莱恩·莫伊尼汉（Brian Moynihan）

克拉伦斯·威廉姆斯（Clarence Williams）

爱德华·拉兹（Edward Lazea）

珍妮·麦克德莫特（Jeannie McDermott）

玛丽·瓦西里（Marie Vasile）

杰里米·阿圭罗（Jeremy Aguero）

格雷戈里·拜纳姆（Gregory Bynum）

杰夫·阿戈斯塔（Jeff Agosta）

伊丽莎白·杜克（Elizabeth Duke）

C. R. 克劳狄尔（C. R. Cloutier）

杰里·约斯特（Jerry Jost）

马克·巴德哥（Mark Barderg）

安东尼·韦斯特赖克（Anthony Westreich）

迈克·柯比（Mike Kirby）

尼克·莱维蒂（Nick Levidy）

布鲁斯·瓦格斯塔夫（Bruce Wagstaff）

苏吉特·卡纳加里纳（Sujit Canaga Retna）

克里斯·克里斯蒂（Chris Christie）
劳丽·古德曼（Laurie Goodman）
吉姆·罗卡基斯（Jim Rokakis）
盖伊·西卡拉（Guy Cecala）
克里斯汀·凯夫（Kirsten Keefe）
黛安·汤普森（Diane Thompson）
杰弗里·斯蒂芬（Jeffrey Stephan）
F. 达纳·温斯洛（F·Dana Winslow）
凯瑟琳·波特（Katherine Porter）
亚当·莱文廷（Adam J. Levitin）
埃里卡·泊森（Erika Poething）
盖尔·伯克斯（Gail Burks）

多恩·亨特（Dawn Hunt）
珊恩·多诺万（Shaun Donovan）
阿尔伯特·特雷维诺（Albert Trevino）
安德鲁·科莫（Andrew Kuomo）
杰米·格雷利克（Jamie Gorelick）
布莱恩·格雷厄姆（Brian Graham）
保罗·维奇（Paul Weech）
巴利·兹格斯（Barry Zigas）
戴维·安德鲁寇尼斯（David Andrukonis）
布莱恩·蒙哥马利（Brian Montgomery）
兰德尔·克罗斯内（Randall Kroszner）

后　记

　　2009年美国国会依据《反欺诈执法和复苏法案》成立了独立机构金融危机调查委员会，委以"调查当下美国金融和经济危机起因"的重任。该委员会由10位在住房、经济、金融、市场监管、银行和消费者保护等领域具有丰富经验的委员组成，6位委员由国会民主党指派，组成委员会所指的"委员会多数人"，即菲尔·安吉利迪斯、布鲁克斯雷·博恩、拜伦·乔吉欧、鲍博·格雷厄姆、希瑟·莫伦、约翰·W. 汤普森；另外4位来自共和党，即基思·赫尼西、道格拉斯·霍尔兹·埃金、比尔·托马斯、彼得·J. 沃利森。委员会有80多位工作人员负责金融危机起因的具体调查工作。委员会还设立了网站（www.fcic.gov）提供大量调查资料，包括各种文件、邮件、听证会的影像资料、证词和相关研究资料等。最终出台的报告共计22章，得到委员会6位民主党委员的投票赞成，因此称为"多数人报告"。但是，金融危机调查委员会10位委员对危机的起因意见并不统一，共和党的4位委员提出两份反对意见报告，其中一份反对意见提出了即使政府加强金融监管也不一定能防止此次金融危机的观点。他们认为这场危机是全球性的。国际资本和流动性不足应是导致金融危机的主要原因，而美国商业和投资银行之间监管的差异则为次要原因。另一份反对意见则认为多数人报告中提到的监管放松、掠夺性贷款或者其他因素并不是引发金融危机的决定性因素，美国政府的住房政策才是2008年金融危机的主要原因。

　　金融危机调查报告和反对意见内容浩繁，牵涉的人物、机构、公司众多。译者几经修改并统稿，终于得以完成全书的翻译，期望借此将美国政府对金融危机起因的调查结果、结论全面呈现给读者。

全书翻译由对外经济贸易大学中国世界贸易组织研究院博士生王欣红、刘洪峰和肖艳完成，研究院院长张汉林教授审订终稿。硕士生陈明、陈亚飞、常鹏鹏、宫艳辉、路迎霞、李红、刘珅、李澍奇、申玮宇、汤婷婷、于婷婷、殷凯、张苗苗和周鑫强参与了全书的翻译准备工作。中国人民银行金融研究所博士后袁佳亦为本书做出了贡献，在此一并表示感谢。翻译中难免有不当之处，敬请读者批评指正。

图书在版编目(CIP)数据

金融危机调查报告/美国金融与经济危机起因调查委员会著;王欣红,刘洪峰,肖艳译. —北京:社会科学文献出版社,2013.3
 ISBN 978-7-5097-4286-0

Ⅰ.①金… Ⅱ.①美… ②王… ③刘… ④肖… Ⅲ.①金融危机-调查报告-美国 Ⅳ.①F837.125.9

中国版本图书馆 CIP 数据核字(2013)第 023001 号

金融危机调查报告

译　　者	/ 王欣红　刘洪峰　肖　艳
审　　校	/ 张汉林
出 版 人	/ 谢寿光
出 版 者	/ 社会科学文献出版社
地　　址	/ 北京市西城区北三环中路甲 29 号院 3 号楼华龙大厦
邮政编码	/ 100029
责任部门	/ 经济与管理出版中心 (010) 59367226
电子信箱	/ caijingbu@ ssap. cn
项目统筹	/ 恽　薇
经　　销	/ 社会科学文献出版社市场营销中心 (010) 59367081　59367089
读者服务	/ 读者服务中心 (010) 59367028
责任编辑	/ 王婧怡　许秀江
责任校对	/ 陈　磊　白秀红
责任印制	/ 岳　阳
印　　装	/ 北京鹏润伟业印刷有限公司
开　　本	/ 787mm×1092mm　1/16
印　　张	/ 46.5
版　　次	/ 2013 年 3 月第 1 版
字　　数	/ 800 千字
印　　次	/ 2013 年 3 月第 1 次印刷
书　　号	/ ISBN 978-7-5097-4286-0
定　　价	/ 188.00 元

本书如有破损、缺页、装订错误,请与本社读者服务中心联系更换
△ 版权所有　翻印必究